러닝 파이썬 제5판

Learning Python, 5th Edition

LEARNING PYTHON

2018 J-Pub Co.

Authorized Korean translation of material included in the English edition of LEARNING PYTHON 5th ed,
ISBN 9781449355739 ⓒ 2013 Mark Lutz

This translation is published and sold by permission of O'Reilly Media, Inc.,
which owns or controls all rights to publish and sell the same.

러닝 파이썬 제5판 (상편)

1쇄 발행 2018년 3월 28일 **2쇄 발행** 2018년 10월 31일

지은이 마크 러츠
옮긴이 강성용, 조인중
펴낸이 장성두
펴낸곳 제이펍

출판신고 2009년 11월 10일 제406-2009-000087호
주소 경기도 파주시 회동길 159 3층 3-B호
전화 070-8201-9010 / **팩스** 02-6280-0405
홈페이지 www.jpub.kr / **원고투고** jeipub@gmail.com
독자문의 readers.jpub@gmail.com / **교재문의** jeipubmarketer@gmail.com

편집부 이종무, 황혜나, 최병찬, 이 슬, 이주원 / **소통·기획팀** 민지환 / **회계팀** 김유미
교정·교열 이주원 / **본문디자인** 이민숙
용지 신승지류유통 / **인쇄** 해외정판사 / **제본** 광우제책사

ISBN 상편 979-11-88621-07-1 (93000)
　　　 하편 979-11-88621-16-3 (93000)
　　　 세트 979-11-88621-17-0 (93000)
값 38,000원

제이펍은 독자 여러분의 아이디어와 원고 투고를 기다리고 있습니다. 책으로 펴내고자 하는 아이디어나 원고가 있으신 분께서는
책의 간단한 개요와 차례, 구성과 저(역)자 약력 등을 메일로 보내주세요. jeipub@gmail.com

러닝 파이썬 제5판
Learning Python, 5th Edition

상편

마크 러츠 지음 / 강성용, 조인중 옮김

O'REILLY® Jpub
제이펍

차 례

※ 부록과 찾아보기는 이 책의 하편에 실려 있으며,
https://github.com/Jpub/LearningPython에서
PDF 파일로도 다운로드하실 수 있습니다.

PART 1 〉 시작하기_1

CHAPTER 1 〉 **파이썬 Q&A 세션_3**

CHAPTER 2 〉 **파이썬이 프로그램을 실행하는 방법_33**

CHAPTER 3 〉 **프로그램을 직접 실행하자_53**

PART 2 · 타입과 연산_115

CHAPTER 4 · 파이썬 객체 타입 소개_117

CHAPTER 5 · 숫자 타입_169

CHAPTER 6 · 동적 타입 변환_223

옮긴이 머리말

이 책은 1999년 초판이 출간된 후 지속적으로 파이썬의 새로운 기능과 변화, 버전 변경 등을 반영하여 5판까지 개정을 계속해 왔다. 이 책의 저자인 마크 러츠는 30년 가까운 세월 동안 파이썬의 변화를 충실하게 반영한 셈이다. 원서의 경우 초판은 384페이지에 불과했으나, 5판에 이르러서는 원서 기준으로 1,648페이지에 이르렀다. 이를 볼 때 저자가 이 책에 얼마나 열정을 기울여 왔는지 알 수 있다.

《러닝 파이썬(제5판)》은 8개의 파트와 41개의 장으로 구성되어 있다(부록 제외). 각 파트에서 다루는 내용을 간략하게 요약하면 다음과 같다.

파트 1. 시작하기

파트 1에서는 파이썬의 용도, 파이썬 프로그램 실행 방법 등 파이썬에 대한 기초적인 내용을 다룬다. 이 책의 독자들은 대부분 어느 정도 파이썬이 무엇인지 정도는 알고 있으리라 생각하지만, 그렇지 않은 독자들도 있기 때문에 파이썬에 대한 기초적인 개념 및 용도 등을 익힐 수 있도록 하고 있다.

파트 2. 타입과 연산

파트 2부터는 본격적인 파이썬 프로그래밍 언어에 대한 학습을 시작한다. 파이썬에 대한 기본적인 개념을 이미 이해하고 있는 독자라면 파트 1을 건너뛰고 파트 2부터 읽어도 좋다. 파트 2에서는 거의 모든 프로그래밍 언어 학습 과정에서 제일 처음 접하게 되는 타입에 대해 다루고 있다. 여기서는 객체, 숫자 등의 기초적인 타입과 타입의 변환, 문자열, 리스트 및 딕셔너리, 튜플, 파일까지 파이썬에서 접할 수 있는 모든 타입에 대해 다룬다.

파트 3. 문과 구문

파트 3에서는 파이썬의 문(statement)와 구문(syntax)에 대해 다루고 있다. 파이썬 프로그램을 작성할 때 사용하는 다양한 문장 형식과 문법 및 루프 활용 방법 등에 대해 다루고 있다. 또한 프로그램 소스 코드 안에서의 문서화 방법 및 문서화 도구에 대해서도 다룬다.

파트 4. 함수와 제네레이터

파트 3에서 학습한 파이썬의 문과 구문을 바탕으로 절차적 프로그래밍에서 함수를 사용한 모듈화 및 코드 재사용으로의 전환에 대해 다루고 있다. 파트 4 후반부에서는 함수형 프로그래밍에 사용되는 람다 식에 대해서 다루고 있다. 최근 여러 프로그래밍 언어에서 람다 식이 널리 활용되고 있으므로, 람다 식에 대해서 학습해 둘 것을 권장한다. 21장에서는 파이썬의 다양한 반복 도구에 대한 상대적인 성능 측정 방법에 대해 다루고 있다.

파트 5. 모듈과 패키지

파트 5에서는 라이브러리 개념인 모듈과 패키지에 대해 다루고 있다. 모듈의 개념과 활용 범위에 대해 학습하고, 모듈 작성 방법에 대한 실제적인 예제를 볼 수 있다. 또한 파이썬 3.3 이후 버전에서 사용할 수 있는 네임스페이스 패키지 모듈에 대해서도 학습할 수 있다.

파트 6. 클래스와 객체 지향 프로그래밍

이 책의 후반부에 해당하는 파트 6부터는 파이썬의 객체 지향 프로그래밍 개념에 대해 다루고 있다. 객체 지향 프로그래밍의 기본적인 요소인 상속 및 다형성 등을 어떻게 구현하는지 학습할 수 있고, 가장 중요한 개념인 클래스와 객체 상속 트리, 그리고 객체 상속 트리 내에서의 이름 검색 등에 대해 배우게 된다. 그리고 3.X 버전부터 도입된 새로운 형식의 클래스가 2.X에 어떻게 백포팅(back-porting)되어 활용되는지에 대해서도 다루고 있다. 규모가 큰 프로그램을 작성해야 한다면 해당 파트를 반드시 읽어볼 것을 권장한다.

파트 7. 예외와 도구

파트 7에서는 파이썬의 예외(exception)에 대해 다루고 있다. 대부분의 언어에서 지원하는 예외 처리 방법이 파이썬에서 어떻게 구현되어 있는지, 그리고 코드를 작성할 때 예외를 어떻게 활용할 수 있는지 학습할 수 있다. 또한, 예외를 어떻게 설계하는지에 대해서도 다루고 있으므로 내용을 충분히 이해하면 큰 도움이 될 것이다.

파트 8. 고급 주제

파트 8에서는 일반적으로 사용 빈도가 높지 않은 파이썬의 고급 기능들에 대해 다룬다. 37장에서는 유니코드와 바이트 문자열을 다루는 방법에 대해 집중적으로 설명하고 있으며, 관리속성, 데코레이터, 메타클래스 등 파이썬의 고급 기법에 해당하는 내용을 다루고 있다. 이 장에서 다루는 주제들은 앞부분에서 조금씩 언급되었으나, 내용의 난이도와 낮은 활용도로 인해 자세하게는 설명하지 않았다. 이 파트의 내용은 독자가 필요로 할 때 찾아보고 참조할 것을 권장한다.

파트 9. 부록

여기서는 하나의 파트로 분류하기 모호한 주제들에 대해 설명하고 있다. 파이썬의 설치 및 환경 설정 방법, 윈도우 런처 사용 방법 등에 대해 다루고 있으며, 이 책의 각 판에 반영된 파이썬 변경 사항에 대해서도 다루고 있다. 또한, 각 장의 마지막에 있는 실습 문제에 대한 해답을 부록 D에 수록해 놓았다. 부록은 다음의 사이트에서 PDF 파일로도 다운로드할 수 있다.

https://github.com/Jpub/LearningPython

이 책은 파이썬에 대한 거의 모든 내용을 다루고 있다고 해도 좋을 정도로 그 내용이 광범위하며, 파이썬 2.X 버전과 3.X 버전의 차이에 대해서도 잘 설명하고 있다. 특히, 대부분의 예제 코드를 2.X와 3.X 버전에 대해 나누어 설명하여 독자가 차이점을 쉽게 이해할 수 있도록 배려하고 있다. 이 부분은 이 책이 가진 가장 큰 장점 중의 하나다.

독자의 스타일에 따라 이 책을 처음부터 끝까지 읽을 수도 있고, 관심을 가진 부분만을 선택하여 읽을 수도 있으며, 일종의 레퍼런스로 필요할 때만 활용할 수도 있다. 당연한 말이지만 책을 읽는 정해진 방법은 없으며, 어떤 방식이든 독자가 이 책을 최대한으로 활용할 수만 있다면 그 방법이 독자에게 맞는 방법일 것이다.

30년에 가까운 긴 시간 동안 파이썬의 변화를 추적해 가며 점점 더 충실한 책을 만들어 온 저자인 마크 러츠에게 경의를 표하며, 독자들이 이 훌륭한 책을 긴 시간 동안 옆에 두고 활용할 수 있다면 옮긴이로서 더 이상의 기쁨은 없을 것 같다.

Happy Python Programming!

옮긴이 **강성용, 조인중**

서 문

여러분이 서점에서 이 책의 요약 부분을 찾고 있었다면 다음을 읽어 보기 바란다.

- 파이썬은 프로그래머의 생산성과 코드 가독성, 그리고 소프트웨어 품질을 높이는 데 있어 최적화된, 매우 강력한 프로그래밍 언어다.

- 이 책은 파이썬 언어에 관하여 통합적이면서도 깊이 있게 소개함으로써 실제 업무에 적용하기 전에 파이썬의 기본을 마스터할 수 있도록 도와준다. 이전 판과 마찬가지로 이번 판도 모든 파이썬 초보자(파이썬 2.X를 사용하든 3.X를 사용하든, 또는 둘 다를 사용하든)들을 위한 모든 학습 자료를 제공하고 있다.

- 이번 판에서는 파이썬 3.6과 2.7 버전의 내용을 다루고 있으며, 파이썬 세상에서 현재 많이 다뤄지고 있는 최신 주제를 대폭 반영하였다.

서문에서는 이 책의 목적과 범위 그리고 목차를 좀 더 상세하게 다룰 예정이다. 물론, 서문을 읽을지 말지는 여러분의 자유지만, 이 방대한 책을 시작하기 전 개요를 파악하는 데 좋을 것이다.

이 책의 '생태계'

파이썬은 다양한 영역에서 단독 프로그램과 스크립트 애플리케이션에 동시에 활용이 가능한, 인기 있는 오픈 소스 프로그래밍 언어다. 파이썬 언어는 무료인 데다 이식성이 뛰어나고, 사용하기 편한데, 심지어 재미있기까지 하다. 소프트웨어 산업에 종사하는 대부분의 프로그래머가 크고 작은 프로젝트를 진행하는 데 있어 개발자의 생산성과 소프트웨어의 품질 측면에서 파이썬이 얼마나 큰 전략적 이점을 가졌는지를 경험하고 있다.

여러분이 프로그래밍을 처음 접하는 사람이든, 전문 개발자든지에 상관없이 이 책은 여러분을 파이썬 언어에 정통하게 해준다. 이 책을 다 읽고 나면 여러분은 모든 애플리케이션 영역에서 파이썬을 사용하여 개발하기에 충분한 지식을 갖게 될 것이다.

또한, 이 책은 특정 영역의 용례보다는 파이썬 언어 자체를 설명하는 지침서로 활용될 수 있도록 기획하였다. 따라서 다음 두 권 중 첫 번째 내용을 제공하는 것을 목표로 한다.

- 《러닝 파이썬(Learning Python)》: 이 책은 파이썬 자체, 즉 여러 영역으로 확장할 수 있는 언어의 기본에 집중하여 설명한다.
- 《프로그래밍 파이썬(Programming Python)》: 파이썬에 대해 배우고 난 뒤에 파이썬으로 무엇을 할 수 있는지를 보여 준다.

이처럼 책을 두 권으로 나눈 이유는 언어 응용편의 목적은 독자에 따라 달라질 수 있지만, 언어의 기본을 다루는 책의 범위는 독자의 영향을 받지 않기 때문이다. 《프로그래밍 파이썬》과 같은 응용편은 이 책(《러닝 파이썬》)의 끝에서 알아볼 파이썬의 일반적인 응용 영역(웹, GUI, 시스템, 데이터베이스, 텍스트 등)에서 파이썬의 다양한 역할에 대한 실제 예시를 제공한다. 이와 더불어 《파이썬 포켓 레퍼런스(Python Pocket Reference)》는 이 책에 포함되지 않은 참고 자료를 제공함으로써 이 책의 내용을 보완한다.

이 책이 언어의 기초에 집중하고 있긴 하지만, 많은 프로그래머들이 언어를 처음 접할 때 배우는 것보다 더 깊은 내용을 다루고 있다. 이 책은 언어의 기초부터 다루되, 다루는 내용에 관한 예시를 모두 포함하고 있어 한 번에 한 단계씩 언어의 모든 것을 학습하도록 구성되어 있다.

이 책을 읽는 과정에서 배우게 될 언어 자체에 대한 핵심 기술은 앞으로 여러분이 만나게 될 모든 파이썬 소프트웨어 시스템(현재 가장 인기 있는 Django(장고), NumPy(넘파이), App Engine(앱 엔진) 등)에 적용될 것이다.

이 책은 실습과 퀴즈가 포함된 3일짜리 파이썬 교육 프로그램을 기반으로 독자 여러분이 자기 진도에 맞추어 언어를 학습해 나갈 수 있도록 구성되었다. 비록 이 책이 교육 프로그램처럼 상호 교류가 가능한 형태로 구성되지는 않았으나, 교육 프로그램에서는 다룰 수 없는, 책에서만 제공 가능한 깊이와 유연성 있는 내용으로 이러한 아쉬움을 해소할 수 있으리라 생각한다. 이 책을 활용하는 방법에는 여러 가지가 있겠지만, 처음부터 그 내용을 따라 학습하는 독자라면 한 학기 분량의 파이썬 수업을 듣는 것과 거의 같은 효과를 경험할 수 있을 것이다.

다섯 번째 개정판에 대하여

2009년에 출판된 네 번째 개정판은 파이썬 2.6과 3.0[1] 버전까지를 다루고 있어서 일반적으로 3.X 버전에 새로 도입된 변경 내역들(그중에는 이전 버전과는 호환되지 않는 내용도 포함되어 있다)에 관하여 이번 개정판에서 설명하고 있다. 이번 개정판에서는 새로운 객체 지향 프로그래밍(OOP) 튜토리얼과 함께 유니코드 텍스트(Unicode Text), 데코레이터(decorator), 메타클래스(metaclasses)와 같은 좀 더 난이도 있는 주제에 관하여 다루는 장을 추가했다. 이 내용들은 내가 가르치는 교육 프로그램과 최신 파이썬 변경 사항들을 참고했다.

이 책은 이전 개정판에서 다루지 못한 최신 파이썬 3.6과 2.7 버전의 내용을 포함하여 개정하였다. 이전 개정판이 나온 이래 각 파이썬 버전에서 변경된 내용에 관하여 모두 포함하고 있으며, 표현을 좀 더 다듬었다.

- 파이썬 2.X에서는 이전에는 3.X에서만 지원되다가 2.7에서도 지원되기 시작한 딕셔너리(dictionary)나 집합 컴프리헨션(set comprehension)을 함께 다룬다.

- 파이썬 3.X에서는 yield와 raise 구문, __pycache__ 바이트 코드 모델, 3.3 네임스페이스 패키지, PyDoc의 도움말을 웹 페이지에서 확인할 수 있는 새로운 브라우저 모드, 유니코드 리터럴(Unicode literal)과 스토리지 변경, 파이썬 3.3에 탑재된 새로운 윈도우 런처(Launcher)에 관한 설명을 추가하였다.

- 2.X 버전에서 호환성 측면에서 일반적으로 나아진 점과 함께 JSON, timeit, PyPy, os.popen, 제너레이터(generators), 재귀탐색(recursion), 약한 참조(weak references), __mro__, __iter__, super, __slots__, 메타클래스(metaclasses), 디스크립터(descriptor), random, 스핑크스(Sphinx) 외 많은 기능에 관하여 다양한 예시와 함께 설명하였다.

또한 이 책은 41개 장을 통해서 파이썬의 진화에 관한 새로운 결론을 더했으며, 최근 파이썬의 변경 내역과 새로운 윈도우 런처에 대해 다루는 두 개의 새로운 부록과 이전 코드 타이밍 예시의 확장 버전에 관하여 다루는 장이 추가되었다. 부록 C에는 이전 개정판과 이번 개정판

---

1 2007년에 출판된 세 번째 개정판은 파이썬 2.5와 더 간단하고 짧고 단순한 파이썬 세상을 다루고 있다. 이 책의 개정 내역들은 http://learning-python.com/books에서 확인할 수 있다. 이 책은 파이썬의 성장이 그러했듯이 여러 해를 거쳐 그 규모와 복잡도가 커졌다. 부록 C를 보면 파이썬 3.0에서만 추가된 기능이 27개, 변경 내역이 57개가 있으며, 파이썬 3.3에서도 동일하게 추가되고 변경되는 사항들이 꾸준히 발생하고 있다. 현재 파이썬 프로그래머들은 서로 양립할 수 없는 두 개의 버전과 세 개의 주요 패러다임, 고급 도구의 과잉, 그리고 2.X와 3.X 버전이 깔끔하게 분리되지 않아서 발생하는 기능적 중복성에 직면하고 있다. 이러한 것은 들리는 것만큼 그리 벅찬 것은 아니며, (많은 도구가 하나의 주제에 변형을 준 것이라) 파이썬 텍스트 내에서 이루어지는 공정한 게임이라고 이해하면 된다.

사이에 발생한 파이썬의 변경 내역에 관하여 간결하게 요약해 두었다. 또한 이 부록은 이전 개정판에서도 설명했던 2.X와 3.X 사이의 초기 차이점에 대하여 요약하고 있지만, 그중 새로운 스타일의 클래스와 같은 몇몇 기능은 여러 버전으로 확장되어 결국 3.X에서 필수 기능이 되었다(버전에서 X가 나타내는 의미에 관해서는 곧 이야기하겠다).

앞선 항목 마지막 내용에 따르면, 이 책은 우리 중 많은 이들이 지난 십수 년간 선택적 사항이라고 여겼으나 이젠 파이썬 코드에 보편적으로 사용되는, 이른바 진보된 언어의 기능들에 대하여 다룸으로써 그 내용이 더욱 풍부해졌다. 앞으로 보게 되겠지만 이러한 도구들이 파이썬을 보다 강력하게 하는 반면, 새로운 입문자들의 진입 장벽을 높이기도 하고 파이썬의 범위와 그 정의를 바꾸기도 한다. 우리는 이 중 어느 것이든 마주하게 될 가능성이 있다. 따라서 마치 이러한 도구나 기능들이 없는 듯 묻어둔 채 돌아서기보다는 정면으로 맞서서 다루고자 한다.

이러한 개정에도 불구하고 이 책은 이전 버전의 구조와 내용의 대부분을 유지함으로써 여전히 파이썬 2.X와 3.X 버전 모두의 통합 교재로 활용될 수 있도록 구성하였다. 우선적으로 파이썬 3.6과 2.7(3.X와 2.X의 최신 릴리즈) 사용자들에게 초점을 맞추어 집필하였으나, 이전 버전들의 내용을 통해 현재도 일반적으로 볼 수 있는 이전 버전의 파이썬의 내용에 대하여 알 수 있다.

이 책은 거의 30년 가까이 유효했고 (미래를 예측하긴 어렵지만) 앞으로 릴리즈될 파이썬에서도 적용이 가능한 파이썬 언어의 기본 기능에 집중하고 있다. 늘 그렇듯이, 이 책에 영향을 줄 만한 파이썬의 개정 내역에 대해서는 앞서 기술한 이 책의 웹 사이트에 포스팅할 예정이다. 파이썬 매뉴얼의 'What's New'에서도 이 책이 출판된 이후에 나온 파이썬의 개정 내역을 확인할 수 있다.

파이썬 2.X와 3.X

이 책의 내용에 많은 영향을 끼치고 있는 파이썬 2.X와 3.X와 관련된 내용을 서두에 일부 언급하고자 한다. 네 번째 개정판이 집필되던 2009년 당시, 파이썬은 막 두 갈래로 나뉘어 발전하기 시작했다.

- 3.0 버전은 당시 막 부상하기 시작한 버전으로서 기존 파이썬과는 호환되지 않는 언어의 변형을 이루었고, 일반적으로 3.X로 알려진 버전의 최초 버전이다.

- 2.6 버전은 기존 파이썬 코드와의 호환성을 유지하면서 발전해 왔으며, 2.X의 최신 버전이었다.

크게 보면 3.X는 같은 언어이지만, 다음의 이유로 이전 릴리즈에서 쓰인 코드가 이 버전에서는 동작하지 않는다.

- 문자열, 파일, 그리고 라이브러리를 포괄할 수 있는 유니코드 모델을 반드시 사용하도록 했다.
- 기능성을 극대화하기 위한 패러다임의 한 측면으로, 반복자(iterator)와 제너레이터 (generator)를 보편화시켰다.
- 타입을 통합한 새로운 스타일의 클래스를 강제하여 보다 강력하고 복잡해졌다.
- 많은 기본적인 도구와 라이브러리를 변경했고, 다른 것들은 대체되거나 완전히 제거되었다.

print를 문에서 함수로 변형한 것은 이전까지 작성된 거의 모든 파이썬 프로그램을 뜯어고쳐야 할 정도의 영향을 미친다. 전략적 잠재력은 차치하고라도 3.X에서 필수적인 유니코드, 클래스 모델, 그리고 보편적인 제너레이터는 지금까지와는 다른 프로그래밍 경험을 제공한다.

많은 사람이 파이썬 3.X를 파이썬의 개량 버전 혹은 미래로 여겼지만, 파이썬 2.X는 여전히 널리 사용될뿐더러 수년간 파이썬 3.X와 함께 지지를 받아왔다. 현재 사용되고 있는 파이썬 코드의 대부분은 2.X로 작성되어 있으며, 3.X로의 전환은 서서히 이루어지고 있는 것으로 보인다.

오늘날의 2.X와 3.X 이야기

이번 다섯 번째 개정판 작업을 하는 2018년 현재 기준으로, 파이썬 3.6 버전과 2.7 버전이 출시되었지만, 2.X와 3.X의 내용은 여전히 크게 변한 것이 없다. 실은 현재 파이썬은 두 버전이 공존하고 있으며, 많은 사용자가 자신의 소프트웨어의 목적과 의존성에 맞추어 2.X와 3.X를 동시에 활용하고 있다. 또한, 대다수의 입문자에게는 2.X와 3.X 중 무엇을 선택할 것인가는 기존의 소프트웨어와 언어의 최첨단 중 무엇을 선택할 것인가의 문제로 남는다. 많은 주류 파이썬 패키지가 3.X로 전환되고 있다 하더라도 여전히 2.X로 남아 있는 패키지들이 지금도 많이 존재한다.

혹자는 파이썬 3.X를 새로운 아이디어를 탐색하기에 좋은 샌드박스(sandbox)로 여기는 반면, 2.X는 신뢰할 만한 파이썬으로 바라보고 있어서 비록 3.X의 기능을 모두 가지고 있지는 않지만 여전히 널리 사용되고 있다. 또 다른 이들은 현재 핵심 개발자들의 계획에 힘을 얻어 파이썬 3.X가 파이썬의 미래로 여기고 있다. 비록 당분간은 파이썬 2.7이 사용자들의 지지를 받으며 유지되겠지만, 이는 2.X의 마지막 버전이 될 예정인 반면에 3.6은 앞으로 꾸준히 진화할 3.X 버전의 최신 버전이다. 그리고 놀라운 성능 향상을 제공하는 파이썬 2.X로만 구현된 PyPy와 같은 구현체는 2.X의 미래를 대표한다고 볼 수 있다.

이 모든 의견은 차치하고라도, 3.X는 릴리즈 후 거의 10년이 지나도록 2.X를 앞지르기는커녕 사용자 기반을 따라잡지도 못했다. 이는 python.org에서 윈도우용 파이썬에 대한 다운로드 횟수를 살펴보면 (새로운 사용자와 가장 최신 버전을 다운받는 사람들이 포함되어 있음에도) 여전히 2.X 버전이 3.X 버전보다 많다. 물론 이러한 통계는 언제든지 달라질 수 있지만, 그럼에도 불구하고 이 결과가 3.X 버전이 릴리즈된 지 10년 후의 결과라는 면에서 3.X의 활용도에 대해 시사하는 바가 있다. 기존의 2.X 소프트웨어 기반은 여전히 3.X의 언어 확장 버전으로 넘어오지 않고 있다. 더군다나 3.X 버전의 꾸준한 변화에도 아랑곳하지 않고 2.7 버전이 2.X 버전의 마지막 릴리즈로서 사실상의 표준으로 여겨지고 있다. 이는 안정적인 버전을 선호하는 이들에게는 바람직한 현상이겠지만, 성장과 꾸준한 변화를 원하는 이들에게는 부정적으로 느껴질 것이다.

나는 개인적으로 오늘날 파이썬 세상은 3.X와 2.X 버전 모두를 포괄할 만큼 충분히 크다고 생각한다. 두 버전은 각각 다른 목표를 만족시키고 다른 진영의 사람들에게 매력적일 것이다. 또한, 이러한 선례는 이전의 다른 언어군에서도 볼 수 있는데, 예를 들어 C와 C++는 파이썬 2.X와 3.X보다 더 많은 차이점이 있음에도 오랜 기간 공존해 왔다. 더구나 이들은 서로 매우 유사하므로 둘 중 한 버전에서 배운 기술은 거의 대부분 다른 버전으로의 전이가 가능하다. 특히, 여러분이 이 책과 같이 두 버전을 모두 다루는 교재의 도움을 받는다면 더욱 쉽게 버전 간의 기술 전이가 가능할 것이다. 여러분이 이들이 얼마나 다른지를 이해한다면 가끔은 두 버전에서 모두 동작 가능한 코드를 작성할 수도 있다.

이렇게 버전이 나뉘어 동시에 발전하는 것은 프로그래머와 나(지은이) 모두를 상당한 딜레마에 빠지도록 만든다. 책에서는 파이썬 2.X가 마치 존재하지 않는 양 3.X 버전만을 기술하는 것이 더 쉽겠지만, 이럴 경우 오늘날 존재하는 대규모 파이썬 사용자 기반의 필요를 해결해 줄 수 없게 된다. 기존의 엄청난 양의 코드들이 이미 파이썬 2.X에서 작성되었으며, 이들은 가까운 시일 내에 사라지거나 하지 않을 것이다. 또한, 몇몇 입문자는 파이썬 3.X에 집중하여 배울 수도 있겠으나, 과거에 작성된 코드를 사용해야 하는 사람들이라면 어쩔 수 없이 파이썬 2.X 세상에 한쪽 발을 걸쳐둘 수밖에 없다. 비록 제삼자에 의해 작성된 라이브러리와 확장들(extensions)의 많은 부분이 파이썬 3.X 버전으로 이식된 지 여러 해라 하더라도, 3.X와 2.X로 나뉘어 발전하는 이 현상이 일시적이지는 않을 것이다.

3.X와 2.X 버전 모두 적용

이 책은 이렇게 이원화되어 발전하고 있는 상황을 타개하고 모든 잠재적 독자들의 필요를 만족시키기 위하여 파이썬 3.6과 2.7을 모두 다루고 있으며, 이로써 2.X를 사용하는 프로그래머와 3.X를 사용하는 프로그래머, 그리고 그 둘 사이에 끼여 있는 프로그래머들 모두를 아우르고자 노력하였다.

즉, 이 책을 통해 파이썬의 어떤 버전이라도 배울 수 있다. 비록 3.X를 강조하더라도 예전 코드를 활용하는 프로그래머를 위하여 2.X의 차이점과 도구에 대해서도 함께 설명한다. 크게 보면 두 버전이 유사하지만 몇몇 중요한 부분에서 차이점을 보이는데, 이에 관한 것은 내용 중 등장할 때마다 설명하도록 하겠다.

예를 들어, 대부분의 예제에서 3.X의 print 함수를 호출하여 사용하더라도 2.X의 print문에 관하여 설명함으로써 독자들로 하여금 이전에 작성된 코드에 대해서도 이해할 수 있도록 하였고, 또 가끔은 두 버전 모두에서 실행 가능한 이식성 있게 작성된 출력 기술을 사용하기도 한다. 아울러 3.X의 nonlocal문이나 2.6과 3.0의 문자열 format 메서드와 같은 새로운 기능들에 관해서도 자유롭게 소개할 것이며, 이전 파이썬에서 더는 사용되지 않을 때는 이에 대해서도 함께 언급하였다.

이 책에서는 2.X와 3.X 버전의 다른 릴리즈에 관하여도 함께 다루고 있지만, 2.X의 이전 버전에서 작성된 몇몇 코드에서는 여기에서 다룬 모든 예제가 실행되지 않을 수 있다. 비록 클래스 데코레이터(class decorator)가 파이썬 2.6과 3.0 모두에서 사용 가능하지만, 예를 들어 이를 지원하지 않는 파이썬 2.X의 이전 버전에서는 사용할 수 없다는 것이다. 관련하여 최근 2.X와 3.X의 변경 내역에 관한 요약은 부록 C의 변경 내역 표에서 확인할 수 있다.

어떤 버전의 파이썬을 이용해야 하는가?

파이썬 버전 선택은 여러분이 속한 조직에 의해 이미 정해져 있겠지만, 파이썬을 처음 접하고 스스로 학습하는 이들이라면 어느 버전을 설치해야 할지 고민이 될 것이다. 이에 대한 답은 파이썬을 통해 얻고자 하는 목표에 따라 다르다. 다음에 몇 가지 버전 선택과 관련된 제안을 해보겠다.

3.X를 선택: 새로운 기능 그리고 진화

만약 파이썬을 처음 배우면서 기존 2.X로 작성된 코드를 활용할 필요가 없다면, 파이썬 3.X로 시작하라고 권하고 싶다. 3.X는 언어에 다년간 존재하던 불필요하고 불쾌한 것들을 깨끗이 제거하면서도 원래 언어가 가지고 있던 핵심 개념을 유지하면서 몇몇의 멋지고 새로운 도구를 도입하였다. 예를 들어 3.X의 유니코드 모델과 제너레이터, 함수 사용 기술은 많은 사용자가 매력적인 기능으로 여긴다. 인기 있는 많은 파이썬 라이브러리와 도구는 이미 3.X에서도 사용 가능하거나, 3.X 버전의 지속적인 발전을 생각해 보면 이 글을 읽을 때쯤에는 가능해졌을 것이다. 새로운 기능을 추가하고 파이썬의 기조를 유지하는 한편, 기술의 최첨단에 서 있는 언어로 끊임없이 달라지는 목표에 맞춰 언어의 정의를 맞추어나가는 등의 모든 새로운 언어적 진화는 3.X에서만 이루어지고 있다.

2.X를 선택: 기존 코드, 안정성

만약 파이썬 2.X를 기반으로 한 시스템을 활용하고 있다면, 3.X 버전은 현재로서는 아마도 선택 사항일 것이다. 그러나 이 책을 통해 관심 있는 영역에 관해서도 배워나갈 수 있으며, 이후에 3.X로 이관하게 될 때에도 도움이 될 것이다. 또한, 2.X 버전만으로도 꽤 커다란 범주에 속해 있음을 알게 될 것이다. 2012년에 내가 가르쳤던 모든 그룹은 2.X만을 사용하였는데, 여전히 2.X로만 구현된 유용한 파이썬 소프트웨어들을 꾸준히 만나볼 수 있었다. 더군다나 3.X와는 달리 2.X는 (묻는 당사자에 따라 자산으로든 부채로든) 추가 변경 사항이 없다. 2.X 코드를 사용하고 작성하는 것은 문제가 되지 않으나, 다만 3.X의 진화에 대해 관심을 가지고 주시하고 싶을 수도 있다. 파이썬의 미래는 아직 쓰이지 않았으며, 여러분을 포함한 파이썬 사용자들에 의해 결정될 것이다.

두 버전 모두를 선택: 버전 중립적인 코드

아마도 여기에서 가장 좋은 소식은 파이썬의 기본은 두 버전 모두에서 똑같다는 것이다. 그러나 곧 많은 사용자가 2.X와 3.X의 차이점이 사소한 곳에 있음을 알게 될 것이다. 이 책은 두 버전을 모두 배울 수 있도록 구성되어 있다. 이 책에서도 종종 그렇듯 사실 둘 사이의 차이점에 대해 이해하고 있는 한, 가끔은 두 버전 모두에서 동작되는 버전 중립적인 코드를 간단하게 작성할 수 있다. 부록 C에는 2.X와 3.X 간 이동에 관한 조언과 두 파이썬 버전에서 코드를 작성하기 위한 유용한 팁을 제공하고 있다.

처음에 어떤 버전을 선택하든 여러분이 원하는 작업을 하기 위한 스킬을 갖기에는 부족함이 없을 것이다.

X에 관하여: 이 책의 전반에 걸쳐 두 버전에서 출시된 모든 릴리즈를 통칭하는 표현으로 '3.X'와 '2.X'를 사용한다. 예를 들어 3.X는 3.0부터 3.6까지는 물론 장차 출시될 3.X 릴리즈들을 의미하고, 2.X는 2.0부터 2.7(아마 이후 릴리즈는 없을 것으로 예상된다)까지의 모든 릴리즈를 의미한다. 특정 릴리즈를 지칭하는 경우는 그 주제가 해당 릴리즈에만 적용됨을 의미한다. 예로, 2.7의 집합 리터럴과 3.3의 런처, 네임스페이스 패키지를 들 수 있다. 이러한 표기법은 지나치게 광범위할 수도 있지만(2.X로 표기되는 몇몇 기능은 현재는 거의 사용하지 않는 초기 2.X에는 존재하지 않았을 수도 있다), 이 표기는 이미 십수 년간 확장되어 온 2.X 버전을 포괄할 수 있다. 3.X 표기법은 2.X에 비해 짧은 기간에 출시된 릴리즈들을 포함하고 있어서 상대적으로 정확하고 파악하기가 쉽다.

이 책을 읽기 위해 필요한 것들

이 책을 읽기 위해 필요한 조건을 명확히 말하기란 불가능한데, 이는 책의 용도나 가치가 읽는 목적과 독자의 배경 지식에 따라 달라지기 때문이다. 과거에는 입문자든, 프로그래밍 경험이 많은 베테랑이든 이 책을 성공적으로 잘 활용해 왔다. 만약 여러분이 파이썬을 배우는 게 목적이라면 파이썬이 요구하는 시간을 기꺼이 투자할 것이며, 이 글이 아마 도움이 될 것이다.

파이썬을 배우려면 시간이 얼마나 걸릴까? 물론 학습하는 사람에 따라 다르겠지만, 이 책은 처음부터 차분히 읽고 따라할 때 그 효과가 가장 크다. 일부 독자는 이 책을 그때그때 필요에 따라 참고하는 데 활용할 수도 있겠지만, 파이썬을 통달하려는 사람이라면 예제를 얼마나 자세히 따라 하느냐에 따라 최소한 몇 주 또는 몇 개월을 이 책과 함께 보내야 할 것이다. 이전에도 언급했듯이, 이 책은 파이썬 언어를 가르치는 한 학기 분량에 필적하는 내용을 담고 있다.

앞서 얘기한 내용은 파이썬 자체를 배우고, 이를 활용하기 위한 소프트웨어 기술을 익히는 데 필요한 시간이다. 물론 이 책이 기본적인 스크립트 작성을 하기에는 충분하지만, 대체로 소프트웨어 개발 경력을 쌓기를 원하는 독자라면 이 책 이후에 대규모의 프로젝트 경험과 함께 《프로그래밍 파이썬》[2]과 같은 후속편을 학습하는 데 시간을 추가로 더 투자할 것이다.

---

2 이 책 내용에서 책임지지 않는 것: 나는 이 책과 함께 앞서 언급한 다른 책을 함께 저술하였으며, 두 권이 한 벌로 이루어지도록 구성하였다. 《러닝 파이썬》이 언어의 표준을 위한 책이라면, 《프로그래밍 파이썬》은 언어의 응용을 위한 책이다. 더불어 《파이썬 포켓 레퍼런스》는 이 두 권의 책과 함께 참고할 수 있도록 구성되어 있다. 이 세 권 모두 1995년에 작성된 초판인 《프로그래밍 파이썬》으로부터 출발했다. 부디 많은 파이썬 관련 서적을 탐색해 보기 바란다(방금 나는 아마존에서 200권까지 세다가 멈췄는데, 그 이유는 목록이 끝도 없을 뿐 아니라 장고와 같은 파이썬 관련 주제들은 포함되지도 않았기 때문이다). 내 출판 담당자는 최근에 파이썬에 초점을 맞춘 도서 시리즈를 출간하고 있는데, 기기 공학, 데이터 마이닝, 앱 엔진, 수치 분석, 자연어 처리, MongoDB(몽고디비), AWS 등 특정 영역별로 파이썬 언어의 활용법에 관하여 배우고 싶다면 이 책에서 파이썬의 기본을 익힌 후에 한 번쯤 살펴보는 것도 좋다. 오늘날의 파이썬은 이미 책 한 권으로 익히기에는 그 범위가 굉장히 넓어졌다.

바로 숙련된 프로그래밍 실력을 얻을 것이라 기대하는 이들에게는 별로 반가운 소식은 아니겠지만, 프로그래밍이란 (이미 들어 알겠지만) 그리 간단한 기술이 아니다. 일반적으로 오늘날의 파이썬과 소프트웨어는 도전적이기도 하지만, 그 노력에 상응하는 보상 또한 따른다. 그래서 이 책의 활용법에 관해 몇 가지 조언을 하겠다.

숙련된 프로그래머들에게

아마 처음 몇 장은 빠른 속도로 넘어갈 수 있을 것이다. 그러나 핵심 개념을 놓치지 말아야 하며, 그중 몇몇은 기억하기 위해 열심히 노력해야 할 것이다. 개괄적으로 이야기하자면, 이 책 이전에 작성된 어떤 프로그래밍이나 스크립팅에 대한 경험은 그 유사성 때문에 이 책을 학습하는 데 도움이 될 것이다. 반면, 이전의 프로그래밍 경험이 오히려 불리하게 작용하기도 한다(처음 작성한 파이썬 코드만으로도 자바(Java)와 C++ 프로그래머들을 찾아낼 수 있다!). 파이썬을 사용하는 것은 파이썬의 사고방식을 채택하는 것과 같다. 이 책은 주요 핵심 개념에 집중하여 파이썬적인 방법으로 파이썬 코드를 작성하는 것을 배울 수 있도록 구성되어 있다.

입문자들에게

여러분 또한 여기서 프로그래밍과 함께 파이썬을 배울 수 있다. 하지만 좀 더 노력이 필요할 것이고, 경우에 따라 이 책을 보완할 만한 좀 더 얇고 친절한 입문서가 필요할지도 모른다. 여러분이 아직 스스로 프로그래머라고 생각하지 않는다면 아마도 이 책이 유용하다는 것을 알게 되겠지만, 그래도 이 책의 예제와 실습을 따라 차근차근 학습할 수 있는지를 확인하고 싶을 것이다. 이 책이 프로그래밍의 기본보다는 파이썬 자체를 가르치는 데 주요 목적이 있음을 기억할 필요가 있다. 만약 이 책에서 길을 잃는다면, 이 책에 불만을 갖기 전에 일반적인 프로그래밍 입문서를 먼저 찾아보기를 권한다. 파이썬 웹 사이트는 입문자들에게 유용한 많은 자원에 관련된 링크를 제공하고 있다.

공식적으로 이 책은 **모든 유형의 입문자를 위해 처음 보는 파이썬 입문서**로 기획되었다. 이전에는 컴퓨터라곤 만져본 적도 없는 이들에게 이상적인 교재는 아니겠지만(여기에서 컴퓨터가 무엇인지에 관한 설명은 전혀 다루지 않는다), 이 책을 저술하면서 독자들의 프로그래밍 배경 지식이나 교육 정도에 대한 어떠한 가정도 하지 않았다.

그렇다 하여 독자들을 아무것도 모르는 바보로 가정하여 모욕하지도 않을 것이다. 파이썬으로 많은 것들을 할 수 있으며, 어떻게 그것이 가능한가를 이 책을 통해 보여 줄 것이다. 이 책은 종종 C, C++, 자바 외 다른 언어와 파이썬을 비교하기도 하지만, 만약 여러분이 과거에 그런 언어들을 사용한 적이 없다면, 이러한 비교는 무시해도 좋다.

이 책의 구성

독자들의 이해를 돕기 위해 이 절에서는 이 책의 주요 부분의 목표와 내용에 관하여 간단하게 설명하고자 한다. 이 책을 바로 시작하고 싶다면 이 부분은 건너뛰거나 또는 목차만 간단히 살펴봐도 된다. 하지만 몇몇 독자에게는 이렇게 방대한 분량의 책을 시작하기에 앞서 간단한 안내를 먼저 살펴보는 것이 도움이 될 것이다.

각각의 파트는 언어의 주요 기능 영역을 다루고 있으며, 각 파트는 특정 주제나 해당 파트 영역의 기능에 관하여 다루는 장들로 구성되어 있다. 또한 각 장은 퀴즈와 정답으로, 각 파트는 좀 더 규모가 큰 실습 문제로 마무리하도록 구성되어 있다. 실습 문제에 대한 해답은 부록 D에서 확인할 수 있다.

 연습이 중요하다: 나는 독자들이 할 수 있는 한 이 책의 모든 예제를 실습해 보고 이 책에서 제공하는 퀴즈와 실습 문제를 풀고 넘어가기를 강력히 추천한다. 프로그래밍을 배울 때 읽은 것을 연습해 보는 것만큼 좋은 것은 없다. 이 책이든 여러분만의 프로젝트를 통해서든, 만약 이 책에서 설명한 개념을 이해하고자 한다면 실제 코딩을 해보는 것이 가장 중요하다.

이 책은 전반적으로 파이썬이 그러하듯이, **상향식**으로 구성되어 있다. 진도를 나갈수록 주제와 예제가 더 어려워질 것이다. 예를 들어, 파이썬 클래스는 크게는 내장된 타입으로 처리하는 함수들의 패키지일 뿐이다. 일단, 내장된 타입과 함수에 관해 익히고 나면 클래스는 상대적으로 이해하기 어렵지 않다. 각각의 파트는 이전 파트의 내용을 기반으로 설명하므로 목차 순서대로 읽어 내려가는 것이 가장 이해가 **빠를** 것이다. 책의 주요 파트에 대한 개요는 다음과 같다.

파트 1

파이썬에 관한 일반적인 개요로 시작한다. 사람들이 이 언어를 사용하는 이유나 어디에서 유용한지 등 보통 처음 갖게 되는 질문에 대한 답을 제시하게 될 것이다. 첫 장에서는 몇몇 배경 맥락과 함께 이 기술의 근간이 되는 주요 개념에 관하여 소개하며, 나머지 장에서는 파이썬과 프로그래머 모두가 프로그램을 실행하는 방법들에 관하여 설명한다. 이 파트의 목표는 이후에 접하게 될 예제와 실습을 따라 하기에 충분한 정보를 제공하는 것이다.

파트 2

이 파트에서는 파이썬의 주요 내장 객체 타입(숫자, 리스트, 딕셔너리 등)과 이를 활용하여 무엇을 할 수 있는지를 깊이 있게 학습한다. 여러분은 이 도구들만으로도 많은 일을 할 수 있으며, 이 도구들은 모든 파이썬 스크립트의 핵심을 이룬다. 이 파트는 이후에 다뤄질 내용에 관한 기초를 담고 있기 때문에 이 책에 있어 가장 중요한 부분이다. 또한, 동적 타이핑과 그에 대한 참조 자료(파이썬을 잘 사용하기 위한 핵심)에 관하여 알아볼 것이다.

파트 3

이 파트는 파이썬에서 객체를 생성하고 처리할 때 작성하는 코드인 파이썬 문(statements)에 관하여 소개한다. 또한, 파이썬의 일반적인 문법에 관해서도 설명한다. 비록 이 파트에서는 문법에 집중하지만, 이와 관련된 도구들(예를 들면, PyDoc 시스템)을 소개하며, 반복(iteration)의 개념에 관해서도 처음으로 다루게 될 것이고, 다양한 코딩 방법에 관해서도 알아볼 것이다.

파트 4

이 파트는 파이썬에서 고수준의 프로그램 구조를 작성하기 위한 도구들에 관하여 살펴보는 것으로 시작한다. 함수(functions)는 코드 중복성을 피하고 코드 재사용을 위하여 패키징하는 간단한 방법임을 알게 될 것이다. 그리고 파이썬의 범위(scope) 규칙과 인수 전달 방식, 때로는 악명이 높은 람다(lambda) 함수를 포함한 많은 내용을 알아본다. 또한, 함수형 프로그래밍 관점에서 반복자(iterator)를 다시 살펴보게 되며, 사용자 정의 제너레이터(generator)를 소개하고, 성능 측정을 위하여 파이썬 코드의 실행 시간을 측정하는 방법을 배우게 될 것이다.

파트 5

이 파트에서는 문과 함수를 좀 더 큰 컴포넌트(component)로 구조화할 수 있도록 하는 파이썬의 모듈(modules)을 생성하는 방법과 이것을 로딩하고 사용하는 방법을 보여 준다. 아울러 모듈 패키지, 모듈 리로딩, 패키지 관련 호출, 3.3에서 새롭게 등장한 네임스페이스 패키지, __name__ 변수 등과 같은 좀 더 수준 높은 주제를 살펴본다.

파트 6

여기서는 파이썬의 객체 지향 프로그래밍 도구인 클래스에 관하여 알아볼 것이다. 클래스는 반드시 사용해야 하는 것은 아니지만, 코드의 수정과 재사용을 위해 코드를 구조화하는 가장 강력한 방법으로 코드의 중복성을 자연스럽게 최소화할 수 있는 유용한 도구다.

앞으로 보게 되겠지만 클래스는 대부분 여기에서 다루는 개념을 주로 재사용하고, 파이썬에서 객체 지향 프로그래밍은 주로 함수에서 특별한 첫 번째 인수와 연결된 객체에서 이름을 찾는 것과 관련이 있다. 또한 파이썬에서 객체 지향 프로그래밍은 선택 사항이지만, 파이썬의 객체 지향 프로그래밍은 다른 언어들보다 단순하여 획기적으로 개발 시간을 단축할 수 있음을 알게 될 것이다.

파트 7

이 책의 언어 기본에 관하여 다루는 내용은 이 파트를 끝으로 마무리된다. 이 파트에서 파이썬의 예외 처리 모델과 문(statement)에 대하여 살펴본다. 이에 덧붙여, 더 큰 규모의 프로그램을 작성하기 시작하면 더 유용해질 개발 도구(디버깅, 테스팅 도구 등)에 관하여 간단히 살펴본다. 예외는 그 내용의 비중으로는 상당히 가벼워 앞부분에서 다루는 것이 맞겠으나, 사용자-정의 예외가 모두 클래스여야 하기 때문에 클래스에 관한 논의 후인 이 파트에서 다루도록 한다. 더불어 컨텍스트 관리자(context manager)와 같은 좀 더 심도 있는 주제도 다룬다.

파트 8

마지막 파트에서 우리는 몇몇 고급 주제(유니코드, 바이트 문자열, 프로퍼티(property)나 디스크립터(descriptor)와 같은 관리되는 속성 도구, 함수와 클래스 데코레이터, 메타클래스)에 대하여 알아본다. 여기에 담긴 내용은 모든 프로그래머가 이해해야만 할 내용은 아니므로 읽는 것은 독자의 선택 사항이다. 반면에 국제화 텍스트나 바이너리 데이터를 처리해야 하거나 다른 사용자들에게 공개할 API를 작성해야 하는 독자들은 이 파트에 관심을 갖게 될 것이다. 이 파트의 예제들은 다른 파트의 예제와 비교하면 다소 크며, 여러분 스스로 공부하는 데 활용할 수 있을 것이다.

파트 9

다양한 컴퓨터에 파이썬을 설치하고 활용하기 위한 플랫폼에 따른 팁을 제공하는 네 개의 부록으로 이 책을 마무리한다. 파이썬 3.3과 함께 제공되는 윈도우 런처를 설명하고, 최신판에서 다루었던 파이썬의 변경 내역에 관하여 요약하고, 관련 링크를 제공하며, 파트 마지막에 등장하는 실습 문제의 정답을 실었다. 각 장의 마지막에 실린 퀴즈의 정답은 각 장에 실려 있다. 부록은 다음의 사이트에서 PDF 파일로도 다운로드할 수 있다.

https://github.com/Jpub/LearningPython

이 책의 구성을 좀 더 자세히 살펴보려면 차례를 확인하기 바란다.

이 책의 목적이 아닌 것

십수 년에 걸쳐 청중의 규모가 커진 것을 고려하면, 일부 사람들은 반드시 이 책에 대하여 책의 범위를 벗어나는 것들을 기대하기 마련이다. 그래서 이 책의 성격을 이곳에서 확실히 규정하고자 한다.

- 이 책은 튜토리얼(사용지침서)이며, 참고 서적이 아니다.
- 이 책은 언어 자체를 다루며, 응용이나 표준 라이브러리 또는 서드파티 도구들을 다루지 않는다.
- 이 책은 중요한 주제에 관하여 통찰하는 책이며, 수박 겉핥기식으로 개괄하는 책이 아니다.

이 책의 내용에 관한 주요 포인트로 각 항목에 대하여 몇 마디 솔직하게 덧붙이고자 한다.

이 책은 구체적인 활용 방안을 다루지 않는다

이 책은 언어의 기본을 가르치는 교재로, 참고 도서 또는 활용 서적이 아니다. 오늘날의 파이썬은 내장된 타입, 제너레이터(generator), 클로저(closure), 컴프리헨션(comprehension), 유니코드(Unicode), 데코레이터(decorator) 그리고 절차적 프로그래밍, 객체 지향 프로그래밍, 함수형 프로그래밍의 혼합 등 다양한 특징을 가졌다. 이로써 핵심 언어는 매우 중요한 주제로, 이 핵심 언어를 배우는 것은 파이썬으로 어느 영역에서 작업을 하든지 반드시 선행되어야 할 필수조건이다. 만약 여러분이 다른 자원을 활용할 준비가 되어 있다면, 몇 가지 제안을 여기에 남기고자 한다.

참고 자료

이 책의 구조에 관하여 설명할 때 언급했지만, 자세한 내용을 찾으려면 목차와 색인을 활용하면 되나 이 책에 참고 부록은 없다. 만약 파이썬의 참고 자료를 찾는다면(아마 대부분의 독자가 파이썬으로 경력을 쌓으면 곧 그렇게 되겠지만), 이전에도 언급했던 이 책과 함께 활용할 수 있도록 구성된 《파이썬 포켓 레퍼런스》를 참고하기 바란다. 이외에도 원한다면 다른 파이썬 참고 도서를 쉽게 찾아볼 수도 있으며, 표준 파이썬 참고 매뉴얼은 http://www.python.org에서도 운영되고 있다. 마지막 매뉴얼은 무료이지만 늘 최신 내용으로 유지되고 있고, 웹과 윈도우에 설치한 뒤라면 컴퓨터 모두에서 조회 및 활용이 가능하다.

애플리케이션과 라이브러리

이전에 논했듯이 이 책은 웹, GUI, 시스템 프로그래밍 같은 특정 애플리케이션에 대한 지침서가 아니다. 대신, 이 책은 애플리케이션에서 활용되는 라이브러리와 도구들에 관한 설명을 포함하고 있다. 비록 일부 표준 라이브러리와 도구(timeit, shelve, pickle, struct, json, pdb, os, urllib, re, xml, random, PyDoc, IDLE 등)는 여기에서 소개되겠지만, 이것들이 이 책의 공식적인 주 범위 안에 들지는 않는다. 만약 해당 주제에 관하여 더 많이 다루길 원하고 이미 파이썬에 숙련된 사람이라면, 이 책의 후속작인 《프로그래밍 파이썬》을 추천한다. 《프로그래밍 파이썬》은 이 책을 선행한 것으로 가정하여 내용이 구성되어 있으므로 우선 핵심 언어에 대하여 확실하게 이해하고 있어야 한다. 특히, 소프트웨어 개발 같은 엔지니어링 영역에서는 뛰기 전에 반드시 걸어야 한다.

이 책은 결코 얇지 않다

이미 분량으로도 알 수 있다시피, 이 책은 상세한 부분도 건너뛰지 않고 모두 다룬다. 파이썬 언어의 일부만을 간략하게 다루는 게 아니라 언어 전체를 다루고 있다. 이 책은 또한 좋은 파이썬 코드를 작성하기 위해 필수인 소프트웨어 원칙에 관해서도 다루고 있다. 앞서 말했듯이, 이 책은 파이썬으로 한 학기 강좌를 수강했을 때 얻을 수 있는 기술 수준을 전수하도록 구성되어 있다.

이 책을 읽는 많은 분은 전체 소프트웨어 개발 기술을 배울 필요가 없으며, 일부는 파이썬을 단편적으로 습득할 수 있다. 하지만 이와 동시에 여러분이 마주하게 될 코드에서 언어의 어떤 부분이라도 사용될 수 있기 때문에 대부분의 프로그래머에게는 어떤 부분도 전적으로 선택 사항이 될 수 없다. 더군다나 심지어 비정기적인 스크립트 개발자나 취미로 개발하는 사람이라도 코딩을 잘하고, 이미 코딩된 도구들을 적절하게 활용하기 위해서는 기본적인 소프트웨어 개발 원칙을 알아야 할 필요가 있다.

이 책은 언어와 개발 원칙 모두를 활용이 가능한 수준으로 설명하는 것을 목표로 한다. 마지막으로, 만약 이 책을 한 번에 한 장씩 배워나가면서 이들의 필수 조건을 숙달해 간다면, 파이썬의 좀 더 높은 수준의 도구(圓 객체 지향 또는 함수형 프로그래밍의 지원)를 상대적으로 쉽게 배울 수 있다.

이 책은 파이썬이 허락하는 한 순서대로 구성되어 있다

읽는 순서에 대해 이야기하자면, 이번 개정판에서는 이후에 나올 내용을 사전에 참조해야 하는 상황을 최소화하기 위해 심혈을 기울였다. 그러나 파이썬 3.X의 변경 내역으로 인해 이러한 상황이 불가피한 경우도 있다. 실은 3.X는 때에 따라 파이썬을 배우는 중임에도 이미 파이썬을 알고 있다고 가정하는 듯 보인다. 몇몇 대표적인 사례를 살펴보자.

- 출력, 정렬, 문자열 format 메서드, 그리고 몇몇 dict 호출은 함수 키워드 인수에 의존적이다.
- 많은 도구에서 사용되고 있는 딕셔너리 키 리스트와 테스트, 그리고 리스트 호출은 반복(iteration) 개념에 기반을 두고 있다.
- 코드를 실행하기 위한 exec의 사용은 파일 객체와 인터페이스에 관한 지식이 있음을 가정한다.
- 새 예외 처리(exceptions)를 작성하기 위해서는 클래스와 객체 지향 프로그래밍에 대한 기본 지식이 필요하다.
- 기본 상속(inheritance)에서 고급 주제인 메타클래스(metaclass)와 디스크립터(descriptor)에 관하여 언급한다.

파이썬은 여전히 단순한 개념부터 고급 수준까지 한 단계씩 진전하면서 배우기에 최고의 언어이며, 이 책을 순서대로 읽어가며 학습하는 것이 이해가 가장 빠른 길이다. 여전히 일부 주제는 이후의 장들을 참조하거나 다른 부분을 찾아보며 이해하는 노력이 필요할 수 있다. 이러한 수고를 최소화하기 위해 이 책은 어느 부분을 참조하면 되는지 함께 기술함으로써 이로 인한 번거로움을 가능한 한 줄여 줄 것이다.

 시간이 부족한 경우: 파이썬을 마스터하려면 깊이가 매우 중요하지만, 일부 독자의 경우 시간적 제약이 있을 수 있다. 만약 빠르게 파이썬의 내용을 둘러보고자 한다면, 1장, 4장, 10장, 그리고 28장(아마도 26장도 필요할 수 있다)을 보면 될 것이다. 다만, 바라는 것은 여러분이 이를 통해 이 책의 나머지 부분에서 다루는 더 완전한 내용, 오늘날 파이썬 소프트웨어 세계에서 대부분의 독자가 필요로 하는 모든 것에 관심을 갖게 되기를 바란다. 이 책은 내용의 이해를 돕기 위해 의도적으로 개념을 먼저 소개하고 이어서 상세 설명이 나오도록 구성하였다. 따라서 독자들은 개요로 시작해서 시간이 지남에 따라 더 깊이 있는 내용을 학습할 수 있을 것이다. 이 책을 한 번에 독파할 필요는 없지만, 차근차근 따라가다 보면 마침내 이 교재를 모두 마치게 될 것이다.

이 책의 프로그램

대체적으로 이 책은 파이썬의 버전이나 플랫폼에 무관하게 실행될 수 있도록 노력하였으며, 모든 파이썬 사용자에게 유용할 수 있도록 구성하였다. 그럼에도 불구하고 파이썬은 시간에 따라 계속 변화하며, 플랫폼은 실용적인 측면에서 달라지는 경향이 있기 때문에 이 책의 대부분의 예제가 동작이 가능한 시스템 요구 사항에 관하여 기술하고자 한다.

파이썬 버전

다섯 번째 개정판에 포함된 모든 프로그램 예제는 파이썬 버전 3.6과 2.7 기반으로 작성되었다. 아울러 이 예제들 중 많은 부분은 이전 3.X와 2.X 릴리즈에서도 실행되며, 이전 버전 대비 변경 사항에 대하여 기술하여 예전 버전의 사용자들도 함께 활용할 수 있도록 하였다.

이 글은 핵심 언어에 대하여 집중적으로 다루고 있기 때문에 여기에 나오는 대부분의 내용은 향후 배포될 파이썬에서도 그다지 변경되지 않을 것이라고 확신할 수 있다. 이 책의 대부분은 초기 파이썬 버전에도 적용되지만, 신규 버전이 출시되면서 새롭게 추가된 확장 기능들은 이전 버전에서 적용되지 않는다. 경험상, 최신 파이썬을 쓰는 것이 가장 좋으므로 가능하다면 최신 버전 파이썬으로 업그레이드하는 것이 좋다.

이 책은 핵심 언어에 집중하고 있으므로 이 책의 대부분의 내용은 Stackless나 PyPy와 같은 파이썬 구현, 그리고 또한 Jython과 IronPython 같은 자바 또는 .NET 기반의 파이썬 언어 구현에 적용된다(2장의 내용을 참조할 것). 이러한 여러 구현들은 활용 시 세부 내용에서 차이가 날 뿐 언어 자체의 본질적인 내용에는 변함이 없다.

플랫폼

파이썬의 이식성과 이 책이 주로 핵심 언어 자체를 다룬다는 점을 고려한다면 플랫폼에 대한 안내는 오히려 혼동을 일으킬 수도 있지만, 이 책의 예제들은 윈도우 10이 설치된 울트라북에서 실행되었다. 독자들은 아마도 명령 라인 프롬프트, 스크린샷, 설치 환경 및 3.3에서의 윈도우용 런처에 관한 부록 내용을 통해 윈도우 환경임을 알아챌 것이다. 하지만 이는 대부분의 파이썬 입문자들이 아마도 윈도우 환경에서 시작할 가능성이 높기 때문이며, 다른 운영체제를 사용하는 사용자들은 가볍게 무시할 수 있을 만한 것이다.

이 책은 또한 '#!'와 같은 라인을 사용하여 리눅스를 포함한 다른 플랫폼에서 실행하는 방법에 관해서도 제공하지만, 3장과 부록 B에서 볼 수 있듯이 3.3 버전에 포함된 윈도우 런처는 이 부분에 관한 이식성을 높이는 결과를 가져왔다.

이 책의 코드 가져오기

이 책의 예제에 해당하는 소스 코드 및 실습 문제에 대한 해답은 이 책의 웹 사이트에서 zip 파일로 가져올 수 있다. 웹 사이트 주소는 다음과 같다.

《러닝 파이썬》 GitHub 페이지: https://github.com/Jpub/LearningPython

이 사이트에는 이 책의 모든 코드와 함께 패키지 사용 설명을 포함하고 있다. 이에 관한 자세한 내용은 차후에 다루겠다. 물론, 이 책의 예제들은 책에서 보여 주는 형태에서 가장 잘 동작하며, 이 예제들을 활용하기 위해 일반적으로 파이썬 프로그램을 실행하기 위한 추가적인 배경 지식이 필요할 수도 있다. 파이썬 프로그램을 구동하는 방법에 관해서는 3장에서 상세히 다룬다.

이 책의 코드 사용하기

이 책에 실린 코드는 교육용으로 작성된 것이므로 독자들에게 도움이 된다면 기쁠 것이다. 오라일리 출판사는 일반적으로 책에 기재된 예제의 재사용과 관련한 공식적인 정책을 가지고 있으므로 그에 대한 안내로 본 내용을 대신한다.

이 책은 여러분의 일을 돕기 위해 존재한다. 일반적으로, 이 책에 포함된 코드를 여러분의 프로그램이나 문서에서 사용할 수 있다. 코드의 주요 부분을 재작성하지 않는 한 사용과 관련하여 출판사에 허락을 구하지 않아도 된다. 예를 들어, 이 책에 나오는 몇몇 코드를 이용하여 프로그램을 작성하는 것은 별도의 허가가 필요 없다. 또한, 이 책이나 예제 코드를 인용하는 것도 별도의 승인이 필요 없다. 그러나 이 책에 실린 예제 코드의 상당량을 결합하여 여러분이 작성한 문서에 포함시킨다면, 출판사의 허가를 받아야 한다.

인용 시 출처를 밝혀준다면 고맙겠으나, 반드시 밝힐 필요는 없다. 인용 출처는 일반적으로 제목, 저자, 출판사, 그리고 ISBN을 포함한다. 표기법에 대한 예를 들자면 《러닝 파이썬 (제5판)》 마크 러츠 지음, 제이펍 978-11-88621-07-1'과 같다.

만약 예제 코드 사용 방식이 정당한 사용처의 범위를 벗어났거나 상기와 같이 출판사의 허가가 필요한 경우에는 permissions@oreilly.com 혹은 readers.jpub@gmail.com으로 연락하기 바란다.

이 책의 표기 방식

이 책의 기술 방식은 일단 읽다 보면 이해가 되겠지만, 참고삼아 이 책에서는 다음과 같은 서체 규약을 따름을 밝혀둔다.

고딕체(예 abc)

파일명, 경로명, 그리고 새로운 용어를 강조하기 위해 사용한다.

고정폭 서체(예 abc)

프로그램 코드문 등을 표기할 때 사용한다.

고정폭 볼드체(예 abc)

코드가 등장하는 부분에서 명령어를 나타내거나, 사용자가 입력한 텍스트, 그리고 경우에 따라 코드 중 특정 부분을 강조할 때 사용한다.

고정폭 이탤릭체(예 abc)

코드문상의 대체 가능한 부분을 표시하기 위해 사용한다.

 이 아이콘은 팁이나 제안을 표시한다.

 이 아이콘은 경고나 주의 사항을 표시한다.

또한, 종종 상자 형태로 구획이 나뉘어진 칼럼 또는 각주를 볼 수 있다. 이 부분은 선택적으로 확인해도 되지만, 본문에 설명한 내용에 대한 부연 설명을 제공하고 있으므로 읽어 보면 도움이 될 것이다. 예를 들어, 259쪽 "더 생각해 볼 주제: 슬라이스" 칼럼에서는 탐색하고 있는 주제들에 대한 활용 예시를 제공한다.

이 책의 최신 정보와 자료들

읽다보면 개선이 필요한 부분이 있을 것이다(또한, 오타 역시 있을 것이다). 최신 내용으로 업데이트가 필요하거나 보완 또는 정정되어야 하는 부분에 대해서는 웹에 지속적으로 게시, 운영할 것이다. 관련하여 제보할 내용이 있다면 다음의 출판사 웹 사이트나 이메일로 연락이 가능하다. 주요 조정 내역은 다음과 같다.

출판사 웹 페이지: http://oreil.ly/LearningPython-5E

이 사이트는 본 개정판에 대한 공식적인 오탈자 목록을 관리하며, 재판을 찍을 때마다 수정된 내역에 대한 이력을 관리하고 있다. 또한, 이전에 설명했듯이 이 책의 예제와 관련한 공식 사이트다.

나의 웹 사이트: http://learning-python.com/about-lp5e.html

이 사이트는 파이썬의 향후 변경 내역에 대응하여 이 책과 파이썬 자체에 관한 최신 내역의 업데이트를 주로 게재한다. 해당 사이트를 이 책의 특별 부록으로 여기고 활용하면 될 것이다.

출판사는 이 책에 대한 기술적 질문과 견해를 받을 수 있도록 다음의 이메일 주소를 운영하고 있다.

readers.jpub@gmail.com

출판사에서 운영하는 도서, 학회, 지원 센터, 오라일리 네트워크에 대하여 더 많은 정보를 얻고 싶다면 다음의 일반 웹 사이트에서 확인할 수 있다.

https://www.oreilly.com

내가 저술한 다른 책에도 관심이 있을 경우, 직접 운영하는 다음 사이트를 방문하면 확인할 수 있다.

http://learning-python.com/index-book-links.html

또한, 시간이 지나 앞서 기술한 사이트 링크들이 유효하지 않다면 웹에서 검색해 보기 바란다. 천리안과도 같은 능력이 있으면 좋겠지만, 웹은 출간된 책보다 더 빨리 변화하기 때문에 제때 따라잡기에는 아무래도 한계가 있다.

감사의 말

2013년에 이 책의 다섯 번째 개정판을 쓰면서 지난날에 대한 회상에 빠지지 않기란 어려운 일이었다. 30여 년간 파이썬을 사용하고 전파하면서 그중 반 이상을 파이썬 저술 활동과 교육 프로그램을 운영하는 데 힘써 왔다. 오랜 시간이 지났음에도 불구하고 여전히 파이썬이 얼마나 성공했는지를 볼 때마다 놀라곤 한다. 이는 1990년 초반에는 상상조차 할 수 없었던 일이었다. '자기 자신에게만 몰두하는 저자'라는 오명을 쓸 것을 무릅쓰고 여기에 몇 가지 이야기와 감사의 말을 남기며 글을 맺고자 한다.

배경 이야기

나와 파이썬과의 인연은 웹이나 파이썬 1.0보다 먼저 시작되었다. 돌이켜보건대, 프로그램 설치란 이메일로 파일을 받아서 합치고 디코딩하여 잘 동작하기를 바라는 게 전부였던 시절이었다. 1992년 C++ 개발자로 좌절감을 느끼고 있을 때 처음 파이썬을 접했는데, 그때만 해도 이것이 내 인생의 나머지 날들에 얼마나 영향을 미칠 것인지는 전혀 예상하지 못했다. 1995년 파이썬 1.3을 기반으로 《프로그래밍 파이썬》을 처음 출판한 지 2년 뒤, 세계 여러 곳을 여행하며 입문자나 전문가들을 대상으로 파이썬을 가르치기 시작했다. 이어서 파이썬의 인기에 힘입어 1999년에 《러닝 파이썬》의 첫 출판을 시작으로 나는 파이썬 트레이너이자 저술가로 활동하게 되었다.

지금까지 14권의 파이썬 책을 저술하였으며, 모두 합하여 수십만 부의 판매를 기록했다. 또한, 오랜 기간 파이썬을 가르치면서 미국, 유럽, 캐나다, 멕시코 등지에서 수백 회의 교육 과정에 강사로 참여하였고, 그러면서 대략 수천여 명의 학생들을 만났다. 이 과정들을 통해서 내 책들을 개선해 나갈 수 있었다. 교육 활동을 통해서 책의 내용을 다듬고, 반대로 저술 활동을 통해 교육 내용이 다듬어졌다. 덕분에 책에서 나타나는 효과는 내 강의 중에도 일어났으며, 서로에게 훌륭한 대안이 될 수 있었다.

파이썬에 대해서도 얘기하자면, 최근 몇 년간 세계에서 가장 널리 사용되는 프로그래밍 언어 상위 5~10위 안에 들게 되었다. (인용하는 시점에 어디를 참조하느냐에 따라 그 순위가 달라질 것이다.) 우리는 이 책의 1장에서 파이썬의 현재 상황에 대하여 알아볼 것이므로 나머지 이야기는 거기에서 다시 하고자 한다.

파이썬에 대한 감사

가르치는 활동은 가르치는 사람에게 가르치는 것을 가르치기 때문에 이 책은 내 강좌의 덕을 많이 보았다. 그동안 내 강의에 참석한 모든 학생에게 감사하고 싶다. 파이썬의 변화를 따라가다 보면 여러분의 피드백이 이 글을 다듬는 데 중요한 역할을 해왔다. 수천여 명의 사람들이 똑같은 초보적 실수를 하는 것을 직접 보는 것만큼 유익한 것은 없다! 이 책의 최근 개정판은 그들을 가르친 경험을 토대로 수정 및 보완하였다. 비록 1997년 이후 매번 있어 온 교육 과정이지만, 그 과정 하나하나가 이 글을 다듬고 보완하는 데 도움이 되었다. 더블린, 멕시코시티, 바르셀로나, 런던, 에드몬튼, 푸에르토리코에서 열린 과정을 개최한 주최측에게 감사의 말을 전한다. 이런 경험들이 내 경력에서 가장 오래 남는 보상 중 하나다.

저술 활동은 저술가가 쓰는 법을 가르치기 때문에 이 책은 독자들에게 많은 빚을 지고 있다. 지난 20여 년간 온라인뿐 아니라 개인적으로도 많은 제안을 해준 셀 수 없이 많은 독자 여러분에게 감사하고 싶다. 여러분의 의견이 책의 발전에 크게 기여했으며, 이 책의 성공에 가장 중요한 열쇠가 되었다. 이는 오픈 소스이기에 가능한 이점이기도 하다. 독자들의 견해는 "당신은 책을 쓰지 말아야 한다."라는 의견부터 "당신이 책을 썼다니, 행운이 깃들기 바란다."까지 아주 다양했다. 만약 독자들이 의견 일치를 보는 게 가능하다면, 그것은 아마 저 둘 사이 어딘가일 것이다.

또한, 이 책의 출판에 참여한 모든 이에게 감사의 말을 전하고 싶다. 수년에 걸쳐 이 책을 알차게 만드는 데 도움을 준 모든 이들(편집장, 디자이너, 마케팅 담당자, 기술 검토 위원 등)에게, 그리고 내게 14권의 책을 저술할 수 있는 기회를 제공한 오라일리에 감사의 말을 전하고 싶다. 정말 즐거운 경험이었다(그리고 조금은 영화 '사랑의 블랙홀(Groundhog Day)' 같은 느낌이 들긴 했지만 말이다).

마지막으로, 파이썬 커뮤니티의 모두에게 감사하고 싶다. 대부분의 오픈 소스 시스템처럼 파이썬은 그 공로를 인정받지 못한 무수한 노력의 산물이다. 파이썬이 스크립트 언어계의 신참에서 거의 대부분의 소프트웨어 개발 조직에서 어떤 형태로든 사용되고 있는 도구로 성장하는 것을 지켜볼 수 있었던 것은 더할 나위 없는 영광이다. 기술적으로 의견이 다른 것은 차치하고, 이러한 역사의 한 부분에 참여할 수 있었다는 것은 매우 기쁜 일이다.

내 책의 최초 편집장인 (지금은 고인이 된) 오라일리의 프랭크 윌리슨에게 감사의 말을 드리고 싶다. 이 책의 많은 부분이 그의 아이디어였다. 그는 나의 경력과 파이썬의 성공에 지대한 영향을 끼쳤다. 내가 '오직(only)'이라는 단어를 오용하고자 할 때마다 그가 남긴 유산을 기억한다.

개인적인 감사의 말

마지막으로, 개인적인 감사의 말을 전하고자 한다. 이제 고인이 된 칼 세이건, 위스콘신에서 자란 18살 소년에게 많은 영감을 주었다. 나의 어머니, 늘 곁에서 격려를 아끼지 않으셨다. 내 형제 자매들에게, 피너츠 박물관에서 우리는 많은 진실을 찾을 수 있었다. 책, 생각하지 않는 사람들(The Shallows)에게, 더 많은 모닝콜이 필요했음에 감사한다.

내 아들 마이클과 딸 사만다와 록산느에게, 너희의 존재만으로도 감사하단다. 너희들이 언제 이만큼 자랐는지 확실하지 않지만, 너희가 정말 자랑스러울 수 있도록 이 생이 너희를 어디로 인도할지 지켜보기를 고대한다.

그리고 내 아내 베라에게, 당신의 인내와 교정, 그리고 다이어트 콜라와 프레첼에 감사하고, 마침내 당신을 만난 것에 행복하오. 이후 내가 무엇을 할지는 모르겠지만, 그 시간을 당신과 항상 함께 할 것을 바란다는 것은 알고 있기를 바라오.

마크 러츠

Mark Lutz

베타리더 후기

제이펍은 책에 대한 애정과 기술에 대한 열정이 뜨거운 베타리더들로 하여금
출간되는 모든 서적에 사전 검증을 시행하고 있습니다.

📖 구민정(SK주식회사)

러닝 파이썬 원고를 처음 받았을 때 '아, 드디어 기대하던 파이썬 책이 나왔구나'라는 생각
이 들었습니다. 아울러 엄청난 페이지 수와 쉽고 자세한 설명에 놀랐습니다. 파이썬 개발자
라면 꼭 한번 정독하시기를 바라고, 곁에 두고서 수시로 학습하셨으면 합니다. 입문자부터
고급 개발자까지 파이썬을 제대로 알 수 있는 기회가 될 것입니다. 설명이 상당히 친절한데,
그 설명을 반복하는 부분이 많아 학습에 더욱 도움이 될 것 같습니다. 그리고 시중에 나와
있는 책들은 '파이썬이 쉬운 언어다'라는 것을 너무 강조하여 분량도 적고 얕은 지식만을 알
려 주는 느낌이어서 무척 아쉬웠는데, 이 《러닝 파이썬》은 정말 파이썬을 제대로 알고 싶은
사람들을 만족시킬 만한 도서라고 생각합니다. 출간이 너무 기다려지네요.

📖 김용현(마이크로소프트 MVP)

문법책만으로 영어를 공부하는 것보다는 자습서를 함께 보는 것이 이해가 빠른 것처럼, 프
로그래밍 언어 또한 마찬가지입니다. 이 책은 객체 지향 프로그래밍의 법칙 등 어려운 말을
사용하지 않으면서도 핵심을 이해하기 쉽게 설명하여, 초급자에게는 시행착오를 줄임과 동
시에 언어의 전체를 볼 수 있게 해주고, 중급자에게는 지식의 빈 공간을 메꿀 기회를 주는
책입니다. 언어의 개괄을 보여주고 실무에서 맞닥뜨리게 되는 부분을 반복해서 학습하다 보
면 결국 유창한 파이썬을 구사하게 될 것입니다. 파이썬의 텍스트로 취급받는 모 출판사 책
의 아성에 도전할 수 있는 책인 것 같습니다. 많은 분량의 내용을 번역하고 만드시느라 수
고 많으셨습니다. 이제 독자의 한 사람으로서 설레는 마음으로 출간을 기다리겠습니다.

🦋 김인근(서울대학교)

파이썬 초보자에서 중급자로 단숨에 끌어올릴 책입니다. 파이썬이 동작하는 원리를 기초부터 높은 수준까지 총망라하여 자세히, 그리고 반복적으로 설명합니다. 분량이 제법 많지만 한번 정독하여 읽으면 그만큼 확실한 실력을 얻게 될 것입니다. 본인의 실력이 정체되었다고 느끼는 파이썬 개발자들이 있다면 한 줄기 빛이 될 그런 책입니다!

🦋 김정헌(BTC)

이 《러닝 파이썬》은 무척 두꺼운 책입니다. 설명이 자세하다는 장점도 있지만, 그만큼 배워야 할 내용이 많습니다. 그러나 제대로 배우고자 한다면, 꼭 읽어 보기를 권합니다. 다른 책에서 보기 힘든 자세한 설명 덕에 중급자에게도 도움이 될 것 같네요. 코딩을 전혀 모르는 사람이 읽기에는 부담스럽겠지만, 다른 언어를 알고 있는 사람이나 파이썬을 조금 아는 사람이 파이썬을 정말 제대로 배우고 싶다면 꼭 읽어야 할 책이라고 생각합니다.

🦋 김종욱(KAIST)

이 책은 파이썬을 배우는 데 필요한 거의 모든 기초 지식들을 다루고 있습니다. 또한, 초보자부터 중급자에 이르기까지 옆에 두고 필요한 부분이 있으면 수시로 참고하면서 학습하기 좋게 구성되었습니다. 다만 책의 두께가 상당한 만큼 학습하다 지치지 않도록 처음부터 모든 내용을 숙지하려는 것은 피하는 게 좋습니다.

🦋 박성환(한국외국어대학교)

파이썬을 더욱 깊게 느껴보고 싶은 모든 파이썬 사용자들에게 이 책은 단순 파이썬 서적이 아니라, 파이썬 개발 경험 수십 년이 넘는 저자의 고급 파이썬 개발 노하우와 소프트웨어 개발 철학의 집대성이라고 할 수 있습니다. 비전공자로 프로그래밍을 공부하는 입장에서 파이썬 내용은 물론, 지은이의 내공이 느껴지는 노하우나 개발 철학에 대한 조언이 정말 인상 깊었습니다. 제가 베타리딩한 부분에서의 중복 제거에 대한 집착이나, 결합도, 응집도 등등 소프트웨어 공학적인 내용들은 달달 외워야 할 정도로 중요한 내용인데, 이를 어떻게 책에 다 녹여낼 생각을 했는지 대단합니다. 그러나 파이썬은 진입 장벽이 낮아서 프로그래밍 경험이 전무한 비전공자들도 많기 사용하는데, 그들에게는 다소 어려울 거라 생각됩니다. 책의 내용이 고급인 것은 물론, 저자의 수준이 워낙 높아 한 문장, 문장에 깊이가 있기 때문입니다. 안 그래도 두꺼운 책인데 소프트웨어 공학에 대한 지식이 전혀 책에서 다루는 용어 하나조차 스트레스일 것입니다. 그러므로 저는 다른 분들이 이 책을 구입할 때

장기간의 스터디용으로 여겼으면 합니다. 입문을 넘어 파이썬을 완벽히 마스터하고 싶은 사람들에게는 꼭 추천하고 싶은 책입니다. 저 또한 어느새 단순한 베타리딩을 넘어 열심히 공부하며 읽고 있는 스스로를 발견하였습니다. 파이썬을 사랑하는 사람으로서 이 책의 베타리딩에 참여할 수 있어서 영광이었습니다.

🦋 박정춘(NextMatch)

최근 배워야 할 언어를 추천해 달라는 말을 들으면 단연코 쉽고 생산성이 뛰어난 파이썬을 꼽습니다. 파이썬은 범용 프로그래밍 언어의 장점과 풍부한 라이브러리, 성숙한 커뮤니티를 통해 발전함과 동시에 다양한 분야에 걸쳐 사용되고 있습니다. 이 책은 파이썬의 기본부터 핵심적인 요소를 자세하게 다루고 있습니다. 특히, 기초적인 내용부터 고급 주제까지 골고루 다루고 있어 레퍼런스 용도로 사용하기에도 충분합니다. 내용이나 문장에 난이도가 있는데 번역자께서 시간을 많이 투자하신 것 같습니다. 반드시 읽어 보기를 권합니다!

🦋 박조은

이 책은 입문서지만 파이썬에 대한 기초적인 이해가 있는 사람들이 읽으면 더 좋을 책입니다. 많은 분량만큼 구체적인 내용을 다루고 있으므로 다른 파이썬 책에서 보지 못했던 내용을 이 책을 통해 학습할 수 있었습니다. 하지만 관련 지식이나 경험이 없다면 이 책의 분량과 깊이가 어렵게 느껴질 것입니다. 그러나 그만큼 파이썬을 좀 더 깊고 자세하게 이해할 수 있는 좋은 안내자가 될 것입니다. 사전처럼 많은 내용을 다루고 있기 때문에 기본 문법을 학습하다가 지칠 수도 있으므로 처음 시작하는 분들은 파이썬을 통해 무엇을 하고 싶은지 목표를 확실히 하고 읽는 것이 좋겠습니다. 이미 경험을 해본 분들이라면 기존에 알고 있던 내용을 정리하고 깊이 있는 학습을 하는 데 도움이 될 것입니다. 이해를 도와주는 적절한 예제 코드가 잘 정리되어 있으며, 파이썬 사용자라면 책상에 꽂아 두고 필요할 때마다 찾아서 읽어 보기 딱 좋은 책입니다.

🦋 석대진(코아시스템)

이 책은 제가 파이썬을 알기 전부터 꾸준히 출판되어 온 책으로 41개의 장을 통해 파이썬의 미래 혹은 파이썬에 대한 저자의 열정을 느낄 수가 있습니다. 그리고 저자의 열정만큼 설명이 자세하고 반복적으로 이루어진 탓에 책 자체가 다소 지루하게 느껴지는 경향이 있습니다. 하지만 파이썬 2를 다루거나, 혹은 2와 3을 동시에 다루어야 하는 사람이 이 책을 읽는다면 저자의 자세하고 꼼꼼함에 감사하지 않을 수 없을 것입니다.

🦋 송재욱(카카오)

파이썬은 매우 인기 있는 언어입니다. 풍부한 라이브러리를 제공할 뿐만 아니라 국내 커뮤니티도 활성화되었으며, 실제로 많은 현업 개발자들 사이에서도 손꼽히는 언어 중 하나입니다. 그렇기에 꼭 한 번 공부해 볼 가치가 있습니다. 방대한 분량만큼 파이썬의 상세한 이해를 돕는 설명과 예제를 모조리 포함하고 있습니다. 그러나 그만큼 인내심을 갖고 읽어야 할 책이기도 합니다. 느긋하게 마음을 가지고 하나씩 차근히 학습해 나갈 것을 추천합니다.

🦋 염성욱(삼성SDS)

최근들이 딥 러닝이 인기를 끌면서 필요한 경우가 많아 파이썬도 덩달아 인기가 높아졌습니다. 파이썬은 2 버전과 3 버전이 호환이 되지 않는데, 이 책은 2와 3을 비교해 가면서 설명하고 있습니다. 많은 페이지를 통해 파이썬을 설명하는 만큼, 기초적인 부분부터 고급 기술까지 두루두루 설명하여 마치 바이블처럼 느껴집니다.

🦋 이승현(스타코프)

파이썬은 다른 언어들보다 시작하기 쉬우면서도 간결하고 강력하여 요즘에는 적절한 타이밍과 빠른 아이디어 실현이 목적인 스타트업에서 매우 각광받고 있습니다. 이 책은 분량 때문에 방대하고 조금 복잡한 언어가 아닌가 싶을 만큼, 파이썬의 이모저모를 세밀하게 조명하고 있습니다. 책 내용 전반에 대한 저자의 오랜 경력이 깊게 배어 있습니다. 이제 갓 파이썬에 입문했다면 이 분량에 압도되겠지만, 조언을 건네자면 경험 많은 파이썬 개발자들도 고급 기능 모두를 적극적으로 사용하지 않는다는 것입니다. 이 책을 읽고 난 후 여러분에게는 이 언어가 가지고 있는 세 개의 패러다임(절차 지향, 객체 지향, 함수 지향)에서 선별&조합하여 코딩하는 방법을 습득하기 위해 부단히 노력해야 한다는 숙제가 남았습니다. 파이썬은 일단 시작하기만 한다면 독자가 생각한 것을 그대로 코딩할 수 있는 즐거운 경험을 선사할 것이라고 확신합니다. 마지막으로 이 거대한 책을 매끄럽게 번역해 주신 역자분들께 감탄과 존경의 마음을 표합니다.

🦋 이재빈(안랩)

각종 언어의 전문 서적들을 다양하게 봐왔지만, 이 책이야말로 파이썬의 기본 서적이라고 말할 수 있을 정도로 기본 내용부터 응용 개념까지 충실한 바이블입니다. 파이썬에 관심을 가진 분들이라면 여러 책을 사기보다 이 책 한 권을 책장에 꽂아 두고 필요할 때마다 지속적으로 꺼내 보는 것이 가장 좋을 것 같습니다.

🦋 이지현

파이썬을 사용하면서 궁금했던 내용들을 자세히 설명한 책입니다. 드디어 모든 궁금증이 풀려 속이 시원하네요!

🦋 정현준(카카오)

파이썬을 알고 사용한다고 생각해도 막상 접하다 보면 새롭거나 잘못 알고 있는 부분이 생기는데, 이 책을 베타리딩하면서 이런 부분도 같이 알 수 있어 개인적으로도 만족스러웠습니다. 이 책이 모쪼록 파이썬을 공부하는 많은 사람들에게 도움이 되면 좋겠습니다. 제이펍 책 항상 잘 읽고 있습니다. 앞으로도 좋은 책 많이 출간해 주세요!

🦋 조현호(칩스앤미디어)

파이썬 학습서로 유명한 책인 것은 익히 알고 있었지만, 이번 베타리딩을 통해 처음 직접 접했는데 파이썬에 대해서 대략적으로만 알고 있었던 내용들에 대해서 보다 자세히 알 수 있는 좋은 기회가 되었습니다. 보통 다른 프로그래밍 언어를 사용하다가 파이썬을 접하게 되는 경우 최소한의 문법만을 알고 사용하시는 분들이 많은데, 그런 분들께 보다 자세히 파이썬을 배울 수 있도록 많은 도움을 줄 책인 것 같습니다.

🦋 한상곤(마이크로소프트 MVP)

이 책은 파이썬을 배우는 데 필요한 거의 모든 지식이 담겨 있습니다. 고급 주제들을 선별해서 소개하고 설명을 담은 만큼, 알고 보면 생각보다 많은 시간과 노력이 요구되는 파이썬의 좋은 길잡이가 되어줄 것입니다.

🦋 한홍근(서울옥션블루)

이 책은 방대한 분량만큼 매우 세세한 설명을 담고 있습니다. 파이썬 입문자는 자칫 분량에 질릴 수 있으므로 각오를 단단히 하고 이 책을 손에 들기 바랍니다. 하지만 파이썬 또는 프로그래밍 경험이 있는 분들이라면 깊이 있게 공부하는 데 참고할 만한 든든한 교재 역할을 충분히 해낼 것입니다. 책의 내용은 물론이고, 번역 품질도 좋아서 읽는 데 편했습니다.

시작하기

1

파이썬 Q&A 세션

이 책을 구입한 여러분은 이미 파이썬이 무엇인지 그리고 왜 배워야 하는지 알고 있을 것이다. 그러나 만약 그렇지 않다면, 이 책의 나머지 부분을 통해 파이썬을 배운 후 한두 번의 프로젝트를 경험해 보기 전까지는 파이썬을 왜 배워야 하는지 잘 모를 수도 있다. 그러므로 파이썬에 관해서 자세히 다루기 전에 먼저 이번 장에서는 파이썬의 대중적 인기 비결에 대해서 간단히 소개하고자 한다. 파이썬이 무엇인지 정의하기 위해서 이 장에서는 질문/답변 형식을 채택하였으며, 초보자들이 가장 많이 묻는 질문들로 구성하였다.

왜 파이썬을 사용하는가?

오늘날 선택할 수 있는 프로그래밍 언어는 무수히 많다. 그래서 보통 파이썬을 처음 접하는 사람들이 가장 먼저 하는 질문이 바로 이것이다. 전 세계에 약 백만 명의 파이썬 사용자가 있다는 것을 감안할 때, 모든 경우를 고려하여 이 질문에 대해 정확하게 답변하기란 어렵다. 개발 도구의 선택은 종종 특별한 제약 조건이나 개인적인 취향에 따라 결정된다.

그러나 오랜 기간 동안 수백여 단체와 수천 명이 넘는 학생들에게 파이썬을 가르친 결과, 나는 프로그래밍 언어 선택에 영향을 주는 몇 가지의 일반적인 주제를 발견할 수 있었다. 파이썬 사용자들은 주로 다음과 같은 이유들로 파이썬을 선택했다고 말한다.

소프트웨어 품질

다른 스크립트 언어와는 달리 파이썬은 일반적으로 가독성, 정합성[1], 소프트웨어 품질에 집중하고 있다. 파이썬 코드는 읽기 쉽게 설계되어 전통적인 스크립트 언어보다 재사용 및 유지보수가 훨씬 쉽다. 파이썬 코드의 일관성은 코드의 이해가 쉽도록 하며, 타인의 코드에 대한 이해 역시 쉽도록 만들어 준다. 추가로 파이썬은 객체 지향과 함수형 프로그래밍과 같은 좀 더 향상된 재사용 매커니즘에 대해서도 심층적으로 지원한다.

개발자 생산성

파이썬은 C, C++ 그리고 자바와 같은 컴파일 언어나 정적 타입 언어보다 개발자의 생산성을 몇 배 더 증가시킨다. 파이썬 코드는 일반적으로 같은 기능의 C++ 또는 자바 코드의 1/3에서 1/5 정도의 크기밖에 되지 않는다. 즉 이것은 타이핑 수와 버그, 유지보수 비용의 감소를 의미한다. 또한 파이썬 프로그램은 다른 언어에서는 필수적인 긴 컴파일 및 링크 단계 없이 바로 실행되므로 결국 개발자의 개발 속도를 향상시킨다.

프로그램 이식성

대부분의 파이썬 프로그램은 주요 컴퓨터 플랫폼에서 코드의 변경 없이 바로 실행된다. 예를 들어, 리눅스와 윈도우 사이에서 파이썬 코드를 이식하기 위해서는 보통 두 장비 간에 코드를 복사하기만 하면 된다. 게다가 파이썬은 그래픽 사용자 인터페이스(GUI), 데이터베이스 접근 프로그램, 웹 기반 시스템 등에 대한 이식성을 고려한 코드를 작성하기 위한 다양한 옵션을 제공한다. 심지어 프로그램의 실행과 디렉터리에 대한 접근을 포함한 운영체제 인터페이스조차도 파이썬에서는 이식성을 고려한 코드를 작성할 수 있다.

라이브러리 지원

파이썬은 다양한 기능을 미리 이식성을 고려한 상태로 빌드하여 **표준 라이브러리**라는 이름으로 함께 제공한다. 이 라이브러리는 텍스트 패턴 비교에서부터 네트워크 스크립트까지 애플리케이션 수준 프로그래밍에서 필요한 다양한 기능을 제공한다. 게다가 파이썬은 사용자가 직접 작성한 라이브러리들과 다양한 서드파티 애플리케이션 지원 소프트웨어들을 사용한 확장이 가능하다. 파이썬의 **서드파티 영역**에서는 웹 사이트 구축, 수치 제어 프로그래밍, 시리얼 포트 접근, 게임 개발 및 기타 다양한 분야를 위한 다양한 도구를 제공한다. 예를 들어 NumPy 확장 기능의 경우는 무료이며, Matlab(매트랩) 수치 제어 시스템과 맞먹는 강력함을 제공한다고 설명되어 있다.

---

1 **옮긴이** 논리의 일관성

컴포넌트 통합

파이썬 스크립트는 다양한 통합 매커니즘을 사용하여 애플리케이션의 다른 부분과 쉽게 통신할 수 있다. 이러한 통합 매커니즘을 이용하면 파이썬을 제품 커스터마이징과 확장 도구로 사용할 수 있다. 오늘날 파이썬은 C/C++ 라이브러리의 호출, C/C++ 프로그램에서 파이썬의 호출, 자바 또는 .NET(닷넷) 컴포넌트와 통합, COM 또는 실버라이트(Silverlight) 같은 프레임워크와 통신, 시리얼 포트를 통한 장치와 연결, 그리고 SOAP, XML-RPC, CORBA 같은 인터페이스를 사용하여 네트워크와 통신할 수 있다. 이러한 다양한 도구는 독립적으로 실행되지는 않는다.

즐거움

파이썬의 쉬운 사용법과 함께 제공되는 다양한 도구는 프로그래밍 작업을 단순한 일 이상의 즐거움으로 만든다. 비록 이러한 것들은 눈에 보이지 않지만, 생산성에 영향을 미치는 파이썬의 중요한 자산이다.

이러한 요소들 중 처음 두 개에 해당하는 품질과 생산성이 아마 대부분의 파이썬 사용자에게 가장 매력적인 혜택과 장점이 아닐까 한다.

소프트웨어의 품질

파이썬은 의도적으로 단순하고 읽기 쉬운 구문과 매우 일관된 프로그래밍 모델을 구현하고 있다. 오래 전의 파이썬 콘퍼런스에서 선언한 슬로건처럼 파이썬은 결과적으로 사용자의 두뇌에 맞는 언어('fit your brain')인 것 같다. 즉, 언어의 기능들은 일관되고 제한된 방식으로 상호 작용하고 자연스럽게 몇몇 핵심 개념들을 따른다. 이러한 방식은 언어를 쉽게 배우고 이해하고 기억하게 한다. 실제로 파이썬 프로그래머는 코드를 작성하거나 읽을 때 매뉴얼을 계속해서 참조하지 않아도 된다. 이 방식은 놀라울 정도로 균일한 코드의 산출물을 만들어 내는 일관성 있게 설계된 시스템 덕분에 가능한 일이다.

철학적으로, 파이썬은 다소 최소주의적(minimalist)인 접근 방식을 채택한다. 즉, 일반적으로 코딩 작업을 수행하는 데는 다양한 방법들이 존재할 수 있다. 보통 명확한 한 가지 방법과 다소 덜 명확한 여러가지 대안들이 있으며, 언어 전반적으로 일관된 상호 작용들이 있다. 또한, 파이썬은 여러분을 위해 어떤 임의의 결정을 하지 않는다. 파이썬은 상호 작용이 모호한 경우, '마술(magic)'보다는 오히려 명시적인 개입을 더 선호한다. 파이썬적인 사고 관점에서는 암

묵적인 것보다 명시적인 것을, 복잡한 것보다 단순한 것을 선호한다.[2]

이러한 설계 주제를 넘어, 파이썬은 자연스럽게 코드의 재사용성을 유도하는 모듈과 객체 지향 프로그래밍(Object-Oriented Programming, OOP)을 지원하는 도구들을 포함하고 있다. 그리고 파이썬이 코드의 품질에 초점을 맞추고 있기 때문에 파이썬 프로그래머들도 자연스럽게 코드의 품질에 초점을 맞추게 된다.

개발자의 생산성

인터넷 사용이 왕성했던 1990년대 중후반에는 소프트웨어 프로젝트를 진행할 만큼 충분한 프로그래머 수를 확보하기가 쉽지 않았다. 이 시기의 개발자들은 진화하는 인터넷에 따라 시스템을 가능한 빨리 구현하도록 요구받았다. 그리고 정리 해고와 경기 침체의 시대를 지나면서 상황이 더욱 악화되어 이제 프로그래머들은 심지어 더 적은 인원으로 같은 작업을 해줄 것을 요구받기 시작했다.

이러한 상황에서 파이썬은 프로그래머가 더 적은 노력으로 더 많은 일을 할 수 있는 도구로서 주목받았다. 파이썬은 의도적으로 개발 속도에 최적화되었는데, 파이썬의 단순한 구문, 동적 타이핑, 컴파일 단계의 생략과 내장된 도구들을 이용하면 몇몇 다른 도구를 사용할 때 필요한 시간보다 상대적으로 짧은 시간 안에 프로그램을 개발할 수 있다. 파이썬은 일반적으로 기존 언어에서 지원하는 수준을 뛰어넘는 개발자의 생산성 향상을 동반한다. 이러한 장점은 경기의 호황과 불황에 상관없이 소프트웨어 산업이 있는 곳이라면 어디서나 반가울 이야기다.

파이썬은 '스크립트 언어'인가?

파이썬은 스크립트 작성 목적으로 자주 사용되는 일반적인 목적의 프로그래밍 언어이며, 주로 객체 지향 스크립트 언어로서 정의된다. 이 정의는 스크립트 작성 도구로서의 역할에 대한 전반적인 방향과 객체 지향 프로그래밍에 대한 지원을 함께 포함하고 있다. 파이썬에 대한 정

---

2 파이썬의 철학에 대한 좀 더 자세한 내용은 파이썬 대화형 프롬프트에 import this 명령을 입력해 보자(뒤에 나올 3장에서 확인할 수 있다). 이 명령은 파이썬에 숨겨진 '이스터 에그(Easter egg)'를 호출한다. 호출해 보면 파이썬 언어와 사용자 커뮤니티에 스며든 파이썬의 설계 원칙을 보여 준다. 이 원칙들 중 약어 EIBTI는 '명시적인 것이 암시적인 것보다 낫다(Explicit Is Better Than Implicit)'는 원칙을 의미한다. 이러한 원칙이 종교적인 것은 아니지만 파이썬의 모토나 신념에 가까우며, 이 책에서 종종 인용될 것이다.

의를 한 줄로 표현하자면, 파이썬은 **절차적, 함수적 그리고 객체 지향 패러다임을 섞어 놓은 일반**
적인 목적의 프로그래밍 언어로 더 잘 알려져 있다고 말할 수 있다. 이 말은 오늘날 파이썬의 풍
요로움과 범위(한계)를 잘 표현하고 있다.

파이썬에 여전히 '스크립트'라는 용어가 늘 따라다니는 것은 아마도 프로그래밍에 많은 노력
이 필요한 다른 언어와 비교되기 때문일 것이다. 예를 들어, 사람들은 종종 파이썬 코드 파일
을 말할 때 '프로그램' 대신 '스크립트'라는 단어를 사용한다. 이러한 관습을 따라 이 책에서는
'스크립트'와 '프로그램'을 적절히 섞어서 사용하지만, 단순한 단일 파일을 언급할 때는 '스크립
트'의 사용을 선호하며, 다수의 파일로 구성된 복잡한 애플리케이션을 말할 때는 '프로그램'의
사용을 선호한다.

'스크립트 언어'라는 용어는 바라보는 사람에 따라 매우 다른 의미를 가진다. 따라서 일부 사
람들이 이 용어의 사용을 선호하긴 하나, 파이썬과는 어울리지 않는다. 실제로, 사람들은 파
이썬에 대해 말할 때 다음과 같은 세 가지 부류로 나눠서 이야기하는 경향이 있으며, 다음 부
류는 듣는 사람에 따라 그 중요도가 다를 수 있다.

셸(Shell) 도구

종종 사람들이 스크립트 언어로 설명된 파이썬에 대해 듣게 될 경우, 그들은 파이썬이 운
영체제 기반의 스크립트를 작성하기 위한 도구를 의미한다고 생각한다. 이러한 스크립트
들은 콘솔 명령 라인에서 자주 실행되며, 텍스트 파일 처리와 다른 프로그램을 실행하는
작업들을 수행한다.

파이썬 프로그램들이 이러한 역할을 수행할 수는 있지만, 이러한 역할은 수많은 파이썬
애플리케이션 영역 중 단지 하나일 뿐이며, 파이썬이 단순히 더 나은 셸(Shell) 스크립트 언
어는 아니다.

제어 언어

스크립트는 또 다른 사람들에게 다른 애플리케이션을 제어하고 명령하기 위해 사용되는
연결 계층을 의미한다. 실제로 파이썬 프로그램은 종종 대규모 애플리케이션의 일부로 배
포된다. 예를 들어, 몇몇 대규모 프로그램에서 하드웨어 장치를 검사하기 위한 목적으로
파이썬이 저수준 접근을 제공하는 컴포넌트를 호출하는 데 사용될 수 있다. 마찬가지로,
몇몇 대규모 프로그램에서 전체 시스템의 소스 코드에 대한 재컴파일 없이 최종 사용자
제품에 대한 커스터마이징을 지원하기 위해 전략적으로 일부 요소에 대해서 파이썬 코드
를 실행할 수 있을 것이다.

이 단순함이 자연스럽게 파이썬을 유연한 제어 도구로 만들지만, 엄밀히 말하면 이것 또한 일반적인 역할일 뿐이다. 대부분의 파이썬 프로그래머의 코드는 어떤 통합 컴포넌트를 사용하거나 그와 관련된 지식이 없어도 독립적으로 실행되는 스크립트다. 파이썬은 단순한 제어 언어가 아니다.

쉬운 사용

'스크립트 언어'라는 용어는 빠른 코딩 작업을 위해 사용되는 간단한 언어를 의미한다고 생각하는 것이 가장 좋을 것이다. 이 용어는 C++ 같은 컴파일 언어보다는 훨씬 빠른 프로그램 개발이 가능한 파이썬에 적용될 때 특히 잘 어울린다. 파이썬의 빠른 개발 주기는 경험을 통해 평가되어야 하는 탐색적이고 점진적인 개발 방법을 촉진한다.

그러나 파이썬은 단순한 작업만을 위한 언어는 아니다. 오히려 쉬운 사용법과 유연함으로 인해 작업을 단순하게 만든다. 파이썬은 쉬운 기능들을 제공하지만, 필요에 따라 프로그램을 정교하게 확장할 수 있다. 그렇기 때문에 일반적으로 빠른 개발이 필요한 작업과 장기 전략이 필요한 개발 모두에 사용된다.

그래서 '파이썬은 스크립트 언어인가, 아닌가?'에 이에 대한 대답은 누구에게 묻느냐에 따라 다르다. 일반적으로, '스크립트'라는 용어는 특정 애플리케이션 영역보다는 파이썬이 제공하는 빠르고 유연한 개발 모드를 설명하는 데 사용되는 것이 좋다

그렇다면 단점은 무엇인가?

파이썬을 30여 년간 사용하면서 그중 반 이상을 파이썬 코드 작성과 교육에 임해 왔지만, 그동안 내가 발견한 파이썬의 유일한 단점은 C 또는 C++ 같은 완전한 컴파일 및 저수준 언어만큼 항상 **빠르게 실행**되지는 않는다는 것이었다. 그러나 오늘날 그리 흔한 일은 아니지만, 일부 작업 중 여전히 내부 하드웨어 구조에 좀 더 직접적으로 연결할 수 있는 저수준 언어의 사용이 필요한 경우가 있다.

파이썬의 설계 개념에 관해서는 이 책의 후반부에서 자세히 다룰 예정이다. 간단히 언급하면, 오늘날 파이썬의 표준 구현은 소스 코드 문장을 **바이트 코드**(byte code)로 알려진 중간 형태로 컴파일(즉, 변환)하며, 그러고 나서 바이트 코드를 해석한다. 이 바이트 코드는 플랫폼에 독립적인 형식으로서 파이썬의 이식성을 제공한다. 그러나 파이썬은 일반적으로 이진(binary) 기계 코드(예 인텔 칩을 위한 명령)로까지 컴파일되지는 않는다. 그러므로 일부 프로그램은 C처럼 완전히

컴파일되는 언어보다 파이썬에서 더욱 느리게 실행될 것이다. 다음 장에서 다루는 PyPy 시스템은 프로그램이 실행될 때 컴파일하는 방식으로, 일부 코드에 대해 열 배 또는 100배의 속도 향상을 달성하기도 하지만, 이는 표준이 아닌 별도의 또 다른 파이썬 구현이다.

실행 속도의 차이에 대한 관심은 여러분이 작성하는 프로그램의 종류에 따라 달라질 수 있다. 파이썬은 오랫동안 최적화되었으며, 파이썬 코드 자체는 대부분의 애플리케이션 영역에서 충분히 빠르게 실행된다. 게다가 여러분의 파이썬 스크립트에서 파일 처리 또는 그래픽 사용자 인터페이스를 구성하는 것과 같은 '실제' 작업을 할 때, 이러한 작업이 컴파일되어 파이썬 인터프리터 내부로 보내진 이후 여러분의 프로그램은 실제 C의 속도로 실행될 것이다. 좀 더 근본적인 측면에서 보자면, 현대의 컴퓨터 속도를 감안할 때 파이썬의 개발 속도 향상에서 얻는 이점은 실행 속도의 손실보다 더 중요하다.

그러나 심지어 오늘날의 CPU 속도 환경에서도 여전히 최적의 실행 속도를 필요로 하는 일부 분야가 있다. 예를 들어, 수치 연산 프로그래밍과 애니메이션에서는 핵심이 되는 방대한 수를 계산하는 컴포넌트가 곧잘 C 또는 그 이상의 속도로 실행될 필요가 있다. 그러나 여러분이 이러한 분야에서 일하고 있더라도 여전히 파이썬을 적용할 수 있다. 바로 최적의 속도를 필요로 하는 애플리케이션의 일부를 **컴파일 확장**으로 분리하고, 이 확장을 파이썬 스크립트에서 사용하기 위해 여러분의 시스템에 링크하는 것들이다.

이 책에서는 확장 기능에 관해서 많은 이야기를 하지는 않지만, 이것은 우리가 이전에 이야기한 제어 언어로서 파이썬 역할의 한 가지 예일 뿐이다. 이와 같은 두 가지 언어를 사용하는 전략의 대표적인 사례로는 파이썬용 NumPy 수치 연산 확장이 있다. NumPy는 컴파일된 최적화된 수치 연산 확장 라이브러리를 파이썬 언어와 결합함으로써 효율적이고 사용하기 쉬운 수치 연산 프로그래밍 도구가 된다. 필요에 따라 이러한 확장 기능들은 강력한 최적화 도구를 제공한다.

파이썬의 다른 장단점: 실체가 없는 것들

실행 속도가 파이썬의 유일한 큰 단점임을 이미 언급한 바 있다. 이러한 단점은 대부분의 파이썬 사용자들에게 영향을 주며, 특히 이제 파이썬을 배우는 사용자들에게 더욱 크게 와닿는 부분이다. 대부분의 파이썬 사용자들은 파이썬이 쉽게 배울 수 있고 사용하기 재미있다고 느끼며, 특히 자바와 C# 그리고 C++ 같은 다른 언어들과 비교하면 더욱 그렇다. 그러나 모든 독자들을 위해 파이썬 세상을 (교육자 그리고 개발자로서) 지난 30년에 가까운 시간 동안 지켜보면서 느낀 다소 추상적인 파이썬의 장단점에 대해서 이야기해 볼까 한다.

교육자로서의 나는 때로 파이썬의 **변화의 속도**를 체감할 수 있었는데, 종종 그 속도가 너무 느려 한탄스러웠으며, 파이썬 라이브러리의 성능은 점점 더 나빠졌다. 내가 이러한 변화의 속도를 체감할 수 있는 것은 부분적으로는 교육자와 책의 저자로서 변화의 최전선에 머물고 있기 때문이며, 때로는 고양이 한 무리의 연대기를 기록하는 것과도 비슷한 작업이다. 이러한 내용은 파이썬 개발자들 사이에 널리 알려진 공동의 관심사다. 이 책에서 볼 수 있는 것처럼 파이썬의 '간결하게 유지하라'는 기존 모티브는 오늘날 더욱 복잡해지는 소프트웨어의 경향을 반영하고 있으며, 이는 높아지는 초보자들의 학습 비용을 대가로 한다. 이 책의 두께는 이러한 경향의 간접적인 증거다.

한편으로, 대부분의 평가에 따르면 파이썬은 여전히 유사한 다른 언어들보다 더 단순하지만, 오늘날 파이썬에게 주어진 많은 역할로 인해 복잡해 보일 수 있다. 파이썬의 전체적인 일관성과 개방성은 대부분 강력한 기능들로서 남아 있다. 또한, 모든 사람이 항상 새로운 기술로 최신 상태를 유지할 필요는 없다. 파이썬 2.X의 지속적인 인기가 이를 명확히 잘 보여 준다.

반면, **개발자**로서의 나는 '**건전지 포함**(Battery Included)[3] **접근 방식**에 내재된 장단점에 대해서 의문을 가지고 있다. 이 접근 방식은 미리 제공되는 도구들에 대한 의존성을 증가시킬 수 있으며(만약 여러분이 사용 중인 도구들이 변경, 손상 또는 더 이상 지원되지 않는다면?), 사용자에게 장기적으로 도움이 될 수 있는 보편적인 원리보다 특별한 솔루션의 사용을 더 권장한다(여러분이 도구의 목적을 이해하지 못한다면 어떻게 도구를 잘 사용하고 평가할 수 있겠는가?). 이런 우려에 대한 예제들은 이 책 곳곳에서 볼 수 있을 것이다.

일반적인 사용자들의 경우, 특히 취미로 파이썬을 배우는 사용자나 초보자들에게 파이썬이 툴셋을 제공하는 방식은 매우 큰 장점이다. 그러나 미리 제공된 도구가 더 이상 필요하지 않게 된 경우에도 놀랄 필요는 없다. 이 책이 전달하고자 하는 기술로부터 도움을 받을 수 있을 것이다. 속담에 빗대어 말하자면, 사람들에게 도구를 그냥 주면 하루 정도면 코딩이 가능하겠지만, 사람들에게 도구를 만드는 방법을 가르치면 평생 코딩할 수 있다. 이 책의 목적은 전자보다 후자에 가깝다.

이 장의 어딘가에서 언급한 바와 같이, 파이썬과 파이썬의 툴셋 모델은 일반적으로 **오픈 소스**(open source) 프로젝트가 공통적으로 가진 단점에 민감하다. 이는 많은 사용자가 사용하는 일반적인 사용법보다 일부 사용자의 **개인적인 취향**이 잠재적으로 승리하는 경우를 말하며, 나아가 **무정부주의** 또는 심지어 **엘리트주의**의 출현으로 연결되기도 한다. 그러나 이러한 경향이 새로운 파이썬을 최첨단으로 이끄는 중요한 요소다.

우리는 이러한 장단점 중 일부에 대해 여러분 스스로 결론을 도출할 수 있을 만큼 충분히 파이썬을 배운 후인 이 책의 끝부분에서 다시 언급할 것이다. 오픈 소스 시스템으로서의 파이썬이 무엇인지는 사용자들의 정의에 달렸다. 오늘날의 파이썬은 그 어느 때보다 더 많은 인기를 누리고 있으며, 파이썬의 성장 속도는 여전히 누그러질 기미가 보이지 않는다. 일부 사람에게는 이러한 인기가 개인적인 의견이나 장단점보다 파이썬을 판단하는 더 중요한 기준이 되기도 한다.

---

3 [옮긴이] 프로그래머가 바로 사용할 수 있는 기본적인 라이브러리와 통합 환경이 배포판과 함께 제공되는 것을 의미한다.

누가 파이썬을 사용하는가?

이 글을 쓰는 시점을 기준으로 전 세계에는 약 백만 명 정도의 파이썬 사용자가 있다고 추정된다. 이 추정치는 다운로드 수, 웹 통계, 그리고 개발자 조사와 같은 다양한 통계를 기반으로 한다. 파이썬은 오픈 소스라서 좀 더 정확한 수치를 구하기는 쉽지 않다. 또한, 집계할 만한 라이선스 등록 같은 것은 존재하지 않는다. 게다가 파이썬은 리눅스 배포판, 매킨토시 컴퓨터 그리고 다양한 종류의 제품과 장치에 자동으로 포함되므로 사용자 기반을 계산하기가 더욱 어렵다.

그러나 일반적으로 파이썬은 대규모 사용자 기반과 매우 활동적인 사용자 커뮤니티를 가지고 있다. 파이썬은 오늘날 세계적으로 상위 5위 또는 10위 안에 드는 가장 널리 사용되는 프로그래밍 언어로 간주되며(정확한 순위는 출처와 시기에 따라 다를 수 있다), 30년이 가깝도록 광범위하게 사용되어 왔으므로 매우 안정적이고 강력한 언어라 말할 수 있다.

또한, 파이썬은 개인 사용자들 외에도 실제 많은 회사에서 수익이 발생하는 제품에 사용되고 있다. 예를 들어, 파이썬을 사용한다고 일반적으로 알려진 회사들은 다음과 같다.

- 구글(Google)은 자신들의 검색 시스템에서 파이썬을 광범위하게 사용한다.
- 인기 있는 비디오 공유 서비스인 유튜브(YouTube)는 대부분 파이썬으로 작성되었다.
- 스토리지 서비스인 드롭박스(Dropbox)의 서버와 데스크톱 클라이언트 소프트웨어의 대부분이 파이썬으로 작성되었다.
- 단일 보드 컴퓨터인 라즈베리 파이(Raspberry Pi)에서는 교육용 언어로 파이썬을 권장한다.
- CCP 게임즈에서 개발한 대규모 멀티플레이어 온라인 게임(MMOG) 중 하나인 이브 온라인(EVE Online)은 파이썬을 광범위하게 사용한다.
- 광범위하게 사용되는 P2P 파일 공유 시스템인 비트토렌트(BitTorrent)는 초기에 파이썬으로 작성되었다.
- 인더스트리얼 라이트&매직(Industrial Light&Magic)이나 픽사(Pixar)와 같은 몇몇 기업에서는 애니메이션 제작에 파이썬을 이용한다.
- ESRI는 자사의 지리정보시스템(GIS) 제품을 위해 소비자에 대한 커스터마이징 도구로 파이썬을 이용한다.
- 구글 앱 엔진의 웹 개발 프레임워크는 애플리케이션 언어로 파이썬을 사용한다.
- 이메일 서버 제품인 아이언포트(IronPort)에는 백만 줄 이상의 파이썬 코드가 사용되었다.

- 강력한 통합 3D 모델링 및 애니메이션 시스템인 마야(Maya)는 파이썬 스크립트 API를 제공한다.
- 미국 국가안보국(NSA)은 암호와 정보를 분석하는 데 파이썬을 이용한다.
- 로봇 개발 전문 회사인 아이로봇(iRobot)은 상업 및 군사 목적의 로봇 장치를 개발하는 데 파이썬을 이용한다.
- 게임 '문명 4'의 사용자 정의 스크립트 이벤트는 모두 파이썬으로 작성되었다.
- OLPC(One Laptop Per Child) 프로젝트는 사용자 인터페이스와 활동 모델을 파이썬으로 만든다.
- 넷플릭스(Netflix)와 옐프(Yelp) 모두 자신들의 소프트웨어 인프라에서 파이썬의 역할에 대해서 설명하고 있다.
- 인텔(Intel), 시스코(Cisco), 휴렛-팩커드(HP), 시게이트(Seagate), 퀄컴(Qualcomm) 그리고 IBM은 하드웨어 검사를 위해 파이썬을 이용한다.
- JP모간 체이스(JPMorgan Chase), 유비에스(UBS), 겟코(Getco) 그리고 시타델(Citadel)은 금융 시장을 예측하기 위해 파이썬을 이용한다.
- 미 항공 우주국(NASA), 로스앨러모스 국립 연구소, 제트 추진 연구소(JPL)와 같은 곳에서 과학 프로그래밍 작업에 파이썬을 이용한다.

그러나 이 목록들은 일부 대표적인 회사일 뿐 전체 목록을 표시하는 것은 이 책의 범위를 벗어나며, 또한 시간이 지남에 따라 달라질 수 있다. 추가적인 파이썬 사용자들과 애플리케이션, 그리고 소프트웨어에 대한 최신 정보들은 웹 브라우저를 통해 검색해 보거나 현재 파이썬과 위키피디아에 있는 다음 웹 페이지들을 확인해 보도록 하자.

- 성공 사례: https://www.python.org/about/success
- 애플리케이션 영역: https://www.python.org/about/apps
- 사용자 수: https://www.python.org/about/quotes
- 위키피디아 페이지: https://en.wikipedia.org/wiki/List_of_Python_software

아마도 오늘날 파이썬을 사용하는 기업들 사이에 유일한 공통된 관심사는 애플리케이션 관점에서 볼 때 거의 모든 분야에서 파이썬이 사용되고 있다는 점일 것이다. 파이썬이 가지고 있는 다목적 특성은 파이썬이 특정한 분야에 국한되지 않고 거의 모든 분야에서 사용할 수 있게 만든다. 사실, 오늘날 파이썬은 테스트나 관리와 같은 단기적인 작업 또는 장기 전략 제품 개발에 상관없이 실질적으로 소프트웨어를 작성하는 거의 모든 조직이 파이썬을 사용한다고 말할수 있다. 또한, 파이썬이 이 모든 상황에서 충분히 잘 동작한다는 것 역시 이미 입증되었다.

파이썬으로 무엇을 할 수 있는가?

파이썬은 잘 설계된 프로그래밍 언어일 뿐만 아니라, 개발자들이 매일 처리하는 실제 업무를 수행하는 데 매우 유용하다. 일반적으로 파이썬은 별도의 컴포넌트에 대한 스크립트를 작성하거나 독립적인 프로그램을 구현하기 위한 도구로서 다양한 영역에서 사용된다. 실제로, 파이썬은 범용 언어로서 사실상 역할에 제한이 거의 없으며, 여러분은 웹 사이트 개발 및 게임에서부터 로봇과 우주선의 제어에 이르기까지 대부분의 곳에서 사용할 수 있다.

그러나 현재 파이썬의 가장 일반적인 역할은 크게 몇 가지로 나눌 수 있을 것 같다. 다음 몇몇 절에서는 각 영역에서 사용되는 도구들뿐만 아니라, 오늘날 파이썬의 가장 일반적인 응용영역 중 일부에 대해 설명한다. 우리는 여기서 언급된 도구들에 대해서 깊이 다룰 수는 없다. 이러한 주제에 대해 관심이 있다면, 파이썬 웹 사이트 또는 다른 자료들을 통해 좀 더 자세한 내용을 살펴보도록 하자.

시스템 프로그래밍

파이썬은 운영체제 서비스에 대해 내장된 인터페이스를 제공한다. 따라서 이식성을 고려한 시스템 관리 도구와 유틸리티를 작성하기에 매우 이상적이다(때로는 셸 도구라고 불린다). 파이썬 프로그램들은 파일과 디렉터리 트리를 탐색하고, 다른 프로그램을 실행하며, 프로세스와 스레드를 사용한 병렬 처리와 같은 일들을 할 수 있다.

파이썬의 표준 라이브러리는 일반적인 모든 OS 도구들에 대한 POSIX 바인딩과 지원을 한다. 예로는 환경 변수, 파일, 소켓, 파이프, 프로세스, 멀티스레드, 정규 표현식 패턴 매칭, 명령라인 인수, 표준 스트림 인터페이스, 셸 명령 실행기, 파일 이름 확장, zip 파일 도구들, XML과 JSON 분석기, CSV 파일 핸들러 등이 있다. 또한, 파이썬 시스템 인터페이스의 대부분은 이식성을 고려해 설계되었다. 예를 들어, 일반적으로 디렉터리 트리를 복사하는 스크립트는 모든 주요 파이썬 플랫폼에서 변경 없이 실행된다. 이는 2장에서 다룰 예정이며, 이브 온라인(EVE Online)에서 사용된 스택리스(Stackless) 파이썬 구현은 멀티 프로세싱 요구에 대한 고급 솔루션을 제공한다.

GUI

파이썬의 단순하고 빠른 실행으로 인해 데스크톱의 GUI(그래픽 사용자 인터페이스) 프로그래밍을 위한 도구로도 잘 어울린다. 파이썬은 일관성 있고 이식성을 고려한 GUI를 구현하기 위해 tkinter(2.X 버전에서는 Tkinter)라고 불리는 Tk GUI API에 대한 표준 객체 지향 인터페이스를 제공한다. Python/tkinter GUI는 마이크로소프트 윈도우, 유닉스와 리눅스의 X 윈도, 그리고 맥 OS(클래식과 OS X 모두)에서 변경 없이 실행된다. 무료 확장 패키지인 PMW는 tkinter 툴킷에 고급 위젯을 추가한다. 또한, C++ 라이브러리 기반의 wxPython GUI API는 파이썬에서 이식성을 고려한 GUI를 만들기 위한 또 다른 툴킷을 제공한다.

Dabo와 같은 보다 높은 수준의 툴킷은 wxPython과 tkinter 같은 API 기반 위에 만들어진다. 여러분은 또한 Qt를 위한 PyQt, GTK를 위한 PyGTK, MFC를 위한 PyWin32, .NET을 위한 IronPython, 그리고 Swing을 위한 Jython(자이썬. 파이썬의 자바 버전이며 2장에서 언급한다) 또는 JPype와 같은 적절한 라이브러리를 사용하여 파이썬에서 다른 툴킷이 제공하는 GUI 지원을 사용할 수 있다. 웹 브라우저에서 실행되거나 단순한 인터페이스를 요구하는 애플리케이션들을 위해 다음 절에서 설명하는 Jython과 파이썬의 웹 프레임워크와 서버 사이드 CGI 스크립트는 추가적인 사용자 인터페이스 옵션들을 제공한다.

인터넷 스크립트

파이썬은 클라이언트와 서버 모드에서 다양한 종류의 네트워크 작업을 수행할 수 있도록 표준 인터넷 모듈을 함께 제공한다. 파이썬 스크립트는 소켓을 통한 통신, 서버 측 CGI 스크립트로 전송된 폼 정보 추출, FTP를 통한 파일 전송, XML과 JSON 문서의 분석과 생성, 이메일의 보내기, 받기, 작성하기, 분석하기, URL로 웹 페이지 가져오기, 가져온 웹 페이지 분석하기, XML-RPC, SOAP, 텔넷을 통한 통신 등을 포함한 다양한 일을 할 수 있다. 파이썬 라이브러리는 이러한 작업들을 매우 단순하게 만든다.

또한, 파이썬에서 인터넷 프로그래밍을 위한 다양한 서드파티 도구들을 웹에서 이용할 수 있다. 예를 들어, HTMLGen 시스템은 파이썬 클래스 기반 설명(텍스트)으로부터 HTML 파일을 생성하며, mod_python 패키지는 아파치 웹 서버 안에서 파이썬을 효율적으로 실행하고 파이썬 서버 페이지를 통해 서버 측 템플릿을 지원한다. 그리고 Jython 시스템은 원활한 파이썬/자바 통합을 제공하고 클라이언트에서 실행되는 서버 측 애플릿의 코딩을 지원한다.

또한 Django, TurboGears, web2py, Pylons, Zope, WebWare와 같은 성숙한 웹 개발 프레임워크 패키지들은 파이썬을 이용하여 완벽한 기능을 갖춘 상품성 있는 웹 사이트의 빠른 개발을 지원한다. 이들 중 대부분은 완벽한 기업용 수준의 웹 개발 솔루션을 제공하기 위해 객체 관계 매퍼(object-relational mapper), 모델/뷰/컨트롤러 아키텍처, 서버 측 스크립트와 템플릿, 그리고 AJAX 지원과 같은 기능을 포함하고 있다.

최근 파이썬은 IronPython의 실버라이트, pyjs(pyjamas), 파이썬을 자바스크립트로 변환하는 컴파일러, AJAX 프레임워크, 그리고 위젯 집합과 같은 도구들을 사용하여 리치 인터넷 애플리케이션(Rich Internet Application, RIA)으로 확장했다. 또한, 파이썬은 앱 엔진(App Engine)과 바로 다음의 데이터베이스절에서 설명할 다른 도구들을 이용하여 클라우드 컴퓨팅으로 영역으로도 확장했다. 웹이 진화하는 방향에 맞춰 빠르게 확장해 가고 있는 것이다.

컴포넌트 통합

우리는 앞서 파이썬을 제어 언어로서 설명할 때 파이썬의 컴포넌트 통합 역할에 대해서 언급했다. C와 C++ 시스템에 내장될 수 있고 확장될 수 있는 파이썬의 능력은, 다른 시스템과 컴포넌트의 동작을 스크립팅하기 위한 유연한 통합 언어 역할을 한다. 예를 들어, 파이썬에 C 라이브러리를 통합함으로써 파이썬이 라이브러리의 구성 요소들을 실행하고 테스트하는 것이 가능하며, 파이썬을 제품에 내장함으로써 전체 제품에 대한 재컴파일이나 제품과 함께 소스를 제공하지 않고서도 현장에서 직접 커스터마이징 코드를 작성하는 것도 가능해진다.

SWIG와 SIP 코드 생성기와 같은 도구들은 컴파일된 컴포넌트들을 스크립트에서 사용하기 위해 파이썬으로 링크하는 데 필요한 많은 일을 자동화한다. 그리고 Cython 시스템은 개발자들이 파이썬과 C 같은 코드를 서로 혼합해서 사용할 수 있도록 해준다. 윈도우에서 파이썬의 COM 지원, 자바(Java) 기반 구현인 Jython, 그리고 .NET 기반 구현인 IronPython과 같은 거대한 프레임워크들은 컴포넌트 스크립트를 작성하기 위한 또 다른 방법을 제공한다. 예를 들어, 윈도우에서의 파이썬 스크립트는 워드와 엑셀에 대한 스크립트를 작성하거나 실버라이트 등에 접근하기 위한 프레임워크를 사용할 수 있다.

데이터베이스 프로그래밍

기존 데이터베이스에 대한 요구들을 위해 파이썬에는 일반적으로 사용되는 관계형 데이터베이스 시스템 인터페이스가 존재한다(사이베이스(Sybase) 오라클(Oracle), 인포믹스(Infomix), ODBC, MySQL, PostgreSQL, SQLite 등). 또한 파이썬 세상에서는 내부의 다양한 데이터베이스 시스템을 동일하게 바라보며, 파이썬 스크립트에서 SQL 데이터베이스 시스템에 접근하기 위한 이식성을 고려한 데이터베이스 API를 정의하고 있다. 예를 들어, 벤더 인터페이스들이 이식성을 고려한 API를 구현하고 있기 때문에 무료 MySQL 시스템과 함께 동작하도록 작성된 스크립트 대부분은 다른 시스템(오라클 같은)에서도 변경 없이 잘 동작할 것이다. 일반적으로 여러분이 해야 할 일은 내부의 벤더 인터페이스를 변경하는 일밖에 없다. SQL 데이터베이스 엔진에 포함된 프로세스 내장형 SQLite는 파이썬 2.5 이후부터 파이썬 표준의 일부가 되었으며, 프로토타입을 작성하거나 프로그램의 기본적인 저장소로 사용될 수 있다.

비SQL 부분에서 파이썬의 표준 pickle 모듈은 간단한 객체 영속 시스템(object persistence system)을 제공한다. 객체 영속 시스템은 프로그램이 전체 파이썬 객체들을 파일이나 파일과 유사한 대상에 쉽게 저장하고 복구할 수 있는 기능을 제공한다. 또한, 여러분은 웹에서 파이썬 스크립트에서 사용할 수 있는 완벽한 객체 기반의 데이터베이스 시스템을 제공하는 ZODB와 Durus라는 이름의 서드파티 오픈 소스 시스템을 찾을 수 있을 것이다. 또 다른 것으로는 객체 관계형 매퍼(Object Relational Mapper, ORM)를 구현한 SQLObject와 SQLAlchemy는 파이썬 클래스 모델을 관계형 테이블에 이식한다. 그리고 고성능, 비SQL, 오픈 소스 JSON 스타일 문서 데이터베이스인 MongoDB(몽고디비)에 대한 인터페이스인 PyMongo(파이몽고)는 파이썬의 리스트 또는 딕셔너리와 매우 유사한 구조에 데이터를 저장한다. 그리고 이 텍스트는 파이썬 자체의 표준 라이브러리 json 모듈을 이용하여 분석하거나 생성될 수 있다.

그리고 또 다른 시스템들은 파이썬 클래스로 데이터를 모델화하는 구글 앱 엔진 데이터 저장소를 포함하여 데이터를 저장하기 위한 더욱 특별한 방법을 제공하며, 애저(Azure), 파이클라우드(PiCloud), 오픈스택(OpenStack), 스타카토(Stackato)를 포함한 신생 클라우드 스토리지들 같은 대규모 확장성을 제공한다

빠른 프로토타입 개발

파이썬 프로그램의 입장에서 파이썬으로 작성된 컴포넌트와 C로 작성된 컴포넌트는 동일하게 보인다. 이 때문에 초기에 파이썬으로 프로토타입을 개발하고 나중에 시제품을 개발할 때

일부 컴포넌트를 선택적으로 C나 C++ 같은 컴파일 언어로 변경하는 것이 가능하다. 일부 다른 프로토타입 언어와 달리, 파이썬은 프로토타입이 결정되면 모든 코드를 완벽히 재작성하지 않아도 된다. C++ 같은 언어의 고성능이 필요하지 않는 시스템 요소들은 유지보수와 사용의 용이성을 위해 파이썬 코드로 남겨 둘 수 있다.

수치 및 과학 프로그래밍

파이썬은 또한 수치 프로그래밍에서 비중 있게 사용된다. 수치 프로그래밍은 전통적으로 스크립트 언어의 범위가 아닌 것으로 간주되는 영역이지만, 파이썬의 가장 강력한 사용 사례의 하나로 성장했다. 여기서 눈에 띄는 앞서 언급한 파이썬의 고성능 수치 프로그래밍 확장 모듈인 NumPy는 배열 객체, 표준 수학 라이브러리에 대한 인터페이스 등과 같은 고급 도구들을 포함하고 있다. NumPy는 속도를 위해 파이썬을 컴파일 언어로 작성된 수치 루틴과 통합함으로써, 파이썬을 포트란 또는 C++와 같은 전통적인 컴파일 언어로 작성된 기존 코드를 대체할 수 있는 정교하고 편리한 수치 프로그래밍 도구로 만든다.

그 외의 파이썬 수치 도구들은 애니메이션, 3D 시각화, 병렬 처리 등을 지원한다. 예를 들어, 유명한 SciPy와 ScientificPython 확장 모듈은 추가적인 과학 프로그래밍 도구들의 라이브러리를 제공하며, NumPy를 핵심 구성 요소로 사용한다. 또한 (2장에서 언급하는) 파이썬의 PyPy 구현은 수치 영역에서 일반적으로 사용되는 무거운 알고리즘 코드들이 PyPy에서 극적으로 빠르게 실행될 수 있기 때문에 이 영역에서 부분적으로 탄력을 받고 있는데, 보통 열 배에서 100배 정도 빠르다.

게임, 이미지, 데이터 마이닝, 로봇, 엑셀 등

파이썬은 일반적으로 이 책에서 다루는 것보다 더 많은 영역에서 사용된다. 예를 들어, 여러분은 파이썬을 사용하여 다음과 같은 일이 가능한 다양한 도구를 발견할 수 있다.

- pygame, cgkit, piglet, PySoy, Panda3D 등을 이용한 게임 프로그래밍과 멀티미디어
- PySerial 확장 모듈을 이용한 윈도우, 리눅스 등의 환경에서 시리얼 포트 통신
- PIL과 PIL의 새 버전인 Pillow fork, PyOpenGL, Blender, Maya 등을 이용한 이미지 처리
- PyRo 툴킷을 이용한 로봇 제어 프로그래밍
- NLTK 패키지를 이용한 자연어 분석

- 라즈베리 파이(Raspberry Pi)와 아두이노(Arduino) 보드 제어
- 구글 안드로이드(Android)와 애플 iOS에 대한 파이썬 포트를 이용한 모바일 컴퓨팅
- PyXLL 또는 DataNitro 애드인(add-in)을 이용한 엑셀 스프레드시트 함수와 매크로 프로그래밍
- PyMedia, ID3, PIL/Pillow 등을 이용한 미디어 파일 콘텐츠와 메타데이터 태그 처리
- PyBrain 신경망 라이브러리와 Milk 머신 러닝 툴킷을 이용한 인공지능
- PyCLIPS, Pyke, Pyrolog, pyDatalog를 이용한 전문가 시스템 프로그래밍
- 파이썬으로 작성되고 파이썬으로 커스터마이징할 수 있는 zenoss를 이용한 네트워크 모니터링
- PythonCAD, PythonOCC, FreeCAD 등을 이용한 파이썬 스크립트를 사용한 설계와 모델링
- ReportLab, Sphinx, Cheetah, PyPDF 등을 이용한 문서 처리와 생성
- Mayavi, matplotlib, VTK, VPython 등을 이용한 데이터 시각화
- xml 라이브러리 패키지, xmlrpclib 모듈, 그리고 서드파티 확장 모듈을 이용한 XML 분석
- json과 csv 모듈을 이용한 JSON, CSV 파일 처리
- Orange 프레임워크, Pattern 번들, Scrapy, 그리고 커스텀 코드를 사용한 데이터 마이닝

여러분은 심지어 PySolFC 프로그램을 이용하여 솔리테어 게임을 플레이할 수 있다. 물론 일상적인 시스템 관리, 이메일 처리, 문서와 미디어 라이브러리 관리 등과 같은 다소 전문적이지 않은 영역에서 항상 여러분만의 파이썬 스크립트를 작성할 수도 있다. 여러분은 PyPI 웹 사이트와 웹 검색을 통해 다양한 분야의 지원에 대한 링크를 찾을 수 있을 것이다(구글을 검색하거나 https://www.python.org에서 링크를 찾아보도록 하자).

파이썬의 광범위한 사용에도 불구하고, 이러한 특정 영역들의 대부분은 주로 파이썬의 컴포넌트 통합 역할의 실제 구현 사례일 뿐이다. C와 같은 컴파일 언어로 작성된 컴포넌트 라이브러리의 프론트엔드로 파이썬을 추가함으로써 파이썬을 다양한 영역에서 스크립트를 작성하기 위한 유용한 언어로 만들 수 있다. 이렇듯 파이썬은 통합을 지원하는 범용 언어로써 다양한 분야에 적용될 수 있다.

파이썬은 어떻게 개발되고 유지되는가?

파이썬은 유명한 오픈 소스 시스템으로서 많은 상용 소프트웨어 개발자들이 주목할 만한 속도로 이슈에 대응하고 개발해 가는 거대하고 활동적인 개발 커뮤니티를 갖고 있다. 파이썬 개발자들은 소스 제어 시스템을 사용하여 온라인으로 협력하며 일한다. 변경 사항은 **파이썬 개선 제안서**(Python Enhancement Proposal, 이하 PEP) 또는 다른 문서 작성을 포함한 공식적인 규약에 따라서 개발되어 파이썬의 회귀 테스트 시스템으로 이어진다. 오늘날 파이썬을 수정하는 일은 거의 상업용 소프트웨어를 수정하는 것과 유사한 과정을 거친다. 코드 작성자에게 이메일만 보내면 충분했던 파이썬 초기 시절과는 거리가 있지만, 좋은 점은 그만큼 거대한 사용자 기반을 가지고 있다는 것이다.

공식적인 비영리 그룹인 **파이썬 소프트웨어 재단**(Python Software Foundation, 이하 PSF)은 콘퍼런스를 개최하고 지적 재산권 문제들을 처리한다. 수많은 파이썬 콘퍼런스들이 전 세계적으로 개최되고 있다. 그중에서도 오라일리(O'Reilly)의 **오스콘**(OSCON)과 PSF의 **파이콘**(PyCon)이 가장 큰 콘퍼런스다. 전자는 다양한 오픈 소스 프로젝트에 대해 이야기하며, 후자는 최근 몇 년 사이에 강력한 성장을 경험하고 있는 파이썬만을 위한 행사다. 파이콘 2012와 2013은 각각 참석자가 2,500명에 이르렀다. 사실, 파이콘 2013은 2012년의 깜짝 매진 후 이 정도 수준으로 행사를 제한해야만 했다(그리고 기술 분야와 비기술 분야 모두에서 폭넓은 관심을 끌기 위해 운영되었다). 초기 몇 년 동안은 참석자가 매년 두 배씩 증가하는 모습을 보였는데, 예를 들어 2007년의 586명에서 2008년에는 1,000명으로 증가했다. 모든 참석자가 하나의 레스토랑 테이블에 둘러 앉을 수 있었던 초기 레퍼런스를 기억하는 사람들에게 이와 같은 파이썬의 성장은 매우 인상적이었다.

오픈 소스 장단점

파이썬은 활발한 개발자 커뮤니티를 누리고 있지만, 필연적으로 따르는 단점에도 주목해야 한다. 또한, 오픈 소스 소프트웨어는 무질서하고 때로는 **무정부 상태**인 것처럼 보일 수 있다. 그리고 이전 절에서 넌지시 말한 것처럼 개발이 항상 순조롭게만 진행되는 것은 아니다. 일부 변경 사항들은 여전히 공식적인 절차와는 다르게 온전히 일부 사람들의 노력으로만 관리되며, 프로세스의 통제에도 불구하고 여전히 실수가 발생한다(예를 들어, 파이썬 3.2.0은 윈도우에서 콘솔 input 함수의 문제를 포함한 상태로 배포되었다).

게다가 오픈 소스 프로젝트는 현재 개발자들의 영리적인 이익을 개인적인 **호기심**으로 바꾸는 것이기 때문에 여러분의 성향과 잘 맞을 수도 있고 아닐 수도 있다. 여러분이 회사에 인질로 잡혀있는 건 아니지만, 시스템을 바꾸는 데 여가 시간을 쓸지 말지는 여러분의 의지에 달렸다. 오픈 소스 소프트웨어는 종종 일부 사람들의 주도로 진화되지만, 그 영향은 많은 사람에게 퍼져나간다는 긍정적인 효과가 있다.

그러나 실제로 이러한 오픈 소스의 장단점은 기존에 이미 안정화된 버전들보다는 최첨단 기능을 포함한 최신 릴리즈에 더 많은 영향을 준다. 예를 들어 여러분이 파이썬 2.X에서 여전히 고전 클래스를 사용하고 있다면, 2000년대 초중반에 나타난 클래스 기능의 급증과 새로운 스타일의 클래스로의 변화에 거의 영향을 받지 않는다. 비록 이것들이 3.X에서는 다양한 기능과 함께 필수적인 요소가 되었지만, 오늘날 많은 2.X 사용자들은 여전히 이러한 이슈를 운 좋게 피해가고 있다.

파이썬의 기술적인 강점은 무엇인가?

당연히 이 질문은 이미 경험이 있는 개발자들의 질문이다. 만약 여러분이 아직 프로그래밍에 대한 배경 지식이 없다면, 다음 몇 개의 절에서 나오는 용어들은 여러분을 당황케 만들 것이다. 우리가 책을 진행하면서 이러한 용어들에 대해서는 좀 더 자세히 알아볼 것이므로 걱정할 필요는 없다. 여기서는 개발자들을 위해 파이썬이 가지고 있는 기술적인 특징들에 대해 **빠르게** 소개할 것이다.

파이썬은 객체 기반이며 함수형 언어

파이썬은 완전한 객체 지향 언어다. 파이썬의 **클래스 모델**(class model)은 다형성, 연산자 오버로딩, 그리고 다중 상속과 같은 고급 개념을 지원한다. 하지만 파이썬의 간단한 구문과 입력으로 인해 객체 지향 프로그래밍의 적용이 매우 쉽다. 실제로 여러분이 이 용어들을 이해하지 못한다면, 이 용어들을 다른 객체 지향 프로그래밍 언어들보다 파이썬을 통해 배우는 것이 훨씬 더 쉽다는 것을 느낄 수 있을 것이다.

파이썬의 객체 지향 프로그래밍의 특성은 강력한 코드 구조와 재사용 장치를 제공한다는 점이다. 그리고 파이썬을 다른 객체 지향 시스템 언어들을 위한 훌륭한 **스크립트 도구**로 쓰이게 한다. 예를 들어, 파이썬 프로그램들은 적절한 연결 코드를 사용하여 C++, 자바, 그리고 C#

으로 구현된 특수한 클래스들을 서브클래스로 사용할 수 있다.

파이썬에서 객체 지향 프로그래밍의 사용은 **선택 사항**이라는 것도 매우 중요하다. 여러분은 한 번에 객체 전문가가 되지 않아도 파이썬에 대해 많은 것을 배울 수 있다. C++와 마찬가지로 파이썬은 절차적 프로그래밍 모드와 객체 지향 프로그래밍 모드 둘 다 지원한다. 파이썬의 객체 지향 기능은 객체 지향 제약이 허용될 때 적용된다. 파이썬에서 객체 지향 개발이 필수가 아니라는 사실은 설계 단계가 배제된 빠른 개발을 진행하고자 할 때 특히 유용하다.

파이썬은 기존의 **절차적**(문장 기반) 그리고 **객체 지향적**(클래스 기반) 패러다임뿐 아니라, **함수형 프로그래밍**에 대한 기본적인 지원을 제공한다. 함수형 프로그래밍은 제너레이터(generator), 컴프리헨션(comprehension)⁴, 클로저(closure), 맵(map), 데코레이터(decorator), 익명 함수 람다(lambda), 그리고 1급 함수(first-class function)를 포함한 일반적인 기준들을 포함한다. 이는 기존의 객체 지향 프로그래밍 도구들을 보안하거나 대체하는 역할을 모두 수행할 수 있다.

파이썬은 무료

파이썬의 사용과 배포는 완전히 무료다. Tcl(티씨엘), 펄(Perl), 리눅스(Linux) 그리고 아파치(Apache)와 같은 다른 오픈 소스 소프트웨어와 마찬가지로, 파이썬의 전체 소스 코드를 인터넷에서 무료로 내려받을 수 있다. 해당 소스를 여러분의 시스템에 복사하거나, 내장하거나, 또는 여러분의 제품에 포함하여 판매해도 아무런 제한이 없다. 심지어 여러분이 의지만 있다면 파이썬 소스 코드 자체를 판매할 수도 있다.

그러나 오해는 말자. '무료(free)'가 기술 지원이 제공되지 않는다(unsupported)는 것을 의미하지는 않는다. 오히려 파이썬 온라인 커뮤니티는 대부분의 상업용 소프트웨어의 헬프 데스크에 필적할 만한 속도로 사용자들의 질문에 빠르게 대응한다. 게다가 파이썬은 전체 소스가 함께 제공되기 때문에 개발자들에게 파이썬 자체의 코드를 보거나 수정할 수 있는 권한을 제공한다. 비록 프로그래밍 언어의 구현을 공부하거나 수정하는 것이 모든 이에게 즐거운 일은 아니지만, 필요한 경우 언어 자체를 수정할 수 있다는 사실을 아는 것은 많은 위안이 된다. 그러므로 여러분에게는 최후의 수단이자 최고의 문서인 **소스 코드**가 있으니 변덕스러운 상업적

---

4 옮긴이 파이썬에서 컴프리헨션(comprehension)은 다른 반복 가능 객체를 만드는 방법을 제공하는 것을 의미한다. 컴프리헨션을 내포, 지능형 등 여러 단어로 번역할 수 있으나, 파이썬 커뮤니티 안에서 컴프리헨션이 가장 많이 사용되고 있으므로 이 책에서는 그대로 컴프리헨션으로 번역했다.

업체에 의존하지 않아도 된다.

앞서 설명했듯이, 파이썬의 개발은 주로 인터넷을 통해 협업하는 커뮤니티에서 이뤄진다. 이 커뮤니티는 파이썬의 최초 창시자이자 자비로운 종신 독재자(Benevolent Dictator for Life, BDFL)인 귀도 반 로섬(Guidovan Rossum)과 수천 명의 공헌자로 구성되어 있다. 언어에 대한 변경 사항은 공식적인 개선 절차를 따라야 하며, 귀도 반 로섬과 수많은 개발자에 의해 철저히 검사된다. 이러한 절차는 파이썬이 몇몇 다른 언어와 시스템보다 변화에 대해 보수적이도록 만드는 경향이 있다. 파이썬이 버전 3과 2로 나뉘는 동안 이러한 전통이 의도적으로 완전히 버려진 것 같겠지만, 파이썬의 각 코드에는 보수적인 경향이 여전히 남아 있다.

파이썬은 이식성이 좋다

파이썬의 표준 구현은 이식성을 고려한 표준 ANSI C로 구현되어 있으며, 현재 사용 중인 거의 모든 주요 플랫폼에서 컴파일되고 실행된다. 예를 들어, 오늘날 파이썬 프로그램들은 PDA에서부터 슈퍼컴퓨터에 이르기까지 거의 모든 곳에서 실행된다.

파이썬이 실행되는 환경은 다음과 같다.

- 리눅스와 유닉스 시스템
- 마이크로소프트 윈도우
- 맥 OS(맥 OS X과 구 버전 포함)
- BeOS, OS/2, VMS, 그리고 QNX
- VxWorks와 같은 실시간 시스템
- 크레이(cray) 슈퍼컴퓨터와 IBM 메인프레임
- 팜 OS(Palm OS), 포켓PC(PocketPC) 그리고 리눅스가 실행되는 PDA
- 심비안 OS(Symbian OS)와 윈도우 모바일(Windows Mobile)이 실행되는 휴대폰
- 게임 콘솔과 아이팟(iPod)
- 구글 안드로이드와 애플 iOS가 실행되는 태블릿과 스마트폰
- 그 외 여러 가지

파이썬 인터프리터와 마찬가지로, 파이썬과 함께 제공되는 표준 라이브러리 모듈 역시 플랫폼에 상관없이 높은 이식성을 갖도록 구현되어 있다. 게다가 파이썬 프로그램은 호환성 있는 파

이썬 버전이 설치된 플랫폼이라면 어디서나 동일하게 실행되는 이식성을 고려한 바이트 코드로 자동 컴파일된다(자세한 내용은 다음 장에서 다룬다).

이 말의 의미는 파이썬의 핵심 언어와 표준 라이브러리를 사용하는 파이썬 프로그램은 파이썬 인터프리터가 포함된 리눅스, 윈도우 그리고 대부분의 시스템에서 동일하게 실행된다는 것이다. 파이썬의 플랫폼별 구현은 각 플랫폼 고유의 확장 기능(예 윈도우에서 COM 지원)을 포함하고 있지만, 핵심적인 파이썬 언어 자체와 라이브러리는 어디서나 동일하게 실행된다. 또한 앞서 설명했듯이 파이썬은 tkinter(2.X부터 Tkinter)라고 불리는 Tk GUI 툴킷에 대한 인터페이스를 포함하고 있으며, 이 툴킷은 파이썬 프로그램이 프로그램의 변경 없이 대부분의 주요 GUI 데스크톱 플랫폼에서 실행되는 잘 갖춰진 그래픽 사용자 인터페이스를 구현할 수 있도록 한다.

파이썬은 강력하다

파이썬은 기능적인 측면에서 하이브리드 언어에 가깝다. 파이썬의 툴셋으로 인해 파이썬은 Tcl(티씨엘), 스킴(Scheme), 펄(Perl)과 같은 전통적인 스크립트 언어와 C, C++, 자바와 같은 시스템 개발 언어 사이에 놓여 있다. 파이썬은 스크립트 언어가 가진 단순함과 쉬운 사용법, 그리고 컴파일 언어에서 발견할 수 있는 고급 소프트웨어 엔지니어링 도구로서의 특징을 모두 제공한다. 몇몇 다른 스크립트 언어와는 달리, 파이썬은 이러한 조합으로 대규모 개발 프로젝트에서도 유용하게 사용할 수 있다. 파이썬의 툴박스에서 여러분이 발견할 수 있는 주요한 것들을 여기서 미리 살펴보자.

동적 타이핑

파이썬은 프로그램 실행 시 프로그램이 사용하는 객체들의 종류를 기억하고 관리한다. 파이썬은 여러분의 코드에서 복잡한 타입과 크기에 대한 선언을 요구하지 않는다. 6장에서 볼 수 있는 것처럼 실제로 파이썬 어디에서도 변수나 타입의 선언을 발견할 수 없다. 파이썬 코드는 데이터 타입을 제한하기 않기 때문에 이는 일반적으로 모든 범위의 객체에 자동으로 적용할 수 있다.

자동 메모리 관리

파이썬은 객체가 필요할 때 자동으로 할당하고, 더 이상 필요하지 않을 때 자동으로 반환한다. 그리고 대부분은 필요에 따라 크기를 늘리거나 줄일 수 있다. 곧 배우겠지만, 메모리 관리에 대한 상세한 내용은 파이썬이 스스로 처리하기 때문에 여러분은 이에 대해 신경 쓸 필요가 없다.

대규모 시스템을 위한 프로그래밍 지원

대규모 시스템을 만들기 위해 파이썬은 모듈, 클래스 그리고 예외(exception)와 같은 도구들을 제공한다. 이러한 도구들은 시스템을 컴포넌트로 구성할 수 있게 하고, 코드의 재사용과 커스터마이징을 위해 객체 지향 프로그래밍을 사용하며, 이벤트와 에러를 우아하게 (gracefully) 처리한다. 앞서 설명한 파이썬의 함수형 프로그래밍 도구는 같은 목적을 이루기 위한 몇 가지 추가적인 방법을 제공한다.

내장 객체 타입

파이썬은 리스트(List)와 딕셔너리(Dictionary), 그리고 언어의 본질적인 부분에 해당하는 문자열(String)과 같은 일반적으로 사용되는 데이터 구조를 제공한다. 곧 살펴보겠지만, 이러한 데이터 구조는 매우 사용하기 쉽고 유연하다. 예를 들어, 내장 객체는 필요에 따라 크기를 늘리거나 줄일 수 있고, 복잡한 정보를 표현하기 위해 임의로 중첩될 수 있다.

내장된 도구

이러한 모든 객체 타입을 처리하기 위해 파이썬은 연결(concatenation), 슬라이싱(slicing), 정렬(sorting), 매핑(mapping)과 같은 강력한 표준 연산을 함께 제공한다.

라이브러리 유틸리티

파이썬은 좀 더 구체적인 작업을 위해 정규 표현식 매칭부터 네트워킹까지 거의 모든 것을 미리 작성된 거대한 라이브러리 묶음으로 제공한다. 파이썬 언어 자체를 배우고 나면 애플리케이션 수준에서의 작업 대부분은 라이브러리 도구에서 발생한다.

서드파티 유틸리티

파이썬은 오픈 소스이기 때문에 내장 기능에서 지원하는 것 이상의 도구를 개발하는 데 기여하도록 항상 장려된다. 여러분은 웹에서 COM, 이미지 처리, 수치 제어 프로그래밍, XML, 데이터베이스 접근을 포함한 다양한 도구를 무료로 찾을 수 있다.

이러한 다양한 도구의 제공에도 불구하고 파이썬 자체는 지극히 단순한 구문과 구조를 유지하고 있다. 그 결과 파이썬은 스크립트 언어의 모든 유용성을 가진 강력한 프로그래밍 도구가 되었다.

파이썬은 다른 언어와 함께 사용할 수 있다

파이썬 프로그램은 다른 언어로 작성된 컴포넌트에 다양한 방법으로 쉽게 연결될 수 있다. 예를 들어, 파이썬의 C API를 이용하면 C 프로그램에서 파이썬을 호출하거나 파이썬 프로그램에서

C 프로그램을 호출할 수 있다. 이 말은 곧 필요하다면 C 언어로 작성된 기능을 파이썬 시스템에 추가할 수 있고, 다른 환경이나 시스템에서 파이썬 프로그램을 이용할 수 있음을 의미한다.

예를 들어, C 또는 C++ 같은 언어로 작성된 라이브러리와 파이썬을 연결하면 화면 설계 언어나 커스텀 도구로 유용하게 사용할 수 있다. 앞서 언급했듯이, 파이썬은 빠른 프로토타이핑에 유용하다. 신속한 개발 속도를 위해 시스템을 먼저 파이썬으로 구현한 다음, 제품에 대한 성능 요구 사항이 발생할 때 하나씩 C 코드로 옮겨 구현한다.

파이썬은 상대적으로 사용하기 쉽다

대부분의 사람들이 보기에 파이썬 프로그래밍은 C++, 자바 및 C#과 같은 다른 언어들에 비해 놀랄 만큼 단순하다. 파이썬 프로그램을 실행하기 위해서 단순히 코드를 작성하고 실행하기만 하면 된다. 또한, 파이썬에는 C 또는 C++와 같은 다른 언어에서 필요한 중간 단계인 컴파일이나 링크 단계가 존재하지 않는다. 게다가 파이썬은 프로그램을 즉시 실행시키기 때문에 대화형 프로그래밍과 프로그램 수정 후 빠른 전환이 가능하다. 대부분의 경우에 여러분은 타이핑한 즉시, 프로그램의 수정 내용을 확인할 수 있다.

물론, 빠른 개발 주기 전환은 파이썬의 많은 유용한 것들 중 하나일 뿐이다. 파이썬은 계획적으로 단순한 구문과 내장된 강력한 도구들을 제공하며, 일부 영역에서 실행 가능한 의사 코드(executable pseudocode)라고 불리기까지 한다. 또한 다른 언어들에 존재하는 복잡한 많은 것들을 제거했으므로 일반적으로 널리 사용되는 다른 언어들로 작성된 같은 프로그램보다 더 단순하고, 더 작으며, 더 유연하다.

파이썬은 상대적으로 배우기 쉽다

이 말이 곧 이 책의 핵심이다. 특히, 파이썬 언어 자체는 널리 사용되는 다른 언어들에 비해서 매우 쉽다. 실제로 여러분이 경험 많은 프로그래머이고, 성급하게 파이썬 전문가가 되려고만 하지 않는다면 단 몇 시간 안에 언어의 일부 영역을 선택적으로 사용할 수 있고, 단 며칠 정도의 시간이면 작은 규모의 파이썬 프로그램을 어렵지 않게 작성할 수 있을 것이다.

물론, 파이썬을 실질적으로 마스터하는 것이 그리 간단한 문제는 아니므로 우리는 이 작업에 이 책의 나머지 부분을 할애할 계획이다. 파이썬을 마스터하기 위해 필요한 진정한 투자는 그만큼 충분히 가치 있는 일이다. 결국 여러분은 거의 모든 컴퓨터 애플리케이션 영역에 적용할 수 있는 프로그래밍 기술을 얻게 되며, 파이썬의 학습 곡선이 다른 프로그래밍 언어들보다 훨씬 완만하다는 사실을 알게 될 것이다.

이는 커스터마이징이나 제어를 위해 파이썬 계층을 노출하고 있는 시스템의 최종 사용자뿐만 아니라, 업무에 사용할 새로운 언어를 찾고 있는 개발자들에게도 매우 좋은 소식이다. 오늘날 많은 시스템은 개발사의 지원 없이 최종 사용자가 자신들만의 커스터마이징을 위한 코드를 작성하기 위해서 충분히 파이썬을 배울 수 있다는 사실에 의존하고 있다. 또한 파이썬은 경력과 상관없이 단지 재미를 위해 프로그램을 개발하는 거대한 사용자 그룹을 양산했으며, 완전한 소프트웨어 개발 기술을 필요로 하지 않을 수도 있다.

파이썬은 몬티 파이썬의 이름을 딴 것이다

이 주제는 기술적인 내용은 아니지만 내가 꼭 알려 주고 싶은, 파이썬 세계에서 놀라울 만큼 잘 숨겨진 내용이다. 사실, 파이썬 관련 책과 아이콘에 있는 다양한 파충류에도 불구하고 파이썬이라는 이름은 영국 코미디 그룹 몬티 파이썬(Monty Python)(1970년대 BBC 코미디 시리즈인 몬티 파이썬의 플라잉 서커스(Monty Python's Flying Circus)와 영화 몬티 파이썬(Monty Python), 그리고 오늘날까지 여전히 인기가 많은 거룩한 잔(Holy Grail)을 포함한 몇몇 장편 영화의 제작사)에서 유래한 것이다. 수많은 소프트웨어 개발자들처럼 파이썬의 창시자 또한 몬티 파이썬의 팬이었다(확실히 두 분야 사이에는 어떤 조화가 있는 것 같다).

파이썬의 이러한 과거는 필연적으로 파이썬 코드 예제에 유머러스한 특징들을 추가하게 된다. 예를 들어, 전통적인 일반 변수 이름인 'foo'와 'bar'는 파이썬 세계에서 'spam'과 'eggs'가 된다. 가끔 'Brian', 'ni', 그리고 'shrubbery' 또한 마찬가지로 이름을 빌려온 것이다. 심지어 이는 파이썬 커뮤니티 전반에도 영향을 미쳤다. 일부 이벤트들은 파이썬 콘퍼런스에서 '스페인 종교 재판'처럼 정기적으로 발표된다.

물론 이 모든 것은 몬티 파이썬 쇼에 익숙할 경우 무척 재미있지만, 그렇지 않다면 재미가 없다. 이 책에서 보게 될 많은 예제를 포함하여 쇼의 내용을 참조한 예제를 이해하기 위해 몬티 파이썬의 작품들에 굳이 익숙해질 필요는 없다. 그러나 이제 여러분은 적어도 파이썬 이름의 어원만큼은 확실히 알게 되었다.

파이썬은 다른 언어와 어떻게 비교될 수 있는가?

마지막으로, 사람들은 기존에 알고 있던 지식들 사이에서 파이썬을 이해하기 위해 파이썬을 펄, Tcl 그리고 자바와 같은 언어들과 비교한다. 이 절은 이 주제에 대한 일반적인 의견을 요약한 것이다.

나는 서로를 비교하고 비난해대는 방법으로 이기는 것을 좋아하지 않는다는 것을 미리 말해두고 싶다. 이러한 방법은 장기적으로 효과가 없으며, 이 책을 쓴 목적과도 부합하지 않는다. 게다가 이것은 제로섬 게임이 아니다. 대부분의 프로그래머는 다양한 언어를 사용한다. 그럼에도 불구하고 프로그래밍 도구들은 고려해 볼 만한 선택의 기회와 장단점을 제시해야 한다. 결국, 파이썬이 다른 언어들보다 더 나은 뭔가를 제공하지 못한다면 처음부터 사용하지 않았을 것이다.

우리는 이미 이전에 성능의 장단점에 대해서 이야기했으므로 여기서는 기능의 장단점에 초점을 맞출 것이다. 다른 언어들 또한 매우 유용하지만, 많은 사람이 파이썬에서 다음과 같은 점을 발견한다.

- 파이썬은 Tcl보다 더 강력하다. 파이썬은 '대규모 프로그래밍'에 대한 강력한 지원으로 거대한 시스템 개발에 활용할 수 있으며, 파이썬의 애플리케이션 도구 라이브러리는 매우 광범위하다.

- 파이썬은 펄(Perl)보다 가독성이 좋다. 파이썬은 명료한 구문을 가지고 있으며, 단순하고 일관성 있게 설계되었다. 이는 결국 파이썬이 재사용할 수 있고, 유지보수하기 쉬우며, 프로그램의 버그를 줄이는 데 도움이 되도록 만든다.

- 파이썬은 자바와 C#보다 더 단순하며 사용하기 쉽다. 파이썬은 스크립트 언어이지만, 자바와 C#은 C++ 같은 거대한 객체 지향 프로그래밍 시스템 언어의 복잡성과 구문을 대부분 이어받고 있다.

- 파이썬은 C++보다 더 단순하며 사용하기 쉽다. 파이썬 코드는 같은 C++ 코드보다 더 단순하고, 종종 1/3에서 1/5 수준의 크기밖에 되지 않는다. 하지만 파이썬은 스크립트 언어로서 때로는 C++ 언어가 제공하지 못하는 다른 역할도 제공한다.

- 파이썬은 C보다 더 단순하며, 고수준 언어다. 파이썬의 내부 하드웨어 구조로부터 독립적인 구조는 C나 C++ 관련 언어들보다 코드를 덜 복잡하고, 잘 구조화되며, 접근하기 쉽게 만든다.

- 파이썬은 비주얼 베이직(Visual Basic)보다 더 강력하고 다양한 용도로 사용되며, 다양한 플랫폼을 지원한다. 파이썬은 비주얼 베이직보다 더 널리 사용되는 풍부한 언어이며, 파이썬이 오픈 소스라는 사실은 어느 특정한 회사에 의해 지배되지 않는다는 것을 의미한다.

- 파이썬은 PHP보다 가독성이 좋으며, 더 다양한 용도로 사용된다. 파이썬은 PHP와 마찬가지로 웹 사이트를 만드는 데도 사용되지만, 로봇에서부터 애니메이션, 그리고 게임에 이르기까지 거의 모든 컴퓨터 영역에서 사용된다.

- 파이썬은 자바스크립트(JavaScript)보다 강력하며, 더 다양한 용도로 사용된다. 또한 매우 큰 툴셋을 제공하는데, 이 툴셋은 웹 개발에서만 사용할 수 있을 뿐 아니라 과학적인 모델링이나 계측 등에서도 사용된다.

- 파이썬은 루비(Ruby)보다 더 가독성이 좋고 잘 정착되어 있으며, 루비보다 구문이 덜 복잡하다. 파이썬에서 객체 지향 프로그래밍의 적용은 전적으로 사용자나 프로젝트의 선택 사항이다.

- 파이썬은 루아(Lua)보다 더욱 성숙하며, 다양한 주제에 초점을 맞추고 있다. 또한, 많은 기능과 광범위한 라이브러리로 인해 루아보다 더 다양한 분야에 적용할 수 있으며, Tcl과 같이 다른 언어들 간의 연결 언어로서의 기능도 포함하고 있다.

- 파이썬은 Smalltak, Lisp, Prolog보다 덜 난해하다. 이 같은 언어의 동적인 특징도 가지고 있지만, 개발자와 커스터마이징 가능한 시스템의 최종 사용자들이 접근할 수 있는 기본 구문도 가지고 있다.

특히 단순히 텍스트 파일을 읽는 것 이상의 일을 하는 프로그램이나, 미래에 다른 사람이 볼 수 있거나, 또는 여러분이 읽게 될 프로그램의 경우, 오늘날 여러분이 사용할 수 있는 어떤 스크립트나 프로그래밍 언어보다 더 좋은 언어라는 것을 어렵지 않게 발견할 수 있다. 또한, 여러분의 프로그램이 고성능을 필요로 하지 않을 때 파이썬은 종종 C, C++ 및 자바와 같은 시스템 개발 언어의 현실적인 대안이 되기도 한다. 파이썬 코드는 종종 같은 목적을 달성하면서도 작성과 디버깅이 훨씬 더 쉽고, 유지보수하기도 편하다.

물론, 나는 1992년부터 정식 파이썬 에반젤리스트였기에 이러한 내 의견을 받아들일지는 여러분의 몫이다(그리고 다른 언어의 지지자들의 생각은 다를 수 있다). 그러나 파이썬을 이해하기 위해 많은 노력을 한 개발자들의 일반적인 경험을 충분히 반영했다는 것을 알아 주었으면 한다.

이 장의 요약

그리고 여기서 이제 이 책의 과대 광고를 끝내겠다. 이 장에서 우리는 사람들이 프로그래밍 시에 파이썬을 선택하는 몇 가지 이유에 대해서 알아보았으며, 오늘날 파이썬을 사용하는 대표적인 사례들을 통해 파이썬이 어떻게 적용되고 보여지는지도 살펴보았다. 나의 목표는 파이썬을 가르치는 것이지 판매하는 것이 아니다. 언어를 판단하는 가장 좋은 방법은 실제 동작을 보는 것이므로 이 책의 나머지 부분은 이 장에서 그럴싸하게 설명한 언어의 세부 내용에 전적으로 초점을 맞출 것이다.

다음 두 장은 파이썬에 대한 기술적인 소개를 시작하겠다. 이 두 장에서는 파이썬 프로그램을 실행하는 방법을 탐구하고, 파이썬의 바이트 코드 실행 모델을 간단히 살펴보며, 코드를 절약하기 위한 모듈 파일의 기본에 대해 소개한다. 이 두 장의 목표는 이 책의 나머지 부분의 예제와 실습 문제를 실행할 수 있는 충분한 정보를 제공하는 것이다. 실제로 4장 이전에는 프로그래밍을 시작하지 않지만, 그전에 프로그램의 구동에 대해 충분히 이해하고 있는지 확인하도록 하자.

학습 테스트: 퀴즈

핵심 개념의 복습을 돕기 위해 설명한 주제에 대하여 오픈북 형식의 퀴즈로 각 장을 마감하겠다. 이 퀴즈에 대한 정답은 질문 바로 다음에 있으며, 정답은 종종 질문의 배경에 대한 추가적인 정보를 제공하므로 퀴즈에 대한 답을 여러분 스스로 구한 다음, 정답을 꼭 확인하기 바란다.

퀴즈 이외에 책의 각 파트의 끝에는 여러분의 파이썬 코딩 시작을 돕기 위한 파트 **실습 문제**들이 있다. 다음은 첫 번째 퀴즈다. 행운을 빌며, 퀴즈를 푸는 동안 필요하다면 언제든지 이 장의 내용을 참조하도록 하자.

1. 사람들이 파이썬을 선택하는 여섯 가지 주요 이유는 무엇인가?
2. 오늘날 파이썬을 사용하는 유명한 회사나 단체 네 개를 말해 보시오.
3. 애플리케이션 개발에 파이썬을 선택하지 않는다면 그 이유는 무엇인가?
4. 파이썬으로 무엇을 할 수 있는가?
5. 파이썬의 import this문의 의미는 무엇인가?
6. 책 또는 웹의 많은 예제에서 'spam'을 볼 수 있는 이유는 무엇인가?
7. 여러분이 좋아하는 색은 무엇인가?

학습 테스트: 정답

여러분은 이 퀴즈에 어떻게 답했는가? 다음은 내가 생각한 정답이며, 일부 퀴즈의 경우에는 다양한 정답이 있을 수 있다. 다시 말하지만, 여러분이 생각한 정답이 확실하다고 생각해도 질문에 대한 추가적인 정보를 얻을 수 있으니 정답을 반드시 확인하기 바란다. 다음 정답 중에 이해되지 않는 부분이 있다면 이 장의 본문을 참고하자.

1. 소프트웨어 품질, 개발자 생산성, 프로그램 이식성, 라이브러리 지원, 컴포넌트 통합, 그리고 즐거움. 이 중에서 품질과 생산성이 사람들이 파이썬의 사용을 선택한 주된 이유인 것 같다.

2. 구글, 인더스트리얼 라이트&매직(Industrial Light&Magic), CCP 게임즈, 제트 프로펄션 연구소(Jet Propulsion Lab), ESRI 등. 소프트웨어를 개발하는 거의 모든 조직에서 장기적인 전략적 제품 개발 또는 테스트 및 시스템 관리와 같은 단기적인 개발을 위해 파이썬을 다양한 방식으로 사용하고 있다.

3. 파이썬의 가장 큰 단점은 성능이다. 파이썬은 C와 C++와 같이 완전한 컴파일 언어처럼 빠르게 실행되지 않는다. 한편으로 파이썬은 일반적인 대부분의 애플리케이션에서 사용하기에 충분히 빠르며, 파이썬 코드는 인터프리터의 C 코드에 연결되어 실행되기 때문에 어쨌든 C의 실행 속도에 가깝게 실행된다. 속도가 중요한 경우, 애플리케이션의 수치 연산 부분에 대해 컴파일된 확장 기능을 이용할 수 있다.

4. 웹 사이트 개발뿐만 아니라 게임에서부터 로봇과 우주선의 제어에 이르기까지 컴퓨터로 할 수 있는 거의 모든 것에서 파이썬을 사용할 수 있다.

5. 이 내용은 이미 각주에서 언급된 내용이다. import this는 파이썬 언어의 기초를 이루는 기본 설계 철학의 일부를 출력하는 파이썬 내부의 이스터 에그를 실행시킨다. 다음 장에서 이 문(statement)을 실행시키는 방법을 배우게 될 것이다.

6. 'spam'은 유명한 몬티 파이썬 풍자에서 참조한 것이며, 식당에서 음식을 주문하려는 사람들은 스팸에 대해 노래하는 바이킹의 합창에 의해 묻힌다. 아, 그리고 'spam'은 파이썬 스크립트에서 흔한 변수 이름이다.

7. 파랑. 아니, 노랑!(몬티 파이썬과 성배에 나오는 대사)

파이썬은 예술이 아닌 기술

1990년대 초 소프트웨어 무대에 파이썬이 처음 등장했을 때, 파이썬은 자신의 지지자들과 또 다른 인기 있는 스크립트 언어인 펄 사이에 어떤 고전적인 갈등을 양산했다. 개인적으로 나는 오늘날의 이 논쟁이 매우 피곤하고 부당하다고 생각한다. 개발자들은 스스로 결론을 내릴 만큼 충분히 똑똑하다. 여전히 이 내용은 내가 강의를 다닐 때 가장 흔히 받는 질문의 주제 중 하나이며, 사람들이 파이썬을 선택하는 주된 이유 중 하나이기도 하다는 점을 강조한다. 여기서 이에 관한 몇 가지 짧은 이야기를 하는 것이 좋을 것 같다.

짧은 이야기란 '**여러분이 펄에서 할 수 있는 것은 파이썬에서도 할 수 있지만, 작성된 후에 코드를 쉽게 읽을 수 있어야 한다.**'는 게 전부다. 파이썬과 펄의 활용 범위는 대부분 겹치지만, 파이썬은 가독성 좋은 코드를 생산하는 데 더욱 초점을 맞춘다. 많은 경우에 파이썬의 향상된 가독성이 더 나은 코드 재사용성과 유지보수성으로 이어지며, 일회용 프로그램이 아닌 장기간 유지보수해야 하는 프로그램을 위한 더 나은 선택이 되도록 만든다. 하지만 펄 코드는 작성하기는 쉬워도 읽기는 어려울 수 있다. 대부분의 소프트웨어가 처음 작성할 때 예상했던 것보다 훨씬 더 긴 수명을 가지고 있음을 감안할 때, 많은 사람이 파이썬이 보다 더 효율적인 도구라고 생각한다.

다소 긴 이야기는 두 언어 설계자의 배경을 반영하고 있다는 것이다. **파이썬**은 수학자의 의해 고안되었기 때문에 자연스럽게 고도의 균일성과 일관성을 가진 직교(orthogonal) 언어로 만들어졌다. 반면 **펄**은 언어학자에 의해 만들어졌으며, 문맥에 따른 민감도와 넓은 다양성을 가진 자연어에 가까운 프로그래밍 도구다. 잘 알려진 펄의 모토처럼 **어떤 일을 하는 데에는 한 가지 이상의 방법이 있다 (there's more than one way to do it).** 이러한 사고 방식을 감안하여 펄 언어와 펄 언어의 사용자 커뮤니티 둘 모두는 코드를 작성할 때 구속되지 않는 표현의 자유를 장려했다. 한 사람의 펄 코드는 다른 사람의 펄 코드와 근본적으로 다를 수 있다. 사실, 독특하고 어려운 코드를 작성하는 것은 종종 펄 사용자들 사이에서 자부심의 원천이 된다.

그러나 오래된 코드를 유지보수해 본 사람이라면 누구나 증명할 수 있는 것처럼, **예술적인 면에서의 표현의 자유는 바람직하지만, 기술적인 면에서는 그렇지 않다.** 기술에서는 최소한의 기능과 예측 가능성이 필요하다. 기술에서 표현의 자유는 오히려 유지보수를 악몽으로 이끌 수 있다. 일부 펄 사용자는 너무 많은 자유의 결과로 인해 코드를 수정해 나가는 것보다 차라리 처음부터 새로 작성하는 것이 더 쉬울 때가 있다고 나에게 털어놓기도 했다.

다음 내용을 생각해 보자. 사람들이 그림이나 조각을 만들 때 그들은 대부분 자신을 위해 일하며, 그들의 작품을 나중에 누군가 변경할 가능성은 포함되어 있지 않다. 이것은 바로 예술과 기술 사이의 중요한 차이다. 반면, **소프트웨어**를 작성할 때는 대부분 자신을 위해 소프트웨어를 작성하지 않는다. 사실, 컴퓨터를 위해 작성하는 것도 아니다. 좋은 프로그래머는 유지보수나 재사용을 위해 해당 코드를 읽어야만 하는 다음 사람을 위해 코드가 작성된다는 것을 알고 있다. 코드를 유지보수해야 하는 사람이 해당 코드를 이해할 수 없다면, 현실적인 개발 시나리오에서는 모든 코드가 쓸모없어진다. 즉, 프로그래밍은 독창적이고 모호한 것이 아니라 **여러분의 프로그램이 어떻게 그 목적을 명확하게 전달하는지에 대한 것이다.**

많은 사람이 파이썬이 다른 스크립트 언어와 가장 명확하게 차별화된 것으로 보는 부분이 바로 가독성에 초점을 맞추었다는 점이다. 파이썬의 구문 모델은 가독성 있는 코드의 생성을 거의 **강제**하고 있다. 그래서 파이썬 프로그램들은 전체 소프트웨어 개발 주기에 좀 더 직접적인 영향을 준다. 그리고 파이썬은 제한된 상호 작용, 코드의 균일성, 기능의 일관성과 같은 개념들을 강조하므로 코드가 작성된 후 오랫동안 사용될 수 있도록 육성한다.

장기적으로 보면, 파이썬이 **코드 품질**에 주안점을 둔 것은 프로그래머의 만족도뿐만 아니라 생산성을 본질적으로 증대시킨다. 물론 파이썬 프로그래머들도 매우 창의적일 수 있으며, 앞으로 볼 수 있는 것처럼 파이썬 또한 일부 작업에 대해서 다양한 방안을 제공한다. 오늘날에는 때로 너무 많은 방안이 제공되며, 이것은 우리가 이 책에서 곧 직면하게 될 문제다. 사실, 여기 이 내용은 '품질은 취약한 상태로 판명되었으며, 기술 못지 않게 **사람**에 의존적이다'라는 **교훈적인 이야기**로 읽힐 수도 있다. 파이썬은 역사적으로 다른 스크립팅 언어가 때로는 하지 못했던 방식으로 좋은 엔지니어링을 장려했지만, 나머지 품질 이야기는 여러분에게 달렸다.

적어도 이러한 내용은 파이썬을 사용하는 많은 사람 사이에서 일반적인 의견 중 일부다. 물론, 여러분은 파이썬이 제공하는 것을 배움으로써 스스로 이러한 주장에 대해 판단해야만 한다. 이제 여러분이 파이썬을 시작할 수 있도록 다음 장으로 넘어가도록 하자.

2

파이썬이 프로그램을
실행하는 방법

이 장과 다음 장에서는 여러분이 코드를 실행하는 방법과 파이썬이 프로그램을 실행하는 방법에 대해서 빠르게 살펴볼 것이다. 이 장에서는 파이썬 인터프리터가 일반적으로 프로그램을 실행하는 방법에 대해 배울 것이다. 그리고서 다음 3장에서는 직접 프로그램을 작성하고 실행하는 방법을 배운다.

프로그램을 시작하는 작업의 상세한 내용은 본질적으로 플랫폼에 종속적이며, 이 두 장에서 다뤄지는 일부 내용은 여러분의 환경에는 적용되지 않을 수도 있다. 그러므로 파이썬에 경험이 있는 독자라면 이 책을 읽는 의도에 따라 자유롭게 이 장을 건너뛰어도 괜찮다. 마찬가지로, 과거에 비슷한 언어를 사용해 본 독자와 언어를 빠르게 사용해 보기를 원하는 독자는 나중에 참고할 수 있도록 이 장에 표시를 해두고 빠르게 넘어갈 수도 있다. 그 외의 독자들은 파이썬 코드를 작성하는 방법을 배우기 전에 우리가 작성한 코드를 파이썬이 실행하는 방법에 대해서 간단히 살펴보자.

파이썬 인터프리터 소개

지금까지 프로그래밍 언어로서의 파이썬에 대해서 이야기를 했다. 그러나 현재 파이썬이 구현된 것처럼 파이썬 또한 **인터프리터**(interpreter)라고 불리는 소프트웨어 패키지다. 인터프리터는 다른 프로그램을 실행시키는 프로그램의 한 종류다. 여러분이 파이썬 프로그램을 작성하면,

파이썬 인터프리터는 여러분이 작성한 프로그램을 읽고 프로그램이 포함하고 있는 명령을 수행한다. 사실상 인터프리터는 여러분이 작성한 코드와 여러분의 장비에 포함된 컴퓨터 하드웨어 사이의 소프트웨어 로직 계층에 해당한다.

여러분의 장비에 파이썬 패키지가 설치되면 많은 컴포넌트가 생성된다(기본적으로는 인터프리터와 지원 라이브러리). 파이썬 인터프리터는 사용하는 방법에 따라 실행 가능한 프로그램의 형태 또는 다른 프로그램에 연결되는 라이브러리 묶음 형태로 설치될 수 있다. 여러분이 실행하는 파이썬의 형태에 따라 인터프리터 자체는 C 프로그램으로 구현되거나, 자바 클래스의 집합이거나, 또는 다양한 방법으로 구현될 수 있다. 인터프리터의 형태에 상관없이 여러분이 작성한 파이썬 코드는 항상 이 인터프리터에 의해 실행되므로 파이썬 코드를 실행하기 위해서는 여러분의 컴퓨터에 파이썬 인터프리터를 설치해야만 한다.

파이썬 설치 과정은 플랫폼에 따라 다르며, 상세한 내용은 이 책의 부록 A에서 다룬다. 간단히 살펴보면 다음과 같다.

- 윈도우 사용자는 파이썬 자동 설치 실행 파일을 가져와 실행한다. 실행 과정의 모든 메시지에 대해 단순히 더블 클릭 그리고 '예' 또는 '다음'을 입력하기만 하면 된다.
- 리눅스와 맥 OS X 사용자는 아마도 파이썬이 이미 설치되어 있을 것이다. 이 두 플랫폼에서는 표준 컴포넌트로 채택되어 있다.
- 몇몇 리눅스와 맥 OS X 사용자들은(그리고 대부분의 유닉스 사용자들은) 전체 소스 코드를 포함한 배포 패키지로부터 컴파일하여 파이썬을 사용한다.
- 리눅스 사용자들은 RPM 파일을 통해서 사용할 수 있고, 맥 OS X 사용자들은 다양한 맥 전용의 설치 패키지를 통해서 사용할 수 있다.
- 그 외의 다른 플랫폼들 또한 플랫폼에 따른 관련된 설치 방법을 제공한다. 예를 들어, 파이썬은 휴대폰, 태블릿, 게임 콘솔 그리고 아이팟에서도 사용할 수 있지만, 설치 방법은 매우 다양하다.

파이썬 자체는 파이썬 메인 사이트인 https://www.python.org의 다운로드 페이지에서 가져올 수 있으며, 이 외에도 다양한 다른 배포 채널을 통해서도 받을 수 있다. 설치하기 전에 이미 파이썬이 설치되어 있지는 않은지 확인하자. 여러분이 윈도우 10 또는 그 이전 버전에서 작업하고 있다면, 그림 2-1에서 볼 수 있듯이 일반적으로 시작 메뉴에서 파이썬을 찾을 수 있다. 다음 장에서 이 그림에 나타난 메뉴 옵션에 대해서 다룰 것이다. 유닉스와 리눅스에서의 파이썬은 보통 /usr 디렉터리 트리 아래에 존재한다.

설치 과정의 상세한 내용은 플랫폼에 따라 다르기 때문에 여기서는 다루지 않는다. 설치 과정에 대한 좀 더 상세한 내용은 부록 A를 참고하자. 이 장과 다음 장의 목적을 위해 나는 독자가 이미 파이썬을 설치했다고 가정하고 설명할 것이다.

프로그램 실행

파이썬 스크립트를 작성하고 실행하는 것의 의미는 이 일을 바라보는 관점이 프로그래머인지, 파이썬 인터프리터인지에 따라 다르다. 두 관점 모두 파이썬 프로그래밍에 대한 중요한 견해를 제공한다.

프로그래머의 관점

파이썬 프로그램의 가장 간단한 형태는 단순히 파이썬문을 포함하고 있는 하나의 텍스트 파일이다. 예를 들어, 다음의 script0.py라는 이름의 파일은 내가 생각해 낼 수 있는 가장 간단한 파이썬 스크립트 중 하나이지만, 완전한 기능을 포함한 파이썬 프로그램이다.

```
print('hello world')
print(2 ** 100)
```

이 파일은 인용 부호에 포함된 텍스트와 수치 표현(2의 100제곱)의 결과를 출력 스트림으로 단순히 출력하는 두 개의 파이썬 print문을 포함하고 있다. 이 코드의 구문에 대해서는 아직 생각하지 않아도 된다. 이 장에서는 단지 실행하는 방법에 대해서만 이야기할 것이다. 다음 장에서 print문과 파이썬이 어떻게 2의 100제곱을 오버플로우 없이 계산할 수 있는지에 대해서 설명할 것이다.

여러분은 여러분이 선호하는 어떠한 텍스트 편집기로도 위 코드가 포함된 파일을 만들 수 있다. 관례적으로, 파이썬 프로그램은 .py로 끝나는 이름으로 제공된다. 엄밀히 말하면, 이 이름 지정 방식은 '임포트(imported)'되는 파일에만 반드시 요구되는 사항이다. 임포트에 대해서는 다음 장에서 설명한다. 그러나 대부분의 파이썬 파일들은 일관성을 위해 파일 끝에 .py를 붙이는 규칙을 따른다.

그림 2-1 윈도우 10 또는 이전 버전에 파이썬을 설치한 후 시작 화면의 모습이다. 설치 항목들은 파이썬 배포 버전에 따라 다를 수 있지만, IDLE은 개발 GUI 도구를 실행하고, Python은 간단한 대화형 세션을 실행한다. 그리고 표준 매뉴얼과 PyDoc 문서 엔진(Module Docs)이 포함되어 있다. 윈도우 8과 다른 플랫폼의 설치 모습은 제3장과 부록 A를 참고하자.

이 문들을 텍스트 파일에 입력한 다음, 파일을 **실행**하기 위해 파이썬을 호출해야 한다. 파일을 실행한다는 것은 파일에 포함된 모든 문을 위에서 아래로 한 라인씩 실행한다는 것을 의미한다. 다음 장에서 볼 수 있는 것처럼 셀 명령 라인이나 파이썬 프로그램 아이콘을 클릭하거나, IDE 도구 안에서 실행하거나, 또는 기타 표준적인 다양한 방법으로 파이썬 프로그램 파일을 실행할 수 있다. 파일이 별 문제없이 실행되었다면 두 개의 print문이 보여 주는 결과를 컴퓨터 어딘가에서 볼 수 있을 것이다(기본적으로 프로그램을 실행한 같은 창에서 결과를 볼 수 있다).

```
hello world
1267650600228229401496703205376
```

예를 들어, 다음은 내가 작성한 파이썬 파일에 바보 같은 오타가 있지는 않은지 확인하기 위해 윈도우가 설치된 노트북의 명령 프롬프트 창의 명령 라인에서 스크립트를 실행했을 때 어떤 일이 발생했는지 보여 준다.

```
C:\code> python script0.py¹
hello world
126765060022822940149670 3205376
```

아직 프로그래밍에 익숙하지 않은 독자라면 위 실행 과정에 대한 자세한 내용은 3장에서 다루고 있으니 참고하자. 3장에서는 프로그램을 작성하고 실행하는 것에 대해 잔인할 만큼 상세한 내용을 배우게 될 것이다. 여기서는 이 장의 목표를 위해 단지 문자열과 숫자를 출력하는 파이썬 스크립트를 실행할 뿐이다. 이 단순한 코드로 어떤 프로그래밍 대회에서 입상할 수는 없겠지만, 이 장의 목적인 프로그램 실행의 기본 개념을 이해하기에는 충분하다.

파이썬의 관점

프로그램 실행에 대한 앞 절의 간략한 설명은 대부분의 스크립트 언어에 해당하는 표준에 가까운 방법이며, 대부분의 파이썬 프로그래머는 이 방법만 알아도 파이썬 프로그램을 실행하는 데 큰 문제가 없다. 텍스트 파일에 코드를 입력하고, 인터프리터를 통해 파일을 실행한다. 실제로 파이썬에게 실행을 명령하면 이 외에도 내부적으로 더 많은 일이 발생한다. 비록 파이썬 내부 동작 방식에 대한 지식이 파이썬 프로그래밍을 하는 데 꼭 필요한 것은 아니지만, 파이썬의 런타임 구조에 대한 기본적인 이해는 프로그램 실행에 대한 큰 그림을 이해하는 데 도움이 된다.

여러분이 작성한 스크립트 파일을 파이썬에게 실행하도록 명령할 때, 파이썬이 여러분의 코드를 실제로 실행하기 전에 수행해야 하는 몇 개의 단계가 존재한다. 구체적으로, 먼저 '바이트 코드(byte code)'라고 불리는 상태로 스크립트 파일을 컴파일한다. 그리고서 '가상 머신(virtual machine)'이라고 불리는 곳으로 전달한다.

바이트 코드 컴파일

프로그램을 실행할 때 파이썬은 먼저 소스 코드를 바이트 코드로 알려진 형식으로 컴파일하며, 이 모든 과정은 내부적으로 거의 완벽하게 숨겨져 있다. 컴파일은 단순히 소스 코드를 해석하는 과정이며, 바이트 코드는 소스 코드에 대한 저수준, 플랫폼 독립적인 표현이다. 간략하게 설명하면, 파이썬은 여러분이 작성한 소스 코드의 각 문을 개별적인 단계로 분해함으로

---

1   [옮긴이] 한글 윈도우에서 경로상의 '₩' 문자는 '\'로 표기됩니다.

써 바이트 코드 명령어들의 그룹으로 변환한다. 이러한 바이트 코드로의 변환 작업은 프로그램의 실행 속도를 높이기 위해 수행된다. 바이트 코드는 여러분이 작성한 텍스트 파일에 있는 원본 소스 코드보다 훨씬 빠른 속도로 실행된다.

앞서 말한 이 모든 과정이 거의 완벽하게 숨겨져 있다고 말한 부분에 주목하자. 실행 중인 파이썬 프로세스가 여러분의 장비에 쓰기 권한이 있는 경우, 파이썬 프로세스는 프로그램에 대한 바이트 코드를 .pyc 확장자를 가진 파일로 저장한다(‘.pyc’는 컴파일된 ‘.py’ 소스를 의미한다). 파이썬 3.2 이전 버전에서는 이 파일들이 소스 코드 파일과 같은 위치에 나란히 나타나는 것을 볼 수 있을 것이다. 즉, 같은 디렉터리 안에 생성된다. 예를 들어, script.py 파일을 임포트하면 script.pyc 파일이 생성되는 것을 볼 수 있다.

파이썬 3.2와 그 이후 버전에서 파이썬은 소스와 같은 디렉터리 대신 소스 파일들이 위치한 디렉터리에 __pycache__라는 이름의 하위 디렉터리 안에 자신의 .pyc 바이트 코드 파일을 저장한다. 그리고 각각의 .pyc 파일의 이름에는 자신을 생성한 파이썬 버전을 식별할 수 있는 정보가 포함되어 있다(⬛ script.cpython-36.pyc). 새롭게 도입된 __pycache__ 하위 디렉터리는 혼란을 피하는 데 도움이 되며, 바이트 코드에 대한 새로운 이름 명명 규칙은 같은 컴퓨터에 설치된 서로 다른 버전의 파이썬이 서로가 저장한 바이트 코드를 덮어쓰는 것을 방지한다. 이러한 바이트 코드 파일 모델은 비록 자동으로 처리되고 대부분의 파이썬 프로그램에게 무의미하지만, 22장에서 좀 더 자세히 다뤄볼 예정이다. 그리고 바이트 코드 파일 모델은 앞서 설명된 다른 파이썬 구현에 따라 다를 수 있다.

3.2 이전 그리고 이후 두 모델 모두에서 파이썬은 프로그램의 시작 속도를 최적화하기 위해 이와 같이 바이트 코드로 저장한다. 그리고 프로그램을 다음에 다시 실행할 때 바이트 코드가 생성된 이후에 원본 소스 코드에 변경된 내용이 없는 경우는 컴파일 단계를 생략하고 .pyc 파일을 곧바로 로드한다. 그리고 해당 바이트 코드를 만든 파이썬이 아닌 다른 파이썬과는 실행되지 않는다. 이 작업은 다음과 같이 동작한다.

- **소스 변경**: 파이썬은 소스 코드의 재컴파일 여부를 판단하기 위해 소스와 바이트 코드 파일의 최종 수정 시간을 자동으로 확인한다. 만약 여러분이 소스 코드를 변경하고 다시 저장한다면, 프로그램이 다음에 실행될 때 자동으로 바이트 코드가 생성된다.
- **파이썬 버전**: 임포트(Import)는 또한 파이썬 3.2와 그 이전 버전에서는 바이트 코드 자체에 포함된 ‘매직(magic)’ 버전 넘버를 사용하고, 파이썬 3.2와 그 이후 버전에서는 바이트 코드

파일 이름에 포함된 정보를 사용하여 해당 바이트 코드가 다른 버전의 파이썬에 의해 생성된 경우 재컴파일이 필요한지를 확인한다.

결과적으로 소스 코드가 변경되거나 파이썬 버전이 다른 경우, 모두 새로운 바이트 코드 파일이 생성된다. 파이썬이 여러분의 장비에 바이트 코드 파일을 쓸 수 있는 권한이 없는 경우에도 프로그램은 여전히 실행된다. 이때 바이트 코드는 메모리에 생성되고 프로그램이 종료될 때 버려진다. 그러나 .pyc 파일은 프로그램의 구동 속도를 높이기 위한 방법이라서 규모가 큰 프로그램이 실행될 경우를 대비해 바이트 코드가 제대로 저장되고 있는지 확인해 두는 것이 좋다. 바이트 코드 파일은 또한 파이썬 프로그램을 판매하기 위한 하나의 방법으로 사용된다. 파이썬은 모든 소스에 대한 .pyc 파일이 있는 경우, 원본 .py 소스 파일 없이도 프로그램을 문제없이 실행할 수 있다. 파이썬 프로그램을 판매하는 또 다른 방법인 '프로즌 바이너리(Frozen Binaries)'에 대해서는 이 장의 뒤에서 언급한다.

마지막으로, 바이트 코드는 프로그램의 최상위 파일과 같은 단지 스크립트로서 실행되는 파일들이 아니라 **임포트**(import)되는 파일들을 위해서만 파일로 저장된다는 사실을 명심하도록 하자(좀 더 정확히 말하면, 바이트 코드는 임포트 최적화라고 할 수 있다). 이 책에서는 임포트의 기본적인 내용에 대해서는 3장에서 다룰 예정이고, 임포트에 대한 심도 있는 내용은 파트 5에서 다룰 예정이다. 게다가 해당 바이트 코드 파일은 프로그램을 실행할 때마다 **한 번만** (가능한 컴파일된 형태로) 임포트된다. 그리고 바이트 코드는 **대화형 프롬프트**를 통해 입력한 코드에 대해서는 생성되지 않는다. 다양한 프로그래밍 모드에 대해서는 3장에서 다룰 예정이다.

파이썬 가상 머신(PVM)

여러분이 작성한 프로그램이 일단 바이트 코드로 컴파일되면(또는 이미 존재하는 .pyc 파일로부터 바이트 코드가 로드되면), 해당 바이트 코드는 실행을 위해 일반적으로 파이썬 가상 머신(Python Virtual Machine, 이하 PVM)이라고 불리는 곳으로 전달된다. PVM이라는 단어가 주는 느낌은 뭔가 대단한 것 같지만, 실제로 PVM은 독립된 프로그램이 아니며, 따로 설치하지 않아도 된다. 사실 PVM은 여러분의 바이트 코드 명령을 차례로 반복 실행하기 위한, 단지 큰 코드 루프에 지나지 않는다. PVM은 파이썬의 런타임 엔진이다. PVM은 파이썬 시스템의 일부로 항상 존재하며, 실제 여러분의 스크립트를 실행시키는 컴포넌트에 해당된다. 사실상 이 단계가 '파이썬 인터프리터'의 마지막 단계에 해당한다.

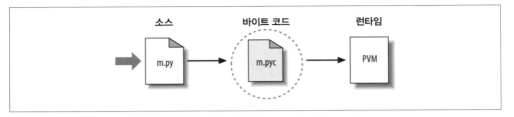

그림 2-2 파이썬의 전통적인 런타임 실행 모델. 여러분이 작성한 소스 코드는 바이트 코드로 변환되고, 변환된 바이트 코드는 파이썬 가상 머신에 의해 실행된다. 여러분이 작성한 코드는 자동으로 바이트 코드로 컴파일되지만, 바이트 코드는 다시 파이썬 가상 머신에 의해 해석된다.

그림 2-2는 여기서 설명한 런타임 구조에 대해서 보여 준다. 여기서 설명한 복잡한 내용은 모두 의도적으로 파이썬 프로그래머에게는 노출되지 않음을 명심하자. 바이트 코드 컴파일은 자동으로 처리되고, PVM은 여러분이 설치한 파이썬 시스템의 일부일 뿐이다. 다시 말해 프로그래머들이 단순히 코드를 작성하고 실행만 하면, 파이썬이 해당 코드를 실행하기 위한 로직들을 처리한다.

성능에 미치는 영향

C나 C++ 같은 컴파일 언어에 대한 기반 지식을 가지고 있는 독자라면 파이썬 모델이 가지고 있는 몇 가지 차이점에 관심이 갈 것이다. 그중 한 가지는 파이썬에는 보통 빌드나 'make'와 같은 단계가 없다는 것이다. 파이썬 코드는 작성 후 추가적인 단계 없이 바로 실행된다. 또 다른 하나는 파이썬의 바이트 코드가 이진 기계 코드(⚙ 인텔(Intel) 또는 암(ARM) 칩의 명령어)가 아니라는 것이다. 바이트 코드는 파이썬 고유의 표현 방식일 뿐이다.

이것이 바로 1장에서 설명한 것처럼 일부 파이썬 코드가 C 또는 C++ 코드만큼 빠르게 실행되지 못하는 이유다. PVM의 루프는 CPU 칩이 아니므로 여전히 바이트 코드를 머신 코드로 해석해야 하며, 바이트 코드 명령어들은 CPU 명령어들보다 더 많은 작업을 해야 한다. 반면, 전통적인 인터프리터와 달리 내부적인 컴파일 단계가 여전히 존재한다. 파이썬은 실행할 때마다 소스 코드를 반복해서 재분석과 재해석하지 않아도 된다. 결과적으로, 순수 파이썬 코드는 전통적인 컴파일 언어와 전통적인 인터프리터 언어들의 중간 정도의 속도로 실행된다. 파이썬 성능의 장단점에 대한 자세한 내용은 앞의 1장을 참고하도록 하자.

개발에 미치는 영향

파이썬 실행 모델의 또 다른 효과로는 실제 개발 환경과 실행 환경의 차이가 없다는 것이다.

즉, 여러분의 소스 코드를 컴파일하고 실행하는 시스템은 실제 하나이며 동일하다. 이러한 점은 전통적인 컴파일 언어에 대한 기반 지식을 가지고 있는 독자들에게 좀 더 의미 있게 다가올 것이다. 그러나 파이썬에서 컴파일러는 항상 런타임에 나타나며, 프로그램을 실행시키는 시스템의 일부다.

이러한 파이썬의 실행 모델로 인해 더 빠른 개발 사이클이 가능해진다. 프로그램을 시작하기 전에 미리 컴파일하거나 링크하지 않아도 되며, 단순히 코드를 작성하고 실행하기만 하면 된다. 파이썬의 이러한 특징은 또한 언어 자체에 역동적인 느낌을 더한다. 런타임 시에 다른 파이썬 프로그램을 생성하고 실행하는 것이 가능하며, 이 기능은 종종 매우 유용하게 사용된다. 예를 들어, 파이썬은 eval과 exec 기능을 포함하고 있기 때문에 파이썬 프로그램 코드를 포함한 문자열을 받아들여 실행할 수 있다. 파이썬의 이러한 역동적인 구조는 파이썬이 제품의 커스터마이징을 목적으로 자주 사용되는 이유가 되기도 한다. 파이썬 코드는 실행 중에 변경될 수 있다. 그러므로 사용자는 운영 중인 시스템의 파이썬 부분을 전체 시스템의 소스 코드 없이, 그리고 코드에 대한 컴파일 없이 변경할 수 있다.

좀 더 근본적인 수준에서 보자면, 파이썬에서는 실제로 많은 것이 런타임 시에 결정된다는 사실을 염두에 두어야 한다. 초기 컴파일 단계가 없고, 모든 것은 프로그램이 실행 중일 때 발생한다. 이것은 심지어 함수, 클래스의 생성과 모듈의 링크와 같은 기능도 포함한다. 이러한 기능들은 좀 더 정적인 언어에서는 실행 이전에 발생하지만, 파이썬에서는 프로그램을 실행할 때 발생한다. 몇몇 독자들은 이미 익숙하겠지만, 이러한 파이썬의 특징은 훨씬 더 동적인 프로그래밍 경험을 제공한다.

실행 모델 변형들

지금까지 우리는 내부적인 실행 흐름에 대해서 공부했다. 이러한 파이썬의 내부적인 실행 흐름은 오늘날 파이썬의 표준 구현을 반영하고 있지만, 이러한 내용은 파이썬 언어 자체의 요구 사항은 아니다. 그래서 실행 모델은 시간에 따라 변화하는 경향이 있다. 사실, 이미 그림 2-2에서 일부 그림이 수정된 몇몇 시스템이 존재한다. 다음 주제로 넘어가기 전에 이러한 변형 중 잘 알려진 몇몇을 살펴보도록 하자.

파이썬의 다양한 구현들

엄밀히 말해서 이 책의 다섯 번째 판을 쓰고 있는 지금, 최소 다섯 가지 정도의 파이썬 언어의 구현이 존재한다(CPython, Jython, IronPython, Stackless, 그리고 PyPy). 비록 이러한 파이썬들 사이에 많은 아이디어와 작업의 교류가 있었지만, 각각은 별도의 개발자들과 사용자 기반을 가진 독립적으로 설치되는 소프트웨어 시스템이다. 여기에 추가할 수 있는 또 다른 후보로 Cython과 Shed Skin 시스템 정도를 들 수 있지만, 그들은 표준 파이썬 언어를 구현하지 않기 때문에 최적화 도구로서 나중에 다룰 예정이다(Cython은 파이썬/C 혼합이고, Shed Skin은 암시적인 정적 타입의 파이썬이다).

요약하자면, CPython이 파이썬의 표준 구현이며, 대부분의 독자가 사용하고자 하는 시스템에 해당한다(어떤 파이썬을 사용해야 할지 확실히 모를 경우에 대부분 여기에 해당한다). 이 책에서 표현된 파이썬 언어의 핵심적인 부분들은 다른 파이썬 구현에서도 전체적으로 거의 차이가 없지만, 이 책 또한 CPython을 사용한다. 모든 다른 파이썬 구현의 경우 비록 CPython이 제공하는 대부분의 기능을 제공하지만, 특별한 목적과 역할을 가지고 있다. 또한 모든 파이썬 구현은 같은 파이썬 언어를 구현하고 있지만, 각각 다른 방법으로 프로그램을 실행한다.

예를 들어, PyPy는 기존 CPython을 대체하여 대부분의 프로그램을 더욱 빠르게 실행할 수 있다. 이와 유사하게 Jython과 IronPython은 자바나 .NET 컴포넌트에 대한 직접적인 접근 권한을 제공하기 위해 파이썬 소스를 다른 런타임 아키텍처에서 실행되도록 컴파일하는, 완전히 별개의 파이썬 구현이다. 표준 CPython 프로그램에서 자바나 .NET 소프트웨어에 접근하는 것 역시 가능하다. 예를 들어, JPype 또는 Python for .NET을 사용하면 표준 CPython 코드에서 자바나 .NET 컴포넌트를 호출하는 것이 가능하다. 하지만 Jython과 IronPython이 파이썬 언어에 대한 완벽한 구현을 제공함으로써 좀 더 나은 방법을 제공한다.

여기서는 오늘날 이용할 수 있는 가장 유명한 파이썬 구현들에 대해 빠르게 살펴보자.

CPython: 표준 파이썬

다른 파이썬 구현과 비교할 때 표준 파이썬 구현을 보통 CPython이라고 부른다(그렇지 않은 경우에는 단순히 '파이썬(Python)'이라고 부른다). CPython이라는 이름은 해당 구현이 이식성을 고려한 ANSI C 언어 코드로 구현되었다는 사실에서 유래한다. CPython은 https://www.python.org 사이트에서 ActivePython과 Enthought 배포판과 함께 받을 수 있으며, 대부분의 리눅스와 맥 OS X 장비에는 기본으로 설치되어 있다. 여러분이 속해 있는 회사나 조직이 특별한 목적으로 파이썬을 사용하는 경우가 아니라면, 여러분의 장비에 미리 설치된 파이썬은 대부분 CPython일 것이다.

자바나 .NET 애플리케이션과 함께 파이썬 스크립트를 작성하기를 원하거나 Stackless 또는 PyPy의 장점이 필요한 경우가 아니라면, 대부분의 경우 여러분은 표준 CPython 시스템을 사용하고자 할 것이다. CPython은 파이썬 언어에 대한 레퍼런스 구현이기 때문에 빠르게 실행되고, 좀 더 완벽한 구현을 제공하며, 업데이트가 빠르고, 다른 구현보다 안정적인 경향이 있다. 그림 2-2는 CPython의 런타임 아키텍처를 반영하고 있다.

Jython: 자바를 위한 파이썬

Jython 시스템(원래 JPython으로 알려졌었다)은 자바 프로그래밍 언어와의 통합을 목적으로 한 파이썬 언어의 다른 구현이다. Jython은 파이썬 소스 코드를 자바 바이트 코드로 컴파일하고, 생성된 바이트 코드를 자바 가상 머신(JVM)으로 전달하는 자바 클래스로 구성되어 있다. 프로그래머는 평소처럼 여전히 파이썬 코드를 .py 텍스트 파일로 작성하면 된다. Jython 시스템은 기본적으로 그림 2-2에서 오른쪽 두 부분을 자바 기반의 같은 기능으로 대체한다.

Jython의 목표는 CPython이 파이썬으로 C나 C++ 컴포넌트 작성을 가능하게 하는 것처럼, 파이썬 코드로 자바 애플리케이션 작성을 가능하게 하는 것이다. Jython을 이용한 자바와의 통합은 매우 원활하게 진행된다. 파이썬 코드가 자바 바이트 코드로 해석되기 때문에 런타임 시에는 실제 자바 애플리케이션처럼 보인다. Jython 스크립트는 웹 애플릿이나 서블릿으로 제공될 수 있고, 자바 기반의 GUI 애플리케이션을 포함한 다양한 자바 애플리케이션을 만들 수 있다. 게다가 Jython은 파이썬 코드가 자바 클래스 파일을 파이썬으로 작성한 것처럼 임포트하여 사용할 수 있도록 하는 기능과 자바 코드가 파이썬 코드를 내장된 언어처럼 실행할 수 있도록 하는 통합 지원 기능을 포함하고 있다. Jython은 CPython에 비해 다소 느리고 안정성이 떨어지지만, 그럼에도 불구하고 주로 자바 환경에서 프론트엔드를 제공하기 위한 스크립트 언어를 찾고 있는 자바 개발자들의 흥미를 끄는 도구로 보인다. 더 자세한 내용은 Jython의 웹 사이트인 http://jython.org를 참고하도록 하자.

IronPython: .NET을 위한 파이썬

세 번째 파이썬의 구현이며, CPython과 Jython보다 최근에 개발된 IronPython은 파이썬 프로그램이 마이크로소프트의 윈도우 .NET 프레임워크와 리눅스 환경의 모노(Mono) 환경에서 동작할 수 있도록 작성된 애플리케이션과 통합할 수 있도록 설계되었다. .NET과 .NET 환경의

C# 프로그래밍 언어의 런타임 시스템은 마이크로소프트의 이전 COM 모델의 정신에 따라 언어 중립적인 객체 통신 계층으로 설계되었다. IronPython은 파이썬 프로그램이 클라이언트와 서버 컴포넌트 둘 모두로 동작하는 것을 가능하게 하며, 파이썬 프로그램이 다른 .NET 언어 또는 다른 .NET 언어에서 파이썬 프로그램으로 접근할 수 있도록 한다. 또한, 파이썬 코드에서 실버라이트 프레임워크와 같은 .NET 기술을 쉽게 활용할 수 있도록 한다.

구현에 따르면 IronPython은 Jython과 매우 유사하다(그리고 사실 같은 사람이 만들었다). IronPython은 그림 2-2에서 오른쪽 두 부분을 .NET 환경에서 실행하기 위한 같은 기능으로 대체한다. 또한, IronPython은 Jython처럼 특별한 목적을 가지고 있다. 파이썬을 .NET 컴포넌트와 통합하는 데 관심 있는 개발자들에게 초점을 맞추고 있다. 원래는 마이크로소프트에 의해 개발되었고, 지금은 오픈 소스 프로젝트인 IronPython은 더 나은 성능이 필요한 경우 몇몇 최적화 도구를 활용할 수 있다. 더 자세한 내용은 http://ironpython.net 사이트와 검색을 통해 관련된 자료들을 찾아보도록 하자.

Stackless 파이썬: 동시성을 위한 파이썬

파이썬 프로그램을 실행하기 위한 몇몇 다른 설계들은 여전히 좀 더 특별한 목적에 집중하고 있다. 예를 들어, Stackless(스택리스) 파이썬 시스템은 동시성(concurrency)을 지향하는 표준 CPython 언어의 재구현이며, 향상된 버전이다. Stackless 파이썬은 C 언어 콜 스택(call stack)에 상태를 저장하지 않기 때문에 파이썬을 스택이 작은 아키텍처에 쉽게 이식할 수 있도록 하고, 효율적인 멀티프로세스 옵션을 제공하며, 코루틴(coroutine) 같은 참신한 프로그래밍 구조를 육성한다.

Stackless 파이썬의 다른 기능들 중에서도 파이썬에 새로 추가한 경량 스레드(microthreads)는 파이썬의 표준 멀티태스킹 도구인 스레드와 프로세스보다 효율적이고 가볍다. 그리고 Stackless 파이썬은 더 나은 프로그래밍 구조와 가독성 있는 코드, 그리고 프로그래머의 생산성 향상을 공약으로 내세우고 있다. 이브 온라인(EVE Online)의 제작자인 CCP 게임즈가 대표적인 Stackless 파이썬 사용자이자 가장 일반적인 Stackless 파이썬의 성공 사례다. 추가 정보는 https://bitbucket.org/stackless-dev/stackless/wiki/Home 사이트를 참고하자.

PyPy: 속도를 위한 파이썬

PyPy 시스템은 표준 CPython의 또 다른 구현이며, 성능에 초점을 맞추고 있다. PyPy는 JIT(just-in-time) 컴파일러와 함께 빠른 파이썬 구현을 제공하며, 신뢰할 수 없는 코드를 안전한 환경에서 실행할 수 있는 '샌드박스(sandbox)' 모델을 위한 도구를 제공한다. 그리고 기본적으로 앞 절에서 다룬 Stackless 파이썬 시스템과 대규모의 동시성을 지원하기 위해 Stackless 파이썬의 경량 스레드에 대한 지원을 포함하고 있다.

PyPy는 원조인 Psyco JIT의 후속 프로젝트이며, 그리고 앞서 설명했듯이 완벽한 파이썬 구현과 함께 속도를 위해 만들어졌다. 실제 JIT은 빠른 실행을 위해 바이트 코드 부분을 이진 기계 코드로 완전히 변환하는, 단지 PVM(그림 2-2에서 가장 오른쪽 부분)의 확장일 뿐이다. JIT은 이 변환 작업을 딕셔너리 컴파일 단계가 아닌, 프로그램이 실행 중일 때 수행한다. 그리고 JIT은 프로그램이 처리하는 객체들의 데이터 타입(data type)을 추적함으로써 동적 파이썬 언어를 위해 구체적인 타입이 필요한 머신 코드를 만들 수 있다. 이러한 방법으로 바이트 코드 부분을 이진 기계 코드로 대체함으로써 프로그램은 더 빠르게 실행되고 동작한다. 게다가 몇몇 파이썬 프로그램은 PyPy 환경에서 더 적은 메모리를 사용한다.

이 글을 쓰고 있는 지금, PyPy는 파이썬 2.7 코드를 지원하고(3.X 코드는 아직 지원하지 않는다), 인텔 x86(IA-32)과 x86-64 플랫폼(윈도우, 리눅스 최신 맥 포함)에서 실행되며, 개발 버전에서는 ARM과 PPC를 지원한다. PyPy는 C 확장 모듈의 경우 일반적으로 재컴파일을 해야 하지만, 대부분의 CPython 코드를 실행할 수 있다. 그리고 PyPy는 몇몇 일반적인 코딩 패턴을 미연에 방지하는 시맨틱 가비지 컬렉션을 포함한, 미묘하지만 사소한 언어적인 차이가 일부 존재한다. 예를 들어, 시맨틱 가비지 컬렉션의 비참조 카운트 기반의 설계는 임의의 파일들이 즉시 출력 버퍼를 비우(flush)거나 종료(close)하지 않을 수 있음을 의미한다. 그리고 일부 경우에는 수동으로 종료(close)를 호출해야 할 수도 있다.

그 대신, 여러분의 코드가 좀 더 빨리 실행될 수 있다. PyPy는 현재 벤치마크 프로그램(http://speed.pypy.org)을 통해 CPython에 비해 약 5.7배 빠르다고 주장하고 있다. 몇몇 경우에 PyPy는 동적 최적화 기능을 이용하여 파이썬 코드를 C 코드만큼 빠르게, 때로는 더 빠르게 실행되도록 만들 수 있다. 이러한 PyPy의 성능은 무거운 알고리즘이나 수치 연산에 최적화되어 있으며, 그렇지 않은 경우 C로 재코딩이 필요할 것이다.

예를 들어, 21장에서 볼 수 있는 간단한 벤치마크에서 오늘날의 PyPy는 CPython 2.7보다 열 배 빠르며, CPython 3.X보다 100배 빠른 것으로 측정된다. 다른 벤치마크와 결과가 다소 다를 수는 있지만, 이러한 속도 향상은 많은 영역에서 최신 언어들이 내세우는 기능보다 더 매력적인 장점이 될 것이다. 또한, 중요한 메모리 공간 역시 PyPy에서 최적화된다. 인터넷의 어느 벤치마크 글에 따르면, PyPy가 247MB의 메모리를 사용하여 10.3초에 끝낸 일을 CPython은 684MB의 메모리를 사용하여 89초에 완료했다.

PyPy의 툴 체인은 또한 PyPy 번역기(translator)를 이용하여 Python으로 작성된 Prolog 인터프리터인 Pyrolog를 포함한 추가적인 언어를 지원하기에 충분하다. 좀 더 추가적인 내용은 PyPy 웹 사이트를 찾아보도록 하자. 일반적인 웹 검색을 통해서도 유용한 정보를 찾을 수 있겠지만, PyPy는 현재 http://pypy.org에서 관리되고 있으므로 이 사이트를 방문해 보자. PyPy의 성능에 대한 자료를 보고 싶다면 http://www.pypy.org/performance.html 페이지를 참고하자.

 이 글을 쓴 지 얼마 안 된 시점에 PyPy 2.0이 베타 버전으로 릴리즈되었으며, ARM 프로세서에 대한 지원이 추가되었다. 그리고 여전히 파이썬 2.X 버전만을 지원한다. 2.0 베타 릴리즈 노트에 따르면 다음과 같다.

"PyPy는 표준을 잘 준수하고, CPython 2.7.3을 거의 그대로 대체할 수 있는 파이썬 인터프리터. PyPy는 통합된 트레이싱(tracing) JIT 컴파일러로 인해 매우 빠르게 동작한다. 이번 릴리즈는 리눅스 32/64비트, 맥 OS X 64비트 또는 윈도우 32비트가 실행 중인 x86 머신을 지원하며, 또한 리눅스가 실행 중인 ARM 머신을 지원한다."

특별히 이상한 내용은 보이지 않는다. 21장에서 배우게 될 타이밍 도구들을 이용하여 직접 PyPy를 테스트해봤더니 PyPy는 CPython 2.X 버전과 3.X 버전보다 열 배 정도 빠른 성능을 보여 주며, 때로는 그 이상의 빠른 성능을 보여 주기도 한다. 나는 각각의 테스트 환경으로 PyPy를 32비트 윈도우 환경을 이용했고, CPython은 좀 더 빠른 64비트 컴파일 버전을 이용했음에도 이러한 결과가 나왔다.

물론, 진정으로 중요한 유일한 벤치마크는 여러분의 소스일 것이다. 그리고 CPython이 더 나은 성능을 보여 주는 경우도 있다. 예를 들어, PyPy를 이용하여 파일을 반복해서 읽는 작업(file iterator)은 여전히 매우 느리다. 그러나 PyPy의 성능에 대한 집중과 특히 수치 연산 영역에 대한 지원은 오늘날 많은 사람이 파이썬이 나아가야 할 중요한 방향으로 PyPy를 주목하고 있다. CPU 사용에 민감한 코드를 작성해야 한다면 PyPy를 관심 있게 살펴보도록 하자.

실행 최적화 도구

CPython과 이전 장에서 언급한 대부분의 다른 구현은 모두 파이썬 언어를 비슷한 방법으로 구현한다. 소스 코드를 바이트 코드로 컴파일하고, 바이트 코드를 적절한 가상 머신에서 실행하는 방법으로 구현한다. Cython 하이브리드, Shed Skin C++ 변환기, PyPy의 JIT 컴파일러 그리고 Psyco와 같은 일부 시스템은 대신에 기본 실행 모델에 대한 최적화를 시도한다. 지금 이 시점에서 이러한 시스템들에 대한 지식이 필요한 건 아니지만, 실행 모델에서 이러한 시스템들이 차지하는 위치를 빠르게 살펴보는 것이 일반적인 모델을 이해하는 데 도움이 될 것이다.

Cython: Python/C 하이브리드

Cython 시스템(Pyrex 프로젝트의 결과물을 기반으로 만들어졌다)은 파이썬 코드와 C 함수의 호출, 그리고 변수, 인자, 클래스 속성에 대해 C 타입 선언을 사용할 수 있는 기능을 결합한 하이브리드 언어다. Cython 코드는 Python/C API를 사용하여 C 코드로 컴파일될 수 있으며, 완벽하게 (머신 코드로) 컴파일된다. 비록 표준 파이썬과 완벽하게 호환되지는 않지만, Cython은 외부 C 라이브러리를 감싸거나 파이썬에서 사용할 C 확장 모듈을 작성하는 데 유용하게 사용될 수 있다. Cython의 현재 개발 상태는 http://cython.org 사이트에서 확인할 수 있다.

Shed Skin: 파이썬 코드를 C++ 코드로 변환하는 번역기

Shed Skin은 파이썬 프로그램의 실행에 대해 다른 접근 방식을 취하는 새로운 시스템이다. Shed Skin은 파이썬 코드를 C++ 코드로 변환을 시도하며, 변환된 코드는 여러분의 컴퓨터에 있는 C++ 컴파일러를 이용하여 머신 코드로 컴파일할 수 있다. 결국, Shed Skin은 파이썬 코드를 실행하기 위한 플랫폼 중립적인 접근 방식을 나타낸다.

Shed Skin은 이 글을 쓰고 있는 이 시점에도 활발히 개발되고 있다. Shed Skin은 현재 파이썬 2.4에서 2.6까지의 코드를 지원한다. 그리고 Shed Skin은 동적 타입인 파이썬 코드를 명시적인 타입이 필요한 C++ 코드로 변환하기 위해 파이썬 코드를 암시적으로 정적인 타입으로 작성하도록 제한한다. 이러한 제한은 파이썬에서 일반적인 경우가 아니므로 자세한 내용은 여기서 다루지 않는다. 비록 초기 버전의 결과이긴 하지만, Shed Skin은 실행 속도 측면에서 표준 파이썬과 Psyco와 같은 확장 모듈을 모두 능가할 잠재력을 가지고 있음을 보여 주기도 했다. 프로젝트의 현재 상태에 대한 자세한 내용은 웹에서 찾아보도록 하자.

Psyco: 원조 JIT 컴파일러

Psyco 시스템은 파이썬의 또 다른 구현이 아닌, 프로그램의 실행 속도를 향상시키기 위해 바이트 코드 실행 모델을 확장하는 컴포넌트에 해당한다. 오늘날 Psyco는 더 이상 **진행 중인 프로젝트**가 아니다. 여전히 별도로 다운로드받을 수 있지만, 최신 버전의 파이썬에 대응하지 않으며, 더 이상 개발이 활발히 진행되지 않는다. 대신, Pysco의 아이디어는 앞에서 설명한 좀 더 완벽한 PyPy 시스템에 흡수되었다. 그리고 Psyco가 탐구했던 개념들의 중요성으로 인해 여전히 살펴볼 만한 가치는 있다.

그림 2-2 기준에서 보면, Psyco는 프로그램의 빠른 실행을 위해 바이트 코드에서 실제 이진 기계 코드로 변환되기까지 실행되는 동안에 타입 정보를 수집하고 사용하는 PVM에 대한 강

화를 의미한다. Psyco는 개발 단계에서 코드의 변경이나 별도의 컴파일 단계 없이 이러한 작업을 수행한다.

간단히 설명하자면, Psyco는 프로그램이 실행되는 동안에 전달되는 객체의 종류에 관한 정보를 수집한다. 수집된 정보는 객체의 타입에 맞는 효율적인 머신 코드를 생성하는 데 사용된다. 머신 코드가 생성되고 나면, 생성된 머신 코드는 프로그램의 전반적인 실행 속도를 향상시키기 위해 기존의 바이트 코드에 대응하는 부분을 대체한다. Psyco와 함께 프로그램을 실행시켜 보면, 프로그램은 시간이 지남에 따라 더 빠르게 실행된다는 것을 알 수 있다. 이상적인 경우, 일부 파이썬 코드는 Psyco에서 컴파일된 C 코드처럼 빠르게 실행되기도 한다.

바이트 코드로부터의 이 변환 작업은 프로그램의 런타임 시에 발생하기 때문에 Psyco는 JIT(just-in-time) 컴파일러로 알려져 있다. 하지만 Psyco는 일부 독자 여러분이 자바 환경에서 이미 본 적이 있는 JIT 컴파일러들과는 차이가 있다. 실제 Psyco는 조금 **특수한 JIT 컴파일러**에 해당한다. Psyco는 프로그램이 실제 사용하는 데이터 타입에 맞춘 머신 코드를 생성한다. 예를 들어, 프로그램의 어떤 부분에서 실행 시점에 따라 다른 데이터 타입을 사용할 경우, Psyco는 각각의 다른 타입 조합을 지원하기 위해 다른 버전의 머신 코드를 생성한다.

Psyco는 일부 파이썬 코드에 대해 경이적인 속도 향상을 보여 준다. Psyco 프로젝트의 웹 페이지에 따르면, 'Psyco는 파이썬 인터프리터의 수정이나 소스 코드의 변경 없이, 단지 C 확장 모듈의 동적 로딩만으로 두 배에서 최대 100배까지 속도를 향상시키며, 일반적으로는 네 배 정도의 속도 향상이 있다.' 그리고 Psyco는 순수 파이썬으로 작성된 알고리즘 코드에 대해 가장 큰 속도 향상을 보여 준다. 여기에는 일반적으로 파이썬에서 최적화를 위해 C 코드로 변환을 시도하는 코드들이 해당된다. Psyco에 대한 추가 정보는 웹이나 앞에서 언급한 후속 프로젝트인 PyPy 프로젝트를 찾아보도록 하자.

프로즌 바이너리

때로 사람들이 '진짜' 파이썬 컴파일러에 대해서 물어볼 때, 그들이 실제로 원하는 것은 단순히 파이썬 프로그램으로부터 독립적으로 실행되는 바이너리 실행 파일을 생성하는 방법에 대한 질문일 때가 많다. 이것은 실행 흐름의 개념보다는 프로그램을 패키징하여 판매하는 방법에 더 가깝지만, 서로 전혀 연관이 없는 것은 아니다. 인터넷에서 구할 수 있는 서드파티 도구들을 이용하면, 여러분이 작성한 파이썬 프로그램을 진짜 실행 파일로 변환하는 것이 가능하며, 파이썬 세계에서는 이것을 **프로즌 바이너리**(Frozen Binaries)라고 한다. 이러한 프로그램들은 파이썬을 설치하지 않고도 실행할 수 있다.

프로즌 바이너리는 프로그램 파일에 대한 바이트 코드와 PVM(인터프리터) 그리고 프로그램에서 필요로 하는 파이썬 모듈들을 함께 단일 패키지로 묶는다. 단일 파일로 묶는 방법에는 여러 변형이 존재하지만, 이러한 변형도 모두 쉽게 판매 가능한 형태인 단일 바이너리 실행 파일(☞ 윈도우에서 exe 파일)을 생성한다. 그림 2-2 기준에서 보자면, 바이트 코드와 PVM에 해당하는 오른쪽 두 부분이 프로즌 바이너리 파일이라는 단일 컴포넌트로 통합되는 것이다.

오늘날 다양한 시스템이 다양한 플랫폼과 기능을 가진 프로즌 바이너리를 생성할 수 있다. py2exe는 윈도우에서만 동작하지만, 다양한 버전의 윈도우를 지원한다. PyInstaller는 py2exe와 유사하지만 리눅스와 맥 OS X에서도 동작하며, 자동 설치 파일을 생성하는 기능이 있다. 그리고 py2app을 이용하면 맥 OS X용 애플리케이션을 만들 수 있다. 프로즌 바이너리 생성 도구의 원조인 freeze와 cx_freeze는 파이썬 3.X 버전과 크로스 플랫폼을 지원한다. 이러한 도구들은 파이썬과 별개로 인터넷에서 받을 수 있으며, 대부분 무료로 이용할 수 있다.

이러한 도구들은 또한 끊임없이 발전하고 있으므로 자세한 내용이나 개발 진행 상태는 https://www.python.org 사이트나 여러분이 사용하는 검색 엔진을 통해 찾아보도록 하자. 여러분에게 이러한 시스템의 한계에 대한 개념을 제공하기 위해 예를 들자면, py2exe는 tkinter, PMW, wxPython, 그리고 PyGTK GUI 라이브러리를 사용하는 프로그램, pygame 게임 프로그래밍 툴킷을 사용하는 프로그램, win32com 클라이언트 프로그램 등을 독립적으로 만들 수 있다.

프로즌 바이너리는 실제 컴파일러가 생성하는 결과물과는 차이가 없으며, 여전히 가상 머신을 통해 바이트 코드를 실행시킨다. 그러므로 프로즌 바이너리는 구동 속도의 개선 가능성 이외에는 원본 소스 파일과 같은 속도로 실행된다.

또한 프로즌 바이너리는 PVM을 포함하고 있으므로 일반적으로 크기가 작지 않지만, 현재 기준으로 보면 비정상적으로 큰 편은 아니다. 그러나 파이썬이 프로즌 바이너리에 포함되므로 프로그램을 전달받는 쪽에서는 프로그램을 실행하기 위해 파이썬을 설치하지 않아도 된다. 게다가 프로즌 바이너리 안에 코드가 숨겨져 있어서 프로그램을 전달받는 사람에게 코드를 효과적으로 숨길 수 있다.

이러한 단일 파일 패키징 방식은 상업용 소프트웨어 개발자들에게 특히 매력적이다. 예를 들어 tkinter 툴킷 기반의 파이썬으로 작성된 사용자 인터페이스 프로그램을 단일 실행 파일로 묶거나, 독립적으로 실행될 수 있는 프로그램 형태로 CD나 웹을 통해 배포할 수 있다. 이 프로그램들의 최종 사용자들은 전달받은 프로그램을 실행하기 위해 파이썬을 설치하지 않아도 되며, 심지어 파이썬에 대해 전혀 몰라도 된다.

미래의 가능성?

마지막으로 여기에서 설명한 런타임 실행 모델은 파이썬에 대한 현재 구현체를 나타내는 것이지, 파이썬 언어 그 자체가 아니라는 사실에 주의하자. 예를 들어, 이 책이 판매되는 동안에 전통적인 방식을 통해 파이썬 소스 코드를 머신 코드로 변환하는 컴파일러가 나타나지 말라는 법은 없다.

또한, 미래에는 새로운 바이트 코드 형식과 다양한 구현이 적용될 수 있다.

- 현재 진행 중인 Parrot 프로젝트는 파이썬을 포함한 다양한 프로그래밍 언어를 위한 공통의 바이트 코트 형식, 가상 머신, 그리고 최적화 기술을 제공하는 것을 목적으로 한다. 파이썬 자체의 PVM이 Parrot보다 파이썬 코드를 훨씬 효과적으로 실행시키지만(소프트웨어 콘퍼런스에서 파이 챌린지(pie challenge)를 통해 확인된 것으로 유명하다. 자세한 내용은 검색해 보도록 하자), 특히 Parrot이 파이썬에 대하여 앞으로 어떻게 발전해 나갈지는 명확하지 않다. 좀 더 자세한 내용은 http://parrot.org 사이트나 웹에서 찾아보도록 하자.

- 과거 Unladen Swallow 프로젝트(구글 엔지니어들에 의해 개발된 오픈 소스 프로젝트)는 최소 다섯 배 이상 빠르고, 많은 상황에서 C 언어를 충분히 대체할 만한 표준 파이썬을 만들기 위해 노력했다. 이 프로젝트는 CPython(특히 파이썬 2.6)의 최적화 브랜치였으며, 표준 파이썬에 JIT을 추가함으로서 호환성을 빠르게 확보하기 위한 의도를 지녔다. 이 프로젝트는 종료되었지만, 이 프로젝트에서 얻은 교훈은 여전히 다른 형태로 충분히 활용될 수 있다. 필요하다면 웹에서 찾아보도록 하자.

미래의 파이썬 구현이 어떠한 방식으로든 파이썬의 실행 구조를 변경할 수는 있지만, 당분간은 바이트 코드 컴파일러가 표준을 지킬 것으로 보인다. 바이트 코드의 이식성과 런타임 유연성은 많은 파이썬 시스템의 중요한 기능이다. 또한, 정적 컴파일을 지원하기 위한 타입 제약 선언의 추가는 유연성, 간결성, 그리고 파이썬 코딩의 기본 정신을 훼손할 가능성이 있다. 파이썬의 높은 동적인 특성으로 인해 미래의 어떤 파이썬 구현이라도 현재 PVM의 많은 구현을 쉽게 변경하지는 못할 것이다.

이 장의 요약

이 장에서는 파이썬의 실행 모델과 파이썬이 프로그램을 실행하는 방법에 대해서 소개했으며, JIT 컴파일러를 포함한 몇몇 실행 모델의 변형에 대해서도 살펴보았다. 비록 파이썬 스크립트를 작성하기 위해서 파이썬 내부를 자세히 알 필요는 없지만, 이 장의 내용을 통해 여러분이 작성한 프로그램이 실행되는 방법을 이해하는 데 큰 도움을 받았을 것이다. 다음 장부터는 실제로 코드를 작성하고 실행해 보겠다. 그 전에 이 장에서 배운 내용에 대한 퀴즈를 풀어 보도록 하자.

학습 테스트: 퀴즈

1. 파이썬 인터프리터란 무엇인가?

2. 소스 코드란 무엇인가?

3. 바이트 코드란 무엇인가?

4. PVM이란 무엇인가?

5. 파이썬의 표준 실행 모델의 변형 두 가지 이상을 말해 보자.

6. CPython, Jython, 그리고 IronPython의 차이점에 대해 말해 보자.

7. Stackless와 PyPy에 대해서 말해 보자.

학습 테스트: 정답

1. 파이썬 인터프리터는 여러분이 작성한 파이썬 프로그램을 실행하는 프로그램이다.

2. 소스 코드는 프로그램을 작성하기 위해 여러분이 작성한 문(statement)들이며, 일반적으로 .py 확장자로 끝나는 텍스트 파일 안에 텍스트로 구성되어 있다.

3. 바이트 코드는 파이썬 컴파일러가 소스 코드를 컴파일하여 만들어 낸 저수준 형식을 나타낸다. 파이썬은 바이트 코드를 자동으로 .pyc 확장자를 가진 파일로 저장한다.

4. PVM은 파이썬 가상 머신(Python Virtual Machine)을 말하며, 컴파일된 바이트 코드를 해석하는 파이썬의 런타임 엔진이다.

5. Psyco, Shed Skin, 그리고 프로즌 바이너리 같은 것 역시 모두 실행 모델의 변형이다. 또한, 다음의 두 답변에서 언급되는 파이썬의 또 다른 구현 역시 어떠한 방식으로든 실행 모델

을 변경한다. 바이트 코드 또는 VM을 변경하거나 JIT을 포함한 다양한 도구를 추가하는 방식으로 변경한다.

6. CPython은 파이썬 언어의 표준 구현이다. Jython과 IronPython은 각각 자바 환경과 .NET 환경에서 파이썬 프로그램을 사용하기 위한 구현이다. 이들 역시 파이썬의 또 다른 컴파일러다.

7. Stackless는 동시성(concurrency)을 목적으로 파이썬을 개선한 버전이다. 그리고 PyPy는 속도를 목적으로 한 버전이며, 기존 파이썬을 완전히 대체할 수 있다. PyPy는 또한 Psyco의 후속 프로젝트이며, Pysco에서 사용된 JIT의 개념을 포함하고 있다.

3

프로그램을
직접 실행하자

이제 실제 코드를 실행해 볼 차례다. 앞 장을 통해 프로그램 실행 모델에 대해서는 어느 정도 감을 잡았으므로 이제 실제 파이썬 프로그래밍을 시작할 준비가 되었다. 이 장에서는 여러분의 컴퓨터에 이미 파이썬이 설치되어 있다고 가정할 것이다. 아직 파이썬을 설치하지 않았다면, 이전 장이나 부록 A를 참고하여 설치하도록 하자. 이 장에서는 파이썬 프로그램 코드를 실행하는 방법을 배우는 것을 목표로 한다.

여러분이 작성한 코드의 실행을 파이썬에게 요청하는 방법에는 여러 가지가 있다. 이 장에서는 오늘날 일반적으로 사용하는 모든 파이썬 프로그램 실행 기술에 대해서 설명한다. 이 장을 읽다 보면, 여러분은 두 타입의 코드가 서로 **상호 작용**하는 방법과 코드를 필요할 때 다양한 방법으로 실행하기 위해 **파일**에 저장하는 방법을 배우게 될 것이다. 프로그램 실행 방법에는 시스템 명령 라인, 아이콘 클릭, 모듈 임포트, exec 호출, IDLE GUI의 메뉴 옵션 등 다양한 방법이 있다.

이전 장에서처럼 프로그래밍 경험이 있거나, 혼자서 파이썬을 파헤쳐 보고 싶은 독자라면, 이 장을 간략히 훑기만 하고 곧바로 다음 4장으로 넘어가고 싶을 것이다. 하지만 이 장은 사전 준비 작업과 코드 규약, 디버깅 기술에 대한 간략한 소개, 그리고 파이썬 프로그램 아키텍처를 이해하는 데 필수적인 주제인 모듈 임포트를 살펴보게 되므로 건너뛰지 않도록 하자. 또한 이 장에서 IDLE와 또 다른 IDE에 관해 설명하는 절을 꼭 읽고 넘어가기 권하며, 이 절을 통해서 좀 더 복잡한 파이썬 프로그램의 개발을 시작하고자 할 때 필요한 도구들에 대해서도 알 수 있을 것이다.

대화형 프롬프트

이 절에서는 대화형 세션을 통한 코드 작성에 대해서 알아본다. 우리는 이 절에서 코드가 실행되는 모습을 처음 보게 되며, 여기서는 작업 디렉터리와 시스템 경로의 설정과 같은 딕셔너리 준비 작업을 포함하고 있으므로 프로그래밍에 익숙하지 않은 독자라면 이 절을 꼭 읽고 넘어가도록 하자. 또한, 이 절은 책 전반에 걸쳐 적용되는 몇 가지 규칙을 설명하고 있으므로 잠시라도 반드시 읽어 보는 편이 좋다.

대화형 세션 시작하기

파이썬 프로그램을 실행하는 가장 쉬운 방법은 **대화형 프롬프트**라고 불리는 파이썬의 대화형 명령 라인에 코드를 직접 입력하는 것이다. IDE이나 시스템 콘솔을 포함한 다양한 방법으로 이 명령 라인을 시작할 수 있다.

여러분의 시스템에 인터프리터가 실행 가능한 프로그램으로 설치되어 있다고 가정하면, 대화형 인터프리터 세션을 시작하는 가장 플랫폼 중립적인 방법은 바로 여러분의 운영체제의 프롬프트에 아무런 인수 없이 단지 python이라고만 입력하는 것이다. 예를 들어, 여러분의 시스템에 있는 셸 프롬프트에 다음과 같이 "python"이라고 입력하면 대화형 파이썬 세션이 시작된다.

```
% python
Python 3.6.0 (v3.6.0:41df79263a11, Dec 23 2016, 08:06:12) [MSC v.1900 64 bit ...
Type "help", "copyright", "credits" or "license" for more information.
>>> ^Z
```

이 예제에서 라인의 시작에 위치한 '%' 문자는 이 책에서 사용하는 일반적인 시스템 프롬프트를 의미한다. % 문자는 여러분이 입력하는 문자가 아니다. 이 세션에서 나오고자 할 경우 윈도우의 경우 Ctrl + Z를 입력하고, 유닉스의 경우 대신 Ctrl + D를 입력하면 된다.

시스템 셸 프롬프트는 대부분의 운영체제에 존재하는 일반적인 개념이지만, 실행시키는 정확한 방법은 플랫폼에 따라 다르다.

- 윈도우에서는 cmd.exe라는 파일 이름을 가지고 있고 일반적으로 **명령 프롬프트**라고 알려진 DOS 콘솔 창에서 python을 입력할 수 있다. DOS 콘솔 창을 실행하는 좀 더 자세한 방법은 56쪽의 "윈도우에서 명령 프롬프트를 찾는 방법"을 참고하도록 하자.

- 맥 OS X에서는 Applications ➡ Utilities ➡ Terminal을 더블 클릭하여 열린 창에서 python을 입력해 파이썬 대화형 인터프리터를 시작할 수 있다.

- 리눅스와 유닉스에서는 셸이나 터미널 창에서 python을 입력하여 파이썬 대화형 인터프리터를 시작할 수 있다(셸이나 터미널 창은 예를 들어, ksh나 csh같은 셸을 실행하고 있는 xterm이나 콘솔을 의미한다).

- 다른 시스템들의 경우 위에 설명된 것과 유사하거나, 특정 디바이스에 따라 방법이 다를 수 있다. 예를 들어, 휴대용 장치들에서는 대화형 세션을 시작하기 위해 홈이나 애플리케이션 창 안에 위치한 파이썬 아이콘을 클릭해야 할 수도 있다.

대부분의 플랫폼에서 명령을 직접 입력하지 않고 대화형 프롬프트를 실행한다는 추가 방법들이 제공되지만, 이 방법은 플랫폼마다 많은 차이가 있다.

- 윈도우 10 또는 이전 버전에서는 셸에서 python을 입력하는 것 외에, IDLE GUI(뒤에서 자세히 다룬다)를 시작하거나, 앞의 2장 그림 2-1에서 본 것처럼 시작 메뉴에서 'Python(command line)' 메뉴 옵션을 선택하여 유사한 대화형 세션을 시작할 수 있다. 이 두 방법은 'python' 명령을 입력하여 실행한 대화형 세션의 기능과 같은 파이썬 대화형 프롬프트를 실행시킨다.

- 윈도우 8에서는 시작 버튼이 없기 때문에(내가 이 책을 쓰고 있는 시점까지는 그렇다) 앞에서 설명한 방법 이외에 시작 화면의 타일을 클릭하거나, 검색, 파일 탐색기를 통한 방법과 시작 화면의 '앱' 인터페이스를 통한 방법이 있다. 윈도우 8 플랫폼에 관한 좀 더 자세한 내용은 부록 A를 참고하도록 하자.

- 다른 플랫폼들 역시 명령을 직접 입력하지 않고 파이썬 대화형 세션을 시작하기 위한 비슷한 방법들을 제공하지만, 여기서 모두 일일이 언급하기에는 너무 많은 방법들이 존재하므로 자세한 내용은 여러분의 시스템에서 제공하는 문서를 참고하도록 하자.

대화형 파이썬 인터프리터 세션에 진입하면, 항상 >>> 같은 프롬프트를 보게 된다. 여기에 파이썬 문장이나 표현들을 입력할 수 있고, 즉시 실행할 수도 있다. 이제 파이썬 명령을 실행할 준비가 됐지만, 모든 독자 여러분들이 준비가 됐는지 확인하기 위해 몇 가지 필수적인 사항들을 확인해 보도록 하자.

그렇다면 윈도우에서 명령 라인 인터페이스는 어떻게 시작하는가? 윈도우를 사용하는 일부 독자들은 이미 알고 있겠지만, 유닉스 개발자나 초보자들은 모를 수도 있다. 윈도우의 명령 라인 인터페이스는 유닉스 시스템의 터미널이나 콘솔 창만큼 널리 사용되지는 않는다. 그래서 여기에서 명령 프롬프트를 찾는 몇 가지 방법을 소개하며, 이 방법은 윈도우의 버전에 따라 다를 수 있다.

윈도우 10에서는 왼쪽 하단 윈도우 버튼 위로 마우스 커서를 옮긴 뒤 마우스 오른쪽 버튼을 누르면 나타나는 콘텍스트 메뉴에서 찾을 수 있거나, 왼쪽 하단 '윈도우 검색' 칸에 cmd를 입력하여 실행할 수 있다.

윈도우 8에서는 화면의 왼쪽 하단 구석의 메트로 프리뷰에서 오른쪽 마우스를 클릭하여 열린 메뉴에서 명령 프롬프트를 실행할 수 있다. 그리고 시작 화면에서 오른쪽 마우스를 눌러서 접근할 수 있는 '앱 모두 보기' 화면의 윈도우 시스템 섹션을 통해서 접근할 수 있다. 또는 '앱 모두 보기' 화면의 오른쪽 상단에 있는 입력 필드에 **cmd** 또는 **명령 프롬프트**를 입력하여 접근할 수도 있다. 이 외에도 명령 프롬프트를 실행하는 다른 방법들이 존재할 수 있으며, 터치 스크린에서도 같은 접근 방법을 사용할 수 있다. 그리고 이러한 내용을 모두 기억해 두기 어렵다면 다음에 쉽게 접근할 수 있도록 데스크톱 작업 표시줄에 등록(pin)하여 사용할 수 있다.

이러한 방법은 시간이 지남에 따라, 그리고 심지어 컴퓨터나 사용자에 따라서도 다를 수 있다. 나는 이 책이 윈도우 독자만을 위한 책이 되지 않도록 노력하고 있기 때문에 이 주제는 이쯤에서 그만 다루고자 한다. 여전히 궁금증이 풀리지 않은 독자들은 시스템 도움말 인터페이스를 참고하도록 하자.

지금 이 글을 읽으면서 소외감을 느끼기 시작했을 유닉스 사용자들과 윈도우에서 유닉스 명령 프롬프트를 제공하는 **Cygwin** 시스템 사용자들은 부록 A를 참고하자.

시스템 경로

앞 절에서 대화형 세션을 시작하기 위해 python을 입력할 때, 해당 시스템의 프로그램 검색 경로 안에 파이썬 프로그램이 설치되어 있다는 사실을 가정하고 있다. 여러분의 플랫폼과 설치한 파이썬의 버전에 따라 시스템의 PATH 환경 변수에 파이썬의 설치 디렉터리를 추가하지 않을 경우, 'python'을 입력하는 대신 설치된 파이썬의 전체 경로를 입력해야 할 수도 있다. 유닉스, 리눅스 계열에서는 종종 /usr/local/bin/python 또는 /usr/bin/python3와 같이 입력해야 하며, 윈도우에서는 (파이썬 버전 3.6.의 경우) C:\Python36\python[1]과 같이 입력해야 한다.

1 　[옮긴이] 한글 윈도우에서 경로상의 '₩' 문자는 '\'로 표기됩니다.

```
c:\code> c:\python36\python
Python 3.6.0 (v3.6.0:41df79263a11, Dec 23 2016, 08:06:12) [MSC v.1900 64 bit ...
Type "help", "copyright", "credits" or "license" for more information.
>>> ^Z
```

전체 경로를 입력하는 대신에, 디렉터리 변경 명령인 'cd'를 이용하여 파이썬이 설치된 디렉터리로 이동 후에 python을 입력할 수도 있다. 윈도우의 경우 cd c:\python36이라고 입력한다. 예를 들면 다음과 같다.

```
c:\code> cd c:\python36
c: \Python36> python
Python 3.6.0 (v3.6.0:41df79263a11, Dec 23 2016, 08:06:12) [MSC v.1900 64 bit ...
Type "help", "copyright", "credits" or "license" for more information.
>>> ^Z
```

그러나 여러분은 결국 PATH를 설정하고, 간단히 'python'이라고 입력해서 사용하고자 할 것이다. PATH가 무엇인지 전혀 모르거나 설정 방법을 알지 못한다면 부록 A를 참고하자. 부록 A에서는 환경 변수의 사용법과 파이썬 명령행 인수에 대해서 다루고 있다. 환경 변수의 사용법은 플랫폼에 따라 다소 차이가 있으며, 파이썬 명령행 인수는 이 책에서는 많이 사용되지 않는다. 윈도우 사용자들을 위해 간략히 이야기하자면, 제어판에서 시스템의 고급 설정에서 PATH 환경 변수를 설정할 수 있다. 파이썬 3.3 이후 버전을 사용하고 있다면 윈도우에서 자동으로 설정되며, 이 내용에 대해서는 다음 절에서 설명하겠다.

파이썬 3.3의 윈도우 버전에 새로 추가된 옵션: PATH, 런처

앞 절과 이 장의 대부분은 전반적으로 파이썬 2.X 버전과 3.6 이전의 3.X 버전을 대상으로 설명하고 있다. 윈도우 인스톨러는 파이썬 3.3 버전부터 파이썬 3.6의 설치 디렉터리를 시스템 PATH에 자동으로 추가하는 옵션을 제공한다. 이 옵션을 사용할 경우, 디렉터리 경로를 입력하거나 'cd' 명령을 사용하여 파이썬이 설치된 디렉터리로 이동할 필요가 없어진다. 이 옵션은 설치 시에 기본적으로 선택되지 않으므로 필요한 경우 명시적으로 선택해야 한다.

더욱 놀라운 것은 파이썬 3.3 윈도우 버전은 새로운 **윈도우 런처**(Launcher) **프로그램**을 포함하고 있으며, 자동으로 설치된다는 점이다. 콘솔이 있는 py와 콘솔이 없는 pyw라는 두 개의 새로운 실행 프로그램 형태로 제공되며, 이 두 파일은 윈도우의 시스템 경로 안에 설치되므로 따로 PATH를 설정하거나, 디렉터리 변경 명령을 사용하거나, 실행 파일 앞에 전체 경로를 입력할 필요가 없다.

```
c:\code> py
Python 3.6.0 (v3.6.0:41df79263a11, Dec 23 2016, 08:06:12) [MSC v.1900 64 bit ...
Type "help", "copyright", "credits" or "license" for more information.
>>> ^Z

c:\code> py -2
Python 2.7.3 (default, Apr 10 2012, 23:24:47) [MSC v.1500 64 bit (AMD64)] ...
Type "help", "copyright", "credits" or "license" for more information.
>>> ^Z

c:\code> py -3.1
Python 3.1.4 (default, Jun 12 2011, 14:16:16) [MSC v.1500 64 bit (AMD64)] ...
Type "help", "copyright", "credits" or "license" for more information.
>>> ^Z
```

마지막 두 명령에서 볼 수 있듯이, 이 실행 파일은 명령 라인을 통해 파이썬 버전 번호를 전달받을 수 있고 나중에 설명하는 것처럼 스크립트 파일의 최상단 #! 라인을 통해서도 전달받을 수 있고, 유닉스 방식에서도 동일하게 버전을 전달할 수 있다. 자세한 내용은 뒤에서 다룬다. 기존 파이썬 실행 파일처럼 파이썬 파일을 클릭했을 때, 파일을 열기 위해 연결되어 있다. 기존 파이썬 실행 파일은 여전히 사용 가능하며, 전과 동일하게 동작하지만 일부 기능은 런처의 새로운 프로그램에 의해 대체된다.

런처는 파이썬 3.3 표준의 일부이며, 다른 버전의 파이썬에서 사용하고자 할 경우 별도로 사용할 수 있다. 스크립트 파일에서의 #! 라인의 지원에 대한 간략한 소개를 포함하여 이 런처에 대해서는 이번 장과 다음 장에서 좀 더 다룰 예정이다. 그러나 이 주제는 윈도우에서 파이썬 3.3+나 런처를 별도로 설치한 사용자에게만 흥미로운 주제이므로 런처에 대한 자세한 내용은 모두 부록 B에서 다룬다.

독자 여러분 중에 윈도우에서 파이썬 3.3이나 그 이후 버전을 사용할 경우, 지금 부록을 간략히 살펴볼 것을 권한다. 여기서는 파이썬 명령 라인과 스크립트를 실행하는 다른 방법과 몇몇 더 유용한 방법들을 제공한다. 기본적인 수준에서 보면 런처 사용자들은 이 책에 나오는 대부분의 시스템 명령에서 python 대신에 py를 입력할 수 있으며, 몇몇 설정 과정을 생략할 수 있다. 그러나 새로운 런처는 특히 여러 파이썬 버전이 설치된 컴퓨터에서 어떤 파이썬이 여러분의 코드를 실행하게 될지 명확하게 제어할 수 있는 방법을 제공한다.

코드를 실행하는 곳: 코드 디렉터리

지금 코드를 실행하는 방법에 대해서 보여 주고 있으므로 코드를 실행하는 위치에 대해서 몇 가지 이야기를 해두고 싶다. 이번 장과 이 책에서는 일관성을 유지하기 위해 대부분의 경우 내 윈도우 컴퓨터에 만든 C:\code라는 이름의 작업 디렉터리(폴더)안에서 코드를 실행할 것이다(이 디렉터리는 내 메인 디스크의 최상위 바로 아래에 위치한다). 바로 이 디렉터리에서 거의 모든 대화형 세션을 시작하며, 스크립트 파일을 저장하고 실행할 것이다. 이 말은 예제 프로그램 안에서 생성하는 파일들 역시 이 위치에 생성될 것임을 의미한다.

만약에 이 책을 읽는 동안 나를 따라서 작업하려고 한다면, 코드 작성을 시작하기 전에 비슷한 환경을 만들기 위한 작업들이 필요할 것이다. 독자 여러분의 컴퓨터에 작업 디렉터리를 설정하는 데 도움이 필요한 경우, 도움이 될 만한 내용을 정리하자면 다음과 같다.

- 윈도우에서 파일 탐색기나 명령 프롬프트 창에서 작업 디렉터리를 만들 수 있다. 파일 탐색기에서 파일 메뉴나 오른쪽 마우스를 눌러서 '새 폴더'를 찾아보자. 명령 프롬프트에서는 일반적으로 먼저 디렉터리를 만들 위치로 cd 명령을 사용하여 이동한 다음에 mkdir 명령을 사용한다(예 cd c:\ 그리고 mkdir code). 작업 디렉터리의 위치는 여러분이 원하는 아무 곳에나 만들 수 있으며, 이 디렉터리를 뭐라고 부르던지는 크게 중요하지 않으므로 나와 같은 C:\code를 꼭 사용할 필요는 없다(나는 단지 프롬프트에서 디렉터리 이름을 짧게 표시하기 위해 이 위치와 이름을 선택했다). 하지만 하나의 디렉터리 안에서 예제를 실행함으로써 작업 결과물의 관리가 쉬워지며, 일부 작업을 단순하게 만든다. 이와 관련하여 도움이 될만한 추가 정보는 이 장의 명령 프롬프트 절과 부록 A를 참고하도록 하자.

- 맥 OS X과 리눅스를 포함한 유닉스 기반 시스템에서는 일반적으로 작업 디렉터리는 /usr/home 안에 위치하며, 셸에서 mkdir 명령이나 각 플랫폼마다 제공되는 GUI 파일 탐색기를 통해 만들 수 있다. 윈도우용 유닉스 계열 시스템인 Cygwin의 경우 디렉터리 이름은 다를 수 있지만, 만드는 방법은 유사하다(/home이나 /cygdrive/c와 같은 디렉터리가 사용된다).

파이썬 설치 후 PATH를 설정하기 전에 명령 라인에서 소스 파일을 쉽게 참조하기 위해 파이썬 설치 디렉터리(예 윈도우에서는 C:\Python36) 안에 소스 파일을 저장하는 경우가 종종 있지만, 이 경우에 파이썬을 제거할 때 소스 파일도 함께 사라질 수 있으므로 주의해야 한다.

작업 디렉터리를 만들고 난 다음부터는 이 책의 예제를 따라 하기 위해 항상 이 위치에서 시작하도록 하자. 이 책에서 나오는 프롬프트는 내가 코드를 실행하고 있는 디렉터리를 보여 주므로 내 윈도우 노트북의 작업 디렉터리를 의미한다. 이 책에서 C:\code> 또는 %를 보게 되면, 여러분의 작업 디렉터리의 위치와 이름을 생각하도록 하자.

입력하면 안되는 것: 프롬프트와 주석

프롬프트에 대해 이야기하자면, 이 책에서는 종종 시스템 프롬프트를 포괄적인 의미를 지닌 %를 사용하여 보여 주기도 하고, 때로는 C:\code>와 같은 윈도우 형식의 전체 경로를 보여 주기도 한다. 전자는 특정 플랫폼에 제한적이지 않다는 의미이고(이 책의 이전 판에서 리눅스를 사용한 것에서 유래), 후자는 윈도우에 제한적인 내용임을 의미한다. 또한, 나는 이 책에서 가독성을 위해 시스템 프롬프트 바로 다음에 공백을 하나 더한다. % 문자가 시스템 명령 라인의 시작 위치에서 사용되면, 독자 여러분이 사용 중인 시스템이 무엇인지에 상관없이 해당 시스템의 프롬프트를 의미한다. 예를 들어, 내 머신에서 %는 윈도우 명령 프롬프트에서 C:\code>를 의미하고, 나의 Cygwin에서는 $를 의미한다.

프로그래밍이 처음인 분들을 위해 설명하자면, 이 책의 대화형 세션에서 작성한 코드를 여러분이 직접 입력할 때 % 문자 (또는 C:\code 시스템 프롬프트)는 입력하지 않도록 해야 한다. 이 문자는 시스템이 출력한 문자다. 이러한 시스템 프롬프트 바로 다음에 있는 문자를 입력해야 한다. 마찬가지로, 인터프리터와 대화 목록에서 라인의 시작 위치에 표시되는 >>> 또는 … 문자를 입력하지 않도록 해야 한다. 이 문자들은 대화형 코드 입력을 위한 시각적인 가이드이며, 파이썬에 의해 자동으로 출력되는 프롬프트다. 이러한 파이썬 프롬프트 다음에 있는 텍스트만 입력해야 한다. 예를 들어 … 프롬프트는 일부 셸에서 한 라인 이상의 연속적인 입력을 위해 표시되지만, IDLE에서는 표시되지 않는다. 그리고 이 책의 일부 대화형 세션의 예제에서만 표시될 뿐, 모든 예제에서 표시되는 것은 아니다. 여러분이 사용하는 인터페이스에서 이 문자들이 표시되지 않는다고 해서 직접 입력하지는 않도록 하자.

이 책에서는 여러분이 이 내용을 기억하는 것을 돕기 위해 프롬프트를 제외한 사용자 입력 부분만을 **굵은 글씨체**로 표시한다. 일부 시스템의 경우 프롬프트의 모양이 다를 수도 있지만(예를 들어, 2장에서 설명한 PyPy의 경우 >>>> 그리고 ....이라는 네 개의 문자로 된 프롬프트를 사용한다) 같은 규칙이 적용된다. 또한, 이러한 시스템 프롬프트나 파이썬 프롬프트 다음에 입력된 명령은 즉시 실행하기 위한 것임을 유의하도록 하자. 그리고 일반적으로 프롬프트에 입력된 명령들은 앞으로 만들게 될 소스 파일에 저장되지 않는다. 이러한 차이가 중요한 이유는 곧 알게 될 것이다.

같은 맥락에서 이 책에서 소개된 예제 코드 목록에서 # 문자로 시작하는 텍스트는 입력할 필요가 없다. 곧 배우겠지만, 이러한 텍스트는 실행 코드가 아닌 주석(comment)을 나타낸다. # 문자가 유닉스나 파이썬 3.3+ 윈도우 런처 환경에서 스크립트 파일의 최상단에 위치하여 인터프리터를 가리키는 목적으로 사용될 경우를 제외하고는 # 뒤에 나오는 텍스트를 무시해도 된다(유닉스와 런처 환경에 대해서는 부록 B와 이 장의 뒷부분에서 좀 더 자세히 다룬다).

이 책에 소개된 예제들을 따라 할 독자를 위해 17장부터는 전자책으로부터 함수나 클래스와 같은 긴 코드를 쉽게 복사하고 붙여넣을 수 있도록 대화형 소스에서 추가 입력 프롬프트인 '...'가 제거될 것이다. 그때까지는 한 라인씩 주석을 제외하고 붙여넣거나 입력하도록 하자. 파이썬 자체의 문법과 에러에 익숙해지기 위해서 적어도 처음에는 코드를 수동으로 입력해 보는 것이 중요하다. 예제들 중 일부는 책에서 직접 코드를 나열하기도 하지만, 일부는 이 책의 예제 패키지(서문에서 소개) 안에 포함된 파일 이름 형태로 제공된다. 그리고 예제 코드를 표현하는 방식은 필요에 따라 두 방식을 모두 사용한다.

대화형 세션에서 코드 실행하기

코드를 작성하기 위한 딕셔너리 준비 작업과 함께, 이제 실제 코드를 입력해 보도록 하자. 그런데, 파이썬 대화형 세션은 이미 앞에서 본 것처럼 파이썬 버전과 추가적인 정보를 찾기 위한 명령에 관한 정보를 제공하는 텍스트인 두 개의 라인(이 책에서는 지면을 절약하기 위해 가능한 이 두 라인을 생략한다)을 출력하며 시작한다. 그리고 난 후, 여러분이 새로운 파이썬 문장과 표현을 입력할 수 있도록 >>>와 함께 프롬프트가 시작된다.

대화형 세션에서 작업할 때, 여러분이 작성한 코드의 실행 결과는 엔터를 입력한 다음의 >>> 입력 라인 아래에 출력된다. 예를 들어, 다음은 두 라인 이후의 파이썬 print문의 실행 결과를 보여 준다(print는 파이썬 3.X에서는 실제 함수 호출이지만, 2.X에서는 그렇지 않다. 그래서 파이썬 3.X에서는 꼭 괄호를 사용해야 한다).

```
% python
>>> print('Hello world!')
Hello world!
>>> print(2 ** 8)
256
```

우리는 드디어 파이썬 코드를 실행했다. 아직 이 장에서는 print문에 대한 자세한 내용은 생각하지 않아도 된다. 구문에 대한 자세한 내용은 다음 장에서 다룰 예정이다. 간단히 말하면,

이 두 코드는 각각의 >>> 입력 라인 다음에 나타난 출력 라인에서 보는 것처럼 파이썬 문자열 과 정수를 출력한다(2 ** 8은 파이썬에서 2의 8승을 의미한다).

이처럼 대화형으로 코딩할 때, 여러분은 파이썬 명령을 원하는 만큼 계속해서 입력할 수 있 다. 각각의 명령은 엔터가 입력되는 즉시 실행된다. 게다가 대화형 세션은 입력한 표현의 결과 를 자동으로 출력하기 때문에 여러분은 보통 프롬프트에 print를 명시적으로 입력하지 않아도 된다.

```
>>> lumberjack = 'okay'
>>> lumberjack
'okay'
>>> 2 ** 8
256
>>> ^Z                    # 종료하기 위해 유닉스에서는 Ctrl + D, 윈도우에서는 Ctrl + Z를 입력함
%
```

여기서 첫 번째 라인은 값을 변수(lumberjack)에 할당하여 저장하며, 이 변수는 할당 시에 생성 된다. 그리고 입력된 마지막 두 라인은 결과가 자동으로 출력되는 표현 방식들(lumberjack과 2 ** 8)이다. 다시 말하지만, 위와 같이 대화형 세션에서 빠져 나와서 시스템 셸 프롬프트로 돌아가 기 위해서 유닉스 계열 머신에서는 Ctrl + D를 입력하고, 윈도우에서는 Ctrl + Z를 입력한다. 나 중에 다루게 될 IDLE GUI의 경우에는 Ctrl + D를 입력하거나 단순히 창을 닫아버리면 된다.

이 내용에 관해 위 예제의 오른쪽에 있는 # 기호와 함께 들어간 내용을 주목하자. 나는 이 책 의 예제에서 추가 설명이 필요한 경우 이와 같이 덧붙이지만, 여러분은 이 텍스트를 입력할 필요가 없다. 사실상 시스템 프롬프트나 파이썬 프롬프트처럼 시스템 명령 라인에서 작업할 때, 이 부분을 입력하지 않도록 해야 한다. '#' 부분은 파이썬에 의해 주석으로 처리되지만, 시 스템 프롬프트에서 입력될 경우 에러로 처리된다.

아직 우리는 이 절의 예제 코드에서 많은 일을 하지는 않는다. 단지 몇 라인의 print문과 할당 문, 그리고 일부 표현식을 입력했을 뿐이며, 표현식에 대해서는 뒤에서 자세히 다룰 예정이다. 여기서 가장 중요한 사실은 인터프리터는 각각의 라인에 입력된 코드를 엔터 키가 눌러질 때 즉시 실행시킨다는 것이다.

예를 들어, >>> 프롬프트에 첫 번째 print문을 입력하면, 결과 파이썬 문자열이 바로 출력된다. 소스 코드 파일을 만들 필요가 없으며, 여러분이 C나 C++ 같은 언어를 사용할 때 소스를 실 행하기 위해 먼저 일반적으로 수행하는 컴파일러나 링커를 실행할 필요가 없다. 그리고 또한

대화형 프롬프트에서 여러 라인으로 된 구문도 실행할 수 있다. 이러한 구문은 모든 코드 라인을 입력한 다음에 엔터를 두 번 입력하여 공백 라인이 추가되면 즉시 실행된다.

왜 대화형 프롬프트인가?

대화형 프롬프트는 각 라인마다 코드를 입력하는 즉시 결과를 출력하지만, 여러분이 입력한 코드를 파일로 저장하지는 않는다. 이 말은 곧 대화형 세션으로는 거대한 프로그램을 작성하기는 어렵지만, 언어를 실험하거나 프로그램을 빠르게 테스트하기 좋은 환경임을 의미한다.

실험

입력된 코드는 즉시 실행되기 때문에 대화형 프롬프트는 언어를 실험해 보기에 최적의 장소이며, 이 책에서는 작은 예제들을 테스트하는 목적으로 자주 사용할 예정이다. 사실, 이것은 이 책을 학습하는 동안 기억해 둬야 할 가장 중요한 규칙이다. 파이썬 코드 예제의 동작 방식에 의문이 생길 경우, 대화형 명령 라인을 실행하고 코드의 실행 결과를 확인해 보도록 하자.

예를 들어, 여러분이 파이썬 프로그램 코드를 읽던 중 'Spam!' * 8과 같은 의미를 이해할 수 없는 표현을 만났다고 가정해 보자. 이 시점에서 해당 코드가 무슨 일을 하는지 이해하기 위해 웹에서 검색해 보거나 책, 매뉴얼을 찾아보는데 10분 이상을 소모할 수도 있지만, 그냥 대화형 세션에서 직접 실행해 볼 수도 있다.

```
% python
>>> 'Spam!' * 8                              # 테스트를 통한 학습
'Spam!Spam!Spam!Spam!Spam!Spam!Spam!Spam!'
```

대화형 프롬프트의 빠른 피드백은 종종 이해할 수 없는 코드의 동작 방식을 밝혀내는 가장 빠른 방법이다. 여기서 이 코드의 실행 결과 문자열이 반복해서 출력된다는 사실을 명확히 알 수 있다. 파이썬에서 *는 숫자에 있어서는 곱하기를 의미하지만, 문자열에 대해서는 반복을 의미한다. 반복된 문자열은 마치 이어 붙인 것처럼 보인다(문자열에 대해서는 4장에서 자세히 다룬다).

대화형 세션을 통한 실험은 아무것도 망가트리지 않으므로 매우 좋은 기회다. 적어도 아직은 그렇다. 파일을 삭제하거나, 셸 명령을 실행하는 것과 같이 실제 시스템에 손상을 주기 위해서는 명시적으로 관련된 모듈을 가져와서 시도를 해야 한다(또한, 일반적으로 파이썬 시스템 인터페

이스에 관해서도 잘 알아야 여러분의 행위가 위험해질 수 있다). 순수한 파이썬 코드 자체는 대부분 안전하게 실행된다.

예를 들어, 대화형 프롬프트에 에러를 의도적으로 발생시키면 무슨 일이 발생하는지 살펴보자.

```
>>> X                                    # 에러 발생
Traceback (most recent call last):
  File "<stdin>", line 1, in <module>
NameError: name 'X' is not defined
```

파이썬에서 변수에 값이 할당되기 전에 사용하면 항상 에러가 발생한다. 그렇지 않고, 변수 이름에 기본값을 채운다면, 일부 에러를 피할 수 있다. 이 말은 변수에 실제 값을 더하기 전에 0으로 초기화하고, 리스트의 경우 확장하기 전에 초기화해야 한다는 것을 의미한다. 변수를 따로 먼저 선언하지는 않지만, 변수의 값을 가져오기 전에 할당이 먼저 이루어져야 한다.

이 내용에 대해서는 뒤에서 좀 더 자세히 다룰 예정이다. 여기서 중요한 내용은 대화형 세션에서 코드를 테스트하면서 실수를 하더라도 파이썬과 여러분의 컴퓨터에 문제가 발생하지 않는다는 것이다. 대신 에러를 발생시킨 코드의 위치와 해당 에러에 관한 의미 있는 메시지를 받게 되며, 계속해서 스크립트를 진행하거나 세션에 머물게 된다. 사실, 파이썬에 익숙해지고 나면, 이 에러 메시지는 디버깅에 필요한 많은 정보를 제공한다(디버깅 옵션에 대해서는 107쪽에 나오는 "파이썬 코드 디버깅하기"에서 자세히 다룬다).

테스트

대화형 인터프리터는 여러분이 언어를 학습하는 동안에 실험을 위한 도구로 사용하는 것 이외에도, 파일에 작성한 코드를 테스트하기 위해 사용될 수 있다. 여러분이 작성한 모듈 파일을 대화 방식으로 임포트하여, 해당 모듈이 정의하고 있는 기능을 대화형 프롬프트를 통해 호출해 즉시 테스트할 수 있다.

예를 들어, 아래는 파이썬과 함께 제공되는 표준 라이브러리 안에 있는 미리 작성된 모듈의 함수를 테스트한다(이 함수는 여러분이 현재 작업 중인 디렉터리의 경로를 출력한다). 물론, 여러분만의 모듈을 작성할 때도 동일하게 테스트할 수 있다.

```
>>> import os
>>> os.getcwd()                          # 임포트한 모듈의 함수를 바로 테스트
'c:\\code'
```

좀 더 일반적으로 대화형 프롬프트는 소스에 관계없이 프로그램 컴포넌트를 테스트하기에 최적의 위치다. 여러분이 작성한 파이썬 파일 안에 있는 함수와 클래스를 임포트하여 테스트하거나, 연결된 C 함수, Jython 기반으로 작성된 자바 클래스등의 호출을 테스트하는 데 사용할 수 있다. 파이썬은 이러한 대화형 구조로 인해 부분적으로 실험적이고 탐구적인 프로그래밍 방식을 지원하며, 프로그래밍을 처음 배울 때 매우 유용하다. 파이썬 프로그래머들은 또한 코드를 파일로 작성하여 테스트하기도 하지만, 많은 파이썬 프로그래머들에게 대화형 프롬프트는 여전히 방어적인 테스트를 위한 가장 중요한 도구다.

사용 시 주의 사항: 대화형 프롬프트

대화형 프롬프트 자체는 사용하기 어렵지 않지만, 사용 시에 초보자들이 주의해야 할 사항이 몇 가지 있다. 이 장에서는 나중에 참조할 목적으로 일반적으로 발생하는 실수들을 나열하고 있지만, 이 항목들을 미리 읽어 둔다면 나중에 발생할 골칫거리들을 피하는 데 도움이 될 것이다.

- **파이썬 명령만 입력하라.** 무엇보다도 먼저, 파이썬의 >>> 프롬프트에는 파이썬 코드만 입력할 수 있다는 사실을 기억해야 한다. 파이썬 코드 내에서 시스템 명령을 실행하는 방법이 있긴 하지만(예 os.system을 사용하는 방법), 명령 자체를 직접 입력하는 것만큼 단순하지는 않다.

- **print 구문은 파일 안에서 코드를 작성할 때만 필수적으로 필요하다.** 대화형 인터프리터는 표현식의 결과를 자동으로 출력하기 때문에 완벽한 print 구문을 입력할 필요가 없다. 이것은 매우 좋은 기능이지만, 대화형 인터프리터가 아닌 파일에서 코드를 작성할 때 혼동을 줄 수 있다. 파일에 코드를 작성할 때는 표현식의 결과가 자동으로 출력되지 않기 때문에 출력을 확인하기 위해 반드시 print 구문을 사용해야 한다. 파일 안에서 작성할 때는 꼭 print를 호출해야 하지만, 대화형 인터프리터에서는 필수가 아닌 선택 사항임을 기억해두도록 하자.

- **대화형 프롬프트에서 (아직은) 들여쓰기(indent)를 하지 마라.** 대화형 프롬프트나 파일에 파이썬 프로그램을 작성할 때, 모든 중첩되지 않은 문장은 첫 번째 열(즉, 라인의 가장 왼쪽)에 쓰도록 해야 한다. 그렇지 않은 경우 파이썬은 코드 왼쪽에 있는 공백을 중첩된 구문을 위한 들여쓰기로 처리하기 때문에 'SyntaxError' 메시지를 출력한다. 이 책에서는 10장 이전까지는 중첩된 구문을 사용하지 않으므로 당분간은 모든 코드에 적용된다. 공백으로 시작하는 문장은 에러 메시지를 발생시키기 때문에 중첩된 코드를 작성하는 경우가 아니라면 대화형 프롬프트에서 공백이나 탭으로 시작하지 않도록 해야 한다.

- **복합문 작성 시에 프롬프트 변경에 주의하라.** 이 책에서는 4장 이후부터 복합(멀티라인)문이 나오며, 본격적으로는 10장부터 다루지만 대화형 프롬프트에서 복합문을 입력할 때 두 번째 이상 라인부터는 프롬프트의 모양이 변경될 수 있음을 미리 알고 있어야 한다. 셸 창 인터페이스에서 문장의 라인이 한 라인을 넘어갈 때 대화형 프롬프트는 >>> 프롬프트에서 … 프롬프트로 변경된다. IDLE GUI 인터페이스의 경우, 문장이 한 라인을 넘어갈 때 프롬프트 모양이 변경되는 대신에 공백으로 자동 들여쓰기된다.

  이 내용의 중요성에 대해서는 10장에서 보게 될 것이다. 지금은 여러분이 코드를 작성하다가 우연히 … 프롬프트나 공백이 입력되는 상황에 마주할 경우, 여러분이 작성한 내용이 대화형 파이썬으로 하여금 멀티라인(multiline)을 입력하고 있다고 판단하도록 혼동을 준 것이다. 이때 다시 메인 프롬프트로 돌아가기 위해서는 엔터 키나 Ctrl + C 조합을 입력해 보자. >>> 그리고 … 프롬프트 문자열은 변경될 수 있지만(내장된 sys 모듈을 이용하여 변경할 수 있다), 이 책에서는 변경되지 않은 기본 프롬프트를 사용한다고 가정한다.

- **대화형 프롬프트에서 복합문은 빈 라인으로 종료한다.** 대화형 프롬프트에서 빈 라인 (라인의 시작에서 엔터 키를 입력)을 입력하여 대화형 파이썬에게 멀티라인 문장의 입력이 끝났음을 알려 준다. 이와는 달리 파일에서 코드를 작성할 경우는 멀티라인을 구분하는 빈 라인은 필요하지 않으며, 코드 안에 빈 라인이 있는 경우 무시된다. 대화형 프롬프트에서 멀티라인 문장의 끝에서 엔터를 두 번 입력하지 않을 경우, 대화형 프롬프트는 아무 일도 하지 않기 때문에 마치 프롬프트가 멈춘 것 같은 상태를 보게 된다. 파이썬은 여러분이 엔터를 한 번 더 입력하기를 기다린다.

- **대화형 프롬프트는 한 번에 하나의 문을 실행한다.** 대화형 프롬프트에서 다른 문(statement, 파이썬 명령문)을 입력하기 전에 먼저 입력한 문을 완성하여 실행해야 한다. 한 라인으로 구성된 단순한 문에서는 엔터 키가 입력되는 즉시 실행되기 때문에 자연스럽지만, 멀티라인으로 구성된 복합문에서는 다음 문을 입력하기 전에 입력 중인 문을 끝내고 실행될 수 있도록 빈 라인을 입력해야 한다는 사실을 기억하자.

멀티라인문 입력하기

너무 반복적으로 들릴지 모르겠지만, 위 목록에서 마지막 두 개로 인해 혼동을 겪는 독자들로부터 많은 메일을 받아왔기 때문에 강조해서 설명할 필요가 있다. 다음 장에서는 멀티라인(다른 말로, 복합)문에 대해서 다룰 예정이며, 복합문의 구문에 대해서는 이 장의 뒤에서 정식으로 다룰 예정이다. 복합문은 파일과 대화형 프롬프트 각각에서의 동작 방식에 다소 차이가 있기 때문에 엔터 키의 순서와 의미에 주의해야 한다.

먼저, 빈 라인으로 대화형 프롬프트에서 for 루프와 if 테스트 같은 멀티라인 복합문을 확실히 종료해야 한다. 다시 말해서, 전체 멀티라인문을 종료하고 실행되도록 하기 위해서는 **엔터 키를 두 번 입력**해야 한다. 예를 들어 다음과 같이 스크립트 파일에서 복합문을 작성할 경우 빈 라인을 입력하지 않아도 되며, 빈 라인은 대화형 프롬프트에서만 필요하다.

```
>>> for x in 'spam':
...     print(x)                    # 이 루프를 실행하기 위해서는 엔터를 두 번 입력해야 함
...
```

파일에서 빈 라인이 있는 경우 단순히 무시되며, 대화형 프롬프트에서는 멀티라인문을 종료시키는 역할을 한다. 앞 절에서 언급한 내용을 다시 상기해 보면 연속 라인 입력 프롬프트인 …의 경우 파이썬에 의해 자동으로 출력되며, 시각적인 가이드를 제공하는 것이 목적이다. 여러분이 IDLE 같은 인터페이스를 사용할 경우 연속 라인 입력 프롬프트가 표시되지 않을 수도 있으며, 이 책에서는 종종 생략하기도 한다. 여러분이 사용 중인 인터페이스에 표시되지 않는다고 해서(웹 IDLE) 직접 입력해서는 안 되는 것이다.

또한 대화형 프롬프트는 한 번에 한 문장만 실행한다는 사실을 명심하도록 하자. 다음 문을 입력하기 전에 루프나 다른 멀티라인문을 실행하기 위해서는 엔터를 두 번 입력해야 한다.

```
>>> for x in 'spam':
...     print(x)                    # 새로운 문을 입력하기 전에 엔터를 두 번 입력해야 함
... print('done')
  File "<stdin>", line 3
    print('done')
        ^
SyntaxError: invalid syntax
```

이 말은 곧 멀티라인 코드의 경우, 각각의 복합문 다음에 빈 라인을 포함하고 있지 않은 한, 대화형 프롬프트에 복사해서 붙여넣을 수 없다는 의미다. 그러한 코드의 경우 **파일로 만들어서 실행**하는 것이 좋다. 이 내용은 다음 절의 주제이기도 하다.

시스템 명령 라인과 파일

대화형 프롬프트가 테스트나 언어를 실험하는 데 매우 유용하지만, 큰 단점이 하나 있다. 여러분이 입력한 코드는 파이썬 인터프리터가 해당 코드를 실행하자마자 사라지는데, 여러분이

대화형으로 입력한 코드는 파일로 저장되지 않기 때문에 해당 코드를 다시 입력하지 않고서는 코드를 다시 실행할 수 없다. 코드를 복사하여 붙여넣는 방법이 다소 도움이 될 수는 있지만, 코드의 양이 많은 경우에는 이것 역시 크게 도움이 되지 않는다. 대화형 세션에서 코드를 잘라서 붙여넣기 위해서는 출력된 내용으로부터 파이썬 프롬프트와 프로그램 출력을 포함한 다양한 것들을 편집해야 하는데, 일반적인 개발 방법과는 거리가 멀다.

프로그램을 영구적으로 보관하기 위해서는 일반적으로 **모듈**(modules)이라고 알려진 파일에 코드를 작성해야 한다. 모듈은 파이썬문을 포함하고 있는 단순한 텍스트 파일이다. 모듈이 작성되고 나면 해당 파일 안에 있는 문들을 파이썬 인터프리터가 실행하도록 몇 번이고 요청할 수 있으며, 시스템 명령 라인이나 파일 아이콘 클릭, IDLE 사용자 인터페이스 옵션 등 다양한 방법으로 실행할 수 있다. 실행 방법에 상관없이, 여러분이 해당 파일을 실행할 때마다 파이썬 인터프리터는 해당 모듈 파일의 시작부터 끝까지 모든 코드를 실행한다.

이 범위에서는 일부 용어의 의미가 다소 다르게 사용된다. 예를 들어, 파이썬에서 모듈 파일은 종종 **프로그램**을 의미하는 용도로 사용된다. 프로그램은 반복적인 실행을 위해 파일에 미리 작성된 연속된 코드를 의미한다. 모듈 파일들 중에서도 직접 실행되는 모듈 파일은 또한 종종 **스크립트**(script)라고 불린다. 이것은 최상위 프로그램 파일을 의미하는 비공식적인 용어이기도 하다. '모듈'이라는 용어는 다른 파일로부터 임포트되는 파일을, '스크립트'는 프로그램의 메인 파일을 의미하기도 한다. 이 책에서는 일반적으로 이와 같은 의미로 사용한다(그러나 '최상위', 임포트, 그리고 메인 파일에 대한 추가 의미는 이 장의 뒤에서 언급하므로 계속 읽어 보도록 하자).

이들을 뭐라고 부르던지 상관없이, 다음 몇몇 절에서는 모듈 파일에 입력된 코드를 실행하는 방법에 대해서 탐구한다. 그리고 이 절에서는 파일을 실행하는 가장 기본적인 방법에 대해서 배우게 될 것이다. 아울러 시스템 프롬프트에 입력된 python 명령 라인에 모듈 이름을 나열하여 실행하는 방법을 다룬다. 이 방법은 일부 사람들에게는 다소 원시적인 방법처럼 보일 수도 있고 뒤에서 다룰 IDLE 같은 GUI로 대체할 수도 있지만, 텍스트 편집 윈도우와 시스템 셸 명령라인 창을 함께 사용하는 많은 프로그래머들을 위해 통합 개발 환경만큼 충분히 비중 있게 다루며, GUI 도구들보다 직접적인 제어 기능을 제공한다.

첫 번째 스크립트

이제 시작해 보자. 메모장이나 IDLE 에디터와 같은 여러분이 자주 사용하는 텍스트 편집기를 열고, 다음 코드를 script1.py라는 이름의 새로운 텍스트 파일에 작성한 다음 이 파일을 이전에 설정한 작업 디렉터리 안에 저장한다.

```
# 첫 번째 파이썬 스크립트
import sys                          # 라이브러리 모듈 로딩
print(sys.platform)
print(2 ** 100)                     # 2의 10승
x = 'Spam!'
print(x * 8)                        # 문자열 반복
```

이 파일은 이 책에서 다루는 공식적인 첫 번째 파이썬 스크립트다(2장에서 다룬 2라인짜리 코드는 제외). 이 파일 안에 작성된 코드에 대해서는 너무 걱정할 필요는 없으며, 이 코드에 대해서 간략히 소개하면 다음과 같다.

- 플랫폼의 이름을 가져오는 데 필요한 파이썬 모듈의 임포트
- 스크립트의 결과를 표시하기 위한 세 개의 print 함수 호출
- 문자열 객체를 저장하기 위해 할당될 때 생성되는 변수 x의 사용
- 다음 장에서 다루게 될 다양한 객체 연산 적용

여기서 sys.platform은 단순히 여러분이 작업 중인 컴퓨터의 종류를 식별하기 위한 문자열이다. sys.platform은 표준 파이썬 모듈인 sys에서 제공되며, 이 모듈을 로딩하기 위해서는 임포트해야 한다(임포트에 대해서는 뒤에서 좀 더 자세히 다룬다). 그리고 이 예제에서는 설명을 위해 형식적인 주석을 일부 추가하였다(# 문자 다음에 있는 텍스트).

이전에도 주석에 대해서는 언급했지만, 여기서는 실제 스크립트 내에서 공식적으로 주석을 사용하고 있다. 주석은 그 자체로 한 라인을 차지할 수도 있지만, 한 라인의 코드 옆에 위치할 수도 있다. # 다음에 위치한 텍스트는 사람이 읽기 위한 주석으로 파이썬에 의해서 구문의 일부로 처리되지 않고 무시된다. 여러분이 테스트를 위해 이 코드를 복사할 경우, 주석은 무시해도 된다. 주석은 단지 설명을 위해 추가했을 뿐이다. 이 책에서는 시각적으로 주석을 잘 구별할 수 있도록 조금 다른 형식을 사용하지만, 여러분의 코드에서는 보통의 텍스트처럼 표시될 것이다.

다시 말하지만, 지금은 이 파일에 작성한 코드의 구문에 대해서는 신경 쓰지 않아도 된다. 구문에 대한 모든 내용은 뒤에서 배우게 될 것이다. 여기서 주목해야 할 내용은 대화형 프롬프트가 아닌 파일 안에 코드를 직접 입력했다는 것이다. 이 과정을 통해 여러분은 온전한 기능의 파이썬 스크립트를 작성했다.

모듈 파일 이름이 script1.py인 것에 주목하자. 다른 모든 최상위 파일들처럼 이 파일 역시 단순히 **스크립트**라고 부를 수도 있지만, **임포트(import)**하고자 하는 코드의 파일들은 모두 .py 확장자로 끝나야 한다. 임포트에 대해서는 이 장의 뒤에서 더 자세히 다룰 예정이다. 추후에 해당 코드를 임포트하여 사용하고자 할 경우가 있기 때문에 앞으로 작성하게 될 대부분의 파이썬 파일에 대해 .py 확장자를 사용하는 편이 좋다. 또한, 일부 텍스트 편집기에서는 .py 확장자를 보고 파이썬 파일을 구별하기도 한다. 파일 이름이 .py로 끝나지 않을 경우, 구문에 대한 컬러 효과와 자동 들여쓰기 기능을 제대로 이용하지 못할 수도 있다.

명령 라인에서 파일 실행하기

코드를 텍스트 파일에 저장하고 나면, 아래와 같이 **시스템 셸 프롬프트**에서 입력한 것처럼 파이썬 명령의 첫 번째 인수로 해당 파일의 전체 이름을 나열하여 파이썬에게 실행을 요청할 수 있다(파이썬 대화형 프롬프트에 입력하지 않도록 주의하자. 그리고 정상적으로 실행되지 않을 경우 다음 절을 읽어 보자).

```
% python script1.py
win32
1267650600228229401496703205376
Spam! Spam! Spam! Spam! Spam! Spam! Spam! Spam!
```

다시 말하지만, 여러분이 사용 중인 시스템이 제공하는 명령 라인의 종류에 상관없이 이와 같은 시스템 셸 명령을 입력할 수 있다(윈도우 명령 프롬프트, xterm 등). 그러나 이 파일을 실행하기 위해서는 여러분이 작성한 스크립트 파일을 저장한 작업 디렉터리와 반드시 같은 위치에서 명령을 실행해야 하며, 파이썬의 '>>>' 프롬프트가 아닌 시스템 프롬프트에서 실행해야 한다. 또한, 명령을 실행하기 전에 PATH가 설정되지 않은 경우, 위 명령에서 "python" 부분을 전체 디렉터리 경로로 변경해야 한다는 사실을 명심하자. 하지만 'py' 윈도우 런처 프로그램이나 파이썬 3.3+ 버전을 사용할 경우에는 경로에 상관없이 위와 동일하게 실행할 수 있다.

초보자를 위한 또 다른 주의 사항은 바로 위 텍스트를 이전 절에서 생성한 script1.py 소스에 입력하지 않도록 해야 한다는 것이다. 이 텍스트는 시스템 명령과 출력일 뿐 프로그램 코드가 아니다. 이 텍스트의 첫 번째 라인은 소스 파일을 실행하기 위해 사용된 셸 명령이고 그다음 라인들은 소스 파일의 print문에 의해 생성된 결과들이다. 그리고 다시 말하지만, %는 시스템 프롬프트를 나타낸다. 시스템 프롬프트를 직접 입력하지 않도록 주의하자(잔소리처럼 들리겠지만, 파이썬 초보자들이 가장 흔히 하는 실수이기 때문이다).

모든 것이 계획대로 동작할 경우, 이 셸 명령은 파이썬이 파일에 있는 코드를 한 라인씩 실행하도록 만들며, 여러분은 스크립트 안에서 세 개의 print문 출력을 볼 수 있을 것이다(파이썬이 알고 있는 내부 플랫폼 이름, 2의 10승, 그리고 앞에서 이미 본 것과 같은 반복된 문자열(이 중에 마지막 두 개의 의미에 대해서는 4장에서 좀 더 자세히 다룰 예정이다)).

모든 것이 계획대로 동작하지 **않을** 경우, 에러 메시지를 보게 될 것이다. 앞 코드를 파일에 정확히 작성했는지 확인 후 다시 시도해 보자. 다음 절에서는 이 과정에 대한 추가적인 옵션이나 주의 사항들을 다루며, 107쪽의 "파이썬 코드 디버깅하기" 칼럼을 통해 디버깅 옵션들에 대해서 다룬다. 그러나 아직은 내용을 이해하기 어려울 수 있으므로 단순히 기계적으로 따라 해보는 것이 가장 좋은 방법일 수 있다. 그리고 여전히 제대로 실행되지 않는다면, 앞서 언급한 IDLE GUI에서 다시 시도해 볼 수 있다. IDLE는 명령 라인보다는 좀 더 명확한 제어를 필요로 하지만, 코드 실행에 필요한 상세한 내용을 쉽게 받아들이는 데 도움이 된다.

초기에는 코드를 직접 입력하는 것이 구문 에러를 피하는 방법을 배우는 데 도움이 되지만, 책에서 직접 코드를 복사하는 것이 지루하거나 에러를 발생시킬 가능성이 높다고 판단된다면, 웹 사이트로부터 예제 코드를 가져와서 사용할 수도 있다. 이 책의 예제 파일을 다운로드 받는 방법에 대해서는 서문을 참고하도록 하자.

명령 라인의 다양한 사용법

지금까지 셸 명령 라인을 통해 파이썬 프로그램을 시작하고 있기 때문에 셸의 일반적인 구문들 역시 적용할 수 있다. 예를 들어, 파이썬 스크립트의 출력 내용을 나중에 사용하거나 특별한 셸 구문을 사용하여 조사해 볼 목적으로 파일로 저장할 수 있다.

```
% python script1.py > saveit.txt
```

이 경우에 앞에서 본 세 라인의 결과는 화면에 출력되지 않고 saveit.txt 파일에 저장된다. 이 방법은 일반적으로 **스트림 리다이렉션**(stream redirection)이라는 이름으로 알려져 있다. 이 방법은 입력과 출력 텍스트 모두에 대해 동작하며, 윈도우와 유닉스 계열 시스템에서 사용할 수 있다. 이 기능은 테스트를 위해 여러분이 다른 프로그램의 출력 변화를 감시하는 프로그램을 작성할 때 매우 유용하게 사용할 수 있다. 파이썬이 스트림 리다이렉션을 지원하긴 하지만, 이 내용은 파이썬과 직접적으로 연관된 주제는 아니므로 셸 리다이렉션에 대한 자세한 구문은 여기서 다루지 않는다.

위 예제는 윈도우 플랫폼에서도 동일하게 동작하지만, 다음 코드문처럼 일반적으로 시스템 프롬프트의 모양이 다르다.

```
C:\code> python script1.py
win32
1267650600228229401496703205376
Spam! Spam! Spam! Spam! Spam! Spam! Spam! Spam!
```

마찬가지로 아직까지 PATH 환경 변수에 python이 위치한 전체 경로를 추가하지 않는 경우는 명령 라인에 전체 경로를 포함하거나, 명령을 실행하기 전에 cd 명령을 이용하여 파이썬이 설치된 경로로 이동해야 한다.

```
C:\code> C:\python36\python script1.py
win32
1267650600228229401496703205376
Spam! Spam! Spam! Spam! Spam! Spam! Spam! Spam!
```

대신에 앞서 설명한 파이썬 3.3에서 새롭게 추가된 **윈도우 런처**를 사용하는 경우 py 명령은 python 명령과 같은 기능을 하지만, 명령 라인에 전체 경로를 표시하거나 PATH 환경 변수의 설정을 필요로 하지 않는다. 그리고 **py**는 추가적으로 명령 라인을 통해 사용할 파이썬의 버전을 명시할 수 있다.

```
c:\code> py -3 script1.py
win32
1267650600228229401496703205376
Spam! Spam! Spam! Spam! Spam! Spam! Spam! Spam!
```

또한, 대부분의 최신 **윈도우** 버전에서는 파이썬 자체의 이름을 생략하고 **스크립트**의 이름만 입력하여 실행할 수도 있다. 최신 윈도우 시스템에서는 파일을 실행할 프로그램을 찾기 위해 윈도우 레지스트리(파일 이름 연결)를 사용하기 때문에 .py 파일을 실행하기 위해서 명령 라인에 명시적으로 'python'이나 'py'를 명시할 필요가 없다. 예를 들어, 앞의 명령은 대부분의 윈도우 환경에서 다음과 같이 단순화시킬 수 있으며, 설치된 파이썬 버전이 3.3 이전일 경우 python에 의해 자동으로 실행되며, 3.3+ 버전일 경우 py에 의해 자동으로 실행된다. 단순히 탐색기에서 파일의 아이콘을 클릭한 것처럼 실행된다(이 옵션에 대해서는 앞서 자세히 다루었다).

```
C:\code> script1.py
```

마지막으로, 현재 작업 중인 디렉터리가 아닌 다른 디렉터리에 스크립트 파일이 위치할 경우 스크립트 파일의 전체 경로를 입력해야 함을 명심하도록 하자. 예를 들어, 다음 시스템 명령 라인은 D:\other 위치에서 스크립트를 실행하며, 파이썬은 시스템 경로 안에 있지만 다른 곳에 위치한 스크립트 파일을 실행한다고 가정한다.

```
C:\code>   cd D:\other
D:\other>  python c:\code\script1.py
```

PATH에 파이썬의 설치 경로가 포함되어 있지 않고, 윈도우 런처의 py 프로그램을 사용하지 않으며, 파이썬과 실행할 스크립트 파일 모두 현재 작업 디렉터리에 위치하지 않은 경우, 파이썬의 경로와 스크립트의 경로 둘 다 전체 경로를 사용해야 한다.

```
D:\other>  C:\Python36\python c:\code\script1.py
```

사용 시 주의 사항: 명령 라인과 파일

시스템 명령 라인에서 프로그램 파일을 실행하는 것은 매우 직관적인 실행 방법이며, 이미 명령 라인이 익숙한 독자라면 더욱 이해하기 쉽다. 또한, 거의 모든 컴퓨터가 명령 라인 및 디렉터리 구조의 개념을 가지고 있기 때문에 이 방법은 파이썬 프로그램을 실행하는 가장 보편적인 방법에 해당한다. 그러나 파이썬을 처음 접하는 독자들을 위해 초보자들이 가장 쉽게 빠지는 함정들과 좌절을 방지하는 데 도움이 될 만한 내용을 정리하면 다음과 같다.

- **윈도우나 IDLE 사용 시에 확장자 자동 추가 기능에 주의해야 한다.** 만약 윈도우에서 프로그램 파일을 작성하는 데 메모장 프로그램을 사용하고 있다면, 작성 중인 파일을 저장할 때 파일 형식을 모든 파일로 선택하고 .py 확장자를 명시적으로 추가해야 한다. 그렇지 않을 경우 메모장은 기본적으로 파일을 저장할 때 .txt 확장자를 추가하며(메 script1.py.txt), 해당 파일을 의도대로 사용하기 어렵게 만든다. 예를 들어, 해당 파일은 파이썬 프로그램 파일로 인식되지 않는다.

  설상가상으로 윈도우는 기본적으로 파일의 확장자를 숨기기 때문에 파일 확장자 보기 옵션을 설정하지 않았다면 파이썬 파일이 아닌 텍스트 파일에 코드를 작성했다는 사실조차 알아차리지 못할 수도 있다. 파일은 아이콘을 통해 종류가 노출되기도 하므로 아이콘에 뱀 모양의 표시가 없다면, 정상적인 파이썬 프로그램 파일이 아닐 수 있다. IDLE에서 파일을 열었을 때 코드가 다양한 컬러의 색으로 표시되지 않거나, 파일을 클릭했을 때 실행되지 않고 편집할 수 있도록 열릴 경우는 이 문제의 또 다른 증상에 해당한다.

마이크로소프트 워드는 이와 유사하게 .doc 확장자를 기본적으로 추가한다. 게다가 워드는 적법한 파이썬 구문이 아닌 워드 파일 자체의 서식 문자들을 파일에 추가한다. 윈도우에서 파일을 저장할 때 이런 문제들을 피하기 위한 가장 중요한 규칙은 항상 '모든 파일'을 선택하여 파일을 저장하는 것이며, 아니면 IDLE와 같은 좀 더 개발자 친화적인 텍스트 편집기를 이용하는 것이다. IDLE의 경우는 .py 같은 확장자를 자동으로 추가하지 **않는다**. 이러한 기능은 일부 프로그래머들은 좋아하지만 그렇지 않은 사용자들도 있다.

- **파일 확장자와 디렉터리 경로는 시스템 프롬프트에서만 사용하고 임포트(import)에서는 사용하지 않는다.** 시스템 명령 라인에서 파일 이름을 입력할 때는 파일의 전체 이름을 입력해야 함을 명심하자. 즉, python script1이 아닌 python script1.py를 입력해야 한다. 반면에 이 장의 뒤에서 다루게 될 파이썬의 import문에서는 .py 확장자와 디렉터리 경로를 모두 생략한다(⑩ import script1). 이 둘의 차이는 사소해 보이지만, 혼동하여 사용하는 경우가 흔히 발생한다.

  파이썬 프롬프트가 아닌 시스템 셸 프롬프트에서는 파이썬의 모듈 파일 검색 규칙이 적용되지 않는다. 그렇기 때문에 .py 확장자와 필요한 경우 실행하고자 하는 파일의 전체 디렉터리 경로를 포함해야 한다. 예를 들어, 여러분이 현재 작업 중인 위치와 다른 위치의 디렉터리에 놓은 파일을 실행하기 위해서는 일반적으로 해당 파일의 전체 경로를 나열해야 한다(⑩ python D:\tests\spam.py). 그러나 파이썬 코드 내에서는 import spam과 같이 사용할 수 있다. 그리고 import는 파이썬 모듈 파일 검색 경로를 통해 파일을 찾으며, 자세한 내용은 뒤에서 다룬다.

- **파일에서는 print문을 사용해야 한다.** 이 내용에 대해서는 이미 언급한 바 있지만, 매우 빈번히 발생하는 실수이기 때문에 여기서 다시 한번 언급할 필요가 있다. 대화형 세션에서 코딩할 때와는 달리, 프로그램 파일에서 결과를 표시하기 위해서는 print문을 명시적으로 사용해야 한다. 어떤 결과의 출력을 확인할 수 없는 경우, 가장 먼저 print문을 사용했는지 확인해 보자. 대화형 세션에서는 파이썬이 자동으로 표현식의 결과를 출력하기 때문에 따로 'print문'을 명시하지 않아도 된다. 대화형 세션에서 print문을 사용한다고 해서 문제가 되지는 않으며, 다만 불필요한 입력이 발생하는 것뿐이다.

유닉스 방식의 실행 스크립트: #!

다음 실행 기법은 이제까지와는 전혀 다른 새로운 형태이며, 이 절의 제목에도 불구하고, 오늘날 윈도우와 유닉스 둘 모두에서 실행되는 프로그램 파일에 적용될 수 있다. 이 기술은 유닉스에 기반을 두고 있기 때문에 이 기술에 대해 유닉스 환경에서 이야기해 보도록 하자.

유닉스 스크립트의 기본

여러분이 만약 유닉스, 리눅스 또는 유닉스 계열 시스템에서 파이썬을 사용하자 한다면, csh나 ksh와 같은 셸 언어로 코딩된 프로그램들처럼 파이썬 코드 파일을 실행 가능한 프로그램으로 바꿀 수 있다. 이러한 파일들을 **실행 스크립트**(executable scripts)라고 부른다. 간단히 말해서, 유닉스 스타일의 실행 스크립트는 단지 파이썬 문장을 포함하고 있는 일반적인 텍스트 파일이지만, 두 가지 특별한 속성을 가지고 있다.

- **첫 번째 라인은 특별한 목적을 가지고 있다.** 스크립트는 보통 #!('해시뱅'이라고 읽는다) 문자로 시작하는 라인으로 시작하고, 바로 뒤에 설치된 파이썬 인터프리터의 경로가 따라온다.

- **일반적으로 실행 권한을 가지고 있다.** 스크립트 파일은 일반적으로 운영체제가 해당 파일을 최상위 프로그램으로 실행할 수 있도록 알려 주기 위해 실행 가능한 권한을 가지고 있다. 유닉스 시스템에서 chmod +x file.py 같은 명령으로 이러한 권한을 부여할 수 있다.

유닉스 계열 시스템을 위한 예제를 하나 살펴보자. 다시 텍스트 편집기를 사용하여 **brian**이라는 이름으로 파이썬 코드 파일을 만들어 보자.

```
#!/usr/local/bin/python
print('The Bright Side ' + 'of Life...')          # +는 문자열의 연결을 의미
```

이 파일 최상단의 특별한 목적의 라인은 파이썬 인터프리터의 위치를 시스템에게 알려 준다. 엄밀히 말하면, 첫 번째 라인은 파이썬 주석에 해당한다. 앞에서도 언급했듯이, 파이썬 프로그램에서 주석은 #으로 시작하여 해당 라인의 끝까지 이른다. 이곳은 여러분이 작성한 코드를 읽는 사람들을 위해 추가적인 정보를 입력하는 곳이다. 그러나 이 파일과 같이 첫 번째 라인에서 주석이 나타날 경우, 유닉스 시스템에서 셸은 해당 파일의 나머지 코드를 실행할 인터프리터를 찾기 위해 이 주석을 활용하므로 특별한 목적을 가지고 있다.

또한, 이 파일은 앞 절에서 다룬 모듈 파일과 달리 .py 확장자 없이 단순히 brian이라는 이름을 가지고 있다. 파일 이름에 .py를 추가하는 것이 아무런 영향을 주지는 않지만(파이썬 프로그램 파일임을 기억하는 데 도움을 줄 수는 있다), 이 파일의 코드를 다른 모듈에서 임포트하여 사용할 계획이 아니라면 파일 이름에 .py를 붙이는 건 아무런 의미가 없다. 이 파일에 다음 chmod +x brian 셸 명령을 이용하여 실행 권한을 줄 경우, 마치 바이너리 프로그램처럼 운영체제 셸에서 해당 파일을 실행할 수 있다(현재 디렉터리가 시스템 PATH에 설정되어 있는 경우 다음과 같이 실행할 수 있고, 그렇지 않은 경우 ./brian처럼 실행해야 한다).

```
% brian
The Bright Side of Life...
```

유닉스 env 검색 방법

일부 유닉스 시스템에서는 첫 번째 라인을 다음과 같은 방법으로 작성하여 파이썬 인터프리터의 경로를 하드코딩하지 않고 지정할 수 있다.

```
#!/usr/bin/env python
...여기서 스크립트가 시작됨...
```

이 방법으로 코드를 작성하면, env 프로그램은 여러분의 시스템 검색 경로 설정에 따라 파이썬 인터프리터의 위치를 찾는다(대부분의 유닉스 셸에서는 PATH 환경 변수에 나열된 모든 디렉터리 목록에서 찾는다). 이 방식은 여러분이 작성하는 모든 스크립트 파일에 대해 파이썬의 설치 경로를 하드코딩할 필요가 없게 하므로 코드의 이식성을 높여 준다. 즉, 여러분이 작성한 스크립트가 언제가 다른 머신으로 이동하거나 설치된 파이썬 경로가 변경될 경우 스크립트 파일에 대한 수정 없이 단지 PATH 설정만 변경하면 된다.

어디서든지 env에 대한 접근만 제공되면, 시스템상에 파이썬이 설치된 위치에 상관없이 스크립트를 실행할 수 있다. 일부 플랫폼에서는 다른 경로에 파이썬을 설치할 수 있기 때문에 사실 요즘에는 /usr/bin/python보다는 env 방식을 일반적으로 권장한다. 물론, 이 방식은 모든 플랫폼에서 env가 같은 위치에 존재한다고 가정한다(일부 다른 머신에서 /sbin이나 /bin 또는 다른 위치에 존재할 수 있다). env의 위치가 다를 경우, 모든 이식성은 사라진다!

파이썬 3.3+ 윈도우 런처: 윈도우에서 #! 지원

여기서 설명하는 방법은 유닉스 기법이므로 윈도우에서 파이썬 3.2를 포함한 이전 버전에서는 동작하지 않을 수 있다. 그다지 중요한 사항은 아니며, 대신에 앞에서 설명한 기본 명령 라인 실행 방법을 이용하도록 하자. 다음과 같이 파이썬 명령에 명시적으로 파일의 이름을 나열한다.[2]

```
C:\code> python brian
The Bright Side of Life...
```

이와 같이 실행하면 파일 상단에 #! 주석을 추가하지 않아도 되며(추가되어 있는 경우 파이썬은 단순히 주석을 무시한다), 해당 파일은 실행 권한이 없어도 된다. 사실, 여러분이 작성 중인 파일을 유닉스와 마이크로소프트 윈도우 사이에서 같은 방법으로 문제없이 호환되도록 실행하고자 할 경우, 유닉스 스타일보다는 기본 명령 라인 방식으로 접근하는 것이 여러분의 머릿속을 좀 덜 복잡하게 할 것이다.

그러나 여러분이 파이썬 3.3 또는 이후 버전을 사용하고 있거나, 3.3 이후 버전에 포함된 윈도우 런처를 따로 설치한 경우에는 유닉스 스타일의 #! 라인이 윈도우에서도 의미 있게 동작함을 알 수 있다. 앞서 설명한 새로운 윈도우 런처는 py 실행 파일을 제공하는 것 이외에도, 여러분이 작성한 코드를 어떤 버전의 파이썬으로 실행할지 결정하기 위해 #! 라인을 분석한다. 또한 전체 또는 일부 형태로 버전 번호를 제공하는 것이 가능하며, /usr/bin/env 형식을 포함하여 이 파일에 적용할 수 있는 대부분의 유닉스 패턴을 인식한다.

런처가 #! 라인을 분석하는 방법은 명령 라인에서 py 프로그램으로 스크립트를 실행할 때와 파이썬 파일 아이콘을 클릭할 때(이 경우에 파일 이름과 연결된 프로그램인 py가 은연중에 실행된다)도 적용된다. 유닉스와 달리 윈도우에서는 파일의 동작을 위해 따로 실행 권한을 줄 필요가 없으며, 파일 이름과 연결된 프로그램이 비슷한 기능을 한다.

---

2 명령 라인에 대해서 설명할 때 언급한 것처럼, 대부분의 윈도우에서는 .py 파일의 이름만 입력해도 실행된다. 윈도우는 해당 파일을 파이썬을 통해 열기 위해서 레지스트리를 활용한다. 예를 들어, 명령 라인에 brian.py를 입력하는 것과 python brian.py를 입력하는 것이 동일하게 실행된다. 이 명령 라인 모드가 윈도우에서는 파일마다가 아닌 시스템 범위에서 지원되지만, 유닉스 #!의 의도와 유사하다. 그리고 윈도우에서는 .py 확장자가 명확하게 있어야 한다. 파일 확장자가 없는 경우에는 윈도우의 파일 연결 프로그램이 동작하지 않는다. 윈도우에서 일부 프로그램(파이썬 3.3+에 포함된 윈도우 런처 포함)들이 유닉스처럼 첫 번째 #! 라인을 해석하여 사용하기도 하지만, 윈도우 시스템 셸 자체는 이 라인을 무시한다.

예를 들어, 다음 예제에서 첫 번째는 파이썬 3.X 버전에 의해 실행되고, 두 번째는 파이썬 2.X 버전에 의해 실행된다(명시적인 숫자가 없다면 런처는 PY_PYTHON 환경 변수가 설정된 경우를 제외하고는 2.X 버전을 기본으로 한다).

```
c:\code> type robin3.py
# !/usr/bin/python3
print('Run', 'away!...')              # 3.X 함수

c:\code> py robin3.py                 # #! 라인의 버전에 따라서 실행
Run away!...

c:\code> type robin2.py
# !python2
print 'Run', 'away more!...'          # 2.X 문장

c:\code> py robin2.py                 # #! 라인의 버전에 따라서 실행
Run away more!...
```

이 방법뿐만 아니라 명령 라인을 통해 버전을 전달해도 동일하게 동작한다. 이 내용에 대해서는 이전에 대화형 프롬프트를 처음 소개할 때 간략히 언급한 적이 있지만, 스크립트 파일을 실행할 때도 동일하게 동작한다.

```
c:\code> py -3.1 robin3.py            # 명령 라인 인수에 따라 실행
Run away!...
```

결과적으로 런처는 파일이나 명령 둘 모두에서 각각 #! 라인과 명령 라인 인수를 이용하여 파이썬 버전을 명시할 수 있도록 한다. 여기서 언급한 이야기는 런처의 전체 이야기 중에 극히 일부이므로 여러분이 윈도우에서 파이썬 3.3+ 버전을 사용 중이거나 사용할 예정이라면, 부록 B에 있는 런처에 관한 자세한 내용을 꼭 읽어 보기 바란다.

파일 아이콘 클릭하기

여러분이 명령 라인 인터페이스의 광적인 팬이 아니라면 파일 아이콘을 클릭하거나, 개발 GUI 툴을 이용하거나, 또는 플랫폼마다 다른 다양한 방법들로 파이썬 스크립트를 실행함으로써 명령 라인을 통한 실행을 피할 수 있다. 여기서는 이러한 대안들 중에 첫 번째 방법을 빠르게 살펴보도록 하자.

아이콘 클릭의 기본 원리

아이콘 클릭 시에 애플리케이션을 실행하는 방법은 대부분의 플랫폼에서 하나 또는 그 이상의 방법으로 지원된다. 여기서는 여러분의 컴퓨터에서 아이콘 클릭이 어떤 구조로 동작하는지 간략히 설명한다.

윈도우에서 아이콘 클릭

윈도우에서는 레지스트리로 인해 아이콘을 클릭하여 파일을 여는 것이 매우 쉽다. 파이썬은 설치될 때 윈도우 연결 프로그램에 파이썬 파일을 자동으로 실행하도록 등록한다. 그 때문에 여러분이 작성한 프로그램의 파일 아이콘을 마우스 커서로 단순히 클릭 또는 더블 클릭하는 것만으로도 프로그램을 실행하는 것이 가능하다.

특히, 클릭된 파일은 자신의 확장자와 설치된 파이썬에 따라 두 가지 파이썬 프로그램 중 하나에 의해 실행된다. 파이썬 3.2와 이전 버전에서 .py 파일은 python.exe에 의해 콘솔(명령 프롬프트) 창과 함께 실행되고, .pyw 파일은 pythonw.exe에 의해 콘솔 없이 실행된다. 아이콘 클릭 시에 바이트 코드 파일들 역시 이 프로그램들에 의해 실행된다. 부록 B에 따르면 파이썬 3.3과 이후 버전의 새로운 윈도우 런처에서 제공하는 py.exe와 pyw.exe 프로그램이 같은 역할을 하며, 각각 .py와 .pyw 파일을 연다.

비윈도우에서 아이콘 클릭

비윈도우 시스템에서도 윈도우 시스템과 비슷한 동작을 수행할 수 있지만, 아이콘이나 파일 탐색기 내비게이션의 구조를 포함한 많은 부분에서 다소 차이가 있다. 예를 들어, 맥 OS X의 경우 파이썬 프로그램 파일 클릭 시에 실행되도록 하기 위해 Finder의 Applications 폴더 아래의 MacPython(또는 Python N.M)에서 PythonLauncher를 사용할 수 있다.

일부 리눅스와 유닉스 시스템에서는 파일 탐색기 GUI를 사용하여 .py 확장자에 대한 프로그램을 등록하거나, 앞 절에서 언급한 #! 라인 구조를 이용하여 실행 가능한 스크립트 파일로 만들거나, 또는 파일 편집, 프로그램 설치 또는 기타 다른 도구를 이용하여 파일 마임(MIME) 타입을 애플리케이션이나 명령과 연결할 필요가 있다.

즉, 아이콘 클릭은 일반적으로 여러분의 플랫폼에서 예상 범위 내에서 동작하지만, 필요에 따라 좀 더 자세한 내용은 파이썬 표준 매뉴얼 안에 있는 플랫폼 사용 설명서인 '파이썬 설치와 사용법(Python Setup and Usage)'을 참조하자.

윈도우에서 아이콘 클릭하기

이 절에서는 설명을 위해 이전에 우리가 작성했던 script1.py 예제를 계속해서 사용하며, 책장을 덜 넘길 수 있도록 코드를 반복해서 보여 준다.

```
# 첫 번째 파이썬 스크립트
import sys                          # 라이브러리 모듈 로드
print(sys.platform)
print(2 ** 100)                     # 2의 100승
x = 'Spam!'
print(x * 8)                        # 문자열의 반복
```

이미 본 것처럼 여러분은 이 파일을 시스템 명령 라인에서 항상 실행할 수 있다.

```
C:\code> python script1.py
win32
1267650600228229401496703205376
Spam!Spam!Spam!Spam!Spam!Spam!Spam!Spam!
```

그러나 아이콘을 클릭하면 아무런 입력 없이 파일을 실행할 수 있다. 아이콘을 클릭하기 위해서는 위에서 작성한 파일의 아이콘을 여러분의 컴퓨터에서 찾아야 한다. 윈도우 10에서는 화면의 좌측 하단 모서리에서 오른쪽 마우스를 눌러서 파일 탐색기를 실행할 수 있다. 윈도우 10 이전 버전에서는 컴퓨터(또는 XP에서는 내컴퓨터) 시작 버튼 메뉴에서 실행할 수 있다. 이 외에도 파일 탐색기를 실행하기 위한 여러 방법들이 존재한다. 파일 탐색기를 실행하고 나면, C 드라이브에서 작업 디렉터리로 차근차근 찾아 내려가면 된다.

이 시점에서 여러분은 그림 3-1(여기서는 윈도우 10을 사용하였다)과 유사한 파일 탐색기를 보고 있을 것이다. 파일 탐색기에서 파이썬 파일이 어떻게 표시되는지 유심히 보도록 하자.

- 소스 파일은 윈도우에서 흰 배경으로 표시된다.
- 바이트 코드 파일은 윈도우에서 검은 배경으로 표시된다.

앞 장을 통해 나는 파이썬 3.1에서 임포트하여 이 그림에 보이는 바이트 코드 파일을 만들었다. 파이썬 3.2와 이후 버전에서는 이 그림에서도 보이는 것처럼 현재 디렉터리 대신에 하위 디렉터리인 __pycache__ 안에 바이트 코드 파일을 저장하며, 나는 파이썬 3.6에서 임포트하여 이 파일들을 만들었다. 여러분은 보통 코드의 최신 변경 사항을 확인하기 위해 바이트 코드 파일이 아닌 배경이 흰 소스 코드 파일을 클릭(또는 실행)하고자 할 것이다. 여러분이 바이트 코

드 파일을 직접 실행할 경우 파이썬은 소스 코드의 변경 사항을 체크하지 않는다. 여기에서는 파일을 실행하고자 할 경우, 단순히 script1.py 파일의 아이콘을 클릭하면 된다.

윈도우 입력 트릭

불행하게도 윈도우에서 파일 아이콘을 클릭했을 때의 결과는 만족스럽지 않을 수도 있다. 사실 파일 아이콘을 클릭했을 때 이 예제 코드는 창이 번쩍이면서 사라지는 당황스러운 결과를 만드는데, 이 예제에는 파이썬 프로그래머들이 흔히 사용하는 사용자의 피드백을 받기 위한 코드가 없기 때문이다. 이것은 버그가 아니며, 윈도우 버전의 파이썬이 출력 메시지를 처리하는 방법과 연관이 있다.

기본적으로 파이썬은 클릭된 파일의 입출력을 제공하기 위해 까만 DOS 콘솔 창(명령 프롬프트)을 생성한다. 스크립트가 단지 출력만 하고 종료할 경우, 콘솔 창이 나타나고 콘솔 창에 텍스트가 출력된 다음, 프로그램 종료 시에 콘솔 창이 종료되고 사라진다. 여러분의 눈이 매우 빠르거나 여러분이 테스트 중인 머신이 매우 느리지 않다면, 출력된 메시지를 전혀 볼 수 없다. 이러한 동작이 이상한 것은 아니지만, 여러분이 기대했던 바는 아닐 것이다.

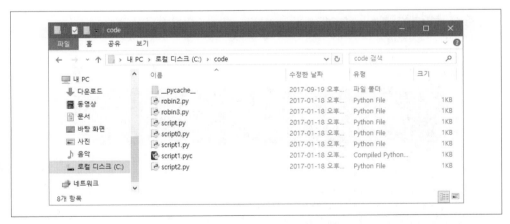

그림 3-1 윈도우에서 파이썬 프로그램 파일들은 파일 익스플로러 창에서 아이콘으로 표시되며, 마우스로 더블 클릭하면 자동으로 실행된다(이 방법으로는 출력된 메시지나 에러를 확인하지 못할 수도 있다).

다행히 이 문제를 쉽게 해결할 수 있다. 여러분이 아이콘을 클릭하여 스크립트를 실행했을 때 스크립트의 출력이 사라지지 않고 대기하도록 해야 한다면, 단순히 스크립트의 가장 아래에 내장된 입력 함수(3.X에서는 내장된 입력 함수를 사용하며, 2.X에서는 대신 raw_input을 사용한다.

아래의 노트를 참고하자)의 호출을 추가하면 된다. 예를 들어 일반적으로 input은 표준 입력으로 부터 한 라인을 읽고 반환하며, 입력이 없는 경우에는 기다린다.

```
# 첫 번째 파이썬 스크립트
import sys                          # 라이브러리 모듈 로드
print(sys.platform)
print(2 ** 100)                     # 2의 100승
x = 'Spam!'
print(x * 8)                        # 문자열의 반복
input()                             # <== 추가됨
```

결과적으로 이 예제에서는 스크립트의 실행이 멈추게 되며, 이로 인해 출력 창이 그림 3-2에서 나타난 것처럼 여러분이 엔터 키를 누를 때까지 열린 채로 유지된다.

지금까지 내가 여러분에게 보여 준 이 트릭은 일반적으로 윈도우 환경에서 파일 아이콘을 클릭하여 실행하고, 해당 스크립트는 출력과 함께 종료하는 경우에만 유용하게 사용될 수 있음을 명심하자. 여러분은 이 조건이 모두 적용되는 상황에서만 최상위 파일의 가장 마지막에 input 호출을 추가해야 한다. 명령 라인이나 IDLE GUI에서 스크립트를 실행하는 경우와 같이 다른 상황에서는 input 호출을 추가할 이유가 없다(단지 엔터 키를 눌러보고 싶은 독자가 아니라면!).[3] 당연한 것처럼 들리겠지만, 실제 강의를 진행하다 보면 불필요한 input을 추가하는 실수들이 자주 발생한다.

그림 3-2 윈도우에서 프로그램의 아이콘을 클릭할 때 스크립트의 가장 마지막에 input 호출을 추가하면 출력된 결과를 확인할 수 있는데, 반드시 이와 같은 상황에서만 해당 방법을 사용해야 한다.

---

3 반대로 윈도우에서 파일을 클릭하여 실행하면 출력되는 텍스트를 보고 싶지 않은 경우, 팝업 콘솔 창(명령 프롬프트)을 완전히 감추는 것 또한 가능하다. 파이썬 스크립트의 파일 이름이 .pyw 확장자로 끝날 경우 스크립트에 의해 생성된 창만 표시되며, 기본 콘솔 창은 표시되지 않는다. .pyw 파일은 윈도우에서 이러한 특별한 동작 기능을 가진 단순한 .py 소스 파일이다. .pyw 파일은 주로 스스로 창을 생성하는 파이썬으로 작성된 사용자 인터페이스에 사용되며, 종종 출력된 메시지와 에러를 저장하기 위한 다양한 기술과 함께 사용된다. 앞서 암묵적으로 언급하긴 했지만, 파이썬은 설치될 때 별도의 특별한 실행 파일로 .pyw 파일에 대한 연결 프로그램(파이썬 3.2와 이전 버전에서는 pythonw.exe 그리고 3.3과 이후 버전에서는 pyw.exe)을 설정하여 이러한 기능이 동작하도록 한다.

다음 주제로 넘어가기에 앞서, 여기에 적용된 input 호출은 출력을 위해 print 함수(2.X 구문)를 사용하는 것에 대응하는 입력 기능이다. input 호출은 사용자의 입력을 읽기 위한 가장 쉬운 방법이며, 여기 예제에 적용된 용도보다는 일반적으로 사용자의 입력을 받기 위해 사용된다. 예를 들어 input은 다음과 같다.

- 추가적으로 프롬프트로 출력될 문자열을 입력받는다(예 input('종료하기 위해 엔터 키를 입력하세요')).
- 읽은 한 라인의 텍스트를 문자열로 스크립트에 반환한다(예 nextinput = input()).
- print 구문이 출력에 대해 리다이렉션을 지원하는 것처럼 시스템 셸 수준의 입력 스트림 리다이렉션을 지원한다(예 python spam.py < input.txt).

우리는 나중에 지금보다 더 나은 방법으로 input을 사용하게 될 것이다. 예를 들어, 10장에서는 대화형 루프 안에서 input을 사용한다. 우선은 input 호출이 클릭하여 실행한 스크립트의 출력을 확인하는 데 도움이 될 것이다.

 버전별 참고 사항: 파이썬 2.X에서 작업 중인 경우에는 이 코드에서 input( ) 대신 raw_input( )을 사용해야 한다. raw_input( )은 파이썬 3.X에서 input( )으로 이름이 변경되었다. 엄밀히 말하면 2.X 버전 또한 input 함수를 제공하지만, 이 함수는 마치 스크립트 내에 작성된 프로그램 코드처럼 입력된 문자열을 **검사**하기 때문에 이 상황에서는 정상적으로 동작하지 않는다(빈 문자열의 입력은 에러를 발생시킨다). 파이썬 3.X의 input(그리고 2.X의 raw_input)은 단순히 입력된 텍스트를 문자열로 반환하며 값을 검사하지 않는다. 2.X의 input 함수를 3.X에서 흉내 내기 위해서는 eval(input( ))을 사용하면 된다.

그러나 이 코드는 입력된 텍스트를 마치 **프로그램 코드**인 것처럼 실행하기 때문에 보안에 영향을 줄 수 있음을 알고 있어야 한다. 그리고 여기서는 이러한 사항은 고려하지 않기 때문에 여러분은 입력된 텍스트를 신뢰할 수 있어야 한다. 그렇지 않을 경우, 3.X에서는 input 함수와 2.X에서는 raw_input을 사용하도록 하자.

아이콘 클릭의 또 다른 제약들

앞 절에서 설명한 input 함수를 이용한 트릭에도 불구하고, 파일 아이콘을 클릭하여 프로그램을 실행하는 방법에는 여전히 문제가 있다. 이 방법으로는 파이썬 프로그램 실행 도중에 발생하는 에러 메시지를 놓칠 수 있다. 스크립트 실행 도중에 에러가 발생할 경우, 에러 메시지는 팝업 콘솔 창에 출력된다. 이때 콘솔은 즉시 사라진다! 이런 경우에는 input 호출 이전에 스크립트가 종료될 수 있기 때문에 input 호출은 도움이 되지 않는다. 즉, 무엇이 잘못되었는지 여러분은 알 수 없는 상황이 발생한다.

이 책의 뒤에서 예외 처리(exception)에 대해서 다룰 때, 에러 상황에서 프로그램이 종료되는 것을 막기 위해 에러를 가로채어 처리한 다음, 복구하는 코드를 작성하는 것이 가능하다는 것을 배우게 될 것이다. 에러 발생 시에 콘솔 창이 닫히지 않도록 하는 또 다른 방법에 대해서는 이 책의 뒤에서 다룰 try 구문에 대한 논의를 살펴보도록 하자. 또한, print 기능에 대해서 배울 때 출력된 텍스트를 나중에 다시 확인할 수 있도록 파일로 리다이렉트하는 방법에 대해서도 배우게 될 것이다. 그러나 여러분의 코드에서 이러한 처리를 하지 않는다면, 클릭을 통해 실행된 프로그램이 출력한 에러나 메시지는 사라지게 될 것이다.

이러한 제약들 때문에 아이콘을 클릭하여 프로그램을 실행하는 방법은 디버깅이 끝나 이미 안정성이 확보되었거나, 에러를 붙잡아 처리하고 파일로 쓰는 기능을 이미 갖춘 프로그램을 실행하는 방법으로써 보는 것이 가장 바람직할 것이다. 특히, 이제 파이썬을 막 시작한 독자라면, 추가적인 코딩 없이 출력 메시지나 에러 메시지를 볼 수 있도록 아이콘 클릭이 아닌 다른 방법들(시스템 명령 라인이나 IDLE(94쪽 "IDLE 사용자 인터페이스"절에서 자세히 다룬다))을 사용하여 프로그램을 실행하기를 권한다.

모듈 임포트와 리로드

지금까지 나는 '모듈 임포트'에 대해 실제로 이 용어가 무엇을 의미하는지 아무런 설명 없이 이야기했다. 우리는 파트 5에서 모듈과 대규모 프로그램 아키텍처에 관해서 자세히 다룰 예정이지만, 임포트 또한 프로그램을 실행시키는 한 방법이므로 이 절에서는 시작을 위해 필요한 모듈에 대한 기본 사항들에 대해서 소개하겠다.

임포트와 리로드의 기본

간단히 말해 파이썬 소스 코드를 포함하고 있는 .py 확장자로 끝나는 이름의 모든 파일은 곧 모듈이다. 파일을 모듈로 만들기 위해 특별한 코드나 구문이 필요한 건 아니다. .py 확장자를 가진 모든 파일은 모듈이 될 수 있다. 다른 파일들은 모듈이 정의하는 항목들을 해당 모듈을 임포트(Import)함으로써 접근할 수 있다. 임포트 동작은 기본적으로 다른 파일을 로드하고 해당 파일의 콘텐츠에 대한 접근 권한을 부여한다. 모듈의 콘텐츠는 속성에 따라 바깥에서 접근이 가능해진다(속성의 용어에 대해서는 다음 절에서 정의한다).

이 모듈 기반의 서비스 모델은 파이썬에서 **프로그램 아키텍처** 뒤에 숨겨진 핵심 개념이다. 대규모 프로그램은 일반적으로 여러 모듈 파일로 구성되어 있으며, 각각의 모듈 파일들은 또 다른 모듈 파일들로부터 필요한 도구들을 임포트한다. 이 모듈들 중 하나가 메인 또는 **최상위 파일**, 또는 '스크립트'로 지정된다. 이 파일이 전체 프로그램을 시작하기 위해 실행되며, 언제나처럼 한 라인씩 실행된다. 최상위 파일 아래부터는 모듈이 모듈을 임포트하는 형태로 되어 있다.

우리는 이 책의 뒤에서 이러한 구조적인 이슈를 자세히 다룰 예정이다. 이 장에서는 임포트 동작이 결국 로드된 파일 안에 있는 코드를 **실행**시킨다는 사실에만 주로 관심이 있다. 그렇기 때문에 결국 파일 임포트도 프로그램을 실행시키는 또 다른 방법 중 하나다.

예를 들어, 대화형 세션에서 앞 절에서 만든 script1.py 파일을 단순히 임포트하여 실행할 수 있다(이 스크립트를 임포트하기 전에 먼저 이전 절에서 추가한 input 라인을 삭제하도록 하자. 그렇지 않을 경우 이유 없이 엔터 키를 눌러야 할 것이다).

```
C:\code> C:\python36\python
>>> import script1
win32
1267650600228229401496703205376
Spam!Spam!Spam!Spam!Spam!Spam!Spam!Spam!
```

이 방법은 기본적으로 세션당 한 번만 실행된다(실제로, 프로그램이 실행하는 **프로세스**다). 해당 모듈의 첫 임포트 후에 다시 임포트할 경우에는 아무런 일도 발생하지 않으며, 심지어 다른 창에서 해당 파일을 열어 수정하고 저장해도 실행되지 않는다.

```
...2 ** 16을 출력하도록 script1.py 파일을 다른 창에서 편집기로 변경...

>>> import script1
>>> import script1
```

이와 같은 동작은 의도적으로 설계된 것이다. 임포트 연산은 프로그램 실행 시에 하나의 모듈에 대해서 여러 번 반복하기에는 많은 부하를 발생시킨다. 자세한 내용은 22장에서 배우겠지만 임포트는 먼저 파일을 찾은 다음 해당 파일을 바이트 코드로 컴파일하고, 이어서 컴파일된 바이트 코드를 실행시킨다.

기존 세션에서 세션의 종료와 재시작 없이 파이썬이 이미 임포트된 파일을 강제로 실행하기를 원한다면, import 대신에 imp 표준 라이브러리 모듈 안에 있는 **reload** 함수를 호출해야 한다

(이 함수는 또한 파이썬 2.X에서는 기본적으로 내장되어 있지만, 3.X에서는 그렇지 않다).

```
>>> from imp import reload                  # 3.X에서는 해당 모듈로부터 로딩해야 함
>>> reload(script1)
win32
65536
Spam! Spam! Spam! Spam! Spam! Spam! Spam! Spam!
<module 'script1' from '.\\script1.py'>
>>>
```

여기서 from 구문은 단순히 모듈 바깥으로 이름을 복사하는 역할을 한다(자세한 내용은 곧 다룰 예정이다). reload 함수는 스스로 파일에 있는 코드의 현재 버전을 로드하고 실행하며, 다른 창에서 해당 파일을 수정하고 저장한 경우 변경 사항이 바로 반영된다.

reload 함수를 사용하면 현재 파이썬 대화형 세션 안에서 실행 중에 코드를 수정하고 새로운 코드를 반영할 수 있다. 예를 들어, 이 세션에서는 script1.py의 두 번째 print 구문이 첫 번째 import와 reload 호출 사이에 다른 창에서 편집기로 2 ** 16을 출력하도록 변경되었으므로 다른 결과가 출력된다.

reload 함수는 이미 로드된 모듈 객체의 이름을 인수로 받기 때문에 해당 모듈을 리로드하기 이전에 성공적으로 임포트해야 한다(임포트가 에러를 보고할 경우에는 리로드할 수 없으므로 다시 임포트를 해야 한다). 또한, import와는 달리 reload는 모듈 객체 이름 주위를 괄호로 둘러싸야 한다. import는 문(statement)이지만, reload는 **호출**되는 함수이기 때문이다.

이것이 바로 리로드할 모듈의 이름을 괄호 안에 인수로 전달해야 하는 이유이며, 리로딩 시에 추가적인 출력 라인이 반환되는 이유다. 마지막 출력 라인은 단지 reload 호출의 반환값을 표현한 것이며, 파이썬 모듈 객체를 나타낸다. 우리는 일반적인 함수의 사용법에 대해서 16장에서 자세히 다룰 예정이다. 지금은 '함수'가 언급될 경우, 호출 시에 괄호가 필요하다는 사실을 기억하도록 하자.

 버전별 참고 사항: 파이썬 3.X에서는 reload 내장 함수가 imp 표준 라이브러리 모듈로 이동했다. 기능은 이전 버전과 동일하지만, 사용하기 위해서는 먼저 imp 모듈을 임포트해야 한다. 3.X에서는 import imp 그리고 imp.reload(M)를 사용하거나 위 예처럼 from imp import reload 그리고 reload(M)를 사용한다. 다음 절에서 import와 from 구문에 대해서 좀 더 자세히 다루며, 공식적으로는 이 책의 후반부에서 다룬다.

파이썬 2.X에서 작업하고 있는 독자라면, reload를 내장된 함수처럼 사용할 수 있으므로 별도의 import는 필요 없다. 파이썬 2.6과 2.7에서는 3.X로의 전환을 목적으로 내장된 형태와

모듈 함수 형태 **모두** 사용 가능하다. 즉, 파이썬 3.X에서도 리로딩은 여전히 사용할 수 있지만 reload 호출을 가져오기 위한 추가 코드가 필요하다.

3.X에서 이러한 변화는 다음 절에서 다루게 될 reload와 from 구문과 관련된 일부 잘 알려진 이슈에 의해 영향을 받았을 가능성이 있다. 간단히 말하면 import 구문으로 접근하는 이름들과 달리, from 구문으로 로드된 이름들은 reload 구문으로 즉시 업데이트되지 않는다. reload 후에 속성의 값들이 변경되지 않는 경우, 대신 import와 **모듈.속성** 구문을 통한 이름 참조를 사용하도록 하자.

거대한 모듈 이야기: 속성

결국 임포트 기능은 파일을 실행하기 때문에 임포트와 리로드는 자연스럽게 프로그램 실행 옵션 중 하나가 된다. 자세한 내용은 파트 5에서 배우겠지만, 그럼에도 불구하고 일반적으로 모듈은 다양한 도구들의 라이브러리 역할을 한다. 그러나 기본 개념은 매우 단순하다. 모듈은 일반적으로 네임스페이스(namespace)라고 불리는 변수 이름들의 패키지일 뿐이며, 패키지 안의 이름들은 속성(attribute)이라고 불린다. 속성이란, 모듈과 같은 특정 객체에 포함된 변수의 이름일 뿐이다.

좀 더 구체적으로 말하자면, 임포트를 하는 파일은 임포트 대상 모듈 파일의 최상위에 할당된 모든 이름들에 대한 접근을 얻게 된다. 이러한 이름들은 보통 모듈에 의해 노출된(exported), 일반적으로 다른 파일과 다른 프로그램에 의해 사용되는 도구(함수, 클래스, 변수 등)에 할당되어 있다. 외면적으로 모듈 파일의 이름들은 reload 호출뿐만 아니라 import와 from 두 파이썬 문을 이용해서도 가져올 수 있다.

설명을 위해 아래 한 라인을 포함한 myfile.py 파이썬 모듈 파일을 여러분의 작업 디렉터리 아래에 만들도록 하자.

```
title = "The Meaning of Life"
```

이 파일은 아마도 세상에서 가장 단순한 파이썬 모듈 파일 중 하나일 것이다. 하지만 단순하긴 해도 이 절의 요점을 설명하기에는 충분하다. 이 파일이 임포트되면, 해당 파일의 코드는 모듈의 속성을 생성하기 위해 실행된다. 즉, 이 할당문은 title이라는 이름의 변수와 모듈 속성을 생성한다.

여러분은 다른 컴포넌트에서 두 가지 다른 방법으로 이 모듈의 title 속성에 접근할 수 있다. 먼저 import 구문을 사용하여 모듈 전체를 로드하고, 모듈 이름과 속성 이름을 함께 사용하여 해당 속성을 가져온다(여기서는 인터프리터가 자동으로 출력하도록 했다).

```
% python                    # 파이썬 시작
>>> import myfile           # 파일 실행: 전체 모듈 로드
>>> myfile.title           # 속성 이름으로 가져오기: '.'을 사용하여 모듈 내 접근
'The Meaning of Life'
```

일반적으로 객체.속성 형태의 점 표현 구문을 사용하면 객체에 포함된 속성을 가져올 수 있으며, 파이썬 코드에서 가장 흔히 사용되는 연산 중 하나다. 여기서는 모듈 myfile 안에 있는 문자열 변수 title에 접근하기 위해 점 표현식 구문(myfile.title)을 사용했다.

또 다른 방법으로 from문을 사용하여 모듈 바깥으로 이름을 가져올 수 있다(실제로는 복사된다).

```
% python                         # 파이썬 시작
>>> from myfile import title     # 파일 실행: 속성 이름을 복사
>>> title                        # 모듈 이름 없이 속성 이름 직접 사용
'The Meaning of Life'
```

나중에 자세히 배우겠지만, from은 단지 임포트된 컴포넌트를 변수 이름에 할당하는 추가 기능을 가진 import다. 사실상 from은 모듈의 속성을 복사하기 때문에 이 속성들은 모듈을 임포트한 쪽에서 단순한 변수가 된다. 그렇기 때문에 이 경우에는 임포트된 문자열을 myfile.title 속성을 참조하는 대신에 변수 title로 참조할 수 있다.[4]

임포트 동작을 수행하기 위해 import나 from 중 어떤 것을 사용하는지에 상관없이, myfile.py 모듈 파일 안에 있는 모든 문장들이 실행된다. 그리고 임포트를 실행한 컴포넌트(여기서는 대화형 프롬프트)는 해당 모듈 파일의 최상위에 할당된 이름들에 대한 접근 권한을 얻는다. 여기서 사용된 예제의 경우 이러한 이름이 하나만 존재한다(문자열이 할당된 변수 title). 그러나 이러한 컨셉은 모듈 파일 내에서 함수나 클래스와 같은 객체를 정의하기 시작할 때 더욱 유용하게 사용할 수 있다. 이러한 객체들은 하나 또는 그 이상의 클라이언트 모듈에서 이름으로 접근할

---

4 import와 from 둘 모두 .py 확장자 없이 단순히 myfile처럼 모듈 파일의 이름만 나열한다. 파트 5에서 자세히 배우게 되지만, 파이썬은 임포트된 모듈의 실제 파일을 찾을 때 검색 과정에서 모듈 이름에 확장자를 추가해야 한다는 사실을 알고 있다. 다시 한번 말하지만 시스템 셸 명령 라인에서는 .py 확장자를 추가해야 하지만, import 구문에서는 추가하지 않도록 해야 한다.

수 있는 재사용 가능한 **소프트웨어 컴포넌트**가 된다.

실제로 모듈 파일들은 모듈 내부 또는 바깥에서 사용되는 이름을 하나 이상 정의한다. 다음
예제는 세 개의 이름을 선언하고 있다.

```
a = 'dead'                        # 정의된 세 개의 속성은
b = 'parrot'                      # 다른 파일에 노출되며,
c = 'sketch'
print(a, b, c)                    # 또한 이 파일에서도 사용됨(2.X에서: print a, b, c)
```

이 파일 threenames.py는 세 개의 변수를 할당하므로 이 파일을 임포트할 경우 세 개의 속성
이 생성된다. 또한 자신의 세 가지 변수를 3.X print 구문에서 사용하며, 이 파일을 최상위 파
일로 실행하면 확인할 수 있다(파이썬 2.X에서 print는 다소 차이가 있다. 그래서 이 코드와 같은 결과
를 얻기 위해서는 바깥을 둘러싸고 있는 괄호를 제외해야 한다. 이에 대한 좀 더 자세한 설명은 11장을 참
고하도록 하자).

```
% python threenames.py
dead parrot sketch
```

이 파일의 모든 코드는 import나 from을 사용하여 어디서 임포트를 하든지, 아니면 처음 한
번만 실행된다. 이 파일의 클라이언트는 import를 사용하여 속성과 함께 모듈을 가져오거나,
from을 사용하여 모듈 파일에 선언된 변수 이름들의 복사를 가져올 수 있다.

```
% python
>>> import threenames                     # 모듈 전체 로드: 여기서 실행됨
dead parrot sketch
>>>
>>> threenames.b, threenames.c            # 모듈의 속성에 접근
('parrot', 'sketch')
>>>
>>> from threenames import a, b, c        # 다수의 이름을 바깥으로 복사
>>> b, c
('parrot', 'sketch')
```

여기서 결과는 실제 **튜플(tuple)** 타입(입력에서 콤마에 의해 생성된 객체의 종류)이기 때문에 괄호 안
에 출력되므로(자세한 내용은 다음 파트에서 다룬다) 지금은 이 튜플 타입에 대해서 신경 쓰지 않
아도 된다.

위 예제와 같이 다수의 이름을 포함하고 있는 모듈을 작성하기 시작하면, 내장 함수 dir을 해당 모듈 내의 이용 가능한 모든 이름들의 목록을 가져오는 데 유용하게 사용할 수 있다. 다음 코드는 대괄호 안에 문자열로 구성된 파이썬 리스트를 반환한다(리스트에 대해서는 다음 장에서 다루기 시작한다).

```
>>> dir(threenames)
['__builtins__', '__doc__', '__file__', '__name__', '__package__', 'a', 'b', 'c']
```

이 목록의 내용은 파이썬 버전마다 다를 수 있으므로 여기서는 일부 수정하였다. 여기서 핵심은 dir 함수가 임포트된 모듈의 이름과 함께 위와 같이 호출될 때, 해당 모듈 내부에 있는 모든 속성을 반환한다는 것이다. 반환된 이름들 중에 일부는 기본적으로 제공되는 이름들이다. 앞 뒤로 두 개의 언더스코어 문자가 추가된 이름들(__X__)은 파이썬에 의해 항상 미리 정의되어 있는 내장된 이름이며, 인터프리터에 의해 특별한 목적으로 사용된다. 그러나 이 시점에서 이 이름들은 중요하지 않다. 우리가 사용한 예제 코드에서 할당하여 정의한 변수 a, b, c는 dir 결과에서 마지막에 나온다.

모듈과 네임스페이스

모듈 임포트는 파일에 포함된 코드를 실행시키는 한 가지 방법이다. 그러나 나중에 자세히 설명하는 것처럼 모듈은 또한 파이썬 프로그램에서 가장 큰 프로그램 구조이며, 언어의 핵심 개념 중 하나다.

이미 본 것처럼 파이썬 프로그램들은 import문에 의해 서로 연결된 다수의 모듈 파일들로 구성된다. 그리고 각각의 모듈 파일은 변수들의 패키지이며, 즉 네임스페이스를 의미한다. 또한, 중요한 것은 각각의 모듈은 **독립적인**(self-contained) 네임스페이스라는 것이다. 하나의 모듈 파일은 다른 파일에 대해 명시적인 임포트 없이는 해당 파일에 정의된 이름을 볼 수 없다. 이러한 이유로 모듈은 코드 내에서 **이름 충돌**(name collisions)을 줄이기 위한 방법을 제공한다. 다시 말해서, 각 파일은 독립적인 네임스페이스이므로 하나의 파일 안에 있는 이름은 다른 모듈에 같은 이름이 있더라도 충돌이 발생하지 않는다.

사실 곧 알게 되겠지만, 모듈은 파이썬이 이름 충돌을 피하기 위해 변수들을 분리된 공간으로 패키지화하는 몇몇 방법들 중 하나다. 우리는 이 책의 뒤에서 모듈과 (클래스와 함수에 의해 정의되는 지역 범위(scope)를 포함한) 다른 네임스페이스 개념에 대해서 자세히 다룰 예정이다. 우선, 모듈은 재입력 없이 코드를 반복해서 실행하는 방법과 여러분의 파일에 있는 이름들이 실수로 서로 덮어쓰이는 것을 방지하는 데 유용하게 사용될 것이다.

import VS from: from문은 어떤 의미에서 모듈이 네임스페이스를 구분시키는 목적을 무효화한다. from문은 한 파일에서 다른 파일로 변수들을 복사하기 때문에 임포트를 시도하는 파일에 있는 같은 이름의 변수를 덮어쓰는 문제를 발생시킬 수 있다. 그리고 실제 그런 상황에서 아무런 경고도 발생하지 않는다. 이것은 본질적으로 복사된 변수들의 관점에서 보면 네임스페이스의 붕괴를 의미한다.

이러한 이유로 일부 사람들은 from 대신 항상 import의 사용을 권한다. 그러나 여기서 이 문제에 대해서 자세히 다루지는 않지만, from은 import에 비해 입력이 적을 뿐만 아니라, 실제로 이름이 겹치는 문제는 상대적으로 잘 발생하지 않는다. 게다가 from 구문에 사용하고자 하는 변수들을 나열함으로써 여러분 스스로 제어가 가능하다. from 구문을 사용하면 대상 모듈에 값이 할당된다는 사실만 충분히 이해한다면, 일반적인 할당 구문을 사용하는 것 이상으로 특별히 위험하지는 않다. 오히려 from이 제공하는 부가적인 기능에 더 매력을 느낄 것이다.

사용 시 주의 사항: 임포트와 리로드

사람들은 어떤 이유로 import와 reload를 이용한 프로그램 실행 방법을 알고 나서 이 방법에만 집중하고, 항상 최신 코드를 실행할 수 있는 다른 실행 옵션(아이콘 클릭, IDLE 메뉴 옵션, 시스템 명령 라인)에 대해서는 잊는 경향이 있다. 그러나 이 접근 방식은 여러분을 빠르게 혼란에 빠트릴 수 있다. 리로드 가능 여부를 알기 위해서는 언제 임포트했는지 기억하고 있어야 하고, reload 호출 시에 괄호를 사용해야 한다는 사실을 잊지 말아야 한다. 그리고 코드의 현재 버전을 실행하고자 할 경우 먼저 reload를 호출해야 한다는 사실도 기억해야 한다. 게다가 reload는 직접 호출된 모듈만을 리로드하며, 해당 모듈에 포함된 모듈은 리로드하지 않는다. 그러므로 필요한 경우 직접 리로드해야 한다.

이런 복잡함과 reload/from이 가지고 있는 다양한 이슈들로 인해, 아직까지는 import와 reload를 이용한 실행을 자제하는 편이 좋다. 예를 들어 다음 절에서 설명하고 있는 IDLE의 Run ➡ Run Module 메뉴 옵션은 파일을 실행하는 좀 더 단순하고 실수를 줄일 수 있는 방법을 제공하며, 항상 코드의 현재 버전을 실행한다. 시스템 셸 명령 라인 또한 이와 유사한 이점들을 제공하며, 이러한 실행 방법에서는 별도의 reload를 필요로 하지 않는다.

이 시점에서 여러분은 아직까지 일반적이지 않은 방법으로 모듈을 사용할 경우 곤란한 상황에 빠질 수 있다. 예를 들어, 작업 디렉터리가 아닌 다른 디렉터리에 저장된 모듈 파일을 임포트하고자 할 경우, 22장으로 이동하여 **모듈 검색 경로**에 대해서 학습해야 한다. 지금은 이러한 복잡한 상황을 피하기 위해 임포트할 경우에는 모든 파일들을 작업 디렉터리에 위치시키도록 하자.[5]

하지만 임포트와 리로드는 내 파이썬 강의에서 꽤 흔히 사용되는 테스팅 기법이라는 것이 밝혀졌으며, 여러분도 이 방법을 선호할지 모른다. 그러나 언제나처럼 벽을 향해 달리고 있는 여러분 자신을 발견했을 경우에는 곧장 그만두도록 하자!

exec로 모듈 파일 실행하기

엄밀히 말하자면, 여기서 아직 언급하지 않은 모듈 파일에 저장된 코드를 실행하는 몇 가지 방법들이 더 있다. 예를 들어, exec(open('module.py').read( )) 함수 호출은 대화형 프롬프트에서 임포트와 리로드 없이 파일을 실행하는 또 다른 방법이다. 이러한 각각의 exec는 나중에 별도의 리로드 없이 항상 파일로부터 현재 버전의 코드를 읽어서 실행한다(script1.py는 이전 절에서 리로드에 대해 설명할 때 만들어진 파일이다).

```
% python
>>> exec(open('script1.py').read())
win32
65536
Spam! Spam! Spam! Spam! Spam! Spam! Spam! Spam!

...2 ** 32를 출력하도록 script1.py 파일을 다른 창에서 편집기로 변경...

>>> exec(open('script1.py').read())
win32
4294967296
Spam! Spam! Spam! Spam! Spam! Spam! Spam! Spam!
```

exec 호출은 import와 비슷한 효과가 있지만 실제로 해당 모듈을 임포트하지는 않는다. 기본적으로 이 방법은 exec가 호출될 때마다 마치 exec가 호출된 곳에 해당 파일의 코드를 붙여넣

---

5 궁금한 독자들을 위해 간단히 이야기하자면, 파이썬은 sys.path에 나열된 모든 디렉터리에서 가져온 모듈을 검색한다. sys 모듈 안에 있는 파이썬 디렉터리 이름 문자열의 목록은 PYTHONPATH 환경 변수로부터 초기화되고, 표준 디렉터리들이 추가된다. 여러분의 작업 디렉터리가 아닌 다른 디렉터리로부터 임포트하고자 할 경우, 일반적으로 해당 디렉터리가 PYTHONPATH 설정에 나열되어 있어야 한다. 좀 더 상세한 내용은 22장과 부록 A를 참고하자.

은 것처럼 항상 새롭게 실행된다. 이러한 이유로 exec는 파일이 변경된 다음에도 모듈을 리로드할 필요가 없다. exec는 일반적인 모듈 임포트 로직을 생략한다.

exec는 호출된 곳에 코드를 붙여넣기한 것처럼 동작하기 때문에 앞에서 언급한 from 구문처럼 현재 코드에서 사용 중인 변수를 덮어쓸 잠재적인 가능성이 있다. 예를 들어, 예제 파일 script1.py에서 변수 x에 값을 할당한다. 그리고 만약 같은 이름이 exec를 호출한 곳에서도 사용된다면 해당 변수의 값이 변경된다.

```
>>> x = 999
>>> exec(open('script1.py').read())          # 기본적으로 현재 네임스페이스에서 코드 실행
...같은 출력...
>>> x                                        # script1.py에 의해 덮어쓰임
'Spam!'
```

이와 대조적으로 기본 import문은 프로세스가 실행되는 즉시 실행되며, 임포트된 파일 내에서 변수의 할당이 임포트한 범위 안의 변수를 변경할 수 없도록 별도의 모듈 네임스페이스로 만든다. 코드를 변경한 다음에는 리로드 시에 모듈의 네임스페이스를 분할하기 위한 비용이 발생한다.

버전별 참고 사항: 파이썬 2.X는 exec(open('module.py'))뿐만 아니라 execfile('module.py') 내장 함수 또한 제공하며, 둘 모두 파일의 콘텐츠를 자동으로 읽는다. 또한 이 둘은 exec(open('module.py').read( ))의 기능과 동일하며, 이 방식은 나머지 둘에 비해 다소 복잡하지만 파이썬 2.X와 3.X 모두에서 실행된다.

불행히도, 2.X에서 지원하는 좀 더 단순한 두 형식은 3.X에서 지원되지 않는다. 이 말은 곧 오늘날 이 기술을 완전히 이해하기 위해서는 다양한 파일들과 해당 파일들의 읽기 메서드를 이해해야 한다는 것을 의미한다(이것은 파이썬 3.X에서 미학보다 실용성을 강조한 결과처럼 보인다). 사실, 3.X에서 exec 형식은 많은 타이핑을 필요로 하기 때문에 단순히 프로그램을 실행해 볼 목적이라면 나는 이 방법보다는 다른 방법을 권한다. 셸 명령 라인을 통해 입력하거나 다음 절에서 설명할 IDLE 메뉴 옵션을 사용하여 파일을 실행하는 편이 일반적으로 더 쉽다.

파이썬 3.X의 exec 형식에서 사용되는 파일 인터페이스에 대한 자세한 내용은 9장을 참고하도록 하자. 그리고 exec와 이와 관련된 내용을 포함하여 eval 그리고 compile에 대해서는 10장과 25장에서 다룬다.

IDLE 사용자 인터페이스

지금까지 우리는 대화형 프롬프트, 시스템 명령 라인, 유닉스 스타일 스크립트, 아이콘 클릭, 모듈 임포트, 그리고 exec 호출을 포함한 파이썬 코드를 실행하는 방법을 살펴보았다. 만약 좀 더 시각적인 실행 방법을 찾고 있는 독자라면, IDLE가 파이썬 개발을 위한 그래픽 사용자 인터페이스를 제공한다. 그리고 IDLE는 파이썬 시스템의 표준이며, 무료로 제공된다. IDLE는 개발 시에 필요한 다양한 작업들을 하나의 화면에서 통합하여 제공하기 때문에 보통 **통합 개발 환경**(Integrated Development Environment, IDE)으로 불린다.[6]

IDLE은 간단히 말해서 파이썬 프로그램을 작성하고, 실행하고, 코드를 살펴보고, 디버깅하는 모든 일을 단일 인터페이스를 통해 가능하게 하는 데스크톱 GUI다. 그리고 IDLE는 마이크로소프트 윈도우, X 윈도우(유닉스 계열 시스템), 그리고 맥 OS(클래식과 OS X 모두)를 포함한 파이썬이 실행되는 대부부분의 플랫폼에서 이식성을 고려해 실행된다. IDLE는 오랫동안 명령 라인에 직접 입력하는 것보다 사용하기 쉽고 아이콘을 클릭하는 것보다 문제를 덜 발생시키는 방법들을 대변해 왔다. 그리고 초보자들이 쉽게 코드를 작성하고 실행할 수 있는 매우 훌륭한 방법이기도 하다. IDLE를 이용함으로써 일부 제어 기능을 사용하지 못할 수도 있지만, 여러분의 파이썬 경력에 중요한 부분을 차지할 것이다.

IDLE 실행 상세 내용

오늘날 IDLE는 맥 OS X와 대부분의 리눅스 설치판에서 표준 컴포넌트로써 제공되며, 윈도우에서 표준 파이썬과 함께 자동으로 설치되기 때문에 대부분의 독자들은 이를 즉시 이용할 수 있다. 그러나 다양한 플랫폼의 특성으로 인해, GUI를 실행하기 전에 도움이 될 만한 몇 가지 사항을 알려 주고자 한다.

엄밀히 말하면, IDLE는 표준 라이브러리의 tkinter GUI(파이썬 2.X에서 이름은 Tkinter) 툴킷을 사용하는 파이썬 프로그램이다. tkinter는 대부분의 데스크톱 플랫폼에서 동일하게 동작하며, 이로 인해 IDLE의 이식성(portable)이 높아진다. 그러나 이 말은 IDLE를 사용하기 위해서는 여러분의 파이썬에서도 tkinter를 지원해야 한다는 것을 의미한다. tkinter에 대한 지원은 윈도우, 맥 그리고 리눅스에서는 표준이지만 일부 시스템에서는 몇 가지 주의가 필요하며, 플랫폼

---

6 IDLE라는 이름은 공식적으로는 IDE의 변형이지만, 실제로는 몬티 파이썬의 멤버 에릭 아이들(Eric Idle)에게 경의를 표하기 위한 이름이다. 그 이유가 궁금하다면 1장을 참고하도록 하자.

마다 구동 방법이 다를 수 있다. 여기에 플랫폼별 팁을 몇 가지 나열하였다.

- 윈도우 10에서 IDLE의 실행은 매우 간단한데, 파이썬 설치 시에 항상 함께 설치되며, 시작 메뉴를 통해 IDLE를 실행할 수 있다(앞의 그림 2-1을 참조). 또한 파이썬 프로그램 아이콘에서 오른쪽 마우스를 클릭하여 선택할 수도 있고, 파이썬의 Lib 디렉터리의 하위 디렉터리인 idlelib 안에 위치한 idle.pyw나 idle.py 파일의 아이콘을 클릭하여 실행할 수 있다. IDLE는 이 모드에서 C:\Python36\Lib\idlelib나 C:\Python27\Lib\idlelib 또는 이와 유사한 경로에 위치한 클릭 가능한 파이썬 스크립트 파일이며, 필요한 경우 이 파일을 마우스로 끌어다가 바로 가기로 만들어 사용할 수 있다.

- 윈도우 8에서는 시작 타일 화면이나, 'idle,' 검색, '앱' 시작 화면 표시 또는 앞에서 언급한 idle.py 파일을 파일 탐색기를 통해서 찾아서 IDLE를 시작할 수 있다. 데스크톱 모드에서 시작 버튼 메뉴가 없기 때문에 바로 가기 버튼이 필요할 수 있다(자세한 내용은 부록 A를 참고하도록 하자).

- 맥 OS X의 경우 IDLE를 사용하는 데 필요한 모든 것이 표준 컴포넌트로 제공된다. Applications 아래의 MacPython(또는 Python N.M) 프로그램 폴더에서 IDLE를 실행할 수 있다. 주의 사항이 있다면 일부 OS X 버전에서 미묘한 버전 의존성으로 인해 tkinter의 최신 버전 설치를 요구할 수도 있다는 점이다. 이에 대한 자세한 내용은 여기서 언급하긴 어려우니 python.org 사이트의 다운로드 페이지를 참고하자.

- 오늘날 리눅스는 IDLE를 표준 컴포넌트로 제공하며, 검색 경로에서 idle 실행 파일 또는 스크립트 파일 형태로 찾을 수 있다. 셸에 입력해서 확인해 보자. 일부 장비에서는 별도의 설치가 필요하거나(자세한 내용은 부록 A를 참고하자.) 또 다른 장비에서는 명령 라인에서 IDLE의 최상위 스크립트를 실행하거나, 아이콘을 클릭해서 실행할 수 있다. 파이썬의 /usr/lib 디렉터리의 하위 디렉터리인 idlelib 안에 위치한 idle.py 파일을 실행해 보자(정확한 위치는 find 명령으로 찾을 수 있다).

IDLE은 단지 모듈 검색 경로의 표준 패키지 안에 위치한 파이썬 스크립트이기 때문에 여러분은 일반적으로 플랫폼과 현재 디렉터리 위치에 상관없이 다음과 같이 시스템 명령 셸 창에 입력하여 실행할 수 있다(🖥 윈도우의 명령 프롬프트에서). 다음 예제에서 사용된 파이썬의 –m 플래그와 '.' 패키지 구문은 각각 부록 A와 파트 5를 참고하도록 하자(아직은 다음 명령을 이해하지 못해도 문제가 되지 않는다).

```
c:\code> python -m idlelib.idle          # 모듈 검색 경로상의 패키지에서 idle.py를 실행
```

윈도우와 또 다른 플랫폼에서 설치 이슈와 사용법에 대한 좀 더 자세한 내용은 부록 A와 파이썬 표준 매뉴얼의 "Python Setup and Usage"에서 확인하도록 하자.

IDLE 기본 사용법

예제를 하나 살펴보자. 그림 3-3은 윈도우에서 IDLE를 시작했을 때의 화면을 보여 준다. 처음 열리는 파이썬 셸 창은 대화형 세션을 실행하는 메인 창이다(>>> 프롬프트를 주목해서 살펴보자). 이 창은 모든 것이 대화형 세션처럼 동작한다(여기에 작성한 코드는 입력 즉시 실행됨). 또한, 테스트와 실험용 도구로도 이용할 수 있다.

IDLE는 대부분의 동작에 대한 키보드 단축키와 함께 친숙한 메뉴를 제공한다. IDLE 안에서 **새로운 스크립트 파일을 만들려면** 메뉴에서 File ➡ New Window를 선택하면 된다. 즉, 파일에 코드를 입력, 저장, 실행할 새로운 텍스트 편집 창을 열기 위해 메인 셸 창의 File 풀다운 메뉴에서 New Window를 선택한다. 새 파일이 아닌 기존에 작성된 파일을 편집하고 실행하고자 한다면 대신 File ➡ Open...을 선택하여 새로운 텍스트 편집 창을 열 수 있다.

이 책의 그림에서는 제대로 표시되지 않지만, IDLE는 메인 창과 모든 텍스트 편집 창에 입력된 코드에 대해 구문에 따라 다른 색상으로 보여 준다. 키워드의 색과 리터럴에 사용되는 색이 다르며, 다른 구문들은 또 다른 색을 사용한다. 이러한 기능은 코드의 각 구성 요소를 구분하는 데 도움이 된다(그리고 심지어 코드에서 실수를 발견하는 데도 도움이 된다. 예를 들어, 문자열을 인용 부호로 제대로 종료하지 않을 경우 여러 라인에 걸쳐 같은 색상으로 표시된다).

IDLE에서 작성한 **파일의 코드를 실행하고자 할 경우**, 작성 중인 파일의 텍스트 편집 창에서 Run ➡ Run Module 메뉴를 선택한다. 즉, 해당 파일의 텍스트 편집 창을 선택하고, Run 풀다운 메뉴를 연 다음, 메뉴에 나열된 항목 중에 Run Module 옵션을 선택한다(또는 해당 메뉴에서 확인할 수 있는 단축키를 사용할 수 있다). 파이썬은 해당 파일이 열리고 난 뒤 또는 마지막으로 저장한 후 수정되어 실행 전에 먼저 저장이 필요한 경우 이를 알려 준다. 코딩에 열중하다 보면 코드를 저장하는 것을 잊는 경우가 흔히 발생하기 때문이다.

이 방법으로 실행할 경우, 해당 스크립트가 생성하는 출력과 에러 메시지는 뒤에 있는 메인 대화형 창(파이썬 셸 창)에서 표시된다. 예를 들어, 그림 3-3에서 창 중간의 'RESTART' 라인 다음에 출력된 세 라인은 별도의 편집 창에서 연 script1.py 파일의 실행 결과를 나타낸다. 'RESTART' 메시지는 수정된 스크립트를 실행하기 위해 사용자 코드(user-code) 프로세스가 재시작되었음을 알려 주며, 스크립트 출력 결과를 구분짓는 역할을 한다(IDLE가 사용자 코드에 대한 하위 프로세스 없이 시작된 경우에는 표시되지 않는다. 이 모드에 대한 추가적인 내용은 곧이어 다룰 예정이다).

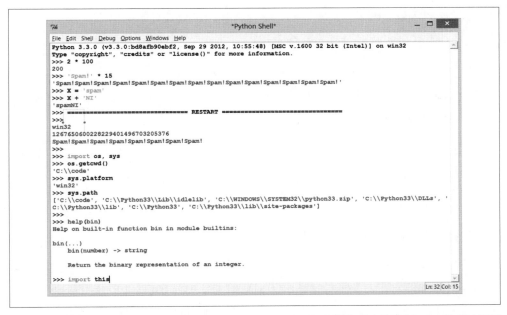

그림 3-3 IDLE 개발 GUI의 메인 파이썬 셸 창이며, 여기서는 윈도우에서 실행했을 때의 화면이다. File 메뉴를 사용하여 새로운 소스 파일을 만들거나(New Window) 기존 소스 파일을 열 수(Open...) 있다. 해당 창에서 작성한 코드는 Run 메뉴의 Run Module을 선택하여 실행할 수 있다.

IDLE의 유용한 기능들

대부분의 GUI 도구들이 그렇듯이, IDLE를 배우는 가장 좋은 방법은 여러분 스스로 테스트를 하는 것이지만, 일부 기능들은 GUI를 통해 파악하기 어려운 것들이 있다. 예를 들어, IDLE의 메인 대화형 창에서 이전에 사용한 **명령들을 반복해서 사용**하고자 할 경우, Alt + N 또는 Alt + P 키 조합으로 명령어 히스토리를 정방향 또는 역방향으로 찾을 수 있다(일부 맥에서는 대신 Ctrl + P와 Ctrl + N을 사용한다). 이 기능을 이용하여 이전 명령을 다시 호출해 결과를 확인하거나, 이전 명령을 수정하여 다시 실행할 수도 있다.

또한 이전 명령에 **커서를 위치**시킨 다음 엔터를 눌러 해당 명령을 입력 프롬프트에 추가하거나 표준 자르기/붙이기 동작을 사용하여 명령을 다시 호출할 수 있다. 그러나 이 방법은 다소 많은 단계를 필요로 하며, 때로는 의도치 않게 우연히 실행되기도 한다. IDLE 이외에는 윈도우의 경우 화살표 키로 대화형 세션에서 명령을 다시 호출할 수 있다.

IDLE은 명령어 히스토리와 구문 **색상 지정** 기능 이외에도 다음과 같은 유용한 기능을 제공한다.

- 편집기에서 **자동 들여쓰기와 내어쓰기** 기능(백스페이스 키로 한 단계 내어쓰기)
- 입력 시에 탭 키를 눌러 단어 **자동 완성** 기능
- 함수의 시작 괄호 '(' 입력 시에 해당 함수에 대한 **풍선 도움말 팝업 표시** 기능
- 객체 이름에 '.'을 입력한 다음 기다리거나 탭 키를 눌렀을 때, 해당 **객체의 속성을 선택**할 수 있는 팝업을 보여 주는 기능

이 기능들 중에 일부는 다른 플랫폼에서 동작하지 않을 수도 있다. 그리고 기본 동작이 여러분의 코딩 스타일에 방해가 된다면 해당 기능을 끄거나 설정을 변경할 수 있다.

고급 IDLE 도구들

IDLE은 기본적인 편집과 함수 호출 그리고 앞 절에서 다룬 유용한 도구들 이외에도 그래픽 디버거와 객체 브라우저를 포함한 다양한 고급 기능을 제공한다. IDLE 디버거는 Debug 메뉴를 통해 사용할 수 있고, 객체 브라우저는 File 메뉴를 통해 사용할 수 있다. 브라우저를 이용하면 모듈 검색 경로를 통해 파일이나 객체를 탐색할 수 있다. 브라우저에서 파일이나 객체를 클릭하면 대응하는 소스가 텍스트 편집기에서 열린다.

메인 창에서 Debug ➡ Debugger 메뉴 옵션을 선택한 다음, 텍스트 편집 창에서 Run ➡ Run Module 옵션을 선택하여 스크립트를 시작하면 IDLE 디버깅을 시작할 수 있다. 디버거가 활성화되면, 코드의 특정 라인에서 오른쪽 마우스를 클릭하여 실행을 중지하기 위한 브레이크 포인트를 설정하거나, 특정 변수의 값을 보는 것과 같은 디버깅 기능을 사용할 수 있다. 또한, 디버깅 시에 프로그램의 코드를 단계별로 실행하여 실행을 감시할 수 있다.

디버깅을 단순화하기 위해 에러 메시지 위에서 마우스 오른쪽 버튼을 클릭하여 에러가 발생한 코드의 위치로 빠르게 이동할 수 있다. 이 기능을 이용하면 오류를 쉽고 빠르게 수정하여 다시 실행할 수 있다. 이 밖에도 IDLE의 텍스트 편집기는 여기서는 다루지 않는 고급 텍스트, 파일 검색 기능을 포함한 프로그래머들에게 익숙한 다양한 도구들을 제공한다. IDLE의 GUI는 직관적인 반응을 제공하기 때문에 다양한 도구들에 대한 감을 잡기 위한 시스템으로 사용할 수 있을 것이다.

사용 시 주의 사항: IDLE

IDLE은 무료이며 사용하기 쉽고 높은 이식성을 가지고 있다. 그리고 대부분의 플랫폼에서 자동으로 사용할 수 있다. IDLE는 시작 시 필요한 일부 사항을 단순화시키며, 시스템 명령 라인 관련 경험을 필요로 하지 않기 때문에 나는 보통 파이썬 입문자들에게 IDLE의 사용을 권하는 편이다. 그러나 좀 더 발전된 상업용 IDE와 비교하면 다소 제한적이며, 부분적으로 명령 라인보다 무거워 보일 수 있다. 다음은 일반적으로 흔히 발생할 수 있는 문제들을 방지하기 위해서 여러분들이 기억해 두어야 할 이슈들을 나열하였다.

- **작성 중인 파일을 저장할 때 명시적으로 '.py' 확장자를 추가해야 한다.** 이미 앞에서 일반적인 파일에 대해서 이야기할 때 언급한 바 있지만, 이 문제는 IDLE에서도 흔히 발생하며 특히 윈도우 사용자들에게 더 문제가 된다. IDLE는 파일을 저장할 때 파일명에 py 확장자를 자동으로 추가하지 않는다. 처음 파일을 저장할 때 .py 확장자 입력에 주의해야 한다. .py 확장자가 제대로 입력되지 않을 경우, 해당 스크립트 파일은 IDLE과 시스템 명령 라인에서는 실행할 수 있지만, 대화형 세션이나 다른 모듈에서 임포트할 수 없게 된다.

- **대화형 세션에서 임포트나 리로드가 아닌 텍스트 편집 창의 Run ➡ Run Module을 선택하여 스크립트를 실행하자.** 이 장의 앞부분에서 우리는 파일을 대화형으로 임포트하여 실행할 수 있음을 보았다. 그러나 이 방법은 파일이 변경되면 수동으로 해당 파일을 리로드해야 하기 때문에 점점 더 복잡해진다. 반면에 IDLE에서 Run ➡ Run Module 메뉴 옵션을 사용할 경우 시스템 셸 명령 라인에서 파일을 실행하는 것처럼 항상 최신 버전의 파일이 실행된다. IDLE는 또한 필요한 경우, 먼저 파일을 저장하라는 메시지를 표시한다.

- **대화형으로 테스트 중인 모듈만 리로드해야 한다.** IDLE의 Run ➡ Run Module 메뉴 옵션은 시스템 셸 명령 라인처럼 항상 최상위 파일과 최상위 파일에서 임포트된 모듈의 현재 버전을 실행한다. 이러한 이유로, Run ➡ Run Module 메뉴 옵션은 임포트와 관련된 일반적인 혼란 요소들을 모두 제거한다. 여러분은 IDLE에서 대화형으로 테스트 중이거나 임포트 중인 모듈들만 리로드해야 한다. 여러분이 Run ➡ Run Module 메뉴 옵션 대신 임포트와 리로드를 사용하기로 했다면, 이전에 실행한 명령을 다시 호출하기 위해 Alt+P/Alt+N 키 조합을 사용할 수 있다는 것을 기억하자.

- **IDLE을 사용자의 목적 및 취향에 맞게 변경할 수 있다.** IDLE의 글꼴과 색상을 변경하고자 할 경우, 아무 IDLE 창의 Options 메뉴에서 Configure 옵션을 선택하면 된다. 또한 키 조합에 대한 동작, 들여쓰기, 자동 완성을 포함한 다양한 설정을 변경할 수 있다. 추가적인 내용은 IDLE의 도움말 풀다운 메뉴를 참고하도록 하자.

- **IDLE는 현재 대화형 화면을 지우는 옵션을 제공하지 않는다.** 사용자들로부터 이 기능에 대한 요청이 많으며(유사한 IDE 제품들이 이 기능을 제공하기 때문일 것이다), 결국 추가되지 않을까 생각된다. 그러나 아직까지는 대화형 창에 출력된 텍스트를 지울 방법이 없다. 대화형 창에 출력된 내용을 지우고 싶다면, 엔터 키를 길게 누르거나 연속된 빈 라인을 출력하는 파이썬 루프를 입력할 수 있다(물론 실제로 두 번째 방법을 사용하는 독자는 없겠지만, 엔터 키를 누르는 것보다 좀 더 첨단 기술인 것처럼 들린다).

- **tkinter GUI와 스레드를 사용하는 프로그램은 IDLE에서 잘 동작하지 않을 수 있다.** IDLE 자체가 Python/tkinter 프로그램이기 때문에 IDLE에서 Python/tkinter 프로그램과 같은 특정 유형의 프로그램을 실행할 경우 IDLE의 실행이 중단될 수 있다. 그러나 사용자 코드를 IDLE GUI와 별도의 프로세스에서 실행하는 최신 버전의 IDLE에서는 이것 또한 크게 문제가 되지 않지만, 여전히 일부 프로그램들(특히, 멀티스레드 프로그램)은 IDLE에서 제대로 동작하지 않을 수 있다. IDLE에서 프로그램을 실행할 경우, GUI 프로그램을 종료시키는 가장 흔한 방법인 tkinter의 quit 함수를 호출하는 것만으로도 충분히 프로그램의 GUI를 중단시킬 수 있다(이 경우 destroy 함수를 사용하는 편이 좀 더 안전할 수 있다). 여러분이 작성한 코드에서는 이러한 문제가 발견되지 않을 수도 있지만, 나의 경험에 의하면 GUI 프로그램을 작성할 때만 IDLE를 사용하고 실행할 때는 아이콘 클릭이나 시스템 명령 라인과 같은 다른 방법을 이용하는 것이 안전하다. IDLE에서 코드가 잘 실행되지 않고 의심의 여지가 있는 경우, IDLE가 아닌 다른 방법으로 실행해 보자.

- **연결 에러가 발생할 경우, IDLE를 단일 프로세스 모드로 실행해 보자.** 이 이슈는 파이썬 최신 버전에서는 사라진 것으로 보이지만, 파이썬 구 버전을 사용하는 독자들은 여전히 영향이 있을 수 있다. IDLE는 분리된 사용자 프로세스와 GUI 프로세스 사이에 통신이 필요하기 때문에 특정 플랫폼에서 프로그램을 실행하는 데 종종 문제가 발생한다(특히, 일부 윈도우 장비에서 방화벽 소프트웨어가 연결을 차단하여 종종 프로그램의 시작이 실패한다). 만약 여러분이 이러한 에러와 마주친다면, 시스템 명령 라인에서 강제로 사용자 코드(user-code) 실행을 위한 하위 프로세스 없이 단일 프로세스 모드로 IDLE를 시작하는 것이 가능하며, 그 결과 통신 이슈를 피할 수 있다. IDLE의 –n 명령 라인 플래그를 사용하면 이 모드를 강제로 실행할 수 있다. 예를 들어 윈도우에서는 명령 프롬프트를 시작한 다음, C:\Python36\Lib\idlelib 디렉터리에서 idle.py –n 명령을 실행한다(필요한 경우 먼저 cd 명령으로 해당 디렉터리로 이동한다). 같은 기능을 하는 다음 python -m idlelib.idle –n 명령은 현재 디렉터리 위치에 상관없이 어디서나 동작한다(-m 옵션에 대해서는 부록 A를 참고하도록 하자).

- **IDLE의 일부 편리한 기능들에 주의하자.** IDLE는 초보자들을 위한 많은 기능을 제공하지만, 이러한 기능들 중 일부는 IDLE GUI를 벗어나면 사용할 수 없다. 예를 들어, IDLE는 여러분이 작성한 스크립트를 자신의 대화형 네임스페이스 안에서 실행하기 때문에 여러분의 코드에서 사용된 변수는 IDLE 대화형 세션에서 자동으로 보인다. 여러분은 이미 실행 중인 파일들의 최상위에 있는 이름에 접근하기 위해 항상 import 명령을 실행할 필요가 없다. IDLE의 이러한 구조가 편리할 수도 있지만, IDLE가 아닌 다른 환경에서는 사용할 이름들을 파일로부터 명시적으로 임포트해야 하기 때문에 오히려 혼란을 야기할 수도 있다.

  여러분이 작성한 파일을 IDLE에서 실행할 때, IDLE은 자동으로 해당 파일의 디렉터리를 변경하고, 변경된 경로를 임포트 검색 경로에 추가한다. 이 편리한 기능은 별도의 검색 경로 설정 없이, 해당 디렉터리에 있는 파일을 사용하거나 모듈 임포트를 가능하게 해주지만, IDLE 바깥에서 해당 파일들을 실행할 때, 일부 기능들이 동일하게 동작하지 않을 수 있다. IDLE이 제공하는 이러한 편리한 기능을 이용하는 것은 좋지만, 이 기능들은 파이썬이 제공하는 것이 아닌 IDLE이 제공하는 것임을 잊지 않도록 해야 한다.

다른 IDE 도구들

IDLE는 무료이고, 이식성이 좋으며, 파이썬 표준의 일부이기 때문에 어쨌든 여러분이 IDE를 사용하고자 할 경우에 꽤 괜찮은 개발 도구가 될 것이다. 다시 말하지만, 나는 여러분이 이미 명령 라인 기반의 개발 모드에 익숙하고 이를 무척 선호하는 것이 아니라면, 그리고 이제 막 개발을 시작했다면, 이 책에 나오는 예제의 실습을 위해 IDLE를 사용할 것을 권한다. 그러나 파이썬 개발자들을 위해 IDLE를 대체할 수 있는 몇몇 다른 IDE들이 있으며, 이 중에 일부는 IDLE보다 실질적으로 더 강력하고 풍부한 기능을 제공한다. IDLE 이외에 다음과 같은 IDE가 파이썬에서 가장 일반적으로 사용된다.

이클립스와 PyDev

이클립스(Eclipse)는 고급 오픈 소스 IDE GUI다. 처음에는 자바를 위한 IDE로 개발되었지만, PyDev나 이와 유사한 플러그인을 설치하면 파이썬을 위한 개발 환경 또한 지원한다. 이클립스는 파이썬 개발을 위해 여러분이 선택할 수 있는 대중적이고 강력한 또 다른 IDE이며, IDLE보다 더 많은 기능을 제공한다. 이클립스는 코드 자동 완성, 구문 하이라이트, 구문 분석, 리팩토링, 디버깅 등을 포함한 다양한 기능을 지원한다. 이클립스의 단점은 매우 큰 설치형 시스템이며, 일부 기능의 경우 셰어웨어 형태의 확장 기능으로 제공된다는 점이다(셰어웨어는 시간이 지남에 따라 달라질 수 있다). 만약 IDLE를 넘어 또 다른 IDE를 배우고자 한다면, 이클립스/PyDev 조합은 여러분의 관심을 끌 만하다.

코모도

코모도(Komodo)는 구문 색상 지정, 텍스트 편집, 디버깅을 포함한 파이썬을 위한 모든 기능을 갖춘(full-featured) GUI 개발 환경이다. 또한, 코모도는 IDLE가 제공하지 않는 프로젝트 파일, 소스 제어 통합, 그리고 정규 표현식 디버깅을 포함한 다양한 고급 기능을 제공한다. 이 글을 쓰고 있는 시점에는 무료가 아니지만, 웹을 통해 현재 상태를 확인할 수 있다. 코모도는 https://www.activestate.com에서 이용할 수 있으며, 이 사이트는 부록 A에서 언급한 ActivePython 배포 패키지를 제공한다.

파이썬을 위한 넷빈즈 IDE

넷빈즈(NetBeans)는 파이썬 개발자들을 위해 다양한 고급 기능을 지원하는 강력한 오픈 소스 개발 환경 GUI다. 코드 자동 완성, 자동 통합 및 코드 색 지정, 편집기 힌트, 코드 폴딩, 리팩토링, 디버깅, 코드 커버리지와 테스트, 프로젝트 기타 등이다. 넷빈즈는 CPython과 Jython 코드 모두를 개발하는 데 사용될 수 있다. 넷빈즈는 이클립스처럼 내장된 IDLE GUI보다 큰 설치형 시스템이지만, 설치에 필요한 노력 이상의 더 많은 것을 제공한다. 넷빈즈에 대한 최신 정보는 인터넷을 통해 검색해 보도록 하자.

PythonWin

PythonWin는 윈도우 전용의 무료 IDE이며, ActiveState의 ActivePython 배포판의 일부로 제공된다(https://www.python.org 사이트에서 별도로 다운로드받을 수도 있다). PythonWin은 전체적으로 IDLE와 유사하며, 일부 유용한 윈도우 확장 기능들을 제공한다. 예를 들어, PythonWin은 COM 객체를 지원한다. 오늘날 IDLE가 PythonWin보다 좀 더 발전된 IDE이다(예를 들어, IDLE의 듀얼 프로세스 구조는 IDLE가 비정상 종료되는 것을 방지한다). 그러나 PythonWin은 여전히 윈도우 개발자들을 위해 IDLE에서는 제공되지 않는 도구들을 제공한다. 좀 더 자세한 정보는 https://www.activestate.com 사이트를 참고하도록 하자.

윙, 비주얼 스튜디오, 그리고 또 다른 IDE

앞서 나열한 IDE들 이외에도 주로 유료인 윙(Wing) IDE, 파이썬 플러그인을 설치한 마이크로소프트 비주얼 스튜디오(Visual Studio), 그리고 PyCharm, PyScripter, Pyshield, 그리고 Spyder를 포함한 다양한 IDE들이 파이썬 개발자들 사이에 인기가 있다. 지금은 이 IDE들에 대해 자세히 다루지 않지만, 이 책의 전반에 걸쳐 이러한 IDE가 필요한 순간에 언급할 것이다. 사실, 요즘 거의 모든 프로그래머들을 위한 **텍스트 편집기**들이 파이썬 개발을 위한 다양한 종류의 지원을 포함하고 있거나 별도의 추가 기능 형태로 제공한다. 예를 들어, 이맥스(Emacs)와 빔(Vim)은 매우 강력한 파이썬 개발 환경을 제공한다.

IDE의 선택은 종종 상당히 주관적이므로 여러분의 개발 스타일과 목적에 맞는 도구를 직접 찾아보기 바란다. 추가 정보는 https://www.python.org 사이트에서 제공하는 리소스를 참고하거나 웹에서 'Python IDE' 또는 이와 유사한 단어로 검색해 보자. 오늘날 '파이썬 편집기(Python editors)'에 대한 검색 결과로부터 수십 개의 IDE와 파이썬 프로그래밍을 위한 텍스트 편집기 옵션들에 관한 정보를 정리해 놓은 위키 페이지를 발견할 수 있다.

다른 실행 옵션

지금까지 우리는 대화형으로 입력된 코드를 실행하는 방법과, 파일에 저장된 코드를 실행하는 다양한 방법들을 살펴보았다. 이러한 내용에는 일반적으로 사용하는 대부분의 기술들을 포함하고 있으며, 이 책에서 다룰 예제들을 실행하는 데 충분한 내용이다. 이외에도 파이썬 코드를 실행하는 다른 방법들이 있지만, 대부분은 특별한 목적을 가지고 있다. 다음 몇몇 절에서는 참고를 위해 이러한 특별한 목적의 실행 방법에 대해서 간단히 살펴볼 것이다.

임베디드 호출

일부 특수한 영역에서는 파이썬 코드가 외부 시스템에 의해 자동으로 실행되기도 한다. 이런 경우를 우리는 파이썬 코드가 다른 프로그램에 **임베디드**(내장)되었다고 또는 다른 프로그램에 의해 실행된다고 말한다. 파이썬 코드 자체를 텍스트 파일이나 데이터베이스에 입력해 두거나, HTML 페이지 또는 XML 문서로부터 분석하여 가져올 수 있다. 그러나 운영적인 관점에서 보면, 여러분이 아닌 또 다른 시스템이 여러분이 생성한 코드의 실행을 파이썬에게 요청할 수도 있을 것이다.

이러한 임베디드 실행 모드(embedded execution mode)는 일반적으로 최종 사용자(end-user)를 위한 사용자 정의(customization) 기능을 지원하기 위해 사용된다. 예를 들어, 게임 프로그램의 전략적인 위치에서 사용자가 접근할 수 있는 임베디드 파이썬 코드를 실행함으로써 게임 플레이의 수정을 허용할 수 있다. 사용자들은 새로운 파이썬 코드를 작성하거나 기존 코드를 수정함으로써 이러한 종류의 시스템을 수정할 수 있다. 파이썬 코드는 실행 시에 해석(interpret)되기 때문에 변경된 내용을 반영하기 위해 전체 시스템을 다시 컴파일할 필요가 없다(파이썬 코드의 실행 방법에 대한 자세한 내용은 2장을 참고하자).

이 모드에서 여러분이 작성한 코드를 실행하는 외부 시스템은 C나 C++이며, 또는 Jython 시스템이 사용될 경우 자바에 의해 작성될 수도 있다. 예를 들어, 파이썬 런타임 API(파이썬이 여러분의 머신에서 컴파일될 때 생성된 라이브러리가 외부로 제공하는 서비스의 집합)가 제공하는 함수를 사용하여 C 프로그램 내에서 파이썬 코드 문자열을 만들고 실행하는 것이 가능하다.

```
#include <Python.h>
...
Py_Initialize();                                     // 파이썬이 아닌 C 코드
PyRun_SimpleString("x = 'brave ' + 'sir robin'");    // 그러나 파이썬 코드를 실행할 수 있음
```

위 코드 조각은 C 언어로 작성된 프로그램이 라이브러리 링크를 통해 파이썬 인터프리터를 내장하고 있으며, 해당 인터프리터에 실행할 파이썬 할당 구문으로 구성된 문자열을 전달하고 있다. 또한 C 프로그램은 파이썬 모듈과 객체에 대한 접근 권한을 얻고, 다른 파이썬 API 도구들을 이용해 이를 처리하거나 실행할 수 있다.

이 책은 Python/C 통합에 대해서 다루는 책은 아니지만, 여러분이 속한 조직이 파이썬 사용에 대해 어떤 계획을 가지고 있는지에 따라 사용자가 만든 파이썬 프로그램을 실제로 실행할수도 있고 아닐 수도 있다. 하지만 여러분은 해당 코드를 실행하는 외부 시스템에 상관없이여전히 그동안 설명한 대화형 또는 파일 기반 실행 기술을 사용할 수 있다.[7]

프로즌 바이너리 실행 파일

2장에서 설명한 프로즌 바이너리 실행 파일은 여러분이 작성한 프로그램의 바이트 코드와 파이썬 인터프리터를 단일 실행 프로그램에 결합한 패키지다. 이 접근 방법은 여러분이 일반적인 프로그램을 실행할 때와 동일한 방법으로 파이썬 프로그램을 실행하는 것을 가능하게 한다(아이콘 클릭, 명령 라인을 통한 실행 등). 이 방법은 프로그램 판매 시에 전달을 목적으로 사용하면 좋지만, 프로그램 개발 시에 사용하기 위한 것은 아니다. 여러분은 일반적으로 개발이끝난 다음 제품을 패키징하기 전에 프로즌 바이너리를 생성하게 된다. 이 옵션에 대한 자세한내용은 앞 장을 참고하자.

---

7 C/C++ 프로그램에서 파이썬 코드를 내장하는 자세한 방법은 《프로그래밍 파이썬》(오라일리)을 참고하자. 임베디드 API는 파이썬 함수들을 직접 호출하거나 모듈을 로드하는 등의 일을 할 수 있다. 또한, Jython 시스템에서는 자바 기반의 API(파이썬 인터프리터 클래스)를 사용하여 자바 프로그램이 파이썬 코드를 호출할 수 있다.

텍스트 편집기 실행 옵션

앞에서 언급한 것처럼 텍스트 편집기는 비록 완벽한 IDE GUI는 아니지만, 프로그래머에게 익숙한 대부분의 텍스트 편집기들은 파이썬 프로그램에 대한 편집 기능과 일부 실행 기능을 제공한다. 텍스트 편집기의 이러한 기능은 이미 내장되어 있거나 추가 기능을 통해 제공된다. 예를 들어 여러분이 이맥스(Emacs) 텍스트 편집기에 익숙한 경우, 해당 텍스트 편집기 안에서 파이썬 코드의 작성과 해당 코드의 실행을 포함한 모든 작업이 가능하다. 할 수 있다. 더 자세한 내용은 텍스트 편집기 관련 자료를 제공하는 https://wiki.python.org/moin/PythonEditors 페이지[8]나, 웹에서 '파이썬 편집기(Python editors)'를 검색해 보자.

또 다른 실행 옵션

여러분이 사용 중인 플랫폼에 따라, 파이썬 프로그램을 시작할 수 있는 또 다른 방법이 있을 수 있다. 예를 들어, 일부 매킨토시 시스템에서는 파이썬 프로그램 파일 아이콘을 파이썬 인터프리터 아이콘으로 드래그하여 프로그램을 실행할 수 있다. 그리고 일부 윈도우 시스템에서는 시작 메뉴의 '실행...' 옵션으로 파이썬 스크립트를 실행할 수 있다. 또한, 파이썬 표준 라이브러리는 다른 파이썬 프로그램에 의해 별도의 프로세스로 파이썬 프로그램을 실행할 수 있도록 하는 유틸리티를 제공한다(예 os.popen, os.system). 그리고 파이썬 스크립트는 웹과 같은 거대한 콘텍스트 안에서 실행될 수 있다(예를 들어, 웹 페이지는 서버 스크립트를 호출할 수 있다). 그러나 이러한 내용은 이 장의 범위를 넘어가므로 여기서는 자세히 다루지 않는다.

미래의 가능성?

이 장에서 언급한 실행 및 구동에 대한 내용은 현재의 관행을 대부분 반영하고 있지만, 대부분의 내용은 사용 중인 플랫폼과 이 책을 보는 시점에 따라 다를 수 있다. 실제로 여기서 설명한 많은 실행 방법 및 구동에 대한 상세한 내용은 이 책의 여러 판을 거치는 동안 새롭게 생겨난 것들이다. 기존 프로그램 실행 옵션들이 그랬던 것처럼, 여러분이 이 책을 보는 시점에 새로운 프로그램 실행 옵션이 생겨나지 말라는 법은 없다.

---

8   옮긴이 원서에 있는 링크는 현재 존재하지 않아서 같은 내용의 링크로 대체함.

새로운 운영체제가 나오거나 기존 시스템의 새로운 버전이 나올 경우에 여기서 설명한 내용을 넘어서는 새로운 실행 기술이 제공될 수 있다. 일반적으로 파이썬은 이러한 변화에 발맞춰 개발되기 때문에 지금이나 미래에도 여러분이 사용하는 환경에 맞는 어떠한 방법으로 파이썬 프로그램을 실행할 수 있을 것이다. 태블릿 PC와 스마트폰을 휘두르거나, 가상 현실에서 아이콘을 손으로 움켜쥐거나, 동료와의 대화를 통해 스크립트의 이름을 외치는 등 다양한 실행 방법이 나올 수 있다.

또한, 컴파일러 구현의 변경이 실행 구조에 약간의 변화를 줄 수도 있다(예를 들어, 전체 컴파일러(full compiler)가 오늘날의 프로즌 바이너리처럼 실행되는 일반적인 실행 파일을 생성할 수도 있을 것이다). 어쨌거나 내 예측일 뿐이며, 내가 미래를 예측할 수 있다면 이 책을 쓰는 일이 아닌 주식 중개인을 대상으로 얘길 하고 있을 것이다!

어떤 옵션을 사용해야 하는가?

이러한 모든 실행 옵션과 함께, 진짜 초보자들은 자연스럽게 다음과 같은 질문을 할 수도 있다. 저에게 어떤 방법이 가장 좋은가요? 일반적으로 여러분이 이제 막 파이썬을 시작했다면 IDLE 인터페이스를 꼭 한 번 사용해 보기 바란다. IDLE는 사용자들에게 친숙한 GUI 환경을 제공하며, 내부의 구체적인 구성에 대해서는 겉으로 드러나지 않게 잘 감춘다. 또한, IDLE는 스크립트 작성을 위한 플랫폼 중립적인 텍스트 편집기를 함께 제공하며, 파이썬 시스템의 표준의 일부이자 무료로 제공된다.

반면에 여러분이 이미 숙련된 프로그래머라면, 한쪽 창에서는 여러분이 선택한 텍스트 편집기를 사용하고 또 다른 창에서는 명령 라인이나 아이콘 클릭을 통해 여러분이 작성한 프로그램을 실행하는 방법이 좀 더 편할 것이다(사실, 내가 파이썬 프로그램을 개발할 때 사용하는 방법이며, 나는 과거 유닉스 기반 개발 경험을 가졌다). 개발 환경의 선택은 매우 주관적이기 때문에 이 책에서는 보편적인 가이드라인을 위한 자세한 내용은 다루지 않는다. 일반적으로 여러분이 어떤 환경을 선택하든지 여러분의 선택이 가장 최선의 환경일 것이다.

파이썬 코드 디버깅하기

당연히 독자 여러분의 코드에는 버그가 있을리 없겠지만, 여러분의 친구들은 버그가 많을 수 있다. 그들을 위해 여기서는 실제 파이썬 프로그래머들이 코드를 디버깅하기 위해 일반적으로 사용하는 전략을 빠르게 살펴보겠다. 그리고 여러분이 본격적으로 코딩을 시작하면 그때 참고가 될 것이다.

- **아무것도 하지 마라.** 이 말이 파이썬 프로그래머가 코드를 디버깅하지 않는다는 의미는 아니며, 파이썬은 프로그램에 오류가 있을 경우 매우 유용하고 읽기 쉬운 에러 메시지를 출력한다(아직 에러를 본 적이 없다면 곧 볼 수 있을 것이다). 이미 파이썬에 대해 충분히 알고 있으며, 본인이 직접 작성한 코드라면 해당 정보만으로도 충분하다. 즉, 에러를 읽고 에러가 가리키는 파일과 라인을 찾아서 수정하면 된다. 파이썬에서 대부분의 개발자들은 이렇게 디버깅한다. 그러나 여러분이 작성하지 않은 남의 시스템을 디버깅할 때는 충분하지 않을 수 있다.

- **print문을 추가하라.** 파이썬 개발자들이 자신의 코드를 디버깅하기 위해(그리고 내가 파이썬 코드를 디버깅하기 위해) 가장 많이 사용하는 방법은 아마도 print문을 추가하고 다시 실행하는 방법일 것이다. 파이썬은 코드 변경 후 바로 실행할 수 있기 때문에 이 방법은 에러 메시지보다 좀 더 자세한 정보를 얻기 위해 일반적으로 사용할 수 있는 가장 빠른 방법이다. print문은 복잡하지 않아야 한다. 단순한 '나 여기' 또는 변수의 값을 출력해 보는 정도면 충분하다. 다만, 디버깅 출력을 제품을 판매하기 전에 삭제하거나 주석 처리하는(출력문 앞에 # 추가) 것을 잊지 않도록 해야 한다.

- **IDE GUI 디버거를 사용하라.** 다른 사람이 만든 거대한 시스템과 코드를 좀 더 자세히 추적하고자 하는 초보 프로그래머들을 위해 대부분의 파이썬 개발 GUI는 그래픽 디버깅 환경을 제공한다. IDLE는 그래픽 디버거를 제공하지만, 실제 자주 사용되는 것처럼 보이지는 않는다. 아마도 명령 라인을 제공하지 않거나, GUI 디버깅 세션을 구성하는 것보다 print문을 추가하는 것이 일반적으로 더 빠르기 때문일 것이다. 자세한 사용법이 궁금한 경우, IDLE의 도움말을 살펴보거나 여러분 스스로 실행해서 테스트해 볼 수 있다. IDLE 디버거의 기본 인터페이스는 앞 절의 "고급 IDLE 도구들"에서 설명하고 있다. 이클립스, 넷빈즈, 코모도 그리고 윙 IDE와 같은 다른 IDE들 또한 고급 그래픽 디버거를 제공한다. 이러한 IDE를 사용할 경우 해당 IDE가 제공하는 도움말을 참고하도록 하자.

- **명령 라인 디버거 pdb를 사용하라.** 파이썬은 궁극적인 제어를 위해 **pdb**라는 소스 코드 디버거를 제공하며, 파이썬 표준 라이브러리에서 모듈 형태로 이용할 수 있다. pdb에서는 라인 단위의 실행, 변수의 출력, 브레이크 포인트의 설정과 제거, 브레이크 포인트 또는 에러 지점까지 실행하는 명령을 포함한 다양한 명령을 입력할 수 있다. pdb는 해당 모듈을 임포트하여 대화형으로 실행하거나 최상위 스크립트처럼 실행할 수 있다. 어느 쪽이든 세션 제어를 위한 명령을 입력할 수 있기 때문에 강력한 디버깅 도구를 제공한다. pdb는 또한 오류 발생 후 검시(postmortem)를 위한 함수(pdb.pm( ))를 제공하며, 에러가 발생한 시점의 정보를 얻기 위해 예외가 발생한 다음에 호출할 수 있다. pdb에 대한 더 자세한 정보는 파이썬 라이브러리 매뉴얼과 제36장, 그리고 pdb 사용 예제, 파이썬의 –m 명령 인수와 함께 pdb를 스크립트로 실행하는 방법은 부록 A를 참고하자.

- **파이썬의 –i 명령 라인 옵션을 사용하라.** 출력문을 추가하거나 pdb를 이용하여 실행하는 것 외에도 에러 발생 시에 무엇이 잘못됐는지 확인할 수 있는 방법이 있다. 스크립트를 명령 라인에서 실행할 때 python과 스크립트 파일 이름 사이에 –i 옵션을 추가하면(에 python –i m.py), 스크립트가 정상적으로 종료하거나 에러가 발생하여 종료할 때 파이썬은 **대화형 인터프리터** 모드(>>> 프롬프트)로 진입한다 이때, 대화형 인터프리터 모드는 최상위 네임스페이스에 있기 때문에 여러분은 변수

의 최종 값을 출력하여 무슨 일이 일어났는지 확인할 수 있다. 또한, 좀 더 상세한 상태를 파악하고자 할 경우 pdb 디버거를 임포트하여 실행할 수 있다. 파이썬의 –i 옵션이 제공하는 사후 모드 (postmortem mode)는 스크립트가 실패할 때 발생한 마지막 에러를 확인할 수 있다. 부록 A에서는 –i 옵션의 동작에 대해서도 설명하고 있다.

- **다른 옵션.** 멀티스레드 프로그램, 임베디드 코드 그리고 프로세스 연결을 포함한 좀 더 구체적인 상황에 대한 디버깅이 필요한 경우, 오픈 소스 영역에서 도움이 될만한 부가적인 도구들을 찾을 수 있을 것이다. 예를 들어, **Winpdb** 시스템은 고급 디버깅 기능, 크로스 플랫폼 GUI, 콘솔 인터페이스를 제공하는 독립적인 디버거 프로그램이다.

이러한 다양한 디버깅 옵션들은 규모가 큰 스크립트를 작성할 때 더욱 중요하다. 그러나 아마도 디버깅 측면에서 가장 좋은 점은 에러가 조용히 사라지거나, 시스템의 충돌을 발생시키지 않고 파이썬 내에서 발견되고 보고된다는 것이다. 사실, 파이썬에서 에러는 **예외**(exception)로 알려진 명확한 매커니즘이며, 여러분은 이 예외를 붙잡아(catch) 처리할 수 있다(예외에 대한 자세한 내용은 파트 7에서 다루고 있다). 물론 버그를 발생시키는 것이 결코 즐거운 일은 아니지만, 파이썬의 이러한 디버깅 환경은 16진수 계산기와 메모리 덤프 출력물 더미로부터 벗어날 수 있게 해준다. 파이썬의 디버깅 지원은 기존의 개발 환경보다 디버깅을 훨씬 덜 고통스럽게 만든다.

이 장의 요약

이 장에서는 파이썬 프로그램을 실행하는 일반적인 방법에 대해서 살펴보았다. 대화형 세션에서 입력된 코드를 실행하거나, 파일에 저장된 코드를 시스템 명령 라인을 통해 실행하거나, 또는 파일 아이콘 클릭, 모듈 임포트, exec 호출, 그리고 IDLE와 같은 IDE GUI를 통한 실행 방법을 살펴보았다. 또한, 여기서는 실제적인 파이썬 실행과 관련된 많은 내용을 다루었다. 이 장의 목표는 여러분이 앞으로 나올 다양한 예제를 작성하는 데 필요한 충분한 정보를 갖도록 하는 것이었다. 이제, 우리는 파이썬의 핵심 **데이터 타입**(여러분이 작성하는 프로그램의 대상이 되는 객체)을 포함한 파이썬 언어 자체를 배워볼 것이다.

그러나 먼저 이 장에서 배운 내용을 확인하기 위해 퀴즈를 풀어 보도록 하자. 특히, 이 장은 이 파트의 마지막 장이기 때문에 이 파트의 주제를 제대로 학습했는지 확인하기 위한 좀 더 완성도 있는 실습 문제들이 추가로 제공된다. 파트 실습 문제는 여러분 스스로 문제 해결을 위한 충분한 노력을 한 다음, 도움이 필요하거나 부연 설명이 필요한 경우 부록 D를 참고하자.

학습 테스트: 퀴즈

1. 대화형 인터프리터 세션을 시작하는 방법은?

2. 스크립트 파일을 실행하기 위한 시스템 명령 라인을 입력하는 곳은 어디인가?

3. 스크립트 파일에 저장된 코드를 실행하는 방법 네 가지 이상 말해 보자.

4. 윈도우에서 파일 아이콘을 클릭하여 실행할 때 발생할 수 있는 문제점 두 가지는 무엇인가?

5. 모듈을 리로드해야 하는 이유는 무엇인가?

6. IDLE에서 스크립트 파일을 실행하는 방법은?

7. IDLE 사용과 관련된 두 가지 문제점을 말해 보자.

8. 네임스페이스란 무엇인가, 그리고 모듈 파일과 어떤 관계가 있는가?

학습 테스트: 정답

1. 윈도우 10에서 시작 버튼을 클릭하고, 프로그램 목록에서 Python 항목을 클릭하여 나온 메뉴 옵션들 중에 Python(command line)을 선택하여 파이썬 대화형 세션을 시작할 수 있다. 같은 기능을 윈도우와 다른 플랫폼에서 시스템의 콘솔 창에서 시스템 명령 라인처럼 python을 입력하여 실행할 수 있다(윈도우에서는 명령 프롬프트 창이 해당된다). 또 다른 방법으로 IDLE를 실행하는 방법이 있으며, 파이썬 셸 창처럼 대화형 세션을 제공한다. 여러분이 사용하는 플랫폼과 파이썬의 종류에 따라 시스템 PATH 변수에 파이썬의 경로가 설정되어 있지 않은 경우 먼저 파이썬이 설치된 경로로 cd 명령을 이용하여 이동하거나, 단순히 python이 아닌 전체 경로를 포함하여 입력해야 한다(파이썬 3.6 런처를 사용하는 경우가 아니라면, 예를 들어 다음 C:\Python36\python과 같이 입력해야 한다).

2. 여러분이 사용 중인 플랫폼에서 제공하는 어떠한 종류의 시스템 콘솔이라도 시스템 명령 라인을 입력할 수 있다. 윈도우에서는 명령 프롬프트 창, 유닉스, 리눅스 그리고 맥 OS X의 경우 xterm이나 터미널 창, 기타 등등이다. 시스템 명령 라인은 파이썬 대화형 인터프리터 프롬프트 '>>>'가 아닌, 시스템 프롬프트에 입력해야 한다. 프롬프트를 혼동하지 않도록 하자.

3. 스크립트 파일(실제는 모듈)에 작성된 코드는 시스템 명령 라인, 파일 아이콘 클릭, 임포트와 리로드, 내장된 exec 함수의 호출, IDLE와 같은 IDE GUI에서 Run ➡ Run Module

메뉴 옵션을 선택하여 실행할 수 있다. 유닉스의 경우 #! 기법을 사용하여 마치 실행 파일처럼 실행할 수 있으며, 몇몇 다른 플랫폼에서는 좀 더 특별한 실행 방법(때 아이콘을 끌어다 놓기)들을 제공한다. 게다가 일부 텍스트 편집기는 파이썬 코드를 실행하는 독특한 방법을 제공하며, 일부 파이썬 프로그램들은 독립적으로 실행 가능한 '프로즌 바이너리' 형태로 제공된다. 그리고 일부 시스템에서는 파이썬 코드를 임베디드 형태로 사용하며, 임베디드 된 코드는 C, C++ 또는 자바와 같은 언어로 작성된 외부 프로그램에 의해 자동으로 실행 된다. 임베디드 기술은 일반적으로 제품의 최종 사용자가 직접 코드를 수정할 수 있는 계 층을 제공하기 위해 사용된다.

4. 메시지를 출력하고 바로 종료하는 스크립트의 경우, 여러분이 출력된 메시지를 확인하기 전에 즉시 사라진다(여기서 input을 사용한 기법이 도움이 되는 이유다). 여러분이 작성한 스크 립트에서 생성된 에러 메시지 또한 출력 창에 표시되지만, 여러분이 이 내용을 확인하기 전에 창이 닫힌다(이러한 점에서는 시스템 명령 라인이나 IDLE와 같은 IDE가 좀 더 나은 개발 환경 을 제공한다).

5. 파이썬은 기본적으로 모듈을 프로세스마다 한 번만 임포트(로드)한다. 그래서 해당 모듈의 소스를 변경하고 파이썬의 종료나 재시작 없이 새로운 버전을 실행하고자 할 경우, 해당 모듈을 다시 로드(리로드)해야 한다. 해당 모듈을 리로드하기 전에 최소 한 번은 임포트한 적이 있어야 한다. 시스템 셸 명령 라인이나 아이콘 클릭 또는 IDLE와 같은 IDE를 사용하 여 코드 파일을 실행하는 경우에는 매번 최신 소스 코드가 실행되기 때문에 리로드는 문 제가 되지 않는다.

6. 여러분이 실행하고자 하는 파일의 텍스트 편집 창에서 'Run ➡ Run Module' 메뉴 옵션을 선택한다. 이 메뉴 옵션을 해당 창에 있는 소스 코드를 최상위 스크립트 파일처럼 실행하 며, 출력되는 내용을 대화형 파이썬 셸 창에 표시한다.

7. IDLE는 여전히 일부 프로그램에 의해 종료된다. 특히, 멀티스레드를 수행하는 GUI 프로 그램(멀티스레드는 이 책에서 다루지 않는다)에 영향을 많이 받는다. 또한, IDLE는 IDLE에서만 누릴 수 있는 몇몇 편리한 기능을 제공한다. 예를 들어 IDLE에서는 스크립트의 변수들이 IDLE의 대화형 세션 범위로 자동으로 임포트되며, 스크립트 파일을 실행할 때 작업 디렉 터리를 변경하지만, 파이썬 스스로는 일반적으로 이러한 단계를 처리하지 않는다.

8. 네임스페이스는 단순히 변수 또는 이름들의 패키지다. 파이썬에서 네임스페이스는 속성을 가진 객체의 형태를 띠고 있다. 각각의 모듈 파일은 자동적으로 하나의 네임스페이스다. 즉, 최상위 파일에서 지정된 할당을 반영하는 변수들의 패키지다. 네임스페이스는 파이썬

프로그램에서 이름 충돌을 피하는 데 도움이 된다. 각 모듈 파일은 스스로 네임스페이스이기 때문에 파일들은 다른 파일에 있는 이름을 사용하고자 할 경우 해당 파일을 명시적으로 임포트해야 한다.

학습 테스트: 파트 1 실습 문제

이제 여러분이 직접 코딩을 할 차례다. 이 첫 번째 실습 세션은 매우 간단하지만, 이 책의 나머지 부분을 읽을 준비가 됐는지 확인할 목적으로 설계되었다. 그리고 이 질문 중에 일부는 다음 장에 나올 주제를 암시하고 있다. 이 질문들에 대한 해답은 부록 D의 파트 1을 확인하도록 하자. 여기서 다루는 실습 문제와 각 실습 문제의 해답에는 종종 본문에서는 다루지 않은 추가 정보를 포함하고 있으므로 여러분 스스로 질문에 답을 할 수 있는 경우에도 부록의 해답을 살펴보도록 하자.

1. **대화형(Interaction).** 시스템 명령 라인, IDLE 또는 여러분의 시스템에서 동작하는 다양한 방법을 사용하여 파이썬 대화형 명령 라인(>>> 프롬프트)을 시작한 다음, "Hello World!"(인용 부호 포함)를 입력해 보자. 입력된 문자열이 다시 출력될 것이다. 이 실습 문제의 목적은 파이썬을 실행할 수 있는 여러분의 환경을 확인하는 것이다. 일부 환경에서는 먼저 cd 셸 명령으로 경로를 이동하고, 파이썬 실행 파일에 대한 전체 경로를 입력하거나, 또는 실행 파일의 경로를 PATH 환경 변수에 추가해야 할 수도 있다. 필요한 경우, 유닉스에서 파이썬을 지속적으로 사용하기 위해 PATH를 .cshrc나 .kshrc 파일에 설정할 수 있다. 윈도우에서는 환경 변수 설정 창을 통해 같은 일을 할 수 있다. 환경 변수 설정에 대한 도움말은 부록 A를 참고하도록 하자.

2. **프로그램(Program).** 여러분이 사용 중인 텍스트 편집기로 다음 print('Hello module world!') 한 문장을 포함한 모듈 파일을 작성하여 module1.py 이름으로 저장하자. 그런 다음에 여러분이 원하는 방법으로 이 파일을 실행해 보자. IDLE를 이용, 파일 아이콘을 클릭, 시스템 셸의 명령 라인에서 파이썬 인터프리터에 인수로 전달(예 python module1.py), 내장된 exec 호출, 임포트와 리로드 등이 있다. 사실, 이 장에서 이미 여러분이 사용할 수 있는 다양한 기술들을 이용하여 파일을 실행하는 테스트를 했다. 어떤 방법이 가장 쉬운가?(물론 정답은 없다.)

3. **모듈(Module).** 파이썬 대화형 명령 라인(>>> 프롬프트)를 시작하고 실습 과제 2에서 작성한 모듈을 임포트하자. 그리고 난 다음 해당 모듈 파일을 다른 디렉터리로 이동하고 다시 임포트해 보자. 무슨 일이 발생하는가?(힌트: 해당 모듈의 바이트 코드 파일인 module1.pyc 파일이

기존 디렉터리 또는 __pycache__ 하위 디렉터리에 여전히 존재하는가?)

4. **스크립트(Script).** 여러분이 사용 중인 플랫폼이 지원할 경우 module1.py 파일 최상단에 #!
   라인을 추가하고 파일에 실행 권한을 준 다음 실행 파일처럼 직접 실행하도록 하자. 이 첫
   라인은 어떤 내용을 포함해야 할까? #!는 보통 유닉스, 리눅스, 그리고 맥 OS X과 같은 유
   닉스 계열의 시스템에서만 의미가 있다. 여러분이 윈도우에서 작업 중인 경우 대신 명령
   프롬프트 창에 'python'을 제외한 단지 스크립트 파일 이름만 입력하여 실행하거나(최신 윈
   도우에서 이 방법이 지원된다) 시작 ➡ 실행... 대화 상자를 통해 실행해 보자. 파이썬 3.3+ 또
   는 파이썬 3.3+에서 함께 제공되는 윈도우 런처를 사용하는 경우, 여러분의 컴퓨터에 설치
   된 다른 파이썬 버전을 실행하도록 #! 라인을 테스트해 보도록 하자(동작 방식에 대한 자세한
   내용은 부록 B를 참고한다).

5. **에러(Error)와 디버깅(debugging).** 수식 표현과 할당문을 파이썬 대화형 명령 라인에 입력하
   는 테스트를 해보자. 차례대로 2 ** 500과 1 / 0을 먼저 입력하고, 이 장의 앞에서 그랬던
   것처럼 정의되지 않은 변수 이름을 참조해 보자. 무슨 일이 발생하는가?

   여러분은 아직 모를 수도 있지만, 여러분이 코드에 실수를 할 때 예외 처리가 발생한다. 이
   주제에 대해서는 파트 7에서 자세히 다룰 예정이다. 뒤에서 배우게 되겠지만, 표준 에러 메
   시지를 출력하는 기본 예외 핸들러가 자동으로 호출된다. 코드상에서 따로 예외를 붙잡아
   서(catch) 처리하지 않는 경우, 기본 핸들러는 항상 표준 에러 메시지를 출력한다.

   또한, 예외는 파이썬에서 디버깅의 개념과 밀접한 관련이 있다. 일단, 예외가 발생하면 예
   외에 대한 파이썬의 기본 에러 메시지는 에러를 처리하기 위해 여러분이 필요한 충분한 정
   보를 제공한다. 에러가 발생한 코드의 라인 위치뿐만 아니라 에러의 원인을 알려 준다. 디
   버깅에 관한 자세한 정보는 107쪽의 "파이썬 코드 디버깅하기"를 참고하기 바란다.

6. **순환.** 파이썬 명령 라인에 다음을 입력하자.

```
L = [1, 2]              # 두 개의 항목을 가진 리스트 생성
L.append(L)             # L을 자신에게 하나의 아이템으로 추가
L                       # L 출력: 순환 객체
```

어떤 결과가 나왔는가? 최신 파이썬에서는 부록의 해답에서 볼 수 있는 것처럼 조금 특이
한 결과를 볼 수 있다. 그리고 다음 장에서 다룰 참조(reference)를 배우고 나면 좀 더 잘 이
해할 수 있게 될 것이다. 만약 여러분이 사용 중인 파이썬이 1.5.1보다 오래된 버전인 경우,
이 코드를 테스트하기 위해서는 Ctrl + C 키 조합이 도움이 될 것이다. 여러분의 환경에서
코드의 실행 결과를 보고 파이썬이 이러한 결과를 출력한 이유를 이해할 수 있는가?

파이썬 1.5.1보다 오래된 버전을 사용할 경우(요즘에는 보기 드물다), 이 테스트를 실행하기 전에 Ctrl + C 키 조합과 같은 프로그램을 종료시킬 수 있는 방법을 확인해 두자. 그렇지 않을 경우 꽤 오랜 시간 동안 프로그램의 실행을 지켜봐야만 할 것이다.

7. **문서(Documentation).** 표준 라이브러리에서 이용할 수 있는 도구들과 문서들의 구조에 대해서 배우기 전에 최소 15분 정도의 시간을 들여 파이썬 라이브러리와 언어 매뉴얼을 찾아보도록 하자. 이 과정은 적어도 매뉴얼에서 핵심 주제들의 위치에 익숙해지는 데 도움이 된다. 이 과정을 한 번 거치고 나면 여러분이 원하는 주제를 어렵지 않게 찾을 수 있다. 윈도우의 경우 여러분은 이 매뉴얼을 설치된 파이썬 메뉴 아래 또는 IDLE의 Help 풀다운 메뉴의 Python Docs 옵션이나 온라인 사이트 https://www.python.org/doc에서 찾을 수 있다. 또한, 나는 이 책의 15장에서 매뉴얼과 (PyDoc과 help 함수를 포함한) 추가 문서들에 대해서 이야기를 할 예정이다. 여유가 있다면 파이썬 웹 사이트와 PyPI 서드파티 확장 모듈 저장소를 방문해 보자. 특히, Python.org(https://www.python.org)의 문서와 검색 페이지를 확인해보자. 매우 유용한 문서들이다.

2

타입과 연산

CHAPTER

파이썬
객체 타입 소개

이 장에서 우리는 본격적으로 파이썬 언어에 대한 학습을 시작할 것이다. 어떤 의미에서 우리는 파이썬에서 '어떤 것을 가지고 무슨 일을 한다'[1]라고 말할 수 있다. 여기서 '무슨 일'은 더하거나 연결하는 것과 같은 연산의 형태를 의미하고, 여기서 '어떤 것'은 이러한 연산을 수행하는 객체를 의미한다. 이 파트에서 우리의 주안점은 바로 **어떤 것**에 해당하는 것이며, **무슨 일**은 곧 우리가 작성할 코드가 하게 될 일이다.

좀 더 공식적으로 데이터는 파이썬에서 **객체**의 형식을 취한다. 파이썬이 제공하는 내장 객체 또는 파이썬 클래스나 C 확장 라이브러리와 같은 외부 언어 도구를 이용해 만든 객체. 비록 정확한 정의에 대해서는 나중에 이야기하겠지만 객체는 본질적으로 메모리 조각일 뿐이며, 값과 그와 관련된 연산들을 포함하고 있다. 곧 알게 되겠지만, 파이썬 스크립트에서는 **모든 것**이 객체다. 심지어 간단한 숫자 값도(예 99) 객체이며, 파이썬이 제공하는 연산들(더하기, 빼기 등) 또한 객체다.

객체들은 또한 파이썬 프로그래밍에서 가장 기본적인 개념이므로 우리는 이 장을 파이썬의 내장 객체 타입을 알아보는 것으로 시작하려고 한다. 이후 장에서는 이 장에서 간략히 알아본 타입에 대해서 자세히 살펴볼 것이다. 지금 우리의 목표는 파이썬 객체 타입의 기본에 대해서 간략히 살펴보는 것이다.

---

1 표현이 다소 매끄럽지 못한 것에 대해 양해 바란다. 나는 어디까지나 컴퓨터 과학자일 뿐이니까.

파이썬의 계층 구조

코드를 다루기 전에 먼저 이 장에서 다루는 내용이 파이썬 전체 그림에서 어떤 부분에 해당하는지 명확히 하고 넘어가도록 하자. 좀 더 구체적인 관점에서 보면 파이썬 프로그램은 다음과 같이 모듈, 문, 표현 그리고 객체로 분해될 수 있다.

- 프로그램은 모듈로 구성되어 있다.
- 모듈은 문을 포함하고 있다.
- 문은 표현을 포함하고 있다.
- 표현은 객체를 만들고 처리한다.

3장에서 설명한 모듈은 이 계층 구조에서 가장 높은 첫 번째 단계에서 소개되었다. 이 파트는 위 계층 구조의 가장 아래에서부터 시작한다. 내장 객체와 이러한 내장 객체를 사용하여 작성할 수 있는 표현에 대해서 알아보자.

문(statement)에 대해서는 다음 파트에서 다루며, 주로 이 파트에서 다루게 될 객체들을 관리하기 위해 존재한다는 사실을 알게 될 것이다. 게다가 우리가 이 책의 객체 지향 프로그래밍 파트에서 클래스 부분에 도달할 무렵에 클래스를 이용하면, 지금 여기서 살펴볼 객체 타입을 사용하거나 흉내 내어 우리만의 새로운 객체 타입을 정의할 수 있다는 것을 알게 될 것이다. 이러한 이유로 인해 내장 객체는 파이썬 학습을 시작하기에 앞서 꼭 알아 두어야 하는 필수 항목이다.

 프로그래밍에 대한 전통적인 소개들은 종종 **순서**('이것을 실행한 다음에 저것을 실행하라'), **선택** ('그것이 참인 경우에만 이것을 실행하라'), **반복**('이것을 여러 번 실행하라')의 세 가지 원칙을 강조한다. 파이썬은 함수와 클래스에 대한 **정의**와 함께 이 세 가지 분류에 대한 도구들을 제공한다. 이러한 분류는 초기에 여러분의 생각을 정리하는 데 도움이 될 수도 있지만, 다소 인공적이고 극도로 단순화되어 있다. 예를 들어, 컴프리헨션(comprehension)과 같은 표현식은 선택과 반복 둘 모두에 해당된다. 이러한 용어들 중 일부는 파이썬에서 다른 의미를 가지고 있기도 하다. 그리고 나중에 생겨난 많은 개념들은 이 원칙에 전혀 맞지 않는 경우도 있다. 자세한 내용이 궁금하다면 계속 읽어 보도록 하자.

내장된 타입을 사용하는 이유

C 또는 C++와 같은 저수준 언어를 사용해본 경험이 있다면, 애플리케이션 영역에서 필요한 컴포넌트를 표현하기 위한 객체 또는 데이터 구조를 구현하는 데 작업의 대부분의 시간을 할애

했다는 사실을 알 것이다. 여러분은 직접 메모리 구조를 배치하고, 메모리 할당을 관리하고, 검색과 접근 루틴 등을 구현해야 한다. 이러한 잡다한 일들은 듣기만 해도 꽤나 지루하며, 에러를 유발할 수 있다. 그리고 이러한 일들은 작성 중인 프로그램의 실제 목표로부터 초점이 흐려지도록 만든다.

일반적인 파이썬 프로그램에서는 이와 같은 지루한 작업은 대부분 사라진다. 파이썬은 언어의 고유한 부분으로 강력한 객체 타입을 제공하기 때문에 문제 해결을 시작하기 전에 보통 객체를 먼저 구현할 필요가 없다. 사실 내장된 타입이 제공하지 않는 특별한 작업이 필요한 경우가 아니라면, 대부분의 경우 여러분 스스로 직접 구현하는 것보다 내장 객체를 사용하는 편이 좋다. 그러한 이유를 몇 가지 정리하면 다음과 같다.

- **내장 객체는 프로그램 작성을 쉽게 만든다.** 간단한 작업의 경우에는 내장된 타입만으로 작업을 충분히 처리할 수 있다. 컬렉션(리스트)과 검색 테이블(딕셔너리) 같은 강력한 도구들이 무료로 제공되며, 즉시 사용할 수도 있다. 파이썬의 내장 객체 타입만으로도 많은 일들을 끝낼 수 있다.

- **내장 객체는 확장을 위한 컴포넌트다.** 좀 더 복잡한 작업을 처리해야 할 경우, 파이썬 클래스나 C 언어 인터페이스를 사용하여 여러분만의 객체를 제공해야 할 필요가 있다. 그러나 여러분은 다음 파트에서 보게 되겠지만, 직접 구현한 객체들은 종종 리스트와 딕셔너리 같은 내장된 타입 위에 만들어진다. 예를 들어, 스택 데이터 구조는 내장된 리스트를 사용하여 사용자 정의 클래스로 구현할 수 있다.

- **내장 객체는 종종 사용자 정의 데이터 구조보다 더 효율적이다.** 파이썬의 내장 타입은 이미 속도를 위해 C로 구현된 최적화된 데이터 구조 알고리즘을 채용하고 있다. 비록 여러분 스스로 비슷한 객체 타입을 작성할 수도 있지만, 내장 객체 타입이 제공하는 수준만큼의 성능을 끌어내기가 쉽지 않을 것이다.

- **내장 객체는 파이썬 언어 표준의 일부다.** 파이썬은 어떤 면에서 내장된 도구에 의존적인 언어(예 LISP)와 프로그래머가 직접 구현한 도구나 소유한 프레임워크에 의존적인 언어(예 C++) 모두를 차용하고 있다. 비록 여러분이 파이썬에서 고유한 객체 타입을 구현할 수는 있지만, 이제 막 파이썬을 시작하면서 그렇게까지 할 필요는 없다. 게다가 파이썬의 내장 타입은 표준이기 때문에 항상 동일하게 동작한다. 반면에 프로그래머 개인이 만든 프레임워크는 시스템에 따라 다르게 동작할 수 있다.

즉, 내장 객체 타입은 프로그래밍을 좀 더 쉽게 만들어 줄 뿐만 아니라 처음부터 작성하는 것보다는 대부분의 경우에 더욱 강력하고 효율적이다. 여러분이 새로운 객체 타입을 구현할지 여부와는 상관없이 내장 객체는 모든 파이썬 프로그램의 핵심이다.

파이썬 핵심 데이터 타입

표 4-1은 파이썬의 내장 객체 타입과 각 객체의 **리터럴**[2](이러한 객체를 생성하는 표현식) 구문의 미리 보기를 나타낸다. 다른 언어를 사용해 본 경험이 있다면, 이 타입 중 일부는 이미 알고 있을 것이다. 예를 들어, 숫자와 문자열은 각각 수치적인 값과 텍스트 값을 나타낸다. 그리고 파일 객체는 컴퓨터에 저장된 실제 파일을 처리하기 위한 인터페이스를 제공한다.

표 4-1 내장 객체 미리 보기

객체 타입	리터럴/생성 예
숫자	1234, 3.1415, 3 + 4j, 0b111, Decimal( ), Fraction( )
문자열	'spam', "Bob's", b'a\x01c', u'sp\xc4m'
리스트	[1, [2, 'three'], 4.5], list(range(10))
딕셔너리	{'food': 'spam', 'taste': 'yum'}, dict(hours = 10)
튜플	(1, 'spam', 4, 'U'), tuple('spam'), namedtuple
파일	open('eggs.txt'), open(r'C:\ham.bin', 'wb')
세트	set('abc'), {'a', 'b', 'c'}
다른 코어 타입	부울(Boolean), types, None
프로그램 단위 타입	함수, 모듈, 클래스(파트 4, 파트 5, 파트 6)
구현 관련 타입	컴파일된 코드(compiled code), 트레이스백(traceback)(파트 4, 파트 7)

그러나 일부 독자들에게는 표 4-1에 있는 객체 타입이 다른 언어에서 익숙한 타입보다 좀 더 일반적이고 강력할 수 있다. 예를 들어, 저수준 언어에서 컬렉션과 검색을 지원하기 위해 해야 하는 작업들을 덜어 주는 강력한 데이터 표현 도구인 리스트(list)와 딕셔너리(dictionary)를 찾을 수 있다. 간단히 말해서 리스트는 다른 객체들의 정렬된 컬렉션을 제공하고, 딕셔너리는

---

2 이 책에서 리터럴이라는 용어는 단순히 객체를 생성하는 구문의 표현식을 의미한다. 리터럴은 종종 상수(constant)라고도 불리는데, 이 '상수(constant)'라는 용어는 변경될 수 없는 객체나 변수를 의미하지 않는다(예를 들어, 이 용어는 C++의 const나 파이썬의 '불변(immutable)'과는 아무런 관련이 없다. 불변에 대해서는 127쪽의 '불변성'절에서 다룬다).

키를 기준으로 객체를 보관한다. 리스트와 딕셔너리 모두 중첩될 수 있고, 필요에 따라 크기를 늘리거나 줄일 수 있다. 그리고 어떤 타입의 객체도 포함할 수 있다.

표 4-1에서 나열한 것처럼 함수, 모듈 그리고 클래스와 같은 **프로그램** 단위는 파이썬에서는 객체다. 이들 역시 def, class, import, lambda와 같은 문장이나 표현식으로 만들어지며, 스크립트 사이를 자유롭게 전달될 수 있고, 다른 객체에 저장될 수 있다. 또한 파이썬은 컴파일된 코드 객체와 같은 **구현과 관련된** 타입을 제공하며, 이 타입은 일반적으로 애플리케이션 개발자들보다는 도구 제작자들에 의해 사용된다. 이 타입의 특수한 목적에 비해서 깊이는 없지만, 이 타입 역시 뒤에 나올 파트에서 다룰 예정이다.

표 4-1은 제목에도 불구하고, 파이썬 프로그램 내에서 처리하는 **모든 것**이 객체의 종류이기 때문에 완벽한 내용은 아니다. 예를 들어, 파이썬에서는 텍스트 패턴 매칭을 할 때 패턴 객체를 생성하고, 네트워크 스크립트를 작성할 때는 소켓 객체를 사용한다. 이러한 다른 종류의 객체들은 일반적으로 임포트에 의해 생성되고, 라이브러리 모듈(예를 들면, 패턴과 소켓을 위한 re와 socket 모듈이 있다)에 있는 함수들을 사용하며, 스스로 모든 동작을 제공한다.

표 4-1에서 프로그램 단위 타입과 구현 관련 타입을 제외한 나머지 타입을 **핵심**(core) 데이터 타입이라고 부르며, 이 타입은 파이썬 언어 내부에 효율적으로 내장되어 있다(즉, 파이썬은 코어 데이터 타입의 생성에 대해 특별한 표현식 구문을 제공한다. 예를 들어, 따옴표로 둘러싸인 문자열로 된 다음 코드를 실행할 경우다).

```
>>> 'spam'
```

엄밀히 말해서, 새로운 **문자열** 객체를 생성하고 반환하는 리터럴 표현식을 실행한다고 말할 수 있다. 이 객체를 만들기 위한 특별한 파이썬 언어 구문이 존재한다. 이와 유사하게 대괄호로 둘러싸인 표현식은 **리스트**를 만들고, 중괄호는 딕셔너리를 만든다. 비록 파이썬에는 타입 선언이 없지만, 여러분이 작성한 표현식의 구문이 여러분이 만들고 사용하게 될 객체의 타입을 결정한다. 사실, 표 4-1에 있는 이와 같은 객체 생성 표현식은 파이썬 언어에서 객체가 생성되는 곳에서는 일반적으로 사용된다.

또한, 중요한 것은 객체를 생성하고 난 뒤부터는 객체와 해당 객체와 관련된 연산을 결합(bind)할 수 있다(문자열에는 오직 문자열 관련 연산만 수행할 수 있고 리스트에는 리스트 관련 연산만 수행할 수 있다)는 점이다. 이 말을 공식적인 용어로 바꿔 말하면, 파이썬은 동적 타입 언어다.

즉, 타입 선언 없이 자동으로 타입을 추적하는 모델이지만, 강한 타입 언어이기 때문에 해당 객체의 타입에 유효한 연산들만 수행할 수 있는 제약(constraint) 언어임을 의미한다.

표 4-1에 있는 각각의 객체 타입은 다가올 장에서 자세히 다룰 예정이다. 그러나 자세한 내용을 배우기 전에, 파이썬의 코어 객체들을 빠르게 살펴보도록 하자. 이 장의 나머지 부분은 뒤에 나올 장에서 깊이 있게 다룰 연산들을 간략히 살펴볼 예정이므로 자세한 내용을 기대하진 말자(이 장의 목표는 단지 여러분의 관심을 끌고 일부 핵심 개념들을 소개하는 것이다). 항상 그렇듯이 무언가를 시작하는 가장 좋은 방법은 일단 시작하는 것이므로 실제 코드로 바로 들어가보자.

숫자

독자 여러분이 과거에 다른 프로그래밍 언어나 스크립트 언어를 사용해본 경험이 있다면, 표 4-1에 나열된 객체 타입 중에 일부는 아마 익숙할 것이다. 프로그래밍 언어를 전혀 사용해 보지 않은 경우에도, 숫자(number) 타입은 꽤 직관적이며, 이해하기 어렵지 않다. 파이썬 코어 객체 집합은 일반적으로 흔히 사용되는 타입을 포함하고 있다. 소수 부분이 없는 정수(integer), 부동 소수점(floating point), 그리고 몇몇 낯선 타입(허수 부분이 있는 복소수(complex), 고정 정밀도의 소수, 분자와 분모가 있는 유리수(rational), 그리고 완벽한 기능을 갖춘 집합(set))이다. 내장된 숫자 타입은 여러분의 나이에서부터 은행 잔액에 이르기까지 일반적인 수치를 표현하는 데 충분한 크기를 제공한다. 그러나 서드파티 추가 기능을 이용하면 더 많은 타입을 활용할 수 있다.

서드파티 추가 기능들은 일부 애호가들이 좋아할 만한 옵션들을 제공하긴 하지만, 파이썬의 기본 숫자 타입이 항상 기본이다. 숫자는 파이썬에서 일반적인 수학 연산들을 지원한다. 예를 들어, 더하기 기호(+)는 덧셈 기능, 별(*)표는 곱셈에 사용된다. 그리고 별표 두 개(**)는 지수에 사용된다.

```
>>> 123 + 222              # 정수 덧셈
345
>>> 1.5 * 4                # 부동 소수점 곱셈
6.0
>>> 2 ** 100               # 2의 100승
1267650600228229401496703205376
```

여기서 마지막 결과를 주의해서 살펴보자. 파이썬 3.X의 정수 타입은 이와 같이 큰 숫자에 대해 필요할 경우 추가적인 정밀도를 자동으로 제공한다(파이썬 2.X에서는 일반 정수 타입이

처리하기에 너무 큰 숫자에 대해서 별도의 긴(long) 정수 타입이 같은 방식으로 처리한다). 예를 들어, 파이썬에서는 2의 1,000,000승 또한 정수로 계산할 수 있지만, 실제로 이 값을 출력해 보지는 않는 게 좋다(300,000만 자리 이상의 값이 나오며, 결과가 나올 때까지 꽤 기다려야 할지도 모른다).

```
>>> len(str(2 ** 1000000))          # 큰 숫자의 자릿수 계산
301030
```

이와 같이 여러 괄호로 중첩된 호출은 안쪽에서 바깥쪽 순서로 실행된다. 먼저 ** 연산의 결과에 대해 내장된 str 함수를 사용하여 숫자의 문자열로 변환한다. 그러고 나서 len을 사용하여 결과 문자열의 길이를 구한다. 최종 결과는 자릿수가 된다. 내장 함수 str과 len은 다양한 객체 타입에 대해 동작한다. 이 두 함수에 대해서는 차차 다룰 예정이다.

파이썬 2.7 이전 버전이나 3.1에서 부동 소수점을 테스트해 보면, 언뜻 보기에 조금 이상한 점을 발견할 수도 있다.

```
>>> 3.1415 * 2                      # repr: 코드 친화적인 형태(Pythons < 2.7 또는 3.1)
6.2830000000000004
>>> print(3.1415 * 2)               # str: 사용자 친화적인 형태
6.283
```

첫 번째 결과는 버그가 아닌 표현의 문제다. 파이썬에는 모든 객체를 출력하는 두 가지 방법이 있음을 보여 준다(여기서 첫 번째 결과처럼 전체 정밀도, 또는 두 번째 결과처럼 사용자 친화적인 형태). 공식적으로 첫 번째 형태는 객체를 코드 친화적인 repr로 표현한 것이고, 두 번째는 사용자 친화적인 str로 표현한 것이다. 파이썬의 오래된 버전에서는 부동 소수점 repr은 때로 여러분이 예상하는 것보다 더 높은 정밀도로 표시된다. 또한, 이런 차이는 클래스를 사용할 때 중요한 문제가 되기도 한다. 지금은 뭔가 이상하게 표시될 경우 내장된 print 함수를 사용하여 보여 주도록 하자.

그러나 부동 소수점을 좀 더 짧은 자릿수로 지능적으로 표현하는 파이썬 2.7이나 최신 3.X 버전으로 업그레이드하는 편이 더 낫다(이 책은 파이썬 2.7과 3.6을 기반으로 하기 때문에 이 책 전반에 걸쳐 부동 소수점에 대해 다음과 같은 형태로 표시한다).

```
>>> 3.1415 * 2                      # repr: 코드 친화적인 형태(Pythons >= 2.7 또는 3.1)
6.283
```

파이썬은 표현식 이외에 일부 유용한 숫자 모듈을 제공한다(모듈은 임포트하여 사용할 수 있는 추가적인 도구들의 패키지다).

```
>>> import math
>>> math.pi
3.141592653589793
>>> math.sqrt(85)
9.219544457292887
```

math 모듈은 내장 함수보다 좀 더 고급인 수치 관련 도구들을 포함하고 있으며, random 모듈은 난수 발생과 임의 선택 기능(여기서는 대괄호로 작성된 파이썬 리스트로부터 임의 선택을 수행한다. 다른 객체들에 대한 정렬 컬렉션은 이 장의 뒤에서 소개할 예정이다)을 제공한다.

```
>>> import random
>>> random.random()
0.7082048489415967
>>> random.choice([1, 2, 3, 4])
1
```

파이썬은 또한 일반적으로 흔히 사용되지 않는 수치 관련 객체들(집합과 부울뿐만 아니라 유리수, 고정 정밀도 수, 복소수 등)을 포함하고 있으며 오픈 소스 서드파티 영역에는 더 다양한 객체들이 있다(예 행렬과 벡터, 그리고 확장 정밀도 수). 이러한 타입에 대해서는 이 장의 뒤와 이 책의 후반부에 다룰 예정이다.

지금까지 우리는 파이썬을 마치 단순한 계산기처럼 사용했다. 파이썬의 내장 타입에 대해 좀 더 정확하게 정의하기 위해서 문자열에 대해 알아보자.

문자열

문자열(String)은 텍스트 정보(예 이름)와 임의의 바이트 컬렉션(예 이미지 파일의 콘텐츠)을 저장하는 데 사용된다. 이 텍스트 정보와 바이트 컬렉션은 파이썬에서 **시퀀스**(sequence)라고 부르는 것의 첫 예이며, 시퀀스는 위치적인 순서가 있는 다른 객체들의 컬렉션을 말한다. 시퀀스는 포함된 아이템들 사이에 왼쪽에서 오른쪽으로의 순서를 유지한다. 시퀀스의 아이템들은 서로 간의 상대적인 위치로 저장하거나 가져올 수 있다. 엄밀히 말하면, 문자열은 한 바이트 문자열의 시퀀스라고 말할 수도 있다. **리스트**와 **튜플**을 포함한 보다 일반적인 시퀀스 타입은 뒤에서 다룬다.

시퀀스 연산

문자열은 시퀀스로써 아이템들 간의 위치적 순서를 기반으로 한 연산을 지원한다. 예를 들어, 따옴표로 둘러싼 네 개의 문자로 된 문자열이 있는 경우는 내장 len 함수를 사용하여 길이를 확인할 수 있고, 인덱싱(indexing) 표현식을 이용하여 각 요소들을 가져올 수 있다.

```
>>> S = 'Spam'              # 네 개의 문자로 된 문자열을 만들고 이름에 할당함
>>> len(S)                  # 길이
4
>>> S[0]                    # S의 첫 번째 아이템. 위치는 0을 기반으로 인덱싱
'S'
>>> S[1]                    # 왼쪽에서 두 번째 아이템
'p'
```

파이썬에서 인덱스는 앞쪽에서부터 오프셋으로 계산되며, 0에서부터 시작한다. 첫 번째 아이템의 인덱스는 0, 두 번째 아이템의 인덱스는 1이다.

여기에서 **변수 S**에 문자열을 할당한 방법을 주의해서 보자. 이 구문의 자세한 동작 방법은 나중에(특히 6장에서) 다룰 예정이지만, 파이썬은 변수를 미리 선언할 필요가 없다. 변수는 값이 할당될 때 생성되며, 어떠한 타입의 객체도 할당될 수 있다. 그리고 표현식이 나타날 때는 해당 표현식의 값으로 대체된다. 그리고 변수는 값을 사용하기 전에 먼저 값이 할당되어 있어야 한다. 이 장에서는 객체를 나중에 사용할 목적으로 보관하기 위해서는 객체를 변수에 할당할 필요가 있다는 것만 알면 된다.

파이썬에서는 시퀀스의 끝에서부터 인덱스를 거꾸로 사용할 수도 있다(0을 포함한 양수 인덱스는 왼쪽에서부터 세며, 음수 인덱스는 오른쪽에서부터 거꾸로 센다).

```
>>> S[-1]                   # S의 끝에 있는 마지막 아이템
'm'
>>> S[-2]                   # 끝에서 두 번째 아이템
'a'
```

다음과 같이 형식적으로는 음수 인덱스 값을 문자열의 길이에 더할 수 있으며, 따라서 다음 두 연산은 같은 기능을 한다(하지만 첫 번째 방식이 작성하기 쉽고 오류를 덜 발생시킨다).

```
>>> S[-1]                   # S의 마지막 아이템
'm'
>>> S[len(S)-1]             # 음수 인덱스를 사용한 어려운 방법
'm'
```

위 코드에서는 대괄호 안에 단순히 하드 코드된 숫자 리터럴뿐만 아니라, 임의의 **표현식**을 사용할 수 있음을 알 수 있다(파이썬은 값을 사용할 수 있는 위치라면 어디나 리터럴, 변수 또는 표현식을 사용할 수 있다). 파이썬의 구문은 이러한 방면에서 완벽히 일반화(general)되어 있다.

시퀀스는 단순한 위치 기반의 인덱싱 이외에도 **슬라이싱**(slicing)이라고 알려진 좀 더 일반적인 형태의 인덱싱을 지원하며, 특정 영역을 한 번의 명령으로 뽑아낼 수 있는 방법이다. 예를 들면 다음과 같다.

```
>>> S                        # 네 개의 문자로 구성된 문자열
'Spam'
>>> S[1:3]                    # S에서 오프셋 1부터 2까지 슬라이스(3이 아님)
'pa'
```

아마도 슬라이스는 문자열로부터 추출하고자 하는 전체 열을 한 번에 가져오는 가장 쉬운 방법이라고 생각하는 편이 이해하기 쉬울 것이다. X[I:J]와 같은 슬라이스의 일반적인 형식은 'X로부터 오프셋 I에서 J까지, 그러나 J는 포함하지 않은 내용 전체를 꺼내줘'라는 의미다. 슬라이스의 결과는 새로운 객체로 반환된다. 예를 들어, 위 연산에서 두 번째는 문자열 S로부터 오프셋 1에서 2까지(즉, 1에서 3-1까지)의 모든 문자를 반환한다. 결과는 문자열의 중간에 있는 두 문자가 슬라이스된다.

슬라이스에서는 왼쪽 끝이 기본값 0이고, 오른쪽 끝은 슬라이스 대상 시퀀스의 길이를 기본값으로 한다. 다음은 슬라이스 사용법의 대표적인 변형들을 보여 준다.

```
>>> S[1:]                    # 첫 번째 문자 이후 모든 문자들(1:len(S))
'pam'
>>> S                        # 변경되지 않은 S 자체
'Spam'
>>> S[0:3]                   # 마지막 문자를 제외한 모든 문자
'Spa'
>>> S[:3]                    # [0:3]과 동일
'Spa'
>>> S[:-1]                   # 마지막 문자를 제외한 모든 문자, 단순히 (0:-1) 사용 가능
'Spa'
>>> S[:]                     # S와 같은 내용의 최상위 복사본(0:len(S))
'Spam'
```

위 연산들 중에 마지막에서 두 번째는 슬라이스에 대한 경계를 제공하기 위해 음수 오프셋을 사용하는 방법을 보여 주며, 마지막 연산은 효율적으로 문자열 전체를 복사하는 방법을 보여

준다. 나중에 배우게 되겠지만, 문자열을 복사해야 할 이유는 없다. 하지만 이것이 리스트와 같은 시퀀스에 대해서 유용하게 사용할 수 있는 방법이다.

마지막으로, 문자열은 시퀀스처럼 더하기 기호를 사용한 **연결**(concatenation) 기능(두 문자열을 새로운 하나의 문자열로 결합)과 곱하기 기호를 사용한 **반복**(repetition) 기능(문자열을 반복한 새로운 문자열 생성)을 지원한다.

```
>>> S
'Spam'
>>> S + 'xyz'                          # 연결
'Spamxyz'
>>> S                                  # S는 변경되지 않음
'Spam'
>>> S * 8                              # 반복
'SpamSpamSpamSpamSpamSpamSpamSpam'
```

더하기 기호(+)가 다른 객체에 대해서 다른 의미를 가지고 있음을 알 수 있다. 숫자에 대해서 더하기를 의미하고 문자열에 대해서 연결을 의미한다. 이것은 이 책의 뒤에서 **다형성** (polymorphism)이라고 부르는 파이썬의 일반적인 속성이다(결국, 연산의 의미는 연산에 사용되는 객체에 따라 달라진다). 동적 타이핑에 대해서 배울 때 알게 되겠지만, 파이썬의 이러한 다형성 속성은 파이썬 코드의 간결성과 유연성을 유지하는 데 많은 부분을 차지한다. 타입에 대한 제약이 없으므로 파이썬 코드 연산은 객체들이 인터페이스 호환성(여기서 + 연산처럼)을 제공하는한, 많은 다른 종류의 객체에 대해서 자동으로 정상 동작한다. 이러한 다형성은 파이썬이 추구하는 중요한 개념임이 이미 알려졌다. 다형성에 대해서는 뒤에서 좀 더 자세히 배우게 될 것이다.

불변성

우리는 이전 예제에서 원래 문자열에 어떠한 연산을 실행해도 원래 문자열은 변경되지 않는다는 것을 알 수 있다. 파이썬에서 문자열은 **변경할 수 없기**(immutable) 때문에 모든 문자열 연산은 결과로 새로운 문자열을 생성하도록 정의되어 있다(문자열은 생성된 위치에서 변경될 수 없다). 즉, 불변(immutable) 객체의 값은 절대 덮어쓸 수 없다. 예를 들어, 문자열의 특정 위치의 한 바이트에 값을 지정하여 문자열을 변경할 수는 없지만, 새로운 문자열을 생성하여 기존 이름에 할당할 수는 있다. 파이썬은 오래된 객체를 알아서 제거하기 때문에(자세한 내용은 뒤에 다룬다) 이 방법은 생각하는 것만큼 비효율적이지 않다.

```
>>> S
'Spam'

>>> S[0] = 'z'                          # 불변 객체는 변경할 수 없음
...오류 메시지 생략..
TypeError: 'str' object does not support item assignment

>>> S = 'z' + S[1:]                     # 하지만 새로운 객체를 생성하는 표현식은 가능
>>> S
'zpam'
```

파이썬에서 모든 객체는 불변인지 가변인지 여부로 분류된다. 코어 타입에서 **숫자**, **문자열**, **튜플**은 불변 타입이고 **리스트**, **딕셔너리** 그리고 **집합**은 가변 타입이다(이 타입은 클래스로 작성하게 되는 대부분의 새로운 객체들과 마찬가지로 어디서나 자유롭게 변경될 수 있다). 이러한 구분은 파이썬 동작에 매우 중요한 부분이지만, 아직은 이에 대해 깊이 다루지 않는다. 특히, 불변성은 프로그램이 실행되는 동안에 객체의 상태가 변경되지 않도록 보장하기 위해 사용될 수 있다. 가변 (mutable) 객체의 값은 언제 어디서나, 그리고 여러분의 의지와 상관없이 변경될 수 있다.

엄밀히 말해서 문자열에 포함된 각각의 문자를 리스트(list)로 확장한 다음 각 요소 사이에 아무것도 추가하지 않는 방식으로 서로를 다시 결합하거나, 파이썬 2.6과 3.0 이후부터 새롭게 사용할 수 있는 bytearray 타입을 사용하여 텍스트 기반의 데이터를 직접 변경할 수 있다.

```
>>> S = 'shrubbery'
>>> L = list(S)                         # 리스트로 확장 [...]
>>> L
['s', 'h', 'r', 'u', 'b', 'b', 'e', 'r', 'y']
>>> L[1] = 'c'                          # 직접 변경
>>> ''.join(L)                          # 빈 구분자로 결합
'scrubbery'

>>> B = bytearray(b'spam')              # 바이트/리스트가 혼합된 형태
>>> B.extend(b'eggs')                   # 'b'는 3.X에서만 필요함
>>> B                                   # B[i] = ord(x) 여기서 동일하게 동작
bytearray(b'spameggs')
>>> B.decode()                          # 일반적인 문자열로 변환
'spameggs'
```

bytearray는 텍스트에 대한 직접적인 변경을 지원하지만, 텍스트에 포함된 문자들이 모두 길어야 8비트인 경우에만 해당된다(예 아스키 문자). 그 외의 모든 문자열은 여전히 변경할 수 없다 (bytearray는 변경할 수 없는 바이트 문자열과 가변 **리스트**가 결합된 독특한 형태다 그리고 이 코드를 완벽히 이해하기 위해서는 이 두 타입과 유니코드 텍스트에 대해서 좀 더 자세히 배워야만 한다).

타입별 메서드

지금까지 다룬 모든 문자열 연산은 실제 시퀀스 연산이다(즉, 이러한 연산들은 리스트와 튜플을 포함한 파이썬의 다른 시퀀스에 대해서도 잘 동작할 것이다. 그러나 문자열은 일반적인(generic) 시퀀스 연산들뿐만 아니라, 메서드라는 이름의 문자열만의 추가적인 연산을 제공한다). 특정 객체에 소속되어 있고, 객체에 따라 동작하는 함수이며, 호출 표현식으로 실행된다.

예를 들어, 문자열 find 메서드는 기본 부분 문자열 검색 기능이다(find 메서드는 전달된 부분 문자열이 위치한 오프셋, 또는 부분 문자열이 없는 경우 -1을 반환한다). 그리고 문자열 replace 메서드는 전체적인 검색과 문자열 대체 기능을 수행한다. 두 메서드 모두 대상이 되는 객체 또는 호출된 객체에 대해 동작을 수행한다.

```
>>> S = 'Spam'
>>> S.find('pa')                          # S에서 부분 문자열의 오프셋을 찾음
1
>>> S
'Spam'
>>> S.replace('pa', 'XYZ')                # S에서 부분 문자열을 다른 문자열로 변경
'SXYZm'
>>> S
'Spam'
```

다시 말하지만, 문자열 메서드의 이름에도 불구하고, 여기서 실제 원본 문자열은 변경되지 않고 새로운 문자열이 결과로 생성된다(문자열은 불변 객체이기(immutable) 때문에 문자열 변경 작업은 이러한 방식으로 동작할 수밖에 없다). 문자열 메서드는 파이썬에서 텍스트 처리를 위한 가장 중요한 도구 중 하나다. 다른 메서드는 구분 문자(delimiter)로 문자열을 부분 문자열로 분할, 대소 문자 변환, 문자열의 내용 테스트(문자인지, 숫자인지 등), 그리고 문자열의 끝에서 공백 문자를 제거하는 기능을 제공한다.

```
>>> line = 'aaa,bbb,ccccc,dd'
>>> line.split(',')                       # 구분자로 분할하여 부분 문자열의 리스트 생성
['aaa', 'bbb', 'ccccc', 'dd']

>>> S = 'spam'
>>> S.upper()                             # 대소문자 변환
'SPAM'
>>> S.isalpha()                           # 문자열 내용 테스트: isalpha, isdigit 등
True
```

```
>>> line = 'aaa,bbb,ccccc,dd\n'
>>> line.rstrip()                          # 오른쪽 끝에서 공백 문자 제거
'aaa,bbb,ccccc,dd'
>>> line.rstrip().split(',')               # 두 연산을 결합
['aaa', 'bbb', 'ccccc', 'dd']
```

여기서 마지막 명령을 알아보자(파이썬은 왼쪽에서 오른쪽으로 실행되기 때문에 이 명령은 분할하기 전에 먼저 공백을 제거하며, 이 과정에서 임시적인 결과가 생성된다). 또한 문자열은 **포매팅**(formatting)이라는 고급 치환 연산을 제공하며, 표현식(기존 방식)과 문자열 메서드 호출(파이썬 2.6과 3.0에서 새로운 방식) 방식으로 이용할 수 있다. 이 중에 두 번째 방식은 파이썬 2.7과 3.1 이상 버전에서 상대적인 인수 값 번호를 생략할 수 있다.

```
>>> '%s, eggs, and %s' % ('spam', 'SPAM!')         # 포매팅 표현식(모든 버전)
'spam, eggs, and SPAM!'

>>> '{0}, eggs, and {1}'.format('spam', 'SPAM!')   # 포매팅 메서드(2.6+, 3.0+)
'spam, eggs, and SPAM!'

>>> '{}, eggs, and {}'.format('spam', 'SPAM!')     # 인수 값 번호 생략(2.7+, 3.1+)
'spam, eggs, and SPAM!'
```

포매팅은 매우 풍부한 기능을 갖추고 있기 때문에 이에 대한 논의는 이 책의 후반부로 미뤄두겠다. 또한, 포매팅은 수치가 들어간 보고서를 생성할 때 매우 중요하게 사용된다.

```
>>> '{:,.2f}'.format(296999.2567)      # 구분자, 소수 자릿수
'296,999.26'
>>> '%.2f | %+05d' % (3.14159, -42)    # 자릿수, 패딩, 기호
'3.14 | -0042'
```

여기서 한 가지 주목하도록 하자. 시퀀스 연산은 일반적이지만(generic), 메서드는 그렇지 않다(일부 타입은 같은 메서드 이름을 공유하고 있지만, 문자열 메서드는 일반적으로 문자열에 대해서만 동작하고 그 외의 타입에 대해서는 동작하지 않는다). 다양한 타입에 대해 동작하는 일반적인(generic) 연산들은 내장된 함수나 표현식에서 볼 수 있지만(예 len(X), X[0]), 타입별 연산들은 메서드 호출에서 볼 수 있다(예 aString.upper()). 이러한 분류 안에서 여러분이 필요한 도구를 찾음으로써 파이썬을 좀 더 자연스럽게 사용할 수 있지만, 다음 절에서는 여러분이 지금 당장 사용할 수 있는 몇 가지 팁을 제공하고자 한다.

도움말 보기

앞 절에서 소개된 메서드는 문자열 객체에서 사용할 수 있는 대표적인 메서드지만, 어디까지나 일부일 뿐이다. 이 책은 일반적으로 특정 객체가 제공하는 메서드에 대해서 포괄적으로 살펴보지는 않는다. 좀 더 자세한 내용이 알고 싶은 경우, 내장 함수인 dir을 사용할 수 있다. 이 함수는 인수 없이 호출할 경우, 호출한 곳의 범위(scope)에 할당된 모든 변수를 나열한다. 좀 더 유용하게 dir 함수에 인수를 전달할 경우, dir 함수는 인수로 전달된 객체에서 이용할 수 있는 모든 속성을 반환한다. 메서드는 객체의 함수 속성에 해당하기 때문에 dir 호출 결과에서 확인할 수 있을 것이다. 다음은 S가 여전히 문자열이라는 가정하에 파이썬 3.6에서 실행한 결과다(파이썬 2.2에서는 조금 다른 결과가 나온다).

```
>>> dir(S)
['__add__', '__class__', '__contains__', '__delattr__', '__dir__', '__doc__',
'__eq__', '__format__', '__ge__', '__getattribute__', '__getitem__',
'__getnewargs__', '__gt__', '__hash__', '__init__', '__iter__', '__le__',
'__len__', '__lt__', '__mod__', '__mul__', '__ne__', '__new__', '__reduce__',
'__reduce_ex__', '__repr__', '__rmod__', '__rmul__', '__setattr__',
'__sizeof__', '__str__', '__subclasshook__', 'capitalize', 'casefold', 'center',
'count', 'encode', 'endswith', 'expandtabs', 'find', 'format', 'format_map',
'index', 'isalnum', 'isalpha', 'isdecimal', 'isdigit', 'isidentifier',
'islower', 'isnumeric', 'isprintable', 'isspace', 'istitle', 'isupper', 'join',
'ljust', 'lower', 'lstrip', 'maketrans', 'partition', 'replace', 'rfind',
'rindex', 'rjust', 'rpartition', 'rsplit', 'rstrip', 'split', 'splitlines',
'startswith', 'strip', 'swapcase', 'title', 'translate', 'upper', 'zfill']
```

이 목록에서 두 개의 언더스코어 문자로 된 이름은 이 책의 후반에 클래스 연산자 오버로딩에 대해서 다룰 때까지 신경 쓰지 않아도 된다(이 이름들은 문자열 객체의 구현을 나타내며, 사용자 정의 기능을 제공하기 위해 사용할 수 있다. 예를 들어, 문자열의 __add__ 메서드는 실제 문자열을 연결하는 기능을 수행한다). 다음의 첫 번째 표현식에서 파이썬은 내부적으로 두 번째 인수를 첫 번째 인수에 자동으로 매핑하며, 일반적으로 두 번째와 같은 방법으로 사용하지는 않을 것이다(두 번째 방법은 첫 번째에 비해 덜 직관적이며 심지어 더 느리게 동작한다).

```
>>> S + 'NI!'
'spamNI!'
>>> S.__add__('NI!')      # 선호하지 않는 방법
'spamNI!'
```

일반적으로 앞, 뒤로 두 개의 언더스코어 문자가 있는 이름은 파이썬이 실제 구현에 사용하는 이름 규칙이다. 위 목록에서 언더스코어 문자가 없는 이름들은 문자열 객체에 대해 호출 가능한 메서드를 나타낸다.

dir 함수는 단순히 메서드의 이름만 보여 주므로 이 메서드가 실제 무슨 일을 하는지 궁금할 경우 help 함수에 해당 메서드의 이름을 전달할 수 있다.

```
>>> help(S.replace)
Help on built-in function replace:

replace(...)
    S.replace(old, new[, count]) -> str

    Return a copy of S with all occurrences of substring
    old replaced by new. If the optional argument count is
    given, only the first count occurrences are replaced.
```

help는 파이썬과 함께 제공되며, PyDoc으로 알려진 코드 시스템에 대한 유용한 인터페이스 중 하나다(객체에서 문서를 추출하기 위한 도구로, 나중에 PyDoc은 검색 결과 리포트를 웹 브라우저에서 표시하기 위해 HTML 형식의 출력을 지원한다는 것을 볼 수 있다).

물론 특정 메서드가 아닌 **문자열 전체**에 대한 도움말을 요청할 수도 있지만(예 help(S)), 원하지 않는 결과를 보게 될 수도 있다(오래된 파이썬 버전에서는 모든 문자열 메서드에 관한 정보를 얻을 수 있으며, 최신 버전의 파이썬에서는 문자열이 다소 특별하게 다뤄지기 때문에 아무런 도움말도 얻을 수 없다. 일반적으로 특정 메서드로 제한해서 도움말을 요청하는 것이 좋다).

dir과 help는 또한 실제 객체(문자열 S와 같은)와 **데이터 타입**의 이름(str, list, dict 같은)을 인수로 받아들인다. 후자의 경우 help는 dir과 같은 목록을 반환하지만, help는 전체 타입에 대한 상세한 내용을 보여 준다. 그리고 타입 이름(예 str.replace에 대한 도움말)을 통해 특정 메서드에 대한 도움말을 요청할 수 있다.

자세한 정보가 필요한 경우, 파이썬의 표준 라이브러리 레퍼런스 매뉴얼을 참고하거나 파이썬 관련 서적의 도움을 받을 수도 있지만, dir과 help를 이용하는 것이 파이썬에서 문서화된 정보를 얻는 첫 번째 단계다.

문자열을 작성하는 다른 방법들

지금까지 문자열 객체의 시퀀스 연산과 특정 타입별 메서드에 대해서 살펴보았다. 파이썬은 이외에도 문자열을 다루기 위한 다양한 방법을 제공하며, 깊이 있는 내용은 뒤에 다시 다룰 예정이다. 예를 들어 특수문자는 역슬래시 이스케이프 시퀀스로 표현될 수 있으며, 파이썬에서는 출력 가능한 문자들을 제외하고는 \xNN 16진수 이스케이프 표기법으로 표현할 수 있다.

```
>>> S = 'A\nB\tC'          # \n은 라인의 끝, \t는 탭을 의미
>>> len(S)                 # 각각은 한 문자를 나타냄
5

>>> ord('\n')              # \n은 십진수 값 10인 하나의 문자
10

>>> S = 'A\0B\0C'          # \0, 바이너리 값이 0인 바이트, 문자열을 종료하지 않음
>>> len(S)
5
>>> S                      # 출력할 수 없는 문자는 \NN 16진수 이스케이프로 출력됨
'A\x00B\x00C'
```

파이썬에서 문자열은 단일 또는 이중 따옴표로 묶어서 표현한다(둘 모두 같은 의미를 가지지만, 각각은 서로를 이스케이프 없이 포함할 수 있다(대부분의 프로그래머는 단일 따옴표를 좀 더 선호한다)). 단일 또는 이중 따옴표 세 개로 문자열을 둘러싸면 여러 라인으로 된 문자열 리터럴을 만들 수 있다(이 형태가 사용될 경우, 모든 라인은 하나의 문자열로 연결되며, 줄바꿈이 발생하는 위치에 라인의 끝을 표시하는 문자('\n')가 추가된다). 이 방법은 사소한 구문상의 편의를 제공하지만, HTML, XML 또는 JSON 코드와 같이 멀티라인으로 구성된 텍스트를 파이썬 스크립트 안에 포함시키거나 여러 라인으로 된 코드의 실행을 임시로 막기 위해 유용하게 사용된다(단지, 위 아래로 세 개의 따옴표를 추가하기만 하면 된다).

```
>>> msg = """
aaaaaaaaaaaaa
bbb'''bbbbbbbbbb""bbbbbbb'bbbb
ccccccccccccccc
"""
>>> msg
'\naaaaaaaaaaaaa\nbbb\'\'\'bbbbbbbbbb""bbbbbbb\'bbbb\nccccccccccccccc\n'
```

파이썬은 또한 역슬래시 이스케이프 메커니즘이 동작하지 않는 원시 문자열 리터럴(raw string literal)을 지원한다. 이러한 리터럴은 r 문자로 시작하며, 윈도우 환경에서 디렉터리와 같은 문자열을 표기할 때 유용하게 사용된다(예 r'C:\text\new').

유니코드 문자열

파이썬의 문자열은 국제화된 문자 집합으로 된 텍스트를 처리하는 데 필요한 유니코드(Unicode)를 완벽히 지원한다. 예를 들어, 일본어나 러시아어에 있는 문자는 아스키 문자 집합에서 제공되지 않는다. 이러한 아스키가 아닌(Non-ASCII) 텍스트는 웹 페이지나 이메일, GUI, JSON, XML 등 어디서나 사용될 수 있다. 이러한 경우 텍스트를 잘 처리하기 위해서 유니코드의 지원이 필요하다. 파이썬은 이러한 유니코드 지원을 포함하고 있지만, 파이썬의 버전 라인에 따라 지원하는 형태가 다소 차이가 나며, 이러한 차이는 파이썬 버전 라인에서도 큰 차이점 중 하나에 속한다.

파이썬 3.X에서 일반적인 str 문자열은(아스키를 포함하여, 아스키도 유니코드의 일부다) 유니코드 텍스트 처리를 지원한다. 별도의 bytes 문자열 타입은 (미디어 및 인코딩된 텍스트를 포함한) 원시(raw) 바이트 값을 나타낸다. 그리고 파이썬 2.X 유니코드 리터럴은 파이썬 3.3+ 버전에서 2.X 버전과의 호환을 위해 지원된다(파이썬 2.X 유니코드 리터럴은 3.X에서 일반적인 str 문자열과 동일하게 처리된다).

```
>>> 'sp\xc4m'              # 3.X에서 일반적인 str 문자열은 유니코드 텍스트
'spÄm'
>>> b'a\x01c'              # 바이트 문자열은 바이트 기반 데이터
b'a\x01c'
>>> u'sp\u00c4m'           # 2.X 유니코드 리터럴은 3.3+에서 str처럼 동작
'spÄm'
```

파이썬 2.X에서 일반적인 str 문자열은 (아스키 문자를 포함한) 8비트 문자로 된 문자열과 원시 바이트 값 모두를 처리할 수 있다. 별도의 유니코드 문자열 타입은 유니코드 텍스트를 표현한다. 그리고 3.X에서 바이트 리터럴은 2.6과 그 이후 버전에서 3.X와 호환을 위해 지원된다(3.X의 바이트 리터럴은 일반적인 2.X str 문자열과 동일하게 처리된다).

```
>>> print u'sp\xc4m'       # 2.X에서 유니코드 문자열은 별도의 타입임
spÄm
>>> 'a\x01c'               # 일반적인 str 문자열은 바이트 기반의 텍스트/데이터를 포함하고 있음
'a\x01c'
>>> b'a\x01c'              # 3.X 바이트 리터럴은 2.6+에서 str처럼 동작함
'a\x01c'
```

공식적으로, 비유니코드 문자열은 2.X와 3.X 모두에서 출력 가능한 경우 아스키 문자로 출력되는 8비트 바이트의 연속이며, 유니코드 문자열은 유니코드 코드 포인트(code point)의 연속이다

(문자들의 식별 숫자는 파일에 인코딩되거나 메모리에 저장될 때, 반드시 한 바이트로 변환되는 것은 아니다. 사실상 바이트의 개념은 유니코드에는 적용되지 않는다. 일부 인코딩에서는 바이트에 대해 너무 큰 문자 코드 포인트를 포함하고 있다. 그리고 심지어 간단한 7비트 아스키 텍스트도 일부 인코딩과 저장 구조에서는 한 문자가 한 바이트에 저장되지 않는다).

```
>>> 'spam'                    # 문자들은 메모리에 1, 2 또는 4바이트로 저장됨
'spam'
>>> 'spam'.encode('utf8')     # UTF-8 형식의 4바이트로 인코딩됨
b'spam'
 >>> 'spam'.encode('utf16')   # UTF-16 형식의 10바이트로 인코딩됨
b'\xff\xfes\x00p\x00a\x00m\x00'
```

또한 3.X와 2.X는 앞에서 이미 살펴본 bytearray 문자열 타입을 지원하며, 이 타입은 본질적으로 bytes 문자열(2.X에서는 str)이다. 객체의 데이터를 직접 변경하는 대부분의 연산을 리스트 객체가 지원한다.

3.X와 2.X는 프로그램 소스 파일에 정의된 파일 전체 인코딩뿐만 아니라 \x 16진수, 그리고 짧은 \u와 긴 \U 유니코드 이스케이프를 사용한 아스키가 아닌 문자에 대한 코딩을 지원한다. 다음은 3.X에서 세 가지 방법으로 작성된 아스키가 아닌 문자의 예다(2.X에서는 앞에 'u'를 붙이고 print를 호출하면 같은 결과를 볼 수 있다).

```
>>> 'sp\xc4\u00c4\U000000c4m'
'spÄÄÄm'
```

이 값의 의미와 값이 사용되는 방법은 **텍스트 문자열**마다 다르며, 3.X에서는 일반적인 문자열이고 2.X에서는 유니코드다. 그리고 **바이트 문자열**은 3.X에서는 바이트이며, 2.X에서는 일반적인 문자열이다. 이러한 모든 이스케이프는 실제 유니코드 코드 포인트의 서수 값을 텍스트 문자열에 정수로 저장하기 위해 사용될 수 있다. 반면에, 바이트 문자열은 인코딩된 텍스트를 포함하기 위해 해당 텍스트의 디코딩된 코드 포인트 값이 아닌 \x 16진수 이스케이프만을 사용한다(인코딩된 바이트는 일부 인코딩과 문자들에 대해 코드 포인트와 동일하다).

```
>>> '\u00A3', '\u00A3'.encode('latin1'), b'\xA3'.decode('latin1')
('£', b'\xa3', '£')
```

주목할 만한 차이로, 파이썬 2.X에서는 일반적인 문자열이 모두 아스키인 경우에 일반적인 문자열과 유니코드 문자열을 표현식 안에 혼합하여 사용할 수 있다. 이에 반해, 파이썬 3.X는 명

시적인 변환 없이는 일반적인 문자열과 바이트 문자열을 혼합할 수 없는 엄격한 모델을 가졌다.

```
u'x' + b'y'              # 2.X에서 동작(b는 선택 사항이며 생략 가능)
u'x' + 'y'               # 2.X에서 동작: u'xy'

u'x' + b'y'              # 3.6에서 동작하지 않음 (u는 선택 사항이며 생략 가능)
u'x' + 'y'               # 3.6에서 동작: 'xy'

'x' + b'y'.decode()      # 3.X에서 bytes를 str로 디코딩 후 동작: 'xy'
'x'.encode() + b'y'      # 3.X에서 str을 bytes로 인코딩 후 동작: b'xy'
```

이러한 문자열 타입 외에 유니코드 처리는 주로 파일에 쓰거나 파일로부터 읽는 텍스트 데이터의 양을 줄여 준다(텍스트는 파일에 저장될 때 바이트로 인코딩된다. 그리고 다시 메모리로 읽을 때 문자(코드 포인트)로 디코딩된다. 일단, 메모리에 로드되면 보통 텍스트를 디코딩된 형태의 문자열로만 처리한다).

이러한 모델로 인해, 파이썬 3.X에서 파일은 파일마다 제한된 특정 콘텐츠를 다룬다. **텍스트 파일**은 지정된 인코딩을 구현하고, str 문자열을 받아들이고 반환한다. 그러나 **바이너리 파일**은 원시 바이너리 데이터를 처리하기 위해 대신 bytes 문자열을 처리한다. 파이썬 2.X에서는 일반적인 파일의 콘텐츠는 str 바이트다. 그리고 특수 codecs 모듈이 유니코드를 처리하고 unicode 타입의 콘텐츠를 보여 준다.

이 장의 뒤에서 파일에 대해 다룰 때 다시 유니코드에 대해서 일부 언급할 테지만, 유니코드에 대한 자세한 내용은 이 책의 뒤에서 다룰 예정이다. 또한, 25장의 예제에서 통화 기호를 사용할 때 유니코드가 잠깐 언급되긴 하지만, 유니코드에 대한 대부분의 내용은 이 책의 고급 주제를 다루는 부분까지 미뤄둘 예정이다. 유니코드는 일부 영역에서 매우 중요하게 다뤄지지만, 대부분의 프로그래머는 대략적인 이해만으로도 코드를 작성하는 데 크게 문제가 되지 않는다. 모든 데이터가 아스키 텍스트인 경우, 문자열과 파일에 대한 이야기는 크게 보면 2.X나, 3.X나 모두 동일하다. 그리고 프로그래밍을 처음 접하는 독자라면 문자열의 기초에 대해 마스터할 때까지 유니코드에 대한 상세한 내용을 미룬다고 해서 크게 문제가 되지는 않는다.

패턴 매칭

다음 주제로 넘어가기 전에 주목할 점은 문자열 객체 자체는 패턴 기반의 텍스트 처리를 위한 메서드를 제공하지 않는다는 것이다. 텍스트 패턴 매칭은 이 책의 범위를 벗어나는 고급 도구이지만, 다른 스크립트 언어에 대한 배경 지식을 가지고 있는 독자라면 파이썬에서 패턴 매칭에 대해서 알고 싶을 것이다. 파이썬에서는 패턴 매칭을 위해 re(regular expression, 정규표현식)라고 불리는 모듈을 임포트해야 한다. 이 모듈은 검색, 분할 그리고 대체 기능을 위한 유사한 호출들을 제공하지만, 각 호출은 부분 문자열(substring)을 지정하기 위해 패턴을 사용할 수 있기 때문에 좀 더 범용적으로 사용할 수 있다.

```
>>> import re
>>> match = re.match('Hello[ \t]*(.*)world', 'Hello Python world')
>>> match.group(1)
'Python '
```

이 예제는 'Hello, '로 시작하고, 다음에 0개 또는 그 이상의 탭 또는 스페이스가 오며, 매칭 그룹에 저장할 임의의 문자들이 나온 다음, 'world'로 끝나는 부분 문자열을 검색한다. 조건에 만족되는 부분 문자열이 발견될 경우, 괄호 안의 패턴에 의해 일치하는 부분 문자열의 일부를 그룹으로 사용할 수 있다. 예를 들어, 다음 패턴은 슬래시나 콜론으로 구분된 세 그룹을 찾아내며, 이 방법은 다른 패턴을 사용하여 분할하는 것과 유사하게 동작한다.

```
>>> match = re.match('[/:](.*)[/:](.*)[/:](.*)', '/usr/home:lumberjack')
>>> match.groups()
('usr', 'home', 'lumberjack')

>>> re.split('[/:]', '/usr/home/lumberjack')
['', 'usr', 'home', 'lumberjack']
```

패턴 매칭은 그 자체만으로도 고급 텍스트 처리 도구지만, 파이썬은 XML, HTML 분석과 자연어 분석과 같은 더 고급인 텍스트와 언어 처리를 위한 지원을 제공한다. 그리고 37장의 끝에서 패턴과 XML 분석에 대한 간단한 예제들이 추가적으로 나오지만, 이미 이 장에서 문자열에 대해서 충분히 설명했으므로 다음 주제로 넘어가 보도록 하자.

리스트

파이썬 리스트(List) 객체는 언어에 의해 제공되는 가장 일반적인 **시퀀스**다. 리스트는 임의의 타입 객체에 대한 위치적으로 정렬된 컬렉션이며, 고정된 사이즈를 가지지 않는다. 리스트는 또한 **가변(mutable)** 객체다(문자열과 달리 리스트는 오프셋을 이용한 할당과 다양한 리스트 메서드 호출을 통해 직접 수정될 수 있다. 따라서 리스트는 임의의 컬렉션을 표현하기 위한 매우 유연한 도구를 제공한다(디렉터리에서 파일 리스트, 회사에서 직원 리스트, 메일함에서 이메일 목록 등)).

시퀀스 연산

리스트는 시퀀스이기 때문에 앞의 문자열에서 설명한 모든 시퀀스 연산이 지원된다. 유일한 차이는 연산의 결과가 보통 문자열이 아닌 리스트라는 것이다. 예를 들어, 세 개의 아이템을 가진 리스트가 있다.

```
>>> L = [123, 'spam', 1.23]        # 세 가지 다른 타입 객체를 포함한 리스트
>>> len(L)                         # 리스트의 아이템 수
3
```

문자열과 마찬가지로 인덱스를 지정하거나 슬라이스를 할 수 있다.

```
>>> L[0]                           # 위치 인덱스
123
>>> L[:-1]                         # 리스트 슬라이싱은 새로운 리스트를 반환
[123, 'spam']

>>> L + [4, 5, 6]                  # 이어 붙이기/반복은 새로운 리스트 반환
[123, 'spam', 1.23, 4, 5, 6]
>>> L * 2
[123, 'spam', 1.23, 123, 'spam', 1.23]

>>> L                              # 원본 리스트는 변경되지 않음
[123, 'spam', 1.23]
```

타입별 연산

파이썬의 리스트는 다른 언어의 배열(array)을 연상시키기도 하지만, 일반적으로 배열보다 더 강력한 기능을 제공한다. 그중 하나로, 리스트는 고정된 타입 제약이 없다. 예를 들어, 바로 위에서 살펴본 리스트는 완전히 다른 세 가지 타입의 객체(정수, 문자열, 부동 소수점)를 포함하고 있다. 게다가 리스트는 크기가 고정되어 있지 않다. 즉, 리스트는 리스트별 연산에 대한 응답 또는 필요에 따라 늘어나거나 줄어들 수 있다.

```
>>> L.append('NI')                 # 크기가 늘어남: 리스트의 끝에 객체 추가
>>> L
[123, 'spam', 1.23, 'NI']

>>> L.pop(2)                       # 크기가 줄어듦: 중간 아이템 하나를 제거
1.23                               # del L[2] 연산도 같은 기능을 함
>>> L
[123, 'spam', 'NI']
```

여기서 리스트의 append 메서드는 리스트의 크기를 늘리고 리스트의 끝에 아이템을 추가한다. pop 메서드(또는 유사한 del문)는 인수로 제공된 오프셋에 위치한 아이템을 제거하여 리스트의 크기가 줄어들게 한다. 다른 리스트 메서드는 지정된 위치에 아이템을 추가하거나(insert), 값으로 지정된 아이템을 제거하거나(remove), 리스트의 끝에 다수의 아이템을 추가하는(extend) 등의 기능을 한다. 리스트는 가변 객체이기 때문에 리스트가 제공하는 대부분의 메서드는 새로운 리스트를 생성하는 대신 원본 리스트를 직접 변경한다.

```
>>> M = ['bb', 'aa', 'cc']
>>> M.sort()
>>> M
['aa', 'bb', 'cc']
>>> M.reverse()
>>> M
['cc', 'bb', 'aa']
```

예를 들어, 위의 sort 메서드는 기본적으로 리스트를 오름차순으로 정렬하며, reverse 메서드는 리스트의 아이템들 순서를 뒤집는다(두 메서드 모두 리스트의 항목을 직접 수정한다).

경계 검사

비록 리스트가 고정된 크기가 없긴 하지만, 파이썬은 여전히 존재하지 않는 아이템을 참조하는 것을 허용하지 않는다. 리스트의 끝을 벗어난 인덱싱은 대부분 실수로 인해 발생하며, 리스트의 끝을 벗어난 할당 또한 마찬가지다.

```
>>> L
[123, 'spam', 'NI']

>>> L[99]
...에러 텍스트 생략...
IndexError: list index out of range

>>> L[99] = 1
...에러 텍스트 생략...
IndexError: list assignment index out of range
```

위 코드는 의도적인 것이며, 리스트의 끝을 벗어난 할당 시도는 보통 에러가 발생한다(그리고 C 언어에서 특히 불편한 것 중 하나로, C 언어는 파이썬만큼 충분한 에러 검사를 하지 않는다는 점이 있다). 리스트는 이러한 요청에 대응하여 알아서 크기를 늘리기보다는 에러를 보고 한다. 리스트의 크기를 증가시키려면, 대신 append와 같은 리스트 메서드를 호출해야 한다.

중첩

파이썬 핵심 데이터 타입 중에서 한 가지 주목할 만한 기능은 바로 임의의 **중첩**을 지원한다는 것이다. 어떠한 조합이라도 원하는 깊이만큼 중첩할 수 있다. 예를 들어 딕셔너리(dictionary)를 포함한 리스트가 있고, 딕셔너리는 다시 또 다른 리스트를 포함한 이중으로 중첩된 리스트를 만들 수 있다. 파이썬에서 행렬이나 다차원 배열을 표현할 때 이 기능을 가장 쉽게 활용할 수 있다. 중첩의 가장 기본적인 응용 형태로는 리스트가 리스트를 포함한 형태를 생각해 볼 수 있다(여러분의 환경에서 아래 예제를 따라 해보면 라인 2와 3에서 '...' 연속 입력 프롬프트를 보게 될 수 있으며, IDLE의 경우 다음과 같이 표시되지 않는다).

```
>>> M = [[1, 2, 3],          # 리스트를 중첩한 3 × 3 행렬
         [4, 5, 6],          # 괄호를 사용한 경우 여러 라인에 걸쳐 코드 작성 가능
         [7, 8, 9]]
>>> M
[[1, 2, 3], [4, 5, 6], [7, 8, 9]]
```

이 예제는 세 개의 다른 리스트를 포함하고 있는 리스트를 작성하는 코드다. 앞 코드의 실행 결과, 3 × 3 크기의 숫자 행렬이 만들어진다. 이러한 구조는 다양한 방법으로 접근할 수 있다.

```
>>> M[1]                     # 두 번째 행을 구함
[4, 5, 6]

>>> M[1][2]                  # 두 번째 행에서 세 번째 아이템을 구함
6
```

여기서 첫 번째 연산은 두 번째 행 전체를 가져온다. 그리고 두 번째 연산은 해당 두 번째 행에서 세 번째 아이템을 가져온다(이 코드는 이전에 문자열을 스트립한 다음, 분할할 때와 마찬가지로 왼쪽에서 오른쪽으로 실행된다). 인덱스 연산을 붙여 쓰면 쓸수록 중첩된 객체 구조의 더 깊은 곳으로 진입하게 된다.[3]

---

3 이 행렬 구조는 크지 않은 작업에 대해 물론 잘 동작하지만, 더 중요한 수치 연산에 대해서는 오픈 소스 NumPy와 SciPy 시스템 같은 파이썬 수치 연산 확장 모듈을 사용하고 싶을 것이다. 이러한 도구들은 거대한 행렬에 대해 여기서 우리가 사용한 중첩된 리스트 구조보다 더욱 효과적으로 저장하고 처리할 수 있다. NumPy는 파이썬을 매트랩 시스템보다 더 강력하게 만들며, 나사 (NASA), 로스 앨러모스 국립 연구소, JPM을 포함한 많은 조직에서 과학 및 금융 업무에 이 도구를 사용하고 있다. 상세한 내용은 웹에서 검색해 보도록 하자.

컴프리헨션

파이썬은 시퀀스 연산과 리스트 메서드뿐만 아니라 **리스트 컴프리헨션 표현식**(list comprehension expression)이라는 좀 더 고급 연산을 제공하며, 이것은 위 행렬과 같은 구조를 처리하기 위한 좀 더 강력한 방법으로 알려져 있다. 예를 들어, 샘플 행렬에서 두 번째 열만 뽑아야 한다고 가정해 보자. 행렬은 행 단위로 저장되기 때문에 인덱싱을 사용하면 어렵지 않게 행을 가져올 수 있지만, 리스트 컴프리헨션을 사용하면 열 또한 쉽게 가져올 수 있다.

```
>>> col2 = [row[1] for row in M]          # 두 번째 열 아이템만 뽑아냄
>>> col2
[2, 5, 8]

>>> M                                      # 행렬 자체는 변경되지 않음
[[1, 2, 3], [4, 5, 6], [7, 8, 9]]
```

리스트 컴프리헨션은 집합(set) 표기법에서 파생됐다. 리스트 컴프리헨션은 시퀀스의 각 아이템에 대해 한 번에 하나씩, 왼쪽에서 오른쪽으로 표현식을 실행하여 새로운 리스트를 만드는 방법이다. 리스트 컴프리헨션은 (반환값으로 리스트를 만든다는 것을 암시하기 위해) 대괄호 안에 작성되고, 표현식과 변수 이름을 공유하는(여기서는 row) 반복 구조로 구성된다. 위의 리스트 컴프리헨션은 기본적으로 '행렬 M에서 각 열의 row[1]을 항목으로 가지는 새로운 리스트를 만들어 줘'를 말한다. 실행 결과는 행렬의 두 번째 열을 포함하고 있는 새로운 리스트다.

리스트 컴프리헨션은 실제로는 좀 더 복잡하게 사용될 수 있다.

```
>>> [row[1] + 1 for row in M]             # 2열의 각 아이템에 1 더하기
[3, 6, 9]

>>> [row[1] for row in M if row[1] % 2 == 0]   # 홀수 아이템 필터링
[2, 8]
```

예를 들어 여기서 첫 번째 연산은 수집된 각 아이템에 1을 더한다. 그리고 두 번째는 % 나머지 표현식을 사용하여 결과에서 홀수를 걸러내기 위해 if 구문을 사용한다. 리스트 컴프리헨션은 새로운 결과 리스트를 만들지만, 어떤 반복 가능한 객체를 반복하기 위해서도 사용된다(반복 가능한 객체에 대해서는 이 장의 후반부에서 좀 더 설명할 예정이다). 예를 들어, 다음은 하드코딩된 좌표값의 리스트와 문자열을 반복하기 위해 리스트 컴프리헨션을 사용한다.

```
>>> diag = [M[i][i] for i in [0, 1, 2]]          # 행렬에서 대각선 값을 가져옴
>>> diag
[1, 5, 9]

>>> doubles = [c * 2 for c in 'spam']            # 문자열에 있는 문자들을 반복
>>> doubles
['ss', 'pp', 'aa', 'mm']
```

이 표현식은 또한 값들을 중첩된 컬렉션으로 감싸는 방법을 사용하여 다수의 값을 모으는 데 사용될 수 있다. 다음 예는 range를 사용하여 설명한다(range는 내장된 함수이며, 연속적인 정수를 생성한다). 그리고 파이썬 3.X에서 range가 생성하는 값을 표시하기 위해 list로 감쌀 필요가 있다(2.X는 실제 리스트를 한 번에 만든다).

```
>>> list(range(4))                               # 0..3(파이썬 3.X에서 list( ) 필요)
[0, 1, 2, 3]
>>> list(range(-6, 7, 2))                         # -6에서 +6까지 2씩(파이썬 3.X에서 list( ) 필요)
[-6, -4, -2, 0, 2, 4, 6]

>>> [[x ** 2, x ** 3] for x in range(4)]          # 다수의 값, "if" 필터
[[0, 0], [1, 1], [4, 8], [9, 27]]
>>> [[x, x / 2, x * 2] for x in range(-6, 7, 2) if x > 0]
[[2, 1, 4], [4, 2, 8], [6, 3, 12]]
```

아마 여러분은 리스트 컴프리헨션이 내장 함수인 map 또는 filter와 유사한 것이라고 말할 수도 있을 것이다. 이 주제는 이 장의 목적인 미리 보기를 벗어나므로 더 깊이 다루지는 않는다. 이 장의 짧은 소개의 핵심은 파이썬은 내부적으로 단순한 도구들 외에도 다양한 고급 도구들을 함께 제공한다는 것을 설명하는 것이다. 리스트 컴프리헨션은 부가적인 기능이지만 실제 환경에서도 매우 유용하게 사용되며, 종종 실질적인 처리 속도를 향상시킨다. 또한 리스트 컴프리헨션은 파이썬의 모든 시퀀스 타입과 함께 사용할 수 있으며, 일부 비시퀀스 타입과도 함께 사용할 수 있다. 리스트 컴프리헨션에 대해서는 이 책의 뒷부분에서 좀 더 많은 내용을 배울 수 있을 것이다.

비록 미리 보기이긴 하지만, 최신 파이썬에서 컴프리헨션의 구문이 다른 역할로도 사용될 수 있도록 일반화되었다는 것을 발견할 수 있다 오늘날 컴프리헨션은 리스트를 만들기 위한 것만은 아니다. 예를 들어, 괄호에 둘러싸인 컴프리헨션은 필요한 결과를 생성하는 제너레이터(generator)를 만드는 데 사용될 수 있다. 다음 예제는 설명을 위해 시퀀스 안의 아이템들을 더하는 sum 내장 함수를 사용한다(이 예제는 요청할 때마다 행렬의 각 행에 있는 모든 아이템의 합을 반환한다).

```
>>> G = (sum(row) for row in M)          # 행의 합을 반환하는 제너레이터 생성
>>> next(G)                              # iter(G)를 사용할 필요 없음
6
>>> next(G)                              # 반복 프로토콜 next( ) 실행
15
>>> next(G)
24
```

내장 함수인 map은 호출 시에 각 아이템을 한 번에 하나씩 함수를 통하여 실행한 결과를 생성함으로써 이와 유사하게 동작할 수 있다. range와 마찬가지로 파이썬 3.X에서 모든 값이 반환되도록 하기 위해서는 map 호출을 list로 강제로 감싸야 한다. 모든 결과 리스트를 한 번에 생성하는 파이썬 2.X에서는 list로 감쌀 필요가 없으며, 멀티 스캔이나 리스트와 같은 동작이 필요한 경우를 제외하면 자동으로 반복되는 다른 문맥에서도 list를 사용하지 않아도 된다.

```
>>> list(map(sum, M))                    # map은 M에 있는 아이템의 합을 구함
[6, 15, 24]
```

파이썬 2.7과 3.X의 컴프리헨션 구문은 또한 집합과 딕셔너리를 만드는 데 사용될 수 있다.

```
>>> {sum(row) for row in M}              # 행의 합에 대한 집합 생성
{24, 6, 15}

>>> {i : sum(M[i]) for i in range(3)}    # 행의 합에 대한 키/값 테이블 생성
{0: 6, 1: 15, 2: 24}
```

사실 리스트와 집합, 딕셔너리 그리고 제너레이터는 모두 파이썬 3.X와 2.7에서 컴프리헨션을 사용하여 만들어질 수 있다.

```
>>> [ord(x) for x in 'spaam']            # 각 문자의 숫자 값들의 리스트
[115, 112, 97, 97, 109]
>>> {ord(x) for x in 'spaam'}            # 집합은 중복을 제거
{112, 97, 115, 109}
>>> {x: ord(x) for x in 'spaam'}         # 딕셔너리에서 키는 유일한 값
{'p': 112, 'a': 97, 's': 115, 'm': 109}
>>> (ord(x) for x in 'spaam')            # 숫자 값들의 제너레이터
<generator object <genexpr> at 0x000000000254DAB0>
```

제너레이터, 집합, 딕셔너리와 같은 객체를 이해하기 위해 이에 대해 좀 더 다뤄보도록 하자.

딕셔너리

파이썬 딕셔너리(Dictionary)는 앞에서 다룬 것들과는 확실히 다르다. 딕셔너리는 시퀀스가 아니며, 대신 **매핑**(mapping)으로 알려져 있다. 매핑 또한 다른 객체들의 컬렉션이지만, 상대적인 위치 대신 **키**(key)에 의해 객체를 저장한다. 실제 매핑은 '왼쪽에서 오른쪽으로'와 같은 어떤 신뢰할 만한 정렬 또는 순서를 제공하지 않는다. 딕셔너리는 단순히 키를 관련된 값에 매핑한다. 딕셔너리는 파이썬 코어 객체들 중에서 유일한 매핑 타입이며, 또한 리스트와 같이 **가변** 타입이다. 딕셔너리와 리스트는 직접 변경이 가능하며, 필요에 따라 크기를 늘리거나 줄일 수 있다. 또한 딕셔너리는 리스트처럼 컬렉션을 표현하기 위한 유연한 도구이지만, 컬렉션의 아이템이 이름이나 라벨이 있는 경우에는 딕셔너리의 **기억하기 쉬운** 키를 사용하는 것이 더욱 적합하다(예를 들어, 데이터베이스 레코드의 필드가 있다).

매핑 연산

딕셔너리를 리터럴로 작성하는 경우, 중괄호 안에 작성하며, 연속된 '키:값'의 쌍으로 구성된다. 딕셔너리는 키와 값을 연결해야 하는 상황이라면 언제든지 유용하게 사용할 수 있다(예를 들어, 어떤 대상의 속성을 설명해야 하는 경우가 있을 수 있다). 예로 다음과 같은 세 개의 아이템을 가진 딕셔너리를 생각해 보자(가상의 메뉴 아이템에 대한 상세한 속성인 'food', 'quantity', 'color'를 속성으로 가진다).

```
>>> D = {'food': 'Spam', 'quantity': 4, 'color': 'pink'}
```

우리는 이 딕셔너리에 대해 키를 사용하여 값을 가져오기 위해 인덱스를 설정하거나 키와 연결된 값을 변경할 수 있다. 딕셔너리 인덱스 연산은 시퀀스에서 사용한 것과 같은 구문을 사용하지만, 대괄호 안의 아이템은 시퀀스의 상대적인 위치가 아닌 키를 의미한다.

```
>>> D['food']                          # 키 'food'에 대한 값 가져오기
'Spam'

>>> D['quantity'] += 1                 # 'quantity'의 값에 1 더하기
>>> D
{'color': 'pink', 'food': 'Spam', 'quantity': 5}
```

위와 같은 중괄호 리터럴 형태로 딕셔너리를 사용하는 경우도 있지만, 일반적으로 많이 사용되는 방법은 아니다(프로그램이 시작되기 전에 프로그램이 사용할 데이터들을 모두 알고 있는 경우는 드물기 때문이다). 예를 들어, 다음 코드는 빈 딕셔너리를 시작하고 한 번에 하나의 키를 채운다. 리스트에서 경계(bound)를 넘어선 할당이 금지되어 있는 것과는 달리 딕셔너리에서 새로운 키를 할당하면 해당 키가 생성된다.

```
>>> D = {}
>>> D['name'] = 'Bob'                    # 할당에 의해 새로운 키 생성
>>> D['job'] = 'dev'
>>> D['age'] = 40

>>> D
{'age': 40, 'job': 'dev', 'name': 'Bob'}

>>> print(D['name'])
Bob
```

여기서는 딕셔너리 키를 어떤 사람에 대한 레코드의 필드 이름으로 효율적으로 사용하고 있다. 딕셔너리는 다른 애플리케이션에서 검색 기능을 대체하기 위해 사용될 수 있다(딕셔너리 키에 의한 인덱싱은 종종 파이썬에서 검색 기능을 구현하는 가능 빠른 방법 중 하나다).

나중에 배우겠지만 dict 타입 이름에 키워드 인수(함수 호출에 사용되는 특수한 이름 = 값 구문) 또는 런타임 시에 얻은 연속된 키와 값을 함께 결합(zipping)한 결과를 전달하여 딕셔너리를 만들수 있다.

```
>>> bob1 = dict(name='Bob', job='dev', age=40)        # 키워드
>>> bob1
{'age': 40, 'name': 'Bob', 'job': 'dev'}

>>> bob2 = dict(zip(['name', 'job', 'age'], ['Bob', 'dev', 40]))     # 압축
>>> bob2
{'job': 'dev', 'name': 'Bob', 'age': 40}
```

위 코드의 실행 결과 딕셔너리 키의 순서가 뒤섞인 것을 알 수 있다. 매핑은 위치적으로 순서가 없기 때문에 운이 좋은 경우가 아니라면 입력한 것과 다른 순서의 결과가 생성된다. 정확한 순서는 사용하는 파이썬에 따라 다를 수 있으므로 순서에 의존하지 않도록 해야 하며, 여러분이 실행한 결과가 이 책에서 보는 것과 다를 수 있다.

중첩 다시 보기

앞의 예제에서는 가상의 사람을 설명하기 위해 세 개의 키와 함께 딕셔너리를 사용했다. 하지만 정보가 더 복잡한 상황을 생각해 보자. 아마도 이 사람의 성과 이름 그리고 다수의 직함 정보를 기록할 필요가 있을 것이다. 이 상황은 파이썬 객체를 중첩하여 깔끔하게 표현할 수 있다. 다음 딕셔너리는 리터럴로 한 번에 모두 작성했으며, 더욱 구조화된 정보를 포함하고 있다.

```
>>> rec = {'name': {'first': 'Bob', 'last': 'Smith'},
           'jobs': ['dev', 'mgr'],
           'age': 40.5}
```

여기서 우리는 다시 제일 위에 세 개의 키('name', 'jobs', 'age')로 구성된 딕셔너리가 있지만, 값은 더 복잡해졌다. name 키에 다수의 값을 지원하기 위해 중첩된 딕셔너리가 사용되었고, job 키에 다수의 역할과 추후 확장을 위해 중첩된 리스트가 사용되었다. 이전의 리스트 기반 행렬과 마찬가지 방법을 사용하여 이 구조의 요소들에 접근할 수 있지만, 이번에는 대부분이 리스트 오프셋이 아닌 딕셔너리 키를 인덱스로 사용한다.

```
>>> rec['name']                        # 'name'은 중첩된 딕셔너리
{'last': 'Smith', 'first': 'Bob'}

>>> rec['name']['last']                # 중첩된 딕셔너리 인덱스
'Smith'

>>> rec['jobs']                        # 'jobs'는 중첩된 리스트
['dev', 'mgr']
>>> rec['jobs'][-1]                    # 중첩된 리스트 인덱스
'mgr'

>>> rec['jobs'].append('janitor')      # Bob의 작업 설명을 확장
>>> rec
{'age': 40.5, 'jobs': ['dev', 'mgr', 'janitor'], 'name': {'last': 'Smith',
'first': 'Bob'}}
```

여기서 마지막 연산이 중첩된 jobs 리스트를 확장한 방법을 알아보도록 하자(jobs 리스트는 자신을 포함하고 있는 딕셔너리와는 별도의 메모리 영역이기 때문에 자유롭게 늘리거나 줄일 수 있다(객체의 메모리 배치에 대해서는 이 책의 뒷부분에서 다룰 예정이다)).

여러분에게 이 예제를 보여 주는 진짜 이유는 파이썬의 핵심 데이터 타입의 **유연성**을 보여 주기 위해서다. 보다시피, 중첩을 사용하면 복잡한 정보 구조를 직관적이고 쉽게 구축할 수

있다. 비슷한 구조를 C와 같은 저수준 언어로 구축할 경우, 지루하고 많은 코드를 필요로 한다. C에서 이러한 작업을 하기 위해서는 구조체와 배열을 선언한 다음, 값을 할당하고 서로를 링크하는 등의 작업을 해야 한다. 파이썬에서는 이러한 작업들이 모두 자동으로 처리된다(위 표현식만 실행하면 중첩된 객체 구조 전체가 생성된다. 사실, 이러한 점은 파이썬과 같은 스크립트 언어가 제공하는 가장 큰 장점 중 하나다).

또한, 중요한 것은 저수준 언어에서는 더는 객체를 사용하지 않을 때 해당 객체의 모든 메모리 공간을 잊지 않고 해제해야 한다는 점이다. 파이썬에서는 해당 객체에 대한 마지막 참조가 사라질 때(團 해당 변수에 다른 값을 할당할 때), 해당 객체의 구조에 의해 사용된 모든 메모리 공간이 자동으로 해제된다.

```
>>> rec = 0                          # 객체의 메모리 공간 해제
```

엄밀히 말해서, 파이썬은 프로그램 실행 중에 더는 사용되지 않는 메모리를 해제하여 여러분이 코드 내에서 직접 메모리 관리에 대해서 신경 쓰지 않도록 해주는 **가비지 컬렉션**(garbage collection)이라고 불리는 기능을 제공한다. 표준 파이썬(CPython)에서는 객체에 대한 마지막 참조가 사라지는 즉시 메모리가 해제된다. 가비지 컬렉션의 동작 방식에 대해서는 6장에서 자세히 다룰 예정이다. 지금은 객체 메모리 공간의 생성과 해제에 대해서 신경 쓰지 않고 객체를 자유롭게 사용할 수 있다고 알면 된다.

또한 여기서 다뤘던 레코드 구조와 유사한 형태를 8장, 9장, 27장에서도 볼 수 있으며, 해당 장에서는 리스트, 딕셔너리, 튜플, 명명된 튜플(named tuple) 및 클래스를 비교하고 대조하기 위해 사용할 예정이다(데이터 배열 구조 옵션들의 장단점에 대해서는 나중에 자세히 다룬다).[4]

---

4   여기서는 두 가지 응용 방법에 주목할 필요가 있다. 먼저 우리가 방금 만든 rec 레코드에 파이썬의 객체 영속 시스템(object persistence system)을 적용하면 실제 데이터베이스 레코드가 될 수 있다(객체 영속 시스템은 네이티브 파이썬 객체를 단순한 파일이나 키 기반의 데이터베이스에 저장하기 위한 간단한 방법이며, 이 시스템은 객체를 연속된 바이트 스트림으로 자동 변환한다). 여기서는 자세히 다루지 않지만, 파이썬의 pickle 그리고 shelve 영속 모듈(persistence module)에 대해 다루는 9장, 28장, 31장, 그리고 37장을 참고하도록 하자. 여기서 우리는 파일, 객체 지향 프로그래밍 사용 사례, 클래스 그리고 3.X 변경 사항들에 대해서 이야기할 때 이에 대해 탐구한다.

두 번째로, 여러분이 JSON(JavaScript Object Notation)(근래에 인기 있는 데이터 교환 형식이며, 데이터베이스와 네트워크 전송에 사용된다)에 익숙하다면, 이 예제는 JSON과 매우 유사해 보일 수도 있다. 하지만 파이썬의 변수, 임의의 표현식 등에 대한 지원은 데이터 구조를 좀 더 보편적으로 만든다. 파이썬의 json 라이브러리 모듈은 JSON 텍스트에 대한 생성과 분석을 지원하지만, 파이썬 객체로의 변환은 아직 변변찮다. 이 레코드를 사용하는 JSON 예제는 9장에서 파일에 대해서 배울 때 볼 수 있다. 더 큰 사용 사례의 경우, JSON과 유사한 문서를 언어 중립적인 이진 인코딩 직렬화를 사용하여 데이터를 저장하는 MongoDB와 MongoDB의 PyMongo 인터페이스를 참고하도록 하자.

존재하지 않는 키: if 테스트

매핑처럼 딕셔너리는 키에 의한 접근만 제공하며, 앞에서 이미 보았던 연산들을 지원한다. 또한, 일반적인 상황에 유용하게 사용할 수 타입별 연산을 메서드(method) 호출을 통해 제공하기도 한다. 예를 들어 딕셔너리의 확장을 위해 새로운 키를 할당할 수는 있지만, 존재하지 않는 키를 가져오는 것은 여전히 잘못된 사용법이다.

```
>>> D = {'a': 1, 'b': 2, 'c': 3}
>>> D
{'a': 1, 'c': 3, 'b': 2}

>>> D['e'] = 99                    # 새 키 할당으로 딕셔너리 크기 증가
>>> D
{'a': 1, 'c': 3, 'b': 2, 'e': 99}

>>> D['f']                         # 존재하지 않는 키 참조는 오류
...오류 메시지 생략...
KeyError: 'f'
```

우리가 바로 원했던 기능이다(위 결과는 존재하지 않는 키 값을 가져오려고 할 때 발생하는 일반적인 프로그래밍 오류다). 그러나 일반적인 프로그램에서는 코드 작성 중에 실제 어떤 키가 사용될지 항상 알 수 있는 것은 아니다. 이러한 경우를 어떻게 처리하고 에러를 피할 수 있을까? 한 가지 해결책으로 미리 테스트하는 방법이 있다. 딕셔너리를 in 멤버십 표현식에서 사용하면 해당 키가 딕셔너리 안에 존재하는지 확인할 수 있으며, 결과를 if 구문과 함께 사용하여 분기할 수 있다. 다음 예제를 실행할 때, if 구문을 입력한 다음 실행을 위해 엔터를 두 번 입력해야 한다는 점에 주의하도록 하자(3장에서 설명한 바와 같이 대화형 프롬프트에서 빈 라인의 입력은 '실행'을 의미한다). 그리고 이전의 멀티라인 딕셔너리나 리스트와 마찬가지로 일부 인터페이스에서는 두 라인인 이상 입력 시에 프롬프트가 '...'으로 변경된다.

```
>>> 'f' in D
False

>>> if not 'f' in D:               # 파이썬의 단독 선택 구문
        print('missing')

missing
```

if 구문에 대해서는 이 장에서는 자세히 언급하지 않지만, 위 구문은 매우 직관적이므로 이해하기 어렵지 않다. 이 구문은 if 단어에 뒤이어 true 또는 false 결과로 해석되는 표현식이 따

라오며, 그다음에 if 테스트가 true인 경우에 실행할 코드 블록이 따라온다. 위 예제에서는 볼 수 없지만 if 구문은 조건에 부합하지 않는 기본적인 경우를 처리하기 위한 else 구문을 제공하며, 하나 이상의 추가적인 조건을 테스트하기 위한 elif('else if') 구문을 제공한다. if는 파이썬에서 가장 많이 사용되는 선택 구문이다. if 구문은 삼중의 if/else 표현식과 이전에 살펴본 if 컴프리헨션 필터와 함께, 스크립트에서 선택과 결정을 위한 로직을 코드로 작성하기 위해 사용되는 방법이다.

과거에 다른 프로그래밍 언어를 사용해 본 독자라면, 파이썬이 if 구문의 끝을 인식하는 방법을 알면 다소 놀랄 것이다. 파이썬의 구문 규칙에 대해서는 뒤에서 자세히 설명할 예정이다. 간단히 설명하자면 if 구문의 코드 블록에서 실행할 코드가 한 줄 이상인 경우, if 구문에 포함할 모든 코드 블록을 같은 방법으로 들여쓰기하면 된다(이러한 규칙은 코드의 가독성을 개선시키며, 타이핑 수를 줄여 준다).

```
>>> if not 'f' in D:
        print('missing')
        print('no, really...')          # 들여쓰기된 구문 블록

missing
no, really...
```

in 테스트 외에도 딕셔너리 내에 존재하지 않는 키에 대한 접근을 피하기 위한 다양한 방법들이 존재한다. 예를 들어 get 메서드는 기본값과 함께 조건 인덱스를 제공한다. 파이썬 2.X에서는 in 테스트와 유사하게 동작하는 has_key 메서드를 제공하지만, 파이썬 3.X에서는 더 이상 사용할 수 없다. try 구문은 예외를 붙잡아 처리하는 도구로 10장에서 처음 다루게 될 예정이다. 그리고 if/else 삼중(세 부분) 표현식은 기본적으로 한 라인으로 줄여 쓴 if 구문이다. 다음 예를 살펴보도록 하자.

```
>>> value = D.get('x', 0)                # 기본값을 가지고 인덱스
>>> value
0
>>> value = D['x'] if 'x' in D else 0     # if/else 표현 형식
>>> value
0
```

이러한 추가 방법들에 대한 자세한 내용은 나중에 다룰 예정이므로 여기서는 자세히 언급하지 않는다. 지금은 딕셔너리의 일반적인 사용 사례에서 다른 메서드들이 어떤 역할로 사용되는지 알아보도록 하자.

키 정렬: 루프 이용

앞서 언급한 대로 딕셔너리는 시퀀스가 아니므로 어떤 신뢰할 만한 '왼쪽에서 오른쪽으로'의 순서를 유지하지 않는다. 딕셔너리를 만들고 해당 딕셔너리의 값을 다시 출력해 보면, 입력한 순서와 다른 순서로 키가 출력되는 것을 발견할 수 있다. 이것은 여러분이 사용하는 파이썬 또는 다양한 변수에 따라 영향을 받는다.

```
>>> D = {'a': 1, 'b': 2, 'c': 3}
>>> D
{'a': 1, 'c': 3, 'b': 2}
```

그러나 딕셔너리의 아이템에 대해 순서를 부과해야 할 필요가 있다면 어떻게 해야 할까? 한 가지 일반적인 해결책은 딕셔너리의 keys 메서드를 사용하여 키의 목록을 가져온 다음, list의 sort 메서드를 사용하여 정렬하고, 파이썬 for 루프의 결과로 하나씩 처리하는 것이다(if와 마찬가지로 for 루프를 작성한 다음 엔터를 두 번 입력해야 하며, 파이썬 2.X에서는 print문의 바깥 괄호를 생략할 수 있다).

```
>>> Ks = list(D.keys())        # 정렬되지 않은 키 리스트
>>> Ks                         # 2.X에서는 리스트, 3.X에서는 뷰(view)이므로 list( )를 사용해야 함
['a', 'c', 'b']

>>> Ks.sort()                  # 정렬된 키 리스트
>>> Ks
['a', 'b', 'c']

>>> for key in Ks:             # 정렬된 키를 반복
        print(key, '=>', D[key])   # 여기서 엔터 두 번 입력(3.X print)

a => 1
b => 2
c => 3
```

이 과정은 3단계를 거쳐 처리됐지만, 최신 파이썬 버전에 새로 추가된 sorted 내장 함수를 사용하면 한 단계로 처리할 수 있다. 이에 대한 자세한 내용은 다음 장에서 다룰 예정이다. sorted 호출은 다양한 타입의 객체를 정렬하여 반환하며, 이 예제에서는 딕셔너리의 키를 자동으로 정렬한다.

```
>>> D
{'a': 1, 'c': 3, 'b': 2}

>>> for key in sorted(D):
        print(key, '=>', D[key])

a => 1
b => 2
c => 3
```

이 예는 딕셔너리 소개뿐만 아니라, 파이썬 for 루프에 대한 소개도 함께 제공한다. for 루프는 시퀀스의 모든 아이템에 대해 단계별, 그리고 순서별로 코드 블록을 실행시키는 간단하고 효과적인 방법이다. 사용자가 정의한 루프 변수는(여기서는 key) 루프를 실행할 때마다 현재 아이템을 참조하는 데 사용된다. 위 예제의 실행 결과, 정렬되지 않았던 딕셔너리의 키와 값이 키 순서대로 정렬되어 출력된다.

for 루프 그리고 이와 유사한 while 루프는 스크립트 작성 시에 **반복적인 작업**을 코드로 작성하기 위해 가장 많이 사용하는 방법이다. 그러나 실제로 for 루프는 앞에서 소개한 리스트 컴프리헨션처럼 시퀀스 연산이다. for 루프는 모든 시퀀스 객체와 동작하며, 리스트 컴프리헨션과 마찬가지로 일부 시퀀스가 아닌 객체와도 동작한다. 예를 들어, 여기서 for 루프는 문자열 내의 문자들을 하나씩 반복해서 각각을 대문자로 변경하여 출력한다.

```
>>> for c in 'spam':
        print(c.upper())

S
P
A
M
```

파이썬의 while은 루프 도구 중에서도 좀 더 일반적인 형태의 루프를 제공한다. 시퀀스를 단계별로 실행하는 for와는 달리 while은 좀 더 범용적으로 사용할 수 있지만, 대신 while은 이러한 일을 하기 위해 좀 더 많은 코드를 필요로 한다.

```
>>> x = 4
>>> while x > 0:
        print('spam!' * x)
        x -= 1
```

```
spam! spam! spam! spam!
spam! spam! spam!
spam! spam!
spam!
```

루프문의 문법에 대해서는 이 책의 뒤에서 자세히 다룰 예정이다. 하지만 먼저 나는 이 절을 추가하지 않으려고 했다는 것을 이야기해 둘 필요가 있을 것 같다. 실제로 for 루프와 관련된 기능들은 객체를 '왼쪽에서 오른쪽' 순서로 단계별로 진행하며, 단순히 **시퀀스** 연산이 아닌 **반복**(iterable) 연산에 해당한다(반복 연산에 대해서는 다음 절에서 다룬다).

반복과 최적화

지난 절의 for 루프가 이전에 소개한 리스트 컴프리헨션 표현식과 비슷해 보인다면 제대로 본 것이다. 둘 모두 일반적인 반복 도구다. 사실, for 루프와 리스트 컴프리헨션 둘 모두 반복 (iteration) 프로토콜을 따르는 모든 반복(iterable) 객체와 함께 동작한다(파이썬의 모든 반복 도구들의 기반이 되는 개념이다).

간단히 말해서, 물리적으로 메모리상에 연속적으로 저장되었거나, 반복 연산하는 문맥 안에서 한 번에 하나의 아이템을 생성하는 객체는 **반복 가능**(iterable)하다(가상 시퀀스의 한 종류로 볼 수 있다. 공식적으로, 두 객체 모두 **반복 프로토콜**을 지원하기 때문에 반복(iterable) 객체로 간주된다). 반복 객체는 iter 호출에 의해 생성되고, next 호출에 의해 다음으로 진행되며, 더 이상 아이템이 없는 경우 예외를 발생시킨다.

이전에 이미 언급한 **제너레이터**(generator) 컴프리헨션 표현식이 바로 이러한 객체에 해당된다. 컴프리헨션 제너레이터 표현식의 값은 한 번에 메모리에 생성되지 않고, 일반적으로 반복 도구에 의해 요청될 때 생성된다. 파이썬 **파일**(file) 객체 또한 반복 도구와 함께 사용될 때 라인 단위로 반복된다. 파일 콘텐츠는 리스트상에 존재하지 않으며, 요청될 때 가져온다. 둘 모두 파이썬에서 반복 객체다(파이썬 3.X에서 range와 map 같은 핵심 도구들을 포함하기 위해 범위가 확장되었다). 이러한 도구들은 필요할 때 결과를 가져옴으로써 메모리를 절약하고 지연을 최소화시킬 수 있다.

반복 프로토콜에 대해서는 이 책의 뒤에서 좀 더 자세히 다룰 예정이지만, 지금은 왼쪽에서 오른쪽으로 객체를 훑어가는 파이썬의 모든 도구들은 반복 프로토콜을 사용한다는 점에 유의하자. 이것은 바로 이전 절에서 사용된 sorted 호출이 딕셔너리와 직접적으로 동작하는 이유이기도 하다(딕셔너리는 반복 객체이기 때문에 키 시퀀스를 얻기 위해 keys 메서드를 사용할 필요가 없으며, next 메서드를 사용하면 연속적인 키가 반환된다).

여기서 도움이 될만한 리스트 컴프리헨션 표현식 하나를 살펴보도록 하자. 다음은 리스트에 포함된 숫자들의 제곱을 구한다.

```
>>> squares = [x ** 2 for x in [1, 2, 3, 4, 5]]
>>> squares
[1, 4, 9, 16, 25]
```

위 코드는 다음과 같이 값을 하나씩 추가하여 최종 리스트를 생성하는 for 루프를 사용하여 동일하게 구현할 수 있다.

```
>>> squares = []
>>> for x in [1, 2, 3, 4, 5]:          # 리스트 컴프리헨션이 하는 일
        squares.append(x ** 2)         # 둘 모두 내부적으로 반복 프로토콜을 실행함

>>> squares
[1, 4, 9, 16, 25]
```

둘 모두 내부적으로 반복 프로토콜을 활용하며, 같은 결과를 생성한다. 그러나 오늘날 리스트 컴프리헨션과 map, filter와 같은 함수형 프로그래밍 관련 도구들은 종종 코드의 일부 유형에서 for 루프보다 더 빠르게 실행된다(심지어 두 배 정도의 차이가 나기도 한다) 이것은 대용량 데이터 처리 시에 중요한 요소다. 하지만 파이썬은 자체적으로 다양한 최적화를 수행하기 때문에 이 도구들에 의한 성능 향상을 제대로 측정하기란 너무 까다로운 일이며, 파이썬 릴리즈마다 결과가 다를 수 있다.

내 경험상 파이썬에서 가장 중요한 원칙은 코드를 단순하고 읽기 쉽게 작성하는 것이며, 성능에 대한 걱정은 프로그램의 동작을 확인한 다음에 정말 성능에 문제가 있다는 것이 증명된 후의 일이다. 여러분의 코드는 대부분 충분히 빠르게 실행될 것이다. 그러나 성능을 위해 코드를 개선해야 할 경우, 파이썬은 시간 측정을 위한 time, timeit 모듈과 병목 현상(bottleneck)을 처리하기 위한 profile 모듈을 비롯해 도움이 될 만한 다양한 도구들을 포함하고 있다.

이러한 도구들에 대한 좀 더 다양한 정보는 이 책의 뒷부분이나(21장의 벤치마킹 사례 연구 참조) 파이썬 공식 매뉴얼에서 찾을 수 있을 것이다. 계속해서 다음 핵심 데이터 타입에 대한 미리 보기를 진행하도록 하자.

튜플

튜플(Tuple)은 리스트(list)와 유사하나 변경할 수 없다(튜플은 리스트와 마찬가지로 시퀀스이지만 문자열처럼 불변 객체(immutable)이기도 하다). 또한 기능적으로 고정된 아이템의 집합을 표현하는데 주로 사용된다(예를 들어, 달력의 특정 날짜를 구성 요소로 가지는 튜플 등). 구문적으로, 튜플은 보통 대괄호 대신 괄호 안에 작성되며, 임의의 타입, 임의의 중첩, 그리고 일반적인 시퀀스 연산을 지원한다.

```
>>> T = (1, 2, 3, 4)          # 네 개의 아이템으로 구성된 튜플
>>> len(T)                    # 튜플의 길이
4

>> T + (5, 6)                 # 연결
(1, 2, 3, 4, 5, 6)

>>> T[0]                      # 인덱싱, 슬라이싱 등
1
```

튜플은 또한 파이썬 2.6과 3.0부터 특정 타입의 호출 가능한 메서드를 제공하지만, 리스트처럼 다양하게 제공하지는 않는다.

```
>>> T.index(4)                # 튜플 메서드: 4는 오프셋 3에 위치함
3
>>> T.count(4)                # 튜플 안에 4가 한 번 나타남
1
```

튜플의 가장 큰 차이는 한 번 생성하고 나면 변경할 수가 없다는 것이다. 즉, 튜플은 불변 시퀀스다(다음 예와 같이 하나의 아이템을 가지고 있는 튜플의 경우 콤마가 필요하다).

```
>>> T[0] = 2                  # 튜플은 변경할 수 없음
...에러 텍스트 생략...
TypeError: 'tuple' object does not support item assignment

>>> T = (2,) + T[1:]          # 새로운 값을 위한 새로운 튜플 생성
>>> T
(2, 2, 3, 4)
```

튜플은 리스트나 딕셔너리처럼 타입을 혼합하거나 중첩하여 사용할 수 있지만, 튜플 자체는 불변 타입이기 때문에 크기를 늘리거나 줄일 수 없다(튜플의 아이템을 둘러싸는 괄호는 다음 예제

처럼 종종 생략할 수 있다. 콤마가 다른 문제를 발생시키지 않는 상황에서는 실제로 콤마에 의해 튜플이 만들어진다).

```
>>> T = 'spam', 3.0, [11, 22, 33]
>>> T[1]
3.0
>>> T[2][1]
22
>>> T.append(4)
AttributeError: 'tuple' object has no attribute 'append'
```

왜 튜플을 사용하는가?

그러면 왜 리스트와 유사하면서 더 적은 연산을 지원하는 타입이 존재할까? 솔직히 말해서 실제로 튜플은 리스트만큼 자주 사용되지는 않지만, 튜플의 불변성이 바로 튜플을 사용하는 이유다. 만약 프로그램 여기저기에서 객체의 컬렉션을 리스트로 주고받는다면, 해당 리스트에 포함된 객체는 어디서나 변경될 수 있다. 그러나 만약 리스트 대신 튜플을 사용한다면 변경할 수 없다. 즉, 이 책에서 소개하는 예제들보다 규모가 큰 프로그램에서 편리하게 이용할 수 있는 무결성 제약을 제공할 수 있다. **명명된 튜플**(named tuple)이라고 불리는 튜플의 기능을 강화한 확장 기능을 포함하여 튜플에 대한 자세한 내용은 이 책의 뒤에서 자세히 다룰 예정이다. 하지만 지금은 마지막 코어 타입인 파일에 대해서 이야기해 보자.

파일

파일(File) 객체는 컴퓨터상에 있는 외부 파일을 다루기 위한 파이썬의 주요 인터페이스다. 파일 객체는 텍스트 메모나 오디오 클립, 엑셀 문서 그리고 저장된 이메일 메시지를 포함한 여러분의 컴퓨터에 저장된 모든 파일을 읽고 쓰는 데 사용될 수 있다. 파일은 코어 타입이지만, 조금 특별한 타입이다(파일 객체 자신을 생성하기 위한 구체적인 리터럴 구문이 존재하지 않는다. 파일 객체를 생성하기 위해서는 파일 이름과 선택적인 처리 모드 문자열을 인수로 **open** 내장 함수를 호출해야 한다).

예를 들어, 텍스트 출력 파일을 만들기 위해서는 파일 이름과 데이터를 쓰기 위한 'w' 처리 모드 문자열을 전달해야 한다.

```
>>> f = open('data.txt', 'w')          # 출력 모드로 새 파일을 만듦('w'는 쓰기)
>>> f.write('Hello\n')                  # 문자들의 문자열을 파일에 씀
6
>>> f.write('world\n')                  # 파이썬 3.X에서 파일에 쓴 항목 수를 반환
6
>>> f.close()                           # 출력 버퍼를 디스크로 flush하기 위해 종료
```

이 코드는 현재 디렉터리에 파일을 만들고 파일에 텍스트를 쓴다(여러분의 컴퓨터 어딘가에 있는 파일을 접근해야 할 경우, 파일 이름에 전체 경로를 사용할 수 있다). 파일에 작성한 내용을 다시 읽기 위해서는 해당 파일의 텍스트를 읽기 위한 'r' 처리 모드로 다시 열어야 한다(호출 시에 모드를 생략할 경우 이 모드가 기본 모드다). 그리고 나서 파일의 콘텐츠를 문자열로 읽고, 읽은 내용을 출력한다. 스크립트 안에서 파일의 콘텐츠는 파일이 포함하고 있는 데이터의 타입에 상관없이 항상 문자열로 처리된다.

```
>>> f = open('data.txt')                # 'r'(읽기)는 기본 처리 모드
>>> text = f.read()                     # 파일 전체를 문자열로 읽음
>>> text
'Hello\nworld\n'

>>> print(text)                         # print는 제어 문자들을 해석
Hello
world

>>> text.split()                        # 파일 콘텐츠는 항상 문자열임
['Hello', 'world']
```

파일 객체에 대해서는 여기서 자세히 다루지 않지만, 다양한 추가 기능을 메서드로 제공한다. 예를 들어, 파일 객체는 파일에 대한 다양한 도구뿐만 아니라(예를 들어, seek 메서드는 새로운 파일 위치로 이동됨), 위 예제에서 사용된 방법 이외의 다양한 읽고 쓰는 방법을 제공한다(read는 추가적으로 최대로 읽을 바이트/문자 크기 값을 인수로 받으며, readline은 한 번에 한 라인씩 읽는다). 나중에 다루겠지만 오늘날 파일을 읽는 가장 좋은 방법은 **파일을 전혀 읽지 않는 것이다**(파일은 for 루프나 일부 상황에서 파일을 라인 단위로 자동으로 읽는 반복자(iterator)를 제공한다).

```
>>> for line in open('data.txt'): print(line)
```

파일 메서드의 전체 집합에 대해서는 뒤에서 자세히 다룰 예정이지만, 파일 객체의 메서드를 빠르게 살펴보고 싶은 독자라면 열려 있는 파일에 대해 dir을 실행한 다음, 출력되는 메서드 중에 궁금한 메서드의 이름에 대해 help를 호출해 보자.

```
>>> dir(f)
[ ...이름이 너무 많아서 생략...
'buffer', 'close', 'closed', 'detach', 'encoding', 'errors', 'fileno', 'flush',
'isatty', 'line_buffering', 'mode', 'name', 'newlines', 'read', 'readable',
'readline', 'readlines', 'seek', 'seekable', 'tell', 'truncate', 'writable',
'write', 'writelines']

>>>help(f.seek)
...결과는 직접 확인해 보자...
```

바이너리 바이트 파일

이전 절의 예제는 다양한 상황에 충분히 활용 가능한 파일의 기본에 대해서 설명한다. 그러나 엄밀히 말해서 파일은 파이썬 3.X의 경우 플랫폼의 유니코드 인코딩 기본값이지만, 파이썬 2.X의 경우 8비트 바이트의 성질에 따라 달라진다. 파이썬 3.X에서는 텍스트 파일은 항상 문자열을 인코딩하며, 2.X에서는 문자열 콘텐츠를 있는 그대로 쓴다. 이러한 파이썬 버전들은 이전 예제와 같이 간단한 아스키 데이터를 사용할 때, 바이트로 변환하지 않고 파일에 대해 읽거나 쓰므로 아무런 차이가 없다. 그러나 아스키를 벗어난 풍부한 데이터 타입을 사용할 경우, 여러분이 사용하는 파일의 내용과 파이썬의 종류에 따라 파일 인터페이스가 달라질 수 있다.

앞에서 문자열에 대해서 다룰 때 넌지시 언급했지만, 파이썬 3.X에서는 파일에서 텍스트와 바이너리 데이터를 매우 명확하게 구별한다. **텍스트 파일**은 일반적인 str 문자열로 콘텐츠를 나타내며, 데이터를 읽고 쓸때 유니코드 인코딩과 디코딩을 자동으로 수행한다. 반면에 **바이너리 파일**은 특별한 bytes 문자열로 콘텐츠를 나타내며, 변경되지 않은 파일의 콘텐츠에 접근할 수 있다.

예를 들어 바이너리 파일은 미디어 파일을 다루거나, C 프로그램이 생성한 데이터 파일에 접근할 때 유용하다. 다음 예제에서 설명을 위해 사용한 파이썬의 struct 모듈은 패키징된(packed) 바이너리 데이터를 만들거나 풀 수 있다(여기서 바이너리 데이터는 파이썬 객체가 아닌 값을 기록한 원시(raw) 바이트다). 이 기술에 대한 자세한 내용은 이 책의 뒷부분에서 다룰 예정이지만, 개념 자체는 매우 단순하다. 다음 코드는 파이썬 3.X에서 바이너리 파일을 생성한다(바이너리 파일은 파이썬 2.X에서도 동일하게 동작하지만, 문자열 리터럴 앞에 'b'가 필요하지 않으며, 출력 시에도 표시되지 않는다).

```
>>> import struct
>>> packed = struct.pack('>i4sh', 7, b'spam', 8)      # 패키지된 바이너리 데이터
>>> packed                                             # 10바이트, 객체가 아닌 텍스트
b'\x00\x00\x00\x07spam\x00\x08'
>>>
>>> file = open('data.bin', 'wb')                      # 바이너리 출력 파일 열기
>>> file.write(packed)                                 # 패키지된 바이너리 데이터 쓰기
10
>>> file.close()
```

바이너리 데이터를 다시 읽는 방법은 기본적으로 쓰기와 대칭이다. 모든 프로그램들이 바이트의 저수준 영역까지 깊이 다룰 필요는 없지만, 파이썬에서 바이너리 파일을 이용하면 쉽게 다룰 수 있다.

```
>>> data = open('data.bin', 'rb').read()              # 바이너리 데이터 파일을 열고 읽음
>>> data                                               # 변경되지 않은 10바이트
b'\x00\x00\x00\x07spam\x00\x08'
>>> data[4:8]                                          # 중간 데이터를 잘라냄
b'spam'
>>> list(data)                                         # 8비트 바이트의 연속
[0, 0, 0, 7, 115, 112, 97, 109, 0, 8]
>>> struct.unpack('>i4sh', data)                       # 다시 객체로 품(unpack)
(7, b'spam', 8)
```

유니코드 텍스트 파일

텍스트 파일은 메모나 이메일 콘텐츠를 포함한 JSON이나 XML 문서와 같은 텍스트 기반의 모든 종류의 데이터를 처리하기 위해 사용된다. 그러나 오늘날과 같이 광범위하게 연결된 세상에서는 다시 한번 묻지 않고서는 어떤 종류의 텍스트를 말하는 것인지 확신할 수 없다. 또한 여러분이 사용 중인 플랫폼의 기본 인코딩 타입과 다르거나, 데이터 이식성을 이유로 기본 인코딩 타입에 의존할 수 없는 경우에는 텍스트의 유니코드 인코딩 타입을 알고 있어야 한다.

다행히도 이는 설명으로 듣기만큼 어렵지는 않다. 이 장의 앞에서 소개된 아스키가 아닌 **유니코드 텍스트**를 포함한 파일에 접근하고자 할 때, 해당 파일에 포함된 텍스트의 인코딩이 플랫폼의 기본 인코딩과 다를 경우 인코딩 이름만 전달하면 된다. 이 모드에서 파이썬 텍스트 파일은 여러분이 제공한 인코딩 타입에 따라 쓸 때 자동으로 **인코딩**하고 읽을 때 **디코딩**한다.

```
>>> S = 'sp\xc4m'                                   # 아스키가 아닌 유니코드 텍스트
>>> S
'spÄm'
>>> S[2]                                             # 문자들의 시퀀스
'Ä'

>>> file = open('unidata.txt', 'w', encoding='utf-8')   # UTF-8 인코딩으로 쓰기
>>> file.write(S)                                   # 4문자 쓰기
4
>>> file.close()

>>> text = open('unidata.txt', encoding='utf-8').read()  # UTF-8 텍스트 읽기/디코딩
>>> text
'spÄm'
>>> len(text)                                       # 4문자(코드 포인트)
4
```

파이썬 3.X에서는 이와 같이 자동 인코딩과 디코딩이 일반적으로 여러분이 원하는 형태대로 동작한다. 파일은 이러한 작업을 전송 중에 처리하기 때문에 유니코드로 인코딩된 원본에 대해서는 신경 쓰지 않고 메모리상에서 단지 문자들의 문자열처럼 처리할 수 있다. 하지만 필요한 경우, 파일을 바이너리 모드로 시작하여 파일에 실제 저장된 내용을 볼 수 있다.

```
>>> raw = open('unidata.txt', 'rb').read()          # 인코딩된 원시 바이트 읽기
>>> raw
b'sp\xc3\x84m'
>>> len(raw)                                        # 실제 UTF-8로 5바이트
5
```

또한, 파일이 아닌 다른 경로로부터 유니코드 데이터를 구한 경우에는 수동으로 인코딩과 디코딩을 할 수 있다(예를 들면, 이메일 메시지에서 분석되거나 네트워크 연결로부터 가져온 데이터).

```
>>> text.encode('utf-8')                            # 바이트로 수동 인코딩
b'sp\xc3\x84m'
>>> raw.decode('utf-8')                             # str로 수동 디코딩
'spÄm'
```

또한, 이 방법은 텍스트 파일이 같은 문자열을 다른 인코딩 이름 아래에서 어떻게 자동으로 다르게 인코딩하는지 확인하거나, 다른 인코딩으로 데이터를 전송하는 방법을 제공하고자 할 때 유용하다(파일 안에서는 다른 바이트 구성이지만, 적절한 인코딩 이름만 제공한다면 메모리상에 같은 문자열로 디코딩된다).

```
>>> text.encode('latin-1')                          # 다른 인코딩을 사용한 바이트
b'sp\xc4m'
>>> text.encode('utf-16')
b'\xff\xfes\x00p\x00\xc4\x00m\x00'

>>> len(text.encode('latin-1')), len(text.encode('utf-16'))
(4, 10)

>>> b'\xff\xfes\x00p\x00\xc4\x00m\x00'.decode('utf-16')          # 같은 문자열로 디코딩
'spÄm'
```

이 모든 것은 파이썬 2.X에서 대부분 동일하게 동작하지만, 유니코드 문자열은 'u'를 앞에 추가하여 작성하고 'u'가 앞에 추가되어 출력된다. 반면 바이트 문자열은 작성 시에 'b'를 요구하지 않으며, 출력 시에 'b'가 붙지 않는다. 그리고 유니코드 텍스트 파일은 3.X의 open과 마찬가지로 인코딩 이름을 인수로 받는 codes.open으로 열어야 하며, 메모리상의 콘텐츠를 표시하기 위해서는 특별한 유니코드 문자열을 사용해야 한다. 일반적인 파일들은 대부분 바이트 기반의 데이터이기 때문에 파이썬 2.X에서 바이너리 파일 모드의 사용이 선택 사항인 것처럼 보일 수도 있지만, 출력 시에 줄바꿈 문자에 의해 줄 끝이 변경되는 것을 피하고자 한다면 반드시 명시해야 한다(자세한 내용은 이 책의 뒷부분에서 다룬다).

```
>>> import codecs
>>> codecs.open('unidata.txt', encoding='utf8').read()          # 2.X: 텍스트를 읽고 디코딩
u'sp\xc4m'
>>> open('unidata.txt', 'rb').read()            # 2.X: 원시 바이트 읽기
'sp\xc3\x84m'
>>> open('unidata.txt').read()                  # 2.X: 위와 같은 디코딩되지 않은 원시 바이트
'sp\xc3\x84m'
```

일반적으로 아스키 텍스트 파일만을 다루는 경우에는 이러한 차이에 대해서 신경 쓰지 않아도 되지만, 바이너리 데이터(대부분의 미디어 타입을 포함)나 국제화된 문자 집합을 사용하는 텍스트(오늘날 웹과 인터넷에 존재하는 대부분의 콘텐츠를 포함)를 다루는 경우, 파이썬의 문자열과 파일은 매우 유용한 자산이다. 또한 파이썬은 파일의 콘텐츠뿐만 아니라 파일 이름에 대해서도 아스키가 아닌 텍스트를 지원하지만, 대부분 자동으로 처리된다. 워커(walker)나 리스터(lister)와 같은 도구들은 필요한 경우에 더 많은 제어 기능을 제공한다. 자세한 내용은 37장에서 다룰 예정이다.

파일과 유사한 다른 도구들

여러분은 파이썬에서 파일 처리 시에 대부분 open 함수를 사용하게 된다. 그러나 파이썬은 좀 더 난이도 높은 작업을 위해 파일과 유사한 추가 도구들을 제공한다. 대표적인 것으로는 파이프(pipe), FIFO, 소켓, 키 엑세스 파일(keyed-access file), 영속 객체 셸브(persistent object shelves), 디스크립터 기반 파일(descriptor-based files), 관계 또는 객체 기반의 데이터베이스 인터페이스 등이 있다. 예를 들어 파일 디스크립터는 파일을 잠그는(lock) 것과 같은 다양한 저수준 기능을 제공하며, 소켓은 네트워크나 프로세스 간의 통신에 대한 인터페이스를 제공한다. 이 책에서는 이러한 주제에 대해서 자세히 다루지는 않지만, 여러분이 본격적으로 파이썬 프로그래밍을 시작한다면 이 기술들이 매우 유용하게 사용될 것이다.

그 외의 코어 타입

지금껏 살펴본 코어 타입 이외에 얼마나 광범위하게 정의되었는지에 따라 코어 타입으로 분류할 수도 있는 추가적인 몇몇 타입들이 존재한다. 예를 들어 집합은 최근 언어에 추가된 타입이며, 매핑도 아니고 시퀀스도 아니다. 오히려 유일(unique)하고 불변 객체들의 정렬되지 않은(unordered) 컬렉션이다. 집합은 내장된 set 함수를 호출하거나 파이썬 3.X와 2.7에서 새로 추가된 집합 리터럴 또는 표현식을 사용하여 만들 수 있으며, 일반적인 수학 집합의 연산들을 지원한다(집합은 값이 없는 딕셔너리의 키와 매우 유사한 모양이기 때문에 집합 리터럴을 위해 새로운 {...} 구문을 선택한 것은 꽤 의미가 있다).

```
>>> X = set('spam')                 # 2.X와 3.X에서 순서에 상관없는 집합 만들기
>>> Y = {'h', 'a', 'm'}             # 3.X와 2.7에서 집합 리터럴로 집합 만들기

>>> X, Y                            # 괄호 없는 두 개의 집합으로 된 튜플
({'m', 'a', 'p', 's'}, {'m', 'a', 'h'})

>>> X & Y                           # 교집합
{'m', 'a'}
>>> X | Y                           # 합집합
{'m', 'h', 'a', 'p', 's'}
>>> X - Y                           # 차집합
{'p', 's'}
>>> X > Y                           # 상위 집합
False

>>> {n ** 2 for n in [1, 2, 3, 4]}  # 3.X와 2.7에서 집합 컴프리헨션
{16, 1, 4, 9}
```

심지어 수학적인 것을 좋아하지 않는 프로그래머들도 중복을 제거하거나, 두 컬렉션의 차이를 구하거나, 또는 리스트, 문자열과 같은 다른 모든 반복 객체에서 정렬 없이 두 객체가 같은지를 비교하는 등의 일반적인 작업들을 처리하기 위해 종종 집합을 유용하게 사용한다.

```
>>> list(set([1, 2, 1, 3, 1]))      # 중복 제거(아마도 재정렬된다)
[1, 2, 3]
>>> set('spam') - set('ham')        # 두 컬렉션의 차이
{'p', 's'}
>>> set('spam') == set('asmp')      # 순서에 상관없이 비교('spam'=='asmp'은 False)
True
```

파이썬의 다른 모든 컬렉션 타입과 마찬가지로 집합 또한 멤버십 테스트를 제공한다.

```
>>> 'p' in set('spam'), 'p' in 'spam', 'ham' in ['eggs', 'spam', 'ham']
(True, True, True)
```

또한, 파이썬은 몇 가지 새로운 숫자 타입을 추가했다. 바로 고정 정밀도 부동 소수점의 소수와 분모, 분자가 모두 유리수인 분수다. 두 숫자 타입은 부동 소수점 연산의 부정확성과 한계를 해결하는 데 사용될 수 있다.

```
>>> 1 / 3                           # 부동 소수점(파이썬 2.X에서 .0 추가)
0.3333333333333333
>>> (2/3) + (1/2)
1.1666666666666665

>>> import decimal                  # 소수: 고정 정밀도
>>> d = decimal.Decimal('3.141')
>>> d + 1
Decimal('4.141')

>>> decimal.getcontext().prec = 2
>>> decimal.Decimal('1.00') / decimal.Decimal('3.00')
Decimal('0.33')

>>> from fractions import Fraction  # 분수: 분자 + 분모
>>> f = Fraction(2, 3)
>>> f + 1
Fraction(5, 3)
>>> f + Fraction(1, 2)
Fraction(7, 6)
```

파이썬은 또한 부울(Boolean. 기본적으로 단순히 정수 1과 0을 의미하며, 미리 정의된 True, False 객체와 함께 정의된다) 타입을 함께 제공한다. 그리고 파이썬은 일반적으로 이름과 객체를 초기화하는 데 사용되는 None(논)이라고 불리는 특별한 객체를 오랫동안 제공해 왔다.

```
>>> 1 > 2, 1 < 2              # 부울
(False, True)
>>> bool('spam')             # 객체의 부울 값
True

>>> X = None                 # None
>>> print(X)
None
>>> L = [None] * 100         # 리스트를 100개의 None으로 초기화
>>> L
[None, None, None, None, None, None, None, None, None, None, None, None,
None, None, None, None, None, None, None, None, ...100개의 None 리스트...]
```

코드의 유연성을 깨트리는 방법

파이썬의 모든 객체 타입에 대한 자세한 내용은 나중에 언급할 예정이지만, 여기서 특별히 다룰 만한 타입이 하나 있다. type 내장 함수에 의해 반환되는 type 객체는 다른 객체의 타입을 제공하는 객체다. 파이썬 3.X에서는 타입이 클래스와 완전히 통합되었기 때문에 type 함수의 결과가 다소 다를 수 있다(파트 6의 '새로운 스타일'의 클래스에서 이와 관련된 내용을 살펴볼 예정이다). 여기서는 L이 여전히 앞 절에서 사용한 리스트라고 가정한다.

```
# 파이썬 2.X
>>> type(L)                  # 타입: L의 타입은 리스트 타입 객체
<type 'list'>
>>> type(type(L))            # 심지어 type도 객체
<type 'type'>

# 파이썬 3.X
>>> type(L)                  # 3.X: 타입은 클래스이며, 반대도 마찬가지
<class 'list'>
>>> type(type(L))            # 클래스 타입에 대해서는 32장 참조
<class 'type'>
```

type 객체를 이용하여 대화형 세션에서 객체를 확인하는 것 이외에, 코드 내에서 처리 중인 객체의 타입을 확인하는 코드를 작성하는 데도 이용할 수 있다. 실제로 파이썬 스크립트 내에서 타입을 확인할 수 있는 방법이 최소 세 가지 이상 존재한다.

```
>>> if type(L) == type([]):          # 타입 테스트
        print('yes')

yes
>>> if type(L) == list:              # 타입 이름을 이용한 테스트
        print('yes')

yes
>>> if isinstance(L, list):          # 객체에 기반한 테스트
        print('yes')

yes
```

지금 내가 여러분에게 타입 테스트를 위한 모든 방법을 보여 주긴 했지만, 파이썬 프로그램에서 이러한 타입 테스트를 이용하는 방식은 대부분 잘못된 방법이다(그리고 이러한 코드를 작성하는 여러분은 파이썬을 처음 다뤄 보는 C 프로그래머라는 표시이기도 하다!). 이러한 방법이 잘못된 이유에 대해 이 책의 뒷부분에서 함수와 같은 큰 코드 단위를 작성할 때까지 완전히 이해하기란 어려운 일이겠지만, 이는 파이썬의 핵심 개념과도 연관되어 있다. 코드에서 특정 타입을 검사하는 것은 사실상 코드의 유연성을 깨트린다(코드가 단 하나의 타입에 대해서만 동작하도록 제한한다. 이러한 테스트가 없다면, 여러분의 코드는 다양한 범위의 타입과 동작할 수 있을 것이다).

이러한 내용은 앞에서 언급한 바 있는 **다형성**의 개념과도 연관되어 있으며, 파이썬의 타입 선언의 부재에서 기인하고 있다. 앞으로 배우게 되겠지만, 파이썬에서 우리는 타입이 아닌 (연산들이 지원하는) 객체 **인터페이스**에 대한 코드를 작성한다. 즉, 우리는 해당 객체가 무엇을 **나타내**는지가 아닌, 무슨 일을 **하는지**에 관심이 있다. 특정 타입을 고려하지 않는다는 것은 곧 해당 코드가 다양한 타입에 자동으로 적용될 수 있음을 의미한다(호환 가능한 인터페이스를 가진 객체라면 특정 타입에 상관없이 잘 동작할 것이다). 비록 타입 검사가 지원되기는 하지만(그리고 심지어 꼭 필요한 경우도 있지만), 그것은 일반적으로 파이썬적인 사고방식이 아니라는 것을 발견하게 된다. 결국, 여러분은 다형성이 파이썬 내부의 핵심 개념이라는 사실을 깨달을 것이다.

사용자 정의 클래스

파이썬의 **객체 지향 프로그래밍**에 대해서는 책 뒷부분에서 다룰 예정이다(객체 지향 프로그래밍이 필수는 아니지만, 사용자 정의(customization) 프로그래밍을 지원함으로써 개발 시간을 단축해 주는 언어의 강력한 기능이다). 그러나 클래스는 추상적인 관점에서 보면 코어 타입을 확장하는 객체의 새로운 타입을 정의하므로 여기서 간략히 살펴보는 것이 의미가 있다. 예를 들어, 직원을 나타

내는 객체의 타입이 필요하다고 가정해 보자. 파이썬에서 이러한 특정 코어 타입을 제공하지는 않지만, 다음 사용자 정의 클래스 정도면 충분할 것이다.

```
>>> class Worker:
        def __init__(self, name, pay):        # 생성 시에 초기화
            self.name = name                   # self는 새로 생성된 객체
            self.pay = pay
        def lastName(self):
            return self.name.split()[-1]        # 공백으로 문자열 분할
        def giveRaise(self, percent):
            self.pay *= (1.0 + percent)         # 급여 정보 갱신
```

이 클래스는 함수로 작성된 두 가지의 동작(보통 메서드라고 불린다)뿐만 아니라, name과 pay 속성(상태 정보라고도 불린다)을 가진 새로운 종류의 객체를 정의한다. 클래스를 함수처럼 호출하면 새로운 타입에 대한 인스턴스가 생성되며, 클래스의 메서드들은 메서드 자신이 호출되어 처리 중인 인스턴스를 자동으로 전달받는다(self 인수로 전달된다).

```
>>> bob = Worker('Bob Smith', 50000)           # 두 개의 인스턴스 생성
>>> sue = Worker('Sue Jones', 60000)           # 각각은 이름과 급여 속성을 가지고 있음
>>> bob.lastName()                              # 메서드 호출: self는 bob
'Smith'
>>> sue.lastName()                              # 여기서 self는 sue
'Jones'
>>> sue.giveRaise(.10)                          # sue의 급여 갱신
>>> sue.pay
66000.0
```

여기서 암묵적으로 전달된 'self' 객체는 우리가 이것을 **객체 지향** 모델이라고 부르는 이유이기도 하다. 클래스 안의 함수에서는 항상 암묵적인 대상이 있다. 그러나 클래스 기반 타입은 어떤 의미에서 단순히 코어 타입을 만들고 사용한다고 볼 수 있다. 예를 들어, 여기서 사용자 정의 Worker 객체는 문자열과 숫자(각각 name과 pay), 그리고 이 두 내장 객체를 처리하기 위한 함수들의 모음일 뿐이다.

클래스 이야기의 가장 핵심은 클래스 자신의 상속 메커니즘이 **확장**을 통한 사용자 정의를 가능하게 함으로써 소프트웨어 계층 구조를 제공한다는 점이다. 우리는 이미 동작하는 기존 클래스를 변경하지 않고, 새로운 클래스를 작성함으로써 소프트웨어를 확장할 수 있다. 여러분이 파이썬에서 클래스를 사용하는 것은 어디까지나 선택 사항이며, 리스트와 딕셔너리 같은 단순한 내장 타입이 사용자가 만든 클래스보다 종종 더 유용하게 사용될 수 있다는 것 또한

알고 있어야만 한다. 이 모든 내용은 객체 타입을 소개하는 이 장의 목적을 벗어난다. 하지만 이 장은 어디까지나 단순한 미리 보기임을 고려하고, 클래스로 정의한 사용자 정의 타입에 관해서는 이 책을 통해서 계속 학습하도록 하자. 파이썬에서 다양한 도구들이 클래스를 기반으로 만들어지므로 클래스는 이 책을 통해 배워야 할 중요한 목표 중 하나다.

그 외의 모든 것

앞에서도 이미 언급한 것처럼, 여러분이 파이썬 스크립트에서 처리하는 모든 것은 객체 타입이다. 그래서 객체 타입을 모두 살펴본다는 것은 사실상 어렵다. 그러나 비록 파이썬에서 모든 것이 '객체'이기는 하지만, 여기서는 우리가 그동안 다룬 객체의 타입들만 파이썬의 코어 타입이라고 간주한다. 파이썬에서 다른 타입들은 함수, 모듈, 클래스, 컴파일된 코드와 같이 프로그램의 실행에 관련된 객체이거나 임포트된 모듈 함수에 의해 구현된 객체이며, 언어의 구문이 아니다. 또한, 이 중에 후자는 애플리케이션마다 다른 역할을 갖는 경향이 있다(텍스트 패턴, 데이터베이스 인터페이스, 네트워크 연결 등).

또한 지금까지 여기서 설명한 객체들은 객체가 맞긴 하지만, 반드시 **객체 지향**(object-oriented)적인 것은 아니라는 것을 기억하자(객체 지향은 일반적으로 상속과 나중에 배우는 파이썬 class 구문이 있어야 하는 개념이다). 파이썬의 코어 객체는 여전히 여러분이 앞으로 마주하게 될 거의 모든 파이썬 스크립트에서 가장 많이 사용되며, 일반적으로 비핵심(non-core) 타입 대부분의 기반으로 사용된다.

이 장의 요약

지금까지 살펴본 기본 데이터 타입을 요약해 보자. 이 장은 파이썬 코어 객체 타입과 이 타입에 적용할 수 있는 연산의 종류에 대한 간략한 소개를 제공한다. 우리는 이 장에서 메서드 호출로 이용할 수 있는 특정 타입별 연산(例 문자열 분할과 리스트 추가)뿐만 아니라, 다양한 객체 타입에 대해 동작하는 일반적인 연산들(例 인덱싱 그리고 슬라이싱과 같은 시퀀스 연산)에 대해 배웠다. 그리고 불변성, 시퀀스, 그리고 다형성과 같은 몇 가지 중요한 용어들에 대해서도 정의했다.

이 장을 통해 파이썬의 코어 객체 타입이 C와 같은 저수준 언어에서 제공하는 기본 타입들보다 더욱 유연하고 강력하다는 것을 알 수 있었다. 예를 들어, 파이썬의 리스트와 딕셔너리는 저수준 언어에서 컬렉션과 검색을 제공하기 위해 여러분이 해야만 하는 일들을 모두 대신 처리해 준다. 리스트는 다른 객체들의 정렬된 컬렉션이며, 딕셔너리는 위치가 아닌 키를 사용하여 인덱스되는 다른 객체들의 컬렉션이다. 딕셔너리와 리스트 둘 모두 중첩될 수 있고, 필요에 따라 크기를 늘리거나 줄일 수도 있으며, 어떠한 타입이라도 포함할 수 있다. 게다가 이 객체들의 메모리 공간은 이 객체를 더 이상 사용하지 않을 때 자동으로 해제된다. 또한, 다양한 종류의 바이너리 및 텍스트 데이터를 지원하기 위해 문자열과 파일이 서로 긴밀하게 동작하는 것을 살펴보았다.

이 장에서는 많은 내용을 빠르게 살펴보기 위해 상세한 내용은 생략했으므로 이 장에서 다룬 것만으로 충분히 이해했다고 생각해서는 안 된다. 다음 몇 개의 장에서는 좀 더 깊이 있는 내용을 다루기 시작할 것이다. 그리고 이 장에서 생략한 파이썬 코어 객체 타입의 상세한 내용과 더욱 깊은 이해를 제공할 예정이다. 다음 장에서는 파이썬에서 숫자에 대해 심도 있게 살펴보는 것으로 시작한다. 그 전에 우선 이 장에서 다룬 내용을 확인하는 퀴즈를 풀어 보도록 하자.

학습 테스트: 퀴즈

앞으로 상세히 다루게 될 이 장에서 소개된 개념들에 대해서 살펴본다. 그래서 여기서는 단지 큰 개념들에 대해서만 다룬다.

1. 파이썬의 핵심 데이터 타입 중 네 개를 말해 보자.

2. 이 타입들이 왜 '핵심(core)' 데이터 타입이라고 불리는가?

3. '불변(immutable)'은 무엇을 의미하고 파이썬에서 불변 타입으로 간주되는 세 가지 타입은 무엇인가?

4. '시퀀스(sequence)'는 무엇을 의미하고 이 분류에 포함되는 세 가지 타입은 무엇인가?

5. '매핑(mapping)'은 무엇을 의미하고 코어 타입 중에 매핑에 해당하는 것은 무엇인가?

6. '다형성(polymorphism)'은 어떤 의미이고 왜 신경을 써야만 하는가?

학습 테스트: 정답

1. 일반적으로 숫자, 문자열, 리스트, 딕셔너리, 튜플, 파일 그리고 집합이 코어 객체(데이터) 타입으로 간주된다. 때로는 타입(type), None, 그리고 부울(Boolean) 또한 코어 타입으로 분류되기도 한다. 다양한 숫자 타입(정수, 부동 소수점, 복소수, 분수, 소수)과 문자열 타입(파이썬 2.X에서는 단순 문자열과 유니코드 문자열, 그리고 파이썬 3.X에서는 텍스트 문자열과 바이트 문자열)이 있다.

2. 이 타입들은 파이썬 언어의 일부이며, 항상 이용할 수 있기 때문에 '핵심' 타입으로 알려져 있다. 다른 객체를 생성할 경우에는 일반적으로 임포트된 모듈 안에 있는 함수를 호출해야 한다. 코어 타입은 대부분이 객체를 생성하기 위한 특별한 구문을 가지고 있다. 예를 들어, 'spam'은 문자열을 만들고 해당 문자열에 적용할 수 있는 연산의 집합을 결정하는 표현식이다. 이 때문에 코어 타입은 파이썬 구문에 포함되어 있다. 반대로, 파일 객체를 만들기 위해서는 내장된 open 함수를 호출해야 한다(하지만 일반적으로 파일 또한 코어 타입으로 간주된다).

3. '불변(immutable)' 객체는 생성된 후에 변경할 수 없는 객체를 말한다. 파이썬에서 숫자, 문자열 그리고 튜플이 이 범주에 포함된다. 불변 객체를 직접 변경할 수는 없지만, 표현식을 사용하면 항상 새로운 객체를 만들 수 있다. 최신 파이썬에서 제공되는 바이트 배열을 이용하면 텍스트를 변경할 수도 있지만 이는 일반적인 문자열이 아니며, 단순한 8비트 문자로 된 텍스트만 직접적으로 적용된다(예 아스키).

4. '시퀀스(sequence)'는 위치적으로 정렬된 객체의 컬렉션이다. 파이썬에서 문자열, 리스트, 튜플이 시퀀스에 해당된다. 이들은 인덱싱, 연결, 슬라이싱과 같은 공통의 시퀀스 연산을 공유하지만, 각각은 타입별 메서드 호출을 가지고 있다. 관련된 용어인 '반복 객체(iterable)'는 요청 시에 시퀀스의 아이템을 생성하는 물리적인 시퀀스, 또는 가상의 시퀀스를 의미한다.

5. '매핑(mapping)'이라는 용어는 키를 연관된 값으로 연결하는 객체를 말한다. 파이썬의 딕셔너리는 코어 타입 중에서 유일한 매핑 타입이다. 매핑은 왼쪽에서 오른쪽으로 향하는 어떤 위치적인 순서를 제공하지 않으며, 키에 의해 저장된 데이터의 접근과 추가적인 타입별 메서드 호출을 제공한다.

6. '다형성(Polymorphism)'은 연산의 대상이 되는 객체에 따라 (+와 같은) 연산의 의미가 달라질 수 있다는 의미다. 다형성은 파이썬 내부에 숨겨진 파이썬의 핵심 개념이다(코드가 특정 타입에 제한적이지 않도록 함으로써 코드가 자동으로 다양한 타입에 적용되도록 한다).

5

숫자 타입

우리는 이 장에서 파이썬 언어에 대한 깊이 있는 탐구를 시작한다. 파이썬에서 데이터는 **객체** (object)의 형태를 취한다(파이썬이 제공하는 내장 객체 또는 파이썬 도구나 C와 같은 다른 언어를 사용하여 만든 객체를 말한다). 사실, 객체는 여러분이 앞으로 작성하게 될 모든 파이썬 프로그램의 기초이자 파이썬 프로그래밍의 가장 근본적인 개념이기 때문에 이 책은 가장 먼저 객체에 초점을 맞춘다.

앞 장에서 우리는 파이썬의 코어 객체 타입을 빠르게 살펴보았다. 해당 장은 기본적인 용어에 대해서는 소개했지만, 지면을 절약하기 위해 자세한 내용은 다루지 않았다. 여기서 우리는 이전 장에서 대략적으로 설명한 것들을 보충하기 위해 데이터 타입의 개념에 대해 다시 한번 확인한다. 우선, 첫 번째 데이터 타입 분류인 파이썬의 숫자 타입과 연산에 대해 살펴보는 것으로 시작하자.

숫자 타입의 기본

파이썬이 제공하는 대부분의 숫자 타입은 매우 일반적이며, 여러분이 과거에 다른 프로그래밍 언어를 사용해 본 경험이 있다면 꽤나 친근할 것이다. 이 타입들은 여러분의 은행 잔고나 웹 사이트의 방문자 수, 지구에서 달까지의 거리, 그리고 다른 어떤 수치적인 양을 관리하는 데 사용될 수 있다.

파이썬에서 숫자는 실제 단일 객체 타입이 아니라 유사한 타입들의 분류를 말한다. 파이썬은 일반적인 숫자 타입(정수와 부동 소수점 수)뿐만 아니라 숫자를 생성하기 위한 리터럴과 숫자를 처리하기 위한 표현식을 제공한다. 또한, 파이썬은 고급 수치 프로그래밍 지원과 작업을 위한 객체들을 제공한다. 파이썬이 제공하는 수치 관련 도구의 전체 목록은 다음과 같다.

- 정수 및 부동 소수점 객체
- 복소수 객체
- 소수: 고정 정밀도 객체
- 분수: 유리수 객체
- 집합: 수치 연산을 제공하는 컬렉션
- 부울(Boolean): true와 false
- 내장된 함수와 모듈: round, math, random 등
- 표현식, 무제한 정수 정밀도, 비트 연산, 16진수, 8진수, 그리고 2진수 형식
- 서드파티 확장 기능: 벡터, 라이브러리, 시각화(visualization), 그래프(plot), 등

이 목록의 첫 번째 아이템에 해당하는 타입들이 파이썬 코드에서 가장 많이 사용되기 때문에 이 장에서는 기본적인 숫자와 기초에 대해서 먼저 다루고, 특별한 역할을 제공하는 다른 타입으로 이동한다. 또한 여기서는 수학적인 역할과 컬렉션의 역할을 모두 가지고 있는 **집합**에 대해서 다루며, 집합은 일반적으로 후자보다는 전자의 역할로 많이 사용된다. 그러나 실제 코드를 다루기에 앞서 다음 몇 개의 절은 스크립트에서 숫자를 작성하고 처리하는 방법에 대해서 간략히 살펴보는 것으로 시작한다.

숫자 리터럴

파이썬은 기본 타입 중에서도 양수와 음수 전체를 포함하는 **정수**와 소수 부분(언어 경제에서는 때로 '부동(float)'이라고 불린다)이 있는 **부동 소수점** 수를 제공한다. 또한 파이썬은 16진수, 8진수, 2진수 리터럴을 이용한 정수 작성 방법을 지원하며, 복소수 타입을 제공하고 정수는 무제한 **정밀도**를 가질 수 있다(메모리 공간이 허락하는 자릿수까지 늘어날 수 있다). 표 5-1은 파이썬의 숫자 타입들이 프로그램에서 실제 리터럴로 작성될 때 보여지는 형식과 생성자 함수 호출을 나타낸다.

표 5-1 **숫자 리터럴과 생성자**

리터럴	해석
1234, -24, 0, 99999999999999	정수(크기 제한 없음)
1.23, 1., 3.14e-10, 4E210, 4.0e+210	부동 소수점 수
0o177, 0x9ff, 0b101010	3.X에서 8진수, 16진수 그리고 2진수 리터럴
0177, 0o177, 0x9ff, 0b101010	2.X에서 8진수, 16진수 그리고 2진수 리터럴
3 + 4j, 3.0 + 4.0j, 3J	복소수 리터럴
set('spam'), {1, 2, 3, 4}	집합: 2.X 그리고 3.X 생성 형식
Decimal('1.0'), Fraction(1, 3)	소수와 분수 확장 타입
bool(X), True, False	부울 타입과 상수

일반적으로 파이썬의 숫자 타입 리터럴은 작성하기 어렵지 않지만, 여기서는 일부 강조가 필요한 코딩 개념들에 대해서 설명한다.

정수 그리고 부동 소수점 수 리터럴

정수는 10진수의 문자열로 작성된다. 부동 소수점 수는 소수점으로 표현되거나, 부호부와 지수부, 그리고 e또는 E에 의해 표시되는 부호 있는 지수부로 표현된다. 소수점이나 지수로 숫자를 작성할 경우 파이썬은 해당 숫자를 부동 소수점 수 객체로 만들고, 해당 객체가 표현식에서 사용될 경우 부동 소수점 수(정수가 아닌) 연산을 사용한다. 부동 소수점 수는 표준 CPython에서 C 언어의 'double'로 구현되기 때문에 C 컴파일러가 파이썬 인터프리터를 만들 때 사용한 것과 같은 정밀도를 얻을 수 있다.

파이썬 2.X에서 정수: 일반 정수 타입과 긴(long) 정수 타입

파이썬 2.X에는 두 개의 일반(보통 32비트)과 긴(무제한 정밀도) 정수 타입이 있으며, l 또는 L로 끝나는 정수는 강제로 긴 정수 타입이 된다. 일반 정수 타입은 값이 할당된 비트를 초과할 경우, 자동으로 긴 정수 타입으로 전환되기 때문에 여러분이 끝에 L 문자를 직접 입력할 필요는 없다(파이썬은 추가적인 정밀도가 필요한 경우에도 자동으로 긴 정수 타입으로 변환한다).

파이썬 3.X에서 정수: 단일 타입

파이썬 3.X에서는 일반 정수 타입과 긴 정수 타입이 통합되었다(파이썬 2.X에서 별도로 존재하는 긴 정수 타입의 무제한 정밀도를 자동으로 지원하는 정수 타입만 존재한다). 이 때문에 정수 끝에 l 또는 L을 더는 붙일 필요가 없으며, 마찬가지로 출력될 때도 표시되지 않는다. 이외에도 기존 프로그램은 코드상에서 2.X의 긴 정수인지를 확인하는 경우를 제외하고는 이러한 변화에 영향을 받지 않는다.

16진수, 8진수 그리고 2진수 리터럴

정수는 10진수, 16진수, 8진수, 또는 2진수로 작성될 수 있으며, 이 중에 마지막 세 개는 일부 프로그래밍 영역에서 공통으로 제공된다. 16진수는 0x 또는 0X로 시작하며, 이어서 16진수 숫자(0-9 그리고 A-F)가 온다. 16진수 숫자는 소문자 또는 대문자로 작성될 수 있다. 8진수 리터럴은 0o 또는 0O(숫자 0과 소문자 또는 대문자 o)로 시작하며, 8진수 숫자(0-7)의 문자열이 온다. 또한 파이썬 2.X에서는 앞에 0을 붙여 8진수 리터럴을 작성할 수 있지만, 파이썬 3.X에서는 사용할 수 없다(앞에 0을 붙이는 기존 8진수 표현 형식은 10진수와 혼동하기 쉽다는 이유로 새로운 0o 형식으로 변경되었으며, 이 형식은 파이썬 2.X에서는 2.6부터 사용할 수 있다). 2진수 리터럴은 파이썬 2.6과 3.0에 새롭게 추가되었으며, 0b 또는 0B로 시작하고 이어서 2진수 숫자(0-1)가 온다.

이러한 모든 리터럴은 프로그램 코드상에서 정수 객체를 생성한다. 또한, 이 모든 리터럴은 단지 값을 표기하기 위한 다양한 구문일 뿐이다. 내장 호출 hex(I), oct(I) 그리고 bin(I)은 정수를 각각의 베이스에 맞게 표현된 문자열로 변환하며, int(str, base)는 런타임 문자열을 주어진 베이스에 맞는 정수로 변환한다.

복소수

파이썬 복소수 리터럴은 실수부 + 허수부로 작성되며, 허수부는 j 또는 J로 끝난다. 실수부는 사실상 선택 사항이며, 때문에 허수부만 나타날 수도 있다. 복소수는 내부적으로 부동소수점 수의 쌍으로 구현되지만, 모든 수치 연산은 복소수가 적용될 때 복소수 연산을 수행한다. 또한, 복소수는 complex(real, imag)가 내장된 호출을 사용하여 만들 수 있다.

다른 숫자 타입의 코딩

이 장의 뒤에서 살펴보겠지만, 지금까지 설명한 타입 이외에 고급 기능과 특별한 역할을 제공하는 표 5-1의 끝에 나열된 추가적인 숫자 타입들이 있다. 이러한 타입 중에 일부는 모듈을 임포트하고 모듈이 제공하는 함수를 호출하여 만들 수 있으며(예 소수와 분수), 또 다른 타입들은 자신만의 리터럴 구문을 가지고 있다(예 집합).

내장된 연산 도구들

파이썬은 표 5-1에서 볼 수 있는 내장된 숫자 리터럴과 생성 호출 이외에도 숫자 객체를 처리하기 위한 툴셋을 제공한다.

표현식 연산자

+, -, *, /, >>, **, &, 등

내장된 수학 함수

pow, abs, round, int, hex, bin, 등

유용한 모듈들

random, math, 등

이 모든 것은 앞으로 하나씩 다루게 될 것이다.

비록 숫자들은 주로 표현식이나 내장 함수 또는 모듈에 의해 처리되지만, 오늘날 파이썬 숫자들은 유용한 타입별 메서드를 가지고 있으며, 이에 대해서는 이번 장에서 다룰 예정이다. 예를 들어 부동 소수점 수가 제공하는 as_integer_ratio 메서드는 분수 타입에 대해 유용하게 사용되며, is_integer 메서드는 해당 숫자가 정수인지 확인하는 데 유용하게 사용된다. 정수는 파이썬 3.1에서 새롭게 소개된 bit_length 메서드를 포함하여 다양한 속성을 가지고 있으며, 이 메서드는 해당 객체의 값을 표현하는 데 필요한 비트 수를 반환한다. 게다가 **집합**은 컬렉션의 일부이자 그리고 수학적인 집합의 일부로서 두 역할에 대한 메서드와 표현식 모두를 제공한다.

표현식은 대부분의 숫자 타입에 대한 가장 기본적인 도구이므로 곧바로 표현식에 대해서 다뤄보도록 하자.

파이썬 표현식 연산자

숫자를 처리하는 가장 기본적인 도구는 아마도 **표현식**일 것이다. 표현식은 파이썬에 의해 실행되어 값을 계산하는 숫자(또는 다른 객체들)와 연산자들의 조합이다. 여러분은 파이썬에서 일반적인 수학 표기법과 연산자 기호를 사용하여 표현식을 작성할 수 있다. 예를 들어, X와 Y의 두 수를 더하기 위해서는 X + Y와 같이 작성할 수 있으며, 이 표현식은 X와 Y의 값에 대해 + 연산자를 적용해 줄 것을 파이썬에게 요청한다. 이 표현식의 결과는 X와 Y의 합이며, 또 다른 숫자 객체로 표현된다.

표 5-2는 파이썬에서 사용할 수 있는 모든 연산자 표현식들을 나열했다. 이 중에 많은 것들은 따로 설명이 없어도 충분히 이해할 수 있다. 예를 들어, 일반적인 수학 연산자(+, -, *, /, 등)들이 지원된다. 일부는 여러분이 다른 프로그래밍 언어를 다뤄본 적이 있다면 이미 친숙할 것이다. %는 나머지를 계산하고, <<는 비트 연산 왼쪽 이동을 수행하고, &는 비트 연산 AND의 결과를 계산한다. 그 외 다른 연산자는 파이썬에서 고유한 것이며, 실제로 모든 연산의 대상이 숫자인 것은 아니다. 예를 들어, is 연산자는 객체(메모리상의 주소, 동등 비교의 엄격한 형태)가 같은지 확인하고, lambda는 이름 없는 함수를 생성한다.

표 5-2 파이썬 표현식 연산자들과 우선순위

연산자	설명
yield x	send 프로토콜 제너레이터 함수
lambda args: expression	익명 함수 생성
x if y else z	삼중 선택(y가 true인 경우에만 x가 실행된다)
x or y	논리 OR(y는 x가 false인 경우에만 실행된다)
x and y	논리 AND(y는 x가 true인 경우에만 실행된다)
not x	논리 부정
x in y, x not in y	멤버십(반복 객체, 집합)
x is y, x is not y	객체 동일성 테스트
x < y, x <= y, x > y, x >= y	크기 비교, 부분 집합과 상위집합
x == y, x != y	값 등가 비교 연산자
x | y	비트 연산자 OR, 합집합
x ^ y	비트 연산자 XOR, 대칭 차집합
x & y	비트 연산자 AND, 교집합
x << y, x >> y	X를 왼쪽 또는 오른쪽으로 y 비트만큼 이동
x + y	더하기, 연결
x – y	빼기, 차집합
x * y	곱하기, 반복
x % y	나머지, 포맷
x / y, x // y	나누기: true 나누기와 floor 나누기
-x, +x	부정, 식별
~x	비트 연산자 NOT(부정)
x ** y	거듭제곱(지수)
x[i]	인덱싱(시퀀스, 매핑)
x[i:j:k]	슬라이싱
x(...)	호출(함수, 메서드, 클래스, 기타 콜러블(callable))
x.attr	속성 참조
(...)	튜플, 표현식, 제너레이터 표현식
[...]	리스트, 리스트 컴프리헨션
{...}	딕셔너리, 집합, 집합 컴프리헨션과 딕셔너리 컴프리헨션

이 책은 파이썬 2.X와 3.X 버전 모두를 다루고 있으므로 표 5-2에 있는 연산자들의 버전별 차이와 최근에 추가된 내용에 대해 일부 정리하겠다.

- 파이썬 2.X에서 값의 부등은 X != Y 또는 X <> Y로 작성할 수 있다. 파이썬 3.X에서는 두 연산자의 기능이 중복되어 후자는 제거되었다. 두 파이썬 버전에서 모든 값을 부등 테스트하는 데는 X != Y를 사용하는 것이 가장 좋은 방법이다.

- 파이썬 2.X에서 역인용 부호 표현식 'X'는 repr(X)와 동일하게 동작하며, 객체를 출력을 위한 문자열로 변환한다. 이 표현식은 표현식 자체의 모호함으로 인해 파이썬 3.X에서는 제거되었다. 182쪽의 "숫자 표시 형식"절에서 설명하는 좀 더 가독성이 좋은 str과 repr 내장 함수를 사용하도록 하자.

- X // Y 반내림(floor) 나누기 표현식은 파이썬 2.X와 3.X 모두에서 항상 나머지 소수 부분을 잘라낸다. X / Y 표현식은 3.X에서 트루(true) 나누기(나머지를 유지함)를 수행하고 2.X에서는 전통적인 나누기(나머지를 버리고 정수를 만듦)를 수행한다. 185쪽의 "나누기: 기존 방식, 반내림, 트루"절을 참고하도록 하자.

- [...] 구문은 리스트 리터럴과 리스트 컴프리헨션 표현식 둘 모두에서 사용된다. 이 중에 리스트 컴프리헨션 표현식은 암묵적으로 루프를 돌며 표현식의 결과를 새로운 리스트로 모은다. 4장, 14장 그리고 20장을 참고하도록 하자.

- (...) 구문은 제너레이터 표현식뿐만 아니라 튜플과 표현식을 그룹으로 만드는 데 사용된다 (리스트 컴프리헨션 형식은 결과 리스트를 한 번에 생성하지 않고 요청할 때마다 결과를 생성한다). 4장과 20장의 예제를 참고하도록 하자. 때로는 이와 같은 세 가지 상황에서 종종 괄호를 생략할 수 있다. 튜플의 괄호가 생략되면, 튜플의 아이템을 구분하는 **콤마**는 다른 중요한 의미가 없는 경우 가장 낮은 우선순위 연산자처럼 동작한다.

- {...} 구문은 딕셔너리 리터럴에서 사용되며, 파이썬 3.X와 2.7에서는 집합 리터럴과 딕셔너리 컴프리헨션 그리고 집합 컴프리헨션 모두에서 사용된다. 이 장에 포함된 집합에 대한 내용과 4장, 8장, 14장 그리고 20장을 참고하도록 하자.

- yield와 삼중 if/else 선택 표현식은 파이썬 2.5와 그 이후 버전부터 이용할 수 있다. 전자는 제너레이터에서 send(...) 인수를 반환한다. 후자는 멀티라인 if 구문을 짧게 줄여 쓴 것이다. yield는 할당문의 오른쪽에서 독립적으로 사용되지 않을 경우 괄호를 필요로 한다.

- 비교 연산자는 연결해서 사용할 수 있다. X < Y < Z는 X < Y and Y < Z와 같은 결과를 생성한다. 자세한 내용은 183쪽의 "비교: 일반 및 연결"절을 참고하자. 최신 파이썬에서 슬라이스 표현식 X[I:J:K]는 슬라이스 객체를 이용한 인덱싱 X[slice(I, J, K)]와 같은 기능을 한다.

- 파이썬 2.X에서는 혼합된 타입의 크기 비교가 가능하며, 숫자를 일반 타입으로 변환한다. 그리고 다른 혼합된 타입들을 타입의 이름에 따라 정렬한다. 파이썬 3.X에서는 비슷자 혼합 타입의 크기 비교는 허용되지 않으며, 예외를 발생시킨다. 프록시(proxy)에 의한 종류들도 포함된다.

- 딕셔너리의 크기 비교는 파이썬 3.X에서 더 이상 지원하지 않는다(그러나 등가 비교는 가능하다). sorted(aDict.items( ))를 비교하는 것이 한 방법이다.

표 5-2에 있는 대부분의 연산자들은 곧 살펴볼 예정이다. 그러나 우선, 이러한 연산자들이 표현식에서 결합되는 방법을 빠르게 살펴보도록 하자.

혼합된 연산자는 연산자 우선순위를 따름

대부분 언어와 마찬가지로 파이썬에서는 표 5-2에 있는 연산자 표현식을 서로 이어서 복잡한 표현식을 작성할 수 있다. 예를 들어, 두 곱셈의 합은 변수와 연산자를 혼합하여 다음과 같이 작성할 수 있다.

```
A * B + C * D
```

그러면 파이썬은 어느 연산을 먼저 수행해야 하는지 어떻게 알 수 있을까? 이 질문에 대한 답은 **연산자 우선순위**에 있다. 하나 이상의 연산자로 표현식을 작성할 때, 파이썬은 표현식의 부분들을 연산자 우선순위에 따라 그룹으로 묶는다. 그리고 이러한 그룹화 작업은 표현식의 부분들이 계산되는 순서를 결정한다. 표 5-2는 연산자 우선순위에 따라 정렬되어 있다.

- 표에서 아래쪽에 있는 연산자들이 높은 우선순위를 가지며, 따라서 혼합된 표현식에서 더욱 단단하게 결합된다.

- 표에서 같은 행에 있는 연산자들이 표현식에서 결합될 경우, 일반적으로 왼쪽에서 오른쪽 순서로 그룹화된다(오른쪽에서 왼쪽으로 그룹화되는 지수와 왼쪽에서 오른쪽으로 연결되는 비교는 제외된다).

예를 들어, X + Y * Z라고 작성한다면, *가 +보다 높은 우선순위를 가지고 있기 때문에 파이썬은 곱셈(Y * Z)을 먼저 계산하고, 그 결과에 X를 더한다. 마찬가지로, 이 절의 원래 예제에서 두 개의 곱셈(A * B 그리고 C * D)은 더하기보다 먼저 계산된다.

괄호는 하위 표현식을 그룹화함

표현식의 부분들을 괄호를 사용하여 그룹화할 경우 우선순위를 완전히 무시할 수 있다. 하위 표현식을 괄호로 묶으면 파이썬의 우선순위 규칙이 무력화된다. 파이썬은 항상 바깥 표현식에서 괄호 안의 표현식의 결과를 사용하기 전에 먼저 괄호 안의 표현식을 계산한다.

예를 들어 X + Y * Z로 작성하는 대신, 여러분이 원하는 순서로 파이썬이 표현식을 실행하도록 강제하기 위해 다음 중 하나와 같이 작성할 수 있다.

```
(X + Y) * Z
X + (Y * Z)
```

첫 번째 표현식의 경우 하위 표현식 X + Y가 괄호에 둘러싸여 있기 때문에 X와 Y에 +가 먼저 적용된다. 두 번째 표현식의 경우에는 *가 먼저 수행되며, 괄호는 전혀 없는 것과 같다. 일반적으로 긴 표현식에서 괄호를 추가하는 것은 좋은 방법이다(실행의 순서를 강제하는 것뿐만 아니라 표현식의 가독성에 도움이 된다).

혼합된 타입들은 변환됨

표현식에 연산자를 혼합하여 쓰는 것 외에도 숫자 타입을 혼합하여 사용할 수 있다. 예를 들어, 정수를 부동 소수점 수에 더할 수 있다.

```
40 + 3.14
```

그러나 이 표현식은 또 다른 질문으로 연결된다. 이 표현식의 결과는 무슨 타입일까? 정수 또는 부동 소수점 수? 특히, 여러분이 다른 프로그래밍 언어를 사용해 본 적이 있다면 대답은 간단하다. 혼합된 타입의 숫자 표현식에서 파이썬은 먼저 피연산자들을 가장 복잡한 피연산자의 타입으로 변환한 다음, 같은 타입의 피연산자들에 대한 연산을 수행한다. 이러한 동작은 C 언어의 타입 변환과 유사하다.

파이썬은 다음과 같이 숫자 타입의 복잡도의 순위를 매긴다. 정수는 부동 소수점 수보다 단순하고, 부동 소수점 수는 복소수보다 단순하다. 그래서 정수가 부동 소수점 수와 혼합 사용되면 앞의 예처럼 먼저 정수가 부동 소수점 수로 변환되어 부동 소수점 연산이 발생하며, 그 결과로 부동 소수점 수를 산출한다.

```
>>> 40 + 3.14          # 정수를 부동 소수점 수로 변환하고 부동 소수점 수 연산과 결과를 산출
43.14
```

마찬가지로 피연산자에 하나의 복소수 타입이 혼합된 표현식은 결과적으로 다른 피연산자들이 복소수로 변환되고, 표현식은 복소수 결과를 산출한다. 파이썬 2.X에서 일반 정수는 자신의 값이 일반 정수에 저장하기에 너무 큰 경우에 긴 정수로 자동 변환된다. 3.X에서는 별도의 구분 없이 정수가 긴 정수의 범위를 완전히 포함하고 있다.

타입을 수동으로 변환하기 위해 내장된 함수를 호출하여 이러한 작업을 강제로 수행할 수도 있다.

```
>>> int(3.1415)        # 부동 소수점 수를 정수로 자름
3
>>> float(3)           # 정수를 부동 소수점 수로 변환
3.0
```

그러나 일반적으로 여러분이 이러한 작업을 직접 할 필요는 없다. 파이썬은 표현식 안에 있는 더 복잡한 타입을 자동으로 변환하며, 그 결과는 일반적으로 여러분이 원하는 것과 다르지 않다.

이와 같은 혼합된 타입의 변환은 **숫자** 타입(M 정수와 부동 소수점)들만 혼합된(숫자와 비교 연산자를 사용한 표현식 포함) 표현식에서 적용된다. 일반적으로, 파이썬은 다른 타입의 경계를 넘는 변환은 자동으로 수행하지 않는다. 예를 들어, 문자열을 정수에 더하는 연산은 여러분이 수동으로 한쪽에서 다른 한쪽으로 변환하지 않는 한 에러가 발생한다. 7장에서 문자열을 다룰 때 이와 관련한 예제를 살펴보도록 하자.

 파이썬 2.X에서 비숫자가 혼합된 타입들을 **비교**할 수는 있지만, 변환은 수행되지 않는다. 혼합된 타입들은 미적인 면에서 다소 만족스럽지 않은 규칙에 따라 비교된다(객체 타입의 문자열 이름을 비교). 3.X에서 비숫자가 혼합된 타입의 크기 비교는 허용되지 않으며, 예외가 발생한다. 이러한 비교는 >와 같은 비교 연산자에만 적용된다. +와 같은 다른 연산자들은 파이썬 3.X 또는 2.X에서 비숫자 타입들을 혼합하여 사용할 수 없다.

미리 보기: 연산자 오버로딩과 다형성

비록 지금은 내장된 숫자 타입에 집중하고 있지만, 여러분이 만든 객체에 동작하는 모든 파이썬 연산자들은 파이썬 클래스와 C 확장 타입을 통해 오버로딩될 수 있다. 예를 들어 나중에 x+y

표현식으로 더하거나 연결되고, x[i] 표현식으로 인덱싱되는 클래스 객체를 볼 수 있을 것이다.

또한, 파이썬은 스스로 처리 중인 내장 객체의 타입에 따라 다른 동작을 수행해야 하는 일부 연산자에 대해 오버로딩을 자동으로 수행한다. 예를 들어 + 연산자는 숫자에 적용될 때는 더하기를 수행하지만, 문자열이나 리스트와 같은 시퀀스 객체에 적용될 때는 연결을 수행한다. 사실, +는 여러분이 클래스로 정의한 객체에 적용될 때 다른 어떤 의미로도 사용될 수 있다.

이전 장에서 이미 보았듯이 이러한 속성을 일반적으로 **다형성**이라고 한다. 다형성이라는 용어는 연산이 적용되는 객체의 타입에 따라 연산이 달라질 수 있다는 의미를 말한다. 우리는 16장에서 함수에 대해서 다룰 때 다시 이 개념에 대해서 언급할 예정인데, 이는 지금보다 함수를 설명할 때 다형성의 개념이 좀 더 명확해지기 때문이다.

숫자의 동작

이제 실제 코드를 살펴보자. 숫자 객체와 표현식을 이해하기 위한 가장 좋은 방법은 실제 동작을 보는 것이다. 지금까지 설명한 기본 지식을 바탕으로 명령 라인을 시작하여 간단하고 설명에 도움이 될 만한 연산들을 실행해 보자(대화형 세션을 시작하는 데 도움이 필요할 경우, 3장의 지시를 참고하도록 하자).

변수와 기본 표현식

우선 몇 가지 기본적인 계산을 연습해 보도록 하자. 우리는 먼저 다음의 대화형 예제에서 두 개의 **변수**(a와 b)에 정수를 할당하며, 이 변수들은 나중에 표현식에서 사용할 수 있다. 변수는 단순히 여러분이나 파이썬에 의해 만들어진 이름이며, 프로그램 내의 정보를 기록하기 위해 사용된다. 변수에 대한 자세한 내용은 다음 장에서 다루며, 파이썬에서 변수는 다음과 같다.

- 변수는 값이 처음 할당될 때 생성된다.
- 변수는 표현식에서 사용될 때 변수의 값으로 대체된다.
- 변수는 표현식에서 사용하기 전에 먼저 할당되어야 한다.
- 변수는 객체를 참조하며, 변수만 먼저 선언될 수 없다.

다시 말해서, 다음 할당문은 변수 a와 b를 자동으로 생성한다.

```
% python
>>> a = 3                          # 이름 생성: 먼저 선언하지 않음
>>> b = 4
```

또한 나는 여기서 **주석**을 사용했다. 파이썬 코드에서 # 문자 이후부터 라인의 끝까지 이어지는 텍스트는 파이썬에 의해 주석으로 간주되어 무시한다. 주석은 코드상에 사람이 읽을 수 있는 설명을 작성하는 방법이자, 프로그래밍에서 중요한 부분이다. 나는 이 책의 예제 대부분에서 코드의 설명을 돕기 위해 주석을 사용하고 있다. 다음 파트에서는 주석과 비슷하지만, 더 많은 기능을 제공하는 '문서화 문자열(documentation string, 줄여서 docstring)'에 대해서 다룬다. 문서화 문자열은 주석 텍스트를 객체에 첨부하며, 코드가 로딩된 후에도 이용할 수 있다.

코드를 대화형으로 작성할 때는 코드가 일시적으로만 존재하기 때문에 이러한 상황에서는 일반적으로 주석을 작성하지 않는다. 만약 여러분이 이 책을 따라 코드를 작성하고 있다면, #에서부터 라인의 끝 사이에 작성된 주석 텍스트를 직접 입력할 필요가 없다는 것을 의미한다. 대화형 세션에서 코드를 실행할 때 주석은 반드시 필요한 부분은 아니다.

이제, 우리가 만든 새로운 정수를 일부 표현식에서 사용해 보도록 하자. 이 시점에서 변수 a와 b의 값은 각각 3과 4다. 이와 같은 변수들은 표현식에서 사용될 때 자신의 값으로 대체되며, 대화형 세션에서 작업 중인 경우에는 표현식의 결과가 즉시 출력된다.

```
>>> a + 1, a - 1                   # 더하기(3 + 1), 빼기(3 - 1)
(4, 2)
>>> b * 3, b / 2                   # 곱하기(4 * 3), 나누기(4 / 2, 3.X 결과)
(12, 2.0)
>>> a % 2, b ** 2                  # 나머지, 거듭제곱(4 ** 2)
(1, 16)
>>> 2 + 4.0, 2.0 ** b              # 혼합된 타입 변환
(6.0, 16.0)
```

엄밀히 말해서 프롬프트에 입력된 라인은 콤마로 구분된 두 개의 표현식을 포함하고 있기 때문에 각 라인의 결과는 두 개의 값을 가진 **튜플**이 출력된다. 이것이 바로 결과가 괄호 안에 출력되는 이유다(튜플에 대한 더 자세한 내용은 뒤에서 다룬다). 표현식 안에서 사용된 변수 a와 b가 값을 이미 할당하고 있기 때문에 표현식이 정상적으로 동작한다는 점에 유의하자. 만약 표현식에서 **아직 할당되지 않은** 다른 변수를 사용할 경우, 파이썬은 어떠한 기본값을 채우지 않고 에러를 보고한다.

```
>>> c * 2
Traceback (most recent call last):
  File "<stdin>", line 1, in <module>
NameError: name 'c' is not defined
```

파이썬에서 변수를 미리 선언할 필요는 없지만, 변수를 사용하기 전에 최소 한 번은 할당되어야 한다. 이 말은 실제로 카운터 변수에 값을 더하기 전에 0으로 초기화해야 하고, 리스트에 새로운 값을 추가하기 전에 빈 리스트로 초기화해야 한다는 것을 의미한다.

다음은 연산자 그룹과 타입 변환을 설명하기 위한 다소 긴 표현식 두 개이며, 파이썬 3.X와 2.X에서 나누기 연산자의 차이점을 살펴보겠다.

```
>>> b / 2 + a          # ((4 / 2) + 3)과 같음 [2.X에서는 2.0을 사용]
5.0
>>> b / (2.0 + a)      # (4 / (2.0 + 3))과 같음
0.8
```

첫 번째 표현식에는 괄호가 없으므로 파이썬은 우선순위 규칙에 따라 구성 요소들을 그룹화한다. 표 5-2에서 /는 +보다 아래에 있으므로 더욱 긴밀하게 결합되어 먼저 계산된다. 그 결과 코드의 오른쪽에 있는 주석에서 보는 것과 같이 괄호를 사용한 표현식처럼 된다.

또한, 첫 번째 표현식에 사용된 모든 숫자는 정수다. 파이썬 2.X의 /는 정수 나누기와 더하기를 수행하고 5의 결과를 제공하지만, 파이썬 3.X의 /는 항상 소수 나머지를 유지하는 트루(true) 나누기를 수행하고 5.0의 결과를 제공한다. 3.X에서 2.X의 정수 나누기를 사용하고자 할 경우, 다음 b // 2 + a와 같이 작성할 수 있다. 2.X에서 3.X의 트루 나누기를 사용하고자 할 경우에는 b / 2.0 + a와 같이 작성할 수 있다(나누기에 대해서는 곧 더 자세히 다룰 것이다).

두 번째 표현식에서 + 부분을 강제로 (/보다) 먼저 계산하기 위해 괄호가 + 부분 주위에 추가되었다. 또한, 피연산자 중 하나에 소수점을 추가하여 부동 소수점 수(2.0)로 만들었다. 혼합된 타입이기 때문에 파이썬은 +를 수행하기 전에 a에 의해 참조되는 정수를 부동 소수점 수(3.0)로 변환한다. 만약 대신에 이 표현식에서 모든 숫자가 정수라면, 정수 나누기(4 / 5)는 파이썬 2.X에서 소수 나머지가 잘린 정수 0을 산출하지만, 파이썬 3.X에서는 부동 소수점 수 0.8이 나타난다. 또한, 공식적인 나누기에 대한 상세한 내용은 뒤에서 다룰 예정이니 계속해서 읽으며 진행하자.

숫자 표시 형식

여러분이 파이썬 2.6, 파이썬 3.0 또는 그 이전 버전을 사용하고 있다면, 앞의 예제에서 마지막 실행 결과를 처음 봤을 때 이상하게 느껴질 수도 있다.

```
>>> b / (2.0 + a)              # 파이썬 <= 2.6: 더 많은 자릿수 출력
0.80000000000000004

>>> print(b / (2.0 + a))       # print는 자릿수를 자른다
0.8
```

우리는 이미 이전 장에서 이러한 현상을 잠깐 본 적이 있으며, 파이썬 2.7, 3.1과 그 이후 버전에서는 나타나지 않는다. 이 이상한 결과 뒤에 숨겨진 이야기는 부동 소수점 하드웨어의 한계와 제한된 비트 수로 인해 일부 값을 정확히 표현할 수 없게 되는 문제와 관련이 있다. 그러나 컴퓨터 아키텍처에 대한 이야기는 이 책의 범위를 벗어나기 때문에 여러분 컴퓨터의 부동 소수점 하드웨어는 최선을 다하고 있다는 것으로 정리하고자 하며, 이는 코드나 파이썬의 문제가 아니다.

사실 이것은 **출력**(display)의 문제다. 여기서 대화형 프롬프트의 자동 결과 출력 기능은 내부적인 알고리즘의 차이로 인해 print문보다 더 많은 자릿수를 보여 준다. 이 두 출력은 메모리상의 같은 숫자다. 전체 자릿수를 표시하고 싶지 않은 경우에는 print를 사용하면 된다. 이에 대해 다음 페이지의 칼럼인 "str과 repr 출력 형식"에서 설명하고 있으며, 해당 칼럼을 살펴보면 좀 더 사용자 친화적인 출력 형식을 얻을 수 있을 것이다. 2.7과 3.1부터 파이썬의 부동 소수점 수 출력 로직은 지능적이어서 보통은 짧은 자릿수를 보여 주고 필요에 따라서만 긴 자릿수를 보여 준다.

그러나 모든 값이 항상 출력하는 데 그렇게 많은 자릿수가 필요한 것은 아니다.

```
>>> 1 / 2.0
0.5
```

그리고 print와 자동 출력을 사용하는 것 외에도 컴퓨터 내부의 다수의 비트를 출력하는 더 많은 방법이 있다(다음 코드는 모두 파이썬 3.6에서 실행했으며, 이전 버전에서 테스트할 경우에는 결과가 다소 다를 수 있다).

```
>>> num = 1 / 3.0
>>> num                        # 자동 출력
0.3333333333333333
```

```
>>> print(num)                    # 명시적인 print
0.3333333333333333

>>> '%e' % num                    # 문자열 포매팅 표현식
'3.333333e-01'
>>> '%4.2f' % num                 # 또 다른 부동 소수점 수 출력 형식
'0.33'
>>> '{0:4.2f}'.format(num)        # 문자열 포매팅 메서드: 파이썬 2.6, 3.0과 그 이후 버전
'0.33'
```

위 표현식에서 마지막 세 개는 문자열의 출력 형식을 원하는 대로 자유롭게 지정할 수 있는
도구인 **문자열 포매팅**(string formatting)을 사용하고 있으며, 이에 대해서는 문자열을 다루는 7장
에서 다시 자세히 설명하겠다.

---

str과 repr 출력 형식

엄밀히 말해서, 대화형 세션의 기본 출력과 print의 차이는 내장된 repr 함수와 str 함수의 차이와 같다.

```
>>> repr('spam')         # 자동 출력에 의해 사용됨: 코드같은 형태
"'spam'"
>>> str('spam')          # print에 의해 사용됨: 사용자 친화적인 형태
'spam'
```

둘 모두 임의의 객체를 자신들의 문자열 표현으로 변환한다. repr(그리고 대화형 세션의 기본 출력)은 코
드로 작성된 것처럼 보이는 결과를 생성한다. str(그리고 print 연산)은 가능한 좀 더 사용자 친화적인
형식으로 변환한다. 일부 객체의 경우에는 이 둘 모두를 제공한다(일반적으로 str을 사용하고 추가적인
세부 사항이 필요한 경우 repr을 사용한다. 이 개념은 문자열과 클래스에서 연산자 오버로딩을 공부할 때 다시 등
장하며, 일반적으로 이와 같은 내장된 기능에 대해서는 이 책의 후반부에서 더 많은 것을 볼 수 있다).

임의의 객체에 대한 출력 문자열을 제공하는 것 외에도 내장된 str은 또한 문자열 데이터 타입의 이
름을 나타내며, 3.X에서는 바이트 문자열(◎ str(b'xy', 'utf8'))로부터 유니코드 문자열을 디코드하기 위
한 인코딩 이름으로 사용된다. 그리고 4장에서 만나게 되는 bytes.decode 메서드의 대안으로 제공
된다. bytes.decode에 대한 고급 기능에 대해서는 이 책의 37장에서 다시 다룬다.

비교: 일반 및 연결

지금까지 우리는 파이썬의 표준 수치 연산에 대해서 다뤘다(더하기와 곱하기). 하지만 다른 모든
파이썬 객체들처럼 숫자 또한 비교할 수 있다. 숫자에 대한 일반적인 비교 연산은 여러분이 예
상하는 것과 별반 다르지 않게 동작하며, 피연산자의 상대적인 크기를 비교하여 부울(true 또
는 false)의 결과를 반환한다. 일반적으로 이 값을 테스트하여 원하는 작업을 수행할 수 있다.

```
>>> 1 < 2                        # 보다 작음
True
>>> 2.0 >= 1                     # 보다 크거나 같음. 혼합 타입 1은 1.0으로 변환
True
>>> 2.0 == 2.0                   # 값이 같음
True
>>> 2.0 != 2.0                   # 값이 같지 않음
False
```

숫자 표현식에서 혼합된 타입이 허용되는 방법에 대해 다시 주의해서 살펴보자. 파이썬은 여기 두 번째 테스트에서 더 복잡한 타입인 부동 소수점 수(float)의 관점으로 값을 비교한다.

또한, 흥미롭게도 파이썬은 범위 테스트를 수행하기 위한 다수의 비교를 함께 **연결**하는 것을 허용한다. 연결된 비교들은 긴 부울 표현식을 짧게 줄여 쓴 것의 한 종류다. 즉, 파이썬은 범위 테스트와 같은 연결된 비교 코드를 작성하기 위해 크기 비교 테스트를 함께 연결할 수 있도록 한다. 예를 들어, 표현식 (A < B < C)는 B가 A와 C 사이에 있는지를 테스트한다. 이 표현식은 다음 부울 테스트 (A < B and B < C)와 같지만, 더 이해하기 쉽고 작성하기도 쉽다. 예를 들어, 다음 할당을 가정해 보자.

```
>>> X = 2
>>> Y = 4
>>> Z = 6
```

다음 두 표현식은 같은 효과를 가지고 있지만 첫 번째 표현식이 더 짧고, 파이썬이 Y를 한 번만 계산하면 되기 때문에 조금 더 빠르게 실행될 수 있다.

```
>>> X < Y < Z                    # 비교 연산이 연결됨: 범위 테스트
True
>>> X < Y and Y < Z
True
```

같은 조건의 연결은 False 결과를 반환한다. 그리고 임의의 길이만큼 연결할 수 있다.

```
>>>X < Y > Z
False
>>> X < Y and Y > Z
False

>>> 1 < 2 < 3.0 < 4
True
```

```
>>> 1 > 2 > 3.0 > 4
False
```

연결된 테스트에 다른 비교 연산을 사용할 수는 있지만, 파이썬과 같은 방법으로 평가하지 않는다면 결과적으로 직관적이지 못한 표현식이 된다. 예를 들어, 다음은 단지 1이 2와 같지 않기 때문에 False가 된다.

```
>>> 1 == 2 < 3                # 1 == 2 and 2 < 3과 같지만,
False                         # false < 3과는 같지 않음(0 < 3을 의미한 것이라면 이것은 맞다!)
```

파이썬은 1 == 2 표현식의 결과인 False를 3과 비교하지 않는다. 이것은 기술적으로만 본다면 True를 나타내는 0 < 3과 같은 의미일 것이다(이 장의 뒤에서 살펴보겠지만, True와 False는 단순히 1과 0으로 지정되어 있다).

다음으로 넘어가기 전에 마지막으로 주의할 사항은 연결 측면에서 보면 수치 비교는 일반적으로 단순한 크기에 기반을 두고 있다는 점이다(그러나 **부동 소수점 수**는 항상 여러분의 기대대로 동작하지 않으며, 변환 또는 의미 있는 비교를 위한 조작이 필요하다).

```
>>> 1.1 + 2.2 == 3.3                 # 이게 True가 아니라고?
False
>>> 1.1 + 2.2                        # 3.3에 가깝긴 하지만 정확하지 않음: 제한된 정밀도
3.3000000000000003
>>> int(1.1 + 2.2) == int(3.3)       # 변환을 통해서 비교 가능: 반올림, 반내림, 버림을 참고
True                                 # 앞서 언급한 소수와 분수가 여기서 또한 도움이 됨
```

이러한 현상은 부동 소수점 수는 제한된 비트 수로 인해 일부 값들을 정확히 나타낼 수 없다는 사실에 기인한다. 파이썬에 제한된 문제는 아니며, 수치 프로그래밍의 근본적인 문제다. 이러한 제한에 대해서 다루는 소수와 분수에 대해서 이야기할 때 좀 더 자세한 내용을 배우게 될 것이다. 그러나 지금은 먼저 나누기에 대한 심도 있는 내용과 함께 파이썬의 핵심 수치 연산에 대해서 계속해서 알아보도록 하자.

나누기: 기존 방식, 반내림, 트루

여러분은 이미 이전 절에서 나누기의 동작 방식에 대해서 본 적이 있지만, 나누기는 파이썬 3.X와 2.X에서 다소 다르게 동작한다는 사실을 알아야 한다. 사실, 나누기에는 세 가지 종류의 방

식이 있으며, 두 개의 연산자가 존재한다. 그리고 두 연산자 중 하나는 3.X에서 의미가 변경되었다. 이 이야기는 다소 심도 있는 내용이기는 하지만, 3.X의 주요한 변화 중 하나인 데다 2.X 코드와 호환성 문제가 발생할 수 있으므로 나누기 연산자에 대해 있는 그대로 알아보도록 하자.

X / Y

기존 방식(Classic)과 트루(True) 나누기. 파이썬 2.X에서 이 연산자는 정수에 대해서는 나머지(소수 부분)를 잘라내고, 부동 소수점 수에 대해서는 나머지를 유지하는 **전통적인** 나누기를 수행한다. 파이썬 3.X에서 이 연산자는 타입에 관계없이 부동 소수점 수 결과로 나머지 값을 유지하는 **트루** 나누기를 수행한다.

X // Y

반내림(Floor) 나누기. 파이썬 2.2에서 추가되었으며, 파이썬 2.X와 3.X 모두에서 이용할 수 있다. 이 연산자는 타입에 상관없이 항상 소수 나머지 부분을 잘라내며, 결과의 타입은 피연산자의 타입에 따라 달라진다.

트루 나누기는 기존 전통 방식의 나누기 모델의 결과가 피연산자의 타입에 의존적이므로 파이썬과 같은 동적 타입 언어에서 결과를 예측하기 어렵다는 점을 해결하기 위해 추가되었다. 전통적인 나누기는 이러한 제약으로 인해 파이썬 3.X에서 제거되었다. 나누기 연산자 /와 //는 파이썬 3.X에서 트루와 반내림 나누기를 구현한다. 파이썬 2.X에서는 기존 방식과 반내림 나누기가 기본이지만, 옵션으로 트루 나누기를 활성화시킬 수 있다. 요약하면 다음과 같다.

- 3.X에서 / 연산자는 현재 항상 **트루** 나누기를 수행하며, 소수 나머지 부분을 포함한 부동 소수점 수의 결과를 반환한다. // 연산자는 소수 나머지 부분을 잘라내고, 정수 피연산자에 대해서는 정수를 반환하며, 부동 소수점 수 피연산자가 하나라도 있는 경우에는 부동 소수점 수를 반환하는 **반내림** 나누기를 수행한다.

- 2.X에서 / 연산자는 두 피연산자가 정수인 경우 소수 부분을 잘라내는 정수 나누기를 수행하고, 그렇지 않은 경우 소수 나머지 부분을 유지하는 부동 소수점 수 나누기를 수행하는 **전통적인** 나누기를 실시한다. // 연산자는 정수에 대해서는 나머지를 잘라내는 정수 나누기를, 부동 소수점 수에 대해서는 부동 소수점 수 나누기를 수행하는 **반내림** 나누기를 수행하며, 3.X와 동일하게 동작한다.

다음은 3.X와 2.X에서 두 연산자의 동작을 나타내며, 두 그룹에서 각각 첫 번째 연산이 가장 결정적인 차이다.

```
C:\code> C:\Python36\python
>>>
>>> 10 / 4                    # 3.X의 차이점: 나머지 유지
2.5
>>> 10 / 4.0                  # 3.X에서도 동일: 나머지 유지
2.5
>>> 10 // 4                   # 3.X에서도 동일: 나머지 버리기
2
>>> 10 // 4.0                 # 3.X에서도 동일: 부동 소수점 수의 나머지 버리기
2.0

C:\code> C:\Python27\python
>>>
>>> 10 / 4                    # 3.X로 포팅 시에 문제가 발생할 수 있음!
2
>>> 10 / 4.0
2.5
>>> 10 // 4                   # 2.X에서 나머지 버리기가 필요한 경우
2
>>> 10 // 4.0
2.0
```

// 연산자에 대한 결과 데이터 타입은 파이썬 3.X에서 여전히 피연산자 타입에 의존적이라는 점에 주의하자. 피연산자 중에 하나라도 부동 소수점 수인 경우, 결과도 부동 소수점 수다. 그렇지 않은 경우 결과는 정수다. 이러한 점은 / 연산자가 파이썬 2.X에서 타입 의존적인 동작을 하는 것과 유사해 보일 수도 있지만, / 연산자 자체의 타입 의존성은 3.X에서 결과 타입이 부동 소수점 수 타입으로 고정되는 계기가 되었으며, 3.X에서 / 연산자의 반환 타입은 반환 타입이 차이가 날 때보다 훨씬 덜 중요해졌다.

게다가 // 연산자는 정수 나누기의 버리기 방식에 의존적인 프로그램을 위한 호환성 도구로써 일부 제공되며, 또한 여러분이 예상하는 것보다 훨씬 일반적으로 사용되기 때문에 정수 연산에 대해서는 정수를 반환해야만 한다. 3.X와 호환성 있는 코드를 작성하는 데 정수 버리기가 필요한 경우, 파이썬 2.X에서 / 연산자 대신에 // 연산자를 사용하도록 하자.

두 버전 모두 지원하기

비록 / 연산자의 동작이 2.X와 3.X에서 다르긴 하지만, 여전히 여러분의 코드에서 두 버전 모두를 지원할 수 있다. 여러분의 프로그램이 정수 나누기의 버리기에 의존적인 경우, 2.X와 3.X 모두에서 조금 전에 언급한 // 연산자를 사용하도록 하자. 여러분의 프로그램이 정수 연산에 대해 소수 부분이 있는 부동 소수점 수 결과가 필요한 경우, 2.X에서 실행될 때 / 연산자 주위의 한 피연산자가 부동 소수점 수임을 보장하기 위해서 float를 사용하자.

```
X = Y // Z                        # 2.X와 3.X에서 정수 연산에 대해 정수 결과 반환

X = Y / float(Z)                  # 2.X와 3.X에서 부동 소수점 수 나누기를 보장하는 방법
```

다른 방법으로는 부동 소수점 수로 강제 변환하지 않고, __future__를 임포트하여 3.X의 /
나누기를 2.X에서 가능하게 할 수 있다.

```
C:\code> C:\Python27\python
>>> from __future__ import division
>>> 10 / 4                        # 3.X의 "/" 동작을 가능하게 함
2.5
>>> 10 // 4                       # 정수 //는 두 버전에서 동일함
2
```

이 특별한 from 구문은 위와 같이 대화형 세션에 입력될 경우, 입력된 순간부터 세션이 끝날
때까지 적용된다. 그리고 스크립트 파일에서 사용될 때는 첫 번째 실행 라인에 입력해야 한다
(그리고 유감스럽게도 우리는 파이썬에서 past 패키지가 아닌 future 패키지로부터 이러한 기능을 임포트할
수 있다).

반내림 vs 버림

한 가지 미묘한 점은 // 연산자는 비공식적으로 버림(truncating) 나누기라고 불리지만, 반내림
(Floor) 나누기라고 부르는 것이 더 정확하다는 것이다. // 연산자는 낮은 값을 기준으로 나눈
결괏값의 소수 부분을 잘라낸다. 즉, 트루 나누기 결과에서 가까운 낮은 정숫값을 의미한다.
그 결과 소수 부분이 잘리는 효과가 있지만 단순히 소수 부분을 잘라내는 것과는 차이가 존
재하며, 음수 값에 적용될 때 더 중요하다. 파이썬 math 모듈을 사용하여 여러분 스스로 이
러한 차이를 확인할 수 있다(모듈은 사용하기 전에 미리 임포트해야 하며, math 모듈에 대한 자세한
내용은 나중에 다시 다룬다).

```
>>> import math
>>> math.floor(2.5)               # 낮은 값 중에서 가장 가까운 수
2
>>> math.floor(-2.5)
-3
>>> math.trunc(2.5)               # (0을 향해서) 소수 부분 잘라 내기
2
>>> math.trunc(-2.5)
-2
```

나누기 연산을 수행할 때, 양수 결과에 대해서는 버림이 반내림과 동일하기 때문에 양수 결과에 한해서만 실제 버리기가 수행된다. 음수 결과에 대해서는 반내림이 수행된다(실제로는 둘 모두 반내림이지만, 반내림은 양수 결과에 대해서 버리기와 동일하다). 3.X의 경우 다음과 같다.

```
C:\code> c:\python36\python
>>> 5 / 2, 5 / -2
(2.5, -2.5)

>>> 5 // 2, 5 // -2              # 낮은 값으로 버리기: 가까운 낮은 정수로 버리기
(2, -3)                         # 2.5는 2가 되고, -2.5는 -3이 된다

>>> 5 / 2.0, 5 / -2.0
(2.5, -2.5)

>>> 5 // 2.0, 5 // -2.0         # 피연산자가 부동 소수점 수인 경우, 결과도 부동 소수점 수
(2.0, -3.0)
```

2.X에서도 결과는 비슷하지만, / 결과는 또 다르다.

```
C:code> c:\python27\python
>>> 5 / 2, 5 / -2               # 3.X와의 차이점
(2, -3)

>>> 5 // 2, 5 // -2             # 여기서부터는 2.X와 3.X가 동일
(2, -3)

>>> 5 / 2.0, 5 / -2.0
(2.5, -2.5)

>>> 5 // 2.0, 5 // -2.0
(2.0, -3.0)
```

정숫값의 부호에 상관없이 소수 부분을 0으로 버리고 싶은 경우, 사용 중인 파이썬의 버전에 상관없이 math.trunc를 통해 부동 소수점 수 나누기 결과를 실행할 수 있다(또한 유사한 기능을 제공하는 내장된 함수 round와 int를 살펴보도록 하자. 이 둘은 여기서 설명한 것과 같은 효과가 있지만, 따로 임포트할 필요가 없다).

```
C:\code> c:\python36\python
>>> import math
>>> 5 / -2                      # 나머지 유지
-2.5
>>> 5 // -2                     # 낮은 값으로 반내림
-3
```

```
>>> math.trunc(5 / -2)                     # 반내림 대신 버림(int( )와 같다)
-2

C:\code> c:\python27\python
>>> import math
>>> 5 / float(-2)                          # 2.X에서 나머지 유지 방법
-2.5
>>> 5 / -2, 5 // -2                         # 2.X에서 반내림
(-3, -3)
>>> math.trunc(5 / float(-2))              # 2.X에서 버림
-2
```

버리기는 왜 중요한가?

최종적으로 여러분이 파이썬 3.X를 사용하고 있을 경우, 참조를 위해 나누기 연산자들을 간단히 요약하자면 다음과 같다.

```
>>> (5 / 2), (5 / 2.0), (5 / -2.0), (5 / -2)      # 3.X 트루 나누기
(2.5, 2.5, -2.5, -2.5)

>>> (5 // 2), (5 // 2.0), (5 // -2.0), (5 // -2)   # 3.X 반내림 나누기
(2, 2.0, -3.0, -3)

>>> (9 / 3), (9.0 / 3), (9 // 3), (9 // 3.0)       # 둘 모두
(3.0, 3.0, 3, 3.0)
```

2.X를 사용하는 독자들의 경우, 나누기는 다음과 같이 동작한다(정수 나누기에서 굵은 글씨로 표시된 세 개의 출력이 3.X와의 차이점이다).

```
>>> (5 / 2), (5 / 2.0), (5 / -2.0), (5 / -2)      # 2.X 전통적인 나누기(다름)
(2, 2.5, -2.5, -3)

>>> (5 // 2), (5 // 2.0), (5 // -2.0), (5 // -2)   # 2.X 반내림 나누기(같음)
(2, 2.0, -3.0, -3)

>>> (9 / 3), (9.0 / 3), (9 // 3), (9 // 3.0)       # 둘 모두
(3, 3.0, 3, 3.0)
```

3.X에서 / 연산자의 소수 부분을 버리지 않는 동작은 상당수의 2.X 프로그램에서 문제가 발생할 수 있다. C 언어로부터 유래되어 많은 프로그래머들이 정수를 나눌 때 소수 부분을 잘라내는 것에 의존하고 있으며, 이러한 경우에는 대신 // 연산자를 사용해야 한다. / 연산자는 3.X에서 소수 부분을 잘라내지 않기 때문에 여러분이 오늘날 작성하는 모든 2.X와 3.X 코드

에서 호환성을 위해 // 연산자를 사용해야 한다. / 연산자의 변화에 따라 영향을 받는 간단한 소수 while 루프 예제는 13장에서, 그리고 이에 상응하는 예제들은 파트 4의 마지막 부분에서 볼 수 있다. 또한, 이 절에서 사용된 특별한 from 명령은 관심 있게 살펴보도록 하자. 이에 대해서는 25장에서 좀 더 자세히 다룬다.

정수 정밀도

나누기는 파이썬 릴리즈마다 조금씩 다룰 수 있지만, 거의 표준에 가깝다. 여기에는 약간 흥미로운 점이 있다. 앞에서 이미 언급했지만, 파이썬 3.X의 정수는 크기에 제한이 없다.

```
>>> 9999999999999999999999999999999 + 1          # 3.X
10000000000000000000000000000000
```

파이썬 2.X는 긴 정수에 대해 별도의 타입을 제공하지만, 어떤 숫자가 일반적인 정수에 저장하기 너무 긴 경우에는 자동으로 긴 정수 타입으로 변환한다. 그러므로 긴 정수를 사용하기 위해 어떤 특별한 구문을 사용할 필요가 없으며, 여러분이 2.X의 긴 타입을 사용하고 있음을 말할 수 있는 유일한 방법은 끝에 'L'이 붙어서 출력된다는 것이다.

```
>>> 9999999999999999999999999999999 + 1          # 2.X
10000000000000000000000000000000L
```

무제한 정밀도 정수는 파이썬에 내장된 편리한 도구다. 예를 들어, 미국의 국가 부채를 파이썬에서 동전 단위로 계산하는 데 사용할 수 있다(여러분이 의지가 있고, 올해 예산을 저장하기에 충분한 메모리가 있으면 가능하다). 그리고 3장의 예제에서 2의 아주 큰 거듭제곱을 계산할 수 있었던 이유이기도 하다. 3.X와 2.X의 경우 다음과 같다.

```
>>> 2 ** 200
1606938044258990275541962092341162602522202993782792835301376
>>> 2 ** 200
1606938044258990275541962092341162602522202993782792835301376L
```

파이썬은 확장 정밀도를 지원하기 위해 추가적인 작업을 필요로 하기 때문에 정수 연산은 일반적인 경우보다 숫자가 커질 때 확연히 느리다. 그러나 확장 정밀도가 필요한 경우에 이런 기능을 곧바로 사용할 수 있다는 것은 성능 저하의 가능성보다 더 중요한 부분이다.

복소수

지금까지 설명한 타입보다는 일반적으로 덜 사용되지만, 복소수는 파이썬에서 별도의 코어 객체 타입으로 제공된다. 복소수는 일반적으로 엔지니어링 및 과학 응용 프로그램에서 사용된다. 복소수가 무엇인지 이미 알고 있다면, 이것이 유용한 이유 또한 알고 있을 것이다. 만약 그렇지 않은 경우에는 이 절 내용을 선택적으로 읽으면서 참고하는 것도 좋은 방법이 될 수 있다.

복소수는 실수부와 허수부라는 두 개의 부동 소수점 수로 표현되며, 허수부 끝에 j 또는 J를 추가하여 작성할 수 있다. 또한 +로 실수부와 허수부를 더함으로써, 0이 아닌 실수부를 가진 복소수를 작성할 수 있다. 예를 들어, 실수부가 2이고 허수부가 -3인 복소수는 2 + -3j로 작성할 수 있다. 다음은 복소수 연산 예다.

```
>>> 1j * 1J
(-1+0j)
>>> 2 + 1j * 3
(2+3j)
>>> (2 + 1j) * 3
(6+3j)
```

복소수는 자신의 각 부분을 속성처럼 추출할 수 있는 기능을 제공하며, 거의 모든 일반적인 수학 표현식을 지원한다. 그리고 (표준 math 모듈의 복소수 버전인) 표준 cmath 모듈에서 제공하는 도구를 사용하여 처리할 수 있다. 그러나 복소수는 대부분의 프로그래밍 영역에서 잘 사용되지 않으므로 이에 대한 나머지 이야기는 여기서 생략하고자 한다. 상세한 추가 정보가 필요한 경우 파이썬 언어 레퍼런스 매뉴얼을 참고하자.

16진수, 8진수, 2진수: 리터럴과 변환

파이썬의 정수는 지금까지 우리가 사용한 10진수 기반의 작성 방법 외에, 16진수, 8진수, 그리고 2진수 표기법으로도 작성될 수 있다. 10진수를 제외한 나머지는 처음 접할 경우, 열 손가락을 가진 사람이 보기에는 다소 이질적일 수도 있다. 하지만 일부 프로그래머들은 값을 바이트나 비트로 연결할 필요가 있을 때, 값을 명시하기 위한 좋은 방법임을 깨달을 수 있을 것이다. 작성 방법에 대해서는 이미 이 장의 시작 부분에서 간략히 언급했다. 여기서는 실제 사례들을 살펴보도록 하자.

여기서 사용된 리터럴은 정수 객체의 값을 명시하기 위한 다른 표기법일 뿐이라는 것을 기억하자. 예를 들어, 파이썬 3.X 또는 2.X에서 작성된 다음 리터럴은 세 가지 기수(base)로 명시된 값의 일반적인 정수를 생성한다. 메모리상의 정숫값은 이 값들을 명시하기 위해 사용한 기수에 상관없이 모두 동일하다.

```
>>> 0o1, 0o20, 0o377            # 8진수 리터럴: 기수 8, 숫자 0-7(3.X, 2.6+)
(1, 16, 255)
>>> 0x01, 0x10, 0xFF            # 16진수 리터럴: 기수 16, 숫자 0-9/A-F(3.X, 2.X)
(1, 16, 255)
>>> 0b1, 0b10000, 0b11111111    # 2진수 리터럴: 기수 2, 숫자 0-1(3.X, 2.6+)
(1, 16, 255)
```

여기서 8진수 값 0o377, 16진수 값 0xFF, 그리고 2진수 값 0b11111111은 모두 10진수 255다. 예를 들어, 16진수의 숫자 F는 각각 10진수의 15와 2진수의 4비트 1111을 의미하며, 2의 16승을 나타낸다.

```
>>> 0xFF, (15 * (16 ** 1)) + (15 * (16 ** 0))   # 16진수/2진수를 10진수로 변환하는 방법
(255, 255)
>>> 0x2F, (2 * (16 ** 1)) + (15 * (16 ** 0))
(47, 47)
>>> 0xF, 0b1111, (1*(2**3) + 1*(2**2) + 1*(2**1) + 1*(2**0))
(15, 15, 15)
```

파이썬은 기본적으로 정숫값을 10진수(기수 10)로 출력하지만, 다른 기수로 된 파이썬 리터럴 형식의 숫자 문자열로 변환하는 내장 함수를 제공한다. 이것은 프로그램이나 사용자가 값을 다른 기수로 보려고 할 때 유용하게 사용된다.

```
>>> oct(64), hex(64), bin(64)           # 숫자 => 문자열로 된 숫자
('0o100', '0x40', '0b1000000')
```

oct 함수는 10진수를 8진수로, hex는 10진수를 16진수로, 그리고 bin은 10진수를 2진수로 변환한다. 다른 방법으로는 내장된 함수 int는 문자열로 된 숫자를 정수로 변환한다. 그리고 추가적인 두 번째 인수를 사용하면 기수 값을 명시할 수 있다(스크립트 파일에 작성된 숫자가 아닌 파일에서 문자열로 읽은 숫자에 대해 유용하게 사용할 수 있다).

```
>>> 64, 0o100, 0x40, 0b1000000          # 스크립트와 문자열에서 사용하는 숫자로 변환
(64, 64, 64, 64)
```

```
>>> int('64'), int('100', 8), int('40', 16), int('1000000', 2)
(64, 64, 64, 64)

>>> int('0x40', 16), int('0b1000000', 2)          # 리터럴 형식 또한 지원됨
(64, 64)
```

이 책의 뒷부분에서 다루게 될 eval 함수는 문자열을 마치 파이썬 코드처럼 다룬다. 그 결과 비슷한 효과를 보여 주지만 일반적으로 더 느리다(eval 함수는 문자열을 실제 프로그램의 일부처럼 컴파일하고 실행하며, 실행되는 문자열이 신뢰할 수 있는 소스로부터 제공된 것이라고 가정한다). 악의적인 사용자라면 컴퓨터의 파일을 삭제하는 문자열을 전달할 수도 있으므로 주의해서 사용하자.

```
>>> eval('64'), eval('0o100'), eval('0x40'), eval('0b1000000')
(64, 64, 64, 64)
```

마지막으로, **문자열 포매팅** 메서드 호출과 표현식을 사용하여 정수를 특정 기수의 문자열로 변경할 수 있다. 이 메서드는 파이썬 리터럴 문자열이 아닌 숫자만을 반환한다.

```
>>> '{0:o}, {1:x}, {2:b}'.format(64, 64, 64)      # 수 => 숫자, 2.6+
'100, 40, 1000000'

>>> '%o, %x, %x, %X' % (64, 64, 255, 255)         # 모든 파이썬 버전에서 유사하게 사용 가능
'100, 40, ff, FF'
```

문자열 포매팅은 7장에서 좀 더 자세히 다룬다.

다음 주제로 넘어가기 전에 두 가지 사항을 주의하자. 첫째, 이 장의 시작에서도 언급했듯이 파이썬 2.X 사용자들은 단순하게 숫자 앞에 0을 추가하여 기존의 8진수 형식을 작성할 수 있다.

```
>>> 0o1, 0o20, 0o377      # 2.6+에서 추가된 8진수 형식(3.X 동일)
(1, 16, 255)
>>> 01, 020, 0377         # 모든 2.X에 적용되는 기존 8진수 리터럴(3.X에서 에러)
(1, 16, 255)
```

이 예제의 두 번째 구문은 3.X에서 에러를 발생시킨다. 이 구문이 2.X에서는 에러가 아니지만 여러분이 실제로 8진수 값을 작성하려는 경우 외에는 0으로 시작하는 숫자의 문자열을 만들지 않도록 주의해야 한다. 파이썬 2.X는 0으로 시작하는 숫자를 기수 8로 처리하기 때문에 여러분의 예상대로 동작하지 않을 수 있다(파이썬 2.X에서 010은 항상 10진수의 10이 아닌 8을 의미한다(여러분이 어떤 의도로 작성을 했는지는 중요하지 않다). 이것이 바로 3.X에서 8진수 형식을 16진수와 2

진수 형식에 맞춰 변경하게 된 이유다). 파이썬 3.X에서는 0o010을 사용해야만 하며, 그리고 명확
성과 3.X와의 지속적인 호환성을 위해 2.6과 2.7에서도 사용하는 것이 좋다.

둘째, 이러한 리터럴은 긴 정수를 임의대로 생성할 수 있다. 예를 들어, 다음 예제는 16진수 표
기법으로 정수를 만든 다음 이 값을 10진수로 먼저 출력하고, 이 값을 변환하여 8진수와 2진
수로 각각 출력한다(여기서는 3.X에서 실행하였다. 2.X에서 10진수와 8진수의 출력은 별도의 긴 타입을
나타내기 위해 끝에 L이 추가되어 있으며, 8진수의 출력에는 문자 o가 없다).

```
>>> X = 0xFFFFFFFFFFFFFFFFFFFFFFFFFFFFF
>>> X
5192296858534827628530496329220095
>>> oct(X)
'0o177777777777777777777777777777777777777777'
>>> bin(X)
'0b11111111111111111111111111111111111111111111 ...등등... 11111'
```

2진수에 대해서는 다음 절에서 개별 비트를 처리하기 위한 도구를 통해 다시 이야기한다.

비트 연산

파이썬은 일반적인 수치 연산(더하기, 빼기 등) 외에도 C 언어에서 사용할 수 있는 대부분의 숫
자 표현식을 제공한다. 여기에는 정수를 2진수 비트의 문자열처럼 다루는 연산자도 포함된다.
여러분의 파이썬 코드가 네트워크 패킷, 시리얼 포트, 또는 패키징된 바이너리 데이터 같은 것
을 처리해야 한다면 편리하게 사용할 수 있다.

우리는 여기에서 부울(Boolean) 연산의 기반에 대해서는 생각하지 않는다(아마도 부울 연산을 사
용해야만 하는 독자들은 이미 동작 방법을 알고 있을 테지만, 그렇지 않은 경우에는 이 주제를 다음으로
미룬다 해도 크게 문제가 되지 않는다). 하지만 기본적인 사항은 매우 직관적이므로 이해하기 어렵
지 않을 것이다. 예를 들어, 다음은 정수에 대해 비트 이동과 부울 연산을 수행하는 파이썬의
비트 표현식 연산자의 동작을 보여 준다.

```
>>> x = 1                    # 10진수 1은 비트로 0001
>>> x << 2                   # 2비트 왼쪽으로 이동: 0100
4
>>> x | 2                    # 비트 OR(한쪽이 1인 비트): 0011
3
>>> x & 1                    # 비트 AND(양쪽이 1인 비트). 0001
1
```

첫 번째 표현식에서 2진수 1(기수 2로 0001)은 2진수 4를 만들기 위해 왼쪽으로 두 칸 이동했다. 마지막 두 연산은 비트를 결합하는(0001 | 0010 = 0011) 비트 OR과 공통 비트를 골라내는 (0001&0001 = 0001) 비트 AND를 수행한다. 이러한 비트 마스킹은 단일 정수 내에서 다수의 플래그와 다른 값들을 인코딩하거나 추출하는 것을 가능하게 한다.

비트 연산은 파이썬 3.0과 2.6부터 지원되는 2진수와 16진수가 특히 유용하게 사용되는 영역 중 하나다(숫자를 비트 문자열로 작성하거나 출력하는 것을 가능하게 한다).

```
>>> X = 0b0001                    # 2진수 리터럴
>>> X << 2                        # 왼쪽으로 이동
4
>>> bin(X << 2)                   # 2진수 숫자 문자열
'0b100'

>>> bin(X | 0b010)                # 비트 OR: 한쪽이 1인 비트
'0b11'
>>> bin(X & 0b1)                  # 비트 AND: 양쪽이 1인 비트
'0b1'
```

이것은 16진수 리터럴 값을 할당하거나 기수를 변환할 때도 마찬가지다.

```
>>> X = 0xFF                      # 16진수 리터럴
>>> bin(X)
'0b11111111'
>>> X ^ 0b10101010                # 비트 XOR: 한쪽만 1인 비트
85
>>> bin(X ^ 0b10101010)
'0b1010101'

>>> int('01010101', 2)           # 숫자 => 수: 문자열을 해당 기수의 수로 변환
85
>>> hex(85)                       # 수 => 숫자: 1진수 숫자 문자열
'0x55'
```

또한 파이썬 3.1과 2.7부터 새로운 bit_length 메서드가 추가되었으며, 이 메서드는 수의 값을 2진수로 표현하는 데 필요한 비트 수를 확인할 수 있다. 비록 덜 효율적이긴 하지만, 4장에서 다룬 내장 함수 len을 사용하여 bin 문자열의 길이를 구한 값에 2를 빼면 같은 효과를 얻을 수 있다.

```
>>> X = 99
>>> bin(X), X.bit_length(), len(bin(X)) - 2
('0b1100011', 7, 7)
>>> bin(256), (256).bit_length(), len(bin(256)) - 2
('0b100000000', 9, 9)
```

우리는 여기서 비트 조작에 대해 더 자세한 내용은 다루지 않는다. 파이썬은 필요한 경우를 위해 이러한 기능을 제공하고 있지만, 파이썬 같은 고수준 언어에서 비트 연산은 C 언어와 같은 저수준 언어에서만큼 중요하지는 않다. 내 경험에 의하면 파이썬에서 비트를 조작하려는 자신을 발견하게 될 경우, 지금 여러분이 코드를 작성하고 있는 언어에 대해서 다시 한번 생각해 볼 필요가 있다. 곧 배우게 되겠지만 파이썬의 리스트, 딕셔너리 등은 더욱 풍부한 기능을 제공하며, 일반적으로 비트 문자열보다 정보를 인코딩하기 위한 더 나은 방법이다.

다른 내장된 수치 도구들

파이썬은 코어 객체 타입들 외에도 수치 처리를 위해 내장된 **함수**와 표준 라이브러리 **모듈**을 제공한다. 예를 들어, pow와 abs 내장 함수는 각각 거듭제곱과 절댓값을 계산한다. 다음은 내장된 math 모듈(C 언어의 math 라이브러리가 제공하는 대부분의 도구들을 포함하고 있다)의 몇몇 예제와 파이썬 3.3+에서 동작하는 몇몇 내장 함수들이다. 앞에서도 언급했지만, 파이썬 2.7과 3.1 이전 버전에서 일부 부동 소수점 수 출력은 실제 값보다 더 많거나 더 적은 자릿수로 표현될 수 있다.

```
>>> import math
>>> math.pi, math.e                          # 일반적인 상수
(3.141592653589793, 2.718281828459045)

>>> math.sin(2 * math.pi / 180)              # 사인, 탄젠트, 코사인
0.03489949670250097

>>> math.sqrt(144), math.sqrt(2)             # 제곱근
(12.0, 1.4142135623730951)

>>> pow(2, 4), 2 ** 4, 2.0 ** 4.0            # 지수(거듭제곱)
(16, 16, 16.0)

>>> abs(-42.0), sum((1, 2, 3, 4))            # 절댓값, 합계
(42.0, 10)

>>> min(3, 1, 2, 4), max(3, 1, 2, 4)         # 최솟값, 최댓값
(1, 4)
```

이 예제에서 sum 함수는 숫자의 시퀀스에 대해 동작하며, min과 max는 시퀀스 또는 개별 인수를 받아들인다. 또한, 다양한 방법으로 부동 소수점 수의 소수 자리를 잘라낼 수 있다. 버림과 반내림에 대해서는 이미 언급했으며, 반올림 또한 가능하다. 수치 연산과 출력이라는 두 가지 목적을 위해 반올림할 수 있다.

```
>>> math.floor(2.567), math.floor(-2.567)          # 반내림(낮은 정수)
(2, -3)

>>> math.trunc(2.567), math.trunc(-2.567)          # 버림(소수 자리 버림)
(2, -2)

>>> int(2.567), int(-2.567)                        # 버림(정수 변환)
(2, -2)

>>> round(2.567), round(2.467), round(2.567, 2)    # 반올림(파이썬 3.X 버전)
(3, 2, 2.57)

>>> '%.1f' % 2.567, '{0:.2f}'.format(2.567)        # 출력을 위한 반올림(7장 참고)
('2.6', '2.57')
```

이전에 이미 봤던 것처럼, 위 예제의 마지막은 우리가 일반적으로 출력하는 문자열을 생성하며, 다양한 포매팅 옵션을 제공한다. 또한 이전에 설명한 것과 같이 마지막에서 두 번째 테스트의 경우, 파이썬 2.7과 3.1 이전 버전에서 print 호출을 통해서 실행할 경우와 동일하게 (3, 2, 2.57)로 출력된다. 비록 파이썬 3.X 버전이라 할지라도 문자열 포매팅은 여전히 미묘하게 다르다. 문자열 포매팅이 결과로서 숫자가 아닌 문자열을 생성하는 반면, round는 소수 부분을 반올림하여 잘라낸 다음에도 여전히 메모리상에 부동 소수점 수를 생성한다.

```
>>> (1 / 3.0), round(1 / 3.0, 2), ('%.2f' % (1 / 3.0))
(0.3333333333333333, 0.33, '0.33')
```

흥미롭게도 파이썬에서 제곱근을 계산하는 방법에는 세 가지가 있는데, 각각 모듈 함수 사용, 표현식, 또는 내장된 함수다(이 세 가지 방법의 성능에 관심이 있는 독자라면 파트 4의 끝에 있는 과제와 해답을 참고하자).

```
>>> import math
>>> math.sqrt(144)          # 모듈
12.0
>>> 144 ** .5               # 표현식
12.0
```

```
>>> pow(144, .5)                              # 내장된 함수
12.0

>>> math.sqrt(1234567890)                     # 큰 수
35136.41828644462
>>> 1234567890 ** .5
35136.41828644462
>>> pow(1234567890, .5)
35136.41828644462
```

math와 같은 표준 라이브러리 모듈은 사용하기 전에 임포트해야 하지만 abs나 round와 같은 내장된 함수는 임포트 없이 항상 이용할 수 있다. 즉, 모듈은 외부 컴포넌트지만, 내장된 함수는 파이썬이 여러분의 코드에서 사용된 이름을 찾기 위해 자동으로 검색하는 암묵적인 네임스페이스상에 존재한다. 이 네임스페이스는 단순히 파이썬 3.X에서 builtins(2.X에서는 __builtin__)라고 불리는 표준 라이브러리 모듈에 해당한다. 파이썬에서 이름을 해석하는 방법에 대해서는 이 책의 함수와 모듈 부분에서 더 많은 이야기를 다루고 있다. 지금은 '모듈'이라는 단어를 보게 될 경우, '임포트'를 떠올리면 된다.

표준 라이브러리 random 모듈 또한 임포트해야 한다. 이 모듈은 0과 1 사이의 임의 부동 소수점 수를 선택하거나, 두 수 사이의 임의의 정수를 선택하는 것과 같은 여러 도구를 제공한다.

```
>>> import random
>>> random.random()
0.5566014960423105
>>> random.random()                           # 임의 부동 소수점 수, 정수 선택
0.051308506597373515
>>> random.randint(1, 10)
5
>>> random.randint(1, 10)
9
```

또한 이 모듈은 시퀀스로부터 임의 아이템을 선택하거나, 리스트의 항목들을 임의로 뒤섞는 데도 사용할 수 있다.

```
>>> random.choice(['Life of Brian', 'Holy Grail', 'Meaning of Life'])
'Holy Grail'
>>> random.choice(['Life of Brian', 'Holy Grail', 'Meaning of Life'])
'Life of Brian'

>>> suits = ['hearts', 'clubs', 'diamonds', 'spades']
>>> random.shuffle(suits)
```

```
>>> suits
['spades', 'hearts', 'diamonds', 'clubs']
>>> random.shuffle(suits)
>>> suits
['clubs', 'diamonds', 'hearts', 'spades']
```

여기서 좀 더 효과적인 설명을 하기 위해서는 추가 코드가 필요하지만, 지금은 random 모듈이 게임에서 카드를 섞거나, 슬라이드 쇼에서 이미지를 임의로 선택해서 보여 주거나, 통계 시뮬레이션 수행 등에 유용하게 사용될 수 있다고 이해하고 넘어가도록 하자. random 모듈에 대해서는 이 책의 뒷부분에서 필요할 때 다시 언급할 예정이며(20장의 순열 사례 연구), 더욱 자세한 내용이 필요한 경우에는 파이썬 라이브러리 매뉴얼을 참고하자.

다른 숫자 타입

지금까지 이 장에서는 정수, 부동 소수점 수, 복소수를 포함한 파이썬의 코어 숫자 타입을 사용해 보았다. 이 내용이면 대부분의 프로그래머가 언젠가 필요한 방대한 수들을 계산하기에 충분할 것이다. 그러나 파이썬은 그외에도 여기서 간단히 살펴볼 만한 다소 이국적인 숫자 타입들을 함께 제공한다.

소수 타입

파이썬 2.4에서는 새로운 핵심 숫자 타입이 추가되었다. 공식적으로는 Decimal로 알려진 소수 객체다. 구문적으로 리터럴 표현식을 실행하는 방식이 아닌, 임포트된 모듈이 제공하는 함수를 호출하여 소수를 생성한다. 기능적인 면에서 소수는 부동 소수점 수와 유사하지만, 고정된 소수점 수를 가지고 있다. 따라서 소수는 **고정 정밀도** 부동 소수점 수다.

예를 들어, 소수 타입을 이용하면 항상 소수점 두 자리를 유지하는 부동 소수점 수를 가질 수 있다. 또한, 소수 객체의 범위를 벗어나는 여분의 소수 자리에 대해 반올림하거나 버리는 방법에 대해서 지정할 수도 있다. 소수 타입은 일반적으로 보통의 부동 소수점 수 타입과 비교하면 성능 저하를 초래하지만, 소수 타입은 돈의 액수와 같은 고정 정밀도 양을 표현하는 데 사용할 수 있으며, 더 나은 정밀도를 구하는 데도 도움이 된다.

소수의 기초

마지막 관점은 좀 더 자세히 언급할 필요가 있다. 앞에서 비교에 대해서 다룰 때 간단히 살펴본 것처럼, 부동 소수점 수 연산은 값을 저장하기 위한 제한된 공간으로 인해 다소 부정확하다. 예를 들어 다음 연산의 결과는 0이 산출되어야 하지만, 실제로는 그렇지 못하다. 결과는 0에 가깝지만, 정확한 값을 계산하기 위한 충분한 비트가 없다.

```
>>> 0.1 + 0.1 + 0.1 - 0.3          # 파이썬 3.6
5.551115123125783e-17
```

부동 소수점 수 연산과 관련된 하드웨어는 본질적으로 정확성(정밀도) 면에서 제한이 있으므로 위 결과를 사용자 친화적인 형식으로 출력하는 것은 전혀 도움이 되지 않는다. 다음 예제를 파이썬 3.6에서 실행하면 이전 예제와 같은 결과를 출력한다.

```
>>> print(0.1 + 0.1 + 0.1 - 0.3)          # 이전 버전 파이썬에서 결과(3.6과 다름)
5.55111512313e-17
```

그러나 소수(decimal)를 사용하면 아주 정확한 결과를 얻을 수 있다.

```
>>> from decimal import Decimal
>>> Decimal('0.1') + Decimal('0.1') + Decimal('0.1') - Decimal('0.3')
Decimal('0.0')
```

위에서 보는 것과 같이, decimal 모듈이 제공하는 Decimal 생성자 함수를 호출하고 결과 객체로 요구되는 소수점 자리의 수를 문자열로 전달하여 소수 객체를 만들 수 있다(부동 소수점 수를 문자열로 변경할 필요가 있는 경우에는 str 함수를 사용하면 된다). 표현식 안에 서로 다른 정밀도의 소수가 섞여 있는 경우, 파이썬은 가장 큰 자릿수를 가진 소수를 기준으로 하여 나머지를 자동으로 변환한다.

```
>>> Decimal('0.1') + Decimal('0.10') + Decimal('0.10') - Decimal('0.30')
Decimal('0.00')
```

파이썬 2.7과 3.1 그리고 그 이후 버전에서는 다음 decimal.Decimal.from_float(1.25)와 같은 형태의 호출을 통해 부동 소수점 수 객체로부터 소수를 생성하는 것이 가능하며, 최신 파이썬에서는 부동 소수점 수를 직접 사용할 수 있다. 변환은 정확하지만 다음 절의 내용에 따라 정밀도를 고정하지 않을 경우, 종종 아주 큰 기본 자릿수가 산출될 수 있다.

```
>>> Decimal(0.1) + Decimal(0.1) + Decimal(0.1) - Decimal(0.3)
Decimal('2.775557561565156540423631668E-17')
```

또한, decimal 모듈은 파이썬 3.3+ 버전에서 본질적인 성능 개선을 위해 최적화되었다. 새로운
버전에 대한 보고서에 따르면 벤치마크에 사용된 프로그램의 유형에 따라 속도가 열 배에서
100배까지 개선되었다.

소수 정밀도를 전역으로 설정하기

decimal 모듈의 다른 도구들은 모든 소수의 정밀도를 설정하거나, 에러 처리를 설정하는 등의
용도로 사용할 수 있다. 예를 들어, decimal 모듈의 콘텍스트 객체를 이용하면 정밀도(소수 자
리의 수)와 반올림 모드(내림, 올림 등)를 설정할 수 있다. 그리고 설정된 정밀도는 호출이 일어
난 스레드에서 생성되는 모든 소수에 전역적으로 적용된다.

```
>>> import decimal
>>> decimal.Decimal(1) / decimal.Decimal(7)
Decimal('0.1428571428571428571428571429')          # 기본: 28 자리

>>> decimal.getcontext().prec = 4
>>> decimal.Decimal(1) / decimal.Decimal(7)
Decimal('0.1429')                                   # 고정된 정밀도

>>> Decimal(0.1) + Decimal(0.1) + Decimal(0.1) - Decimal(0.3)   # 0에 근접
Decimal('1.110E-17')
```

사실상 자릿수 입력에 의해 의미가 결정되고, 정밀도는 수학 연산에 적용된다. 비록 이 짧은
절에서 다루기에는 어려운 내용이지만, 이러한 속성은 일부 화폐 단위를 다루는 애플리케이션
의 기반으로써 소수를 유용하게 만들며, 때로 수동으로 반올림을 하거나 문자열 포매팅을 위
한 대안으로 제공된다.

```
>>> 1999 + 1.33              # 3.6에서 출력되는 것보다 메모리상에 더 많은 자릿수를 가지고 있음
2000.33
>>>
>>> decimal.getcontext().prec = 2
>>> pay = decimal.Decimal(str(1999 + 1.33))
>>> pay Decimal('2000.33')
```

소수 콘텍스트 관리자

파이썬 2.6 및 3.0 이상에서는 with 콘텍스트 관리자 구문을 사용하여 정밀도를 일시적으로 재설정하는 것이 가능하다. 일시적으로 설정된 정밀도는 구문이 종료될 때 기존 값으로 재설정된다(3장에서 이미 본 적이 있는 '...'은 일부 파이썬 인터페이스에서 연속적인 라인 입력을 위한 파이썬의 대화형 프롬프트이며, 들여쓰기를 수동으로 해야 한다. IDLE은 이 프롬프트가 표시되지 않으며, 들여쓰기를 자동으로 한다).

```
C:\code> C:\Python33\python
>>> import decimal
>>> decimal.Decimal('1.00') / decimal.Decimal('3.00')
Decimal('0.3333333333333333333333333333')
>>>
>>> with decimal.localcontext() as ctx:
...     ctx.prec = 2
...     decimal.Decimal('1.00') / decimal.Decimal('3.00')
...
Decimal('0.33')
>>>
>>> decimal.Decimal('1.00') / decimal.Decimal('3.00')
Decimal('0.3333333333333333333333333333')
```

유용한 구문이긴 하지만 이 구문을 이해하기 위해서는 지금 여러분이 알고 있는 것보다 더 많은 기반 지식을 필요로 한다. with 구문에 대한 자세한 내용은 34장에서 다룰 예정이다.

실제로 소수 타입을 사용하는 경우는 상대적으로 매우 드물기 때문에 소수 타입에 대한 자세한 내용은 파이썬의 표준 라이브러리 매뉴얼과 대화형 도움말(help)에게 맡겨 두고자 한다. 그리고 소수는 분수 타입과 마찬가지로 부동 소수점 수의 정밀도 이슈들에 대해 이야기하고 있기 때문에 이 두 타입이 어떻게 비교될 수 있는지는 다음 절에서 살펴보도록 하자.

분수 타입

파이썬 2.6과 3.0은 유리수 객체를 구현하는 Fraction이라는 새로운 숫자 타입을 추가했다. 이 타입은 부동 소수점 수 연산 일부의 부정확성과 한계를 피하기 위해 명시적인 분자와 분모를 기본적으로 유지한다. 분수 또한 소수처럼 부동 소수점 수만큼 컴퓨터 하드웨어에 밀접하게 연결되어 있지는 않다. 이 말은 곧 성능이 좋지 않을 수 있다는 것을 의미하지만, 필요나 요구에 따라 표준 도구 안에서 임시적인 활용 방안을 제공할 수도 있다.

분수의 기초

Fraction은 이전 절에서 언급한 Decimal 고정 정밀도 타입과 기능적으로 매우 유사하며, 둘 모두 부동 소수점 수 타입의 부정확성을 해결하기 위해 사용될 수 있다. 또한, 둘은 사용법이 매우 유사하다(Fraction은 Decimal과 마찬가지로 모듈로 제공된다. 하나의 객체를 생성하기 위해서 생성자를 임포트하고 분자와 분모를 전달한다). 다음 예는 분수 객체를 만드는 방법을 보여 주고 있다.

```
>>> from fractions import Fraction
>>> x = Fraction(1, 3)          # 분자, 분모
>>> y = Fraction(4, 6)          # gcd(최대공약수 함수)에 의해 2, 3으로 단순화됨

>>> x
Fraction(1, 3)
>>> y
Fraction(2, 3)
>>> print(y)
2/3
```

분수는 생성 후에는 언제나처럼 수학적 표현식에서 사용될 수 있다.

```
>>> x + y
Fraction(1, 1)
>>> x - y                        # 정확한 결과가 나옴(분자, 분모)
Fraction(-1, 3)
>>> x * y
Fraction(2, 9)
```

소수와 마찬가지로, 부동 소수점 수의 문자열을 이용하여 분수 객체를 생성할 수 있다.

```
>>> Fraction('.25')
Fraction(1, 4)
>>> Fraction('1.25')
Fraction(5, 4)
>>>
>>> Fraction('.25') + Fraction('1.25')
Fraction(3, 2)
```

분수와 소수의 수치 정밀도

분수와 소수의 수치 정밀도는 부동 소수점 수 타입 계산과는 다르며, 내부의 부동 소수점 수 하드웨어의 한계에 제약을 받는다는 점에 주의하자. 여기서는 비교를 위해 부동 소수점 수 객

체에 대해서 같은 연산을 수행하며, 이 연산들의 제한된 정밀도에 주의해서 살펴보자(이 연산들은 최신 파이썬에서 실제 사용하는 것보다 더 적은 자릿수를 출력할 수도 있지만, 메모리상의 값은 여전히 정확한 값이 아니다).

```
>>> a = 1 / 3.0                          # 정밀도는 부동 소수점 하드웨어에 의해 결정됨
>>> b = 4 / 6.0                          # 많은 계산을 통해 정밀도가 손실될 수 있음
>>> a
0.3333333333333333
>>> b
0.6666666666666666

>>> a + b
1.0
>>> a - b
-0.3333333333333333
>>> a * b
0.2222222222222222
```

이러한 부동 소수점 수의 한계는 메모리상의 제한된 비트 수에 정확히 표현될 수 없는 값에 대해 두드러지게 나타난다. Fraction과 Decimal 모두 코드가 다소 길어지고 약간의 속도 희생이 발생하지만, 정확한 결과를 얻을 수 있는 방법을 제공한다. 예를 들어, 다음 예제에서 (이전 절부터 반복되는 예제) 부동 소수점 수는 여러분이 예상했던 정확한 0 값을 반환하지 않지만, 다른 두 타입은 정확한 값을 반환한다.

```
>>> 0.1 + 0.1 + 0.1 - 0.3                # 결과는 0이어야 함(0에 가깝긴 하지만 정확하지 않음)
 5.551115123125783e-17

>>> from fractions import Fraction
>>> Fraction(1, 10) + Fraction(1, 10) + Fraction(1, 10) - Fraction(3, 10)
Fraction(0, 1)

>>> from decimal import Decimal
>>> Decimal('0.1') + Decimal('0.1') + Decimal('0.1') - Decimal('0.3')
Decimal('0.0')
```

또한, 종종 분수와 소수는 다양한 방법으로 부동 소수점 수보다 더 직관적이고 정확한 결과를 제공한다(유리수 표현과 제한된 정밀도를 사용).

```
>>> 1 / 3                           # 파이썬 2.X에서 트루 나누기를 하려면 '.0' 사용
0.3333333333333333

>>> Fraction(1, 3)                  # 수치 정밀도, 두 가지 방법
Fraction(1, 3)

>>> import decimal
>>> decimal.getcontext().prec = 2
>>> Decimal(1) / Decimal(3)
Decimal('0.33')
```

사실상 분수는 정확한 값뿐만 아니라 결과도 자동으로 단순화시킨다. 앞의 대화형 세션에 이어서 다음 예제를 보자.

```
>>> (1 / 3) + (6 / 12)              # 파이썬 2.X에서 트루 나누기를 하려면 '.0' 사용
0.8333333333333333

>>> Fraction(6, 12)                 # 자동으로 단순화
Fraction(1, 2)

>>> Fraction(1, 3) + Fraction(6, 12)
Fraction(5, 6)

>>> decimal.Decimal(str(1/3)) + decimal.Decimal(str(6/12))
Decimal('0.83')

>>> 1000.0 / 1234567890
8.100000073710001e-07
>>> Fraction(1000, 1234567890)      # 실질적으로 단순화됨
Fraction(100, 123456789)
```

분수 변환과 혼합 타입

분수 변환을 지원하기 위해 부동 소수점 수 객체는 현재 자신의 분자와 분모 비율을 계산하는 메서드를 제공하며, 분수는 from_float 메서드를 제공하고, float는 Fraction을 인수로 받아들인다. 이러한 변환이 어떻게 일어나는지 다음 대화형 세션을 통해 확인해 보자(두 번째 테스트에서 *은 특별한 구문을 통해 튜플을 개별 인수로 확장한다. 이에 대한 좀 더 자세한 내용은 18장에서 함수의 인수 전달에 대해서 다룰 때 언급한다).

```
>>> (2.5).as_integer_ratio()               # 부동 소수점 수 객체 메서드
(5, 2)

>>> f = 2.5
>>> z = Fraction(*f.as_integer_ratio())    # 부동 소수점 수 -> 분수 변환: 두 개의 인수로 변환
>>> z                                      # Fraction(5, 2)와 같다
Fraction(5, 2)

>>> x                                      # 이전 절에서 설정된 x
Fraction(1, 3)
>>> x + z
Fraction(17, 6)                            # 5/2 + 1/3 = 15/6 + 2/6

>>> float(x)                               # 분수 -> 부동 소수점 수로 변환
0.3333333333333333
>>> float(z)
2.5
>>> float(x + z)
2.8333333333333335
>>> 17 / 6
2.8333333333333335

>>> Fraction.from_float(1.75)              # 부동 소수점 수 -> 분수 변환: 다른 방법
Fraction(7, 4)
```

마지막으로 분수(Fraction)는 정확도 유지를 위해 때로는 수동으로 전달해야 하지만, 표현식에서 일부 다른 타입들과 섞어서도 사용할 수 있다. 분수가 다른 타입들과 함께 어떻게 동작하는지 다음 예를 보자.

```
>>> x
Fraction(1, 3)
>>> x + 2                                  # 분수 + 정수 -> 분수
Fraction(7, 3)
>>> x + 2.0                                # 분수 + 부동 소수점 수 -> 부동 소수점 수
2.3333333333333335
>>> x + (1./3)                             # 분수 + 부동 소수점 수 -> 부동 소수점 수
0.6666666666666666
>>> x + (4./3)
1.6666666666666665
>>> x + Fraction(4, 3)                     # 분수 + 분수 -> 분수
Fraction(5, 3)
```

주의할 것은 부동 소수점 수를 분수로 변환할 수는 있지만, 숫자가 기존 부동 소수점 수 형태에서 정확하지 않은 경우에는 피할 수 없는 정밀도 손실이 발생할 수 있다는 점이다. 필요하다면 최대 분모 값을 제한하여 이러한 결과를 단순화할 수 있다.

```
>>> 4.0 / 3
1.3333333333333333
>>> (4.0 / 3).as_integer_ratio()                    # 부동 소수점 수로부터 정밀도 손실
(6004799503160661, 4503599627370496)

>>> x
Fraction(1, 3)
>>> a = x + Fraction(*(4.0 / 3).as_integer_ratio())
>>> a
Fraction(22517998136852479, 13510798882111488)

>>> 22517998136852479 / 13510798882111488.        # 5/3(또는 근접함!)
1.6666666666666667

>>> a.limit_denominator(10)                        # 가장 근접한 분수로 단순화
Fraction(5, 3)
```

분수 타입에 대한 좀 더 자세한 내용은 여러분 스스로 테스트해 보거나 파이썬 2.6, 2.7, 그리고 3.X의 라이브러리 매뉴얼과 다른 문서들의 도움을 받도록 하자.

집합

파이썬 2.4에서는 소수 이외에도 집합(Set)이라는 새로운 컬렉션 타입을 추가했다(수학적 집합 이론에 해당하는 연산을 지원하고 중복되지 않으며, 불변한 객체들의 정렬되지 않은 컬렉션). 집합의 정의에 의하면, 하나의 아이템은 집합에 얼마나 많이 추가되는지 상관없이 한 번만 나타난다. 따라서 집합은 다양하게 활용될 수 있으며, 특히 숫자와 데이터베이스에 집중된 일에 많이 활용된다.

집합은 다른 객체들의 컬렉션이기 때문에 앞서 살펴본 리스트와 딕셔너리 같은 객체들과 동작 일부를 공유한다. 예를 들어 집합은 반복 가능하고, 필요에 따라 늘리거나 줄일 수 있으며, 다양한 객체 타입을 포함할 수 있다. 여러분도 볼 수 있듯이 집합은 값이 없는 딕셔너리의 키와 매우 유사하게 동작하지만, 집합은 추가적인 작업을 지원한다.

그러나 집합은 정렬되지 않으며, 키가 값으로 연결되지 않으므로 시퀀스 타입도 아니고 매핑 타입도 아니다. 그리고 집합은 스스로 별도의 타입 카테고리에 속한다. 또한, 근본적으로 수학의 일부이기 때문에(그리고 많은 독자에게는 다소 이론적인 것처럼 느껴질 수 있으며, 딕셔너리와 같이 널리 보급된 객체만큼 많이 사용되지는 않는다) 여기서는 파이썬 집합 객체의 기본적인 활용에 대해서 알아본다.

파이썬 2.6과 이전 버전에서의 집합 기초

오늘날 여러분이 사용하는 파이썬에 따라 집합을 만드는 몇 가지 방법이 있다. 이 책은 집합을 만드는 모든 경우를 포함하고 있기 때문에 2.6과 이전 버전의 경우에 대해서 먼저 시작해 보자. 여기서 설명하는 내용은 이후 버전에서도 사용할 수 있다. 우리는 곧 이것들을 2.7과 3.X 확장 기능을 위해 개선할 것이다. 집합 객체를 만들기 위해서는 시퀀스 또는 다른 반복 객체를 내장 set 함수를 통해 전달한다.

```
>>> x = set('abcde')
>>> y = set('bdxyz')
```

전달된 객체의 모든 항목을 포함하는 집합 객체를 반환받는다(집합은 위치 순서가 없기 때문에 시퀀스가 아니다(아이템들은 임의의 순서로 나열되며 파이썬 릴리즈마다 다를 수 있다)).

```
>>> x
set(['a', 'c', 'b', 'e', 'd'])          # 파이썬 <= 2.6 출력 형식
```

이 방법으로 만들어진 집합은 **표현식** 연산자와 함께 일반적인 수학 집합 연산을 지원한다. 문자열, 리스트, 그리고 튜플과 같은 일반적인 시퀀스에 대해서는 다음과 같은 연산을 수행할수 없다(일반적인 시퀀스에 대해 이러한 연산들을 적용하기 위해서는 시퀀스를 set 함수에 전달하여 집합으로 변환해야 한다).

```
>>>x - y                                 # 차집합
set(['a', 'c', 'e'])

>>> x | y                                # 합집합
set(['a', 'c', 'b', 'e', 'd', 'y', 'x', 'z'])

>>> x & y                                # 교집합
set(['b', 'd'])

>>> x ^ y                                # 대칭 차집합(XOR)
set(['a', 'c', 'e', 'y', 'x', 'z'])

>>> x > y, x < y                         # 포함 집합. 부분 집합
(False, False)
```

이러한 규칙에서 in 멤버십 테스트는 예외이므로 주의하자(이 표현식은 멤버십(또는 검색)을 수행하는 다른 모든 컬렉션 타입에 대해서도 동작하도록 정의되어 있다. 따라서 이러한 테스트를 수행하기 위해 문자열이나 리스트와 같은 것을 집합으로 변환할 필요가 없다).

```
>>> 'e' in x                                    # 멤버십(집합)
True

>>> 'e' in 'Camelot', 22 in [11, 22, 33]        # 다른 타입 또한 동작함
(True, True)
```

표현식뿐만 아니라 집합 객체는 위 연산들에 대응하는 **메서드**를 제공하며, 이러한 메서드들은
집합을 변경할 수 있다. add 메서드는 집합에 아이템 하나를 추가하고, update는 호출된 집합
에 바로 합집합을 만들며, remove는 값으로 아이템을 찾아서 제거한다(집합의 모든 메서드가 궁
금한 경우, 집합 인스턴스나 set 타입 이름에 대해 dir 호출을 실행해 보자). 다음 예제에서 x와 y는 이
전 대화형 세션에서 설정되어 있다고 가정한다.

```
>>> z = x.intersection(y)            # x & y와 같음
>>> z
set(['b', 'd'])
>>> z.add('SPAM')                    # 아이템 하나 추가
>>> z
set(['b', 'd', 'SPAM'])
>>> z.update(set(['X', 'Y']))        # 병합: 합집합
>>> z
set(['Y', 'X', 'b', 'd', 'SPAM'])
>>> z.remove('b')                    # 아이템 하나 제거
>>> z
set(['Y', 'X', 'd', 'SPAM'])
```

집합은 **반복 가능한** 컨테이너와 마찬가지로 len, for 루프 그리고 리스트 컴프리헨션과 같은 연
산에서 사용될 수 있다. 그러나 정렬되지 않기 때문에 인덱싱이나 슬라이싱과 같은 시퀀스 연
산은 지원하지 않는다.

```
>>> for item in set('abc'): print(item * 3)

aaa
ccc
bbb
```

마지막으로, 앞에서 본 집합의 표현식들은 일반적으로 두 개의 집합을 필요로 하지만, 같은
기능을 수행하는 메서드는 종종 모든 **반복 타입**과 함께 동작한다.

```
>>> S = set([1, 2, 3])
```

```
>>> S | set([3, 4])                          # 표현식에는 피연산자가 모두 집합이어야 함
set([1, 2, 3, 4])
>>> S | [3, 4]
TypeError: unsupported operand type(s) for |: 'set' and 'list'

>>> S.union([3, 4])                          # 하지만 메서드에서는 반복 가능한 다른 타입도 가능함
set([1, 2, 3, 4])
>>> S.intersection((1, 3, 5))
set([1, 3])
>>> S.issubset(range(-5, 5))
True
```

집합 연산에 대한 더 자세한 내용은 파이썬의 라이브러리 레퍼런스 매뉴얼이나 레퍼런스 책을 참고하자. 비록 파이썬에서 리스트와 딕셔너리 같은 다른 타입들을 사용하여 직접 집합을 만들 수도 있지만(예전에는 종종 그렇게 하기도 했다), 파이썬에 내장된 집합은 빠르고 표준적인 연산을 제공하기 위해 더욱 효율적인 알고리즘과 구현 기술을 사용한다.

파이썬 3.X와 2.7에서 집합 리터럴

여러분이 집합을 '멋진' 도구라고 생각한다면, 파이썬 3.X 버전 라인에만 새롭게 추가된 집합 리터럴과 컴프리헨션에 대해 새롭게 추가된 구문을 사용하면 좀 더 멋진 도구가 될 것이다. 그러나 이 구문들은 사용자들의 요구로 인해 파이썬 2.7에 역으로 포팅되었다. 이러한 파이썬에서도 여전히 내장된 set을 사용하여 집합 객체를 만들 수 있지만, 원래는 딕셔너리에 사용되는 중괄호를 사용한 새로운 집합 리터럴 형식 또한 사용할 수 있다. 다음은 파이썬 3.X와 2.7에서 같은 기능을 한다.

```
set([1, 2, 3, 4])           # 내장된 호출(모든 버전에서 가능)
{1, 2, 3, 4}                # 새로운 집합 리터럴(2.7, 3.X)
```

이 구문은 집합이 본질적으로 값이 없는 딕셔너리와 같다고 생각하면 이치에 맞다. 집합의 아이템은 정렬되지 않고(unordered), 중복(unique)되지 않으며, 불변(immutable)이기 때문에 딕셔너리의 키와 매우 유사하게 동작한다. 이러한 동작의 유사성은 3.X에서 딕셔너리 키 리스트가 교집합과 합집합 같은 집합과 유사한 동작을 지원하는 뷰(view) 객체라고 생각하면 더욱 눈에 띈다(딕셔너리 뷰 객체에 대한 더 자세한 내용은 8장을 참고하자).

집합이 생성되는 방법에 상관없이 3.X는 집합을 새로운 리터럴 형식으로 출력한다. 파이썬 2.7은 새로운 리터럴 구문을 받아들이지만, 여전히 이전 절에서 언급한 2.6 출력 형식을 사용

하여 집합을 **출력**한다. 모든 파이썬 버전에서 빈 집합을 만들거나 기존 가변 객체로부터 집합을 만들 때는 여전히 내장된 set 함수가 필요하지만, 이미 알고 있는 구조의 집합을 초기화할 때는 새로운 리터럴 형식이 편리하다.

다음은 3.X에서 집합의 모습을 나타낸다. 2.7에서는 2.X의 set([...]) 표기법으로 집합의 결과가 출력되는 것 이외에는 같다. 그리고 아이템의 순서는 버전에 따라 다를 수 있다(어쨌든 집합의 정의에 따르면 순서는 무의미하다).

```
C:\code> c:\python36\python
>>> set([1, 2, 3, 4])                    # 내장된 함수: 2.6과 동일
{1, 2, 3, 4}
>>> set('spam')                          # 가변 객체 안의 모든 아이템 추가
{'s', 'a', 'p', 'm'}

>>> {1, 2, 3, 4}                         # 3.X와 2.7에 새롭게 추가된 집합 리터럴
{1, 2, 3, 4}
>>> S = {'s', 'p', 'a', 'm'}
>>> S
{'s', 'a', 'p', 'm'}

>>> S.add('alot')                        # 메서드는 이전과 동일하게 동작함
>>> S
{'s', 'a', 'p', 'alot', 'm'}
```

이전 절에서 다뤘던 모든 집합 처리 연산들은 3.X에서 동일하게 동작하지만, 결과 집합은 다르게 출력된다.

```
>>> S1 = {1, 2, 3, 4}
>>> S1 & {1, 3}                          # 교집합
{1, 3}
>>> {1, 5, 3, 6} | S1                    # 합집합
{1, 2, 3, 4, 5, 6}
>>> S1 - {1, 3, 4}                       # 차집합
{2}
>>> S1 > {1, 3}                          # 포함 집합
True
```

모든 파이썬에서 {}는 여전히 딕셔너리를 의미한다는 것에 주의하자. 빈 집합은 내장된 set 함수로 생성해야 하며, 같은 방법으로 출력된다.

```
>>> S1 - {1, 2, 3, 4}                    # 빈 집합은 다르게 출력됨
set()
```

```
>>> type({})                          # { }는 여전히 딕셔너리를 의미함
<class 'dict'>

>>> S = set()                         # 빈 집합 초기화
>>> S.add(1.23)
>>> S
{1.23}
```

3.X/2.7 리터럴에 의해 생성된 집합은 2.6과 이전 버전에서 생성된 집합과 같은 메서드를 제공하며, 메서드 중 일부는 표현식에서 허용되지 않는 반복 가능한 피연산자를 허용한다.

```
>>> {1, 2, 3} | {3, 4}
{1, 2, 3, 4}
>>> {1, 2, 3} | [3, 4]
TypeError: unsupported operand type(s) for |: 'set' and 'list'

>>> {1, 2, 3}.union([3, 4])
{1, 2, 3, 4}
>>> {1, 2, 3}.union({3, 4})
{1, 2, 3, 4}
>>> {1, 2, 3}.union(set([3, 4]))
{1, 2, 3, 4}

>>> {1, 2, 3}.intersection((1, 3, 5))
{1, 3}
>>> {1, 2, 3}.issubset(range(-5, 5))
True
```

불변 제약과 프로즌 집합

집합은 강력하고 유연한 객체지만, 파이썬 3.X와 2.X에서 모두 적용되는 중요한 제약 사항이 있다. 주로 구현상의 이유이긴 하지만, 집합은 **불변**(immutable. 다른 말로 '해시형(hashable)'이라고 한다) 객체 타입만을 포함할 수 있다. 따라서 리스트 및 딕셔너리는 집합에 저장할 수 없지만, 대신에 혼합된 값들을 저장할 필요가 있는 경우는 튜플을 사용할 수 있다. 튜플은 집합 연산에서 사용될 경우 전체 값을 비교한다.

```
>>> S
{1.23}
>>> S.add([1, 2, 3])                   # 집합은 불변 객체만 동작함
TypeError: unhashable type: 'list'
>>> S.add({'a':1})
TypeError: unhashable type: 'dict'
>>> S.add((1, 2, 3))
```

```
>>> S                                    # 리스트와 딕셔너리를 제외한 튜플만 추가할 수 있음
{1.23, (1, 2, 3)}

>>> S | {(4, 5, 6), (1, 2, 3)}           # 합집합: S.union(...)과 동일
{1.23, (4, 5, 6), (1, 2, 3)}
>>> (1, 2, 3) in S                       # 멤버십: 완전한 값에 의한 비교
True
>>> (1, 4, 3) in S
False
```

예를 들어, 집합 안의 튜플은 날짜, 레코드, IP 주소 등을 기록하는 데 사용될 수 있다(튜플에 대해서는 이 파트의 뒤에서 좀 더 자세히 다룬다). 또한 집합은 모듈이나 타입 객체 등을 포함할 수 있으며, 집합 자체는 가변이기 때문에 다른 집합에 직접적으로 중첩될 수 없다. 집합을 다른 집합에 저장해야 할 경우 frozenset 내장 호출은 단순히 집합처럼 동작하지만, 아이템을 변경할 수 없다. 그래서 다른 집합에 저장될 수 있는 불변 집합을 만든다.

파이썬 3.X와 2.7에서 집합 컴프리헨션

파이썬 3.X는 리터럴뿐만 아니라, 집합 컴프리헨션 구조를 추가했으며, 집합 컴프리헨션 구조는 리터럴과 마찬가지로 파이썬 2.7에서도 사용할 수 있도록 역으로 포팅되었다. 2.7은 3.X 집합 리터럴처럼 집합 컴프리헨션의 구문을 허용하지만, 집합 컴프리헨션은 결과를 2.X 집합 표기법으로 출력한다. 집합 컴프리헨션 표현식은 4장에서 간단히 살펴본 리스트 컴프리헨션의 형태와 유사하지만 대괄호 대신 중괄호를 사용하며, 리스트가 아닌 집합을 만들기 위해 실행된다. 리스트 컴프리헨션은 루프를 반복할 때마다 표현식의 결과를 수집한다. 루프 변수는 컬렉션 표현식에서 현재 반복 값에 대한 접근을 제공한다. 결과는 집합 컴프리헨션 표현식에 의해 생성된 새로운 집합이며, 일반적인 집합 연산을 지원한다. 다음은 파이썬 3.6에서의 집합 컴프리헨션이다(다시 한번 말하지만, 출력된 결과와 순서는 파이썬 2.7과 다를 수 있다).

```
>>> {x ** 2 for x in [1, 2, 3, 4]}       # 3.X/2.7 집합 컴프리헨션
{16, 1, 4, 9}
```

이 표현식에서 루프는 오른쪽에 있고 컬렉션 표현식은 왼쪽의 (x ** 2)다. 리스트 컴프리헨션을 생각해 보면 이 표현식이 '리스트에 있는 모든 X에 대해 X의 제곱을 포함하고 있는 새로운 집합을 만들어 줘'라는 의미란 것을 알 수 있다. 또한, 컴프리헨션은 문자열과 같은 다른 종류의 객체를 통해 반복할 수 있다(다음 예제의 첫 번째는 컴프리헨션 기반의 방법을 사용하여 기존 가변 객체로부터 집합을 만드는 방법을 설명한다).

```
>>> {x for x in 'spam'}                    # set('spam')과 동일
{'m', 's', 'p', 'a'}

>>> {c * 4 for c in 'spam'}                # 표현식 결과의 집합
{'pppp', 'aaaa', 'ssss', 'mmmm'}
>>> {c * 4 for c in 'spamham'}
{'pppp', 'aaaa', 'hhhh', 'ssss', 'mmmm'}

>>> S = {c * 4 for c in 'spam'}
>>> S | {'mmmm', 'xxxx'}
{'pppp', 'xxxx', 'mmmm', 'aaaa', 'ssss'}
>>> S & {'mmmm', 'xxxx'}
{'mmmm'}
```

컴프리헨션 이야기의 나머지 부분은 우리가 아직 준비되지 않은 기본 개념들에 의존적이기 때문에 좀 더 자세한 내용은 이 책의 뒷부분으로 미룬다. 우리는 8장에서 처음으로 연관된 딕셔너리 컴프리헨션에 대해서 다루게 되며, 여기서 모든 컴프리헨션에 대해 좀 더 많을 이야기를 할 예정이다(리스트, 집합, 딕셔너리 그리고 제너레이터). 특히, 14장과 20장에서 자세히 다룬다. 자세히 언급할 때 배우겠지만 모든 컴프리헨션은 여기에서 소개되지 않은 중첩된 루프와 if 테스트를 포함한 추가적인 구문을 지원하며, 이 구문들은 여러분들이 더욱 큰 구문을 다뤄보기 전까지는 이해하기 쉽지 않다.

왜 집합인가?

집합 연산은 일반적으로 수학보다 좀 더 실용적이고 다양한 용도로 사용된다. 예를 들어, 아이템은 집합에 한 번만 저장될 수 있기 때문에 다른 컬렉션의 **중복을 제거하기** 위해 사용될 수 있으며, 중복을 제거하는 과정에서 집합은 일반적으로 비정렬이기 때문에 아이템들이 재정렬될 수도 있다. 집합을 이용한 중복 제거는 컬렉션을 집합으로 변환하고 다시 원래의 컬렉션으로 변환하기만 하면 된다(다음 예에서 집합은 반복 가능한 타입이기 때문에 리스트 호출에서 직접 사용될 수 있으며, 다른 기술 이슈에 대해서는 나중에 다룬다).

```
>>> L = [1, 2, 1, 3, 2, 4, 5]
>>> set(L)
{1, 2, 3, 4, 5}
>>> L = list(set(L))        # 중복 제거
>>> L
[1, 2, 3, 4, 5]

>>> list(set(['yy', 'cc', 'aa', 'xx', 'dd', 'aa']))        # 순서가 변경될 수 있음
['cc', 'xx', 'yy', 'dd', 'aa']
```

집합은 또한 리스트, 문자열 그리고 다른 가변 객체들 간의 **차이를 구하는** 데 **사용될 수 있다**
(단순히 집합으로 변환한 다음, 차이를 구하면 된다). 또한, 여기서도 집합의 비정렬 특성으로 인해
결과의 순서는 원본의 순서와 다를 수 있다. 다음 예에서 마지막 둘은 파이썬 3.X에서 문자열
객체 타입의 속성 목록을 비교한다(2.7에서는 결과가 다를 수 있다).

```
>>> set([1, 3, 5, 7]) - set([1, 2, 4, 5, 6])        # 리스트의 차이
{3, 7}
>>> set('abcdefg') - set('abdghij')                 # 문자열의 차이
{'c', 'e', 'f'}
>>> set('spam') - set(['h', 'a', 'm'])              # 혼합 타입의 차이
{'p', 's'}

>>> set(dir(bytes)) - set(dir(bytearray))           # bytes에 있고 bytearray에는 없는 것
{'__getnewargs__'}
>>> set(dir(bytearray)) - set(dir(bytes))
{'append', 'copy', '__alloc__', '__imul__', 'remove', 'pop', 'insert', ...생략...]
```

또한 집합은 테스트 전에 집합으로 변환하여 순서에 상관없이 두 객체가 **같은지 비교하기** 위해
사용될 수 있다. 한 집합의 모든 요소가 다른 집합에 포함되어 있다면 두 집합은 공식적으로
같다. 즉, 순서에 상관없이 각각은 서로의 부분 집합이라는 의미다. 예를 들어, 같은 내용의 결
과를 다른 순서로 생성하는 프로그램의 출력을 비교하는 데 집합을 사용할 수 있다.

테스트 전 정렬은 비교 시에 같은 효과가 있지만, 집합은 많은 비용이 발생하는 정렬에 의존
적이지 않으며, 집합이 제공하지 않는 추가적인 크기 비교 테스트를 제공하기 위해서는 결과
의 순서를 정렬해야 한다.

```
>>> L1, L2 = [1, 3, 5, 2, 4], [2, 5, 3, 4, 1]
>>> L1 == L2                                         # 순서가 중요한 시퀀스
False
>>> set(L1) == set(L2)                               # 순서에 상관없는 비교
True
>>> sorted(L1) == sorted(L2)                         # 정렬된 리스트의 비교
True
>>> 'spam' == 'asmp', set('spam') == set('asmp'), sorted('spam') == sorted('asmp')
(False, True, True)
```

또한 집합은 그래프나 **순환** 구조를 순회할 때, 이미 지나간 곳을 기억하기 위한 용도로 사용
될 수 있다. 예를 들어, 25장과 31장에서 각각 다룰 모듈 리로더와 상속 트리 리스터 예제는
19장의 추상화에서 논의하는 것처럼 루프를 피하기 위해 이미 방문한 아이템들을 기억해야

한다. 검색은 선형적인 탐색을 필요로 하기 때문에 이러한 상황에서 리스트의 사용은 비효율적이다. 딕셔너리의 키를 사용하여 방문 상태를 기록하는 것도 효과적이지만, 집합은 좀 더 직관적이자 본질적으로 같은 방법을 제공한다.

마지막으로 집합은 데이터베이스 쿼리 결과와 같은 거대한 데이터를 다룰 때 매우 편리하다(두 집합의 교집합은 두 분류에 공통된 객체를 포함하며, 합집합은 어느 한 집합에 포함된 모든 아이템을 포함한다). 설명을 위해 여기에 집합 연산의 동작에 대한 좀 더 현실적인 예제가 있다. 이 예제에서 가상 회사의 직원들의 목록에 집합을 사용했으며, 3.X/2.7 집합 리터럴과 3.X 결과 출력을 사용한다(2.6과 이전 버전에서는 set 내장 함수를 사용하도록 하자).

```
>>> engineers = {'bob', 'sue', 'ann', 'vic'}
>>> managers = {'tom', 'sue'}

>>> 'bob' in engineers                          # bob은 엔지니어인가?
True

>>> engineers & managers                        # 엔지니어면서 매니저인 사람?
{'sue'}

>>> engineers | managers                        # 한쪽이라도 포함된 모든 사람
{'bob', 'tom', 'sue', 'vic', 'ann'}

>>> engineers - managers                        # 매니저를 제외한 순수 엔지니어
{'vic', 'ann', 'bob'}

>>> managers - engineers                        # 엔지니어를 제외한 순수 매니저
{'tom'}

>>> engineers > managers                        # 모든 엔지니어는 매니저인가?(포함 집합)
False

>>> {'bob', 'sue'} < engineers                  # 두 사람은 엔지니어인가?(부분 집합)
True

>>> (managers | engineers) > managers           # 모든 사람은 매니저의 포함 집합
True

>>> managers ^ engineers                        # 어느 한쪽에만 포함된 사람들?
{'tom', 'vic', 'ann', 'bob'}

>>> (managers | engineers) - (managers ^ engineers)     # 교집합!
{'sue'}
```

파이썬 라이브러리 매뉴얼과 일부 수학 관련 글 또는 관계형 데이터베이스 이론을 다룬 글에서 집합 연산에 관한 더 자세한 내용을 찾을 수 있을 것이다. 또한 8장에서 파이썬 3.X의 딕셔너리 뷰 객체를 다룰 때, 여기서 언급한 집합 연산들 중 일부를 다시 언급하므로 계속해서 지켜보기 바란다.

부울

일부 사람들은 파이썬에서 부울(Boolean) 타입의 두 값 True와 False가 정수 1과 0의 사용자 정의 버전이기 때문에 파이썬 부울 타입인 bool을 사실상 숫자라고 주장하기도 한다. 비록 대부분의 프로그래머들은 이 정도의 내용만 알아도 문제가 없지만, 여기서 부울 타입에 대해 좀 더 자세히 다뤄보도록 하자.

공식적으로, 오늘날 파이썬은 미리 할당된 내장 이름 True, False 값과 함께 bool이라고 불리는 명시적인 부울 데이터 타입을 제공한다. 내부적으로 True와 False 이름은 bool의 인스턴스이며, bool은 단순히 내장된 정수 타입 int의 (객체 지향 의미에서) 서브클래스다. True와 False는 출력 로직이 사용자 정의(customized)된 것을 제외하고는 정확히 정수 1과 0처럼 동작한다. True와 False의 사용자 정의된 출력 로직은 숫자 1과 0 대신에 자신들을 단어 True와 False로 출력한다. bool은 이 두 객체에 대한 str과 repr 문자열 형식을 재정의하여 이 작업을 수행한다.

이와 같은 사용자 정의로 인해, 대화형 프롬프트에 입력된 부울 표현식의 결과는 오래되고 덜 명확한 방식인 1과 0 대신에 True와 False 단어로 출력한다. 또한, 부울은 코드상에서 진릿값을 좀 더 명확하게 만든다. 예를 들어, 무한 루프는 덜 직관적인 while 1: 대신 while True:로 작성할 수 있다. 마찬가지로, 플래그는 flag = False와 같이 좀 더 명확하게 초기화할 수 있다. 이 구문에 대해서는 파트 3에서 좀 더 자세히 논의할 것이다.

여러분은 실용적인 목적을 위해서 True와 False를 마치 정수 1과 0으로 미리 정의된 변수처럼 취급할 수 있다. 어쨌든 대부분의 프로그래머들이 True와 False를 1과 0으로 미리 할당하여 사용했었다. bool 타입은 이러한 작업을 간단히 표준으로 만든다. 그러나 bool의 구현은 흥미로운 결과를 만들기도 한다. 파이썬에서 True는 사용자 정의 출력 형식을 가진 단순한 정수 1이기 때문에 True + 4는 정수 5를 산출한다!

```
>>> type(True)
<class 'bool'>
>>> isinstance(True, int)
True
>>> True == 1                          # 같은 값
True
>>> True is 1                          # 그러나 다른 객체: 다음 장에서 다룸
False
>>> True or False                      # 1 or 0과 같음
True
>>> True + 4                           # (흠...)
5
```

여러분이 실제 파이썬 코드에서 위의 마지막 같은 표현식을 우연히 만날 가능성은 거의 없으므로 이 표현식의 추상적인 의미에 대해서는 무시해도 된다.

9장에서 파이썬의 진릿값에 대한 개념을 정의하기 위해 부울에 대해서 다시 언급할 예정이며, 그리고 12장에서 and와 or 같은 부울 연산자의 동작 방법을 확인하기 위해서도 또 다룰 것이다.

숫자의 확장

마지막으로, 파이썬 핵심 숫자 타입들은 대부분의 애플리케이션에서 필요한 충분히 강력한 기능을 제공하지만, 다소 특별한 요구 사항들을 해결하는 데 이용할 수 있는 서드파티 오픈 소스 확장의 거대한 라이브러리들이 존재한다. 수치 프로그래밍은 파이썬에서 대중적인 영역이기 때문에 풍부한 고급 도구들을 어렵지 않게 발견할 수 있을 것이다.

예를 들어 정말 방대한 수를 계산해야 할 경우에 NumPy(Numeric Python)라고 불리는 파이썬은 추가 확장으로 행렬 데이터 타입과 벡터 처리 같은 고급 수치 프로그래밍 도구와 복잡한 계산을 위한 라이브러리를 제공한다. 로스앨러모스 국립 연구소(Los Alamos National Laboratory)와 미국 항공 우주국(NASA) 같은 하드코어한 프로그래밍을 다루는 곳에서는 그들이 이전에 C++, 포트란, 매트랩(Matlab)으로 작성했던 작업들을 구현하기 위해 NumPy와 함께 파이썬을 사용한다. 파이썬과 NumPy의 조합은 종종 자유롭고, 더욱 유연한 버전의 매트랩과 비교된다 (파이썬 언어와 라이브러리에 NumPy의 성능을 더할 수 있다).

NumPy는 다소 고급 주제이므로 이 책에서는 NumPy에 대한 더 자세한 내용은 언급하지 않는다. 여러분은 웹 검색을 통해 그래픽, 플로팅 도구, 확장 정밀도 부동 소수점 수, 통계 라이브러리, 그리고 인기 있는 SciPy 패지키를 포함한 파이썬에서 고급 수치 프로그래밍을 위한 추가적인 지원을 발견할 수 있을 것이다. 또한, NumPy는 현재 추가 확장으로 제공된다는 점에 주의하자. 비록 NumPy는 파이썬과 함께 제공되지 않으므로 별도로 설치해야 하지만, 여러분이 고급 수치 연산 분야에 관심이 있고 검색을 통해 NumPy에 대해 알고 나면 설치하고 싶어질 것이다.

이 장의 요약

이 장에서는 파이썬의 숫자 객체 타입과 이 타입들에 적용할 수 있는 연산들에 대해 알아보았다. 그 과정에서 표준 정수와 부동 소수점 수 타입뿐만 아니라 다소 이색적인 타입과 복소수, 소수, 분수, 집합과 같은 일반적으로 잘 사용되지 않는 타입도 보았다. 또한 우리는 파이썬의 표현식 구문, 타입 변환, 비트 연산, 그리고 스크립트에서 숫자를 작성하기 위한 다양한 리터럴 형식에 대해서도 알아보았다.

이 파트의 뒷부분에서는 다음 객체 타입인 문자열에 대한 자세한 내용을 알아보면서 타입에 대한 심도 있는 여행을 계속한다. 그러나 바로 다음 장에서는 변수의 할당 구조에 대해서 이 장에서 설명한 것보다 좀 더 상세한 내용을 탐험하는 데 시간을 쓸 예정이다. 변수의 할당 구조는 파이썬의 가장 근본적인 개념 중 하나이므로 다음 주제로 넘어가기 전에 다음 장을 통해 꼭 확인하고 넘어가도록 하자. 우선, 그에 앞서 이 장의 퀴즈를 풀어볼 시간이다.

학습 테스트: 퀴즈

1. 파이썬에서 다음 2 * (3 + 4) 표현식의 값은 무엇인가?

2. 파이썬에서 다음 2 * 3 + 4 표현식의 값은 무엇인가?

3. 파이썬에서 2 + 3 * 4 표현식의 값은 무엇인가?

4. 어떤 수의 제곱 또는 제곱근을 구하기 위해 어떤 도구를 사용해야 하는가?

5. 다음 1 + 2.0 + 3 표현식의 결과 타입은 무엇인가?

6. 부동 소수점 수의 끝을 버리거나 반올림하는 방법은 무엇인가?

7. 정수를 부동 소수점 수로 변환하는 방법은 무엇인가?

8. 정수를 8진수, 16진수, 2진수 표기법으로 출력하는 방법은 무엇인가?

9. 8진수, 16진수, 2진수 문자열을 정수로 변환하는 방법은 무엇인가?

학습 테스트: 정답

1. 괄호는 곱하기보다 더하기가 먼저 계산되므로 값은 2 * 7의 결과인 14가 된다.

2. 값은 6 + 4의 결과인 10이 된다. 괄호가 없는 경우 파이썬의 연산자 우선순위가 적용되며, 표 5-2에 따르면 곱하기가 더하기보다 높은 우선순위를 차지한다.

3. 이 표현식은 앞의 질문과 같이 우선순위로 인해 2 + 12의 결과인 14가 산출된다.

4. 제곱근뿐만 아니라 원주율(pi), 탄젠트 등을 구하는 함수들은 math 모듈을 통해 이용할 수 있다. 어떤 수의 제곱근을 구할 경우, math 모듈을 임포트하고 math.sqrt(N) 메서드를 호출한다. 어떤 수의 제곱을 구할 경우, 지수 표현식 X ** 2 또는 내장된 함수 pow(X, 2)를 사용할 수 있다. 이 두 방법은 0.5의 거듭제곱을 사용하여 제곱근을 구하는 데 사용될 수 있다(예 X ** .5).

5. 결과는 부동 소수점 수가 된다. 정수는 표현식 안에서 가장 복잡한 타입인 부동 소수점으로 변환되며, 값을 구하기 위해 부동 소수점 수 연산이 적용된다.

6. int(N) 그리고 math.trunc(N) 함수는 끝을 버리고, round(N, 자릿수) 함수는 반올림한다. 또한, math.floor(N)으로 반내림을 하거나 문자열 포매팅 연산을 사용하여 출력을 위한 반올림을 할 수 있다.

7. float(I) 함수는 정수를 부동 소수점 수로 변환한다. 표현식에서 정수와 부동 소수점 수를 혼합해서 사용할 경우에도 변환이 발생한다. 어떤 의미에서 파이썬 3.X의 / 나누기 또한 변환을 수행한다(두 피연산자가 정수인 경우에도, 항상 나머지를 포함한 부동 소수점 수의 결과를 반환한다).

8. oct(I) 그리고 hex(I) 내장 함수는 정수에 대해 8진수 그리고 16진수 문자열 형식을 반환한다. 파이썬 2.6, 3.0 그리고 이후 버전에서 bin(I) 호출은 전달된 숫자의 2진수 문자열을 반환한다. % 문자열 포매팅 표현식과 format 문자열 메서드 또한 일부 이러한 변환을 위한 대상을 제공한다.

Int(S, base) 함수는 8진수 그리고 16진수 문자열을 일반적인 정수로 변환하는 데 사용될 수 있다(베이스 값으로 8, 16, 또는 2 전달). eval(S) 함수도 같은 목적으로 사용될 수 있지만 더 많은 비용이 발생하며, 보안 이슈가 발생할 수도 있다. 정수는 컴퓨터 메모리상에 항상 바이너리(2진수) 형태로 저장되어 있다. 이러한 내용들은 단지 출력 문자열 형식을 변환한 것일 뿐이다.

CHAPTER

6

동적 타입 변환

우리는 이전 장에서 파이썬 숫자 타입과 연산에 대해서 알아보면서 파이썬의 코어 객체 타입에 관해 깊이 탐구하기 시작했다. 객체 타입에 대한 탐구는 다음 장부터 재개할 예정이지만 그 전에 파이썬 프로그래밍의 가장 기본적인 개념이 무엇인지 이해할 필요가 있으며, 이러한 개념들은 확실히 파이썬 언어의 간결성과 유연성의 기초가 된다(동적 타입 변환과 다형성을 의미한다).

여러분은 이 책과 이 장을 통해 배우게 되겠지만, 파이썬은 스크립트에서 사용할 객체의 특정 타입을 선언하지 않는다. 사실, 대부분의 프로그램은 특정 타입에 대해 신경 쓸 필요가 없다. 그 대신, 타입들은 다양한 상황에서 우리가 직접 타입을 지정하는 것보다 더 자연스럽게 적용된다. 동적 타이핑은 파이썬 언어의 유연함의 근원이고, 새롭게 파이썬을 배우는 사람들에게 잠재적인 장애물이기 때문에 이 장을 통해 간략히 살펴보도록 하자.

사라진 선언문

여러분이 C, C++ 또는 자바와 같은 컴파일 언어나 정적 타입 언어에 대한 배경 지식이 있다면, 이 시점에서 다소 혼란스러울 수도 있다. 지금까지 우리는 변수의 존재나 타입을 선언하지 않고 변수를 사용했다. 예를 들어 대화형 세션이나 프로그램 파일에 a = 3이라고 입력했을 때 이 코드는 어떻게든 동작하지만, 파이썬은 a가 정수를 의미한다는 것을 어떻게 알 수 있을까? 말이 나왔으니 말인데, 도대체 파이썬은 a가 무엇인지 어떻게 알 수 있는 것일까?

이런 질문이 시작되면, 주제는 파이썬의 **동적 타입 변환 모델**(dynamic typing model)로 넘어간다. 파이썬에서 타입은 코드상의 선언이 아닌 런타임 시에 자동으로 결정된다. 이 말은 곧 변수를 미리 선언할 필요가 없음을 의미한다(이에 대한 모든 내용은 변수와 객체, 그리고 이들 사이의 링크 문제라는 것을 명심한다면 개념 자체는 이해하기 어렵지 않을 것이다).

변수, 객체, 참조

그동안 이 책에서 사용된 많은 예제에서 보았듯이 파이썬에서 a = 3과 같은 할당 구문을 실행하면, 이 코드는 여러분이 파이썬에게 a를 변수 이름으로 사용하라거나, a가 정수 타입 객체를 의미한다고 요청한 적은 없어도 잘 동작한다. 이 모든 것은 파이썬 언어에서 다음과 같은 매우 자연스러운 방법으로 처리된다.

변수 생성

a와 같은 변수(파이썬에서는 이름으로 불린다)는 코드에서 처음으로 값이 할당될 때 생성된다. 추가 할당은 이미 생성된 이름의 값을 변경한다. 엄밀히 말해서 파이썬은 코드를 실행하기 전에 일부 이름들을 인식하기도 하지만, 최초의 할당이 변수를 만든다고 볼 수 있다.

변수 타입

변수는 어떠한 타입이나 관련된 제약 사항에 대한 정보를 갖지 않는다. 파이썬에서 타입의 개념은 이름이 아닌 객체와 연관되어 있다. 변수는 본질적으로 일반화(generic)되어 있으며, 단순히 항상 특정 시점에서 특정 객체를 참조하고 있다.

변수 사용

표현식에서 변수가 나타나면, 해당 변수가 현재 참조하고 있는 객체가 무엇이든 상관없이 즉시 대체된다. 게다가 모든 변수는 사용하기 전에 명시적으로 할당되어야 한다. 할당되지 않은 변수를 참고할 경우 에러가 발생한다.

요약하자면 할당될 때 생성된 변수는 어떤 타입의 객체도 참조할 수 있으며, 변수는 참조되기 전에 할당되어야 한다. 이 말은 곧 여러분의 스크립트에서 사용할 이름을 결코 선언할 필요가 없다는 것이다. 예를 들어, 카운터 변수는 값을 더하기 전에 0으로 초기화해야 한다.

이 동적 타입 변환 모델은 전통적인 언어의 타입 변환 모델과는 현저히 다르다. 여러분이 처음 코드를 작성할 때, 이름과 객체 사이를 확실히 구분만 한다면 이해하기 어렵지 않을 것이다. 예를 들어, 파이썬은 변수에 값을 할당하는 다음 코드에 대해 요청을 개념적으로 처리하기 위해 최소 세 가지 단계를 수행한다.

```
>>> a = 3            # 객체에 이름을 할당
```

이 단계는 파이썬 언어의 모든 할당 연산을 반영한다.

1. 값 3을 나타내는 객체 생성

2. 변수 a가 아직 존재하지 않을 경우 생성

3. 변수 a를 새로운 객체 3으로 연결

최종 결과는 그림 6-1과 유사한 파이썬 내부 구조가 된다. 설명한 것처럼 변수와 객체는 서로 다른 메모리상에 저장되며, 서로는 링크에 의해 연결된다(링크는 그림에서 포인터로 표시된다). 변수는 객체에 항상 연결되고 다른 변수와는 연결되지 않지만, 큰 객체의 경우 다른 객체로 연결될 수도 있다(예를 들어, 리스트 객체는 자신이 포함하고 있는 객체들에 대한 링크를 가질 수 있다).

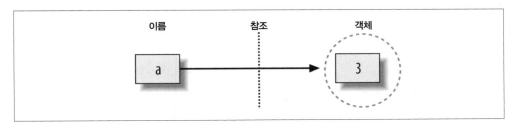

그림 6-1 a = 3 할당문이 실행된 다음의 이름(다른 말로, 변수)과 객체. 변수는 객체 3에 대한 참조가 된다. 변수는 내부적으로 리터럴 표현식 3에 의해 생성된 객체의 메모리 공간에 대한 포인터다.

변수에서 객체로 향하는 이러한 링크를 파이썬에서 **참조**(reference)라고 부른다. 즉, 참조는 메모리상에서 포인터로 구현된 연결(association)의 한 종류다.[1] 파이썬은 변수들이 나중에 사용될 때마다(또는 참조될 때마다) 변수를 자동으로 객체로 연결하는 방법을 사용한다. 이러한 내용은 용어가 의미하는 것보다 실제로는 더 간단하다. 구체적으로는 다음과 같다.

---

1   C 언어에 대한 배경 지식이 있는 독자들은 파이썬 참조가 C 포인터(메모리 주소)와 유사하다는 것을 알 수 있다. 실제로, 참조는 포인터로 구현되어 있고, 참조는 종종 포인터와 비슷한 역할을 제공하며, 직접 변경(이에 대한 자세한 내용은 뒤에서 다룬다)가 능한 객체에 대해 사용할 때 더욱 포인터와 비슷하다. 그러나 참조는 사용될 때 항상 자동으로 참조되기(dereference) 때문에 여러분이 실제로 참조 자체에 대해 할 수 있는 건 아무것도 없다. 파이썬의 이러한 특징은 C에서 발생하는 많은 버그를 제거해 준다. 그러나 파이썬 레퍼런스는 사용될 때 자동으로 따라가는 C의 'void' 포인터로 생각할 수 있다.

- 변수는 객체의 링크를 위한 공간을 가진 시스템 테이블의 항목이다.
- 객체는 자신이 의미하는 값을 표현하기에 충분한 공간을 가진 할당된 메모리 조각이다.
- 참조는 변수를 객체로 자동으로 연결하는 포인터다.

적어도 개념적으로는 스크립트에서 표현식을 실행하여 새로운 값을 생성할 때마다 파이썬은 해당 값을 표현하기 위해 새로운 **객체**(즉, 메모리 덩어리)를 생성한다. 또한, 파이썬은 내부적으로 최적화를 하면서 작은 정수와 문자열 같은 (초기화 시에 사용하는 모든 0은 실제 새로운 메모리가 아니다. 이러한 캐시의 동작에 대해서는 나중에 좀 더 자세히 다룬다) 특정 유형의 변경할 수 없는 객체들을 저장하고 재사용한다. 그러나 논리적인 관점에서 각 표현식의 결괏값은 별개의 객체이며, 각 개체는 별도의 메모리 공간이다.

엄밀히 말하면, 객체는 자신의 값을 표현하기 위해 필요한 공간보다 더 많은 구조를 가지고 있다. 또한, 각 객체는 객체의 타입을 표시하는 데 사용되는 **타입 지정자**(type designator)와 해당 객체의 재사용 시기를 결정하기 위한 **참조 카운터**(reference counter)라는 두 개의 표준 헤더 필드를 가지고 있다. 동적 타입 변환 모델에서 이러한 두 헤더 필드를 이해하기 위해 다음 절로 넘어가자.

타입은 변수가 아닌 객체와 함께 존재

객체 타입의 동작 방식을 확인하기 위해 하나의 변수에 여러 번 값을 할당할 경우 무슨 일이 발생하는지 보도록 하자.

```
>>> a = 3           # a는 정수
>>> a = 'spam'      # a는 현재 문자열
>>> a = 1.23        # a는 현재 부동 소수점
```

이것은 일반적인 파이썬 코드는 아니지만 문제없이 동작한다. a는 정수로 시작하고 문자열이 된 다음, 마지막으로 부동 소수점 수가 된다. 이 예제는 a = 'spam'이 실행될 때, 외견상으로 마치 a의 **타입**이 정수에서 문자열로 변경된 것처럼 보일 수 있으며, 이전 C 프로그래머들에게는 특히나 그래 보일 수 있다.

그러나 실제로 이러한 일은 발생하지 않는다. 파이썬에서 이러한 일은 더욱 단순하게 동작한다. **이름**은 타입을 가지지 않는다. 앞서 언급한 바와 같이, 타입은 이름이 아닌 객체에 포함되어 있다. 앞의 예제는 a를 단순히 다른 객체를 참조하도록 변경한 것일 뿐이다. 변수는 타입

을 가지지 않기 때문에 실제로 변수 a의 타입을 변경할 수 없다. 그러므로 단순히 변수가 다른 타입의 객체를 가리키도록 만드는 것이다. 다시 말하지만, 변수는 사실상 특정 시점에 특정 객체를 참조하고 있다는 것만이 우리가 파이썬에서 변수에 대해 말할 수 있는 전부다.

반면에 객체는 자신의 타입에 대해 알고 있다. 각각의 객체는 해당 객체의 타입 정보가 표시된 헤더를 포함하고 있다. 예를 들어, 정수 객체 3은 값 3과 해당 객체가 정수 타입임을 파이썬에 게 알려 주기 위한 추가 지정자를 포함할 것이다(엄밀히 말하면 정수 타입의 이름인 int라고 불리는 객체에 대한 포인터). 대신에 'spam' 문자열 객체의 타입 지정자는 문자열 타입을 가리킨다(str이라 고 불림). 객체가 자신의 타입을 알고 있으므로 변수는 타입을 알 필요가 없다.

다시 정리해 보면, 파이썬에서 타입은 변수가 아닌 객체와 연관되어 있다. 일반적인 코드에서 특정 변수는 보통 한 종류의 객체만을 참조한다. 그러나 이것이 필수는 아니므로 여러분이 익 숙한 것보다 더욱 유연한 파이썬 코드들을 만나게 될 것이다. 파이썬 코드를 잘 사용한다면 다양한 타입에 대해 자동으로 동작하는 코드를 작성할 수 있다.

객체는 타입 지정자와 참조 카운터를 포함한 두 개의 헤더 필드를 가진다고 이미 언급했었다. 이 중에 참조 카운터를 이해하기 위해서는 객체의 사용이 끝났을 때, 어떤 일이 발생하는지 간단히 살펴볼 필요가 있다.

객체는 가비지 컬렉터(Garbage Collector)에 의해 수집됨

이전 절의 예제에서 각각의 할당은 변수 a에게 서로 다른 타입의 객체를 할당한다. 그러나 변 수를 재할당하면 해당 변수가 이전에 참고했던 값은 어떻게 될까? 예를 들어, 다음 코드가 실 행된 다음에 객체 3에는 무슨 일이 발생할까?

```
>>> a = 3
>>> a = 'spam'
```

이 질문에 대한 답은 파이썬에서 이름에 새로운 객체가 할당될 때마다 이전 객체를 참조하는 다른 어떤 이름이나 객체가 없는 경우, 이전 객체가 있던 메모리 공간은 반환된다. 이와 같이 객체의 공간을 자동으로 반환하는 구조를 **가비지 컬렉션**(garbage collection)이라고 하며, 가비지 컬렉션은 이러한 구조를 지원하는 파이썬과 같은 언어를 사용하는 프로그래머의 삶을 훨씬 단순하게 만들어 준다.

설명을 위해 각각의 할당문에서 이름 x에 서로 다른 객체를 설정하는 다음 예제를 생각해보자.

```
>>> x = 42
>>> x = 'shrubbery'                      # 42 반환(어디서도 참조하지 않을 경우)
>>> x = 3.1415                           # 'shrubbery' 반환
>>> x = [1, 2, 3]                        # 3.1415 반환
```

먼저, x는 각 할당마다 서로 다른 타입의 객체로 설정된다. 이 코드는 실제 그렇지는 않지만, 코드가 실행됨에 따라 마치 x의 타입이 변경되는 것과 같은 효과가 있다. 파이썬에서 타입은 이름이 아닌 객체에 포함되어 있다는 것을 기억하자. 이름은 단지 객체에 대한 일반적인 참조이기 때문에 이러한 코드는 당연히 동작한다.

다음으로, 위 코드가 실행되는 도중에 객체들에 대한 참조가 버려진다. 파이썬은 X에 새로운 객체가 할당될 때마다 이전 객체의 공간을 반환한다. 예를 들어, x에 문자열 'shrubbery'가 할당될 때, 객체 42는 즉시 반환된다(다른 곳에서 참조하지 않는다고 가정한다). 즉, 객체의 공간은 재사용을 위해 자동으로 메모리를 관리하는 풀로 반환된다.

파이썬은 내부적으로 해당 객체에 대한 참조 수를 관리하는 카운터를 모든 객체 내에 유지함으로써 이러한 기능을 수행한다. 해당 객체의 메모리 공간은 이 카운터 값이 0이 될 때, 자동으로 반환된다. 앞의 예제는 x에 매번 새로운 객체가 할당된다고 가정하며, 이전 객체의 참조 카운터는 0이 되어 해당 객체의 메모리 공간이 반환된다.

가비지 컬렉션의 가장 확실한 장점은 스크립트 안에서 객체를 사용하기 위해 메모리 공간을 할당하거나 해제할 필요 없이 자유롭게 객체를 사용할 수 있다는 것이다. 파이썬은 프로그램이 실행되는 동안 더 이상 사용되지 않는 메모리 공간을 알아서 정리한다. 실제로 파이썬의 가비지 컬렉션 모델은 C나 C++와 같은 저수준 언어에서 필요한 부기 코드(bookkeeping code)의 양을 상당히 제거한다.

파이썬 가비지 컬렉션의 추가 설명

사실상, 파이썬의 가비지 컬렉션은 이 장에서도 설명한 것처럼 주로 **참조 카운터**(reference counter)를 기반으로 동작한다. 또한, 가비지 컬렉터는 **순환 참조**(cyclic reference)가 발생하면 이를 발견하여 반환하는 기능도 포함하고 있다. 이 기능은 여러분의 코드에서 순환 참조가 발생하지 않을 경우에는 끌 수도 있지만 기본적으로는 활성화되어 있다.

순환 참조는 참조 카운터 방식 가비지 컬렉터의 오래된 이슈다. 참조는 포인터로 구현되기 때문에 객체가 자기 자신을 참조하거나, 객체들이 서로를 참조하는 것이 가능하다. 예를 들어, 파트 1 끝의 실습 문제 6과 부록 D에 있는 이 문제의 해답은 리스트 내에서 리스트 자신에 대한 참조를 포함하여 순환 참조를 쉽게 만드는 방법을 보여 준다(예 L.append(L)). 사용자 정의 클래스로부터 생성된 객체의 속성에 할당할 경우 같은 현상이 발생할 수 있다. 비록 드문 일이긴 하지만, 이러한 객체에 대한 참조 카운트는 결코 0으로 떨어지지 않기 때문에 특별한 처리가 필요하다.

파이썬의 순환 참조 검출기에 대한 좀 더 상세한 내용은 파이썬의 라이브러리 매뉴얼에서 제공하는 gc 모듈에 대한 문서를 참고하자. 여기서 좋은 소식은 가비지 컬렉션 기반의 메모리 관리는 해당 작업에 대한 고도의 기술력을 가진 사람들이 여러분을 위해 구현한 기능이라는 것이다. 또한, 이 장에서 설명하는 파이썬의 가비지 컬렉터에 대한 내용은 표준 파이썬(CPython)에만 적용된다. 2장에서 언급한 Jython이나 IronPython, 그리고 PyPy와 같은 다른 구현들은 모두 구현 결과는 비슷하지만, 다른 구조를 사용할 수도 있다(다른 구조들 또한 사용되지 않는 공간을 자동으로 반환하지만, 즉시 반환하는 것은 아닐 수도 있다).

공유 참조

지금까지 우리는 단일 변수에 객체의 참조를 할당하면서 무슨 일이 발생하는지 보았다. 이제, 또 다른 유형의 변수를 통해 무슨 일이 발생하는지 보자.

```
>>> a = 3
>>> b = a
```

위 두 구문을 입력하면 그림 6-2와 같은 일이 벌어진다. 파이썬은 두 번째 명령에 의해 변수 b를 생성한다. 여기서 사용된 변수 a는 할당되지 않고 자신이 참조하고 있는 객체(3)로 대체되며, b는 해당 객체를 참조한다. 최종적으로 변수 a와 b는 같은 객체를 참조하게 되는 것이다(즉, 같은 메모리 덩어리를 가리킨다).

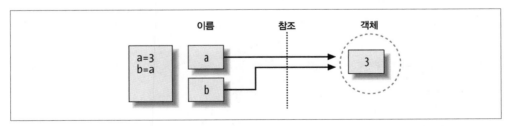

그림 6-2 할당문 b = a가 실행된 다음의 이름과 객체. 변수 b는 객체 3에 대한 참조가 된다. 실제로 변수는 내부적으로 리터럴 표현식 3의 실행으로 생성된 객체의 메모리 공간에 대한 포인터다.

파이썬에서 다수의 이름이 같은 객체를 참조하는 이러한 시나리오를 일반적으로 **공유 참조**(shared reference)라고 부른다(종종 공유 객체라고도 부른다). 위 코드의 실행 결과 이름 a와 b가 서로 직접 연결되지는 않는다. 사실, 파이썬에서 변수를 다른 변수로 연결하는 방법은 제공되지 않는다. 대신, 두 변수는 참조를 통해 같은 객체를 가리킨다.

다음으로, 한 문장을 추가하여 대화형 세션을 확장한다고 생각해 보자.

```
>>> a = 3
>>> b = a
>>> a = 'spam'
```

모든 파이썬 할당문과 마찬가지로, 이 구문은 문자열 값 'spam'을 표현하는 새로운 객체를 만들고 a가 이 새로운 객체를 단순히 참조하도록 설정한다. 그러나 이 구문은 b의 값을 변경하지는 않는다. b는 여전히 기존 정수 3에 대한 객체를 참조하고 있다. 결과적으로 참조의 구조는 그림 6-3과 같다.

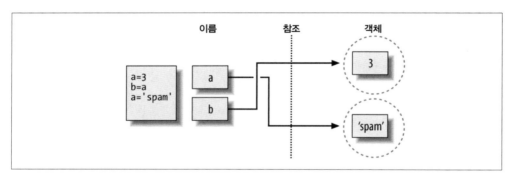

그림 6-3 마지막으로 a = 'spam' 문을 실행한 다음의 이름과 객체. 변수 a는 리터럴 표현식 'spam'의 실행에 의해 생성된 새로운 객체(즉, 메모리 공간)를 참조하지만, 변수 b는 기존 객체 3을 여전히 참조하고 있다. 이 할당문은 객체 3을 직접 변경하지 않기 때문에 변수 b를 제외한 a만을 변경하게 된다.

변수 a 대신에 b를 'spam'으로 변경해도 같은 일이 발생한다(a가 아닌 b만 변경된다). 이러한 동작 방식은 타입의 차이가 전혀 없는 상황에서도 발생한다. 예를 들어, 다음 세 문장을 살펴보자.

```
>>> a = 3
>>> b = a
>>> a = a + 2
```

이 코드를 순서대로 실행하면 같은 일이 발생한다. 파이썬은 그림 6-2와 같이 변수 a가 객체 3을 참조하도록 만들고, 변수 b가 a와 같은 객체를 참조하도록 만든다. 그리고 이전처럼 마지막 할당문은 a를 완전히 다른 객체로 설정한다(이 경우에는 + 표현식의 결과인 정수 5다). 이 구문은 변수 b를 변경하지 않으며, 파이썬에서 객체 3의 값을 덮어쓰는 방법은 존재하지 않는다(4장에서 소개된 것처럼 정수는 불변 객체이기 때문에 절대 직접 변경할 수 없다).

이러한 내용은 일부 언어에서 변수가 변경 가능한 메모리 영역에 대한 라벨을 의미하는 것과는 달리, 파이썬에서는 변수가 항상 객체에 대한 포인터가 된다고 생각할 수 있다. 변수에 새로운 값을 할당하면 기존 객체는 변경되지 않으며, 대신 완전히 다른(새로운) 객체를 참조하게 된다. 결과적으로 변수에 대한 할당은 할당이 발생하는 해당 변수에만 영향을 끼친다. 그러나 가변 객체와 직접 변경 할당이 입력될 경우, 그림은 다소 달라질 수 있다. 변경된 방식을 보기위해 다음으로 넘어가자.

공유 참조와 직접 변경

본 파트의 뒤 장에서 설명하겠지만, 객체에 대해 직접 변경을 수행하는 객체들과 연산들이 있다. 파이썬의 리스트, 딕셔너리, 그리고 집합을 포함한 **가변** 타입들이 이에 해당한다. 예를 들어, 리스트의 특정 오프셋에 대한 할당은 완전히 새로운 리스트 객체를 생성하지 않고 실제 리스트 객체 자체를 변경한다.

여러분은 비록 이 시점에서 믿고 사용할 수밖에 없지만, 이러한 구분은 여러분의 프로그램에게 중요한 문제일 수 있다. 직접적인 변경을 지원하는 객체의 경우, 하나의 이름에 대한 변경이 다른 이름에 영향을 줄 수 있기 때문에 공유 참조에 대해 더더욱 인지해 둘 필요가 있다. 그렇지 않으면 객체들이 분명한 이유 없이 변경되는 것처럼 보인다. 모든 할당은 참조를 기반으로 하기 때문에(함수 인수 전달 포함) 문제가 발생할 가능성이 광범위하게 잠재되어 있다.

설명을 위해 4장에서 소개한 리스트 객체를 다시 살펴보자. 이 리스트는 단순히 다른 객체들의 컬렉션이며, 대괄호를 사용하여 작성되었다. 그리고 이 리스트는 특정 위치에 직접 할당을 지원한다. 이 리스트를 다시 소환해 보도록 하자.

```
>>> L1 = [2, 3, 4]
>>> L2 = L1
```

여기에서 L1은 객체 2, 3 그리고 4를 포함하고 있는 리스트다. 리스트 안의 아이템들은 위치에 따라 접근할 수 있다. 그래서 L1[0]은 객체 2를 참조하며, 이는 리스트 L1의 첫 번째 아이템이다. 물론, 리스트 또한 정수나 문자열처럼 그 자체가 하나의 객체다. 앞의 두 할당문이 실행된 다음에 L1과 L2는 이전 예제(그림 6-2 참조)에서 a와 b처럼 같은 공유 객체를 참조한다. 이제 다음 코드를 설명하기 위해 이 대화형 세션을 확장해 보자.

```
>>> L1 = 24
```

이 할당은 단순히 L1을 다른 객체로 설정한다. L2는 여전히 기존 리스트를 참조하고 있다. 그러나 이 문장의 구문을 약간 변경하면, 근본적으로 다른 결과가 된다.

```
>>> L1 = [2, 3, 4]        # 가변 객체
>>> L2 = L1               # 같은 객체에 대한 참조를 만듦
>>> L1[0] = 24            # 직접 변경

>>> L1                    # L1이 변경됨
[24, 3, 4]
>>> L2                    # L2도 변경됨
[24, 3, 4]
```

실제로, 여기서 L1 자체는 변경되지 않았다. L1이 참조하는 **객체의 요소**를 변경했다. 이러한 종류의 변경은 리스트 객체의 값 일부를 직접 덮어쓴다. 그러나 리스트 객체는 다른 변수에 의해 공유(참조)되고 있기 때문에 이와 같은 직접 변경은 L1에만 영향을 미치는 것은 아니다. 즉, 이러한 종류의 변경을 실시할 때 프로그램의 다른 부분에도 영향이 미칠 수 있음을 인식해야 한다. 이 예제에서 L2에 나타나는 결과는 L2가 L1과 같은 객체를 참조하고 있기 때문이다. 다시 말해 실제로 L2를 변경하지 않았지만, L2는 덮어쓰기가 발생한 객체를 참조하기 있기 때문에 L2의 값은 변경된 것처럼 나타난다.

이러한 동작은 오직 직접 변경을 지원하는 가변 객체에서만 발생한다. 그리고 일반적으로 여러분이 원하는 형태의 동작이지만 그 동작 방식에 대해서는 충분히 인지하고 있어야 하며, 어디까지나 예상된 동작이어야 한다. 또한, 이는 기본적인 동작 방식이다. 이러한 동작을 원하지 않을 경우, 파이썬이 참조를 만드는 대신에 객체를 **복사**하도록 요청할 수 있다. 리스트를 복사하는 데는 내장된 list 함수와 표준 라이브러리 copy 모듈을 사용하는 방법을 포함해 다양한 방법이 있다. 가장 일반적인 방법은 아마도 리스트의 시작부터 끝까지를 슬라이스하는 방법일 것이다(슬라이싱에 대한 자세한 내용은 4장과 7장을 참고하자).

```
>>> L1 = [2, 3, 4]
>>> L2 = L1[:]                          # L1의 복사본 생성(또는 list(L1), copy.copy(L1) 등)
>>> L1[0] = 24

>>> L1
[24, 3, 4]
>>> L2                                  # L2는 변경되지 않음
[2, 3, 4]
```

여기에서 L2는 원본이 아닌 L1이 참조하고 있는 객체의 복사본을 참조하기 때문에 L1을 통해 만든 변경은 L2에 반영되지 않는다. 즉, 두 변수는 다른 메모리 공간을 가리키고 있다.

또한, 이러한 슬라이싱 기술은 딕셔너리나 집합과 같은 시퀀스가 아닌 다른 주요 변경 가능한 코어 타입에는 적용되지 않으니 주의하자. 딕셔너리나 집합을 복사해야 할 경우 자체적으로 제공하는 X.copy( ) 메서드 호출(파이썬 3.3+부터는 리스트에서도 제공한다)을 사용하거나, dict와 set 같은 자신의 타입 이름에 원본 객체를 전달하여 복사할 수 있다. 또한, 표준 라이브러리 copy 모듈은 중첩된 객체 구조를 복사하기 위한 호출뿐만 아니라, 객체의 타입에 상관없이 복사할 수 있는 호출을 제공한다. 예를 들어, 리스트를 중첩한 딕셔너리를 복사하는 데 사용될 수 있다. 8장과 9장에서 리스트와 딕셔너리에 대한 상세한 내용을 알아보고, 공유 참조와 복사의 개념에 대해서 다시 언급할 예정이다.

```
import copy
X = copy.copy(Y)                        # 어떤 객체 Y의 최상위 '얕은' 복사본 생성
X = copy.deepcopy(Y)                    # 어떤 객체 Y의 깊은 복사본 생성: 모든 중첩된 부분을 복사
```

지금은 가변 객체들이 코드에서 사용될 때 항상 이러한 영향을 받을 가능성이 열려 있다는 점을 기억하자. 파이썬에서는 이러한 객체로 리스트, 딕셔너리, 집합 그리고 몇몇 class 구문으로 정의되는 객체들이 포함된다. 이런 동작을 원하지 않을 경우, 필요에 따라 객체를 단순히 복사할 수 있다.

공유 참조와 등가 비교

가비지 컬렉션에 대한 좀 더 정확한 이해를 위해, 이 장의 앞에서 설명한 가비지 컬렉션의 동작은 특정 타입의 경우를 설명한 것보다 다소 개념적일 수 있다는 것을 지적해 둘 필요가 있다.

```
>>> x = 42
>>> x = 'shrubbery'                              # 42는 지금 바로 반환될까?
```

앞에서도 언급했듯이, 파이썬은 작은 정수와 문자열을 저장하고 재사용하기 때문에 아마도 여기서 객체 42는 문자 그대로 반환되지는 않을 것이다. 대신, 코드상에서 42를 다시 생성할 때 재사용하기 위해 시스템 테이블에 남겨질 가능성이 있다. 하지만 대부분의 객체들은 더 이상 참조되지 않을 때 즉시 반환된다. 혹여 즉시 반환되지 않더라도 캐싱 메커니즘은 여러분의 코드에 영향을 주지 않는다.

예를 들어 파이썬의 참조 모델로 인해, 파이썬에는 프로그램에서 객체가 서로 같은지 비교하는 두 가지 방법이 존재한다. 설명을 위해 공유 참조를 만들어 보도록 하자.

```
>>> L = [1, 2, 3]
>>> M = L                                        # M과 L은 같은 객체를 참조함
>>> L == M                                       # 값이 같음
True
>>> L is M                                       # 객체가 같음
True
```

여기서 첫 번째 기법인 == 연산자는 참조된 두 개의 객체 값이 같은지 확인한다. 파이썬에서 객체가 같은지를 비교할 때는 거의 이 방법이 항상 사용된다. 두 번째 방법 is 연산자는 값 대신에 객체가 같은지 확인한다. 이 방법은 두 이름이 정확히 같은 객체를 가리키고 있을 경우에만 True를 반환하므로 같은지를 비교하는 더욱 강력한 형태이며, 일반적으로 프로그램에서는 잘 사용되지 않는다.

실제로 is는 참조를 구현하는 포인터만을 비교하며, 필요에 따라 코드상에서 공유 참조를 찾는 방법을 제공한다. is는 두 개의 서로 다른 리터럴 표현식을 실행하는 경우처럼 값만 같은 서로 다른 객체를 가리킬 경우 False를 반환한다.

```
>>> L = [1, 2, 3]
>>> M = [1, 2, 3]                                # M과 L은 다른 객체를 참조함
>>> L == M                                       # 값이 같음
True
>>> L is M                                       # 객체가 다름
False
```

이제, 작은 숫자에 대해 같은 작업을 수행할 때 어떤 일이 발생하는지 보자.

```
>>> X = 42
>>> Y = 42
>>> X == Y                                    # 두 개의 서로 다른 객체여야 함
True
>>> X is Y                                    # 같은 객체: 캐시가 동작한 것이다!
True
```

이 대화형 코드에서 X와 Y는 값은 같지만(==), 같은 객체(is)가 아니어야 한다. 그러나 작은 숫자와 문자열은 파이썬에 의해 저장되고 재사용되기 때문에 is는 두 이름이 같은 하나의 객체를 참조하고 있음을 말해 준다.

사실, 원한다면 언제든지 해당 객체에 대해 얼마나 많은 참조가 있는지 파이썬에게 항상 물어볼 수 있다. 표준 sys 모듈이 제공하는 **getrefcount** 함수는 객체의 참조 수를 반환한다. 예를 들어 IDLE GUI에서 정수 객체 1에 대한 참조 수를 요청했을 때, 이 메서드는 같은 객체에 대해 647번 재사용되었음을 알려 준다(이 재사용 횟수의 대부분은 내 코드가 아닌 IDLE의 시스템 코드에 있지만, 파이썬은 자체적으로 많은 코드에서 1을 재사용하고 있기 때문에 IDLE 바깥에서 실행할 경우에도 173을 반환한다).

```
>>> import sys
>>> sys.getrefcount(1)                        # 1의 공유된 메모리에 대해 647개의 포인터가 있음
647
```

이 객체에 대한 저장과 재사용은 (is 테스트를 실행하지 않는다면!) 코드에 영향을 주지 않는다. 불변 숫자나 문자열은 직접 변경할 수 없기 때문에 같은 객체에 대해 많은 참조가 있더라도 문제가 되지 않는다. 모든 참조는 항상 변하지 않는 동일한 값을 볼 수 있다. 그러나 이러한 동작은 파이썬이 실행 속도를 위해 자신의 모델을 최적화하는 수많은 방법들 중 하나를 반영하고 있다.

동적 타입 변환은 어디에나 존재

물론, 여러분이 파이썬을 사용하기 위해 원과 화살표를 사용하여 이름/객체 다이어그램을 실제로 그릴 필요는 없다. 그러나 파이썬 코드를 작성할 때, 여기서 설명한 것과 같이 객체의 참조 구조를 추적할 수 있다면, 종종 발생하는 특별한 상황을 이해하는 데 도움이 된다. 예를 들어 가변 객체가 프로그램 안에서 전달될 때, 여러분이 작성하지 않은 코드에서 변경될 경우는 이 장의 주제를 직접 목격할 가능성이 있다.

또한, 이 시점에서는 동적 타입 변환이 다소 추상적인 것처럼 보일지라도 여러분은 결국 동적 타입 변환에 대해 관심을 가지게 될 것이다. 파이썬에서 모든 것이 할당과 참조에 의해 동작하는 것처럼 보이기 때문에 이 모델에 대한 기본적인 이해는 다양한 상황에서 매우 유용하다. 곧 설명하겠지만, 이 모델은 할당문, 함수 인수, for 루프 변수, 모듈 임포트, 클래스 속성 등에서 동일하게 동작한다. 한 가지 좋은 소식은 파이썬에는 하나의 할당 모델만 존재한다는 것이다. 동적 타입 변환에 대해 이해하고 나면, 언어의 다양한 곳에서 같은 동작 방식이 적용되어 있음을 발견할 수 있을 것이다.

실용적인 면에서 보면 동적 타입 변환은 여러분이 작성하는 코드의 양을 덜어 준다. 또한 동적 타입 변환은 4장에서 소개한 다형성의 근원이며, 다형성에 대해서는 이 책의 뒷부분에서 다시 다루겠다. 파이썬 코드에서는 타입을 제한하지 않으므로 이는 코드를 간결하고 매우 유연하게 만든다. 곧 다룰 예정이지만, 이를 잘 사용할 경우에 동적 타입 변환과 이것이 함축하고 있는 다형성은 시스템의 발전에 따른 새로운 요구 사항을 자동으로 대응할 수 있는 코드를 생성한다.

약한 참조

파이썬 세상에서 종종 '약한 참조(Weak Reference)'라는 용어를 볼 수 있을 것이다. 이것은 다소 고급 도구지만, 이 장에서 설명한 참조 모델과도 관련되어 있으며, is 연산자처럼 참조 모델이 없으면 이해할 수 없다.

즉, weakref 표준 라이브러리 모듈에 의해 구현되는 약한 참조는 참조된 객체가 가비지 컬렉터에 의해 수집되는 것을 방지하지 않는다. 특정 객체에 마지막 남은 참조가 약한 참조일 경우 해당 객체는 가비지 컬렉터에 의해 수집되며, 해당 객체에 대한 약한 참조는 자동으로 삭제된다(또는 알림을 받게 된다).

예를 들어, 약한 참조는 딕셔너리 기반의 대규모 객체들의 캐시에서 유용하게 사용될 수 있다. 약한 참조가 아닐 경우, 캐시의 참조 자체만으로도 객체를 메모리에 무기한 유지하게 된다. 그러나 사실상 약한 참조는 특별한 경우를 위한 참조 모델의 확장일 뿐이다. 자세한 내용은 파이썬 라이브러리 매뉴얼을 참고하자.

이 장의 요약

이 장에서는 파이썬의 동적 타입 변환 모델에 대해 깊이 살펴보았다. 즉, 프로그래머에게 스크립트상에서 객체의 타입을 선언하도록 요구하지 않고, 파이썬이 자동으로 객체의 타입을 관리하는 방법이다. 우리는 그 과정을 통해 파이썬에서 변수와 객체가 참조에 의해 연결되는 방법을 배웠다. 또한 가비지 컬렉션의 개념에 대해서 탐구하고, 객체에 대한 공유 참조가 다수의 변수에 어떻게 영향을 줄 수 있는지 배웠으며, 참조가 파이썬에서 등가 비교의 개념에 어떻게 영향을 주는지 보았다.

파이썬에는 단 하나의 할당 모델만 있으며, 할당은 파이썬 언어의 곳곳에서 사용되기 때문에 다음 주제로 넘어가기 전에 할당 모델에 대해 이해하는 것이 매우 중요하다. 다음 퀴즈는 이 장의 몇 가지 개념들을 다시 학습하는 데 도움이 될 것이다. 그리고 난 후에 다음 장부터는 문자열과 함께 파이썬 코어 객체에 대한 학습을 다시 시작할 것이다.

학습 테스트: 퀴즈

1. 다음 세 문장을 살펴보자. A의 값은 변경되었을까?

```
A = "spam"
B = A
B = "shrubbery"
```

다음 세 문장을 살펴보자. A의 값은 변경되었을까?

```
A = ["spam"]
B = A
B[0] = "shrubbery"
```

2. 다음은 또 어떨까? A의 값은 변경되었을까?

```
A = ["spam"]
B = A[:]
B[0] = "shrubbery"
```

학습 테스트: 정답

1. 아니다. A는 여전히 "spam"을 출력한다. B에 문자열 "shrubbery"가 할당될 때, 발생하는 일은 변수 B가 새로운 문자열 객체를 가리키도록 재설정되는 것이 전부다. A와 B는 처음에 같은 단일 문자열 객체 "spam"을 공유하고 있지만, 두 이름이 파이썬에서 서로 연결된 것은

아니다. 게다가 B에 다른 객체를 설정하는 것은 A에 아무런 영향을 주지 않는다. 이것은 여기서 마지막 문장을 B = B + 'shrubbery'로 변경할 경우에도 마찬가지일 것이다. 연결은 결과로 새로운 객체를 만들고, 이 새로운 객체가 B에 할당된다. 문자열은 불변 타입이기 때문에 문자열(또는 숫자 또는 튜플)을 절대 덮어쓸 수 없다.

2. 그렇다. A는 현재 ["shrubbery"]를 출력한다. 엄밀히 말하면, 우리는 A나 B를 변경하지 않았다. 대신, 우리는 그 둘이 참조하고(가리키고) 있는 객체 일부를 변수 B를 통해 직접 덮어씀으로써 변경했다. A는 B와 같은 객체를 참조하기 때문에 변경된 내용은 A에도 반영된다.

3. 아니다. A는 여전히 ["spam"]을 출력한다. 슬라이스 표현식은 B에 할당되기 전, 리스트 객체의 복사본을 만들기 때문에 이번에는 B를 통한 직접 할당이 A에 영향을 주지 못한다. 두 번째 할당문이 실행되면, 같은 값을 가진 두 개의 서로 다른 리스트가 존재하게 된다(파이썬에서 이 두 객체는 is가 아닌 ==로 비교된다). 세 번째 문장은 A가 아닌 B가 가리키는 리스트 객체의 값을 변경한다.

7

문자열의 기본

지금까지 우리는 파이썬의 숫자와 동적 타입 변환 모델에 대해서 알아보았다. 다음 코어 객체에 대한 탐구 대상은 파이썬 **문자열**(string)이다. 문자열은 텍스트와 바이트 기반의 정보를 저장하고 표현하기 위한 정렬되지 않은 문자들의 컬렉션이다. 이미 4장에서 간략히 살펴보았지만 여기서는 문자열에 대해 다시 자세히 다룰 예정이며, 앞에서 생략했던 내용에 대해서도 자세히 다룬다.

이 장의 범위

이 장을 시작하기 전에, 나는 이 장에서 다루지 않는 내용에 대해 명확히 해두고 싶다. 4장에서는 유니코드 문자열과 파일에 대해 간략히 살펴보았다. 유니코드는 아스키가 아닌 텍스트를 처리하기 위한 도구로, 특히 인터넷 분야에서 일하는 일부 프로그래머들에게 매우 중요한 도구다. 유니코드는 웹 페이지, 이메일 내용과 헤더, FTP 전송, GUI API, 디렉터리 도구들, 그리고 HTML이나 XML, JSON 텍스트 등에서 많이 요구된다.

한편, 이제 막 시작한 프로그래머들에게 유니코드는 다소 무거운 주제일 수 있다. 그리고 오늘날 내가 만나 본 대부분의 파이썬 프로그래머들은 여전히 이 주제에 대해 무지몽매한 채로 일하고 있었다. 이 책은 이러한 관점에서 유니코드 이야기의 대부분을 고급 주제 파트의 37장에서 다룰 예정이며, 여기서는 문자열의 기본에 집중할 것이다.

즉, 이 장은 파이썬 내에서 문자열에 관련된 이야기만 다룬다. 아스키 텍스트를 처리하고 여러분이 사용하는 파이썬의 버전에 관계없이 동일하게 동작하는 기본 str 문자열 타입에 대해 다룬다. 이렇게 의도적으로 범위가 제한됨에도 불구하고 str은 3.X에서 유니코드를 처리할 수 있으며, 2.X에서는 별도의 unicode 타입이 str과 거의 동일하게 동작하기 때문에 여기서 우리가 배우는 모든 내용은 유니코드 처리에 바로 적용될 수 있다.

유니코드에 대한 짧은 이야기

관심 있는 독자들을 위해 추가적인 학습을 위한 유니코드의 효과와 요점들을 요약하여 빠르게 제공하고자 한다. 형식적인 관점에서 볼 때 아스키(ASCII)는 유니코드 텍스트의 단순한 형태이지만, 사용할 수 있는 다양한 인코딩과 알파벳 중 하나일 뿐이다. 비영어권에서 사용하는 텍스트의 경우 전혀 다른 문자가 쓰일 수 있으며, 파일로 저장될 때도 전혀 다른 인코딩이 사용될 수 있다.

4장에서 본 것처럼, 파이썬은 텍스트와 바이너리 데이터 각각에 대해 별개의 문자열 객체 타입과 파일 인터페이스로 구별해서 다룬다.

- 파이썬 3.X에는 세 가지 문자열 타입이 있다. str은 유니코드 텍스트에 사용되고, bytes는 바이너리 데이터에 사용되며, bytearray는 bytes의 변경 가능한 변종이다. 파일은 str로 콘텐츠를 표현하고, 유니코드 인코딩을 실행하는 텍스트(text)와 원시(raw) bytes를 처리하며, 아무런 데이터 변환을 하지 않는 바이너리(binary)라는 두 가지 모드로 작동한다.

- unicode 문자열은 파이썬 2.X에서 유니코드 텍스트를 표현하며, str 문자열은 8비트 텍스트와 바이너리 데이터 둘 모두를 처리한다. 그리고 bytearray는 3.X로부터 역포팅되어 2.6 이후 버전부터 이용할 수 있다. 일반적인 파일들의 콘텐츠는 str로 표현되는 단순한 바이트지만, codecs 모듈은 유니코드 텍스트 파일을 열어 인코딩을 처리하고 콘텐츠를 Unicode 객체로 표현할 수 있다.

이러한 버전 차이에도 불구하고, 여러분이 유니코드에 대해 관심을 가질 필요가 있거나 관심을 가질 때가 돼서야 비교적 사소한 확장이라는 것을 알 수 있을 것이다. 텍스트가 일단 메모리에 로드되면, 그것은 이 장에서 배우게 될 기본적인 것들을 모두 지원하는 파이썬 문자열이 된다. 실제로, 유니코드의 가장 큰 구별점은 종종 파일에 저장하거나 파일로부터 읽어올 때 필요한 **변환**(또는 인코딩) 단계에서 발생한다. 이러한 구별 외에는 대부분 단순한 문자열 처리다.

그러나 다시 이야기하지만, 대부분의 프로그래머들은 유니코드에 대해 미리 붙잡고 씨름할 필요가 없기 때문에 이에 대한 자세한 내용은 37장에서 다룰 예정이다. 여러분이 이와 같은 다소 고급 문자열 개념에 대해 공부할 준비가 되었다면, 이 장에서 문자열의 기본에 대해 학습한 후, 4장의 이에 대한 미리 보기와 37장의 유니코드와 바이트에 관한 전체 이야기 둘 모두를 살펴보기를 권한다.

이 장에서는 기본 문자열 타입과 이와 관련된 연산에 초점을 맞출 것이다. 여러분도 알게 되겠지만, 여기서 다루는 기술들은 파이썬의 툴셋에 있는 고급 문자열 타입에도 직접적으로 적용된다.

문자열의 기초

기능적인 관점에서 문자열은 텍스트나 바이트로 인코딩될 수 있는 것이라면 무엇이든 표현하는 데 사용될 수 있다. 텍스트 부문에서 이는 기호와 단어(메 여러분의 이름), 메모리에 읽혀진 텍스트 파일의 내용, 인터넷 주소, 파이썬 소스 코드 등이 포함된다. 또한, 문자열은 미디어 파일이나 네트워크 전송에 사용되는 원시(raw) 바이트와 다국어 지원 프로그램에서 사용되는 아스키가 아닌 유니코드 텍스트의 인코딩된 형태와 인코딩되지 않은 형태 둘 모두를 저장하는 데 사용될 수 있다.

또한, 다른 언어에서도 문자열을 사용할 수 있다. 파이썬의 문자열은 C와 같은 언어에서 제공하는 문자 배열과 같은 역할을 제공하지만, 배열보다는 좀 더 고수준의 도구다. C와는 달리 파이썬에서 문자열은 강력한 처리 도구들을 함께 제공하며, 개별 문자들에 대한 별도의 타입이 없다. 대신, 여러분은 오직 하나의 문자열만을 사용한다.

엄밀히 말하면 파이썬 문자열은 **불변 시퀀스**로 분류되는데, 이 말은 곧 문자열에 포함된 문자들은 왼쪽에서 오른쪽으로 향하는 위치적인 순서를 가지며, 직접 변경할 수 없다는 의미다. 사실, 문자열은 우리가 여기서 공부하는 **시퀀스**라고 불리는 객체들의 대표적인 첫 번째 클래스다. 이 장에서 소개된 시퀀스 연산은 리스트나 튜플과 같은 나중에 배우게 될 다른 시퀀스 타입에도 동일하게 적용되므로 특별히 주의를 기울이도록 하자.

표 7-1은 이 장에서 논의하게 될 일반적인 문자열 리터럴과 연산에 대한 미리 보기다. 빈 문자열은 사이에 아무것도 없는 인용 부호의 쌍으로 표현되며(단일 또는 이중), 이러한 문자열을

코드로 작성하는 다양한 방법들이 존재한다. 처리를 위해 문자열은 연결(문자열 결합), 슬라이싱(문자열 추출), 인덱싱(오프셋으로 가져오기) 등과 같은 **표현식** 연산들을 지원한다. 파이썬은 표현식 이외에 패턴 매칭과 같은 고급 텍스트 처리 작업을 위한 모듈뿐만 아니라, 일반적인 문자열 고유의 작업들을 구현하는 다양한 문자열 메서드를 제공한다. 이에 대한 모든 내용은 이 장의 뒷부분에서 학습할 예정이다.

표 7-1 일반적인 문자열 리터럴과 연산들

연산	설명
S = ' '	빈 문자열
S = "spam's"	이중 따옴표는 단일 따옴표와 같은 의미
S = 's\np\ta\x00m'	이스케이프 시퀀스
S = """...멀티라인..."""	삼중 인용 부호 문자열
S = r'\temp\spam'	이스케이프 시퀀스가 아닌 원시(raw) 문자열
B = b'sp\xc4m'	2.6, 2.7, 3.X에서 바이트(4장, 37장 참조)
U = u'sp\u00c4m'	2.X와 3.3+에서 유니코드 문자열(4장, 37장 참조)
S1 + S2	연결
S * 3	반복
S[i]	인덱스
S[i:j]	슬라이스
len(S)	길이
"a %s parrot" % kind	문자열 형식 지정 표현식
"a {0} parrot".format(kind)	2.6, 2.7, 3.X에서 문자열 형식 지정 메서드
S.find('pa')	문자열 메서드: 검색
S.rstrip( )	문자열 메서드: 공백 제거
S.replace('pa', 'xx')	문자열 메서드: 교체
S.split(',')	문자열 메서드: 구분자로 분할
S.isdigit( )	문자열 메서드: 콘텐츠 테스트
S.lower( )	문자열 메서드: 대소문자 변환
S.endswith('spam')	문자열 메서드: 문자열 끝 테스트
'spam'.join(strlist)	문자열 메서드: 구분자 결합
S.encode('latin-1')	문자열 메서드: 유니코드 인코딩
B.decode('utf8')	문자열 메서드: 유니코드 디코딩(표 7-3 참조)
for x in S: print(x)	반복

표 7-1 일반적인 문자열 리터럴과 연산들 (계속)

연산	설명
'spam' in S	멤버십
[c * 2 for c in S]	반복
map(ord, S)	반복
re.match('sp(.*)am', line)	패턴 매칭: 라이브러리 모듈

파이썬은 표 7-1에 나열된 중요한 문자열 도구들 이외에도 4장과 37장에서 소개되는 표준 라이브러리의 re(regular expression) 모듈을 통해 더욱 발전된 패턴 기반의 문자열 처리를 제공하며, XML 분석기(구문 해석 프로그램을 말하며, 37장에서 간략히 언급한다)와 같은 고수준 텍스트 처리 도구들을 제공한다. 그러나 이 책의 범위는 표 7-1에 표시된 기본에 초점을 맞추고 있다.

이 장에서는 기초를 다지기 위해 먼저 문자열 리터럴 형식과 문자열 표현식을 간략히 살펴보는 것으로 시작하며, 그리고 난 다음 문자열 메서드나 포매팅과 같은 고급 도구들을 살펴본다. 파이썬은 많은 문자열 도구들을 제공하지만, 여기서 모든 도구들을 살펴보지는 않을 것이다. 전체 이야기는 파이썬 라이브러리 매뉴얼과 참조 문헌의 연대기에 실려 있다. 이 장의 목표는 대표적인 예제들을 제공할 수 있는 일반적으로 사용되는 도구들에 대해 알아보는 것이다. 예를 들어, 이 장에서는 대표적인 메서드들과 동작 방식이 유사한 메서드들은 다루지 않는다.

문자열 리터럴

일반적으로 파이썬에서 문자열의 사용은 어렵지 않다. 다루기가 어렵다면 그건 아마도 문자열을 코드로 작성하는 방법이 너무 많기 때문일 것이다.

- 단일 인용 부호: 'spa"m'

- 이중 인용 부호: "spa'm"

- 삼중 인용 부호: ' ' '... spam ...' ' ', " " "... spam ..." " "

- 이스케이프 시퀀스: "s\tp\na\0m"

- 원시 문자열: r"C:\new\test.spm"

- 3.X와 2.6+에서 바이트 리터럴(4장, 37장 참조): b'sp\x01am'

- 2.X와 3.3+에서 유니코드 리터럴(4장, 37장 참조): u'eggs\u0020spam'

지금까지는 단일 인용 부호와 이중 인용 부호 형식이 가장 일반적으로 사용된다. 다른 형식들은 특별한 목적을 위해 사용되며, 마지막 두 개의 고급 형식에 대한 자세한 논의는 37장에서 진행할 예정이다. 나머지 다른 옵션들에 대해서는 차례대로 빠르게 살펴보도록 하자.

단일 및 이중 인용 부호 문자열은 같음

파이썬 문자열을 둘러싸는 단일 및 이중 인용 부호 문자들은 서로 호환된다. 즉, 문자열 리터럴은 두 개의 단일 또는 두 개의 이중 인용 부호로 묶어서 작성할 수 있다. 두 형식은 동일하게 동작하며, 같은 타입의 객체를 반환한다. 예를 들어, 다음 두 문자열은 정확히 같다.

```
>>> 'shrubbery', "shrubbery"
('shrubbery', 'shrubbery')
```

이 두 방식을 모두 지원하는 이유는 역슬래시로 이스케이프하지 않고 문자열 내부에 다른 종류의 인용 부호를 포함할 수 있도록 하기 위해서다. 이중 인용 부호로 묶인 문자열 안에 단일 인용 부호 문자를 포함할 수 있으며, 그 반대의 경우도 마찬가지다.

```
>>> 'knight"s', "knight's"
('knight"s', "knight's")
```

단일 인용 부호가 조금 더 읽기 쉬우므로 나는 이 책에서 문자열 사이에 단일 인용 부호가 포함된 경우가 아니라면, 문자열을 묶는 데 가능한 한 단일 인용 부호를 사용한다. 이것은 어디까지나 주관적인 스타일 선택이지만 파이썬 또한 단일 인용 부호를 사용하여 문자열을 표시하며, 오늘날 대부분의 파이썬 프로그래머들이 이 부호를 사용하고 있으므로 여러분도 그러게 될 것이다.

여기서 쉼표가 중요한 역할을 한다. 비록 두 문자열 리터럴을 명시적으로 연결하기 위해 사이에 + 연산자를 간단히 추가할 수도 있지만, 파이썬은 쉼표가 없을 경우 표현식에서 인접한 두 문자열 리터럴을 **자동으로 연결**한다(12장에서 살펴보겠지만 이 형식을 괄호로 묶으면 여러 라인에 걸쳐 작성할 수 있다).

```
>>> title = "Meaning " 'of' " Life"        # 암시적인 연결
>>> title
'Meaning of Life'
```

이렇게 문자열 사이에 쉼표를 추가하면, 결과적으로 문자열이 아닌 튜플이 된다. 또한, 파이썬은 문자열 안에 단일 인용 부호가 포함된 경우를 제외하고는 모든 출력을 단일 인용 부호를 사용하여 출력한다. 그리고 필요에 따라 역슬래시로 이스케이프하여 인용 부호를 포함할 수도 있다.

```
>>> 'knight\'s', "knight\"s"
("knight's", 'knight"s')
```

이 코드를 이해하기 위해서는 이스케이프의 일반적인 동작 방식에 대해 알 필요가 있다.

이스케이프 시퀀스는 특수문자를 표현

위 마지막 예제는 앞에 역슬래시가 추가된 인용 부호를 포함하고 있다. 이는 일반적인 문자열 패턴의 대표적인 예다. 역슬래시는 이스케이프 시퀀스로 알려진 특수문자 코딩을 추가하는 데 사용된다.

이스케이프 시퀀스는 키보드로 쉽게 입력할 수 없는 문자를 문자열에 포함할 수 있도록 한다. 문자열 리터럴에서 \ 문자와 뒤이어 오는 하나 이상의 문자들은 결과로 생성되는 문자열 객체에서 이스케이프 시퀀스에 의해 명시된 바이너리 값을 가진 단일 문자로 변경된다. 예를 들어, 다음과 같이 줄바꿈(newline)과 탭(tab)을 포함하여 다섯 개의 문자로 된 문자열이 있다.

```
>>> s = 'a\nb\tc'
```

두 문자 \n(여러분이 사용 중인 문자 집합(character set)에서 줄바꿈(newline) 문자의 바이너리 값)은 하나의 문자를 나타낸다 마찬가지로, 시퀀스 \t는 탭 문자로 대체된다. 이 문자열이 출력되었을 때 보여지는 방법은 출력하는 방법에 따라 달라진다. 대화형 세션의 출력은 특수문자를 시퀀스처럼 보여 주지만, print는 대신 해석해서 보여 준다.

```
>>> s
'a\nb\tc'
>>> print(s)
a
b	c
```

이 문자열 안에 실제로 얼마나 많은 문자들이 있는지 확인하고자 할 경우에는 내장된 len 함수를 사용할 수 있다. len 함수는 문자열이 작성된 방법이나 출력되는 방법에 상관없이 문자열 안의 실제 문자 수를 반환한다.

```
>>> len(s)
5
```

이 문자열은 길이가 5다. 아스키 문자 a, 줄바꿈 문자, 아스키 문자 b 등을 포함하고 있다.

여러분이 아스키만으로 된 텍스트에 익숙하다면 이 결과가 **5바이트**라고 쉽게 생각할 수 있다. 그러나 그렇게 해서는 안된다. 실제로, 유니코드 세계에서 '바이트(byte)'는 의미가 없다. 우선, 파이썬에서 문자열 객체는 메모리상에서 실제 문자열의 크기보다 더 크다.

좀 더 정확하게 말해서, 문자열 콘텐츠와 길이는 유니코드에서 말하는 **코드 포인트**(식별 번호)를 반영하며, 단일 문자가 파일에 인코딩되거나 메모리에 저장될 때 반드시 단일 바이트로 직접 매핑되지는 않는다. 이 매핑은 단순한 7비트 아스키 텍스트에 대해서는 유효할 수 있지만, 이것조차 외부 인코딩 타입과 사용되는 내부 스토리지 구조에 의존적이다. 예를 들어 아스키 문자는 UTF-16에서 파일에 저장될 때 다수의 바이트를 차지하며, 메모리상에서는 파이썬이 해당 문자에다 메모리를 할당하는 방법에 따라 1, 2 또는 4바이트를 차지할 수 있다. 또한, 문자의 값이 8비트 바이트에 저장하기 너무 큰 아스키가 아닌 텍스트의 경우에는 문자를 바이트로 전혀 매핑할 수 없다.

실제로, 3.X에서는 이를 명확하게 하기 위해 str 문자열을 공식적으로 바이트가 아닌 **유니코드 코드 포인트의 시퀀스**로 정의한다. 문자열이 내부적으로 저장되는 방식에 대해 궁금한 경우, 37장에서 자세한 내용을 다루고 있으니 참고하자. 지금은 안전을 위해서 문자열에서는 **바이트(byte)** 대신 **문자(character)**를 생각하도록 하자. 이 점에 대해서는 나를 믿고 C 프로그래머로서의 자신의 경험을 잊어야 한다!

위 결과에서 원래의 역슬래시 문자는 실제로 문자열과 함께 메모리에 저장되지 않는다. 그들은 단지 문자열에 저장될 특수문자 값을 표현하는 데만 사용된다. 파이썬은 이러한 특수문자를 작성하기 위해 표 7-2에 나열된 전체를 이스케이프 코드 시퀀스로 인식한다.

표 7-2 문자열 역슬래시 문자들

이스케이프	의미
\새로운 라인(엔터)	무시됨(연속 입력 라인)
\\	역슬래시 (하나의 \가 저장)
\'	단일 인용 부호(' 저장)
\"	이중 인용 부호(" 저장)
\a	벨 소리
\b	백스페이스
\f	서식 이송
\n	줄바꿈(라인피드)
\r	캐리지 리턴
\t	가로 탭
\v	세로 탭
\xhh	16진수 hh 값의 문자(정확히 두 자리)
\ooo	8진수 ooo 값의 문자(세 자리까지)
\0	널: 바이너리 0 문자(문자열을 종료하지 않음)
\N{ id }	유니코드 데이터베이스 ID
\uhhhh	16비트 16진수 값의 유니코드 문자
\Uhhhhhhhh	32비트 16진수 값의 유니코드 문자★
\기타 문자	이스케이프 문자 아님(\와 다른 문자 모두 유지)

★ \Uhhhh... 이스케이프 시퀀스는 정확히 16진수 여덟 자리를 차지한다. 2.X에서는 유니코드 문자열 리터럴에서만 \u와 \U가 인식되지만, 3.X에서는 일반적인 문자열(기본 문자열이 유니코드)에서도 사용될 수 있다. 3.X 바이트 리터럴에서 16진수와 8진수 이스케이프는 해당 값을 가진 바이트를 표시한다. 문자열 리터럴에서 이러한 이스케이프는 해당하는 코드 포인트 값을 가진 유니코드 문자를 표시한다. 유니코드 이스케이프에 대한 추가 내용은 37장에서 다룬다.

일부 이스케이프 시퀀스를 이용하면 문자들로 구성된 문자열 사이에 실제 바이너리 값을 포함할 수 있다. 예를 들어, 다음은 다섯 개의 문자로 된 문자열이며, 바이너리 값이 0인 두 개의 문자를 포함하고 있다(한 자리의 8진수 이스케이프로 작성되었다).

```
>>> s = 'a\0b\0c'
>>> s
'a\x00b\x00c'
>>> len(s)
5
```

파이썬에서 이와 같은 0(null) 문자는 일반적으로 C에서 '널 바이트(null byte)'가 동작하는 것처럼 문자열을 종료시키지 않는다. 대신 파이썬에서는 문자열의 길이와 텍스트를 메모리상에 모두 유지한다. 실제로, 파이썬에서는 문자열을 종료시키는 문자가 없다. 다음은 실제 바이너리 이스케이프 코드로만 구성된 문자열이다(8진수로 작성된 바이너리 1과 2, 그리고 16진수로 작성된 바이너리 3).

```
>>> s = '\001\002\x03'
>>> s
'\x01\x02\x03'
>>> len(s)
3
```

파이썬은 문자열에 값을 저장할 때 명시된 방법에 상관없이 출력할 수 없는 문자에 대해 16진수로 출력한다. 여러분은 표 7-2에 나열된 절댓값 이스케이프와 심볼 형태의 이스케이프 타입을 자유롭게 결합하여 사용할 수 있다. 다음 문자열은 문자 'spam'과 탭 문자, 그리고 줄바꿈, 그리고 16진수로 작성된 바이너리 0 값 문자를 포함하고 있다.

```
>>> S = "s\tp\na\x00m"
>>> S
's\tp\na\x00m'
>>> len(S)
7
>>> print(S)
s       p
a m
```

이와 같은 내용은 파이썬에서 바이너리 데이터 파일을 처리할 때 더욱 중요하다. 바이너리 파일의 콘텐츠는 파이썬 스크립트에서 문자열처럼 표현되기 때문에 어떠한 종류의 바이너리 바이트 값을 포함한 바이너리 파일이라도 문제없이 처리할 수 있다(바이너리 모드로 오픈될 때, 파일은 외부 파일로부터 원시 바이트의 문자열을 반환한다(4장, 9장 그리고 37장에서 파일에 대한 자세한 내용을 다룬다)).

마지막으로, 표 7-2의 마지막 항목은 파이썬이 \ 다음 문자를 유효한 이스케이프 코드로 인식하지 못할 경우, 결과 문자열에서 역슬래시가 그대로 유지된다는 의미다.

```
>>> x = "C:\py\code"          # \ 리터럴을 유지하며 \\처럼 출력
>>> x
'C:\\py\\code'
```

```
>>> len(x)
10
```

그러나 이 방법이 표 7-2에 나열된 모든 시퀀스에 대해 동일하게 동작하지 않는다면, 여러분은 아마도 이 동작에 의존할 수 없을 것이다. 문자열 안에 역슬래시가 표현되도록 리터럴 역슬래시 코드를 명시적으로 작성하기 위해서 역슬래시를 겹쳐 쓰거나(\\는 \에 대한 이스케이프) 원시 문자열을 사용할 수 있다. 다음 절에서 방법을 설명한다.

원시(raw) 문자열은 이스케이프의 동작을 막음

이미 본 것처럼, 이스케이프 시퀀스는 문자열에 특수문자 코드를 추가하는 데 도움이 된다. 그러나 때로는 이스케이프를 위한 역슬래시의 특별 취급은 문제를 발생시키기도 한다. 예를 들어, 파이썬 강의를 하다 보면 이와 같은 파일 이름을 인수로 파일을 열려고 시도하는 초보 파이썬 프로그래머들을 쉽게 볼 수 있다.

```
myfile = open('C:\new\text.dat', 'w')
```

그들은 C:\new 디렉터리 안에 있는 text.dat라는 파일을 열려고 생각하고 있지만, 여기서 문제는 \n은 줄바꿈(newline) 문자를 나타내고 \t는 탭으로 대체된다는 점이다. 실제로 이 호출은 실제로 C:(줄바꿈)new(탭)ext.dat라는 파일을 열려고 한다.

이 경우가 바로 원시 문자열이 유용하게 사용되는 상황 중 하나다. 단지 문자열의 시작 인용 부호 앞에 r 문자(대문자 또는 소문자)를 추가하면, 이스케이프 처리가 해제된다. 그 결과 파이썬은 역슬래시를 정확히 여러분이 입력한 문자 그대로 유지한다. 따라서 파일 이름 문제를 해결하고자 할 경우 r 문자만 추가하면 된다는 것을 기억하자.

```
myfile = open(r'C:\new\text.dat', 'w')
```

그 대신, 두 개의 역슬래시는 실제로 하나의 역슬래시에 대한 이스케이프 시퀀스이므로 단순히 두 개의 역슬래시를 사용하여 역슬래시를 유지할 수 있다.

```
myfile = open('C:\\new\\text.dat', 'w')
```

때때로 파이썬 자체도 역슬래시를 포함하고 있는 문자열을 출력할 경우, 이와 같은 이중 역슬래시 방법을 사용한다.

```
>>> path = r'C:\new\text.dat'
>>> path                          # 파이썬 코드처럼 출력
'C:\\new\\text.dat'
>>> print(path)                   # 사용자 친화적인 형식
C:\new\text.dat
>>> len(path)                     # 문자열 길이
15
```

숫자 표현과 마찬가지로, 대화형 프롬프트의 기본 형식은 코드로 작성된 것처럼 출력되며, 그렇기 때문에 출력에는 역슬래시가 이스케이프되어 있다. print문은 각각의 위치에 실제 하나의 역슬래시만 보여 주는 좀 더 사용자 친화적인 형식을 제공한다. r을 이용한 이스케이프 처리 해제 결과를 확인하기 위해서는 출력 형식에 상관없이 문자열 안에 포함된 문자들의 수를 반환하는 내장된 len 함수의 결과를 통해 확인할 수 있다. print(path)의 출력된 문자 수를 세어 본다면 역슬래시마다 실제 하나의 문자만 사용되었으며, 전체 길이가 15임을 알 수 있다.

원시 문자열은 윈도우에서 디렉터리 경로 이외에, 일반적으로 정규 표현식(regular expression)에서 사용된다(텍스트 패턴 매칭. re 모듈에 의해 제공되며, 4장과 37장에서 다룬다). 또한, 파이썬은 운영 환경에 맞춰 경로를 해석하려 하므로 파이썬 스크립트는 일반적으로 윈도우와 유닉스의 디렉터리 경로에서 슬래시를 사용할 수 있다(즉, 파일을 열 때 'C:/new/text.dat' 또한 동작한다). 그러나 원시 문자열은 기본 윈도우 역슬래시를 사용하여 경로를 작성할 때 유용하다.

원시 문자열은 자신의 역할에도 불구하고 문자열의 **끝**에 역슬래시가 있을 경우, 이 역슬래시는 다음에 오는 인용 부호 문자를 이스케이프하기 때문에 역슬래시로 끝날 수 없다(역슬래시를 문자열에 추가하기 위해서는 문자열을 둘러싸는 인용 부호 문자를 여전히 이스케이프해야 한다. 즉, r"...\"는 유효한 문자열 리터럴이 아니다). 원시 문자열은 홀수의 역슬래시로 끝날 수 없다. 원시 문자열이 단일 역슬래시로 끝나야 할 경우, 두 개의 역슬래시를 사용한 다음 두 번째 역슬래시를 잘라내거나(r'1\nb\tc\ \'[:-1]), 마지막 역슬래시를 수동으로 결합하거나(r'1\nb\tc' + '\\'), 또는 원시 문자열 구문을 사용하지 않고 일반 문자열을 사용하고 슬래시만 이중으로 사용하는 방법을 쓸 수 있다('1\\nb\\tc\\'). 이러한 세 가지 형태는 모두 세 개의 역슬래시를 포함하여 같은 여덟 개의 문자로 된 문자열을 생성한다.

삼중 인용 부호를 이용한 멀티라인 블록 문자열

여러분은 지금까지 단일 인용 부호, 이중 인용 부호, 이스케이프 그리고 원시 문자열의 동작 방식에 대해서 알아보았다. 파이썬은 삼중 인용 부호 문자열 리터럴 형식을 제공하며, 때로는 **블록 문자열**(block string)이라고 부른다. 즉, 멀티라인 텍스트 데이터를 작성할 때 편리한 구문이다. 이 형식은 세 개의 인용 부호로 시작하고, 멀티라인 텍스트를 포함한 다음 다시 세 개의 인용 부호로 닫는다. 문자열의 텍스트에 단일 또는 이중 인용 부호가 포함된 경우에도 별도로 이스케이프 처리를 할 필요가 없다. 삼중 인용 부호를 사용하여 시작된 블록 문자열은 시작과 같은 종류의 인용 부호를 사용한 종료 인용 부호를 발견할 때까지 끝나지 않는다. 예를 들어, 다음 문자열은 세 라인에 걸쳐 있다(여기서 '...'은 IDLE 이외에 대화형 셸에서 연속 입력 라인을 위한 파이썬의 프롬프트다. 여러분 직접 입력하지 않도록 하자).

```
>>> mantra = """Always look
...    on the bright
... side of life."""
>>>
>>> mantra
'Always look\n on the bright\nside of life.'
```

이미 3장에서 배운 것처럼 일부 인터페이스에서의 대화형 프롬프트가 위와 같은 ... 연속 입력 라인으로 변경되지만, IDLE은 단순히 라인만 한 라인 아래로 내려간다. 이 책은 두 형태를 모두 보여 주기 때문에 필요에 따라 짐작해서 이해해야 한다. 어느 쪽이든 파이썬은 문자열의 줄바꿈이 있는 위치에 추가된 줄바꿈 문자(\n)를 포함하여 삼중 인용 부호에 포함된 모든 텍스트를 단일 멀티라인 문자열로 만든다. 입력한 리터럴과 마찬가지로 결과의 두 번째 라인은 공백으로 시작하지만, 세 번째는 그렇지 않다는 점에 주의하자. 입력한 대로 결과가 생성된다. 줄바꿈 문자가 해석된 결과를 보고 싶은 경우, 대화형 세션의 기본 출력 대신 **print**를 이용할 수 있다.

```
>>> print(mantra)
Always look
  on the bright
side of life.
```

실제로, 삼중 인용 부호 문자열은 여러분이 주석을 작성할 목적으로 코드의 오른쪽에 추가한 텍스트까지 포함하여 둘러싸인 모든 텍스트를 유지한다. 그러므로 삼중 인용 부호 오른쪽에 주석을 달지 않도록 해야 한다. 인용된 텍스트의 위나 아래에 주석을 달거나, 필요한 경우 명시적인 줄바꿈과 함께 앞에서 언급한 인접한 문자열의 자동 결합과 여러 라인에 걸쳐 작성하기 위해 괄호로 둘러싸는 방법을 사용하도록 하자(후자의 형식에 대한 자세한 내용은 10장과 12장에서 구문 규칙에 대해서 배울 때 다시 언급할 예정이다).

```
>>> menu = """spam                  # 이 주석은 문자열에 추가됨
... eggs                            # 위와 같음
... """
>>> menu
'spam       # 이 주석은 문자열에 추가된다!!\neggs        # 위와 같음\n'

>>> menu = (
... "spam\n"                        # 이 주석은 무시됨
... "eggs\n"                        # 그러나 자동으로 줄바꿈이 되지 않음
... )
>>> menu
'spam\neggs\n'
```

삼중 인용 부호 문자열은 프로그램 내에서 **멀티라인 텍스트**가 필요할 때는 언제든지 유용하게 사용할 수 있다. 예를 들어 멀티라인 에러 메시지나 HTML, XML, 또는 JSON 코드를 파이썬 소스 코드 파일에 추가할 때 사용할 수 있다. 삼중 인용 부호를 사용하여 이러한 코드 블록을 외부 텍스트 파일이나 명시적인 연결과 줄바꿈 문자에 의존하지 않고 스크립트에 직접 포함할 수 있다.

또한 삼중 인용 부호 문자열은 **문서화 문자열**에서 일반적으로 사용되며, 문서화 문자열은 스크립트 파일에서 특정 위치에 나타날 경우 주석처럼 취급되는 문자열 리터럴이다. 자세한 내용은 뒤에서 더 다루겠다. 문서화 문자열은 반드시 삼중 인용 부호를 사용할 필요는 없지만, 여러 라인의 주석이 작성되기 때문에 일반적으로 삼중 인용 부호를 사용한다.

마지막으로, 삼중 인용 부호 문자열은 개발 중에 여러 라인의 코드의 실행을 임시로 막기 위해 '끔찍한 해커적' 방법으로 종종 사용된다(물론 실제로 그렇게 끔찍하지는 않으며, 삼중 인용 부호의 원래 의도와는 상관없이 실제로 오늘날 꽤 일반적으로 사용된다). 스크립트에서 몇 라인의 코드 실행을 막고 다시 스크립트를 실행하고 싶은 경우, 다음과 같이 코드 위 아래로 추가하면 된다.

```
X =1
"""
import os                    # 이 코드의 실행을 임시로 막음
print(os.getcwd())
"""
Y =2
```

파이썬은 이 방법으로 실행이 차단된 코드로부터 실제 문자열을 만들 수도 있으므로 나는 이 방법이 해커적인 방법이라고 표현했지만, 사실 성능 관점에서 크게 중요한 문제는 아니다. 또한, 매우 큰 코드의 경우 각 라인 앞에 해시 마크를 추가하고 나중에 제거하는 것보다는 이 방법을 사용하는 편이 더 쉽다. 여러분이 파이썬 코드 작성을 도와주는 기능을 제공하지 않는 텍스트 편집기를 사용하고 있다면 더욱 그럴 것이다. 종종 파이썬의 실용성은 코드의 미학을 해치기도 한다.

문자열의 실제 동작

앞에서 다룬 리터럴 표현식으로 문자열을 만들고 나면, 여러분은 분명히 해당 문자열로 어떤 작업을 하고자 할 것이다. 이번 절과 다음 두 절에서는 문자열 표현식, 메서드 그리고 포매팅에 대해서 설명한다. 이것은 파이썬 언어에서 텍스트 처리의 핵심적인 도구다.

기본 동작

앞서 표 7-1에 나열된 기본 문자열 연산을 설명하기 위해 파이썬 인터프리터에서 대화 방식으로 시작해 보자. + 연산자를 사용하여 문자열을 서로 연결할 수 있으며, * 연산자를 사용해 문자열을 반복할 수도 있다.

```
% python
>>> len('abc')                    # 길이: 아이템 수
3
>>> 'abc' + 'def'                 # 연결: 새로운 문자열 생성
'abcdef'
>>> 'Ni!' * 4                     # 반복: 'Ni!' + 'Ni!' + ...와 같음
'Ni!Ni!Ni!Ni!'
```

여기서 len 내장 함수는 문자열의 길이를 반환한다(또는 다른 객체의 길이). 공식적으로 + 연산자로 두 문자열 객체를 더하면 새로운 문자열 객체가 생성되며, * 연산자로 문자열을 곱하는 것은 해당 문자열을 곱하는 횟수만큼 더하는 것과 같다. 두 경우 모두, 파이썬에서 임의 길이의 문자열 생성이 가능하다. 파이썬에서는 데이터 구조의 크기를 포함하여 아무것도 미리 선언할 필요가 없다. 여러분은 필요에 따라 문자열 객체를 만들어 사용할 수 있으며, 파이썬은 내부 메모리 공간을 자동으로 관리한다(파이썬의 메모리 관리 '가비지 컬렉터'에 대한 자세한 내용은 6장을 참고하자).

반복은 처음에는 다소 명확하지 않은 것처럼 보일 수도 있지만, 많은 상황에서 매우 유용하게 사용된다. 예를 들어 80개의 대시(dash)를 한 라인으로 출력할 경우, 여러분이 직접 80개를 셀 수도 있지만 파이썬이 대신 세도록 할 수도 있다.

```
>>> print('------- ...생략... ---')        # 80대시. 어려운 방법
>>> print('-' * 80)                          # 80대시. 쉬운 방법
```

연산자 오버로딩이 여기서 이미 동작하고 있음을 알 수 있다. 여기서는 숫자에 대해 덧셈과 곱셈을 수행하는 같은 + 연산자와 * 연산자를 사용하고 있다. 파이썬은 곱하거나 더해지는 객체의 타입을 알고 있기 때문에 정확한 연산을 수행한다. 그러나 주의하자. 이러한 규칙은 여러분이 기대하는 것만큼 매우 유연하지 않을 수 있다. 예를 들어, 파이썬은 + 표현식에서 숫자와 문자열을 섞어 사용하는 것을 허용하지 않는다. 'abc' + 9 표현식은 9를 문자열로 자동으로 변환하지 않고 대신 에러를 발생시킨다.

표 7-1의 아래 부분에 표시된 것처럼 동작을 반복하는 for문을 사용한 루프 안에서 문자열을 반복할 수 있으며, 기본적으로 검색을 수행하는 in 표현식 연산자를 사용하여 문자나 부분 문자열에 대한 멤버십 테스트를 할 수 있다. 부분 문자열에 대해 in은 이 장의 뒤에서 다루는 str. find( ) 메서드처럼 동작하지만, in은 부분 문자열의 위치 대신에 부울(Boolean) 결과를 반환한다(다음 코드는 3.X print 호출을 사용하며, 커서를 한 칸씩 들여쓴다. 2.X에서는 대신 print c를 사용한다).

```
>>> myjob = "hacker"
>>> for c in myjob: print(c, end=' ')        # 아이템들을 반복하여 각각 출력(3.X 형식)
...
h a c k e r
>>> "k" in myjob                              # 발견됨
True
>>> "z" in myjob                              # 발견되지 않음
False
>>> 'spam' in 'abcspamdef'                    # 부분 문자열 검색, 위치가 반환되지 않음
True
```

for 루프는 시퀀스(여기서는 문자열)의 아이템을 변수에 연속적으로 할당하고, 각 아이템에 대해 하나 또는 그 이상의 문장을 실행한다. 실제로, 여기서 변수 c는 문자열 myjob을 한 문자씩 순회하는 커서가 된다. 이와 같은 반복 도구와 표 7-1에 나열된 다른 반복 도구에 대해서는 뒤에서 좀 더 자세히 다룬다(특히, 14장과 20장에서 자세히 다룬다).

인덱싱과 슬라이싱

문자열은 정렬된 문자들의 컬렉션으로 정의되기 때문에 위치에 의해 문자열의 구성 요소에 접근할 수 있다. 파이썬에서는 문자열 안의 문자들을 **인덱싱**(indexing)으로 가져올 수 있다. 문자열 다음에 대괄호를 사용하여 필요한 요소에 대한 오프셋 숫자를 제공한다. 여러분은 지정된 위치에서 한 문자로 된 문자열을 얻게 된다.

파이썬 오프셋은 C 언어처럼 0에서 시작하고 문자열의 길이보다 하나 작은 값으로 끝난다. 그러나 C 언어와는 달리 파이썬에서는 문자열과 같은 시퀀스로부터 음수 오프셋을 사용하여 아이템을 가져올 수 있다. 사실상 음수 오프셋은 양수 오프셋을 얻기 위해 문자열의 길이에 더해진다. 또한, 음수 오프셋은 문자열의 끝에서부터 거꾸로 세는 것처럼 생각할 수도 있다. 다음은 오프셋을 이용한 인덱싱과 슬라이싱을 보여 준다.

```
>>> S = 'spam'
>>> S[0], S[-2]              # 앞 또는 뒤에서 인덱싱
('s', 'a')
>>> S[1:3], S[1:], S[:-1]    # 슬라이싱: 부분 추출
('pa', 'pam', 'spa')
```

첫 번째 라인은 네 개의 문자로 된 문자열을 정의하고 그것을 이름 S에 할당한다. 다음 라인은 생성된 문자열에 대해 두 가지 방법으로 인덱스를 시도한다. S[0]은 왼쪽에서부터 오프셋 0에 위치한 아이템을 가져온다(하나의 문자로 된 문자열 's'; S[-2]는 문자열의 끝에서부터 뒤로 오프셋 2에 위치한 아이템을 가져온다). 또는 앞에서부터 (4 + (-2)) 오프셋과 같다. 그래픽적인 측면에서 보면, 오프셋과 슬라이스는 그림 7-1과 같은 모습으로 셀에 매핑된다.[1]

앞의 예제에서 마지막 라인은 단일 아이템이 아닌 전체 **섹션**(section)을 반환하는 인덱싱의 일반화된 형태인 **슬라이싱**(slicing)을 보여 준다. 슬라이싱에 대해 이해하는 가장 좋은 방법은 구문 **분석**(parsing)의 한 가지 유형이라고 생각하는 것이며, 특히 문자열을 처리할 때 더욱 그렇다. 슬라이싱을 이용하면 한 번의 명령으로 전체 **섹션**(부분 문자열)를 추출해 낼 수 있다. 슬라이스는 데이터의 열을 추출하거나, 텍스트의 앞과 끝을 잘라내는 등의 작업에 사용될 수 있다. 실제로, 우리는 이 장의 뒤에서 텍스트 분석에 대해서 이야기할 때 슬라이싱에 대해서 좀 더 알아볼 것이다.

---

[1]   수학적으로 관점에서 바라보는 독자라면 여기서 다소 비대칭적인 모습을 발견할 수 있다. 가장 왼쪽의 요소는 오프셋이 0이지만, 가장 오른쪽의 요소는 오프셋이 -1이다. 유감스럽게도 파이썬에는 -0과 같은 값이 존재하지 않는다.

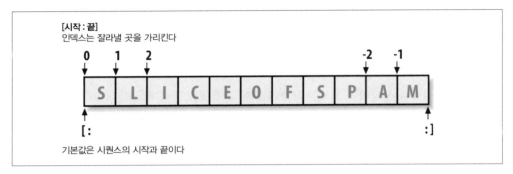

그림 7-1 오프셋과 슬라이스: 양수 오프셋은 왼쪽 끝에서 시작하고(오프셋 0이 첫 번째 아이템이다), 음수는 오른쪽 끝에서부터 센다(오프셋 -1은 마지막 아이템이다). 인덱싱과 슬라이싱 연산에서 위치를 지정하기 위해 어떠한 종류의 오프셋 값도 사용될 수 있다.

슬라이스의 기본은 매우 간단하다. 여러분이 콜론으로 구분된 오프셋 쌍으로 문자열과 같은 시퀀스 객체를 인덱스할 때, 파이썬은 오프셋 쌍에 의해 식별된 연속된 섹션을 포함하고 있는 새로운 객체를 반환한다. 왼쪽 오프셋은 **하한 경계(lower bound)**를 의미하고, 오른쪽 오프셋은 **상한 경계(upper bound)**를 의미한다. 즉, 파이썬은 하한 경계로부터 상한 경계까지의 범위 내에서 상한 경계의 값을 제외한 모든 아이템을 가져오며, 가져온 아이템들을 포함하고 있는 새로운 객체를 반환한다. 오프셋은 생략될 경우 왼쪽과 오른쪽은 각각 0과 슬라이싱 대상 객체의 길이가 기본값으로 사용된다.

예를 들어, 바로 앞의 예제에서 본 S[1:3]은 오프셋 1과 2의 아이템들을 추출한다. 이 코드는 두 번째와 세 번째 아이템을 가져오며, 오프셋 3에 위치한 네 번째 아이템 전에 멈춘다. 다음, S[1:]은 첫 번째 이후에 모든 아이템들을 가져온다. 상한 경계가 명시되지 않을 경우, 문자열의 길이가 기본값이다. 마지막, S[:-1]은 마지막 아이템을 제외한 모든 아이템들을 가져온다. 하한 경계의 기본값은 0이고, -1은 마지막 아이템을 가리키며, 해당 아이템은 포함되지 않는다.

이러한 내용은 언뜻 보기에 혼란스러워 보일 수도 있지만, 일단 익숙해지면 인덱싱과 슬라이싱은 쉽고 매우 강력한 도구다. 슬라이스 코드 작성 시에 결과에 대해 확신이 서지 않는 경우에는 대화형 세션을 통해 직접 시도해 볼 수 있음을 항상 기억하도록 하자. 다음 장에서는 (비록 문자열과 같은 불변 객체는 예외지만) 슬라이스에 할당하여 한 단계로 다른 객체의 전체 섹션을 변경하는 방법을 보게 될 것이다. 참고를 위해 상세한 내용을 요약하자면 다음과 같다.

인덱싱(S[i])은 해당 오프셋에서 구성 요소를 가져옴

- 첫 번째 아이템은 오프셋 0이다.
- 음수 인덱스는 오른쪽이나 끝에서부터 거꾸로 세는 것을 의미한다.
- S[0]은 첫 번째 아이템을 가져온다.
- S[-2]는 끝에서 두 번째 아이템을 가져온다(S[len(S)-2]와 같다).

슬라이싱(S[i:j])은 시퀀스에서 연속적인 섹션을 추출

- 상한 경계의 값은 포함되지 않는다.
- 값이 생략될 경우 슬라이스 경계는 0과 시퀀스의 길이가 기본값이다.
- S[1:3]은 오프셋 1에서부터 오프셋 2까지의 아이템을 가져오며, 오프셋 3에 위치한 아이템은 제외된다.
- S[1:]은 오프셋 1부터 끝(시퀀스의 길이)까지의 아이템을 가져온다.
- S[:3]은 오프셋 0에서부터 오프셋 2까지의 아이템을 가져오며, 오프셋 3에 위치한 아이템은 제외된다.
- S[:-1]은 오프셋 0에서부터 마지막 아이템을 제외한 마지막 이전까지의 아이템을 가져온다.
- S[:]은 오프셋 0에서부터 끝까지의 아이템들을 가져온다(S의 최상위 복사본을 만든다).

확장 슬라이싱(S[i:j:k])은 간격 또는 폭을 의미하는 k를 받아들이며, 기본값은 +1

- 아이템들을 생략하거나 순서를 바꾸는 데 사용될 수 있다. 다음 절을 참고하자.

여기에 나열된 항목 중에서 마지막에서 두 번째는 일반적으로 매우 널리 사용되는 기술이다. 이 방법은 시퀀스 객체에 대한 전체 최상위 복사본을 만든다(별도의 메모리 공간을 사용하지만 같은 값을 가진 객체(복사에 대한 좀 더 자세한 내용은 9장에서 다룬다)). 이 방법은 문자열과 같은 불변 객체에 대해서는 그렇게 유용하지 않지만, 리스트와 같이 가변 객체에 대해서는 아주 유용하게 사용할 수 있다.

다음 장에서는 오프셋을 사용한 인덱스 지정 구문(대괄호)이 키를 사용하여 딕셔너리를 인덱스할 때도 사용되는 것을 볼 수 있다. 해당 연산은 보기에는 같지만 다르게 해석된다.

확장 슬라이싱: 세 번째 제약과 슬라이스 객체

파이썬 2.3과 이후부터 슬라이스 표현식은 선택적인 세 번째 인덱스 값을 지원하며, 슬라이싱 간격(또는 폭)으로 사용된다. 간격은 추출되는 각 아이템의 인덱스에 추가된다. 현재 슬라이스의 완전한 형태는 X[I:J:K]이며, 'X에서 오프셋 I로부터 J-1까지 K 간격으로 추출'을 의미한다. 세 번째 제약 K의 기본값은 +1이며, 일반적으로 슬라이스에서 모든 아이템이 왼쪽에서 오른쪽으로 추출되는 이유다. 그러나 값을 명시적으로 지정할 경우, 아이템들을 건너뛰거나 순서를 뒤집기 위해 세 번째 제약을 사용할 수 있다.

예를 들어, X[1:10:2]는 X에서 오프셋 1-9 사이의 아이템 중에서 하나 걸러 하나씩 가져온다. 즉, 오프셋 1, 3, 5, 7, 9의 아이템을 추출한다. 변함없이 첫 번째와 두 번째 제약은 각각 0과 시퀀스의 길이가 기본값이므로 X[::2]는 시퀀스의 시작부터 끝까지의 모든 아이템으로부터 하나 걸러 하나씩 가져온다.

```
>>> S = 'abcdefghijklmnop'
>>> S[1:10:2]                        # 아이템 건너뛰기
'bdfhj'
>>> S[::2]
'acegikmo'
```

또한, 거꾸로 아이템을 수집하기 위해 음수 간격을 사용할 수 있다. 예를 들어, 다음 "hello"[::-1] 슬라이싱 표현식은 새로운 문자열 "olleh"를 반환한다. 처음 두 경계 값은 이전처럼 각각 0과 시퀀스의 길이가 기본값이며, -1 간격은 슬라이스가 일반적인 왼쪽에서 오른쪽이 아닌 오른쪽에서 왼쪽으로 이동해야 함을 가리킨다. 따라서 결과적으로 시퀀스의 순서가 **뒤집힌다**.

```
>>> S = 'hello'
>>> S[::-1]                          # 아이템 뒤집기
'olleh'
```

음수 간격을 사용할 경우, 처음 두 경계 값은 본질적으로 반대의 의미로 사용된다. 즉, S[5:1:-1] 슬라이스는 2에서 5까지의 아이템들을 역순으로 가져온다(결과는 오프셋 5, 4, 3, 2에 있는 아이템들을 포함하고 있다).

```
>>> S = 'abcedfg'
>>> S[5:1:-1]                        # 경계의 역할이 다름
'fdec'
```

여기서 소개한 건너뛰기와 순서 뒤집기는 슬라이스의 세 번째 제약의 가장 일반적인 사용법이지만, 더 상세한 내용은 파이썬 표준 라이브러리 매뉴얼을 참고하거나 일부 예제들을 대화형 세션에서 직접 실행해 보도록 하자. 슬라이스의 세 번째 제약에 대해서는 나중에 for 루프

구문과 함께 다시 언급할 예정이다.

또한 나중에 슬라이싱은 슬라이스 객체를 사용하여 인덱싱하는 것과 같다는 것을 알게 되며, 이는 두 연산 모두를 제공하는 클래스를 작성하고자 할 때 중요한 부분이다.

```
>>> 'spam'[1:3]                          # 슬라이싱 구문
'pa'
>>> 'spam'[slice(1, 3)]                  # 인덱스 구문을 사용한 슬라이스 객체
'pa'
>>> 'spam'[::-1]
'maps'
>>> 'spam'[slice(None, None, -1)]
'maps'
```

더 생각해 볼 주제: 슬라이스

나는 이 책 전반에 걸쳐 책에서 소개된 언어적인 기능 중 일부가 실제 프로그램에서 어떻게 사용되는지 보여 주기 위해 이와 같은 사용 사례에 대한 칼럼을 추가할 것이다. 여러분은 파이썬에 대한 더 많은 경험을 쌓기 전까지는 실질적인 사용 사례에 대해 잘 이해할 수 없으므로, 이 칼럼은 필연적으로 아직 소개되지 않은 주제에 대한 많은 참조를 포함할 수 있다. 대부분의 경우, 칼럼의 내용은 추상적인 언어의 개념이 일반적인 프로그래밍 작업에 어떻게 유용하게 적용되는지를 미리 보여 주는 것임을 충분히 고려해야 한다.

예를 들어, 여러분은 나중에 파이썬 프로그램의 실행을 위해 시스템 명령 라인에 나열된 인수 목록을 내장된 sys 모듈의 argv 속성을 통해 이용할 수 있다는 것을 보게 될 것이다.

```
# echo.py 파일
import sys
print(sys.argv)

% python echo.py -a -b -c
['echo.py', '-a', '-b', '-c']
```

일반적으로 프로그램의 이름보다는 이름 뒤에 따라오는 인수들을 확인해야 할 경우가 많다. 이것은 슬라이스의 일반적인 응용 사례 중 하나다. 인수 리스트로부터 첫 번째 아이템을 제외한 나머지를 반환하기 위해 단일 슬라이스 표현식을 사용할 수 있다. 여기서 sys.argv[1:] 표현식은 필요한 목록 ['-a', '-b', '-c']를 반환한다. 그리고 난 다음에 여러분은 목록의 처음에 있는 프로그램 이름은 신경 쓰지 않고 나머지 인수 목록을 처리할 수 있다.

또한 슬라이스는 입력된 파일로부터 읽은 라인을 정리하는 데 종종 사용된다. 파일로부터 읽은 라인의 끝에 줄바꿈 문자(\n)가 있다는 것을 알고 있는 경우에는 라인에서 마지막 문자를 제외한 나머지를 추출하는 line[:-1]과 같은 단일 표현식을 사용하여 이 문자를 제거할 수 있다. 두 경우 모두 저수준 언어에서 명시적으로 처리해야 하는 일을 슬라이스로 처리한다.

> 그럼에도 불구하고 줄바꿈 문자 제거에는 이 방법보다 해당 라인의 끝에 줄바꿈 문자가 없는 경우에
> 라인을 원래대로 남겨 두는 line.rstrip 메서드 호출이 종종 더 선호된다. 라인 끝에 줄바꿈 문자가 없
> 는 경우는 일부 텍스트 편집 도구에서 생성된 파일에서 흔히 발생한다. 슬라이싱은 해당 라인이 올
> 바르게 종료된 경우에만 예상대로 동작한다.

문자열 변환 도구

파이썬의 설계 방침 중 하나는 프로그래머로 하여금 추측의 유혹이 없도록 하는 것이다. 대표
적인 예로써, 파이썬에서는 비록 문자열이 모두 숫자로 구성된 숫자처럼 보이는 경우에도 숫
자와 문자열은 서로 더할 수 없다.

```
# 파이썬 3.X
>>> "42" + 1
TypeError: Can't convert 'int' object to str implicitly

# 파이썬 2.X
>>> "42" + 1
TypeError: cannot concatenate 'str' and 'int' objects
```

이는 의도적으로 설계된 동작 방식이다. +는 더하기와 연결 둘 모두를 의미할 수 있기 때문에
어떻게 변환해야 할지 판단하기 애매할 것이다. 이러한 경우에 파이썬은 대신에 이를 오류로 처
리한다. 파이썬에서는 암묵적인 판단이 상황을 더 복잡하게 만들 경우, 일반적으로 생략된다.

그렇다면 여러분이 작성 중인 스크립트에서 파일이나 사용자 인터페이스를 통해 텍스트 문자
열 타입의 숫자를 얻게 될 경우 어떻게 해야 할까? 요령은 숫자 같은 문자열 또는 반대의 경우
에는 처리하기 전에 변환 도구를 사용할 필요가 있다는 것이다. 예를 들어 int 함수는 문자열
을 숫자로 변환하고, str 함수는 숫자를 문자열 표현식으로 변환한다(기본적으로, 출력됐을 때처
럼 보인다).

```
>>> int("42"), str(42)          # 문자열에서 숫자로, 숫자에서 문자열로 변환
(42, '42')
>>> repr(42)                    # 코드 문자열로 변환
'42'
```

repr 함수 또한 객체를 해당 객체의 문자열 표현식(그리고 오래된 백쿼트 표현식은 파이썬 3.X에서
는 더 이상 지원되지 않는다)으로 변환하지만, 객체를 다시 생성하기 위해 다시 실행될 수 있는

코드의 문자열과 같은 객체를 반환한다. 문자열은 print 구문으로 출력될 경우 결과가 인용 부호로 둘러싸여 있으며, print 구문의 사용 형식은 파이썬 버전마다 다를 수 있다.

```
>>> print(str('spam'), repr('spam'))        # 2.X: print str('spam'), repr('spam')
spam 'spam'
>>> str('spam'), repr('spam')               # 원시 대화형 출력
('spam', "'spam'")
```

이 주제에 대한 더 자세한 내용은 5장의 "str과 repr 출력 형식" 칼럼을 참고하도록 하자. 이 중에 int와 str은 숫자 또는 문자열로 변환하고자 할 때 일반적으로 제안되는 기법이다.

지금은 비록 +와 같은 연산자에서 문자열과 숫자 타입을 섞어서 사용할 수 없지만, 필요한 경우 연산이 동작하기 전에 수동으로 피연산자를 변환할 수 있다.

```
>>> S = "42"
>>> I = 1
>>> S + I
TypeError: Can't convert 'int' object to str implicitly

>>> int(S) + I                              # 강제로 더하기
43

>>> S + str(I)                              # 강제로 연결하기
'421'
```

부동 소수점 수를 문자열로 또는 반대로 변환하는 유사한 내장 함수는 다음과 같다.

```
>>> str(3.1415), float("1.5")
('3.1415', 1.5)

>>> text = "1.234E-10"
>>> float(text)                             # 2.7과 3.1 이전에는 더 많은 자릿수가 출력됨
1.234e-10
```

뒤에서 내장된 eval 함수에 대해서 좀 더 자세히 다룰 예정이다. 이 함수는 파이썬 표현식 코드를 포함하고 있는 문자열을 실행하므로 문자열을 어떤 종류의 객체로도 변환할 수 있다. 함수 int와 float는 숫자로만 변환할 수 있지만, 이러한 제약은 두 함수가 일반적으로 빠르게 동작함을 의미한다(그리고 이 두 함수는 임의의 표현식 코드를 받아들일 수 없으므로 더욱 안전하게 실행된다). 이미 5장에서 간단히 살펴본 것처럼 문자열 포매팅 표현식 또한 숫자를 문자열로 변환하는 방법을 제공한다. 포매팅에 대해서는 이 장의 뒤에서 자세히 다룰 예정이다.

문자 코드 변환

변환에 관하여 또한 단일 문자를 내장된 ord 함수의 인수로 전달하여 해당 문자의 내부적인 정수 코드(囲 문자의 아스키 바이트 값)로 변환할 수 있다. 이 함수는 해당 문자를 메모리상에 표현하기 위해 사용되는 실제 바이너리 값을 반환한다. chr 함수는 반대 연산을 수행하며, 정수 코드를 인수로 받고 해당 정수 코드를 대응하는 문자로 변환한다.

```
>>> ord('s')
115
>>> chr(115)
's'
```

사실상 이 둘 모두 문자와 이에 대응하는 유니코드 또는 '코드 포인트' 사이를 서로 변환하며, 유니코드와 코드 포인트는 단지 문자 집합 안에서 해당 문자를 식별하는 숫자일 뿐이다. 아스키 텍스트의 경우, 이것은 메모리상의 단일 바이트에 저장할 수 있는 익숙한 7비트 정수지만, 다른 유니코드 텍스트에 대한 코드 포인트의 범위는 더 넓을 수 있다(문자 집합과 유니코드에 대한 자세한 내용은 37장에서 다룬다). 필요한 경우 문자열 안에 있는 모든 문자에 이 함수를 적용하기 위해서 루프를 사용할 수 있다. 또한, 이러한 도구들은 문자열 기반의 수치 연산을 수행하는 데 사용될 수 있다. 예를 들어, 다음 예제와 같이 다음 문자로 진행하기 위해 문자열을 숫자로 변환한 다음 정수 연산을 할 수 있다.

```
>>> S = '5'
>>> S = chr(ord(S) + 1)
>>> S
'6'
>>> S = chr(ord(S) + 1)
>>> S
'7'
```

이 방법은 단일 문자 문자열에 한해서 문자열을 숫자로 변환하기 위해 내장된 int 함수를 사용하는 또 다른 방법을 제공한다(하지만 이 방법은 코드에서 문자 집합이 예상대로 정렬된 경우에만 동작한다).

```
>>> int('5')
5
>>> ord('5') - ord('0')
5
```

이러한 변환은 4장에서 소개되었으며, 다음 파트에서 좀 더 자세히 다룰 예정이다. 또한, 2진수 숫자의 문자열을 정숫값으로 변환하기 위한 루프문과 함께 사용될 수 있다. 루프를 돌 때마다 현재 값에 2를 곱하며, 다음 자릿수의 정숫값을 더한다.

```
>>> B = '1101'                           # ord를 사용하여 2진수 숫자를 정수로 변환
>>> I = 0
>>> while B != '':
...     I = I * 2 + (ord(B[0]) - ord('0'))
...     B = B[1:]
...
>>> I
13
```

여기서 왼쪽 비트 이동 연산($I << 1$)을 사용하여 2를 곱하는 것과 같은 효과를 기대해 볼 수 있다. 우리는 아직 루프에 대해 자세히 다루지 않았고 5장에서 다룬 int와 bin 내장 기능들은 파이썬 2.6과 3.0 버전 이후부터 2진수 변환 작업을 처리하므로 왼쪽 비트 이동 연산을 이용하도록 변경하는 작업은 여러분 스스로 진행해 보자.

```
>>> int('1101', 2)          # 2진수를 정수로 변환
13
>>> bin(13)                 # 정수를 2진수로 변환
'0b1101'
```

파이썬은 충분한 시간만 주어진다면 가장 일반적인 작업들을 자동화하려는 경향이 있다.

문자열 변환 I

'불변(immutable) 시퀀스'라는 용어를 기억하는가? 이미 이전에 보았듯이, **불변**이라는 말은 문자열을 직접 변경할 수 없다는 말이다. 예를 들면, 인덱싱에 의한 할당을 할 수 없다.

```
>>> S = 'spam'
>>> S[0] = 'x'              # 에러 발생!
TypeError: 'str' object does not support item assignment
```

그렇다면 파이썬에서 텍스트 정보를 어떻게 수정할까? 여러분은 문자열을 변경하기 위해서 일반적으로 연결과 슬라이싱 같은 도구를 사용하여 새로운 문자열을 만들고 할당할 필요가 있으며, 그리고 나서 필요한 경우에는 문자열의 원래 이름으로 결과를 다시 할당해야 한다.

```
>>> S = S + 'SPAM!'              # 문자열을 변경하기 위해 새로운 문자열 생성
>>> S
'spamSPAM!'
>>> S = S[:4] + 'Burger' + S[-1]
>>> S
'spamBurger!'
```

첫 번째 예제는 연결을 사용하여 S의 끝에 부분 문자열을 더한다. 실제로 이 연산은 새로운 문자열을 만들고 새로 만들어진 문자열을 다시 S에 할당하지만, 여러분은 원래 문자열을 '변경'한 것처럼 생각할 수도 있다. 두 번째 예제는 슬라이싱, 인덱싱 그리고 연결을 사용하여 네 개의 문자를 여섯 개의 문자로 변경한다. 다음 절에서 보게 되겠지만, replace와 같은 문자열 메서드 호출을 이용하면 유사한 효과를 얻을 수 있다.

```
>>> S = 'splot'
>>> S = S.replace('pl', 'pamal')
>>> S
'spamalot'
```

새로운 문자열을 생성하는 다른 모든 연산들과 마찬가지로, 문자열 메서드도 새로운 문자열 객체를 생성한다. 새로 생성된 객체를 유지하고자 할 경우, 새로 생성된 객체를 변수 이름에 할당할 수 있다. 문자열이 변경될 때마다 새로운 문자열 객체가 생성되는 것은 다소 비효율적이라 여겨진다. 이전 장에서 설명한 내용을 다시 기억해 보자. 파이썬은 오래된 더 이상 사용되지 않는 문자열 객체를 자동으로 회수하기 때문에 새로운 객체는 이전 값들이 붙잡고 있던 메모리 공간을 재사용할 수 있다. 파이썬은 일반적으로 여러분이 예상하는 것보다 훨씬 더 효율적으로 동작한다.

마지막으로 또한 문자열 포매팅 표현식을 이용하여 새로운 텍스트 값을 생성하는 것도 가능하다. 문자열 속에 대체 객체가 있는 다음 두 예제들은 어떠한 의미에서는 객체들을 문자열로 변환하고 기존 문자열을 포매팅에 따라 변경하는 것처럼 보인다.

```
>>> 'That is %d %s bird!' % (1, 'dead')         # 포매팅 표현식: 모든 파이썬에서 지원
That is 1 dead bird!
>>> 'That is {0} {1} bird!'.format(1, 'dead')   # 2.6, 2.7, 3.X에서 지원하는 포매팅 메서드
'That is 1 dead bird!'
```

그러나 대체될 것처럼 보임에도 불구하고, 포매팅의 결과는 수정된 것이 아닌 새로운 객체다. 포매팅에 대해서는 이 장의 뒤에서 좀 더 자세히 다룬다. 여러분도 알게 되겠지만, 포매팅은

이 예제가 보여 주는 것보다 훨씬 일반적이고 유용하게 사용된다. 그러나 앞의 예제에서 두 번째는 호출(call)로 제공되므로 포매팅에 대해서 좀 더 탐구하기 전에 먼저 문자열 메서드 호출에 대해 좀 더 알아보도록 하자.

 4장에서 미리 살펴보았고 37장에서 자세히 다루겠지만, 파이썬 3.0과 2.6부터 bytearray로 알려진 직접 변경 가능한 새로운 문자열 타입이 추가되었다. bytearray 객체는 실제 텍스트 객체는 아니다. bytearray는 작은 8비트 정수의 연속(시퀀스)이다. 그러나 bytearray는 일반적인 문자열처럼 대부분의 연산들을 지원하며, 표시될 때 아스키 문자들처럼 출력된다. 따라서 bytearray는 빈번히 변경되어야 하는 많은 양의 단순 8비트 텍스트를 위한 또 다른 선택 사항을 제공한다(유니코드 텍스트의 풍부한 타입은 다른 기술을 의미한다). 37장에서는 ord와 chr 내장 함수가 단일 바이트에 저장되지 않는 유니코드 문자를 다루는 것을 볼 수 있다.

문자열 메서드

문자열은 표현식 연산자들 외에도 보다 복잡한 텍스트 처리 작업을 구현하는 다양한 메서드를 제공한다. 파이썬에서 표현식과 내장 함수들은 다양한 종류의 타입에 맞춰 동작하지만, 메서드는 일반적으로 **특정 객체 타입**에 대해서만 동작한다. 예를 들어, 문자열 메서드는 문자열 객체에 대해서만 동작한다. 파이썬 3.X에서 일부 타입들의 메서드 집합들이 교차 제공되기는 하지만(예로, 많은 타입들이 count와 copy 메서드를 제공한다), 이러한 메서드들도 다른 도구들에 비하면 여전히 특정 타입에 맞는 동작을 제공한다.

메서드 호출 구문

4장에서 소개된 바와 같이 메서드는 특정 객체와 연관되어 있으며, 특정 객체에 대해 동작하는 단순한 함수다. 엄밀히 말하면 메서드는 항상 암묵적인 대상 객체를 가지고 있는 호출 가능한(callable) 함수에 의해 참조되는 객체에 포함된 속성이다. 구체적으로는 함수는 코드의 패키지이고, 메서드 호출은 속성 가져오기와 호출 두 연산을 하나로 결합한 것이다.

속성 가져오기

객체.속성 형식의 표현식은 '객체의 속성값 가져오기'를 의미한다.

호출 표현식

함수(인수) 형식의 표현식은 '함수의 코드를 실행하고, 콤마로 구분된 인수 객체를 함수에 전달하며, 함수의 결괏값을 반환하기'를 의미한다이 두 가지를 함께 사용하여 객체의 메서드를 호출할 수 있다. 다음 메서드 호출 표현식은 왼쪽에서 오른쪽으로 평가된다.

```
object.method(arguments)
```

파이썬은 먼저 객체의 메서드를 가져오며, 그러고 나서 객체와 인수를 함께 전달하여 메서드를 호출한다. 또는 알기 쉽게 말해 메서드 호출 표현식은 다음을 의미한다.

'인수와 함께 객체를 처리하기 위해 메서드 호출'

메서드는 결과를 산출한 경우, 전체 메서드 호출 표현식의 결과로써 호출된 곳으로 돌아온다. 좀 더 명확한 예제는 다음과 같다.

```
>>> S = 'spam'
>>> result = S.find('pa')              # 문자열 S에서 'pa'부분을 찾기 위해 find 메서드 호출
```

이러한 속성과 호출 가능한 함수의 연결 방식은 우리가 나중에 배우게 될 사용자 정의 클래스뿐만 아니라 내장된 타입 모두에서 유효하다. 이 파트를 통해 계속 살펴보겠지만 대부분의 객체는 호출 가능한 메서드를 제공하며, 모든 메서드는 이와 같은 메서드 호출 구문을 사용하여 접근이 이루어진다. 객체 메서드를 호출하기 위해서는 다음 절에서 볼 수 있는 것처럼 존재하는 객체를 통해야만 한다. 메서드는 대상(객체) 없이 실행될 수 없다.

문자열 메서드

표 7-3은 파이썬 3.6에 내장된 문자열 객체의 메서드와 호출 패턴을 요약한 것이다. 이 목록은 자주 변경되므로 최신 목록은 반드시 파이썬 표준 라이브러리 매뉴얼을 확인하거나, 아무 문자열(또는 str 타입 이름)에 대해 dir 또는 help 명령을 대화형 세션을 통해 실행해 보도록 하자. 파이썬 2.X의 문자열 메서드는 약간 다를 수 있다. 예를 들어, 파이썬 2.X의 문자열은 유니코드 데이터를 다르게 처리하기 때문에 별도의 decode를 제공한다(37장에서 추가 내용을 다룬다). 이 표에서 S는 문자열 객체이며, 선택적인 인수는 대괄호로 묶여 있다. 이 표에 나열된 문자열 메서드들은 분할, 결합, 대소문자 변환, 콘텐츠 테스트, 부분 문자열 검색, 대체와 같은 고수준 연산들을 구현한다.

표 7-3 파이썬 3.6의 문자열 메서드 호출들

S.capitalize( )	S.ljust(width [, fill])
S.casefold( )	S.lower( )
S.center(width [, fill])	S.lstrip([chars])
S.count(sub [, start [, end]])	S.maketrans(x[, y[, z]])
S.encode([encoding [, errors]])	S.partitioin(sep)
S.endswith(suffix [, start [, end]])	S.replace(old, new [, count])
S.expandtabs([tabsize])	S.rfind(sub [, start [, end])
S.find(sub [, start [, end]])	S.rindex(sub [, start [, end]])
S.format(fmtstr, *args, **kwargs)	S.rjust(width [, fill])
S.index(sub [, start [, end]])	S.rpartition(sep)
S.isalnum( )	S.rsplit([sep[, maxsplit]])
S.isalpha( )	S.rstrip([chars])
S.isdecimal( )	S.split([sep [, maxsplit]])
S.isdigit( )	S.splitlines([keepends])
S.isidentifier( )	S.startswith(prefix [, start [, end]])
S.islower( )	S.strip([chars])
S.isnumeric( )	S.swapcase( )
S.isprintable( )	S.swapcase( )
S.isspace( )	S.translate(map)
S.istitle( )	S.upper( )
S.isupper( )	S.zfill(width)
S.join(iterable)	

여러분도 보다시피 꽤 많은 문자열 메서드가 있으며, 여기서 이 모두를 다루기는 어렵다. 이 모든 메서드에 대한 자세한 내용은 파이썬 라이브러리 매뉴얼이나 참조 문서들을 살펴보도록 하자. 여기서는 시작하는 데 도움이 될 만한 실제 가장 일반적으로 사용되는 메서드들을 코드와 함께 살펴보도록 하자. 그리고 그 과정을 통해 파이썬 텍스트 처리의 기본에 관해서 설명한다.

문자열 메서드 예제: 문자열 변환 II

이미 본 것처럼, 문자열은 불변(immutable)이기 때문에 해당 객체를 직접 변경할 수 없다. 파이썬 2.6, 3.0 그리고 이후 버전부터 bytearray를 통해 텍스트를 직접 변경할 수 있지만, 이는 단순한 8비트 타입에 한해서만 가능하다. 우리는 이미 텍스트 문자열의 변경해 대해서 다루었지만, 여기서는 문자열 메서드의 관점에서 다시 빠르게 살펴보자.

일반적으로 기존 문자열로부터 새로운 텍스트 값을 생성하기 위해 여러분은 슬라이싱 또는 연결과 같은 연산을 통해 새로운 문자열을 만든다. 예를 들어, 문자열의 중간에 있는 두 문자를 변경하기 위해서 다음과 같은 코드를 사용할 수 있다.

```
>>> S = 'spammy'
>>> S = S[:3] + 'xx' + S[5:]          # S로부터 섹션 슬라이싱
>>> S
'spaxxy'
```

그러나 정말로 단지 부분 문자열만을 변경하려 한다면, 대신 문자열 replace 메서드를 사용할 수 있다.

```
>>> S = 'spammy'
>>> S = S.replace('mm', 'xx')          # S에서 모든 mm을 xx로 대체
>>> S
'spaxxy'
```

replace 메서드는 이 코드가 표현하는 것보다 더욱 빈번하게 사용된다. replace 메서드는 기존(길이에 상관없는) 부분 문자열과 (길이에 상관없는) 대체할 문자열을 인수로 받으며, 문자열 전체에 대한 검색과 교체를 수행한다.

```
>>> 'aa$bb$cc$dd'.replace('$', 'SPAM')
'aaSPAMbbSPAMccSPAMdd'
```

이러한 역할에서 보면 replace는 템플릿을 대체하는 어떤 구현을 위한 도구로써 사용될 수 있다. 이번에는 결과를 이름에 할당하는 대신 단순히 출력하고 있다. 결과를 나중에 사용하기 위해 유지할 필요가 있는 경우에만 이름에 할당하면 된다.

아무 오프셋에나 위치할 수 있는 하나의 고정된 크기의 문자열을 교체할 필요가 있는 경우, 대체 메서드를 다시 사용할 수도 있지만, 문자열 find 메서드를 사용하여 부분 문자열을 검색한 다음 슬라이스를 이용할 수도 있다.

```
>>> S = 'xxxxSPAMxxxxSPAMxxxx'
>>> where = S.find('SPAM')          # 위치 검색
>>> where                           # 오프셋 4에 위치
4
>>> S = S[:where] + 'EGGS' + S[(where+4):]
>>> S
'xxxxEGGSxxxxSPAMxxxx'
```

find 메서드는 부분 문자열이 발견된 곳의 오프셋을 반환하거나(기본적으로, 앞에서부터 검색한다), 발견하지 못할 경우 -1을 반환한다. 이미 앞에서 본 것처럼 find는 in 표현식과 같은 부분 문자열 검색 연산이지만, find는 in 표현식과는 달리 부분 문자열의 위치를 반환한다.

또 다른 방법은 replace를 한 번만 대체하도록 제한하는 세 번째 인수와 함께 사용하는 것이다.

```
>>> S = 'xxxxSPAMxxxxSPAMxxxx'
>>> S.replace('SPAM', 'EGGS')          # 모두 대체
'xxxxEGGSxxxxEGGSxxxx'

>>> S.replace('SPAM', 'EGGS', 1)       # 한 번만 대체
'xxxxEGGSxxxxSPAMxxxx'
```

replace는 두 번 모두 새로운 문자열 객체를 반환한다. 비록 이 메서드에 '대체(replace)'라는 이름이 붙었지만, 문자열은 불변 객체이므로 문자열의 메서드는 대상 문자열을 절대 직접 변경할 수 없다.

연결 연산과 replace 메서드가 매번 실행될 때마다 새로운 문자열 객체를 생성한다는 사실은 문자열을 변경하기 위해 이들을 사용하는 데 있어서 실제로도 잠재적인 단점이다. 매우 큰 문자열에 대해 많은 변경을 적용해야 할 경우, 문자열을 직접 가변 객체로 변환하여 스크립트의 성능을 개선할 수 있다.

```
>>> S = 'spammy'
>>> L = list(S)
>>> L
['s', 'p', 'a', 'm', 'm', 'y']
```

내장된 list 함수(객체 생성 호출)는 어떤 시퀀스의 아이템으로부터 새로운 리스트를 생성한다. 이 경우 문자열의 문자들을 리스트로 '확장(explode)'한다. 일단 문자열을 리스트 형태로 변경하고 나면, 각 변경 작업에 대해 새로운 복사본을 생성하지 않고 계속해서 변경할 수 있다.

```
>>> L[3] = 'x'                          # 리스트에서는 가능한 연산
>>> L[4] = 'x'
>>> L
['s', 'p', 'a', 'x', 'x', 'y']
```

리스트를 변경한 후, 다시 문자열로 변환해야 할 때(엑 파일로 쓰거나 하는 등)는 문자열 join 메
서드를 사용하여 리스트를 다시 문자열로 만들 수 있다(implode).

```
>>> S = ''.join(L)
>>> S
'spaxxy'
```

join 메서드는 처음 보기에 거꾸로 된 것처럼 보일 수도 있다. join은 리스트가 아닌 문자열 메
서드이기 때문에 필요한 구분자를 통해 호출된다. join은 리스트(또는 다른 가변 객체) 안의 문자
열들을 리스트 아이템들 사이의 구분자와 함께 하나로 합친다. 이 경우에는 리스트를 문자열
로 다시 변환하기 위해 빈 문자열 구분자를 사용한다. 좀 더 일반적으로는 어떠한 문자열 구
분자와 반복 가능한 문자열이라도 사용될 수 있다.

```
>>> 'SPAM'.join(['eggs', 'sausage', 'ham', 'toast'])
'eggsSPAMsausageSPAMhamSPAMtoast'
```

사실 모든 부분 문자열들을 동시에 합치는 것은 개별적으로 연결하는 것보다 종종 더 빠르게
실행된다. 또한 파이썬 3.0과 2.6부터 사용할 수 있는 가변 bytearray 문자열에 대해서는 이
전 설명을 참고하고, 자세한 내용은 37장에서 설명한다. bytearray는 직접 변경할 수 있기 때
문에 자주 변경해야 하는 일부 8비트 텍스트에 대해 여기서 설명한 list/join 조합 대신 사용할
수 있다.

문자열 메서드 예제: 문자열 분석

문자열 메서드는 간단한 텍스트 구문 분석(parsing)을 위한 역할로 사용된다(즉, 구조 분석과 부
분 문자열 추출). 고정된 오프셋에서 문자열을 추출하기 위해 슬라이싱 기법을 사용할 수 있다.

```
>>> line = 'aaa bbb ccc'
>>> col1 = line[0:3]
>>> col3 = line[8:]
>>> col1
'aaa'
```

```
>>> col3
'ccc'
```

여기서 데이터의 열은 고정된 오프셋에 나타나기 때문에 슬라이싱 기법으로 기존 문자열에서 분리할 수 있다. 이 기법은 찾고자 하는 데이터가 고정된 위치를 가졌을 때만 분석에 사용할 수 있다. 또한 어떤 구분자의 종류로 데이터를 분리하는 대신, 분할(split) 기법을 사용하여 구성 요소들을 가져올 수 있다. 심지어 이 기법은 데이터가 문자열 내에서 임의의 위치에 나타날 때도 동작한다.

```
>>> line = 'aaa bbb ccc'
>>> cols = line.split()
>>> cols
['aaa', 'bbb', 'ccc']
```

문자열 split 메서드는 문자열을 토막 내 부분 문자열의 리스트로 만든다. 앞의 예제에서 우리는 구분자를 전달하지 않았기 때문에 기본값인 공백(whitespace)이 사용된다. 문자열은 하나 이상의 스페이스, 탭 그리고 줄바꿈의 그룹에서 분할되며, 우리는 결과로 다시 부분 문자열의 리스트를 얻는다. 실제 애플리케이션에서는 데이터를 구분하는 데 공백이 아닌 좀 더 명확한 구분자들이 사용될 수 있다. 다음 예제는 문자열을 콤마로 나누며, 콤마는 일부 데이터베이스 도구가 반환하는 데이터에서 일반적으로 사용되는 구분자다.

```
>>> line = 'bob,hacker,40'
>>> line.split(',')
['bob', 'hacker', '40']
```

단어나 문장과 같은 긴 구분자도 사용할 수 있다.

```
>>> line = "i'mSPAMaSPAMlumberjack"
>>> line.split("SPAM")
["i'm", 'a', 'lumberjack']
```

슬라이싱과 분할을 이용한 구문 분석에는 잠재적인 한계가 있으나 둘 모두 매우 빠르게 동작하며, 기본적인 텍스트 추출 작업들을 처리할 수 있다. 콤마로 구분된 텍스트 데이터는 CSV 파일 형식의 한 부분이다. CSV에 대한 고급 도구들은 파이썬 표준 라이브러리에서 제공하는 csv 모듈을 참고하자.

다른 문자열 메서드

다른 문자열 메서드는 더욱 특화된 기능을 제공한다. 예를 들어, 텍스트 라인의 끝에서 공백 제거, 대소문자 변환, 콘텐츠 테스트, 그리고 문자열의 시작과 끝에서 부분 문자열 테스트를 실시하는 기능들이 있다.

```
>>> line = "The knights who say Ni!\n"
>>> line.rstrip()
'The knights who say Ni!'
>>> line.upper()
'THE KNIGHTS WHO SAY NI!\n'
>>> line.isalpha()
False
>>> line.endswith('Ni!\n')
True
>>> line.startswith('The')
True
```

문자열 메서드와 같은 결과를 얻기 위해 때로는 다른 기법이 사용될 수도 있다. 예를 들어, in 멤버십 연산자는 부분 문자열이 존재하는지 테스트하기 위해 사용될 수 있으며, 길이와 슬라이싱 연산은 endswith를 흉내 내기 위해 사용될 수 있다.

```
>>> line
'The knights who say Ni!\n'

>>> line.find('Ni') != -1          # 메서드 호출이나 표현식을 통한 검색
True
>>> 'Ni' in line
True

>>> sub = 'Ni!\n'
>>> line.endswith(sub)             # 메서드 호출 또는 슬라이스를 통한 문자열 끝 테스트
True
>>> line[-len(sub):] == sub
True
```

이 장의 뒤에서 설명하는 format 문자열 포매팅 메서드도 참고하자. 이 메서드는 많은 연산들을 하나의 단계로 결합할 수 있는 고급 도구를 제공한다.

다시 말하지만, 문자열에 사용할 수 있는 메서드는 너무 많기 때문에 우리는 여기서 그 모든 것들을 다루지 않을 것이다. 뒤에서 몇몇 예제들을 추가로 다룰 예정이지만, 좀 더 상세한 내용이 필요한 경우에는 파이썬 라이브러리 매뉴얼이나 다른 문서들의 도움을 받아 여러분

스스로 대화형 세션을 통해 테스트해 볼 수 있다. 또한, 어떤 문자열 객체 S의 메서드에 대한 추가 도움말이 필요한 경우 help(S.메서드)를 호출하여 결과를 확인할 수 있다. 이미 4장에서 보았듯이, str.메서드에 대해 help를 호출해도 같은 결과를 얻게 될 것이다.

문자열 메서드 중에 패턴을 허용하는 메서드는 존재하지 않는다는 것을 기억하자. 패턴 기반의 텍스트 처리가 필요한 경우에는 파이썬 re 표준 라이브러리 모듈을 사용해야 한다. 고급 도구인 re 모듈은 이미 4장에서 소개한 바 있지만, 그 내용은 대부분 이 책의 범위를 벗어난다 (37장의 끝에서 re 모듈에 대한 좀 더 상세한 예제 하나를 다룬다). 그러나 이러한 제약으로 인해 문자열 메서드는 종종 re 모듈이 제공하는 도구들보다 빠르게 실행된다.

기존 문자열 모듈의 함수들(3.X에서 사라짐)

파이썬 문자열 메서드의 역사는 다소 복잡하다. 파이썬이 처음 개발된 이후 대략 10년 동안, 파이썬은 현재 사용 중인 문자열 객체에서 제공하는 메서드의 집합을 대부분 반영하고 있는 함수들을 포함한 string이라고 불리는 표준 라이브러리 모듈을 제공해 왔다. 파이썬 2.0에서는 많은 사용자들의 요구로 인해 이러한 함수들이 문자열 객체의 메서드로 이용할 수 있게 됐다. 그러나 너무 많은 사람들이 기존 string 모듈에 의존적인 코드를 작성했기 때문에 하위 호환성을 위해 기존 string 모듈은 여전히 유지되고 있다.

오늘날 여러분은 기존 string 모듈이 아닌 **문자열 메서드**만을 사용해야 한다. 실제로, 오늘날 문자열 메서드의 원래 모듈 호출 형식은 파이썬 3.X에서 완전히 제거되었기 때문에 2.X 또는 3.X에서 새로운 코드를 작성할 때 기존 모듈 호출 형식을 사용하지 않도록 해야 한다. 그러나 오래된 파이썬 2.X 코드에서 여전히 해당 모듈이 사용 중인 경우를 볼 수 있고, 이 책은 파이썬 2.X와 3.X 모두를 다루기 때문에 여기서는 순서대로 간략히 살펴본다.

결론적으로 파이썬 2.X에서는 문자열 연산을 수행하기 위해 두 가지 기술을 모두 이용할 수 있다. 객체 메서드를 호출하거나, string 모듈 함수를 호출하면서 해당 객체를 인수로 전달할 수 있다. 예를 들어, 변수 X에 문자열 객체가 할당되어 있는 경우, 다음 메서드 호출은 다음과 같다.

```
X.method(arguments)
```

위 메서드 호출은 string 모듈을 통해 같은 기능을 호출하는 것과 같다.

```
string.method(X, arguments)
```

다음은 메서드 호출 방식의 실제 동작 예제다.

```
>>> S = 'a+b+c+'
>>> x = S.replace('+', 'spam')
>>> x
'aspambspamcspam'
```

파이썬 2.X에서 string 모듈을 통해 같은 연산에 접근하기 위해서는 해당 모듈을 임포트하고 객체를 함수에 전달할 필요가 있다.

```
>>> import string
>>> y = string.replace(S, '+', 'spam')
>>> y
'aspambspamcspam'
```

모듈 접근 방식은 오랫동안 표준이였고, 문자열은 대부분의 프로그램에서 중요한 요소이기 때문에 여러분은 앞으로 우연히 마주치게 될 파이썬 2.X 코드를 통해 두 가지 호출 방식을 모두 볼 수 있을 것이다.

그러나 다시 이야기하지만, 오늘날 여러분은 오래된 모듈 호출 방식이 아닌 메서드 호출 방식을 사용해야 한다. 모듈 호출 방식이 3.X에서 사라진다는 것 외에도 메서드 방식을 사용해야만 하는 몇 가지 명확한 이유들이 있다. 첫째로, 모듈 호출 방식은 여러분에게 string 모듈을 임포트할 것을 요구한다(메서드 방식은 임포트가 필요 없다). 둘째로 모듈을 통한 호출은 더 많은 입력이 요구된다(from을 사용하지 않은 import 명령으로 모듈을 로드했을 때). 그리고 마지막으로 모듈은 메서드 방식보다 느리게 실행된다(모듈은 내부적으로 대부분의 호출을 메서드로 연결하기 때문에 그 과정에서 추가 호출이 발생한다.).

기존 string 모듈 자체는 문자열 메서드 이외에 미리 정의된 문자열 상수(때 string.digits)와 템플 릿(Template) 객체 시스템을 포함한 추가적인 도구들을 포함하고 있기 때문에 파이썬 3.X에서 문자열 메서드와 관련된 기능을 제외한 string 모듈 자체는 여전히 유지된다. 템플릿 객체 시스템은 문자열 format 메서드에 선행하는 상대적으로 이해하기 어려운 포매팅 도구이며, 여기서는 대부분의 내용을 생략한다(자세한 내용은 파이썬의 라이브러리 매뉴얼이나, 다른 포매팅 도구와 비교해 놓은 노트들을 빠르게 살펴보도록 하자). 그러나 여러분이 정말로 파이썬 3.X를 사용할 수 있도록 2.X 코드를 변경하는 경우가 아니라면, 그냥 파이썬의 지난 과거에 대한 흔적 정도로 생각하면 된다.

문자열 포매팅 표현식

여러분은 이미 앞에서 다룬 문자열 메서드와 시퀀스 연산들로 많은 작업들을 처리할 수 있지만, 파이썬은 문자열 처리 작업을 결합할 수 있는 좀 더 진보된 방법을 제공한다. **문자열 포매팅**을 사용하면 단 한 번의 단계로 문자열 안에 포함된 다양한 타입들을 대체할 수 있다. 반드시 문자열 포매팅 표현식을 사용해야 하는 것은 아니지만, 프로그램 사용자에게 포매팅 텍스트를 표시해야 할 경우에 특히 편리하다. 오늘날 파이썬에서는 파이썬 세상의 풍부한 아이디어로 인해 문자열 포매팅을 두 가지 방식으로 이용할 수 있다(이전 절에서 언급한 사용 빈도가 낮은 string 모듈 Template 시스템은 포함하지 않았다).

문자열 포매팅 표현식: '...%s...' % (값들)

파이썬이 개발된 이후부터 사용할 수 있는 기존 기법이며, 이 형태는 C 언어의 'printf' 모델을 기반으로 한다. 기존 코드에서 광범위하게 사용되는 것을 볼 수 있다.

문자열 포매팅 메서드 호출: '...{ }...'.format (값들)

파이썬 2.6과 3.0에 새로 추가된 기법이며, 이 형태는 C#/.NET에서 제공되는 같은 이름을 가진 도구에서 일부 파생되었다. 문자열 포매팅 표현식 기능과 일치한다.

메서드 호출 방식이 새롭게 나온 이후, 다른 방식들은 더는 사용되지 않거나 제거될 기회가 몇 번 있었다. 2008년에 3.0이 새로 발표되었을 때, 표현식 방식은 이후 파이썬 배포에서 더 이상 사용되지 않고 사라질 가능성이 있었다. 실제로 3.0 문서에서는 3.1에서 더 이상 사용하지 말 것을 권장했으며, 이후 버전에서는 사라질 수 있다고 안내하고 있다. 그러나 이 일은 2013년 3.3 버전 이후에도 아직 발생하지 않았으며, 여전히 표현식 방식이 광범위하게 사용된다는 것을 고려하면 앞으로도 발생할 가능성은 없어 보인다. 실제로, 표현식 방식은 오늘날 **수천 곳** 이상의 표준 라이브러리에서 여전히 사용되고 있다.

물론, 이 이야기의 전개는 파이썬 사용자들이 앞으로 어떻게 사용하느냐에 따라 달라질 수 있다. 한편, 오늘날 표현식과 메서드 모두 사용할 수 있고 앞으로 여러분이 마주하게 될 코드에서 나타날 수도 있으므로 이 책에서는 두 기법 모두 자세히 다룬다. 여러분도 볼 수 있듯이 이 두 기법은 크게 보면 같은 기능의 **변형된 형태**이며, 비록 메서드 방식이 일부 추가적인 기능을 제공하긴 하지만 표현식이 좀 더 간결하며, 대부분의 파이썬 프로그래머들에게 더 익숙한 방법처럼 보인다.

이 책 자체도 앞으로 나올 예제에서 설명을 위해 두 가지 기법 모두를 사용한다. 해당 예제의 작성자가 어떤 방법을 선호한다면, 파이썬의 import this 모토(어떤 일을 하는 데에는 오직 하나의 길만이 있다)를 인용하는 경우 이외에는 대부분 해당 기법을 유지할 것이다.

새로운 문자열 포매팅 메서드가 기존에 널리 사용되는 표현식보다 확실하게 더 낫지 않고서야, 파이썬 개발자들에게 이 부분에 대해서 **이중** 지식을 요구하는 것은 다소 부당해 보인다. 이러한 도구들의 기능이 대부분 겹친다면 프로그래머들은 이러한 복잡한 도구들을 둘씩이나 배울 필요가 없다. 하지만 여러분 스스로 어느 기법이 더 좋은지 스스로 판단해야 하며, 그러기 위해서는 물론 두 기법에 대한 이야기를 잘 들어봐야 한다.

포매팅 표현식의 기본

문자열 포매팅 **표현식**이 이 부분에서 처음 소개되었기 때문에 우리는 여기서 문자열 포매팅 표현식과 함께 시작한다. 파이썬은 문자열에서 동작하는 % 바이너리 연산자를 정의하고 있다(또한, 이 연산자는 숫자에 대해 나누기의 나머지 또는 모듈러 연산자로 사용된다는 것을 기억할 수 있을 것이다). % 연산자는 문자열에 적용되면, 형식의 정의에 따라 값들의 형식을 문자열로 지정하기 위한 간단한 방법을 제공한다. 즉 % 연산자는 각 문자열 부분을 개별적으로 만들고 연결하는 대신, 다수의 문자열 대체를 한 번에 수행하는 코드를 작성하기 위한 간결한 방법을 제공한다.

문자열 포매팅을 위해:

1. % 연산자 **왼쪽**에는 하나 또는 그 이상의 내장된 변환 대상들을 포함하고 있는 포매팅 문자열을 제공한다. 각각의 변환 대상은 % 문자로 시작한다(예 %d).

2. % 연산자 **오른쪽**에는 파이썬이 왼쪽의 포매팅 문자열의 변환 대상의 적절한 위치에 추가하기 원하는 객체(또는 튜플에 내장 객체들)를 제공한다.

예를 들어, 이 장의 앞에서 이미 살펴본 포매팅 예제에서 정수 1은 왼쪽 포매팅 문자열 안의 %d를 대체하고, 문자열 'dead'는 %s를 대체한다. 그 결과는 이 두 개의 대체를 반영하는 새로운 문자열이며, 출력되거나 다른 용도로 사용하기 위해 저장될 수 있다.

```
>>> 'That is %d %s bird!' % (1, 'dead')  # 포매팅 표현식
That is 1 dead bird!
```

엄밀히 말하면, 문자열 포매팅 표현식을 사용하는 것은 어디까지나 선택 사항일 뿐이다. 여러분은 일반적으로 다수의 연결과 변환으로 유사한 작업을 할 수 있다. 포매팅은 많은 단계를 하나의 연산으로 결합할 수 있게 해준다. 또한, 포매팅 표현식은 몇 가지 추가적인 예를 통해 보증할 만큼 충분히 강력한 기능이다.

```
>>> exclamation = 'Ni'
>>> 'The knights who say %s!' % exclamation          # 문자열 대체
'The knights who say Ni!'

>>> '%d %s %g you' % (1, 'spam', 4.0)                # 타입별 대체
'1 spam 4 you'

>>> '%s -- %s -- %s' % (42, 3.14159, [1, 2, 3])      # %s 대상에는 모든 타입 일치
'42 -- 3.14159 -- [1, 2, 3]'
```

여기서 첫 번째 예제에서 문자열 'Ni'는 왼쪽의 대상에 연결되며, %s 마커를 대체한다. 두 번째 예제에서 세 가지 값은 대상 문자열에 추가된다. 이 예제에서 알 수 있듯이, 하나 이상의 값을 추가할 때는 오른쪽에 있는 값들을 괄호를 사용하여 그룹화시켜야 한다(웹 튜플에 넣어). % 포매팅 표현식 연산자는 단일 아이템 또는 하나 이상의 아이템을 포함한 튜플이 % 연산자 오른쪽에 올 것으로 예상한다.

세 번째 예는 다시 세 가지 값을 추가한다(정수, 부동 소수점 수 객체, 리스트 객체). 그러나 다른 세 가지 타입에 대한 왼쪽의 대상이 모두 문자열로 변환을 의미하는 %s임을 주의하자. 모든 객체의 타입이 문자열로 변환될 수 있는 것처럼(출력할 때 사용), 모든 객체 타입은 %s 변환 코드에 대해 동작한다. 이러한 이유로, 다소 특수한 포매팅을 해야 하는 경우가 아니라면 포매팅을 사용할 때 대부분의 경우는 %s만 기억하면 된다.

다시 한번 말하지만, 포매팅은 왼쪽에 있는 문자열을 변경하지 않고 항상 새로운 문자열을 만든다는 것을 기억하자. 문자열은 불변 객체이기 때문에 이러한 방식으로 동작할 수밖에 없다. 이전과 마찬가지로 변환된 결과를 유지할 필요가 있는 경우, 결과를 변수 이름에 할당할 수 있다.

고급 포매팅 표현식 구문

고급 타입별 포매팅의 경우, 포매팅 표현식에서 표 7-4에 나열된 변환 타입 코드를 사용할 수 있다. 이 변환 타입 코드들은 대체 대상의 % 문자 다음에 나타난다. 파이썬 문자열 포매팅은

C 언어의 일반적인 모든 printf 포맷 코드들을 지원하기 때문에 C 프로그래머들은 이 코드의 대부분을 알아볼 수 있을 것이다(그러나 printf처럼 결과를 출력하지 않고 반환한다). 테이블에 있는 일부 포맷 코드들은 같은 타입에 대해 형식을 지정하기 위한 다른 방법들을 제공한다. 예를 들어 %e, %f, %g는 부동 소수점 수의 형식을 지정하기 위한 다른 방법을 제공한다.

표 7-4 문자열 포매팅 타입 코드

코드	의미
s	문자열(또는 어떤 객체의 str(X) 문자열)
r	R과 같으나 str이 아닌 repr 사용
c	문자(int 또는 str)
d	10진수(베이스 10 정수)
i	정수
u	d와 같다(불필요한 타입: 더 이상 부호 없는 타입이 아니다)
o	8진수(베이스 8)
x	16진수(베이스 16)
X	X와 같으나 대문자 사용
e	부동 소수점 수의 지수 표기법, 소문자
E	e와 같으나 대문자 사용
f	부동 소수점 10진수
F	f와 같으나 대문자 사용
g	부동 소수점 e 또는 f
G	부동 소수점 E or F
%	리터럴 %(%%로 작성됨)

실제로, 표현식 왼쪽의 포맷 문자열에 있는 변환 대상들은 자신만의 복잡한 구문을 통해 다양한 변환 연산들을 지원한다. 변환 대상의 일반적인 구조는 다음과 같다.

```
%[(keyname)][flags][width][.precision]typecode
```

표 7-4의 첫 번째 열에 있는 타입 코드 문자는 위의 대상 문자열 포맷에서 마지막에 나타난다. %와 타입 코드 문자 사이에 다음과 같은 것을 추가할 수 있다.

- 표현식의 오른쪽에 사용된 딕셔너리를 인덱싱하기 위한 키 이름을 제공할 수 있다.

- 왼쪽 정렬(-)과 숫자 기호(+), 양수 앞에는 빈 칸, 그리고 음수 앞에는 – 추가(공백 하나)나, 0 으로 채우기(0) 같은 것을 지정하는 **플래그**를 나열할 수 있다.
- 대체된 텍스트에 대한 최소 필드 **넓이**를 제공할 수 있다.
- 부동 소수점 수에 대해 소수점 다음에 표시할 자릿수(정밀도)를 지정할 수 있다.

또한, 넓이와 정밀도 부분은 그들의 값을 표현식의 오른쪽에 있는 입력값의 다음 아이템으로부터 가져오기 위해 *와 같이 작성될 수 있다(런타임 이전에는 이 값을 알 수 없을 때 유용하게 사용할 수 있다). 그리고 이와 같은 추가 도구들이 필요하지 않은 경우, 포맷 문자열에서 단순히 %s 를 사용하면, 값의 타입에 상관없이 대응하는 값의 기본 출력 문자열에 의해 대체된다.

고급 포매팅 표현식 예제

포매팅 대상 구문은 파이썬 표준 매뉴얼과 참고 문서들에 자세히 나와 있지만, 일반적인 사용법을 설명하기 위해 몇 가지 예제를 살펴보자. 다음 예제는 정수를 기본 형식과 왼쪽 정렬, 여섯 문자 폭, 그리고 0패딩으로 각각 출력한다.

```
>>> x = 1234
>>> res = 'integers: ...%d...%-6d...%06d' % (x, x, x)
>>> res
'integers: ...1234...1234  ...001234'
```

%e, %f, %g 포맷은 아래 예제가 보여 주는 것처럼 부동 소수점 수를 다른 방법으로 출력한다. %E는 %e와 같지만 지수가 대문자이고, g는 숫자의 내용에 따라 형식이 선택된다(g는 공식적으로 지수가 -4보다 작거나 정밀도보다 작지 않은 경우에는 공식적으로 지수 형식 e를, 그렇지 않은 경우에는 기본 전체 자릿수 정밀도 6의 소수 형식 f를 사용하도록 정의되어 있다).

```
>>> x = 1.23456789
>>> x                       # 2.7과 3.1 이전에서 더 많은 자릿수 출력
1.23456789

>>> '%e | %f | %g' % (x, x, x)
'1.234568e+00 | 1.234568 | 1.23457'

>>> '%E' % x
'1.234568E+00'
```

부동 소수점 수의 경우 왼쪽 정렬, 제로 패딩, 숫자 기호, 전체 필드 넓이, 소수점 다음의 자릿수 등을 명시함으로써 추가로 다양한 포매팅 효과를 얻을 수 있다. 단순한 작업의 경우, %s 포맷 표현식 또는 앞에서 살펴본 str 내장 함수를 사용해 간단하게 문자열로 변환할 수 있다.

```
>>> '%-6.2f | %05.2f | %+06.1f' % (x, x, x)
'1.23   | 01.23 | +001.2'

>>> '%s' % x, str(x)
('1.23456789', '1.23456789')
```

런타임까지 크기를 알 수 없는 경우, % 연산자의 오른쪽에 있는 입력값들의 다음 아이템에서 값을 얻도록 하기 위해 포맷 문자열 안에 이 값들을 *로 지정함으로써 계산된 넓이와 정밀도를 사용할 수 있다. 여기서 튜플 안의 4는 소수점 자릿수/정밀도를 제공한다.

```
>>> '%f, %.2f, %.*f' % (1/3.0, 1/3.0, 4, 1/3.0)
'0.333333, 0.33, 0.3333'
```

이러한 기능에 대해 흥미가 있다면 여기서 보여 준 예제와 연산들을 스스로 테스트해 보자.

딕셔너리 기반 포매팅 표현식

더 고급 확장 기능으로서 문자열 포매팅은 또한 왼쪽에 있는 대상을 오른쪽에 작성된 딕셔너리 안의 키를 참조하기 위해 변환하고, 그에 대응하는 값을 가져오는 것도 가능하다. 이 방법은 템플릿 도구의 일종으로 포매팅을 사용하기 위한 가능성을 제공한다. 우리는 지금까지 딕셔너리에 대해 4장에서 간략히 살펴본 것이 전부이지만, 다음 예제는 가장 기본적인 내용을 설명하므로 이해하는 데 어렵지는 않을 것이다.

```
>>> '%(qty)d more %(food)s' % {'qty': 1, 'food': 'spam'}
'1 more spam'
```

여기에 왼쪽의 포맷 문자열 안의 (qty)와 (food)는 오른쪽에 있는 딕셔너리 리터럴 안의 키를 참조하며, 해당 키의 값을 가져온다. HTML이나 XML 같은 텍스트를 생성하는 프로그램에서 종종 이 기법을 사용한다. 여러분은 값을 포함한 딕셔너리를 만들고 키 기반의 참조를 사용하는 단일 포매팅 표현식을 사용하여 값을 모두 한 번에 대체할 수 있다(다음 코드에서 첫 번째 주석이 삼중 인용 부호 위에 있으므로 해당 주석은 문자열에 포함되지 않으며, 나는 다음 예제를 IDLE에서 테스트했으므로 연속적인 라인 입력을 위한 '...' 프롬프트가 보이지 않는다).

```
>>>                                              # 대체 대상을 이용한 템플릿
>>> reply = """
Greetings...
Hello %(name)s!
Your age is %(age)s
"""
>>> values = {'name': 'Bob', 'age': 40}          # 대체 값 생성
>>> print(reply % values)                        # 대체 수행

Greetings...
Hello Bob!
Your age is 40
```

또한 이 기법은 vars 내장 함수와 함께 사용되며, vars 내장 함수는 자신이 호출된 위치에 존재하는 모든 변수들을 포함한 딕셔너리를 반환한다. vars 내장 함수와 함께 사용된다.

```
>>> food = 'spam'
>>> qty = 10
>>> vars()
{'food': 'spam', 'qty': 10, ...추가로 파이썬이 설정한 내장된 이름들... }
```

vars 내장 함수는 포맷 연산의 오른쪽에 사용될 경우, 딕셔너리 키처럼 포맷 문자열에서 이름으로 변수를 참조하는 것이 가능하다.

```
>>> '%(qty)d more %(food)s' % vars()             # 변수 이름이 vars( )의 키
'10 more spam'
```

우리는 8장에서 딕셔너리에 대해 좀 더 자세히 다룰 예정이다. %x와 %o 포매팅 표현식 대상 코드는 5장에서 이미 언급했으므로 여기서 반복하지 않겠다. %x와 %o를 이용한 16진수 문자열과 8진수 문자열로 변환하는 예제는 5장을 참고하자. 또한, 앞으로 추가 포매팅 표현식 예제들은 이 장의 다음과 마지막 문자열 주제에서 포매팅 메서드에 대한 비교를 통해 나타난다.

문자열 포매팅 메서드 호출

앞서 언급한 바와 같이, 파이썬 2.6 및 3.0은 일부 사람들에게 좀 더 파이썬 고유의 기법으로 보이는 문자열 형식을 지정하기 위한 새로운 방법을 소개했다. 포매팅 메서드 호출은 포매

팅 표현식보다는 C 언어의 'printf' 모델에 다소 덜 밀접하며, 때로는 그 의도가 더 명확해 보인다. 한편, 이 새로운 기법도 여전히 타입 코드와 포매팅 사양 같은 부분에서 'printf'의 핵심적인 개념에 의존하고 있다. 게다가 포매팅 메서드 호출은 대부분의 측면에서 포매팅 표현식과 중복되고, 때로는 더 많은 타이핑을 요구하며, 실제로 많은 역할에서 그냥 복잡하기만 할 수 있다. 이러한 이유로, 오늘날 표현식과 메서드 호출 사이에서 어느 것이 더 좋다고 딱히 권장하지 않으며, 대부분의 프로그래머는 두 방식의 피상적인 이해만으로 사용하고 있다. 다행히, 두 기법은 많은 핵심 개념이 중복될 만큼 충분히 유사하다.

포매팅 메서드 기본

문자열 객체의 format 메서드는 파이썬 2.6, 2.7 그리고 3.X에서 이용할 수 있으며, 표현식이 아닌 일반적인 함수 호출 구문에 기반하고 있다. 특히, 이 포매팅 메서드는 대상 문자열을 템플릿처럼 사용하며, 템플릿에 따라 대체되는 값들을 나타내는 인수들을 받는다.

포매팅 메서드의 사용은 함수와 호출에 대한 기반 지식을 필요로 하지만, 대부분 직관적이고 어렵지 않다. 대상 문자열 내에서 중괄호는 대체 대상을 지정하며, 중괄호 사이에는 위치(웹 {1}) 또는 키워드(웹 {food})를 나타내는 인수가 추가되고, 파이썬 2.7, 3.1 이후 버전에서는 상대적인 위치({ }) 또한 사용될 수 있다. 우리는 18장에서 인수 전달에 대해 깊이 연구할 때 배우게 되겠지만, 함수나 메서드에 전달되는 인수는 위치나 키워드 이름에 의해 전달될 수 있다. 그리고 다수의 위치 인수와 키워드 인수를 받아들이는 파이썬의 능력은 이러한 일반적인 메서드 호출 패턴을 가능하게 한다. 예를 들면 다음과 같다.

```
>>> template = '{0}, {1} and {2}'                      # 위치
>>> template.format('spam', 'ham', 'eggs')
'spam, ham and eggs'

>>> template = '{motto}, {pork} and {food}'            # 키워드
>>> template.format(motto='spam', pork='ham', food='eggs')
'spam, ham and eggs'

>>> template = '{motto}, {0} and {food}'               # 둘 모두
>>> template.format('ham', motto='spam', food='eggs')
'spam, ham and eggs'

>>> template = '{}, {} and {}'                          # 상대적인 위치
>>> template.format('spam', 'ham', 'eggs')             # 2.7과 3.1에 추가
'spam, ham and eggs'
```

앞 절에서 언급한 포매팅 **표현식**은 포매팅 메서드에 비해 비교적 좀 더 간결하지만, 키워드 인수가 아닌 딕셔너리를 사용하며, 값의 소스에 대한 유연함을 제공하지 않는다(이는 여러분의 관점에 따라 장점일 수도 있고 단점일 수도 있다). 두 기법이 어떻게 비교되는지 추가적인 내용은 계속해서 살펴보자.

```
>>> template = '%s, %s and %s'          # 표현식을 이용한 방법
>>> template % ('spam', 'ham', 'eggs')
'spam, ham and eggs'

>>> template = '%(motto)s, %(pork)s and %(food)s'
>>> template % dict(motto='spam', pork='ham', food='eggs')
'spam, ham and eggs'
```

여기에서 키워드 인수로부터 딕셔너리를 만들기 위해 dict( )를 사용하는 것에 주의해서 살펴보자. dict( )는 이미 4장에서 소개했으며, 자세한 내용은 8장에서 다룬다. 이 방법은 {...} 리터럴에 대한 좀 덜 복잡한 방법으로 사용된다. 물론, 포맷 메서드 호출의 대상 문자열 또한 임시 문자열을 생성하는 리터럴일 수 있으며, 임의 객체 타입들이 표현식의 %s 코드처럼 대상(target)에 대체될 수 있다.

```
>>> '{motto}, {0} and {food}'.format(42, motto=3.14, food=[1, 2])
'3.14, 42 and [1, 2]'
```

format 메서드는 % 표현식이나 다른 문자열 메서드와 마찬가지로 즉시 출력되거나 나중을 위해 저장할 수 있는 새로운 문자열 객체를 생성하여 반환한다(문자열은 불변 객체이기 때문에 format 메서드는 결과로 새로운 객체를 만든다는 점을 기억하자). 문자열 포매팅은 출력뿐만 아니라 다른 목적으로 사용될 수 있다.

```
>>> X = '{motto}, {0} and {food}'.format(42, motto=3.14, food=[1, 2])
>>> X
'3.14, 42 and [1, 2]'

>>> X.split(' and ')
['3.14, 42', '[1, 2]']

>>> Y = X.replace('and', 'but under no circumstances')
>>> Y
'3.14, 42 but under no circumstances [1, 2]'
```

키, 속성, 오프셋 추가하기

포맷 호출은 % 포매팅 표현식처럼 고급 용도로 사용할 때 다소 복잡해질 수 있다. 예를 들어, 포맷 문자열은 객체의 속성과 딕셔너리 키를 지명할 수 있다. 일반적인 파이썬 구문과 마찬가지로 위치 또는 키워드에 의해 참조되는 아이템의 딕셔너리 키를 대괄호를 사용하여 지명하며, 객체 속성들은 점을 사용하여 나타낸다. 다음 예제 중에 첫 번째는 키 'kind'를 사용하여 딕셔너리를 인덱스한 다음, 이미 임포트된 sys 모듈 객체로부터 속성 'platform'을 가져온다. 두 번째 예제도 같은 작업을 수행하지만, 위치 대신 키워드를 사용하여 객체를 지명한다.

```
>>> import sys

>>> 'My {1[kind]} runs {0.platform}'.format(sys, {'kind': 'laptop'})
'My laptop runs win32'
>>> 'My {map[kind]} runs {sys.platform}'.format(sys=sys, map={'kind': 'laptop'})
'My laptop runs win32'
```

또한 포맷 문자열에서 대괄호는 리스트(그리고 다른 시퀀스)의 인덱싱을 수행하기 위한 오프셋을 지정할 수 있지만, 포맷 문자열에서는 통상적으로 하나의 양수 오프셋만 동작하며, 이러한 특징은 여러분이 생각하기에 다소 일반적이지 않을 수 있다. 일반적으로 % 표현식과 마찬가지로 음수의 오프셋 또는 슬라이스를 지정하거나, 임의의 표현식 결과를 사용하기 위해서는 포맷 문자열 바깥에서 표현식을 실행해야 한다(여기서는 5장에서 분할에 대해서 배울 때 했던 것처럼, 튜플의 아이템들을 개별적인 함수의 인수로 전달하기 위한 *parts의 사용을 주의해서 살펴보자. 이 형태에 대한 추가적인 내용은 18장에서 다룬다).

```
>>> somelist = list('SPAM')
>>> somelist
['S', 'P', 'A', 'M']

>>> 'first={0[0]}, third={0[2]}'.format(somelist)
'first=S, third=A'

>>> 'first={0}, last={1}'.format(somelist[0], somelist[-1])     # 포맷에서 [-1]은 실패
'first=S, last=M'

>>> parts = somelist[0], somelist[-1], somelist[1:3]     # 포맷에서 [1:3]은 실패
>>> 'first={0}, last={1}, middle={2}'.format(*parts)     # 또는 2.7/3.1+에서 {} 사용
"first=S, last=M, middle=['P', 'A']"
```

고급 포매팅 메서드 구문

% 표현식과 또 다른 유사성으로는 포맷 문자열에 구문을 추가하여 더욱 상세한 구조를 만들 수 있다는 것이다. 포매팅 메서드의 경우, 어쩌면 비어 있을 수도 있는 대체 대상의 식별자 다음에 콜론을 사용하며, 이어서 필드 크기, 정렬 그리고 특정 타입 코드를 지정하는 포맷 식별자가 온다. 다음은 포맷 문자열의 대체 대상에 나타날 수 있는 것에 대한 공식적인 구조다. 이구조의 네 부분은 모두 선택 사항이며, 사이에 공백없이 표현해야 한다.

```
{fieldname component !conversionflag :formatspec}
```

이 대체 대상 구문은 다음 요소들로 구성된다.

- fieldname(필드 이름)은 옵션이며, 인수를 식별하는 숫자 또는 키워드다. 이 값은 2.7, 3.1 그리고 이후 버전에서는 상대적인 인수 번호를 사용하고자 할 경우 생략될 수 있다.
- component(부분)은 인수의 속성과 색인된 값을 가져오는 데 사용되는 0개 이상의 '.name' 또는 '[index]' 참조 문자열이며, 전체 인수 값을 사용하고자 할 경우에는 생략될 수 있다.
- conversionflag(변환 플래그)는 존재할 경우 !로 시작하며, 값에 대해 내장 함수인 repr, str, 또는 ascii를 호출하기 위해 r이나 s, 또는 a가 각각 따라온다.
- fotmatspec(포맷 스펙)은 존재할 경우 :로 시작하며, 필드 넓이, 정렬, 패딩, 소수 정밀도를 포함한 값이 표현되는 방법을 지정하는 텍스트가 따라온다. 그리고 추가로 선택적인 데이터 타입 코드가 끝에 온다.

콜론 문자 다음의 fotmatspec 부분은 자신만의 풍부한 형식을 가지고 있으며, 공식적으로 다음과 같이 설명되어 있다(대괄호는 선택적인 부분을 나타내며, 리터럴로 작성되지 않는다).

```
[[fill]align][sign][#][0][width][,][.precision][typecode]
```

여기서 fill은 { 또는 }를 제외한 어떤 문자라도 사용될 수 있다. align은 왼쪽 정렬, 오른쪽 정렬, 부호 문자 다음의 패딩, 또는 가운데 정렬을 의미하는 <, >, =, ^가 각각 올 수 있다. sign은 +, – 또는 공백이 올 수 있다. 그리고 ,(콤마) 옵션은 파이썬 2.7과 3.1부터 천 단위 구분을 위한 콤마 추가를 요청한다. width와 precision은 % 표현식에서 사용된 의미와 같으며, fotmatspec은 인수 목록으로부터 동적으로 값을 가져오기 위해 필드 이름과 함께 중첩된 {} 포맷 문자열을 포함할 수 있다(포매팅 표현식에서 *과 같다).

메서드의 **typecode** 옵션은 % 표현식에서 사용과 이전 표 7-4에 나열된 것과 거의 완벽히 중복되지만, 포맷 메서드에서는 b 타입 코드를 사용하여 정수를 2진수 포맷으로 출력할 수 있으며(bin 내장 호출을 사용하는 것과 같다), % 타입 코드를 사용하여 퍼센트를 출력할 수 있고. 기수가 10인 정수의 경우 d를 사용할 수 있다(여기서는 i나 u가 사용되지 않는다). 표현식의 %s와는 달리, 여기서 s 타입 코드는 문자열 객체 인수가 필요하다. 일반적으로 모든 타입을 받아들이기 위해서는 타입 코드를 생략할 수 있다.

여기서 생략한 대체 구문에 대한 좀 더 자세한 내용은 파이썬 라이브러리 매뉴얼을 참고하자. 문자열의 format 메서드뿐만 아니라, 단일 객체의 경우 또한 메서드가 내부적으로 사용하는 내장 함수 format(object, formatspec)을 사용하여 포맷을 지정할 수 있으며, __format__ 연산자 오버로딩 메서드와 함께 사용자 정의 클래스에서 커스터마이징될 수 있다(파트 6 참고).

고급 포매팅 메서드 예제

여러분도 알 수 있듯이, 구문은 포매팅 메서드 내에서 다소 복잡해질 수 있다. 이러한 경우 여러분에게는 가장 훌륭한 도구인 대화형 프롬프트가 있으므로 몇 가지 예제를 직접 실행해 보는 것이 좋다. 다음 예제에서 {0:10}은 첫 번째 위치의 인수를 열 자리 넓이로 출력하는 것을 의미하고, {1:<10}은 두 번째 위치의 인수를 열 자리 넓이에서 왼쪽 정렬로 출력하는 것을 의미하며, {0.platform:>10}은 첫 번째 인수의 platform 인수를 열 자리 넓이에서 오른쪽 정렬 방식으로 출력하는 것을 의미한다(키워드 인수로부터 딕셔너리를 만들기 위한 dict( )의 사용을 다시 주의해서 살펴보도록 하자. dict( )에 대한 자세한 내용은 4장과 8장에서 다룬다).

```
>>> '{0:10} = {1:10}'.format('spam', 123.4567)          # 파이썬 3.6에서
'spam       =   123.4567'

>>> '{0:>10} = {1:<10}'.format('spam', 123.4567)
'      spam = 123.4567  '

>>> '{0.platform:>10} = {1[kind]:<10}'.format(sys, dict(kind='laptop'))
'     win32 = laptop    '
```

상대적인 자동 숫자 지정이 비록 여러분의 코드를 덜 명확하게 만들긴 하지만, 이를 이용하여 왼쪽에서 오른쪽으로 인수들을 선택할 경우 모든 경우에 인수 번호를 생략할 수 있으며, 그 때문에 포매팅 표현식보다 나은 포매팅 메서드의 알려진 장점 중 하나가 무효화된다(관련된 내용은 계속해서 살펴보도록 하자).

```
>>> '{:10} = {:10}'.format('spam', 123.4567)
'spam       =   123.4567'

>>> '{:>10} = {:<10}'.format('spam', 123.4567)
'      spam = 123.4567  '

>>> '{.platform:>10} = {[kind]:<10}'.format(sys, dict(kind='laptop'))
'     win32 = laptop    '
```

부동 소수점 숫자는 % 표현식과 마찬가지로 포매팅 메서드 호출에서 같은 타입 코드와 일부 부동 소수점 숫자에 한정된 포매팅을 지원한다. 예를 들어, 다음의 {2:g}는 부동 소수점 표현 'g'의 기본값으로 포맷이 지정된 세 번째 인수를 의미하고, {1:.2f}는 두 개의 소수 자리를 포함하는 'f' 부동 소수점 포맷을 지정한다. 그리고 {2:06.2f}는 여섯 문자 넓이와 왼쪽에 0 패딩이 추가되는 필드를 추가한다.

```
>>> '{0:e}, {1:.3e}, {2:g}'.format(3.14159, 3.14159, 3.14159)
'3.141590e+00, 3.142e+00, 3.14159'

>>> '{0:f}, {1:.2f}, {2:06.2f}'.format(3.14159, 3.14159, 3.14159)
'3.141590, 3.14, 003.14'
```

게다가 format 메서드에 의해 16진수, 8진수, 그리고 2진수 포맷이 지원된다. 실제로, 문자열 포매팅은 정수를 특정 기수로 변환하는 몇몇 내장 함수들의 대안으로 사용된다.

```
>>> '{0:X}, {1:o}, {2:b}'.format(255, 255, 255)         # 16진수, 8진수, 2진수
'FF, 377, 11111111'

>>> bin(255), int('11111111', 2), 0b11111111            # 2진수 변환의 다른 방법
('0b11111111', 255, 255)

>>> hex(255), int('FF', 16), 0xFF         # 16진수 변환의 다른 방법
('0xff', 255, 255)

>>> oct(255), int('377', 8), 0o377        # 3.X에서 8진수 변환의 다른 방법
('0o377', 255, 255)                       # 2.X에서는 0377을 사용하고 출력됨
```

포매팅 인자는 포맷 문자열에 하드코딩하거나 포매팅 표현식의 넓이와 정밀도에서 * 구문처럼 중첩된 포맷 구문을 사용하여 인수 목록으로부터 동적으로 얻을 수 있다.

```
>>> '{0:.2f}'.format(1 / 3.0)             # 하드코딩된 인자
'0.33'
```

```
>>> '%.2f' % (1 / 3.0)                    # 표현식을 이용한 같은 방법
'0.33'

>>> '{0:.{1}f}'.format(1 / 3.0, 4)        # 인수에서 값을 얻기
'0.3333'
>>> '%.*f' % (4, 1 / 3.0) '                # 표현식을 이용한 같은 방법
0.3333'
```

마지막으로 파이썬 2.6과 3.0은 단일 아이템에 대해 포맷을 지정할 때, 사용할 수 있는 새로운
내장 format 함수를 제공한다. 이 함수는 문자열 format 메서드보다 좀 더 단순한 방법이며,
% 포매팅 표현식을 사용하여 단일 아이템을 포매팅하는 것과 거의 유사하다.

```
>>> '{0:.2f}'.format(1.2345)              # 문자열 메서드
'1.23'
>>> format(1.2345, '.2f')                 # 내장 함수
'1.23'
>>> '%.2f' % 1.2345                        # 표현식
'1.23'
```

엄밀히 말하면 내장 format 함수는 대상 객체의 __format__을 실행하며, 이 메서드는 str.
format 메서드가 각 포맷 아이템에 대해서 내부적으로 실행하는 메서드다. 그러나 이 절에서
설명된 내용은 기존 % 표현식의 같은 기능보다 설명이 다소 장황한 면이 있으므로 다음 절에
서는 이 둘에 대해 간단히 비교해 보자.

% 포매팅 표현식과 비교

이전 절을 열심히 읽어 본 독자라면, 위치 참조와 딕셔너리 키에 대해 이해할 수 있으며, 문자
열 format 메서드는 % 포매팅 표현식과 매우 유사하고, 특히 타입 코드와 추가적인 포매팅 구
문을 사용하는 고급 구문에서는 더욱 유사하다는 점을 느낄 수 있을 것이다. 실제로, 일반적
인 사용 사례에서는 포매팅 표현식이 포매팅 메서드 호출보다 더 쉽게 작성될 수 있으며, 특히,
여러분이 포괄적인 %s 문자열 출력 대체 대상을 사용하거나, 2.7과 3.1에서 새롭게 추가된 필
드의 자동 숫자 매기기와 함께 사용할 때 더욱 쉽게 작성될 수 있다.

```
print('%s=%s' % ('spam', 42))             # 포맷 표현식: 2.X/3.X 모두에서 동작

print('{0}={1}'.format('spam', 42))       # 포맷 메서드:3.0+와 2.6+

print('{}={}'.format('spam', 42))         # 자동 숫자 매기기: 3.1+과 2.7
```

곧 살펴보겠지만 좀 더 복잡한 포매팅의 경우 복잡성의 관점에서 비슷해지는 경향이 있으며 (일반적으로 어려운 작업은 접근 방법에 상관없이 어렵다), 일부 사람들은 포매팅 메서드가 표현식이 제공하는 충분한 기능에 대한 과잉이라고 생각한다.

한편, 포매팅 메서드는 또한 몇 가지 잠재적인 이점을 제공한다. 예를 들어, 기존 % 표현식은 비록 포맷 문자열에서 딕셔너리 키 참조가 종종 같은 목적으로 사용될 수는 있지만, 키워드, 속성 참조, 그리고 바이너리 타입 코드는 처리할 수 없다. 두 가지 기술이 어떻게 유사한지 확인하기 위해 다음 % 표현식을 이전에 살펴본 동등한 format 메서드 호출과 비교해 보자.

```
>>> '%s, %s and %s' % (3.14, 42, [1, 2])      # 임의 타입들
'3.14, 42 and [1, 2]'

>>> 'My %(kind)s runs %(platform)s' % {'kind': 'laptop', 'platform': sys.platform}
'My laptop runs win32'

>>> 'My %(kind)s runs %(platform)s' % dict(kind='laptop', platform=sys.platform)
'My laptop runs win32'

>>> somelist = list('SPAM')
>>> parts = somelist[0], somelist[-1], somelist[1:3]
>>> 'first=%s, last=%s, middle=%s' % parts
"first=S, last=M, middle=['P', 'A']"
```

다음 예제들을 앞서 나열한 동등한 format 메서드 호출과 비교해 보면, 여러분은 다시 % 표현식이 좀 더 단순하고 간결한 경향이 있음을 발견할 수 있다. 하지만 좀 더 복잡한 포매팅이 적용될 경우, 두 가지 기술은 복잡성의 관점에서 차이가 없다. 파이썬 3.6에서 format 메서드는 % 표현식에서는 제공하지 않는 일부 고급 기능을 제공하지만, 더 복잡한 포매팅에서는 여전히 근본적으로 복잡성의 관점에서 별 차이가 없는 것처럼 보인다.

```
# 구체적인 포매팅 추가

>>> '%-10s = %10s' % ('spam', 123.4567)
'spam       =    123.4567'

>>> '%10s = %-10s' % ('spam', 123.4567)
'      spam = 123.4567  '

>>> '%(plat)10s = %(kind)-10s' % dict(plat=sys.platform, kind='laptop')
'     win32 = laptop    '

# 부동 소수점 수
```

```
>>> '%e, %.3e, %g' % (3.14159, 3.14159, 3.14159)
'3.141590e+00, 3.142e+00, 3.14159'

>>> '%f, %.2f, %06.2f' % (3.14159, 3.14159, 3.14159)
'3.141590, 3.14, 003.14'

# 16진수와 8진수. 그러나 2진수는 지원되지 않음(앞서 설명한 내용 참고)

>>> '%x, %o' % (255, 255)
'ff, 377'
```

예를 들어, 다음은 필드 크기와 정렬, 그리고 다양한 인수 참조 메서드와 함께 두 기법을 사용하여 생성된 같은 결과를 보여 준다.

```
# 두 기법에서 하드코딩된 참조
>>> import sys

>>> 'My {1[kind]:<8} runs {0.platform:>8}'.format(sys, {'kind': 'laptop'})
'My laptop   runs     win32'

>>> 'My %(kind)-8s runs %(plat)8s' % dict(kind='laptop', plat=sys.platform)
'My laptop   runs     win32'
```

실제로, 프로그램이 미리 대체 데이터의 집합을 구성하는 코드를 실행하지 않고 이와 같이 참조를 하드코딩할 가능성은 많지 않다(예를 들면, HTML 템플릿의 내용을 대체하기 위해 입력 폼이나 데이터베이스 데이터를 한 번에 수집하는 일). 이와 같은 예제에서 일반적인 사용법을 설명할 때, format 메서드와 % 표현식의 비교는 더욱 직관적이다.

```
# 둘 모두에서 사용할 데이터를 미리 생성
>>> data = dict(platform=sys.platform, kind='laptop')

>>> 'My {kind:<8} runs {platform:>8}'.format(**data)
'My laptop   runs     win32'

>>> 'My %(kind)-8s runs %(platform)8s' % data
'My laptop   runs     win32'
```

18장에서 자세히 살펴보겠지만, 여기서 메서드의 **data는 딕셔너리의 키와 값을 개별적인 '이름 = 값' 키워드 인수들로 풀어내는 특별한 구문이기 때문에 포맷 문자열 내에서 이름으로 참조될 수 있다. 또 다른 피해갈 수 없는 다소 개념적인 함수 호출 도구인 **포워드 레퍼런스**(forward reference)는 파이썬을 처음 접하는 독자들에게는 format 메서드의 또 다른 단점이 될 수 있다.

그러나 언제나처럼 파이썬 커뮤니티는 % 표현식과 format 메서드, 그리고 두 기술을 모두 제공하는 것 중 어느 게 더 나은지 결정해야 할 것이다. 이 기술들이 무엇을 제공하는지 여러분 스스로 감을 얻기 위해 직접 테스트해 보자. 그리고 더 자세한 내용은 파이썬 2.6, 3.0 그리고 그 이후 버전의 라이브러리 참조 매뉴얼을 꼭 읽어 보도록 하자.

 파이썬 3.1과 2.7에서 문자열 포맷 메서드 개선 사항들: 파이썬 3.1과 2.7에서 숫자에 대해 천 단위 구분자 구문이 추가되었으며, 이 구문은 세 자리 그룹 사이에 콤마를 추가한다. 이 구문을 사용하려면 타입 코드 이전, 그리고 폭과 정밀도가 있는 경우 둘 사이에 다음과 같이 콤마를 추가한다.

```
>>> '{0:d}'.format(999999999999)
'999999999999'
>>> '{0:,d}'.format(999999999999)
'999,999,999,999'
```

이 경우에도 파이썬은 대체 대상에 명시적으로 인수 번호가 없는 경우에 자동으로 상대적인 숫자를 할당하지만, 이 확장 기능은 모든 경우에 적용할 수 없는 데다 좀 더 명시적인 코드 작성을 가능케 하는 포매팅 메서드의 장점을 무효로 만든다.

```
>>> '{:,d}'.format(999999999999)
'999,999,999,999'
>>> '{:,d} {:,d}'.format(9999999, 8888888)
'9,999,999 8,888,888'
>>> '{:,.2f}'.format(296999.2567)
'296,999.26'
```

좀 더 자세한 내용은 3.1 릴리즈 노트를 참고하자. 또한, 파이썬 3.1과 2.7 이전 버전에서 임포트하여 사용할 수 있는 간단한 수동 해결책의 경우 25장의 **formats.py**에서 콤마 추가와 화폐 포매팅 함수 예제들을 참고하도록 하자. 일반적으로 프로그래밍에서는 기본 제공되는 정해진 도구에 의존하지 않고 새로운 기능을 호출할 수 있으며, 재사용이 가능하고, 사용자 정의할 수 있는 여러분만의 함수로 구현하는 것이 어렵지 않다.

```
>>> from formats import commas, money
>>> '%s' % commas(999999999999)
'999,999,999,999'
>>> '%s %s' % (commas(9999999), commas(8888888))
'9,999,999 8,888,888'
>>> '%s' % money(296999.2567)
'$296,999.26'
```

그리고 늘 그렇듯이, 이와 같은 단순한 함수도 4장에서 처음 언급한 반복(iteration) 도구와 같은 다소 복잡한 문맥 안에서 사용될 수 있다.

```
>>> [commas(x) for x in (9999999, 8888888)]
['9,999,999', '8,888,888']
>>> '%s %s' % tuple(commas(x) for x in (9999999, 8888888))
'9,999,999 8,888,888'
```

```
>>> ''.join(commas(x) for x in (9999999, 8888888))
'9,999,9998,888,888'
```

좋든 나쁘든, 파이썬 개발자들은 종종 일반적인 개발 기술을 넘어서는 특별한 목적을 위한 내장된 도구들을 제공하는 것을 좋아하는 것처럼 보인다. 이에 대한 장단점은 다음 절에서 이야기하겠다.

왜 포맷 메서드인가?

지금까지 두 포맷 기법을 비교하고 대조하는 데 이번에는 왜 여러분이 여전히 format 메서드 류를 사용해야 하는지 설명하고자 한다. 간단히 말해서, 포매팅 메서드는 종종 더 많은 입력을 요구할 수는 있지만 % 표현식이 제공하지는 않는 다음 기능을 제공한다.

- (% 표현식이 다른 방식을 사용할 수도 있지만) % 표현식 자체로는 제공되지 않는 일부 유용한 기능을 제공한다.
- (다소 과잉 기능일 수 있고, % 표현식도 종종 같은 기능을 제공하지만) 더욱 유연한 값 참조 구문을 제공한다.
- (지금은 선택 사항이지만) 대체 값 참조를 더욱 명확하게 만들 수 있다.
- (다소 장황하긴 하지만) 연산자를 더욱 기억하기 쉬운 메서드 이름으로 대체한다.
- (실제로는 사소한 문제이지만) 단일 또는 다수의 값에 대해 다른 구문을 허용하지 않는다.
- (한 라인 함수가 논쟁이 될 수는 있지만) 표현식이 사용될 수 없는 곳에서 함수처럼 사용될 수 있다.

비록 오늘날에는 두 기술을 모두 이용할 수 있고 포매팅 표현식은 여전히 널리 사용되지만, 결국 나중에 format 메서드는 파이썬 개발자들로부터 더 많은 관심과 인기를 받게 될 것이다. 또한, 표현식과 메서드 둘 다 앞으로 여러분이 마주하게 될 코드에서 나타날 수 있으므로 여러분은 두 기술을 모두 이해해 둘 필요가 있다. 그러나 여전히 새로운 코드에서 어떤 기술을 사용할지 선택하는 것은 여러분의 몫이므로 이 주제를 끝내기 전에 간단히 장단점을 살펴보자.

추가 기능들: 특별한 경우를 위한 도구들 vs 보편적인 기술들

메서드 호출은 표현식에서는 지원되지 않는 2진수 타입 코드와 천 단위 그룹화 같은 몇몇 추가 기능을 지원한다. 그러나 이미 본 것처럼, 포매팅 표현식은 일반적으로 다른 방법을 사용하여 같은 효과를 볼 수 있다. 다음은 2진수 포매팅의 경우다.

```
>>> '{0:b}'.format((2 ** 16) - 1)          # 표현식 2진수 포맷 코드
'1111111111111111'
>>> '%b' % ((2 ** 16) - 1)
ValueError: unsupported format character 'b'...

>>> bin((2 ** 16) - 1)                      # 그러나 다른 일반적인 옵션들을 사용할 수 있음
'0b1111111111111111'
>>> '%s' % bin((2 ** 16) - 1)               # 메서드와 % 표현식을 함께 사용할 수 있음
'0b1111111111111111'
>>> '{}'.format(bin((2 ** 16) - 1))         # 2.7/3.1+에서는 상대적인 인수 번호 사용 가능
'0b1111111111111111'

>>> '%s' % bin((2 ** 16) - 1)[2:]           # 정확히 같은 값을 얻기 위해 0b를 잘라냄
'1111111111111111'
```

앞선 노트에서는 일반적인 함수들이 포맷 메서드의 천 단위 **그룹화** 옵션을 유사하게 대체할 수 있고, 더 완벽한 사용자 정의를 지원할 수 있다는 것을 보여 주었다. 이 경우에, **여덟** 라인밖에 안되는 재사용 가능한 함수는 특별한 경우에 대해 별도의 추가 구문 없이 같은 기능을 제공한다.

```
>>> '{:,d}'.format(999999999999)            # 3.1/2.7에서 str.format 메서드의 새로운 기능
'999,999,999,999'

>>> '%s' % commas(999999999999)             # 그러나 %도 함수를 이용하여 동일하게 동작
'999,999,999,999'
```

천 단위 콤마 추가에 대한 비교는 이전 노트를 참고하자. 이 예제는 본질적으로 앞에서 2진수 포매팅에 대해 bin을 사용한 경우와 같지만, 여기서 comma 함수는 내장된 함수가 아닌 사용자가 정의한 함수다. 이와 같이, 이 기법은 미리 작성된 도구나 단일 목적을 위해 추가된 특별한 구문보다 훨씬 더 **보편적인 목적**을 가지고 있다.

이 경우는 또한 파이썬과 일반적인 스크립트 언어의 추세가 보편적인 개발 기술보다는 특별한 경우에 대한 '건전지 포함(프로그래머가 바로 사용할 수 있는 도구들이 함께 제공된다는 파이썬의 기본 모토)' 도구에 더 의존적인 방향으로 가고 있음을 나타내는 것처럼 보인다. 이러한 도구들에 의존적인 코드를 만드는 사고방식이나 최종 사용자가 기업인 경우와 같이 특정 목적을 위한 소프트웨어를 개발하는 경우를 제외하면 정당화하기 어려워 보인다. 일부에서는 프로그래머에게 콤마를 추가하는 도구를 제공하는 것보다 콤마를 추가하는 알고리즘을 작성하는 방법이 더 나은 학습을 제공한다.

우리는 여기에서 철학적인 논쟁은 별도로 남겨 두지만, 현실적인 측면에서 이 경우의 추세는 결과적으로 여러분이 추가적인 구문을 배우고 기억해야 한다는 것이다. 그들의 대안을 감안할 때, 메서드의 이러한 부가적인 기능들이 그 자체만으로도 결정적일 만큼 충분히 강력한 것인지는 명백하지 않다.

유연한 참조 구문: 추가적인 복잡성과 기능의 중복

메서드 호출은 또한 일부 사람들이 좀 더 유연하다고 보는 키와 속성에 대한 직접적인 참조를 지원한다. 그러나 앞서 % 표현식에서 딕셔너리 기반의 포매팅과 format 메서드에서 키와 속성 참조의 비교 예제에서 이미 본 것처럼, 이 둘은 일반적으로 이러한 이유에서 어느 것이 더 낫다고 확언하기에는 너무 비슷하다. 예를 들어, 두 기법은 모두 같은 값을 여러 번 참조할 수 있다.

```
>>> '{name} {job} {name}'.format(name='Bob', job='dev')
'Bob dev Bob'
>>> '%(name)s %(job)s %(name)s' % dict(name='Bob', job='dev')
'Bob dev Bob'
```

그러나 표현식은 특히 일반적인 쓰임에서 format 메서드보다 더 간단하거나 단순해 보인다.

```
>>> D = dict(name='Bob', job='dev')
>>> '{0[name]} {0[job]} {0[name]}'.format(D)       # 메서드 키 참고
'Bob dev Bob'
>>> '{name} {job} {name}'.format(**D)              # 메서드, 딕셔너리를 인수로 풀어냄
'Bob dev Bob'
>>> '%(name)s %(job)s %(name)s' % D                # 표현식, 키 참고
'Bob dev Bob'
```

공정하게 하기 위해 메서드는 심지어 좀 더 전문화된 대체 구문을 제공하며, 다른 비교들은 작은 차이에 따라 어느 기법이 더 유리할 수도 있다. 그러나 중복과 추가적인 복잡성을 감안할 때 포맷 메서드의 유용성은 거의 없거나, 사용 사례에 따라 나타날 수 있는 정도라고 주장할 수 있을 것이다. 적어도 현재는 두 가지 기법을 모두 알아야만 하는 파이썬 프로그래머들에게 부여된 부담이 확실히 정당화된 것 같지는 않다.

명시적 값 참조: 지금은 옵션이지만 더 이상 사용될 것 같지 않음

format 메서드가 적어도 논란의 여지가 명확한 한 가지 사용 사례는 포맷 문자열 안에 대체할 많은 값이 있을 때다. 예를 들어, 31장에서 다루게 될 lister.py 클래스 예제는 단일 문자열에서

여섯 개의 아이템을 대체하며, 이 경우에 메서드의 {i} 위치 라벨이 표현식의 %s보다 좀 더 읽기 쉬워 보인다.

```
'\n%s<Class %s, address %s:\n%s%s%s>\n' % (...)              # 표현식

'\n{0}<Class {1}, address {2}:\n{3}{4}{5}>\n'.format(...)    # 메서드
```

한편, % 표현식에서는 딕셔너리 키를 이용하여 이러한 차이를 대부분 완화시킬 수 있다. 이 예제는 포매팅의 복잡성에 대한 최악의 시나리오 같은 것이며, 실제로 그렇게 일반적이지는 않다. 이런 경우보다는 전형적인 사용 사례가 더 많다. 또한, 파이썬 3.1과 2.7부터는 대체 대상 자동 숫자 매기기 기능을 대체 대상의 상대적인 위치에 따라 선택적으로 사용할 수 있으며, 이 기능은 잠재적으로 포매팅 메서드의 장점을 모두 사라지게 한다.

```
>>> 'The {0} side {1} {2}'.format('bright', 'of', 'life')  # 파이썬 3.X, 2.6+
'The bright side of life'

>>> 'The {} side {} {}'.format('bright', 'of', 'life')     # 파이썬 3.1+, 2.7+
'The bright side of life'

>>> 'The %s side %s %s' % ('bright', 'of', 'life')         # 모든 파이썬
'The bright side of life'
```

코드의 간결함을 감안하면 이 중에 두 번째가 가장 선호될 가능성이 높지만, 일부 메서드의 장점을 무효로 만드는 것 같다. 예를 들어, 부동 소수점 포매팅에 미치는 영향을 비교해 보자. 포매팅 표현식이 여전히 더욱 간결하고 덜 복잡해 보인다.

```
>>> '{0:f}, {1:.2f}, {2:05.2f}'.format(3.14159, 3.14159, 3.14159)
'3.141590, 3.14, 03.14'

>>> '{:f}, {:.2f}, {:06.2f}'.format(3.14159, 3.14159, 3.14159)
'3.141590, 3.14, 003.14'

>>> '%f, %.2f, %06.2f' % (3.14159, 3.14159, 3.14159)
'3.141590, 3.14, 003.14'
```

명명된 메서드와 문맥에 중립적인 인수: 미학 vs 실제

포매팅 메서드는 % 연산자를 더욱 기억하기 쉬운 format 메서드 이름으로 대체하는 이점이 있다고 주장하며, 대체 값이 하나인 경우와 다수인 경우를 구분하지 않는다. 전자는 언뜻 보기

에 초보자들에게 메서드를 더 단순하게 보이도록 만들 수 있지만, 이것은 독자에 따라 달라질 수 있으므로 그리 중요한 문제는 아닌 것 같다.

일부 사람들은 후자의 차이를 더 중요하게 볼 수도 있다. 포맷 표현식에서 단일 값은 그 자체로 전달될 수 있지만, 다수의 값은 튜플로 감싼 후 전달해야 한다.

```
>>> '%.2f' % 1.2345                    # 단일 값
'1.23'
>>> '%.2f %s' % (1.2345, 99)           # 다수의 값 튜플
'1.23 99'
```

엄밀히 말하면, 포매팅 표현식은 단일 대체 값 또는 하나 이상의 아이템을 가진 튜플을 허용한다. 결과적으로 단일 아이템은 그 자체로나 튜플로 감싼 후 제공될 수 있으며, 튜플 자체를 값으로 전달하여 출력해야 하는 경우 중첩된 튜플을 전달해야 한다.

```
>>> '%s' % 1.23                        # 단일 값, 자체 전달
'1.23'
>>> '%s' % (1.23,)                      # 단일 값, 튜플로 전달
'1.23'
>>> '%s' % ((1.23,),)                   # 단일 값이 튜플인 경우
'(1.23,)'
```

반면에 포매팅 메서드는 다수의 값이나 단일 튜플 값에 대해 튜플을 요구하지 않고, 두 경우 모두 오직 일반적인 함수 인수 형태로 받아들인다.

```
>>> '{0:.2f}'.format(1.2345)           # 단일 값
'1.23'
>>> '{0:.2f} {1}'.format(1.2345, 99)   # 다수의 값
'1.23 99'

>>> '{0}'.format(1.23)                 # 단일 값, 자체 전달
'1.23'
>>> '{0}'.format((1.23,))              # 단일 값이 튜플인 경우
'(1.23,)'
```

결과적으로 메서드는 초보자들에게 덜 혼란스러우며, 더 적은 프로그래밍 실수를 발생시킨다. 그러나 이 이슈가 그렇게 중요해 보이지는 않는다. 만약 여러분이 항상 값을 튜플로 감싸고 튜플이 아닌 옵션은 무시할 경우, 여기에서 표현식은 본질적으로 메서드 호출과 동일하다. 또한, 메서드는 제한된 사용법을 고수하기 위해 늘어난 코드 사이즈에 대한 비용을 지불해야

한다. 파이썬의 역사를 통해 표현식의 폭넓은 사용을 감안할 때 이 문제는 실제보다 다소 이론적일 수 있으며, 새로운 도구가 포괄하는 것이 기존 코드와 너무 유사한 경우 기존 코드를 새로운 도구로 포팅하는 것을 정당화하기 어려울 수도 있다.

함수 vs 표현식: 사소한 편의

포맷 메서드에 대한 마지막 근거(함수는 표현식이 사용될 수 없는 곳에서 사용될 수 있다)는 이 시점에서 아직 다루지 않은 함수에 대한 더 많은 지식을 필요로 하므로 여기서는 이에 대한 자세한 설명은 하지 않는다. 여기서는 str.format 메서드와 format 내장 함수는 다른 함수로 전달되거나 다른 객체에 저장될 수 있다는 정도로 말해 두면 충분할 것이다. %와 같은 표현식은 직접 전달될 수는 없지만, 그렇게 단정 짓기는 어렵다. 한 라인짜리 def나 부분 라인 lambda에 있는 표현식을 감싸서 같은 속성을 가진 함수로 변경하는 것도 가능하지만, 꼭 그렇게 해야만 하는 이유를 찾는 것이 더 어려울 수 있다. 그것은 한 라인 def 또는 부분 라인 lambda를 같은 속성을 가진 함수로 변경하는 어렵지 않은 방법이다(그러나 이러한 시도를 하기 전에 충분한 이유를 찾도록 하자).

```
def myformat(fmt, args): return fmt % args      # 파트 4 참조

myformat('%s %s', (88, 99))                       # 직접 만든 함수 객체 호출
str.format('{} {}', 88, 99)                       # 그리고 내장된 함수 호출

otherfunction(myformat)                           # 직접 만든 함수 또한 객체
```

결국, 선택의 문제가 아닐 수도 있다. 여전히 표현식이 파이썬 코드에서 더 널리 사용되고 있지만, 포매팅 표현식과 메서드 둘 다 오늘날의 파이썬에서도 사용할 수 있으며, 대부분의 프로그래머는 앞으로 수년 동안 두 가지 기술을 모두 알고 있는 편이 훨씬 도움이 될 것이다. 이러한 사실이 언어를 처음 배우는 초보자에게는 이중의 노력이 요구될 수는 있지만, 우리가 오픈 소스 소프트웨어 세계라고 부르는 이 아이디어의 시장에는 항상 다양한 방법들을 위한 여지가 존재하는 것 같다.[2]

---

2 파이썬 3.2와 3.3에서 __format__ 핸들러를 정의하지 않은 객체 속성에 대한 일반적인 빈 객체 대상에 관한 **str.format** 버그(또는 회귀)에 대해서는 31장의 노트를 참고하자. 이 버그는 이 책의 이전 판의 실제 예제에 영향을 미친다. 이것은 일시적인 회귀일 수도 있지만, 이 메서드가 여전히 작은 움직이는 대상임을 강조한다. 이는 기능 중복이 의미하는 것에 의문을 제기하는 또 다른 이유다.

한 가지 더: 엄밀히 말하면 이전에 이미 언급한 다소 이해하기 어려운 string 모듈의 Template 도구를 포함할 경우, 파이썬에는 두 개가 아닌 세 개의 포매팅 도구가 내장되어 있다. 지금 우리는 또 다른 두 가지 도구를 살펴 보았으므로, 이 셋이 어떻게 다른지 비교해 볼 수 있다. 또한, 표현식과 메서드는 딕셔너리 키 또는 키워드 인수를 통해 이름으로 대체 값을 참조하여 템플릿 도구로서 사용할 수 있다.

```
>>> '%(num)i = %(title)s' % dict(num=7, title='Strings')
'7 = Strings'
>>> '{num:d} = {title:s}'.format(num=7, title='Strings')
'7 = Strings'
>>> '{num} = {title}'.format(**dict(num=7, title='Strings'))
'7 = Strings'
```

모듈의 템플릿 시스템은 접두사 $가 붙은 이름을 사용하여 딕셔너리 키나 키워드처럼 값을 참조할 수 있지만, 다른 두 메서드가 제공하는 모든 기능을 지원하지는 않는다. 이것은 단순함을 유지하기 위한 제약이며, 해당 도구를 사용하게 되는 주요 동기다.

```
>>> import string
>>> t = string.Template('$num = $title')
>>> t.substitute({'num': 7, 'title': 'Strings'})
'7 = Strings'
>>> t.substitute(num=7, title='Strings')
'7 = Strings'
>>> t.substitute(dict(num=7, title='Strings'))
'7 = Strings'
```

더욱 자세한 내용은 파이썬 매뉴얼을 참고하자. 여러분은 종종 파이썬 코드에서 (서드파티 영역에서 제공하는 추가적인 도구들뿐만 아니라) 이 기법을 사용한 코드를 보게 될 수도 있다. 고맙게도 이 기법은 그리 어렵지 않으며, 제한된 범위 내에서만 드물게 사용된다. 오늘날 대부분의 파이썬 입문자들에게 가장 확실한 방법은 %, str.format 또는 둘 모두를 배우고 사용하는 것이다.

일반적인 타입 분류

지금까지 우리는 파이썬 컬렉션 객체의 첫 번째인 문자열을 탐구했으며, 이 책에서 보게 되는 대부분의 타입들에 적용될 몇 가지 일반적인 타입 개념들을 정의함으로써 이 장을 끝내도록 하자. 내장 타입들의 경우, 같은 분류의 모든 타입들에 대해 연산이 모두 동일하게 동작하는 것으로 나타나므로 우리는 이러한 개념들의 대부분을 한 번만 정의하면 된다. 지금까지 우리는 숫자와 문자열에 대해서는 탐구했지만, 이 둘은 파이썬의 세 가지 주요 타입 분류에서 두 가지를 대표하기 때문에 여러분은 이미 여러분이 생각하는 것보다 여러 가지 다른 타입에 대해 더 많은 것을 알고 있는 셈이다.

타입들은 분류 별로 연산 세트를 공유

이미 배운 것처럼 문자열은 불변 시퀀스다. 문자열은 직접 변경할 수 없으며(불변에 해당하는 부분), 오프셋으로 접근할 수 있는 (시퀀스에 해당하는 부분) 위치적으로 정렬된 컬렉션이다. 우리가 이 파트에서 배우게 될 모든 시퀀스에도 마찬가지로, 이 장에서 보여 준 문자열에 대해 동작하는 같은 시퀀스 연산들이 발생한다(연결, 인덱싱, 반복 등). 좀 더 공식적으로는 파이썬에는 세 가지 주요 타입(그리고 연산) 분류가 있으며, 다음과 같은 일반적인 특징을 지녔다.

숫자(정수, 부동 소수점, 소수, 분수 등)

더하기, 곱하기 등을 지원

시퀀스(문자열, 리스트, 튜플)

인덱싱, 슬라이싱, 연결 등을 지원

매핑(딕셔너리)

키에 의한 인덱싱 등을 지원

나는 여기서 일반적인 '문자열' 용어를 사용할 때 이 장의 시작 부분에서 언급한 파이썬 3.X 바이트 문자열과 2.X 유니코드 문자열을 포함하고 있다(37장을 참고하도록 하자). 집합은 자신만의 독립적인 분류이며(집합은 키를 값으로 연결하지 않으며, 위치적으로 정렬된 시퀀스도 아니다), 이전의 심층 탐구에서 아직 매핑에 대해서는 다루지 않았다(다음 장에서 다룰 예정이다). 그러나 앞으로 마주하게 될 많은 다른 타입들은 숫자나 문자열과 유사할 것이다. 예를 들어, 어떤 시퀀스 객체 X와 Y에 다음과 같은 연산이 일어난다.

- X + Y는 두 피연산자의 콘텐츠를 포함한 새로운 시퀀스 객체를 만든다.
- X * N은 시퀀스 피연산자 X에 대한 N개의 복사본을 포함한 새로운 시퀀스 객체를 만든다.

즉, 이러한 연산들은 문자열, 리스트, 튜플 그리고 일부 사용자 정의 객체 타입을 포함한 어떤 종류의 시퀀스에도 같은 방식으로 동작한다. 유일한 차이점은 여러분이 반환받는 새로운 결과 객체는 피연산자 X, Y와 같은 타입이라는 것이다. 리스트를 연결할 경우, 문자열이 아닌 새로운 리스트가 반환된다. 인덱싱, 슬라이싱 그리고 다른 시퀀스 연산들도 모든 시퀀스에 대해 마찬가지로 동일하게 동작한다. 처리되는 객체들의 타입은 파이썬에게 수행할 작업의 방식을 알려 준다.

가변 타입은 직접 변경할 수 있음

불변 유형에 대해서는 꼭 알고 있어야 하는 중요한 제약 사항이며, 이에 대해 제대로 알지 못하여 종종 초보 개발자들에게 문제가 발생하기도 한다. 객체 타입이 불변일 경우, 여러분은 해당 객체의 값을 직접 변경할 수 없다. 변경을 시도할 경우 파이썬은 에러를 발생시킨다. 대신, 새로운 값을 포함하고 있는 새로운 객체를 생성하는 코드를 실행해야 한다. 파이썬의 주요 코어 타입들은 다음과 같이 나눠볼 수 있다.

불변 타입들(숫자, 문자열, 튜플, 프로즌 집합(frozenset))

불변 범주에 속한 객체 타입들은 직접적인 변경을 지원하지 않지만 항상 새로운 객체를 만들기 위한 표현식을 실행할 수 있으며, 필요에 따라 그 결과를 변수에 할당할 수 있다.

가변 타입들(리스트, 딕셔너리, 집합, 바이트 배열(bytearray))

반대로, 변경 가능 타입들은 항상 새로운 객체를 생성하지 않는 연산들을 사용하여 직접 변경할 수 있다. 비록 이러한 객체들도 복사할 수는 있지만, 직접 변경은 복사 없이 해당 객체를 곧바로 변경하는 것을 지원한다.

일반적으로, 불변 타입은 프로그램의 다른 부분에 의해 객체가 변경되지 않는다는 것을 보장함으로써 어느 정도의 무결성을 보장한다. 이 내용이 왜 중요한지 다시 상기할 필요가 있는 경우, 6장의 공유 객체 참조에 대한 논의를 참고하자. 리스트, 딕셔너리 그리고 튜플의 경우 타입 분류에 어떻게 관여되어 있는지에 대해서는 다음 장에서 다룬다.

이 장의 요약

이 장에서 우리는 문자열 객체 타입에 대해 깊이 탐구했다. 또한 문자열 리터럴 코딩에 대해서 배웠고, 시퀀스 표현식, 문자열 메서드 호출, 그리고 표현식과 메서드 호출을 이용한 문자열 포매팅을 포함한 문자열 연산들에 대해서 탐구했다. 그 과정에서 우리는 슬라이싱, 메서드 호출 구문, 그리고 삼중 인용 부호 블록 문자열과 같은 다양한 개념들에 대해 깊이 공부했다. 또한, 우리는 다양한 타입들에 공통적인 몇몇 핵심 개념들에 대해 정의했다. 예를 들어, 시퀀스 타입들은 전체 연산 세트를 공유한다.

다음 장에서는 파이썬에서 가장 일반적인 객체 컬렉션들을 살펴보면서 타입에 대한 탐구를 계속 진행할 예정이다(리스트와 딕셔너리). 여러분도 곧 알게 되겠지만, 여기서 배운 내용의 대부분은 이 타입에도 동일하게 적용된다. 그리고 앞서 언급한 바와 같이, 이 책의 마지막 파트에서 유니코드 텍스트와 바이너리 데이터의 세부 사항을 구체화하기 위해 파이썬의 문자열 모델로 다시 돌아가며, 이 내용은 일부 파이썬 프로그래머에게는 관심이 가는 주제일 수 있으나 모두의 관심사는 아닐 수 있다. 그러나 다음 장으로 이동하기 전, 이 장에서 소개한 내용들을 복습하기 위한 퀴즈들을 풀어 보도록 하자.

학습 테스트: 퀴즈

1. 문자열의 find 메서드는 리스트를 검색하기 위해 사용될 수 있을까?

2. 문자열 슬라이스 표현식을 리스트에 사용할 수 있을까?

3. 문자를 해당 문자의 아스키 정수 코드로 변경할 방법은 무엇일까? 정수에서 문자로 다른 방법으로 변환할 수 있을까?

4. 파이썬에서 문자열을 변경할 수 있는 방법은?

5. "s,pa,m" 값을 가진 문자열 S가 있을 때, 중간에 있는 두 문자를 추출하기 위한 두 가지 방법을 말해 보라.

6. 문자열 "a\nb\x1f\000d"에는 몇 개의 문자가 있는가?

7. 문자열 메서드 호출 대신 문자열 모듈을 사용할 수 있는 이유는 무엇인가?

학습 테스트: 정답

1. 메서드는 항상 특정 타입에 제한되어 있기 때문에 사용할 수 없다. 즉, 메서드는 하나의 데이터 타입에 대해서만 동작한다. 그러나 X + Y와 같은 표현식과 len(X)와 같은 내장 함수는 공통적이며, 다양한 종류의 타입에 대해 동작한다. 예를 들어 이 경우에 in 멤버십 표현식은 문자열의 find와 유사한 효과를 보여 주지만, 문자열과 리스트 둘 모두를 찾는 데 사용될 수 있다. 파이썬 3.X에서는 메서드를 분류별로 그룹화하려는 시도가 있지만(예를 들어, 변경 가능한 시퀀스 타입인 list와 bytearray는 유사한 메서드 집합을 제공한다), 메서드는 여전히 다른 연산 집합들보다 타입에 있어 더욱 제약적이다.

2. 가능하다. 메서드와는 달리 표현식은 일반적(generic)이며, 많은 타입에 적용된다. 이 경우에 슬라이스 표현식은 실제로 시퀀스 연산이다. 문자열, 리스트 그리고 튜플을 포함한

모든 시퀀스 객체에 대해 동작한다. 유일한 차이점은 리스트를 슬라이스하면 새로운 리스트가 반환된다는 것이다.

3. 내장된 ord(S) 함수는 하나의 문자로 된 문자열을 정수 문자 코드로 변환한다. chr(I)는 정수 코드를 다시 문자열로 변환한다. 그러나 이러한 정수들은 아스키 문자 집합에서 찾을 수 있는 텍스트에 대한 아스키 코드일 뿐임을 명심하도록 하자. 유니코드 모델에서 텍스트 문자열은 실제로 유니코드 코드 포인트 식별 정수의 시퀀스이며, 이 정수들은 아스키에 예약된 7비트 범위의 숫자에서 벗어날 수도 있다(유니코드에 대한 더 자세한 내용은 4장과 37장에서 다룬다).

4. 문자열은 변경할 수 없다. 불변 타입이다. 그러나 새로운 문자열을 생성하고 연결, 슬라이싱, 포매팅 표현식의 실행 또는 replace와 같은 메서드 호출을 사용해 반환된 결과를 기존 변수 이름에 할당하여 유사한 효과를 볼 수 있다.

5. S[2:4]를 사용하여 문자열을 슬라이스하거나 S.split(',')[1]를 사용하여 문자열을 콤마로 분할하고 인덱싱하여 원하는 문자를 추출할 수 있다. 대화형 세션에서 직접 확인해 보도록 하자.

6. 여섯 개. 문자열 "a\nb\x1f\000d"는 a, 줄바꿈(\n), b, 리터럴 값 31(16진수 이스케이프 \x1f), 리터럴 값 0(8진수 이스케이프 \000), 그리고 d를 포함하고 있다. 확인을 위해 이 문자열을 내장된 len 함수에 전달하거나, 문자열의 각 문자들의 실제 코드 포인트 값(식별 숫자)을 확인하기 위해 ord 결과를 출력해 보자. 이스케이프에 대한 더 자세한 내용은 표 7-2를 살펴보도록 하자.

7. 오늘날 여러분은 문자열 객체 메서드 대신 string 모듈을 사용해서는 안 된다. string 모듈은 앞으로 지원되지 않을 예정이며, 파이썬 3.X에서는 이미 완벽히 제거되었다. 오늘날에는 미리 정의된 상수와 같은 도구만이 유일하게 string 모듈의 사용이 허용된다. 앞으로 여러분은 매우 오래되고 먼지가 쌓인 파이썬 코드와 책에서나 string 모듈의 사용을 볼 수 있게 되는 것이다.

8

리스트와 딕셔너리

지금까지 우리는 숫자와 문자열에 대해 충분히 학습했기 때문에 이 장에서는 파이썬의 **리스트**와 **딕셔너리** 객체 타입에 대한 자세한 이야기로 이동한다. 이 두 타입은 다른 객체들의 컬렉션이며, 거의 모든 파이썬 스크립트에서 가장 빈번히 사용되는 데이터 타입이다. 여러분도 곧 알게 되겠지만, 이 두 타입은 매우 유연해서 직접 변경할 수도 있고 필요에 따라 늘리거나 줄일수도 있다. 그리고 어떤 종류의 객체들도 포함하거나 중첩할 수 있다. 이 타입을 활용하면 여러분의 스크립트 안에서 임의의 다양한 정보 구조를 구성하거나 처리할 수 있다.

리스트

우리의 내장 객체 학습의 다음 단계는 파이썬 **리스트**다. 리스트는 파이썬의 가장 유연한 정렬 컬렉션 객체 타입이다. 리스트는 문자열과는 달리 모든 종류의 객체를 포함할 수 있다. 숫자, 문자열 심지어 다른 리스트도 포함할 수 있다. 또한 리스트는 문자열과 달리 오프셋에 의한 할당, 슬라이스, 리스트 메서드 호출, 삭제 구문을 포함한 다양한 방법으로 직접 변경할 수있다. 리스트는 **가변** 객체다.

파이썬 리스트는 C와 같은 저수준 언어에서 때에 따라 여러분이 직접 구현해야 하는 컬렉션 데이터 구조의 많은 일을 대신 수행한다. 다음은 리스트의 주요 특징을 간단히 정리한 것이다. 파이썬 리스트는 다음과 같다.

임의의 객체에 대한 정렬된 컬렉션이다

리스트는 기능적인 측면에서 보면 단순히 다른 객체들을 모아 두는 곳이며, 그렇기 때문에 여러분은 리스트의 객체들을 그룹으로 처리할 수 있다. 또한, 리스트는 자신이 포함하고 있는 아이템들 간에 왼쪽에서 오른쪽으로 향하는 위치 순서를 유지한다(즉, 리스트는 시퀀스다).

오프셋으로 접근할 수 있다

문자열처럼 단순히 객체의 오프셋으로 리스트를 인덱싱하여 리스트를 구성하는 객체를 가져올 수 있다. 리스트에 포함된 아이템은 자신만의 위치로 정렬되어 있기 때문에 슬라이싱이나 연결과 같은 작업 또한 수행할 수 있다.

가변 길이이며, 다른 종류의 타입을 포함할 수 있고 임의 중첩이 가능하다

문자열과는 달리 리스트는 직접 크기를 늘리거나 줄일 수 있고(리스트의 길이는 변경될 수 있다), 단지 한 문자의 문자열뿐만 아니라 어떤 종류의 객체도 포함할 수 있다(다양한 타입을 포함할 수 있다). 또한, 리스트는 또 다른 복잡한 객체를 포함할 수 있고 임의의 중첩도 지원한다. 여러분은 리스트의 리스트의 리스트 같은 것을 만들 수도 있다.

가변 시퀀스로 분류된다

우리의 타입 분류에 따르면 리스트는 가변 타입이며(즉, 직접 변경할 수 있다), 인덱싱, 슬라이싱 그리고 연결과 같은 문자열에 대해 동작하는 모든 시퀀스 연산이 대응한다. 사실, 문자열에 대해 동작하는 시퀀스 연산들은 리스트에도 동일하게 동작한다. 유일한 차이점은 연결과 슬라이싱 같은 시퀀스 연산이 리스트에 적용될 때, 새로운 문자열 대신 새로운 리스트를 반환한다는 것이다. 그러나 리스트는 가변 타입이기 때문에 문자열이 지원하지 않는 삭제나 인덱스 할당 연산과 같이 리스트를 직접 변경하는 다른 연산들 또한 지원한다.

객체 참조의 배열이다

사실상, 파이썬 리스트는 0 또는 그 이상의 다른 객체에 대한 참조를 포함하고 있다. 만약 다른 언어에 대한 기반 지식을 가지고 있는 독자라면, 포인터(주소)의 배열이 생각날 수도 있다. 파이썬 리스트로부터 아이템을 가져오는 것은 C 언어의 배열(Array)을 인덱싱하는 것만큼 빠르다. 사실, 리스트는 실제로 표준 파이썬 인터프리터 안에서 연결된 구조가 아닌 배열로 구현되어 있다. 그러나 우리가 6장에서 배운 것처럼, 파이썬은 객체가 사용될 때마다 항상 객체에 대한 참조를 따라가기 때문에 프로그램이 객체를 다룰 수 있게 된다. 여러분이 객체를 데이터 구조의 요소 또는 변수 이름에 할당할 때마다, (명시적으로 복사를 요청하는 경우가 아니라면) 파이썬은 항상 해당 객체에 대한 복사본이 아닌 같은 객체에 대한 레퍼런스를 저장한다.

미리 보기 및 참고를 목적으로, 표 8-1은 일반적이고 대표적인 리스트 객체 연산을 요약한 것이다. 이 테이블은 파이썬 3.3에서 제공하는 비교적 완벽한 목록을 제공하지만, 전체 설명을 확인하고 싶은 경우 파이썬 표준 라이브러리 매뉴얼을 참고하거나, 리스트 메서드의 전체 목록을 확인하기 위해서 대화형 셸에서 help(list) 또는 dir(list) 호출을 실행해 보자. 이 두 메서드는 실제 리스트 객체를 전달하거나, 리스트 데이터 타입의 이름을 의미하는 단어 list를 전달할 수 있다. 여기에 나열된 리스트 메서드는 특히 빈번히 변경되는 경향이 있다. 사실, 이 중에 두 메서드는 파이썬 3.3에서 새롭게 추가된 것이다.

표 8-1 일반적인 리스트 리터럴과 연산들

연산	설명
L = []	빈 리스트
L = [123, 'abc', 1.23, {}]	네 개의 아이템: 인덱스 0..3
L = ['Bob', 40.0, ['dev', 'mgr']]	중첩된 하위 리스트
L = list('spam')	가변 객체 요소들의 목록
L = list(range(-4, 4))	연속된 정수들의 목록
L[i]	인덱스
L[i][j]	인덱스의 인덱스
L[i:j]	슬라이스
len(L)	길이
L1 + L2	연결
L * 3	반복
for x in L: print(x)	반복
3 in L	멤버십
L.append(4)	메서드: 추가
L.extend([5,6,7])	메서드: 확장
L.insert(I, X)	메서드: 삽입
L.index(X)	메서드: 검색
L.count(X)	메서드: 카운팅
L.sort( )	메서드: 정렬
L.reverse( )	메서드: 뒤집기
L.copy( )	메서드: 복사(3.3+)
L.clear( )	메서드: 제거(3.3+)
L.pop(i)	메서드: 축소

표 8-1 일반적인 리스트 리터럴과 연산들 (계속)

연산	설명
L.remove(X)	메서드: 제거
del L[i]	인덱스 제거
del L[i:j]	슬라이스 제거
L[i:j] = [ ]	전체 제거
L[i] = 3	인덱스 할당
L[i:j] = [4,5,6]	슬라이스 할당
L = [x**2 for x in range(5)]	리스트 컴프리헨션과 맵(4장, 14장, 20장)
list (map(ord, 'spam'))	맵

리스트는 리터럴 표현식으로 표현될 때, 대괄호 안에 콤마로 구분된 연속된 객체로 작성된다. 예를 들어, 표 8-1에서 두 번째 열은 변수 L에 네 개의 아이템을 가진 리스트를 할당한다. 중첩된 리스트는 중첩된 대괄호의 연속으로 작성되며(3열), 빈 리스트는 단순히 내부에 아무것도 포함하지 않는 대괄호의 쌍으로 작성된다(1열).[1]

표 8-1에서 대부분의 연산은 우리가 앞서 문자열에서 사용한 것과 같은 시퀀스 연산이므로 꽤 익숙할 것이다(인덱싱, 연결, 반복 등). 또한 리스트는 리스트를 직접 변경하는 연산(아이템 삭제, 인덱스 할당 그리고 슬라이스 등)뿐만 아니라, (정렬, 리버싱, 리스트의 끝에 아이템 추가하는 기능과 같은) 리스트만을 위한 메서드 호출을 제공한다. 리스트는 가변 객체 타입이기 때문에 변경 연산을 위해 이러한 도구들을 제공한다.

리스트의 실제 동작

리스트의 실제 동작 방식을 보는 것만큼 리스트를 이해하기 위한 좋은 방법은 없을 것이다. 이제 표 8-1의 연산들을 설명하기 위해 다시 한번 대화형 인터프리터를 실행해 보자.

---

[1] 실제로, 여러분은 리스트를 처리하는 프로그램에서 이처럼 작성된 리스트를 많이 보기는 어려울 것이다. 일반적으로는 사용자 입력, 파일 콘텐츠 등으로부터 런타임 시에 동적으로 생성된 리스트를 처리하는 코드를 더 쉽게 볼 수 있다. 비록 실제로 리터럴 구문을 이해하는 것이 중요하지만, 파이썬에서 많은 데이터 구조들은 런타임 시에 실행되는 프로그램 코드에 의해 만들어진다.

기본 리스트 연산들

리스트는 기본적으로 시퀀스이기 때문에 문자열이 제공하는 다수의 동일한 연산들을 지원한다. 예를 들어, 리스트는 문자열처럼 +와 * 연산자에 대응한다. 리스트에서 이 둘은 문자열에서와 마찬가지로 연결과 반복을 의미하지만, 결과로 문자열이 아닌 새로운 리스트가 반환된다.

```
% python
>>> len([1, 2, 3])                          # 길이
3
>>> [1, 2, 3] + [4, 5, 6]                    # 연결
[1, 2, 3, 4, 5, 6]
>>> ['Ni!'] * 4                              # 반복
['Ni!', 'Ni!', 'Ni!', 'Ni!']
```

비록 + 연산자가 리스트와 문자열에서 동일하게 동작하지만, + 연산자는 양측에 **동일한 종류**의 시퀀스를 예상한다는 것을 알 필요가 있다. 그렇지 않은 경우, 코드가 실행될 때 타입 에러를 보게 된다. 예를 들어, 사전에 (str 또는 % 포매팅과 같은 도구를 사용하여) 리스트를 문자열로 변환하지 않거나 (내장 함수 list를 사용하여) 문자열을 리스트로 변환하지 않고서는 리스트와 문자열을 결합할 수 없다.

```
>>> str([1, 2]) + "34"                      # "[1, 2]" + "34"와 같음
'[1, 2]34'
>>> [1, 2] + list("34")                     # [1, 2] + ["3", "4"]와 같음
[1, 2, '3', '4']
```

리스트 컴프리헨션과 반복

좀 더 일반적으로 리스트는 반복 도구를 포함하여 이전 장에서 우리가 문자열에서 사용한 모든 시퀀스 연산에 대해 동작한다.

```
>>> 3 in [1, 2, 3]                          # 멤버십
True
>>> for x in [1, 2, 3]:
...     print(x, end=' ')                   # 반복(2.X에서는 print x 형태로 사용)
...
1 2 3
```

표 8-1에서 for 반복과 내장된 기능인 range는 문(statement) 구문과 관련되어 있기 때문에 이에 대해서는 공식적으로 13장에서 다룬다. 이 둘에 대해 간단히 말하자면, for 루프는 어떤 시퀀스 안의 아이템을 왼쪽에서 오른쪽으로 하나씩 단계별로 반복하며, 각 아이템에 대해 하나 또는 그 이상의 문을 실행한다. range는 연속적인 정수를 만든다.

표 8-1의 마지막 항목인 리스트 컴프리헨션과 map 호출에 대한 좀 더 자세한 내용은 14장에서 다루며, 20장에서는 좀 더 확장된 내용을 다룬다. 이미 4장에서 소개된 것처럼 리스트 컴프리헨션의 기본 동작은 매우 직관적이지만, 리스트 컴프리헨션은 (어떤 반복 가능한) 시퀀스의 각 아이템에 대해 표현식을 적용하여 새로운 리스트를 만드는 방법이며, for 루프와 유사하다.

```
>>> res = [c * 4 for c in 'SPAM']        # 리스트 컴프리헨션
>>> res
['SSSS', 'PPPP', 'AAAA', 'MMMM']
```

이 표현식은 직접 결과로 리스트를 생성하는 for 루프와 기능적으로 동일하다. 그러나 나중에 배우게 되겠지만 리스트 컴프리헨션은 코드를 좀 더 단순하게 만들며, 오늘날에는 좀 더 빠르게 실행될 가능성이 있다.

```
>>> res = []
>>> for c in 'SPAM':                     # 리스트 컴프리헨션과 같은 기능
...     res.append(c * 4)
...
>>> res
['SSSS', 'PPPP', 'AAAA', 'MMMM']
```

또한 4장에서 간략히 설명한 것처럼, map 내장 함수가 유사하게 동작하지만, 시퀀스의 아이템들에 대해 함수를 적용하며, 생성된 모든 결과를 수집하여 새로운 리스트를 생성한다.

```
>>> list(map(abs, [-1, -2, 0, 1, 2]))    # 시퀀스의 아이템들에 대해 함수 매핑
[1, 2, 0, 1, 2]
```

우리는 아직 반복에 대해 자세히 이야기할 만큼 충분히 준비되지 않았기 때문에 지금 당장은 자세한 내용을 다루지 않지만, 이 장의 뒤에서 이와 유사한 딕셔너리에 대한 컴프리헨션 표현식을 살펴볼 것이다.

인덱싱, 슬라이싱 그리고 행렬

리스트는 시퀀스이므로 문자열에 대해 인덱싱과 슬라이싱이 동작하는 것과 같은 방법으로 리스트에 대해서도 동작한다. 그러나 리스트 슬라이싱은 항상 새로운 리스트를 반환하는데 반해, 리스트 인덱싱의 결과는 여러분이 지정한 오프셋에 위치하는 어떠한 객체의 타입이라도 될 수 있다.

```
>>> L = ['spam', 'Spam', 'SPAM!']
>>> L[2]                              # 오프셋은 0에서 시작
'SPAM!'
>>> L[-2]                             # 음수: 오른쪽에서 계산
'Spam'
>>> L[1:]                             # 슬라이싱은 부분을 가져옴
['Spam', 'SPAM!']
```

여기서 한 가지 주의할 점은 리스트 안에 또 다른 리스트나 다른 객체 타입들을 중첩할 수 있기 때문에 종종 데이터 구조에 더 깊이 들어가기 위해 인덱스 연산을 묶어서 사용해야 할 경우가 있다. 예를 들어, 파이썬에서 행렬을 표현하는 가장 쉬운 방법 중 하나는 중첩된 하위 리스트를 가진 리스트(다차원 배열)로 표현하는 것이다. 다음은 리스트 기반의 기본 3 × 3의 2차원 배열이다.

```
>>> matrix = [[1, 2, 3], [4, 5, 6], [7, 8, 9]]
```

위 리스트에 대해 하나의 인덱스만 사용할 경우, 실제로 중첩된 하위 리스트 하나의 전체 열을 얻게 되며, 두 개의 인덱스를 사용할 경우 해당 열 안에 있는 하나의 아이템을 얻게 된다.

```
>>> matrix[1]
[4, 5, 6]
>>> matrix[1][1]
5
>>> matrix[2][0]
7
>>> matrix = [[1, 2, 3],
...           [4, 5, 6],
...           [7, 8, 9]]
>>> matrix[1][1]
5
```

앞의 대화형 예제에서 리스트는 한 쌍의 대괄호에 포함되어 있기 때문에 여러분이 원한다면

리스트는 자연스럽게 다수의 라인으로 확장될 수 있다. 여기서 '...'은 파이썬의 연속 입력 라인 프롬프트다('...'이 없는 유사한 코드는 4장을 보도록 하자. 그리고 이 구문에 대해 좀 더 자세한 내용은 다음 파트를 참고하자).

행렬에 대한 추가 내용은 이 장의 뒷부분에서 딕셔너리 기반의 행렬 표현을 통해 살펴보도록 하자. 딕셔너리 기반의 행렬은 행렬이 주로 비어 있는 경우에 좀 더 효율적으로 동작한다. 또한, 우리는 리스트 컴프리헨션을 사용하여 추가적인 행렬 코드를 작성하는 20장에서 이 주제를 계속해서 다룰 예정이다. 고성능 수치 연산이 필요한 경우, 4장과 5장에서 언급한 NumPy 확장 기능이 행렬 처리를 위한 또 다른 방법을 제공한다.

리스트를 직접 변경하기

리스트는 가변 객체이므로 리스트는 리스트 객체를 직접 변경하는 연산을 지원한다. 즉, 이절에서 언급하는 연산들은 모두 이전의 문자열과 마찬가지로 새로운 복사본을 만들려는 요청이 없는 경우 리스트 객체를 직접 수정한다. 즉, 객체의 이전 값을 덮어쓴다. 파이썬은 객체의참조만을 처리하기 때문에 객체를 직접 변경하는 것과 새로운 객체를 생성하는 것을 구별하는 게 중요하다. 6장에서 언급한 것처럼 객체를 직접 변경할 경우, 동시에 해당 객체를 참조하고 있는 하나 이상의 참조에 대해 영향을 줄 수도 있다.

인덱스 할당과 슬라이스 할당

리스트를 사용할 때, 특정 아이템(오프셋) 또는 전체 섹션(슬라이스)에 값을 할당함으로써 리스트의 내용을 변경할 수 있다.

```
>>> L = ['spam', 'Spam', 'SPAM!']
>>> L[1] = 'eggs'                       # 인덱스 할당
>>> L
['spam', 'eggs', 'SPAM!']

>>> L[0:2] = ['eat', 'more']            # 슬라이스 할당: 삭제 + 삽입
>>> L                                   # 오프셋 0과 1의 아이템 대체
['eat', 'more', 'SPAM!']
```

인덱스 할당과 슬라이스 할당 모두 리스트의 내용을 직접 변경한다. 둘 모두 처리 결과로 새로운 리스트 객체를 생성하지 않고, 대상 리스트를 직접 변경한다. 파이썬에서 인덱스 할당은 C를 포함한 대부분의 다른 언어에서 동작하는 것과 유사하게 동작한다. 파이썬은 지정된 오

프셋에 위치하는 객체 참조 하나를 새로운 객체에 대한 참조로 대체한다.

앞의 예제에서 마지막 연산인 **슬라이스 할당**은 리스트의 전체 섹션을 한 번에 대체한다. 슬라이스 할당은 다소 복잡할 수 있기 때문에 다음 두 단계가 조합된 것으로 생각하는 편이 이해가 쉽다.

1. **삭제.** 할당문 =의 왼쪽에 지정된 슬라이스가 삭제된다.

2. **삽입.** 할당문 =의 오른쪽에 지정된 가변 객체에 포함된 새로운 아이템들이 왼쪽 리스트의 삭제된 슬라이스 위치에 삽입된다.[2]

이 설명은 실제로 처리되는 방법과 다소 차이가 있지만, 삽입된 아이템의 수가 삭제된 아이템의 수와 일치하지 않는 이유를 명확히 하는 데 도움이 될 수 있다. 예를 들어, 두 개 이상의 아이템을 가진 리스트 L이 있을 때, 다음 L[1:2] = [4,5] 할당은 하나의 아이템을 두 아이템으로 대체한다. 파이썬은 먼저 [1:2] 슬라이스에서 한 아이템을(오프셋 1부터, 오프셋 2까지. 그러나 오프셋 2의 아이템은 포함하지 않는다) 삭제하고, 그다음 삭제된 슬라이스가 사용 중이던 위치에 4와 5를 삽입한다.

이 내용은 또한 아래 예제의 두 번째 슬라이스 할당문이 실제로 삽입을 의미하고, 세 번째 슬라이스 할당문이 실제로 삭제를 의미한다는 것을 설명하는 이유가 된다. 파이썬은 두 번째 슬라이스 할당문에서 [1:1] 위치의 빈 슬라이스를 두 아이템으로 대체하고, 세 번째 슬라이스 할당문에서는 슬라이스(오프셋 1 위치의 아이템)를 삭제하고 아무것도 삽입하지 않는다.

```
>>> L = [1, 2, 3]
>>> L[1:2] = [4, 5]                    # 대체/삽입
>>> L
[1, 4, 5, 3]
>>> L[1:1] = [6, 7]                    # 삽입(아무것도 대체하지 않음)
>>> L
[1, 6, 7, 4, 5, 3]
>>> L[1:2] = []                        # 삭제(아무것도 추가하지 않음)
>>> L
[1, 7, 4, 5, 3]
```

실제로, 슬라이스 할당은 전체 섹션 또는 '열'을 한 번에 모두 대체한다. 이것은 심지어 해당 열 또는 대체할 대상이 비어 있는 경우에도 마찬가지다. 할당할 시퀀스의 길이가 할당될 슬라

---

2 이 설명은 할당할 값과 슬라이스 부분이 겹칠 경우 좀 더 상세한 설명이 필요하다. 예를 들어, L[2:5] = L[3:6]는 할당될 값을 왼쪽에서 삭제가 발생하기 먼저 가져오기 때문에 문제없이 동작한다.

이스의 길이와 일치할 필요가 없기 때문에 슬라이스 할당은 대상 리스트에 대한 대체(덮어쓰기), 확장(삽입), 축소(삭제)의 목적으로 사용될 수 있다. 슬라이스 할당은 매우 강력한 연산이지만, 솔직히 말해서 실제 코드에서 그렇게 자주 볼 수 있는 것은 아니다. 종종 대체, 삽입 그리고 삭제를 위한 이보다 좀 더 간단하고 기억하기 쉬운 방법들이 존재하며, 실제로 파이썬 프로그래머들은 이러한 방법들을 더 선호하는 경향이 있다.

한편, 이러한 연산은 리스트 앞에 직접 연결하기 위한 방법으로써 사용될 수도 있다. 다음 절의 메서드 범위에서 다루는 리스트의 extend와 같은 메서드는 리스트의 끝에 직접 연결하는 좀 더 기억하기 쉬운 방법을 제공한다.

```
>>> L = [1]
>>> L[:0] = [2, 3, 4]              # 앞의 빈 슬라이스인 :0 위치에 모두 삽입
>>> L
[2, 3, 4, 1]
>>> L[len(L):] = [5, 6, 7]         # 끝의 빈 슬라이스인 len(L) 위치에 모두 삽입
>>> L
[2, 3, 4, 1, 5, 6, 7]
>>> L.extend([8, 9, 10])           # 메서드를 사용하여 끝에 모두 삽입
>>> L
[2, 3, 4, 1, 5, 6, 7, 8, 9, 10]
```

리스트 메서드 호출

파이썬 리스트 객체는 문자열처럼 리스트 타입만을 위한 메서드 호출을 제공하며, 이들 중 대부분은 대상 리스트를 직접 변경한다.

```
>>> L = ['eat', 'more', 'SPAM!']
>>> L.append('please')                    # 추가 메서드 호출: 끝에 아이템을 추가함
>>> L
['eat', 'more', 'SPAM!', 'please']
>>> L.sort()                              # 리스트 아이템 정렬('S' < 'e')
>>> L
['SPAM!', 'eat', 'more', 'please']
```

메서드에 대해서는 이미 7장에서 소개되었다. 간단히 말해서 메서드는 특정 객체와 연관되어 동작하는 함수(실제로는 함수를 참조하는 객체 속성)로, 특정 타입을 위한 도구들을 제공한다. 예를 들어, 여기서 보여지는 리스트 메서드는 일반적으로 리스트에 대해서만 사용할 수 있다.

아마도 가장 보편적으로 사용되는 리스트 메서드는 단순히 리스트의 끝에 하나의 아이템(객체 참조)을 추가하는 append일 것이다. 연결과 달리 append는 리스트가 아닌 단일 객체를 인수로

요구한다. L.append(X)의 효과는 L + [X]와 비슷하지만, 전자는 L을 직접 변경하는 반면, 후자는 새로운 리스트를 생성한다.[3] 여기서 sort 메서드는 리스트의 아이템을 정렬하지만, 별도의 절을 통해 자세히 이야기할 만한 가치가 있다.

리스트 정렬에 대한 자세한 이야기

흔히 볼 수 있는 또 다른 메서드인 sort는 리스트를 직접 정렬한다. 이 메서드는 파이썬 표준 비교 테스트(여기서는 문자열 비교지만, 모든 객체 타입에 적용할 수 있다)를 사용하며, 기본적으로 오름차순으로 정렬한다.

여러분은 키워드 인수(keyword arguments)를 전달함으로써 정렬 동작을 변경할 수 있다. 키워드 인수는 함수 호출에서 전달할 인수의 이름을 명시하는 특수한 '이름 = 값' 구문이며, 종종 설정 옵션을 제공하는 데 사용된다.

간단히 말해서, reverse 인수를 사용하면 오름차순이 아닌 내림차순 정렬이 가능하며, key 인수는 정렬에 사용되는 값을 반환하는 단일 인수 함수를 제공한다. 다음 예제에서는 문자열 객체의 표준 소문자 변환기 lower가 사용되었다(그러나 lower의 새로운 버전인 casefold를 사용하면 일부 유니코드 텍스트 타입에 대해 좀 더 잘 처리할 수 있다).

```
>>> L = ['abc', 'ABD', 'aBe']
>>> L.sort()                              # 대소문자 혼합된 리스트 정렬
>>> L
['ABD', 'aBe', 'abc']
>>> L = ['abc', 'ABD', 'aBe']
>>> L.sort(key=str.lower)                 # 소문자 비교
>>> L
['abc', 'ABD', 'aBe']
>>>
>>> L = ['abc', 'ABD', 'aBe']
>>> L.sort(key=str.lower, reverse=True)   # 정렬 순서 변경
>>> L
['aBe', 'ABD', 'abc']
```

---

3 append는 + 연결과는 달리 새로운 객체를 생성하지 않는다. 그래서 일반적으로 +보다 빠르게 동작한다. 또한, 이전 절의 슬라이스 할당 구문을 잘 이용하면 append를 흉내 낼 수 있다. L[len(L):]=[X] 할당문은 L.append[X]와 같고, L[:0]=[X] 할당문은 리스트의 앞에 추가하는 것과 같다. 둘 모두 빈 슬라이스를 삭제하고 X를 삽입한 다음, append처럼 L을 직접 빠르게 변경한다. 그러나 분명한 건 이 방법은 리스트 메서드를 사용하는 것보다 복잡하다. 예를 들어, L.insert(0, X) 구문 마찬가지로 리스트의 앞에 아이템들을 추가하지만, 훨씬 더 기억하기 쉽다. L.insert(len(L), X) 또한 끝에 하나의 객체를 추가하지만, 타이핑을 많이 하는 것을 좋아하지 않는다면, L.append(X)를 사용하는 편이 나을 것이다!

각 딕셔너리를 인덱싱함으로써 정렬 키를 선택하기 위해 딕셔너리의 리스트를 정렬하는 데 유용하게 사용될 수 있다. 딕셔너리에 대해서는 이 장의 뒤에서 배우며, 키워드 함수 인수에 대한 좀 더 자세한 내용은 파트 4에서 다룰 예정이다.

파이썬 3.X에서 비교와 정렬: 파이썬 2.X에서 다른 타입 객체들(⑩ 문자열과 리스트)의 상대적인 크기 비교는 5장에서 처음 언급된 것처럼 동작한다. 언어는 다른 타입들 간에 고정된 정렬 순서를 정의하고 있으며, 미적으로 만족스럽지 않은 경우에 이 방법이 타입 간의 순서를 결정해 준다. 정확히 말하면 정렬 순서는 해당 타입의 이름을 기반으로 한다. 예를 들어, "int"는 "str"보다 작기 때문에 모든 정수는 모든 문자열보다 작다. 숫자 타입 객체들을 비교할 때를 제외하면, 비교는 타입을 절대 자동으로 변환하지 않는다.

파이썬 3.X에서는 이 내용이 변경되었다. 혼합된 타입들 간의 비교는 고정된 크로스 타입 순서에 의존하지 않고 대신에 예외를 발생시킨다. 이 말은 곧, 정렬은 내부적으로 비교를 사용하기 때문에 다음 [1, 2, 'spam'].sort( )는 파이썬 2.X에서는 성공적으로 실행되지만, 파이썬 3.X에서는 예외가 발생함을 의미한다. 혼한된 타입들의 정렬은 프록시로 인해 실패한다.

파이썬 3.X는 또한 다른 정렬 순서를 구현하기 위해 더 이상 sort에 임의 **비교 함수**를 전달하는 것을 지원하지 않는다. 대안으로 제시된 방법은 정렬 동안 값 변환 코드를 작성하기 위해 key = **func** 키워드 인수를 사용하는 것과, 정렬 순서를 내림차순으로 변경하기 위해 reverse = True 키워드 인수를 사용하는 것이다. 이것은 과거에 비교 함수들이 일반적으로 사용하던 방법이다.

여기서 한 가지 주의 사항이 있다. append와 sort는 관련된 리스트 객체를 직접 변경하지만, 리스트를 결과로 반환하지 않는다(사실상, 이 두 메서드는 모두 None이라는 값을 반환한다). 여러분이 직접 L = L.append(X) 같은 코드를 실행할 경우, 수정된 L을 구할 수 없다(실제로는 리스트에 대한 참조를 모두 잃게 된다). 또한, append와 sort 같은 속성을 사용할 때는 그 연산의 결과로써 해당 객체 자체가 변경되기 때문에 재할당될 필요가 없다.

부분적으로 이러한 제약으로 인해 최신 파이썬에서는 내장된 함수로도 정렬을 이용할 수 있고, 내장된 정렬 함수는 리스트뿐만 아니라 모든 컬렉션 타입을 정렬할 수 있으며, 결과로써 (직접 변경하지 않고) 새로운 리스트를 반환한다

```
>>> L = ['abc', 'ABD', 'aBe']
>>> sorted(L, key=str.lower, reverse=True)          # 내장 함수로 정렬
['aBe', 'ABD', 'abc']

>>> L = ['abc', 'ABD', 'aBe']
>>> sorted([x.lower() for x in L], reverse=True)    # 미리 변환: 결과가 다르다!
['abe', 'abd', 'abc']
```

여기서 마지막 예제를 주의해서 살펴보자. 정렬하기 전에 리스트 컴프리헨션을 사용하여 소문자로 변경할 수도 있지만, key 인수를 사용한 것처럼 결과에 기존 리스트의 값이 포함되어 있지 않다. 후자는 정렬에 사용된 값을 변경하는 게 아니라, 정렬 동안에 임시적으로 값을 변경하는 것이다. 이 책을 읽는 동안에 내장된 sorted가 sort 메서드보다 더 유용한 상황을 종종 볼 수 있을 것이다.

또 다른 리스트 메서드

문자열과 마찬가지로 리스트도 다른 특수한 연산을 수행하는 메서드를 제공한다. 예를 들어, reverse는 리스트를 직접 뒤집는다. 그리고 extend와 pop 메서드는 각각 리스트의 끝에 다수의 아이템을 추가하고 하나의 아이템을 삭제한다. 그 외에 sorted와 유사하게 동작하고 새로운 결과 객체를 반환하는 reversed 내장 함수가 있지만, reversed의 결과는 요청에 따라 결과를 생성하는 반복자(iterator)이기 때문에 파이썬 2.X와 3.X 둘 모두에서 list 호출로 감싸줘야 한다(반복자에 대해서는 나중에 자세히 다룬다).

```
>>> L = [1, 2]
>>> L.extend([3, 4, 5])          # 다수의 아이템을 끝에 추가(직접 변경하는 +와 같음)
>>> L
[1, 2, 3, 4, 5]
>>> L.pop()                      # 마지막 아이템을 삭제하고 반환(기본값: -1)
5
>>> L
[1, 2, 3, 4]
>>> L.reverse()                  # 직접 변경하는 순서를 반대로 바꾸는 메서드
>>> L
[4, 3, 2, 1]
>>> list(reversed(L))            # 결과를 다시 내장 함수로 뒤집기
[1, 2, 3, 4]
```

엄밀히 말하면, append는 해당 객체에 대해 반복 없이 단순히 단일 아이템을 추가하지만, extend 메서드는 항상 **반복 가능한**(iterable) 객체의 반복을 통해 각 아이템을 추가한다. 이 차이는 14장에서 좀 더 의미 있게 사용된다. 지금은 extend가 다수의 아이템을 추가하고, append는 하나만 추가한다는 것만 알면 충분하다. 일부 프로그램에서는 후입선출(Last In First Out, LIFO) 방식의 **스택** 구조를 빠르게 구현하기 위해 append 메서드와 함께 pop 메서드를 사용하기도 한다. 이때 리스트의 끝이 스택의 최상단(top) 역할을 한다.

```
>>> L = []
>>> L.append(1)                    # 스택에 밀어 넣기
>>> L.append(2)
>>> L
[1, 2]
>>> L.pop()                        # 스택에서 꺼내기
2
>>> L
[1]
```

또한, pop 메서드는 삭제하고 반환할 아이템의 오프셋을 추가적인 인수로 받는다(기본값은 마지막 아이템의 오프셋인 -1이다). 또 다른 리스트 메서드 remove는 인수로 전달된 값에 해당하는 아이템을 제거하고, insert는 특정 오프셋에 아이템을 추가하며, count는 인수로 전달된 아이템의 수를 반환한다. 그리고 index는 특정 아이템의 오프셋을 찾는다(index는 특정 아이템의 인덱스 값을 반환하는 메서드로 인덱싱과 혼동하지 않도록 하자).

```
>>> L = ['spam', 'eggs', 'ham']
>>> L.index('eggs')               # 객체의 인덱스
1
>>> L.insert(1, 'toast')          # 특정 위치에 삽입
>>> L
['spam', 'toast', 'eggs', 'ham']
>>> L.remove('eggs')              # 해당 값을 삭제
>>> L
['spam', 'toast', 'ham']
>>> L.pop(1)                      # 특정 위치의 값 삭제
'toast'
>>> L
['spam', 'ham']
>>> L.count('spam')               # 발생 수
1
```

count와 index는 다른 메서드와는 달리 리스트 자체를 변경하지는 않지만, 리스트 내용에 대한 정보를 반환한다. 리스트 메서드에 대한 추가적인 학습은 다른 문서를 참고하거나 직접 대화형 세션에서 이 호출들을 실험해 보도록 하자.

또 다른 리스트 연산

리스트는 변경 가능(mutable)하기 때문에 직접 아이템이나 섹션을 삭제하기 위해 del문을 사용할 수 있다.

```
>>> L = ['spam', 'eggs', 'ham', 'toast']
>>> del L[0]                              # 아이템 하나 삭제
>>> L
['eggs', 'ham', 'toast']
>>> del L[1:]                             # 전체 섹션 삭제
>>> L                                     # L[1:] = []와 같다
['eggs']
```

이전에 이미 본 것처럼, 슬라이스 할당은 삭제에 삽입을 더한 것이므로 슬라이스에 빈 리스트를 할당함으로써 리스트의 섹션을 삭제할 수 있다(L[i:j]=[ ]). 파이썬은 왼쪽에 지정된 슬라이스를 삭제하고, 아무것도 추가하지 않는다. 반면에 인덱스에 빈 리스트를 할당하는 것은 아이템을 삭제하는 것이 아니라, 단순히 빈 리스트 객체에 대한 참조를 지정된 슬롯에 저장하는 것 뿐이다.

```
>>> L = ['Already', 'got', 'one']
>>> L[1:] = []
>>> L
['Already']
>>> L[0] = []
>>> L
[[]]
```

일반적인 연산들은 모두 여기서 다루고 있지만, 여기에서 다루지 않은 추가적인 리스트 메서드와 연산이 있을 수 있다. 예를 들어, 시간에 따라 변경되거나 파이썬 3.3에 새롭게 추가된 메서드가 있다. 파이썬 3.3에 새롭게 추가된 L.copy( ) 메서드는 L[:] 또는 list(L)와 마찬가지로 리스트의 최상위 복사본을 생성하지만, 집합과 딕셔너리의 copy와는 대칭적이다. 타입 도구에 대한 종합적인 최신 정보는 파이썬 매뉴얼과 파이썬 dir, 그리고 help 함수 또는 서문에서 언급한 참조 텍스트 중 하나를 참고하자.

그리고 여기서 다룬 모든 직접 변경 연산들은 가변 객체에 대해서만 동작하며, 일반적으로 다들 어려워하는 부분이기 때문에 다시 짚고 넘어가도록 하겠다. 아무리 노력한다고 해도 문자열 또는 튜플에 대해서는 동작하지 않는다. 가변성(mutability)은 각 객체 타입의 고유 속성이기 때문이다.

딕셔너리

딕셔너리(Dictionary)는 리스트와 함께 파이썬에서 가장 유연한 내장 데이터 타입 중 하나다. 리스트를 정렬된 객체의 컬렉션으로 생각한다면, 딕셔너리는 비정렬 컬렉션으로 생각할 수 있다. 가장 큰 차이점은 딕셔너리에서는 위치적인 오프셋 대신에 키를 사용하여 아이템을 저장하거나 가져온다는 것이다. 리스트는 다른 언어의 배열과 비슷한 역할을 제공하지만, 딕셔너리는 레코드, 검색 테이블, 그리고 아이템의 위치보다 아이템의 이름이 더 의미 있는 곳에 대신 사용될 수 있다.

예를 들어, 딕셔너리는 저수준 언어에서는 여러분이 직접 구현해야 하는 검색 알고리즘과 데이터 구조의 많은 부분을 대체할 수 있다. 고도로 최적화된 내장 타입으로써, 딕셔너리 인덱싱은 매우 빠른 검색 작업이다. 또한 딕셔너리는 다른 언어에서 레코드, 구조체 그리고 심볼 테이블의 임무를 수행한다. 아울러 희소 데이터 구조(sparse data structure) 등을 표현하는 데도 사용될 수 있다. 여기서는 파이썬 딕셔너리에 대한 주요 특징을 간략히 설명한다.

오프셋 위치가 아닌 키로 접근

딕셔너리는 때로 연관 배열 또는 (특히 다른 스크립트 언어의 사용자들에 의해) 해시라고 불린다. 딕셔너리는 값을 키와 연결지으며, 여러분은 저장할 때 사용한 키를 사용하여 딕셔너리로부터 하나의 아이템을 가져올 수 있다. 딕셔너리에 있는 컴포넌트를 가져오기 위해 리스트에서 사용한 것과 같은 인덱싱 연산을 사용하지만, 상대적인 오프셋이 아닌 키 형태의 값을 인덱스로 사용한다.

임의 객체에 대한 비정렬 컬렉션

리스트와는 달리, 딕셔너리에 저장된 아이템은 어떤 특별한 순서를 유지하지 않는다. 실제로, 파이썬은 빠른 검색을 제공하기 위해 아이템들의 순서를 임의로 추출한다. 딕셔너리의 키는 딕셔너리에서 해당 아이템에 대한 (물리적인 위치가 아닌) 상징적인 위치를 제공한다.

가변 길이와 모든 타입을 포함할 수 있으며, 임의 중첩이 가능

리스트와 마찬가지로 딕셔너리는 (새로운 복사본을 만들지 않고) 직접 크기를 늘리거나 줄일 수 있으며, 어떤 타입의 객체도 포함할 수 있다. 그리고 임의 깊이만큼의 중첩을 지원한다 (리스트나 또 다른 딕셔너리를 포함한 다른 타입도 중첩할 수 있다). 하나의 키는 하나의 연관된 값만 가질 수 있지만, 필요에 따라 해당 값은 다수의 객체를 포함한 컬렉션이 될 수 있고, 해당 값은 다수의 키를 저장할 수 있다.

'가변 매핑(mutable mapping)'으로 분류된다

인덱스에 값을 할당하여 (딕셔너리는 가변 객체이므로) 딕셔너리를 직접 변경할 수 있지만, 문자열이나 리스트에서 제공되는 시퀀스 연산은 제공되지 않는다. 딕셔너리는 비정렬 컬렉션이기 때문에 고정된 위치 순서에 의존적인 연산들(예 연결, 슬라이싱)은 지원하지 않는다. 하지만 딕셔너리는 매핑 타입(키를 값으로 연결하는 객체)에 속하는 유일한 내장된 코어 타입이다. 파이썬에서 또 다른 매핑 타입들은 외부 모듈을 임포트하여 만들어진다.

객체 참조의 테이블이다(해시 테이블)

리스트가 위치에 의한 접근을 지원하는 객체 참조의 배열이라면, 딕셔너리는 키에 의한 접근을 지원하는 객체 참조의 비정렬 테이블이다. 내부적으로, 딕셔너리는 필요에 따라 크기가 변경되는 해시 테이블(빠른 검색을 위한 데이터 구조)로 구현된다. 또한, 파이썬은 키를 찾기 위한 최적화된 해싱 알고리즘의 채용으로 매우 빠른 검색 속도를 제공한다. 딕셔너리도 리스트처럼 (명시적으로 요청하는 경우를 제외하고는 복사본이 아닌) 객체의 참조를 저장한다.

표 8-2는 연산자들을 미리 살펴보고 나중에 다시 참고하기 위해 가장 일반적이고 대표적인 딕셔너리 연산들을 나열하고 있으며, 이 목록은 파이썬 3.3 이후부터 상대적으로 좀 더 완벽해졌다. 그러나 늘 그렇듯이, 전체 목록 확인은 라이브러리 매뉴얼을 참조하거나, dir(dict) 또는 help(dict)를 실행해 보자. 여기서 dict는 타입 이름이다. 딕셔너리를 리터럴 표현식으로 작성할 경우에는 콤마로 구분된 키:값 쌍의 연속으로 작성하여 전체를 중괄호로 감싸서 표현한다.[4] 빈 딕셔너리는 빈 중괄호 세트로 표현되며, 딕셔너리를 단순히 다른 딕셔너리나, 리스트, 튜플의 값으로 작성함으로써 딕셔너리를 다른 타입에 중첩할 수 있다.

표 8-2 일반적인 딕셔너리 리터럴과 연산

연산	설명
D = { }	빈 딕셔너리
D = {'name': 'Bob', 'age': 40}	두 개의 아이템을 포함한 딕셔너리
E = {'cto': {'name': 'Bob', 'age': 40}}	중첩
D = dict(name = 'Bob', age = 40)	또 다른 생성 기법

---

4 리스트와 마찬가지로 리터럴로 딕셔너리 전체가 작성된 경우를 자주 보기는 어려울 것이다. 프로그램이 실행되기 전에 필요한 데이터를 모두 알고 있는 경우는 드물며, 사용자나, 파일 등으로부터 동적으로 얻는 경우가 좀 더 일반적이다. 그러나 리스트와 딕셔너리는 다른 방법으로 크기가 증가한다. 다음 절에서는 런타임 중에 값을 새로운 키에 할당하여 딕셔너리를 만들어 가는 모습을 종종 볼 수 있을 것이다. 이 접근 방법은 그 대신에 일반적으로 append 또는 extend로 크기를 증가시키는 리스트의 경우에는 사용할 수 없다.

표 8-2 일반적인 딕셔너리 리터럴과 연산 (계속)

연산	설명
D = dict([('name', 'Bob'), ('age', 40)])	키워드, 키/값 쌍
D = dict(zip(keyslist, valueslist))	키/값 쌍의 묶음
D = dict.fromkeys(['name', 'age'])	키 리스트
D['name']	키를 이용한 인덱싱
E['cto']['age']	키를 이용한 중첩된 인덱싱
'age' in D	멤버십: 키가 존재하는지 확인
D.keys( )	메서드: 모든 키
D.values( )	모든 값
D.items( )	모든 키+값 튜플
D.copy( )	복사(최상위)
D.clear( )	삭제(전체 아이템 삭제)
D.update(D2)	키에 의한 통합
D.get(key, default?)	키로 검색해서 얻기. 없는 경우 기본값(또는 None)
D.pop(key, default?)	키로 검색해서 제거. 없는 경우 기본값(또는 에러)
D.setdefault(key, default?)	키로 검색해서 얻기. 없는 경우 기본값으로 설정(또는 None)
D.popitem( )	아무 (키, 값) 쌍을 딕셔너리로부터 제거하고 반환
len(D)	길이: 저장된 항목의 수
D[key] = 42	키를 추가하고 키의 값을 변경
del D[key]	키로 검색하여 항목 삭제
list(D.keys( ))	딕셔너리 뷰(파이썬 3.X)
D1.keys( ) & D2.keys( )	공통 키 찾기
D.viewkeys( ), D.viewvalues( )	딕셔너리 뷰(파이썬 2.7)
D = {x: x*2 for x in range(10)}	딕셔너리 컴프리헨션(파이썬 3.X, 2.7)

딕셔너리의 동작

표 8-2에서 알 수 있듯이 딕셔너리는 키로 인덱싱되며, 중첩된 딕셔너리의 항목은 연속된 인덱스(대괄호로 감싼 키)로 참조될 수 있다. 파이썬이 딕셔너리를 만들 때, 딕셔너리는 자신이 채택한 왼쪽에서 오른쪽으로의 어떤 순서에 따라 딕셔너리 아이템을 저장한다. 다시 값을 가져오기 위해 해당 값의 상대적인 위치가 아닌 연관된 키를 제공한다. 표 8-2에서 소개된 딕셔너리

연산 중에 이해를 위해 필요한 경우 언제든지 인터프리터를 활용하도록 하자.

기본 딕셔너리 연산

일반적인 연산에서 여러분은 리터럴로 딕셔너리를 만들고, 키로 아이템을 인덱싱하여 저장하고 접근한다.

```
% python
>>> D = {'spam': 2, 'ham': 1, 'eggs': 3}        # 딕셔너리 생성
>>> D['spam']                                    # 키로 값을 가져오기
2
>>> D                                            # 정렬 순서는 뒤섞여 있음
{'eggs': 3, 'spam': 2, 'ham': 1}
```

여기서 딕셔너리는 변수 D에 할당된다. 'spam' 키에 대한 값은 정수 2다. 우리가 오프셋으로 리스트를 인덱스할 때와 마찬가지로 키를 사용하여 딕셔너리를 인덱스할 때도 같은 대괄호 구문을 사용하지만, 여기서는 위치가 아닌 키에 의한 접근을 의미한다.

이 예제의 마지막을 주의해서 보자. 집합과 마찬가지로 딕셔너리에서 키의 **왼쪽에서 오른쪽으로**의 순서는 여러분이 처음에 무엇을 입력하는지에 따라 달라진다. 이것은 의도적인 것이다. 빠른 검색(해싱)을 위해, 키들은 메모리상에서 재정렬이 필요하다. 이것은 바로 왼쪽에서 오른쪽으로의 고정된 정렬 순서를 가정한 연산(예 슬라이싱, 연결)들이 딕셔너리에는 적용되지 않는 이유다. 오직 키로만 값을 가져올 수 있고, 위치로는 가져올 수 없다. 엄밀히 말하면, 이 순서는 **의사 랜덤(pseudo-random)**이다. 진정한 랜덤은 아니지만(파이썬 소스 코드와 시간만 있다면 충분히 해독할 수 있을 것이다), 배포나 플랫폼에 따라 다를 수 있고 파이썬 3.3+에서는 대화형 세션마다 다를 수도 있다.

내장된 len 함수는 딕셔너리에 대해서도 동작한다. 이 함수는 딕셔너리에 저장된 항목의 수를 반환하며, 이 값은 딕셔너리의 키 리스트의 길이와 같다. 딕셔너리의 in 멤버십 연산자를 사용하면 해당 키가 존재하는지 확인할 수 있으며, keys 메서드는 딕셔너리에 저장된 모든 키를 반환한다. 이 중에 후자는 딕셔너리를 순차적으로 처리하고자 할 때 유용하게 사용할 수 있지만, 키 리스트의 순서에 의존하지 않도록 해야 한다. 그러나 keys의 결과는 일반적인 리스트처럼 사용될 수 있기 때문에 순서가 중요한 경우, 항상 정렬될 수 있다(정렬과 딕셔너리에 대한 자세한 내용은 나중에 또 다룬다).

```
>>> len(D)                    # 딕셔너리의 항목 수
3
>>> 'ham' in D                # 또 다른 키 멤버십 테스트
True
>>> list(D.keys())            # 딕셔너리 D의 키로 새로운 리스트 생성
['eggs', 'spam', 'ham']
```

위 예제에서 두 번째 표현식을 보자. 이전에 언급한 것처럼, 문자열과 리스트에 사용된 in 멤버십 테스트는 딕셔너리에서도 동작한다. 딕셔너리에 해당 키가 저장되어 있는지 확인한다. 엄밀히 말하면 in 멤버십 테스트는 딕셔너리가 키들에 대한 **반복자**를 정의하기 때문에 동작하며, 딕셔너리는 가능할 경우에는 언제나 빠른 직접 검색을 사용한다. 다른 타입들은 타입마다 일반적으로 사용되는 방법에 따라 반복자를 제공한다. 예를 들어, 파일은 파일을 한 라인씩 읽는 반복자를 제공한다. 반복자에 대해서는 14장과 20장에서 좀 더 공식적으로 다룰 예정이다.

그리고 위 목록의 마지막 예제도 주의해서 보자. 이 예제는 파이썬 3.X에서 비슷한 이유로 list 호출로 감싸야 한다. 파이썬 3.X에서 keys는 실제 리스트가 아닌 반복 객체를 반환한다. list 호출은 전달된 모든 값을 즉시 리스트로 만들기 때문에 대화형 세션에서 바로 출력할 수 있다. 그러나 list 호출이 필요하지 않는 경우도 있다. 파이썬 keys는 2.X에 실제 리스트를 만들어서 반환하기 때문에 결과를 출력하고자 할 경우에도 list 호출을 사용할 필요가 없다. 이에 대해서는 이 장의 뒤에서 좀 더 자세히 다룬다.

딕셔너리 변경하기

대화형 세션을 통해 테스트를 계속해 보자. 딕셔너리는 리스트처럼 가변 객체이기 때문에 새로운 딕셔너리를 만들지 않고 직접 변경, 확장, 그리고 축소시킬 수 있다. 항목을 변경하거나 만들기 위해서는 단순히 값을 할당하기만 하면 된다. 여기서 del문 또한 동작한다. 인덱스로 지정된 키와 연관된 항목을 삭제한다. 또한, 다음 예제에서 딕셔너리 안에 리스트의 중첩을 주의해서 살펴보자('ham' 키의 값). 파이썬의 모든 컬렉션 데이터 타입은 서로 자유롭게 중첩할 수 있다.

```
>>> D
{'eggs': 3, 'spam': 2, 'ham': 1}

>>> D['ham'] = ['grill', 'bake', 'fry']        # 항목 변경(값=리스트)
>>> D
{'eggs': 3, 'spam': 2, 'ham': ['grill', 'bake', 'fry']}
```

```
>>> del D['eggs']                              # 항목 삭제
>>> D
{'spam': 2, 'ham': ['grill', 'bake', 'fry']}

>>> D['brunch'] = 'Bacon'                       # 새 항목 추가
>>> D
{'brunch': 'Bacon', 'spam': 2, 'ham': ['grill', 'bake', 'fry']}
```

리스트와 마찬가지로, 딕셔너리에 이미 존재하는 인덱스에 할당할 경우 해당 키와 연관된 값이 변경된다. 그러나 (이전에 할당되지 않은) **새로운** 딕셔너리 키를 할당할 때마다, 위의 예제에서 'brunch' 키에 대해 일어난 것처럼 딕셔너리에 새로운 항목이 생성된다. 리스트의 경우 이미 존재하는 리스트 오프셋에 대해서만 할당할 수 있기 때문에 이 연산은 리스트에 대해서는 동작하지 않는다. 파이썬은 리스트의 끝을 넘어가는 오프셋에 대해 경계를 넘어간 것으로 간주하고 에러를 발생시킨다. 리스트를 확장하기 위해서는 대신 append 메서드 같은 도구나 슬라이스 할당을 사용해야 한다.

추가 딕셔너리 메서드

딕셔너리는 또한 딕셔너리만을 위한 고유한 도구들을 제공한다. 예를 들어, 딕셔너리의 values와 items 메서드는 딕셔너리의 모든 값과 (키, 값) 쌍의 튜플을 각각 반환한다. keys와 더불어 이 두 메서드는 딕셔너리 항목들을 하나씩 처리할 필요가 있는 루프에서 유용하다(우리는 다음 절에서 이러한 루프의 예제를 작성하기 시작할 것이다). keys와 마찬가지로, 이 두 메서드는 또한 파이썬 3.X에서 **반복** 객체를 반환하기 때문에 출력을 위해 반환값을 한 번에 모으기 위해서는 list 호출로 감싸야 한다.

```
>>> D = {'spam': 2, 'ham': 1, 'eggs': 3}
>>> list(D.values())
[3, 2, 1]
>>> list(D.items())
[('eggs', 3), ('spam', 2), ('ham', 1)]
```

실행 중에 데이터를 수집하는 실제 프로그램에서는 프로그램이 실행되기 전에 딕셔너리 안에 무엇이 있을지 종종 예측할 수 없다. 존재하지 않는 키를 가져오면 일반적으로 에러가 발생하지만, get 메서드는 해당 키가 존재하지 않을 경우 None 또는 기본값으로 전달된 값을 반환한다. 이 방법은 존재하지 않는 키에 대해 기본값을 채우고, 여러분의 프로그램이 딕셔너리의 내용을 미리 예측할 수 없을 때 에러를 피할 수 있는 쉬운 방법이다.

```
>>> D.get('spam')                          # 존재하는 키
2
>>> print(D.get('toast'))                  # 존재하지 않는 키
None
>>> D.get('toast', 88)
88
```

update 메서드는 딕셔너리를 위한 연결과 비슷한 기능을 제공하지만, 왼쪽에서 오른쪽으로의
순서와는 아무런 상관이 없다(다시 말하지만, 딕셔너리에는 이러한 순서가 존재하지 않는다). update
메서드는 한 딕셔너리의 키와 값을 또 다른 딕셔너리로 **병합**하며, 키가 중복될 경우 값을 강제
로 덮어쓴다.

```
>>> D
{'eggs': 3, 'spam': 2, 'ham': 1}
>>> D2 = {'toast':4, 'muffin':5}          # 뒤섞인 음식 주문
>>> D.update(D2)
>>> D
{'eggs': 3, 'muffin': 5, 'toast': 4, 'spam': 2, 'ham': 1}
```

마지막 결과에서 뒤섞인 키 순서를 주의해서 살펴보자. 또 이야기하지만, 이것이 바로 딕셔너
리가 동작하는 방식이다. 마지막으로, 딕셔너리의 pop 메서드는 딕셔너리에서 키를 삭제하고
삭제한 값을 반환한다. 이 메서드는 리스트의 pop 메서드와 비슷하지만, 임의 위치 대신 키를
인수로 받는다.

```
# 키로 딕셔너리에서 꺼내기(pop)
>>> D
{'eggs': 3, 'muffin': 5, 'toast': 4, 'spam': 2, 'ham': 1}
>>> D.pop('muffin')
5
>>> D.pop('toast')                         # 키로 삭제하고 반환
4
>>> D
{'eggs': 3, 'spam': 2, 'ham': 1}

# 위치로 리스트에서 꺼내기(pop)
>>> L = ['aa', 'bb', 'cc', 'dd']
>>> L.pop()                                # 끝에서 삭제하고 반환
'dd'
>>> L
['aa', 'bb', 'cc']
>>> L.pop(1)                               # 특정 위치에서 지우기
'bb'
>>> L
['aa', 'cc']
```

또한, 딕셔너리는 copy 메서드를 제공한다. 우리는 9장에서 같은 딕셔너리에 공유된 참조의 부작용을 피하기 위해 이 내용을 다시 언급할 것이다. 실제로, 딕셔너리는 표 8-2에 나열된 것보다 더 많은 메서드를 제공한다. 전체 목록은 파이썬 라이브러리 매뉴얼이나 dir, 그리고 help, 또는 다른 참고 자료를 살펴보도록 하자.

 여러분이 테스트할 때 딕셔너리 항목의 순서는 다를 수 있다. 여러분이 생성한 딕셔너리가 여기서 보는 것과 다른 순서로 출력된다고 해서 놀랄 필요는 없다. 이미 언급한 것처럼, 키의 순서는 임의로 결정되며, 배포판 그리고 파이썬 3.3+에서는 대화형 세션마다 달라질 수 있다(그리고 어쩌면 요일에 따라 달라지거나, 추가적인 옵션에 따라 달라질 수도 있다).

이 책의 딕셔너리 예제의 대부분은 파이썬 3.6의 키 정렬 순서를 반영하고 있지만, 파이썬 3.0 이전과 이후 버전에서 또 변경되었다. 여러분이 사용 중인 파이썬의 키 정렬 순서는 다를 수 있지만, 어쨌든 이 순서를 가정하지 않도록 해야 한다. 딕셔너리는 위치가 아닌 키로 처리된다. 이 책에서 순서에 의존적인 코드를 보게 되더라도, 여러분이 작성하는 프로그램은 딕셔너리의 임의 키 순서에 의존하지 않도록 해야 한다.

파이썬의 표준 라이브러리에는 키 사이의 입력 순서를 유지하는 확장 타입이 존재하지만 (collections 모듈의 OrderedDict를 보도록 하자), 특별한 기능을 제공하기 위해 추가적인 공간과 속도의 저하를 초래하는 하이브리드 타입이다. 간단히 말해, 시퀀스 연산을 제공하기 위해 키 리스트를 링크드 리스트에 중복해서 관리한다.

9장에서 곧 살펴보겠지만, 이 모듈은 또한 튜플 아이템에 대해 속성 이름과 시퀀스 연산을 사용한 접근 둘 모두를 제공하는 namedtuple을 제공한다. 일부 처리 단계가 추가된 튜플/클래스/딕셔너리 하이브리드의 일종이며, 이 타입들은 아무튼 코어 객체 타입은 아니다. 파이썬 라이브러리 매뉴얼은 여기서 소개된 확장 타입과 그외 확장 타입들을 위한 자세한 설명을 제공하고 있다.

예제: 영화 데이터베이스

좀 더 현실적인 딕셔너리 예제를 살펴보도록 하자. 파이썬 이름의 유례를 기념하며 다음 예제는 메모리상에 영화 출시 연도(키)와 영화 이름(값)을 연결하는 테이블로 간단한 몬티 파이썬 영화 데이터베이스를 만든다. 다음에 작성된 것처럼 출시 연도의 문자열로 인덱싱하여 영화 이름을 가져온다.

```
>>> table = {'1975': 'Holy Grail',                # 키: 값
...          '1979': 'Life of Brian',
...          '1983': 'The Meaning of Life'}
>>>
>>> year = '1983'
>>> movie = table[year]                           # 딕셔너리[키] => 값
```

```
>>> movie
'The Meaning of Life'
>>> for year in table:                          # 다음과 같음. for year in table.keys( )
...     print(year + '\t' + table[year])
...
1979    Life of Brian
1975    Holy Grail
1983    The Meaning of Life
```

이 예제의 마지막 명령은 4장에서 간략히 살펴본 for 루프를 사용하고 있지만, 아직 자세히 다루지는 않았다. 아직 for 루프에 익숙하지 않다면 이 명령은 단순히 테이블 안의 각 키를 반복하며, 탭으로 구분된 키와 값의 목록을 출력하는 것으로 이해하고 넘어가면 된다. 우리는 13장에서 for 루프에 대해 좀 더 자세히 다룰 예정이다.

딕셔너리는 리스트와 문자열처럼 시퀀스는 아니지만, 딕셔너리 안의 아이템들을 반복할 필요가 있는 경우 어렵지 않게 반복할 수 있다. 딕셔너리의 keys 메서드를 호출하면 for 루프를 통해 반복할 수 있는 저장된 모든 키를 반환한다. 필요한 경우 이 코드에서 수행한 것처럼 for 루프 안에서 키로부터 값을 인덱스할 수 있다.

사실, 파이썬은 대부분의 for 루프에서 실제로 keys 메서드를 호출하지 않고 딕셔너리의 키 리스트를 단계별로 처리할 수 있는 방법을 제공한다. 예를 들어, 어떤 딕셔너리 D에 대해 for key in D는 for key in D.keys( )와 동일하게 동작한다. 이것은 앞서 언급한 **반복자**의 또 다른 예제일 뿐이며, 딕셔너리에서도 in 멤버십 연산자가 동작하게 한다. 반복자에 대한 추가적인 내용은 나중에 다룬다.

미리 보기: 값을 키에 연결하기

이전 테이블이 연도를 제목으로 연결한 방법을 주의해서 살펴보자. 다른 방법으로 연결하고자 할 경우에는 제목을 연도로 하여 딕셔너리를 다르게 작성하거나, 또는 검색 가능한 시퀀스를 반환하는 items와 같은 메서드를 사용할 수 있다. items를 이해하기 위해서는 아직 우리가 배우지 않은 추가적인 배경 지식을 필요로 한다.

```
>>> table = {'Holy Grail': '1975',              # 키 => 값(제목 => 연도)
...          'Life of Brian': '1979',
...          'The Meaning of Life': '1983'}
>>>
>>> table['Holy Grail']
'1975'
```

```
>>> list(table.items())                          # 값 => 키(연도 => 제목)
[('The Meaning of Life', '1983'), ('Holy Grail', '1975'), ('Life of Brian', '1979')]
>>> [title for (title, year) in table.items() if year == '1975']
['Holy Grail']
```

여기서 마지막 명령은 부분적으로 4장에서 소개된 **컴프리헨션**(comprehension) 구문에 대한 미리 보기이며, 자세한 내용은 14장에서 다룬다. 간단히 말해서, 이 명령은 items 메서드가 반환하는 딕셔너리의 (키, 값) 튜플 쌍을 검색하고, 지정된 값을 가진 키를 반환한다. 그 결과는 **역방향** 인덱스이며(키에서 값이 아닌 값에서 키), 하나의 딕셔너리를 만들고 드물게 역방향 인덱스를 하고자 할 경우 유용하다(이 방법처럼 시퀀스를 통한 검색은 일반적으로 직접 키 인덱스보다 많이 느리다).

원래 딕셔너리는 키를 값으로 단방향으로 연결하지만, 일반화할 수 있는 추가적인 코드를 사용하여 값을 다시 키로 연결하는 다양한 방법들이 있다.

```
>>> K = 'Holy Grail'
>>> table[K]                                              # 키 => 값(일반적인 사용법)
'1975'

>>> V = '1975'
>>> [key for (key, value) in table.items() if value == V]   # 값 => 키
['Holy Grail']
>>> [key for key in table.keys() if table[key] == V]        # 위와 같다
['Holy Grail']
```

마지막 두 명령이 제목을 **리스트**로 반환하는 것을 주의하여 살펴보자. 딕셔너리에서 키 하나에 하나의 값만 존재하지만, 값 하나에는 다수의 키가 존재할 수 있다. 특정 값은 다수의 키에 저장되어 있을 수 있으며(하나의 값에 대해 여러 개의 키를 얻을 수 있다), 하나의 키에 대해 여러 개의 값을 설정하기 위해 값이 컬렉션 형태일 수 있다. 이에 대한 더 자세한 내용은 32장 mapattrs. py 예제의 딕셔너리를 뒤집는 함수에서 다룰 예정이다. 해당 코드를 여기에 포함할 경우 미리 보기인 이 장의 목적을 벗어나게 되므로 여기서는 딕셔너리의 기본에 대해 좀 더 알아보도록 하자.

딕셔너리 사용 시 주의 사항

딕셔너리는 사용법을 알고나면 꽤 직관적인 도구지만, 딕셔너리를 사용할 때 인지하고 있어야 할 몇 가지 사항을 정리하면 다음과 같다.

- **시퀀스 연산은 동작하지 않는다.** 딕셔너리는 시퀀스가 아닌 매핑이다. 딕셔너리는 아이템 간의 순서에 대한 개념이 없기 때문에 연결이나 슬라이싱(연속된 섹션 추출)과 같은 연산은 적용되지 않는다. 실제로, 여러분의 코드에서 이러한 시도를 할 경우 파이썬은 에러를 발생시킨다.

- **새로운 인덱스에 할당하면 항목이 추가된다.** 키는 (리터럴 자체가 코드에 내장된) 딕셔너리 리터럴을 작성하거나, 기존에 존재하는 딕셔너리 객체의 새로운 키에 값을 할당할 때 생성될 수 있다. 그 결과는 같다.

- **키가 항상 문자열일 필요는 없다.** 그동안 예제에서 문자열을 키로 사용했지만, 다른 어떠한 불변 객체도 키로 사용될 수 있다. 예를 들어 정수를 키로 사용할 수 있으며, 이 경우 (최소한 인덱싱을 할 때) 딕셔너리는 더욱 리스트와 비슷해 보인다. 튜플 또한 딕셔너리 키로 사용될 수 있으며, 날짜와 IP 주소 같이 키와 값을 결합한 키의 사용이 가능해진다. (파트 6에서 이야기한) 사용자 정의 클래스 인스턴스 객체들 또한 적절한 프로토콜 메서드를 가지고 있다면 키로 사용될 수 있다. 간략히 말하면 이러한 객체들은 그들의 값이 '해싱 가능(hashable)'하며, 따라서 변경되지 않을 것임을 파이썬에게 알려 줄 필요가 있다. 그렇지 않은 경우 고정된 키로 사용할 수 없을 것이다. 리스트, 집합 그리고 다른 딕셔너리와 같은 가변 객체는 키로써는 동작하지 않지만, 값으로는 사용될 수 있다.

딕셔너리를 사용하여 유연한 리스트 흉내 내기: 정수 키

앞서 나온 목록에서 마지막 관점은 몇 가지 예제와 함께 설명해야 할 만큼 충분히 중요하다. 리스트를 사용할 때, 리스트의 끝을 벗어난 오프셋에 값을 할당하는 것은 금지되어 있다.

```
>>> L = []
>>> L[99] = 'spam'
Traceback (most recent call last):
  File "<stdin>", line 1, in ?
IndexError: list assignment index out of range
```

여러분은 필요한 만큼 큰 리스트를 미리 할당하는 것을 반복할 수도 있지만(예 [0]*100), 이러한 공간 할당이 필요하지 않은 딕셔너리를 이용해 비슷한 작업을 할 수도 있다. 딕셔너리는 정수 키를 사용함으로써 오프셋 할당으로 크기가 늘어나는 것처럼 보이는 리스트를 흉내 낼 수 있다.

```
>>> D = {}
>>> D[99] = 'spam'
>>> D[99]
'spam'
>>> D
{99: 'spam'}
```

여기서 D는 100개의 항목을 가진 리스트처럼 보이지만, 실제로는 단일 항목을 가진 딕셔너리다. 키 99의 값은 문자열 'spam'이다. 여러분은 리스트처럼 오프셋을 사용하여 이 구조에 접근할 수 있고, 필요한 경우 get 또는 in 테스트를 사용해 존재하지 않는 키를 확인할 수 있지만, 나중에 값을 할당할 모든 위치를 위해 미리 공간을 할당해 둘 필요는 없다. 이와 같이 사용할 경우 딕셔너리는 마치 유연한 리스트처럼 보인다.

또 다른 예로써 앞선 첫 번째 영화 데이터베이스 코드에서 연도를 인용 부호로 감싸지 않기 위해 일부 표현력을 희생하여(정수 키는 숫자가 아닌 문자는 포함할 수 없다) 정수 키를 사용할 수 있다.

```
>>> table = {1975: 'Holy Grail',
...          1979: 'Life of Brian',          # 키는 문자열이 아닌 정수
...          1983: 'The Meaning of Life'}
>>> table[1975]
'Holy Grail'
>>> list(table.items())
[(1979, 'Life of Brian'), (1983, 'The Meaning of Life'), (1975, 'Holy Grail')]
```

희소 데이터 구조를 위해 딕셔너리 사용하기: 튜플 키

유사한 방식으로, 딕셔너리 키는 일반적으로 희소(sparse) 데이터 구조를 구현하는 데 활용된다. 예를 들어, 단지 일부 위치에만 값이 저장된 다차원 배열은 다음과 같다.

```
>>> Matrix = {}
>>> Matrix[(2, 3, 4)] = 88
>>> Matrix[(7, 8, 9)] = 99
>>>
>>> X = 2; Y = 3; Z = 4                      # ;문들을 구분: 10장 참고
>>> Matrix[(X, Y, Z)]
88
>>> Matrix
{(2, 3, 4): 88, (7, 8, 9): 99}
```

여기서 우리는 두 위치 (2,3,4)와 (7,8,9)를 제외한 나머지가 모두 비어 있는 3차원 배열을 표현하는 데 딕셔너리를 사용했다. 키는 비어 있지 않은 슬롯의 좌표를 기록하는 **튜플**이다. 이러한 값들을 저장하기 위해 거의 비어 있는 큰 3차원 배열을 할당하기보다는 단순히 두 개의 아이템을 가진 딕셔너리를 이용할 수 있다. 이러한 구조에서 빈 슬롯에 접근할 경우, 이러한 슬롯은 실제로 할당되어 있지 않기 때문에 존재하지 않는 키에 대한 예외가 발생한다.

```
>>> Matrix[(2,3,6)]
Traceback (most recent call last):
  File "<stdin>", line 1, in ?
KeyError: (2, 3, 6)
```

존재하지 않는 키에 대한 에러 피하기

희소 행렬에서 존재하지 않는 키를 가져올 때 발생하는 에러는 흔히 발생하지만, 이러한 에러가 프로그램을 종료시키는 것은 원하지 않을 수 있다. 이러한 에러 메시지의 발생을 피하고 기본값으로 채우기 위한 여러 방법이 있다. 예를 들면 키가 존재하지 않는 경우에는 기본값을 제공하기 위해 if문을 사용하거나, 명시적인 예외를 붙잡아 처리하는 try문을 사용하거나, 또는 단순히 딕셔너리의 get 메서드를 사용하여 사전에 미리 키가 존재하는지 확인할 수 있다. 다음의 처음 두 구문에 대해서는 10장에서 다룰 예정이니 참고해서 보도록 하자.

```
>>> if (2, 3, 6) in Matrix:          # 값을 가져오기 전에 키가 있는지 검사
...     print(Matrix[(2, 3, 6)])     # if/else에 대해서는 10장과 12장 참조
... else:
...     print(0)
...
0
>>> try:
...     print(Matrix[(2, 3, 6)])     # 인덱스 try
... except KeyError:                 # 에러 처리
...     print(0)                     # try/except에 대해서는 10장과 34장 참조
...
0
>>> Matrix.get((2, 3, 4), 0)         # 존재할 경우: 값을 가져와서 반환
88
>>> Matrix.get((2, 3, 6), 0)         # 존재하지 않을 경우: 기본 인수 사용
0
```

이 중에서 get 메서드가 가장 간결하지만, if와 try문이 좀 더 일반적으로 사용된다. 다시 이야기하지만 이에 대한 더 자세한 내용은 10장에서 다룬다.

딕셔너리에 중첩하기

여러분도 보다시피, 파이썬에서 딕셔너리는 다양한 역할을 수행할 수 있다. 딕셔너리는 일반적으로 (키에 의한 인덱싱이 검색 연산이기 때문에) 검색 데이터 구조를 대체하거나 많은 종류의 구조화된 정보를 표현하는 데 사용될 수 있다. 예를 들어, 딕셔너리는 여러분의 프로그램 영역 안에 있는 아이템의 속성들을 설명하기 위한 많은 방법들 중 하나로 사용된다. 즉, 딕셔너리는 다른 언어에서 '레코드'나 '구조체'와 같은 역할을 제공할 수 있다.

예를 들어, 다음은 새로운 키에 값을 할당하여 가상의 인물을 설명하는 딕셔너리의 내용을 채운다(이 책을 읽는 독자 중에 이름이 밥(Bob)인 분이 있다면 미안하다. 그저 입력하기 쉬워서 사용한 것뿐이니 양해 바란다).

```
>>> rec = {}
>>> rec['name'] = 'Bob'
>>> rec['age'] = 40.5
>>> rec['job'] = 'developer/manager'
>>>
>>> print(rec['name'])
Bob
```

파이썬 내장 데이터 타입은 특히 중첩해서 사용할 때 **구조화된** 정보를 쉽게 표현할 수 있다. 다음 예제는 객체의 속성을 저장하기 위해 딕셔너리를 사용한다. 하지만 각각의 키를 별도로 할당하지 않고 모두 한 번에 할당하며, 구조화된 속성의 값을 표현하기 위해 리스트와 딕셔너리를 중첩하고 있다.

```
>>> rec = {'name': 'Bob',
...        'jobs': ['developer', 'manager'],
...        'web': 'www.bobs.org/ Bob',
...        'home': {'state': 'Overworked', 'zip': 12345}}
```

중첩된 객체들의 구성 요소를 가져오기 위해서는 단순히 인덱싱 연산을 연결하면 된다.

```
>>> rec['name']
'Bob'
>>> rec['jobs']
['developer', 'manager']
>>> rec['jobs'][1]
'manager'
>>> rec['home']['zip']
12345
```

나중에 파트 4에서 배우게 될 (데이터와 로직의 그룹인) **클래스**가 이 레코드 역할에는 좀 더 나을 수도 있지만, 딕셔너리는 단순한 요구 사항에 대해 쉽게 사용할 수 있는 도구다. 레코드를 표현할 수 있는 다양한 방식에 대해서는 9장의 튜플과 27장의 클래스를 포함하여 곧 나올 칼럼 334쪽의 "더 생각해 볼 주제: 딕셔너리 vs 리스트"를 참고하도록 하자.

또한 여기서는 중첩된 데이터를 포함한 단일 '레코드'만을 다루고 있고, 이 레코드를 리스트나 딕셔너리로 만든 **데이터베이스** 컬렉션으로 둘러싸지 못할 이유는 없지만, 현실 세계의 프로그램에서는 외부 파일이나 데이터베이스 인터페이스가 최상위 컨테이너로써의 역할을 수행한다 (다음 두 코드 조각은 서로 다른 레코드 구조를 가지고 있으며, 실행할 경우 둘 모두 밥의 직무 목록을 출력한다).

```
db = []
db.append(rec)              # 리스트 '데이터베이스'
db.append(other)
db[0]['jobs']

db = {}
db['bob'] = rec             # 딕셔너리 '데이터베이스'
db['sue'] = other
db['bob']['jobs']
```

나중에 다루게 될 shelve와 같은 도구의 경우 이와 유사하게 동작하지만, 저장된 객체의 영구 보관을 위해 자동으로 객체들을 파일로 매핑한다(자세한 내용은 344쪽의 "더 생각해 볼 주제: 딕셔너리 인터페이스" 칼럼을 참고하도록 하자).

딕셔너리를 만드는 다른 방법

마지막으로, 딕셔너리는 매우 유용하기 때문에 오랜 시간 동안 새롭게 생겨난 딕셔너리를 만드는 다양한 방법들이 있으니 주의해서 보자. 예를 들어, 파이썬 2.3과 그 이후부터 아래에 나타난 dict 생성자(실제로는 타입 이름이다)를 이용한 마지막 두 호출은 그 위에 있는 키를 이용한 리터럴 할당 형식과 같은 효과가 있다.

```
{'name': 'Bob', 'age': 40}          # 전통적인 리터럴 표현식

D = {}                              # 동적으로 키 할당하기
D['name'] = 'Bob'
D['age'] = 40
```

```
dict(name='Bob', age=40)                    # dict 키워드 인수 형식

dict([('name', 'Bob'), ('age', 40)])        # dict 키/값 튜플 형식
```

위 네 가지 형식 모두 같은 두 개의 키를 가진 딕셔너리를 만들지만, 각자 서로 다른 상황에서 유용하게 사용된다.

- 첫 번째는 딕셔너리의 전체 내용을 미리 작성할 수 있는 경우에 편리하다.
- 두 번째는 사용 중에 하나씩 필드를 채워야 하는 딕셔너리에 유용하다.
- 세 번째는 첫 번째보다 타이핑 횟수가 적지만, 문자열만 키로 사용될 수 있다.
- 네 번째는 런타임 시에 시퀀스로 키와 값을 만들어야 할 경우 유용하게 사용된다.

앞서 정렬에 대해서 이야기할 때 키워드 인수에 대해서 언급한 적이 있다. 위 코드 목록에서 설명된 세 번째 형식이 적은 입력을 필요로 하며, 그 결과 실수 발생을 줄인다는 이유로 오늘날 파이썬 코드에서 가장 많이 사용되고 있다. 앞서 표 8-2에서 제안한 바와 같이, 위 목록에서 마지막 형식은 런타임 중에 동적으로 획득한 분리된 키와 값의 목록을 결합하기 위해 zip 함수와 함께 사용된다(예 파일의 칼럼 데이터를 분석).

```
dict(zip(keyslist, valueslist))             # 딕셔너리에 키/값 튜플 형식을 묶기(zip)
```

딕셔너리 키를 묶는 방법에 대한 좀 더 자세한 내용은 다음 절에서 다룬다. 또한, 다음의 특별한 형식을 사용하여 초기에 모든 키의 값이 같은 딕셔너리를 만들 수 있다. 키의 목록과 모든 키에 대한 초깃값을 전달하기만 하면 된다(기본값은 None이다).

```
>>> dict.fromkeys(['a', 'b'], 0)
{'a': 0, 'b': 0}
```

여러분의 파이썬 경력에서 아직까지는 리터럴과 키 할당만으로도 코드를 작성하는 데 충분하지만, 이러한 딕셔너리 생성 형식을 실질적이고, 유연하고, 동적인 파이썬 프로그램에 적용을 시작해 보면, 이러한 모든 딕셔너리 생성 형식의 사용 사례를 어렵지 않게 발견할 수 있다.

이 절에 있는 목록들은 파이썬 2.X와 3.X에서 딕셔너리를 만들기 위한 다양한 방법들을 기록하고 있다. 하지만 여전히 파이썬 3.X와 2.7에서만 사용할 수 있는 딕셔너리를 만드는 또 다른 방법이 존재한다. 예를 들자면 딕셔너리 컴프리헨션 표현식이 있다. 이 마지막 형식에 대해서는

이 장의 다음, 그리고 마지막 절에서 다루고 있다.

더 생각해 볼 주제: 딕셔너리 vs 리스트

일부 독자들은 파이썬 코어 타입들의 모든 객체들과 함께 리스트와 딕셔너리 사이에서 어떤 것을 사용해야 할지 고민스러울 수 있다. 즉, 둘 모두 다른 객체를 포함할 수 있는 유연한 컬렉션이지만, 리스트는 아이템을 **위치**에 할당하고, 딕셔너리는 아이템을 좀 더 기억하기 쉬운 **키**에 할당한다. 이로 인해 딕셔너리 데이터는 종종 읽는 사람에게 더 많은 의미를 전달한다. 예를 들어, 표 8-1의 세 번째 열에 있는 중첩된 리스트 구조는 레코드를 표현하는 데도 사용될 수 있다.

```
>>> L = ['Bob', 40.5, ['dev', 'mgr']]      # 리스트 기반의 '레코드'
>>> L[0]
'Bob'
>>> L[1]                                     # 필드 값을 구하기 위한 위치 값
40.5
>>> L[2][1]
'mgr'
```

일부 데이터 타입의 경우, 예를 들어 회사의 직원 목록이나 디렉터리 파일 또는 숫자 행렬과 같은 데이터는 리스트의 위치에 의한 접근이 더 의미가 있다. 하지만 이와 같이 더욱 상징적인 레코드는 표 8-2 두 번째 행의 내용처럼 필드 위치 값을 필드 라벨로 대체하여 더욱 의미 있게 작성될 수도 있을 것이다(이것은 우리가 4장에서 작성한 레코드와 유사하다).

```
>>> D = {'name': 'Bob', 'age': 40.5, 'jobs': ['dev', 'mgr']}
>>> D['name']
'Bob'
>>> D['age']             # 딕셔너리 기반의 '레코드'
40.5
>>> D['jobs'][1]         # 이름은 숫자 이상의 의미가 있음
'mgr
```

다음은 다양한 방법을 보여 주기 위해서 키워드로 기록한 같은 레코드이며, 일부 코드는 읽는 사람에 따라 더 읽기 쉬울 수도 있다.

```
>>> D = dict(name='Bob', age=40.5, jobs=['dev', 'mgr'])
>>> D['name']
'Bob'
>>> D['jobs'].remove('mgr')
>>> D
{'jobs': ['dev'], 'age': 40.5, 'name': 'Bob'}
```

실제로 딕셔너리는 느린 선형 검색 대신에 이름을 이용한 빠르고 직접적인 검색 효과를 볼 수 있는 구조일 뿐만 아니라, 구성 요소에 이름이 있는 데이터에 가장 적합하다는 경향이 있다. 그리고 이미 본 것처럼 딕셔너리는 희소(sparse) 컬렉션과 임의의 위치에서 늘어나는 컬렉션에 더 적합할 수도 있다.

또한, 파이썬 프로그래머들은 우리가 5장에서 배운 **집합**을 이용할 수 있으며, 값이 없는 딕셔너리의 키와 매우 유사하다. 집합은 키를 값으로 연결하지는 않지만, 특히 검색 작업에서 연관된 값이 없을 때 종종 빠른 검색을 위해 딕셔너리와 유사하게 사용될 수 있다.

```
>>> D = {}
>>> D['state1'] = True            # 방문 상태를 나타내는 딕셔너리
>>> 'state1' in D
True
>>> S = set()
>>> S.add('state1')               # 집합으로 구현한 같은 기능
>>> 'state1' in S
True
```

다음 장에서도 이러한 레코드 표현에 관한 주제를 일부 다룬다. 여기서는 이러한 레코드 역할에서 **튜플**과 **명명 튜플**이 딕셔너리와 어떻게 비교되는지 살펴볼 것이며, 27장에서 데이터와 데이터를 처리하는 로직이 결합된 사용자 정의 **클래스**가 이러한 역할에 어떻게 사용될 수 있는지 살펴볼 것이다.

파이썬 3.X와 2.7에서 딕셔너리의 변경된 사항

이 장은 지금까지 배포 버전에 따른 딕셔너리의 기본적인 내용에 초점을 맞췄지만, 딕셔너리의 기능은 파이썬 3.X에서 많은 변화가 있었다. 여러분이 파이썬 2.X 코드를 사용하고 있다면, 3.X에서는 전혀 지원되지 않거나 다르게 동작하는 몇몇 딕셔너리 도구들을 우연히 발견하게 될지도 모른다. 또한, 3.X 사용자들은 2.7 버전으로 역포팅된 두 가지 기능을 제외한 2.X에서는 이용할 수 없는 추가적인 딕셔너리 도구들을 이용할 수 있다.

파이썬 3.X에만 지원하는 딕셔너리 기능은 다음과 같다.

- 새로운 딕셔너리 컴프리헨션 표현식을 지원하며, 리스트 컴프리헨션 또는 집합과 유사하다.

- D.keys, D.values 그리고 D.items 메서드에 대해 리스트 대신에 집합과 유사한 반복 가능한 뷰(view)를 반환한다.

- 앞선 이유로 정렬된 키로 탐색하고자 할 경우 새로운 코딩 스타일이 필요하다.

- 상대적인 크기 비교를 더 이상 직접 지원하지 않는다. 대신 수동으로 비교해야 한다.

- D.has_key 메서드를 더 이상 지원하지 않는다. 대신 in 멤버십 테스트가 사용된다.

파이썬 3.X에서 2.7으로 역포팅된 기능(이전 2.X 버전은 포함되지 않음)은 다음과 같다.

- 바로 위 목록의 첫 번째 항목인 딕셔너리 컴프리헨션이 3.X에서 직접 역포팅되어 지원된다

- 바로 위 목록의 두 번째 항목인 집합과 유사한 반복 가능한 뷰를 지원하지만, 특별한 메서드 이름인 D.viewkeys, D.viewvalues, D.viewitems를 통해 지원한다. 기존 메서드는 이전처럼 리스트를 반환한다.

이러한 기능의 중복으로 인해 이 절에서 소개된 일부 기능은 3.X와 2.7 모두에 포함되지만, 이러한 기능들은 3.X에서 새롭게 추가된 기능이기 때문에 여기서는 3.X에서 확장된 기능을 이야기할 때 소개한다. 이러한 점을 염두에 두고 이제 3.X와 2.7에서 딕셔너리의 새로운 기능을 살펴보도록 하자.

3.X와 2.7에서의 딕셔너리 컴프리헨션

앞 절의 끝에서 언급한 것처럼, 3.X와 2.7에서는 딕셔너리 컴프리헨션을 사용하여 딕셔너리를 만들 수 있다. 5장에서 이미 배운 집합 컴프리헨션과 마찬가지로, 딕셔너리 컴프리헨션은 3.X와 2.7에서만 이용할 수 있다(2.6과 그 이전 버전은 포함되지 않는다). 4장과 이 장의 앞에서 간략히 살펴본 리스트 컴프리헨션처럼 딕셔너리 컴프리헨션은 암묵적인 루프를 실행하고, 표현식의 각 반복에 따른 키/값 결과를 수집하여 새로운 딕셔너리를 채우는 데 이 값들을 사용한다. 루프 변수는 컴프리헨션 구문이 실행되는 동안에 루프 반복 값들을 사용할 수 있도록 한다.

예를 들어 2.X와 3.X 두 버전 모두에서 딕셔너리를 동적으로 초기화하는 표준적인 방법은 딕셔너리의 키와 값을 zip을 사용하여 결합하고, 이 결과를 dict 호출에 전달하는 것이다. zip 내장 함수는 이러한 방식으로 키와 값으로부터 딕셔너리를 생성하는 것을 가능하게 한다. 코드 내에서 키와 값의 목록을 예상할 수 없는 경우, 항상 이 둘을 함께 묶어서 딕셔너리를 리스트처럼 만들 수 있다. zip을 사용한 코드에 대해서 다룬 이후에 자세한 내용은 13장과 14장에서 더 다룰 예정이다. 3.X에서 zip은 반복 가능한 결과를 반환하기 때문에 결과를 확인하기 위해서는 list 호출로 감싸야 하지만, 그 이외의 기본적인 사용법 자체는 어렵지 않다.

```
>>> list(zip(['a', 'b', 'c'], [1, 2, 3]))          # 키와 값을 함께 묶기
[('a', 1), ('b', 2), ('c', 3)]

>>> D = dict(zip(['a', 'b', 'c'], [1, 2, 3]))      # zip 결과로 딕셔너리 만들기
>>> D
{'b': 2, 'c': 3, 'a': 1}
```

그러나 파이썬 3.X와 2.7에서는 딕셔너리 컴프리헨션 표현식을 이용하여 같은 효과를 얻을 수 있다. 다음 코드는 zip 결과로 만들어진 각 쌍으로부터 키/값 쌍을 가진 새로운 딕셔너리를 만든다.

```
>>> D = {k: v for (k, v) in zip(['a', 'b', 'c'], [1, 2, 3])}
>>> D
{'b': 2, 'c': 3, 'a': 1}
```

이 경우에 딕셔너리 컴프리헨션 표현식은 실제로 더 많은 코드의 입력을 요구하며, 이는 이 예제가 암시하는 것보다 꽤 보편적이다. 단일 값들의 연속으로부터 딕셔너리를 만드는 데에도 딕셔너리 컴프리헨션 표현식을 사용할 수 있으며, 키는 마치 값처럼 표현식을 통해 연산에서 사용될 수 있다.

```
>>> D = {x: x ** 2 for x in [1, 2, 3, 4]}        # 또는: range(1, 5)
>>> D
{1: 1, 2: 4, 3: 9, 4: 16}

>>> D = {c: c * 4 for c in 'SPAM'}               # 모든 가변 객체에 대해 루프를 돌 수 있음
>>> D
{'S': 'SSSS', 'P': 'PPPP', 'A': 'AAAA', 'M': 'MMMM'}

>>> D = {c.lower(): c + '!' for c in ['SPAM', 'EGGS', 'HAM']}
>>> D
{'eggs': 'EGGS!', 'spam': 'SPAM!', 'ham': 'HAM!'}
```

또한 딕셔너리 컴프리헨션은 키 리스트로부터 딕셔너리를 초기화할 때 유용하게 사용되며, 앞 절의 끝에서 봤던 fromkeys 메서드와 매우 유사한 방법이다.

```
>>> D = dict.fromkeys(['a', 'b', 'c'], 0)        # 키로부터 딕셔너리 초기화
>>> D
{'b': 0, 'c': 0, 'a': 0}

>>> D = {k:0 for k in ['a', 'b', 'c']}           # 컴프리헨션을 이용한 같은 초기화
>>> D
{'b': 0, 'c': 0, 'a': 0}

>>> D = dict.fromkeys('spam')                    # 가변 객체에 기본값을 설정하는 방법
>>> D
{'s': None, 'p': None, 'a': None, 'm': None}

>>> D = {k: None for k in 'spam'}
>>> D
{'s': None, 'p': None, 'a': None, 'm': None}
```

딕셔너리 컴프리헨션은 유사한 도구들과 마찬가지로 여기서는 소개되지 않은 중첩된 루프와 if 구문을 포함한 추가적인 구문을 지원한다. 불행하게도 딕셔너리 컴프리헨션을 완벽하게 이해 하기 위해서는 파이썬에서 반복(iteration)문과 그 개념에 대해 좀 더 알아 둘 필요가 있으나, 우 리는 아직 이에 대해 이야기할 만큼 충분한 정보가 없다. 우리는 모든 종류의 컴프리헨션(리스 트, 집합, 딕셔너리, 그리고 제너레이터)에 대한 자세한 내용을 14장과 20장에서 배우기 때문에 자

세한 내용은 그때까지 미룰 예정이다. 그리고 이 장에서 사용한 내장 함수 zip에 대해서는 13장에서 for 루프에 대해서 다룰 때 다시 자세히 다룰 예정이다.

3.X에서의(그리고 2.7에서 새로운 메서드를 통한) 딕셔너리 뷰

딕셔너리의 keys, values, 그리고 items는 모두 2.X에서는 실제 결과 리스트를 반환하는 반면에 3.X에서는 뷰 객체(view object)를 반환한다. 또한 3.X의 이러한 기능은 파이썬 2.7에서도 이용할 수 있지만, 이 절의 시작에서 나열한 것처럼 구분된 별도의 이름을 가지고 있다(기존 2.X 코드와의 충돌을 피하기 위하여 2.7의 표준 메서드는 여전히 리스트를 반환한다). 이러한 이유로 이 절에서는 해당 메서드를 3.X의 기능으로 참고한다.

뷰 객체는 **반복 가능한 객체**이며, 결과 목록을 메모리상에 한 번에 모두 만들지 않고, 한 번에 하나씩 결과 항목을 생성하는 객체를 말한다. 딕셔너리 뷰 객체는 반복 가능한 것 외에 딕셔너리 요소들의 기존 순서를 유지하고, 생성 이후의 딕셔너리에 대한 변경을 바로 반영한다. 그리고 집합 연산을 지원할 수도 있다. 한편 뷰 객체는 리스트가 아니기 때문에 인덱싱이나 리스트 sort 메서드와 같은 연산들을 직접 지원하지 못하며, 출력할 때 일반적인 리스트처럼 자신의 항목들을 표시하지 못한다(파이썬 3.1부터는 리스트처럼은 아니지만 자신들의 항목들을 보여 줄 수 있으며, 이 기능은 여전히 2.X로부터의 분기된 기능이다).

14장에서 가변 객체의 개념에 대해 좀 더 공식적으로 언급할 계획이지만, 여기서는 이 장의 목표를 위해서 이러한 세 메서드의 결과에 대해 리스트 연산을 적용하거나, 이 값들을 출력하기 위해서는 결과를 list 내장 함수를 통해 실행해야 한다는 것만 알고 있으면 된다. 예를 들어, 파이썬 3.6에서는 다음과 같다(다른 버전의 출력은 약간 다를 수 있다).

```
>>> D = dict(a=1, b=2, c=3)
>>> D
{'b': 2, 'c': 3, 'a': 1}

>>> K = D.keys()                        # 3.X에서 리스트가 아닌 뷰 객체 생성
>>> K
dict_keys(['b', 'c', 'a'])
>>> list(K)                             # 필요한 경우 강제로 리스트로 변환
['b', 'c', 'a']

>>> V = D.values()                      # 값과 아이템 뷰에 대해 위와 같은 방법
>>> V
dict_values([2, 3, 1])
>>> list(V)
[2, 3, 1]
```

```
>>> D.items()
dict_items([('b', 2), ('c', 3), ('a', 1)])
>>> list(D.items())
[('b', 2), ('c', 3), ('a', 1)]

>>> K[0]                                    # 변환 없이 리스트 연산을 수행하면 실패함
TypeError: 'dict_keys' object does not support indexing
>>> list(K)[0]
'b'
```

파이썬에서 루프 구조는 반복 때마다 하나의 결과를 생성하기 위해 강제로 가변 객체로 만들므로 대화형 프롬프트에서 결과를 출력할 때를 제외하고는 이러한 변화에 주목해야 할 필요가 없다.

```
>>> for k in D.keys(): print(k)            # 루프에서 자동으로 반복자(iterator)가 사용됨
...
b
c
a
```

또한, 3.X에서 딕셔너리는 여전히 연속적인 키를 반환하는 그 자체가 반복자(iterator)다. 2.X에서처럼 여전히 직접적으로 keys를 호출할 필요는 없다.

```
>>> for key in D: print(key)               # 반복을 위해 여전히 keys( )를 호출할 필요는 없음
...
b
c
a
```

그러나 2.X의 리스트 결과와는 달리, 3.X에서 딕셔너리 뷰의 상태가 생성될 때의 상태로 고정되는 것은 아니다. 딕셔너리 뷰는 뷰 객체가 생성된 이후에 딕셔너리에 대한 변경 사항을 동적으로 반영한다.

```
>>> D = {'a': 1, 'b': 2, 'c': 3}
>>> D
{'b': 2, 'c': 3, 'a': 1}

>>> K = D.keys()
>>> V = D.values()
>>> list(K)                                # 뷰는 딕셔너리와 같은 순서를 유지함
['b', 'c', 'a']
```

```
>>> list(V)
[2, 3, 1]

>>> del D['b']                          # 딕셔너리를 직접 변경
>>> D
{'c': 3, 'a': 1}

>>> list(K)                             # 현재 생성되어 있는 모든 뷰 객체에 반영됨
['c', 'a']
>>> list(V)                             # 2.X에서는 결과가 다르다! 딕셔너리에서 분리된 리스트
[3, 1]
```

딕셔너리 뷰와 집합

또한 keys 메서드에 의해 반환되는 3.X의 뷰 객체는 2.X의 리스트 결과와는 달리, 집합과 유사하며 교집합과 합집합같은 일반적인 집합 연산들을 지원한다. values 뷰는 집합과 유사하지는 않지만, items 결과는 그것의 (키, 값) 쌍이 고유하고 해싱 가능(불변)한 경우에 집합과 유사하다. 주어진 해당 집합은 값이 없는 딕셔너리와 매우 비슷하게 동작하며(심지어 3.X와 2.7의 딕셔너리처럼 중괄호를 사용하여 작성될 수 있다), 이것은 논리적인 대칭이다. 5장에 의하면 집합 항목들은 딕셔너리의 키처럼 정렬되지 않고, 고유하며, 변경될 수 없다.

다음은 keys 뷰가 집합 연산에 사용되는 모습을 보여 준다(이전 절의 대화형 세션을 이어서 사용한다). 딕셔너리의 항목들은 반드시 고유하거나 변경 불가능한 것은 아니므로 딕셔너리 값의 뷰는 집합과 전혀 유사하지 않다.

```
>>> K, V
(dict_keys(['c', 'a']), dict_values([3, 1]))

>>> K | {'x': 4}                        # 키 뷰는 집합과 유사함
{'c', 'x', 'a'}

>>> V & {'x': 4}
TypeError: unsupported operand type(s) for &: 'dict_values' and 'dict'
>>> V & {'x': 4}.values()
TypeError: unsupported operand type(s) for &: 'dict_values' and 'dict_values'
```

집합 연산에서 뷰는 다른 뷰, 집합 그리고 딕셔너리와 섞어서 사용될 수 있다. 딕셔너리는 이러한 상황에서 자신의 keys 뷰와 동일하게 취급된다.

```
>>> D = {'a': 1, 'b': 2, 'c': 3}
>>> D.keys() & D.keys()                    # 키 뷰들의 교집합
{'b', 'c', 'a'}
>>> D.keys() & {'b'}                        # 키와 집합의 교집합
{'b'}
>>> D.keys() & {'b': 1}                     # 키와 딕셔너리의 교집합
{'b'}
>>> D.keys() | {'b', 'c', 'd'}             # 키와 집합의 합집합
{'b', 'c', 'a', 'd'}
```

아이템들의 뷰 또한 해시 가능한(hashable) 경우에 집합과 유사하다. 즉, 불변 객체들만 포함되어 있는 경우에는 다음과 같다.

```
>>> D = {'a': 1}
>>> list(D.items())                        # 해시 가능한 경우 아이템들의 뷰는 집합과 같음
[('a', 1)]
>>> D.items() | D.keys()                    # 뷰와 뷰의 합집합
{('a', 1), 'a'}
>>> D.items() | D                           # 딕셔너리는 자신의 키와 동일하게 취급됨
{('a', 1), 'a'}

>>> D.items() | {('c', 3), ('d', 4)}        # 키/값 쌍의 집합
{('d', 4), ('a', 1), ('c', 3)}

>>> dict(D.items() | {('c', 3), ('d', 4)})  # dict는 반복 가능한 집합 또한 받아들임
{'c': 3, 'a': 1, 'd': 4}
```

이러한 연산에 대해 복습이 필요한 경우 집합에 대해서 다루고 있는 5장을 참고하자. 여기서는 3.X에서 딕셔너리를 이용하여 코딩을 할 때 알아 두어야 할 세 가지 사항을 이야기하면서 마무리하자.

3.X에서 딕셔너리 키 정렬

우선, 3.X에서 keys는 리스트를 반환하지 않기 때문에 2.X에서 정렬된 키를 이용한 딕셔너리 탐색 방법은 3.X에서 동작하지 않는다.

```
>>> D = {'a': 1, 'b': 2, 'c': 3}
>>> D
{'b': 2, 'c': 3, 'a': 1}

>>> Ks = D.keys()                          # 뷰 객체에 대한 정렬은 동작하지 않음!
>>> Ks.sort()
AttributeError: 'dict_keys' object has no attribute 'sort'
```

3.X에서 이 문제를 해결하기 위해서는 리스트로 직접 변경하거나 keys 뷰 또는 딕셔너리 자체에 (4장에서 소개되었고 이 장에서 다루는) sorted 호출을 사용해야 한다.

```
>>> Ks = list(Ks)                    # 강제로 리스트로 변환한 다음 정렬
>>> Ks.sort()
>>> for k in Ks: print(k, D[k])      # 2.X: print의 외부 괄호 생략
...
a 1
b 2
c 3

>>> D
{'b': 2, 'c': 3, 'a': 1}
>>> Ks = D.keys()                    # 또는 키에 대해 sorted( )를 사용할 수 있음
>>> for k in sorted(Ks): print(k, D[k])   # sorted( )는 모든 가변 객체를 허용함
...                                  # sorted( ) 정렬된 결과를 반환함
a 1
b 2
c 3
```

이 중에서 딕셔너리의 키 반복자의 사용이 3.X에서 좀 더 선호되며, 2.X에서도 동작한다.

```
>>> D
{'b': 2, 'c': 3, 'a': 1}              # 하지만 딕셔너리를 직접 정렬하는 것이 더 나음
>>> for k in sorted(D): print(k, D[k])    # 딕셔너리 반복자는 키들을 반환함
...
a 1
b 2
c 3
```

딕셔너리 크기 비교는 3.X에서 더 이상 동작하지 않음

다음으로, 파이썬 2.X에서 딕셔너리는 <나 >와 같은 연산자를 사용하여 상대적인 크기를 직접 비교할 수 있지만, 파이썬 3.X에서는 더 이상 동작하지 않는다. 그러나 정렬된 키 리스트를 직접 비교하여 이를 흉내 낼 수는 있다.

```
sorted(D1.items()) < sorted(D2.items())        # 2.X에서 D1 < D2와 같음
```

그러나 딕셔너리의 등가 비교 테스트(예 D1 == D2)는 3.X에서 여전히 동작한다. 이에 대해서는 다음 장의 끝에서 비교에 대해 전반적으로 이야기할 때 다시 언급하므로 자세한 설명은 그때로 미루겠다.

has_key 메서드는 3.X에서 없어짐: 꽤 오래 생존했다!

마지막으로, 키가 존재하는지 확인하는 데 널리 사용되는 has_key 메서드는 3.X에서 없어졌다. 대신 in 멤버십 표현식이나 get을 이용한 기본값 테스트를 사용할 수 있다(이 중에서 일반적으로 in 멤버십 표현식이 많이 사용된다).

```
>>> D
{'b': 2, 'c': 3, 'a': 1}

>>> D.has_key('c')                                 # 2.X에서만 동작: True/False 반환
AttributeError: 'dict' object has no attribute 'has_key'

>>> 'c' in D                                        # 3.X 필수
True
>>> 'x' in D                                        # 오늘날 2.X에서도 사용을 권장
False
>>> if 'c' in D: print('present', D['c'])           # 결과를 통한 분기
...
present 3

>>> print(D.get('c'))                               # 기본값 가져오기
3
>>> print(D.get('x'))
None
>>> if D.get('c') != None: print('present', D['c']) # 다른 방법
...
present 3
```

간략히 말하면, 딕셔너리는 파이썬 3.X에서 실질적인 많은 변화가 있었다. 여러분이 2.X에서 작업하면서 3.X와 호환성을 고려해야 한다면 여기 몇 가지 주의할 점이 있다. 이 절에서 이야기한 3.X의 변경 사항 중에 이 절에서 이야기한 3.X의 변경 사항은 다음과 같다.

- 첫 번째(딕셔너리 컴프리헨션)는 3.X와 2.7에서만 사용할 수 있다.

- 두 번째(딕셔너리 뷰)는 3.X에서만 사용할 수 있으며, 2.7에서는 특별한 메서드 이름을 통해 사용할 수 있다.

그러나 나머지 세 가지 기법(sorted, 수동 비교, in)은 장차 3.X로의 쉬운 이전을 위해 지금은 사용이 가능하도록 되어 있다.

딕셔너리는 여러분이 프로그램에서 키로 값을 저장할 때 사용할 수 있는 유일한 방법은 아니다. 또한, 일부 파이썬 확장 기능은 딕셔너리와 유사해 보이고 동일하게 동작하는 인터페이스를 제공한다. 예를 들어, 파이썬에서 파일에 대해 키를 이용한 접근을 제공하는 DBM 인터페이스는 딕셔너리와 매우 유사해 보인다. DBM 인터페이스는 키 인덱스를 사용하여 문자열을 저장하거나 가져올 수 있다.

```
import dbm                      # 파이썬 2.X에서는 anydbm으로 사용
file = dbm.open("filename")     # 파일 연결
file['key'] = 'data'            # 키에 의해 데이터 저장
data = file['key']             # 키에 의해 데이터 가져오기
```

28장에서는 이 코드에서 dbm을 shelve로 변경하여 전체 파이썬 객체를 저장하는 방법을 보게 될 것이다(shelve는 키에 의한 접근이 가능한 데이터베이스이며, 단순한 문자열이 아닌 파이썬 객체를 영구적으로 저장한다). 또한 파이썬은 인터넷에서 동작할 경우, 파이썬의 CGI 스크립트 지원은 딕셔너리와 유사한 인터페이스를 제공한다. cgi.FieldStorage 호출은 클라이언트의 웹 페이지에 있는 입력 필드마다 하나의 항목을 가진 딕셔너리와 유사한 객체를 반환한다.

```
import cgi
form = cgi.FieldStorage()              # 폼(form) 데이터 분석
if 'name' in form:
    showReply('Hello, ' + form['name'].value)
```

코어 타입 중에서는 딕셔너리만이 유일한 매핑 타입이지만, 여기서 소개된 다른 타입들도 매핑 타입의 한 종류이며, 대부분 동일한 연산을 지원한다. 딕셔너리 인터페이스에 대해 배우고 나면 파이썬 내의 다양한 내장 도구들에 딕셔너리 인터페이스가 적용되어 있음을 알 수 있을 것이다.

다른 딕셔너리 사용 사례의 경우, **JSON**의 개요에 대해 다루는 9장을 참고하도록 하자. JSON은 데이터베이스와 데이터 전송에 사용되는 언어 중립적인 데이터 형식이다. 파이썬 딕셔너리, 리스트, 그리고 이들의 중첩된 조합은 대부분 이 형식 그대로 레코드로 전달할 수 있으며, 파이썬의 json 표준 라이브러리 모듈을 사용하여 어렵지 않게 공식적인 JSON 텍스트 문자열로 변환할 수 있다.

이 장의 요약

우리는 이 장에서 리스트와 딕셔너리에 대해 알아보았다. 아마도 여러분이 파이썬 코드 내에서 보고 사용하게 될 가장 일반적이고 유연하며, 강력한 컬렉션 타입일 것이다. 리스트 타입은 임의의 객체에 대해 위치가 정렬된 컬렉션을 제공하고, 자유롭게 중첩할 수 있으며, 필요에 따라 크기를 늘리거나 줄일 수 있음을 배웠다. 딕셔너리 타입은 유사하지만 위치 대신 키를 사용하여 항목들을 저장하며, 항목들 사이에 신뢰할 만한 왼쪽에서 오른쪽으로의 순서 같은

것은 제공하지 않는다. 리스트와 딕셔너리 모두 변경 가능하며(mutable), 그래서 문자열에서는 사용할 수 없었던 다양한 직접 변경 연산들을 지원한다. 예를 들어 리스트는 append 호출을 통해 크기가 늘어날 수 있고, 딕셔너리는 새로운 키를 할당함으로써 크기가 늘어날 수 있다.

다음 장에서 우리는 튜플과 파일에 대해서 살펴보면서 코어 객체 타입에 대한 심도 있는 여행을 마무리할 예정이다. 그 후에는 이러한 객체들을 처리하는 로직 코드를 다룰 예정이며, 이 단계는 완벽한 프로그램 작성을 위한 또 다른 단계로 우리를 이끌어 준다. 그러나 이러한 주제에 대해 이야기하기 전에 복습을 위해 아래에 있는 이 장의 학습 테스트를 확인해 보도록 하자.

학습 테스트: 퀴즈

1. 다섯 개의 정수 0을 가진 리스트를 만드는 두 가지 방법을 말해 보시오.

2. 값이 모두 0인 'a'와 'b' 두 키를 가진 딕셔너리를 만드는 두 가지 방법을 말해 보시오.

3. 리스트 객체를 직접 변경하는 네 가지 연산을 말해 보시오.

4. 딕셔너리 객체를 직접 변경하는 네 가지 연산을 말해 보시오.

5. 리스트 대신 딕셔너리를 사용해야 하는 이유는 무엇인가?

학습 테스트: 정답

1. [0, 0, 0, 0, 0] 같은 리터럴 표현식과 [0] * 5 같은 반복 표현식은 각각 다섯 개의 0을 포함한 리스트를 만든다. 실제로 여러분은 빈 리스트에 반복할 때마다 L.append(0)을 호출하여 리스트에 0을 추가하는 루프로 같은 작업을 할 수도 있다. 물론 리스트 컴프리헨션([0 for I in range(5)])도 여기서 같은 일을 할 수 있지만, 이 질문에 대한 답변으로는 다소 범위를 벗어난 것 같다.

2. {'a':0, 'b':0} 같은 리터럴 표현식 또는 D = {}, D['a'] = 0, 그리고 D['b'] = 0와 같은 연속된 할당으로 요청된 딕셔너리를 만들 수 있다. 그리고 새롭게 추가된 dict(a = 0, b = 0) 키워드 형식이나 또는 좀 더 유연한 dict([('a', 0), ('b', 0)]) 연속된 키/값 형식을 사용할 수도 있다. 또한 모든 값이 같기 때문에 특별한 형식인 dict.fromkeys('ab', 0)을 사용할 수도 있으며, 3.X와 2.7에서는 딕셔너리 컴프리헨션을 사용할 수도 있다. 하지만 다시 이야기하는데,

이 질문에 대해서 다소 범위를 벗어난 내용이긴 하나 {k:0 for k in 'ab'}처럼 사용할 수도 있다.

3. append와 extend 메서드는 리스트를 직접 확장하며, sort와 reverse 메서드는 리스트를 정렬하고 순서를 거꾸로 뒤집는다. insert 메서드는 오프셋에 아이템을 추가하고, remove와 pop 메서드는 리스트로부터 값과 위치에 의해 항목을 삭제하며, del문은 항목을 삭제하거나 슬라이싱한다. 그리고 인덱스와 슬라이스 할당문은 특정 항목이나 전체 섹션을 교체한다. 이 중에 네 가지를 고르면 퀴즈에 대한 답이 될 것이다.

4. 딕셔너리는 새로운 키나 기존 키에 대한 할당에 의해 주로 변경되며, 테이블상에 해당 키에 대한 항목을 새로 만들거나 변경한다. 또한 del문은 해당 키의 항목을 삭제하고, 딕셔너리의 update 메서드는 하나의 딕셔너리를 다른 딕셔너리로 직접 합친다. 그리고 D.pop(key)는 해당 키를 제거하고 키가 가지고 있는 값을 반환한다. 또한, 딕셔너리는 이 장에서 언급하지 않은 setdefault와 같은 직접 변경할 수 있는 다소 색다른 메서드들을 제공한다. 자세한 내용은 관련된 문서들을 참고하자.

5. 딕셔너리는 일반적으로 데이터에 이름이 붙어 있는 경우에 좀 더 유용하다(예 필드 이름이 있는 레코드). 리스트는 (디렉터리 안의 모든 파일과 같은) 이름 없는 항목들의 컬렉션에 좀 더 적합하다. 또한 딕셔너리 검색은 일반적으로 리스트 검색보다 빠르지만, 프로그램에 따라 차이가 있을 수 있다.

9

튜플, 파일 그리고
그 외의 모든 것

이 장은 변경할 수 없는 다른 객체들의 컬렉션인 **튜플(tuple)**과 여러분의 컴퓨터에 있는 외부 파일에 대한 인터페이스인 **파일(file)**에 대해서 다루면서 파이썬의 코어 객체 타입에 대한 심도 있는 여행을 마무리한다. 여러분도 볼 수 있듯이 튜플은 주로 문자열과 리스트에서 이미 배운 연산들을 수행하는 상대적으로 단순한 객체다. 파일 객체는 여러분의 컴퓨터에 있는 파일을 처리하는 데 주로 사용되며, 관련된 모든 기능을 제공하는 도구다. 파일은 프로그래밍에서 매우 널리 사용되기 때문에 이 장에서 다루는 파일에 대한 기본 개요는 이후 다양한 예제를 통해 보충할 예정이다.

이 장은 우리가 그동안 배운 모든 코어 객체 타입의 공통적인 속성들을 살펴봄으로써 이 책의 이 파트를 끝맺는다(동등(같음), 비교, 객체 복사 등). 또한, 우리는 None 플레이스홀더와 **namedtuple** 하이브리드를 포함한 파이썬 툴박스 안에 있는 다른 객체 타입에 대해서도 간략히 다룰 예정이다. 여러분도 볼 수 있듯이 우리는 모든 기본 내장 타입들을 다루었지만, 파이썬의 객체 이야기는 내가 지금까지 암시한 것보다 훨씬 광범위하다. 마지막으로 우리는 객체 타입을 사용할 때 일반적인 주의 사항을 살펴보고, 그동안 배운 개념들을 여러분 스스로 실험할 수 있도록 몇 가지 예제들을 탐구함으로써 이 파티를 종료한다.

이 장의 범위—파일: 7장에서 문자열을 다룬 것과 같이, 여기서 우리는 대부분의 파이썬 프로그래머에게 필요한 파일에 대한 기초로 범위를 제한할 것이다. 특히, 4장에서 미리 살펴본 **유니코드 텍스트** 파일에 대한 자세한 내용은 이 책의 고급 주제 파트에서 선택적으로 읽을 수 있도록 37장까지 미룰 것이다.

우리는 이 장의 목적을 위해서 여기서 사용되는 텍스트 파일들은 여러분의 플랫폼 기본값에 따라 인코딩 또는 디코딩된다고 가정한다. 이 기본값은 윈도우에서는 아마 UTF-8일 것이고, 다른 플랫폼에서는 아스키나 또 다른 무엇일 수도 있다(그리고 이 문제가 왜 중요한지 모른다고 해서 앞 장으로 이동할 필요는 없다). 또한 우리는 파일 이름이 플랫폼에 따라 적절히 인코딩된다고 가정하지만, 여기서는 이식성을 위해 아스키 이름만을 사용할 것이다.

유니코드 텍스트와 파일이 여러분에게 중요한 과제일 경우, 먼저 4장의 미리 보기를 빠르게 살펴보고 이 장에서 파일의 기초에 대해서 마스터한 다음 37장을 계속해서 읽기를 권장한다. 그 외의 경우에는 이 장에서 다루는 파일에 대한 내용은 여러분이 나중에 필요할지도 모르는 고급 파일 처리 모드뿐만 아니라 일반적인 텍스트 파일과 이 장에서 다루는 모든 종류의 파일에 적용할 수 있다.

튜플

마지막 컬렉션 타입은 파이썬 튜플(tuple)로, 간단한 객체의 그룹을 생성한다. 튜플은 직접 변경할 수 없다는 것을 제외하고는 정확히 리스트처럼 동작하며, 일반적으로 대괄호가 아닌 괄호 안에 연속된 아이템으로 작성된다. 튜플은 비록 많은 메서드를 제공하지는 않지만, 대부분의 속성을 리스트와 공유한다. 여기서는 튜플에 대한 기본을 간략히 살펴보겠다.

임의의 객체에 대한 정렬된 컬렉션이다

튜플은 문자열과 리스트처럼 객체에 대해 위치적으로 정렬된 컬렉션이다(즉, 튜플은 아이템들 사이에 왼쪽에서 오른쪽으로의 순서를 유지한다). 리스트와 마찬가지로 어떤 종류의 객체도 포함할 수 있다.

오프셋으로 접근된다

튜플의 아이템들은 문자열과 리스트처럼 (키가 아닌) 오프셋으로 접근된다. 또한 인덱싱, 그리고 슬라이싱과 같은 모든 오프셋 기반 접근 연산들을 지원한다.

'불변 시퀀스'로 분류된다

문자열과 리스트처럼 튜플도 시퀀스다. 튜플은 문자열과 리스트가 제공하는 동일한 수많은 연산을 제공한다. 그러나 튜플은 문자열처럼 변경할 수 없다. 튜플은 리스트에서 제공하는 직접 변경 연산들은 제공하지 않는다.

고정된 길이고, 다양한 타입을 포함할 수 있으며, 임의의 중첩이 가능하다

튜플은 변경할 수 없기(immutable) 때문에 복사본을 생성하지 않고서는 튜플의 크기를 변경할 수 없다. 한편으로 튜플은 다른 컴포넌트 객체들을 포함한 어떠한 객체의 타입도 포함할 수 있으며(예 리스트, 딕셔너리, 또 다른 튜플), 그렇기 때문에 임의의 중첩을 지원한다.

객체 참조의 배열이다

튜플은 리스트처럼 객체 참조 배열로 생각하는 것이 최선이다. 튜플은 다른 객체들에 대한 접근 포인터를 저장하며(레퍼런스), 튜플을 인덱싱하는 것은 상대적으로 빠르다.

표 9-1은 일반적인 튜플 연산들을 나타낸다. 튜플은 콤마로 구분된 객체들의 연속(엄밀히 말하면 객체들을 생성하는 표현식)으로 작성되며, 일반적으로는 괄호로 감싼다. 빈 튜플은 안에 아무것도 없는 괄호 쌍으로 만들 수 있다.

표 9-1 일반적인 튜플 리터럴과 연산들

연산	설명
()	빈 튜플
T = (0,)	하나의 아이템을 포함한 튜플(표현식이 아님)
T = (0, 'Ni', 1.2, 3)	네 개의 아이템을 포함한 튜플
T = 0, 'Ni', 1.2, 3	또 다른 네 개의 아이템을 포함한 튜플(바로 위와 같음)
T = ('Bob', ('dev', 'mgr'))	중첩된 튜플
T = tuple('spam')	반복 가능한(iterable) 아이템들의 튜플
T[i]	인덱스
T[i][j]	인덱스의 인덱스
T[i:j]	슬라이스
len(T)	길이
T1 + T2	연결
T * 3	반복
for x in T: print(x)	반복
'spam' in T	멤버십
[x ** 2 for x in T]	반복, 멤버십
T.index('Ni')	2.6, 2.7, 그리고 3.X에서 메서드: 검색
T.count('Ni')	2.6, 2.7, 그리고 3.X에서 메서드: 개수 세기
namedtuple('Emp', ['name', 'jobs'])	명명된 튜플 확장 타입

튜플의 동작

늘 그렇듯이 튜플의 동작을 알아보기 위해 대화형 세션을 시작하도록 하자. 표 9-1에서 튜플은 리스트가 제공하는 모든 메서드를 제공하지 않는다는 점을 주의해서 보자(예를 들어, append 호출은 여기서 동작하지 않는다). 그러나 튜플은 우리가 문자열과 리스트에서 본 일반적인 시퀀스 연산들을 지원한다.

```
>>> (1, 2) + (3, 4)              # 연결
(1, 2, 3, 4)

>>> (1, 2) * 4                   # 반복
(1, 2, 1, 2, 1, 2, 1, 2)

>>> T = (1, 2, 3, 4)             # 인덱싱, 슬라이싱
>>> T[0], T[1:3]
(1, (2, 3))
```

튜플 구문의 특징: 콤마와 괄호

표 9-1의 두 번째와 네 번째 항목은 좀 더 설명할 필요가 있다. 괄호는 표현식을 감싸는 데 사용될 수도 있지만(5장 참조), 괄호 안에 있는 단일 객체가 단순한 표현식이 아닌 튜플 객체일 때 여러분은 파이썬에게 이 특별한 것을 알려 줄 필요가 있다. 여러분이 정말로 단일 아이템을 가진 튜플을 만들고자 한다면, 단일 아이템 다음으로 괄호를 닫기 전에 단순히 콤마를 추가하기만 하면 된다.

```
>>> x = (40)                     # 정수!
>>> x
40
>>> y = (40,)                    # 정수를 포함한 튜플
>>> y
(40,)
```

또한, 특수한 경우로 파이썬은 구문적으로 그렇게 모호하지 않은 상황에서 튜플에 대해 열고 닫는 괄호를 생략하는 것이 가능하다. 예를 들어, 표 9-1의 네 번째 행은 단순히 네 개의 아이템들을 콤마로 구분하여 나열했다. 비록 괄호는 없지만 파이썬은 할당문에서 이러한 코드를 튜플로 인식한다.

곧 몇몇 사람들은 여러분에게 튜플을 사용할 때 항상 괄호를 사용하라고 말하고, 또 몇몇 사람들은 튜플에서 괄호를 절대 사용하지 말라고 말할 것이다(그리고 여러분이 튜플을 어떻게 쓰던

지 신경 쓰지 않는 사람들도 있을 것이다!). 튜플 리터럴에 괄호가 **꼭 필요한** 가장 일반적인 곳은 바로 다음과 같은 곳이다.

- 함수 호출 안이나 큰 표현식 안에 중첩될 때는 **괄호**를 사용하는 편이 더 낫다.
- 리스트나 딕셔너리와 같은 큰 데이터 구조의 리터럴 안에 포함되거나, 파이썬 2.X print문 안에 나열될 때는 **콤마**를 사용하는 편이 더 낫다.

대부분의 경우 튜플을 감싸는 괄호는 선택적으로 사용할 수 있다. 초보자들의 경우에는 괄호가 선택적인지 또는 필요한 경우인지를 기억하기보다는 항상 습관적으로 사용하는 것이 아마 더 쉬울 것이다. 많은 개발자들은 괄호가 튜플을 더 명확하고 분명하게 만듦으로써 스크립트의 가독성을 높이는 경향이 있음을 알고 있다.[1]

변환, 메서드 그리고 불변성

리터럴 구문의 차이를 제외하고는 튜플 연산들(표 9-1의 중간 행)은 문자열과 리스트 연산들과 동일하다. 주목할 만한 유일한 차이는 +, * 및 슬라이싱 연산이 튜플에 적용될 때 새로운 튜플을 반환한다는 것이다. 그리고 이 튜플은 문자열, 리스트 및 딕셔너리에서 사용한 것과 같은 메서드를 제공하지 않는다. 예를 들어 튜플을 정렬하고자 할 경우 여러분은 일반적으로 정렬 메서드 호출에 접근하고, 가변 객체로 만들기 위해 먼저 튜플을 리스트로 변환하거나, 모든 시퀀스 객체(그리고 그 밖의 반복 객체(4장에서 소개된 용어이며, 이에 대한 공식적인 내용은 이 책의 다음 파트에서 다룰 예정이다))에 사용할 수 있는 새롭게 추가된 내장 sorted를 사용해야 한다.

```
>>> T = ('cc', 'aa', 'dd', 'bb')
>>> tmp = list(T)                    # 튜플의 아이템들로부터 리스트를 만듦
>>> tmp.sort()                       # 리스트 정렬
>>> tmp
['aa', 'bb', 'cc', 'dd']
>>> T = tuple(tmp)                   # 리스트의 아이템들로부터 튜플을 만듦
>>> T
('aa', 'bb', 'cc', 'dd')

>>> sorted(T)                        # 또는 내장 sorted를 사용하고 저장하는 두 단계
['aa', 'bb', 'cc', 'dd']
```

---

1 미묘한 요소: 콤마는 가장 낮은 우선순위 연산자 중 하나이지만, 우선순위가 그렇게 중요하지 않은 상황이다. 그러한 상황에서 튜플을 만드는건 괄호가 아닌 콤마다. 이러한 상황은 괄호를 선택적으로 사용할 수 있게 만들지만, 괄호의 생략이 예상치 못한 구문 에러가 발생하는 이상한 상황으로 이끌 수도 있다.

여기서 내장된 함수 list와 tuple은 객체를 리스트 만들고 다시 튜플로 변환하는 데 사용된다. 실제로, 두 호출은 새로운 객체를 만들지만 그 효과는 변환과 같다.

리스트 컴프리헨션은 또한 튜플을 변환하는 데 사용될 수 있다. 예를 들어 다음은 튜플을 리스트로 만들며, 그 과정에서 각각의 아이템에 20을 더한다.

```
>>> T = (1, 2, 3, 4, 5)
>>> L = [x + 20 for x in T]
>>> L
[21, 22, 23, 24, 25]
```

리스트 컴프리헨션은 실제로 **시퀀스** 연산이다. 리스트 컴프리헨션은 항상 새로운 리스트를 만들지만, 튜플, 문자열 그리고 그 밖의 리스트를 포함한 모든 시퀀스 객체를 반복하는 데 사용될 수 있다. 이 책의 뒤에서 언급하겠지만, 리스트 컴프리헨션은 심지어 물리적으로 저장되지 않는 시퀀스들에 대해서도 동작한다. 라인 단위로 자동으로 읽는 파일을 포함한 모든 **반복** 객체가 여기에 포함된다. 이를 감안하면 리스트 컴프리헨션은 **반복 도구**라고 부르는 편이 더 나을 것 같다.

튜플은 리스트와 문자열과 같은 메서드를 제공하지는 않지만, 파이썬 2.6과 3.0이후부터 자신만의 두 가지 메서드를 제공한다. index와 count는 리스트에서와 동일하게 동작하지만, 이 두 메서드는 튜플 객체를 위해 정의된 것이다.

```
>>> T = (1, 2, 3, 2, 4, 2)        # 2.6, 3.0, 그리고 이후 버전에서 튜플 메서드들
>>> T.index(2)                    # 2가 처음 위치한 오프셋
1
>>> T.index(2, 2)                 # 오프셋 2 이후에 위치한 2의 오프셋
3
>>> T.count(2)                    # 몇 개의 2가 있는가?
3
```

2.6과 3.0 이전에 튜플은 아무런 메서드도 제공하지 않았다. 이것은 변경할 수 없는 타입에 대한 파이썬의 오래된 규칙이였으나, 수년 전 실용성을 이유로 문자열에서 깨지기 시작하여 최근엔 숫자와 튜플에도 영향을 미쳤다.

또한 튜플의 **불변성** 규칙은 튜플 자신의 최상위 단계에만 적용되며, 튜플에 포함된 콘텐츠에는 적용되지 않는다. 예를 들어, 튜플 내부에 있는 리스트는 평소와 같이 변경될 수 있다.

```
>>> T = (1, [2, 3], 4)
>>> T[1] = 'spam'                          # 실패: 튜플 자체를 변경할 수는 없음
TypeError: object doesn't support item assignment

>>> T[1][0] = 'spam'                       # 성공: 내부에 있는 가변 객체는 수정할 수 있음
>>> T
(1, ['spam', 3], 4)
```

대부분의 프로그램은 이와 같은 한 단계 깊이의 불변성이면 일반적인 튜플의 역할로 충분하다. 지금 여러분이 궁금해할 내용은 다음 절에서 다룬다.

왜 리스트와 튜플이 존재하는가?

이 질문은 내가 초보자들한테 튜플에 대해서 설명할 때 가장 먼저 하는 질문인 것 같다. 이미 리스트가 있는데 튜플이 필요한 이유는 대체 무엇일까? 여기에는 일부 역사적인 이유도 있다. 파이썬을 만든 사람은 수학을 전공한 수학자였다. 그는 튜플은 단순한 객체들의 조합으로 여겼고, 리스트는 시간에 따라 변화될 수 있는 데이터 구조로 보았다. 실제로 '튜플'이라는 단어의 사용은 수학에서 유래된 것이며, 관계형 데이터베이스 테이블의 행 데이터를 저장하는 데 빈번히 사용된다.

그러나 가장 좋은 대답은 튜플의 불변성이 일부 **무결성**을 제공한다는 것이다. 튜플은 프로그램 안 어딘가의 또 다른 참조를 통해 변경되지 않는다고 확신할 수 있지만, 리스트의 경우는 이러한 보장이 없다. 그 결과, 튜플과 다른 불변성을 가진 타입들은 다른 언어의 '상수' 선언과 비슷한 역할을 제공하지만, 파이썬에서는 불변성의 개념이 변수가 아닌 객체와 연관되어 있다.

또한 튜플은 리스트를 사용할 수 없는 곳에서 사용될 수 있는데, 예를 들면 딕셔너리의 키 같은 것이 있다(8장의 희소 행렬 예제를 보도록 하자). 일부 내장 연산들은 또한 리스트 대신에 튜플을 요구하거나 암시적으로 튜플을 사용하지만(⌘ 문자열 포맷 표현식에서 대체 값), 이러한 연산들은 최근 몇 년 사이에 좀 더 유연한 동작을 위해 종종 일반화되었다. 나의 경험에 따르면 리스트는 변경이 필요한 정렬된 컬렉션에 대해 선택할 수 있는 도구이고, 튜플은 고정된 조합의 나머지 경우들을 처리할 수 있다.

레코드 다시보기: 명명된 튜플

실제로, 데이터 타입의 선택은 이전 절에서 암시하고 있는 것보다 훨씬 더 풍부하다. 오늘날의 파이썬 프로그래머들은 내장된 코어 타입들과 그 위에 만들어진 확장 타입들로부터 데이터 타입을 선택할 수 있다. 예를 들어, 344쪽의 "더 생각해 볼 주제: 딕셔너리 인터페이스" 칼럼에서 우리는 리스트와 딕셔너리 둘 모두를 사용해 레코드와 유사한 정보를 표현하는 방법을 알아보았으며, 딕셔너리는 데이터에 더욱 의미 있는 키를 붙일 수 있는 이점을 제공한다는 점에 주목했다. 가변성이 필요한 경우가 아니라면, **튜플**은 리스트처럼 레코드 필드에 대한 위치와 함께 유사한 역할을 제공할 수 있다.

```
>>> bob = ('Bob', 40.5, ['dev', 'mgr'])          # 튜플 레코드
>>> bob
('Bob', 40.5, ['dev', 'mgr'])

>>> bob[0], bob[2]                                # 위치에 의한 접근
('Bob', ['dev', 'mgr'])
```

그러나 리스트의 경우처럼 튜플의 필드 숫자는 딕셔너리에서 키의 이름보다는 일반적으로 다소 부족한 정보를 전달한다. 다음은 명명된 필드를 사용하여 딕셔너리로 기록한 같은 레코드다.

```
>>> bob = dict(name='Bob', age=40.5, jobs=['dev', 'mgr'])   # 딕셔너리 레코드
>>> bob
{'jobs': ['dev', 'mgr'], 'name': 'Bob', 'age': 40.5}

>>> bob['name'], bob['jobs']                                # 키로 접근
('Bob', ['dev', 'mgr'])
```

실제로 우리는 필요한 경우 딕셔너리의 일부분을 튜플로 변환할 수 있다.

```
>>> tuple(bob.values())                          # 값을 튜플로 변환
(['dev', 'mgr'], 'Bob', 40.5)
>>> list(bob.items())                            # 튜플 항목들로 변환된 리스트
[('jobs', ['dev', 'mgr']), ('name', 'Bob'), ('age', 40.5)]
```

그러나 조금 더 작업을 하면 레코드 필드에 대해 위치와 명명된 이름의 접근 둘 모두를 제공하는 객체를 구현할 수 있다. 예를 들어, 8장에서 언급된 표준 라이브러리의 *collections* 모듈에서 사용할 수 있는 namedtuple 유틸리티는 위치와 속성 **이름** 모두를 사용한 컴포넌트 접근을 가능하게 하는 로직을 튜플에 추가하는 확장 타입을 제공하며, 이 타입은 필요한 경우 키를

사용한 접근을 위해 딕셔너리와 유사한 형식으로 변환될 수 있다. 속성 이름은 클래스에서 유래한 것이라 정확히 딕셔너리의 키는 아니지만, 이 둘은 비슷하게 기억을 돕는 역할을 한다.

```
>>> from collections import namedtuple          # 확장 타입 임포트
>>> Rec = namedtuple('Rec', ['name', 'age', 'jobs'])   # 생성된 클래스 만들기
>>> bob = Rec('Bob', age=40.5, jobs=['dev', 'mgr'])    # 명명된 튜플 레코드
>>> bob
Rec(name='Bob', age=40.5, jobs=['dev', 'mgr'])

>>> bob[0], bob[2]                               # 위치로 접근
('Bob', ['dev', 'mgr'])
>>> bob.name, bob.jobs                           # 속성으로 접근
('Bob', ['dev', 'mgr'])
```

딕셔너리로의 변환은 키 기반의 동작을 지원한다.

```
>>> O = bob._asdict()                            # 딕셔너리와 유사한 형식
>>> O['name'], O['jobs']                         # 키로 접근도 가능
('Bob', ['dev', 'mgr'])
>>> O
OrderedDict([('name', 'Bob'), ('age', 40.5), ('jobs', ['dev', 'mgr'])])
```

여러분도 볼 수 있듯이 명명된 튜플은 튜플/클래스/딕셔너리의 하이브리드다. 또한, 명명된 튜플은 장단점(tradeoff)이 존재한다. 특별한 기능을 제공하는 대신에 추가적인 코드를 필요로 하며(앞의 예제에서 시작 두 라인은 타입을 임포트하고 클래스를 만든다), 약간의 성능에 대한 비용이 발생한다(즉, 명명된 튜플은 이름을 위치로 연결하는 각 명명된 필드에 속성(property) 접근자 메서드를 추가하는 방식으로 튜플 타입을 확장하여 새로운 클래스를 만든다. 파트 8에서 다루는 고급 주제에 의존적인 기술이며, 데코레이터(decorator)와 메타클래스(metaclass)같은 클래스 어노테이션(annotation) 도구 대신에 포맷 코드 문자열을 사용한다). 그럼에도 불구하고 명명된 튜플은 추가적인 기능이 필요할 때, 우리가 튜플과 같은 내장된 타입들 위에 만들 수 있는 커스텀 데이터 타입 종류의 좋은 예다.

명명된 튜플은 파이썬 3.X와 2.7, 2.6(2.6에서는 실제 딕셔너리를 반환한다)에서 이용할 수 있으며, 파이썬 표준에 의해 상대적으로 현대적인 기능들에 의존적이긴 하지만, 아마도 그 이전 버전에서도 이용할 수 있을 것이다. 그리고 명명된 튜플은 코어 타입이 아닌 **확장** 타입이다(명명된 튜플은 표준 라이브러리에 존재하며, 5장의 Fraction 그리고 Decimal과 같은 분류에 속한다). 그러므로 우리는 자세한 설명은 파이썬 라이브러리 매뉴얼로 넘기도록 하겠다.

그러나 미리 간단히 살펴보자면, 튜플과 명명된 튜플은 모두 반복 상황 뿐만 아니라 언패킹 (unpacking) 튜플 할당을 지원하며, 이 주제들은 각각 14장, 20장, 13장에서 다룬다(여기서 위치적인 초깃값들을 주의해서 살펴보자. 명명된 튜플은 이 값으로 이름, 위치 또는 둘 모두를 받아들인다).

```
>>> bob = Rec('Bob', 40.5, ['dev', 'mgr'])      # 튜플과 명명된 튜플 모두
>>> name, age, jobs = bob                        # 지원하는 튜플 할당(11장)
>>> name, jobs
('Bob', ['dev', 'mgr'])

>>> for x in bob: print(x)                       # 반복 상황(14, 20장)
...Bob, 40.5, ['dev', 'mgr'] 출력...
```

튜플 언패킹 할당은 딕셔너리에서 위치적인 순서를 추측 또는 제한할 수 있거나(딕셔너리는 시퀀스가 아니다), 키와 값을 가져오거나 변환하는 경우 또는 값이 아닌 키를 통한 반복 단계를 제외하고는 잘 사용되지 않는다(여기서 딕셔너리 리터럴 형식을 주의해서 살펴보자(dict를 대체하는 방법)).

```
>>> bob = {'name': 'Bob', 'age': 40.5, 'jobs': ['dev', 'mgr']}
>>> job, name, age = bob.values()
>>> name, job                                    # Dict와 같음(그러나 순서는 다를 수 있다)
('Bob', ['dev', 'mgr'])

>>> for x in bob: print(bob[x])                  # 인덱스 값인 키를 통한 단계
...값 출력...
>>> for x in bob.values(): print(x)              # 값 뷰를 통한 단계
...값 출력...
```

이 레코드 표현에 관한 주제는 27장에서 사용자 정의 **클래스**를 비교하는 방법을 살펴볼 때 다시 언급할 예정이므로 그때까지 기다리자. 여러분도 곧 알게 되겠지만 클래스는 필드에 이름을 붙이는 것뿐만 아니라, 동일한 패키지 안에서 레코드의 데이터를 처리하기 위한 프로그램 로직도 제공한다.

파일

여러분은 이미 파일의 개념에 대해 잘 알고 있을 수도 있다. 파일은 운영체제에 의해 관리되는 여러분의 컴퓨터상에 명명된 저장 영역이다. 우리의 객체 타입 여행에서 우리가 확인해 볼 마지막 주요 내장 객체 타입이며, 파이썬 프로그램 안에서 이러한 파일들에 대한 접근 방법을 제공한다.

즉, 내장된 open 함수는 여러분의 장비에 놓인 파일에 대한 링크를 제공하는 파이썬 파일 객체를 만든다. open을 호출한 다음부터는 반환된 파일 객체의 메서드를 호출하여 연관된 외부 파일에 데이터의 문자열을 전송할 수 있다.

지금까지 살펴본 타입들과 비교하면 파일 객체는 다소 예외적이다. 파일 객체는 내장된 함수에 의해 생성되기 때문에 코어 타입으로 간주되긴 하지만 숫자나 시퀀스, 또는 매핑 같은 것이 아니며, 파일 객체는 표현식 연산자들에 반응하지 않는다. 파일 객체는 일반적인 파일 처리 작업을 위한 메서드만을 제공한다. 대부분의 파일 메서드는 파일 객체와 연관된 외부 파일에 출력하거나 외부 파일로부터 입력받는 일을 수행하는 것과 관련되어 있으며, 나머지 파일 메서드들은 파일에서 새로운 위치를 찾거나 출력 버퍼를 비우는(flush) 일들을 수행한다. 표 9-2는 일반적인 파일 연산들을 요약한 것이다.

표 9-2 일반적인 파일 연산들

연산	설명
output = open(r'C:\spam', 'w')	출력 파일 만들기('w'는 쓰기를 의미)
input = open('data', 'r')	입력 파일 만들기('r'는 읽기를 의미)
input = open('data')	바로 위와 같다('r'이 기본값이다)
aString = input.read( )	전체 파일을 단일 문자열로 읽기
aString = input.read(N)	다음 N개의 문자(또는 바이트)를 문자열로 읽기
aString = input.readline( )	다음 라인(\n 새 라인 포함)을 문자열로 읽기
aList = input.readlines( )	전체 파일을 줄 단위 리스트로 읽기(\n 포함)
output.write(aString)	문자(바이트)의 문자열을 파일로 쓰기
output.writelines(aList)	리스트의 모든 라인 문자열을 파일로 쓰기
output.close( )	수동 닫기(가비지 컬렉션에 의해 자동으로 수행됨)
output.flush( )	파일을 닫지 않고 디스크로 출력 버퍼를 비움
anyFile.seek(N)	다음 연산을 위해 파일 위치를 오프셋 N으로 변경
for line in open('data'):use line	한 라인씩 읽는 파일 반복자
open('f.txt', encoding='latin-1')	파이썬 3.X 유니코드 텍스트 파일(str 문자열)
open('f.bin', 'rb')	파이썬 3.X 바이트 파일(bytes 문자열)
codecs.open('f.txt', encoding='utf8')	파이썬 2.X 유니코드 텍스트 파일(unicode 문자열)
open('f.bin', 'rb')	파이썬 2.X 바이트 파일(str 문자열)

파일 열기

파일을 열기 위해 프로그램은 외부 파일 이름과 파일 처리 모드를 인수로 하여 내장 open 함수를 호출한다. 이 호출은 데이터 전송을 위한 메서드를 제공하는 파일 객체를 반환한다.

```
afile = open(filename, mode)
afile.method()
```

open 함수의 첫 번째 인수인 외부 **파일 이름**(filename)은 플랫폼에 따른 절대적인 또는 상대적인 디렉터리 경로를 파일 이름 앞에 포함할 수도 있다. 디렉터리 경로가 없는 경우, 해당 파일은 현재 작업 디렉터리에 존재한다고 가정한다(즉, 스크립트가 실행 중인 위치). 우리는 37장에서 파일의 추가적인 기능에 대해서 이야기할 때 보게 되겠지만, **파일 이름**(filename)은 파이썬이 자동으로 내부 플랫폼의 인코딩으로 변환하는 아스키가 아닌(non-ASCII) 유니코드 텍스트를 포함하거나, 미리 인코딩된 바이트 문자열로 제공될 수도 있다.

open의 두 번째 인수인 처리 **모드**(mode)는 일반적으로 텍스트 입력(기본값)을 위해 파일을 열 때 문자열 'r', 텍스트 출력을 위해 파일을 만들고 열 때 'w', 또는 파일의 끝에 텍스트를 추가하기 위해(예를 들면 로그 파일에 추가하기 위해) 파일을 열 때 'a'를 사용한다. 그리고 처리 모드 인수에는 추가 옵션을 지정할 수 있다.

- 바이너리 데이터를 지원하기 위해 모드에 b 추가하기(라인 끝 변환과 3.X 유니코드 인코딩이 꺼진다)

- 입력과 출력 모두를 지원하는 파일을 열기 위해 모드에 + 추가하기(즉, 동일한 파일 객체에 읽고 쓰기를 모두 할 수 있으며, 종종 파일 내에서 위치를 재지정하기 위해 검색(seek) 연산과 함께 사용된다)

open의 첫 번째 두 인수 모두 파이썬 문자열이어야 한다. 선택적인 세 번째 인수는 출력 버퍼링을 제어하는 데 사용될 수 있다. 이 값에 0을 전달하면 출력이 버퍼링되지 않으며(쓰기 메서드가 호출되는 즉시 외부 파일로 전송된다), 특별한 파일의 타입에 대해 추가적인 인수를 제공할 수 있다(CII 파이썬 3.X에서 유니코드 텍스트 파일을 위한 인코딩).

우리는 여기서 파일의 기초에 대해 배우고 일부 기본적인 예제들을 탐구하지만, 모든 파일 처리 모드 옵션에 대해서 다루지는 않는다. 늘 그렇듯, 추가 세부 사항은 파이썬 라이브러리 매뉴얼을 참고하도록 하자.

파일 사용하기

open을 호출하여 파일 객체를 만들고 나면, 관련된 외부 파일에 쓰거나 읽기 위해 파일 객체가 제공하는 메서드를 호출할 수 있다. 파일 텍스트는 모든 경우에 파이썬 프로그램에서 문자열의 형태를 취한다. 파일 읽기는 해당 파일의 내용을 문자열로 반환하고, 콘텐츠는 문자열로 쓰기 메서드에 전달된다. 읽기와 쓰기 메서드는 다양한 형식으로 제공된다. 표 9-2는 가장 일반적인 메서드를 나열한다. 다음은 사용 시 주의해야 할 몇 가지 기본적인 사항이다.

파일 반복자는 다수의 라인을 읽기에 가장 적합

위 테이블에 있는 읽기와 쓰기 메서드가 가장 일반적이긴 하지만, 오늘날 텍스트 파일로부터 다수의 라인을 읽는 가장 좋은 방법은 파일을 전혀 읽지 않는 것일지도 모른다는 것을 명심하자. 14장에서 곧 보겠지만 파일은 for 루프, 리스트 컴프리헨션, 또는 다른 반복 상황 안에서 한 번에 한 라인씩 자동으로 읽는 반복자를 제공한다.

콘텐츠는 객체가 아닌 문자열

파일로부터 읽은 데이터는 항상 스크립트에 문자열로 전달되므로, 여러분이 원하는 형태가 아닌 경우 문자열을 파이썬 객체의 다른 타입으로 변환해야만 한다. 마찬가지로, print 작업과는 달리, 파이썬은 데이터를 파일로 쓸 때 어떠한 포매팅도 추가하지 않으며, 객체를 문자열로 자동으로 변환하지 않고 이미 변환된 문자열을 보내야 한다. 이러한 이유로 객체를 문자열로 변경하기 위해 이미 우리가 배웠던 도구들(圈 int, float, str, 그리고 문자열 포매팅 표현식과 메서드)은 파일을 처리할 때 편리하게 사용할 수 있다.

또한 파이썬은 일반적인 객체들을 저장하기 위해(pickle 모듈), 파일에서 패키징(packed)된 바이너리 데이터를 처리하기 위해(struct 모듈), 그리고 JSON, XML, CSV 텍스트와 같은 특별한 타입의 콘텐츠를 처리하기 위해 고급 표준 라이브러리 도구를 포함하고 있다. 우리는 이 장과 이 책의 뒤에서 이러한 모듈들의 동작을 실제로 볼 수 있지만, 자세한 내용은 파이썬 매뉴얼에 모두 문서화되어 있다.

파일은 버퍼링되며 검색할 수 있음

기본적으로, 출력 파일은 항상 버퍼링되며, 여러분이 쓴 텍스트가 메모리에서 디스크로 즉시 전송되지 않을 수도 있다는 것을 의미한다. 파일을 닫거나, 해당 파일 객체의 flush 메서드를 실행하여 버퍼링된 데이터를 강제로 디스크로 쓸 수 있다. open 함수에 추가 인수를 전달하여 버퍼링을 피할 수도 있지만, 이는 성능을 악화시킬 수도 있다. 또한, 파이썬 파일은 바이트 오프셋에 기반한 임의 접근이 가능하다(파일의 seek 메서드를 이용하면 읽고 쓸 특정 위치로 스크립트를 이동할 수도 있다).

close 호출은 선택 사항: 가비지 컬렉션 시에 자동으로 닫힘

파일의 close 메서드를 호출하면 외부 파일에 대한 연결이 종료되고, 해당 파일과 관련된 시스템 리소스가 해제되며, 버퍼링된 출력을 디스크로 내보낸다(flush). 6장에서 언급한 것처럼, 객체의 메모리 공간은 해당 객체가 더 이상 프로그램 안의 어디에서도 참조되지 않을 때 자동으로 재사용(소거)된다. 또한 파이썬은 **파일** 객체가 소거될 때, 해당 파일이 여전히 열려 있는 경우에는 파일을 자동으로 **종료(close)**한다(이러한 과정은 프로그램이 종료할 때 발생한다). 이 말은 곧 표준 파이썬에서 파일을 항상 수동으로 닫을 필요가 없다는 것을 의미하며, 런타임 시간이 짧은 간단한 스크립트, 특히 단일 라인 또는 표현식에 의해 사용되는 임시 파일들의 경우 닫을 필요가 없다.

하지만 수동 close 호출은 프로그램에 어떠한 나쁜 영향도 주지 않으며, 장시간 구동되어야 하는 시스템의 경우 좋은 습관이 될 수도 있다. 엄밀히 말하면, 컬렉션 시에 파일의 자동 종료 기능은 언어 정의의 일부가 아니다. 이러한 내용은 시간이 지남에 따라 변경될 수 있으며, 대화형 셀에서는 호출되지 않을 수도 있다. 그리고 다른 파이썬 구현에서는 표준 CPython과 다른 시점에 파일을 종료하고 리소스를 재사용하여 다르게 동작할 수도 있다. 실제로 루프 안에서 너무 많은 파일이 열릴 경우, CPython 이외의 다른 파이썬들은 가비지 컬렉션이 객체를 해제하기 전에 시스템 리소스를 즉시 해제하기 위해서 close 호출을 요구하기도 한다. 또한, close 호출은 아직 리소스가 해제되지 않은 파일 객체의 버퍼링된 출력을 비워내기 위해 종종 필요하기도 하다. 파일의 자동 닫기를 보장할 수 있는 또 다른 방법으로는 파이썬 2.6, 2.7, 3.X에서 with/as문과 함께 사용되는 파일 객체의 **콘텍스트** 매니저가 있으며, 이에 대한 논의는 이 절의 뒤에서 진행한다.

파일의 동작

기본적인 파일 처리를 설명하는 간단한 예제로 시작해 보도록 하자. 다음 코드는 출력을 위한 새로운 텍스트 파일을 여는 것으로 시작하며, 두 라인(\n, 새로운 라인 문자로 끝나는 문자열)을 쓰고 파일을 닫는다. 그리고 나서 예제는 같은 파일을 다시 입력 모드로 열고 readline을 사용하여 한 번에 한 라인씩 다시 읽는다. 세 번째 readline 호출은 빈 문자열을 반환한다는 점에 주의하자. 이것은 바로 파이썬 파일 메서드가 여러분이 파일의 끝에 도달했음을 알려 주는 방법이다(파일의 끝이 아닌 단순히 비어 있는 라인은 빈 문자열이 아닌 새 라인 문자만 포함된 문자열이 반환된다). 다음은 이 설명에 대한 대화형 세션을 통한 예제다.

```
>>> myfile = open('myfile.txt', 'w')       # 텍스트 출력을 위해 열기: 빈 파일 생성
>>> myfile.write('hello text file\n')      # 한 라인의 텍스트 쓰기: 문자열
16
>>> myfile.write('goodbye text file\n')
18
>>> myfile.close()                         # 출력 버퍼를 디스크로 비우기

>>> myfile = open('myfile.txt')            # 텍스트 입력을 위해 열기: 'r'은 기본값
>>> myfile.readline()                      # 라인을 다시 읽기
'hello text file\n'
>>> myfile.readline()
'goodbye text file\n'
>>> myfile.readline()                      # 빈 문자열: 파일의 끝
''
```

파이썬 3.X에서 파일 쓰기(write) 호출은 쓰여진 문자들의 수를 반환한다. 2.X에서는 쓰여진 문자들의 수를 반환하지 않기 때문에 대화형 세션에서 이 값을 볼 수 없을 것이다. 이 예제는 각 텍스트 라인에 라인 끝 문자를 포함하여 문자열로 쓴다. write 메서드는 라인 끝 문자를 추가하지 않기 때문에 라인 끝을 제대로 종료하기 위해서는 포함시켜 주어야 한다(그렇지 않은 경우, 다음 번 쓰기 호출은 다음 라인이 아닌 현재 라인의 끝에 추가된다).

변환된 상태의 라인의 끝 문자와 함께 파일의 내용을 출력하고자 할 경우, 파일 객체의 read 메서드를 사용하여 한 번에 전체 파일의 모든 내용을 문자열로 읽고 나서 프린트하면 된다.

```
>>> open('myfile.txt').read()              # 한 번에 모든 내용을 문자열로 읽기
'hello text file\ngoodbye text file\n'

>>> print(open('myfile.txt').read())       # 좀 더 익숙한 출력 방식
hello text file
goodbye text file
```

그리고 텍스트 파일을 라인 단위로 읽고자 할 경우, 파일 반복자를 이용하는 것도 좋은 방법이다.

```
>>> for line in open('myfile.txt'):        # 읽지 않고 파일 반복자 사용
...       print(line, end='')
...
hello text file
goodbye text file
```

이 방법으로 코드를 작성할 경우, open에 의해 생성된 임시 파일 객체는 각 루프 반복마다 자동으로 한 라인씩 읽어서 반환한다. 이 방법은 일반적으로 작성하기 쉽고, 메모리를 효율적으로 사용하며, 다른 방법들보다 더 빠르게 실행될 수 있다(물론, 다양한 변수에 따라 달라질 수 있다). 우리는 아직 이러한 문장이나 반복자에 대해서 배우지 않았기 때문에 이 코드에 대한 좀 더 자세한 설명을 원한다면 14장까지 기다리도록 하자.

 윈도우 사용자: 7장에서 언급한 것처럼 open은 윈도우에서 역방향 슬래시 대신에 정방향 슬래시를 받아들이기 때문에 다음의 두 가지 형식 모두 디렉터리 경로로 사용할 수 있다. 원시 문자열(raw string)이나 정방향 슬래시 또는 이중 역슬래시 등을 사용할 수 있다.

```
>>> open(r'C:\Python36\Lib\pdb.py').readline()
'#! /usr/bin/env python3\n'
>>> open('C:/Python36/Lib/pdb.py').readline()
'#! /usr/bin/env python3\n'
>>> open('C:\\Python36\\Lib\\pdb.py').readline()
'#! /usr/bin/env python3\n'
```

첫 번째 명령에 있는 원시 형식은 문자열의 내용을 통제할 수 없는 상황에서 예측하지 못한 문자열 이스케이프의 발생을 막는데 유용하게 사용된다.

텍스트 파일과 바이너리 파일에 대한 짧은 이야기

엄밀히 말하면, 이전 절의 예제는 텍스트 파일을 사용한다. 파이썬 3.X와 2.X 모두에서 파일 타입은 open의 두 번째 인수인 모드(mode) 문자열에 의해 결정된다. 'b'는 바이너리를 의미한다. 파이썬은 항상 텍스트와 바이너리 파일 모두를 지원하고 있지만, 파이썬 3.X에서는 이 둘 사이에 좀 더 확실한 차이가 있다.

- 텍스트 파일은 콘텐츠를 일반적인 str 문자열로 표현하며, 유니코드 인코딩과 디코딩을 자동으로 수행한다. 또한, 파일 끝 문자 변환을 기본으로 수행한다.
- 바이너리 파일은 콘텐츠를 특별한 bytes 문자열 타입으로 표현하며, 변환되지 않은 파일 콘텐츠에 접근할 수 있도록 한다.

반면, 파이썬 2.X 텍스트 파일은 8비트 텍스트와 바이너리 데이터 모두를 처리하며, 특별한 문자열 타입과 파일 인터페이스(unicode 문자열과 codecs.open)가 유니코드 텍스트를 처리한다. 파이썬 3.X에서의 차이점은 유니코드 텍스트가 일반적인 문자열 타입으로 합쳐졌다는 사실에서 기인한 것이다. 파일에 저장된 모든 텍스트는 아스키와 다른 8비트 인코딩을 포함하여 유니코드로 다뤄져야만 이치에 맞다.

대부분의 프로그래머들은 아스키 텍스트만을 다루므로 앞의 예제에서 사용된 기본적인 텍스트 파일 인터페이스와 일반적인 문자열만으로도 그럭저럭 일을 해낼 수 있다. 3.X에서는 모든 문자열이 유니코드로 처리되지만, 아스키 사용자들이 일반적으로 주의할 필요는 없다. 실제로, 여러분의 스크립트의 범위가 단순한 형태의 텍스트로 제한되어 있는 경우, 텍스트 파일과 문자열은 3.X와 2.X에서 동일하게 동작한다.

그러나 만약에 다국어 지원 프로그램 또는 바이트 기반 데이터를 처리할 필요가 있는 경우, 3.X의 이러한 차이는 (일반적으로 더 나은 방향으로) 여러분의 코드에 영향을 준다. 일반적으로 여러분은 바이너리 파일에 대해 bytes 문자열을 사용해야 하며, 텍스트 파일에 대해서는 일반적인 str 문자열을 사용해야 한다. 또한, 텍스트 파일은 유니코드 인코딩을 구현하고 있기 때문에 바이너리 파일을 텍스트 모드로 열지 않도록 해야 한다. 바이너리 파일의 콘텐츠를 유니코드 텍스트로 디코딩하면 제대로 동작할 리 없기 때문이다.

예제를 살펴보자. 바이너리 데이터 파일을 읽으면 (문자와 일치하거나, 일치하지 않을 수도 있는) 절대 바이트 값을 표현하는 작은 정수의 연속인 bytes 객체가 반환되며, 이 값은 거의 일반적인 문자열처럼 보일 수도 있다. 다음 예는 파이썬 3.X에서 바이너리 파일이 존재한다고 가정한다.

```
>>> data = open('data.bin', 'rb').read()    # 바이너리 파일 열기: rb = read binary
>>> data                                     # bytes 문자열은 바이너리 데이터를 보관
b'\x00\x00\x00\x07spam\x00\x08'
>>> data[4:8]                                # 문자열처럼 동작
b'spam'
>>> data[4:8][0]                             # 그러나 실제는 작은 8비트 정수
115
>>> bin(data[4:8][0])                        # 파이썬 3.X/2.6+ bin( ) 함수
'0b1110011'
```

이 밖에도 바이너리 파일은 데이터 안에 있는 모든 라인 **끝 문자**에 대한 **변환**을 수행하지 않는다. 기본적으로 텍스트 파일은 쓰거나 읽거나 또는 3.X에서 전송 시에 유니코드 인코딩을 구현할 때 모든 형태의 \n을 변환한다. 이와 같은 바이너리 파일은 파이썬 2.X에서도 동일하게 동작하지만, 바이트 문자열은 2.X에서는 단순히 일반적인 문자열이고 표시될 때 앞에 b가 붙지 않는다. 그리고 텍스트 파일에 대해 유니코드 처리를 추가하기 위해서는 codecs 모듈을 사용해야 한다.

그러나 이 장의 시작에서 이야기한 대로 여기서는 유니코드 텍스트와 바이너리 데이터 파일에 대해 충분히 이야기할 것이며, 이 장에서 곧 나올 예제들을 이해하기에도 충분할 것이다. 파이썬 버전에 따른 차이는 대부분의 프로그래머에게는 별다른 이익이 없기 때문에 간단히 살펴보고자 할 경우 4장의 파일 미리 보기를 참고하기 바라며, 자세한 내용은 37장까지 미루겠다. 지금은 몇 가지 일반적인 사용 사례를 보여 주기 위해 좀 더 실질적인 파일 예제들을 다뤄보도록 하자.

파이썬 객체를 파일에 저장하기: 변환

다음 예제는 다양한 파이썬 객체들을 다수의 라인으로 텍스트 파일에 쓴다. 이 예제는 변환 도구를 사용하여 객체를 문자열로 변환한다. 다시 말하지만 스크립트에서 파일 데이터는 항상 **문자열**이며, 쓰기 메서드는 알아서 문자열로 변환해 주지 않는다(지면을 절약하기 위해 여기서는 write 메서드로부터 반환되는 바이트 수를 생략한다).

```
>>> X, Y, Z = 43, 44, 45                # 네이티브 파이썬 객체들
>>> S = 'Spam'                          # 파일에 저장하기 위해서 문자열이어야 함
>>> D = {'a': 1, 'b': 2}
>>> L = [1, 2, 3]
>>>
>>> F = open('datafile.txt', 'w')       # 출력 텍스트 파일 만들기
>>> F.write(S + '\n')                    # \n으로 라인 종료
>>> F.write('%s,%s,%s\n' % (X, Y, Z))    # 숫자를 문자열로 변환
>>> F.write(str(L) + '$' + str(D) + '\n') # 변환하고 $로 구분
>>> F.close()
```

파일을 만들고 나면 파일을 열고 문자열로 읽어서 내용을 확인할 수 있다(여기서는 단일 연산인 것처럼 함께 이어져 있다). print 작업이 내장된 라인 끝 문자를 좀 더 사용자들에게 익숙한 형태로 변환하는 반면, 대화식 출력(echo)은 정확한 바이트 콘텐츠를 출력한다.

```
>>> chars = open('datafile.txt').read()    # 원시 문자열 출력
>>> chars
"Spam\n43,44,45\n[1, 2, 3]${'a': 1, 'b': 2}\n"
>>> print(chars)                           # 사용자에게 익숙한 형태로 출력
Spam
43,44,45
[1, 2, 3]${'a': 1, 'b': 2}
```

이제 텍스트 파일에 있는 문자열을 실제 파이썬 객체로 변환하기 위해 다른 변환 도구를 사용해야 한다. 파이썬은 결코 자동으로 문자열을 숫자(또는 다른 객체 타입)로 변환하지 않기 때문에 인덱싱이나 더하기 등과 같은 일반적인 객체 도구에 접근이 필요한 경우 이러한 변환이 필요하다.

```
>>> F = open('datafile.txt')          # 다시 열기
>>> line = F.readline()               # 한 라인 읽기
>>> line
'Spam\n'
>>> line.rstrip()                     # 라인 끝 제거
'Spam'
```

이 첫 번째 라인의 경우 끝에 붙은 라인 끝 문자를 제거하기 위해 문자열 rstrip 메서드를 사용했다. line[:-1] 슬라이스도 동일하게 동작하지만, 모든 라인이 \n 문자로 끝난다고 보장할 수 있을 때만 사용할 수 있다(파일의 마지막 라인은 종종 그렇지 않다).

지금까지는 문자열을 포함한 라인을 읽었다. 이제 숫자를 포함한 다음 라인을 읽고, 라인으로부터 객체를 추출해 보자.

```
>>> line = F.readline()               # 파일에서 다음 라인 읽기
>>> line                              # 여기서는 문자열
'43,44,45\n'
>>> parts = line.split(',')           # 콤마로 구분하기
>>> parts
['43', '44', '45\n']
```

여기서는 라인을 콤마 구분자로 나누기 위해 문자열 split 메서드를 사용했다. 그 결과는 각 숫자를 포함한 부분 문자열의 리스트다. 그러나 이 값에 수치 연산을 수행하고자 할 경우, 여전히 문자열을 정수로 변환해야 한다.

```
>>> int(parts[1])                     # 문자열을 정수로 변환
44
>>> numbers = [int(P) for P in parts] # 리스트의 내용을 한 번에 변환
>>> numbers
[43, 44, 45]
```

이미 배운 것처럼 int는 숫자로 된 문자열을 정수 객체로 변환하고, 4장에서 소개된 리스트 컴프리헨션 표현식은 리스트 안의 모든 아이템에 대해 각각 호출을 적용하는 데 사용될 수 있다

(리스트 컴프리헨션에 대한 자세한 내용은 이 책의 뒤에서 또 찾을 수 있다). 위 예제에서는 라인 끝에 있는 \n을 지우기 위해 rstrip을 실행하지 않았다. int와 몇몇 변환 함수들은 숫자 주위에 있는 공백들을 조용히 무시한다.

마지막으로 파일의 세 번째 라인에 저장된 리스트와 딕셔너리를 변환하기 위해, 문자열을 실행 가능한 프로그램 코드로 처리하는 eval을 사용할 수 있다(엄밀히 말하면 파이썬 표현식을 포함하고 있는 문자열이다).

```
>>> line = F.readline()
>>> line
"[1, 2, 3]${'a': 1, 'b': 2}\n"
>>> parts = line.split('$')              # $로 분할
>>> parts
['[1, 2, 3]', "{'a': 1, 'b': 2}\n"]
>>> eval(parts[0])                        # 특정 객체 타입으로 변환
[1, 2, 3]
>>> objects = [eval(P) for P in parts]   # 리스트 안의 모든 항목을 변환
>>> objects
[[1, 2, 3], {'a': 1, 'b': 2}]
```

이 모든 분석과 변환 작업의 최종 결과가 문자열이 아닌 일반적인 파이썬 객체의 목록이기 때문에 이제 문자열과 딕셔너리 연산들을 이 결과에 적용할 수 있다.

네이티브 파이썬 객체를 저장하기: pickle

위의 예제에서 보여 준 것처럼, 문자열을 객체로 변환하는 eval은 매우 강력한 도구다. 사실, 때로는 너무 강력하기도 하며, eval은 어떠한 파이썬 표현식이라도 기꺼이 실행할 것이다. 충분한 권한만 있다면 여러분의 컴퓨터에 있는 모든 파일을 지울 수도 있다! 실제로 네이티브 파이썬 객체를 저장하고 싶지만 파일에 있는 데이터의 출처를 신뢰할 수 없는 경우, 파이썬의 표준 라이브러리인 pickle 모듈을 사용하는 것이 이상적이다.

pickle 모듈은 문자열로, 또는 문자열로부터 변환 작업 없이 거의 모든 파이썬 객체를 파일로 직접 저장하는 더욱 강력한 도구다. pickle은 마치 극도의 일반화된 데이터 포매팅 및 분석 도구처럼 보인다. 예를 들어, 딕셔너리를 파일에 저장하기 위해서는 다음과 같이 pickle을 사용하여 직접 저장할 수 있다.

```
>>> D = {'a': 1, 'b': 2}
>>> F = open('datafile.pkl', 'wb')
>>> import pickle
>>> pickle.dump(D, F)                    # 어떠한 객체도 파일로 저장할 수 있음
>>> F.close()
```

그리고 나중에 다시 딕셔너리를 불러오기 위해서는 간단히 다시 pickle을 사용하면 된다.

```
>>> F = open('datafile.pkl', 'rb')
>>> E = pickle.load(F)                   # 파일로부터 객체 읽기
>>> E
{'a': 1, 'b': 2}
```

여기서는 아무런 수동 분할과 변환 작업 없이 이전과 같은 딕셔너리 객체를 다시 얻었다. pickle 모듈은 객체 직렬화(object serialization, 객체를 바이트 문자열로 변환)라고 불리는 작업을 수행하며, pickle을 사용하기 위해서는 약간의 코드를 작성할 필요가 있다. 비록 겉보기에는 별로 신통치 않아 보이긴 하지만(pickle을 다른 데이터 프로토콜 모드로 사용하면 또 달라질 수 있지만), 실제로 pickle은 내부적으로 딕셔너리를 문자열 형태로 변경한다.

```
>>> open('datafile.pkl', 'rb').read()    # 형식은 달라질 수 있음!
b'\x80\x03}q\x00(X\x01\x00\x00\x00bq\x01K\x02X\x01\x00\x00\x00aq\x02K\x01u.'
```

pickle은 이 형식으로부터 객체를 재생성하기 때문에 이 형식을 우리가 직접 처리할 필요가 없다. pickle 모듈에 대한 더 자세한 내용은 파이썬 표준 라이브러리 매뉴얼을 참고하거나, 대화형 셸에서 pickle 모듈을 임포트하여 help 명령을 실행해 보도록 하자. pickle에 대해 학습하다 보면 shelve 모듈을 보게 될 것이다. shelve는 키로 접근할 수 있는 파일 시스템에 파이썬 객체를 저장하기 위해 pickle을 사용하는데, 이에 대한 자세한 내용은 이 장의 범위를 넘어선다(그러나 shelve의 동작 예는 28장에서 볼 수 있고, 또 다른 pickle 예제는 31장과 37장에서 볼 수 있다).

 위 예제에서는 pickle 객체를 저장하기 위해 사용된 파일을 **바이너리 모드**로 열었다. pickle 은 bytes 문자열 객체를 만들어 사용하고, 이 객체들은 바이너리 모드 파일임을 의미하기 (3.X에서 텍스트 모드 파일은 str 문자열을 의미한다) 때문에 파이썬 3.X에서는 항상 바이너리 모드를 사용해야 한다. 이전 파이썬에서는 텍스트 모드가 지속적으로 사용되는 한 프로토콜 0(기본적으로 아스키 텍스트를 만든다)에 대해 텍스트 모드를 사용할 수 있었다. 또한, 더 높은 프로토콜에서는 바이너리 모드 파일을 필요로 한다. 파이썬 3.X의 기본 프로토콜은 3(바이너리)이지만, 심지어 프로토콜 0에 대해서도 bytes를 생성한다. 자세한 내용은 28장, 31장, 37장과 파이썬 라이브러리 매뉴얼, 또는 pickle 데이터에 대한 더 자세한 내용을 다루는 참고 서적을 찾아보도록 하자.

또한, 파이썬 2.X는 cPickle 모듈을 제공한다. 이 모듈은 pickle의 최적화된 버전이며, 속도 향상이 필요한 경우 직접 임포트하여 사용할 수 있다. 파이썬 3.X에서는 이 모듈의 이름을 _pickle로 변경했으며, pickle 모듈 안에서 자동으로 사용된다. 스크립트에서는 단순히 pickle을 임포트하고 파이썬이 스스로 최적화하도록 두면 된다.

JSON 형식에 파이썬 객체를 저장하기

이전 절의 pickle 모듈은 임의의 파이썬 객체를 파이썬을 위해 개발된 자체적인 형식으로 변환하며, 성능 향상을 위해 수년간 최적화해 왔다. JSON은 새롭게 떠오르는 데이터 교환 형식이며, 프로그래밍 언어 중립적이고 다양한 시스템에 의해 지원된다. 예를 들어, MongoDB는 JSON 문서 데이터베이스에 데이터를 저장한다(바이너리 JSON 형식을 사용한다).

JSON은 pickle만큼 광범위한 파이썬 객체 타입을 지원하지는 않지만 JSON의 이식성은 상황에 따라 중요한 장점이며, 저장 또는 전송을 위해 특정 분류의 파이썬 객체들을 직렬화하는 또 다른 방법을 보여 준다. 게다가 JSON은 구문적으로 파이썬 사진과 리스트에 가깝기 때문에 파이썬 객체로의 변환이 어렵지 않으며, json 표준 라이브러리 모듈을 사용하면 자동으로 할 수 있다.

예를 들어 중첩된 구조를 가진 파이썬 딕셔너리는 JSON 데이터와 매우 유사하지만, 파이썬의 변수와 표현식은 풍부한 구조적인 옵션을 제공한다(다음 구조의 모든 부분은 파이썬 코드에서 임의의 표현식이 될 수 있다).

```
>>> name = dict(first='Bob', last='Smith')
>>> rec = dict(name=name, job=['dev', 'mgr'], age=40.5)
>>> rec
{'job': ['dev', 'mgr'], 'name': {'last': 'Smith', 'first': 'Bob'}, 'age': 40.5}
```

여기에 출력된 마지막 딕셔너리 형식은 파이썬 코드에서 유효한 리터럴이며, 출력된 그대로 JSON 형식으로 사용할 수도 있지만, json 모듈은 좀 더 공식적인 형식으로 변환한다. 다음은 파이썬 객체를 메모리상의 직렬화된 문자열 표현인 JSON으로 변환한다.

```
>>> import json
>>> json.dumps(rec)
'{"job": ["dev", "mgr"], "name": {"last": "Smith", "first": "Bob"}, "age": 40.5}'

>>> S = json.dumps(rec)
>>> S
```

```
'{"job": ["dev", "mgr"], "name": {"last": "Smith", "first": "Bob"}, "age": 40.5}'

>>> O = json.loads(S)
>>> O
{'job': ['dev', 'mgr'], 'name': {'last': 'Smith', 'first': 'Bob'}, 'age': 40.5}
>>> O == rec
True
```

파이썬 객체와 파일 내의 JSON 데이터 문자열을 서로 변환하는 것 또한 어렵지 않다. 여러분의 데이터는 파일에 저장되기 전에는 단순히 파이썬 객체이고, JSON 모듈은 파일로부터 읽을 때 JSON 텍스트 표현으로부터 다시 파이썬 객체를 생성한다.

```
>>> json.dump(rec, fp=open('testjson.txt', 'w'), indent=4)
>>> print(open('testjson.txt').read())
{
    "job": [
        "dev",
        "mgr"
    ],
    "name": {
        "last": "Smith",
        "first": "Bob"
    },
    "age": 40.5
}
>>> P = json.load(open('testjson.txt'))
>>> P
{'job': ['dev', 'mgr'], 'name': {'last': 'Smith', 'first': 'Bob'}, 'age': 40.5}
```

JSON 텍스트로부터 변환이 되고 나면, 스크립트 내에서 이 데이터를 일반적인 파이썬 객체 연산들을 사용하여 처리할 수 있다. JSON과 관련한 좀 더 자세한 내용은 파이썬 라이브러리 매뉴얼과 인터넷을 참고하도록 하자.

JSON에서는 다국어 문자 집합을 지원하기 위해 문자열이 모두 유니코드이므로, 파이썬 2.X에서 JSON 데이터로부터 변환된 문자열 앞에 u가 붙는 것을 볼 수 있다(3.X는 해당되지 않는다). 4장과 7장에서 이미 소개된 것처럼 이것은 단순히 2.X에서 유니코드 객체의 표현 구문일 뿐이며, 자세한 내용은 37장에서 다룬다. 유니코드 텍스트 문자열은 모든 일반적인 문자열 연산을 지원하므로 텍스트가 메모리에 상주해 있는 동안에는 코드상에서 유니코드 텍스트인지 아닌지에 대해서 신경 쓸 필요가 없다. 이러한 차이는 텍스트를 파일에 쓰거나 읽을 때 더 중요하며, 일반적으로 아스키가 아닌 타입의 텍스트에 대해서만 인코딩이 실행된다.

파이썬 세상에는 객체를 XML로 변환하기 위한 지원 또한 존재하며, XML 형식은 37장에서 사용된다. 자세한 내용은 웹을 찾아보도록 하자. 포매팅된 데이터 파일을 다루는 또 다른 도구의 경우, 표준 라이브러리의 csv 모듈을 보도록 하자. 이 모듈은 파일과 문자열에서 CSV(Comma Separated Value) 데이터를 분석하고 만든다. CSV 데이터는 파이썬 객체로 바로 연결되지는 않지만, 일반적인 데이터 교환 형식 중 하나다.

```
>>> import csv
>>> rdr = csv.reader(open('csvdata.txt'))
>>> for row in rdr: print(row)
...
['a', 'bbb', 'cc', 'dddd']
['11', '22', '33', '44']
```

패키징된 바이너리 데이터를 저장하기: struct

다음 주제로 넘어가기 전에 파일과 관련된 한 가지 주목할 점은 일부 고급 애플리케이션에서는 C 언어 프로그램이나 네트워크 연결에 의해 유래한 것으로 보이는 패키징된(packed) 바이너리 데이터를 처리할 필요가 있다는 것이다. 파이썬 표준 라이브러는 이에 대해 도움이 될만한 도구를 포함하고 있다. struct 모듈은 패키징된 바이너리 데이터를 구성하고 분석하는 방법을 알고 있다. 어떤 의미에서 이것은 파일에 있는 문자열을 바이너리 데이터로 변환하는 또 다른 데이터 변환 도구다.

이미 4장에서 이 도구에 대한 간략히 본 적이 있지만, 여기서는 좀 다른 관점에서 잠깐 살펴보도록 하자. 패키징된 바이너리 데이터 파일을 만들기 위해서는 파일을 'wb'(바이너리 쓰기) 모드로 열고 struct 포맷 문자열과 몇몇 파이썬 객체들을 전달한다. 여기서 사용된 포맷 문자열은 4바이트 정수, 4문자 문자열(파이썬 3.2부터는 bytes 문자열), 그리고 2바이트 정수를 사용하며, 모두 빅엔디안(big-endian) 형식으로 패키징하는 것을 의미한다(다른 포맷 코드들은 바이트 패딩, 부동 소수점 수 등을 처리한다).

```
>>> F = open('data.bin', 'wb')                        # 바이너리 출력 파일 열기
>>> import struct
>>> data = struct.pack('>i4sh', 7, b'spam', 8)        # 패키징된 바이너리 데이터 만들기
>>> data
b'\x00\x00\x00\x07spam\x00\x08'
>>> F.write(data)                                      # 바이트 문자열 쓰기
>>> F.close()
```

파이썬은 일반적으로 파일에 쓰는 바이너리 bytes 데이터 문자열을 만든다. 이 파일은 주로 16진수 이스케이프로 표현되는 출력할 수 없는 문자들로 구성되며, 앞서 본 바이너리 파일과 같다. 일반 파이썬 객체로 값을 분석하기 위해서는 단순히 문자열을 다시 읽은 후 같은 포맷 문자열을 사용하여 푼다(unpack). 파이썬은 값을 일반적인 파이썬 객체로 추출한다(정수와 문자열).

```
>>> F = open('data.bin', 'rb')
>>> data = F.read()                              # 패키징된 바이너리 데이터 얻기
>>> data b'
\x00\x00\x00\x07spam\x00\x08'
>>> values = struct.unpack('>i4sh', data)        # 파이썬 객체로 변환
>>> values
(7, b'spam', 8)
```

바이너리 데이터 파일은 다소 저수준 도구이며, 여기서 우리는 이에 대해 좀 더 자세히 다루지 않는다. 추가적인 도움이 필요한 경우 37장에서 다루는 struct을 보거나, 파이썬 라이브러리 매뉴얼을 참고하고, 아니면 대화형 셸에서 struct를 임포트하여 help 함수에 전달해 보자. 또한, 바이너리 파일 처리 모드인 'wb'와 'rb'는 전체적으로 파일의 내용을 풀(unpack) 필요가 없는 이미지 파일이나 오디오 파일과 같은 더 단순한 바이너리 파일을 처리하는 데 사용할 수 있다. 이러한 경우에는 코드 내에서 별다른 분석 없이 데이터를 다른 파일이나 도구들로 전달해도 된다.

파일 콘텍스트 매니저

여러분은 파이썬 3.0과 2.6부터 새로워진 파일 **콘텍스트 매니저**에 대해 다루는 34장까지 기다릴 수도 있다. 비록 파일 자체보다 예외 처리 기능이 더 많긴 하지만, 이를 이용하여 파일 처리 코드를 로직 계층으로 감싸면, 가비지 컬렉션에 의존하지 않고 파일을 닫거나 필요 시 자동으로 디스크에 출력할 수 있다

```
with open(r'C:\code\data.txt') as myfile:         # 자세한 내용은 34장 참조
    for line in myfile:
        ...여기서 읽은 라인을 사용...
```

또한 34장에서 배우게 될 try/finally문은 유사한 기능을 제공할 수 있지만, 다소 긴 코드를 작성해야 하는 비용이 발생한다. 정확히는 세 라인이 늘어난다(그러나 종종 두 가지 옵션을 피해서 파이썬이 자동으로 파일을 닫도록 할 수도 있다).

```
myfile = open(r'C:\code\data.txt')
try:
    for line in myfile:
        ...여기서 읽은 라인을 사용...
finally:
    myfile.close()
```

with 콘텍스트 매니저 구조는 모든 파이썬에서 시스템 자원의 해제를 보장하며, 출력 파일에 대해 버퍼를 비우는(flush) 것을 보장하는 데 좀 더 유용할 수 있다. 그러나 좀 더 일반적인 try와는 달리, with는 또한 자신의 프로토콜을 지원하는 객체로 제한된다. 이 두 옵션 모두 지금까지 우리가 배운 것보다 더 많은 정보를 필요로 하지만, 자세한 내용은 이 책의 후반으로 미룬다.

다른 파일 도구

표 9-2에는 추가적이고 더욱 특별한 파일 메서드들이 있으며, 심지어 이 표에는 없는 메서드들도 존재한다. 예를 들어, 앞서 언급한 바와 같이 seek은 파일에서 현재의 위치를 리셋하며(다음 읽기와 쓰기가 옮겨간 위치에서 발생한다), flush는 파일 연결을 닫지 않고 버퍼링된 출력을 강제로 디스크에 쓴다(파일은 기본적으로 항상 버퍼링된다).

파이썬 표준 라이브러리 매뉴얼과 서문에서 설명한 참고 서적들은 파일 메서드의 완벽한 목록을 제공하고 있다. 빠르게 살펴보고자 할 경우, 대화형 셸에서 열린 파일 객체를 전달하여 run 또는 help 호출을 실행해 보자(파이썬 3.X에서는 안되지만, 2.X에서는 대신 file 이름을 전달할 수 있다). 더 많은 파일 처리 예제들은 504쪽에 있는 "더 생각해 볼 주제: 파일 스캐너" 칼럼을 기다리도록 하자. 해당 칼럼은 여기서 사용하기에는 아직 설명되지 않아서 무리가 있는 문장들을 사용하여 일반적인 파일 스캐너 루프 코드 패턴에 대해 이야기한다

비록 open 함수와 open 함수가 반환한 파일 객체가 파이썬 스크립트 안에서 외부 파일에 대한 주된 인터페이스가 되지만, 파이썬 툴셋에는 파일과 유사한 도구들이 추가적으로 존재한다. 그중 일부는 다음과 같다.

표준 스트림

sys.stdout와 같은 sys 모듈 안의 미리 열려 있는 파일 객체다(자세한 내용은 448쪽의 "출력 연산들"을 읽어 보도록 하자).

os 모듈에서 디스크립터 파일들

파일 잠금(locking)과 같은 저수준 도구들을 지원하는 정수 파일 핸들이다(독점적인 파일

생성을 위한 파이썬 3.6의 'x' 모드를 살펴보도록 하자).

소켓, 파이프, 그리고 FIFO

프로세스나 네트워크를 통한 통신을 동기화하는 데 사용되는 파일과 유사한 객체다.

키로 접근하는 파일 'shelve'

pickle을 이용할 수 있는 파이썬 객체를 키로 직접 저장하기 위해 사용된다(28장에서 사용된다).

셸 명령 스트림

셸 명령을 실행하고 실행한 명령의 표준 스트림에 대해 읽고 쓰는 os.popen이나 subprocess.Popen과 같은 도구들이다(13장과 21장의 예제들을 보도록 하자).

심지어 써드파티 오픈 소스 영역에서는 PySerial을 통한 시리얼 포트 통신과 pexpect 시스템을 통한 대화형 프로그램 지원을 포함한, 파일과 더욱 유사한 도구들을 제공한다. 파일과 유사한 도구들에 대한 추가 정보는 웹이나 애플리케이션 제작에 초점을 맞춘 파이썬 문서들을 살펴보도록 하자.

버전에 상관없는 노트: 파이썬 2.X에서 내장된 이름 open은 본질적으로 이름 file에 대한 동의어이며, open이나 file 어느 쪽으로 사용해도 사실상 파일을 열 수 있다(그러나 일반적으로 파일을 열 때는 open을 사용하는 것이 바람직하다). 파이썬 3.X에서는 open과의 이름 중복을 피하기 위해, 이름 file은 더 이상 이용할 수 없다.

파이썬 2.X 사용자들은 또한 객체 지향 프로그래밍을 이용하여 파일을 커스터마이징하기 위해 이름 file을 파일 객체 타입으로 사용할 수도 있을 것이다. 파일은 파이썬 3.X에서 근본적으로 많은 변화가 있었다. 파일 객체를 구현하기 위해 사용된 클래스는 표준 라이브러리 모듈 io에 존재한다. 커스터마이징을 위해 클래스에서 해당 모듈을 이용하고자 할 경우 이 모듈의 문서나 코드를 참고하도록 하고, 힌트가 필요한 경우 열린 파일 F에 대해 type(F) 호출을 실행하자.

코어 타입의 복습과 요약

지금까지 우리는 파이썬 코어 내장 타입의 동작을 모두 살펴보았으므로, 이제 그들이 공유하는 속성 중 일부를 복습하는 것으로 객체 타입 여행을 마무리하자. 표 9-3은 이전에 소개한 타입 분류에 따라 지금까지 본 모든 주요 타입들을 분류한다. 여기서 몇 가지 기억해야 할 점들은 다음과 같다.

- 타입의 분류에 따른 객체 공유 연산들, 예를 들어 시퀀스 객체들(문자열, 리스트, 그리고 튜플)은 연결, 길이 그리고 인덱싱과 같은 모든 시퀀스 연산들을 공유한다.

- 오직 가변 객체들(리스트, 딕셔너리, 그리고 집합)만이 직접 변경할 수 있다. 숫자, 문자열 또는 튜플은 직접 변경할 수 없다.

- 파일은 메서드만을 노출(export)하기 때문에 가변성은 파일에 적용되지 않는다. 파일의 상태도 처리될 때 변경되기는 하지만, 이것은 파이썬 코어 타입 가변성(mutability) 제약 조건과 완전히 동일하지는 않다.

- 표 9-3의 '숫자'는 모든 숫자 타입을 포함한다. 정수(그리고 2.X에서 별도의 긴 정수), 부동 소수점, 복소수, 소수, 그리고 분수다.

- 표 9-3의 '문자'는 2.X에서 unicode와 3.X에서 bytes뿐만 아니라 str을 포함한다. 3.X, 2.6, 그리고 2.7에서 bytearray 문자열 타입은 가변이다.

- 집합은 값이 없는 딕셔너리와 유사하지만, 값을 연결하거나 정렬되지 않기 때문에 매핑 타입도 아니고 시퀀스 타입도 아니다. frozenset은 집합의 변종 불변 타입이다.

- 타입 분류 연산들 이외에, 파이썬 2.6과 3.0부터 표 9-3에 있는 모든 타입들은 호출 가능한(callable) 메서드를 제공하며, 일반적으로 해당 타입에 제한적이다.

표 9-3 객체 분류

객체 타입	분류	가변?
숫자(전체)	숫자	아니오
문자열(전체)	시퀀스	아니오
List	시퀀스	예
Dictionary	매핑	예
Tuple	시퀀스	아니오
File	확장	해당 없음
Set	집합	예
Frozenset	집합	아니오
bytearray	시퀀스	예

우리는 이 책의 파트 6에서 이러한 분류로 부터 임의로 고르고 선택할 수 있는 클래스를 이용하여 구현한 객체를 볼 수 있을 것이다. 예를 들어, 내장된 시퀀스와 일치하는 새로운 종류의 특별한 시퀀스 객체를 제공하고자 할 경우에는 인덱싱과 연결 기능 같은 것을 오버로드하는 클래스를 작성할 수 있다.

```
class MySequence:
    def __getitem__(self, index):
        # 객체[인덱스] 로 호출됨
    def __add__(self, other):
        # 객체 + 다른 객체로 호출됨
    def __iter__(self):
        # 반복 상황에서 호출됨
```

또한, 직접 변경 연산들을 위한 메서드를 선택적으로 구현함으로써 가변 또는 불변의 새로운 객체를 만들 수 있다(예를 들어, __setitem__은 self[index] = value 할당에 의해 호출된다). 비록 이 책의 범위를 벗어나긴 하지만, C 확장 타입으로써 C와 같은 외부 언어로 새로운 객체를 구현하는 것도 가능하다. 이 경우에, 숫자, 시퀀스 그리고 매핑 연산 집합 사이에서 선택하여 사용할 수 있도록 C 함수 포인터 슬롯들을 채워야 한다.

객체 유연성

이번 파트에서는 컬렉션과 같은 몇몇 합성 객체 타입을 소개했으며, 이 타입들은 일반적으로 다음과 같은 특성을 가지고 있다.

- 리스트, 딕셔너리 그리고 튜플은 어떤 종류의 객체도 포함할 수 있다.
- 집합은 모든 불변 타입 객체를 포함할 수 있다.
- 리스트, 딕셔너리, 그리고 튜플은 임의로 중첩될 수 있다.
- 리스트, 딕셔너리, 그리고 집합은 동적으로 늘어나거나 줄어들 수 있다.

이 타입들은 임의의 구조를 지원하기 때문에 파이썬의 합성 객체 타입들은 프로그램상에서 복잡한 정보를 표현하기가 좋다. 예를 들어, 딕셔너리의 값은 튜플이나 딕셔너리 등을 포함한 리스트일 수 있다. 중첩은 처리해야 할 데이터 모델이 필요로 하는 만큼 깊게 만들 수 있다.

중첩의 예를 살펴보도록 하자. 다음 대화형 세션은 그림 9-1에서 본 중첩된 복합 시퀀스 객체들의 트리를 정의한다. 구성 요소들에 접근하기 위해서는 필요한 만큼의 많은 인덱스 연산을 포함해야 한다. 파이썬은 왼쪽에서 오른쪽으로 인덱스를 평가하고, 각 단계에서 점점 더 깊이 중첩된 객체에 대한 참조를 가져온다. 그림 9-1은 이상하게 복잡한 데이터 구조이긴 하지만, 일반적으로 중첩된 객체에 접근하기 위한 구문을 설명한다.

```
>>> L = ['abc', [(1, 2), ([3], 4)], 5]
>>> L[1]
[(1, 2), ([3], 4)]
>>> L[1][1]
([3], 4)
>>> L[1][1][0]
[3]
>>> L[1][1][0][0]
3
```

레퍼런스 vs 복사

6장에서 할당은 항상 객체에 대한 복사본이 아닌 참조를 저장한다고 이야기했다. 실제로, 이 것은 여러분이 일반적으로 원하는 동작이다. 그러나 할당은 동일한 객체에 대해 다수의 참조를 생성하기 때문에 가변 객체에 대한 직접 변경은 프로그램 어딘가에 있을 객체에 대한 다른 참조에 영향을 미칠 수 있음을 인지할 필요가 있다. 이러한 방식의 동작을 원하지 않을 경우, 명시적으로 파이썬에게 객체를 복사하도록 알려 줘야 한다.

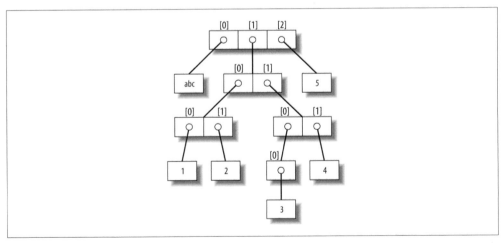

그림 9-1 리터럴 표현식 ['abc', [(1, 2), ([3], 4)], 5]의 실행에 의해 생성된 요소들이 오프셋을 가진 트리. 구문적으로 중첩된 객체들은 메모리 영역을 구분하기 위해 내부적으로 참조(즉, 포인터)로 표현된다.

우리는 이러한 현상을 6장에서 공부했지만, 그 이후에 우리가 다룬 종류의 거대한 객체들에 대해서 적용될 때 좀 더 민감해질 수 있다. 예를 들어, 다음 예제는 리스트를 생성하여 X에 할당하고, 또 다른 리스트를 생성하여 L에 할당하며, L은 리스트 X에 대한 참조를 다시 포함하고 있다. 그리고 다시 리스트 X에 대한 또 다른 참조를 포함하고 있는 딕셔너리 D를 만든다.

```
>>> X = [1, 2, 3]
>>> L = ['a', X, 'b']                  # X의 객체에 대한 참조를 포함
>>> D = {'x':X, 'y':2}
```

이 시점에서 가장 먼저 생성된 리스트에 대한 세 개의 참조가 있다. 각각은 이름 X와 L에 할당된 리스트 내부, 그리고 D에 할당된 딕셔너리 내부에 있다. 이 상황은 그림 9-2에 설명되어 있다.

리스트는 가변이기 때문에 세 참조 중에 어디서라도 공유된 리스트 객체를 변경할 경우, 나머지 두 참조에도 영향을 준다.

```
>>> X[1] = 'surprise'                  # 세 개의 모든 참조에 영향을 줌
>>> L
['a', [1, 'surprise', 3], 'b']
>>> D
{'x': [1, 'surprise', 3], 'y': 2}
```

참조는 다른 언어에서 고수준의 포인터와 비슷한 무엇이며, 사용될 경우 항상 자동으로 참조된다. 여러분이 참조 자체를 직접 다룰 수는 없지만, 동일한 참조를 둘 이상에 저장할 수는 있다(변수, 리스트 등).

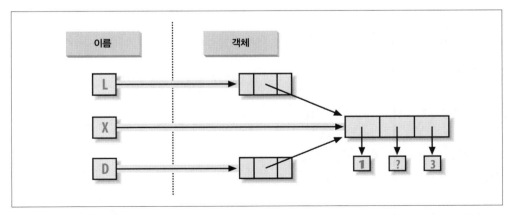

그림 9-2 변수 X에서 참조하는 리스트는 L과 D로 참조되는 객체 내에서도 참조되기 때문에 X에서 공유 리스트를 변경하면 L과 D에서도 다르게 보이게 된다.

이것은 파이썬의 특징이다. 여러분은 프로그램 내에서 실행 중에 많은 비용이 발생하는 복사본을 생성하지 않고서 거대한 객체를 전달할 수 있다. 그러나 복사본이 필요한 경우에는 이를 요청할 수 있다.

- 빈 범위 슬라이스 표현식(L[:])은 시퀀스에 대한 복사를 수행한다.
- 딕셔너리, 집합, 그리고 리스트의 copy 메서드(X.copy())는 딕셔너리, 집합, 또는 리스트를 복사한다(3.3부터 리스트의 copy가 새롭게 추가되었다).
- list, dict와 같은 일부 내장된 함수는 복사본을 생성한다(list(L), dict(D), set(S)).
- 표준 라이브러리 모듈인 copy는 필요한 경우 완전한 복사본을 만든다.

예를 들어 리스트와 딕셔너리를 가지고 있고, 여러분은 이 둘의 값이 다른 변수들에 의해 변경되지 않기를 바란다고 생각해 보자.

```
>>> L = [1,2,3]
>>> D = {'a':1, 'b':2}
```

이를 방지하기 위해서는 같은 객체에 대해 참조를 할 것이 아니라 복사본을 다른 변수에 할당하면 된다.

```
>>> A = L[:]              # A = L을 대체함(또는 list(L))
>>> B = D.copy()          # B = D를 대체함(집합도 마찬가지)
```

이 방식에서 다른 변수를 통한 변경은 복사본만을 변경하며, 원본은 변경되지 않는다.

```
>>> A[1] = 'Ni'
>>> B['c'] = 'spam'
>>>
>>> L, D
([1, 2, 3], {'a': 1, 'b': 2})
>>> A, B
([1, 'Ni', 3], {'a': 1, 'c': 'spam', 'b': 2})
```

기존 예제 관점에서 보면, 단순히 이름을 사용하는 대신에 기존 리스트를 슬라이싱함으로써 참조에 의한 부작용을 피할 수 있다.

```
>>> X = [1, 2, 3]
>>> L = ['a', X[:], 'b']                     # X의 객체에 대한 복사본을 포함
>>> D = {'x':X[:], 'y':2}
```

이 코드는 그림 9-2의 모양을 바꾼다. L과 D는 지금 X가 아닌 다른 리스트를 가키리고 있다. 그 결과 X를 통한 변경은 X에만 영향을 주고, L과 D에는 영향을 주지 않는다. 마찬가지로, L 또는 D에 대한 변경은 X에 영향을 주지 않는다.

그리고 마지막으로 복사에 대해 주의할 점은 빈 범위 슬라이스와 딕셔너리 copy 메서드는 단순히 **최상위 복사본만을** 만든다는 것이다. 즉, 중첩된 데이터 구조를 복사하지는 않는다. (최근 일부 장에서 작성한 다양한 레코드 구조와 같은) 중첩된 데이터 구조의 전체에 대한 완전히 독립된 복사본이 필요한 경우, 6장에서 소개한 표준 copy 모듈을 사용하도록 하자.

```
import copy
X = copy.deepcopy(Y)                         # 임의의 중첩된 객체 Y에 대한 완벽한 복사
```

이 호출은 Y의 모든 부분을 복사하기 위해 객체들을 재귀적으로 탐색한다. 일반적으로 참조가 여러분이 원하는 방식이다. 그렇지 않은 경우, 슬라이스와 복사 메서드를 사용하여 여러분이 원하는 만큼의 복사를 수행할 수 있다.

비교, 동등 그리고 진리

모든 파이썬 객체는 또한 동등 테스트, 상대적인 크기를 포함한 비교를 지원한다. 파이썬 비교는 항상 모든 부분을 확인한다. 파이썬 비교는 항상 결과가 결정될 때까지 혼합된 객체들의 모든 부분을 조사한다. 실제로 파이썬은 중첩된 객체들이 있을 때 비교를 적용하기 위해 왼쪽에서 오른쪽으로, 그리고 필요한 만큼 깊게 데이터 구조를 자동으로 탐색한다. 비교의 과정에서 처음 발견된 차이가 비교 결과를 결정한다.

이 방법은 종종 **재귀적**(recursive) 비교라고 불린다. 최상위 객체에 요청된 동일한 비교가 결과가 결정될 때까지 중첩된 각 객체에 적용되며, 그리고 해당 객체 안에 중첩된 또 다른 객체에 다시 적용된다. 나중에 19장에서 중첩된 구조와 유사하게 동작하는 재귀 함수를 작성하는 방법에 대해서 다룬다. 지금은 이러한 구조에 대한 비유가 필요하다면 두 웹 사이트에 연결된 모든 페이지를 비교하는 작업과, 이러한 작업을 처리하기 위해 재귀 함수를 작성해야 하는 이유에 대해 생각해 보자.

코어 타입의 경우는 재귀 탐색이 자동으로 일어난다. 예를 들어 리스트 객체의 비교는 불일치가 발생하거나, 모든 비교가 끝날 때까지 리스트의 모든 요소들을 자동으로 비교한다.

```
>>> L1 = [1, ('a', 3)]          # 같은 값을 가진 별도의 객체
>>> L2 = [1, ('a', 3)]
>>> L1 == L2, L1 is L2          # 동등? 같은 객체?
(True, False)
```

여기서 L1과 L2에는 값은 같지만 별개인 리스트가 할당된다. 6장에서 이미 배운 것처럼, 파이썬 참조의 특징으로 인해 파이썬에는 동등성을 확인하는 두 가지 방법이 있다.

- **== 연산자는 값이 같은지 확인한다.** 파이썬은 재귀적으로 중첩된 모든 객체를 비교하여 동등성 테스트를 수행한다.

- **is 연산자는 객체가 같은지 확인한다.** 파이썬은 두 개가 실제로 같은 객체인지 테스트한다 (즉, 메모리상에 같은 주소로 존재하는지 확인한다).

앞의 예제에서 L1과 L2는 == 테스트는 통과하지만 is 체크는 실패한다. 짧은 두 문자열을 비교할 때는 무슨 일이 발생하는지 주의해서 살펴보자.

```
>>> S1 = 'spam'
>>> S2 = 'spam'
>>> S1 == S2, S1 is S2
(True, True)
```

여기서 우리는 다시 같은 값을 가진 별도의 두 객체를 만들었다. == 연산자는 참(true)을 반환하고, is 연산자는 거짓(false)을 반환해야 한다. 그러나 파이썬은 내부적으로 최적화를 위해 일부 문자열을 캐싱하고 재사용하기 때문에 실제로 하나의 'spam' 문자열만 메모리에 존재하며, S1과 S2에 의해 공유된다. 그 결과 is 테스트는 참인 결과를 보여 준다. 정상적인 동작을 발생시키기기 위해서는 긴 문자열을 사용해야 한다.

```
>>> S1 = 'a longer string'
>>> S2 = 'a longer string'
>>> S1 == S2, S1 is S2
(True, False)
```

물론, 문자열은 **불변** 타입이기 때문에 객체 캐싱 구조가 여러분의 코드에 영향을 주지는 않는다. 문자열은 얼마나 많은 변수들이 참조하고 있는지에 상관없이 직접 변경할 수 없다. 객체의

동일성 테스트가 잘 이해되지 않는다면, 객체 참조 개념에 대한 복습을 위해 6장을 읽어 보도록 하자.

경험으로 미루어 보면 == 연산자가 거의 모든 동등 비교에서 여러분이 원하는 연산자일 것이다. is 연산자는 고도의 특별한 역할을 위해 사용된다. 이 책의 뒷부분인 두 연산자가 모두 사용되는 곳에서 후자의 경우도 살펴볼 것이다.

상대적인 크기 비교 또한 중첩된 데이터 구조에 대해 재귀적으로 적용된다.

```
>>> L1 = [1, ('a', 3)]
>>> L2 = [1, ('a', 2)]
>>> L1 < L2, L1 == L2, L1 > L2          # 작거나, 같거나, 크거나: 결과는 튜플
(False, False, True)
```

여기서 중첩된 3이 2보다 크기 때문에 L1이 L2보다 크다. 이제 여러분은 세 표현식의 결과로 출력된 마지막 라인이 실제로는 세 개의 객체로 구성된 튜플임을 알고 있어야 하며, 이는 감싸는 괄호가 없는 튜플의 예다.

파이썬 타입 비교에 대해 좀 더 구체적으로 이야기하면 다음과 같다.

• **숫자**는 필요에 따라 공통의 가장 높은 타입으로 변환된 다음 상대적인 크기로 비교된다.

• **문자열**은 (ord에 의해 반환되는 문자 집합의 코드 포인트 값에 따라) 딕셔너리적으로 첫 번째 불일치가 발생할 때까지 한 문자씩 비교된다("abc" < "ac").

• **리스트**와 **튜플**은 각 요소들이 왼쪽에서 오른쪽 순으로, 그리고 중첩된 구조에 대해서 재귀적으로 첫 번째 불일치가 발생하거나 끝에 도달할 때까지 비교된다([2] > [1, 2]).

• **집합**은 두 집합이 동일한 아이템들을 포함하고 있을 때 같으며(공식적으로, 서로가 서로의 부분 집합이다), 집합의 상대적인 크기 비교는 부분 집합과 포함 집합 테스트에도 적용된다.

• **딕셔너리** 비교는 딕셔너리의 정렬된 (키, 값) 리스트가 같은 경우에 동일하다. 딕셔너리에 대한 상대적인 크기 비교는 파이썬 3.X에서 지원되지 않지만, 파이썬 2.X에서는 정렬된 (키, 값) 리스트 비교를 통해 동작한다.

• 숫자가 아닌 혼합 타입의 크기 비교(예 1 < 'spam')는 파이썬 3.X에서 에러가 발생한다. 파이썬 2.X의 경우 지원은 되지만, 타입 이름 문자열에 기반하여 고정되어 있는 임의적인 순서 규칙을 사용한다. 대신, 이 방법은 내부적으로 비교를 사용하는 정렬에도 적용된다. 비숫자 혼합 타입의 컬렉션은 3.X에서 정렬될 수 없다.

구조화된 객체들의 비교는 일반적으로 객체들을 리터럴로 작성한 것처럼 처리되고, 구조화된 객체들의 모든 부분이 왼쪽에서 오른쪽으로 한 번에 하나씩 비교된다. 나중에 우리는 비교 방법을 변경할 수 있는 또 다른 객체 타입을 보게 될 것이다.

파이썬 2.X 그리고 3.X에서 혼합된 타입 비교와 정렬

앞 절에 나열된 목록의 마지막 항목에 따르면 비숫자 혼합 타입의 비교에 대한 파이썬 3.X의 변화는 동등 비교가 아닌 크기 비교에 적용되지만, 이는 또한 내부적으로 크기 비교를 수행하는 정렬에도 적용된다. 파이썬 2.X에서는 비록 임의의 순서에 따라 혼합 타입들을 비교하지만, 이러한 모든 비교 연산이 동작한다.

```
c:\code> c:\python27\python
>>> 11 == '11'                          # 동등 비교는 비숫자를 변환하지 않음
False
>>> 11 >= '11'                          # 2.X는 타입 이름 문자열로 비교: int, str
False
>>> ['11', '22'].sort()                 # 정렬의 경우도 마찬가지
>>> [11, '11'].sort()
```

그러나 파이썬 3.X는 숫자 타입과 수동으로 변환된 타입들을 제외하고는 혼합 타입 크기 비교를 허용하지 않는다.

```
c:\code> c:\python36\python
>>> 11 == '11'                          # 3.X: 동등 비교는 동작하지만, 크기 비교는 동작하지 않음
False
>>> 11 >= '11'
TypeError: unorderable types: int() > str()

>>> ['11', '22'].sort()                 # 정렬의 경우도 마찬가지
>>> [11, '11'].sort()
TypeError: unorderable types: str() < int()

>>> 11 > 9.123                          # 혼합된 숫자는 가장 높은 유형으로 변환
True
>>> str(11) >= '11', 11 >= int('11')    # 문제를 해결하기 위한 수동 변환
(True, True)
```

파이썬 2.X 그리고 3.X에서 딕셔너리 비교

앞 절의 나열된 목록에서 끝에서 두 번째 항목은 다시 설명할 필요가 있다. 파이썬 2.X에서 딕셔너리는 정렬된 키/값 리스트의 비교를 통해 크기 비교를 지원한다.

```
C:\code> c:\python27\python
>>> D1 = {'a':1, 'b':2}
>>> D2 = {'a':1, 'b':3}
>>> D1 == D2                               # 딕셔너리 동등 비교: 2.X + 3.X
False
>>> D1 < D2                                # 딕셔너리 크기 비교: 2.X만 지원
True
```

그러나 8장에서 간략하게 언급한 바와 같이, 딕셔너리에 대한 크기 비교는 동등 비교가 필요할 때 너무 많은 부하를 발생시킨다는 이유로 파이썬 3.X에서 제거되었다(3.X에서 동등 비교는 문자 그대로 정렬된 키/값 목록의 비교가 아닌 최적화된 방식을 사용한다).

```
C:\code> c:\python36\python
>>> D1 = {'a':1, 'b':2}
>>> D2 = {'a':1, 'b':3}
>>> D1 == D2
False
>>> D1 < D2
TypeError: unorderable types: dict() < dict()
```

3.X에서의 또 다른 방법은 키에 의한 값을 비교하는 루프를 작성하거나, 수동으로 정렬된 키/값 목록을 비교하는 방법이 있다. 이 경우에는 딕셔너리 메서드 items와 내장된 sorted를 사용하면 충분하다.

```
>>> list(D1.items())
[('b', 2), ('a', 1)]
>>> sorted(D1.items())
[('a', 1), ('b', 2)]
>>>
>>> sorted(D1.items()) < sorted(D2.items())        # 3.X에서 크기 비교
True
>>> sorted(D1.items()) > sorted(D2.items())
False
```

이 방법은 좀 더 많은 코드를 필요로 하지만, 실제로 이러한 동작을 필요로 하는 대부분의 프로그램들은 딕셔너리에 있는 데이터를 비교하기 위해 해당 방법이나 파이썬 2.X의 기본 동작보다는 더 효율적인 방법을 개발하여 사용할 것이다.

파이썬에서 True와 False의 의미

앞 절의 마지막 두 예제에서 반환된 테스트 결과는 참과 거짓 값을 나타낸다. 이 두 값은 True와 False라는 단어로 출력되지만, 우리는 본격적으로 이와 같은 논리 테스트를 사용하고 있기 때문에 이 이름들이 실제로 의미하는 것이 무엇인지 좀 더 공식적으로 이야기할 필요가 있다.

대부분의 프로그래밍 언어에서처럼 파이썬에서 정수 0은 거짓을 나타내며, 정수 1은 참을 나타낸다. 또한, 모든 빈 데이터 구조는 거짓으로 인식하고 모든 비어 있지 않은 데이터 구조는 참으로 인식한다. 좀 더 일반적으로는 파이썬에서 참과 거짓의 개념은 **모든** 객체의 고유한 속성이다. 모든 객체는 다음에 따라 참 또는 거짓이다.

- 숫자는 0인 경우 거짓이고, 그 외에는 참이다.
- 다른 객체들은 비어 있는 경우에는 거짓이고, 그 외에는 참이다.

표 9-4는 파이썬에서 객체들의 참과 거짓 값의 예제들을 제공한다.

표 9-4 객체들의 참/거짓 값의 예

객체	값
"spam"	참
""	거짓
[1, 2]	참
[]	거짓
{'a': 1}	참
{}	거짓
1	참
0.0	거짓
None	거짓

한 가지 응용 사례로서 객체 자체가 참 또는 거짓이기 때문에 if X:와 같은 테스트 코드를 작성하는 프로그래머들을 일반적으로 볼 수 있으며, 여기서 X가 문자열이라고 할 경우, if X != '':와 같은 의미다. 즉, 객체가 무엇을 포함하고 있는지 확인하기 위해 객체를 같은 타입의 빈 객체와 비교하는 대신에 객체 자체를 테스트할 수 있다(if문에 대한 더 자세한 내용은 다음 장에서 다룬다).

None 객체

표 9-4의 마지막 줄에 나타난 바와 같이 파이썬은 None이라고 불리는 특별한 객체를 제공하며, 이 객체는 항상 false로 간주된다. None은 4장에서 간략히 소개되었다. 이는 파이썬에서 유일하고 특별한 데이터 타입의 값이며, 일반적으로 빈 표시자로써 역할을 제공한다(C에서의 NULL 포인터와 비슷하다).

예를 들어 리스트의 경우 오프셋이 아직 존재하지 않는다면, 해당 오프셋에 할당할 수 없음을 상기해 보자. 범위를 벗어나는 할당을 시도할 경우, 리스트는 마술처럼 늘어나지 않는다. 여러분은 100 오프셋 중 어디라도 추가할 수 있도록 리스트의 100개의 아이템을 미리 할당하기 위해 리스트를 None 객체로 채울 수 있다.

```
>>> L = [None] * 100
>>>
>>> L
[None, None, None, None, None, None, None, ... ]
```

이 방법이 리스트의 크기를 제한하지는 않지만(여전히 이 리스트는 늘어나거나 줄어들 수 있다), 나중에 인덱스 할당을 가능하게 하기 위해 초기 크기를 미리 설정하는 것뿐이다. 물론, 같은 방법으로 0을 사용하여 리스트를 초기화할 수도 있지만, 가장 좋은 방법은 리스트의 콘텐츠의 타입이 변경 가능하거나 아직 알려지지 않은 경우 None을 사용하여 드러내는 것이다.

None이 'undefined'를 의미하지 않는다는 것을 명심하도록 하자. 즉, None은 (그 이름에도 불구하고) 아무것도 아닌 그냥 무엇이다. 이것은 실제 객체이자 생성된 실제 메모리 영역이며, 파이썬에 의해 내장된 이름으로 제공된다. 이 책의 뒷부분에서는 이 특별한 객체의 다른 사용법에 대해서 이야기한다. 파트 4에서 배우는 것처럼, None은 반환값과 함께 return문의 실행에 의해 종료되지 않는 함수들의 기본 반환값으로 사용된다.

bool 타입

진릿값(truth value)에 대한 주제를 이야기하는 동안에 5장에서 소개된 파이썬의 부울 타입인 bool을 기억하도록 하자. 이 타입은 단순히 파이썬에서 참과 거짓의 개념을 확장한다. 5장에서 이미 배운 것처럼, 내장된 단어인 True와 False는 단순히 정수 1과 0의 사용자 정의 버전이다. 이 두 단어는 마치 파이썬의 모든 곳에서 1과 0으로 미리 할당된 것처럼 보인다. 이 새로운 타입은 구현 방법으로 인해 실제로는 단지 이미 설명한 참과 거짓의 개념에 대한 단순한 확장일 뿐이며, 진릿값을 더욱 명확하게 만들기 위해 설계되었다.

- 명확하게 참과 거짓을 확인하는 코드에서 사용될 때 단어 True는 1, False는 0과 같지만, 이 값들은 프로그래머의 의도를 명확하게 만든다.
- 대화형 셸에서 실행한 불린 테스트의 결과는 1과 0이 아닌 단어 True와 False로 출력됨으로써 결과 타입을 명확하게 만든다.

If와 같은 논리적인 문장에서 불린 타입만을 사용해야 하는 것은 아니다. 모든 객체들은 여전히 본질적으로 참과 거짓이며, 이 장에서 소개된 모든 불린 개념들은 여러분이 다른 타입을 사용하더라도 여전히 설명된 것처럼 동작한다. 여러분이 이를 (즉, 참인지(즉, 0이 아닌지 또는 비어 있지 않은지)) 명확하게 하고자 할 경우, 파이썬은 객체의 불린 값을 확인하는 데 사용되는 내장 함수 bool을 제공한다.

```
>>> bool(1)
True
>>> bool('spam')
True
>>> bool({})
False
```

그러나 불린 결과는 if문이나 다른 선택 도구들의 의해 자동으로 사용되므로 로직 테스트에 의해 생성된 불린 타입에 실제로 신경 쓸 일은 거의 없다. 추후 12장에서 논리문에 대해서 공부할 때 불린에 대해 좀 더 탐구할 예정이다.

파이썬의 타입 계층 구조

그림 9-3은 파이썬에서 이용할 수 있는 모든 내장 객체 타입들과 그들의 관계를 설명한다. 이 중에서 가장 눈에 띄는 부분을 살펴보자. 그림 9-3에서 객체가 아닌 다른 종류들은 대부분 프로그램 단위(예 함수와 모듈)에 해당하거나 인터프리터 내부가 노출된 것이다(예 스택 프레임과 컴파일된 코드).

여기서 가장 주목해야 할 점은 파이썬 시스템에서 **모든 것은 객체 타입**이며, 여러분의 파이썬 프로그램에 의해 처리될 수 있다는 것이다. 예를 들어 클래스를 함수에 전달하거나, 클래스를 변수에 할당하거나, 클래스를 리스트나 딕셔너리에 넣는 일들을 할 수 있다.

타입 객체

실제로, 심지어 타입 자체도 파이썬에서는 객체 타입이다. 객체의 타입은 type 타입의 객체다. 무슨 말이냐 하면, 내장 함수 type(X)의 호출은 객체 X의 타입 객체를 반환한다. 이것의 실제 적용 사례로는 파이썬 if문에서 수동으로 타입을 비교하기 위해 타입 객체가 사용될 수 있다. 그러나 파이썬에서 수동 타입 테스팅은 4장에서 소개된 이유들로 여러분의 코드 유연성을 제한할 수 있기 때문에 일반적으로 올바른 방법은 아니다.

타입 이름에 대해 참고할 사항으로서 파이썬 2.2부터 각 코어 타입에는 객체 기반 서브클래싱을 통해 사용자 정의 타입을 지원하기 위해 추가된 새로운 내장 이름(dict, list, str, tuple, int, float, complex, bytes, type, set)들이 있다. 이러한 이름들은 파이썬 3.X에서 클래스를 참고하고 있다. 파이썬 2.X에서만 제공되는 file 또한 타입 이름이며, open에 대한 동의어다. 이러한 이름들을 기본적인 용도로 사용할 경우 단순히 함수들처럼 취급할 수 있지만, 이러한 이름들의 호출은 단순한 변환 함수가 아닌 실제로 객체 생성자의 호출이다.

또한, 파이썬 3.X의 types 표준 라이브러리 모듈은 내장 기능으로는 이용할 수 없는 타입들을 위한 추가적인 타입 이름들을 제공하며(예를 들면 함수의 타입이 있다. 또한, 이 모듈은 파이썬 2.X에서만 내장된 타입 이름들에 대한 동의어를 포함하고 있다), isinstance 함수를 이용하여 타입 테스트를 수행할 수 있다. 예를 들어, 다음의 모든 타입 테스트는 참(true)이다.

```
type([1]) == type([])          # 서로 다른 리스트의 타입 비교
type([1]) == list              # 리스트 타입 이름의 비교
isinstance([1], list)          # 객체의 타입 확인

import types                   # types는 다른 타입들을 위한 이름을 제공
def f(): pass
type(f) == types.FunctionType
```

오늘날 파이썬에서 타입들은 서브클래싱될 수 있기 때문에 isinstance 기술을 널리 사용하기를 추천한다. 파이썬 2.2와 그 이후 버전에서의 내장 타입 서브클래싱에 대한 좀 더 자세한 내용은 32장을 읽어 보도록 하자.

 32장에서도 type(X)와 타입 테스팅이 일반적으로 사용자 정의 **클래스**의 인스턴스에 적용되는 방법에 대해 탐구한다. 파이썬 3.X와 파이썬 2.X에서 새로운 스타일의 클래스의 경우, 클래스 인스턴스의 타입은 해당 인스턴스를 만든 클래스다. 파이썬 2.X에서 전통적인 클래스의 경우는 모든 클래스 인스턴스들은 '인스턴스' 타입을 대신하며, 의미 있는 타입 비교를 위해서는 인스턴스 __class__ 속성을 비교해야 한다. 우리가 아직은 클래스 주제를 다루기에 충분한 준비가 되지 않았기 때문에 이에 대한 나머지 이야기는 32장까지 미루도록 하겠다.

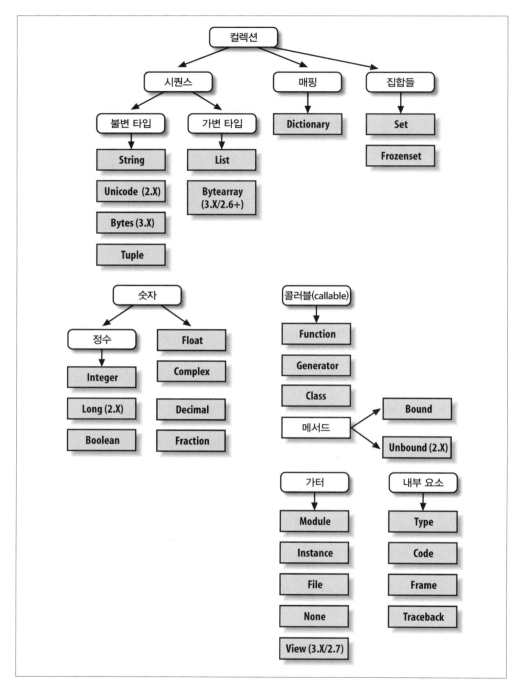

그림 9-3 범주별로 분류된 파이썬의 주요 내장 객체 타입들. 파이썬에서는 모든 것이 객체의 타입이며, 심지어 객체의 타입 또한 마찬가지다. 명명 튜플과 같은 일부 확장 타입들 역시 이러한 그림에 속할 수 있지만, 공식적으로 코어 타입 집합의 포함 기준이 아니다.

파이썬에서 또 다른 타입들

일반적인 파이썬 설치는 이 파트에서 공부한 코어 객체들과 함수, 모듈, 클래스와 같은 프로그램 단위 객체들 이외에도 링크된 C 확장 또는 파이썬 클래스들을 통해 이용할 수 있는 다양한 추가적인 객체 타입들을 제공한다(정규 표현식 객체, DBM 파일, GUI 위젯, 네트워크 소켓 등). 누구에게 묻느냐에 따라 이 장의 앞에서 배운 **명명된 튜플**도 이 범주에 포함될 수도 있다(5장에서 배운 Decimal과 Fraction은 좀 더 모호한 경향이 있다).

이러한 추가 도구들과 우리가 그동안 살펴본 내장된 타입들 사이의 가장 큰 차이는 내장된 타입들은 객체를 생성하기 위한 언어적으로 특별한 생성 구문을 제공한다는 것이다(예 정수의 경우 4, 리스트의 경우 [1,2], 파일의 경우 open 함수, 함수의 경우 def와 lambda). 다른 도구들은 일반적으로 표준 라이브러리를 통해 이용 가능하며 사용 전에 먼저 임포트해야 한다. 그리고 이러한 타입들은 일반적으로 코어 타입으로 간주되지 않는다. 예를 들어, 정규 표현식 객체를 만들기 위해서는 re를 임포트하고 re.compile( )를 호출해야 한다. 파이썬 프로그램에서 이용할 수 있는 모든 도구들에 대한 포괄적인 가이드는 파이썬 라이브러리를 참고하자.

내장 타입 사용 시 주의 사항

코어 데이터 타입 살펴보기도 이제 끝이다. 우리는 새로운 사용자들이 쉽게 빠질 수 있는 일반적인 문제들과 해결책에 대해 논의하며 책의 이 파트를 마무리할 예정이다. 이 중에 일부는 이미 다루었던 개념에 대한 복습이지만, 여기서 다시 강조해야 할 충분히 중요한 내용들이다.

할당은 복사가 아닌 참조를 만듦

이것은 매우 중요한 개념이므로 여기서 다시 언급한다. 여러분의 프로그램 안에 있는 가변 객체에 대한 공유된 참조는 중요한 문제일 수 있다. 예를 들어, 다음 예제에서 이름 L에 할당된 리스트 객체는 L과 이름 M에 할당된 리스트 내부에서 참조되고 있다. L을 변경하면 M이 참조하는 내용 또한 변경된다.

```
>>> L = [1, 2, 3]
>>> M = ['X', L, 'Y']              # L에 대한 참조 포함
>>> M
['X', [1, 2, 3], 'Y']
```

```
>>> L[1] = 0                         # M 또한 변경됨
>>> M
['X', [1, 0, 3], 'Y']
```

일반적으로 이러한 영향은 큰 프로그램에서만 중요하며, 공유 참조는 종종 여러분이 원하는 기능일 수도 있다. 객체가 여러분이 원하지 않는 방법으로 변경될 경우, 객체를 명시적으로 복사하여 공유되지 않도록 할 수 있다. 리스트의 경우 앞서 설명한 다른 기술들 중에서 빈 범위 슬라이스를 사용하여 항상 최상위 복사본을 만들 수 있다.

```
>>> L = [1, 2, 3]
>>> M = ['X', L[:], 'Y']             # L의 복사본을 포함(또는 list(L), 또는 L.copy( ))
>>> L[1] = 0                         # L만 변경됨
>>> L
[1, 0, 3]
>>> M
['X', [1, 2, 3], 'Y']
```

슬라이스 범위는 기본적으로 0에서 시퀀스의 길이만큼 슬라이스한다는 사실을 기억하자. 범위 값이 둘 모두 생략된 경우 슬라이스는 정확히 시퀀스 내에 모든 아이템을 추출하며, 따라서 최상위 복사본을 만든다(공유되지 않은 새로운 객체).

한 단계 깊이로 반복해서 더하기

시퀀스를 반복하는 것은 자기 자신을 여러 번 더하는 것과 같다. 그러나 가변 시퀀스가 중첩된 경우, 그 결과는 여러분이 기대하는 것이 아닐 수도 있다. 예를 들어, 다음 예제에서 Y에는 L을 **포함한** 리스트가 네 번 반복해서 할당된 반면, X에는 L이 네 번 반복해서 할당되었다.

```
>>> L = [4, 5, 6]
>>> X = L * 4                        # [4, 5, 6] + [4, 5, 6] + ...와 같음
>>> Y = [L] * 4                      # [L] + [L] + ... = [L, L, ...]

>>> X
[4, 5, 6, 4, 5, 6, 4, 5, 6, 4, 5, 6]
>>> Y
[[4, 5, 6], [4, 5, 6], [4, 5, 6], [4, 5, 6]]
```

두 번째 반복에서는 L이 중첩되었기 때문에 Y는 L에 할당된 기존 리스트에 대한 참조를 포함하여 구성되며, 그래서 이전 절에서 언급한 같은 종류의 부작용이 발생한다.

```
>>> L[1] = 0                          # Y는 영향을 받지만, X는 영향을 받지 않음
>>> X
[4, 5, 6, 4, 5, 6, 4, 5, 6, 4, 5, 6]
>>> Y
[[4, 0, 6], [4, 0, 6], [4, 0, 6], [4, 0, 6]]
```

이 내용은 여러분의 코드에서 예기치 않게 문제가 발생할 때까지는 다소 인공적이고 학술적인 내용으로 보일 수도 있다. 이 내용은 공유 가변 객체 참조 케이스를 만드는 또 다른 방법으로써 이 문제에 대한 동일한 해결책이 이전 절처럼 여기서도 적용된다. 공유 참조를 원하지 않는 경우에는 복사본을 만든다.

```
>>> L = [4, 5, 6]
>>> Y = [list(L)] * 4                 # L의 (공유) 복사를 포함
>>> L[1] = 0
>>> Y
[[4, 5, 6], [4, 5, 6], [4, 5, 6], [4, 5, 6]]
```

더욱 미묘하게도 Y는 더 이상 L과 객체를 공유하지는 않지만, Y는 여전히 그것의 같은 복사본에 대한 참조 네 개를 포함하고 있다. 이러한 공유도 피해야 한다면, 포함된 각 복사본을 유일하게 만드는 것이 좋다.

```
>>> Y[0][1] = 99                      # 네 개의 복사본은 여전히 같음
>>> Y
[[4, 99, 6], [4, 99, 6], [4, 99, 6], [4, 99, 6]]

>>> L = [4, 5, 6]
>>> Y = [list(L) for i in range(4)]
>>> Y
[[4, 5, 6], [4, 5, 6], [4, 5, 6], [4, 5, 6]]
>>> Y[0][1] = 99
>>> Y
[[4, 99, 6], [4, 5, 6], [4, 5, 6], [4, 5, 6]]
```

반복, 연결, 그리고 슬라이싱은 그들의 피연산 객체들의 최상위만을 복사한다는 점을 기억한다면, 이러한 케이스에 대해 훨씬 더 쉽게 이해할 수 있다.

순환 데이터 구조에 주의하라

우리는 실제로 이전 예제에서 이 개념과 마주한 적이 있다. 컬렉션 객체가 자신에 대한 참조를 포함할 경우, 이를 순환 객체(cyclic object)라고 부른다. 파이썬은 객체 안에서 순환을 발견하면

(오래전에 그랬던 것처럼) 무한 루프를 실행하지 않고 [...]을 출력한다.

```
>>> L = ['grail']          # 동일한 객체에 대한 참조를 추가함으로써
>>> L.append(L)            # 객체 안에 순환을 만듦: [...]
>>> L
['grail', [...]]
```

대괄호 안의 점 세 개는 객체 안에서 순환을 나타내는 것 외에도, 여러분의 코드를 예상치 못한 루프에 빠트릴 수 있으므로 알아 둘 필요가 있다.

예를 들어 리스트, 딕셔너리 또는 **이미 방문한** 아이템들의 집합을 유지하고 있는 구조화된 데이터를 통해 실행되는 일부 프로그램들은 원치 않는 순환 루프에 들어가려고 할 때 이를 확인해야 한다. 이 문제에 대한 추가적인 내용은 부록 D의 "파트 1. 시작하기"절에 있는 파트 1 실습 문제에 대한 해답을 참고하도록 하자. 또한 순환 구조를 발견하는 것이 중요한 일부 구체적인 예제의 경우, 31장의 ListTree 클래스와 25장의 reloadall.py 프로그램뿐만 아니라 19장의 재귀에 대한 일반적인 논의도 참고하자.

정말 필요한 경우가 아니면 순환 참조를 사용하지 않도록 하자. 그리고 프로그램 안에서 순환 구조가 없는지 주의 깊게 확인해야 한다. 순환 구조를 사용해야 하는 좋은 경우들도 있지만, 순환 구조를 처리하는 방법을 알고 작성하는 경우가 아니라면 장점보다는 도리어 예기치 못한 문제가 발생할 가능성이 더 높다.

불변 타입은 직접 변경할 수 없음

그리고 완벽함을 위해 한 가지 더 이야기하자면 가변 객체는 직접 변경할 수 없다. 대신에 슬라이싱, 연결 등으로 새로운 객체를 만들 수 있으며, 필요한 경우 이를 다시 기존 참조에 할당할 수 있다.

```
T = (1, 2, 3)

T[2] = 4                   # 에러!

T = T[:2] + (4,)           # 성공: (1, 2, 4)
```

이 방법은 추가적인 코딩 작업처럼 보일 수도 있지만, 튜플과 문자열 같은 가변 객체를 사용하면 앞과 같은 문제가 발생하지 않는다는 장점이 있다. 이러한 타입들은 직접 변경할 수 없기

때문에 리스트가 가지고 있는 종류의 부작용에 노출되지 않는다.

이 장의 요약

이 장은 튜플과 파일이라는 마지막 두 가지 코어 객체 타입에 대해서 알아보았다. 튜플은 모든 일반적인 시퀀스 연산을 지원하며, 몇 개의 메서드만 제공하고, 불변이기 때문에 직접 변경은 지원하지 않으며, 명명된 튜플 타입에 의해 확장된다고 배웠다. 또한 우리는 파일은 내장 open 함수에 의해 반환되며, 데이터를 읽고 쓰기 위한 메서드를 제공한다고도 배웠다.

그 과정에서 파이썬 객체를 파일에 저장하기 위해 문자열로 변환하는 방법에 대해서 탐구했으며, 고급 기능을 위한 pickle, json, 그리고 struct 모듈에 대해 살펴보았다(객체 직렬화와 바이너리 데이터). 마지막으로, 모든 객체 타입의 공통적인 속성(예 공유 참조)에 대해 복습하고 객체 타입 영역에서 일반적으로 발생하는 실수들에 대해서 살펴보는 것으로 마무리했다.

이 책의 다음 파트는 문(statement)의 구문에 대한 주제로 이동한다(스크립트에서 로직을 처리하는 코드를 작성하는 방법). 또한, 그 과정에서 파이썬의 모든 절차적인 문들에 대해서도 알아본다. 다음 장은 모든 문 타입에 적용되는 파이썬의 보편적인 구문 모델에 대한 소개와 함께 이 주제를 시작한다. 그러나 다음 주제로 넘어가기 전에 이 파트에서 배운 타입 개념을 복습하기 위해 학습 테스트 퀴즈를 풀어 보고 파트 실습 문제로 이동하도록 하겠다. 문은 주로 단순히 객체를 생성하고 처리하기 때문에 다음 파트로 이동하기 전에 실습 문제를 통해 이번 파트의 내용을 확실히 마스터하자.

학습 테스트: 퀴즈

1. 튜플의 크기는 어떻게 확인할 수 있을까? 이 도구가 해당 위치에 존재하는 이유는?

2. 튜플의 첫 번째 아이템을 변경하는 표현식을 작성하라. (4, 5, 6)은 처리를 통해 (4, 5, 6)이 되어야 한다.

3. 파일 open 호출에서 파일 처리 모드 인수의 기본값은 무엇인가?

4. 파이썬 객체를 문자열로 변환없이 파일로 저장하기 위해 어떤 모듈을 사용해야 하는가?

5. 중첩된 구조의 모든 부분을 한 번에 복사할 수 있는 방법은?

6. 파이썬이 객체를 참(true)으로 판단하는 기준은?

7. 이 장에서 여러분이 추구하는 것은 무엇인가?

학습 테스트: 정답

1. 파이썬에서 내장 len 함수는 튜플을 포함한 모든 컨테이너 객체의 길이(포함된 아이템 수)를 반환한다. 이 함수는 여러 종류의 객체의 타입들에 적용되기 때문에 타입 메서드가 아닌 내장된 함수로 제공된다. 내장 함수와 표현식은 일반적으로 많은 객체 타입에 걸쳐 적용된다. 메서드는 단일 객체 타입에 제한되어 있지만, 이 중에서도 일부는 하나 이상의 타입에서 이용할 수 있다(예 index는 리스트와 튜플에서 동작한다).

2. 튜플은 가변이기 때문에 직접 변경할 수는 없지만, 필요한 값으로 새로운 튜플을 생성할 수는 있다. 주어진 튜플 T = (4, 5, 6)에 대해, 슬라이싱과 연결을 사용하여 주어진 튜플로부터 새로운 튜플을 만들어 첫 번째 아이템을 변경할 수 있다(T = (1,) + T[1:](단일 아이템 튜플은 끝에 콤마를 붙여야 한다는 것을 기억하자)). 또한 튜플을 리스트로 변경한 다음, 리스트를 직접 변경한 후 다시 튜플로 변환할 수도 있지만, 이 방법은 다소 복잡하고 실제로 거의 사용되지 않는다. 해당 객체가 직접 변경이 필요하다는 사실을 알고 있는 경우라면 애초에 리스트를 사용하도록 하자.

3. 파일 open 호출의 기본 처리 모드 인수 값은 텍스트 입력을 읽기 위한 'r'이다. 입력 텍스트 파일의 경우, 단순히 외부 파일 이름만 전달하면 된다.

4. pickle 모듈을 사용하면 명시적으로 파이썬 객체를 문자열로 변경하지 않고 바로 파일로 저장할 수 있다. struct 모듈도 관련되어 있지만, 이 모듈은 데이터가 파일에 패키징된 바이너리 포맷으로 존재한다고 가정한다. 이와 유사하게 json 모듈은 제한된 파이썬 객체들을 JSON 형식에 따라 문자열로 변환한다.

5. 중첩된 구조 X의 모든 부분을 복사할 필요가 있는 경우, copy 모듈을 임포트하고 copy.deepcopy(X)를 호출한다. 실제로 이 호출을 사용하는 경우를 보기는 쉽지 않다. 일반적으로 요구되는 동작은 참조이며, 복사가 필요한 대부분의 경우는 얕은 복사(예 aList[:], aDict.copy( ), set(aSet))로 충분하다.

6. 객체는 0이 아니거나 빈 컬렉션 객체가 아닌 경우 참(true)으로 간주된다. 내장된 단어인 True와 False는 기본적으로 각각 정수 1과 0의 의미를 가지도록 미리 정의되어 있다.

7. 인정할 만한 대답으로는 '파이썬을 배우기 위해'나 '다음 장으로 이동하기 위해', 또는 '성배 (Holy Grail)를 찾기 위해' 등이 포함될 수 있다.

학습 테스트: 파트 2 실습 문제

이 절은 여러분에게 내장 객체의 기초에 대해 묻기 시작한다. 그 과정에서 이전과 마찬가지로 몇몇 새로운 개념들이 나타날 수 있으므로 필요에 따라 부록 D에 있는 "파트 2. 타입과 연산" 에 있는 해답을 참고하도록 하자. 시간이 부족할 경우, 실습 문제 **10**과 **11**에서 시작하기를 권 하며(이 중에서도 가장 실용적인 문제다), 시간이 날 때 처음부터 끝까지 다시 살펴보도록 하자. 여기에 있는 내용은 모두 기초적인 것이므로, 여러분이 할 수 있는 데까지 풀어 보도록 한다. 프로그래밍은 실습 활동이므로 여러분의 아이디어를 구체화하기 위해서는 연습 말고는 다른 방법이 없다.

1. 기본 사항. 이 파트에 있는 다양한 연산 테이블에 있는 일반적인 타입 연산들을 대화형 셸 을 통해 실험해 보자. 시작하기 위해 파이썬 대화형 인터프리터를 실행하고, 다음 표현식 들을 각각 입력하여 각 경우에 무슨 일이 발생하는지 설명해 보자. 이들 중 일부에 있는 세미콜론은 다수의 문을 단일 라인에 작성하기 위한 문 구문자로 사용되었다. 예를 들어, X = 1;X는 변수에 값을 할당하고 프린트한다(문의 구문에 대한 자세한 내용은 다음 파트에서 이 야기한다). 또한, 표현식 사이에 콤마는 일반적으로 감싸는 괄호가 없는 경우에도 튜플을 만든다는 사실을 기억하도록 하자. X,Y,Z는 세 개의 아이템을 가진 튜플이며, 파이썬은 이 를 괄호에 담아서 다시 출력한다.

```
2 ** 16
2 / 5, 2 / 5.0

"spam" + "eggs"
S = "ham"
"eggs " + S
S * 5
S[:0]
"green %s and %s" % ("eggs", S)
'green {0} and {1}'.format('eggs', S)

('x',)[0]
('x', 'y')[1]

L = [1,2,3] + [4,5,6]
L, L[:], L[:0], L[-2], L[-2:]
```

```
([1,2,3] + [4,5,6])[2:4]
[L[2], L[3]]
L.reverse(); L
L.sort(); L
L.index(4)

{'a':1, 'b':2}['b']
D = {'x':1, 'y':2, 'z':3}
D['w'] = 0
D['x'] + D['w']
D[(1,2,3)] = 4
list(D.keys()), list(D.values()), (1,2,3) in D

[[]], ["",[],(),{},None]
```

2. **인덱싱과 슬라이싱.** 대화형 프롬프트에서 네 개의 문자열이나 숫자들을 포함하고 있는 L이라고 이름 붙인 리스트를 정의해 보자. 그리고 나서 다음 리스트의 경계에 대한 예제들을 실행해 보자. 실제 프로그램에서는 이러한 현상을 보기는 어렵지만(매우 기괴한 경우는 제외하고), 이 예제들은 여러분이 파이썬의 내부 모델에 대해 생각해 볼 수 있도록 만들어졌으며, 일부는 실제로도 유용할 수 있다. 예를 들어, 경계를 벗어난 슬라이싱은 여러분이 예측 가능한 시퀀스일 경우 도움이 될 수도 있다.

   a. 경계를 벗어나 인덱스할 때 무슨 일이 발생하는가?(예 L[4])

   b. 경계를 벗어난 슬라이싱은 어떻게 동작할까?(예 L[-1000:100])

   c. 마지막으로 상위 경계 값보다 더 높은 하위 경계 값을 사용하여 반대로 시퀀스를 추출하려고 하면, 파이썬은 이를 어떻게 처리할까?(예 L[3:1]) 힌트를 주자면 다음 (L[3:1] = ['?']) 슬라이스를 실행하고 값이 추가된 곳을 확인해 보자. 경계를 벗어난 슬라이싱과 같은 현상이라고 생각하는가?

3. **인덱싱, 슬라이싱 그리고 del.** 네 개의 아이템을 가진 또 다른 리스트 L을 정의한 다음, L의 오프셋 중 한 곳에 빈 리스트를 할당해 보자(예 L[2] = [ ]). 무슨 일이 일어나는가? 그리고 다시 빈 리스트를 슬라이스에 할당해 보자(예 L[2:3] = [ ]). 지금은 무슨 일이 일어났는가? 슬라이스 할당은 슬라이스를 삭제하고 삭제된 곳에 새로운 값을 추가한다는 것을 상기해 보자.

   del문은 오프셋, 키, 속성, 이름을 삭제한다. 리스트에서 항목을 삭제할 때 **del**문을 사용하도록 하자(예 del L[0]). 전체 슬라이스를 삭제하면 무슨 일이 발생하는가?(L[1:]) 슬라이스에 비시퀀스를 할당하면 무슨 일이 발생하는가?(예 L[1:2] = 1)

4. **튜플 할당.** 다음을 입력해 보자.

```
>>> X = 'spam'
>>> Y = 'eggs'
>>> X, Y = Y, X
```

이 코드를 순서대로 실행했을 때 X와 Y에 발생한 결과를 어떻게 생각하는가?

5. **딕셔너리 키.** 다음 코드에 대해 생각해 보자.

```
>>> D = {}
>>> D[1] = 'a'
>>> D[2] = 'b'
```

딕셔너리는 오프셋으로 접근할 수 없다고 배웠지만, 이 코드는 어떻게 된 것일까? 다음 예제를 보면 무슨 이야기인지 실마리가 잡히는가?(힌트: 문자열, 정수, 그리고 튜플은 공통적으로 어떤 타입 분류에 속하는가?)

```
>>> D[(1, 2, 3)] = 'c'
>>> D
{1: 'a', 2: 'b', (1, 2, 3): 'c'}
```

6. **딕셔너리 인덱싱.** 키 'a', 'b', 'c'에 대한 세 개의 아이템을 가진 D라는 이름의 딕셔너리를 만들자. 존재하지 않는 키에 인덱싱할 때 무슨 일이 발생하는가?(D['d']) 존재하지 않는 키 'd'에 할당을 시도하면 파이썬은 어떻게 동작하는가?(예 D['d'] = 'spam']) 딕셔너리의 이러한 동작은 리스트에 대한 경계를 벗어난 할당, 참조와 어떻게 비교할 수 있는가? 혹시 이러한 내용이 변수 이름 규칙에 대한 이야기처럼 들리지는 않는가?

7. **일반적인 연산들.** 대화형 세션에서 실행해 보고 다음 질문들에 답해 보자.

   a. 다른 혼합된 타입들에 대해 + 연산자를 사용하면 무슨 일이 발생하는가?(예 문자열 + 리스트, 리스트 + 튜플)

   b. 피연산자 중 하나가 딕셔너리인 경우에도 +는 동작하는가?

   c. 리스트와 문자열에 대해 **append** 메서드는 동작하는가? 리스트의 **keys** 메서드 사용법은?(힌트: append는 자신의 대상 객체를 무엇이라고 생각하는가?)

   d. 마지막으로, 두 리스트나 두 문자열을 슬라이스 또는 연결할 때 반환되는 객체의 타입은 무엇인가?

8. **문자열 인덱싱.** 네 개의 문자를 포함한 문자열 S를 정의하자(S = "spam"). 그리고 나서 표현식(S[0][0][0][0][0])을 입력하자. 무슨 일이 발생한 걸까?(힌트: 문자열은 문자들의 컬렉션이지만,

파이썬 문자들은 한 문자를 가진 문자열임을 기억하자.) 이 같은 인덱싱 표현식을 ['s', 'p', 'a', 'm']과 같은 리스트에 적용하면 여전히 동작할까? 그렇다면 어째서인가?

9. **불변 객체** 다시 네 개의 문자를 포함한 문자열 S를 정의하자(S = "spam"). 그리고 슬라이싱과 연결만을 사용하여 문자열을 "slam"으로 변경하는 할당문을 작성해 보자. 이와 같은 연산을 인덱싱과 연결만으로도 작성할 수 있을까? 어떻게 인덱스 할당을 사용해야 할까?

10. **중첩** 개인 정보를 표현하는 데이터 구조를 작성해 보자(예 이름, 나이, 직업, 주소, 이메일 주소, 그리고 전화번호). 여러분이 좋아하는 내장 객체 타입(리스트, 튜플, 딕셔너리, 문자열, 숫자)들의 조합으로 이러한 데이터 구조를 만들 수 있을 것이다. 그리고 나서 인덱싱을 사용하여 데이터 구조의 각 요소들에 접근해 보자. 이 객체에 대해 어떤 데이터 구조가 잘 어울리는가?

11. **파일** 출력 파일 myfile.txt를 생성한 다음, 문자열 "Hello file world!"를 쓰는 스크립트를 작성해 보자. 그리고 나서 myfile.txt를 열고 읽은 다음, 내용을 출력하는 또 다른 스크립트를 작성해 보자. 이 두 스크립트를 시스템 명령 라인에서 실행해 보자. 스크립트를 실행한 위치에 새로운 파일이 생성되는가? open에 전달된 파일 이름에 다른 디렉터리 경로를 추가하면 어떻게 되는가?(주의: 파일 write 메서드는 문자열에 새 라인 문자를 추가하지 않는다. 파일에서 라인을 종료하고자 할 경우 명시적으로 문자열 끝에 \n을 추가해야 한다.)

문과 구문

10

파이썬 문(statement) 소개

이제 파이썬 코어 내장 객체 타입에 대해 충분히 배웠으므로, 이 장에서는 기본적인 문 형식에 대한 학습을 시작한다. 이전 파트처럼 우리는 이 장에서 문 구문에 대한 일반적인 소개로 시작하며, 이후 장부터는 특정 문에 대한 상세한 내용을 다룬다.

문(statement)은 간단히 말해서 여러분의 프로그램이 무엇을 해야 하는지 파이썬에게 알려 주기 위해 작성하는 것이다. 4장에서 시사한 바처럼 프로그램은 '어떤 것을 가지고 어떤 일을 하는 것'이며, 그때 문은 프로그램이 어떤 종류의 일을 할지 명시하는 방법이다. 다소 비공식적으로 이야기하자면 파이썬은 절차적인 문 기반의 언어다. 문을 결합하여 프로그램의 목적을 이루기 위해 파이썬이 수행해야 하는 절차(procedure)를 명시한다.

파이썬 설계 개념 계층 구조 다시 보기

문의 역할을 이해하는 또 다른 방법으로 내장 객체와 이 객체들을 다루기 위한 표현식에 대해 이야기했던 4장에서 소개한 파이썬 설계 개념 계층 구조를 다시 보는 것이다. 이 장은 파이썬 프로그램 계층 구조의 다음 단계로 이동한다.

1. 프로그램은 모듈로 구성된다.

2. 모듈은 문을 포함하고 있다.

3. 문은 표현식을 포함하고 있다.

4. 표현식은 객체를 생성하고 처리한다.

파이썬 언어로 작성된 프로그램은 계층 구조의 하단에서 문과 표현식으로 구성된다. 표현식은 객체를 처리하며, 문에 포함되어 있다. 문은 프로그램 연산의 큰 로직을 작성한다. 연산은 이전 장에서 배운 객체들을 처리하기 위한 표현식을 사용하고 지시한다. 또한 문은 어디선가 불쑥 나타날 수 있으며(예 할당문 안의 표현식에서), 일부 문은 완전히 새로운 객체의 종류를 생성한다(함수, 클래스 등). 계층 구조의 상단에서 문은 항상 모듈에 존재하고, 모듈 자체는 문으로 관리된다.

파이썬의 문

표 10-1은 파이썬의 문 세트를 요약한 것이다. 각 문은 파이썬에서 자신만의 특별한 목적과 구문(문의 구조를 정의하는 규칙)을 가지고 있다. 하지만 여러분도 볼 수 있듯이 많은 문들은 일반적인 구문 패턴을 공유하고 있으며, 일부 문은 역할이 겹치기도 한다. 표 10-1은 문의 구문 규칙에 따라 작성됐을 때, 각 문의 예제들을 제공한다. 여러분의 프로그램에서 이러한 코드의 단위는 동작을 수행하거나, 작업을 반복하거나, 선택을 하거나, 큰 프로그램 구조를 만드는 등의 일을 할 수 있다.

이 파트는 표에서 break와 continue의 상단에 있는 항목들에 대해서 다룬다. 표 10-1에 있는 문 중에 일부는 이미 소개된 적이 있다. 또한 이전에 생략한 세부 사항에 대해 이야기하며, 파이썬 절차문 세트의 나머지 부분을 소개하고 전반적인 구문 모델에 대해서 다룬다. 표 10-1의 아래쪽 문들은 큰 프로그래밍 개념으로 이어지는 큰 프로그래밍 단위(함수, 클래스, 모듈, 그리고 표현식)와 관련되어 있으며, 따라서 이 문들은 별도의 절을 통해 다룬다. (다양한 컴포넌트를 삭제하는 del과 같은) 좀 더 상세한 문에 대해서는 이 책의 곳곳에서나 파이썬의 표준 매뉴얼에서 다루고 있다.

표 10-1 **파이썬의 문**

문	역할	예제
할당	참조 생성	`a, b = 'good', 'bad'`
호출과 또 다른 표현식	함수 호출	`log.write("spam, ham")`
print calls	객체 출력	`print('The Killer', joke)`
if/elif/else	동작 선택	`if "python" in text:` `    print(text)`

표 10-1 파이썬의 문 (계속)

문	역할	예제
for/else	반복	```for x in mylist:``` ``` print(x)```
while/else	일반적인 루프	```while X > Y:``` ``` print('hello')```
pass	빈자리 표시	```while True:``` ``` pass```
break	루프 종료	```while True:``` ``` if exittest( ): break```
continue	루프 지속	```while True:``` ``` if skiptest( ): continue```
def	함수와 메서드	```def f(a, b, c = 1, *d):``` ``` print(a + b + c + d[0])```
return	함수 결과	```def f(a, b, c = 1, *d):``` ``` return a + b + c + d[0]```
yield	함수 제너레이터	```def gen(n):``` ``` for i in n: yield i*2```

global	네임스페이스	```x = 'old'```
		```def function( ):```
		``` global x, y; x = 'new'```

nonlocal	네임스페이스(3.X)	```def outer( ):```
		``` x = 'old'```
		``` def function():```
		``` nonlocal x; x = 'new'```

import	모듈 접근	```import sys```
from	속성 접근	```from sys import stdin```

class	객체 만들기	```class Subclass(Superclass):```
		``` staticData = [ ]```
		``` def method(self): pass```

try/except/finally	예외 처리	```try:```
		``` action( )```
		```except:```
		``` print('action error')```

raise	예외 발생	```raise EndSearch(location)```
assert	디버깅 검사	```assert X > Y, 'X too small'```
with/as	콘텍스트 매니저(3.X, 2.6+)	```with open('data') as myfile:``` ``` process(myfile)```

del	참조 삭제	```del data[k]```
		```del data[i:j]```
		```del obj.attr```
		```del variable```

표 10-1은 엄밀히 말해서 파이썬 3.X의 문을 반영하고 있다. 이 표는 빠르게 살펴보기에는 충분하지만, 완벽한 내용을 담고 있는 것은 아니다. 이 내용 중에 주목할 만한 내용은 다음과 같다.

- 할당문은 11장에서 소개한 다양한 형태의 구문으로 나타난다(기본, 시퀀스, 인수 등).
- print는 사실상 파이썬 3.X에서 예약된 단어나 문장이 아닌, 내장된 함수 호출이다. 그러나 print는 거의 항상 표현식문처럼 실행되기 때문에 일반적으로 문 타입으로서 여겨진다. 출력 연산에 대해서는 11장에서 자세히 다룬다.
- yield 또한 2.5부터 문이 아닌 표현식이다. yield는 print처럼 일반적으로 표현식문처럼 사용되므로 이 표에 포함되어 있지만, 20장에서 볼 수 있는 것처럼 스크립트에서 종종 실행 결과를 할당하거나 사용하기도 한다. 또한, yield는 표현식으로써 print와는 달리 예약된 단어다.

이 표에 있는 대부분의 내용은 몇 가지를 제외하고는 파이썬 2.X에서도 동일하게 적용된다. 파이썬 2.X를 사용하고 있는 경우 주의해야 할 몇 가지 사항은 다음과 같다.

- 2.X에서 nonlocal은 사용할 수 없다. 17장에서 볼 수 있는 것처럼 nonlocal문이 제공하는 쓰기 가능한 상태를 유지하는 효과를 대신하기 위한 다른 방법이 존재한다.
- 2.X에서 print는 내장 함수 호출이 아닌 고유의 구문을 가진 문이며, 자세한 내용은 11장에서 다룬다.
- 2.X에서 3.X의 exec 코드 실행 내장 함수는 고유의 구문을 가진 문이다. 그러나 exec는 괄호로 감싸는 방식을 지원하기 때문에 일반적으로 3.X 호출 형식을 2.X 코드에서도 사용할 수 있다.
- 2.5에서 try/except와 try/finally문은 통합되었다. 이전에 이 둘은 별도의 문이었지만, 지금은 동일한 try문에서 except와 finally 둘 모두를 사용할 수 있다.
- 2.5에서 with/as는 선택적인 확장이며, 다음 from __future__ import with_statement(34장 참조)문을 실행하여 명시적으로 임포트하지 않는 한 이용할 수 없다.

두 if 이야기

표 10-1의 구체적인 문들의 상세한 내용을 파헤치기 전에, 여러분이 파이썬 코드에서 입력하지 않아도 되는 것들에 대해 보여 주는 것으로 파이썬 문 구문에 대한 학습을 시작하려 하며,

따라서 여러분은 이전에 본 적이 있는 다른 구문 모델과 비교하고 대조할 수 있다.

C와 유사한 언어로 작성된 다음 if문을 생각해 보자.

```
if (x > y) {
    x = 1;
    y = 2;
}
```

이는 C, C++, 자바, 자바스크립트 또는 유사한 언어에서 if문이다. 이제 파이썬 언어에서 동일한 문을 살펴보도록 하자.

```
if x > y:
    x= 1
    y= 2
```

여러분의 눈에 가장 먼저 보이는 것은 동일한 파이썬 문이 C와 유사한 언어로 작성된 것보다 덜 복잡하다는 것이다. 즉, 파이썬 구문은 구문적인 요소들이 더 적다. 이것은 파이썬의 설계 원칙 때문이다. 스크립트 언어로서 파이썬의 목표 중 하나는 타이핑 수를 줄여 프로그래머들의 삶을 더 쉽게 만드는 것이다.

좀 더 구체적으로 이 두 구문 모델을 비교해 보면 파이썬이 새로 추가한 한 가지 구문과 C와 유사한 언어에는 나타나지만, 파이썬 코드에는 나타나지 않는 세 가지 요소를 찾을 수 있다.

파이썬이 추가한 것

파이썬에서 한 가지 새로운 구문 요소는 콜론 문자(:)다. 모든 파이썬 복합문(compound statements, 그 안에 중첩된 다른 문이 있는 문)은 다음과 같이 콜론으로 끝나는 헤더 라인과, 일반적으로 헤더 라인보다 들여쓰기된 중첩된 코드 블록이 따라오는 형태인 일반적인 패턴을 따른다.

```
헤더 라인:
    중첩된 문 블록
```

콜론의 사용은 필수이며, 콜론의 생략이 새로운 파이썬 프로그래머들 사이에서 가장 일반적으로 발생하는 코딩 실수 중 하나다. 나는 이를 교육 과정에서 수없이 목격한 바 있다. 실제로, 여러분이 파이썬을 처음 사용한다면 머지 않아 콜론의 존재를 거의 확실하게 잊게 될 것이다. 이러한 경우 여러분은 에러 메시지를 보게 되며, 파이썬과 친화적인 대부분의 편집 도구들은 실수를 쉽게 찾을 수 있도록 돕는다. 결국 콜론의 사용은 무의식적인 습관이 되어야 한다(C와 유사한 언어에서도 콜론을 입력할 만큼 익숙해져야 하며, 해당 언어의 컴파일러는 많은 재미난 에러 메세지를 생성할 것이다!).

파이썬이 제거한 것

비록 파이썬이 추가적인 콜론 문자의 입력을 필요로 하지만, C와 유사한 언어에는 있으나 일반적으로 파이썬에는 없는 세 가지가 있다.

괄호는 선택 사항

이 중에 첫 번째는 문의 최상단에 있는 테스트 주위의 괄호 세트다.

```
if (x < y)
```

여기에 있는 괄호는 C와 유사한 많은 언어들의 구문에서는 필수지만, 파이썬에서는 그렇지 않다. 단순히 괄호를 생략할 수 있으며, 괄호가 생략된 문은 동일하게 동작한다.

```
if x < y
```

엄밀히 말해서 모든 표현식은 괄호로 감쌀 수 있기 때문에 괄호를 사용한다고 해서 이 코드에 어떤 영향을 주지는 못하며, 괄호 자체가 에러로 취급되지는 않는다.

그러나 **괄호를 사용하지는 않도록 하자.** 불필요하게 키보드를 닿게 하고, 파이썬을 배우고 있지만 여전히 C와 유사한 언어를 사용하는 프로그래머라고 스스로 동네방네 알리는 꼴이 된다(나도 경험이 있어서 알고 있다). 가장 '파이썬적인 방법'은 이러한 종류의 문에서는 괄호를 절대 사용하지 않는 것이다.

라인의 끝이 문의 끝

두 번째 그리고 여러분이 파이썬에서 찾을 수 없는 더 중요한 구문 요소는 바로 세미콜론이다. 파이썬에서는 C와 유사한 언어에서 그랬던 것처럼 세미콜론으로 문을 종료할 필요가 없다.

```
x = 1;
```

파이썬에서는 라인의 끝이 해당 라인에 있는 문을 자동으로 종료하는 것이 일반적인 규칙이다. 즉 라인 끝의 세미콜론을 생략할 수 있으며, 동일한 방식으로 동작한다.

```
x = 1
```

잠시 뒤에 살펴보겠지만, 이 규칙을 피할 수 있는 몇 가지 방법이 있다(예를 들어, 괄호 구조 안에 코드를 감싸면 여러 라인에 걸쳐 작성할 수 있다). 그러나 일반적으로 대부분의 경우 한 라인에 하나의 문만 작성하며, 세미콜론이 필요치 않다.

또한, 여기서 C 프로그래밍을 하던 시절이 그리운 사람이라면 얼마든지 각 문의 끝에 세미콜론을 계속해서 사용할 수 있다. 세미콜론은 문이 결합되었을 때 구분자로 이용되기 때문에 연이어 사용해도 문제를 발생시키지 않는다.

그러나 가급적 세미콜론 또한 사용하지 않도록 하자. 다시 이야기하지만, 세미콜론을 사용하는 것은 파이썬 코딩으로 완전히 전향하지 못한 C와 유사한 언어의 프로그래머임을 세상에 알리는 것이 된다. 가장 파이썬스러운 방법은 세미콜론을 전혀 사용하지 않는 것이다. 내 강의를 들은 학생들로 판단하건대, 일부 베테랑 프로그래머들에게 이것은 꽤 버리기 어려운 습관인 것 같았다. 하지만 여러분은 충분히 해낼 수 있을 것이다. 파이썬에서 세미콜론은 이러한 역할에서 불필요한 잡음일 뿐이다.

들여쓰기의 끝이 블록의 끝

파이썬에서 사라진 세 번째 그리고 마지막 구문 요소이며, 이전에 C와 유사한 언어를 사용한 프로그래머들에게도 가장 특이해 보일 수 있는 하나는 바로 중첩된 코드 블록의 시작과 끝을 구문적으로 표시하기 위해 어떠한 것도 명시적으로 입력하지 않는다는 것이다. C와 유사한 언어에 그랬던 것처럼 중첩된 블록을 괄호로 감싸거나, begin/end, then/endif를 포함할 필요가 없다.

```
if (x > y) {
    x = 1;
    y = 2;
}
```

대신에 파이썬에서는 주어진 하나의 중첩된 블록의 모든 문을 동일한 간격만큼 일관되게 오른쪽으로 들여쓰며, 파이썬은 문의 실제 들여쓰기를 블록의 시작과 끝을 결정하는 데 사용한다.

```
if x > y:
    x= 1
    y= 2
```

들여쓰기란, 여기서 중첩된 두 가지 문의 왼쪽에 사용될 수 있는 모든 빈 공백을 의미한다. 파이썬은 들여쓰기 방식(스페이스나 탭을 사용할 수 있다)이나, 얼마나 들여썼는지(스페이나 탭을 얼마든지 사용할 수 있다)에 대해서는 신경 쓰지 않는다. 실제로, 하나의 중첩된 블록에서 사용된 들여쓰기는 다른 블록의 들여쓰기와 완전히 다를 수 있다. 주어진 하나의 중첩된 블록의 경우, 해당 블록의 모든 문이 동일한 간격만큼 오른쪽으로 들여쓰기되어야 한다는 것만이 유일한 구문 규칙이다. 그렇지 않은 경우 구문 에러가 발생하며, 코드의 들여쓰기를 일관되게 수정할 때까지 코드를 실행할 수 없다.

들여쓰기 구문은 왜 필요한가?

파이썬의 들여쓰기 규칙은 C와 유사한 언어에 익숙한 프로그래머들이 언뜻 보기에는 다소 이상해 보이겠지만, 이것은 파이썬의 의도적인 기능이자 파이썬이 균일하고, 규칙적이며, 가독성 높은 코드를 만들기 위해 프로그래머들에게 강제하는 주된 방법 중 하나다. 들여쓰기는 본질적으로 코드의 논리적인 구조에 따라 열에 맞춰 수직으로 줄을 세워야 함을 의미한다. 그 결과 (C와 유사한 언어로 작성된 대부분의 코드와는 달리) 코드가 더욱 일관성과 가독성이 있도록 만들어진다.

더욱 강조해서 말하자면 코드의 논리적인 구조에 따라 코드를 정렬하는 것은 코드의 가독성을 높이는 주된 요소이며, 그 결과 여러분 또는 다른 사람에게 재사용이 가능하고 유지 보수하기 쉬운 코드가 된다. 심지어 실제로 이 책을 읽고 난 뒤에 파이썬을 사용하지 않고 다른 블록 구조 언어를 사용하는 경우에도 가독성을 위해 코드를 정렬할 수 있도록 습관이 되어야 한다. 파이썬은 이러한 이슈를 파이썬 구문의 일부로 만들어 강조하고 있지만 다른 언어에서도 중요한 요소이며, 여러분의 코드를 쓸모 있게 만드는 데 많은 영향을 준다.

여러분의 경험은 다를 수 있지만 내가 여전히 전업 개발자일 때는 주로 수년 동안 많은 프로그래머가 작업한 오래된 C++ 프로그램을 개발하는 데 시간을 투자했다. 그리고 여기에 참여한 각각의 프로그래머들은 거의 예외 없이 자신들만의 들여쓰기 스타일을 가지고 있었다. 예를 들어, 나는 종종 C++ 언어에서 다음과 같이 시작하는 while 루프를 변경해 달라는 요청을 받는다.

```
while (x > 0) {
```

심지어 들여쓰기를 시작하기도 전에 C와 같은 언어에서는 프로그래머가 이러한 중괄호를 배치하는 세네 가지 방법이 존재하며, 회사 내에서는 종종 정치적인 논쟁거리가 되기도 해서 이러한 선택 사항들을 설명하기 위한 표준 매뉴얼을 마련하기도 한다(이는 프로그래밍으로 해결할 수 있는 문제의 범위를 다소 벗어난다). 어쨌든 내가 C++ 코드에서 종종 보게 되는 몇 개의 시나리오가 있다. 첫 번째 사람은 네 개의 스페이스로 들여쓴 루프를 작성했다.

```
while (x > 0) {
    --------;
    --------;
```

이 사람은 결국 관리 부서로 이동했고, 이 코드는 좀 더 오른쪽으로 들여쓰기를 원하는 누군가에 의해 대체되었다.

```
while (x > 0) {
    --------;
    --------;
        --------;
        --------;
```

이 사람도 나중에 다른 기회로 팀을 이동했고(제각기 다른 코딩 테러의 시대 종결...), 그리고 덜 들여쓰기를 좋아하는 또 다른 누군가가 코드를 집어넣었다.

```
while (x > 0) {
    --------;
    --------;
        --------;
        --------;
--------;
--------;
}
```

그리고 마침내 '블록 구조의 코드'를 만드는 닫는 중괄호(})에 의해 블록이 종료되었다. 파이썬 또는 다른 모든 블록 구조의 언어에서 중첩된 블록을 일관되게 들여쓰기 하지 않을 경우 해당 코드는 더 이상 시각적으로 논리적인 의미를 보여 주지 않는다. 때문에 해당 코드를 해석하거나, 변경하거나 또는 재사용해야 할 경우 일이 매우 복잡해질 수 있다. **가독성은 중요**하며, 또한 들여쓰기는 가독성의 중요한 요소다.

여기에 C와 유사한 프로그래밍에 대한 경험이 많다면 한 번쯤 여러분을 당황하게 했을 만한 또 다른 예제가 하나 있다. C 언어에서 다음과 같은 문을 한 번 생각해 보자.

```
if (x)
    if (y)
        statement1;
else
    statement2;
```

그럼 여기서 else는 어떤 if와 연관되어 있을까? 놀랍게도 else는 시각적으로 바깥쪽 if (x)와 연관된 것처럼 보이지만, C 언어에서는 중첩된 if문(if (y))과 쌍을 이룬다. 이것은 C 언어에서는 고전적인 함정이며, 이는 코드를 읽는 사람들을 완전히 오해하게 만들고 잘못된 방법으로 코드를 수정하도록 만든다.

파이썬에서는 들여쓰기가 중요하기 때문에 이런 일이 발생하지 않으며, 코드가 보이는 방식이 곧 동작하는 방식이다. 동일한 파이썬 문을 생각해 보자.

```
if x:
    if y:
        statement1
else:
    statement2
```

이 예제에서 else는 수직적으로 정렬된 바깥쪽 if가 논리적으로 연관된 것이다(if x). 어떤 의미에서 파이썬은 WYSIWYG 언어다(보이는 그대로의 결과를 얻을 수 있다). 코드가 보이는 대로 실행되기 때문에 누가 작성하던지 상관없다.

지금까지 내용이 파이썬 구문의 장점을 강조하기 충분하지 않다면, 여기 또 다른 일화가 있다. 나는 사회 생활 초기에 C 언어로 시스템 소프트웨어를 개발하는 회사에서 일했다. 이 회사는 일관된 들여쓰기를 강제하지는 않았지만, 소스가 소스 제어 시스템에 입력되고 나면, 회사는 자동으로 들여쓰기를 분석하는 스크립트를 실행했다. 이 스크립트는 소스에서 일관되지 않은 들여쓰기를 발견하면 다음 날 아침에 자동으로 우리에게 메일을 보냈고, 물론 내 상사도 이 메일을 받았다!

요점은 좋은 프로그래머라면 언어가 강제적인 들여쓰기를 요구하지 않는 경우에도 일관된 들여쓰기의 사용이 코드의 가독성과 품질에 얼마나 지대한 영향을 끼치는지 알고 있다는 것이다. 파이썬이 들여쓰기를 구문 수준에서 강제하고 있다는 사실은 파이썬 언어의 특징으로서 보일 수 있다.

또한, 프로그래머들에게 친숙한 대부분의 텍스트 편집기들은 파이썬의 구문 모델에 대한 지원을 제공하고 있다는 사실을 명심하도록 하자. 예를 들어, IDLE 파이썬 GUI에서는 중첩된 블록을 입력할 때 다수의 코드 라인이 자동으로 들여쓰기된다. 백스페이스 키를 누르면 들여쓰기 수준을 한 단계 낮출 수 있고, IDLE이 중첩된 블록의 문장들을 오른쪽으로 얼마나 들여쓸지는 여러분이 원하는 대로 설정할 수 있다. 들여쓰기에 대한 보편적인 기준은 존재하지 않는다. 들여쓰기 한 수준당 하나의 탭 또는 네 개의 스페이스를 사용하는 것이 일반적이지만, 얼마나 그리고 어떻게 들여쓸지는 (여러분이 들여쓰기를 표준화하기 위한 논쟁과 매뉴얼을 마련하고 있는 회사에 다니고 있는 것이 아니라면) 여러분에게 달려 있다. 중첩된 블록 내에서 더 중첩된 블록을 작성할 경우 오른쪽으로 더 들여쓸 수 있으며, 이때 이 중첩된 블록은 이전 블록을 종료시킨다.

내 경험으로 보아 여러분이 파이썬에서 일관성 있게 들여쓰기를 하지 않는 경우를 제외한다면 같은 블록 내에서 탭과 스페이스를 섞어 사용하지는 않을 것이다. 특정 블록 내에서는 탭 또는 스페이스 하나만 사용하도록 하자(실제로 12장에서 볼 수 있는 것처럼, 현재 파이썬 3.X에서는 일관되지 않은 탭과 스페이스의 사용에 대한 에러를 발생시킨다). 다시 한번 말하지만, 어떤 구조화된 언어에서든지 탭과 스페이스를 혼합하여 들여쓰기하지 않도록 해야 한다. 이러한 코드는 다음에 온 개발자가 여러분과 다른 탭 출력 설정을 가진 경우, 가독성 이슈를 발생시키는 주된 원인이 된다. C와 유사한 언어들은 프로그래머에게 이를 피해갈 수 있는 방법을 제공하지만, 결과적으로 코드가 엉망이 될 수 있으므로 그렇게 하지 않도록 하자.

여러분이 코드를 작성하는 데 사용하는 언어가 무엇이든지 가독성을 위해 일관된 들여쓰기를 해야 한다. 실제로 사회 생활을 시작하기 전에 이에 대해서 배우지 못한다면 직장 상사로부터 구박을 받게 될 수도 있다. 대부분의 프로그래머들(특히, 다른 사람의 코드를 읽어야 하는)은 파이썬이 들여쓰기를 구문 수준으로 끌어올렸다는 것을 중요한 자산으로 생각해야 한다. 또한, 실제로 파이썬 코드를 출력해야 하는 도구들의 경우 중괄호 대신에 탭을 출력하는 것이 더 이상 어렵지 않다. 어쨌든 일반적으로 여러분이 C와 유사한 언어로 작업을 해야 하는 경우에도 중괄호만 제거함으로써 여러분의 코드를 파이썬의 구문 규칙에 만족시킬 수 있다.

몇 가지 특별한 경우

이전에 언급한 바와 같이, 파이썬 구문 모델에서는 다음 규칙을 따른다.

- (세미콜론 없이) 라인의 끝이 해당 라인의 문을 종료시킨다.
- 중첩 문은 하나의 블록이며, (중괄호가 아닌) 실질적인 들여쓰기와 관련되어 있다.

이러한 규칙은 여러분이 실제로 보고 쓰게 될 거의 모든 파이썬 코드에 적용된다. 그러나 파이썬은 문과 중첩된 문 블록 모두에 대한 형태를 사용자가 임의로 변경할 수 있게 하는 몇몇 특별한 목적을 위한 규칙들을 제공한다. 이 규칙들을 꼭 사용해야 하는 것은 아니며, 오히려 너무 빈번하게 사용하지 않도록 해야만 프로그래머들은 실제로 이 규칙들의 유용함을 찾을 수 있을 것이다.

문 규칙의 특별한 경우

보통 라인당 하나의 문이 나타나지만, 파이썬에서 여러 문을 세미콜론으로 구분하여 하나 이상의 문을 한 라인에 밀어 넣는 것도 가능하다.

```
a = 1; b = 2; print(a + b)          # 한 라인에 세 문
```

여기가 바로 파이썬에서 문 구분자로써 세미콜론이 필요한 유일한 곳이다. 비록 이 코드가 동작하긴 하지만, 다수의 문이 결합된 것이지 이것 자체가 복합문은 아니다. 즉 할당문, print 그리고 함수 호출과 같은 단순한 문들만 함께 연결할 수 있다. if 테스트와 while 루프 같은 복합문은 여전히 독립된 라인에 나타나야 한다(그 외에도 전체 프로그램을 한 라인에 밀어 넣을 수도 있지만, 이런 프로그램을 만든다고 해서 동료들 사이에서 유명해질 것 같지는 않다!).

문에 대한 또 다른 특별한 규칙은 본질적으로 위의 규칙과 반대되는 규칙이다. 하나의 문을 여러 라인에 걸쳐 작성할 수 있다. 이런 문을 작성하기 위해서는 괄호 쌍에 여러분이 작성할 문의 일부를 감싸기만 하면 된다(괄호(( )), 대괄호([ ]), 또는 중괄호({ })). 이러한 구조로 감싼 코드는 여러 라인에 걸쳐 작성될 수 있다. 문은 파이썬이 괄호 쌍의 닫는 부분이 포함된 라인에 도달할 때까지 종료되지 않는다. 예를 들어, 리스트 리터럴을 여러 라인에 걸쳐서 다음과 같이 작성한다.

```
mylist = [1111,
          2222,
          3333]
```

앞 코드는 대괄호 쌍에 묶여 있기 때문에 파이썬은 단순히 닫는 대괄호를 만날 때까지 다음 라인을 계속해서 읽는다. (3.X와 2.7에서 집합 리터럴과 딕셔너리 그리고 집합 컴프리헨션뿐만 아니라) 딕셔너리를 둘러싸는 중괄호 또한 같은 방법으로 여러 라인으로 확장될 수 있고, 튜플, 함수 호출, 표현식에 대해서는 괄호를 같은 방법으로 사용할 수 있다. 연속 입력 라인의 들여쓰기는 중요하지는 않지만, 가독성을 위해 해당 라인들을 들여써야 하는 게 일반적이다.

괄호는 다소 포괄적으로 사용되는 장치다. 괄호는 어떤 표현식도 감쌀 수 있기 때문에 단순히 왼쪽 괄호를 추가함으로써 다음 라인에 계속해서 문을 작성할 수 있게 된다.

```
X = (A + B +
     C + D)
```

이 기법은 복합문에 대해서도 동작한다. 장문의 표현식을 작성해야 할 필요가 있는 곳이라면 어디든지 다음 라인에 계속해서 입력하기 위해서는 표현식을 단순히 괄호로 감싸기만 하면 된다.

```
if ( A == 1 and
     B == 2 and
     C == 3):
         print('spam' * 3)
```

라인의 끝을 역슬래시로 종료하는 오래된 규칙 또한 여러 라인에 걸쳐 입력하는 데 사용될 수 있다.

```
X = A + B + \
    C + D                    # 예전 방법, 오류가 발생하기 쉬움
```

그러나 이 방법은 시대에 조금 뒤쳐진 방법이며, 역슬래시의 관리와 라인 끝의 역슬래시의 존재를 알아차리기 어려우므로 오늘날 이 기법을 사용하면 사람들은 불편하다고 여긴다. 또한 이 방법은 규칙이 지켜지기 어렵고 오류가 쉽게 발생한다. 역슬래시 다음에 공백이 없어야 하며, 실수로 역슬래시를 생략하여 다음 라인이 새로운 문으로 해석될 경우, 예상치 못한 결과가 발생할 수 있다(이 예제에서 "C + D"는 들여쓰기되어 있지 않은 경우에 그 자체로도 유효한 문이다). 이러한 규칙은 또 다른 C 언어로의 회귀를 의미하며, C 언어에서는 일반적으로 '#define' 매크로에서 사용된다. 다시 말하지만, 파이썬 세상에서는 C 프로그래머가 아닌 파이썬 프로그래머가 되도록 하자.

블록 규칙의 특별한 경우

이전에 이미 언급한 것처럼 중첩된 코드 블록 안의 문들은 보통 오른쪽으로 같은 양만큼 들여씀으로써 결합된다. 여기 한 가지 특별한 경우로, 복합문의 본문은 대신 파이썬의 헤더와 같이 동일한 라인에 콜론 다음에 나타날 수 있다.

```
if x > y: print(x)
```

이 방법을 이용하면 한 라인짜리 if문, while문, for문 등을 작성할 수 있다. 그러나 다시 이야기하지만, 이 방법은 복합문의 본문에 아무런 복합문도 포함되지 않는 경우에만 동작한다. 즉 (할당, print, 함수 호출과 같은) 단순한 문만 콜론 다음에 올 수 있고, 긴 문은 여전히 자신만의 별도 라인에 표현되어야 한다. 복합문의 추가 부분들(다음 절에서 다루는 if의 else 부분과 같은) 또한 자신만의 별도 라인에 표현되어야 한다. 복합문의 본문도 세미콜론으로 구분된 다수의 단순한 문으로 구성할 수 있지만, 이 방법은 코드를 읽는 사람들의 눈살을 찌푸리게 할 수 있다.

일반적으로 필수는 아니지만 여러분이 작성하는 모든 문을 개별 라인에 작성하고 중첩된 블록에 대해 항상 들여쓰기를 유지한다면, 여러분의 코드는 나중에라도 읽고 변경하기 쉬운 코드가 될 것이다. 또한, 일부 코드 프로파일링 도구와 커버리지 도구는 한 라인에 밀어 넣은 다수의 문이나 한 라인으로 작성된 복합문의 헤더와 바디를 구분하지 못할 수도 있다. 파이썬에서 코드를 단순하게 유지하는 것이 대부분의 경우에 여러분에게 유리하다. 이 방법은 읽기 어려운 파이썬 코드를 작성해야 하는 특별한 경우에 예외적으로 사용할 수도 있지만, 이는 많은 노력이 필요하므로 시간을 좀 더 가치 있게 쓰는 방법을 생각해 보자.

그러나 이러한 규칙의 가장 일반적인 예외 중 하나인 루프를 빠져 나오기(break) 위한 단일 라인 if문의 사용을 확인하고, 추가적인 파이썬 구문을 소개하기 위해 다음 절로 이동하여 실제 코드를 작성해 보도록 하자.

빠른 예제: 대화형 루프

이러한 모든 구문 규칙의 실제 동작은 파이썬의 구체적인 복합문에 대해서 학습할 때 볼 수 있지만, 이러한 모든 구문 규칙은 파이썬 언어의 모든 곳에서 동일하게 동작한다. 시작을 위해 문 구문과 문 중첩이 실제로 함께 사용되는 방법을 보여 주는 간단하고 현실적인 예제를 실행해 보도록 하자. 그리고 이 과정에서 몇몇 문들에 대해서 소개한다.

간단한 대화형 루프

콘솔 창에서 사용자와 상호 작용하는 파이썬 프로그램의 작성을 요청받았다고 가정해 보자. 아마도 데이터베이스로 보낼 입력을 받거나, 계산에 사용될 숫자를 읽는 일을 하게 될 것이다. 키보드를 통한 사용자 입력으로부터 하나 또는 그 이상의 입력을 읽고, 각각의 입력에 대해 결과를 다시 출력하는 루프 코드를 작성할 필요가 있다. 즉, 고전적인 읽고, 확인하고, 출력하는 루프 프로그램을 작성할 필요가 있다.

파이썬에서 이러한 대화형 루프는 일반적으로 다음과 같이 작성된다.

```
while True:
    reply = input('Enter text')
    if reply = 'stop': break
    print(reply.upper())
```

이 코드는 일부 새로운 개념과 몇몇 이전에 다뤘던 개념들을 사용하고 있다.

- 이 코드는 파이썬의 가장 일반적인 반복문인 while 루프를 활용하고 있다. while문에 대해서는 뒤에서 좀 더 자세히 다룰 예정이지만 간단히 말해서 while 단어, 다음에 참 또는 거짓 결과로 해석되는 표현식이 오며, 그리고 다음에 상단의 테스트가 참인 동안에 반복될 중첩된 코드 블록이 온다(여기서 단어 True는 항상 참으로 간주된다).

- 이 책의 앞에서 이미 다뤘던 내장 함수 input이 일반적인 콘솔 입력을 위해 여기서 사용되었다. 함수는 인수로 제공된 문자열을 프롬프트로 출력하고 사용자가 입력한 내용을 문자열로 반환한다. 2.X에서는 곧 나올 노트에 언급된 바와 같이 대신 raw_input을 사용해야 한다.

- 또한, 중첩된 블록에 대한 특별한 규칙을 이용한 단일 라인의 if문이 여기에 표현되어 있다. if문의 본문이 if문 아래의 새 라인에서 들여쓰기로 존재하지 않고 헤더 라인의 콜론 다음에 표현되어 있다. 여기서 사용된 if문의 본문은 어느 방법으로도 동작하지만, 여기서는 추가적인 라인을 줄일 수 있도록 작성되었다.

- 마지막으로, 파이썬 break문이 루프에서 즉시 빠져나오기 위해 사용되었다. break는 단순히 반복문을 완전하게 빠져나오며, 프로그램은 루프 다음부터 계속 실행된다. 이 종료문이 없을 경우, while의 테스트는 항상 참이기 때문에 영원히 루프에 빠질 것이다.

사실상 이 문들의 조합은 기본적으로 '사용자가 'stop' 단어를 입력할 때까지 사용자로부터 한 라인을 읽어, 해당 내용을 대문자로 출력한다'를 의미한다. 이러한 루프를 작성하는 다른 방법들도 존재하지만, 여기서 사용된 방식이 매우 일반적인 파이썬 코드다.

while 헤더 라인 아래의 중첩된 세 라인은 모두 같은 양만큼 들여쓰기되었다는 것을 알 수 있다. 이 라인들은 열이 들여쓰기로 수직 정렬되어 있기 때문에 while 테스트와 연관된 코드 블록이 되어 반복된다. 루프 본문 블록은 소스 파일의 끝이나 덜 들여쓴 문장을 만날 때 종료된다.

대화형 세션 또는 스크립트 파일로 이 코드를 실행하면 다음과 같은 상호 작용이 가능하다. 이 예제의 코드 전체는 함께 제공하는 예제 패키지 안의 interact.py 파일에 있다.

```
Enter text:spam
SPAM
Enter text:42
42
Enter text:stop
```

 버전에 따른 차이: 이 예제는 파이썬 3.X에 대해 작성되었다. 이 코드는 여러분이 파이썬 2.X에서 작업 중인 경우에도 동일하게 동작하지만, 이 장의 모든 예제에서 input 대신에 raw_input을 사용해야 하며, print문에서 외부 괄호를 생략할 수 있다(괄호를 사용해도 문제가 되지는 않는다). 실제로 여러분이 예제 패키지 안에 있는 interact.py 파일을 검토해 본다면 이 파일은 2.X와의 호환성을 지원하기 위한 작업을 자동으로 처리하고 있음을 알 수 있으며, 실행 중인 파이썬의 메이저 버전이 2인 경우 input을 재설정한다('input'은 결국 raw_input을 실행한다).

```
import sys
if sys.version[0] == '2': input = raw_input    # 2.X 호환성
```

3.X에서 raw_input은 input으로 이름이 변경되었으며, print는 문이 아닌 내장된 함수다(print에 대한 더 자세한 내용은 다음 장에서 다룬다). 또한 파이썬 2.X는 input을 제공하지만, 입력 문자열을 마친 파이썬 코드인 것처럼 다루려고 하기 때문에 이 상황에서는 제대로 동작하지 않을 수 있다. 참고로 3.X에서는 eval(input( )) 코드가 같은 효과를 얻을 수 있다.

사용자 입력으로 연산하기

위 스크립트는 문제없이 동작하지만, 텍스트 문자열을 대문자로 변경하는 대신에 입력된 숫자에 연산을 적용한다고 가정해 보자. 예를 들어, 나이를 입력하는 프로그램에서 사용자들을 놀리기 위해 입력된 값을 제곱하는 엉뚱한 짓을 할 수도 있다. 이 작업을 위해 다음과 같은 문을 작성해 볼 수 있다.

```
>>> reply = '20'
>>> reply ** 2
...에러 텍스트 생략...
TypeError: unsupported operand type(s) for ** or pow(): 'str' and 'int'
```

그러나 (이 책의 이전 파트에서 언급한 것처럼) 파이썬은 표현식 안의 모든 타입이 숫자가 아닌 경우 표현식 안의 객체 타입들을 변환하지 않으며, 사용자의 입력은 항상 **문자열**로 스크립트에 반환되기 때문에 이 코드는 스크립트에서 잘 동작하지 않는다. 사용자의 입력을 수동으로 정수로 변환하지 않는 한 숫자의 문자열에 대해 제곱을 구할 수 없다.

```
>>> int(reply) ** 2
400
```

이러한 정보를 바탕으로, 이제 필요한 연산을 수행하기 위해 루프를 다시 작성할 수 있다. 테스트를 위해 파일에 다음과 같이 작성해 보자.

```
while True:
    reply = input('Enter text:')
    if reply == 'stop': break
    print(int(reply) ** 2)
print('Bye')
```

이 스크립트는 이전과 마찬가지로 'stop'이 입력될 경우 종료하기 위해 단일 라인의 if문을 사용하지만, 필요한 연산을 수행하기 위해 입력에 대한 변환도 수행한다. 또한 이 버전은 제일 아래에 종료 메시지를 추가하였다. 마지막 라인에 있는 print문은 중첩된 코드 블록만큼 들여쓰지 않았기 때문에 이 부분은 루프 본문의 일부로 간주되지 않으며, 루프가 종료된 다음에 한 번만 실행된다.

```
Enter text:2
4
Enter text:40
1600
Enter text:stop
Bye
```

사용 시 주의 사항: 이 시점에서 나는 이 코드가 스크립트 파일에 저장되어 있고 스크립트 파일로부터 명령 라인, IDLE 메뉴 옵션, 또는 이전 3장에서 언급한 다양한 파일 실행 기법을 통해 실행한다고 가정한다. 다시 이야기하지만, 이 예제는 책의 예제 패키지에서 interact.py 라는 이름으로 존재한다. 그러나 여러분이 이 코드를 대화형 셀에서 입력할 경우, 루프를 종료하기 위해서는 마지막 print문 이전에 한 라인의 빈 라인(즉, 엔터를 두번 입력)을 입력해야 한다. 이 말은 곧 대화형 프롬프트에 이 코드를 온전히 복사해서 붙여넣을 수 없음을 의미한다. 대화형 셀에서는 추가로 빈 라인이 필요하지만, 스크립트에서는 필요하지 않다. 그리고 마지막 print는 대화형 세션에서는 다소 불필요하며, 대화형 루프가 끝난 다음에 입력해야 한다.

입력 테스트를 통한 에러 처리하기

지금까지는 별 문제가 없지만, 입력값이 유효하지 않은 경우 무슨 일이 발생하는지 알아보도록 하자.

```
Enter text:xxx
...에러 텍스트 생략...
ValueError: invalid literal for int() with base 10: 'xxx'
```

여기서 내장 int 함수는 잘못된 입력에 대한 예외를 발생시킨다. 스크립트를 좀 더 튼튼하게 만들고자 할 경우, 문자열 객체의 isdigit 메서드를 사용하여 문자열의 내용을 미리 검사할 수 있다.

```
>>> S = '123'
>>> T = 'xxx'
>>> S.isdigit(), T.isdigit()
(True, False)
```

또한 이 코드는 예제에서 문들을 좀 더 들여써야 하는 구실을 제공해 준다. 다음 대화형 스크립트의 새로운 버전은 에러에 대한 예외를 처리하기 위해 완전한 if문을 사용한다.

```
while True:
    reply = input('Enter text:')
    if reply == 'stop':
        break
    elif not reply.isdigit():
        print('Bad!' * 8)
    else:
        print(int(reply) ** 2)
print('Bye')
```

if문에 대한 좀 더 자세한 내용은 12장에서 다룰 예정이지만, if문은 스크립트에서 로직을 작성하기 위한 꽤 가벼운 도구다. if문의 전체 형식은 단어 if 다음에 테스트와 연관된 코드 블록, 하나 또는 그 이상의 선택적인 elif('else if') 테스트와 코드 블록, 그리고 가장 아래에서 기본적인 동작을 제공하기 위한 관련된 코드 블록을 가진 선택적인 else 부분이 온다. 파이썬은 처음으로 결과가 참인 테스트와 연관된 코드의 블록을 위에서 아래로 실행하며, 모든 테스트의 결과가 거짓인 경우 else 부분을 실행한다.

앞 예제에서 if, elif, 그리고 else 본문 부분은 모두 수직으로 정렬되어 있기 때문에 같은 문의 일부로써 연관되어 있다(즉, 같은 수준의 들여쓰기를 공유한다). if문은 단어 if가 위치한 곳에서부터 스크립트의 마지막 라인에 있는 print문의 시작 위치까지 미친다. 그리고 차례대로 if 블록 전체는 while 루프의 헤더 라인 아래에서 들여쓰기되어 있기 때문에 while 루프의 일부가 된다. 이와 같은 문 중첩은 익숙해지고 나면 매우 자연스러울 것이다.

새롭게 수정된 스크립트를 실행하면, 이 스크립트의 코드는 에러가 발생할 수 있는 부분을 진행하기 전에 미리 에러를 처리하지만(다음 수정에서는 이 부분 또한 개선된다), 'stop'은 여전히 루프를 종료시키며, 유효한 숫자는 제곱으로 연산하여 출력된다.

```
Enter text:5
25
Enter text:xyz
Bad!Bad!Bad!Bad!Bad!Bad!Bad!Bad!
Enter text:10
100
Enter text:stop
Bye
```

try문으로 에러 처리하기

앞서 설명한 방법은 문제없이 동작하지만, 뒤에서 나올 내용처럼 파이썬에서 에러를 처리하는 가장 일반적인 방법은 파이썬 try문을 사용하여 에러가 발생한 부분을 붙잡아 완벽하게 복구하는 것이다. 이 문에 대한 자세한 내용은 이 책의 파트 7에서 다루지만, 여기서 미리 보기로써 try를 사용하면 이전 버전보다 코드를 더 단순하게 보이도록 만들어 준다.

```
while True:
    reply = input('Enter text:')
    if reply == 'stop': break
    try:
        num = int(reply)
    except:
        print('Bad!' * 8)
    else:
        print(num ** 2)
print('Bye')
```

이 버전은 정확히 이전 버전처럼 동작하지만, 명시적인 에러 체크 코드를 예외 핸들러로 감싸는 코드로 대체했다. 이 방식은 변환이 정상적으로 동작한다고 가정하고 있으며, 동작하지 않는 경우를 위해 해당 코드에 대한 예외 처리를 한다. 즉, 에러를 검출하기보다는 발생한 에러에 대해 대응하는 셈이다.

이 try문은 또 다른 복합문이며, if나 while문과 같은 패턴을 따른다. try문은 단어 try, 그다음으로 메인 코드 블록(실행하려는 동작), 다음에 예외 처리 코드를 제공하는 except 부분, 그리고 try 부분에서 예외가 발생하지 않은 경우 실행될 else 파트로 구성된다. 파이썬은 먼저 try 부분을 실행한 다음에 예외가 발생한 경우 except 부분을 실행하고, 예외가 발생하지 않은 경우 else 부분을 실행한다.

문 중첩의 관점에서 try, except, else 단어는 모두 같은 수준으로 들여쓰기 때문에 이 셋은 모두 동일한 하나의 try문의 일부로 간주된다. 여기서 else 부분은 if가 아닌 try와 연관되어 있다는 것에 주의하도록 하자. 이전에 이미 본 것처럼 else는 if문에서도 나올 수 있지만, try문과 루프에서도 나타날 수 있다. else의 들여쓰기가 곧 어떤 문의 일부인지를 말해 준다. 이 경우에 else가 try와 동일하게 들여쓰여 있으므로, try문은 try 단어에서부터 else 단어 다음의 들여쓴 코드 부분까지 확장된다. 이 코드에서 if문은 한 라인으로 작성되어 있으며, break 다음에 종료된다.

부동 소수점 수 지원하기

다시 말하지만, 이 책의 뒤에서 try문에 대해 다시 이야기할 것이다. 지금은 try가 모든 에러를 붙잡는 데 사용될 수 있다. 때문에 여러분이 작성해야 하는 에러 검사 코드의 양을 줄여 주고, 예외적인 상황을 처리하기 위한 매우 일반적인 접근 방법임을 인지하도록 하자. 예를 들어, 출력이 실패하지 않을 것이라고 확신하는 경우, 이 예제는 더욱 더 간결해질 수 있다.

```
while True:
    reply = input('Enter text:')
    if reply == 'stop': break
    try:
        print(int(reply) ** 2)
    except:
        print('Bad!' * 8)
print('Bye')
```

그리고 예를 들어 정수 대신에 부동 소수점 수의 입력을 지원하고자 할 경우, try를 사용하는 것이 에러를 수동으로 테스트하는 것보다 훨씬 더 쉬울 수도 있다. 단순히 float 호출을 실행하고 예외를 처리하기만 하면 된다.

```
while True:
    reply = input('Enter text:')
    if reply == 'stop': break
    try:
        print(float(reply) ** 2)
    except:
        print('Bad!' * 8)
print('Bye')
```

오늘날 문자열에 대해서는 isfloat 메서드가 제공되지 않으므로 이와 같은 예외 기반 접근법은 모든 가능한 부동 소수점 구문을 분석하여 에러를 명시적으로 검사해야 하는 수고를 덜어 준다. 이 방법으로 코드를 작성하면 폭넓고 다양한 숫자를 입력할 수 있지만, 에러 처리와 종료는 여전히 이전처럼 동작한다.

```
Enter text:50
2500.0
Enter text:40.5
1640.25
Enter text:1.23E-100
1.5129e-200
Enter text:spam
Bad!Bad!Bad!Bad!Bad!Bad!Bad!Bad!
Enter text:stop
Bye
```

문자열과 파일에 있는 데이터를 변환하기 위해 5장과 9장에서 사용했던 파이썬의 eval 호출은 float의 위치에서 동작하며, 임의의 표현식 입력이 가능해진다('2 ** 100'과 같은 표현식을 입력할 수 있으며, 궁금한 경우에는 이 프로그램이 특히 나이를 처리한다고 가정하고 입력해 보자). 이 방법은 이전 장에서 언급한 동일한 보안 이슈가 열려 있는 매우 강력한 개념이다. 코드 문자열의 출처를 신뢰할 수 없는 경우, int와 float 같은 좀 더 제한적인 도구를 사용하도록 하자.

3장에서 파일로부터 읽은 코드를 실행하기 위해 사용한 파이썬의 exec는 eval과 유사하며(그러나 exec는 문자열이 표현식이 아닌 문이며, 결과가 없다고 간주한다), 파이썬의 compile 호출은 속도를 위해 자주 사용되는 코드 문자열을 바이트 코드 객체로 미리 컴파일한다. 좀 더 자세한 내용은 이들에 대한 help를 실행해 보도록 하자. 이미 언급한 것처럼 exec는 2.X에서는 문이지만 3.X에서는 함수이기 때문에 대신 2.X에 있는 매뉴얼 항목을 살펴보도록 하자. 또한, 25장에서 이름 문자열로 모듈을 임포트하는 데 exec를 사용할 것이다(exec의 다양한 역할의 예).

3단계 코드 중첩하기

이제 코드의 마지막 변형을 살펴보도록 하자. 필요하다면 더욱 깊이 중첩할 수도 있다. 예를 들어, 앞서 정수만 처리하던 스크립트를 유효한 입력의 상대적인 크기에 기반한 다양한 연산들의 하나로 분기하기 위해 확장할 수 있다.

```python
while True:
    reply = input('Enter text:')
    if reply == 'stop':
        break
    elif not reply.isdigit():
        print('Bad!' * 8)
    else:
        num = int(reply)
        if num < 20:
            print('low')
        else:
            print(num ** 2)
print('Bye')
```

이 버전은 기존 if문의 else에 중첩된 if문을 추가하며, 또다시 기존 if문은 while 루프에 중첩되어 있다. 이와 같이 코드가 조건이거나 반복될 경우, 단순하게 좀 더 오른쪽으로 들여쓰기만 하면 된다. 그 결과는 이전 버전과 비슷하지만 지금은 20보다 작은 수에 대해 'low'를 출력한다.

```
Enter text:19
low
Enter text:20
400
Enter text:spam
Bad!Bad!Bad!Bad!Bad!Bad!Bad!Bad!
Enter text:stop
Bye
```

이 장의 요약

이제 파이썬 문 구문에 대한 훑어보기를 마친다. 이 장에서는 문과 코드의 블록을 작성하기 위한 일반적인 규칙을 소개하였다. 이미 배운 것처럼 파이썬에서는 일반적으로 라인당 하나의 문을 작성하고, 중첩된 블록 안의 모든 문은 같은 양만큼 들여쓴다(들여쓰기가 파이썬 구문의 일부다). 그리고 연속 라인 입력과 단일 라인 테스트, 그리고 루프를 포함한 몇몇 예외적인 규칙들에 대해서도 살펴보았다. 마지막으로, 이러한 개념들을 몇몇 문을 설명하고 문 구문의 실제 동작을 보여 주는 대화형 스크립트를 동작시키기 위해 적용했다.

다음 장에서 우리는 파이썬의 각 기본 절차문을 깊이 조사해 봄으로써 깊이 있는 탐구를 시작할 것이다. 그러나 곧 보게 되겠지만 모든 문은 여기에서 소개된 같은 일반적인 규칙을 따른다.

학습 테스트: 퀴즈

1. C와 유사한 언어에서는 필요하지만 파이썬에서는 생략된 세 가지는 무엇인가?

2. 일반적으로 파이썬에서 문은 어떻게 종료되는가?

3. 파이썬에서 중첩된 코드 블록 안의 문들은 일반적으로 어떻게 관련되는가?

4. 단일 라인 문을 다수의 라인 문으로 어떻게 확장하는가?

5. 복합문을 단일 라인에 작성하는 방법은?

6. 파이썬에서 문의 끝에 세미콜론을 사용해야 하는 타당한 이유는 무엇인가?

7. try문은 어디에 사용되는가?

8. 파이썬 초보자들이 저지르는 가장 일반적인 코딩 실수는 무엇인가?

학습 테스트: 정답

1. C와 유사한 언어들은 일부 문의 테스트에서 괄호와 각 문의 끝에는 세미콜론과 중첩된 코드의 블록을 둘러싸는 괄호가 필요하다.

2. 라인의 끝이 해당 라인에 나타난 문을 종료한다. 그 대신에 같은 라인에 하나 이상의 문이 나타날 경우, 각 문은 세미콜론으로 종료될 수 있다. 마찬가지로 문이 여러 라인으로 확장될 경우, 해당 문을 구문적인 괄호 쌍으로 닫아서 종료해야 한다.

3. 중첩된 블록의 문들은 모두 같은 수의 탭 또는 공백으로 들여쓰기된다.

4. 문의 일부를 괄호, 대괄호, 또는 중괄호로 감싸면 문을 여러 라인으로 확장할 수 있다. 해당 문은 파이썬이 괄호 쌍의 닫는 부분이 포함된 라인을 발견할 때 종료된다.

5. 복합문의 본문은 헤더 라인의 콜론 다음에 위치할 수 있지만, 본문이 비복합문으로 구성되어 있을 때만 가능하다.

6. 하나 이상의 문을 단일 코드 라인에 밀어 넣어야 할 경우에만 필요하다. 이런 경우 안에서도 모든 문이 비복합문일 때만 동작하며, 코드를 읽기 어렵게 만들기 때문에 만족스럽지 않을 것이다.

7. try문은 파이썬 스크립트에서 예외(에러)를 붙잡아서 복구하기 위해 사용된다. try문은 보통 코드 내에서 수동으로 에러를 검사하는 방법의 대안으로써 사용된다.

8. 복합문의 헤더 라인 끝에 콜론 문자의 입력을 잊는 것이 초보자들의 가장 일반적인 실수다. 여러분이 파이썬이 처음이고 아직 이러한 실수를 한 적이 없다 해도 머지 않아 곧 하게 될 것이다!

11

할당, 표현식,
그리고 출력

지금까지 우리는 파이썬 문 구문에 대해서 간단히 알아보았으며, 이 장은 구체적인 파이썬 문에 대한 심층 투어를 시작한다. 가장 기본적인 할당문, 표현식문, 그리고 출력 연산부터 시작해 보자. 우리는 이미 이 모든 것들의 실제 동작을 본 적이 있지만, 여기서는 지금까지 생략된 중요한 세부 사항에 대해서 다룰 것이다. 여러분이 곧 볼 수 있는 것처럼, 세부 사항은 비교적 간단한 내용이지만, 여러분이 실질적인 파이썬 프로그램을 작성하기 시작하면 편리하게 이용할 수 있는 각 문 타입들의 다양한 변형이 존재한다.

할당문

그동안 객체를 이름에 할당하기 위해 파이썬 할당문을 사용해 왔다. 할당문의 기본 형식에서 할당 대상을 등호의 왼쪽에 작성하고, 할당될 객체를 등호의 오른쪽에 작성한다. 왼편의 대상은 이름 또는 객체 요소가 될 수 있고, 오른편의 객체는 객체를 산출하는 임의의 표현식이 될 수 있다. 대부분의 경우 할당은 매우 직관적이지만, 몇 가지 특성을 염두에 두도록 하자.

- **할당은 객체 참조를 생성한다.** 6장에서 언급한 것처럼, 파이썬 할당은 객체의 참조를 이름 또는 데이터 구조 요소에 저장한다. 할당은 항상 객체의 복사가 아닌 객체의 참조를 생성한다. 그렇기 때문에 파이썬 변수는 데이터 저장 영역보다 포인터와 더 유사하다.

- **이름은 처음 할당될 때 생성된다.** 파이썬은 처음 변수 이름에 값(즉, 객체 참조)을 할당할 때 변수 이름을 생성하므로 이름을 사전에 미리 선언할 필요가 없다. 모두 그런 것은 아니지만 일부 데이터 구조의 공간 또한 할당될 때 생성된다(☞ 딕셔너리 엔트리, 일부 객체 속성). 이름에 참조가 할당되고 나면, 이름은 표현식에 나타날 때마다 이름이 참조하는 값으로 대체된다.

- **이름은 참조되기 전에 할당되어야 한다.** 아직 값을 할당하지 않은 이름을 사용하는 것은 잘못된 방법이며, 직접 시도할 경우 파이썬은 애매한 기본값 같은 것을 반환하기보다는 예외를 발생시킨다. 파이썬에서 이름은 미리 선언될 수 없기 때문에 이는 매우 중요한 문제다. 파이썬이 프로그램에서 사용된 할당되지 않은 이름에 대해 오류로 취급하지 않고 기본값을 제공할 경우, 코드상에서 이름에 있는 오타를 찾기가 더욱 어려워질 것이다.

- **일부 연산은 암시적인 할당을 수행한다.** 이 절에서는 = 할당에 대해서 이야기하지만, 실제 파이썬에서는 다양한 상황에서 할당이 발생한다. 예를 들어 나중에 모듈 임포트, 함수 그리고 클래스 정의, for 루프 변수, 함수 인수는 모두 암시적인 할당을 수행하는 것을 볼 수 있을 것이다. 할당은 사용되는 곳이라면 어디든지 모두 동일하게 동작하므로 이 모든 상황들은 런타임 시에 단순히 이름을 객체 참조로 **연결**(할당)한다.

할당문 형식

파이썬에서 할당은 일반적이고 보편적인 개념이지만, 이 장에서는 주로 할당문에 대해서만 이야기한다. 표 11-1은 파이썬에서 다양한 할당문의 형식과 그들의 구문 패턴에 대해서 설명한다.

표 11-1 할당문 형식

연산	설명
spam = 'Spam'	기본 형식
spam, ham = 'yum', 'YUM'	(위치에 따른) 튜플 할당
[spam, ham] = ['yum', 'YUM']	(위치에 따른) 리스트 할당
a, b, c, d = 'spam'	일반화된 시퀀스 할당
a, *b = 'spam'	확장된 시퀀스 언패킹(파이썬 3.X)
spam = ham = 'lunch'	다중 대상 할당
spams += 42	증강 할당(spams = spams + 42와 같다)

표 11-1의 첫 번째 형식은 지금까지 가장 일반적인 것이다. 이름(또는 데이터 구조 요소)을 단일 객체로 연결한다. 사실, 이 기본 형식만으로도 여러분의 모든 작업을 처리할 수 있다. 표의 다른 요소들은 모두 옵션이지만, 프로그래머들이 실생활에서 편리함을 찾을 수 있는 특별한 형식을 나타낸다.

튜플과 리스트 언패킹 할당

표에서 두 번째와 세 번째 형식은 연관되어 있다. =의 왼편에 튜플 또는 리스트를 작성하면, 파이썬은 오른편의 객체들을 왼쪽 대상과 위치에 따라 찍지어 왼쪽에서 오른쪽 순서로 할당한다. 예를 들어, 표 11-1의 두 번째 줄에서 이름 spam에는 문자열 'yum'이 할당되고, 이름 ham에는 문자열 'YUM'이 연결된다. 이러한 경우에 파이썬은 내부적으로 오른쪽에 있는 아이템들의 튜플을 만들게 된다. 이것이 바로 이러한 할당문이 튜플 언패킹 할당이라고 불리는 이유다.

시퀀스 할당

파이썬의 최근 버전에서 튜플과 리스트 할당은 지금 우리가 **시퀀스** 할당이라고 부르는 것의 한 종류로 일반화되었다. 모든 이름의 시퀀스에는 모든 값의 시퀀스가 할당될 수 있으며, 파이썬은 위치에 따라 한 번에 하나씩 할당한다. 심지어 시퀀스에 포함된 타입들을 혼합하여 사용할 수도 있다. 예를 들어 표 11-1의 네 번째 줄은 이름들의 튜플과 문자들의 문자열을 서로 짝짓는다. a는 's'가 할당되고, b는 'p'가 할당된다.

확장된 시퀀스 언패킹

파이썬 3.X에서만 제공되는 시퀀스 할당의 새로운 형식은 할당할 시퀀스 일부를 선택하는 방법을 좀 더 유연하게 만든다. 예를 들어 표 11-1의 다섯 번째 줄은 a에 오른쪽 문자열의 첫 번째 문자를 연결하고, b에는 그외 나머지를 연결한다. a에는 's'가 할당되고 b에는 ['p', 'a', 'm']이 할당된다. 이 방법은 수동 슬라이싱 연산의 결과를 할당하기 위한 간단한 방법을 제공한다.

다중 대상 할당

표 11-1의 여섯 번째 줄은 다수의 대상으로 한 할당 형식을 보여 준다. 파이썬은 이 형식에서 (가장 오른쪽에 있는) 같은 객체에 대한 참조를 왼쪽의 모든 대상에 할당한다. 표에서 이름 spam과 ham 모두에 같은 문자열 객체 'lunch'에 대한 참조가 할당된다. ham = 'lunch'를 실행하고 이어서 spam = ham을 실행했을 때와 동일한 효과가 있으며, ham은 기존 문자열 객체처럼 평가된다(즉, 해당 객체의 별도 복사본이 아니다).

증강 할당

　　표 11-1의 마지막 줄은 증강 할당의 예제로, 표현식과 할당을 결합하여 줄여 쓰는 방법이다. 예를 들어, spam += 42는 spam = spam + 42와 같은 효과가 있지만, 증강 형식은 타이핑 수가 더 적고 일반적으로 더 빠르게 실행된다. 게다가 객체가 가변이고 연산을 지원할 경우, 증강 할당은 객체 복사 대신에 직접 변경 연산을 선택함으로써 더 빠르게 실행될 수 있다. 파이썬에서는 모든 이진 표현식 연산자에 대한 하나의 증강 할당문이 존재한다.

시퀀스 할당

우리는 이미 이 책에서 기본 할당에 대해서 탐구하고 사용했으므로 이를 한번 활용해 보자. 여기에 시퀀스 언패킹 할당의 실제 동작을 보여 주는 몇 가지 간단한 예제가 있다.

```
% python
>>> nudge = 1                        # 기본 할당
>>> wink = 2
>>> A, B = nudge, wink               # 튜플 할당
>>> A, B                             # A = nudge, B = wink와 같음
(1, 2)
>>> [C, D] = [nudge, wink]           # 리스트 할당
>>> C, D
(1, 2)
```

이 대화형 예제의 세 번째 라인에서 두 개의 튜플을 작성하고 있음을 알 수 있다. 튜플을 둘러싸는 괄호는 생략했다. 파이썬은 할당 연산자의 오른편에 있는 튜플의 값들을 왼편에 있는 튜플의 변수들과 짝을 짓고, 한 번에 하나씩 값을 할당한다.

튜플 할당은 파트 2의 마지막 부분에서 실습 문제에 대한 정답으로 소개된 일반적인 코딩 기법으로 이어진다. 파이썬은 이 문을 실행하는 동안 오른쪽에 있는 변수들의 원래 값을 보관하고 있는 임시 튜플을 생성하므로, 언패킹 할당은 임시 변수 생성 없이 두 변수를 교환할 수 있는 방법으로도 사용된다. 오른쪽에 있는 튜플은 변수의 이전 값을 자동으로 기억하고 있다.

```
>>> nudge = 1
>>> wink = 2
>>> nudge, wink = wink, nudge        # 튜플: 값 교환
>>> nudge, wink                      # T = nudge, nudge = wink, wink = T와 같음
(2, 1)
```

사실상 파이썬의 기본 튜플 할당과 리스트 할당 형식은 오른쪽에 있는 시퀀스가 왼쪽에 있는 시퀀스와 길이가 같은 한, 모든 종류의 (실제로는 가변 객체) 시퀀스를 수용할 수 있도록 일반화 되었다. 여러분은 값들의 튜플을 변수들의 리스트에 할당하거나, 문자들의 문자열을 변수들의 튜플에 할당하는 등의 작업을 할 수 있다. 이 모든 경우에 파이썬은 오른쪽에 있는 시퀀스의 아이템들을 왼쪽에 있는 시퀀스 변수의 위치에 따라 왼쪽에서 오른쪽으로 할당한다.

```
>>> [a, b, c] = (1, 2, 3)              # 값들의 튜플을 이름 리스트에 할당
>>> a, c
(1, 3)
>>> (a, b, c) = "ABC"                  # 문자들의 문자열을 튜플에 할당
>>> a, c
('A', 'C')
```

엄밀히 말하면, 시퀀스 할당은 실제로 할당문의 오른쪽에 단순히 모든 시퀀스뿐만이 아닌 모든 **반복** 객체를 지원한다. 반복 객체는 물리적인 컬렉션(예 리스트)과 가상의 컬렉션(예 파일의 라인)을 모두 포함하는 좀 더 일반적인 분류다. 이미 4장에서 간략히 정의했으며, 그 이후로 간간히 이에 대한 이야기가 나오고 있다. 14장과 20장에서 반복 객체에 대해 탐구할 때 이 용어에 대해서 좀 더 정확히 알아보겠다.

고급 시퀀스 할당 패턴

= 기호 주위에 다양한 시퀀스 타입을 혼합하여 연결할 수 있지만 일반적으로 왼쪽의 변수와 같은 수의 아이템이 오른쪽에 있어야 하며, 그렇지 않은 경우 오류가 발생한다. 파이썬 3.X에서는 다음 절에서 설명된 확장된 언패킹 * 구문을 사용하여 좀 더 일반화할 수 있다. 그러나 3.X에서는 일반적으로(그리고 2.X에서는 항상) 할당할 대상의 수와 저장할 대상의 수가 같아야 한다.

```
>>> string = 'SPAM'
>>> a, b, c, d = string                # 양쪽에 같은 수의 항목
>>> a, d
('S', 'M')

>>> a, b, c = string                   # 그렇지 않은 경우 에러 발생
...에러 텍스트 생략...
ValueError: too many values to unpack (expected 3)
```

파이썬 2.X와 3.X 둘 모두에서 슬라이스를 사용하여 좀 더 유연한 코드를 작성할 수 있다. 앞 예제의 마지막 부분의 동작을 위해 슬라이싱을 적용할 수 있는 다양한 방법이 존재한다.

```
>>> a, b, c = string[0], string[1], string[2:]        # 인덱스와 슬라이스
>>> a, b, c
('S', 'P', 'AM')

>>> a, b, c = list(string[:2]) + [string[2:]]         # 슬라이스와 연결
>>> a, b, c
('S', 'P', 'AM')

>>> a, b = string[:2]                                 # 위와 같지만 좀 더 단순한 방법
>>> c = string[2:]
>>> a, b, c
('S', 'P', 'AM')

>>> (a, b), c = string[:2], string[2:]                # 중첩된 시퀀스
>>> a, b, c
('S', 'P', 'AM')
```

마지막 부분처럼 **중첩**된 시퀀스 또한 할당할 수 있으며, 파이썬은 중첩된 시퀀스를 예측할 수 있는 형태에 따라 시퀀스의 각 부분들을 언패킹한다. 이 경우 두 아이템을 가진 튜플을 첫 번째 아이템이 중첩된 (문자열) 시퀀스에 할당하며, 정확하게는 다음과 같이 작성한다.

```
>>> ((a, b), c) = ('SP', 'AM')                        # 형태와 위치에 따라 짝지어짐
>>> a, b, c
('S', 'P', 'AM')
```

파이썬은 두 번째 문자열('AM') 전체를 변수 c에 한꺼번에 할당하기 전, 오른쪽에 있는 첫 번째 문자열('SP')을 왼쪽의 첫 번째 튜플((a, b)과 짝지어 한 번에 한 문자씩 할당한다. 이 경우에 왼쪽 객체의 시퀀스 중첩 형태는 오른쪽 객체의 형태와 일치해야 한다. 이와 같은 중첩된 시퀀스 할당을 흔히 볼 수 있는 것은 아니지만, 이미 알고 있는 형태의 데이터 구조로부터 일부를 꺼내는 데 편리하게 이용될 수 있다.

예를 들어, for 루프의 경우에는 루프 헤더에서 루프 아이템들이 주어진 대상에 할당되기 때문에 이 기법이 for 루프에서도 동작하는 것을 볼 수 있다.

```
for (a, b, c) in [(1, 2, 3), (4, 5, 6)]: ...          # 단순한 튜플 할당

for ((a, b), c) in [((1, 2), 3), ((4, 5), 6)]: ...    # 중첩된 튜플 할당
```

18장의 노트에서는 함수 인수 또한 할당에 의해 전달되므로, 이러한 중첩된 튜플(실제로는 시퀀스) 언패킹 할당 형식이 파이썬 2.X의(3.X는 제외) 함수 인수 리스트에 대해서도 동작하는 것을 볼 수 있다.

```
def f(((a, b), c)): ...              # 파이썬 2.X(3.X 제외)에서 인수에 대해서도 동작함
f(((1, 2), 3))
```

시퀀스 언패킹 할당은 또한 연속된 정수를 변수들의 집합에 할당하는 것과 같은 새로운 코딩 방식을 만들어 낸다.

```
>>> red, green, blue = range(3)
>>> red, blue
(0, 2)
```

이 예제는 세 개의 이름을 각각 정수 코드인 0, 1, 2로 초기화한다(range는 이미 다른 언어에서 여러분이 봤을지 모를 열거형(enumerated) 데이터 타입과 유사한 것이다). 이 내용을 이해하기 위해서는 range 내장 함수가 연속적인 정수의 목록을 생성한다는 것을 알아 둘 필요가 있다(파이썬 3.X에서만 동작하며, 다음과 같이 생성된 값 전체를 한꺼번에 출력하기 위해서는 list로 둘러싸야 한다).

```
>>> list(range(3))                   # list( )는 파이썬 3.X에서만 필요
[0, 1, 2]
```

이 호출은 이미 4장에서 간략히 살펴본 바 있다. range는 for 루프에서 주로 사용되며, 이에 대한 좀 더 자세한 내용은 13장에서 다룰 예정이다.

튜플 할당이 동작하는 것을 볼 수 있는 또 다른 곳은 다음과 같은 루프에서 시퀀스를 앞부분과 나머지 부분으로 분할한 경우다.

```
>>> L = [1, 2, 3, 4]
>>> while L:
...     front, L = L[0], L[1:]       # 3.X에서 *을 이용하는 방법은 다음 절 참조
...     print(front, L)
...
1 [2, 3, 4]
2 [3, 4]
3 [4]
4 []
```

여기서 루프 안의 튜플 할당은 다음과 같은 두 라인으로 대체될 수 있지만, 때로는 이 모든 것을 문자열로 처리하는 것이 좀 더 편할 수도 있다.

```
...        front = L[0]
...        L = L[1:]
```

이 코드는 리스트를 스택 데이터 구조처럼 사용하고 있음을 알 수 있으며, 리스트 객체의 append와 pop 메서드를 사용하여 동일한 목적을 달성할 수 있다. front = L.pop(0) 코드는 위의 튜플 할당과 동일한 효과를 보여 주지만, 이 코드는 직접 변경을 수행한다. while 루프에 대한 좀 더 상세한 내용과 for 루프에서 시퀀스를 순차적으로 실행하는 (종종 더 나은) 또 다른 방법에 대해서는 13장에서 다룰 예정이다.

파이썬 3.X에서 확장된 시퀀스 언패킹

이전 절에서는 시퀀스 할당을 좀 더 일반적으로 사용될 수 있도록 수동으로 슬라이싱하는 방법에 대해서 알아보았다. 파이썬 3.X에서는(그러나 2.X는 예외) 이러한 시퀀스 할당을 좀 더 쉽게 만들기 위해 일반화되었다. 즉, 시퀀스에 대한 좀 더 일반적인 매칭을 지정하기 위해 *X와 같은 **별표 이름**을 할당 대상에서 사용할 수 있다. 별표 이름에는 시퀀스에서 다른 이름으로 할당되지 못한 모든 아이템의 집합인 리스트가 할당된다. 이 방법은 특히 앞 절의 마지막 예제처럼 시퀀스를 '앞부분'과 '나머지'로 분할하는 일반적인 코딩 패턴에서 편리하게 이용할 수 있다.

확장된 언패킹의 실제 동작

예제를 하나 살펴보도록 하자. 이미 본 것처럼 시퀀스 할당은 일반적으로 등호 왼쪽에 오른쪽 대상의 아이템과 정확히 같은 수의 대상을 필요로 한다. 파이썬 2.X와 3.X 둘 모두에서 (이전 절에서 본 것처럼 오른쪽 아이템을 수동으로 슬라이스한 경우가 아니라면) 서로 길이가 다를 경우 에러가 발생한다.

```
C:\code> c:\python36\python
>>> seq = [1, 2, 3, 4]

>>> a, b, c, d = seq
>>> print(a, b, c, d)
1 2 3 4

>>> a, b = seq
ValueError: too many values to unpack (expected 2)
```

그러나 파이썬 3.X에서는 좀 더 범용적으로 매칭하기 위해 할당 대상에 별표 이름을 사용할
수 있다. 계속해서 대화형 세션에서 다음을 입력할 경우 a는 시퀀스의 첫 번째 아이템과 매칭
되며, b는 나머지와 매칭된다.

```
>>> a, *b = seq
>>> a
1
>>> b
[2, 3, 4]
```

별표 이름이 사용될 경우, 왼쪽에 있는 대상 아이템의 수는 오른쪽에 있는 대상 시퀀스의 길
이와 일치할 필요가 없다. 사실, 별표 이름은 오른쪽 대상의 어느 위치에도 올 수 있다. 예를
들어 다음 코드에서 b는 시퀀스의 마지막 항목과 매칭되며, a는 마지막 항목 이전의 모든 항
목과 매칭된다.

```
>>> *a, b = seq
>>> a
[1, 2, 3]
>>> b
4
```

별표 이름이 중간에 나타날 경우, 나열된 다른 이름들 사이의 모든 아이템들과 매칭된다. 따
라서 다음 코드에서 a와 c에는 처음과 마지막 아이템이 할당되고, b에는 그 사이의 모든 아이
템들이 매칭된다.

```
>>> a, *b, c = seq
>>> a
1
>>> b
[2, 3]
>>> c
4
```

좀 더 일반적으로는 별표 이름이 사용될 때마다 해당 위치에 할당되지 않은 모든 이름을 포
함한 리스트가 할당된다.

```
>>> a, b, *c = seq
>>> a
1
```

```
>>> b
2
>>> c
[3, 4]
```

물론, 확장 시퀀스 언패킹 구문은 보통의 시퀀스 할당처럼 단지 리스트뿐만 아니라 모든 시퀀스(반복 가능) 타입에 대해서 동작한다. 다음은 문자열 안의 문자들과 range(3.X에서 반복 가능)에 대한 언패킹을 보여 준다.

```
>>> a, *b = 'spam'
>>> a, b
('s', ['p', 'a', 'm'])

>>> a, *b, c = 'spam'
>>> a, b, c
('s', ['p', 'a'], 'm')

>>> a, *b, c = range(4)
>>> a, b, c
(0, [1, 2], 3)
```

이 방법은 슬라이싱과 유사하지만, 정확히 동일하지는 않다. 시퀀스 언패킹 할당은 항상 매칭되는 다수의 아이템에 대한 **리스트**를 반환하지만, 슬라이싱은 슬라이싱 객체와 동일한 타입의 시퀀스를 반환한다.

```
>>> S = 'spam'

>>> S[0], S[1:]                      # 슬라이스는 타입에 따라 다르지만, * 할당은 항상 리스트 반환
('s', 'pam')

>>> S[0], S[1:3], S[3]
('s', 'pa', 'm')
```

3.X에서 이 확장을 감안하여 이전 절의 마지막 예제의 리스트를 처리한다면, 첫 번째 아이템과 나머지 아이템을 구하기 위해 수동으로 슬라이스하지 않아도 되므로 이전 절의 마지막 예제는 더욱 단순해질 수 있다.

```
>>> L = [1, 2, 3, 4]
>>> while L:
...      front, *L = L              # 슬라이싱 없이 첫 번째와 나머지 아이템 구하기
...      print(front, L)
...
```

```
1 [2, 3, 4]
2 [3, 4]
3 [4]
4 []
```

경계에서 사용된 경우

확장 시퀀스 언패킹이 매우 유연하긴 하지만, 일부 경계에서 사용될 경우에 대해서도 알아 둘 필요가 있다. 먼저, 별표 이름이 단일 아이템에 매칭될 경우에도 항상 리스트가 할당된다.

```
>>> seq = [1, 2, 3, 4]
>>> a, b, c, *d = seq
>>> print(a, b, c, d)
1 2 3 [4]
```

다음으로, 별표 이름의 위치에 상관없이 매칭할 아이템이 남아 있지 않은 경우에는 별표 이름에 빈 리스트가 할당된다. 다음 코드에서 a, b, c, 그리고 d는 시퀀스의 모든 항목이 일치하지만, 파이썬은 e에 대해 오류로 처리하지 않고 대신에 빈 리스트를 할당한다.

```
>>> a, b, c, d, *e = seq
>>> print(a, b, c, d, e)
1 2 3 4 []

>>> a, b, *e, c, d = seq
>>> print(a, b, c, d, e)
1 2 3 4 []
```

마지막으로 둘 이상의 별표 이름이 사용되거나, 값의 수가 적고 (이전처럼) 별표 이름이 없거나, 별표 이름 자체가 시퀀스 안에서 사용되지 않은 경우에는 여전히 오류가 발생할 수 있다.

```
>>> a, *b, c, *d = seq
SyntaxError: two starred expressions in assignment

>>> a, b = seq
ValueError: too many values to unpack (expected 2)

>>> *a = seq
SyntaxError: starred assignment target must be in a list or tuple

>>> *a, = seq
>>> a
[1, 2, 3, 4]
```

유용한 편의 기능

확장된 시퀀스 언패킹 할당은 어디까지나 편의를 위한 기능일 뿐임을 명심하자. 우리는 보통 명시적인 인덱싱과 슬라이싱으로(그리고 실제로 파이썬 2.X에서는 이를 사용해야 한다) 동일한 결과를 얻을 수 있지만, 확장된 언패킹은 좀 더 쉬운 코드 작성법을 제공한다. 예를 들어, 일반적인 '첫 번째, 나머지' 분할 코딩 패턴은 어느 방법으로도 작성될 수 있지만, 슬라이싱은 추가적인 작업을 필요로 한다.

```
>>> seq
[1, 2, 3, 4]

>>> a, *b = seq                    # 첫 번째, 나머지
>>> a, b
(1, [2, 3, 4])

>>> a, b = seq[0], seq[1:]         # 첫 번째, 나머지: 기존 방식
>>> a, b
(1, [2, 3, 4])
```

일반적인 '나머지, 마지막' 분할 코딩 패턴 또한 어느 방법으로도 유사하게 작성될 수 있으나, 새로운 확장 언패킹은 타이핑 수가 현저히 적다.

```
>>> *a, b = seq                    # 나머지, 마지막
>>> a, b
([1, 2, 3], 4)

>>> a, b = seq[:-1], seq[-1]       # 나머지, 마지막: 기존 방식
>>> a, b
([1, 2, 3], 4)
```

확장 언패킹은 더 단순할 뿐만 아니라 확실히 좀 더 자연스러우며, 확장 시퀀스 언패킹 구문은 시간이 지남에 따라 파이썬 코드에서 광범위하게 사용될 가능성이 있다.

for 루프에 활용

for 루프문에 있는 루프 변수는 어떠한 할당 대상도 될 수 있기 때문에 확장 시퀀스 할당은 여기서도 동작한다. 우리는 4장에서 for 루프 반복 도구에 대해서 간략히 배웠으며, 13장에서 공식적으로 학습할 예정이다. 파이썬 3.X에서 확장된 할당은 단순한 변수 이름이 주로 사용되는 for 단어 다음에 나타날 수 있다.

```
for (a, *b, c) in [(1, 2, 3, 4), (5, 6, 7, 8)]:
    ...
```

여기서 사용될 경우, 파이썬은 각 반복 시에 단순히 값들의 다음 튜플을 이름들의 튜플로 할당한다. 예를 들어, 첫 번째 루프는 다음 할당문을 실행하는 것과 같다.

```
a, *b, c = (1, 2, 3, 4)                              # *b는 [2, 3]이 됨
```

이름 a, b, 그리고 c는 루프의 코드 내에서 추출된 요소들을 참조하는 데 사용될 수 있다. 사실 이는 전혀 새롭거나 특별한 경우가 아니며, 일반적인 할당 동작의 하나일 뿐이다. 이 장의 앞에서 본 것처럼 파이썬 2.X와 3.X 모두에서 단순한 튜플 할당으로도 같은 일을 할 수 있다.

```
for (a, b, c) in [(1, 2, 3), (4, 5, 6)]:             # a, b, c = (1, 2, 3), ...
```

그리고 수동 슬라이싱을 이용하면 3.X의 확장 할당 동작을 2.X에서 흉내 낼 수 있다.

```
for all in [(1, 2, 3, 4), (5, 6, 7, 8)]:
    a, b, c = all[0], all[1:3], all[3]
```

우리는 아직 for 루프의 구문에 대해 상세히 다루기에 충분한 내용을 배우지 않았으므로 이 주제에 대해서는 13장에서 다시 다룰 예정이다.

다중 대상 할당

다중 대상 할당은 단순히 가장 오른쪽에 있는 객체를 모든 주어진 이름에 할당한다. 예를 들어, 다음 코드는 세 개의 변수(a, b, c)에 문자열 'spam'을 할당한다.

```
>>> a = b = c = 'spam'
>>> a, b, c
('spam', 'spam', 'spam')
```

위 형식은 다음의 세 할당과 같다(그러나 위 형식이 좀 더 작성하기 쉽다).

```
>>> c = 'spam'
>>> b = c
>>> a = b
```

다중 대상 할당과 공유 참조

앞 할당에는 세 개의 변수가 공유하고 있는 단 하나의 객체만 존재한다는 것을 명심해야 한다(세 변수는 결국 메모리상의 같은 객체를 가리킨다). 이 동작은 불변 타입에 적용할 때 좋다. 예를 들면 카운터의 세트를 0으로 초기화할 때다(파이썬에서 변수는 사용되기 전에 할당되어야 하므로 카운터 변수에 값을 더하기 전에 0으로 초기화해야 한다는 점을 다시 상기하자).

```
>>> a = b = 0
>>> b = b + 1
>>> a, b
(0, 1)
```

여기서 숫자는 직접 변경을 지원하지 않기 때문에 b에 대한 변경은 오직 b에만 영향을 미친다. 할당된 객체가 불변 객체인 한, 해당 객체를 하나 이상의 이름이 참조하는 것은 의미가 없다.

그러나 늘 그렇듯이 변수를 리스트나 딕셔너리 같은 빈 가변 객체로 초기화할 때 더 주의해야 한다.

```
>>> a = b = []
>>> b.append(42)
>>>a, b
([42], [42])
```

이번에는 a와 b가 같은 객체를 참조하기 때문에 b를 통해 해당 객체에 직접 추가할 경우 a 또한 영향을 받는다. 이 현상은 단지 6장에서 처음 만난 공유 참조 현상의 또 다른 예일 뿐이다. 이러한 현상을 피하기 위해서는 각각 별개의 리터럴 표현식을 실행하여 서로 다른 빈 객체를 생성하도록 가변 객체를 개별적인 문으로 초기화해야 한다.

```
>>> a = []
>>> b = []                              # a와 b는 같은 객체를 공유하지 않음
>>> b.append(42)
>>> a, b
([], [42])
```

다음 코드의 튜플 할당은 동일한 효과가 있는데, 두 개의 리스트 표현식을 실행하여 별개의 두 가지 객체를 생성한다.

```
>>> a, b = [], []                       # a와 b는 같은 객체를 공유하지 않음
```

증강 할당

파이썬 2.0을 시작으로, 표 11-2에 나열된 추가 할당문 형식들을 이용할 수 있게 되었다. 이 형식들은 **증강 할당**(augmented assignment)으로 알려져 있고 C언어에서 빌려왔으며, 기존 형식을 단순히 줄여 쓴 형식이다. 이 형식들은 바이너리 표현식과 할당의 조합을 의미한다. 예를 들어 다음 두 형식은 거의 동일하다.

```
X = X + Y                          # 기존 형식
X += Y                             # 새로운 증강 형식
```

표 11-2 증강 할당문

X += Y	X &= Y	X -= Y	X |= Y
X *= Y	X ^= Y	X /= Y	X >>= Y
X %= Y	X <<= Y	X **= Y	X //= Y

증강 할당은 묵시적으로 바이너리 표현식을 지원하는 모든 타입에 대해 동작한다. 예를 들어, 다음은 이름에 1을 더하는 두 가지 방법이다.

```
>>> x = 1
>>> x = x + 1                      # 기존 형식
>>> x
2
>>> x += 1                         # 증강 형식
>>> x
3
```

문자열과 같은 시퀀스에 대해 적용할 경우, 증강 형식은 연결을 대신 수행한다. 따라서 여기서 두 번째 라인은 S = S + "SPAM"을 입력하는 것과 같다.

```
>>> S = "spam"
>>> S += "SPAM"                    # 묵시적인 연결
>>> S
'spamSPAM'
```

표 11-2에서 볼 수 있는 것처럼, 모든 파이썬 바이너리 표현 연산자에 대해 유사한 증강 할당 형식이 존재한다(즉, 각각의 연산자는 왼쪽과 오른쪽에 값을 가진다). 예를 들어 X *= Y는 곱하고 할당하며, X >>= Y는 오른쪽으로 이동 후 할당하는 연산을 수행한다. (반내림 나누기에 대한) X //= Y는 파이썬 2.2부터 추가되었다.

증강 할당은 세 가지 장점이 있다.[1]

- 좀 더 적은 타이핑을 요구한다.

- 왼편은 한 번만 실행되어야 한다. X += Y에서 X는 복잡한 객체 표현식일 수도 있다. 증강 형식에서 이 표현식의 코드는 한 번만 실행되지만, X = X + Y 같은 긴 형식에서는 X가 두 번 나타나고 두 번 실행된다. 이러한 이유로 증강 할당은 보통 더 빠르게 실행된다.

- 최적의 기술이 자동으로 선택된다. 즉, 증강 형식은 직접 변경을 지원하는 객체에 대해 자동으로 느린 복사 대신에 직접 변경을 수행한다.

마지막 항목은 좀 더 설명이 필요하다. 증강 할당의 경우 가변 객체에 대한 최적화를 위해 직접 변경 연산이 적용될 수 있다. 리스트의 경우 다양한 방법으로 확장될 수 있다는 점을 상기해 보도록 하자. 리스트의 끝에 하나의 아이템을 추가하기 위해 연결 또는 append를 호출할 수 있다.

```
>>> L = [1, 2]
>>> L = L + [3]              # 연결: 느림
>>> L
[1, 2, 3]
>>> L.append(4)             # 빠르지만, 직접 변경
>>> L
[1, 2, 3, 4]
```

그리고 리스트의 끝에 다수의 아이템을 추가하기 위해서 다시 연결을 사용하거나 리스트의 extend 메서드 호출을 사용할 수 있다.[2]

```
>>> L = L + [5, 6]          # 연결: 느림
>>> L
[1, 2, 3, 4, 5, 6]
>>> L.extend([7, 8])        # 빠르지만, 직접 변경
>>> L
[1, 2, 3, 4, 5, 6, 7, 8]
```

---

1 C/C++ 프로그래머들을 위한 노트: 파이썬이 현재 X += Y와 같은 문을 지원하지만, 여전히 C의 자동 증가/감소 연산자(즉, X++, --X)는 제공하지 않는다. 파이썬은 숫자와 같은 불변 객체에 대한 직접 변경 개념이 없기 때문에 이 연산자들은 파이썬 객체 모델과 잘 어울리지 않는다.

2 6장에서 제안한 것처럼 슬라이스 할당을 사용할 수도 있지만(즉, L[len(L):] = [11,12,13]), 슬라이스 할당은 더 간단하고 더 기억하기 쉬운 리스트 extend 메서드와 거의 똑같은 방식으로 동작한다.

두 경우 모두에서 연결이 공유 객체 참조에 대한 부작용은 다소 덜하지만, 일반적으로 동등한 직접 변경보다 더 느리게 실행된다. 연결 연산은 새로운 객체를 생성하여 왼쪽에 있는 리스트를 복사하고, 그리고 나서 오른쪽에 있는 리스트를 복사해야 한다. 이와 대조적으로 직접 변경 메서드 호출은 단순히 아이템들을 메모리 블록의 끝에 추가한다(직접 변경의 내부적인 실제 동작은 이보다 더 복잡할 수 있지만, 이 정도 설명이면 충분하다).

리스트를 확장하기 위해 증강 연산을 사용할 경우, 대부분 이러한 세부 사항에 대해서 무시할 수 있다. 파이썬은 +에 의해 암시되는 느린 연결 연산보다는 자동으로 더 빠른 extend 메서드를 호출한다.

```
>>> L += [9, 10]                    # L.extend([9, 10])으로 연결됨
>>> L
[1, 2, 3, 4, 5, 6, 7, 8, 9, 10]
```

그러나 이러한 이유로 리스트에 대한 +=가 항상 모든 경우에 +와 =처럼 동작하지는 않는다는 점에 주의하도록 하자. 리스트의 경우 +=는 (extend와 마찬가지로) 임의의 시퀀스를 허용하지만, 연결은 일반적으로 그렇지 않다.

```
>>> L = []
>>> L += 'spam'                 # +=와 extend는 모든 시퀀스를 허용하지만 +는 그렇지 않음
>>> L
['s', 'p', 'a', 'm']
>>> L = L + 'spam'
TypeError: can only concatenate list (not "str") to list
```

증강 할당과 공유 참조

이러한 동작은 일반적으로 우리가 원하는 것이지만, += 증강 할당은 리스트에 대해서 **직접 변경**을 암시하고 있음을 주의하도록 하자. 따라서 += 증강 할당은 항상 **새로운 객체를 만드는** + 연결과 정확히 똑같지는 않다. 모든 공유 참조의 상황에서 다른 이름들이 변경되는 객체를 참조하고 있다면 이러한 차이는 중요할 수 있다.

```
>>> L = [1, 2]
>>> M = L                    # L과 M은 같은 객체를 참조함
>>> L = L + [3, 4]           # 연결은 새로운 객체를 만듦
>>> L, M                     # L만 변경됨
([1, 2, 3, 4], [1, 2])
```

```
>>> L = [1, 2]
>>> M = L
>>> L += [3, 4]                          # 그러나 +=는 실제로 extend를 의미함
>>> L, M
([1, 2, 3, 4], [1, 2, 3, 4])
```

이러한 차이는 리스트와 딕셔너리 같은 가변 객체에 대해서만 중요하며, (적어도 이것이 여러분의 코드에 영향을 줄 때까지는!) 상당히 애매한 상황이다. 언제나처럼 공유 참조 구조를 차단할 필요가 있다면, 가변 객체의 복사를 만들 수 있다.

변수 이름 규칙

지금까지 우리는 할당문에 대해서 알아보았으며, 이제 변수 이름의 사용에 대해 공식적으로 이야기할 시간이다. 파이썬에서 이름은 이름에 값을 할당할 때 생성되지만, 프로그램에서 할당 대상에 대한 이름을 선택할 때 지켜야 하는 몇 가지 규칙이 있다.

구문: (언더스코어 문자 또는 문자) + (다수의 문자, 숫자 또는 언더스코어 문자)

변수 이름은 언더스코어 문자 또는 문자로 시작해야 하며, 다수의 문자, 숫자 또는 언더스코어 문자가 뒤따라 올 수 있다. _spam, spam, 그리고 Spam1은 올바른 이름이지만, 1_Spam, spam$, $#!은 올바른 변수 이름이 아니다.

대소문자 구분: SPAM은 spam과 다르다

파이썬은 프로그램상에서 여러분이 만든 이름과 예약어의 대소문자에 민감하다. 예를 들어, 이름 X와 x는 두 개의 서로 다른 변수를 참조한다. 심지어 이식성을 위해서는 대소문자를 구별하는 파일시스템의 경우 임포트된 모듈 파일의 대소문자 또한 중요한 문제다. 이런식으로 프로그램이 다른 플랫폼으로 복사된 후에도 임포트가 여전히 동작하게 된다.

예약어는 사용할 수 없다

파이썬 언어에서는 특별한 의미가 있는 단어와 같은 이름을 사용할 수 없다. 예를 들어 class와 같은 변수 이름을 사용하려고 할 경우 구문 에러가 발생하지만, klass와 Class는 잘 동작한다. 표 11-3은 현재 파이썬에서 예약된 단어들의 목록이다(따라서 이름으로 사용이 제한된다).

표 11-3 **파이썬 3.X 예약어**

False	class	finally	is	return
None	continue	for	lambda	try
True	def	from	nonlocal	while
and	del	global	not	with
as	elif	if	or	yield
assert	else	import	pass	
break	except	in	raise	

표 11-3의 목록은 파이썬 3.X에 해당하며, 파이썬 2.X의 예약어 목록과는 다소 차이가 있다.

- 출력 기능은 내장된 함수가 아닌 문이기 때문에 print는 예약어다(좀 더 자세한 내용은 이 장의 뒤에서 다룬다).

- exec는 내장된 함수가 아닌 문이기 때문에 예약어다.

- nonlocal문은 제공되지 않기 때문에 예약어가 아니다.

오래된 파이썬에서는 위 내용과 거의 같지만, 몇 가지 차이가 있다.

- 콘텍스트 매니저가 제공되는 파이썬 2.6까지는 with와 as가 예약어가 아니다.

- 제너레이터 함수가 제공되는 파이썬 2.3까지는 yield가 예약어가 아니다.

- yield는 파이썬 2.5부터 문에서 표현식으로 바뀌지만, 여전히 예약어이며, 내장된 함수가 아니다.

여러분도 볼 수 있듯이 파이썬 예약어의 대부분은 모두 소문자이며, 이들은 실제로 모두 예약되어 있다. 이 책의 다음 파트에서 다루는 내장된 범위에 있는 이름들과는 달리, 예약된 단어들은 할당에 의해 재정의할 수 없다(예를 들어, and = 1은 구문 에러가 발생한다).[3]

그 외에도, 표 11-3의 처음 세 항목인 True, False, None은 다소 다른 의미를 가지고 있다. 이들은 17장에서 소개될 파이썬의 내장된 범위 안에서도 나타나며, 사실상 객체에 할당된 이름이다. 그러나 파이썬 3.X에서 이들은 정말로 예약되어 있으며, 여러분의 스크립트에서 이들이

---

3 파이썬의 또 다른 구현인 표준 CPython에서는 적어도 파이썬 예약어와 같은 사용자 정의 변수 이름을 사용하는 것이 가능하다. Jython(자이썬)과 같은 파이썬의 또 다른 구현에 대한 개요는 2장을 참고하자.

표현하는 객체 이외의 어떤 다른 목적으로 사용될 수 없다. 다른 모든 예약어는 파이썬의 구문에 내장되어 있으며, 각 예약어의 목적에 맞는 상황에서만 나타날 수 있다.

게다가 스크립트에서 import문의 모듈 이름이 변수가 될 수 있기 때문에 변수 이름 제약은 모듈 파일 이름 제약으로 또한 확장될 수 있다. 예를 들어, 여러분은 and.py와 my-code.py라는 이름의 파일을 작성하고 이들을 최상위 스크립트로 실행할 수 있지만, 이들을 임포트할 수는 없다. '.py' 확장자를 뺀 파일의 이름은 코드 내에서 변수가 되므로 지금까지 설명된 모든 변수 규칙을 따라야 한다. 모듈 이름으로 예약된 단어와 대시는 동작하지 않지만 언더스코어 문자는 동작한다. 우리는 이러한 모듈의 개념에 대해서 이 책의 파트 5에서 다시 이야기할 것이다.

파이썬의 사용 중단 프로토콜

예약어의 변경이 언어에 어떻게 점진적으로 도입되는지 알아보는 것도 흥미롭다. 새로운 기능이 기존 코드에 영향을 줄 우려가 있을 때 파이썬은 일반적으로 해당 기능이 공식적으로 활성화되기 전에 선택적으로 이용할 수 있게 만들고, 하나 또는 그 이상의 릴리즈를 통해 '사용 중단(deprecation)' 경고를 발행하기 시작한다. 이 방법은 경고를 인지하고 새로운 릴리즈로 이전하기 전에 코드를 업그레이드할 충분한 시간을 제공한다. 이러한 방법도 3.0과 같은(기존 코드의 동작을 보장할 필요가 없는) 메이저 버전에 대한 새로운 릴리즈에는 해당되지 않지만, 그 외의 경우에는 일반적으로 적용된다.

예를 들어 yield는 파이썬 2.2에서 선택적인 확장이었지만, 2.3부터는 표준 키워드다. yield는 제너레이터 함수와 함께 사용되며, 파이썬이 이전 버전과의 호환성을 깬 아주 소수의 예 중 하나다. yield는 여전히 오랜 시간 동안 단계적으로 도입 중이다. yield는 2.2에서 사용 중단 경고를 알리기 시작했고 2.3 버전까지 활성화되지 않았다.

마찬가지로, 파이썬 2.6에서 단어 with와 as는 콘텍스트 매니저에서 사용하기 위한 새로운 예약어가 되었다(예외 처리의 새로운 형식). 이 두 단어는 파이썬 2.5에서 콘텍스트 매니저 기능이 from __future__ import를 이용하여 수동으로 활성화된 경우를 제외하고는 예약어가 아니다(이에 대해서는 책의 뒤에서 다룬다). with와 as를 파이썬 2.5에서 사용할 경우 다가올 변화에 대한 경고를 보여 준다. 파이썬 2.5의 IDLE 버전은 예외적으로 이미 이 기능이 활성화된 것처럼 보인다(즉 파이썬 2.5에서 이러한 이름을 사용할 경우 에러가 발생하지만, 같은 버전의 IDLE GUI에서는 잘 동작한다).

이름 지정 관습

이러한 규칙 이외에 이름을 지정하는 몇 가지 관습이 존재한다. 필수는 아니지만 일반적으로 따르는 규칙이다. 예를 들어, 앞뒤로 두 개의 언더스코어 문자를 포함한 이름(예 __name__)은 일반적으로 파이썬 인터프리터에게 특별한 의미가 있으며, 이름을 정할 때 이러한 패턴을 피하도록 해야 한다. 다음은 파이썬이 따르는 이름 지정 관습 목록이다.

- 하나의 언더스코어 문자로 시작하는 _X와 같은 이름은 from module import *문으로 임포트되지 않는다(23장에서 설명한다).

- 앞뒤로 두 개의 언더스코어 문자를 포함한 __X__ 같은 이름은 시스템에서 정의한 이름이며, 파이썬 인터프리터에게 특별한 의미를 가지고 있다.

- 두 개의 언더스코어 문자로 시작하는 (__X)와 같은 이름은 둘러싼 클래스에 지역화('맹글링')된다(31장의 유사개별(Pseudoprivate) 클래스 속성에 대한 논의를 참고하자).

- 하나의 언더스코어 문자로 된 이름(_)은 대화형 세션에서 마지막 표현식의 결과를 보관하고 있다.

이러한 파이썬 인터프리터 규칙뿐만 아니라, 파이썬 프로그래머들이 일반적으로 따르는 다양한 규칙들이 존재한다. 예를 들어 이 책의 뒤에서 일반적으로 대문자로 시작하는 클래스 이름과 소문자로 된 모듈 이름, 그리고 예약어는 아니지만 일반적으로 클래스에서 특별한 역할을 하는 self라는 이름 등을 볼 수 있다. 17장에서는 미리 정의되어 있지만 예약어에 속하지 않는, 이름의 또 다른 분류인 내장된 이름들에 대해서 알아 볼 것이다(내장된 이름들에 대해서는 open = 42와 같은 재할당이 동작한다).

이름은 타입이 없지만 객체는 타입이 있다

이 내용은 대부분 이미 배운 것에 대한 리뷰이지만, 파이썬이 이름과 객체 사이를 어떻게 구분하는지 명확히 해두는 것이 중요하다는 점을 기억하자. 6장에서 설명한 것처럼 객체는 타입을 가지며(⑩ 정수, 리스트), 가변 또는 불변이다. 반면에 이름(변수)은 항상 단순히 객체를 참조한다. 이름은 가변성에 대한 개념이 없으며, 특정 시점에 참조하고 있는 객체의 타입 이외는 관련된 타입 정보를 가지지 않는다.

그렇기 때문에 서로 다른 시점에 다른 종류의 객체를 같은 이름에 할당하는 것은 문제가 되지 않는다.

```
>>> x = 0            # x는 정수 객체에 연결됨
>>> x = "Hello"      # 지금은 문자열에 연결됨
>>> x = [1, 2, 3]    # 지금은 다시 리스트와 연결됨
```

이후에 나올 예제에서 이러한 이름의 일반적인 특성이 파이썬 프로그래밍의 결정적인 장점이 될 수 있다는 것을 보게 될 것이다. 또한 17장에서는 이름은 범위(scope)라고 불리는 무언가에

존재한다는 것을 배우게 되며, 이 범위는 이름이 사용되는 곳을 한정한다. 이름을 할당하는 위치가 이름이 보이는 곳을 결정하는 것이다.[4]

 이름 규칙에 대한 추가적인 제안들은 PEP 8으로 알려진 파이썬의 비공식 스타일 가이드에 있는 명명 규칙에 대한 논의를 참고하도록 하자. 이 가이드는 웹 사이트(https://www.python.org/dev/peps/pep-0008) 또는 웹에서 'Python PEP 8'을 검색하여 이용할 수 있다. 사실상 이 문서는 파이썬 라이브러리 코드에 대한 코딩 표준을 공식화한다.

이 문서의 내용이 비록 유용하긴 하지만, 코딩 표준에 관한 일반적인 주의 사항은 이 책의 예제에도 적용되어 있다. 그리고 한편으로 PEP 8은 여러분이 책의 이 시점에서 준비된 것보다 더 상세한 내용을 제공한다. 그리고 사실 PEP 8의 내용은 복잡하고, 엄격하며, 필요 이상으로 주관적이다. PEP 8의 제안들 중 일부는 실제 작업을 수행하는 파이썬 프로그래머들에게 전혀 수용되거나, 지켜지지 않고 있다. 게다가 오늘날 파이썬을 사용하는 가장 유명한 회사들 중 일부는 PEP 8과는 다른 그들만의 코딩 표준을 채택하고 있다.

그러나 PEP 8은 경험에 따른 파이썬 지식들을 체계적으로 정리하며, PEP 8이 권고하는 사항들을 맹목적으로 받아들이지만 않는다면 파이썬 초보자들을 위한 좋은 읽을거리가 될 것이다.

표현식문

파이썬에서 표현식을 문처럼 사용할 수도 있다. 즉, 표현식 자체를 한 라인에 쓴다. 그러나 표현식의 결과는 저장되지 않기 때문에 표현식이 부가적인 효과로 뭔가 유용한 일을 할 수 있어야만 일반적으로 이치에 맞다. 표현식은 일반적으로 두 가지 상황에서 문으로 사용된다.

함수와 메서드 호출을 위해

일부 함수와 메서드는 값을 반환하지 않고 작업을 수행한다. 다른 언어에서는 이러한 함수를 때로 프로시저(procedure)라고 부르기도 한다. 이들은 여러분이 저장할 만한 어떠한 값을 반환하지 않기 때문에 이러한 함수들을 표현식문으로 호출할 수 있다.

대화형 프롬프트에서 값을 출력하기 위해

파이썬은 대화형 명령 라인에 입력된 표현식의 결과를 다시 출력한다. 엄밀히 말해서 이것들 또한 표현식문이다. 이들은 print문 입력을 대신하는 빠른 입력 방법을 제공한다.

---

4 여러분이 C++ 같은 좀 더 제한적인 언어를 사용해 본 적이 있다면, 파이썬에는 C++의 const 선언의 개념이 없다는 것에 관심이 있을 수도 있다. 특정 객체는 불변일 수 있지만, 이름은 항상 할당될 수 있다. 또한 파이썬은 클래스와 모듈 안에 있는 이름을 숨기는 방법을 제공하지만, 이는 C++의 선언과 똑같지는 않다(속성을 숨길 필요가 있다면 _X 모듈 이름에 대해 이야기하는 25장과 __X 클래스 이름에 대해 이야기하는 31장, 그리고 Private과 Public 클래스 데코레이터 예제가 있는 39장을 참고하자).

표 11-4는 파이썬에서 일반적인 표현식문 형식을 일부 나열한다. 함수와 메서드의 호출은 함수/메서드 이름 다음의 괄호 안에 0 또는 1개 이상의 인수 객체(실제로 표현식은 인수를 객체로 평가한다)와 함께 작성된다.

표 11-4 일반적인 파이썬 표현식문

연산	설명
spam(eggs, ham)	함수 호출
spam.ham(eggs)	메서드 호출
spam	대화형 인터프리터에서 변수 출력
print(a, b, c, sep='')	파이썬 3.X에서 출력 연산
yield x ** 2	표현식문 산출

표 11-4에서 마지막 두 항목은 다소 특별한 경우로, 이 장의 뒤에서 볼 수 있는 것처럼 파이썬 3.X에서 출력은 일반적으로 한 라인에 단독으로 작성되는 함수 호출이다. 또한, yield 연산은 제너레이터 함수(20장에서 다룬다)에서 종종 문으로 작성된다. 실제로 둘 모두는 표현식문의 사례다.

예를 들어, 일반적으로 3.X의 print 호출을 한 라인에서 단독으로 실행하지만, print 호출은 다른 함수 호출처럼 값을 반환한다(함수 호출은 아무런 의미 있는 반환이 없는 함수에 대해 기본값인 None을 반환한다).

```
>>> x = print('spam')          # 3.X에서 print는 함수 호출 표현식
spam
>>> print(x)                   # 그러나 표현식문처럼 작성됨
None
```

비록 파이썬에서 표현식이 문처럼 나타날 수도 있지만, 문은 표현식처럼 사용될 수 없다. 표현식이 아닌 문은 일반적으로 한 라인에 단독으로 나타나야 하며, 더 큰 구문 구조 안에 중첩될 수 없다. 예를 들어, 파이썬은 다른 표현식 안에 할당문(=)을 포함하는 것을 허용하지 않는다. 이에 대한 근본적인 이유는 이러한 제약으로 인해 일반적인 코딩 실수를 피할 수 있다는 것이다. 실제로 == 부호를 이용하여 동등 비교를 하려고 할 때, 실수로 = 부호를 입력하여 값을 변경하는 실수를 막을 수 있다. 여러분은 13장에서 파이썬 while 루프에 대해서 다룰 때 이러한 제약을 피해 코드를 작성하는 방법에 대해서 보게 될 것이다.

표현식문과 직접 변경

이 주제는 파이썬에서 흔히 발생하는 또 다른 실수를 보여 준다. 표현식문은 종종 리스트를 직접 변경하기 위해 리스트 메서드를 실행하는 데 사용된다.

```
>>> L = [1, 2]
>>> L.append(3)                    # append는 리스트를 직접 변경함
>>> L
[1, 2, 3]
```

그러나 파이썬 초보자의 경우 L을 더 큰 리스트에 할당할 목적으로 위의 연산을 할당문으로 대신 작성하는 것도 특별히 이상하지는 않다.

```
>>> L = L.append(4)                # 그러나 append는 L이 아닌 None을 반환함
>>> print(L)                       # 그래서 리스트를 잃게 됨
None
```

하지만 이 방법은 잘 동작하지 않는다. 리스트에 대한 append, sort, 또는 reverse와 같은 직접 변경 연산의 호출은 리스트를 직접 변경하지만, 이러한 메서드는 그들이 변경한 리스트를 반환하지 않는다. 이 메서드들은 대신 None 객체를 반환한다. 따라서 이러한 연산의 결과를 다시 변수 이름에 할당할 경우, 사실상 리스트를 잃게 된다(그리고 아마도 그 과정에서 가비지 컬렉터에 의해 처리된다).

이 이야기는 즉 이런 방식으로 사용하지 말라는 것이다. 직접 변경 연산은 결과를 할당하지 않고 호출해야 한다. 이러한 현상은 나중에 다루는 일부 루프문에서도 나타날 수 있기 때문에 이에 대해서는 583쪽의 "일반적인 코딩 시 주의 사항"절에서 다시 이야기할 것이다.

출력 연산들

파이썬에서 print는 어떤 것을 출력한다. 이는 단순히 표준 출력 스트림에 대한 프로그래머에게 친숙한 인터페이스다.

엄밀히 말해서, 출력은 하나 또는 그 이상의 객체를 자신만의 텍스트 표현으로 변환하고, 일부 서식을 추가하여 결과 텍스트를 표준 출력 또는 다른 파일과 유사한 스트림으로 보낸다. 좀 더 구체적으로 이야기하면, 파이썬에서 print는 파일과 스트림의 개념과 아주 밀접한 관련이 있다.

파일 객체 메서드

9장에서 텍스트를 파일에 쓰는 파일 객체 메서드에 대해서 배웠다(③ file.write(str)). 출력 연산도 이와 유사하지만, 출력에 좀 더 초점을 맞추고 있다. 파일의 쓰기 메서드는 문자열을 임의의 파일에 쓰는 반면에, print는 일부 서식을 자동으로 추가하여 객체를 기본적으로 stdout 스트림에 쓴다. 파일의 메서드와는 달리, 출력 연산을 사용할 때는 객체를 문자열로 변환할 필요가 없다.

표준 출력 스트림

표준 출력 스트림(종종 stdout으로 알려진)은 단순히 프로그램의 텍스트 출력을 보내기 위한 기본 위치다. 표준 입력 그리고 에러 스트림과 더불어 스크립트가 실행될 때 생성되는 세 개의 데이터 연결 중 하나다. 표준 출력 스트림은 일반적으로 표준 출력 스트림이 운영체제의 셸에서 파일이나 파이프(pipe)로 리다이렉트된 경우가 아니라면, 여러분이 파이썬 프로그램을 시작한 창으로 연결된다.

파이썬에서 표준 출력 스트림은 내장된 sys 모듈의 stdout 파일 객체로(즉, sys.stdout) 이용할 수 있기 때문에 파일 쓰기 메서드 호출을 이용하여 print를 흉내 내는 것도 가능하다. 그러나 print는 매우 사용하기 쉬우며, 텍스트를 다른 파일이나 스트림으로 출력하는 일을 쉽게 만든다.

또한, 출력은 파이썬 3.X와 2.X가 달라진 것들 중에서 가장 눈에 띄는 곳 중 하나다. 실제로 이러한 분기는 대부분의 2.X 코드가 변경 없이 3.X에서 실행될 수 없는 일반적인 첫 번째 이유다. 구체적으로 출력 연산 코드를 작성하는 방법은 여러분이 사용하는 파이썬의 버전에 따라 달라진다.

- 파이썬 3.X에서 출력은 특별한 모드에 대한 키워드 인수를 제공하는 **내장된 함수**다.
- 파이썬 2.X에서 출력은 자신만의 고유한 구문을 가진 **문**이다.

이 책은 파이썬 3.X와 2.X를 모두 포함하기 때문에 여기서는 각각의 형식을 차례대로 살펴볼 것이다. 여러분이 파이썬의 한 버전에 대해서만 동작하도록 작성된 코드를 사용해도 될만큼 운이 좋은 경우라면, 여러분에게 맞는 절을 자유롭게 선택해서 볼 수 있다. 그러나 요구 사항은 언제든지 변경될 수 있으므로 두 경우 모두에 대해서 안다고 해서 문제가 되지는 않을 것이다. 게다가 최신 파이썬 2.X 릴리즈의 사용자들은 3.X의 print가 제공하는 추가적인 기능과 미래에 3.X로 쉬운 이전을 위해 필요에 따라 그들의 파이썬에서 3.X 방식의 출력을 임포트하여 사용할 수 있다.

파이썬 3.X print 함수

엄밀히 말해서 출력은 파이썬 3.X에서 별도의 문 형식이 아니다. 대신, 출력은 앞 절에서 배운 **표현식문**의 한 예다.

print 내장 함수는 우리가 관심 있어 할 만한 어떤 값을 반환하지 않으므로 일반적으로 한 라인에서 독립적으로 사용된다(사실상, print 내장 함수는 이전 절에서 이미 본 것처럼 None을 반환한다). 그러나 print는 일반 함수이기 때문에 3.X에서 출력은 특별한 구문 형식보다는 **표준 함수 호출 구문**을 사용한다. 그리고 print는 키워드 인수를 통해 특별한 동작 모드를 제공하므로 이 형식은 더 보편적이며, 미래의 변화를 좀 더 잘 지원한다.

그에 비해 파이썬 2.X print문은 라인 끝 문자가 자동으로 추가되는 것을 막거나 대상 파일 지정을 위한 기능을 제공하기 위해 다소 임시적인 구문을 제공한다. 게다가 2.X문은 구분자를 지정하는 방법을 전혀 제공하지 않는다. 2.X에서는 사전에 필요한 문자열을 만들어 놓아야 한다. 파이썬 3.X의 print는 임시적인 구문을 추가하기보다는 이 모든 기능을 포함하는 일반적인 접근 방법을 취한다.

호출 형식

3.X의 print 함수 호출은 구문적으로 다음과 같은 형식을 가진다(flush 인수는 파이썬 3.3부터 새롭게 추가되었다).

```
print([object, ...][, sep=' '][, end='\n'][, file=sys.stdout][, flush=False])
```

이 공식 표기법에서 대괄호 안의 아이템들은 옵션이며, 실제 호출에서 생략될 수 있다. 그리고 = 다음에 있는 값이 인수의 기본값으로 제공된다. 이 내장된 함수는 문자열 sep에 의해 구분된 하나 또는 그 이상의 객체들의 텍스트 표현과 뒤이어 문자열 end를 스트림 file에 출력하며, flush에 따라 버퍼링된 출력을 내보낸다.

sep, end, file 그리고 (파이썬 3.3 이후부터) flush 부분은 존재할 경우, 키워드 인수로 제공해야 한다. 즉, 위치 대신에 이름으로 인수를 전달하기 위해 특별한 '이름 = 값' 구문을 사용해야 한다. 키워드 인수에 대해서는 18장에서 자세히 다루지만, 매우 직관적이기 때문에 사용하기 어렵지 않을 것이다. 이 호출로 보내진 키워드 인수는 출력될 객체 다음에 왼쪽에서 오른쪽으로의 어떤 순서대로 나타나며, 이들은 print 연산을 제어한다.

- sep는 각 객체의 텍스트 사이에 입력되는 문자열이며, 이 값이 전달되지 않는 경우 단일 스페이스가 기본값이다. 빈 문자열의 전달은 구분자를 완전히 제거한다.

- end는 출력된 텍스트의 마지막에 추가되는 문자열이며, 이 값이 전달되지 않는 경우 \n 새 라인 문자가 기본값이다. 빈 문자열을 전달함으로써 출력된 텍스트의 끝에서 다음 출력 라인으로 내려가는 것을 피할 수 있다. 이 다음의 print 호출은 현재 출력 라인의 끝에 계속해서 추가될 것이다.

- file은 텍스트가 보내질 파일, 표준 스트림, 또는 다른 파일과 유사한 객체들을 지정한다. 값이 전달되지 않을 경우 sys.stdout 표준 출력이 기본값이다. 파일과 유사한 write(문자열) 메서드를 제공하는 어떤 객체든 올 수 있지만, 실제 파일은 출력을 위해 미리 열려 있어야 한다.

- flush는 3.3에서 새롭게 추가되었으며 기본값은 False다. 이 값은 전달된 텍스트가 출력 스트림을 통해 출력 대상으로 즉시 보내지도록 한다. 보통은 print를 통한 출력의 버퍼링 여부는 대상 file에 의해 결정된다. 스트림을 강제로 flush하기 위해서는 이 값을 True로 전달하도록 하자.

출력될 각 객체의 텍스트 표현은 해당 객체를 str 내장 호출(또는 파이썬 내부의 유사한 기능)에 전달함으로써 얻을 수 있다. 이미 보았듯이 이 내장 호출은 모든 객체에 대해 '사용자 친화적인' 출력 문자열을 반환한다.[5] 인수 없이 호출할 경우, print 함수는 단순히 일반적으로 빈 라인을 표시하는 새 라인 문자를 표준 출력 스트림으로 출력한다.

3.X print 함수의 실제 동작

3.X의 출력은 print 함수의 세부 사항 중 일부가 의미하는 것만큼 복잡하지 않다. 설명을 위해 빠른 예제 몇 개를 실행해 보도록 하자. 다음은 기본 구분자와 라인 끝 서식을 추가하여 여러 객체 타입을 기본 표준 출력 스트림에 출력한다(이 값들이 가장 일반적으로 사용되기 때문에 기본값으로 설정되어 있다).

---

5 엄밀히 말해서 출력은 str과 유사한 파이썬의 내부 구현을 사용하지만, 그 효과는 동일하다. str은 문자열로 변환하는 역할 말고도 문자열 데이터 타입의 이름으로도 사용되며, 추가적인 인코딩 인수와 함께 원시 바이트로부터 유니코드 문자열을 변환(decode)하는 데 사용될 수 있다. 후자의 역할은 여기서는 아직 신경 쓰지 않아도 되는 다소 어려운 사용법이다.

```
C:\code> c:\python36\python
>>> print()                               # 빈 라인 출력

>>> x = 'spam'
>>> y = 99
>>> z = ['eggs']
>>>
>>> print(x, y, z)                        # 기본 옵션으로 세 개의 객체 출력
spam 99 ['eggs']
```

여기서는 파일 쓰기 메서드에 대해 요구되는 바와 같이 객체를 문자열로 변환할 필요가 없다. 기본적으로 print 호출은 출력되는 객체들 사이에 공백을 추가한다. 공백이 추가되는 것을 막기 위해서는 sep 키워드 인수에 빈 문자열을 보내거나, 여러분이 원하는 다른 구분자를 보낼 수 있다.

```
>>> print(x, y, z, sep='')                # 구분자 제거
spam99['eggs']
>>>
>>> print(x, y, z, sep=', ')              # 사용자 정의 구분자
spam, 99, ['eggs']
```

또한, 기본적으로 print는 출력 라인을 종료하기 위해 라인 끝 문자를 추가한다. end 키워드 인수에 빈 문자열을 전달하여 자동으로 라인이 종료되는 것을 막거나, 필요한 경우 라인을 수동으로 종료하기 위해 \n 문자를 포함하여 여러분만의 종료 문자를 전달할 수 있다(다음의 두 번째 예제는 한 라인에 세미콜론으로 구분된 두 개의 문이 위치한다).

```
>>> print(x, y, z, end='')                # 라인 종료 방지
spam 99 ['eggs']>>>
>>>
>>> print(x, y, z, end=''); print(x, y, z)  # 같은 출력 라인에 두 개의 출력
spam 99 ['eggs']spam 99 ['eggs']
>>> print(x, y, z, end='...\n')           # 사용자 정의 라인 종료
spam 99 ['eggs']...
>>>
```

구분자와 라인 종료 문자열을 지정하기 위해 키워드 인수를 결합할 수도 있다. 이 둘은 순서에 상관없이 나타날 수 있지만, 출력될 모든 객체 다음에 나타나야 한다.

```
>>> print(x, y, z, sep='...', end='!\n')          # 다수의 키워드
spam...99...['eggs']!
>>> print(x, y, z, end='!\n', sep='...')          # 순서는 중요하지 않음
spam...99...['eggs']!
```

다음은 file 키워드 인수가 사용되는 방법이다. file 키워드 인수는 열린 출력 파일 또는 단일 print가 실행되는 동안 다른 호환성 있는 객체로의 출력을 지시한다(이는 실제로 스트림 리다이렉션의 한 형태이며, 이 주제에 대해서는 이 절의 뒤에서 다시 이야기하겠다).

```
>>> print(x, y, z, sep='...', file=open('data.txt', 'w'))   # 파일에 출력
>>> print(x, y, z)                                          # 다시 표준 출력
spam 99 ['eggs']
>>> print(open('data.txt').read())                          # 파일 텍스트 표시
spam...99...['eggs']
```

마지막으로, 출력 연산에 의해 제공되는 구분자와 라인 끝 옵션은 단지 편의를 위한 기능일 뿐임을 알고 있어야 한다. 좀 더 특별한 서식이 필요한 경우에는 이 방법으로 충분하지 않다. 대신, print 호출 이전에 미리 또는 7장에서 배운 print가 자체적으로 제공하는 문자열 도구를 사용하여 복잡한 문자열을 만들어 모두 한 번에 출력할 수 있다.

```
>>> text = '%s: %-.4f, %05d' % ('Result', 3.14159, 42)
>>> print(text)
Result: 3.1416, 00042
>>> print('%s: %-.4f, %05d' % ('Result', 3.14159, 42))
Result: 3.1416, 00042
```

다음 절에서 볼 수 있는 것처럼 3.X print 함수에서 우리가 본 거의 모든 것들이 2.X print문에도 직접 적용된다. 3.X의 함수가 2.X의 출력 기능을 흉내 내고 개선하려는 의도를 가지고 있다는 점을 고려하면 이치에 들어맞는다.

파이썬 2.X의 print문

이미 언급한 것처럼 파이썬 2.X에서 출력은 내장된 함수가 아닌 고유한 구문을 가진 문을 사용한다. 그러나 실제로 2.X 출력은 대부분 3.X 출력의 변형이다. (3.3 이후부터 이용할 수 있는) 출력 flush 기능과 (3.X에서는 지원되지만 2.X에서는 지원되지 않는) 구분자 문자열을 제외하고는 3.X print 함수로 할 수 있는 모든 것은 2.X print문으로 바로 변환될 수 있다.

문 형식

표 11-5는 참조를 위해 print문의 파이썬 2.X 형식과 그에 상응하는 파이썬 3.X의 print 함수를 나열하고 있다. 이 표에서 **콤마**가 출력문에서 특별한 의미가 있음을 알 수 있다. 콤마는 출력될 객체를 구분하며, 문의 마지막 콤마는 출력된 텍스트의 끝에 라인의 끝 문자가 추가되지 못하도록 한다(튜플 구문과 혼동하지 않도록 하자!). 또한, 여기서는 일반적으로 비트 오른쪽 이동 연산자로 사용되는 >> 구문을 기본 출력 스트림 sys.stdout이 아닌 다른 출력 스트림을 명시하기 위해 사용하였다.

표 11-5 파이썬 2.X 출력문 형식

파이썬 2.X문	파이썬 3.X문	설명
print x, y	print(x, y)	객체의 텍스트 형식을 sys.stdout으로 출력. 아이템들 사이에 공백과 끝에 라인 끝 문자를 추가
print x, y,	print(x, y, end = ' ')	위와 같지만 텍스트의 끝에 라인 끝 문자를 추가하지 않음
print >> afile, x, y	print(x, y, file = afile)	텍스트를 sys.stdout.write가 아닌 afile.write로 보냄

파이썬 2.X print문의 실제 동작

2.X print문은 3.X 함수보다 더 고유한 구문을 가지고 있지만, 3.X와 마찬가지로 사용하기 어렵지 않다. 다시 몇 가지 기본 예제들을 실행해 보도록 하자. 2.X print문은 콤마로 구분된 아이템들 사이에 공백을 추가하며, 기본적으로 현재 출력 라인의 끝에 라인 변경 문자를 추가한다.

```
C:\code> c:\python27\python
>>> x = 'a'
>>> y = 'b'
>>> print x, y
a b
```

이 서식은 단지 기본 서식일 뿐이다. 서식의 사용 여부는 여러분이 선택할 수 있다. 표 11-5의 두 번째 라인에서 본 것처럼 print문의 끝을 콤마로 종료하여 라인 변경을 방지함으로써, 나중에 현재 라인의 끝에 추가적인 텍스트를 더할 수 있다(다음 코드는 한 라인에서 두 개의 문을 구분하기 위해 다시 세미콜론을 사용한다).

```
>>> print x, y,; print x, y
a b a b
```

아이템들 사이에 공백이 추가되는 것을 막기 위해서는 이 방법을 사용하지 말아야 한다. 대신, 7장에서 소개된 서식 도구와 문자열 연결을 사용하여 출력 문자열을 미리 만들고 문자열을 모두 한 번에 출력해야 한다.

```
>>> print x + y
ab
>>> print '%s...%s' % (x, y)
a...b
```

여러분도 볼 수 있듯이, 2.X print문은 특별한 사용법에 대한 구문 이외에는 3.X의 함수만큼이나 사용하기 쉽다. 다음 절에서는 2.X print에서 file을 지정하는 방법에 대해서 보여 준다.

출력 스트림 리다이렉션

파이썬 3.X와 2.X 모두에서 출력은 기본적으로 표준 출력 스트림으로 텍스트를 보낸다. 그러나 종종 출력을 다른 곳으로 보낼 때 유용하게 사용할 수 있다. 예를 들어, 나중에 사용하거나 테스트를 목적으로 결과를 저장하기 위해 텍스트 파일로 보낼 수 있다. 이러한 리다이렉션은 파이썬 외부의 시스템 셸에서 수행할 수도 있지만, 스크립트 안에서 스크립트의 스트림을 리다이렉트하는 것도 어렵지 않다.

파이썬 'hello world' 프로그램

일반적인 (그리고 대게 포인터가 없는) 언어의 기준인 'hello world' 프로그램에서 시작해 보도록 하자. 파이썬에서 'hello world' 메시지를 출력하기 위해서는 단순히 여러분이 사용 중인 버전의 출력 기능에 따라 문자열을 출력하면 된다.

```
>>> print('hello world')              # 3.X에서 문자열 객체 출력
hello world

>>> print 'hello world'               # 2.X에서 문자열 객체 출력
hello world
```

표현식의 결과는 대화형 명령 라인에서 반향되므로 대화형 세션에서는 종종 print문조차 사용할 필요가 없다. 출력하고 싶은 표현식을 단순히 입력하면, 그 결과가 다시 반향된다.

```
>>> 'hello world'                          # 대화형 반향
'hello world'
```

이 코드는 정확히 말하면 소프트웨어 지식의 극히 중대한 부분은 아니지만, 일반적으로 출력 동작을 설명하기 위해 제공된다. 실제로 print 연산은 파이썬의 인간 공학적인 기능이며, print 는 일부 기본 서식과 함께 sys.stdout 객체에 대한 간단한 인터페이스를 제공한다. 사실 여러분 이 어렵게 문제를 해결하는 것을 즐긴다면, 출력 연산은 다음과 같은 방법으로도 작성할 수 있다(4장과 9장에 따라 3.X에서만 반환되는 값은 여기서 생략한다).

```
>>> import sys                             # 어려운 방법으로 출력하기
>>> sys.stdout.write('hello world\n')
hello world
```

이 코드는 sys.stdout의 write 메서드를 명시적으로 호출한다. 파이썬이 시작될 때 열린 파일 객체에 미리 설정해 놓은 속성이며, 출력 스트림으로 연결되어 있다. print 기능은 이러한 세부 사항의 대부분은 감추고 단순한 출력 작업을 위한 단순한 도구를 제공한다.

수동 스트림 리다이렉션

그렇다면 나는 왜 여러분에게 어려운 출력 방법을 보여 주었을까? print 기능에 상당하는 sys. stdout은 파이썬의 공통 기술의 기반에 해당되기 때문이다. 일반적으로 print와 sys.stdout은 다음과 같이 직접 관련되어 있다. 이 문은

```
print(X, Y)                                # 또는 2.X에서 print X, Y
```

다음의 긴 문장과 동등하다.

```
import sys
sys.stdout.write(str(X) + ' ' + str(Y) + '\n')
```

이 코드는 str을 이용한 문자열 변환, +를 이용한 구분자와 새 라인 문자의 추가, 그리고 출력 스트림의 write 메서드 호출을 수동으로 수행한다. 여러분이라면 어떤 코드를 사용하겠는가?[6]

---

6 올긴이 저자는 파이썬 출력 기능의 프로그래머 친화적인 특성을 강조하면서 말하고 있음

분명히 긴 형식은 생각하는 것만큼 출력 작업 자체에는 유용하지 못하다. 그러나 sys.stdout에 표준 출력 스트림이 아닌 다른 무언가를 할당하는 것도 가능하기 때문에 print 기능이 정확히 무엇을 하는지 알고 있으면 더욱 유용하다. 즉, sys.stdout을 이용한 출력 방법은 print 연산이 텍스트를 다른 곳으로 보내도록 만드는 방법을 제공한다. 그 예로 다음 코드문을 살펴보자.

```python
import sys
sys.stdout = open('log.txt', 'a')          # 파일로 출력을 리다이렉트
...
print(x, y, x)                             # log.txt에 표시됨
```

여기서 우리는 수동으로 sys.stdout을 log.txt라는 이름으로 이미 열려 있는 파일로 재설정하며, 이 파일은 스크립트의 작업 디렉터리에 위치하고 추가 모드로 열려 있다(그래서 파일의 현재 내용에 추가한다). 재설정 후에 프로그램 안의 모든 print 연산은 기존 출력 스트림 대신에 log.txt 파일의 끝에 텍스트를 쓴다. print 연산은 sys.stdout이 참조하는 대상에 일어난 일에 상관없이 기꺼이 sys.stdout의 write 메서드를 호출한다. 여러분의 프로세스 안에는 하나의 sys 모듈만 존재하기 때문에 이 방법으로 sys.stdout을 할당하는 것은 프로그램 내의 모든 print를 리다이렉트하게 된다.

사실, 463쪽에 나올 "더 생각해 볼 주제: print와 stdout" 칼럼에서 설명하는 것처럼 sys.stdout은 심지어 해당 객체가 필요한 인터페이스(출력된 텍스트 문자열을 인수로 받는 write로 명명된 메서드)만 제공한다면 파일이 아닌 객체로도 설정할 수 있다. 해당 객체가 클래스인 경우, 출력된 텍스트는 여러분이 작성하는 write 메서드에 따라 임의로 전달 및 처리될 수 있다.

이 출력 스트림 재설정 기법은 기존에 print문을 사용하여 작성된 프로그램에 더욱 유용하게 사용될 수 있다. 애초에 파일로 출력해야 한다는 것을 알고 있다면, print 대신에 파일 쓰기 메서드를 항상 호출할 수 있다. 그러나 sys.stdout 재설정은 print 기반 프로그램의 출력을 리다이렉트하기 위해 모든 print문을 변경하거나 시스템 셸 기반 리다이렉션 구문을 사용하는 것보다 편리한 방법을 제공한다.

스트림은 또 다른 역할에서 출력 대상을 GUI의 팝업 창에 표시하거나, IDLE와 같은 IDE에서 컬러화하는 객체로 재설정될 수 있다. 이는 일반적으로 사용되는 기술이다.

자동 스트림 리다이렉션

sys.stdout 할당에 의한 출력된 텍스트의 리다이렉트가 비록 유용하긴 하지만, 이전 절의 코드

가 가진 잠재적인 문제점은 파일로 출력이 끝난 후에 다시 원래대로 되돌려야 할 경우 기존 출력 스트림으로 복구할 직접적인 방법이 없다는 것이다. 그러나 sys.stdout은 단지 보통의 파일 객체이기 때문에 필요한 경우 얼마든지 이 값을 보관하고 복구할 수 있다.[7]

```
C:\code> c:\python36\python
>>> import sys
>>> temp = sys.stdout                    # 나중에 복구를 위해 저장
>>> sys.stdout = open('log.txt', 'a')    # 출력을 파일로 리다이렉트
>>> print('spam')                        # 파일로 출력
>>> print(1, 2, 3)
>>> sys.stdout.close()                   # 디스크로 출력을 flush
>>> sys.stdout = temp                    # 원래 스트림 복구

>>> print('back here')                   # 다시 화면으로 출력
back here
>>> print(open('log.txt').read())        # 이전 출력 결과
spam
1 2 3
```

그러나 여러분도 볼 수 있듯이, 위 코드와 같이 기존 출력 스트림을 수동으로 저장하고 복구하는 일은 꽤 많은 작업을 필요로 한다. 이러한 작업은 꽤 빈번히 발생하기 때문에 print 확장은 이러한 작업을 불필요하게 만들어 준다.

3.X에서 file 키워드는 sys.stdout 재설정 없이, 단일 print 호출만으로 텍스트를 파일(또는 파일과 유사한 객체)의 write 메서드로 보내는 것을 가능하게 한다. 리다이렉션은 임시로 사용되기 때문에 보통의 print 호출은 기존 출력 스트림에 대한 출력을 유지하고 있다. 2.X에서 print문에 >>와 다음에 출력 파일 객체(또는 다른 호환성있는 객체)를 지정하여 같은 효과를 볼 수 있다. 예를 들어, 다음 코드는 출력된 텍스트를 다시 log.txt라는 이름의 파일로 보낸다.

```
log = open('log.txt', 'a')        # 3.X
print(x, y, z, file=log)          # 파일과 유사한 객체에 출력
print(a, b, c)                    # 기존 stdout으로 출력

log = open('log.txt', 'a')        # 2.X
print >> log, x, y, z             # 파일과 유사한 객체에 출력
print a, b, c                     # 기존 stdout으로 출력
```

---

7 파이썬 2.X와 3.X 모두에서 프로그램 구동 시점의 기존 sys.stdout 값을 참조하고 있는 sys 모듈의 __stdout__ 속성을 사용할 수도 있다. 하지만 여전히 기존 스트림 값으로 되돌리기 위해서는 sys.stdout을 sys.__stdout__으로 복구할 필요가 있다. 더 자세한 내용은 sys 모듈 문서를 참고하도록 하자.

이와 같은 print의 라다이렉션 형식은 같은 프로그램 내에서 파일과 표준 출력 스트림 모두에게 출력할 필요가 있을 때 편리하다. 그러나 이러한 형식을 사용할 경우, 반드시 파일 이름 문자열이 아닌 파일 객체(또는 파일 객체처럼 동일한 write 메서드를 가진 객체)를 제공해야 한다. 다음은 이 방법의 실제 동작 모습이다.

```
C:\code> c:\python36\python
>>> log = open('log.txt', 'w')
>>> print(1, 2, 3, file=log)           # 2.X의 경우: print >> log, 1, 2, 3
>>> print(4, 5, 6, file=log)
>>> log.close()
>>> print(7, 8, 9)                      # 2.X의 경우: print 7, 8, 9
7 8 9
>>> print(open('log.txt').read())
1 2 3
4 5 6
```

또한 print의 이러한 확장 형식은 일반적으로 표준 에러 스트림으로 에러 메시지를 출력하는 데 사용되며, 표준 에러 스트림은 스크립트에서 sys.stderr라는 이름의 미리 열린 파일 객체로 이용할 수 있다. sys.stderr의 파일 write 메서드와 함께 수동으로 출력 서식을 지정하거나, 리다이렉션 구문과 함께 print를 이용할 수 있다.

```
>>> import sys
>>> sys.stderr.write(('Bad!' * 8) + '\n')
Bad!Bad!Bad!Bad!Bad!Bad!Bad!Bad!

>>> print('Bad!' * 8, file=sys.stderr)   # 2.X에서: print >> sys.stderr, 'Bad!' * 8
Bad!Bad!Bad!Bad!Bad!Bad!Bad!Bad!
```

이제 여러분은 출력 리다이렉션에 대해서 모두 알고 있으며, print와 파일 write 메서드 사이의 기능이 같다는 것을 제법 명확히 이해해야만 한다. 다음 대화형 예제는 3.X에서 두 가지 방법으로 출력한 다음, 동일한 텍스트가 출력되는지 확인하기 위해 출력을 외부 파일로 리다이렉트한다.

```
>>> X = 1; Y = 2
>>> print(X, Y)                         # 출력: 쉬운 방법
1 2
>>> import sys                          # 출력: 어려운 방법
>>> sys.stdout.write(str(X) + ' ' + str(Y) + '\n')
1 2
4
```

```
>>> print(X, Y, file=open('temp1', 'w'))              # 텍스트를 파일로 리다이렉트

>>> open('temp2', 'w').write(str(X) + ' ' + str(Y) + '\n')  # 수동으로 파일로 보내기
4
>>> print(open('temp1', 'rb').read())                  # 바이너리 모드
b'1 2\r\n'
>>> print(open('temp2', 'rb').read())
b'1 2\r\n'
```

여러분도 볼 수 있듯이, 여러분이 키보드 입력을 즐기지 않는 한 print 연산이 일반적으로 텍스트를 표시하기 위한 최선의 선택이다. print와 파일 write 사이의 기능이 같음을 보여 주는 또 다른 예제는 18장에서 3.X print 함수를 흉내 낸 예제를 살펴보도록 하자. 이 예제는 2.X에서도 동등하게 사용할 수 있는 보편적인 3.X print 함수를 제공하기 위해 여기서 설명한 코드 패턴을 사용한다.

버전 중립적인 출력

마지막으로 파이썬의 두 버전 모두에서 동작하는 출력이 필요한 경우, 선택할 수 있는 몇 가지 옵션이 있다. 여기서는 여러분이 3.X와의 호환성을 고려하며 2.X 코드를 작성하고 있는지, 또는 2.X를 함께 지원하는 것을 목표로 3.X 코드를 작성하고 있는지에 상관없이 모두 해당된다.

2to3 변환기

우선, 2.X print문을 작성하고 이 코드를 3.X의 2to3 변환 스크립트를 사용하여 3.X 함수 호출로 자동 변환하자. 이 스크립트에 대한 자세한 내용은 3.X 매뉴얼을 참고하도록 하자. 이 스크립트는 2.X 코드를 3.X에서 실행하기 위해 변환을 시도한다. 유용한 도구지만, 단지 print 연산을 버전 중립적으로 만들기 위해 사용하기에는 너무 과한 측면이 있다. 연관된 도구인 3to2는 반대의 작업을 수행하는데, 3.X 코드를 2.X에서 실행하기 위해 변환한다. 추가 정보는 부록 C를 참고하자.

from __future__ 임포트

대신에 스크립트 상단 또는 대화형 세션에 다음과 같이 작성된 문을 사용해 다른 형태의 함수 호출이 실행될 수 있도록 하여 2.X에 의해 실행되는 3.X print 함수 호출 코드를 작성할 수 있다.

```
from __future__ import print_function
```

이 문은 정확히 파이썬 2.X를 3.X의 print 함수를 지원하도록 변경한다. 이 방법으로 여러분은 3.X print 기능을 2.X에서 사용할 수 있으며, 나중에 3.X로 이전하는 경우에도 코드를 변경할 필요가 없다.

다음은 사용 시 주의 사항이다.

- 이 문은 3.X에 의해 실행되는 코드에 존재할 경우 무시된다. 이 문은 3.X에 포함되어 있더라도 2.X와의 호환성을 위해 문제가 되지 않는다.
- 이 문은 2.X에서 출력 기능이 필요한 각 파일의 최상단에 위치해야 한다. 이 문은 단일 파일에만 영향을 주기 때문에 이 문을 포함하고 있는 다른 파일을 임포트하는 것으로는 충분하지 않다.

코드를 이용하여 출력 차이 없애기

표 11-5의 첫 번째 열에 있는 이러한 간단한 출력은 파이썬 버전에 **상관없이** 동작한다는 것을 기억하자. 모든 표현식은 괄호 안에 포함될 수 있으므로 우리는 항상 2.X에서 외부 괄호를 추가하여 3.X print 함수를 호출하는 것처럼 흉내 낼 수 있다. 이 방법의 가장 큰 단점은 객체가 하나 이상이거나 없는 경우에 출력된 객체를 별도의 괄호와 함께 **튜플**로 만든다는 것이다. 예를 들어, 3.X에서 print 호출은 괄호 안에 나열되는 객체의 수에 제한이 없다.

```
C:\code> c:\python36\python
>>> print('spam')                           # 3.X print 함수 호출 구문
spam
>>> print('spam', 'ham', 'eggs')            # 다수의 인수 사용
spam ham eggs
```

위의 첫 번째 예제는 2.X에서도 동일하게 동작하지만, 두 번째는 출력으로 튜플을 생성한다.

```
C:\code> c:\python27\python
>>> print('spam')                           # 괄호로 감싼 2.X print문
spam
>>> print('spam', 'ham', 'eggs')            # 이 결과는 실제 튜플 객체다!
('spam', 'ham', 'eggs')
```

이와 같은 결과는 라인을 강제로 입력하기 위해 print를 객체 없이 사용할 때도 나타난다. 2.X에서 빈 문자열을 출력하지 않는 한 튜플을 보여 준다.

```
c:\code> py -2
>>> print()                    # 이 코드는 3.X에서 개행 문자를 의미함
()
>>> print('')                  # 이 코드는 2.X와 3.X 모두에서 개행 문자를 의미함
```

엄밀히 말해서, 2.X에서 출력 결과는 일부 상황에서 단순히 추가적인 괄호를 사용한 것 이상으로 다를 수 있다. 앞의 결과를 자세히 보면, 문자열은 2.X에서만 **따옴표로 둘러싸여** 출력된 것을 알 수 있다. 이것은 바로 객체가 최상위 항목이 아니라 다른 객체에 **중첩되어** 있을 경우 다르게 출력될 수 있기 때문이다. 엄밀히 말해서 중첩될 경우에는 repr로 표시되고, 최상위 객체일 경우에는 str로 표시된다. 이 두 개의 다른 출력 형식은 5장에서 이미 다루었다.

여기서 따옴표는 단순히 튜플에서 중첩된 문자열을 둘러싼 추가적인 따옴표를 의미하며, 이 따옴표는 2.X에서 괄호에 포함된 여러 아이템들을 출력하기 위해 생성되었다. 중첩된 객체의 표시는 다른 객체 타입의 경우 더 많은 차이가 날 수 있으며, 특히 **연산자 오버로딩**을 통해 다른 표시 방식을 정의한 클래스 객체의 경우 많은 차이가 날 수 있다. 이 주제에 대해서 일반적인 내용은 파트 6에서 다루며, 상세한 내용은 30장에서 다룬다.

3.X의 print를 어디서도 사용하지 않고 진정으로 이식성을 고려한 코드를 만들기 위해, 그리고 중첩된 표현에 대한 출력의 차이를 피하기 위해, 또한 버전들 사이에 표시를 통합하기 위해 여러분은 문자열 서식 표현식이나 메서드 호출, 또는 7장에서 배운 다른 문자열 도구들을 사용해 항상 출력 문자열을 단일 객체로 서식을 지정하여 만들 수 있다.

```
>>> print('%s %s %s' % ('spam', 'ham', 'eggs'))
spam ham eggs
>>> print('{0} {1} {2}'.format('spam', 'ham', 'eggs'))
spam ham eggs
>>> print('answer: ' + str(42))
answer: 42
```

물론 여러분이 3.X 버전만을 사용할 수 있는 경우 이러한 내용은 모두 무시해도 되지만, 대부분의 파이썬 프로그래머들은 한동안 2.X 코드와 시스템을 마주하게 될 것이다. 우리는 이 책의 많은 예제에서 2.X/3.X 사이의 이식성을 얻기 위해 __future__와 버전 중립적인 코드를 사용할 것이다.

나는 이 책을 설명하는 동안 3.X print 함수 호출을 사용한다. 또한, 종종 출력을 버전 중립적으로 만들고, 2.X에서 결과가 다를 수 있는 경우에는 보통 여러분에게 주의를 주지만, 때로는 잊을 때도 있으므로 다음 노트를 이에 대한 포괄적인 주의로 생각해 주기 바란다. 2.X에서 여러분이 출력한 텍스트에서 추가적인 괄호를 보게 될 경우, 여러분이 작성한 print문에 있는 괄호를 제거하고 __future__로부터 3.X print를 임포트하여 print문을 재작성하도록 한다. 여기서 설명된 버전 중립적인 방법을 사용하여 여러분의 print문을 재작성하거나 불필요한 텍스트를 사랑하는 방법을 배우도록 하자.

더 생각해 볼 주제: print와 stdout

print 연산과 sys.stdout에 쓰기 기능 사이가 서로 같다는 것은 중요한 문제다. 이는 sys.stdout을 파일과 같은 write 메서드를 제공하는 모든 사용자 정의 객체로 재할당하는 것을 가능하게 만든다. print문은 단순히 텍스트를 sys.stdout.write 메서드로 보내기 때문에 여러분은 임의의 방법으로 텍스트를 처리하도록 만든 write 메서드를 제공하는 객체를 sys.stdout에 할당함으로써, 프로그램 내에서 출력된 텍스트를 확인할 수 있다.

예를 들어 여러분은 출력된 텍스트를 GUI 창으로 보내거나, 또는 필요한 라우팅을 수행하는 write 메서드를 가진 객체를 정의함으로써 다수의 대상으로 보낼 수 있다. 이러한 기법의 예제는 이 책의 파트 6에서 클래스에 대해 배울 때 볼 수 있지만, 개념적으로 다음과 같은 모습이다.

```
class FileFaker:
    def write(self, string):
        # string에 담긴 출력된 텍스트로 작업을 수행

import sys
sys.stdout = FileFaker()
print(someObjects)            # 클래스 write 메서드로 보내기
```

이 코드는 print가 이 책의 다음 파트에서 **다형성** 연산이라고 부르는 무엇에 해당되기 때문에 동작한다. print는 sys.stdout이 write라는 이름의 메서드만(즉, 인터페이스) 제공한다면 실제 무엇이 담겨 있는지 신경 쓰지 않는다. 이러한 객체에 대한 리다이렉션은 3.X에서 file 키워드 인수를 사용하면 더 간단해지며, >>는 2.X에서 print의 확장된 형식이다. 그렇기 때문에 우리는 명시적으로 sys.stdout을 재설정할 필요가 없다. 일반적인 print는 여전히 stdout 스트림으로 연결된다.

```
myobj = FileFaker()                      # 3.X: 한 번의 인쇄를 위해 객체로 리다이렉트
print(someObjects, file=myobj)           # sys.stdout을 재설정하지 않음

myobj = FileFaker()                      # 2.X: 동일한 효과
print >> myobj, someObjects              # sys.stdout을 재설정하지 않음
```

파이썬 3.X의 내장 input 함수(2.X에서 raw_input)는 sys.stdin 파일로부터 읽으므로, 파일과 유사한 read 메서드를 구현한 클래스를 대신 사용하여 비슷한 방법으로 읽기 요청을 가로챌 수 있다. 이 함수에 대한 추가적인 기반 지식이 필요한 경우 10장에 있는 input과 while 루프 예제를 살펴보도록 하자.

출력된 텍스트는 stdout 스트림으로 향하기 때문에 이는 웹에서 사용되는 CGI 스크립트에서 HTML 응답 페이지를 출력하는 방법으로 사용되며, 운영체제의 시스템 셀 명령 라인에서 파이썬 스크립트의 입력과 출력을 리다이렉트하는 것이 가능하게 한다.

```
python script.py < inputfile > outputfile
python script.py | filterProgram
```

파이썬의 print 연산 리다이렉트 도구는 본질적으로 이러한 셀 구문 형식에 대한 순수 파이썬적인 방법들이다. CGI 스크립트와 셀 구문에 대한 추가적인 내용은 다른 자료들을 참고하자.

이 장의 요약

이 장에서 우리는 할당, 표현식 그리고 출력 연산에 대한 탐구를 통해 파이썬 문을 심층적으로 살펴보기 시작했다. 이 내용들은 일반적으로 사용하기 어렵지 않지만, 실제 상황에서는 선택적으로 이용할 수 있는 좀 더 편리한 방법들이 존재한다. 예를 들어, 증강 할당문과 print 연산의 리다이렉션 형식을 이용하면 일부 수동 코딩 작업을 피할 수 있다. 또한 그 과정에서 우리는 변수 이름, 스트림 리다이렉션 기법의 구문, 그리고 append 메서드 호출의 결과를 다시 변수에 할당하는 경우와 같이 피해야 하는 일반적인 실수에 대해서 공부했다.

다음 장에서는 파이썬의 주요 선택 도구인 if문에 대한 자세한 내용을 통해 문에 대한 학습을 계속해서 진행한다. 거기서 파이썬의 구문 모델을 좀 더 심층적으로 다루고 부울 표현식의 동작에 대해서 살펴본다. 그러나 다음 장으로 넘어가기 전에 퀴즈를 통해 이 장에서 배운 지식들을 확인해 보도록 하자.

학습 테스트: 퀴즈

1. 세 개의 변수에 같은 값을 할당하는 세 가지 방법을 말해 보시오.
2. 세 개의 변수에 가변 객체를 할당할 때 주의해야 하는 이유는?
3. 다음 L = L.sort( ) 코드는 무엇이 잘못되었는가?
4. 외부 파일에 텍스트를 보내기 위해 print 연산을 어떻게 사용해야 하는가?

학습 테스트: 정답

1. 다중 대상 할당(A = B = C = 0), 시퀀스 할당(A, B, C = 0, 0, 0), 또는 별도의 라인에서 다수의 할당문(A = 0, B = 0, 그리고 C = 0)을 사용할 수 있다. 또한, 마지막 기법은 10장에서 소개된 것처럼 세 개의 별도 문을 세미콜론으로 구분하여 한 라인에 연결할 수 있다(A = 0; B = 0; C = 0).

2. 다음과 같은 방법으로 할당할 경우 세 개의 이름 모두는 같은 객체를 참조하기 때문에 이 중 하나를 직접 변경한다면(예 A.append(99)) 나머지 두 이름에도 영향을 미친다.

   ```
   A = B = C = []
   ```

   이 경우는 리스트와 딕셔너리 같은 가변 객체를 직접 변경할 때만 해당된다. 숫자와 문자열 같은 가변 객체의 경우, 이 이슈가 해당되지 않는다.

3. 리스트 sort 메서드는 리스트의 append 메서드처럼 대상 리스트를 직접 변경한다. 이 두 메서드는 변경한 리스트가 아닌 None을 반환한다. 호출 결과를 다시 L에 저장하면 L은 정렬된 리스트가 아닌 None이 설정된다. 이전에 이미 언급한 것처럼 새로운 내장 함수 sorted는 모든 종류의 시퀀스를 정렬하고 정렬된 결과를 새로운 리스트로 반환한다. sorted는 직접 변경을 수행하지 않으므로 호출 결과를 반드시 이름에 할당해야 의미 있게 사용할 수 있다.

4. 하나의 print 연산을 사용하여 파일로 출력하기 위해서는 3.X의 print(X, file = F) 호출 형식, 2.X의 print >> file, X문 형식, 또는 print를 사용하기 전에 수동으로 열고 있는 파일을 sys.stdout에 할당하고 사용 후 복구하는 방식 등을 이용할 수 있다. 또한 시스템 셸에서 프로그램의 출력된 텍스트를 파일로 모두 리다이렉트할 수 있지만, 이 내용은 파이썬의 범위를 벗어난다.

12

if 테스트와
구문 규칙

이 장에서는 테스트 결과를 기반으로 선택 가능한 동작들로부터 선택하기 위해 주로 사용되는 파이썬 if문에 대해서 보여 준다. 이 장은 **복합문**(다른 문을 포함하고 있는 문)에 대해서 처음으로 심층 탐구하는 장이기 때문에 파이썬 구문 규칙 모델의 숨겨진 일반 개념에 대해서 10장에서 소개한 것보다 더 자세히 탐구한다. 또한 이 장에서는 if문이 테스트에 대한 개념을 도입하기 때문에 부울 표현식과 '삼중' if 표현식에 대한 내용을 포함하고 있으며, 일반적인 진리(true) 테스트에 대한 좀 더 상세한 내용으로 채우고 있다.

if문

간단히 말해서 파이썬 if문은 수행할 동작을 선택한다. if문은 표현식 부분과 함께 파이썬의 기본 선택 도구이며, 파이썬 프로그램 내의 많은 **논리적인** 부분을 표현한다. 또한 if문은 우리가 다루는 첫 번째 복합문이자, 모든 복합 파이썬 문과 마찬가지로 또 다른 if문을 포함한 다른 문들을 포함할 수 있다. 실제로, 파이썬은 프로그램에서 순차적(그래서 하나씩 차례로 실행한다)으로, 그리고 임의로 중첩된 방식(그래서 선택문과 루프문 같은 특정 조건에서만 실행한다)으로 문장을 결합할 수 있게 해준다.

일반적인 형식

파이썬 if문은 대부분의 절차적인 언어에서 제공되는 if문과 별반 다르지 않다. if문은 먼저 if 테스트에 이어 하나 또는 그 이상의 선택적인 elif('else if') 테스트와 마지막 옵션인 else 블록이 오는 형식을 취한다. 각각의 테스트와 else 부분은 연관된 중첩된 문의 블록을 가지고 있으며, 헤더 라인 아래에서 들여쓰기된다. if문은 테스트가 참으로 평가되는 첫 번째 테스트와 연관된 코드의 블록 또는 모든 if 테스트가 거짓일 경우 else 블록을 실행한다.

```
if test1:              # if 테스트
    statements1        # 연관된 블록
elif test2:            # 선택적인 elif
    statements2
else:                  # 선택적인 else
    statements3
```

기본 예제

설명을 위해 if문의 간단한 예제를 살펴보도록 하자. 초기의 if 테스트, 그리고 이와 관련된 문들을 제외한 나머지 부분들은 선택 사항이다. 따라서 가장 단순하게 만든다면 다른 부분들은 생략될 수 있다.

```
>>> if 1:
...     print('true')
...
true
```

여기서 사용된 기본 인터페이스에서 대화형으로 입력할 때, 연속적인 라인 입력을 위해 프롬프트가 어떻게 ...으로 변경되었는지 주의해서 살펴보자. IDLE에서는 들여쓰기된 다음 라인으로 이동한다(백스페이스를 눌러 들여쓰기를 줄일 수 있다). 빈 라인(엔터를 두 번 입력)은 전체 문을 종료하고 실행한다. 여기서 1은 부울 참(곧 다루겠지만, 1은 단어 True와 동등하다)을 의미하므로 이 문의 테스트는 항상 성공한다는 점을 기억하자. 거짓(false) 결과를 처리하고자 할 경우에는 else를 작성할 수 있다.

```
>>> if not 1:
...     print('true')
... else:
...     print('false')
```

```
...
false
```

다중 분기

다음은 if문의 옵션 부분이 모두 포함된 좀 더 복잡한 if문의 예제다.

```
>>> x = 'killer rabbit'
>>> if x == 'roger':
...     print("shave and a haircut")
... elif x == 'bugs':
...     print("what's up doc?")
... else:
...     print('Run away! Run away!')
...
Run away! Run away!
```

이 다중 라인 문은 if 라인에서부터 else 아래의 중첩된 블록까지 확장되었다. 이 코드가 실행되면 파이썬은 참인 테스트의 아래에 중첩된 문들을 처음으로 실행하거나, 모든 테스트가 거짓인 경우에는 else 부분을 실행한다(이 예제가 그렇게 동작한다). 실제로 elif와 else 부분은 생략될 수 있으며, 각 섹션에는 하나 이상의 문이 중첩될 수 있다. 여기서 if, elif, else는 같은 들여쓰기를 통해 수직으로 정렬되어 서로 연관된다는 점에 유의하자.

만약 여러분이 C 또는 파스칼 같은 언어를 사용해 본 적이 있다면, 파이썬에는 변수의 값에 기반하여 동작을 선택하는 switch 또는 case 문이 없다는 점이 흥미로울 것이다. 대신에 파이썬에서는 앞선 예제와 같이 일련의 if/elif 테스트를 이용하여 다중 분기 코드를 작성하거나, 때로는 딕셔너리 인덱싱 또는 리스트 검색을 이용해야 한다. 딕셔너리와 리스트는 런타임 시에 동적으로 생성되므로 때로는 if문을 사용하여 하드코딩하는 것보다 좀 더 유연하다.

```
>>> choice = 'ham'
>>> print({'spam': 1.25,              # 딕셔너리 기반의 'switch'
...        'ham': 1.99,               # 기본값이 필요한 경우 has_key 또는 get을 이용
...        'eggs': 0.99,
...        'bacon': 1.10}[choice])
1.99
```

비록 이 코드를 처음 보면 이해하는 데 다소 시간이 걸리긴 하지만, 이 딕셔너리는 다중 분기를 구현하고 있다. choice 키로 인덱싱하여 C의 switch처럼 값들 중에서 하나로 분기한다.

앞 코드를 파이썬 if문으로 작성할 경우에는 다음과 같이 작성될 수 있지만 다소 장황하다.

```
>>> if choice == 'spam':          # if문으로 작성한 같은 기능
...     print(1.25)
... elif choice == 'ham':
...     print(1.99)
... elif choice == 'eggs':
...     print(0.99)
... elif choice == 'bacon':
...     print(1.10)
... else:
...     print('Bad choice')
...
1.99
```

이 코드가 더 가독성이 좋긴 하지만, 이전 장에서 배운 eval 또는 exec와 같은 도구를 이용하여 문자열로 코드를 만들고 이 문자열을 실행하여 생성하는 경우를 제외하면, 이 코드를 딕셔너리처럼 런타임 시에 쉽게 만들 수는 없다. 더 동적인 프로그램을 만들기 위해 데이터 구조는 추가적인 유연함을 제공해야 한다.

기본 상황 처리하기

여기서 if문의 else절은 일치하는 키가 없는 기본 상황을 처리한다는 것을 알 수 있다. 8장에서 이미 본 것처럼, 딕셔너리에서 기본 상황에 대한 처리는 in 표현식, get 메서드 호출 또는 이전 장에서 소개한 try문을 이용한 예외 처리를 통해서 구현할 수 있다. 이 모든 동일한 기술들은 딕셔너리 기반 다중 분기의 기본 동작을 구현하기 위해 여기서 사용될 수 있다. 이 사례에서 이 기술들이 어떻게 사용되는지 살펴보기 위해, 다음은 get을 이용하여 기본 상황을 처리하는 방법을 보여 준다.

```
>>> branch = {'spam': 1.25,
...           'ham': 1.99,
...           'eggs': 0.99}

>>> print(branch.get('spam', 'Bad choice'))
1.25
>>> print(branch.get('bacon', 'Bad choice'))
Bad Choice
```

if문의 in 멤버십 테스트는 동일한 기본 상황 처리 효과가 있다.

```
>>> choice = 'bacon'
>>> if choice in branch:
...     print(branch[choice])
... else:
...     print('Bad choice')
...
Bad choice
```

그리고 try문은 예외를 붙잡고 처리함으로써 기본 상황을 처리하는 일반적인 방법이다(예외에 대한 좀 더 자세한 내용은 11장의 개요와 이 주제에 대해서 본격적으로 다루는 파트 7을 참고하자).

```
>>> try:
...     print(branch[choice])
... except KeyError:
...     print('Bad choice')
...
Bad choice
```

더 큰 작업 처리하기

딕셔너리는 키를 값과 연결하기에 좋지만, if문의 문 블록에서 작성하는 것처럼 복잡한 동작을 수행할 수 있을까? 파트 4에서는 딕셔너리는 더욱 복잡한 분기 동작을 표현하기 위해 함수를 포함할 수 있으며, 일반적인 분기 테이블을 구현할 수 있다는 것을 배운다. 이러한 함수들은 딕셔너리의 값으로 나타나며, 함수 이름 또는 인라인 람다(lambda)로 작성된다. 또한, 괄호를 추가하여 호출함으로써 동작을 실행시킬 수 있다. 여기서는 다소 추상적인 예제 하나를 소개하지만, 함수 정의에 대해서 좀 더 학습한 후 19장에서 이 주제에 대해서 다시 이야기할 예정이다.

```
def function(): ...
def default(): ...

branch = {'spam': lambda: ...,             # 호출 가능한 함수 객체 테이블
          'ham':  function,
          'eggs': lamda: ...}

branch.get(choice, default)()
```

딕셔너리 기반의 다중 분기가 동적인 데이터를 처리하는 프로그램에서 유용하긴 하지만, 대부분의 프로그래머들이라면 if문을 이용한 방법이 다중 분기를 수행하는 데 좀 더 직관적인 방법임을 알 것이다. 내 코딩 경험상으로는 망설여질 때는 단순함과 가독성 측면을 살펴야 한다. 이것이 바로 '파이썬'적인 방법이다.

파이썬 구문 다시보기

파이썬 구문 모델은 이미 10장에서 소개했다. 지금 우리는 if와 같은 더 큰 구문에 다가가고 있으므로 이 절에서는 이전에 소개한 구문 개념을 복습하고 확장한다. 파이썬은 일반적으로 단순한 문 기반 구문을 제공하지만, 여러분이 알아 두어야 할 몇 가지 특성이 있다.

- **문은 순차적으로 실행된다.** 파이썬은 일반적으로 파일 또는 중첩된 블록 안에 있는 문들을 처음부터 끝까지 순차적으로 실행하지만, (루프와 예외뿐만 아니라) if 같은 문은 인터프리터를 코드 안의 어딘가로 이동시킨다. 파이썬이 프로그램을 실행하는 순서를 제어 흐름(control flow)이라고 부르기 때문에 if와 같이 제어 흐름에 영향을 주는 문을 종종 **제어 흐름 문**이라고 부른다.

- **블록과 문의 경계는 자동으로 감지된다.** 이미 본 것처럼 파이썬에는 코드 블록 주위에 괄호나 'begin/end' 구분자가 없다. 대신, 파이썬은 중첩된 블록 안의 문들을 그룹화하기 위해 헤더 아래의 문들에 대해 들여쓰기를 사용한다. 마찬가지로, 파이썬 문들은 일반적으로 세미콜론으로 종료되지 않는다. 대신, 일반적으로 라인의 끝이 해당 라인에 작성된 문의 끝을 표시한다. 문은 경우에 따라 특별한 구문을 사용하여 여러 라인으로 확장되거나 한 라인에 결합될 수 있다.

- **복합문은 헤더 + ':' + 들여쓴 문으로 구성된다.** 중첩된 문을 가진 모든 파이썬 복합문은 같은 패턴으로 사용된다. 콜론으로 종료되는 헤더 라인과 뒤이어 일반적으로 헤더 아래에 들여쓰기된 하나 이상의 중첩된 문이 온다. 들여쓰기된 문들은 **블록**(block)이라고 부른다. if문에서 elif와 else절은 if문의 일부지만, 이들 또한 자신만의 중첩된 블록과 헤더 라인을 가진다. 상황에 따라서 블록이 간단한 비복합 코드인 경우, 헤더와 같은 라인에 나타날 수 있다.

- **빈 라인, 스페이스, 주석은 일반적으로 무시된다.** 파일에서 빈 라인은 선택 사항이며 무시된다(그러나 대화형 프롬프트에서는 복합문을 종료하는 데 사용된다). 문과 표현식 안에 있는 공백은 거의 항상 무시된다(문자열 리터럴 안이나, 들여쓰기로 사용될 때는 제외). (문자열 리터럴 내부를 제외한) # 문자로 시작하고, 현재 라인의 끝까지 확장되는 주석은 항상 무시된다.

- **문서화 문자열은 무시되지만 도구들에 의해 저장/표시된다.** 파이썬은 문서화 문자열이라고 부르는 추가적인 주석 형식을 지원하며, #로 시작하는 주석과는 달리 검사를 위해 런타임 시에도 유지된다. 문서화 문자열은 프로그램 파일과 일부 문들의 최상단에 나타나는 단순한 문자열이다. 파이썬은 문서화 문자열의 내용을 무시하지만 런타임 시에 자동으로 객체에 첨부되며, PyDoc과 같은 문서 도구들에 의해 출력될 수도 있다. 문서화 문자열은 파이썬의 종합적인 문서 전략의 일부이며, 이 파트의 마지막 장에서 다룬다.

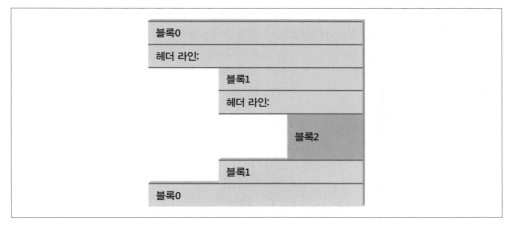

그림 12-1 중첩된 코드 블록. 중첩된 블록은 오른쪽으로 더 들여쓴 문으로 시작하고, 덜 들여쓴 문 또는 파일 끝에 의해 종료된다.

여러분도 보았듯이 파이썬에는 변수 타입 선언이 없다. 이 사실은 여러분이 그동안 사용했던 다른 언어들보다 더 단순한 언어 구문 작성이 가능하도록 만든다. 그러나 파이썬을 처음 접하는 사용자에게는 다른 언어에서 블록과 문을 표시하는 데 사용되는 괄호와 세미콜론의 부재가 파이썬의 가장 신기한 구문적인 특징으로 보일 것이다.

블록 구분자: 들여쓰기 규칙

10장에서 소개한 것처럼 파이썬은 라인 들여쓰기에 의해 자동으로 블록 경계를 인식한다. 같은 코드의 블록에 속하는 모든 문은 같은 거리만큼 오른쪽으로 들여쓰기된다. 즉, 블록 안에 포함된 문들은 수직 정렬된다. 블록은 파일의 끝이나 덜 들여쓴 라인을 만날 때 끝나며, 더 깊이 중첩된 블록은 감싸고 있는 블록의 문들보다 오른쪽으로 더 들여쓴다. 뒤에서 학습하는 일부 상황에서 복합문의 본문이 헤더 라인에 나타날 수도 있지만, 대부분의 경우에는 헤더 라인 밑에 들여쓰기된다.

예를 들어, 그림 12-1은 다음 코드의 블록 구조를 보여 준다.

```
x = 1
if x:
    y = 2
    if y:
        print('block2')
    print('block1')
print('block0')
```

이 코드는 세 개의 블록을 포함하고 있다. 첫 번째 블록(파일의 최상위 코드)은 들여쓰기를 전혀 사용하지 않았고, 두 번째(바깥 if문 안에 있는) 블록은 네 개의 스페이스만큼 들여쓰기되었고, 세 번째(중첩된 if 아래의 print문) 블록은 여덟 개의 스페이스만큼 들여쓰기되었다.

일반적으로 (들여쓰지 않은) 최상위 코드는 1열에서 시작해야 한다. 들여쓰기된 블록은 어떤 열에서도 시작할 수 있다. 들여쓰기는 주어진 단일 블록 안의 모든 블록이 동일하기만 하면 어떤 수의 스페이스나 탭으로도 구성될 수 있다. 즉, 파이썬은 여러분이 어떻게 들여쓰기를 사용하는지 신경 쓰지 않으며, 단지 들여쓰기에 일관성이 있는지만을 고려한다. 들여쓰기 수준당 네 개의 스페이스 또는 하나의 탭이 일반적인 관습이지만, 그렇다고 해서 절대적인 기준이 존재하는 것은 아니다.

코드 들여쓰기는 실제로 매우 자연스럽다. 예를 들어, 다음 코드는 (바보가 틀림없다) 일반적인 들여쓰기 에러를 보여 준다.

```
  x = 'SPAM'                              # 에러: 첫 라인이 들여쓰기
if 'rubbery' in 'shrubbery':
    print(x * 8)
        x += 'NI'                         # 에러: 예기치 않은 들여쓰기
        if x.endswith('NI'):
                x *= 2
            print(x)                      # 에러: 일관성 없는 들여쓰기
```

이 코드를 올바르게 들여쓰면 다음과 같은 모습이다. 적절한 들여쓰기는 심지어 이와 같은 인위적인 예제에서도 코드의 의도를 더욱 분명하게 만든다.

```
x = 'SPAM'
if 'rubbery' in 'shrubbery':
    print(x * 8)                         # "SPAM"을 8번 출력
    x += 'NI'
    if x.endswith('NI'):
        x *= 2
        print(x)                         # "SPAMNISPAMNI" 출력
```

파이썬에서 공백이 중요하게 사용되는 유일한 곳은 코드의 왼쪽에서 들여쓰기를 위해 사용될 때라는 것을 알아 둘 필요가 있다. 대부분 다른 상황에서는 스페이스의 유무는 중요하지 않다. 그러나 들여쓰기는 형식적인 제안이 아니라 실제로 파이썬 구문의 일부다. 특정 단일 블록 안의 모든 문들은 같은 수준으로 들여쓰기해야 하며, 그렇지 않은 경우 파이썬은 에러를

출력한다. 이것은 파이썬의 의도적인 동작이다. 중첩된 코드 블록의 시작과 끝을 명시적으로 표시할 필요가 없으므로, 다른 언어에서 발견되는 일부 구문 혼란(syntactic clutter)은 파이썬에서는 불필요하다.

10장에서 설명한 것처럼 들여쓰기를 구문 모델의 일부로 만드는 것은 일관성을 강제하며, 이는 파이썬 같은 구조적 프로그래밍 언어에서 가독성의 중요한 요소다. 파이썬의 구문은 때때로 '보이는 대로 얻는다(WYSIWYG)'로 설명된다. 또한, 코드의 각 라인의 들여쓰기는 코드를 읽는 사람들에게 해당 코드가 어디에 연관되어 있는지 명확하게 말해 준다. 이와 같이 균일하고 일관된 모습은 파이썬 코드를 유지보수 및 재사용하기 쉽도록 만든다.

들여쓰기는 실제로 들여쓰기의 구체적인 내용이 의미하는 것보다 훨씬 더 단순하며, 여러분의 코드가 논리적인 구조를 반영하도록 만든다. 지속적으로 들여쓴 코드는 항상 파이썬의 규칙을 만족한다. 게다가 (IDLE를 포함하여) 대부분의 텍스트 편집기는 여러분이 입력하는 코드를 자동으로 들여씀으로써 파이썬의 들여쓰기 모델을 쉽게 따를 수 있도록 만든다.

탭과 스페이스를 섞어쓰지 말자: 3.X에 추가된 오류 검사

내 경험에서 미루어 보면 들여쓰기에 스페이스나 공백을 사용할 수 있지만, 일반적으로 이 둘을 하나의 블록 안에 섞어 쓰는 것은 좋은 생각이 아니므로 둘 중 하나만 사용하자. 사실상 탭은 현재 열의 번호를 8의 배수까지 이동하는 데 필요한 스페이스 수를 계산하며, 여러분의 코드가 탭과 스페이스를 일관되게 섞어서 사용한다면 잘 동작할 것이다. 그러나 이러한 코드는 수정하기 어려울 수 있다. 더 나쁜 경우, 탭과 스페이스의 혼합은 파이썬의 구문 규칙과는 별도로 여러분의 코드를 완전히 읽기 어렵게 만든다. 탭은 여러분의 편집기에서 보는 것과 다른 프로그래머의 편집기에서 보는 것이 매우 다를 수 있다.

사실, 파이썬 3.X에서는 이러한 이유로 인해 블록 안에서 들여쓰기에 탭과 스페이스를 일관성 없이 섞어서 사용할 경우 에러를 발생시킨다(즉, 탭에 상당하는 스페이스에 의존적으로 만드는 방법). 파이썬 2.X는 이러한 스크립트의 실행을 허용하지만, 일관성 없는 탭의 사용에 대해 주의를 주는 -t 명령 라인 플래그를 제공하며, -tt 플래그는 이러한 코드에 대해 에러를 발생시킨다(시스템 셸 창의 명령 라인에서 python -t main.py와 같이 사용할 수 있다). 파이썬 3.X가 오류를 발생시키는 상황은 2.X의 -tt 스위치를 사용할 때와 같다.

문 구분자: 라인과 연속 입력

파이썬에서 문은 일반적으로 해당 문이 나타난 라인 끝에서 끝난다. 그러나 문이 한 라인에 들어가기에 너무 긴 경우, 몇몇 특별한 규칙을 사용하여 코드를 여러 라인으로 확장할 수 있다.

- **구문 쌍을 계속 열고 있는 경우, 문은 여러 라인으로 확장된다.** 파이썬은 ( ), { }, 또는 [ ] 쌍 안에서 무언가를 작성하고 있는 경우, 다음 라인에 계속해서 입력할 수 있도록 한다. 예를 들어 괄호 안의 표현식과 딕셔너리, 그리고 리스트 리터럴은 여러 라인으로 확장될 수 있다. 작성 중인 문은 파이썬 인터프리터가 괄호 쌍의 닫는 부분이 입력된 라인에 도달할 때까지 끝나지 않는다. 연속 입력 라인(문의 두 번째 라인과 그 이후)의 들여쓰기는 여러분이 원하는 수준에서 시작할 수 있지만, 가능하면 가독성을 위해 수직으로 정렬하자. 또한, 이 규칙은 파이썬 3.X와 2.7의 집합과 딕셔너리 컴프리헨션에도 적용된다.

- **문이 역슬래시로 끝날 경우, 문은 여러 라인으로 확장된다.** 이 방법은 일반적으로 잘 권장하지 않는 다소 옛날 방식이지만, 문이 여러 라인으로 확장될 필요가 있는 경우라면 여러분은 이전 라인의 끝에 다음 라인에 계속해서 입력할 것임을 표시하기 위해 역슬래시(역슬래시는 문자열 리터럴이나 주석에 포함되지 않는다)를 추가할 수 있다. 또한, 대부분의 구조에서 괄호를 추가해 계속 입력할 수 있으므로 역슬래시는 오늘날 거의 사용되지 않는다. 아울러 역슬래시 방식은 에러가 발생하기 쉽다. 실수로 역슬래시의 사용을 잊는 경우에는 보통 구문 에러가 발생하지만, 다음 라인이 새로운 문장으로 착각되어 예기치 않은 결과를 초래하기도 한다.

- **문자열 리터럴을 위한 특별한 규칙.** 7장에서 배운 것처럼, 삼중 인용 부호 블록은 일반적으로 다수의 라인으로 확장될 수 있게 설계되었다. 우리는 7장에서 인접한 문자열 리터럴은 암묵적으로 연결된다는 것을 배웠다. 이 규칙이 바로 위에서 언급한 열린 괄호 규칙과 함께 사용될 경우, 이 구조를 괄호로 감싸면 여러 라인에 걸쳐 작성할 수 있다.

- **또 다른 규칙.** 문 구분자에 관해서 이야기해야 할 몇 가지 다른 요소들이 있다. 일반적이지는 않지만 세미콜론으로 문을 종료시킬 수 있다. 이 규칙은 때로 하나 이상의 간단한 (비복합) 문을 단일 라인에 밀어 넣기 위해 사용된다. 또한, 주석과 빈 라인은 파일상의 어디에서나 나타날 수 있다. (# 문자로 시작하는) 주석은 주석이 나타난 해당 라인의 끝에 종료된다.

몇몇 특별한 경우

다음의 연속 입력 라인은 여기서 설명한 열린 구문 쌍 규칙을 사용한 것처럼 보인다. 대괄호를 사용하는 리스트와 같이 경계가 구분된 구조는 여러 라인으로 작성될 수 있다.

```
L = ["Good",
     "Bad",
     "Ugly"]                     # 열린 구문 쌍 규칙을 이용한 라인 확장
```

또한 이 구조는 중괄호(딕셔너리, 3.X 그리고 2.7에서 집합 리터럴과 집합, 딕셔너리 컴프리헨션)뿐만 아니라 괄호(표현식, 함수 인수, 함수 헤더, 튜플, 제너레이터 표현식)를 사용하는 모든 것에 대해서 동작한다. 이 중에 일부는 다음 장에서 배우겠지만, 이 규칙은 실제로 여러 라인으로 작성될 수 있는 대부분의 구조를 자연스럽게 포함한다.

역슬래시를 사용한 연속 라인 입력을 선호하는 경우 이를 사용할 수도 있지만, 이 방법은 파이썬의 일반적인 관습은 아니다.

```
if a == b and c == d and  \
   d == e and f == g:
   print('olde')               # 역슬래시는 연속 라인 입력을 가능하게 함
```

모든 표현식은 괄호로 감쌀 수 있기 때문에 코드를 여러 라인에 걸쳐 작성해야 할 필요가 있는 경우, 대신 열린 괄호 쌍 기법을 이용할 수 있다. 문의 일부를 단순히 괄호로 감싼다.

```
if (a == b and c == d and
    d == e and e == f):
    print('new')              # 괄호도 같은 역할을 하며, 일반적으로 더 명확함
```

실제로, 역슬래시는 알아차리기 쉽지 않아 쉽게 생략될 수 있기 때문에 일반적으로도 대부분의 파이썬 개발자들을 불편하게 만든다. 다음 코드에서 x에는 의도한 대로 10이 할당된다. 그러나 실수로 역슬래시가 생략될 경우에는 6이 할당되며, **에러는 보고되지 않는다**(+4는 그 자체로도 유효한 표현식문이다).

이것은 더욱 복잡합 할당을 사용하는 실제 프로그램에서 매우 난해한 버그의 원인이 될 수 있다.[1]

---

[1] 솔직히, 파이썬 3.0의 광범위한 변화에도 역슬래시를 이용한 연속 입력 기능이 제거되지 않은 것은 조금 놀라웠다. 3.0에서 제거된 기능은 부록 C에 있는 3.0 기능 변경표를 참고하자. 이 표의 일부 기능들은 역슬래시를 이용한 연속 입력 기능이 내재하고 있는 위험에 비하면 무해한 것들이다. 한편, 이 책의 목표는 파이썬을 교육하는 것이지, 독자 여러분들을 선동하는 것이 아니므로 내가 여러분에게 할 수 있는 조언은 역슬래시를 사용하지 말라는 것뿐이다. 여러분이 C 프로그래밍을 하던 시절에 이러한 습관이 생겼더라도 새로운 파이썬 코드를 작성할 때는 역슬래시를 이용한 연속 입력 기능은 가급적 피하자.

```
x = 1 + 2 + 3 \                        # \가 생략될 경우 전혀 다른 결과가 나온다!
+4
```

또 다른 특별한 경우로 파이썬은 하나 이상의 비복합문(중첩 문이 없는 문)을 세미콜론으로 구
분하여 같은 라인에 작성하는 것을 허용한다는 것이 있다. 일부 프로그래머들은 프로그램 파
일의 크기를 줄이기 위해 이 방법을 사용하지만, 라인당 하나의 문을 유지하는 것이 일반적으
로 더 가독성 있는 코드를 만든다.

```
x = 1; y = 2; print(x)                 # 하나 이상의 비복합문
```

7장에서 이미 배운 것처럼 삼중 인용 부호 문자열 리터럴도 라인을 확장한다. 또한 두 문자
열 리터럴이 연속해서 나타날 경우, 마치 둘 사이에 +가 추가된 것처럼 연결된다. 이 형식을 열
린 괄호 쌍 규칙과 함께 사용하여 괄호로 감싸면 다수의 라인에 걸쳐 작성할 수 있다. 예를
들어, 다음 코드에서 첫 번째는 라인 끝에 있는 새 라인 문자를 추가하여 S에는 '\naaa\nbbb\
nccc'이 할당되며, 두 번째는 암시적인 연결을 통해 S에 'aaaabbbbcccc'이 할당된다. 또한 이미
7장에서 본 것처럼 두 번째 부분에 있는 주석 #는 무시되지만, 앞에 있는 문자열은 포함된다.

```
S = """
aaaa
bbbb
cccc"""

S = ('aaaa'
     'bbbb'                            # 이 주석은 무시됨
     'cccc')
```

마지막으로 복합문의 본문이 단순한(비복합) 문만 포함하고 있는 경우, 복합문의 본문을 헤더
로 옮기는 것이 가능하다. 이 방법은 주로 우리가 10장에서 작성한 대화형 루프처럼 단일 테
스트와 동작을 가진 단순한 if문에서 사용되는 것을 볼 수 있다.

```
if 1: print('hello')                   # 헤더 라인에 포함된 간단한 문
```

여러분은 이러한 특별한 경우를 위한 기법 중 일부를 결합하여 어려운 코드를 만들 수도 있지
만 권장하지는 않는다. 내 경험상 각 문은 별도의 라인에 쓰고 단순한 블록을 제외한 모든 블
록은 들여쓰기하여 유지하도록 하자. 나중에 이 코드를 다시 보게 될 경우, 여러분이 한 일에
대해 만족스러울 것이다.

진릿값과 부울 테스트

비교, 동등, 그리고 진릿값의 개념은 9장에서 이미 소개했다. if문은 테스트 결과를 사용하는 것을 실제로 살펴본 첫 번째 문이기 때문에 여기서는 이 개념들 중에 일부를 좀 더 발전시킬 것이다. 특히, 파이썬의 부울 연산자는 C 언어에서 대응하는 기능과 다소 차이가 있다. 파이썬에서 부울은 다음과 같다.

- 모든 객체는 고유의 부울 참 또는 거짓 값을 가지고 있다.
- 모든 0이 아닌 숫자 또는 비어 있지 않은 객체는 참이다.
- 숫자 0, 빈 객체, 특별한 객체 None은 거짓으로 간주된다.
- 비교와 동등 테스트는 데이터 구조에서 사용될 경우 재귀적으로 적용된다.
- 비교와 동등 테스트는 True 또는 False를 반환한다(1과 0에 대한 사용자 정의 값).
- 부울 and와 or 연산자는 참 또는 거짓 피연산자 객체를 반환한다.
- 부울 연산자는 결과를 알게 된 즉시 테스트를 멈춘다.

if문은 진릿값에 대해 동작을 수행하지만, 부울 연산자는 새로운 진릿값을 만들어 내기 위해 다양한 방법으로 다른 테스트의 결과를 결합하는 데 사용된다. 파이썬에는 공식적으로 세 개의 부울 표현식 연산자가 있다.

X and Y

이 표현식은 X와 Y 둘 모두 참인 경우 참이다.

X or Y

이 표현식은 X 또는 Y 중 어느 쪽이라도 참인 경우 참이다.

not X

이 표현식은 X가 거짓인 경우 참이다(이 표현식은 True 또는 False를 반환한다).

여기서 X와 Y는 어떤 진릿값이나, 진릿값을 반환하는 어떠한 표현식도 될 수 있다(**예** 동등 테스트나 범위 비교 등). 파이썬에서 부울 연산자는 (C 언어에서 &&나 ||, ! 대신에) 단어로만 입력된다. 또한 파이썬에서 부울 and와 or 연산자는 값 True 또는 False가 아닌, 참 또는 거짓 객체를 반환한다. 예제를 통해 실제 동작을 살펴보도록 하자.

```
>>> 2 < 3, 3 < 2          # 보다 작다: True 또는 False 반환(1 또는 0)
(True, False)
```

이와 같은 크기 비교는 그 진위의 결과로써 True 또는 False를 반환하며, 5장과 9장에서 배운 것처럼 이 값들은 단지 정수 1과 0에 대한 사용자 정의 버전이다(서로 다르게 출력되는 것 이외에는 같다).

반면, and와 or 연산자는 항상 객체를 반환한다. 연산자의 **왼쪽**에 있는 객체 또는 **오른쪽**에 있는 객체를 반환한다. 이 결과를 if문 또는 다른 문에서 테스트할 경우에는 여러분이 예상하는 방식으로 동작하지만(모든 객체는 본질적으로 참 또는 거짓임을 기억하자), 단순한 True 또는 False가 다시 반환되지는 않는다.

or 테스트의 경우 파이썬은 피연산자 객체를 왼쪽에서 오른쪽으로 평가하며, 최초에 참인 객체를 반환한다. 게다가 파이썬은 최초에 참인 피연산자를 발견하면 평가를 중단한다. 일반적으로 이를 **단축 평가**(short-circuit evaluation)라고 하며, 결과를 알게 된 즉시 표현식의 나머지 부분을 단축(종료)한다.

```
>>> 2 or 3, 3 or 2          # 참인 경우 왼쪽의 피연산자를 반환하며,
(2, 3)                      # 거짓인 경우 오른쪽 피연산자(참 또는 거짓)를 반환함
>>> [] or 3
3
>>> [] or {}
{}
```

이 예제의 첫 번째 라인에서 두 피연산자(2 그리고 3)는 모두 참이기 때문에(즉, 0이 아니다) 파이썬은 왼쪽에 있는 첫 번째 피연산자에서 테스트를 멈추고 이를 반환한다. or 연산에서는 왼쪽이 참인 경우 나머지 한쪽에 무엇이 오든 항상 참이기 때문에 왼쪽의 피연산자가 결과를 결정한다. 나머지 두 테스트에서 왼쪽의 피연산자가 거짓(빈 객체)이기 때문에 파이썬은 단순히 오른쪽에 있는 객체를 평가하고 반환하며, 이 반환된 객체를 테스트하면 참 또는 거짓 값일 수 있다.

파이썬 and 연산 또한 결과를 알게 되는 즉시 평가를 멈춘다. 파이썬은 이 경우에 피연산자를 왼쪽에서 오른쪽으로 평가하며, 왼쪽 피연산자가 거짓 객체인 경우 결과가 결정되기 때문에 평가를 멈춘다. and 연산에서는 왼쪽이 거짓인 경우 나머지 한쪽에 무엇이 오든 항상 거짓이다.

```
>>> 2 and 3, 3 and 2        # 거짓인 경우 왼쪽 피연산자 반환
(3, 2)                      # 그렇지 않은 경우 오른쪽 피연산자(참 또는 거짓) 반환
>>> [] and {}
[]
>>> 3 and []
[]
```

여기서 첫 번째 라인의 두 피연산자는 모두 참이기 때문에 파이썬은 양쪽을 모두 평가하고 오른쪽에 있는 객체를 반환한다. 두 번째 테스트에서는 왼쪽의 피연산자가 거짓([ ])이기 때문에 파이썬은 평가를 멈추고 왼쪽의 피연산자를 테스트 결과로 반환한다. 마지막 테스트에서는 왼쪽이 참(3)이기 때문에 파이썬은 오른쪽의 객체를 평가하고 반환한다. 오른쪽 [ ]는 거짓이다.

이 모든 결과는 C를 포함한 대부분의 언어들과 동일하다. if 또는 while에서 테스트할 경우에는 or이나 and의 일반적인 정의에 따라 논리적으로 참 또는 거짓의 결과를 얻을 수 있다. 그러나 파이썬 부울 연산자는 단순한 정수 플래그가 아닌 왼쪽 또는 오른쪽 객체를 반환한다.

and와 or의 이러한 동작이 얼핏 보면 다소 난해해 보일 수도 있지만, 483쪽의 칼럼인 "더 생각해 볼 주제: 부울"을 통해 실제 코딩에서 파이썬 프로그래머들에 의해 어떻게 활용되는지 보도록 하자. 또한, 다음 절은 이 동작을 활용하는 일반적인 방법과 파이썬 최신 버전에서 좀 더 기억하기 쉬운 대체 기능을 보여 준다.

if/else 삼중 표현식

이전 절에서 소개한 부울 연산자의 한 가지 일반적인 역할은 if문과 똑같이 실행되는 표현식을 작성하는 것이다. X의 진릿값에 따라 A에 Y 또는 Z를 설정하는 다음과 같은 코드를 생각해 보자.

```
if X:
    A = Y
else:
    A = Z
```

그러나 때로는 이러한 문에 포함된 항목들이 너무 단순해서 네 라인에 걸쳐 쓰기에 너무 낭비인 것처럼 보일 수 있다. 그리고 다른 경우에는 이러한 구조의 결과를 변수에 저장하는 대신, 더 큰 문 안에 포함시키고자 할 때가 있다. 이러한 이유로(그리고 솔직히 말해서 C 언어가 유사한 도구를 제공하므로) 파이썬 2.5는 위와 같은 작업을 하나의 표현식에 표현할 수 있는 새로운 표현 형식을 도입했다.

```
A = Y if X else Z
```

이 표현식은 위의 네 라인으로 된 if문과 정확히 동일한 효과가 있지만 작성하기는 더 쉽다. 파이썬은 해당 문에서 X가 참으로 판단될 경우에만 표현식 Y를 실행하고, X가 거짓으로 판단될 경우에만 표현식 Z를 실행한다. 즉, 이전 절에서 설명한 부울 연산자와 마찬가지로 '단축 (short-circuit)'에 해당되며, 둘 모두가 아닌 Y 또는 Z만 실행한다. 다음은 실제 동작을 보여 주는 예제다.

```
>>> A = 't' if 'spam' else 'f'          # 문자열의 경우 비어 있지 않으면 참
>>> A
't'
>>> A = 't' if '' else 'f'
>>> A
'f'
```

파이썬 2.5 이전에서(그리고 여러분이 주장할 경우 2.5 이후에도) and와 or 연산자들은 이전 절에서 설명한 것처럼 왼쪽에 있는 객체 또는 오른쪽에 있는 객체를 반환하므로 이 두 연산자들을 조심스럽게 조합하여 동일한 효과를 볼 수 있다.

```
A = ((X and Y) or Z)
```

이 코드는 정상적으로 동작하지만 함정이 숨어 있는데, Y가 부울 값 참이라고 가정할 수 있어야 한다. Y가 참이라고 가정할 수 있을 때에만 동일하게 동작하며, and가 먼저 실행되고 X가 참인 경우에 Y가 반환된다. X가 거짓인 경우 and 연산은 Y를 생략하고, or은 단순히 Z를 반환한다. 다른 말로 하면, 'X가 참이면 Y 아니면 Z'를 얻는다. 이는 삼중 형식과 같다.

```
A = Y if X else Z
```

또한 and/or 조합 형식은 여러분이 이것을 처음 이해하기 위해서는 '매우 명확한 순간'이 필요한 것처럼 보이며, 파이썬 2.5부터는 더 이상 필요하지 않다. 이러한 구조가 필요한 경우에는 이에 상응하며 더욱 강력하고 기억하기 쉬운 if/else 표현식을 사용하거나, 중요한 부분일 경우 전체 if문을 사용하도록 하자.

부가적으로 파이썬에서 다음 표현식은 bool 함수가 X를 정수 1 또는 0에 해당하는 것으로 변환하기 때문에 비슷하게 동작하며, 이 값은 리스트에서 참과 거짓 값을 선택하는 오프셋으로 사용될 수 있다.

```
A = [Z, Y][bool(X)]
```

그러나 예를 들어 다음 코드는 파이썬이 단축 연산(short-circuit)을 적용하지 않기 때문에 정확히 동일하지는 않다.

```
>>> ['f', 't'][bool('')]
'f'
>>> ['f', 't'][bool('spam')]
't'
```

이 방법은 항상 X의 값에 상관없이 Z와 Y를 모두 실행한다. 이러한 복잡성 때문에 파이썬 2.5 이후부터는 더 단순하고 쉽게 이해할 수 있는 if/else 표현식을 사용하는 편이 더 낫다. 그러나 다시 이야기하지만, if/else 표현식은 처리해야 할 부분이 단순한 경우에만 드물게 사용하도록 해야 한다. 그 이외에는 나중에 코드를 수정하기 쉽도록 전체 if문을 사용하여 작성하는 편이 낫다. 나중에 여러분의 동료가 여러분이 작성한 코드를 본다면 꽤 만족할 것이다.

여러분은 파이썬 2.5 이전에 작성된 코드나 C 언어에 대한 경험이 있는 프로그래머에 의해 작성된 코드에서 여전히 and/or이 사용되는 것을 볼 수 있을 것이다.[2]

더 생각해 볼 주제: 부울

파이썬 부울 연산자의 다소 특이한 동작을 사용하기 위한 한 가지 일반적인 방법은 or을 사용하여 여러 객체로부터 하나를 선택하는 것이다. 다음과 같은 문은 A, B, C 사이에서 처음으로 비어 있지 않은(즉, 참인) 객체이거나 모두 비어 있는 경우에는 None을 X에 할당한다.

```
X = A or B or C or None
```

이 문은 or 연산자가 두 피연산자 객체 중에 하나를 반환하기 때문에 동작하며, 파이썬에서 꽤 일반적으로 사용되는 방식이다. 고정된 개수의 객체로부터 비어 있지 않은 객체를 선택하기 위해 or 표현식으로 함께 연결하기만 하면 된다. 또한, 이 방식은 일반적으로 기본값을 지정하기 위해 사용된다. 다음은 A가 참인 경우 X에 A를 설정하고(또는 비어 있지 않은 경우), 그렇지 않은 경우 X에 default를 설정한다.

---

2 사실, 파이썬의 Y if else Z 표현식은 C 언어의 X ? Y : Z와 순서가 약간 다르며, 좀 더 가독성 있는 단어를 사용한다. 이러한 순서의 차이는 알려진 바에 따르면 파이썬 코드상에서 사용자들의 일반적인 사용 패턴의 분석에 따라 결정되었다. 파이썬 세계에 전해 내려오는 이야기에 따르면, 이 순서는 C에 익숙한 프로그래머들의 남용을 막기 위해 선택되었다. 파이썬뿐만 아니라 다른 언어에서도 단순함이 복잡함보다 낫다는 것을 기억하도록 하자. 만약 여러분이 이와 같이 로직을 표현식 안에 사용해야 한다면, 문이 좀 더 좋은 선택이 될 것이다.

```
X = A or default
```

부울 연산자와 if/else의 단축 평가는 코드의 실행을 막을 수 있기 때문에 이에 대해 이해할 필요가 있다. 예를 들어, 부울 연산자의 오른쪽에 있는 표현식은 실질적인 중요한 작업을 수행하는 함수를 호출할 수도 있지만, 단축 규칙의 영향으로 실행되지 않을 수도 있다.

```
if f1() or f2(): ...
```

여기서 f1이 참(또는 비어 있지 않은) 값을 반환할 경우에 파이썬은 f2를 실행하지 않는다. 두 함수가 모두 호출되는 것을 보장하기 위해서는 or 연산 이전에 호출해야 한다.

```
tmp1, tmp2 = f1(), f2()
if tmp1 or tmp2: ...
```

여러분은 이미 이 장에서 이 동작의 또 다른 활용을 본 적이 있다. 이는 바로 부울이 동작하는 방식이기 때문에 ((A and B) or C) 표현식은 if문을 흉내 내는 데 거의 똑같이 사용될 수 있다(이 형식에 대한 자세한 내용은 이 장의 논의를 참고하도록 하자).

우리는 이전 장에서 추가적인 부울의 사용 사례에 대해서 살펴보았다. 9장에서 살펴본 것처럼 모든 객체는 본질적으로 참 또는 거짓이기 때문에 파이썬에서는 객체를 빈 값(if X != '')과 비교하는 것보다 객체를 직접(if X:) 테스트하는 편이 일반적이며 더 쉽다. 문자열의 경우에는 이 두 테스트가 동일하다. 또한 5장에서 본 것처럼 부울 값 True와 False 프리셋은 정수 1 그리고 0과 같으며, 변수 초기화(X = False), 루프 테스트(while True:), 대화형 프롬프트에서 결과를 출력하기 위해 유용하게 사용된다.

또한, 파트 6의 연산자 오버로딩에서 관련된 논의를 참고하도록 하자. 클래스로 새로운 객체 타입을 정의할 때, __bool__ 또는 __len__ 메서드를 사용하여 클래스의 부울 특성을 정의할 수 있다(2.7에서 __bool__은 __nonzero__로 명명되었다). 이 중에 전자가 구현되지 않은 경우 후자가 실행되며, 0의 길이 값을 반환함으로써 false를 가리킨다. 빈 객체는 거짓으로 간주된다.

그리고 마지막으로 파이썬에는 이 칼럼 시작에 위치한 or 체인과 비슷한 역할을 수행하는 몇몇 도구들이 존재한다. 나중에 다루는 filter 호출과 리스트 컴프리헨션은 (비록 모든 값을 평가하고 참인 모든 객체를 반환하지만) 런타임 전까지 대상을 알 수 없는 세트로부터 참 값을 선택할 때 사용될 수 있으며, any와 all 내장 기능은 (비록 아이템을 반환하지는 않지만) 컬렉션 안의 일부 또는 모든 객체가 참인지 테스트할 때 사용될 수 있다.

```
>>> L = [1, 0, 2, 0, 'spam', '', 'ham', []]
>>> list(filter(bool, L))        # 참인 값 구하기
[1, 2, 'spam', 'ham']
>>> [x for x in L if x]          # 리스트 컴프리헨션
[1, 2, 'spam', 'ham']
>>> any(L), all(L)               # 전체적인 진릿값
(True, False)
```

9장에서 본 것처럼 여기서 bool 함수는 마치 if문에서 테스트된 것처럼 단순히 인수의 참 또는 거짓 값을 반환한다. 이와 관련된 도구들에 대한 좀 더 자세한 내용은 14장, 19장, 20장을 참고하자.

이 장의 요약

우리는 이 장에서 파이썬 if문에 대해서 학습했다. 또한, 이는 우리의 첫 번째 복합문이자 논리문이기 때문에 우리는 파이썬의 일반적인 규칙에 대해서 다시 살펴보았고, 진릿값과 테스트 연산에 대해서 이전보다 좀 더 깊이 탐구했다. 또한 우리는 그 과정에서 파이썬에서 다중 분기 코드를 작성하는 방법에 대해서 살펴보았으며, 파이썬 2.5에서 도입된 if/else 표현식에 대해서 학습했고, 부울 값이 코드상에서 나타나는 몇몇 일반적인 방법에 대해서 탐구했다.

다음 장에서는 while과 for 루프를 확장하여 절차문을 계속해서 살펴본다. 거기서 우리는 파이썬에서 루프를 작성하는 또 다른 방법에 대해서 배우며, 이 중에 일부는 다른 것들보다 더 나을 수도 있다. 하지만 그 전에 퀴즈를 통해 이 장에서 학습한 내용을 확인해 보도록 하자.

학습 테스트: 퀴즈

1. 파이썬에서 다중 분기 코드를 작성하는 방법은?

2. 파이썬에서 if/else문을 표현식으로 작성하는 방법은?

3. 단일 문을 여러 라인으로 확장하는 방법은?

4. 단어 True와 False는 무엇을 의미하는가?

학습 테스트: 정답

1. 다수의 if절을 가진 if문이 종종 다중 분기를 작성하는 가장 쉬운 방법이지만, 이 방법이 가장 간결하고 유연한 것은 아니다. 딕셔너리 인덱싱을 이용해도 종종 같은 효과를 얻을 수 있으며, 특히 딕셔너리가 def문 또는 lambda 표현식으로 작성된 호출 가능한 함수를 포함할 경우 더욱 유사한 효과를 얻을 수 있다.

2. Y if X else Z 표현식 형식은 파이썬 2.5와 그 이후부터 X가 참일 때 Y를 반환하고, 그 이외에는 Z를 반환한다. 이는 네 라인으로 작성된 if문과 동일한 기능을 한다. and/or 조합은 (((X and Y) or Z)) 동일한 방식으로 동작하지만, 다소 이해하기 어려우며 Y 부분이 항상 참이어야 한다.

3. 열린 구문 쌍((), [ ], 또는 { })으로 문을 감싸면, 여러분이 원하는 대로 여러 라인에 걸쳐 작성할 수 있다. 열린 구문 쌍 안에 포함된 문은 파이썬이 괄호의 오른쪽을 발견하면 종료되며, 문의 두 번째 이상의 라인들은 아무런 들여쓰기 수준에서 시작될 수 있다. 역슬래시를 이용한 연속 입력 또한 동작하지만, 파이썬에서는 대체로 권장되지 않는다.

4. True와 False는 각각 정수 1과 0에 대한 사용자 정의 버전이다. 이 둘은 파이썬에서 항상 부울 참과 거짓 값을 대표한다. 이 둘은 진리 테스트와 변수 초기화에 이용할 수 있으며, 대화형 프롬프트에서 표현식의 결과로써 출력된다. 이 모든 역할에서 True와 False는 1과 0보다 더욱 기억하기 쉬우며, 읽기도 쉬운 방법이다.

13

while과 for 루프

이 장은 언어의 주요 두 가지 **루프 구조**(동작을 몇 번이고 반복하는 문)를 보여 주는 것으로 파이썬 절차문에 대한 탐구를 마무리한다. 이 중에 첫 번째인 while문은 일반적인 루프를 작성하는 방법을 제공한다. 두 번째인 for문은 시퀀스 또는 다른 가변 객체 안의 아이템들을 하나씩 순차적으로 처리하기 위해 설계되었으며, 반복될 때마다 코드 블록을 실행한다.

이미 비공식적으로 이 둘을 다룬 적이 있지만, 여기서는 추가적인 사용법에 대한 세부적인 내용을 다룬다. 또한 이 장을 읽는 동안 눈에 잘 띄진 않지만 break와 continue 같은 루프 안에서 사용되는 문에 대해서도 학습하며, 일반적으로 루프와 함께 사용되는 range, zip, map 같은 내장된 기능들에 대해서도 다룬다.

여기에서 다루는 while과 for문은 반복적인 작업을 작성하기 위해 제공되는 기본 구문이지만, 파이썬에는 추가적인 반복 연산과 개념들이 존재한다. 이러한 이유로 반복에 대한 이야기는 파이썬의 **반복 프로토콜**(iteration protocol)과 **리스트 컴프리헨션**(list comprehension)의 개념과 관련된 내용을 탐구하는 다음 장에서도 계속된다. 다음 장에서는 제너레이터, filter, reduce와 같은 다소 이국적인 반복 도구들도 다룬다. 그러나 지금은 간단한 것부터 실행해 보자.

while 루프

파이썬의 while문은 파이썬 언어에서 가장 일반적인 반복 구조다. 간단히 말해서 while문은 상단에 있는 테스트가 참 값으로 평가되는 한 문의 블록을 반복해서 실행한다. while문은 테스트가 거짓이 될 때까지 문의 시작으로 다시 돌아오도록 제어가 유지되므로 '루프(loop)'라고 부른다. 테스트가 거짓이 되면, 제어는 while 블록 다음 문으로 넘어간다. 그 결과, 상단의 테스트가 참인 동안 루프의 본문이 반복해서 실행된다. 그리고 시작과 함께 테스트가 거짓인 경우 본문은 절대 실행되지 않으며, while문은 생략된다.

일반적인 형식

while문의 가장 복잡한 구성에서 while문은 테스트 표현식이 포함된 헤더 라인과 하나 또는 그 이상의 일반적인 들여쓰기가 적용된 문들의 본문, 그리고 제어가 break문을 만나지 않고 루프를 빠져나올 때 실행되는 선택적인 else 부분으로 구성된다. 파이썬은 상단의 테스트가 거짓 값을 반환할 때까지 테스트를 평가하고, 루프 본문 안에 중첩된 문들의 실행을 유지한다.

```
while test:              # 루프 테스트
    statements           # 루프 본문
else:                    # 선택적인 else
    statements           # 루프가 break로 종료되지 않은 경우에 실행
```

예제

설명을 위해 몇몇 단순한 while 루프의 실제 동작을 살펴보도록 하자. 첫 번째는 while 루프 안에 중첩된 print문으로 구성되며, 단순히 메시지를 영원히 출력한다. True는 정수 1에 대한 사용자 정의 버전이며, 항상 부울 참 값을 나타낸다는 사실을 기억하자. 테스트가 항상 참이므로 파이썬은 여러분이 실행을 중지할 때까지 본문의 실행을 영원히 유지한다. 이러한 종류의 동작을 일반적으로 **무한 루프**(infinite loop)라고 부른다. 강제로 종료하기 위해서는 Ctrl + C 키 조합을 사용해야 한다.

```
>>> while True:
...     print('Type Ctrl+C to stop me!')
```

다음 예제는 문자열이 비어서 결국 거짓이 될 때까지 문자열의 첫 번째 문자를 자르는 작업을 계속한다. 좀 더 장황한 (while x != ''):) 방식 대신 이와 같이 객체를 직접 테스트하는 것은 일반적이다. for 루프를 사용하여 더욱 쉽게 문자열 안의 아이템들을 단계별로 처리하는 방법은 이 장의 뒷부분에서 보게 될 것이다.

```
>>> x = 'spam'
>>> while x:                          # x가 비어 있지 않은 동안
...     print(x, end=' ')             # 2.X에서는 print x
...     x = x[1:]                     # x의 첫 번째 문제 제거
...
spam pam am m
```

여기서 사용된 end = '' 키워드 인수는 모든 출력을 공백으로 구분하여 같은 라인에 위치시키기 위해 사용되었다. 이 키워드 인수가 왜 이렇게 동작하는지 기억이 안날 경우에는 11장을 참고하자. 이 코드는 실행되면 출력의 끝에 약간 이상한 상태로 입력 프롬프트를 남겨 둔다. 입력 프롬프트를 리셋하기 위해서는 엔터를 입력하자. 파이썬 2.X를 사용하고 있는 독자들은 이와 같은 print에서 end 대신 끝에다 콤마를 사용해야 한다는 것을 기억하자.

다음 코드는 a의 값에서부터 b 값 이전까지 센다. 또한, 우리는 파이썬에서 for 루프와 내장된 range 함수를 사용하여 이 작업을 좀 더 쉽게 하는 방법을 보게 될 것이다.

```
>>> a = 0; b = 10
>>> while a < b:                      # 카운터 루프를 작성하는 한 방법
...     print(a, end=' ')
...     a += 1                        # 또는 a = a + 1
...
0 1 2 3 4 5 6 7 8 9
```

마지막으로 파이썬은 일부 언어에서 'do until'이라고 부르는 루프문은 제공하지 않는다. 그러나 루프 본문의 가장 아래에 테스트와 break를 두어 이를 흉내 낼 수 있으며, 그래서 해당 루프의 본문은 항상 최소 한 번은 실행된다.

```
while True:
    ...루프 본문...
    if exitTest(): break
```

이 구조가 동작하는 방식을 완전히 이해하기 위해서는 다음 절로 이동하여 break문에 대해서 좀 더 학습할 필요가 있다.

break, continue, pass, 그리고 루프 else

앞에서 살펴본 몇 가지 파이썬 루프의 실제 동작을 바탕으로 루프 안에서 중첩되었을 때 동작하는 두 가지 간단한 문에 대해 알아볼 시간이다. break와 continue문이라는 특이한 두 구문을 살펴보는 동안, 여기서 우리는 break와 밀접하게 관련된 루프 else와 파이썬의 빈자리 표시자 문인 pass에 대해서도 알아보겠다(본질적으로 루프와 관련된 것은 아니나, 간단한 한 단어로 된 문의 일반적인 범주에 속한다).

break

(전체 루프문을 지나) 감싸고 있는 가장 근접한 루프의 바깥으로 이동한다.

continue

(루프의 헤더 라인으로) 감싸고 있는 가장 근접한 루프의 최상단으로 이동한다.

pass

아무것도 하지 않는다. 빈자리 표시자다.

루프 else 블록

루프가 정상적으로(즉, break를 만나지 않고) 종료된 경우에만 실행한다.

일반적인 루프 형식

break와 continue문을 감안한 while 루프의 일반적인 형식은 다음과 같다.

```
while test:
    statements
    if test: break          # 바로 루프를 빠져나감. else문은 생략
    if test: continue       # 바로 루프의 상단에 있는 테스트로 이동
else:
    statements              # break를 만나지 않고 루프를 종료할 경우 실행
```

break와 continue문은 while(또는 for) 루프의 본문 어디라도 나타날 수 있지만, 일반적으로 특정 조건을 만족할 때 실행되도록 if 테스트 안에 더 중첩된 형태로 사용된다.

이러한 문들이 실제로 어떻게 함께 사용되는지 살펴보기 위해 몇 가지 예제를 실행해 보자.

pass

간단한 것부터 먼저 살펴보도록 하자. pass문은 구문적으로 문이 존재해야 하나, 딱히 처리할 일이 없을 때 연산이 없음을 나타내는 표시자다. 이는 종종 복합문의 빈 본문을 작성하는 데 사용된다. 예를 들어, 각각 반복될 때마다 아무것도 하지 않은 무한 루프를 작성하고자 한다면 pass로 할 수 있다.

```
while True: pass                              # 멈추기 위해서는 Ctrl + C 입력
```

본문은 단지 빈 문이기 때문에 파이썬은 이 루프에 갇히게 된다. pass는 객체에서 None의 역할과 유사하다(명시적으로 아무것도 아니다). 여기서 while 루프의 본문은 헤더의 콜론 다음에 함께 있다는 것을 알 수 있다. 이 구조는 if문에서와 같이 본문이 복합문이 아닌 경우에만 동작한다.

이 예제는 영원히 아무것도 하지 않는다. 이는 아마도 지금껏 작성된 것 중 가장 유용하지 못한 파이썬 프로그램일 것이다(어느 추운 겨울날 노트북을 따뜻하게 데우려는 것이 아니라면!). 그러나 솔직히 나는 이 시점에서 여러분에게 보여 줄 만한 더 좋은 pass 예제가 당장 떠오르지 않는다.

우리는 나중에 pass가 더욱 의미 있게 사용되는 곳을 볼 수 있을 것이다. 예를 들자면 try문에 의해 붙잡은 예외를 무시하기 위해서나, 다른 언어의 '구조체' 또는 '레코드'와 같이 동작하는 속성을 가진 빈 class 객체를 정의하기 위해서 등이 있다. 또한, pass는 때로 함수의 본문을 일시적으로 채우기 위해 '나중에 채울 것'이라는 의미로 작성되기도 한다.

```
def func1():
    pass                                      # 실제 코드를 나중에 여기다 추가

def func2():
    pass
```

구문 오류를 발생시키지 않고 본문을 비워둘 수 없기 때문에 그 대신 pass를 사용한다.

 버전에 따른 차이: 파이썬 3.X(2.X는 제외)는 ...(연속 된 세 개의 점)으로 작성되는 **일립스**(ellipse)를 표현식 사용이 가능한 어느 곳에서나 사용할 수 있다. 일립스 자체는 아무런 일도 하지 않기 때문에 pass문을 대체하거나, 특히 나중에 작성할 코드를 표시하는 데 사용될 수 있다.

```
def func1():
    ...                                       # pass의 또 다른 방법
```

```
def func2():
    ...

func1()                          # 호출하면 아무 일도 하지 않음
```

또한 일립스는 문 헤더와 같은 라인에 표시될 수 있으며, 변수 이름을 초기화할 때 구체적인 타입이 필요하지 않은 경우에도 사용될 수 있다.

```
def func1(): ...                 # 헤더 라인에서도 동작함
def func2(): ...
>>> X = ...                      # None을 대체할 수 있음
>>> X
Ellipsis
```

이 표기법은 파이썬 3.X에서 새롭게 추가되었기 때문에(그리고 본래의 의도를 넘어 슬라이싱 확장에서 많이 사용된다) 이 표기법이 이러한 역할에서 pass와 None에 도전할 만큼 충분히 널리 사용될지는 시간이 말해 줄 것이다.

continue

continue문은 루프의 상단으로 즉시 이동을 수행한다. 또한 continue문은 종종 문 중첩을 피할 수 있도록 한다. 다음 예제는 홀수를 건너뛰기 위해 continue를 사용하며, 10보다 작고 0보다 크거나 같은 짝수를 출력한다. 0은 거짓을 의미하고 %는 나누기의 나머지 (계수) 연산자를 의미하기 때문에 이 루프는 0까지 거꾸로 세며, 2의 배수가 아닌 수는 건너뛴다. 결과적으로 이 코드는 8 6 4 2 0을 출력한다.

```
x = 10
while x:
    x = x - 1                    # 또는 x -= 1
    if x % 2 != 0: continue      # 홀수는 건너뜀
    print(x, end=' ')
```

continue는 루프의 상단으로 이동하기 때문에 여기서 print문을 if 테스트 안쪽으로 중첩할 필요가 없다. continue가 실행되지 않는 경우에만 print에 도달할 수 있다. 이 이야기가 다른 언어에서 제공되는 'go to'와 비슷하게 들린다면 아마 맞을 것이다. 파이썬이 'go to'문을 제공하지는 않지만, continue는 프로그램 내에서 이동하는 기능을 제공하기 때문에 여러분이 'go to'에 대해 들었을지도 모를 가독성과 유지보수에 대한 많은 경고가 여기에도 적용된다. 특히 여러분이 파이썬을 처음 시작한다면, continue문을 자주 사용하지 않도록 해야 한다. 예를 들어, 위 예제는 print가 if문 아래에 중첩될 경우 좀 더 명확해질 수 있다.

```
x = 10
while x:
    x = x - 1
    if x % 2 == 0:                          # 짝수인 경우 출력
        print(x, end=' ')
```

나중에 이 책에서 예외 처리 또한 제한되고 구조화된 방법으로 'go to'문을 흉내 낼 수 있다는 것을 배울 것이다. 이 기법에 대해서는 다중 중첩 루프에서 빠져나오는 방법에 대해서 배우는 36장에서 계속해서 다루며, (다중 중첩 빠져 나오기는) 다음 절의 주제만으로는 불가능한 묘기다.

break

break문은 루프를 즉시 빠져나온다. 루프 내에서 break에 도달할 경우 루프 다음에 있는 코드는 실행되지 않으며, break를 사용함으로써 종종 중첩을 피할 수 있다. 예를 들어, 다음은 input(2.X에서는 raw_input)을 사용하여 데이터를 입력받고 이름 요청에 'stop'을 입력하면 루프를 종료하는 간단한 대화형 루프(10장에서 공부한 예제의 변형)다.

```
>>> while True:
...     name = input('Enter name:')        # 2.X에서 raw_input( ) 사용
...     if name == 'stop': break
...     age = input('Enter age: ')
...     print('Hello', name, '=>', int(age) ** 2)
...
Enter name:bob
Enter age: 40
Hello bob => 1600
Enter name:sue
Enter age: 30
Hello sue => 900
Enter name:stop
```

이 코드가 age 입력을 제곱으로 변환하기 전에 int를 사용하여 정수로 변환한 방법을 살펴보도록 하자. 여러분도 기억하겠지만 input은 사용자 입력을 문자열로 변환하기 때문에 이 작업이 필요하다. 또한, 36장에서는 input이 파일의 끝에서 (예를 들어, 사용자가 윈도우에서 Ctrl + Z 또는 유닉스에서 Ctrl + D를 입력하면) 예외를 발생시킨다는 것을 볼 수 있다. 예외 처리가 필요한 경우, input을 try문으로 감싸도록 하자.

루프 else

break문은 루프 else절과 결합하여 사용하면 다른 언어에서 사용되는 상태 플래그에 대한 필요성을 사라지게 한다. 예를 들어, 다음 코드는 양의 정수 y에 1보다 큰 인수가 있는지 검사하여 y가 소수인지 아닌지를 결정한다.

```
x = y // 2                          # y > 1 값
while x > 1:
    if y % x == 0:                  # 나머지
        print(y, 'has factor', x)
        break                       # else의 실행을 건너뜀
    x -= 1
else:                               # 일반적인 종료
    print(y, 'is prime')
```

루프가 종료될 때, 테스트에 필요한 플래그를 설정하기보다는 인수가 발견된 곳에 break를 삽입했다. 이렇게 하면 루프 else절은 인수가 발견되지 않은 경우에만 실행된다고 가정할 수 있다. break를 만나지 않는 경우에는 해당 수는 소수다. 코드의 실행 흐름을 추적하여 동작 방식을 보도록 하자.

루프의 본문이 한 번도 실행되지 않은 경우에는 break를 실행하지 않더라도 루프의 else절이 실행된다. while 루프의 경우, 시작과 동시에 헤더에 있는 테스트가 거짓일 때 이러한 일이 발생한다. 그렇기 때문에 앞의 예제는 x가 최초에 1보다 작거나 같은 경우에도 여전히 'is prime' 메시지를 출력한다(예 y가 2인 경우).

이 예제는 소수를 판단하지만, 그렇게 완벽하지는 않다. 2보다 작은 수는 수학적 정의에 따르면 소수로 간주되지 않는다. 좀 더 완벽하기 위해서 이 코드는 음수에 대해서는 실패해야 하며, 소수 자리가 없는 부동 소수점 수에 대해서는 성공해야 한다. 또한, 5장에서 설명한 것처럼 파이썬 3.X에서 / 나누기의 의미가 '트루 나누기'로 변경됐기 때문에 이 코드는 파이썬 3.X에서 / 대신에 //를 사용해야 한다. 이 코드를 테스트하고 싶은 경우, 재사용을 위해 이 코드를 함수로 만들어 놓은 파트 4의 끝에 있는 실습 문제를 보도록 하자.

루프 else에 대한 자세한 내용

루프 else절은 파이썬에만 존재하기 때문에 처음 접하는 사람들은 난처할 수 있다(그리고 일부 숙련된 개발자들은 이 기능을 사용하지 않는다. 루프에 else가 존재한다는 사실조차 모르는 사람들도 있다!). 일반적인 관점에서 보면 루프 else는 흔한 코딩 시나리오에 대한 명시적인 구문을 제공한

다. 루프에서 플래그나 상태를 설정하거나 검사하는 일 없이, '그 외'의 상황을 처리할 수 있는 코딩 구조다.

예를 들어, 리스트에서 값을 검색하는 루프를 작성하여 루프를 빠져나온 다음에 해당 값을 발견했는지 알 필요가 있다고 가정해 보자. 다음 방법으로 이러한 작업을 작성할 수 있다(이 코드는 의도적으로 추상적이고 완벽하지 않다. x는 시퀀스이며 정의되어 있는 테스트 함수다).

```
found = False
while x and not found:
    if match(x[0]):                     # 가장 앞에 있는 값?
        print('Ni')
        found = True
    else:
        x = x[1:]                       # 가장 앞에 있는 값을 잘라내고 반복
if not found:
    print('not found')
```

여기서는 검색의 성공 여부를 확인하기 위해 플래그를 초기화하고 설정하고 테스트한다. 이는 문제없는 파이썬 코드이며, 잘 동작한다. 그러나 이는 정확히 루프 else절을 이용해서 처리할 수 있는 구조 중 하나다. 다음은 else를 이용한 코드다.

```
while x:                                # x가 비어 있을 때 종료
    if match(x[0]):
        print('Ni')
        break                           # 종료. else 다음으로 이동
    x = x[1:]
else:
    print('Not found')                  # x가 바닥날 때만 여기로 진입
```

이 버전이 좀 더 간결하다. 플래그는 사라졌으며, 루프의 끝에 있던 if 테스트는 else로 대체되었다(else는 단어 while과 수직으로 정렬되었다). while 본문에 있는 break는 루프를 종료하고 else 다음으로 제어를 이동시키기 때문에 이는 검색 실패 케이스를 처리할 수 있는 좀 더 구조적인 방법을 제공한다.

일부 독자들은 앞의 예제의 else절이 루프 다음에 빈 x에 대한 테스트로 변경될 수 있다는 것을 눈치챘을 것이다(옮긴이 if not x:). 이 예제의 경우 그 말이 틀린 것은 아니지만 else는 이러한 코딩 패턴에 대해 명시적인 구문을 제공하며(여기서는 좀 더 명확한 검색 실패절로 사용되었다), 이러한 명시적인 빈 테스트는 어떤 경우에는 적용되지 않을 수도 있다. 시퀀스 반복은 여러분이 제어할 수 없기 때문에 루프 else는 for 루프(다음 절의 주제)와 함께 사용될 때 더욱 유용해진다.

11장의 표현식문 절에서 할당과 같은 문은 표현식이 필요한 곳에 나타날 수 없다는 것을 말했었다. 즉, 각각의 문은 일반적으로 별도의 라인에 나타나야 하며, 큰 구조에 중첩될 수 없다. 이 말은 다음과 같은 일반적인 C 언어 코딩 패턴은 파이썬에서는 동작하지 않는다는 것을 의미한다.

```
while ((x = next(obj)) != NULL) {...x 처리 작업...}
```

C 언어에서 할당은 할당된 값을 반환하지만, 파이썬에서 할당은 표현식이 아닌 단지 문일 뿐이다. 이는 C 언어에서 악명 높은 한 가지 에러의 발생 가능성을 제거한다. 파이썬에서는 여러분이 ==를 입력하고자 할 때 실수로 =를 입력할 수 없다. 그러나 위 코드와 유사한 동작이 필요한 경우, 루프 테스트 안에 할당을 포함하지 않고도 파이썬 while 루프에서 같은 효과를 얻을 수 있는 다양한 방법이 있다. break와 함께 할당을 루프 본문으로 이동한다.

```
while True:
    x = next(obj)
    if not x: break
    ...x 처리 작업...
```

또는 테스트와 함께 할당을 루프 안으로 이동한다.

```
x = True
while x:
    x = next(obj)
    if x:
        ...x 처리 작업...
```

또는 첫 번째 할당을 루프 바깥으로 이동한다.

```
x = next(obj)
while x:
    ...x 처리 작업...
    x = next(obj)
```

이러한 세 가지 코딩 패턴에서 첫 번째는 일부 사람들이 보기에 가장 덜 구조화된 것처럼 보이지만, 가장 단순하고 가장 널리 사용된다. 간단한 파이썬 for 루프는 이러한 C 언어의 루프를 대체할 수 있지만, C 언어는 이와 직접적으로 유사한 도구를 제공하지 않는다.

```
for x in obj: ...x 처리 작업...
```

for 루프

for 루프는 파이썬에서 일반적인 반복자로, 모든 정렬된 시퀀스 또는 가변 객체 안의 아이템들을 순차적으로 처리한다. for문은 사용자가 새롭게 정의한 객체들뿐만 아니라 문자열, 리스트,

튜플, 그리고 또 다른 내장된 가변 객체들에 대해서 동작한다. 클래스를 이용해서 사용자 정의 객체를 만드는 방법은 뒤에서 다룬다. 우리는 4장에서 시퀀스 객체 타입과 함께 for 루프에 대해서 간략히 살펴보았다. 여기서는 좀 더 공식적으로 for 루프의 사용법을 알아보도록 하자.

일반적인 형식

파이썬 for 루프는 단계별로 처리하고자 하는 객체와 함께 할당 대상을 명시하는 헤더 라인으로 시작한다. 헤더 다음에는 반복하고자 하는 (일반적으로 들여쓰기된) 문들의 블록이 따라온다.

```
for target in object:       # 객체의 항목들 대상에 할당
    statements              # 반복되는 루프 본문: 대상을 활용
else:                       # 선택적인 else 부분
    statements              # break를 실행하지 않은 경우에 실행
```

파이썬은 for 루프를 실행할 때, 가변 객체 안에 있는 아이템들을 대상에 한 번에 하나씩 할당하고 각각에 대해 루프의 본문을 실행한다. 루프 본문은 일반적으로 시퀀스 안의 현재 아이템을 참조하기 위해 할당 대상을 사용하며, 이는 마치 시퀀스를 순차적으로 탐색하는 커서와 같다.

for 헤더 라인에서 할당 대상으로 사용되는 이름은 일반적으로 for문이 작성된 범위 내의 (가능한 새로운) 변수다. 이 이름이 완전히 고유할 필요는 없다. 이 이름은 루프의 본문에서 변경될 수도 있지만, 제어가 루프의 상단으로 다시 돌아갈 때 시퀀스의 다음 아이템으로 자동 설정된다. 이 변수는 루프가 break문으로 종료된 경우를 제외하면, 루프의 실행이 끝난 다음에도 여전히 시퀀스의 마지막 아이템을 참조하고 있다.

또한 for문은 선택적인 else 블록을 지원하며, 이는 while 루프에서 동작하던 방식과 정확히 동일하게 동작한다. 루프가 break문을 실행하지 않고 종료될 경우에만 실행된다(즉, 시퀀스 안의 모든 아이템들이 처리된 경우). 앞서 소개한 break와 continue문 또한 while에서 동작하던 방식대로 for 루프에서도 동일하게 동작한다. for 루프의 전체 형식은 다음과 같이 설명될 수 있다.

```
for target in object:       # 객체 항목들을 대상에 할당
    statements
    if test: break          # 루프 즉시 종료, else 미실행
    if test: continue       # 루프 상단으로 즉시 이동
else:
    statements              # break를 실행하지 않은 경우
```

예제

실제 동작 방식을 살펴보기 위해 몇 가지 for 루프 예제를 입력해 보도록 하자.

기본 사용법

앞서 언급한 것처럼 for 루프는 모든 종류의 시퀀스 객체를 순차적으로 처리할 수 있다. 예를 들어, 첫 번째 예제는 이름 x에 리스트에 있는 세 개의 아이템들을 왼쪽에서 오른쪽으로 순차적 할당하며, 각각에 대해 print문을 실행한다. 이름 x는 print문 안(루프 본문)에서 리스트의 현재 아이템을 참조하고 있다.

```
>>> for x in ["spam", "eggs", "ham"]:
...     print(x, end=' ')
...
spam eggs ham
```

다음 두 예제는 리스트에 있는 모든 아이템들의 합과 곱을 계산한다. 이 책의 뒷부분에서 우리는 리스트 안의 아이템들에 +나 *와 같은 연산을 자동으로 적용하는 도구들에 대해서 다루지만, 때로는 for 루프를 사용하는 것이 더 쉽다.

```
>>> sum = 0
>>> for x in [1, 2, 3, 4]:
...     sum = sum + x
...
>>> sum
10
>>> prod = 1
>>> for item in [1, 2, 3, 4]: prod *= item
...
>>> prod
24
```

다른 데이터 타입

다른 도구들과 마찬가지로 모든 시퀀스가 for문에서 동작한다. 예를 들면, for 루프는 문자열과 튜플에 대해서 동작한다.

```
>>> S = "lumberjack"
>>> T = ("and", "I'm", "okay")
```

```
>>> for x in S: print(x, end=' ')        # 문자열을 반복
...
l u m b e r j a c k
>>> for x in T: print(x, end=' ')        # 튜플을 반복
...
and I'm okay
```

실제로 다음 장에서 '반복 객체(iterables)'의 개념을 학습할 때 배우는 것처럼, for 루프는 심지어 시퀀스가 아닌 일부 객체에 대해 동작할 수 있다. 파일과 딕셔너리에 대해서도 동작한다.

for 루프에서 튜플 할당

튜플들의 시퀀스를 반복해야 할 경우, 루프 타겟 자체가 대상의 튜플이 될 수 있다. 이 내용은 단지 11장에서 학습한 튜플 언패킹 할당의 또 다른 경우일 뿐이다. for 루프는 시퀀스 객체 안의 아이템들을 대상에 할당하고, 할당 동작은 어디서나 같다는 점을 기억하도록 하자.

```
>>> T = [(1, 2), (3, 4), (5, 6)]
>>> for (a, b) in T:                     # 튜플 할당
...     print(a, b)
...
1 2
3 4
5 6
```

위 코드에서 루프는 처음 실행될 때 (a,b) = (1,2)라고 쓰는 것과 같으며, 두 번째로 실행될 때는 (a,b) = (3,4)라고 쓰는 것과 같다. 그 결과 반복될 때마다 현재 튜플이 자동으로 언패킹된다.

이 형식은 일반적으로 이 장의 뒤에서 병렬 순회(parallel traversal)를 구현하기 위해 다루는 zip 호출과 함께 사용된다. 또한, 이 형식은 쿼리 결과 테이블이 여기서 사용된 리스트처럼 보통은 시퀀스의 시퀀스로 반환되는 곳에서 사용된다. 바깥쪽 리스트는 데이터베이스 테이블에 해당하고, 중첩된 튜플은 테이블 안의 행(row)이 되며, 튜플 할당은 열(column)을 추출한다.

튜플은 for 루프로 딕셔너리를 반복할 때 키를 통해 루프를 돌고 수동 인덱싱으로 값을 가져오는 방법 대신, for 루프에서 딕셔너리에 있는 키와 값을 items 메서드를 사용하여 반복하는 데 편리하게 이용된다.

```
>>> D = {'a': 1, 'b': 2, 'c': 3}
>>> for key in D:
...     print(key, '=>', D[key])          # 딕셔너리 키를 반복자와 인덱스로 사용
...
a => 1
c => 3
b => 2

>>> list(D.items())
[('a', 1), ('c', 3), ('b', 2)]

>>> for (key, value) in D.items():
...     print(key, '=>', value)           # 키와 값을 모두 반복
...
a => 1
c => 3
b => 2
```

for 루프에서 튜플 할당은 특별한 기능이 아님을 알아 둘 필요가 있다. for 단어 다음에 구문
적으로 문제가 없는 어떠한 할당 대상도 올 수 있다. 그리고 항상 언패킹을 하기 위해 루프 내
에서 수동으로 할당할 수 있다.

```
>>> T
[(1, 2), (3, 4), (5, 6)]

>>> for both in T:
...     a, b = both                        # 동일한 수동 할당
...     print(a, b)                        # 2.X: 튜플을 '( )'로 둘러싸서 출력
...
1 2
3 4
5 6
```

그러나 루프 헤더의 튜플은 시퀀스의 시퀀스를 반복할 때 추가적인 단계를 덜어 준다. 11장에
서 제안된 것처럼 심지어 **중첩된** 구조도 for 루프 안에서 이 방법으로 자동 언패킹된다.

```
>>> ((a, b), c) = ((1, 2), 3)             # 중첩된 시퀀스 또한 동작함
>>> a, b, c
(1, 2, 3)

>>> for ((a, b), c) in [((1, 2), 3), ((4, 5), 6)]: print(a, b, c)
...
1 2 3
4 5 6
```

그러나 심지어 이 코드도 특별한 경우는 아니다. for 루프는 반복될 때마다 우리가 이전에 실행했던 종류의 할당을 단순히 실행하는 것뿐이다. 단순히 시퀀스 할당이 너무 일반화(generic)되어 있기 때문에 이러한 방식으로 모든 중첩된 **시퀀스 구조**가 언패킹될 수 있다.

```
>>> for ((a, b), c) in [([1, 2], 3), ['XY', 6]]: print(a, b, c)
...
1 2 3
X Y 6
```

for 루프에서 파이썬 3.X의 확장 시퀀스 할당

사실, for 루프의 루프 변수는 어떠한 할당 대상도 올 수 있기 때문에 우리는 파이썬 3.X의 확장 시퀀스 언패킹 할당 구문을 여기서 아이템과 시퀀스 안의 시퀀스의 섹션을 추출하는 데 사용할 수 있다. 실제로 이것 또한 특별한 경우가 아니며, 11장에서 설명한 것처럼 단순히 3.X에서 새롭게 추가된 할당 형식이다. 이 형식은 할당문에서 동작하기 때문에 자동으로 for 루프 안에서도 동작한다.

이전 절에서 소개한 튜플 할당 형식을 생각해 보자. 값의 튜플은 각 반복에서 이름의 튜플에 할당되며, 단순한 할당문과 정확히 동일하게 동작한다.

```
>>> a, b, c = (1, 2, 3)                    # 튜플 할당
>>> a, b, c
(1, 2, 3)

>>> for (a, b, c) in [(1, 2, 3), (4, 5, 6)]:    # for 루프에서 사용
...     print(a, b, c)
...
1 2 3
4 5 6
```

파이썬 3.X에서 시퀀스는 다수의 아이템을 받기 위한 별표 이름을 사용하면 좀 더 일반화된 이름 세트에 할당될 수 있기 때문에 동일한 구문을 for 루프에서 중첩된 시퀀스의 부분을 추출하는 데 사용할 수 있다.

```
>>> a, *b, c = (1, 2, 3, 4)
>>> a, b, c
(1, [2, 3], 4)

>>> for (a, *b, c) in [(1, 2, 3, 4), (5, 6, 7, 8)]:
```

```
...        print(a, b, c)
...
1 [2, 3] 4
5 [6, 7] 8
```

실제로, 이 접근 방법은 중첩된 시퀀스로 표현된 데이터의 열로부터 다수의 칼럼을 집어낼 때 사용될 수 있을 것이다. 파이썬 2.X에서는 별표 이름을 사용할 수 없지만, 슬라이싱을 이용하면 비슷한 효과를 볼 수 있다. 유일한 차이점은 별표 이름은 항상 리스트가 할당되지만, 슬라이싱은 타입에 따른 결과를 반환한다.

```
>>> for all in [(1, 2, 3, 4), (5, 6, 7, 8)]:        # 2.X에서 수동 슬라이싱
...        a, b, c = all[0], all[1:3], all[3]
...        print(a, b, c)
...
1 (2, 3) 4
5 (6, 7) 8
```

이 할당 형식에 대한 좀 더 자세한 내용은 11장을 참조하도록 하자.

중첩된 for 루프

이제 그동안 살펴본 것보다 좀 더 정교한 for 루프를 살펴보도록 하자. 다음 예제는 for문에서 문 중첩과 루프 else절에 대해서 설명한다. 이 코드는 주어진 객체의 리스트(items)와 키의 리스트(tests)에서 객체의 리스트로부터 각각의 키를 검색하고 검색 결과를 출력한다.

```
>>> items = ["aaa", 111, (4, 5), 2.01]        # 객체 세트
>>> tests = [(4, 5), 3.14]                     # 검색할 키
>>>
>>> for key in tests:                          # 모든 키에 대해
...        for item in items:                  # 모든 아이템에 대해
...            if item == key:                 # 매칭 테스트
...                print(key, "was found")
...                break
...        else:
...            print(key, "not found!")
...
(4, 5) was found
3.14 not found!
```

중첩된 if는 매칭된 결과를 발견할 경우 break를 실행하기 때문에 루프 else절은 검색에 실패할 경우 도달한다고 가정할 수 있다. 여기서 중첩 구조를 주목해서 보자. 이 코드가 실행되면 동

시에 두 개의 루프가 실행된다. 바깥쪽 루프는 키 리스트를 탐색하고, 안쪽 루프는 각 키에 대한 아이템 리스트를 탐색한다. 루프 else절의 중첩에 주의해야 한다. 루프 else절은 안쪽 for 루프의 헤더 라인과 같은 수준으로 들여쓰기되어 있기 때문에 if나 바깥 for가 아닌 안쪽 루프와 연결된다.

이 예제는 예시일 뿐이지만, 멤버십 테스트를 위한 in 연산자를 사용하여 더 쉽게 작성될 수 있다. in은 암시적으로(적어도 논리적으로) 일치하는 것을 찾기 위해 객체를 탐색하기 때문에 이를 이용하면 안쪽 루프를 대체할 수 있다.

```
>>> for key in tests:              # 모든 키에 대해
...     if key in items:           # 파이썬이 매칭을 찾도록 함
...         print(key, "was found")
...     else:
...         print(key, "not found!")
...
(4, 5) was found
3.14 not found!
```

일반적으로 파이썬 코드의 간결성과 성능을 위해 (이 방법처럼) 가능한 파이썬이 많은 일을 하도록 하는 것이 좋다.

다음 예제도 유사하지만 루프를 돌면서 출력하기보다는 나중에 사용하기 위해 리스트를 만든다. 이 코드는 for 루프로 전형적인 데이터 구조 처리를 위한 작업(두 (문자열) 시퀀스에서 아이템들을 수집)을 수행하고 교집합 루틴과 유사한 기능을 제공한다. 루프가 종료된 다음에 res는 seq1과 seq2에 동시 포함된 모든 아이템을 포함하고 있는 리스트를 참조한다.

```
>>> seq1 = "spam"
>>> seq2 = "scam"
>>>
>>> res = []                # 빈 리스트
>>> for x in seq1:          # 첫 번째 시퀀스 탐색
...     if x in seq2:       # 공통된 아이템인가?
...         res.append(x)   # 최종 결과에 추가
...
>>> res
['s', 'a', 'm']
```

이 코드는 아쉽게도 두 개(seq1 그리고 seq2)의 특정 변수에 대해서만 동작하도록 맞춰져 있다. 이 루프를 재사용할 수 있도록 어떻게든 일반화된 도구로 만들 수 있다면 좋을 것이다. 여러분도 볼 수 있듯이, 이러한 간단한 아이디어가 우리를 다음 파트의 주제인 **함수**로 이끈다.

또한 이 코드는 전통적인 **리스트 컴프리헨션** 패턴을 보여 주며(반복과 선택적인 필터 테스트를 이용하여 결과 리스트를 수집), 더욱 간결하게 작성될 수 있다.

```
>>> [x for x in seq1 if x in seq2]        # 파이썬이 결과를 수집하도록 함
['s', 'a', 'm']
```

그러나 이 주제에 대한 나머지 이야기는 다음 장을 통해 학습하도록 하자.

더 생각해 볼 주제: 파일 스캐너

일반적으로, 루프는 어떤 연산이나 처리를 1회 이상 반복해야 할 필요가 있는 어느 곳에서나 편리하게 이용할 수 있다. **파일**은 다수의 문자들과 라인들을 포함하고 있기 때문에 파일은 가장 일반적인 루프 사용 사례 중 하나다. 파일 콘텐츠를 문자열로 모두 한 번에 읽기 위해 단순히 파일 객체의 read 메서드를 호출하기만 하면 된다.

```
file = open('test.txt', 'r')           # 파일 콘텐츠를 문자열로 읽기
print(file.read())
```

그러나 파일에서 작은 단위로 읽기 위해서는 파일의 끝에서 break하는 while 루프, 또는 for 루프를 사용하는 것이 일반적이다. **문자 단위**로 읽기 위해서 다음 두 코드 중 하나면 충분하다.

```
file = open('test.txt')
while True:
    char = file.read(1)                # 문자 단위로 읽기
    if not char: break                 # 빈 문자열은 파일의 끝을 의미
    print(char)

for char in open('test.txt').read():
    print(char)
```

또한 여기서 for 루프는 각 문자를 처리하지만, file.read()는 파일을 (한 번에 읽기에 충분한 경우) 한 번에 모두 메모리로 읽는다. 대신 **라인**이나 **블록 단위**로 읽고자 할 경우, 다음과 같은 while 루프를 사용할 수 있다.

```
file = open('test.txt')
while True:
    line = file.readline()             # 라인 단위로 읽기
    if not line: break
    print(line.rstrip())               # 라인 안에 이미 \n이 포함

file = open('test.txt', 'rb')
while True:
    chunk = file.read(10)              # 바이트 덩어리 읽기: 10바이트까지
    if not chunk: break
    print(chunk)
```

일반적으로 바이너리 데이터는 블록으로 읽는다. 그러나 텍스트 파일을 **라인 단위로 읽기 위해**서는 for 루프가 가장 작성하기 쉽고 빠른 경향이 있다.

```
for line in open('test.txt').readlines():
    print(line.rstrip())

for line in open('test.txt'):                    # 반복자 사용: 텍스트 입력 처리에 최적
    print(line.rstrip())
```

이 두 버전은 모두 파이썬 2.X와 3.X 모두에서 동작한다. 첫 번째는 파일을 모두 한 번에 라인 문자열 리스트로 읽기 위해 파일의 readlines 메서드를 사용하고, 다음 예제는 각 루프 반복 시에 자동으로 한 라인을 읽기 위해 파일 **반복자**에 의존한다.

두 번째 예제는 또한 일반적으로 파일을 처리하기 위한 **최적**의 방법이다. 코드의 단순함 이외에도, 파일 전체를 한 번에 모두 메모리로 읽지 않기 때문에 임의의 큰 파일에 대해서도 동작한다. 또한, 반복자 버전은 I/O 성능은 파이썬 종류와 릴리즈마다 차이가 날 수 있으나 매우 빠르게 실행된다.

그러나 파일의 readlines 메서드는 여전히 유용하게 사용될 수 있다. 예를 들어 파일의 모든 라인을 뒤집고자 할 때, 파일 내용을 모두 메모리에 충분히 로드할 수 있다면 여전히 유용하다. 내장 reversed는 인수로 시퀀스는 허용되지만, 값을 생성하는 임의의 가변 객체는 허용되지 않는다. 즉, 리스트는 동작하지만 파일 객체는 동작하지 않는다.

```
for line in reversed(open('test.txt').readlines()): ...
```

또한 일부 2.X 파이썬 코드에서는 open 이름 대신에 file이 사용되거나, 파일의 자동 라인 반복자와 같은 효과를 얻을 수 있는 파일 객체의 오래된 xreadlines 메서드를 볼 수 있을 것이다(이 메서드는 readlines 메서드와 유사하게 동작하지만, 파일의 내용을 한 번에 모두 메모리로 로딩하지 않는다). file과 xreadlines는 모두 파이썬 3.X에서 중복 이슈로 제거되었다. 또한 여러분은 새로운 파이썬 2.X 코드를 작성할 때 이 두 메서드의 사용을 피해야 하며, 대신 최신 2.X 릴리즈에서 제공하는 파일 반복자와 open 호출을 사용하도록 하자. 그러나 여전히 기존 코드와 리소스에서 종종 발견할 수 있을 것이다.

여기서 사용된 호출에 대한 좀 더 자세한 내용은 라이브러리 매뉴얼과 파일 라인 반복자에 대해서 자세히 다루는 14장을 참조하도록 하자. 또한, 518쪽의 칼럼인 "더 생각해 볼 주제: 셸 명령과 그 외"를 읽어 보도록 하자. 이 칼럼에서는 여기서 언급한 동일한 파일 도구들을 프로그램의 출력을 읽기 위해 os.popen 명령 라인 런처에 적용한다. 그리고 37장에서는 파일 읽기에 대한 추가적인 내용을 다루고 있다. 37장에서 볼 수 있는 것처럼, 텍스트 파일과 바이너리 파일은 3.X에서 조금 다른 의미를 가지고 있다.

루프 코딩 기법/기술

우리가 방금 학습한 for 루프는 대부분의 카운터 형식의 루프에 적용될 수 있다. for 루프는 일반적으로 while보다 작성하기 쉽고 종종 빠르게 실행되기 때문에 시퀀스나 다른 가변 객체

를 순차적으로 처리해야 할 필요가 있을 때 가장 먼저 다루어야 할 도구다. 사실, **파이썬에서**는 일반적으로 무언가를 카운팅하려는 유혹을 뿌리쳐야 한다. 파이썬 반복 도구들은 C와 같은 저수준 언어에서 컬렉션을 통해 반복하면서 처리하고자 하는 일의 대부분을 자동화한다.

그러나 여전히 좀 더 특별한 방법으로 반복해야 하는 상황들이 존재한다. 예를 들어, 리스트에서 하나 걸러 또는 둘 걸러 한 아이템을 처리해야 할 경우나 또는 그 과정에서 리스트를 변경해야 할 경우에는 어떻게 할까? 동일한 for 루프 안에서 하나 이상의 시퀀스를 병렬로 순회하려면 어떻게 할까? 또한 시퀀스를 인덱스할 필요가 있는 경우는 어떻게 해야 할까?

while 루프를 사용하여 특별한 반복 작업과 수동 인덱싱 코드를 작성할 수도 있지만, 파이썬은 for 안에서 특수한 반복을 수행할 수 있도록 하는 내장된 기능 세트를 제공한다.

- (파이썬 0.X 이후로 사용할 수 있는) 내장 range 함수는 for문에서 인덱스로 사용될 수 있는 연속적인 일련의 정수를 생성한다.
- (파이썬 2.X 이후로 사용할 수 있는) 내장 zip 함수는 for문에서 다수의 시퀀스를 순회하는 데 사용될 수 있는 일련의 병렬 아이템 튜플을 반환한다.
- (파이썬 2.3 이후로 사용할 수 있는) 내장 enumerate 함수는 가변 객체의 아이템들에 대한 값과 인덱스를 생성하므로 수동으로 카운팅할 필요가 없다.
- (파이썬 1.0 이후로 사용할 수 있는) 내장 map 함수는 파이썬 2.X에서 zip과 유사한 목적으로 사용될 수 있지만, map의 이러한 역할은 3.X에서 제거되었다.

그러나 for 루프는 while 기반의 카운터 루프보다 일반적으로 빠르게 실행되기 때문에 특별한 상황에서도 for 루프의 사용을 가능하게 하는 이러한 도구들을 잘 활용하는 것은 큰 장점이 될 수 있다. 일반적인 사용 사례를 통해서 이러한 내장 기능을 차례대로 살펴보도록 하자. 곧 볼 수 있는 것처럼 이 기능들의 사용법은 2.X와 3.X 사이에서 다소 차이가 날 수 있으며, 활용 방법에 따라 매우 유용할 수 있다.

루프 카운터: range

우리의 첫 번째 루프 관련 함수인 range는 다양한 상황에서 사용될 수 있는 매우 보편적인 도구다. 이미 4장에서 간략히 살펴본 적이 있다. range는 for 루프에서 인덱스를 생성하기 위해 가장 일반적으로 사용되지만, 일련의 정수가 필요한 곳이라면 어디든지 사용할 수 있다.

파이썬 2.X의 range는 실제 리스트를 생성한다. 3.X의 range는 요청 시에 아이템을 생성하는 반복 객체이므로 3.X에서 range의 결과를 한꺼번에 출력하기 위해서는 리스트 호출로 감싸야 한다.

```
>>> list(range(5)), list(range(2, 5)), list(range(0, 10, 2))
([0, 1, 2, 3, 4], [2, 3, 4], [0, 2, 4, 6, 8])
```

하나의 인수로 호출할 경우, range는 0부터 인수의 값을 포함하지 않는 정수까지의 리스트를 생성한다. 두 개의 인수로 호출할 경우에는 첫 번째 인수가 제일 낮은 값의 기준이 된다. 세 번째 인수는 단계를 제공한다. 세 번째 인수를 사용할 경우, 파이썬은 연속된 수 사이에 인수로 제공된 단계를 더한다(기본 단계는 +1이다). 또한, range는 여러분이 원한다면 결과를 음수와 내림차순으로도 생성할 수 있다.

```
>>> list(range(-5, 5))
[-5, -4, -3, -2, -1, 0, 1, 2, 3, 4]
>>> list(range(5, -5, -1))
[5, 4, 3, 2, 1, 0, -1, -2, -3, -4]
```

이와 같은 가변 객체에 대해서는 14장에서 좀 더 공식적으로 다룬다. 거기서도 파이썬 2.X에서 제공하는 유사한 이름을 가진 xrange를 볼 수 있으며, 이는 range와 유사하지만 결과를 메모리상에다 한 번에 만들지 않는다. 이것은 메모리 최적화 기능이며, 이 기능은 3.X에서 range의 제너레이터 동작에 포함되어 있다.

이러한 range 결과는 그 자체로도 유용하지만, for 루프 안에서 가장 유용하게 사용된다. 그 이유 중 한 가지로 range는 특정 횟수만큼 동작을 반복하는 간단한 방법을 제공한다. 예를 들어, 세 라인을 출력하기 위한 적절한 수의 정수를 생성하기 위해 range를 사용할 수 있다.

```
>>> for i in range(3):
...     print(i, 'Pythons')
...
0 Pythons
1 Pythons
2 Pythons
```

3.X에서 for 루프는 range로부터 강제로 결과를 생성하기 때문에 이 예제는 3.X에서 list로 감쌀 필요가 없다(2.X에서 list로 감쌀 경우 xrange를 호출하는 경우를 제외하면 임시적인 리스트를 얻게 된다).

시퀀스 탐색: while과 range vs for

range 호출은 시퀀스를 간접적으로 반복하는 데 최적의 방법은 아니지만, 종종 이러한 목적으로도 사용된다. 시퀀스를 순차적으로 완벽하게 처리하는 가장 쉽고 일반적으로 가장 빠른 방법은 파이썬이 세부적인 내용의 대부분을 알아서 처리하는 for와 함께 사용하는 것이다.

```
>>> X = 'spam'
>>> for item in X: print(item, end=' ')        # 단순한 반복
...
s p a m
```

이렇게 사용될 경우, 내부적으로 for 루프는 반복의 세부적인 내용들을 자동으로 처리한다. 명시적인 인덱싱 로직을 통해 작업을 수행해야 하는 경우에는 while 루프를 이용해서 이 작업을 할 수 있다.

```
>>> i = 0
>>> while i < len(X):                           # while 루프 반복
...     print(X[i], end=' ')
...     i += 1
...
s p a m
```

그러나 반복을 위한 인덱스의 리스트를 range를 사용하여 생성할 경우에는 for에서도 수동 인덱싱을 사용할 수 있다. 이는 다단계 공정이지만, 해당 오프셋의 아이템보다는 오프셋을 생성하고자 할 때 활용할 수 있다.

```
>>> X
'spam'
>>> len(X)                                      # 문자열의 길이
4
>>> list(range(len(X)))                         # X에 대한 모든 유효한 오프셋
[0, 1, 2, 3]
>>>
>>> for i in range(len(X)): print(X[i], end=' ')  # 수동 range/len 반복
...
s p a m
```

이 예제는 X의 실제 아이템이 아닌, X에 대한 오프셋의 리스트를 통해 순차적으로 처리하므로 각 아이템을 가져오기 위해서는 루프 안에서 X에 대해 다시 인덱스할 필요가 있다. 이 코드가

다소 과잉처럼 보인다면, 그건 단지 이 코드가 예제이기 때문이다. 실제로 이러한 작업을 수행할 때 이 예제처럼 어렵게 할 필요가 없다.

비록 이러한 역할에서는 range/len 조합이면 충분하지만, 아마도 이것이 최선의 선택은 아닐 것이다. 이 코드는 다소 느리게 실행될 수 있으며, 실제로 해야 할 일보다 더 많은 일을 처리한다. 특별한 인덱싱 요구가 있는 경우가 아니라면 파이썬에서는 단순한 for 루프 형태를 사용하는 편이 더 낫다.

```
>>> for item in X: print(item, end=' ')        # 가능한 단순한 반복을 사용하자
```

일반적으로는 가능한 한 while 대신 for를 사용하도록 하자. 그리고 최후의 수단으로서 사용해야 할 경우가 아니라면 for 루프에서 range 호출은 사용하지 않도록 하자. 이 간단한 방법이 대부분의 상황에서는 최선의 방법이다. 그러나 다음 절에서 설명하는 것처럼 여기에도 많은 예외가 존재한다.

시퀀스 뒤섞기: range과 len

앞의 예제에서 사용된 코딩 패턴이 단순한 시퀀스 탐색에 이상적인 것은 아니지만, 필요한 경우 더욱 특별한 종류의 순회에 이용할 수 있다. 예를 들어, 다른 검색 방법을 만들거나 다양한 값 정렬의 효과를 테스트하는 등의 일부 알고리즘에서 시퀀스 재정렬을 이용할 수 있다. 이러한 경우에 다음 예제처럼 시퀀스의 일부를 가져오고 다시 저장하기 위해 오프셋이 필요할 수 있다. 여기서 range의 정숫값은 처음에는 반복 카운트로 제공되고, 두 번째는 슬라이싱에 대한 위치로 제공된다.

```
>>> S = 'spam'
>>> for i in range(len(S)):        # 반복 카운트에 대한 0..3
...     S = S[1:] + S[:1]          # 제일 앞 아이템을 끝으로 이동
...     print(S, end=' ')
...
pams amsp mspa spam

>>> S
'spam'
>>> for i in range(len(S)):        # 위치에 대한 0..3
...     X = S[i:] + S[:i]          # 뒷부분 + 앞부분
...     print(X, end=' ')
spam pams amsp mspa
```

위 코드가 혼란스러워 보인다면 한 번에 하나의 반복을 추적해 보도록 하자. 비록 순서가 다르긴 하지만 두 번째는 첫 번째와 같은 결과를 생성하며, 그 과정에서 기존 변수를 변경하지 않는다. 이 두 코드는 연결할 부분을 얻기 위해 슬라이스를 실시하기 때문에 이 코드들은 임의의 시퀀스 타입에 대해 동작하며, 뒤섞기에 사용된 대상과 같은 타입의 시퀀스를 반환한다. 리스트를 뒤섞을(shuffler) 경우에는 재정렬된 리스트가 만들어진다.

```
>>> L = [1, 2, 3]
>>> for i in range(len(L)):          # 임의의 시퀀스 타입에 대해 동작
...     X = L[i:] + L[:i]
...     print(X, end=' ')
...
[1, 2, 3] [2, 3, 1] [3, 1, 2]
```

우리는 이와 같은 코드를 18장에서 다른 인수 순서로 함수를 테스트하는 데 이용하며, 20장에서는 함수와 제너레이터, 그리고 좀 더 완벽한 재정렬을 위해 확장한다.

완전하지 않은 순회: range vs 슬라이스

이전 절과 같은 경우들은 range/len 조합에 대한 적절한 활용 방법이다. 또한, 이 기법은 순회 과정에서 일부 아이템들을 건너뛰는 데 사용할 수 있다.

```
>>> S = 'abcdefghijk'
>>> list(range(0, len(S), 2))
[0, 2, 4, 6, 8, 10]

>>> for i in range(0, len(S), 2): print(S[i], end=' ')
...
a c e g i k
```

여기서 우리는 생성된 range 리스트를 통해 문자열 S에서 한 아이템씩 걸러서 출력하고 있다. 두 아이템씩 걸러서 출력하고자 할 경우에는 range의 세 번째 인수를 3으로 바꾸면 된다. 실제로, 이러한 방법을 통해 range을 사용함으로써 for 루프 구조의 단순함은 여전히 유지하면서도 루프 안에서 아이템들을 건너뛰는 것이 가능해진다.

그러나 대부분의 경우, 이 기법이 오늘날의 파이썬에서 실시할 수 있는 가장 최선의 방법은 아닐 것이다. 여러분이 정말로 시퀀스에서 아이템들을 건너뛰고 싶다면, 7장에서 설명한 슬라이스 **표현식**의 확장된 세 번째 제약 형식이 같은 목적을 위한 좀 더 간단한 방법을 제공한다.

예를 들어, S에서 매번 두 번째 문자를 가져오기 위해서는 두 간격으로 슬라이스할 수 있다.

```
>>> S = 'abcdefghijk'
>>> for c in S[::2]: print(c, end=' ')
...
a c e g i k
```

이 경우 결과는 동일하지만 코드로 작성하기 상당히 쉽고 다른 사람들이 읽기에도 쉽다. 여기서 range를 사용하는 것의 잠재적인 장점은 메모리의 활용이다. 슬라이스는 파이썬 2.X와 3.X 모두에서 문자열의 복사본을 만들지만, 3.X에서의 range와 2.X에서의 xrange는 리스트를 생성하지 않는다. 매우 큰 문자열에 대해 사용할 경우에는 메모리를 절약할 수 있다.

리스트 변경하기: range vs 컴프리헨션

for와 함께 range/len 조합은 루프 안에서 순회 대상인 리스트를 직접 변경하는 루프에서 사용할 수 있다. 예를 들어, 리스트의 모든 아이템에 1을 더해야 한다고 가정해 보자(어쩌면 직원 데이터베이스 리스트에서 모든 직원들에게 인상된 무엇을 제공해야 할지도 모른다). 여러분은 단순한 for 루프를 사용하여 다음과 같이 시도할 수도 있지만, 그 결과는 아마도 여러분이 원하던 것이 아닐 것이다.

```
>>> L = [1, 2, 3, 4, 5]

>>> for x in L:
...     x += 1                      # L이 아닌 x를 변경
...
>>> L
[1, 2, 3, 4, 5]
>>> x
6
```

이 코드는 실제로 잘 동작하지 않는다. 이 코드는 리스트 L이 아닌, 루프 변수 x를 변경하는데, 그 이유는 다소 미묘하다. x는 루프를 돌 때마다 이미 리스트 바깥으로 꺼내온 다음 정수를 참조한다. 예를 들어 처음 반복에서 x는 정수 1이고 루프 본문은 x에 다른 객체인 정수 2를 설정하지만, 1을 가져온 기존 리스트는 업데이트되지 않는다. 이는 리스트와 분리된 별도의 메모리 영역이다.

리스트를 가로질러 진행하는 것처럼 실제로 리스트를 변경하기 위해서는 진행 과정에서 각 위치에 변경된 값을 할당할 수 있도록 인덱스를 사용할 필요가 있다. range/len 조합을 이용하면 여기서 필요한 인덱스를 만들 수 있다.

```
>>> L = [1, 2, 3, 4, 5]

>>> for i in range(len(L)):        # L의 각 아이템에 1 더하기
...     L[i] += 1                  # 또는 L[i] = L[i] + 1
...
>>> L
[2, 3, 4, 5, 6]
```

이러한 방식으로 코드를 작성하면, 루프를 통해 우리가 처리한 대로 리스트가 변경된다. for x in L과 같은 루프는 리스트 위치가 아닌 실제 아이템을 통해 반복하기 때문에 이와 같은 작업을 이러한 루프 스타일을 사용해서 처리할 방법은 없다. 그렇다면 동일한 기능을 제공하는 while 루프는 어떨까? 이러한 루프는 우리에게 약간의 추가 작업을 요구하며, 여러분이 사용하는 파이썬에 따라 더 느릴 수도 있다(3.6에서는 좀 덜하긴 하지만, 2.7과 3.6에서는 다소 느리다. 21장에서 이를 확인하는 방법을 볼 수 있다).

```
>>> i = 0
>>> while i < len(L):
...     L[i] += 1
...     i += 1
...
>>> L
[3, 4, 5, 6, 7]
```

그러나 다시 이야기하지만, range를 이용한 방법은 이상적인 방법이 아닐 수도 있다. 다음 형식의 리스트 컴프리헨션 표현식은 다음과 같다.

```
[x + 1 for x in L]
```

비록 기존 리스트를 직접 변경하지는 않지만 유사한 작업을 수행하며, 오늘날에는 좀 더 빠르게 실행될 수 있다(표현식의 새로운 리스트 객체를 다시 L에 할당할 수는 있지만, 이 방법은 기존 리스트에 대한 다른 참조들을 업데이트하지는 못한다). 이러한 내용은 리스트 컴프리헨션의 루프 개념의 핵심적인 부분이기 때문에 이에 대한 완전한 학습은 아껴 두었다가 다음 장에서 이야기를 계속 진행할 것이다.

병렬 순회: zip과 map

다음 루프 코딩 기법은 루프의 범위를 확장한다. 이미 본 것처럼 내장된 range를 이용하면 for를 이용하여 완전하지 않은 방법(즉, 부분적으로)으로 시퀀스를 순회할 수 있다. 같은 의도에서 내장 zip 함수를 이용하면 for 루프를 사용하여 (하나의 루프에서) 다수의 시퀀스에 **병렬**로 접근할 수 있다. zip은 기본적으로 하나 또는 그 이상의 시퀀스를 인수로 받고, 인수로 제공된 시퀀스에서 가져온 아이템들을 병렬로 짝지어 일련의 튜플로 반환한다. 예를 들어, 두 개의 리스트를 이용하여 작업을 한다고 가정해 보자(이름과 주소의 리스트는 위치적으로 서로 짝지어질 수 있을 것이다).

```
>>> L1 = [1,2,3,4]
>>> L2 = [5,6,7,8]
```

이러한 리스트에 있는 아이템들을 결합하기 위해, 튜플 쌍의 리스트를 생성하는 zip을 사용할 수 있다. range처럼 zip은 파이썬 2.X에서 리스트지만, 3.X에서 zip은 실행 결과를 모두 한꺼번에 출력하기 위해 zip으로 감싸야만 하는 반복 가능한 객체다(다시 이야기하지만, 가변 객체에 대해서는 곧 다가올 다음 장에서 자세히 다룬다).

```
>>> zip(L1, L2)
<zip object at 0x026523C8>
>>> list(zip(L1, L2))                  # 3.X에서는 list로 감싸야 함
[(1, 5), (2, 6), (3, 7), (4, 8)]
```

이러한 결과는 다른 상황에서도 유용하게 사용될 수 있지만, for 루프와 결합될 경우에는 병렬 반복을 지원한다.

```
>>> for (x, y) in zip(L1, L2):
...     print(x, y, '--', x+y)
...
1 5 -- 6
2 6 -- 8
3 7 -- 10
4 8 -- 12
```

여기서 우리는 zip 호출 결과인 두 리스트로부터 가져온 아이템들의 쌍을 단계별로 처리한다. 이 for 루프는 다시 zip 결과에서 각 튜플을 언패킹하기 위해 우리가 앞서 다뤘던 튜플 할당 형식을 사용한다. 루프를 반복하는 첫 번째 단계에서 일어나는 튜플 할당은 (x, y) = (1, 5)를 실행한 것과 같다.

그 결과, 루프 안에서 L1과 L2를 모두 탐색할 수 있다. 우리는 인덱싱을 수동으로 처리하는 while 루프를 통해서도 비슷한 효과를 얻을 수 있지만 while 방식은 추가적인 입력을 필요로 하며, for/zip을 이용한 방식보다 더 느리게 실행될 가능성이 있다.

엄밀히 말하면 zip 함수는 이 예제에서 알 수 있는 것보다 좀 더 일반화되어 있다. 예를 들어 zip은 모든 시퀀스 타입을 허용하며(실제로, 파일을 포함한 모든 가변 객체), 두 개 이상의 인수를 받아들인다. 다음 예제처럼 세 개의 인수로 사용할 경우, 기본적으로 세로 열을 기준으로 각 시퀀스로부터 꺼내온 아이템들로 세 개의 아이템을 가진 튜플의 리스트를 생성한다(사실상 N 개 인수에 대한 N차 튜플을 얻는다).

```
>>> T1, T2, T3 = (1,2,3), (4,5,6), (7,8,9)
>>> T3
(7, 8, 9)
>>> list(zip(T1, T2, T3))                    # 세 개의 인수에 대한 세 개의 튜플
[(1, 4, 7), (2, 5, 8), (3, 6, 9)]
```

또한, zip은 인수로 제공된 시퀀스의 길이가 서로 다를 경우에 가장 짧은 시퀀스를 기준으로 결과 튜플을 잘라낸다. 다음 예제는 병렬로 두 문자열로부터 문자를 골라 zip으로 묶지만, 짧은 시퀀스의 길이만큼만 튜플이 생성된다.

```
>>> S1 = 'abc'
>>> S2 = 'xyz123'
>>>
>>> list(zip(S1, S2))                        # 짧은 길이에 맞춰 자르기
[('a', 'x'), ('b', 'y'), ('c', 'z')]
```

파이썬 2.X에서 map

파이썬 2.X에서 연관된 내장 함수인 map은 인수로 None이 전달될 경우에는 유사한 방식으로 시퀀스의 아이템들로부터 쌍을 만들지만, map은 인수로 전달된 시퀀스의 길이가 다를 경우 zip처럼 짧은 시퀀스를 기준으로 자르지 않고 더 짧은 시퀀스를 None으로 채운다.

```
>>> S1 = 'abc'
>>> S2 = 'xyz123'

>>> map(None, S1, S2)                        # 2.X에서만 동작: 긴 시퀀스를 기준으로 채움
[('a', 'x'), ('b', 'y'), ('c', 'z'), (None, '1'), (None, '2'), (None,'3')]
```

이 예제는 map 내장 기능의 퇴화된 형식을 사용하며, 이 형식은 더 이상 파이썬 3.X에서 지원되지 않는다. 일반적으로 map은 함수와 하나 이상의 시퀀스를 인수로 받고 시퀀스로부터 가져온 아이템들을 인수로 함수를 호출하여 그 결과를 수집한다.

map에 대한 자세한 내용은 19장과 20장에서 배우지만, 간단한 예로서 다음은 문자열의 각 아이템에 내장된 ord 함수를 적용하여 그 결과를 수집한다(map은 zip과 마찬가지로 3.X에서 값을 생성하는 제너레이터이므로 3.X에서 실행 결과를 한 번에 수집하기 위해서는 list를 통해서 사용해야 한다).

```
>>> list(map(ord, 'spam'))
[115, 112, 97, 109]
```

이 코드는 다음의 루프문과 동일하게 동작하지만, map을 사용하는 방식이 종종 더 빠르게 실행된다(21장에서 볼 수 있다).

```
>>> res = []
>>> for c in 'spam': res.append(ord(c))
>>> res
[115, 112, 97, 109]
```

 버전에 따른 차이: 함수 인수로 None을 사용하는 map의 퇴화된 형식은 zip과 기능이 겹치기 때문에 파이썬 3.X에서 더 이상 지원되지 않는다(그리고 솔직히 map 함수의 활용 목적과는 차이가 있다). 3.X에서는 zip 또는 결과에 짧은 부분을 직접 채우는 루프를 작성하도록 하자. 실제로 우리는 몇몇 추가적인 반복 개념에 대해서 학습한 다음, 20장에서 이러한 루프 코드를 작성하는 방법에 대해 다룬다.

zip을 이용한 딕셔너리 구성

또 다른 zip의 활용 사례들을 살펴보자. 여기서 사용된 zip 호출은 8장에서 키와 값의 집합이 런타임 시에 계산되어야 할 때, 딕셔너리를 만드는 데 유용할 수 있다고 언급했다. 이제 우리는 zip 사용법에 꽤 익숙해졌으므로 zip이 딕셔너리를 구성하는 것과 어떻게 연관되어 있는지 좀 더 자세히 알아보도록 하자. 이미 배운 것처럼 여러분은 항상 딕셔너리 리터럴 또는 키에 값을 할당하는 방식으로 딕셔너리를 만들 수 있다.

```
>>> D1 = {'spam':1, 'eggs':3, 'toast':5}
>>> D1
{'eggs': 3, 'toast': 5, 'spam': 1}

>>> D1 = {}
>>> D1['spam'] = 1
>>> D1['eggs'] = 3
>>> D1['toast'] = 5
```

그러나 스크립트를 작성한 다음, 런타임 시에 딕셔너리 키와 값에 대한 **리스트**를 구할 수 있다면 어떻게 해야 할까? 예를 들어 사용자로부터 수집했거나, 파일로부터 분석했거나, 또는 다른 동적인 출처로부터 가져온 다음과 같은 키와 값의 리스트가 있다고 가정해 보자.

```
>>> keys = ['spam', 'eggs', 'toast']
>>> vals = [1, 3, 5]
```

이와 같은 리스트를 딕셔너리로 바꾸기 위한 한 가지 방법은 리스트에 대해 zip을 사용하고 이 결과를 for 루프를 통해서 처리하는 것이다.

```
>>> list(zip(keys, vals))
[('spam', 1), ('eggs', 3), ('toast', 5)]

>>> D2 = {}
>>> for (k, v) in zip(keys, vals): D2[k] = v
...
>>> D2
{'eggs': 3, 'toast': 5, 'spam': 1}
```

그러나 파이썬 2.2와 그 이후 버전에서는 for 루프를 전혀 사용하지 않고 단순히 zip으로 묶인 키/값 리스트를 내장된 dict 생성자 호출에 전달만 하면 된다.

```
>>> keys = ['spam', 'eggs', 'toast']
>>> vals = [1, 3, 5]

>>> D3 = dict(zip(keys, vals))
>>> D3
{'eggs': 3, 'toast': 5, 'spam': 1}
```

내장된 이름 dict는 파이썬에서 실제로 타입 이름이다(타입 이름과 이에 대한 서브클래싱에 대해서는 32장에서 좀 더 자세히 다룬다). 이를 호출하면 리스트를 딕셔너리로 변환하는 것과 같은 결과를 얻을 수 있지만, 이 호출은 실제로 객체 생성 요청이다.

다음 장에서는 관련된 다소 고급 개념인 리스트 컴프리헨션에 대해서 알아보며, 리스트 컴프리헨션은 단일 표현식으로 리스트를 생성한다. 또한, zip으로 묶은 키/값 쌍에 대해 dict를 호출하는 방식의 대안으로 파이썬 3.X와 2.7의 딕셔너리 컴프리헨션에 대해서 다시 이야기한다.

```
>>> {k: v for (k, v) in zip(keys, vals)}
{'eggs': 3, 'toast': 5, 'spam': 1}
```

오프셋과 아이템 모두 생성하기: enumerate

이 장의 마지막 루프는 두 가지 사용 모드를 지원하기 위해 설계되었다. 앞서 우리는 문자열의 특정 오프셋에 있는 아이템들보다는 아이템들의 오프셋을 생성하기 위해 range를 사용하는 것에 대해 이야기했다. 그러나 일부 프로그램에서는 이 둘(사용할 아이템과 해당 아이템의 오프셋) 모두가 필요하다. 이러한 작업은 전통적으로 현재 오프셋의 카운터를 관리하는 간단한 for 루프를 사용하여 작성될 수 있다.

```
>>> S = 'spam'
>>> offset = 0
>>> for item in S:
...     print(item, 'appears at offset', offset)
...     offset += 1
...
s appears at offset 0
p appears at offset 1
a appears at offset 2
m appears at offset 3
```

이 코드는 잘 동작하지만, (2.3 이후의) 모든 최신 파이썬 2.X와 3.X 릴리즈에서 enumerate라는 이름의 새로운 내장된 기능이 우리를 대신해 이러한 일을 수행한다. 이 기능을 사용한 결과, 자동 반복의 단순함을 희생시키지 않고 루프 카운터가 '무료로' 제공된다.

```
>>> S = 'spam'
>>> for (offset, item) in enumerate(S):
...     print(item, 'appears at offset', offset)
...
s appears at offset 0
p appears at offset 1
a appears at offset 2
m appears at offset 3
```

enumerate 함수는 제너레이터 객체를 반환한다. 이것은 반복 프로토콜을 지원하는 객체의 종류이며, 이에 대해서는 다음 장에서 학습하도록 하고 상세한 내용은 다음 파트에서 다루겠다. 이 객체는 next 내장 함수에 의해 호출되는 메서드를 제공하며, 이 메서드는 루프를 통해 반복될 때마다 (인덱스, 값) 튜플을 반환한다. for 루프는 이러한 튜플들을 자동으로 반복하며, 우리가 zip에 대해서 했던 것처럼 튜플 할당을 사용하여 이 값들을 언패킹할 수 있다.

```
>>> E = enumerate(S)
>>> E
<enumerate object at 0x0000000002A8B900>
>>> next(E)
(0, 's')
>>> next(E)
(1, 'p')
>>> next(E)
(2, 'a')
```

그러나 모든 반복 콘텍스트(14장의 주제인 리스트 컴프리헨션을 포함하여)는 반복 프로토콜을 자동으로 실행하기 때문에 일반적으로 이러한 일련의 절차를 볼 수가 없다.

```
>>> [c * i for (i, c) in enumerate(S)]
['', 'p', 'aa', 'mmm']

>>> for (i, l) in enumerate(open('test.txt')):
...     print('%s) %s' % (i, l.rstrip()))
...
0) aaaaaa
1) bbbbbb
2) cccccc
```

그러나 enumerate, zip, 리스트 컴프리헨션과 같은 반복 개념을 충분히 이해하기 위해서는 이러한 주제에 대해 좀 더 공식적으로 배우게 될 다음 장으로 이동하자.

더 생각해 볼 주제: 셸 명령과 그 외

이전 칼럼에서는 파일에 적용된 루프를 보여 주었다. 간단히 9장에서 언급한 바와 같이 파이썬의 os.popen 호출은 실행된 **셸 명령**의 출력을 읽기 위한 파일과 유사한 인터페이스를 제공한다. 우리는 반복문에 대해서 충분히 학습했으므로 여기서는 이러한 반복 도구의 실제 동작을 보여 주는 예제들을 살펴보도록 하겠다. 셸 명령을 실행하고 실행된 셸 명령의 표준 출력 텍스트를 읽기 위해 명령을 문자열로 os.popen에 전달하여 실행 후, 반환된 파일과 유사한 객체로부터 텍스트를 읽는다(이 예제를 실행하다 여러분의 컴퓨터에서 유니코드 인코딩 이슈가 발생할 경우, 25장의 통화 기호에 대한 논의에 해당될 수도 있다).

```
>>> import os
>>> F = os.popen('dir')                  # 라인 단위로 읽기
>>> F.readline()
' Volume in drive C has no label.\n'
>>> F = os.popen('dir')                  # 고정된 크기의 블록 읽기
>>> F.read(50)
' Volume in drive C has no label.\n Volume Serial Nu'

>>> os.popen('dir').readlines()[0]       # 전체 라인 읽기: 인덱스
' Volume in drive C has no label.\n'
>>> os.popen('dir').read()[:50]          # 한 번에 모두 읽기: 슬라이스
' Volume in drive C has no label.\n Volume Serial Nu'

>>> for line in os.popen('dir'):         # 파일 라인 반복자 루프
...     print(line.rstrip())
...
 Volume in drive C has no label.
 Volume Serial Number is D093-D1F7
...등등...
```

이 코드는 윈도우에서 디렉터리 목록을 나열하는 dir을 실행하지만, 명령 라인에서 실행될 수 있는
어떠한 프로그램도 이 방법으로 실행될 수 있다. 예를 들어, 여러분은 이 구조를 윈도우 systeminfo
명령의 결과를 출력하는 데 사용할 수 있다. os.system은 단순히 셸 명령을 실행하지만, os.popen
은 셸 명령을 실행할 뿐만 아니라 실행된 셸 명령의 스트림에 연결한다. 다음 두 코드는 셸 명령의
출력을 단순히 콘솔 창 안에서 보여 주지만, 첫 번째 코드는 IDLE 같은 GUI에서 출력되지 않을 수도
있다.

```
>>> os.system('systeminfo')
...콘솔에서 출력, IDLE에서 팝업...
0
>>> for line in os.popen('systeminfo'): print(line.rstrip())

Host Name:                 MARK-VAIO
OS Name:                   Microsoft Windows 7 Professional
OS Version:                6.1.7601 Service Pack 1 Build 7601
 ...다양한 시스템 정보 텍스트...
```

그리고 일단 텍스트 형식으로 명령의 출력을 얻고 나면, 서식 표시와 콘텐츠 분석을 포함한 임의의
문자열 처리 도구나 기법들을 적용할 수 있다.

```
# 서식 지정 및 제한된 출력
>>> for (i, line) in enumerate(os.popen('systeminfo')):
...     if i == 4: break
...     print('%05d) %s' % (i, line.rstrip()))
...
00000)
00001) Host Name:                 MARK-VAIO
00002) OS Name:                   Microsoft Windows 7 Professional
00003) OS Version:                6.1.7601 Service Pack 1 Build 7601
```

```
# 대소문자에 상관없이 특정 라인 분석
>>> for line in os.popen('systeminfo'):
...     parts = line.split(':')
...     if parts and parts[0].lower() == 'system type':
...         print(parts[1].strip())
...
x64-based PC
```

os.popen의 실제 동작은 21장에서 다른 방식의 코드들의 시간을 측정하도록 구성된 명령 라인의 결과를 읽기 위해 다시 보게 될 것이다. 그리고 25장에서 테스트에 사용된 스크립트의 출력을 비교하는 데 사용된다.

os.open과 os.system(그리고 여기서 아직 보여 주지 않은 subprocess 모듈) 같은 도구들을 이용하면 컴퓨터에 있는 모든 명령 라인 프로그램을 활용할 수 있지만, 이러한 기능을 흉내 내는 코드를 직접 작성할 수도 있다. 예를 들어, 유닉스에서 텍스트 파일의 열을 분해하는 데 사용되는 awk 유틸리티의 기능을 파이썬에서 흉내 내는 것은 어렵지 않으며, 프로세스 내에서 재사용 가능한 함수로 만들 수 있다.

```
# awk 따라 하기: 공백으로 구분된 파일로부터 일곱 개의 열 추출
for val in [line.split()[6] for line in open('input.txt')]:
    print(val)

# 동일하지만 결과를 보관하고 있는 좀 더 명확한 코드
col7 = []
for line in open('input.txt'):
    cols = line.split()
    col7.append(cols[6])
for item in col7: print(item)

# 동일하지만 재사용 가능한 함수(이 책의 다음 파트에서 다룬다)
def awker(file, col):
    return [line.rstrip().split()[col-1] for line in open(file)]

print(awker('input.txt', 7))                    # 문자열들의 리스트
print(','.join(awker('input.txt', 7)))          # 사이에 콤마 출력
```

그러나 파이썬은 **웹 사이트** 및 URL로 식별된 페이지에서 반환된 텍스트를 포함하여 다양한 종류의 데이터에 대해 파일과 유사한 접근을 제공한다. 여기서 사용된 패키지 임포트에 대한 자세한 내용은 파트 5로 미룬다(예를 들어 다음 코드는 2.X에서 동작하지만 urllib.request 대신에 urllib을 사용해야 하며, 텍스트 문자열을 반환한다).

```
>>> from urllib.request import urlopen
>>> for line in urlopen('http://learing-python.com/books'):
...     print(line)
...
b'<HTML>\n'
b'\n'
b'<HEAD>\n'
b"<TITLE>Mark Lutz's Book Support Site</TITLE>\n"
...등...
```

이 장의 요약

이 장에서 우리는 파이썬에서 반복과 관련된 일부 개념들뿐만 아니라 파이썬의 반복문에 대해서도 탐구하였다. 우리는 while 그리고 for 반복문에 대해서 심층적으로 살펴보았으며, 그리고 이와 연관된 else절에 대해서 배웠다. 또한 루프 안에서만 의미가 있는 break와 continue문에 대해서 배웠으며, 여기서는 파이썬 3.X에서 가변 객체로서의 range, zip, map, enumerate에 대해서는 일부러 자세히 다루지 않았다.

다음 장에서는 파이썬에서 리스트 컴프리헨션과 반복 프로토콜(for 루프와 연관된 개념)에 대한 논의를 통해 반복에 대한 이야기를 계속 진행한다. 또한 거기서 이전에 다뤘던 range와 zip같은 가변 객체에 대한 나머지 이야기들을 진행하며, 이러한 기능들의 미묘한 차이에 대해서 학습한다. 그에 앞서 언제나처럼 다음 장으로 넘어가기 전에 퀴즈를 통해 여기서 배운 내용을 확인해 보도록 하자.

학습 테스트: 퀴즈

1. while과 for 사이의 가장 큰 차이점은 무엇인가?
2. break와 continue 사이의 차이점은 무엇인가?
3. 루프의 else절은 언제 실행되는가?
4. 파이썬에서 카운터 기반의 루프를 작성하는 방법은?
5. range는 for 루프에서 어떻게 사용되는가?

학습 테스트: 정답

1. while 루프는 일반적인 반복문이지만, for는 시퀀스나 다른 가변 객체의 아이템을 통해 반복하기 위해 설계되었다. while은 카운터 루프를 사용하여 for를 흉내 낼 수는 있지만 더 많은 코드를 필요로 하며, 느리게 실행될 수도 있다.

2. break문은 루프를 즉시 종료하며(while 또는 for 루프문 전체를 끝낸다), continue는 루프의 상단으로 다시 이동한다(while에서는 테스트 바로 전으로, for에서는 다음 아이템을 가져오는 곳으로 위치를 변경한다).

3. while 또는 for 루프에서 else절은 루프의 종료가 (break문을 실행하지 않고) 정상적일 경우, 루프가 종료될 때 한 번 실행된다. break는 루프를 즉시 종료하며, 종료 시에 else 부분이 존재하는 경우에는 건너뛴다.

4. 카운터 루프는 인덱스를 수동으로 유지하는 while문 또는 연속적인 정수 오프셋을 생성하기 위해 range 내장 함수를 사용하는 for 루프로 작성될 수 있다. 만약에 시퀀스의 모든 아이템들을 단순히 반복해야 한다면, 어느 쪽도 파이썬에서 선호되는 방법은 아니라고 말하고 싶다. 대신, 가능할 때는 언제나 range나 카운터 없이 단순 for 루프를 대신 사용하도록 하자. 이는 작성하기 쉬우며, 일반적으로 좀 더 빠르게 실행된다.

5. range 내장 함수는 고정된 수의 반복을 구현하기 위해, 해당 오프셋의 아이템 대신 오프셋으로 검색하기 위해, 연속적으로 아이템들을 건너뛰기 위해, 그리고 리스트를 처리하는 동안에 리스트를 변경하기 위해서 for에서 사용될 수 있다. 이러한 역할 중 어느 것도 range 사용이 필수는 아니며, 대부분 다른 방법들이 존재한다. 실제 아이템 탐색하기, 세 번째 제한 슬라이스, 리스트 컴프리헨션은 (카운팅하고자 하는 이전 C 프로그래머들의 자연적인 성향에도 불구하고) 오늘날 좀 더 나을 수도 있는 해결책이다.

14

반복과 컴프리헨션

이전 장에서 우리는 파이썬의 두 가지 반복문인 while과 for에 대해서 배웠다. 이 둘을 이용하면 프로그램에서 필요한 대부분의 반복 작업을 처리할 수 있지만, 파이썬에서는 시퀀스를 통한 반복이 일반적이고 널리 사용되므로 파이썬은 이를 단순하고 보다 효과적으로 처리하기 위한 추가 도구를 제공한다. 이번 장에서는 이러한 도구들을 탐구할 것이다. 구체적으로는 파이썬의 **반복 프로토콜**이나 for 루프에 의해 사용되는 메서드 호출 모델과 관련된 개념들을 설명하며, 반복 객체의 아이템들에 대해 표현식을 적용하는 **리스트 컴프리헨션**에 대해 상세히 다룬다.

이러한 도구들은 for 루프와 함수 둘 모두와 연관되어 있으므로 우리는 이 책에 해당 내용을 포함하기 위해 두 단계의 접근 방식을 취할 것이다.

- 이 장은 반복 도구의 맥락에서 이들에 대한 기본을 소개하며, 이전 장의 내용과 이어진다.
- 20장은 함수 기반 도구의 맥락에서 이에 대해 다시 이야기하며, **내장 제너레이터**와 **사용자 정의 제너레이터**를 포함하기 위해 주제를 확장한다.
- 또한 30장은 **클래스**로 작성된 사용자 정의 반복 객체에 대해 배우며, 이 이야기에 대한 마지막 내용을 제공한다.

또한 파이썬의 추가적인 반복 도구들을 살펴보고, 파이썬 3.X에서 새롭게 이용할 수 있는 반복 객체들을 간단히 다룬다. 이 장을 통해 반복 객체에 대한 개념을 좀 더 확장해 나갈 것이다.

이 장에서 설명하는 개념 중 일부는 언뜻 보기에 다소 어려워 보일 수도 있다. 그러나 학습을 통해 이러한 도구들이 얼마나 유용하고 강력한지 알 수 있을 것이다. 비록 이러한 도구들이 필수는 아니지만, 파이썬 코드 내에서 널리 사용되고 있기 때문에 이러한 도구들에 대한 기본적인 이해는 타인의 코드를 읽어야 할 경우에 도움이 될 수 있다.

루프: 처음 보기

앞 장에서 나는 다음과 같이 for 루프가 파이썬에서 리스트, 튜플, 그리고 문자열을 포함한 어떤 시퀀스 타입과도 함께 동작할 수 있다고 언급한 바 있다.

```
>>> for x in [1, 2, 3, 4]: print(x ** 2, end' ')      # 2.X: print x ** 2
...
1 4 9 16

>>> for x in (1, 2, 3, 4): print(x ** 3, end=' ')
...
1 8 27 64

>>> for x in 'spam': print(x * 2, end=' ')
...
ss pp aa mm
```

실제로, for 루프는 이 코드가 보여 주는 것보다 좀 더 일반화되어 있다. for 루프는 모든 반복 객체와 동작한다. 사실 이 이야기에는 for 루프, 이 장에서 학습하는 리스트 컴프리헨션, in 멤버십 테스트, map 내장 함수 등을 포함한 파이썬에서 객체를 왼쪽에서 오른쪽으로 탐색하는 모든 반복 도구들이 해당된다.

파이썬에서 '반복 객체'는 상대적으로 최신 개념인데도 언어 설계에 널리 퍼져 있다. 이 개념은 본질적으로 시퀀스 개념이 일반화된 것으로, 물리적으로 저장된 시퀀스나 for 루프와 같은 반복 도구에서 한 번에 하나의 결과를 생성하는 객체는 **반복 가능한**(iterable) 것으로 간주된다. 어떤 의미에서 반복 객체는 물리적인 시퀀스와 요청에 따라 계산되는 가상의 시퀀스를 모두 포함한다.

이 주제에서 사용되는 **용어**들은 다소 엄격하지 못한 면이 있다. '반복 객체(iterable)'와 '반복자(iterator)'라는 두 용어는 일반적으로 반복을 지원하는 객체를 언급하기 위해 상호 교환적으로 사용된다. 명확히 하자면 이 책에서는 iter 호출을 지원하는 객체를 언급하고자 반복 객체(Iterable)를 사용하며, **반복 객체(iterable)**의 iter에 의해 반환된 next(I) 호출을 지원하는 객체를 언급하기 위해 **반복자(iterator)**를 사용한다. 이 두 호출은 앞서 이미 정의한 바 있다.

그러나 이러한 규칙이 파이썬 세상이나 이 책에서 보편적인 것은 아니다. 또한, '반복자(iterator)'는 때로 반복 도구를 위해 사용되기도 한다. 20장에서는 이 범위를 '제너레이터(generator)'와 함께 확장한다(이 용어는 반복 프로토콜을 자동으로 지원하는 객체를 가리키며, 따라서 제너레이터는 반복 객체다). 비록 모든 반복 객체는 결과를 생성하지만 말이다.

반복 프로토콜: 파일 반복자(Iterator)

반복 프로토콜을 이해하기 위한 가장 쉬운 방법 중 하나는 파일과 같은 내장 타입과 어떻게 동작하는지 보는 것이다. 이 장에서는 설명을 위해 다음 입력 파일을 사용할 것이다.

```
>>> print(open('script2.py').read())
import sys
print(sys.path)
x = 2
print(x ** 32)

>> open('script2.py').read()
'import sys\nprint(sys.path)\nx = 2\nprint(x ** 32)\n'
```

9장에서 파일로부터 한 번에 한 라인의 텍스트를 읽는 readline 메서드를 제공하는 파일 객체를 다시 떠올려 보자. 다음 라인으로 진행한다. readline 메서드는 파일의 끝에서 빈 문자열을 반환하며, 루프를 빠져나오기 위해 이를 탐지할 수 있다.

```
>>> f = open('script2.py')          # 현재 디렉터리에서 네 라인으로 된 스크립트 파일 읽기
>>> f.readline()                    # readline은 호출될 때마다 한 라인을 읽음
'import sys\n'
>>> f.readline()
'print(sys.path)\n'
>>> f.readline()
'x = 2\n'
>>> f.readline()                    # 마지막 라인에는 \n이 없을 수도 있음
'print(x ** 32)\n'
>>> f.readline()                    # 파일의 끝에서 빈 문자열을 반환함
''
```

그러나 파일은 3.X에서 거의 동일한 효과를 제공하는 __next__(2.X에서는 next)라는 이름의 메서드를 제공한다. 이 메서드는 호출될 때마다 파일로부터 다음 라인을 반환한다. 주목할 만한 유일한 차이점은 __next__는 파일의 끝에서 빈 문자열을 반환하지 않고 내장된 StopIteration 예외를 발생시킨다.

```
>>> f = open('script2.py')       # __next__ 또한 호출될 때마다 한 라인을 읽음
>>> f.__next__()                 # 그러나 파일의 끝에서 예외를 발생시킴
'import sys\n'
>>> f.__next__()                 # 2.X에서는 f.next( )를 사용하거나 2.X 또는 3.X에서 next(f)를 사용하자
'print(sys.path)\n'
>>> f.__next__()
'x = 2\n'
>>> f.__next__()
'print(x ** 32)\n'
>>> f.__next__()
Traceback (most recent call last):
  File "<stdin>", line 1, in <module>
StopIteration
```

파이썬의 **반복 프로토콜**에서 우리가 호출하는 대부분이 바로 이 인터페이스다. 다음 결과로 진행하기 위해 __next__ 메서드를 제공하는 모든 객체는 파이썬에서 반복자로 간주되며, 연속적인 결과의 끝에서 StopIteration 예외를 발생시킨다. 모든 반복 도구들은 일반적으로 내부에서 각 반복될 때마다 __next__를 호출하고 종료 시점을 결정하기 위해 StopIteration 예외를 처리하기 때문에 이러한 객체들은 for 루프나 다른 반복 도구들을 통해 단계적으로 처리될 수 있다. 잠시 뒤에 살펴보겠지만 일부 객체의 경우 먼저 iter를 호출해야 하나, 파일은 해당되지 않는다.

9장과 13장에서 언급한 것처럼 오늘날 텍스트 파일을 라인 단위로 읽는 최고의 방법은 파일을 전혀 읽지 않는 것이다. 그 대신, 반복될 때마다 다음 라인으로 이동하기 위해 for 루프가 자동으로 __next__를 호출하도록 한다. 파일 객체의 반복자는 루프를 반복하는 동안 자동으로 라인을 읽는 작업을 수행한다. 예를 들어, 다음 코드는 파일을 명시적이지 않은 방법을 통해 라인 단위로 읽으면서 각 라인을 대문자로 변환하여 출력한다.

```
>>> for line in open('script2.py'):       # 라인 단위로 읽기 위해 파일 반복자 사용
...     print(line.upper(), end='')       # __next__ 호출, StopIteration 예외 처리
...
IMPORT SYS
PRINT(SYS.PATH)
X = 2
PRINT(X ** 32)
```

여기서 라인 문자열은 이미 \n을 포함하고 있기 때문에 print는 \n이 추가되는 것을 막기 위해 end = ''를 사용하고 있다(이 부분이 없다면 각 라인 사이에 추가적인 빈 라인이 생긴다. 파이썬 2.X에서는 print 끝에 콤마가 end와 동일하게 동작한다). 이 방법은 코드로 작성하여 쉽고 빠르게 실행되며, 메모리를 효율적으로 사용한다는 이유에서 오늘날 파일을 라인 단위로 읽는 가장 좋은 방법으로 간주된다. for 루프를 통해 동일한 작업을 기존 방법으로 수행하기 위해서는 파일의 readlines 메서드를 사용할 수 있으며, 이 메서드는 파일의 내용을 메모리상에 라인 문자열의 리스트로 로드한다.

```
>>> for line in open('script2.py').readlines():
...     print(line.upper(), end='')
...
IMPORT SYS
PRINT(SYS.PATH)
X = 2
PRINT(X ** 32)
```

readlines을 이용한 방법은 여전히 잘 동작하지만 최근에는 이 방법이 최선은 아니며, 메모리 사용 측면에서도 성능이 매우 떨어진다. 사실, 이 버전은 실제로 파일의 내용을 메모리로 한 번에 읽기 때문에 스크립트가 실행 중인 컴퓨터의 메모리보다 파일이 클 경우에는 동작하지 않을 수도 있다. 반면, 반복자 기반의 버전은 한 번에 한 라인씩 읽으므로 이러한 메모리 이슈로부터 자유롭다. 또한 반복자 버전은 파이썬 릴리즈마다 다를 수 있지만, 일반적으로 더 빠르게 실행된다.

이전 장의 칼럼인 "더 생각해 볼 주제: 파일 스캐너"에서 언급한 것처럼 while 루프로도 파일을 라인 단위로 읽을 수 있다.

```
>>> f = open('script2.py')
>>> while True:
...     line = f.readline()
...     if not line: break
...     print(line.upper(), end='')
...
...동일한 출력...
```

그러나 while 루프 버전은 파이썬 가상 머신을 통해 파이썬 바이트 코드를 실행하는 반면, 반복자는 파이썬 내부에서 C 언어의 실행 속도로 실행되기에 이 코드는 반복자 기반의 for 루프 버전보다 느리게 실행될 수 있다. 파이썬 코드를 C 코드로 바꿀 때는 언제나 속도가 빨라지는 경향이 있긴 하지만, 파이썬 3.X에서는 항상 그렇지만도 않다. 21장에서는 이와 같은 여러 방법들의 상대적인 속도를 측정하기 위한 타이밍 기술들에 대해서 살펴본다.[1]

 버전에 따른 차이: 파이썬 2.X에서 반복 메서드의 이름은 X.__next__( )가 아닌 X.next( )라는 이름을 가지고 있다. 이식성을 위해 파이썬 3.X와 2.X(2.6과 그 이후) 버전에서는 next(X) 내장 함수도 이용할 수 있으며, 이 함수는 내부적으로 3.X에서는 X.__next__( )를 호출하고 2.X에서는 X.next( )를 호출한다. 반복은 메서드 이름을 제외하고는 파이썬 2.X와 3.X에서 동일하게 동작한다. 2.6과 2.7에서는 수동 반복을 위해 3.X의 X.__next__( ) 대신, X.next( ) 또는 next(X)를 사용하도록 하자. 2.6 이전 버전에서는 next(X) 대신에 X.next( ) 호출을 사용한다.

수동 반복: iter와 next

수동 반복 코드를 단순화시키기 위해서 파이썬 3.X는 객체의 __next__ 메서드를 자동으로 호출하는 내장 함수 next를 제공한다. 이전 노트에 따르면, 이 호출은 이식성을 위해 파이썬 2.X에서도 지원된다. 반복 객체 X가 있을 때, next(X) 호출은 파이썬 3.X에서 X.__next__( ) 호출과 같지만(2.X에서는 X.next( )와 같다), 더욱 간단하며 버전 중립적인 코드다. 예를 들어, 파일과 함께 어떤 형식이든 사용될 수 있다.

```
>>> f = open('script2.py')
>>> f.__next__()                    # 반복 메서드를 직접 호출
'import sys\n'
>>> f.__next__()
'print(sys.path)\n'

>>> f = open('script2.py')
>>> next(f)                         # 3.X에서 내장 next(f)는 f.__next__( )를 호출
'import sys\n'
>>> next(f)                         # next(f) => [3.X:f.__next__( )], [2.X:f.next( )]
'print(sys.path)\n'
```

---

1 스포일러 경고: 내가 1,000라인 파일을 대상으로 이 장의 코드를 테스트했을 때, 파일 반복자는 readlines보다 빠르게 실행되고 파이썬 2.7과 3.3에서는 while 루프보다 최소 30% 정도 빠르게 나타났다(파이썬 2.7에서 while은 두 배나 느리게 실행됐다). 그러나 이 테스트도 일반적인 벤치마킹의 오류로부터 자유롭지는 않다. 이 테스트 내용은 내 파이썬과 컴퓨터 환경, 그리고 테스트 파일에 대해서만 진실이다. 파이썬 3.X는 유니코드 텍스트를 지원하기 위해 I/O 라이브러리를 재작성함으로써 이러한 분석을 더 복잡하게 만들었으며, 이로써 파이썬은 시스템에 보다 덜 의존적이게 되었다. 21장은 여러분 스스로 이러한 루프의 시간을 측정하는 데 이용할 수 있는 도구와 기술들을 다루고 있다.

앞서 반복 프로토콜에 대한 또 하나의 이야기를 언급한 바 있다. for 루프는 시작되면 먼저 반복 객체를 인수로 iter 내장 함수를 호출하여 반복자를 얻는다. 다음으로 iter에 의해 반환된 객체는 반복에 필요한 next 메서드를 제공한다. next와 __next__처럼 iter 함수는 내부적으로 __iter__ 메서드를 호출한다.

전체 반복 프로토콜

그림 14-1은 파이썬의 모든 반복 도구들이 사용하고, 다양한 종류의 객체 타입들이 지원하는 반복 프로토콜의 전체 내용을 좀 더 형식적으로 설명한다. 반복 프로토콜은 실제로 반복 도구에 의해 별도의 두 단계에서 사용되는 두 객체에 기반하고 있다.

- 반복을 요청하는 **반복 객체**(iterable)의 __iter__는 iter에 의해 실행된다.
- 반복 객체에 의해 반환되는 **반복자**(iterator) 객체는 반복하는 동안에 값을 실제로 생성하며, 반복자의 __next__는 next에 의해 실행되고 결과 생성이 완료되면 StopIteration 예외가 발생한다.

이 단계들은 대부분의 경우에 반복 도구들에 의해 자동으로 조율되지만, 이 내용은 두 객체의 역할을 이해하는 데 도움이 된다. 예를 들어, 단일 탐색만 지원되는(웹 파일) 일부 상황에서 이 두 객체는 서로 같고, 반복자 객체는 종종 반복 도구에 의해 내부에서 일시적인 형태로 사용된다.

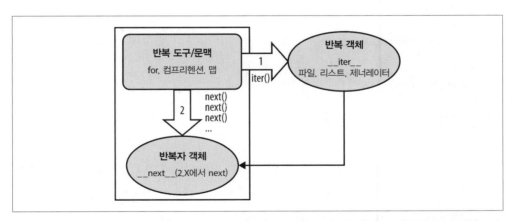

그림 14-1 for 루프, 컴프리헨션, 맵에 의해 사용되고 파일 리스트, 딕셔너리, 제너레이터에 의해 지원되는 파이썬 반복 프로토콜. 제너레이터 표현식과 (map과 zip 같은) 일부 도구들의 3.X 버전과 같은 일부 객체들은 반복 문맥(도구)과 반복 객체 모두에 해당된다. iter( ) 호출에 대해 아무런 동작을 수행하지 않는 자신을 반환하는 일부 객체는 반복 객체임과 동시에 반복자다.

또한 20장의 제너레이터 표현식, 그리고 파이썬 3.X에서 map과 zip을 포함한 일부 객체들은 반복 문맥 도구이자 반복 객체다. 앞으로 살펴보겠지만 파이썬 3.X에서는 결과 목록을 메모리 상에 한 번에 생성하는 것을 피하기 위해 map, zip, range, 그리고 몇몇 딕셔너리 메서드를 포함한 더 많은 도구들이 반복 객체가 되었다.

프로토콜의 첫 번째 단계는 실제 코드에서 for 루프가 리스트 같은 내장된 시퀀스 타입을 내부적으로 처리하는 방법을 살펴보면 명확해진다.

```
>>> L= [1, 2, 3]
>>> I = iter(L)          # 반복 객체로부터 반복자 객체 얻기
>>> I.__next__()         # 다음 아이템으로 나아가기 위해 반복자의 next 호출
1
>>> I.__next__()         # 또는 2.X에서 I.next( ), 두 버전 모두에서 next(I) 호출
2
>>> I.__next__()
3
>>> I.__next__()
...에러 메시지 생략...
StopIteration
```

파일 객체는 그 자체가 반복자이기 때문에 파일에 대해서는 이 초기 단계가 필요하지 않다. 파일은 단지 한 번의 반복만을 지원하기 때문에 여러 번의 탐색을 지원하기 위한 거꾸로 탐색 (seek)은 할 수 없다. 파일은 자신만의 __next__ 메서드를 제공하며, 반복을 수행하는 다른 객체를 반환할 필요가 없다.

```
>>> f = open('script2.py')
>>> iter(f) is f
True
>>> iter(f) is f.__iter__()
True
>>> f.__next__()
'import sys\n'
```

그러나 리스트와 다른 내장 객체들은 다수의 반복을 지원하기 때문에 그 자체는 반복자가 아니다. 예를 들어, 다른 위치에 있는 여러 중첩된 루프에서 다수의 반복을 수행할 수 있다. 이런 객체에 대해서 반복을 수행하기 위해서는 iter를 호출해야 한다.

```
>>> L = [1, 2, 3]
>>> iter(L) is L
False
>>> L.__next__()
AttributeError: 'list' object has no attribute '__next__'

>>> I = iter(L)
>>> I.__next__()
1
>>> next(I)                                          # I.__next__()와 같음
2
```

수동 반복

비록 파이썬 반복 도구가 이러한 함수들을 자동으로 호출하지만, 우리는 이 함수들을 반복 프로토콜을 수동으로 적용하기 위해 사용할 수 있다. 다음 대화형 예제는 자동과 수동 반복 사이의 동등한 기능을 보여 준다.[2]

```
>>> L = [1, 2, 3]
>>>
>>> for X in L:                                      # 자동 반복은
...     print(X ** 2, end=' ')                       # 반복자를 얻고, __next__를 호출하고 예외를 처리함
...
1 4 9

>>> I = iter(L)                                      # 수동 반복: for 루프가 실제 하는 일
>>> while True:
...     try:                                         # 예외 처리
...         X = next(I)                              # 또는 3.X에서 I.__next__
...     except StopIteration:
...         break
...     print(X ** 2, end=' ')
...
1 4 9
```

이 코드를 이해하기 위해서는 try문은 동작을 실행하고 동작 실행 동안 발생하는 예외를 처리한다는 것을 알 필요가 있다(우리는 11장에서 예외에 대해 간단히 다루었지만 자세한 내용은 파트 7에서 다룰 예정이다). 또한 for 루프와 다른 반복 문맥들은 반복 프로토콜 대신 객체를 반복적으로 인덱싱하는 사용자 정의 객체에 대해 때로 다르게 동작할 수 있지만, 반복 프로토콜이

---

2 엄밀히 말해 for 루프는 여기서 사용한 next(I) 대신 이에 상응하는 내부의 I.__next__를 호출하지만, 이 둘 사이에는 어떠한 차이도 없다. 여러분의 수동 반복에서 이 두 방식 중 어느 쪽이든 사용할 수 있다.

사용된다면 반복 프로토콜을 더 선호한다는 것도 언급해야 한다. 그러나 30장에서 클래스 연산자 오버로딩에 대해서 학습할 때까지 이 이야기는 미뤄 두도록 하겠다.

또 다른 내장 타입의 반복 객체들

파일 그리고 리스트와 같은 물리적인 시퀀스 외에, 다른 타입들 또한 유용한 반복자를 제공한다. 예를 들어, 딕셔너리의 키를 단계적으로 처리하는 고전적인 방법은 해당 딕셔너리의 키 리스트를 명시적으로 요청하는 것이다.

```
>>> D = {'a':1, 'b':2, 'c':3}
>>> for key in D.keys():
...     print(key, D[key])
...
a 1
b 2
c 3
```

그러나 파이썬 최신 버전에서 딕셔너리는 반복 문맥에서 자동으로 한 번에 하나의 키를 반환하는 반복자와 함께 반복할 수 있다.

```
>>> I = iter(D)
>>> next(I)
'a'
>>> next(I)
'b'
>>> next(I)
'c'
>>> next(I)
Traceback (most recent call last):
  File "<stdin>", line 1, in <module>
StopIteration
```

결국 우리는 딕셔너리 키를 단계적으로 처리하기 위해 더 이상 keys 메서드를 호출할 필요가 없어진다. for 루프는 반복될 때마다 하나의 키를 꺼내기 위해 반복 프로토콜을 사용할 것이다.

```
>>> for key in D:
...     print(key, D[key])
...
a 1
b 2
c 3
```

우리는 여기서 이에 대해서 자세히 다루지는 않지만, 다른 파이썬 객체 타입들 또한 반복 프로토콜을 지원하기 때문에 마찬가지로 for 루프에서 사용될 수 있을 것이다. 예를 들어, **셸브**(파이썬 객체를 위한 키 기반 접근 파일 시스템)와 **os.popen**(셸 명령의 출력을 읽기 위한 도구이며, 이미 앞 장에서 다룬적 있다)의 결과 또한 반복 객체다.

```
>>> import os
>>> P = os.popen('dir')
>>> P.__next__()
' Volume in drive C hs no label.\n"
>>> P.__next__()
' Volume Serial Number is D093-D1F7\n'
>>> next(P)
TypeError: _wrap_close object is not an iterator
```

파이썬 2.X에서 popen 객체는 스스로 P.next( ) 메서드를 지원한다. 파이썬 3.X에서 popen 객체도 P.__next__( ) 메서드를 지원하지만, 내장된 next(P) 호출은 지원하지 않는다. 후자는 전자를 호출하도록 정의되어 있기 때문에 이상해 보일 수도 있지만, for 루프와 다른 반복 문맥에서 최상위 레벨의 iter 호출과 함께 자동으로 적용된 전체 반복 프로토콜을 사용할 경우, 두 호출 모두 정상적으로 동작한다(또한, iter 호출은 이 객체에 대해 next 호출을 지원하기 위해 필요한 내부적인 단계를 수행한다).

```
>>> P = os.popen('dir')
>>> I = iter(P)
>>> next(I)
' Volume in drive C has no label.\n'
>>> I.__next__()
' Volume Serial Number is D093-D1F7\n'
```

또한 시스템 영역에서 사용되는 파이썬 표준 디렉터리 탐색 메서드인 os.walk도 이와 같은 반복 객체지만, 이에 대한 예제는 이와 관련된 도구(제너레이터와 yield)들의 기본에 대해서 학습하는 20장에서 다룰 예정이다.

반복 프로토콜은 일부 결과들을 한 번에 모두 보기 위해 list 호출로 감싸야 하는 이유이기도 하다. 반복 객체는 물리적인 리스트가 아닌 한 번에 하나의 결과를 반환한다.

```
>>> R = range(5)
>>> R                          # 3.X에서 range는 반복 객체
range(0, 5)
>>> I = iter(R)                # 결과를 생성하기 위해 반복 프로토콜 사용
```

```
>>> next(I)
0
>>> next(I)
1
>>> list(range(5))                    # 또는 모든 결과를 한 번에 받기 위해 list 사용
[0, 1, 2, 3, 4]
```

여기서 사용된 list 호출은 (range가 실제 리스트를 생성하는) 2.X에서는 필요하지 않으며, 3.X에서 (for 루프 안에서와 같이) 반복이 자동으로 발생하는 상황에서도 필요하지 않다. 비록 여기서는 값을 표시하기 위해 리스트가 필요하지만, 2.X 또는 3.X에서 요청에 따라 결과를 생성하는 객체에 대해 리스트와 유사한 행동이나 다수의 탐색이 요구될 때도 필요할 수 있다.

이제 여러분은 이 프로토콜을 더 잘 이해하고 있기 때문에 이전 장에서 소개된 enumerate 도구가 동작하는 방식에 대한 설명도 이해할 수 있을 것이다.

```
>>> E = enumerate('spam')             # enumerate 또한 반복 객체
>>> E
<enumerate object at 0x00000000029B7678>
>>> I = iter(E)
>>> next(I)                           # 반복 프로토콜을 이용하여 결과 생성
(0, 's')
>>> next(I)                           # 또는 결과를 강제 생성하기 위해 list 사용
(1, 'p')
>>> list(enumerate('spam'))
[(0, 's'), (1, 'p'), (2, 'a'), (3, 'm')]
```

for 루프 반복 과정에서는 이러한 일련의 절차를 자동으로 실행하기 때문에 일반적으로 이 과정을 볼 수 없다. 실제로, 파이썬에서 왼쪽에서 오른쪽으로 탐색하는(다음 절의 주제를 포함한) 모든 대상은 같은 방식의 반복 프로토콜을 채용하고 있다.

리스트 컴프리헨션: 최초의 상세한 설명

지금까지 우리는 반복 프로토콜의 동작 방식에 대해서 알아보았으므로 반복 프로토콜의 가장 일반적인 사용 사례 중 하나를 살펴보자. 리스트 컴프리헨션은 for 루프와 함께 반복 프로토콜이 적용되는 가장 눈에 띄는 상황 중 하나다.

이전 장에서 우리는 리스트를 순차적으로 반복하면서 리스트를 변경하기 위해 range를 사용하는 방법에 대해 배웠다.

```
>>> L = [1, 2, 3, 4, 5]

>>> for i in range(len(L)):
...     L[i] += 10
...
>>> L
[11, 12, 13, 14, 15]
```

range에 대해서 이야기할 때 언급한 것처럼 이 코드는 문제없이 동작하지만, 파이썬에 최적화된 '가장 좋은' 접근 방법은 아닐 수 있다. 오늘날 리스트 컴프리헨션 표현식은 이러한 많은 이전 코딩 패턴들을 불필요하게 만든다. 예를 들어, 앞 코드에서 루프는 필요한 결과 리스트를 생성하는 단일 표현식으로 대체될 수 있다.

```
>>> L = [x + 10 for x in L]
>>> L
[21, 22, 23, 24, 25]
```

결과는 비슷하지만 프로그래머가 입력해야 할 부분이 더 적으며, 실질적으로 더 빨리 실행될 가능성이 있다. 리스트 컴프리헨션은 (원본 리스트에 대해 다수의 참조가 있는 경우 중요할 수도 있는) 새로운 리스트 객체를 생성하기 때문에 for 루프문 버전과 정확히 동일하지는 않지만 대부분의 응용에 거의 완벽하게 활용할 수 있으며, 여기서 자세히 다룰 만한 가치가 충분한 보편적이고 편리한 접근 방법이다.

리스트 컴프리헨션의 기본

우리는 이미 4장에서 리스트 컴프리헨션에 대해서 간략히 살펴보았다. 구문적으로 리스트 컴프리헨션의 구문은 집합의 각 아이템에 대한 연산에 적용되는 집합 이론 표기법의 구조로부터 파생되었지만, 이 도구를 사용하기 위해 집합의 이론에 대해서 알 필요는 없다. 파이썬에서 대부분의 사람들은 리스트 컴프리헨션이 단순히 for 루프를 거꾸로 한 것처럼 보인다는 것을 알 수 있다.

리스트 컴프리헨션의 구문을 이해하기 위해서 이전 절의 예제를 좀 더 자세히 해부해 보도록 하자.

```
L = [x + 10 for x in L]
```

리스트 컴프리헨션은 궁극적으로 새로운 리스트를 구성하는 방법이기 때문에 리스트와 마찬가지로 대괄호로 작성된다. 또한 우리가 구성하고자 하는 임의의 표현식으로 시작하며, 위 예제의 경우 루프 변수를 사용하여 (x + 10) 표현식을 구성했다. 그리고 for 루프의 헤더에 해당하는 부분이 따라오며, 루프 변수 이름과 반복 객체로 구성된다(for x in L).

파이썬은 표현식을 실행하기 위해 인터프리터 내부에서 L을 교차하여 반복을 수행하며, 각 아이템을 차례대로 x에 할당하고 왼편에 있는 표현식을 통해 이 아이템들을 실행한 결과를 수집한다. 반환된 결과 리스트는 정확히 리스트 컴프리헨션이 말하는 것과 같다. 새로운 리스트는 L에 포함된 모든 x에 대해 x + 10을 실행한 결과를 포함하고 있다.

엄밀히 말해서 표현식의 결과를 리스트에 추가하는 for 루프를 사용하여 수동으로 표현식 결과의 리스트를 만들 수 있으므로 리스트 컴프리헨션을 꼭 사용해야만 하는 것은 아니다.

```
>>> res = []
>>> for x in L:
...     res.append(x + 10)
...
>>> res
[31, 32, 33, 34, 35]
```

실제로, 이 코드는 리스트 컴프리헨션이 내부적으로 수행하는 작업과 정확히 동일하다.

그러나 리스트 컴프리헨션의 코드는 더욱 간결하고, 결과 목록을 생성하는 위와 같은 코드 패턴은 파이썬 작업 시에 꽤 흔히 사용되므로 리스트 컴프리헨션은 다양한 상황에서 매우 유용하다. 또한, 여러분이 사용하는 파이썬과 코드에 따라 리스트 컴프리헨션의 반복은 인터프리터 내부에서 C 언어의 속도로 실행되기 때문에 수동 for 루프문보다 더 빠르게(때로는 두 배 정도 빠르게) 실행될 수 있다. 리스트 컴프리헨션은 특히 대규모 데이터에 대해 사용될 경우 성능 개선의 주요 요인이 되기도 한다.

파일에 리스트 컴프리헨션 사용하기

리스트 컴프리헨션의 또 다른 일반적인 활용 사례를 통해 리스트 컴프리헨션에 대해 좀 더 자세히 탐구해 보자. 파일 객체는 파일 내용 전체를 한 번에 라인 문자열의 리스트로 로드하는 readlines 메서드를 제공한다는 사실을 상기해 보자.

```
>>> f = open('script2.py')
>>> lines = f.readlines()
>>> lines
['import sys\n', 'print(sys.path)\n', 'x = 2\n', 'print(x ** 32)\n']
```

이 코드는 문제없이 동작하지만, 결과에 포함된 라인들은 모두 끝에 개행 문자(\n)를 포함하고 있다. 대부분의 프로그램에서는 끝에 있는 이러한 개행 문자가 방해가 된다. 그러므로 출력 등의 작업을 할 때는 개행 문자가 두 번 입력되지 않도록 주의해야 한다. 그런데 이러한 개행 문자를 모두 한 번에 제거할 수 있다면 편리하지 않을까?

시퀀스에 포함된 각 아이템에 대한 연산의 연산을 수행하는 것에 대한 고민의 시작은 언제나 리스트 컴프리헨션에 머물게 된다. 예를 들어, 다음 코드는 변수 lines가 위 대화형 코드의 실행 결과를 포함하고 있다고 가정하고, 리스트에 포함된 각 라인에 대해 문자열 rstrip 메서드를 사용하여 오른쪽에 있는 공백을 제거하는 작업을 수행한다(line[:-1] 슬라이스를 사용할 수도 있지만, 모든 라인이 \n으로 끝난다고 확신할 때만 사용할 수 있으며, 파일의 마지막 라인은 개행 문자를 포함하지 않을 수도 있다).

```
>>> lines = [line.rstrip() for line in lines]
>>> lines
['import sys', 'print(sys.path)', 'x = 2', 'print(x ** 32)']
```

그러나 리스트 컴프리헨션은 for 루프문과 마찬가지로 반복 상황이기 때문에 우리는 사전에 파일을 열어 둘 필요가 없다. 리스트 컴프리헨션은 파일을 표현식 안에서 열 경우, 자동으로 이 장의 앞에서 학습한 반복 프로토콜을 사용할 것이다. 즉 리스트 컴프리헨션은 파일의 next 핸들러 메서드를 호출하여 파일로부터 한 번에 한 라인을 읽고, 읽은 라인에 대해 rstrip 표현식을 실행하고, 결과를 결과 리스트에 추가한다. 다시 말하지만, 우리가 요청한 결과를 얻게 된다. 파일에 있는 모든 라인에 대해 rstrip를 적용한 결과는 다음과 같다.

```
>>> lines = [line.rstrip() for line in open('script2.py')]
>>> lines
['import sys', 'print(sys.path)', 'x = 2', 'print(x ** 32)']
```

이 표현식은 암묵적으로 많은 일을 수행하며, 우리는 이 코드를 통해 많은 작업으로부터 벗어날 수 있다. 파이썬은 파일을 자동으로 라인 단위로 탐색하고 연산 결과를 리스트로 만든다. 또한, 리스트 컴프리헨션은 이러한 연산을 코드로 작성하는 가장 효과적인 방법이다. 작업의 대부분이 파이썬 인터프리터 내부에서 처리되기 때문에 같은 일을 수행하는 for문보다 더 **빠르게** 실행될 수 있으며, 그 외의 다른 방법들처럼 파일의 내용을 메모리로 모두 한 번에 읽지 않는다. 다시 말하지만, 대용량 파일에 대한 리스트 컴프리헨션의 장점은 매우 중요한 요소가 될 수 있다.

리스트 컴프리헨션은 효율성 외에도 다양한 방식으로서 사용될 수 있는데, 앞 예제의 반복 과정에서 파일 라인들에 대해 어떠한 문자열 연산도 수행할 수 있다. 설명을 위해 다음은 몇 몇 대표적인 연산들과 앞서 다룬 파일 반복자를 이용한 대문자 변환 예제와 동일한 작업을 수행하는 리스트 컴프리헨션이다.

```
>>> [line.upper() for line in open('script2.py')]
['IMPORT SYS\n', 'PRINT(SYS.PATH)\n', 'X = 2\n', 'PRINT(X ** 32)\n']

>>> [line.rstrip().upper() for line in open('script2.py')]
['IMPORT SYS', 'PRINT(SYS.PATH)', 'X = 2', 'PRINT(X ** 32)']

>>> [line.split() for line in open('script2.py')]
[['import', 'sys'], ['print(sys.path)'], ['x', '=', '2'], ['print(x', '**', '32)']]

>>> [line.replace(' ', '!') for line in open('script2.py')]
['import!sys\n', 'print(sys.path)\n', 'x!=!2\n', 'print(x!**!32)\n']

>>> [('sys' in line, line[:5]) for line in open('script2.py')]
[(True, 'impor'), (True, 'print'), (False, 'x = 2'), (False, 'print')]
```

이 예제들 중에서 두 번째에 사용된 메서드 **연결**은 문자열 메서드가 새로운 문자열을 반환하기 때문에 동작하며, 또 다른 문자열 메서드에도 적용할 수 있다는 것을 상기하자. 또한 마지막 예제는 튜플 또는 리스트와 같은 컬렉션으로 싸여 있는 경우, 다수의 연산 결과를 수집할 수 있음을 보여 준다.

여기서 한 가지 좋은 점: 가비지 컬렉터가 실행되는 시점에도 파일 객체가 여전히 열려 있는 경우 자신을 자동으로 **종료**한다는 사실을 상기하자. 마찬가지로 리스트 컴프리헨션은 표현식이 실행된 다음에 가비지 컬렉터가 실행될 때, 내부적으로 사용된 임시 파일 객체를 자동으로 종료한다. 그러나 CPython 이외의 다른 파이썬을 이용하여 루프 안에서 파일을 이용한 표현식을 실행할 경우, 파일 리소스가 즉시 해제되는 것을 보장하기 위해 파일을 수동으로 종료하는 코드를 작성하고자 할 수도 있다. 이 주제에 대한 복습이 필요한 경우 파일 close 호출에 대한 자세한 내용을 다루는 9장을 참고하자.

확장 리스트 컴프리헨션 구문

사실, 리스트 컴프리헨션은 실제 코드상에서 좀 더 유용하게 사용될 수 있으며, 리스트 컴프리헨션의 전체 형식은 반복을 위한 간단한 미니 언어로 간주되기도 한다. 여기서 리스트 컴프리헨션의 구문 도구에 대해서 빠르게 살펴보도록 하자.

필터절: if

가장 유용한 확장으로써, 컴프리헨션 표현식에 중첩된 for 루프는 테스트 결과가 참이 아닌 경우 결과에서 걸러내기 위한 연관된 if절을 가질 수 있다.

예를 들어, 이전 절의 파일 탐색 예제를 반복하면서, 문자 p로 시작하는 라인들만 수집하기를 원한다고 가정하자. 이러한 트릭을 수행하도록 표현식에 if 필터절을 추가해 보자.

```
>>> lines = [line.rstrip() for line in open('script2.py') if line[0] == 'p']
>>> lines
['print(sys.path)', 'print(x ** 32)']
```

여기서 if절은 파일로부터 읽은 각 라인의 첫 번째 문자가 p인지 아닌지 확인하기 위해 검사한다. 첫 번째 문자가 p가 아닌 경우, 해당 라인은 결과 리스트에서 생략된다. 이는 꽤 긴 표현식이지만 같은 기능의 단순한 for 루프문으로 변경하면 쉽게 이해할 수 있다. 필요한 것들을 추가하고 각 연속적인 부분을 더 들여쓰기함으로써 리스트 컴프리헨션을 for문으로 변환할 수 있다.

```
>>> res = []
>>> for line in open('script2.py'):
...     if line[0] == 'p':
...         res.append(line.rstrip())
...
>>> res
['print(sys.path)', 'print(x ** 32)']
```

for문을 이용하여 작성된 이 코드 또한 잘 동작하지만 한 라인이 아닌 네 라인이나 사용되며, 더 느리게 실행될 수도 있다. 실제로, 필요한 경우에는 상당한 양의 로직을 하나의 리스트 컴프리헨션 안에 짜 넣을 수 있다. 다음 코드는 이전 코드처럼 동작하지만, 오른편에 더욱 정교한 표현식의 필터링을 사용하여 문자열이 (문자열의 끝이 개행 문자 이전에) **숫자로 끝나는 라인**만 선택한다(빈 라인이 있는 파일의 경우 [-1]을 [-1:]으로 교체하자).

```
>>> [line.rstrip() for line in open('script2.py') if line.rstrip()[-1].isdigit()]
['x = 2']
```

또 다른 if 필터 예로서 다음 코드의 첫 번째는 텍스트 파일의 전체 라인 수를 계산하고, 두 번째는 비교를 통해 빈 라인을 제거하며, 그 전에 양쪽 끝에 포함된 공백을 제거한다(이 파일은 이 책의 교정 담당자가 이 책의 초안에서 발견한 오타를 설명하는 내용들이 포함되어 있으므로 예제 파일 묶음에는 포함되어 있지 않다).

```
>>> fname = r'd:\books\5e\lp5e\draft1typos.txt'          # 전체 라인
>>> len(open(fname).readlines())
263
>>> len([line for line in open(fname) if line.strip() != ''])   # 빈 라인 제외
185
```

중첩된 루프: for

리스트 컴프리헨션은 필요에 따라 좀 더 복잡해질 수 있는데, 예를 들면 연속적인 for절로 작성된 **중첩된 루프**를 포함할 수 있다. 사실, 리스트 컴프리헨션의 전체 구문은 임의의 수만큼 for절을 사용할 수 있으며, 각 for절은 선택적으로 연관된 if절을 가질 수 있다.

예를 들어, 다음 코드는 한 문자열에 있는 모든 x와 또 다른 문자열에 있는 모든 y에 대해 x + y의 연결 리스트를 만든다. 이 리스트 컴프리헨션은 두 문자열에서 모든 문자들의 **정렬된 조합**을 효율적으로 수집한다.

```
>>> [x + y for x in 'abc' for y in 'lmn']
['al', 'am', 'an', 'bl', 'bm', 'bn', 'cl', 'cm', 'cl']
```

다시 말하지만, 이 표현식을 이해하기 위한 한 가지 방법은 표현식의 각 부분을 들여쓰기하여 문 형태로 변환해 보는 것이다. 다음은 유사하지만 다소 느릴 수 있으며, 같은 결과를 얻을 수 있는 또 다른 방법이다.

```
>>> res = []
>>> for x in 'abc':
...     for y in 'lmn':
...         res.append(x + y)
...
>>> res
['al', 'am', 'an', 'bl', 'bm', 'bn', 'cl', 'cm', 'cn']
```

그러나 리스트 컴프리헨션 표현식은 이러한 복잡성의 수준을 넘어서 종종 그 자체만으로도 간소화될 수 있다. 일반적으로 리스트 컴프리헨션은 단순한 종류의 반복을 위한 것이다. 더 복잡한 작업의 경우, 단순한 for문 구조를 사용하는 것이 나중에 이해하고 수정하기 더 쉬울 수 있다. 프로그래밍에서도 늘 그렇듯이 여러분이 보기에도 이해하기 어려운 무엇이 있다면, 그건 아마도 좋은 생각이 아닐 것이다.

컴프리헨션은 일반적으로 다양한 곳에서 유용하게 적용될 수 있으므로 여기서는 이 정도 수준에서 간단히 마무리한다. 우리는 함수형 프로그래밍 도구에 대해서 이야기하는 20장에서 리스트 컴프리헨션에 대해서 다시 언급하고, 리스트 컴프리헨션의 구문에 대해서 좀 더 공식적으로 정의하며, 그에 따른 추가적인 예제들을 살펴볼 예정이다. 여러분도 알 수 있는 것처럼, 컴프리헨션은 **반복문**과 마찬가지로 **함수**와 연관되어 있는 것으로 나타났다.

리스트 컴프리헨션을 포함한 이 책에 소개된 모든 주제들의 **성능 이슈**에 대한 포괄적인 제한: 코드의 상대적인 속도는 테스트에 사용된 정확한 코드와 파이썬에 많은 영향을 받으며, 파이썬 릴리즈마다 달라질 수 있다.

예를 들어, 오늘날의 리스트 컴프리헨션은 CPython 2.7과 3.6에서 일부 테스트에서 해당하는 for 루프보다 두 배 가까이 빠르게 실행되지만, 또 다른 테스트에서는 아주 미묘하고 빠르게 실행되기도 하며, 심지어 if 필터절이 사용된 테스트에서는 조금 더 느리게 실행될지도 모른다.

우리는 21장에서 코드의 실행 시간을 측정하는 방법과 책의 예제 패키지에 포함된 **listcomp-speed.txt** 파일을 해석하는 방법을 배운다. 이 파일에는 이 장에 포함된 코드들의 시간을 측정한 내용을 담고 있다. 지금으로서는 오픈 소스 프로젝트 안에서도 절대적인 성능 측정이 어렵다는 점이 일반적인 의견임을 기억하자.

다른 반복 상황들

이 책의 뒷부분에서 우리는 사용자 정의 클래스도 반복 프로토콜을 구현할 수 있다는 점을 알게 될 것이다. 그렇기 때문에 내장된 도구들이 반복 프로토콜을 구현한 사용자 정의 클래스를 이용할 수 있다는 것을 아는 것은 때로 중요하다. 반복 프로토콜을 채용한 모든 도구들은 반복 프로토콜을 제공하는 모든 내장 타입과 사용자 정의 클래스에 대해 자동으로 동작한다.

이 파트는 문에 대해서 이야기하고 있기 때문에 나는 지금까지 for 루프문 상황에서의 반복자에 대해서 설명했다. 그러나 객체를 가로질러 왼쪽에서 오른쪽으로 탐색하는 **모든** 내장 도구들은 반복 프로토콜을 사용한다는 점을 명심하도록 하자. 여기에는 우리가 이미 살펴본 for 루프도 포함된다.

```
>>> for line in open('script2.py'):          # 파일 반복자 사용
...     print(line.upper(), end='')
...
IMPORT SYS
PRINT(SYS.PATH)
X = 2
PRINT(X ** 32)
```

그러나 더 많은 반복 상황들이 있다. 예를 들어, 리스트 컴프리헨션과 map 내장 함수는 for 루프와 같은 프로토콜을 사용한다. 이 둘은 파일에 적용될 경우 파일을 라인 단위로 탐색하기 위해 자동으로 파일 객체의 반복자를 활용하고, __iter__을 사용하여 반복자를 가져오며, 반복을 돌때마다 __next__를 호출한다.

```
>>> uppers = [line.upper() for line in open('script2.py')]
>>> uppers
['IMPORT SYS\n', 'PRINT(SYS.PATH)\n', 'X = 2\n', 'PRINT(X ** 32)\n']

>>> map(str.upper, open('script2.py'))          # 3.X에서 map은 반복 객체
<map object at 0x00000000029476D8> >>>
>>> list(map(str.upper, open('script2.py')))
['IMPORT SYS\n', 'PRINT(SYS.PATH)\n', 'X = 2\n', 'PRINT(X ** 32)\n']
```

여기서 사용된 map 호출은 이미 이전 장과 4장을 통해 간략히 소개한 바 있다. map 호출은 전달된 반복 객체에 있는 각각의 아이템에 대해 함수를 적용하는 내장 기능이다. map은 리스트 컴프리헨션과 유사하지만, 임의의 표현식 대신 함수를 필요로 하기 때문에 활용적인 면에서 다소 제한적이다. 또한, map은 파이썬 3.X에서는 반복 객체를 반환하므로 강제로 모든 결괏값을 한 번에 얻기 위해서는 list 호출로 감싸야 한다. 3.X에서 map을 변경하는 추가 내용은 이 장의 뒷부분에서 좀 더 다룬다. map은 리스트 컴프리헨션과 마찬가지로 for 루프와 함수 둘 모두와 연관되어 있기 때문에 우리는 이 둘에 대해서 19장과 20장에서 다시 학습할 예정이다.

그 외에도 파이썬의 또 다른 많은 내장 기능들이 반복 객체를 처리한다. 예를 들어 sorted 는 반복 객체 안의 아이템들을 정렬하고, zip은 반복 객체들로부터 아이템들을 결합하며, enumerate는 반복 객체의 아이템들을 상대적인 위치와 짝짓고, filter는 함수가 참인 아이템들을 선별한다. 그리고 reduce는 함수를 통해 반복 객체 안에 있는 아이템의 쌍을 실행한다. 이 모든 내장 기능들은 반복 객체들을 처리하며, zip, enumerate, filter는 파이썬 3.X에서 map처럼 반복 객체를 반환한다. 다음은 이러한 내장 기능들이 파일을 라인 단위로 읽기 위해 자동으로 파일의 반복자를 실행하는 실제 동작이다.

```
>>> sorted(open('script2.py'))
['import sys\n', 'print(sys.path)\n', 'print(x ** 32)\n', 'x = 2\n']

>>> list(zip(open('script2.py'), open('script2.py')))
[('import sys\n', 'import sys\n'), ('print(sys.path)\n', 'print(sys.path)\n'),
('x = 2\n', 'x = 2\n'), ('print(x ** 32)\n', 'print(x ** 32)\n')]

>>> list(enumerate(open('script2.py')))
[(0, 'import sys\n'), (1, 'print(sys.path)\n'), (2, 'x = 2\n'),
(3, 'print(x ** 32)\n')]

>>> list(filter(bool, open('script2.py')))        # 비어 있지 않은 경우 = True
['import sys\n', 'print(sys.path)\n', 'x = 2\n', 'print(x ** 32)\n']

>>> import functools, operator
>>> functools.reduce(operator.add, open('script2.py'))
'import sys\nprint(sys.path)\nx = 2\nprint(x ** 32)\n'
```

이 내장 기능들은 모두 반복 도구에 해당되지만, 각각의 도구들은 저마다 고유한 역할을 가지고 있다. zip과 enumerate에 대해서는 이미 이전 장에서 다루었다. filter와 reduce는 19장의 함수형 프로그래밍 영역에서 다루기 때문에 자세한 내용은 그때 살펴보기로 하겠다. 여기서 주목해야 할 점은 이러한 내장 기능들이 파일과 다른 반복 객체들에 대해 반복 프로토콜을 사용하는 방법이다.

여기서 사용된 sorted 함수는 4장에서 이미 동작을 보았고, 8장에서 딕셔너리와 함께 사용했었다. sorted는 반복 프로토콜을 채용한 내장 기능이다. 이는 기존 리스트의 sort 메서드와 유사하지만 sorted 내장 기능은 결과로 정렬된 새로운 리스트를 반환하며, 어떤 반복 객체도 처리할 수 있다. 그리고 sorted는 map을 포함한 다른 내장 기능들과는 달리 파이썬 3.X에서 반복 객체 대신 실제 리스트를 반환한다.

흥미롭게도, 반복 프로토콜은 오늘날 파이썬에서 지금까지 우리가 살펴본 예제들보다 더 널리 스며들어 있다. 본질적으로, 파이썬 툴셋에서 객체를 왼쪽에서 오른쪽으로 탐색하는 모든 도구들은 대상 객체에 대해 반복 프로토콜을 사용하도록 정의되어 있다. 이는 심지어 (반복 객체들로부터 새로운 객체를 만드는) list와 tuple 같은 내장 함수들과 문자열 (반복 객체에 포함된 문자열들 사이에 부분 문자열을 추가함으로써 새로운 문자열을 만드는) join 메서드를 포함한다. 따라서 이러한 기능들 또한 열린 파일과 함께 동작하며, 자동으로 한 번에 한 라인씩 읽는다.

```
>>> list(open('script2.py'))
['import sys\n', 'print(sys.path)\n', 'x = 2\n', 'print(x ** 32)\n']
```

```
>>> tuple(open('script2.py'))
('import sys\n', 'print(sys.path)\n', 'x = 2\n', 'print(x ** 32)\n')

>>> '&&'.join(open('script2.py'))
'import sys\n&&print(sys.path)\n&&x = 2\n&&print(x ** 32)\n'
```

심지어 여러분이 전혀 예상하지 못한 몇 가지 도구들도 여기에 포함된다. 예를 들어 시퀀스 할
당, in 멤버십 테스트, 슬라이스 할당, 그리고 리스트의 extend 메서드는 탐색을 위해, 그리고
파일을 라인 단위로 자동으로 읽기 위해 반복 프로토콜을 활용한다.

```
>>> a, b, c, d = open('script2.py')                # 시퀀스 할당
>>> a, d
('import sys\n', print(x ** 32)\n')

>> a, *b = open('script2.py')                      # 3.X 확장 형식
>>> a, b
('import sys\n', ['print(sys.path)\n', 'x = 2\n', 'print(x ** 32)\n'])

>>> 'y = 2\n' in open('script2.py')                # 멤버십 테스트
False
>>> 'x = 2\n' in open('script2.py')
True

>>> L = [11, 22, 33, 44]                           # 슬라이스 할당
>>> L[1:3] = open('script2.py')
>>> L
[11, 'import sys\n', 'print(sys.path)\n', 'x = 2\n', print(x ** 32)\n', 44]

>>> L = [11]
>>> L.extend(open('script2.py'))                   # list.extend 메서드
>>> L
[11, 'import sys\n', 'print(sys.path)\n', 'x = 2\n', 'print(x ** 32)\n']
```

8장에 따르면 extend는 자동으로 반복하지만, append는 그렇지 않다. 실제 반복 없이 반복 객
체 자체를 리스트에 추가하고자 할 때는 append를 사용하도록 하자. 추가된 반복 객체는 필요
에 따라 나중에 반복될 수 있다.

```
>>> L = [11]
>>> L.append(open('script2.py'))                   # list.append는 반복하지 않음
>>> L
[11, <_io.TextIOWrapper name='script2.py' mode='r' encoding='cp1252'>]
>>> list(L[1])
['import sys\n', 'print(sys.path)\n', 'x = 2\n', 'print(x ** 32)\n']
```

파이썬에서 반복은 광범위하게 지원되며 매우 강력한 모델이다. 또한, 우리는 앞서 반복 가능한 zip 결과를 받는 내장 dict 호출에 대해서도 살펴보았다(8장과 13장 참조). 실제로, 파이썬 3.X와 2.7에서 새롭게 추가된 집합 컴프리헨션과 딕셔너리 컴프리헨션뿐만 아니라 set 호출 또한 반복 프로토콜을 사용하며, 우리는 이미 이에 대해 4장, 5장, 8장에서 배운 바 있다.

```
>>> set(open('script2.py'))
{'print(x ** 32)\n', 'import sys\n', 'print(sys.path)\n', 'x = 2\n'}

>>> {line for line in open('script2.py')}
{'print(x ** 32)\n', 'import sys\n', 'print(sys.path)\n', 'x = 2\n'}

>>> {ix: line for ix, line in enumerate(open('script2.py'))}
{0: 'import sys\n', 1: 'print(sys.path)\n', 2: 'x = 2\n', 3: 'print(x ** 32)\n'}
```

사실, 집합 컴프리헨션과 딕셔너리는 이 장의 앞부분에서 학습한 if 테스트를 포함한 리스트 컴프리헨션의 확장 구문을 지원한다.

```
>>> {line for line in open('script2.py') if line[0] == 'p'}
{'print(x ** 32)\n', 'print(sys.path)\n')
>>> {ix: line for (ix, line) in enumerate(open('script2.py')) if line[0] == 'p'}
{1: 'print(sys.path)\n', 3: 'print(x ** 32)\n'}
```

집합 컴프리헨션과 딕셔너리는 리스트 컴프리헨션과 마찬가지로 파일을 라인 단위로 탐색할 수 있으며, 특정 문자(p)로 시작하는 라인만 골라낼 수도 있다. 또한 이들은 최종적으로 집합과 딕셔너리를 만들지만, 파일 반복과 컴프리헨션 구문을 결합함으로써 많은 일들을 '무료로' 대신 처리할 수 있다. 이 책의 뒷부분에서 우리는 컴프리헨션의 한 종류이자 동일한 구문을 사용하고 반복 객체들에 대해 동작하지만, 그 자체로도 반복 객체인 제너레이터 표현식에 대해서 다룬다.

```
>>> list(line.upper() for line in open('script2.py'))        # 20장 참조
['IMPORT SYS\n', 'PRINT(SYS.PATH)\n', 'X = 2\n', 'PRINT(X ** 32)\n']
```

그외의 다른 내장 함수들 또한 반복 프로토콜을 지원하나, 그중에 일부는 솔직히 파일과 관련하여 흥미를 끌 만한 예제로 만들기가 어렵다. 예를 들어, sum 호출은 어떤 반복 객체에 있는 모든 수들의 합을 계산한다. any와 all 내장 함수는 각각 반복 객체 안의 어떤 아이템 또는 모든 아이템이 True인 경우 True를 반환한다. 다음 예제의 모든 도구들은 reduce와 마찬가지로 모든 반복 객체를 인수로 받아들이며, 해당 객체를 탐색하기 위해 반복 프로토콜을 사용

하지만, 결과로는 하나의 값만을 반환한다.

```
>>> sum([3, 2, 4, 1, 5, 0])              # sum은 숫자에 대해서만 동작
15
>>> any(['spam', '', 'ni'])
True
>>> all(['spam', '', 'ni'])
False
>>> max([3, 2, 5, 1, 4])
5
>>> min([3, 2, 5, 1, 4])
1
```

엄밀히 말하면 max와 min 함수도 마찬가지로 파일에 적용될 수 있다. 이 둘은 파일을 자동으로 탐색하고 각각 가장 높고 가장 낮은 문자열 값을 골라내기 위해 반복 프로토콜을 사용한다 (좀 더 유용한 활용 사례는 여러분의 상상력에 맡기겠다).

```
>>> max(open('script2.py'))              # 최대/최소 문자열 라인
'x = 2\n'
>>> min(open('script2.py'))
'import sys\n'
```

나중에 자세히 다룰 테지만 여기서 언급할 만한 가치가 있는 마지막 반복 상황이 있다. 18장에서 함수 호출 시에 값들의 컬렉션을 개별적인 인수로 풀어 넣기 위해 사용되는 특별한 *arg 형식에 대해서 배울 것이다. 아마 지금 여러분이 예측할 수 있듯이, 이 형식 또한 파일을 포함한 모든 반복 객체를 받아들인다(이 호출 구문에 대한 자세한 내용은 18장을 참고하자. 이 개념을 제너레이터 표현식으로 확장하는 내용은 20장을 참고하면 된다. 그리고 다음의 3.X print를 2.X에서 사용하기 위한 팁은 11장을 참고하도록 하자).

```
>>> def f(a, b, c, d): print(a, b, c, d, sep='&')
...
>>> f(1, 2, 3, 4)
1&2&3&4
>>> f(*[1, 2, 3, 4])                     # 인수들로 풀기
1&2&3&4
>>>
>>> f(*open('script2.py'))               # 라인들을 반복
import sys
&print(sys.path)
&x = 2
&print(x ** 32)
```

실제로 호출 시 인수 언패킹 구문은 반복 객체를 받아들이기 때문에 또 다른 zip 호출을 위해 미리 또는 중첩된 zip 결과 인수를 만듦으로써, zip으로 묶인 튜플을 풀기 위해 zip 내장 기능을 사용하는 것이 가능해진다(주의: 다음 예제는 데이터가 많은 경우에 적합하지 않을 수 있다).

```
>>> X = (1, 2)
>>> Y = (3, 4)
>>>
>>> list(zip(X, Y))                    # 튜플 묶기: 반복 객체 반환
[(1, 3), (2, 4)]
>>>
>>> A, B = zip(*zip(X, Y))             # zip으로 묶인 것 풀기!
>>> A
(1, 2)
>>> B
(3, 4)
```

파이썬의 range 내장 함수와 딕셔너리 뷰 객체 같은 몇몇 다른 도구들 또한 인수를 처리하기보다는 반복 객체를 반환한다. 이러한 도구들이 파이썬 3.X에서 반복 프로토콜로 어떻게 흡수되었는지 확인하기 위해 다음 절로 이동하자.

파이썬 3.X에서 새로운 반복 객체들

파이썬 3.X의 근본적인 차이점 중 하나는 2.X보다 반복자의 기능에 더 많은 주안점을 두었다는 것이다. 이것은 3.X의 유니코드 모델과 위임된 새로운 스타일의 클래스와 함께 3.X의 가장 결정적인 변경 사항 중 하나다.

특히, 파일과 딕셔너리 같은 내장 타입들과 관련된 반복자들뿐만 아니라 딕셔너리 메서드인 keys, values, items는 내장 함수 range, map, zip, filter가 동작하는 것처럼 파이썬 3.X에서 반복 객체를 반환한다. 이전 절에서 본 것처럼 이러한 함수들 중에 map, zip, filter는 반복 객체를 반환하고 그들을 처리한다. 이 모든 것들은 2.X에서는 결과 리스트를 생성하지만 3.X에서는 요청에 따라 결과를 생성한다.

2.X 코드에 미치는 영향: 장점과 단점

새로운 반복 객체들이 메모리 공간을 절약해 주기는 하지만, 몇몇 상황에서는 여러분의 코딩 스타일에 영향을 미칠 수 있다. 예를 들어, 지금까지 이 책의 많은 곳에서 일부 함수와 메서드

호출 시, 결과를 모두 한 번에 강제로 생성하기 위해 list(...) 호출로 감싸야 했다.

```
>>> zip('abc', 'xyz')                    # 3.X에서 반복 객체(2.X에서 리스트)
<zip object at 0x000000000294C308>

>>> list(zip('abc', 'xyz'))              # 3.X에서 출력을 위해 강제로 결과 리스트 생성
[('a', 'x'), ('b', 'y'), ('c', 'z')]
```

리스트나 **시퀀스 연산**을 요청에 따라 아이템을 생성하는 대부분의 반복 객체에 적용하고자 할 경우 비슷한 변환이 요구된다. 예를 들어 반복 객체 자체를 인덱싱하거나, 슬라이싱하거나, 또는 연결하고자 할 경우에 필요하다. 2.X에서 이러한 함수와 메서드가 반환하는 리스트 결과는 대부분의 시퀀스 연산들을 직접 지원한다.

```
>>> Z = zip((1, 2), (3, 4))              # 2.X 리스트와 달리, 인덱스 등을 사용할 수 없음
>>> Z[0]
TypeError: 'zip' object is not subscriptable
```

좀 더 자세한 내용은 20장에서 살펴보겠지만, map과 zip 같이 한 번의 탐색만을 지원하는 새로운 반복 객체에 대한 다중 반복은 좀 더 세밀한 지원이 필요하다. 3.X에서 반환한 값들은 map과 zip이 2.X에서 반환하는 리스트 형식과는 달리, 한 번의 반복을 통해 모두 소모된다.

```
>>> M = map(lambda x: 2 ** x, range(3))
>>> for i in M: print(i)
...
1
2
4
>>> for i in M: print(i)                 # 2.X 리스트와 달리 한 번만 통과할 수 있으며, zip 또한 마찬가지
...
>>>
```

2.X에서는 zip 같은 함수들이 결과를 리스트로 반환하기 때문에 이러한 변환이 불필요하다. 그러나 3.X에서는 요청에 따라 결과를 생성하는 반복 객체를 반환한다. 3.X의 이러한 변화는 2.X 코드에 영향을 주며, 대화형 프롬프트(그리고 일부 다른 상황에서)에서 결과를 출력하기 위해서는 추가적인 코드가 필요함을 의미하지만, 변화 자체는 대규모 프로그램에서 중요한 장점이 된다. 이와 같은 지연된 평가는 메모리를 절약하고 거대한 결과 리스트를 계산하는 동안 프로그램이 멈추는 것을 피할 수 있게 한다.

반복 객체 range

우리는 이전 장에서 range 내장 함수의 기본 동작에 대해서 학습했다. 3.X에서 range는 결과 리스트를 메모리상에 만드는 대신, 요청 시에 범위 안의 숫자들을 생성하는 반복 객체를 반환한다. 이는 기존 2.X의 xrange 기능을 포함하며, 해당 범위에 대한 실제 리스트를 강제로 얻기 위해서는 list(range(...))를 사용해야 한다.

```
C:\code> c:\python36\python
>>> R = range(10)                    # range는 리스트가 아닌 반복 객체를 반환
>>> R
range(0, 10)

>>> I = iter(R)                      # range 반복 객체로부터 반복자 생성
>>> next(I)                          # 다음 결과로 전진
0                                    # for 루프와 컴프리헨션의 내부 동작
>>> next(I)
1
>>> next(I)
2

>>> list(range(10))                  # 필요한 경우 강제로 리스트 생성
[0, 1, 2, 3, 4, 5, 6, 7, 8, 9]
```

2.X에서 이 호출에 의해 반환된 리스트와는 달리 3.X에서 range 객체는 반복과 인덱싱, len 함수만을 지원한다. range 객체는 그 외의 다른 시퀀스 연산은 지원하지 않는다(추가적인 리스트 도구들이 필요한 경우 list(...)를 사용하도록 하자).

```
>>> len(R)                           # range는 len과 인덱싱 또한 지원하지만 다른 연산들은 지원하지 않음
10
>>> R[0]
0
>>> R[-1]
9

>>> next(I)                          # .next( )는 .__next__( )로 변경되었지만
3
>>> I.__next__()                     # 새롭게 추가된 next( )를 사용하도록 하자
4
```

버전에 따른 차이: 이전 장에서 처음 언급한 것처럼 파이썬 2.X는 내장된 xrange 호출을 제공하며, 이는 range와 비슷하지만 결과를 한 번에 모두 메모리상에 생성하지 않고 요청할 때마다 아이템들을 생성한다. 이는 파이썬 3.X에서 새로운 반복자 기반의 range가 하는 일과 정확히 동일하기 때문에 xrange는 파이썬 3.X에서 더 이상 필요하지 않다. 2.X xrange의 기능은 3.X range에 포함되어 있다. 그러나 range는 결과 리스트를 만들고 메모리를 효율적으로 사용하지 못하기 때문에 여전히 2.X 코드에서 xrange가 사용되는 것을 보거나 사용할 수도 있을 것이다.

이전 장에서 언급한 것처럼, 2.X에서 메모리 사용량을 줄이기 위해 사용된 file.xreadlines( ) 메서드도 파일 반복자를 강화하고자 비슷한 이유로 파이썬 3.X에서 제거되었다.

map, zip, filter 반복 객체

파이썬 3.X에서 zip, 그리고 filter 내장 함수는 메모리 공간을 절약하기 위해 결과 리스트를 메모리상에다 모두 한 번에 만드는 대신 range와 같은 반복 객체가 되었다. 3.X에서 이 셋은 모두 2.X에서처럼 반복 객체를 처리할 뿐만 아니라, 반복 객체를 결과로 반환한다. 그러나 range와는 달리 이들은 스스로 반복자다. 이들의 반환된 결과는 한 번 반복하면 소모된다. 즉, 이들의 결과에 대해 다른 위치를 가지고 있는 다수의 반복자를 가질 수 없다.

다음은 우리가 이전 장에서 학습한 map 내장 함수의 예제다. 필요한 경우 다른 반복 객체들처럼 list(...)를 사용하여 강제로 리스트를 얻을 수도 있지만, map의 기본 동작은 많은 결과를 생성해야 할 경우에 실질적으로 메모리 공간을 절약할 수 있다.

```
>>> M = map(abs, (-1, 0, 1))        # map은 리스트가 아닌 반복 객체를 반환
>>> M
<map object at 0x00000000029B75C0>
>>> next(M)                         # 반복자를 수동으로 사용: 결과를 소모함
1                                   # len( ) 또는 인덱싱은 지원되지 않음
>>> next(M)
0
>>> next(M)
1
>>> next(M)
StopIteration

>>> for x in M: print(x)            # 여기서 map 반복자는 비어 있음: 한 번만 반복 가능
...

>>> M = map(abs, (-1, 0, 1))        # 재탐색을 위해 새로운 반복 객체/반복자 생성
>>> for x in M: print(x)            # 반복 상황은 next( )를 자동으로 호출
...
```

```
1
0
1
>>> list(map(abs, (-1, 0, 1)))              # 필요한 경우 실제 리스트를 구할 수 있음
[1, 0, 1]
```

이전 장에서 소개한 zip 내장 함수는 그 자체로도 반복 상황이지만, 동일한 방법으로 동작하는 반복자를 가진 반복 객체를 반환한다.

```
>>> Z = zip((1, 2, 3), (10, 20, 30))        # zip도 마찬가지로 한 번만 반복 가능
>>> Z
<zip object at 0x0000000002951108>

>>> list(Z)
[(1, 10), (2, 20), (3, 30)]

>>> for pair in Z: print(pair)              # 한 번 반복하면 소모됨
...

>>> Z = zip((1, 2, 3), (10, 20, 30))
>>> for pair in Z: print(pair)              # 반복자는 수동 또는 자동으로 사용됨
...
(1, 10)
(2, 20)
(3, 30)

>>> Z = zip((1, 2, 3), (10, 20, 30))        # 수동 반복(iter( )가 필요하지 않음)
>>> next(Z)
(1, 10)
>>> next(Z)
(2, 20)
```

12장에서 간략히 소개하고 이 책의 다음 파트에서 학습하게 될 filter 내장 함수 또한 이와 유사하게 동작한다. filter 내장 함수는 반복 객체 안의 아이템들 중에 인수로 제공된 함수를 True로 통과한 아이템들을 반환한다(이미 배웠듯이 파이썬에서 True는 비어 있지 않은 객체를 포함하며, bool은 객체의 진릿값을 반환한다).

```
>>> filter(bool, ['spam', '', 'ni'])
<filter object at 0x00000000029B7B70>
>>> list(filter(bool, ['spam', '', 'ni']))
['spam', 'ni']
```

filter는 이 절에서 언급한 대부분의 도구들처럼 파이썬 3.X에서 처리를 위해 반복 객체를 받아들이며, 결과를 생성하는 반복 객체를 반환한다. 또한, filter는 일반적으로 자동으로 진릿값을 테스트하는 확장 리스트 컴프리헨션 구문을 사용하여 흉내 낼 수 있다.

```
>>> [x for x in ['spam', '', 'ni'] if bool(x)]
['spam', 'ni']
>>> [x for x in ['spam', '', 'ni'] if x]
['spam', 'ni']
```

다수 vs 단일 패스 반복자

이 절에서 설명된 range 객체가 내장된 range 함수와 어떻게 다른지 알아 둘 필요가 있다. range 객체는 len과 인덱싱을 지원하지만 그 자체가 반복자는 아니며(반복이 필요할 때 수동으로 iter를 사용하여 만들 수 있다), 자신의 위치를 독립적으로 기억하는 range 객체의 결과를 통해 다수의 반복자를 지원한다.

```
>>> R = range(3)                         # range는 다수의 반복자를 허용함
>>> next(R)
TypeError: range object is not an iterator

>>> I1 = iter(R)
>>> next(I1)
0
>>> next(I1)
1
>>> I2 = iter(R)                         # 하나의 range에 두 개의 반복자
>>> next(I2)
0
>>> next(I1)                            # I1은 I2와 다른 지점에 있음
2
```

반면에 3.X에서 zip, map, filter는 같은 결과에 대해 다수의 반복자를 동시에 지원하지 않는다. 이러한 이유로 이와 같은 객체의 결과를 통해 반복하고자 할 경우 iter 호출은 필수가 아닌 옵션이다. iter는 호출 시 자기 자신을 반환한다(이 내장 함수들은 2.X에서 리스트를 반환하기 때문에 다음과 같은 코드는 적용되지 않는다).

```
>>> Z = zip((1, 2, 3), (10, 11, 12))
>>> I1 = iter(Z)
>>> I2 = iter(Z)                        # zip에 대한 두 개의 반복자
```

```
>>> next(I1)
(1, 10)
>>> next(I1)
(2, 11)
>>> next(I2)                              # (3.X) I2는 I1과 같은 위치
(3, 12)

>>> M = map(abs, (-1, 0, 1))              # map과 filter도 동일
>>> I1 = iter(M); I2 = iter(M)
>>> print(next(I1), next(I1), next(I1))
1 0 1
>>> next(I2)                              # (3.X) 한 번만 탐색할 수 있음
StopIteration

>>> R = range(3)                          # 그러나 range는 다수 반복자를 허용함
>>> I1, I2 = iter(R) iter(R)
>>> [next(I1), next(I1), next(I1)]
[0 1 2]
>>> next(I2)                              # 2.X 리스트처럼 다수의 탐색
0
```

이 책의 뒷부분에서 클래스를 사용해 우리만의 반복 객체를 작성할 때, 다수의 반복자는 일반적으로 iter 호출에 대해 새로운 객체를 반환함으로써 지원된다는 것을 알게 될 것이다. 단일 반복자는 일반적으로 자기 자신을 반환하는 객체를 의미한다. 이와 관련하여 20장에서는 range 대신에 map과 zip처럼 동작하는 제너레이터 함수와 표현식을 볼 수 있으며, 이들은 단지 단일 반복 탐색만을 지원한다. 해당 장에서 우리는 여러 번의 탐색을 시도하는 루프를 통해 원샷 반복자(one-shot iterator)의 미묘한 의미를 볼 수 있을 것이다. 이전에 이것을 리스트로 처리했던 코드에서는 수동으로 리스트 변환을 하지 않을 경우 문제가 발생할 수 있다.

딕셔너리 뷰 반복 객체

마지막으로, 8장에서 간략히 살펴본 것처럼 파이썬 3.X에서 딕셔너리의 keys, values, items 메서드는 결과 리스트를 모두 메모리상에다 한 번에 만들지 않고 결과 아이템을 한 번에 하나씩 생성하는 반복 가능한 뷰(view) 객체를 반환한다. 뷰는 2.7에서 선택적으로 이용할 수 있지만, 기존 코드에 영향을 미치지 않기 위해 특별한 메서드 이름을 통해서만 이용할 수 있다. 뷰 아이템들은 딕셔너리와 동일한 물리적인 순서를 유지하며, 내부 딕셔너리에 일어난 변화를 반영한다. 지금 우리는 반복 객체에 대해 좀 더 자세히 알게 되었으므로 여기서는 파이썬 3.6에서의 뷰에 대한 나머지 이야기를 진행하려고 한다. 다음 예제와 여러분의 키 순서는 다를 수 있다.

```
>>> D = dict(a=1, b=2, c=3)
>>> D
{'a': 1, 'b': 2, 'c': 3}

>>> K = D.keys()                              # 3.X에서 리스트가 아닌 뷰 객체
>>> K
dict_keys(['a', 'b', 'c'])

>>> next(K)                                   # 뷰 자체는 반복자가 아님
TypeError: dict_keys object is not an iterator

>>> I = iter(K)                               # 뷰 반복 객체는 반복자를 제공하며,
>>> next(I)                                   # 반복자는 수동으로 사용될 수 있지만,
'a'                                           # len( )과 인덱싱은 지원하지 않음
>>> next(I)
'b'

>>> for k in D.keys(): print(k, end=' ')      # 모든 반복 상황에서 자동으로 사용
...
a b c
```

요청 시에 값을 생성하는 모든 반복 객체들처럼 3.X 딕셔너리 뷰를 list 내장 함수에 전달함으로써 강제로 실제 리스트를 생성하도록 할 수 있다. 그러나 대화형 세션에 결과를 표시하거나 인덱싱과 같은 리스트 연산을 적용해야 할 경우가 아니면 일반적으로 잘 요구되지 않는다.

```
>>> K = D.keys()
>>> list(K)                                   # 필요 시 강제로 실제 리스트를 생성할 수 있음
['a', 'b', 'c']

>>> V = D.values()                            # values( ) 뷰도 items( ) 뷰와 마찬가지
>>> V
dict_values([1, 2, 3])
>>> list(V)                                   # 출력 또는 인덱싱을 위해 list( )가 필요함
[1, 2, 3]

>>> V[0]
TypeError: 'dict_values' object does not support indexing
>>> list(V)[0]
1

>>> list(D.items())
[('a', 1), ('b', 2), ('c', 3)]

>>> for (k, v) in D.items(): print(k, v, end=' ')
...
a 1 b 2 c 3
```

또한 딕셔너리는 3.X에서 여전히 스스로 반복 객체이며, 연속적인 키를 반환하는 반복자를 제공한다. 따라서 다음과 같은 상황에서 종종 직접 keys 메서드를 호출하지 않아도 된다.

```
>>> D                              # 딕셔너리는 여전히 반복자를 생성하며,
{'a': 1, 'b': 2, 'c': 3}           # 반복될 때마다 다음 키를 반환함
>>> I = iter(D)
>>> next(I)
'a'
>>> next(I)
'b'

>>> for key in D: print(key, end=' ')    # 여전히 반복을 위해 keys( )를 호출할 필요가 없지만,
...                                        # keys는 3.X에서 반복 객체
a b c
```

마지막으로, keys는 더 이상 리스트를 반환하지 않기 때문에 정렬된 키에 의한 딕셔너리 탐색에 대한 전통적인 코딩 방식은 3.X에서 동작하지 않는다는 것을 다시 기억하도록 하자. 대신 우선 keys 뷰를 list 호출을 사용하여 변환하거나, 다음과 같이 keys 뷰 또는 딕셔너리 자체에 sorted 호출을 사용해야 한다. 사실 이 코드는 이미 8장에서 본 적이 있지만, 2.X 개발자들을 위해 다시 보여준다.

```
>>> D
{'a': 1, 'b': 2, 'c': 3}
>>> for k in sorted(D.keys()): print(k, D[k], end=' ')
...
a 1 b 2 c 3
>>> for k in sorted(D): print(k, D[k], end=' ')          # '가장 좋은' 키 정렬 방법
...
a 1 b 2 c 3
```

다른 반복 주제들

이 장의 서론에서 언급한 것처럼, 20장에서 함수와 함께 리스트 컴프리헨션과 반복 객체에 대한 추가적인 내용을 다루며, 그리고 30장에서 다시 클래스와 함께 추가적인 내용을 다룬다. 해당 장에서는 다음 내용들을 추가적으로 다룬다.

- 사용자 정의 함수는 yield문과 함께 반복 가능한 제너레이터 함수로 전환될 수 있다
- 리스트 컴프리헨션은 괄호 안에 작성될 경우, 반복 가능한 제너레이터 표현식으로 변형된다

- 사용자 정의 클래스는 __iter__ 또는 __getitem__ 연산자 오버로딩을 통해 반복 객체로 만들어진다.

특히, 클래스로 정의된 사용자 정의 반복 객체는 우리가 이 장에서 학습한 모든 반복 문맥에서 사용될 수 있는 임의의 객체와 연산을 허용한다. 단 하나의 연산(반복)을 지원함으로써, 해당 객체는 다양한 상황과 도구에서 사용될 수 있게 된다.

이 장의 요약

이 장에서 우리는 파이썬에서 반복과 관련된 개념에 대해서 학습했고, 처음으로 파이썬의 **반복 프로토콜**(비시퀀스 객체가 반복 루프에서 사용되는 방법)과 **리스트 컴프리헨션**에 대해서 실질적인 내용들을 살펴보았다. 이 장을 통해서 본 것처럼 리스트 컴프리헨션은 또 다른 표현식을 어떤 가변 객체에 포함된 모든 아이템들에 대해 적용하는 **for** 루프와 유사한 표현식이다. 우리는 그 과정에서 내장된 또 다른 반복 도구들의 동작을 보았으며, 파이썬 3.X에 추가된 최신 반복 기능을 살펴보았다.

이 장으로 우리는 절차문에 대한 구체적인 내용과 그와 관련된 도구들에 대한 학습을 마무리한다. 다음 장은 파이썬 코드에 대한 문서화 옵션들에 대해 이야기함으로써 이 파트를 종료한다. 그러나 다음 장은 어떤 면에서 다소 주제가 전환된 것처럼 보일 수도 있지만 문서화 또한 일반적인 구문 모델의 일부이며, 잘 작성된 프로그램의 중요한 요소다. 다음 장에서는 다음 파트의 주제인 함수로 넘어가기 전에 이 파트와 관련된 실습 문제들을 살펴볼 것이다. 하지만 그 전에 이 장을 통해 배운 내용을 퀴즈를 통해 확인해 보도록 하자.

학습 테스트: 퀴즈

1. for 루프와 반복 객체는 어떻게 관련되어 있는가?
2. for 루프와 리스트 컴프리헨션은 어떻게 관련되어 있는가?
3. 파이썬 언어에서 반복되는 상황 네 가지를 말해 보라.
4. 오늘날 텍스트 파일을 라인 단위로 읽는 가장 좋은 방법은 무엇인가?
5. 스페인 종교 재판에 어떤 무기가 나올까?

학습 테스트: 정답

1. for 루프는 반복 객체에 있는 아이템들을 단계별로 처리하기 위해 **반복 프로토콜**을 사용한다. for 루프는 먼저 해당 객체를 iter에 전달하여 반복 객체로부터 반복자를 가져오고, 그런 다음 3.X에서 각 반복될 때마다 반복자 객체의 __next__ 메서드를 호출하며, 루프의 종료 시점을 결정하기 위해 StopIteration 예외를 처리한다. 2.X에서는 next라는 이름으로 제공되며, 3.X와 2.X 모두에서 next( ) 내장 함수에 의해 각 버전의 메서드가 호출된다. 이러한 모델을 지원하는 모든 객체는 for 루프와 모든 다른 반복 상황에서 동작한다. 자기 스스로 반복자인 일부 객체의 경우는 초기 iter 호출이 불필요하지만, 문제를 발생시키지는 않는다.

2. 둘 모두 반복 도구이자 반복 상황이다. 리스트 컴프리헨션은 일반적인 for 루프 작업을 수행하기 위한 간편하고 효과적인 방법이며, 반복 객체에 있는 모든 아이템에 대해 표현식을 적용한 결과를 수집한다. 리스트 컴프리헨션은 언제든지 for 루프로 변환될 수 있으며, 리스트 컴프리헨션 표현식의 일부분은 for 루프의 헤더와 구문적으로 유사해 보인다.

3. 파이썬에서 반복 상황은 for 루프, 리스트 컴프리헨션, map 내장 함수, in 멤버십 테스트 표현식, 그리고 sorted, sum, any, all 같은 내장 함수들을 포함한다. 이 범주는 이 외에도 list, tuple 내장 함수, 문자열 join 메서드, 시퀀스 할당이 포함되며, 이들은 모두 반복 객체를 한 번에 하나씩 반복하기 위해 반복 프로토콜을 사용한다.

4. 오늘날 텍스트 파일로부터 라인을 읽는 가장 좋은 방법은 명시적인 방법으로 읽지 않는 것이다. 대신, for 루프 또는 리스트 컴프리헨션과 같은 반복 문맥 도구 안에서 파일을 열고, 반복 도구가 각 반복마다 파일의 next 핸들러 메서드를 호출하여 자동으로 한 번에 한 라인을 탐색하게 하는 것이다. 이 방법은 일반적으로 코드의 단순함, 메모리 공간의 절약, 그리고 실행 속도 면에서 최적의 방법이다.

5. 공포, 협박, 멋진 빨간 유니폼, 편안한 의자, 편안한 베개 중 하나를 정답으로 인정한다.

15

문서화

이 책의 이 파트는 파이썬 코드에서 사용되는 문서화 기술과 도구를 살펴보는 것으로 끝맺는다. 비록 파이썬 코드가 읽기 쉽게 설계되긴 했지만, 적절한 위치에 작성된 일부 주석들은 다른 사람들이 여러분이 작성한 프로그램의 동작을 이해하는 데 많은 도움이 될 수 있다. 여러분도 곧 보게 되겠지만, 파이썬은 문서화를 쉽게 만드는 구문과 도구들을 포함하고 있다. 특히, 이 장에서 다루는 PyDoc 시스템은 모듈의 내부 문서들을 셸에서 일반적인 테스트, 또는 웹 브라우저상에서 HTML로 제공한다.

문서화는 도구와 관련된 개념이지만 부분적으로 파이썬의 구문 모델을 일부 포함하고 있고, 파이썬 툴셋을 이해하고자 애쓰는 독자들을 위해 여기서 이 주제를 다루고 있다. 여기서는 후자의 목적을 위해 4장에서 먼저 언급한 문서화와 관련된 이야기들을 좀 더 확장한다. 늘 그렇듯이 이 장은 본 파트를 마무리하기 때문에 일반적으로 빠지기 쉬운 함정에 대한 주의, 그리고 이 장의 학습 테스트와 함께 본 파트에서 학습한 내용에 대한 실습 문제로 마무리한다.

파이썬 문서화 소스들

책의 이 시점에서 여러분은 아마도 파이썬이 놀랄만한 양의 미리 제작된 기능을 함께 제공한다는 사실을 인지하기 시작했을 것이다. 여기에는 내장된 함수 그리고 예외, 미리 정의된 객체 속성과 메서드, 표준 라이브러리 모듈 등이 포함된다. 그리고 우리는 단지 이러한 각 분류의 겉만 살짝 훑어 보았다.

파이썬 초보 개발자들이 자주 묻는 첫 번째 질문 중 하나는 내장된 도구 전체에 대한 정보를 어디서 찾을 수 있는가 하는 것이다. 이 절은 파이썬에서 이용할 수 있는 다양한 문서화 소스들에 대한 힌트를 제공한다. 여기에는 **문서화 문자열**과 이를 이용하는 **PyDoc** 시스템 또한 포함된다. 이러한 주제는 핵심적인 언어 자체와는 다소 거리가 있지만, 여러분의 코드가 책의 이 파트에 있는 예제와 실습 문제의 수준에 도달할 경우 꼭 알아야만 하는 지식이 된다.

표 15-1에 요약된 것처럼 파이썬의 많은 곳에서 정보를 얻을 수 있으며, 표 아래쪽으로 갈수록 대체로 텍스트가 길어진다. 문서화는 실제 프로그래밍에서 매우 중요한 도구이기 때문에 다음 표에 나열된 각 항목을 다음 절부터 하나씩 살펴볼 것이다.

표 15-1 **파이썬 문서화 소스들**

형식	역할
# 주석	파일 내부 문서화
dir 함수	객체 속성 목록
문서화 문자열: __doc__	객체에 첨부되는 파일 내부 문서화
PyDoc: help 함수	객체에 대한 대화형 help
PyDoc: HTML 리포트	브라우저상에서 모듈 문서화
스핑크스(Sphinx) 서드파티 도구	대규모 프로젝트를 위한 풍부한 문서화
표준 매뉴얼 세트	공식적인 언어와 라이브러리 설명
웹 리소스	온라인 튜토리얼, 예제 등
출판된 책	상업적으로 다듬어진 참고 텍스트

주석

이미 배운 바와 같이 해시 마크 주석이 코드 내에서 문서화를 위한 가장 일반적인 방법이며, 파이썬은 # 뒤에 나오는 모든 텍스트를 단순히 무시하기 때문에(#이 문자열 리터럴 안에 표현되지 않는 한), 이 문자 다음에 프로그래머들에게 도움이 될 만한 어떤 문장이나 설명을 작성할 수 있다. 그러나 이러한 주석은 여러분의 소스 파일 안에서만 볼 수 있다. 좀 더 넓은 범위에서 이용할 수 있는 주석을 작성하기 위해서는 문서화 문자열을 사용할 필요가 있다.

사실 현재 가장 좋은 방법은 일반적으로 규모가 큰 기능에 대한 문서화에는 문서화 문자열을 이용하고(예 '이 파일은 이러한 일을 한다'), # 주석은 작은 코드 문서화와 문 또는 작은 문들의 그룹에 제한적으로 사용하는 것이 좋다(예 '이 이상한 표현식은 이러한 일을 한다'). 문서화 문자열에 대한 자세한 내용은 곧 다룰 것이다. 먼저 객체를 탐색하는 방법을 살펴보도록 하자.

dir 함수

이전에 이미 본 것처럼 내장 dir 함수는 특정 객체 내에서 사용할 수 있는 모든 속성들을 확인하는 가장 쉬운 방법이다(예 객체의 메서드와 단순한 데이터 항목들). dir 함수는 또한 호출자의 범위 내에 있는 변수들의 목록을 나열하기 위해 인수 없이 호출될 수 있다. 또한 데이터 타입의 이름뿐만 아니라 임포트된 모듈, 그리고 내장된 타입을 포함한 속성을 가지고 있는 어떤 객체에 대해 호출될 때 좀 더 유용하게 사용될 수 있다. 예를 들어, 표준 라이브러리의 sys 모듈에서 무엇을 이용할 수 있는지 확인하기 위해 sys 모듈을 임포트하고 dir에 전달할 수 있다.

```
>>> import sys
>>> dir(sys)
['__displayhook__', ...나머지 이름은 생략..., 'winver']
```

이 내용은 파이썬 3.6에서 실행한 결과이며, 실행하는 환경에 따라 결과가 달라질 수 있기 때문에 대부분의 이름은 생략했다. 좀 더 정확한 결과를 위해 여러분의 환경에서 직접 실행해 보도록 하자. 실제로 sys에는 현재 78개의 속성이 있지만, 지금 우리는 앞에 이중 언더스코어 문자가 없는(이중 언더스코어 문자는 일반적으로 인터프리터와 관련됨) 69개 또는 앞에 (하나의 언더스코어 문자는 일반적으로 비공식적인 비공개 구현을 의미) 언더스코어 문자가 전혀 없는 62개에만 관심이 있다. 이전 장의 리스트 컴프리헨션의 동작을 보여 주기에 적절한 예제다.

```
>>> len(dir(sys))                                            # sys에 포함된 이름 수
78
>>> len([x for x in dir(sys) if not x.startswith('__')])     # __X를 제외한 이름 수
69
>>> len([x for x in dir(sys) if not x[0] == '_'])      # 언더스코어 문자로 시작하는 이름 제외
62
```

내장 타입의 객체에서 어떤 속성들이 제공되지는 확인이 필요한 경우에는 해당 타입의 리터럴이나, 이미 생성된 인스턴스에 대해 dir을 실행할 수 있다. 예를 들어, 리스트와 문자열의 속성을 확인하기 위해 빈 객체를 전달할 수 있다.

```
>>> dir([])
['__add__', '__class__', '__contains__', ...more..., 'append', 'clear', 'copy',
'count', 'extend', 'index', 'insert', 'pop', 'remove', 'reverse', 'sort']

>>> dir('')
['__add__', '__class__', '__contains__', ...more..., 'split', 'splitlines',
'startswith','strip', 'swapcase', 'title', 'translate', 'upper', 'zfill']
```

모든 내장 타입에 대한 dir 결과는 해당 타입의 구현과 관련된 속성들을 포함하고 있다(엄밀히 말하면, 연산자 오버로딩 메서드다). 모듈과 마찬가지로 이 연산자 오버로딩 메서드들은 모두 구별을 위해 이중 언더스코어 문자로 시작하고 끝나며, 여러분은 책의 이 시점에서 이 내용을 완전히 무시해도 된다(연산자 오버로딩 메서드는 객체 지향 프로그래밍에서 사용된다). 예를 들어, 리스트에는 45개의 속성이 있지만, 11개만이 명명된 메서드에 해당한다.

```
>>> len(dir([])), len([x for x in dir([]) if not x.startswith('__')])
(45, 11)
>>> len(dir('')), len([x for x in dir('') if not x.startswith('__')])
(76, 44)
```

실제로, 일반적인 프로그램의 관심 대상이 아닌 이중 언더스코어 문자로 시작하는 항목들을 걸러내기 위해 동일한 리스트 컴프리헨션을 실행하되 속성을 출력하도록 하자. 예를 들어, 다음은 파이썬 3.6에서의 리스트와 딕셔너리의 명명된 속성들이다.

```
>>> [ a for a in dir(list) if not a.startswith('__')]
['append', 'clear', 'copy', 'count', 'extend', 'index', 'insert', 'pop',
'remove', 'reverse', 'values']

>>> [a for a in dir(dict) if not a.startswith('__')]
['clear', 'copy', 'fromkeys', 'get', 'items', 'keys', 'pop', 'popitem',
'setdefault', 'update', 'values']
```

속성 리스트를 얻기 위해 다소 많은 입력이 필요한 것처럼 보이지만, 다음 장에서 우리는 이러한 코드를 임포트와 재사용이 가능한 함수로 감싸는 방법에 대해 배우기 때문에 다시 입력할 필요가 없어진다.

```
>>> def dir1(x): return [a for a in dir(x) if not a.startswith('__')]   # 파트 4 참고
...
>>> dir1(tuple)
['count', 'index']
```

리터럴 대신 타입 이름을 dir에 전달하여 내장된 타입의 속성을 나열할 수 있음을 알 수 있다.

```
>>> dir(str) == dir('')                    # 타입 이름과 리터럴의 결과가 같음
True
>>> dir(list) == dir([])
True
```

이 코드는 앞에서 타입 변환 함수로 사용된 str과 list 같은 이름이 오늘날 파이썬에서 실제 타입 이름이기 때문에 동작한다. 이 중 하나를 호출하면 해당 타입의 인스턴스를 생성하기 위한 해당 타입의 생성자가 호출된다. 파트 6에서 클래스에 대해 이야기할 때, 생성자와 연산자 오버로딩 메서드에 대해 좀 더 자세한 내용을 다룰 예정이다.

dir 함수는 일종의 기억을 돕는 도구로서의 역할을 제공한다. 속성 이름들의 목록을 제공하지만, 해당 이름들이 의미하는 바에 대해서는 아무런 정보도 제공하지 않는다. 이러한 추가적인 정보를 위해서는 다음 문서화 소스로 이동할 필요가 있다.

IDLE를 포함한 일부 파이썬 IDE의 경우는 GUI 안에서 객체의 속성 목록을 자동으로 나열하는 기능을 제공하며, 이는 dir 기능을 대체할 수 있다. 예를 들어, IDLE는 객체의 이름과 다음에 점을 입력하고 잠시 멈추거나 탭 키를 누를 경우, 객체의 속성 목록을 나열한 팝업 선택 창을 표시한다. 그러나 이 기능은 정보 제공이 아닌, 주로 자동 완성 기능을 의미한다. IDLE에 대한 추가적인 내용은 3장을 참고하도록 하자.

문서화 문자열: __doc__

파이썬은 # 주석 외에 런타임 시에 조사를 위해 객체에 자동으로 첨부되고 유지되는 문서화를 지원한다. 구문적으로 이러한 주석은 모듈 파일과 함수, 그리고 class문의 최상단에 문자열로 작성되며, 다른 어떤 실행 가능한 코드 이전에 위치해야 한다(# 주석과 유닉스 스타일의 #! 라인은 이전에 올 수 있다). 파이썬은 비공식적으로 **문서화 문자열**로 알려진 이 문자열의 텍스트를 해당 객체의 __doc__ 속성에 채운다.

사용자 정의 문서화 문자열

예를 들어, 다음 docstrings.py 파일을 살펴보도록 하자. 이 파일의 문서화 문자열은 파일의 시작, 그리고 파일 안의 함수와 클래스의 시작 위치에 나타난다. 여기서는 파일과 함수 안에서 멀티라인 주석을 작성하기 위해 삼중 인용 부호 블록 문자열을 사용했지만, 모든 종류의 문자

열을 사용할 수 있다. 이 코드의 클래스 안에서 사용된 한 라인의 주석과 같이 단일 또는 이중 인용 부호도 사용할 수 있지만, 단일 또는 이중 인용 부호는 멀티라인 주석을 작성할 수 없다. 아직까지는 def와 class문에 대해서 자세히 배우지 않았기 때문에 여기서는 각각의 상단에 있는 문자열을 제외하고는 def와 class에 대한 모든 내용을 무시한다.

```
"""
Module documentation
Words Go Here
"""
spam = 40

def square(x):
    """
    function documentation
    can we have your liver then?
    """
    return x ** 2          # 제곱

class Employee:
    "class documentation"
    pass

print(square(4))
print(square.__doc__)
```

이 문서화 방식의 핵심은 파일이 임포트된 이후에도 조사를 위해 __doc__ 속성에 여러분이 작성한 주석이 여전히 유지된다는 것이다. 따라서 모듈 또는 해당 객체와 연관된 문서화 문자열을 출력하기 위해서 우리는 단순히 해당 파일을 임포트하고 주석을 저장하고 있는 모듈 또는 해당 객체의 __doc__ 속성을 출력하면 된다.

```
>>> import docstrings
16
    function documentation
    can we have your liver then?

>>> print(docstrings.__doc__)

Module documentation
Words Go Here

>>> print(docstrings.square.__doc__)

    function documentation
    can we have your liver then?
```

```
>>> print(docstrings.Employee.__doc__)
class documentation
```

일반적으로 문서화 문자열을 출력하기 위해 print를 사용하는 것이 좋다. 그렇지 않은 경우, \n 개행 문자가 포함된 단일 문자열을 얻게 된다.

또한 클래스의 메서드에도 문서화 문자열을 첨부할 수 있지만(파트 6에서 다룬다), 클래스의 메서드는 단순히 class문에 중첩된 def문에 불과하기 때문에 특별한 경우는 아니다. 모듈에 있는 클래스 메서드에 대한 문서화 문자열을 가져오기 위해서는 단순히 앞에서 클래스의 문서화 문자열을 가져오기 위한 경로를 module.class.method.__doc__와 같이 확장하면 된다. 메서드에 대한 문서화 문자열 예제는 29장에서 다시 볼 수 있다.

문서화 문자열 표준과 선호

앞서 언급한 바와 같이 오늘날 일반적으로 표현식, 문, 또는 작은 문들의 그룹과 같은 작은 범위의 문서화에 대해서만 해시 마크 주석의 사용을 권한다. 문서화 문자열은 파일, 함수, 또는 클래스와 같은 좀 더 높은 수준의 광범위한 기능에 대해 더 자주 사용된다. 그러나 이러한 가이드 라인을 넘어서 무엇을 사용할지는 여러분이 결정해야 한다.

일부 회사는 문서화 문자열의 텍스트에 무엇이 들어가야 하는지에 대한 내부 표준을 가지고 있지만 광범위한 표준은 없다. 다양한 마크업 언어와 템플릿 제안(웹 HTML 또는 XML)도 있지만 실제 파이썬 세계에서 사용되지는 않는다. 솔직히 말하자면 파이썬 프로그래머가 직접 작성한 HTML을 사용하여 코드를 문서화하도록 설득하는 것은 아마도 우리 세대에서는 어려울 것이다. 이는 너무 지나친 요구일 수도 있지만, 이는 일반적인 코드의 문서화에는 적용되지 않는다.

문서화는 일부 프로그래머들 사이에서 우선순위가 낮은 경향이 있다. 많은 주석은 종종 여러분 자신에게 도움이 되며, 정확하고 최신인 상태를 유지할수록 더 좋다. 또한, 코드를 자유롭게 문서화하는 것이 바람직하다. 이는 실제로 잘 작성된 프로그램의 중요한 부분이다. 그러나 실제 주석을 작성할 때, 아직 문서화 문자열의 구조에 대한 표준은 없다. 주석은 무엇이든 작성할 수 있다. 코드를 작성하는 것과 마찬가지로 문서 내용을 작성하고 최신 상태로 유지하는 것은 개발자의 몫이지만, 어디까지나 일반적인 상식선에서 작성해야 한다.

내장된 문서화 문자열

앞서 이야기한 것처럼 파이썬의 내장된 모듈과 객체들은 dir에 의해 반환되는 속성 리스트 이상의 설명을 첨부하기 위해 같은 기술을 사용한다. 예를 들어, 내장된 모듈의 설명을 읽고자 할 경우, 해당 모듈을 임포트하고 __doc__ 문자열을 출력한다.

```
>>> import sys
>>> print(sys.__doc__)
This module provides access to some objects used or maintained by the interpreter
and to functions that interact strongly with the interpreter.

Dynamic objects:

argv -- command line arguments; argv[0] is the script pathname if known
path -- moudle search path; path[0] is the script directory, else ''
modules -- dictionary of loaded modules
...추가적인 텍스트는 생략...
```

내장된 모듈 안에 있는 함수, 클래스, 메서드는 자신만의 __doc__에 설명을 포함하고 있다.

```
>>> print(sys.getrefcount.__doc__)
getrefcount(object) -> integer

Return the reference count of object. The count returned is generally
one higher than you might expect, because it includes the (temporary)
reference as an argument to getrefcount().
```

내장 함수 또한 문서화 문자열을 제공하므로 필요한 경우 이를 통해 해당 함수에 대해서 파악할 수 있다.

```
>>> print(int.__doc__)
int(x[, base]) -> integer

Convert a string or number to an integer, if possible. A floating
point argument will be truncated towards zero (this does not include a
...추가적인 텍스트는 생략...

>>> print(map.__doc__)
map(func, *iterables) --> map object

Make an iterator that computes the function using arguments from
each of the iterables. Stop when the shortest iterable is exhausted.
```

여러분은 이러한 방법을 이용하여 내장된 도구들의 문서화 문자열을 조사함으로써 풍부한 정보를 얻을 수 있지만, 이러한 방법을 직접 사용할 필요는 없다. 다음 절의 주제인 help 함수는 이러한 작업을 자동으로 수행한다.

PyDoc: help 함수

마침내 파이썬이 문서화 문자열을 좀 더 쉽게 표시하기 위한 도구를 추가함으로써 문서화 문자열 기술이 매우 유용하다는 것이 증명되었다. 표준 PyDoc 도구는 문서화 문자열 그리고 연관된 구조적인 정보를 추출하여 다양한 유형의 서식이 적용된 보고서를 만드는 방법을 알고 있는 파이썬 코드다. (구조화된 텍스트를 지원하는 도구들을 포함하여) 문서화 문자열을 추출하고 서식을 적용하는 추가적인 도구들을 오픈 소스 진영으로부터 이용할 수도 있지만, 파이썬은 PyDoc을 표준 라이브러리에 포함하여 함께 제공한다.

명령 라인 스크립트 방식을 이용하여 출력된 내용을 나중에 다시 보기 위해 파일로 저장하는 방법을 포함해 PyDoc을 실행하는 다양한 방법이 존재한다(이 방법에 대해서는 앞서 언급한 바 있으며, 파이썬 라이브러리 매뉴얼에도 설명되어 있다). 아마도 PyDoc의 가장 널리 사용되는 두 가지 인터페이스는 내장된 help 함수와 웹 기반 HTML 리포트 인터페이스일 것이다. 우리는 이미 4장에서 help 함수에 대해 간략히 살펴본 적이 있다. 이 함수는 어떤 파이썬 객체에 대해 간단한 텍스트 형식의 리포트를 생성하기 위해 PyDoc를 호출한다. 텍스트 모드에서 help가 출력한 텍스트는 유닉스 계열 시스템에서의 '맨페이지(man-page)'와 많이 유사해 보이며, 실제로 IDLE와 같은 GUI 환경이 아닌 곳에서 다수의 텍스트 페이지가 출력된 경우 유닉스 'more'와 같은 방식으로 페이지가 동작한다. 스페이스 바를 눌러 다음 페이지로 이동하고, 엔터로 다음 라인으로 이동하며, Q를 눌러 종료한다.

```
>>> import sys
>>> help(sys.getrefcount)
Help on built-in function getrefcount in module sys:

getrefcount(...)
    getrefcount(object) -> integer

    Retrun the reference count of object. The count returned is generally
    one higher than you might expect, because it includes the (temporary)
    reference as an argument to getrefcount().
```

help를 호출하기 위해 sys를 임포트할 필요는 없지만, sys 안에 있는 도움말을 가져오기 위해서는 sys를 임포트해야 함을 알 수 있다. help는 인수로 객체 참조가 전달될 것이라 기대하고 있다. 파이썬 3.6과 2.7에서는 모듈의 이름을 문자열로 인용함으로써 임포트하지 않은 모듈에 대한 도움말을 얻을 수 있다(예 help('re'), help('email.message')). 그러나 이러한 기능과 다른 모드에 대한 지원은 파이썬 버전에 따라 다를 수 있다.

모듈과 클래스 같은 큰 객체에 대한 help 출력은 다수의 절로 구분되며, 여기서는 각 절의 앞부분만을 표시했다. 전체 출력 내용을 확인하고자 할 경우 다음 명령을 대화형 세션에서 실행해 보도록 하자(나는 이 명령을 3.6에서 실행했다).

```
>>> help(sys)
Help on built-in module sys:

NAME
    sys

MODULE REFERENCE
    http://docs.python.org/3.6/library/sys
    ...생략...

DESCRIPTION
    This module provides access to some objects used or maintained by the
    interpreter and to functions that interact strongly with the interpreter.
    ...생략...

FUNCTIONS
    __displayhook__ = displayhook(...)
        displayhook(object) -> None
    ...생략...

DATA
    __stderr__ = <_io.TextIOWrapper name='<stderr>' mode='w' encoding='cp4...
    __stdin__ = <_io.TextIOWrapper name='<stdin>' mode='r' encoding='cp437...
    __stdout__ = <_io.TextIOWrapper name='<stdout>' mode='w' encoding='cp4...
    ...생략...

FILE
    (built-in)
```

이 리포트에 포함된 일부 정보는 문서화 문자열이며, 그리고 또 다른 일부는 PyDoc이 객체의 내부를 조사하여 자동으로 수집한 구조적인 정보다.

모듈 외에 내장 함수, 메서드, 타입에 대해서도 **help**를 사용할 수 있다. 사용법은 파이썬 버전에 따라 다소 다를 수 있지만, 내장 **타입**에 대해 도움말을 얻고자 할 경우에는 타입 이름(에 딕셔너리의 경우 dict, 문자열의 경우 str, 리스트의 경우 list), 타입의 실제 객체(에 {}, '', []), 또는 타입 이름의 메서드(에 str.join, 's'.join)에 대해 시도해 보도록 하자.[1] 해당 타입에 대해 이용할 수 있는 모든 메서드와 해당 메서드의 사용법을 설명하는 매우 긴 출력을 볼 수 있을 것이다.

```
>>> help(dict)
Help on class dict in module builtins:

class dict(object)
 |  dict() -> new empty dictionary.
 |  dict(mapping) -> new dictionary initialized from a mapping object's
 ...생략...

>>> help(str.replace)
Help on method_descriptor:

replace(...)
    S.replace (old, new[, count]) -> str

    Return a copy of S with all occurrences of substring
    ...생략...

>>> help(''.replace)
...이전 결과와 유사...

>>> help(ord)
Help on built-in function ord in module builtins:

ord(...)
    ord(c) -> integer

    Return the integer ordinal of a one-character string.
```

마지막으로, **help** 함수는 내장 모듈에 대해서 동작하는 것처럼 여러분이 작성한 모듈에 대해서도 동일하게 동작한다. 다음은 앞에서 작성한 **docstrings.py** 파일에 대한 **help** 함수의 결과다. 다시 말하지만, 출력된 내용의 일부는 문서화 문자열이며, 또 다른 일부는 객체의 구조를

1　최신 파이썬에서 실제 문자열 객체에 대해(예를 들어, help('')) 도움말을 요청할 경우, 동작하지 않는다는 것을 알 수 있다. help 에서 문자열은 다소 특별하게 해석되므로 일반적으로 문자열 객체 자체에 대해서는 도움말을 얻을 수 없다. 실제 테스트를 해보 면 임포트되지 않은 모듈에 대해 도움말을 요청한 것으로 해석된다. 이 경우에는 str 타입 이름을 사용할 수 있지만, 다른 타입 의 객체(help([ ]))와 문자열 객체를 통한 문자열 메서드 이름(help('.join))의 도움말 요청은 여전히 잘 동작한다(파이썬 3.3에서는 잘 동작하지만 나중에 변경될 수 있다).

분석하여 자동으로 추출된 정보다.

```
>>> import docstrings
>>> help(docstrings.square)
Help on function square in module docstrings:

square(x)
    function documentation
    can we have your liver then?

>>> help(docstrings.Employee)
Help on class Employee in module docstrings:
class Employee(builtins.object)
 |  class documentation
 |
 ...생략...

>>> help(docstrings)
Help on module docstrings:

NAME
    docstrings

DESCRIPTION
    Module documentation
    Words Go Here

CLASSES
    builtins.object
        Employee

    class Employee(builtins.object)
     |  class documentation
     |
     ...생략...

FUNCTIONS
    square(x)
        function documentation
        can we have your liver then?

DATA
    spam = 40

FILE
    c:\code\docstrings.py
```

PyDoc: HTML 리포트

대화형 프롬프트를 포함한 대부분의 상황에서는 help 함수의 텍스트 출력만으로도 충분하다. 그러나 풍부한 프리젠테이션 매체에 익숙해져 있는 독자들에게 이들은 약간 원시적인 것처럼 보일 수도 있다. 이 절은 모듈 문서화를 웹 브라우저에서 볼 수 있도록 PyDoc의 내용을 그래픽적으로 제공하는 HTML에 기반한 PyDoc을 보여 주며, 이는 한때 자동으로 실행되기도 했다. 그리고 이를 실행하는 방법은 파이썬 3.3 버전부터 변경되었다.

- 파이썬 3.3 이전 버전에서는 검색 요청을 제출하기 위한 간단한 GUI 데스크톱 클라이언트를 함께 제공한다. 이 클라이언트는 자동으로 실행된 지역 서버에 의해 생성된 문서를 보기 위해서 웹 브라우저를 실행한다.
- 파이썬 3.3 버전부터 이전 GUI 클라이언트는 검색과 출력을 하나의 웹 페이지로 통합한 브라우저 인터페이스 방식으로 대체되었으며, 해당 웹 페이지는 자동으로 실행된 지역 서버와 통신한다.
- 파이썬 3.2의 경우, 3.3 버전부터 지원되는 통합 브라우저 방식뿐만 아니라 기존 GUI 클라이언트 방식도 함께 지원한다.

이 책은 파이썬의 오래된 안정 버전을 사용하는 독자와 최신 버전을 사용하는 독자 모두를 대상으로 하기 때문에 여기서는 두 방식을 모두 다룬다. 이 과정에서 이 두 방식은 단지 최상위 사용자 인터페이스만 다르다는 사실을 기억하도록 하자. 그들이 출력하는 문서화 내용은 같은 내용이며, 사용하는 파이썬 버전에 상관없이 PyDoc은 콘솔에서 텍스트를 생성하거나, 나중에 여러분이 원하는 방식으로 보기 위한 HTML을 생성하는 데 사용될 수 있다.

파이썬 3.2 이상: PyDoc의 통합 브라우저 모드

파이썬 3.3 버전부터 2.X와 초기 3.X 릴리즈에 존재하던 PyDoc의 기존 GUI 클라이언트 모드는 더 이상 이용할 수 없게 되었다. 이 모드는 파이썬 3.2가 설치된 윈도우에서 시작 버튼의 'Module Docs' 항목과 pydoc -g 명령 라인을 통해 이용할 수 있다. 그러나 3.2 버전에서 GUI 클라이언트 모드가 곧 사라질 것으로 알려졌기 때문에 관련된 정보들을 주의 깊게 살펴볼 필요가 있다. 내 장비에서 실행 중인 3.2에서는 아무런 경고 없이 여전히 잘 실행되고 있다.

그러나 이 모드는 3.3에서 완전히 사라졌으며, 대신 검색 엔진 클라이언트와 출력 페이지 역할을 하는 웹 브라우저를 실행하고 지역 문서화 서버를 실행하는 pydoc -b 명령 라인으로 대체되었다. 브라우저가 실행되면 처음에 전체 목록을 나타내는 모듈 인덱스 페이지를 연다.

PyDoc을 이용하는 다양한 방법들이 존재하기 때문에(예 앞서 설명한 것처럼, HTML 페이지를 파일로 저장할 수 있다) 이러한 변화가 상대적으로 큰 일은 아니다.

파이썬 3.2 이상에서 아래 명령 라인 중 하나를 실행하여 새로운 브라우저 모드를 실행할 수 있다. 다음 명령 라인은 모두 모듈 임포트 검색 경로에서 PyDoc 모듈 파일의 위치를 찾기 위해 -m 파이썬 명령 라인 인수를 사용한다. 다음 예제에서 첫 번째는 파이썬이 시스템 경로상에 존재한다고 가정하며, 두 번째는 파이썬 3.3의 새로운 윈도우 런처를 사용한다. 그리고 마지막 세 번째는 앞의 두 방법이 동작하지 않을 경우를 위해 설치된 파이썬에 대한 전체 경로를 제공한다. -m 인수에 대해서는 부록 A를 참고하고, 윈도우 런처의 적용 범위에 대해서는 부록 B를 참고하도록 하자.

```
c:\code> python -m pydoc -b
Server ready at http://localhost:62135/
Server commands: [b]rowser, [q]uit
server> q
Server stopped

c:\code> py -3 -m pydoc -b
Server ready at http://localhost:62144/
Server commands: [b]rowser, [q]uit
server> q
Server stopped

c:\code> C:\python36\python -m pydoc -b
Server ready at http://localhost:62153/
Server commands: [b]rowser, [q]uit
server> q
Server stopped
```

그러나 이 명령 라인을 실행하면 결과적으로 (기본적으로 사용되지 않는 임의의) PyDoc이 전용 포트를 사용하는 지역 웹 서버 형태로 실행되고, 클라이언트로 동작하는 웹 브라우저가 실행되며, 실행된 웹 브라우저에는 (PyDoc이 실행된 디렉터리를 포함한) 모듈 검색 경로 안에서 임포트 가능한 모든 모듈에 대한 문서들의 링크를 제공하는 페이지가 표시된다. PyDoc의 시작 페이지 인터페이스는 그림 15-1과 같다.

PyDoc의 웹 페이지는 모듈 인덱스 이외에 페이지 상단에 특정 모듈의 문서 페이지를 요청하고 관련된 항목들을 검색하기 위한 입력 필드를 제공하며, 이는 기존 GUI 클라이언트가 제공하는 필드를 대체한다. 또한 페이지상의 링크를 클릭하여 **모듈 인덱스**(시작 페이지), 다양한 파이썬 주제들, 그리고 **키워드**(문과 일부 표현식에 대한 개요) 페이지로 이동할 수 있다.

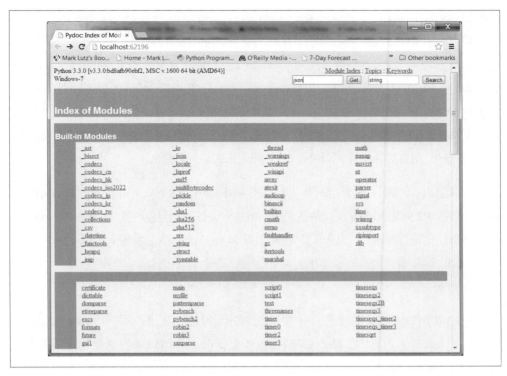

그림 15-1 이 그림은 파이썬 3.2 이상에서 새로운 PyDoc 브라우저 모드의 인덱스 시작 페이지이며, 3.3부터 이전 파이썬에서 제공하는 기존 GUI 클라이언트를 대체한다.

그림 15-1의 인덱스 페이지는 **모듈**뿐만 아니라 현재 디렉터리상의 최상위 **스크립트**도 나열하고 있음을 알 수 있다. 이 책의 경우에는 C:\code이며, 앞서 명령 라인에서 PyDoc을 실행한 경로다. PyDoc은 주로 임포트 가능한 모듈에 대한 문서화에 목적을 두고 있지만, 때로는 스크립트에 대한 문서화를 보여 주기 위해 사용될 수도 있다. 이 페이지의 스크립트를 선택할 경우에는 내부적으로 스크립트 파일을 문서화하기 위해 해당 스크립트에 대한 임포트를 수행하며, 이미 배운 것처럼 임포트는 해당 파일을 실행한다. 모듈은 일반적으로 별도의 실행 코드 없이 도구들에 대한 정의만을 제공하기 때문에 신경 쓸 필요는 없다.

그러나 최상위 스크립트 파일에 대한 문서화를 요청할 경우, PyDoc을 실행한 셸 창은 사용자와 상호 작용을 위한 해당 스크립트 파일의 표준 입출력 역할을 하게 된다. 그 결과 스크립트에 대한 문서화 페이지는 스크립트가 **실행**되고, 스크립트에서 출력한 내용이 셸 창에 표시된 다음에 나타난다. 이는 일부 예제의 경우 잘 동작하지만 그렇지 않을 수도 있다. 예를 들어, 대화형 셸을 통한 입력이 있는 경우 PyDoc 자체의 서버 명령 프롬프트와 이상한 간섭이 발생할 수도 있다.

그림 15-1에 있는 새로운 시작 페이지를 제외하면, 특정 모듈에 대한 문서화 페이지는 새로운 시작 페이지와 상단에 있는 추가적인 입력 필드를 제외하고는 기본적으로 이전 GUI 클라이언트 방식과 크게 다르지 않다. 예를 들어, 그림 15-2는 새로운 문서화 출력 페이지를 나타낸다. 21장에서는 벤치마킹 사례 연구의 일부로써, 이 책의 다음 파트에서 작성할 예정인 두 가지 사용자 정의 모듈 페이지를 열고 있다. 두 방식 모두 문서화 페이지에는 프로그램 안에서 사용된 컴포넌트와 관련된 문서로 이동할 수 있는 자동으로 생성된 하이퍼링크를 포함하고 있다. 예를 들어, 임포트된 모듈 페이지를 열기 위한 링크를 제공한다.

두 버전의 출력 페이지는 매우 유사하기 때문에 다음 절에 나오는 3.2 이전 버전 PyDoc의 스크린 화면은 3.2 이후 버전에도 대부분 적용되며, 더 높은 버전의 파이썬을 사용하는 경우에도 추가적인 정보를 얻을 수 있으므로 한번 읽어 보자. 실제로 3.3 버전의 PyDoc은 3.2 이전 버전에 있던 GUI 클라이언트 '중개자'를 제거했지만, 해당 클라이언트의 브라우저와 서버는 여전히 유지하고 있다.

파이썬 3.3의 PyDoc은 일부 예전 사용 방식을 여전히 지원한다. 예를 들어, pydoc -p port는 PyDoc 서버 포트를 지정하는 데 사용될 수 있으며, pydoc -w module은 모듈의 HTML 문서화 내용을 module.html 파일로 쓴다. 오직 기존 GUI 클라이언트 모드인 pydoc -g 옵션만 제거되어 pydoc -b로 대체되었다. 또한, 문서화 내용을 일반적인 텍스트 형태로 생성하기 위해 PyDoc을 이용할 수 있다(이 장의 앞에서 본 것처럼 유닉스 '맨페이지' 같은 형식). 다음 명령은 대화형 파이썬 프롬프트에서 help를 호출하는 것과 같다.

```
c:\code> py -3 -m pydoc timeit        # 명령 라인을 통한 도움말

c:\code> py -3
>>> help("timeit")                    # 대화형 프롬프트를 통한 도움말
```

테스트를 위한 대화형 시스템으로서 최선의 선택은 PyDoc의 웹 기반 인터페이스를 선택하는 것이지만, 여기서는 이에 대한 자세한 내용은 다루지 않는다. 추가적인 자세한 내용과 명령 라인 옵션에 대해서는 파이썬 매뉴얼을 참고하자. 또한, PyDoc 서버와 브라우저가 제공하는 기능들은 파이썬 표준 라이브러리로부터 거의 '무료로' 이용할 수 있으므로 참고하자 (⑩ webbrowser, http.server). 추가 정보가 필요한 경우 표준 라이브러리 파일 pydoc.py에 있는 PyDoc의 파이썬 코드를 참고한다.

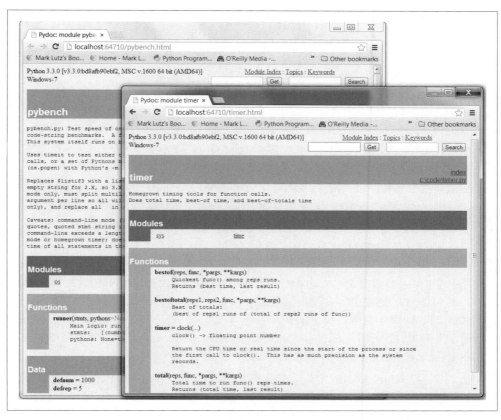

그림 15-2 화면 상단에 입력 필드를 가지고 있는 파이썬 3.2 이상 버전 PyDoc의 모듈 출력 페이지이며, 다음 파트에서 작성하게 될 두 모듈을 표시하고 있다.

PyDoc의 색상 변경하기

여러분이 이 책을 종이로 출력된 형태로 보고 있는 경우는 해당되지 않지만, 전자책(ebook)을 보고 있거나 PyDoc을 실제로 실행하는 경우에 기본으로 선택된 색상이 여러분의 선호에 맞지 않을 수도 있다. 그러나 아쉽게도 현재는 PyDoc의 색상을 쉽게 변경할 수 있는 방법이 존재하지 않는다. 이러한 색상은 소스 코드 내부에 하드코딩되어 있기 때문에 함수나 명령 라인을 통해 인수로 전달하거나, 설정 파일 또는 PyDoc 모듈 자체의 전역 변수의 수정을 통해 변경할 수 없다.

그러나 PyDoc은 오픈 소스이므로 코드를 직접 수정할 수 있다는 가능성은 항상 존재한다. PyDoc은 파이썬 표준 라이브러리에 있는 **pydoc.py**에 존재하며, 파이썬 3.30이 설치된 윈도우의 경우 파이썬 표준 라이브러리 디렉터리는 **C:\Python36\lib**이다. PyDoc의 색상은 RGB 값의 16진수 문자열 형태로 코드 여기저기에 포함되어 있다. 예를 들어, 소스 코드 내의 '#eeaa77'은 빨강, 초록, 파랑 각각에 대해 1바이트(8비트) 레벨 값을 제공하는 2개의 16진수와 함께 3바이트(24비트) 값을 정의하며(10진수로 238, 170, 그리고 119), 함수 배너에 대한 오렌지 색상을 산출해 낸다.

색을 변경하기 위해 소스 코드에서 이 값을 찾아 여러분이 원하는 색으로 변경해 보자. IDLE에서는 Edit/Find 기능에서 정규 표현식 #\w{6}을 이용하여 색상 문자열의 위치를 찾을 수 있다(이 패턴은 파이썬의 re 모듈 패턴 구문에 따라 # 다음에 연속된 여섯 개의 문자 그리고 숫자와 매칭된다. 자세한 내용은 라이브러리 매뉴얼을 참고하도록 하자).

색상을 선택하기 위해 대부분의 프로그램에서는 색상 선택 대화 상자를 통해 RGB 값을 구할 수 있도록 되어 있다. 이 책의 예제에는 동일한 기능을 하는 GUI 스크립트인 **setcolor.py**를 포함하고 있다. 내 경우 PyDoc의 어두운 분홍색을 없애기 위해 모든 #ee77aa를 #008080(암록색)으로 변경했다. 클래스 문서화 문자열의 밝은 분홍색 배경인 #ffc8d8을 #c0c0c0(회색)으로 변경하는 것도 같은 방식으로 수행할 수 있다.

이와 같은 코드 변경이 다소 두려운 작업일 수도 있지만(현재 PyDoc 소스 파일의 길이는 2,600라인 정도다), 코드 유지 보수 능력을 기르는 데는 꽤 도움이 된다. #ffffff나 #000000 같은(흰색과 검정색) 색을 교체할 때는 주의해야 하며, 필요한 경우 다시 되돌릴 수 있도록 변경하기 전에 먼저 pydoc.py의 복사본을 만들어 두도록 하자. 이 소스 파일은 아직 우리가 배우지 않은 도구들을 다루고 있지만, 우리는 필요한 부분만을 변경하기 위해 코드의 나머지 부분은 무시해도 무방하다.

PyDoc 설정 부분의 변화를 관심 있게 지켜보도록 하자. 이 기능은 앞으로 개선 예정인 주요 기능 중 하나로, 사실 이미 개선을 위한 노력이 진행 중이다. 파이썬 개발자 사이트에서 이슈 10716은 PyDoc이 **CSS 스타일 시트**를 지원하도록 변경함으로써 좀 더 쉽게 사용자들이 변경할 수 있도록 하는 내용을 담고 있다. 해당 이슈가 처리될 경우, 사용자는 PyDoc의 소스 코드를 직접 수정하지 않고 외부 CSS 파일을 통해 색상을 선택하거나 다른 출력 값들을 조정할 수 있게 된다.

한편 이 기능은 파이썬 3.4 버전까지 출시 예정이 없으며, 파이썬 개발자들에게 CSS 코드에 대한 충분한 이해를 요구한다. 불행하게도 CSS의 구조는 단순하지 않으며, 대부분의 파이썬 사용자들은 CSS 수정에 필요한 충분한 지식이 없을 수도 있다. 예를 들어 내가 책을 쓰고 있는 지금 시점에 제안된 CSS 파일의 크기는 234라인이며, 아직 웹 개발에 익숙하지 않은 사람들에게는 큰 의미가 없을 것이다(그리고 파이썬 개발자들에게 단지 PyDoc을 수정하기 위해 웹 프로그래밍을 배우라는 것은 납득하기 어려운 일일 것이다).

오늘날 3.3 버전에 포함된 PyDoc은 이미 일부 사용자 정의 옵션을 제공하는 CSS 스타일 시트를 지원하지만 아직 제대로 지원된다고 보기는 어려우며, 비어 있는 파일로 제공된다. 이 기능이 충분히 완벽해질 때까지는 코드를 직접 수정하는 것이 최선의 방법인 것 같다. 아무튼, CSS 스타일 시트는 이 책의 범위를 훨씬 벗어난 내용이다. CSS에 대한 자세한 내용은 웹을 통해서 찾아보도록 하고, PyDoc의 개발에 대해서는 추후 나올 파이썬 릴리즈 노트를 확인하자.

파이썬 3.2 이하: GUI 클라이언트

이 절은 파이썬 3.2 이하 버전을 사용하는 독자들을 위해 PyDoc의 기존 GUI 클라이언트 모드에 대해 설명하며, PyDoc 사용 시 일반적으로 마주할 수 있는 추가적인 상황들을 보여 준다. 이 절의 내용은 앞 절의 내용을 기반으로 하기 때문에 같은 내용을 반복 설명하지 않으며, 필요한 경우 앞 절의 내용을 훑어보도록 하자

PyDoc은 파이썬 3.2를 통해 언급한 것처럼 문서화 서버와 함께 요청을 보내기 위한 단순하고 이식성을 고려한 파이썬/tkinter 스크립트로 작성된 GUI 인터페이스를 제공한다. GUI 클라이언트를 통한 요청은 서버로 보내지며, 서버가 생성한 리포트는 브라우저가 실행되어 표시된다. 이 과정은 검색 요청을 제출하는 것을 제외하고 대부분 자동으로 처리된다.

그림 15-3 파이썬 3.2 이하에 포함된 PyDoc 검색 GUI 클라이언트: 필요한 모듈의 이름을 입력하고 엔터를 누른 다음, 모듈을 선택하고 "go to selected"를 클릭한다(또는 전체 모듈을 보기 위해 모듈 이름 입력을 생략하고 "open browser"를 클릭한다).

PyDoc을 이 모드로 실행하기 위해서는 일반적으로 먼저 그림 15-3에 나타난 검색 엔진 GUI를 실행해야 한다. 윈도우 시작 버튼 메뉴에서 설치된 파이썬 아래의 Module Docs 항목을 선택하거나, 파이썬 표준 라이브러리 디렉터리에서 –g 명령 라인 인수와 함께 pydoc.py 스크립트를 실행함으로써 PyDoc 검색 GUI를 시작할 수 있다. 윈도우의 경우 Lib 디렉터리에 존재하지만, 여기서는 스크립트 경로 입력을 피하기 위해 파이썬이 제공하는 –m 플래그를 사용한다.

```
c:\code> c:\python32\python -m pydoc -g        # 명시적인 파이썬 경로
c:\code> py -3.2 -m pydoc -g                    # 윈도우 3.3+ 런처 버전
```

관심 있는 모듈의 이름을 입력하고, 엔터 키를 누르자. PyDoc은 요청된 모듈을 찾고 해당 모듈을 참조하기 위해 모듈 임포트 검색 경로를 탐색하게 된다.

예상된 항목이 발견된 경우, 해당 항목을 선택하고 'go to selected'를 클릭한다. PyDoc은 HTML 형식으로 만들어진 결과를 표시하기 위해 웹 브라우저를 실행한다. 그림 15-4는 PyDoc이 내장 모듈 glob에 대해 출력한 정보를 보여 준다. 이 페이지의 **모듈** 섹션에서 하이퍼

링크를 확인할 수 있는데, 이 링크를 클릭하여 (임포트된) 연관된 모듈에 대한 PyDoc 페이지로 이동할 수 있다. 또한 PyDoc은 문서화 페이지가 너무 큰 경우, 페이지 내에서 특정 섹션으로 이동할 수 있는 하이퍼링크를 제공한다.

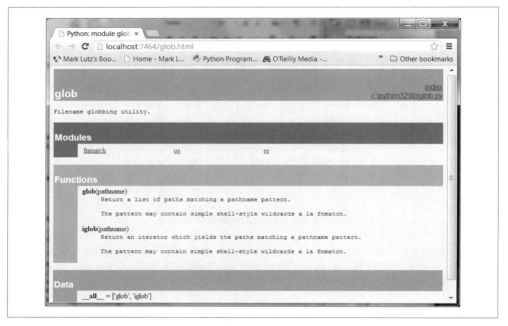

그림 15-4 앞의 그림 15-3에 있는 GUI 클라이언트를 통해 모듈을 찾은 다음 'go to selected'를 클릭할 경우, 해당 모듈에 대한 문서화 페이지가 HTML로 생성된 다음 이 그림과 같은 웹 브라우저 창에 표시된다.

GUI 인터페이스는 help 함수 인터페이스와 마찬가지로 내장된 기능들뿐만 아니라 사용자 정의 모듈에 대해서도 동작한다. 그림 15-5는 우리가 앞서 작성한 docstrings.py 모듈 파일에 대해 생성된 페이지를 보여 준다.

앞서 언급한 것처럼 파이썬이 모듈의 문서화 페이지를 생성하기 위해 해당 모듈을 임포트할 수 있도록 여러분이 작성한 모듈이 모듈 임포트 패스에 포함되어 있는지 확인하도록 하자. 모듈 임포트 패스는 현재 작업 디렉터리를 포함한다(윈도우 시작 버튼을 통해서 시작된 경우에는 실행된 경로가 아무런 의미가 없으므로). PyDoc은 자신이 실행된 경로를 확인하지 않을 수도 있으므로 정상적인 동작을 위해 PYTHONPATH 설정 확장이 필요할 수도 있다. 파이썬 3.2와 2.7의 경우, PyDoc의 GUI 클라이언트가 자신이 실행된 디렉터리로부터 모듈을 찾을 수 있도록 다음과 같이 PYTHONPATH에 '.'을 추가해야 한다.

```
c:\code> set PYTHONPATH=.;%PYTHONPATH%
c:\code> py -3.2 -m pydoc -g
```

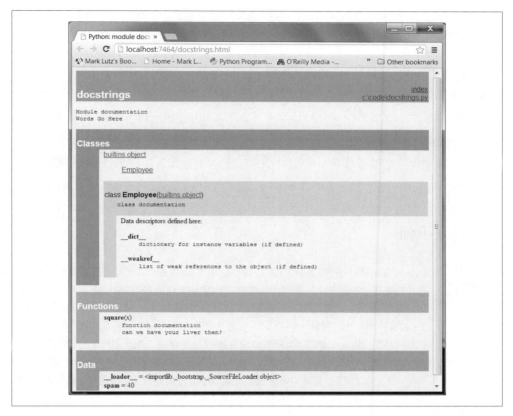

그림 15-5 PyDoc은 모듈 검색 경로상에 존재하는 내장된 모듈과 사용자 모듈 모두에 대한 문서화 페이지를 제공한
다. 그림은 사용자 모듈에 대한 페이지이며, 소스 파일로부터 추출한 모든 문서화 문자열을 보여 준다.

또한, 3.2에서 pydoc -b를 통해 실행되는 새로운 브라우저 모드에서도 현재 디렉터리를 보기
위해 이 설정이 필요하다. 그러나 파이썬 3.3의 경우 검색 대상에 자동으로 '.'을 포함하기 때
문에 PyDoc이 실행된 경로에 포함된 파일을 보기 위해서 경로를 설정할 필요가 없다. 작지만
주목할 만한 개선 사항이다.

PyDoc은 여기서 소개되지 않은 다양한 방법으로 수정하거나 실행될 수 있다. 좀 더 자세한
내용은 파이썬의 표준 라이브러리 매뉴얼에서 해당 항목을 참고하도록 하자. 이 절을 통해 알
아야 할 가장 중요한 것은 PyDoc은 기본적으로 문서화 작업을 모두 '무료'로 제공한다는 것이
다. 여러분이 파일 내에 충분한 문서화 작업만 해둔다면, 파이썬은 해당 내용을 출력하는 데

필요한 수집과 형식 지정을 포함한 모든 작업을 알아서 처리한다. PyDoc은 함수와 모듈과 같은 객체에 대해서만 도움이 되지만, 이러한 도구들에 대한 너무 상세하지도 않고 너무 단순하지도 않은 중간 수준의 문서에 접근하기 쉬운 방법을 제공한다. PyDoc이 생성하는 문서화는 단순 속성 목록보다 더 유용하며, 표준 매뉴얼보다 덜 포괄적이다.

PyDoc은 모듈에 대한 HTML 문서는 나중에 보거나 출력을 위해 파일에 저장하는 방식으로 실행될 수 있다. 또한 PyDoc은 스크립트에서 표준 입력으로부터 읽는 코드가 실행될 경우 잘 동작하지 않을 수 있으며(PyDoc은 대상 모듈의 내용을 조사하기 위해 임포트한다), 특히 윈도우 시작 버튼을 통해 GUI 모드로 실행될 경우에는 표준 입력 텍스트에 대한 연결이 없을 수도 있다. 하지만 즉각적인 입력에 대한 요구 없이 임포트될 수 있는 모듈들은 PyDoc에서 항상 동작할 것이다. 또한, 파이썬 3.2와 그 이후 버전에 포함된 PyDoc의 -b 모드에서 스크립트에 대한 이전 절의 노트를 참고하자. 명령 라인을 통해 PyDoc의 GUI 모드를 실행하면 동일하게 실행 창 안에서 동작한다.

PyDoc GUI 클라이언트 트릭: 그림 15-3의 창에서 'open browser' 버튼을 클릭하면, PyDoc은 여러분의 컴퓨터에서 임포트할 수 있는 모든 모듈에 대한 하이퍼링크를 포함한 인덱스 페이지를 생성한다. 이 페이지에는 임포트 검색 경로에 존재하는 파이썬 표준 라이브러리 모듈, 설치된 써드파티 확장, 사용자 정의 모듈이 포함되며, 심지어 동적 또는 정적으로 링크된 C로 작성된 모듈도 포함된다. 이러한 정보는 모든 모듈의 소스들을 검사하는 코드를 작성하지 않고서는 구하기 어렵다. 파이썬 3.2에서 여러분은 GUI를 열자마자 이 버튼부터 즉시 클릭하기를 원할 테지만, 검색 후에는 온전히 동작하지 않을 수도 있다. 또한, 그림 15-1에서 본 것처럼 파이썬 3.2 이상의 버전에 포함된 새로운 PyDoc 인터페이스의 시작 페이지를 통해서도 동일한 기능을 사용할 수 있다.

문서화 문자열을 넘어: 스핑크스

좀 더 수준 높은 방법으로 파이썬 시스템을 문서화할 방법을 찾고 있다면, 스핑크스(Sphinx)를 확인해 보도록 하자(http://sphinx-doc.org). 스핑크스는 다음 절에서 언급하는 표준 파이썬 문서화를 포함하여 많은 프로젝트에서 사용된다. 스핑크스는 마크업 언어로 단순한 reStructuredText를 사용하며, reStructuredText의 분석과 변환을 위해 Docutils로부터 많은 것을 빌려 사용한다.

스핑크스는 무엇보다도 다양한 출력 형식(윈도우 HTML 도움말, 인쇄 가능한 PDF 버전의 LaTeX, 매뉴얼 페이지 및 일반 텍스트 포함)을 지원하며, 광범위한 자동 상호 참조, 연관된 것들에 대한 자동 링크와 계층적인 구조, 자동 인덱스, **Pygments**를 이용한 자동 코드 하이라이트 등의 기능을 제공한다. 스핑크스는 문서화 문자열이나 **PyDoc**이면 충분할 작은 프로그램에는 다소 과잉 기능이지만, 대규모 프로젝트에서 사용할 경우 전문가 수준의 문서들을 만들어낼 수 있다. 스핑크스 및 이와 관련된 도구들에 대해서는 웹을 참조하자.

표준 매뉴얼 세트

파이썬 언어 그리고 파이썬과 관련된 도구들에 대한 가장 완벽한 최신 정보들은 이미 파이썬 표준 매뉴얼에 준비되어 있다. 파이썬 매뉴얼은 HTML을 포함한 다양한 형식으로 제공되며, 윈도우에서 파이썬 시스템과 함께 설치된다. 이 매뉴얼은 윈도우 시작 버튼의 파이썬 메뉴에서 이용할 수 있으며, IDLE의 Help 메뉴를 통해서도 열 수 있다. 또한 https://www.python.org 사이트로부터 다양한 형식의 매뉴얼을 별도로 가져오거나, 해당 사이트에서 온라인으로 읽을 수 있다(해당 사이트 안에서 Documentation 링크). 윈도우에서는 검색을 지원하기 위해 컴파일된 도움말 파일 형태의 매뉴얼이 제공되며, 파이썬 웹 사이트의 온라인 버전 매뉴얼은 웹 기반의 검색 페이지를 제공한다.

프로그램 형식의 매뉴얼은 열었을 때 윈도우 지역 복사본을 보여 주는 그림 15-6과 같은 시작 페이지를 표시한다. 이 화면에서 가장 중요한 두 항목은 (내장 타입, 함수, 예외, 그리고 표준 라이브러리 모듈을 문서화하는) **라이브러리 레퍼런스**와 (언어 수준의 세부 사항에 대해 공식적으로 설명하는) **언어 레퍼런스**다. 또한 이 페이지에 나열된 튜토리얼은 초보자들을 위한 언어에 대한 간략한 소개들을 제공하며, 그 내용 중 대부분은 이미 여러분이 알고 있는 것들이다.

이 화면에서 주목할 부분인 **What's New** 항목은 2000년 후반에 나온 파이썬 2.0을 시작으로 각 릴리즈마다 변경된 내용을 기록하고 있다. 이 내용은 오래된 파이썬 코드나 기법들을 포팅하는 데 유용하다. 이 문서는 이 책에서 다루는 파이썬 2.X와 3.X의 표준 라이브러리에 대한 내용뿐만 아니라 두 버전의 차이에 대한 자세한 내용을 파악하는 데도 도움이 된다.

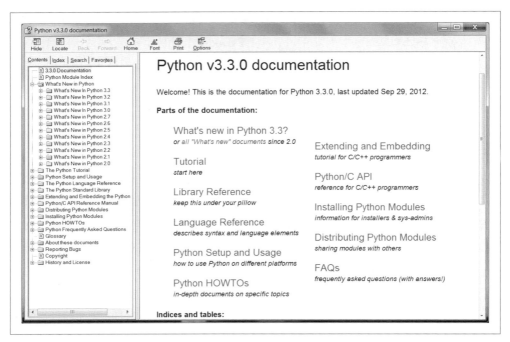

그림 15-6 파이썬 표준 매뉴얼 세트는 파이썬 공식 웹 사이트(https:/www.python.org)와, IDLE의 Help 메뉴, 그리고
윈도우 시작 버튼 메뉴를 통해 이용할 수 있다. 이 그림은 윈도우의 검색 가능한 도움말 파일이며, 온라인
버전에서도 검색을 지원한다. 매뉴얼 세트가 제공하는 많은 기능 중에서는 라이브러리 레퍼런스 기능을
가장 많이 사용하게 될 것이다.

웹 리소스

파이썬 공식 웹 사이트(https://www.python.org)에서 다양한 파이썬 리소스에 대한 링크를 발견
할 수 있으며, 이 중에 일부는 특별한 주제와 영역에 대한 내용을 다룬다. 온라인 튜토리얼과
초보자들을 위한 파이썬 가이드는 Documentation 링크를 클릭하여 확인할 수 있다. 아울러
이 사이트는 영어 이외의 언어에 대한 자료들을 포함하고 있으며, 다양한 독자들을 위한 자료
를 제공하고 있다.

또한 여러분은 오늘날 웹을 통해 파이썬과 관련한 수많은 위키 블로그, 사이트 등을 발견
할 수 있다. 실제 어떤 온라인 커뮤니티들이 존재하는지 확인하기 위해 구글에서 'Python
programming'이나 관심 있는 용어들을 검색해 보도록 하자. 읽어 볼 만한 다양한 자료들을
발견할 수 있을 것이다.

출간된 책

파이썬과 관련된 마지막 자원은 파이썬과 관련하여 출간된 서적들로부터 선택할 수 있다. 하지만 책은 글을 쓰고 출판을 위한 작업에 소요되는 기본적인 시간으로 인해 최신 파이썬 변경 사항들을 따라가지 못하는 경향이 있다는 것을 명심하자. 일반적으로 책은 현재 상태의 파이썬으로부터 최소 3개월이 지난 후에야 나온다(이 부분에 대해서는 나를 믿어도 좋다. 내 책은 출간 후에도 꽤 오랫동안 판매되므로 이 기간은 더 길어질 수 있다!). 또한, 일반적으로 책은 표준 매뉴얼과 달리 무료가 아니다.

그러나 전문적으로 출간된 서적의 편리함과 높은 품질에는 여전히 비용을 지불하고 구매할 가치가 존재한다. 또한, 파이썬의 느린 변화로 인해 파이썬 관련 책은 출간 후에도 꽤 긴 생명력을 지닌다. 다른 파이썬 서적들에 대한 이야기는 이 책의 서문을 참고하자.

일반적인 코딩 시 주의 사항

본 파트에 대한 프로그래밍 실습 문제를 풀어 보기 전, 초보자들이 파이썬 문과 프로그램을 작성할 때 흔히 하게 되는 일반적인 실수들에 대해 알아보도록 하자. 이 내용 중 대부분은 이 파트의 앞에서 이미 언급한 내용이며, 여기서는 참고를 위해 다시 정리한다. 파이썬 코딩 경험이 조금만 쌓이면 이러한 함정을 충분히 피할 수 있지만, 다음 내용 중 일부는 경험이 부족한 독자가 지금 당장 이러한 함정을 피하는 데 도움이 될 것이다.

- **콜론을 잊지 말자.** 복합문 헤더(if, while, for 등의 첫 라인)의 끝에는 항상 ':'을 입력해야 한다는 것을 기억하자. 처음에는 콜론의 사용이 익숙하지 않을 수도 있지만, 하다 보면 곧 무의식적으로 사용하게 되리라는 사실에 위안을 삼자.
- **첫 번째 열에서 시작해야 한다.** 중첩되지 않은 최상위 코드는 첫 번째 열에서 시작해야 한다. 이는 모듈 파일과 대화형 프롬프트에서 코드를 작성할 경우를 모두 포함한다.
- **대화형 프롬프트에서 빈 라인은 중요한 의미를 가진다.** 모듈 파일에서 복합문 내부의 빈 라인은 아무런 의미가 없기 때문에 무시되지만, 대화형 프롬프트에서 빈 라인은 해당 문을 종료한다. 즉, 빈 라인은 대화형 명령 라인에게 복합문의 작성이 끝났음을 알린다. 계속 입력하고자 할 경우, 실제로 문을 종료하기 전까지는 ... 프롬프트(또는 IDLE)에서 엔터를 입력하지 않도록 해야 한다. 이 말은 곧 다수의 라인으로 된 코드를 이러한 프롬프트에 복사해서 붙여 넣을 수 없다는 것을 의미한다. 명령 프롬프트는 한 번에 하나의 전체 문장을 실행한다.

- **일관된 들여쓰기를 하자.** 여러분이 사용 중인 텍스트 편집기의 탭이 어떻게 동작하는지 알고 있는 경우가 아니라면, 한 블록의 들여쓰기 안에서 탭과 스페이스를 혼합해서 사용하지 않도록 해야 한다. 그렇지 않으면 파이썬이 스페이스의 수로 탭을 셀 때, 여러분이 편집기에서 보는 것과 파이썬이 보는 것은 다를 수 있다. 이는 파이썬뿐만 아니라 모든 블록 구조 언어에 적용된다. 만약 다음 프로그래머가 다른 탭 설정을 가지고 있는 경우, 여러분이 작성한 코드의 구조를 이해하기 어렵거나 불가능할 수도 있다. 하나의 블록에 대한 들여쓰기는 모두 탭을 사용하거나 스페이스를 사용하는 것이 안전하다.

- **파이썬에서 C 코드를 작성하지 않도록 하자.** C/C++ 프로그래머들을 위해 다시 이야기 하자면, if와 while 헤더에서 테스트 주위에 괄호를 사용할 필요가 없다(예 if (X == 1)). 모든 표현식은 괄호로 감쌀 수 있기 때문에 원한다면 사용할 수도 있지만, 이 상황에서는 불필요한 기능이다. 또한, 모든 문 끝에 세미콜론을 사용하지 말자. 파이썬에서 문 끝에 세미콜론을 사용해도 문제가 되지는 않지만, 한 라인에 여러 문을 배치하는 경우가 아니라면 굳이 사용할 필요가 없다(일반적으로 라인의 끝이 문을 종료시킨다). 그리고 while 루프의 테스트 안에 할당문을 포함하지 않고, 블록을 { }로 감싸지 않도록 해야 한다는 것을 기억하자(대신 중첩된 코드 블록은 일관된 들여쓰기를 사용해야 한다).

- **while이나 range 대신에 단순한 for 루프를 사용하도록 하자.** 단순한 for 루프(예 for x in seq:)는 while 또는 range 기반의 카운터 루프보다 대부분 작성하기 쉽고 더 빠르게 실행된다. 파이썬은 단순한 for 루프에 대한 인덱싱을 내부적으로 처리하므로 동일한 while문보다 때로는 더 빠르게 실행될 수 있지만, 사용하는 파이썬이나 작성한 코드에 따라 달라질 수 있다. 그러나 코드의 간결성을 유지하기 위해 파이썬에서 무엇인가를 카운팅하는 코드 작성은 피하도록 하자.

- **할당문에서 가변 객체에 주의하자.** 이 내용에 대해서는 11장에서 언급한 바 있다. 증강 할당(a += [1, 2])과 여러 대상에 대한 할당(a = b = [ ])에서 가변 객체 사용 시 주의해야 한다. 두 경우 모두 직접 변경은 다른 변수들에 영향을 줄 수 있다. 왜 이렇게 동작하는지 기억나지 않는다면 11장을 참고하자.

- **객체를 직접 변경하는 함수가 변경된 객체를 반환할 것으로 기대해서는 안 된다.** 이 내용은 이전에 언급한 바 있다. 8장에서 소개한 list.append와 list.sort 메서드와 같은 직접 변경 연산들은 (None 이외의) 값을 반환하지 않기 때문에 호출 시 반환된 결과를 저장하지 않도록 해야 한다. 초보자의 경우 append 호출의 결과를 얻기 위해 mylist = mylist.append(X)와 같은 코드를 작성하는 경우가 드물지 않지만, 이 코드는 실제로 수정된 리스트가 아닌 None

을 mylist에 할당하는 일을 한다(결국, 리스트에 대한 참조를 모두 잃게 된다).

파이썬 2.X 코드에서 정렬된 방식으로 딕셔너리 아이템들을 반복하고자 할 때 이와 관련된 문제가 또한 나타난다. 파이썬에서 for k in D.keys( ).sort( ):와 같은 코드는 어렵지 않게 볼 수 있다. keys 메서드는 키 리스트를 만들고 sort 메서드는 리스트를 정렬하기 때문에 이 코드는 동작하는 것처럼 보이지만, sort 메서드가 None을 반환하고 이 값은 루프를 종료시키기 때문에 루프는 실패한다. 또한, 파이썬 3.X에서 keys는 리스트가 아닌 뷰를 반환하기 때문에 이 코드는 제대로 실행되지 않는다. 정렬된 딕셔너리 아이템을 반복하는 코드를 제대로 작성하기 위해서는 정렬된 리스트를 반환하는 새롭게 추가된 sorted 내장 함수를 사용하거나, 메서드 호출을 여러 개의 문으로 분할해야 한다. 예를 들어, Ks = list(D.keys( ))를 호출한 다음 Ks.sort( )를 호출하고 마지막으로 for k in Ks로 반복한다. 이는 어디까지나 딕셔너리 반복자를 이용하는 대신, 명시적으로 keys 메서드를 사용하여 반복하고자 할 경우에 해당한다. 반복자는 정렬하지 않는다.

- **함수를 호출 시 항상 괄호를 사용하자.** 함수를 호출하기 위해서는 해당 함수가 인수를 필요로 하는지 여부에 상관없이 함수 이름 다음에 괄호를 추가해야 한다(예 function 대신에 function( ) 사용). 다음 파트에서 함수는 단지 괄호를 사용하여 호출할 수 있는 특별한 연산을 지원하는 객체일 뿐이라는 사실을 알게 될 것이다. 함수는 다른 모든 객체들처럼 호출하지 않고 참조될 수 있다.

  내 경험상 이 문제는 파일을 처리할 때 가장 자주 발생하는 것처럼 보인다. 초보자들의 경우 파일을 종료하기 위해 file.close( )가 아닌 file.close를 사용하는 경우를 어렵지 않게 볼 수 있다. 함수는 호출 없이 참조될 수 있기 때문에 괄호 없이 사용한 방식은 아무런 문제를 발생시키지 않지만, 이 코드는 실제로 파일을 종료하지는 않는다.

- **모듈 임포트나 리로드 시에 확장자나 경로를 사용하지 않도록 하자.** import문에서는 디렉터리 경로와 파일 확장자를 생략해야 하는데, import mod.py가 아닌 import mod로 사용해야 한다. 우리는 이미 모듈에 대한 기본적인 내용을 3장에서 논의했으며, 파트 5에서 좀 더 자세한 내용을 다룰 예정이다. 모듈은 .py 이외의 다른 확장자를 가질 수 있기 때문에(예 .pyc) 특정 확장자를 하드코딩하는 것이 단순한 구문상의 문제는 아니다. 파이썬은 확장자를 자동으로 선택하며, 특정 플랫폼에 따른 디렉터리 경로 구문은 import문이 아닌 모듈 검색 경로 설정으로부터 가져온다.

- **그 외의 일반적인 실수들** 이전 파트의 끝에서 이야기한 내장 타입 사용 시 주의 사항 또한 코드의 품질에 영향을 주는 이슈이므로 참고하도록 하자. 지금까지 언급한 내용 이외에도

일반적으로 코딩 시에 주의해야 할 내용들이 더 많지만, 지금 우리가 알고 있는 기반 지식으로 다루기에 아직 충분하지 않다(내장 함수의 이름에 대한 재할당으로 인한 내장 함수 손실, 라이브러리 모듈 이름에 대한 재할당으로 인한 라이브러리 모듈 숨기기, 가변 인수의 기본값 변경 등). 파이썬에서 무엇을 할 수 있고 무엇을 할 수 없는지 배우기 위해 계속해서 책을 읽어 나가자. 나중에 우리는 여기서 아직 다루지 않은 추가적인 주의 사항들에 대해서 이야기할 것이다.

이 장의 요약

이 장에서 우리는 프로그램 문서화에 대해서 알아보았다(내장 함수의 이름에 대한 할당으로 인한 함수 손실, 동일한 이름을 사용한 라이브러리 모듈 숨김, 가변 인수의 기본값 변경 등). 우리는 문서화 문자열에 대해 학습했고, 참고할 만한 온라인 및 매뉴얼 리소스들에 대해 알아봤으며, PyDoc의 help 함수와 웹 페이지 인터페이스가 추가적인 문서화 소스를 제공하는 방법에 대해서 알아보았다. 이 장은 이 파트의 마지막 장이기 때문에 도움이 될만한 일반적인 코딩 실수들에 대해서 다시 한번 살펴본다.

이 책의 다음 파트에서 우리는 지금까지 학습한 내용을 큰 프로그램 구조에 적용하기 시작할 것이다. 구체적으로 말하자면 다음 파트는 다수의 문을 재사용하기 위해 그룹화하는 데 사용되는 도구인 **함수**에 대해서 다룬다. 그러나 다음 주제로 넘어가기 앞서, 이 장의 끝 부분에 있는 이 파트의 실습 문제를 풀어 보도록 하자. 그리고 그보다 먼저 이 장의 학습 테스트 퀴즈를 확인해 보자.

학습 테스트: 퀴즈

1. 언제 해시마크 주석 대신에 문서화 문자열을 사용해야 하는가?
2. 문서화 문자열을 볼 수 있는 세 가지 방법을 말해 보시오.
3. 객체에서 이용할 수 있는 속성 목록을 얻는 방법은?
4. 여러분의 컴퓨터에서 이용할 수 있는 모든 모듈의 목록을 얻는 방법은?
5. 이 책을 읽은 다음에는 어떤 책을 구입해야 할까?

학습 테스트: 정답

1. 문서화 문자열은 일반적으로 여러분의 코드 내에서 모듈, 함수, 클래스 그리고 메서드에 대해 설명하는 데 사용된다. 오늘날 해시마크 주석은 코드 내에서 중요한 요소나 난해한 표현에 대한 작은 범위의 문서화에 제한적으로 사용하는 것이 좋다. 문서화 문자열은 해시 기호 주석보다 소스 안에서 좀 더 찾기 쉬울 뿐만 아니라, PyDoc 시스템을 이용하여 추출 및 출력될 수 있다.

2. 객체의 __doc__ 속성을 출력하거나, 객체를 PyDoc의 help 함수에 전달하거나, 또는 PyDoc의 HTML 기반 사용자 인터페이스에서 해당 모듈을 선택하여 문서화 문자열을 볼 수 있다(파이썬 3.2 이하에서 -g 옵션을 이용한 GUI 클라이언트 모드, 또는 파이썬 3.2 이상에서는 -b 옵션을 이용한 새로운 브라우저 모드) 두 모드는 브라우저를 통해 문서화를 표시하는 클라이언트/서버 시스템을 실행한다. 또한, PyDoc은 특정 모듈의 문서화 내용을 HTML 형식으로 저장할 수 있다.

3. 내장된 dir(X) 함수는 특정 객체에 포함된 모든 속성 목록을 반환한다. [a for a in dir(X) if not a.startswith('__')] 형식의 리스트 컴프리헨션은 언더스코어 문자로 시작하는 내부 이름들을 제거하는 데 사용될 수 있다(우리는 다음 파트에서 이 코드를 쉽게 사용하기 위해 함수로 작성하는 방법에 대해서 배운다).

4. 파이썬 3.2 이하에서 PyDoc GUI 인터페이스를 실행하고 'open browser'를 선택한다. 이 기능은 여러분의 프로그램에서 이용할 수 있는 모든 모듈에 대한 링크를 포함한 웹 페이지를 연다. 파이썬 3.2 이상에서 -b 명령 라인 스위치로 실행되는 새로운 브라우저 모드가 동일한 기능을 제공한다. 또한, 이 모드의 시작 페이지는 이용 가능한 모든 모듈을 나열하는 동일한 인덱스 페이지를 제공한다.

5. 당연히 내 책을 구입하도록 하자(진지하게 이야기하자면 오늘날에는 수백 종류의 파이썬 책들이 있다. 이미 서문에서 참고 및 활용을 위해 이 책 다음으로 읽을 만한 책들을 나열한 바 있으며, 여러분 스스로 여러분에게 맞는 책을 찾도록 해야 한다).

학습 테스트: 파트 3 실습 문제

지금 우리는 기본적인 프로그램 로직을 작성하는 방법에 대해 충분히 알고 있으므로 다음 실습 문제는 문을 이용한 몇몇 간단한 작업들의 작성을 요구한다. 실습 문제 중에서도 다양한 코딩 방법에 대해 알아보는 실습 문제 4에 가장 많은 시간을 할애해야 한다. 항상 문들을 배치하는 다양한 방법들이 존재하며, 어떻게 배치하는 것이 더 나은지 배우는 것은 파이썬 학습의 한 부분이다. 여러분도 결국 경험 많은 파이썬 프로그래머들이 말하는 '최선의 방법'을 찾아가게 될 테지만, 이런 방법을 찾기 위해서는 연습이 필요하다.

해답은 부록 D의 "파트 3. 문과 구문"을 참고하도록 하자.

1. **기본적인 루프를 작성해 보자.** 이 실습 문제는 for 루프를 이용한 테스트를 요구한다.

   a. 문자열 S에 포함된 각각의 문자에 대한 아스키 코드를 출력하는 for 루프를 작성해 보자. 각각의 문자를 아스키 정수로 변환하기 위해 내장 ord(문자) 함수를 사용하자. 이 기능은 기술적으로 파이썬 3.X에서 유니코드 코드 포인트를 반환하지만, 문자열의 내용을 아스키 문자들로 제한한다면 아스키 코드들을 반환받게 될 것이다(대화형 세션을 통해 동작 방식을 확인해 보자).

   b. 다음으로 문자열 안의 모든 문자들의 아스키 코드의 합을 계산하도록 루프를 변경하자.

   c. 마지막으로, 문자열의 각 문자에 대한 아스키 코드를 포함하고 있는 새로운 리스트를 반환하기 위해 코드를 다시 수정하자. 여러분이 작성한 코드를 map(ord, S) 표현식과 비교해 보자. 그리고 [ord(c) for c in S]와 비교하면 어떤가?(힌트: 14장 참조)

2. **역슬래시 문자.** 다음 코드를 대화형 세션에 입력하면 무슨 일이 발생하는가?

```
for i in range(50):
    print('hello %d\n\a' % i)
```

이 예제는 IDLE 인터페이스 이외의 환경에서 실행할 경우 삑 하는 소리가 발생할 수 있으므로 사람이 많은 곳에서 실행하지 않도록 하자. IDLE의 경우 삑 소리 대신 이상한 문자를 출력한다. 표 7-2의 역슬래시 이스케이프 문자를 참고하자.

3. **딕셔너리 정렬.** 8장에서 딕셔너리는 정렬되지 않은 컬렉션임을 살펴보았다. 딕셔너리의 아이템들을 오름차순으로 정렬하여 출력하는 for 루프를 작성하자.(힌트: 딕셔너리의 keys 메서드와 리스트의 sort 메서드 또는 새롭게 추가된 sorted 내장 함수를 사용하자)

4. **다양한 프로그램 로직들.** 2의 거듭제곱 리스트로부터 2의 5승의 값을 찾기 위해 while 루프와 found 플래그를 사용하여 검색하는 다음 코드를 생각해 보자. 이 예제는 power.py라는 이름의 모듈 파일로 저장되어 있다.

```
L = [1, 2, 4, 8, 16, 32, 64]
X = 5

found = False
i = 0
while not found and i < len(L):
    if 2 ** X == L[i]:
        found = True
    else:
        i = i+1

if found:
    print('at index', i)
else:
    print(X, 'not found')

C:\book\tests> python power.py
at index 5
```

위 예제는 보다시피 일반적인 파이썬 코딩 작성 기법을 따르지 않는다. 이를 개선하기 위해 아래에 설명된 단계를 따라 해 보자(다음의 모든 작업은 대화형 세션에 직접 입력하거나, 시스템 명령 라인에서 실행하기 위해 파일로 저장할 수 있지만, 파일로 작성하면 이 실습을 좀 더 쉽게 해낼 수 있다).

    a. 먼저, found 플래그와 마지막 if문을 제거하기 위해 이 코드를 while 루프 else절을 사용하여 다시 작성해 보자.

    b. 다음으로, 명시적인 리스트 인덱싱 로직을 제거하기 위해 else절과 함께 for 루프를 사용하도록 다시 작성해 보자.(힌트: 아이템의 인덱스를 얻기 위해 리스트 index 메서드를 사용하도록 하자. L.index(X)는 리스트 L에서 첫 번째 X의 오프셋을 반환한다.)

    c. 다음으로, 단순한 in 연산자 멤버십 표현식으로 코드를 재작성하여 루프를 완전히 제거해 보자(자세한 내용은 8장을 참고하거나 테스트를 위해 2 in [1,2,3]을 입력해 보자).

    d. 마지막으로, 하드코딩된 2의 거듭제곱 값의 리스트 대신에 for 루프와 리스트 append 메서드를 사용하여 생성해 보자.

좀 더 깊이 생각해 보자.

    e. 2 ** X 표현식을 루프 외부로 옮겨 성능을 개선할 수 있을까? 코드를 어떻게 작성해야 할까?

    f. 실습 문제 1에서 본 것처럼 파이썬은 map(function, list)과 같은 도구를 제공하며, 이 도구 또한 다음과 같이 사용하여 map(lambda x: 2 ** x, range(7)) 2의 거듭제곱

값 리스트를 생성하는 데 사용될 수 있다. 이 코드를 대화형 세션에 직접 입력해 보자. lambda에 대해서는 다음 파트에 나올 19장에서 공식적으로 다룰 예정이다. 그리고 리스트 컴프리헨션이 여기서 도움이 될지 한 번 생각해 보자. 이와 관련한 내용은 14장을 참고하자.

5. **코드 유지보수.** 아직 575쪽의 칼럼인 "PyDoc의 색상 변경하기"에서 제안한 코드 수정을 진행하지 않았다면 이 작업을 진행해 보도록 하자. 실제 소프트웨어 개발 작업의 대부분은 기존 코드를 변경하는 작업이기 때문에 빨리 해볼수록 좋다. 참조를 위해 내가 편집한 PyDoc의 복사본은 이 책의 예제 패키지에 mypydoc.py라는 이름으로 저장되어 있다. 변경된 내용을 확인하고자 할 경우 기존 3.3의 pydoc.py 파일과 (윈도우에서 fc를 이용하여) 비교해 보도록 하자(칼럼에서 설명한 것처럼 3.4 버전에서 포함된 파일도 근본적인 큰 변화는 없다). 여러분이 이 책을 읽을 무렵 PyDoc이 더욱 쉽게 수정 가능하도록 변경되어 있다면 현재의 규칙에 따라 색상을 수정하도록 하자. 혹시 CSS를 통한 변경이 필요한 경우, 그 절차가 파이썬 매뉴얼에 잘 문서화되어 있기를 바라자.

함수와 제너레이터

16

함수의 기본

파트 3에서 우리는 파이썬에서 절차적 문의 기본을 배웠다. 이 장에서는 더 나아가 우리만의 함수를 생성하기 위해 활용할 수 있는 일련의 추가적인 문(statement)과 표현식에 대해 알아보게 될 것이다.

간단히 말해서 함수는 프로그램에서 한 번 이상 실행할 수 있도록 여러 문을 그룹화하는 장치로, 이름으로 호출되는 패키지된 프로시저다. 또한 함수는 연산을 수행할 수 있고, 함수의 입력값으로 인자를 특정지을 수 있어 코드가 실행될 때마다 다른 입력값을 받을 수 있다. 하나의 작업을 함수로 코딩하는 것은 다양한 맥락에서 활용할 수 있도록 한다는 측면에서 유용한 도구다.

보다 근본적으로서 함수는 동일한 코드의 중복을 양산하는 '복사해서 붙여넣기' 방식의 프로그래밍의 대안으로, 우리는 이 동일 코드를 하나의 함수로 만드는 것을 고려할 수 있다. 그렇게 함으로써 이후에 작업이 변경되어야 할 때 프로그램 여기저기에 흩어져 있는 코드들을 일일이 변경하는 것이 아니라, 함수 내의 코드 하나만 변경하면 된다는 점에서 향후 발생하는 작업량을 획기적으로 감소시킬 수 있다.

함수는 파이썬이 코드 재사용성을 높이기 위해 제공하는 가장 기본적인 프로그램 구조로, 프로그램 설계의 보다 큰 개념으로 안내한다. 앞으로 보게 되겠지만, 함수는 복잡한 시스템을 관리 가능한 단위로 나눌 수 있게 해준다. 이렇게 나눈 각각의 단위를 함수로 구현하다 보면 재사용이 가능하고 코딩하기 쉬운 형태로 구현된다.

표 16-1에서는 이 파트에서 배우게 될 주요 함수 관련 도구들에 대해 간단히 소개하고 있다. 여기에는 호출 표현, 함수를 생성하는 두 가지 방법(def와 lambda), 변수 적용 범위(global과 nonlocal), 결괏값을 반환하는 두 가지 방법(return과 yield)도 포함되어 있다.

표 16-1 함수 관련 문과 표현식

문/표현식	예제
호출 표현식	myfunc('spam', 'eggs', meat = ham, *rest)
def	def printer(message): print('Hello ' + message)
return	def adder(a, b = 1, *c): return a + b + c[0]
global	x = 'old' def changer( ): global x; x = 'new'

nonlocal (3.X)	def outer( ):
	    x = 'old'
	    def changer( )
	        nonlocal x; x = 'new'

yield	def squares(x): for i in range(x): yield i ** 2
lambda	funcs = [lambda x: x**2, lambda x: x**3]

왜 함수를 사용하는가?

세부 내용을 설명하기 앞서, 함수란 무엇인가에 대해 명확히 할 필요가 있다. 함수는 매우 보편적인 프로그램 구조화 방법이다. 아마도 다른 프로그래밍 언어에서도 이와 같은 구조를 경험한 적이 있을 텐데, 언어에 따라 서브루틴(subroutine)이나 프로시저(procedure)로 불리기도 한다. 간단히 소개하는 차원에서 함수는 프로그램 개발에 있어 다음의 두 가지 주요 역할을 수행한다.

코드 재사용성을 높이고 중복성을 최소화

대부분의 프로그래밍 언어에서 그렇듯이 파이썬 함수는 한 곳 이상에서, 그리고 한 번 이상 사용되어야 하는 로직을 패키징하는 가장 간단한 방법이다. 지금까지 작성한 모든 코드는 즉시 실행했지만, 함수는 우리가 이후에 아무 때나 활용할 수 있도록 코드를 그룹화하고 일반화하는 것을 가능하게 한다. 이처럼 함수에서는 하나의 작업에 대하여 한 곳에서 코딩하고 여러 곳에서 활용할 수 있도록 해주기 때문에 파이썬 함수는 가장 기본적인 프로그램 분해 도구다. 이로써 프로그램에 코드 중복성을 줄이고 유지보수에 드는 수고를 줄여 준다.

절차적 분해

함수는 시스템을 잘 정의된 역할 단위로 나누는 도구다. 예를 들어, 아무 딕셔너리 준비 없이 피자를 만든다고 가정하자. 아마도 도우를 반죽하는 일부터 시작해서 도우를 밀고, 그 위에 토핑을 얹고 굽는 등의 작업을 할 것이다. 만약 여러분이 피자 만드는 로봇이라면, 함수는 '피자 만들기'의 전체 작업을 몇 개의 단위로 나눌 것이며, 처리 과정에 있어 더 작은 단위의 작업을 하나의 함수로 지정할 것이다. 한 번에 전체 작업 절차를 구현하는 것보다, 서로 간에 독립적인 더 작은 작업들을 구현하는 것이 더 쉬운 일이다. 일반적으로 함수는 **절차**와 관련된 것으로, 무엇을 위해 그 일을 하는가보다 무엇을 어떻게 하는가와 관련된 것이다. 이러한 차이가 왜 중요한지에 대해서는 파트 6에서 다룰 예정이다.

이 파트에서 우리는 파이썬에서 함수를 작성할 때 사용되는 도구들에 대하여 알아볼 것이다. 제너레이터와 함수 도구들과 관련된 개념들과 함께 함수의 기본, 범위 규칙, 인수 전달에 대하여 알아보도록 하겠다. 이 코딩 레벨에서 그 중요성이 더욱 부각되기 때문에 이미 이 책 앞부분에서 소개한 다형성에 대하여 복습한다. 함수는 우리에게 생소한 새로운 구문은 아니지만 우리에게 몇 가지 더 큰 프로그래밍 아이디어를 제공한다는 것을 깨닫게 될 것이다.

함수 코딩하기

공식적이지는 않지만 이전 장에서 이미 몇 가지 함수를 사용해 보았다. 예를 들어 파일 객체를 만들기 위해 open이라는 내장된 함수를 호출하였으며, 유사하게 컬렉션 객체의 항목 수를 알기 위해 역시 내장된 함수인 len을 활용하였다.

이 장에서는 파이썬에서 어떻게 **새로운** 함수를 작성하는지에 대하여 알아볼 것이다. 우리가 작성하는 함수는 우리가 이미 보았던 내장된 함수와 동일하게 동작한다. 표현식에 의해 호출되고, 값을 전달받으며, 결과를 되돌려 준다. 하지만 새로운 함수를 작성하기 위해서는 지금까지 소개되지 않았던 몇 가지 추가적인 개념을 적용할 필요가 있다. 더군다나 파이썬에서 함수는 C와 같은 컴파일 언어에서와는 다르게 동작한다. 파이썬의 함수를 이해하기 위한 기본 개념에 대해서 여기서 간략하게 소개하고자 한다.

- **def는 실행 가능한 코드다.** 파이썬의 함수는 새로운 문으로 작성된다. 바로 **def**다. C와 같은 컴파일 언어에서의 함수와는 달리 **def**는 실행 가능한 문이다. 파이썬에서 **def**에 도달하여 실행하기까지 함수는 존재하지 않는다. if문이나 while 루프문 또는 심지어 다른 **def**로 **def**를 싸는 것은 문법적으로도 가능하며, 경우에 따라서는 유용하기도 하다. 일반적인 작업에서 **def**문은 모듈 파일에 작성되지만, 함수를 포함한 모듈 파일이 처음 임포트될 때 함수를 생성하기 위하여 실행된다.

- **def는 객체를 생성하고 이름에 그 객체를 할당한다.** 파이썬이 **def**문까지 도달하여 실행하면, 새로운 함수 객체가 생성되고 이를 함수 이름에 할당한다. 모든 할당이 그렇듯이 함수 이름 또한 함수 객체의 참조가 된다. 함수 이름은 어떤 마법 같은 것이 아니다. 앞으로도 보겠지만 함수 객체는 다른 이름에 할당될 수도 있고, 리스트에 저장될 수도 있다. 또한, 함수 객체는 자신에게 부착된 사용자 정의 속성을 가지고 있어 데이터를 기록할 수도 있다.

- **lambda는 객체를 생성하지만 이를 결과로 반환한다.** 함수는 lambda라는 표현식으로도 생성될 수 있다. 이것은 구문적으로 **def**문이 동작할 수 없을 때, 직접 인라인 함수 정의가 가능하도록 도와준다. 이에 대한 내용은 19장에서 더 자세히 다루도록 한다.

- **return은 결과 객체를 호출자에게 되돌려 준다.** 함수가 호출되면 호출자는 함수가 작업을 마치고 호출자에게 제어권을 돌려줄 때까지 동작을 멈춘다. 값을 계산한 함수는 그 값을 **return**문을 이용하여 호출자에게 돌려준다. 되돌려 준 값은 함수 호출의 결과가 된다. 값이 없는 **return**은 단순히 호출자에게 제어권만 넘겨준다(그리고 기본값으로 None을 돌려준다).

- **yield는 결과 객체를 호출자에게 돌려주지만, 함수가 어디에서 중단되었는지를 기억한다.** 제너레이터(generator)라고 알려진 함수는 시간에 따라 연속된 결괏값을 생성할 수 있도록 **yield**문을 사용하여 값을 반환하고, 다음에 다시 사용할 수 있도록 함수의 상태를 유지한다. 자세한 내용은 이 파트의 뒷부분에서 다룬다.

- **global은 모듈 단위의 변수를 선언할 때 사용한다.** 본래 함수에 할당되는 모든 이름은 그 함수 범위 내에 국한되며, 함수가 실행되는 동안에만 존재한다. 함수를 둘러싼 모듈 범위에서 이름을 할당하려면 함수는 **global**문에 이 이름을 나열해야 한다. 보다 일반적으로 이름은 늘 변수가 저장된 장소인 범위에서 찾아보게 되어 있으며, 할당이란 이름과 범위를 연결해 준다.

- **nonlocal은 할당될 외함 변수[1]를 선언한다.** 유사하게 파이썬 3.X에서 새로 추가된 nonlocal 문은 함수가 구문적으로 외함 def의 범위에 존재하는 이름을 할당할 수 있게 한다. 이는 공유되는 global 이름이 없이도 외함 함수가 해당 함수의 상태(함수 호출 사이 기억되어야 할 정보)를 유지하는 장소의 역할을 할 수 있도록 한다.

- **인수는 할당(객체 참조)에 의해 전달된다. 파이썬에서 인수는 할당에 의해 함수에 전달된다.** 앞으로 보게 되겠지만, 파이썬 모델에서는 호출자와 함수가 참조에 의해 객체를 공유하며, 별칭(에일리어스)은 존재하지 않는다. 함수 내에서 인수명을 변경하는 것이 호출자에서 그에 대응하는 이름을 바꾸지는 않는다. 그러나 가변 객체가 전달되는 경우 호출자와 공유되는 객체를 직접 변경할 수 있으며, 함수의 결과로서의 역할을 할 수 있다.

- **인수들은 따로 정의하지 않는 한 위치에 따라 전달된다.** 함수 호출에 전달한 값은 기본적으로 함수 정의에서 등장하는 순서(왼쪽에서 오른쪽으로)대로 그 인수 이름에 전달된다. 유연성을 높이기 위해 함수 호출은 이름 = 값 구문을 이용하여 이름으로 인수를 넘겨줄 수 있고, *pargs나 **kargs처럼 별표된 인수 표기법으로 전달된 불특정 다수의 인수를 풀어낼 수 있다. 함수 정의는 특정 인수를 받거나, 다수의 인수를 받기 위해 동일한 형식을 사용한다.

- **인수, 반환값, 변수는 선언되지 않는다.** 파이썬의 모든 항목들이 그러하듯이 함수에도 타입의 제약이 없다. 실제로 함수를 구성하는 어떤 항목도 사전에 선언되어야 할 필요는 없다. 어떤 타입의 인수라도 전달할 수 있고, 어떤 종류의 객체라도 반환할 수 있다. 이로 인하여 단일 함수가 때로는 다양한 객체 타입에 적용되기도 한다. 실제 타입에 상관없이 호환이 가능한 인터페이스(메서드와 표현식)를 가졌다면 어떤 객체라도 가능하다.

지금까지 다룬 내용 중 이해되지 않는 부분이 있더라도 걱정할 필요는 없다. 이번 파트에서 이 모든 개념에 대하여 실제 코드와 함께 더 알아볼 것이다. 위의 개념에 대해 좀 더 상세히 알아보고 몇 가지 예제를 살펴보는 것으로 시작해 보자.

def문

def문은 함수 객체를 생성하고 이름에 그 객체를 할당한다. 일반적인 형식은 다음과 같다.

```
def name(arg1, arg2, ... argN):
    statements
```

---

1 [옮긴이] 바깥 함수에 선언된 변수. 이 책에서 "외함"은 "바깥쪽에 포함"을 의미한다.

모든 파이썬 문의 조합이 그렇듯이 def는 헤더 라인(header line)과 그에 뒤따라오는 한 블럭의 문으로 구성된다. 이들 문은 헤더로부터 들여쓰기하여 구성되는 것이 일반적이지만, 간단한 문인 경우 콜론 다음에 바로 쓰기도 한다. 문 블록은 함수의 **본문**(body)이 된다. 즉, 함수가 나중에 호출될 때마다 파이썬이 실행하게 되는 코드다.

def의 헤더 라인에는 함수 객체에 할당될 함수 **이름**과 함께 괄호 안에 0개 또는 그 이상의 인수(또는 인자)들을 나열하여 작성한다. 헤더에 있는 인수 이름들은 함수 호출 시 괄호 안에 전달된 객체들이 할당된다.

함수 본문에는 종종 return문이 포함되어 있다.

```
def name(arg1, arg2, ... argN):
    ...
    return value
```

파이썬의 return문은 함수 본문 중 어디에라도 등장할 수 있다. return문을 만나게 되면 함수 호출이 종료되고 호출자에게 결괏값을 돌려준다. return문은 함수의 결괏값을 주는 선택적인 객체 값 표현식으로 구성된다. 이 값이 생략될 경우, return문은 None을 돌려준다.

return문 자체도 선택 사항으로, 만약 함수 내에 return문이 없다면 제어 흐름이 함수 본문의 끝에 다다랐을 때 함수가 종료된다. 엄밀히 말하면 return문이 없는 함수 또한 자동으로 None 객체를 반환하지만, 이 반환값은 일반적으로 호출에서 무시된다.

또한, 함수는 시간이 지남에 따라 연속된 결괏값을 생산하도록 되어 있는 yield문을 포함하기도 한다. 이에 대해서는 20장 제너레이터(generator)를 살펴볼 때 함께 논의한다.

def는 런타임에 실행됨

파이썬 def는 실행 가능한 문으로, 실행 시 새로운 함수 객체를 생성하고 그 객체를 이름에 할당한다(파이썬에는 런타임만 있지, 별도의 컴파일 시간은 없다는 것을 기억하자). def는 문이므로 문이 나타날 수 있는 어디에나 등장할 수 있다. 심지어 다른 문들에 중첩되어 나타날 수도 있다. 예를 들어 비록 def는 일반적으로 이를 포함한 모듈이 임포트될 때 실행되지만, if문 안에 함수 def를 포함하여 경우에 따라 함수 정의를 선택할 수 있도록 만드는 것도 가능하다.

```
if test:
    def func():                          # 함수를 이렇게 정의하거나
        ...

else:
    def func():                          # 아니면 이렇게 정의함
        ...

...
func()                                   # 선택되어 빌드된 버전을 호출
```

이 코드를 이해하는 한 가지 방법으로는 def문이 =문과 매우 흡사하다는 것을 이해하는 것이다. def문은 단순히 런타임에 이름을 할당한다. 파이썬 함수는 C와 같은 컴파일 언어와는 달리, 프로그램 실행 전에 완전히 정의될 필요가 없다. 좀 더 일반적으로는 def문은 그 문에 도달해서 실행되기 전까지 평가되지 않으며, def문 안에 있는 코드는 이후에 함수가 호출될 때까지 평가되지 않는다.

함수 정의가 런타임에 이루어지기 때문에 함수 이름에 관해 특별히 주의해야 할 내용도 없다. 중요한 것은 함수 이름이 참조하는 객체다.

```
othername = func                         # 함수 객체 할당
othername()                              # 다시 함수를 호출
```

여기에서 함수는 다른 이름에 할당되었고, 새로운 이름으로 호출되었다. 파이썬의 다른 것들과 동일하게 함수는 단지 객체일 뿐이어서 프로그램 실행 시 메모리에 명백하게 기록된다. 실제로, 함수는 호출되는 것 이외에 나중을 위해 필요한 정보를 기록하기 위한 임의의 속성값을 첨부하는 것을 허용한다.

```
def func(): ...                          # 함수 객체 생성
func()                                   # 객체 호출
func.attr = value                        # 속성 추가
```

첫 번째 예제: 정의와 호출

런타임 개념을 제외하면(전형적인 컴파일 언어의 배경 지식을 가지고 있는 프로그래머에게는 단연코 독특한 개념이겠지만), 파이썬 함수는 사용하기 어렵지 않다. 기본적인 내용을 보여 줄 만한 첫 번째 실제 예제를 작성해 보자. 여러분도 볼 수 있듯이 함수에는 두 가지 측면이 존재하는데, 정의(함수를 생성하는 def문)와 호출(파이썬이 함수 본문을 실행하도록 하는 표현식)이 그것이다.

정의

여기 대화형 세션에 times라 불리는 함수를 정의하였다. 이 함수는 두 개의 인수를 받아서 만들어진 결괏값을 반환한다.

```
>>> def times(x, y):            # 함수를 생성하고 할당
...     return x * y            # 호출 시 실행되는 본문
...
```

파이썬이 이 def문에 도달하여 실행하면, 함수의 코드를 패키징한 새로운 함수 객체가 생성되고 해당 객체를 times라는 이름에 할당한다. 일반적으로 이와 같은 문은 모듈 파일 안에 작성되고, 이 파일이 임포트될 때 실행된다. 이 정도의 작은 함수의 경우, 대화형 프롬프트에서 작성하기에 충분하다.

호출

def문은 함수를 만들지만 이를 호출하지는 않는다. def가 실행된 후, 프로그램 내에서 함수 이름 다음에 괄호를 써서 함수를 호출(또는 실행)할 수 있다. 괄호는 선택적으로 하나 또는 그 이상의 객체 인수를 포함하고 있으며, 함수 헤더에 있는 이름에 전달(또는 할당)된다.

```
>>> times(2, 4)                 # 괄호 안에 인수를 넣음
8
```

이 표현식은 times에 두 개의 인수를 전달한다. 이전에 언급했듯이, 인수는 할당에 의해 전달된다. 따라서 이 경우 함수 헤더에 있던 이름 x에 값 2가 할당되고, y에 값 4가 할당된 다음에 함수 본문이 실행된다. 이 함수에서는 본문에 단지 호출식의 값으로 결괏값을 돌려주는 return문만 있다. 여기서 반환된 객체는 대화형으로 출력되었다(대부분의 언어처럼 파이썬에서도 2 * 4는 8이다). 그러나 만약 우리가 나중에 이를 사용할 필요가 있다면 출력 대신에 결괏값을 변수에 할당할 수도 있다. 예를 들면 다음과 같다.

```
>>> x = times(3.14, 4)          # 결과 객체를 저장함
>>> x
12.56
```

이제 다른 종류의 객체로 함수를 세 번째 호출하면 어떤 일이 발생하는지 살펴보자.

```
>>> times('Ni', 4)                          # 함수는 타입이 없음
'NiNiNiNi'
```

이번에는 이 함수가 완전히 다른 무언가를 의미한다(일부러 다시 몬티 파이썬을 참조하였다). 이 세 번째 호출은 x와 y에 두 개의 숫자 대신, 문자열과 정수가 전달되었다. *는 숫자와 시퀀스 모두에서 동작한다는 것을 기억하자. 파이썬에서는 변수, 인수, 반환값의 타입을 선언하지 않기 때문에 우리는 times를 숫자의 **곱셈**으로도, 시퀀스의 **반복**으로도 활용할 수 있다.

다르게 이야기하면 우리의 **times** 함수는 우리가 무엇을 넘겨주느냐에 따라 그 의미와 하는 일이 달라진다는 것이다. 이러한 점이 약간의 확장성을 부여하는 파이썬의 핵심 아이디어이자 언어를 잘 활용할 수 있는 핵심 사항이다.

파이썬에서의 다형성

우리가 방금 전 본 것처럼 times 함수의 x * y 표현식의 정확한 의미는 x와 y가 어떤 유형의 객체이냐에 따라 달라진다. 따라서 동일한 함수라도 어디에서는 곱셈을 수행할 수도 있고, 다른 데서는 반복을 수행할 수도 있다. 파이썬은 이러한 가능성을 객체에 의존하도록 두어, 구문적으로 합리적인 작업을 수행할 수 있도록 한다. 실제로, *는 제어권을 처리될 객체로 보내는 실행 메커니즘일 뿐이다.

이러한 종류의 타입 의존적인 동작 방식을 4장에서 처음 살펴보았던 **다형성**이라고 한다. 다형성은 원래 한 동작(operation)의 의미가 그 동작이 수행되는 객체에 따라 달라지는 것을 의미한다. 동적 타입 언어인 파이썬에서 다형성은 어디에서나 볼 수 있는 존재다. 사실 파이썬에서 **모든** 작업은 다형적이다. 프린팅, 인덱싱, * 연산자, 외에도 많은 것들이 그렇다.

이는 의도적인 것으로, 파이썬 언어의 간결성과 유연성의 많은 부분을 설명한다. 예를 들어, 일반적으로 하나의 함수가 자동으로 모든 범주의 객체 타입에 적용될 수 있다. 이들 객체가 기대되는 **인터페이스**(프로토콜)를 지원하는 한, 함수는 그 객체들을 처리할 수 있다. 함수에 전달되는 객체가 기대되는 메서드와 연산자를 가지고 있다면, 그 객체들은 플러그 앤드 플레이(plug and play) 방식으로 함수의 로직과 호환이 가능하다.

단순한 times 함수에서조차 * 연산자를 지원하는 **모든** 객체에 대해 동작한다는 것을 의미한다. 그 객체가 무엇이든 또 언제 코딩되었든 상관없이 말이다. 이 함수는 두 개의 숫자로도 처리가 가능하며(곱셈), 문자열과 숫자(반복) 또는 기대되는 인터페이스를 지원하는 객체들의 조합은

무엇이라도, 심지어 아직 상상해 본 적 없는 클래스 기반의 객체라도 처리가 가능하다.

또한 만약 전달된 객체가 그 인터페이스를 지원하지 않는다면, 파이썬은 * 표현식이 실행될 때 에러를 탐지하고 자동으로 예외(exception)를 발생시킨다. 따라서 일반적으로 우리가 직접 오류를 검사하는 것은 의미가 없다. 실제로 오류 검사를 하는 것은 우리가 테스트하는 객체 타입에만 실행이 되도록 한정하는 것이므로, 우리 함수의 유용성을 제한하는 결과를 낳게 된다.

이는 파이썬과 C++, 자바와 같은 정적 타입 언어와의 결정적인 철학적 차이점이다. 파이썬에서의 여러분이 작성하는 코드는 특정 데이터 타입을 가정하지 않아야 한다. 만약 특정 데이터 타입을 가정한다면 그것은 여러분이 코드를 작성하면서 기대했던 객체에만 동작하도록 한정되고, 그 후에 작성되는 코드의 호환 가능한 객체 타입에 대해서는 지원되지 않을 것이다. 비록 내장된 함수인 type과 같은 도구를 활용하여 특정 타입에 대하여 테스트하는 것이 가능하더라도 이는 여러분이 작성한 코드의 유연성을 떨어뜨릴 뿐이다. 대체로 우리는 파이썬에서 객체 인터페이스를 코딩하지, 데이터 타입[2]을 코딩하진 않는다.

물론, 일부 프로그램에서는 독특한 요구 사항이 있을 수도 있다. 이 경우 이러한 프로그래밍의 다형적 모델은 컴파일러가 미리 에러의 일부 유형을 감지하기 위해 사용할 수 있는 타입 선언을 하는 대신, 우리가 에러 감지를 위해 코드 테스트를 수행해야 한다는 것을 의미한다. 하지만 우리는 초기 테스트 대신에 근본적으로 작성하는 코드의 양을 엄청나게 줄이고 코드의 유연성을 매우 높인다. 앞으로 배우게 되겠지만, 이것이 현장에서 우리가 얻게 되는 것이다.

두 번째 예제: 시퀀스의 교집합 구하기

두 번째 함수 예제는 두 인수를 곱셈하는 것보다 더 유용한 무언가를 수행하며, 함수의 기본에 대하여 더 잘 보여 준다.

---

2 이 다형적인 작동 방식은 최근 들어 덕 타이핑(duck typing)으로 알려져 있기도 하다. 기본 개념은 '당신의 코드는 객체가 꽥꽥하고 우는 한, 그 객체가 오리인지 아닌지에 대해서는 상관하지 않는다'는 것이다. 꽥꽥 우는 것이 가능하다면 그것이 오리든, 아니든 동작 가능하고 꽥꽥의 구현은 객체에 따라 달라진다. 이 원칙은 파트 6에서 클래스를 공부할 때 더욱 분명해질 것이다. 확언컨대 이런 생생한 비유, 그리고 비록 이전에 있어왔던 아이디어에 새로운 꼬리표를 붙인 것뿐일지언정, 꽥꽥이 소프트웨어의 활용 예시는 실제 세상에 한정된 것처럼 보인다(전투적인 조류학자들로부터 이메일이 물밀듯이 쏟아졌다고 한다).

13장에서 우리는 두 문자열에서 공통으로 나타나는 항목을 수집하는 for 루프를 코딩하였다. 거기에서 작성된 코드는 특정 변수에만 동작하도록 작성되어 그 코드가 원래 가능한 만큼 유용하지 못하며, 이후에 재실행될 수도 없다는 것을 알았다. 물론, 그 코드를 복사해서 실행이 필요한 모든 곳에 붙여 넣을 수도 있다. 그러나 이러한 해결책은 좋지도, 그리고 일반적이지도 않다. 우리는 여전히 각각의 사본이 다른 시퀀스 이름을 지원하도록 수정해야 하고, 알고리즘을 한 번 변경하려면 그 사본 모두를 변경해야 한다.

정의

지금쯤이면 아마 여러분의 딜레마에 대한 해결책이 for 반복문을 함수 안에 넣는 것임을 눈치챘을 것이다. 이렇게 하면 몇 가지 이점이 있는데 다음과 같다.

- 함수 안에 코드를 넣는 것은 원하는 만큼 여러 번 실행시킬 수 있는 도구가 된다.
- 호출자는 임의의 인수를 넘겨줄 수 있기 때문에, 함수는 여러분이 교집합을 구하고자 하는 모든 두 시퀀스 또는 다른 반복 객체에 대해 동작할 수 있다.
- 함수 내에 로직이 패키징되어 있으면 여러분이 교집합을 구하는 방법을 바꿀 필요가 있을 때, 오직 한 곳에서만 코드를 변경하면 된다.
- 모듈 파일에서 함수를 작성하는 것은 여러분의 기계에서 실행되는 어떤 프로그램에서라도 임포트되고, 재사용될 수 있다는 것을 의미한다.

결과적으로, 코드를 함수로 감싼다는 것은 해당 코드를 일반적인 교집합을 구하는 도구로 만드는 것이다.

```
def intersect(seq1, seq2):
    res = []                    # 빈 리스트로 시작
    for x in seq1:              # seq1 탐색
        if x in seq2:           # 공통 아이템인가?
            res.append(x)       # 결과를 마지막에 추가
    return res
```

13장의 단순 코드를 이러한 함수로 옮기는 것은 간단하다. 단지 원래 작성된 로직을 def의 헤더 아래에 중첩시키고, 이 로직이 연산할 객체에게 인자명을 만들어 주었을 뿐이다. 또한, 이 함수는 결괏값을 계산하기 때문에 호출자에게 결과 객체를 반환할 return문을 추가하였다.

호출하기

함수를 호출하려면, 먼저 함수를 만들어야 한다. 그러기 위해서는 함수의 def문을 실행해야 하는데, 이는 사용자 입력을 받거나 또는 모듈 파일에 함수를 작성하고 그 파일을 임포트하는 방법으로 실행할 수 있다. def를 실행하였다면 괄호 안에 두 개의 시퀀스 객체를 전달함으로써 함수를 호출할 수 있다.

```
>>> s1 = "SPAM"
>>> s2 = "SCAM"
>>> intersect (s1, s2)              # 문자열
['S', 'A','M']
```

여기에서 우리는 두 개의 문자열을 전달하였고, 두 문자열에 공통으로 들어간 문자가 포함된 리스트를 돌려받는다. 함수는 '첫 번째 인수의 모든 항목에 대하여 만약 두 번째 인수에도 포함되어 있다면 결과에 그 항목을 추가한다'는 단순한 알고리즘을 사용한다. 파이썬으로 말하는 것이 영어보다 더 짧지만, 그 결과는 동일하다.

정확히 말하자면 우리의 교집합 함수는 중첩된 반복문을 실행하기 때문에 상당히 느릴 것이다. 하지만 이 함수는 실제 수학적 교집합이 아니며(결괏값에 동일한 항목이 중복될 수도 있다), 또 이를 요구받지도 않는다(이미 보았듯이 파이썬의 집합 데이터 타입은 내장된 교집합 연산을 제공한다). 실제 이 함수는 전형적인 반복문을 활용한 수집 코드 패턴을 보이기 때문에 단일 리스트 컴프리헨션 표현식으로 대체될 수 있다.

```
>>> [x for x in s1 if x in s2]
['S', 'A', 'M']
```

비록 함수의 기본에 관한 예제이긴 하나, 이 코드는 모든 범위의 객체 타입에 적용될 수 있다. 이에 대해서는 다음 절에서 설명하도록 하겠다. 18장에서 인수 전달 방식에 대하여 좀 더 학습한 뒤, 임의의 다수 피연산자를 지원할 수 있도록 이 예제를 보완, 확장할 예정이다.

다형성 다시보기

파이썬의 다른 모든 함수들과 마찬가지로 intersect 함수는 다형적이다. 즉, 이 함수는 기대되는 객체 인터페이스를 지원한다면 임의의 타입에서도 동작 가능하다는 것을 의미한다.

```
>>> x = intersect([1, 2, 3], (1, 4))      # 혼합된 타입
>>> x                                      # 저장된 결과 객체
[1]
```

이번에는 함수에 서로 다른 타입의 객체(리스트와 튜플)를 전달했고, 함수는 여전히 공통 아이템을 뽑아냈다. 미리 인수 타입을 지정하지 않아도 되기 때문에 intersect 함수는 행복하게도 여러분이 전달하는 모든 시퀀스 객체에 대해서도 (그 객체가 기대되는 인터페이스를 지원하는 한) 반복 실행한다.

intersect에서 기대하는 인터페이스란 첫 번째 인수는 for 반복문을 지원해야 하고, 두 번째 인수는 in 멤버십 테스트를 지원해야 한다는 것이다. 이 조건을 만족한다면 함수는 어떤 객체에서든지 동작한다. 문자열이나 리스트처럼 물리적으로 저장된 시퀀스든, 14장에서 살펴본 모든 반복 객체든(파일, 딕셔너리를 포함하여), 심지어 이 책 후반부에서 논의할 연산자 오버로딩 기술을 적용하여 작성한 어떤 클래스 기반의 객체든 상관없이 말이다.[3]

만약 이러한 인터페이스를 지원하지 않는 객체(◉ 숫자)를 전달하면, 파이썬은 자동으로 불일치를 감지하고 예외를 발생시킨다. 이는 정확히 우리가 원하는 동작 방식이며, 우리가 할 수 있는 최선의 방법은 명시적인 타입 검증 코드를 작성하는 정도일 것이다. 타입 검증을 코드로 작성하지 않고 파이썬이 직접 불일치를 발견하도록 함으로써, 작성해야 할 코드의 양을 줄이고 코드의 유연성도 높이게 된다.

지역 변수

아마도 이 예제의 가장 흥미로운 부분은 예제에 사용된 이름일 것이다. intersect 함수 내의 res 변수를 파이썬에서는 **지역 변수**(local variable)라고 부른다. 이 이름은 함수 def 내의 코드에서만 보이고 그 함수가 실행될 때만 존재한다. 실제로 어떤 방식으로든 함수 내에서 **할당된** 모든 이름은 지역 변수로 자동 분류되며, intersect 함수 내의 거의 모든 이름은 지역 변수다.

---

3 이 코드는 우리가 file.readlines()를 통해 얻어낸 파일 내용의 교집합을 구한다면 항상 동작할 것이다. 하지만 열려 있는 입력 파일에서 직접 라인 간 교집합을 구할 수는 없다. 이는 파일 객체가 in 연산자 또는 일반적인 반복을 어떻게 구현하였느냐에 달렸다. 파일은 일반적으로 한 번 끝까지 읽었더라도 다시 되감을 수 있어야 하며(예를 들어 file.seek(0)나 또 다른 open 명령어를 이용), 단일 통과 반복자(single-pass iterator) 또한 그러하다. 30장에서 연산자 오버로딩을 배울 때 보게 되겠지만, 객체는 특정 _contains_ 메서드를 제공하거나 _iter_ 또는 좀 더 오래된 _getitem_ 메서드로 일반적인 반복 프로토콜을 지원함으로써 in 연산자를 구현한다. 클래스는 이러한 메서드를 임의로 작성하여 그 데이터에서 반복이 무엇을 의미하는지를 정의할 수 있다.

- res는 명확히 함수 내에서 할당되므로 지역 변수다.

- 인수는 할당에 의해 전달되므로 seq1와 seq2 또한 지역 변수다.

- for 루프는 아이템들을 변수에 할당하므로 이름 x 또한 지역 변수다.

이 모든 지역 변수들은 함수가 호출될 때 나타났다가 함수가 종료될 때 사라진다. intersect 함수의 마지막에 있는 return문은 결과 객체를 돌려주지만, 이름 res는 사라진다. 이러한 특성 때문에 함수의 변수는 반복적인 함수 호출 동안에 값을 기억하지 않는다. 비록 함수가 반환한 객체는 여전히 살아있지만, 다른 종류의 상태 정보를 유지하려면 다른 종류의 기술이 필요하다. 지역 변수와 상태 정보에 대한 개념은 17장의 변수의 범위를 다룰 때 충분히 살펴보겠다.

이 장의 요약

이 장에서는 함수 정의를 뒷받침하는 핵심 개념(def와 return문의 구문과 동작, 함수 호출 표현식이 수행하는 행위, 파이썬 함수에서의 다형성의 개념과 이점)에 대하여 소개하였다. 앞에서 살펴보았듯이 def문은 실행 가능한 코드로 실행 시 함수 객체를 생성한다. 이후 함수가 호출될 때 객체는 할당에 의해 함수에 전달되며, 계산된 값은 return문에 의해 반환된다(파이썬에서 할당은 6장에서 배웠다시피 객체 참조를 의미하며, 실제 내부적으로는 포인터를 의미한다). 또한 우리는 지역 변수와 변수 범위에 대한 개념을 간단히 살펴보았고 이에 대하여는 17장에서 상세히 다룰 예정이다. 처음이지만 간단히 퀴즈를 풀어 보도록 하자.

학습 테스트: 퀴즈

1. 함수 작성이 의미하는 핵심은 무엇인가?

2. 파이썬은 함수를 언제 생성하는가?

3. 만약 함수에 return문이 없다면, 함수는 어떤 값을 반환하는가?

4. 함수 정의 문 안에 작성된 코드는 언제 실행되는가?

5. 함수에 전달된 객체의 타입을 검증하는 것은 무엇이 문제인가?

학습 테스트: 정답

1. 함수는 파이썬에서 코드의 **중복**을 피하는 가장 기본적인 방법이다. 코드를 함수 안에 넣는다는 것은 향후 업데이트할 코드가 존재한다는 것을 의미한다. 또한 함수는 파이썬에서 코드 재사용의 기본 단위로, 코드를 함수로 감싸는 것은 그 코드를 재사용 가능한 도구로 만들고 다양한 프로그램에서 호출이 가능하게 한다. 마지막으로 함수는 복잡한 시스템을 각각 독립적으로 개발할 수 있는 관리 가능한 부분으로 나누는 것을 가능하게 한다.

2. 파이썬이 def문에 도달하여 실행할 때 함수가 생성된다. def문은 함수 객체를 생성하고 거기에 함수명을 부여한다. 보통 함수를 포함한 모듈 파일이 다른 모듈에 임포트될 때 일어나지만(임포트는 파일 내의 처음부터 끝까지 모든 def를 포함한 코드를 실행한다는 것을 기억하자), 때로는 사용자가 def문을 대화형 세션에 입력하거나 if문처럼 다른 문들에 중첩되어 있을 때 실행되기도 한다.

3. 함수는 return문 없이 제어 흐름이 함수 본문 끝에 도달하게 되면 자동적으로 None 객체를 반환한다. 그런 함수들은 대개는 표현문과 함께 호출되는데, None 결괏값을 변수에 할당하는 것은 일반적으로 무의미하다. 표현식 없는 return문 또한 None을 반환한다.

4. 함수 본문(함수 정의문 안에 중첩된 코드)은 나중에 함수가 호출 표현식에 의해 호출될 때 실행되며, 함수가 호출될 때마다 새롭게 실행된다.

5. 함수에 전달되는 객체의 타입을 검증한다는 것은 함수의 유연성을 깨뜨리고 함수가 특정 타입에서만 동작하도록 한정 짓는 결과를 초래한다. 함수는 이러한 검증이 없더라도 모든 범위의 객체 타입에 대한 처리가 가능하다. 이는 함수가 기대하는 인터페이스를 지원하는 객체라면 모두 가능하다는 의미다(인터페이스는 함수의 코드를 실행하는 메서드와 표현식 연산자 세트를 의미한다).

CHAPTER

17

범위

16장에서 기본 함수 정의와 호출에 대하여 소개하였다. 앞 장에서 본 것처럼 파이썬의 함수 모델 자체는 사용하기 어렵지 않으나, 아무리 간단한 함수 예제라도 코드에서 변수가 갖는 의미가 무엇인지에 대한 질문을 품게 한다. 이 장에서는 파이썬에서 범위(Scope)에 대하여 자세히 알아보겠다. 범위란 변수가 정의되고 검색될 수 있는 장소를 의미한다. 범위는 모듈 파일처럼 프로그램 코드 내에서 이름 충돌을 방지하도록 돕는다. 한 프로그램 안에서 정의된 이름은 다른 프로그램 안에서 존재하는 이름에 영향을 주지 않는다.

앞으로도 보겠지만 코드에서 이름이 할당되는 장소는 그 이름이 의미하는 바를 결정하는 중요한 요소다. 또한, 범위의 사용은 프로그램 유지보수에 많은 영향을 미친다. 예를 들어, 전역 변수의 남용은 일반적으로 바람직하지 않다. 긍정적인 면을 보자면, 전역 범위가 함수 호출 사이의 **상태** 정보를 유지하는 방법을 제공할 수 있고, 일부 역할에서는 클래스를 대체할 수 있음을 배우게 될 것이다.

파이썬 범위의 기본

이제 직접 함수를 작성할 준비가 되었으니, 본격적으로 파이썬에서 이름이 의미하는 바가 무엇인지 알아볼 필요가 있다. 프로그램에서 이름을 사용할 때, 파이썬은 이름이 거주하는 장소인 네임스페이스에 이름을 생성, 변경, 검색한다. 우리가 코드와 관련하여 이름의 값을 찾고자 할 때 **범위**라는 용어는 네임스페이스를 의미한다. 즉, 소스 코드에서 이름이 할당되는 위치는 코드에서 이름이 보이는 범위를 결정한다.

파이썬에서 범위의 구분을 포함하여 이름과 관련된 거의 모든 것은 할당 시점에 일어난다. 이미 살펴본 대로 파이썬에서 이름은 처음으로 값이 할당되는 순간 등장하며, 이름은 사용되기 전에 먼저 할당되어야 한다. 이름은 사전에 선언되지 않기 때문에 파이썬은 이름이 할당되는 위치를 특정 네임스페이스와 연결하기 위하여 사용한다. 즉 여러분이 코드에서 이름을 할당한 장소는 그 이름이 거주할 네임스페이스를 결정하고, 그 결과로 이름의 적용 범위를 결정한다.

함수는 재사용을 목적으로 코드를 패키징하는 것을 제외하고, 별도의 네임스페이스 계층을 프로그램에 추가함으로써 동일한 이름을 사용하는 변수 간의 충돌 가능성을 최소화한다. 기본적으로 함수 내에 할당된 모든 이름은 해당 함수의 네임스페이스에 연결되어 있지, 다른 곳과 연결되지는 않는다. 이 원칙이 의미하는 바는 다음과 같다.

- def 내에 할당된 이름들은 오직 그 def 내의 코드에 의해서만 보인다. 그 함수 외부에서는 그런 이름이 있는지 확인조차 할 수 없다.
- def 내에 할당된 이름들은 비록 동일한 이름이 다른 곳에서 사용되고 있더라도 def 바깥의 변수들과 충돌하지 않는다. 주어진 def문 밖에서 할당된(즉, 다른 def문 또는 모듈 파일의 최상위 레벨에서 할당된) 이름 X는 그 def문 안에 할당된 이름 X와는 전혀 다르다.

모든 경우에 변수의 범위(변수가 사용될 수 있는 범위)는 항상 해당 변수가 소스 코드 내 어디에서 할당되었느냐로 결정되며, 어떤 함수가 무엇을 호출했는지와는 무관하다. 사실, 변수는 이 장에서 배우는 것처럼 세 개의 서로 다른 범위에 해당하는 세 개의 다른 위치에서 할당될 수 있다. 이 장에서 배우게 될 것이다.

- 변수가 def문 안에 할당되면 해당 함수에 대하여 **지역**(local) 범위를 갖는다.
- 변수가 바깥쪽 def 안에서 할당되면 이는 중첩된 함수에 대한 **비지역**(nonlocal) 변수다.
- 변수가 모든 def의 바깥에서 할당되면 이는 전체 파일에 대한 **전역**(global) 변수다.

변수의 범위는 함수 호출이 아닌 전적으로 프로그램 파일의 소스 코드 안에서 변수의 위치에 따라 결정되므로 우리는 이를 **어휘 범위**(lexical scoping)라고 부른다.

예를 들어, 다음 모듈 파일에서 X = 99 할당은 X라는 이름의 **전역** 변수(이 파일 어디에서나 보이는)를 생성하지만, X = 88 할당은 **지역** 변수 X(def문 안에서만 보이는)를 생성한다.

```
X = 99                          # 전역 범위 (모듈 범위) X

def func():
    X = 88                      # 지역 범위 (함수 범위) X: 서로 다른 변수임
```

비록 두 개의 변수가 모두 X라는 이름을 가지더라도, 이들이 갖는 범위가 이들을 서로 다르게 인식하게 한다. 이로써 함수의 범위가 프로그램에서 이름 충돌을 피하도록 돕고, 함수가 보다 자립된 프로그램 단위로 구성되도록 한다. 이들 코드에서는 다른 곳에 사용되는 이름에 대하여 신경 쓸 필요가 없다.

범위의 세부 사항

함수 코딩을 시작하기 전에는 우리가 작성한 모든 코드는 모듈의 최상위 레벨에 존재했으며(이는 def에 중첩되어 있지 않음을 의미한다), 따라서 우리가 사용했던 이름은 모듈 자체에 존재하거나 파이썬에서 미리 정의한 내장된 기능(剛 open)으로 존재했다. 사실상, 대화형 프롬프트는 결과를 출력하지만 작성된 코드는 저장하지 않는 __main__이라는 이름의 모듈이다. 다른 방법이긴 하지만 이는 모듈 파일의 최상위 레벨과 같다.

함수는 자신이 사용하는 이름들을 지역화시키는 중첩된 네임스페이스(범위)를 제공하기 때문에 함수 내의 이름들은 함수 외부의(모듈 또는 다른 함수의) 동일 이름들과 충돌하지 않는다. 함수는 **지역 범위**(local scope)를, 모듈은 **전역 범위**(global scope)를 다음의 특성으로 정의한다.

- **모듈은 전역 범위다.** 각 모듈은 전역 범위다. 이는 변수가 모듈 파일의 최상위 레벨에서 생성(할당)되는 변수가 거주하는 네임스페이스다. 전역 변수는 모듈 파일 자체 내에서는 단순 변수로 사용될 수 있지만, 모듈이 임포트된 이후에는 외부 세계에 대하여 모듈 객체의 속성(attribute)이 된다.

- **전역 범위는 단일 파일에만 해당된다.** '전역'이라는 단어가 오해를 사기 쉬우나, 파일의 최상위에 존재하는 이름은 단일 파일 내의 코드에 대하여 전역 범위를 갖는다. 파이썬에서는 단일의, 모든 것을 총망라하는 전역 파일 기반의 범위에 대한 개념은 존재하지 않는다. 대신에 이름은 모듈에 따라 나뉘며, 만약 그 파일에서 정의한 이름을 사용하기를 원한다면 해당 모듈을 항상 명시적으로 임포트해야만 한다. 따라서 파이썬에서 '전역'이라는 말을 들었다면 '모듈'로 이해하면 된다.

- **할당된 이름은 전역이나 비지역으로 선언하지 않는 이상 지역이다.** 기본적으로, 함수 정의문 안에 할당된 모든 이름은 지역 범위(함수 호출과 연계된 네임스페이스)에 놓이게 된다. 만약 함수를 둘러싼 모듈의 최상위 레벨에 존재하는 이름을 할당할 필요가 있다면, 함수 내에서 global문을 사용하여 선언하면 된다. 만약 바깥쪽 def에 존재하는 이름을 할당하고 싶다면, 파이썬 3.X 이후로는 nonlocal문 안에 선언하면 된다.

- **지역 외 다른 이름은 바깥쪽 함수의 지역, 전역, 내장된 이름이다.** 함수 정의 안에서 값이 할당되지 않은 이름은 바깥쪽(enclosing) 범위의 지역이거나(물리적으로 바깥쪽 def문에서 정의된), 모듈 네임스페이스에 거주하는 전역(global)이거나, 또는 파이썬에서 제공하는 미리 정의된 내장 모듈의 내장(built-ins)된 이름이다.

- **각각의 함수 호출은 새로운 지역 범위를 만든다.** 함수가 호출될 때마다 해당 함수 내에서 생성된 이름이 일반적으로 거주하는 네임스페이스, 즉 지역 범위가 새로 생성된다. 각 def문 (또는 lambda)이 새로운 지역 범위를 정의한다고 생각할 수 있지만, 지역 범위는 실제로 함수 호출에 상응하여 정의된다. 파이썬은 함수가 반복을 위해 자기 자신을 호출하는 것을 허용하기 때문에(재귀 함수로 알려진 이 고급 기술은 9장에서 비교를 다룰 때 간단히 살펴보았다) 각 호출은 해당 함수의 지역 변수에 대한 자신만의 사본을 받는다. 재귀적 기법은 우리가 작성한 함수에서도 사전에 예측할 수 없는 모습의 구조를 처리할 때 유용하며, 이에 대하여 19장에서 자세히 알아볼 것이다.

여기에 짚고 넘어가야 할 몇 가지 중요한 세부 사항들이 있다. 첫째, 대화형 명령 프롬프트에 입력된 코드는 모듈에 거주하며, 일반적인 범위 규칙을 따른다. 이들은 전역 변수로, 전체 대화형 세션에서 접근할 수 있다. 모듈에 관해서는 이 책의 다음 파트에서 더 자세히 배울 것이다.

또한 함수 내 **어떤 유형의 할당이라도** 이름을 지역 범위로 분류한다는 점에 주목할 필요가 있다. 이는 =문, import문 내의 모듈 이름, def문 내의 함수 이름, 함수 인수 이름 등을 포함한다. def 내에서 어떤 방식으로라도 이름을 할당하였다면, 기본적으로 해당 함수에 대하여 지역 범위가 된다.

반대로, 객체에 대한 **직접 변경**은 이름을 지역으로 분류하지 않는다. 오직 실제 이름 할당에 의해서만 지역 범위로 분류한다. 예를 들어 만약 이름 L이 모듈 최상위 레벨에서 리스트를 할당하고 있다면, 함수 내 L = X라는 구문은 L을 지역 범위로 분류하겠지만, L.append(X)는 지역 범위로 분류하지 않는다. 후자의 경우 우리는 L이 참조하는 리스트 객체를 변경하는 것이지, L 자체를 변경하지 않는다. L은 늘 그렇듯이 전역 범위에서 발견된다. 파이썬은 global 또는 nonlocal 선언 없이도 이를 변경할 수 있다. 보통 이러한 특성은 이름과 객체의 구분을 명확히 하는 데 도움이 된다. 객체의 변경은 이름에 대한 할당이 아니다.

이름 확인(Resolution): LEGB 규칙

앞선 절의 내용이 혼란스럽다면 다음의 세 가지 단순한 원칙이 이러한 혼란을 잠재울 것이다.

- def문 내에서 이름 할당은 기본적으로 지역 이름을 생성하거나 변경한다.
- def문 내에서 이름 참조는 지역 범위, 바깥쪽 함수 범위(만약 있다면), 전역 범위, 그리고 내장된 범위와 같이 최대 네 가지의 범위를 탐색한다.
- def문 내에서 global 또는 nonlocal문에서 선언된 이름은 각각 바깥쪽 모듈과 바깥쪽 함수의 범위에서 할당된 이름에 연결된다.

즉, def문(또는 나중에 보게 될 lambda) 내에 할당된 모든 이름은 기본적으로 지역 범위를 갖는다. 함수는 구문적으로 바깥쪽(enclosing) 함수와 전역 범위에서 할당된 이름을 자유롭게 사용할 수 있지만, 이를 변경하기 위해서 함수는 이러한 전역 이름과 비지역 이름을 선언해야만 한다.

파이썬의 이름 확인 방식은 범위 이름의 앞자를 따서 **LEGB 규칙**이라고도 불린다.

- 함수 내에서 검증되지 않은 이름을 사용하면, 파이썬은 지역 범위(local, L), 여기에 없으면 바깥쪽(enclosing, E) def나 lambda의 지역 범위, 여기에도 없다면 전역(global, G) 범위, 그리고 마지막으로 내장된(built-in, B) 범위에서 이름을 찾는다. 이 순서 중에 이름이 처음 발견된 위치에서 이름 찾기를 중단한다. 만약 이 검색 과정에서 이름이 발견되지 않는다면, 파이썬은 오류를 보고한다.
- 함수 안에서 (표현식에서 단순히 이름을 참조하는 대신에) 이름을 할당할 때, 파이썬은 항상 지역 범위에 이름을 생성하거나 변경한다. 해당 함수 내에서 전역 또는 비지역으로 선언되지 않는 이상 항상 그렇다.
- 만약 이름이 어떠한 함수에도 포함되지 않는 외부에서 할당된다면(즉, 모듈 파일의 최상위 위치 또는 대화형 프롬프트), 지역 범위는 모듈 네임스페이스인 전역 범위와 동일하다.

6장에서 배운 것처럼 이름은 사용되기 전에 할당되어야 하므로, 이 모델에서 자동으로 할당은 없다. 할당은 항상 이름의 범위를 명확하게 결정한다. 그림 17-1은 파이썬의 네 범위를 설명한다. 두 번째 범위 검색 계층인 E(바깥쪽 def나 lambda 범위)는 사실상 하나 이상의 검색 계층과 대응한다는 점에 주목하자. 이 경우는 함수를 다른 함수 안에 중첩할 때에만 발생하며, 3.X[1]의 nonlocal문에 의해 더욱 강화되었다.

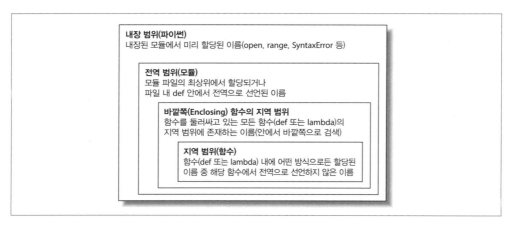

그림 17-1 LEGB 범위 검색 규칙. 파이썬은 변수를 참조할 때 지역 범위(L), 바깥쪽 함수의 지역 범위(E), 전역 범위(G), 마지막으로 내장된 범위(B) 순서로 변수를 검색한다. 이 순서로 검색하던 도중에 가장 처음 발견한 것을 사용한다. 파이썬 3.X에서 비지역 선언은 이름이 (그 이름이 할당되었는지 여부와 무관하게) 바깥쪽 함수 범위에 연결되도록 강제할 수 있다.

또한, 이러한 규칙은 오직 단순한 변수명(🔳 spam)에만 적용됨을 기억할 필요가 있다. 파트 5, 6에서는 제한된 속성 이름(🔳 object.spam)이 특정 객체에 속해 있고 여기에서 다른 규칙과는 전혀 다른 검색 규칙을 따른다는 것에 대하여 알아볼 것이다. 마침표(.) 다음에 따라오는 속성 이름에 대한 참조는 하나 또는 그 이상의 **객체**를 검색하지, 범위를 검색하지 않는다. 그리고 실제로 이것은 파이썬의 객체 지향 프로그래밍 모델에서 **상속**이라 불리는 무언가를 일어나게 한다. 이에 대한 내용은 파트 6에서 다루도록 하겠다.

그 외 파이썬 범위: 미리 보기

지금 다루기에는 다소 모호하지만, 엄밀히 말하면 파이썬에는 이 범위 외에 추가적인 세 가지 범위가 더 존재한다. 일부 컴프리헨션에서 임시 루프 변수, 일부 try 핸들러에서의 예외 참조

---

1 이 책의 초판에서는 이 범위 검색 규칙을 'LGB 규칙'이라 불렀다. 바깥쪽 def 'E' 계층은 기본 인수를 이용하여 명시적으로 바깥쪽 범위(enclosing scope)의 이름을 전달하는 일을 없앨 목적으로 나중에 파이썬에 추가되었다. 일반적으로 파이썬 입문자에게는 큰 관심사가 아닌 이 주제에 대해서는 이 장 후반부에서 다시 다룰 예정이다. 이 범위는 파이썬 3.X에서 nonlocal문으로 부르기 때문에 범위 확인 규칙도 'LNGB'라 불리는 것이 더 나을지도 모르나, 이 책에서는 하위 호환성 또한 중요하게 생각하므로 'LEGB'로 두겠다. 이 약자의 현재 형태는 아직 잘 알려지지 않은 일부 컴프리헨션 타입과 예외 처리의 새로운 범위에 대해서는 설명하지 않는다. 하지만 약자가 네 글자를 넘는다는 것도 그 목적에 위배되는 것 아닌가!

변수, 그리고 class문의 지역 범위가 이에 해당한다. 이들 중 처음 두 변수는 실제 코드에 거의 영향을 미치지 않는 특별한 경우이며, 세 번째 경우는 LEGB 규칙이 함께 적용된다.

대부분의 문 블록과 다른 구조들은 그들 내부에서 사용되는 이름을 지역화시키지 않는다. 물론 여기에도 파이썬의 버전별 예외 사항은 있는데, 특정 버전에서는 변수가 자신을 둘러싼 코드에서 사용할 수도 없고, 충돌하지도 않는 경우다. 이는 뒤에서 빠짐없이 살펴볼 주제와 연관되어 있다.

- **컴프리헨션 표현식 변수** — [X for X in I]처럼 컴프리헨션 표현식에서 현재 반복 항목을 참조하기 위해 사용하는 변수 X를 말한다. 제너레이터 내부의 상태를 반영하기 때문에 3.X의 경우 이러한 변수는 모든 컴프리헨션 형식(제너레이터, 리스트, 집합, 딕셔너리)에서 표현식 자체의 지역 범위가 된다. 2.X에서는 제너레이터, 집합 컴프리헨션, 딕셔너리 컴프리헨션에 대해서는 지역 범위지만, 이름을 표현식 외부 범위에 연결하는 리스트 컴프리헨션에서는 그렇지 않다. 반면에 for 반복문은 어떤 파이썬에서도 자신의 변수를 문 블록으로 지역화시키지 않는다. 더 자세한 내용과 예제는 20장에서 확인할 수 있다.

- **예외 변수** — except E as X와 같은 try문의 핸들러 절에서 예외를 참조하기 위한 변수 X를 말한다. 이 변수들은 가비지 컬렉션의 메모리 소거를 지연시키기 때문에 3.X에서 이 변수는 except 블록에 대해 지역 범위를 가지며, 블록이 종료되면 사라진다. 2.X에서 이러한 변수는 try문 이후에도 존재한다. 더 많은 내용은 34장에서 확인할 수 있다.

이러한 맥락은 LEGB 규칙을 변형한다기보다 오히려 강화하는 역할을 한다. 예를 들어, 컴프리헨션에서 할당된 변수는 단지 더 제한적이고 특별한 범위에 연결시킬 뿐이다. 이러한 표현식 내부에서 참조된 다른 이름들은 일반적인 LEGB 검색 규칙을 따른다.

아울러 파트 6에서 배우게 될 class문이 자신의 블록 최상위에서 할당되는 이름을 위하여 새로운 **지역 범위**를 만든다는 점도 알아 둘 필요가 있다. def의 경우처럼, 클래스(class) 안에 할당된 이름은 다른 곳의 이름과 충돌하지 않으며, 클래스 블록을 'L' 범위로 하는 LEGB 검색 규칙을 따른다. 모듈과 임포트처럼 이 이름들은 클래스(class)문이 종료된 후 클래스 객체의 속성으로 변형된다.

그러나 함수와는 달리, 클래스 이름은 호출 때마다 생성되지 않는다. 클래스 객체 호출은 인스턴스(instance)를 생성하는데, 이는 클래스에서 할당된 이름을 상속받고, 객체별 상태를 속성으로 기록한다. 또한 29장에서 배우겠지만 비록 LEGB 규칙이 클래스 자체의 최상위 계층이나 클래스 내에 포함된 메서드 함수의 최상위 계층에 사용된 이름을 확인하기 위해 사용되나, 클래스 자체는 범위 검색 대상에서 제외된다. 그 이유는 클래스의 이름을 객체 속성처럼 가져와야 하기 때문이다. 파이썬은 참조된 이름을 찾기 위해 둘러싼 함수는 검색하지만 둘러싼 클래스를 검색하지는 않으며, LEGB 규칙은 여전히 객체 지향 프로그래밍 코드에 적용된다.

범위 예제

범위에 대한 개념을 보여 주는 다음 예제를 살펴보자. 다음 코드를 모듈 파일에 작성하였다고 가정해 보자.

```
# 전역 범위
X = 99                          # X와 func가 모듈 내에 할당됨: 전역

def func(Y):                    # Y와 Z는 함수 내에 할당됨: 지역
    # 지역 범위
    Z = X + Y                   # X는 전역
    return Z

func(1)                         # 모듈 내의 func: 결괏값 = 100
```

이 모듈과 모듈이 포함하고 있는 함수는 작업을 처리하기 위해 몇 개의 이름을 사용하고 있다. 파이썬의 범위 규칙을 활용하여 이 이름들을 다음과 같이 구분해 볼 수 있다.

전역 이름: X, func

X는 모듈 파일의 최상위에 할당되었으므로 전역이다. 이는 함수 내부에서는 전역 선언 없이 단순히 검증되지 않은 변수로 참조될 수 있다. func 또한 같은 이유로 전역이다. def문은 모듈의 최상위에서 함수 객체를 func라는 이름에 할당한다.

지역 이름: Y, Z

Y와 Z는 함수에 대하여 지역 범위를 가지며 함수가 실행되는 동안만 존재하는데, 이는 두 변수 모두 함수 정의 부분에서 값이 할당되기 때문이다. 구체적으로 Z는 =문에 의해 할당되고, Y는 인수로 전달되며, 인수는 항상 할당에 의해 전달된다.

이러한 이름 구분 방식의 근거는 지역 변수는 함수가 실행될 때만 필요한 임시 이름이라는 데에 있다. 예를 들어, 앞서 살펴본 예제에서 인수 Y와 덧셈 결과인 Z는 함수 내에서만 존재한다. 이런 이름들은 함수를 둘러싼 모듈의 네임스페이스 또는 다른 어떤 함수의 네임스페이스라도 간섭하지 않는다. 실은 지역 변수는 함수 호출이 종료되는 시점에 메모리에서 삭제되고,

변수가 참조하는 객체는 다른 곳에서 참조되지 않는다면 불필요한 정보로 메모리 정리 시 회수된다(garbage-collected). 이는 내부에서 자동적으로 처리되는 절차로, 요구되는 메모리 사양을 최소화하는 데 도움이 된다.

지역과 전역의 구분은 함수를 이해하기 더 쉽도록 만들어 주는데, 이는 함수가 사용하는 대부분의 이름이 모듈 내 임의의 장소가 아닌 함수 자체의 내부에서 등장하기 때문이다. 또한, 지역 이름은 프로그램 내 다른 함수에서 변경할 수 없으므로 프로그램을 디버깅하거나 수정하는 것이 용이하다. 함수는 소프트웨어의 독립적인 단위다.

내장 범위

내장 범위(Built-in Scope)에 대하여 개념적으로 짧게 이야기했지만, 이는 여러분이 생각하는 것보다 좀 더 단순하다. 실제로 내장 범위는 builtins라 불리는 내장 모듈일 뿐이지만, 내장된 것들을 조회하기 위해서는 builtins를 먼저 임포트해야 한다. 그 이유는 builtins라는 이름 자체는 내장되어 있지 않기 때문이다.

결코 말장난을 하려는 것이 아니다. 3.X에서 내장된 범위는 builtins라는 이름을 가진 표준 라이브러리 모듈로 구현되어 있다. 그러나 이름 자체는 내장된 범위에 위치하지 않기 때문에 이를 확인하기 위해서는 임포트를 먼저 해야 한다. 일단 임포트를 한 뒤에는 dir을 실행하여 어떤 이름들이 사전에 정의되어 있는지 확인할 수 있다. 파이썬 3.6(2.X에 대해서는 앞의 내용을 참조하면 된다)에서는 다음과 같다.

```
>>> import builtins
>>> dir(builtins)
['ArithmeticError', 'AssertionError', 'AttributeError', 'BaseException',
'BlockingIOError', 'BrokenPipeError', 'BufferError', 'BytesWarning',
...생략...
'ord', 'pow', 'print', 'property', 'quit', 'range', 'repr', 'reversed',
'round', 'set', 'setattr', 'slice', 'sorted', 'staticmethod', 'str', 'sum',
'super', 'tuple', 'type', 'vars', 'zip']
```

이 리스트의 이름들이 파이썬의 내장 범위에 해당한다. 대략 전반부는 내장된 예외들이며, 후반부는 내장된 함수들이다. 또한 이 리스트에는 특별한 이름인 None, True, False가 있는데, 3.X에서는 예약어로 간주된다. 파이썬은 LEGB 검색 규칙의 마지막 단계에서 이 모듈을 자동적으로 검색하기 때문에 개발자는 이 리스트에 있는 모든 이름을 그냥 가져올 수 있다. 다시 말해, 별도의 모듈 임포트 없이 내장된 이름을 사용할 수 있다는 말이다. 따라서 내장 함수를 참조하는 데에는 두 가지 방식이 존재하는데, LEGB 규칙을 이용하거나 builtins 모듈을 임포트하는 방식이다.

```
>>> zip                              # 일반적인 방법
<class 'zip'>

>>> import builtins                  # 사용자 정의가 필요한 경우를 위한 방법
>>> builtins.zip
<class 'zip'>

>>> zip is builtins.zip              # 같은 객체, 서로 다른 검색 방식
True
```

두 번째 접근 방식은 때로 고급 방식으로 유용할 때가 있는데, 이에 대해서는 이 장의 칼럼에서 확인할 수 있다.

내장된 이름 재정의하기

주의 깊게 읽은 독자라면 LEGB 검색 중 처음으로 이름이 발견된 것을 택하여 사용하기 때문에 지역 범위에 있는 이름이 전역이나 내장된 범위에 존재하는 동일한 이름의 변수보다 우선하며, 전역 이름이 내장된 이름보다 우선함을 알 수 있을 것이다. 예를 들어, 함수는 open이라 불리는 지역 변수를 생성할 수 있다.

```
def hider():
    open = 'spam'                    # 지역 변수. 여기서 내장된 이름은 감춰짐
    ...
    open('data.txt')                 # 에러: 이 범위에서는 open으로 파일을 열 수 없음
```

하지만 이 경우 함수 외부 범위에 해당하는 내장된 범위에 존재하는 open이라는 내장 함수의 존재는 가려지게 되므로, 해당 함수 내에서는 open이라는 이름으로 파일을 더 이상 열 수 없게 된다. 이 함수 내에서 open은 문자열일 뿐 파일을 여는 함수가 아니다. 만약 이 함수 내에서 파일을 열 필요가 없다면 문제가 되지 않지만, 만약 이 이름을 활용하여 파일을 열고자 한다면 에러가 발생할 것이다.

이는 전역 또는 모듈 범위로 동작하는 대화형 프롬프트에서 더 쉽게 발생한다.

```
>>> open = 99                        # 전역 범위에 할당. 여기에서도 내장된 이름은 가려짐
```

이제 여러분이 작성한 변수에 내장된 이름을 사용하는 것은 원래의 내장된 버전을 사용할 필요가 있지 않는 한 문제될 일은 없다. 하지만 이 이름들에 절대 접근해서는 안될 경우, 우리는 전체 내장된 이름을 몽땅 외워야 하고, 이 이름들이 모두 예약되어 있는 것으로 간주해야 한다. 3.6에서 이 모듈에는 140개가 넘는 이름이 있으니 매우 제한적이고 벅찬 일이 될 것이다.

```
>>> len(dir(builtins)), len([x for x in dir(builtins) if not x.startswith('_')])
(148, 142)
```

실제로, 코드 안에서 재정의를 통해 내장된 이름을 대체하는 고급 프로그래밍을 하던 시절이 있었다. 예를 들면 접근 시도를 확인하기 위해 사용자 정의 open 함수를 정의할 수 있다(620쪽의 칼럼인 "파이썬 2.X에서 세계를 무너뜨리기"에서 이 내용에 대하여 더 살펴볼 것이다).

여전히 내장된 이름을 재정의하는 것에 대해서 파이썬이 그에 대한 경고 메시지를 주지 않기 때문에 종종 버그나 난처한 상황이 발생하곤 한다. Pychecker(웹을 참조할 것)와 같은 도구는 이러한 실수에 대하여 경고해 주지만, 이에 대한 최고의 방어책은 '여러분이 필요한 내장된 이름을 재정의하지 말라'는 점을 숙지하는 것이다. 만약에 어쩌다 이러한 방식으로 대화형 프롬프트에서 내장된 이름을 재할당하게 된다면, 여러분이 작성한 범위에서 재정의된 이름을 삭제하기 위해 세션을 재시작하거나 del name문을 실행시키면 된다. 그러면 내장된 범위에 있는 기존 이름이 복원된다.

함수도 이와 유사하게 지역 변수로 똑같은 이름의 전역 변수를 숨길 수 있지만 이는 보다 널리 유용하게 사용되며, 실제 함수에서 사용하는 대부분의 변수는 지역 범위다. 이로써 이름의 충돌 가능성이 최소화되고, 함수가 독자 네임스페이스 범위를 갖게 된다.

```
X = 88                         # 전역 X

def func():
    X = 99                     # 지역 X: 전역은 감추었으나 원하는 것은 전역임

func()
print(X)                       # 88을 출력: 변경 없음
```

여기에서 함수 내의 할당은 지역 X를 생성한다. 이는 함수 바깥의 모듈에서 선언된 전역 X와는 완전히 다른 것이다. 그 결과, 함수밖에 존재하는 이름은 다음 절에서 설명하는 것처럼 def 안에서 global 또는 nonlocal 선언을 하지 않는 한 변경할 수 있는 방법이 없다.

버전에 따른 차이: 실제로 혀가 한 번 꼬이면 상황은 더 나빠지기 마련이다. 여기에서 사용된 파이썬 3.X의 builtins 모듈은 파이썬 2.X에서는 __builtin__으로 불렸다. 게다가 __builtins__(s가 포함됨)라는 이름은 대화형 세션을 포함한 대부분의 전역 범위에 미리 정해져 있는 이름으로, 3.X에서 builtins와 2.X의 __builtin__으로 알려진 모듈을 참조하기 위해 사용한다. 따라서 __builtins__를 별도의 임포트 없이 사용할 수는 있으나 이 이름을 임포트하여 실행할 수는 없는데, 이는 사전에 정의된 변수일 뿐 모듈 이름이 아니기 때문이다.

즉 3.X에서 'builtins is __builtins__'는 builtins를 임포트한 후에는 참이지만, 2.X에서의 '__builtin__ is __builtins__'는 __builtin__을 임포트한 후에 참이 된다. 그 결과 우리는 보통 내장된 범위를 2.X나 3.X에서 별도의 임포트 없이, 단순히 dir(__builtins__)를 실행시켜서 확인할 수 있다. 그렇지만 실제로 작업이나 사용자 정의를 위해서는 3.X에서 builtins를, 2.X에서 __builtin__을 사용해야 한다. 누가 이 내용을 문서화하는 것이 쉽다고 했을까?

파이썬 2.X에서 세계를 무너뜨리기

이 칼럼에서는 파이썬에서 가능하지만 하지 말아야 할 또 다른 일들에 대해서 알아본다. 2.X에서 True와 False는 단지 내장된 범위의 변수이기 때문에 따로 예약되어 있지 않다. 따라서 True = False 같은 문장으로 이들을 재할당하는 것이 가능하다. 그렇다고 해서 세상의 논리적 일관성을 실제로 깨뜨리는 것은 아니니 너무 걱정할 일은 아니다. 이 문장은 단순히 True에 대해 False를 반환하기 위해 True가 사용되는 단일 범위에 대해 True라는 단어를 재정의하는 것이다. 다른 범위에서는 여전히 내장된 범위에 있는 기존 이름을 찾을 수 있다.

더 많은 재미를 위해 파이썬 2.X에서는 __builtin__.True = False를 써서 전체 파이썬 프로세스에서 True를 False로 리셋할 수도 있다. 이것이 동작하는 이유는 프로그램 내에는 단 하나의 내장된 범위 모듈이 존재하고, 모든 클라이언트들이 이를 공유하기 때문이다. 하지만 유감스럽게도 파이썬 3.X에서는 이러한 유형의 할당을 허가하지 않는다. 왜냐하면 True와 False를 None과 같이 실제 예약된 단어로 취급하기 때문이다. 그러나 2.X에서 이러한 코드는 IDLE를 사용자 코드 프로세스를 초기화시키는 이상한 패닉 상태로 보낸다(다시 말해, 집에서 절대 시도하지 말라는 뜻이다).

이런 기술은 내부적인 네임스페이스 모델을 설명하거나, 개발자들이 open과 같은 내장 함수를 사용자 정의해야 할 경우 유용할 수 있다. 내장된 범위에 있는 함수의 이름을 재할당함으로써, 여러분은 해당 프로세스의 모든 모듈에서 사용될 함수를 사용자 정의된 함수로 대체할 수 있다. 이런 경우에도 여러분이 작성한 사용자 정의 버전에서 기존 버전을 기억할 필요가 있을 수도 있다. 중첩 범위의 클로저 함수와 상태 정보 유지 방안을 살펴본 뒤, "더 생각해 볼 주제: open 함수 사용자 정의" 칼럼에서 변경된 open에서 원래 버전을 기억하는 방법을 살펴볼 것이다.

또한 PyChecker, PyLint와 같이 서드파티 도구는 어쩌다 내장된 영역의 이름에 할당을 하는(이러한 도구에서는 내장된 영역을 '가린다(shadowing)'고 말한다) 등의 일반적인 프로그래밍 실수에 대하여 경고한다. 여러분이 처음 작성하는 일부 파이썬 프로그램들을 이러한 도구를 통해 실행하여 이들이 무엇을 지적하는지를 살펴보는 것도 나쁘지 않다.

global문

global문과 사촌뻘인 3.X의 nonlocal은 파이썬의 선언문 중, 유일하게 약간 닮은꼴이라고 볼 수 있다. 그러나 이들은 타입이나 크기에 대한 선언이 아니라 네임스페이스 선언이다. global문은 함수가 하나 이상의 전역 이름(함수를 포함하고 있는 모듈 범위(네임스페이스)에 존재하는 이름)을 변경할 계획임을 파이썬에게 알린다.

우리는 global에 대해 이미 알아보았다. 요약하면 다음과 같다.

- 전역 이름은 모듈 파일의 최상위 레벨에 할당된 변수다.
- 전역 이름은 함수 내에서 할당될 때에만 선언되어야 한다.
- 전역 이름은 선언되지 않더라도 함수 내에서 참조될 수 있다.

다시 말하면, global은 def의 바깥 모듈 파일의 최상위에 위치하는 이름을 **변경**할 수 있게 한다. 다음에 살펴보겠지만 nonlocal문도 global과 유사하나, 모듈에 위치하는 이름이 아니라 바깥쪽 def의 지역 범위에 위치하는 이름에 적용된다는 차이가 있다.

global문은 키워드인 global과 그 뒤를 이어 쉼표로 구분된 하나 이상의 이름으로 구성된다. 나열된 모든 이름은 함수 본문에서 할당 또는 참조할 때 모듈 범위에 연결된다. 예를 들어, 다음 예제에서는 global 선언을 함으로써 def 안의 X가 def 바깥의 X를 의미하게 된다.

```
X = 88                       # 전역 X

def func():
    global X
    X = 99                   # 전역 X: def 바깥 범위

func()
print(X)                     # 99를 출력
```

이로써 이번에 이 둘은 동일한 변수가 되었으므로 함수 내의 X를 변경하면 함수 밖의 X도 함께 바뀌게 된다. 다음은 실제 업무에서 마주하게 될 global에 대한 좀 더 복잡한 예제를 알아보자.

```
y, z = 1, 2                  # 모듈의 전역 변수
def all_global():
    global x                 # 할당될 전역 변수 선언
    x = y + z                # LEGB 규칙에 의거, y와 z는 별도 선언이 필요 없음
```

여기에서 x, y, z는 함수 all_global 내부에서 모두 전역 변수다. y와 z는 함수 내에서 할당되지 않았으므로 전역 변수이고, x는 global문으로 명시적으로 모듈 범위에 매핑하였으므로 전역 변수다. 여기에 global문이 없으면 x는 할당 규칙에 의해 지역 변수로 인식될 것이다.

y와 z는 global로 선언되지 않았음을 주목하자. 파이썬의 LEGB 검색 규칙은 이들을 모듈에서 자동적으로 찾아낸다. 또한, x는 함수가 실행되기 전에는 모듈에 존재하지도 않았다는 점에 주목할 필요가 있다. 이 경우에는 함수 내의 첫 할당으로 모듈에 x가 생성된다.

프로그램 설계: 전역 변수 최소화하기

일반적으로 함수와 특히 전역 변수는 프로그램 설계와 관계된 몇 가지 큰 질문을 제기한다. '어떻게 함수 간 통신을 하게 할 것인가?' 아마 이 질문에 대한 답의 일부는 직접 함수를 작성하기 시작하면 보다 분명해질 테지만, 미리 몇 가지 가이드라인을 제시함으로써 나중에 마주할 수 있는 문제를 모면할 수 있게 될 것이다. 일반적으로 함수는 전역 변수보다는 인수와 반환값에 의존해야 하며, 그 이유는 다음과 같다.

기본적으로 함수 내에 할당된 이름은 지역 범위를 갖는다. 따라서 함수 외부에서 이 이름을 바꾸려면 추가 코드(예 global문)를 작성해야 한다. 이는 파이썬에서는 늘 그렇듯이 의도적인 것으로, 잠재적으로 '잘못된' 일을 하려면 더 많은 코드를 작성해야 한다. 물론 전역 이름이 유용한 때가 있지만 def 내에 할당된 변수들은 기본적으로 지역 범위를 가지는데, 이것이 보통은 최선의 정책이기 때문이다. 전역 이름을 바꾸는 것은 잘 알려진 소프트웨어 공학적인 문제들을 야기한다. 전역 변수의 값이 임의의 함수 호출 순서에 의존하게 되므로 프로그램의 디버깅이 어렵고 프로그램을 이해하기조차 어렵게 된다.

예를 들어, 다음 모듈 파일을 한 번 생각해 보자. 이 파일은 어디서나 임포트되고 사용될 수 있을 것이다.

```
X = 99
def func1():
    global X
    X = 88

def func2():
    global X
    X = 77
```

자, 이제 여러분이 이 코드를 수정하거나 재사용해야 한다고 상상해 보라. 여기에서 X의 값은 무엇이 될까? 정말이지 이 질문은 실제 그 변수가 참조되는 **시점**이 아니라면 전혀 의미가 없다. X의 값은 마지막으로 호출된 함수에 의해 결정되는데, 이것은 이 파일만으로는 알 수 없는 것이다.

그 결과 이 코드를 이해하기 위해서는 **전체 프로그램**에서의 제어 흐름을 추적해야만 한다. 그리고 코드를 재사용 또는 수정할 필요가 있다면, 전체 프로그램을 머릿속에 그려 두어야 한다. 이 경우 해당 함수들은 전역 변수에 의존함으로써 서로 **연결되어** 있기 때문에 이 함수들 중 하나만 따로 떼어 사용할 수 없다. 이것이 전역을 활용할 때 야기되는 문제점으로, 일반적으로 지역 이름에 의존하는 독자적인 함수들로 구성된 코드에 비해 전역 이름을 활용한 코드는 이해하기도, 재사용하기도 더 어렵다.

반면에, 중첩된 범위의 클로저 함수 또는 클래스를 활용한 객체 지향 프로그래밍 같은 도구의 활용이 부족한 경우라면, 전역 변수가 공유되어야 할 **상태 정보**(함수가 다음에 호출될 때 사용하기 위해 필요한 정보)를 유지하기에 가장 쉬운 방법일 것이다. 지역 변수는 함수가 결괏값을 반환하면 사라져 버리지만, 전역 변수는 사라지지 않는다. 함수의 상태 정보를 유지하기 위한 다른 방법으로는 상태 정보의 사본을 여러 개 둘 수 있도록 하는 것인데, 이는 일반적으로 단순한 용도를 위해 사용하기에는 상대적으로 복잡하다.

또한 일부 프로그램은 한 모듈을 지정하여 전역 변수를 모으기도 하는데, 이러한 방법은 예측 가능한 범위에서 사용될 경우에 그리 나쁜 방법은 아니다. 파이썬에서 병렬 처리를 위해 멀티스레드를 활용하는 프로그램은 보통 전역 변수를 병렬 스레드에서 실행되는 함수 간의 공유 메모리로 활용함으로써 통신 장치의 역할을 수행하기도 한다.[2]

현재로서는 특히 프로그래밍이 처음이라면, 전역 변수 사용을 가능한 한 피하는 것이 좋다. 이는 프로그램을 이해하고 재사용하는 것을 어렵게 할 뿐 아니라, 저장된 데이터의 하나의 사본만으로 충분하지 않는 경우에는 제대로 동작하지 않는다. 대신에 인수와 반환값을 통해 통

---

2 멀티스레드는 프로그램의 나머지 부분과 함께 함수 호출을 병렬로 실행하는 것을 의미하며, 파이썬 표준 라이브러리 모듈인 _thread, threading, queue(파이썬 2.X에서는 thread, threading, queue)에서 지원된다. 스레드로 실행된 모든 함수는 동일 프로세스 안에서 실행되기 때문에 전역 범위는 스레드 함수들 사이의 공유 메모리의 한 형태로 사용되기도 한다(스레드는 프로세스의 메모리 공간에 위치한 객체들뿐만 아니라 전역 범위에 있는 이름 또한 공유한다). 스레드는 일반적으로 논블록(nonblock)을 구현하거나 CPU 성능을 최대한 활용하기 위해 GUI 안에서 장시간 실행되는 작업에 흔히 사용된다. 이에 대한 자세한 내용은 이 책의 범위를 벗어난다. 자세한 내용은 파이썬 라이브러리 매뉴얼과 서문에서 소개한 이 책에서 더 나아간 내용을 다룬 교재들(오라일리의 《프로그래밍 파이썬》 같은)을 참조하기 바란다.

신하는 방법을 익히는 것이 좋다. 지금부터 6개월 후에는 여러분과 동료 모두 그렇게 프로그래밍한 것을 다행으로 여길 것이다.

프로그램 설계: 파일 간 변경을 최소화하기

여기 다른 유형의 범위 관련 설계 이슈가 있다. 우리는 다른 파일의 변수들을 직접 변경할 수 있지만, 일반적으로 그렇게 해서는 안 된다. 3장에서 소개한 모듈 파일에 대해 이 책의 다음 파트에서 깊이 있게 다룰 예정이다. 모듈 파일과 범위의 관계를 설명하기 위해 다음의 두 모듈 파일을 가정해 보자.

```
# first.py
X = 99                              # 이 코드는 second.py를 모름

# second.py
import first
print(first.X)                      # OK: 다른 파일의 이름을 참조함
first.X = 88                        # 하지만 이 값의 변경은 너무 암묵적이고 미묘함
```

첫 번째 파일에서 변수 X를 정의하였고, 두 번째 파일에서 이를 출력하고, 할당에 의해 값을 변경하였다. 두 번째 파일에서 첫 번째 모듈의 변수에 접근하기 위해서는 먼저 첫 번째 모듈을 임포트해야 한다. 이미 배웠듯이 각 모듈은 독자적인 네임스페이스(변수들의 패키지)를 가지고 있고, 다른 모듈에서 그 모듈의 내부를 들여다보기 위해서는 먼저 그 모듈을 임포트해야만 한다. 바로 이 점이 모듈에 대한 주요 포인트다. 파일 기준으로 변수들을 분리함으로써 파일 간 이름 충돌을 피하는데, 그 방식은 함수 간 이름 충돌을 피하는 방식과 유사하다.

이 장의 주제 관점에서 봤을 때는 일단 모듈 파일이 임포트되면, 모듈 파일의 전역 범위는 그 모듈 객체의 네임스페이스 속성이 된다. 모듈 파일을 임포트한 곳에서는 자동적으로 그 파일의 모든 전역 변수들에 접근할 수 있는데, 이는 한 파일의 전역 범위가 그 파일이 임포트되는 순간 한 객체의 네임스페이스 속성으로 변형되기 때문이다.

첫 번째 모듈이 임포트된 후, 두 번째 모듈은 첫 번째 모듈의 변수를 출력하고 거기에 새로운 값을 할당한다. 모듈의 변수를 출력의 용도로 참조하는 것은 괜찮다. 이는 일반적으로 규모가 큰 시스템에서 모듈들이 서로 연결되는 방식이기도 하다. 문제는 first.X에 할당을 하는 데 있다. 이는 너무 암묵적이어서 첫 번째 모듈을 유지 또는 재사용하는 사람 중 누구도 임포트 체인 내에 있는 어떤 동떨어진 모듈이 런타임에 자신의 X를 변경할 수 있다는 것을 짐작조차 할

수 없을 것이다. 실제로 두 번째 모듈은 서로 다른 디렉터리에 있을 수 있어 더욱 알아채기 어려울 것이다.

파이썬에서 이런 파일 간 변수 변경이 항상 가능하더라도 보통은 여러분이 원하는 것보다 더 미묘하다. 이는 두 파일 간의 **결합력**을 지나치게 강하게 하는데, 두 파일 모두 변수 X의 값에 의존하고 있어 다른 파일 없이 하나의 파일만으로는 코드를 이해하고 재사용하기는 어렵다. 이렇게 겉으로 드러나지 않는 파일 간 상호 의존성은 잘 해봐야 유연하지 않은 코드를 만들 뿐이고, 최악의 경우는 명백한 버그를 만들어 낸다.

최고의 처방은 이런 코드를 작성하지 않는 것이다. 파일 경계를 넘나드는 통신을 위한 최선의 방법은 함수를 호출하고, 인수를 전달하고, 결괏값을 반환받는 것이다. 다음처럼 특별한 경우에는 아마도 변경 관리를 위해 **접근자 함수**(accessor function)를 작성하는 것이 더 나을 것이다.

```
# first.py
X = 99

def setX(new):                          # 접근자는 외부 접근을 명시적으로 만들며
    global X                            # 한 곳에서 접근을 관리할 수 있음
    X = new

# second.py
import first
first.setX(88)                          # 직접 값을 변경하는 대신 함수를 호출함
```

이 방식이 더 많은 코드를 필요로 하고 다소 사소한 변경처럼 보이지만, 가독성과 유지보수성 측면에서 큰 차이를 만들어 낸다. 첫 번째 모듈을 읽다 보면 저절로 함수를 보게 되고, 이 함수가 X를 변경하는 인터페이스 지점이라는 것을 알게 될 것이다. 즉, 소프트웨어 프로젝트에서는 대체로 예외적인 요소를 제거하는 게 좋다. 파일 간 변수 변경을 예방할 수 없다 하더라도 프로그램 전반에 널리 받아들여질 수 없다면 상식적으로 이를 최소화해야 한다.

 파트 6에서 클래스에 대하여 알아볼 때, 속성 접근자 코딩에 대해 이와 유사한 기법이 쓰이는 것을 보게 될 것이다. 모듈과는 다르게 클래스는 연산자 오버로딩을 이용하여 접근자를 사용하지 않더라도 속성값을 자동으로 가로챌 수 있다.

전역 변수에 접근하는 다른 방법들

모듈이 로딩되면 해당 모듈의 전역 범위의 변수들이 해당 모듈 객체의 속성으로 변환되는 특성에 착안해 우리는 모듈 자신을 임포트한 뒤, 그 속성에 할당함으로써 global문을 모방할 수 있다. 다음 예제 모듈 파일을 참고하자. 이 파일의 코드는 처음에는 이름으로, 그다음에는 로딩된 모듈 테이블의 sys.modules를 인덱싱하여 모듈을 임포트한다(더 많은 내용은 22장, 25장 참조).

```python
# thismod.py

var = 99                                    # 전역 변수 == 모듈 속성

def local():
    var = 0                                 # 지역 변수 var 변경

def glob1():
    global var                              # 전역 변수 선언(일반적인 방식)
    var += 1                                # 전역 변수 var 변경

def glob2()
    var = 0                                 # 지역 변수 var 변경
    import thismod                          # 자신을 임포트
    thismod.var += 1                        # 전역 변수 var 변경

def glob3():
    var = 0                                 # 지역 변수 var 변경
    import sys                              # 시스템 테이블 임포트
    glob = sys.modules['thismod']          # 모듈 객체 가져오기(또는 __name__ 사용)
    glob.var += 1                           # 전역 변수 var 변경

def test()
    print(var)
    local(); glob1(); glob2(); glob3()
    print(var)
```

이 코드를 실행하면, 전역 변수에 3이 더해진다. 첫 번째 함수만 전역 변수에 영향을 미치지 않는다.

```
>>> import thismod
>>> thismod.test()
99
102
>>> thismod.var
102
```

이 결과는 전역 변수와 모듈의 속성값이 동일함을 보여 준다. 하지만 전역 변수보다는 모듈 속성값이 개발자의 의도를 더 명확하게 나타낸다.

앞에서 본 것처럼 global은 함수 바깥쪽 모듈에 있는 이름을 변경할 수 있게 해준다. 이와 가장 유사한 성격을 가진 nonlocal은 바깥쪽 함수에 있는 이름을 변경하는 데 사용된다. 하지만 이것이 어떻게 유용할 수 있는지 이해하기 위해서는 먼저 바깥쪽 함수에 대하여 알아볼 필요가 있다.

범위와 중첩 함수

지금까지 필자는 의도적으로 파이썬의 범위와 관련된 규칙 중 한 부분을 생략하고 설명했다. 이는 상대적으로 실무에서 흔하지 않은 일이기 때문이다. 하지만 이제 LEGB 규칙 중 E에 대하여 더 깊이 알아볼 때가 되었다. E 계층은 파이썬 2.2에서 추가되었다. 이 계층은 모든 바깥쪽 함수의 지역 범위의 형태를 취한다. 바깥쪽 범위는 종종 **정적 중첩 범위**(statically nested scope)라 불리기도 한다. 실제로 중첩은 어휘적인 구조이며, 중첩된 범위는 프로그램 소스 코드에서 물리적, 구문적으로 중첩된 코드 구조와 대응한다.

중첩 범위 상세

중첩 함수 범위의 추가로 인해 변수 검색 규칙이 약간 더 복잡해진다. 함수 내에서는 다음과 같다.

- **참조(X)는 현재 지역 범위 (함수) 내에서 먼저 이름 X를 찾는다.** 그다음에는 소스 코드 내에 어휘적으로 바깥쪽 함수의 지역 범위에 대하여 안쪽에서 바깥쪽 방향으로 찾아나간다. 그다음은 현재 전역 범위(모듈 파일)와 마지막으로 내장 범위(builtins 모듈)을 찾게 된다. global 선언은 이름을 처음에 전역 범위에서 찾도록 한다.

- **할당(X = 값)은 기본적으로 현재 지역 범위에 있는 이름 X를 생성하거나 변경한다.** 만약 X가 함수 내에서 전역으로 선언되었다면, 이 할당은 모듈에 존재하는 이름 X를 생성하거나 변경한다. 반면에 X가 3.X 버전에서 nonlocal(비지역)으로 선언된다면, 가장 가깝게 중첩한 함수의 지역 범위에 있는 이름 X를 변경한다.

global 선언은 여전히 변수를 자신이 포함된 모듈과 연결시킨다는 점을 주목할 필요가 있다. 중첩된 함수가 있는 경우, 중첩된 함수에서 바깥쪽 함수에 있는 변수를 참조할 수는 있지만, 변경하기 위해서는 3.X의 nonlocal 선언이 필요하다.

중첩 범위 예제

일부 실제 코드를 통해 이전 절의 내용에 대하여 명확히 하고자 한다. 다음 예제는 바깥쪽 함수 범위가 어떻게 생겼는지에 대하여 보여 준다(스크립트 파일이나 대화형 프롬프트에 이 코드를 입력하여 실행해 볼 수 있다).

```
X = 99                          # 전역 범위 이름: 사용되지 않음

def f1():
    X = 88                      # 바깥쪽 def의 지역 변수
    def f2():
        print(X)                # 중첩된 def에서 생성된 변수 참조
    f2()

f1()                            # 88을 출력: 바깥쪽 def의 지역 변수
```

우선, 이 예제는 파이썬에서 허용되는 코드다. def는 단순히 실행 가능한 문장으로 다른 문장들이 등장 가능한 곳이라면 어디든지 등장할 수 있다. 여기 예제와 같이 다른 def와 중첩된 곳을 포함해서 말이다. 여기에서 중첩된 def는 함수 f1이 호출될 때 실행된다. 이것은 함수를 생성하고, 이름 f2를 할당하고, f1의 지역 범위에 지역 변수를 할당한다. 어떤 의미에서는 f2는 바깥쪽 함수 f1이 실행되는 동안에만 존재하는(그리고 함수 f1에서만 보이는) 임시 함수라 볼 수 있다.

그러나 f2 내부에서는 어떤 일이 일어나는지 주목하자. f2가 변수 X를 출력할 때, 바깥쪽 함수 f1의 지역 범위에 존재하는 X를 참조한다. 이는 함수는 물리적으로 자신을 둘러싼 모든 def문의 이름에 접근할 수 있으므로 f2의 X는 LEGB 검색 규칙에 의거하여 자동적으로 f1의 X에 연결된다.

이 바깥쪽 범위 검색은 바깥쪽 함수가 이미 결과를 반환한 경우에도 가능하다. 그 예로 다음 코드는 함수를 정의하는데, 이 함수는 다른 함수를 생성하고 **반환**하는 일을 하며 좀 더 일반적인 사용 패턴을 보여 주고 있다.

```
def f1():
    X = 88
```

```
    def f2():
        print(X)                           # 바깥쪽 def 범위의 X를 기억
    return f2                              # f2를 반환. f2를 호출하는 것은 아님

action = f1()                             # 함수를 생성하고 반환함
action()                                  # 이제 호출함: 88을 출력
```

이 코드에서 action의 호출은 실제로 f1이 실행될 때, 우리가 f2라고 이름 붙인 함수를 실행시킨다. 이는 파이썬에서 함수가 다른 것들과 마찬가지로 객체이며, 따라서 다른 함수로부터 함수 자체를 반환값으로 돌려받을 수 있기 때문에 가능하다. 무엇보다 중요한 것은 f2는 f1이 더이상 유효하지 않아도 바깥쪽 범위의 X를 기억한다는 것이다. 이 내용은 다음에 다룰 주제다.

팩토리 함수: 클로저

누구에게 질문하느냐에 따라 이러한 종류의 행동은 **클로저**(closure)라 불리기도 하고, **팩토리**(factory) 함수라 불리기도 한다. 전자는 **함수 프로그래밍** 기법을 설명하는 용어고, 후자는 설계 패턴을 나타내는 용어다. 이름이 무엇이 됐든, 질문의 함수 객체는 바깥쪽 범위의 값을 기억한다. 그 범위가 현재 메모리에 있는지 여부와는 상관없이 말이다. 사실상, 이 함수는 **상태 유지**라고 알려진 메모리 덩어리를 추가로 가지고 있다. 이 메모리 덩어리는 중첩 함수의 각 사본에 대하여 지역 범위를 가지며, 이 역할에서 클래스의 간단한 대안을 제공하기도 한다.

단순한 함수 팩토리

클로저로 알려진 팩토리 함수는 런타임 시의 상태 정보에 따라 즉각적인 대응이 가능한 이벤트 핸들러를 생성할 필요가 있는 프로그램에서 종종 활용된다. 예를 들어, 사용자 입력값에 따라 동작 방식을 정의해야 하는 GUI를 생각해 보자. GUI가 만들어질 당시에는 사용자가 무엇을 입력할지 예상할 수 없다. 이런 경우에는 우리는 다른 함수를 만들고 반환하는 함수가 필요하며, 또한 이렇게 생성되는 함수는 만들어질 때마다 다른 정보를 가진다.

이해를 돕기 위해, 대화형 프롬프트에 작성된 다음 함수를 생각해 보자(여기에서는 앞서 표기법에서 설명했듯이, 연속 입력 라인을 의미하는 '...'은 생략하였다).

```
>>> def maker(N):
        def action(X):                    # action을 만들고 반환함
            return X ** N                 # action은 바깥쪽 범위의 N을 유지함
        return action
```

이 예제는 별도의 함수 호출 없이 중첩된 함수를 생성하고 반환하는 외부 함수를 정의한다. maker 함수는 action 함수를 만들거나 action을 실행하지도 않고 단순히 반환한다.

```
>>> f = maker(2)                          # N의 인수로 2를 넘겨줌
>>> f
<function maker.<locals>.action at 0x0000000002A4A158>
```

여기에서 우리가 외부 함수를 호출하면 다음과 같이 생성된 중첩 함수의 참조 값을 돌려받게 된다. 이 참조 값은 중첩된 def문이 실행될 때 생성되는 값이다. 만약 외부 함수로부터 반환된 것을 호출한다면, 우리는 중첩된 함수(maker 내에 있는 action 함수)를 동작시킨다.

```
>>> f(3)                                  # 3을 X에 전달. N이 2를 기억하므로 3 ** 2
9
>>> f(4)                                  # 4 ** 2
16
```

즉, 우리는 maker가 생성하고 돌려준 중첩된 함수를 호출하는 것이다.

가장 이상한 점은 중첩된 함수가 maker 함수의 변수 N의 값인 정수 2를 기억한다는 점이다. 우리가 action을 호출한 시점에 이미 maker는 값을 돌려주고 종료되었음에도 말이다. 실제로 바깥쪽 지역 범위에 존재하는 N은 maker에 의해 생성된 action에 덧붙여진 상태 정보로 보관되어 있다. 그렇기 때문에 나중에 함수가 호출되더라도 넘겨준 인수의 제곱값을 돌려받는 것이다.

이제 외부 함수를 다시 호출하면, 다른 상태 정보가 더해진 새로운 중첩된 함수를 돌려받게 된다. 이는 다음과 같이 우리가 새 함수를 호출하여 제곱값 대신 세제곱값을 돌려받을 수 있다는 것을 의미한다. 그렇더라도 원래 함수는 여전히 이전과 동일하게 제곱값을 돌려준다.

```
>>> g = maker(3)                          # g는 3을 기억하고, f는 2를 기억함
>>> g(4)                                  # 4 ** 3
64
>>> f(4)                                  # 4 ** 2
16
```

이것이 가능한 이유는 이와 같은 팩토리 함수를 호출할 때마다 각각 고유의 상태 정보를 가지기 때문이다. 예제에서 우리가 g라는 이름에 할당한 함수는 3을 기억하고 f는 2를 기억하는데, 각각이 maker의 변수 N이 가지고 있는 자신만의 상태 정보를 가지고 있기 때문이다.

이는 실제 코드에서는 거의 보기 힘든 고급 기법이지만, 함수형 프로그래밍 언어의 배경 지식을 가진 프로그래머들 사이에서는 일반적일 수 있다. 반면에 바깥쪽 범위는 종종 lambda 함수 생성 표현식에서도 사용되는데, 이 장 후반부에서 좀 더 알아보도록 하겠다. lambda는 표현식이므로 거의 항상 def 안에 중첩되어 있다. 예를 들어, 다음 예제에서 lambda는 def를 대신하는 역할을 한다.

```
>>> def maker(N):
        return lambda X: X ** N              # lambda 함수도 상태를 기억함

>>> h = maker(3)
>>> h(4)                                      # 다시 4 ** 3
64
```

실제 업무에 활용되는 클로저의 예를 더 알아보고자 한다면, 다음에 등장할 칼럼인 649쪽의 "더 생각해 볼 주제: open 사용자 정의하기"가 도움이 될 것이다. 이는 나중에 사용할 정보(바깥쪽 범위에 있는 정보)를 저장하기 위하여 비슷한 기법을 사용한다.

 표기 방식 주의: 이 장에서는 대화형 예제에서 **연속 입력 라인 프롬프트**를 나타내는 '...'을 제외하고 표기하였다. 이런 연속 라인은 사용자가 이용하는 인터페이스에 따라 보일 수도, 보이지 않을 수도 있다(셸에서는 보이지만, IDLE에서는 보이지 않는다). 앞으로 보게 될 규모가 큰 예제에서는 이러한 관례에 따라 표기하여 전자책의 경우 복사해서 붙여넣으면 바로 실행이 될 수 있도록 할 것이다. 지금쯤 여러분은 들여쓰기 규칙을 알고 있고, 적정 수준에서 파이썬 코드를 타이핑할 수 있으며, 앞서 보여 준 일부 함수와 클래스는 암기하여 작성하기에는 좀 내용이 많을 수도 있다고 가정한다.

또한, 파일 내에 작성되는 형태로 코드를 작성하고 **파일**과 대화형 입력 창을 번갈아가며 예시를 들고 있다. '>>>' 프롬프트를 본다면, 이 코드는 대화형으로 작성된 것이고 '>>>'만 빼면 파이썬 셸에 복사/붙여넣기가 가능할 것이다. 만약 이대로 동작하지 않는다면, 라인별로 복사/붙여넣거나 파일에서 편집하면 실행될 것이다.

클로저 vs 클래스, 라운드 1

일부 사람들에게는 이 책의 파트 6에서 설명된 **클래스**가 위와 같이 클로저를 사용하여 상태 정보를 기억하는 것보다 나은 방법으로 보일 수도 있다. 클래스는 속성 할당을 통해 자신의 메모리를 보다 명확하게 하기 때문이다. 또한, 클래스는 클로저 함수는 지원하지 않는 부가적인 도구(상속, 연산자 오버로딩에 의한 사용자 정의 등)를 지원한다. 그리고 보다 자연스럽게 메서드의 형태로 다중 동작을 구현한다. 이러한 차이로 클래스가 보다 완전한 객체를 구현하기에 더 나을 수 있다.

그렇지만 여전히 클로저 함수는 상태 정보 저장만을 목표로 할 때, 보다 가볍고 실행 가능한 대안이 될 수 있다. 클로저 함수는 호출될 때마다 지역 범위의 스토리지가 생성되고, 이 안에 그 중첩 함수가 필요로 하는 데이터가 저장된다. 이는 특히 앞서 설명한 3.X nonlocal문이 바깥쪽 범위의 상태 변경을 위해 추가됨으로써 더 강력한 대안이 되었다(2.X에서는 바깥쪽 영역은 읽기만 가능하였기 때문에 활용 측면에서 제한적이었다).

더 넓은 관점에서 보면, 파이썬은 함수 호출들 사이의 상태 정보를 저장할 수 있는 여러 방법이 있다. 일반적인 지역 변수의 값은 함수가 종료되고 결괏값을 반환하면 사라져 버리지만, 전역 변수나 클래스 인스턴스 속성, 그리고 우리가 여기에서 보고 있는 바깥쪽 범위 참조와 기본 인수, 함수 속성을 활용하여 함수 호출들 사이에 필요한 값을 저장할 수 있다. 일부 사람들은 변경 가능한 기본 인수도 이에 포함시키겠지만, 다른 한편에서는 이를 반대할 것이다.

이 장의 뒷부분에서 클래스 기반의 방식에 대해서 간략히 미리 살펴보고 함수 속성에 대해서 알아보며, 인수와 기본 인수에 대해서는 18장에서 자세히 다룬다. 다음 절은 기본 인수가 어떻게 상태 유지 기능과 비교되는지 이해하기에 충분한 정보를 제공한다.

 클로저는 class가 def 안에 놓일 때도 생성된다. 바깥쪽 함수의 지역 이름의 값을 클래스 내부에서 참조함으로써 유지되거나, 클래스의 메서드 함수에 의해 유지된다. 29장에서 중첩 클래스에 대하여 더 상세히 알아볼 것이다. 나중 예제(웹 39장 데코레이터)에서 볼 수 있듯이, 이런 코드에서 외부 def는 비슷한 역할을 한다. 클래스 팩토리가 되고, 중첩된 클래스를 위해 상태 정보를 저장한다.

기본 인수로 외부 범위 상태 정보 유지하기

파이썬 2.2 이전 버전에서는 def문은 범위와 아무런 관련이 없기 때문에 앞서 다룬 코드들을 실행할 수 없다. 다음 코드에서 f2 내부 변수의 참조는 지역 범위(f2)만을 검색한 다음, 전역 범위(코드에서 f1의 외부)를 검색하고 그 후 내장된 범위를 검색한다. 이렇게 검색하면 바깥쪽 함수 범위의 검색을 건너뛰게 되므로 에러가 발생하게 된다. 이를 피하기 위해 프로그래머는 보통 기본 인수 값을 사용하여 전달하여 바깥쪽 범위의 객체를 기억한다.

```
def f1():
    x = 88
    def f2(x=x):                          # 바깥쪽 범위의 X를 기본 인수로 기억
        print(x)
    f2()
```

이런 코딩 스타일은 모든 파이썬 배포에서 동작 가능하며, 그리고 기존 파이썬 코드에서도 여전히 이런 패턴을 찾아볼 수 있을 것이다. 이런 코딩 패턴은 여전히 루프 변수에 **필요하기** 때문에 오늘날에도 배워 둘 필요가 있다. 요약하면 def 헤더의 구문 arg = val은 호출 시 arg에 실제 값이 주어지지 않을 경우, 인수 arg가 기본값으로 val을 갖는 것을 의미한다. 여기에서 이 구문은 유지되어야 할 바깥쪽 범위 상태를 명시적으로 할당하기 위해 사용되었다.

특히, 여기에서 수정된 f2에서 x = x는 인수 x는 바깥쪽 범위에 있는 x의 값을 기본으로 가진다는 것을 의미한다. 두 번째 x는 파이썬이 중첩된 def문으로 들어서기 전에 평가되기 때문에 이는 여전히 f1의 x를 참조한다. 실제로, 기본 인수는 f1에 있는 x를(여기에서는 88값을 가진 객체) 기억한다.

다소 복잡하지만, 이는 전적으로 기본값을 평가하는 시점에 의존한다. 실제로 중첩 범위의 검색 규칙은 기본 인수 값이 이 역할을 수행할 필요가 없도록 만들기 위해 추가되었다. 오늘날 파이썬은 중첩된 def에서 필요한 바깥쪽 범위의 모든 값을 자동으로 기억한다.

물론, 프로그램을 더 단순하게 만드는 더 좋은 방법은 def 내에 def를 중첩하는 것을 피하는 것이다. 파이썬적인 관점에서 보면 일반적으로 중첩이 없는 단층 구조가 중첩 구조보다 더 낫다. 다음 예제는 앞선 예제에서 중첩 구조를 피하면서 동일한 작업을 수행하도록 작성된 것이다. 이 코드에서 순방향 참조(forward reference)에 유의하자. 첫 번째 함수(f1)가 실제로 호출되기 전에 두 번째 def가 실행되는 한, 호출되는 함수(f1)가 이후에 정의된 함수(f2)를 호출하는 것은 문제가 되지 않는다. def 안의 코드는 함수가 실제로 호출되기 전에는 평가되지 않는다.

```
>>> def f1()
        x = 88              # x를 중첩 대신 인수로 전달
        f2(x)               # 순방향 참조는 가능!

>>> def f2(x):
        print(x)            # 단층 구조는 여전히 중첩 구조보다 낮다!

>>> f1()
88
```

만약 이 방식으로 중첩 구조를 피한다면, 파이썬에서의 중첩 범위에 대하여 거의 잊을 수 있을 것이다. 반면에, 클로저(팩토리) 함수의 중첩 함수는 lambda 함수와 마찬가지로 최근의

파이썬 코드에서는 매우 일반적으로 사용된다. lambda 함수는 거의 보통 def에 중첩된 형태로 등장하며, 종종 중첩된 범위에 의존하곤 한다. 이에 대해 다음 절에서 다루도록 하겠다.

중첩된 범위, 기본 인수, lambda 함수

비록 오늘날 def의 사용이 늘어나고 있지만, lambda 표현식에 대해 읽거나 코딩하기를 시작하면 중첩 함수의 범위에 대하여 좀 더 신경 쓰게 될 것이다. 지금까지 lambda에 대하여 간단하게 언급하기는 했으나, 19장 전에는 깊이 있게 다루지는 않을 것이다. 그러나 간단히 말하자면 lambda는 def문처럼 나중에 호출될 새로운 함수를 생성하는 표현식이다. lambda는 표현식이므로 리스트나 딕셔너리 리터럴처럼 def가 사용될 수 없는 곳에서도 사용할 수 있다.

lambda 표현식 또한 def처럼 자신이 생성한 함수의 지역 범위를 새로 만든다. lambda는 바깥쪽 범위의 검색 계층 덕분에 자신이 작성된 함수 내에 존재하는 모든 변수를 볼 수 있다. 따라서 앞서 본 팩토리 함수의 변형인 다음의 코드가 동작 가능한 것이며, 이는 중첩 범위 규칙이 적용될 때만 가능하다.

```
def func():
    x = 4
    action = (lambda n: x ** n)          # 바깥쪽 def의 x를 기억
    return action

x = func()
print(x(2))                              # 4 ** 2인 16을 출력
```

프로그래머들은 중첩된 함수 범위가 도입되기 이전에 앞서 본 def의 기본 인수 전달 예제처럼 바깥쪽 범위에서 lambda로 값을 전달하기 위해 기본 인수를 사용했다. 예를 들어, 모든 파이썬에서 다음 코드가 동작한다.

```
def func()
    x = 4
    action = (lambda n, x=x: x ** n)     # x를 직접 전달함
    return action
```

lambda가 표현식이기 때문에 자연스럽게, 그리고 일반적으로 바깥쪽 def에 중첩된다. 따라서 이름 검색 규칙에 바깥쪽 함수 범위가 추가된 것의 가장 큰 수혜자는 lambda라고 볼 수 있다. 대부분의 경우에는 lambda에 더 이상 기본 인수로 값을 전달할 필요가 없다.

루프 변수는 범위가 아니라 기본 인수가 필요

지금까지 설명한 규칙에는 유의해야 할 예외가 있다(그리고 구식 기본 인수 기법을 보여 준 이유가 있다). 만약 함수 내에 정의된 lambda나 def문이 루프문 안에 정의되어 있고 중첩된 함수가 그 루프에 의해 변경되는 바깥쪽 범위의 변수를 참조한다면, 루프문 내부에 생성된 모든 함수는 루프 반복의 마지막 차수에 참조 변수가 갖게 되는 값으로 동일한 값을 갖게 될 것이다. 그런 경우에 대신 변수의 현재 값을 저장하기 위해서는 여전히 기본 인수를 사용해야 한다.

이와 같은 기본 인수 사용법은 잘 알려져 있지 않은 경우이긴 하나, 생각보다 실무에서 자주 마주칠 수 있다. 특히 GUI의 위젯에서 주로 활용되는 콜백 핸들러 함수를 생성하는 코드에서 자주 마주치게 되는데, 한 라인의 모든 버튼을 선택할 수 있는 버튼 클릭 핸들러를 그 예로 들 수 있다. 만약 이러한 핸들러 함수가 루프문 안에서 생성된다면, 기본 인수를 활용하여 상태를 저장하는 것에 주의할 필요가 있다. 그렇지 않으면 모든 버튼의 콜백이 동일한 작업을 수행하는 것으로 끝날 수도 있다.

이러한 현상에 대하여 간단한 코드로 알아보자면 다음 코드는 일련의 함수를 생성하는데, 각각의 함수는 바깥쪽 범위의 변수 i의 현재 값을 기억한다.

```
>>> def makeActions():
        acts = []
        for i in range(5):                    # 각각의 i를 기억하고자 함
            acts.append(lambda x: i ** x)     # 하지만 모두 동일한 i를 기억
        return acts

>>> acts = makeActions()
>>> acts[0]
<function makeActions.<locals>.<lambda> at 0x0000000002A4A400>
```

이 코드는 제대로 동작할 수 없는데, 바깥쪽 범위 변수는 중첩 함수가 나중에 호출될 때 찾아보게 되어 있어서 모두 동일한 값을 기억하게 된다. 결국 이 값은 루프 반복의 마지막 차수에 루프 변수가 갖게 되는 값이다. 이는 우리가 거듭제곱(power)의 인수로 2를 전달하면 다음 호출의 각각은 리스트의 각 함수에 대한 결괏값으로 4의 제곱값을 반환하게 되는데, 이는 모든 함수의 i가 4로 동일하기 때문이다.

```
>>> acts[0](2)         # 모두 4 ** 2 값을 반환함. 4: 마지막 i 값
16
>>> acts[1](2)         # 예상대로라면 1 ** 2 (1)
16
```

```
>>> acts[2](2)                    # 예상대로라면  2 ** 2 (4)
16
>>> acts[4](2)                    # 예상대로라면 여기에서만 4 ** 2 (16)이 반환되어야 함
16
```

이것은 우리가 바깥쪽 범위 참조가 아닌 기본 인수를 활용하여 바깥쪽 범위의 값을 명시적으로 저장해야 하는 경우 중 하나다. 이 경우 제대로 동작하게 하기 위해서는 바깥쪽 범위의 변수의 현재 값을 기본 인수를 통해 전달해야 한다. 기본 인수는 중첩 함수가 생성될 때 평가되기 때문에(호출될 때가 아니라) 각각은 현재의 i 값을 기억한다.

```
>>> def makeActions():
        acts = []
        for i in range(5):                    # 기본 인수를 사용
            acts.append(lambda x, i=i: i ** x)  # 현재 i 값을 기억
        return acts

>>> acts = makeActions()
>>> acts[0](2)                                # 0 ** 2
0
>>> acts[1](2)                                # 1 ** 2
1
>>> acts[2](2)                                # 2 ** 2
4
>>> acts[4](2)                                # 4 ** 2
16
```

이 코드는 수정하기 어렵지 않으며, 규모가 더 큰 프로그램을 작성하기 시작할 때 쯤이면 더욱 중요해질 것이다. 기본 인수에 대해서는 18장에서, lambda에 대해서는 19장에서 더 자세히 살펴보게 되므로 아마도 나중에 이 절로 다시 돌아와 복습하고 싶어질지도 모른다.[3]

임의 범위 중첩

기본 인수를 활용한 상태 정보 유지에 대한 논의를 끝내기 전에, 범위는 임의로 중첩이 가능하지만, 바깥쪽 함수 def문(클래스가 아니라 파트 6 참조)만이 이름이 참조될 때 검색이 가능하다는 점을 유의해야 한다.

---

3 "함수 사용 시 주의 사항"절에서는 기본 인수로 리스트와 딕셔너리와 같은 가변 객체를 사용할 때(📖 def f(a=[ ])) 유사한 이슈가 있음을 볼 수 있을 것이다. 기본 인수는 함수에 첨부된 단일 객체로 구현되기 때문에 가변 기본 인수는 각각의 호출에 대해 새로이 초기화되기보다는 매 호출마다의 상태 정보를 저장한다. 이 기능에 대해 대답하는 사람에 따라, 이러한 특성은 상태 정보 저장을 구현하는 또 다른 방법이라고 말하기도 하고, 누군가는 파이썬의 특이한 부분이라고 말하기도 한다. 이에 대하여 21장 마지막에서 좀 더 알아보도록 하겠다.

```
>>> def f1():
        x = 99
        def f2():
            def f3():
                print(x)                    # f1의 지역 범위에서 발견됨
            f3()
        f2()
>>> f1()
99
```

파이썬은 참조하려는 함수의 지역 범위 검색 후에, 그리고 모듈의 전역 범위 또는 내장 범위의 검색 전에 **모든** 바깥쪽 def들의 지역 범위를 안에서부터 바깥 방향으로 검색해 나갈 것이다. 그렇지만 이런 종류의 코드는 실제에서 만나볼 일이 거의 없다. 다시 말하지만, 파이썬에서는 단층 구조가 **중첩 구조보다** 낫다. 클로저 함수를 고려한다 하더라도 말이다. 일부 제한된 맥락을 제외하고는 여러분의 인생과 동료들의 인생은 중첩된 함수 정의를 최소화할수록 더 편해질 것이다.

3.X에서의 nonlocal문

이전 절에서 우리는 이미 바깥쪽 함수가 반환된 경우에도 중첩 함수가 바깥쪽 함수 범위의 변수를 **참조**하는 방법에 대해서 알아보았다. 또한, 파이썬 3.X(2.X는 해당되지 않는다)에서는 nonlocal문으로 변수를 선언하면 그러한 바깥쪽 범위의 변수를 **변경**할 수도 있음을 확인하였다. nonlocal문을 사용하면 변경 가능한 상태 정보를 제공하여 중첩된 def가 바깥쪽 함수의 이름에 대한 읽기, 쓰기 권한을 모두 갖게 된다.

nonlocal문은 그 형식과 역할 면에서 이전에 다룬 global과 유사하며, global과 마찬가지로 바깥쪽 범위에서 변경될 이름을 선언한다. 그러나 global과는 달리 모든 def 외부의 전역 모듈 범위가 아닌 바깥쪽 함수의 범위에 있는 이름에 적용된다. 또한, global과는 달리 nonlocal 이름은 선언될 때 이미 바깥쪽 함수의 범위에 존재해야 한다. nonlocal에 선언되는 변수는 바깥쪽 함수의 범위에만 존재할 수 있으며, 중첩된 def 안에서 첫 할당을 통해 생성될 수 없다.

다시 말해 nonlocal은 바깥쪽 함수 범위의 이름에 할당하고, 해당 이름의 범위 검색을 바깥쪽 def로 제한하는 두 역할을 수행한다. 그 결과 속성, 상속, 다중 동작 같은 기능을 제공하는 클래스가 필요하지 않은 상황에서 변경 가능한 상태 정보를 구현하는 보다 직관적이고 신뢰할 만한 방법이 된다.

nonlocal의 기본

파이썬 3.X는 함수 내에서만 의미를 갖는 새로운 nonlocal문을 도입하였다.

```
def func():
    nonlocal name1, name2, ...          # 여기서는 OK!

>>> nonlocal X
SyntaxError: nonlocal declaration not allowed at module level
```

이러한 문장은 중첩 함수가 구문적으로 바깥쪽 함수 범위에 있는 하나 또는 그 이상의 이름을 변경하는 것을 가능하게 한다. 파이썬 2.X에서 하나의 함수 def가 다른 함수 def에 중첩되었을 때, 중첩 함수는 바깥쪽 def의 범위에서 할당에 의해 정의된 모든 이름을 참조할 수 있지만 이 이름들을 변경할 수는 없다. 3.X에서는 바깥쪽 범위에 있는 이름을 nonlocal문으로 선언함으로써 중첩 함수가 그 이름을 할당하고 변경하는 것을 가능하게 한다.

이 문장은 중첩 함수가 나중에 호출될 때, 바깥쪽 함수가 쓰기 가능한 상태 정보를 제공하는 방법을 제공한다. 상태가 변경되는 것은 내부 함수에 매우 유용하다(예를 들어, 바깥쪽 범위에 있는 카운터를 생각해 보자). 프로그래머는 2.X에서 일반적으로 이와 유사한 목적을 클래스나 다른 기법을 사용하여 구현한다. 중첩 함수는 상태 유지를 위한 일반적인 코딩 패턴으로 자리 잡고 있으며, nonlocal은 이를 보다 일반적으로 적용할 수 있는 방법이다.

바깥쪽 def에 있는 이름을 변경 가능하도록 하는 것 외에, nonlocal문은 참조 이슈를 빨리 해결할 수 있도록 돕는다. global문과 마찬가지로 nonlocal은 해당 문장에 나열된 이름을 찾을 때, 함수 선언한 지역 범위를 건너뛰고 바깥쪽 def 범위부터 찾도록 한다. 이는 nonlocal 역시 '나의 지역 범위는 전부 제외할 것'을 의미한다.

실제로 nonlocal에 나열된 이름은 nonlocal문에 도달하기 전에 바깥쪽 def에 미리 정의되어 있어야 한다. 그렇지 않으면 에러가 발생한다. 결과적으로 global과 거의 유사하다. global은 모듈에 존재하는 이름을 의미하며, nonlocal은 바깥쪽 def 내에 거주함을 의미한다. nonlocal은 보다 엄격하게 규정하여 범위 검색을 오직 바깥쪽 def 내로 한정 짓는다. 이는 nonlocal 이름은 오직 바깥쪽 def에만 등장 가능하며, 모듈의 전역 범위나 def 바깥의 내장 범위에는 존재할 수 없음을 말한다.

일반적으로 nonlocal의 추가로 이름 참조 범위 규칙이 변경되지는 않는다. 앞서 언급한 대로 'LEGB 규칙'에 따라 동작한다. nonlocal문은 바깥쪽 범위의 이름을 단순히 참조하는 것이 아니라 변경이 필요할 때 사용된다. 그러나 global과 nonlocal문은 함수 내에 작성될 때, 일정 부분 검색 규칙을 제한하게 된다.

- global은 범위 검색을 모듈 범위부터 시작하도록 하고, 전역 범위에 있는 이름을 할당한다. 범위 검색은 만약 모듈 범위에 해당 이름이 존재하지 않는다면 내장 범위까지 계속된다. 하지만 전역 이름에 대한 할당은 항상 모듈 범위에 해당 이름을 생성하고 변경한다.

- nonlocal은 범위 검색을 오직 바깥쪽 def 내로 제한하고 그 이름들은 이미 바깥쪽 def에 존재하고 있어야 하며, 그 이름들이 할당받을 수 있도록 한다. 범위 검색은 전역 범위나 내장 범위로 확장 진행되지 않는다.

파이썬 2.X에서 바깥쪽 def 범위 내의 이름을 참조하는 것은 가능하지만 할당은 불가능하다. 하지만 명시적 속성 정보를 갖는 클래스를 사용하여 비지역 이름과 동일한 효과의 변경 가능한 상태 정보를 구현할 수 있다(그리고 어떤 측면에서는 클래스로 처리하는 것이 더 나을 수도 있다). 전역 변수와 함수의 속성 정보도 때로는 유사한 목표를 달성할 수 있다. 실제 코드를 통해 좀 더 구체적으로 알아보자.

실제 동작하는 nonlocal

앞으로 등장하는 예제는 모두 3.X에서 동작한다. 바깥쪽 def 범위의 참조는 3.X에서 2.X와 동일하게 동작한다. 다음 예제의 tester는 나중에 호출될 함수 nested를 만들고 반환한다. 그리고 함수 nested의 변수 state는 tester의 지역 범위를 일반 범위 검색 규칙에 따라 참조한다.

```
C:\code> c:\python36\python

>>> def tester(start):
        state = start                    # 일반적으로 비지역 변수의 참조는 가능함
        def nested(label):
            print(label, state)          # 바깥쪽 범위의 상태를 기억함
        return nested

>>> F = tester(0)
>>> F('spam')
spam 0
>>> F('ham')
ham 0
```

그러나 바깥쪽 def 범위의 이름을 변경하는 것은 기본적으로 허용되지 않는다. 또한, 다음은 2.X에서 일반적인 상황이다.

```
>>> def tester(start):
        state = start
        def nested(label):
            print(label, state)
            state += 1                   # 기본적으로 변경 불가(2.X에서는 절대 불가)
        return nested

>>> F = tester(0)
>>> F('spam')
UnboundLocalError: local variable 'state' referenced before assignment
```

변경을 위해 nonlocal 이용하기

3.X에서 tester 범위의 변수 state를 nested 함수 안에서 nonlocal문으로 선언하면, nested 함수 내에서 state 변수를 변경할 수 있다. 이는 F라는 이름으로 반환된 함수 nested를 호출하기 전에 이미 함수 tester가 결괏값을 반환하고 종료되었다고 하더라도 가능하다.

```
>>> def tester(start):
        state = start                    # 각각의 호출은 자신만의 상태를 가짐
        def nested(label):
            nonlocal state               # 바깥쪽 범위의 상태를 기억
            print(label, state)
            state += 1                   # nonlocal을 사용한 경우 변경 가능
        return nested

>>> F = tester(0)
>>> F('spam')                            # 각각의 호출마다 state가 1씩 증가
spam 0
>>> F('ham')
ham 1
>>> F('eggs')
eggs 2
```

언제나처럼 우리는 메모리에 자신만의 상태를 가진 다수의 사본을 얻기 위해 tester 팩토리(클로저) 함수를 여러 번 호출할 수 있다. 바깥쪽 범위에 있는 state 객체는 본질적으로 반환된 nested 함수 객체에 첨부된다. 각각의 호출은 새로운 별도의 state 객체를 생성하기 때문에 한 함수의 상태를 변경하는 것은 다른 함수에 영향을 주지 않는다. 다음 예제는 앞 예제에 이어서 진행된다.

```
>>> G = tester(42)                       # 42에서 시작하는 새로운 tester 생성
>>> G('spam')
spam 42
```

```
>>> G('eggs')                         # 내 상태 정보는 43으로 갱신
eggs 43

>>> F('bacon')                        # 하지만 F는 마지막 상태인 3
bacon 3                               # 각 호출은 다른 상태 정보를 가지고 있음
```

이런 점에서 파이썬의 비지역 변수는 다른 언어에서 일반적인 함수의 지역 변수보다 좀 더 실용적이다. 클로저 함수에서 비지역 변수는 **호출마다 다수의 데이터 사본**을 갖는다.

영역 문제

비지역은 유용하긴 하지만 그만큼 알아둬야 할 미묘한 특성이 있다. 첫째, global문과는 다르게 비지역 이름은 평가되기 전에 바깥쪽 def문에서 '반드시' 할당되어 있어야 한다. 그렇지 않으면 에러가 발생한다. 비지역은 중첩된 범위 안에서 새로 할당하는 것으로 동적으로 생성되지 않는다. 실제로 비지역은 바깥쪽 또는 중첩 함수가 호출되기 전에 함수 정의 시 점검된다.

```
>>> def tester(start):
        def nested(label):
            nonlocal state            # 비지역은 바깥쪽 def에 미리 존재해야 함!
            state = 0
            print(label, state)
        return nested

SyntaxError: no binding for nonlocal 'state' found

>>> def tester(start):
        def nested(label):
            global state              # 전역은 선언 전에 미리 정의되지 않아도 됨
            state = 0                 # 이 코드는 지금 모듈 범위에 이름을 만듦
            print(label, state)
        return nested

>>> F = tester(0)
>>> F('abc')
abc 0
>>> state
0
```

둘째로 비지역은 범위 검색을 바깥쪽 def로 제한한다. 비지역은 찾는 이름이 이미 모든 def의 바깥 범위인 모듈 전역 범위나 내장된 범위에 있더라도 검색하지 않는다.

```
>>> spam = 99
>>> def tester():
```

```
        def nested():
            nonlocal sapm                  # 모듈이 아닌 def 내에 존재해야 한다!
            print('Current=', spam)
            spam += 1
        return nested

SyntaxError: no binding for nonlocal 'spam' found
```

이러한 제약 사항은 파이썬이 그렇게 하지 않을 경우, 일반적으로 어느 바깥쪽 범위에서 새로운 이름이 생성되었는지 알 수 없다는 것을 깨달으면 이해가 될 것이다. 앞의 예제에서 spam 변수는 tester 함수에 할당되어야 할까, 아니면 외부 모듈에 할당되어야 할까? 이러한 모호한 문제를 피하기 위해 파이썬은 비지역을 함수 **호출** 시점이 아니라 함수 **생성** 시점에 검사해야 한다.

왜 nonlocal인가? 상태 유지 방법들

중첩 함수의 추가적인 복잡도를 고려해 볼 때, 이게 다 무슨 일인가 어리둥절할 것이다. 지금까지 살펴본 짧은 예제들에서는 찾아보기 어려울 수 있지만, 상태 정보는 많은 프로그램에서 대단히 중요한 요소다. 함수는 결과를 반환할 수는 있지만, 함수의 지역 변수는 일반적으로 여러 호출 사이에 존재해야 하는 다른 값을 유지할 수 없다. 나아가 많은 어플리케이션은 사용 목적에 따라 달라지는 값을 필요로 하기도 한다.

앞서 언급했듯이 파이썬에서 함수 또는 메서드 호출 간의 정보를 기억하는 방법은 여러 가지가 있다. 모두 장단점이 있겠지만, 비지역은 바깥쪽 범위 참조를 개선한다. nonlocal문은 메모리에 기억된 **변경 가능한** 상태 정보에 대하여 여러 사본을 가질 수 있도록 한다. 이로써 클래스나 전역 변수가 적용될 수 없는 곳에서 간단하게 상태를 유지할 수 있는 방편이 된다. 물론, 때로는 함수의 속성이 이와 유사한 기능을 좀 더 간단하게 수행할 수도 있다. 각각의 옵션에 대하여 살펴보고 이들이 얼마나 쓸만한 지 확인해 보자.

nonlocal을 활용한 상태 정보: 3.X에서만 가능

이전 절에서 보았듯이 다음 코드는 바깥쪽 범위에서 상태 정보가 유지되고 수정될 수 있도록 한다. tester 함수가 호출될 때마다 별도의 **변경 가능한** 정보의 패키지가 생성되며, 이 이름들은 프로그램의 다른 부분과 충돌하지 않는다.

```
>>> def tester(start):
        state = start                  # 각각의 호출은 자신만의 상태를 가짐
        def nested(label):
            nonlocal state             # 바깥쪽 범위의 상태를 기억함
            print(label, state)
            state += 1                 # 비지역인 경우 변경 가능
        return nested

>>> F = tester(0)
>>> F('spam')                          # 상태는 클로저 안에서만 보임
spam 0
>>> F.state
AttributeError: 'function' object has no attribute 'state'
```

변수를 변경해야 하는 경우에만 비지역 변수를 선언해야 하며, 바깥쪽 범위의 이름을 참조하는 것은 별도의 비지역 선언 없이 자동적으로 가능하다. 그리고 비지역 이름은 바깥쪽 함수의 외부 영역에서는 보이지 않는다.

이 코드는 파이썬 3.X에서만 동작함을 기억하자. 만약 파이썬 2.X를 사용하는 독자라면, 목적에 따라 다른 방식을 사용할 수 있다. 다음에 등장하는 세 개의 절에서는 몇 가지 대안에 대하여 설명할 것이다. 거기에 등장하는 코드 중 일부 내용은 아직까지 다루지 않았던 도구를 사용하였으며, 부분적으로 간단히 소개할 것이다. 하지만 예제를 통하여 각각의 내용을 비교해 볼 수 있도록 예제를 간단하게 구성하기 위하여 노력하였다.

전역을 활용한 상태 정보: 하나의 사본만 가능

2.X 그리고 이전 버전에서 nonlocal 효과를 낼 수 있는 가장 보편적인 방책은 단순히 상태 정보를 전역 범위로(바깥쪽 모듈로) 옮기는 것이다.

```
>>> def tester(start):
        global state                   # state을 모듈로 옮겨서 변경 가능하도록 함
        state = start                  # global은 모듈 범위에서 변경이 가능하게 함
        def nested(label):
            global state
            print(label, state)
            state += 1
        return nested

>>> F = tester(0)
>>> F('spam')                          # 각 호출은 공유된 전역 state를 1씩 증가시킴
spam 0
>>> F('eggs')
eggs 1
```

이 코드는 이 경우에는 잘 동작하지만 tester와 nested 두 함수 모두에서 전역 선언이 필요하며, 전역 범위 안에서 이름 충돌이 발생하기 쉽다(만약 이미 "state"가 사용되고 있다면?). 더 나쁜, 그리고 더 미묘한 문제는 전역은 모듈 범위 안에서 상태 정보에 대해 단 하나의 공유된 사본만을 제공한다는 것이다. 앞의 예제에 이어서 tester 함수를 다시 호출하면, 모듈의 state 변수가 재설정되므로 이전 호출은 자신의 state가 변경된 것을 보게 된다.

```
>>> G = tester(42)                      # 전역 범위의 state의 단일 사본을 재설정
>>> G('toast')
toast 42

>>> G('bacon')
bacon 43

>>> F('ham')                            # 하지만 F의 카운터도 덮어써 버림!
ham 44
```

앞에서 본 것처럼, 여러분이 nonlocal문을 사용하고 global문 대신에 중첩된 함수 클로저를 사용한다면, tester에 대한 각각의 호출은 자신만의 독자적인 state 객체 사본을 기억하게 된다.

클래스를 활용한 상태 정보: 명시적인 속성(미리 보기)

2.X와 이전 버전에서 변경 가능한 상태 정보를 위한 또 하나의 방식으로는 암묵적인 범위 검색 규칙에 의존하기보다는 속성 정보를 가지는 클래스를 활용하여 상태 정보를 보다 명시적으로 접근하는 방법이 있다. 이 방식의 추가적인 이점은 파이썬 객체 모델의 자연적인 부산물로 클래스의 각 인스턴스가 별도의 상태 정보 사본을 갖게 된다는 것이다. 클래스는 또한, 상속과 다중 동작 그리고 다른 도구들을 지원한다.

아직 클래스에 대하여 상세히 다룬 적은 없지만 비교를 위한 간단한 소개로서 예를 들자면 다음 코드는 앞서 본 tester와 nested 함수를 클래스로 재구성한 것으로, 클래스는 마치 상태가 이미 생성된 것처럼 명시적으로 기록한다. 이 코드를 이해하려면, 클래스 안의 def에 대하여 알아 둘 필요가 있다. 이는 일반적인 def와 똑같이 동작하지만, 함수의 self 인수가 암묵적인 호출 대상(클래스 자체를 호출함으로써 생성되는 인스턴스 객체)을 자동으로 받는다는 점에서 차이가 있다. __init__으로 명명된 함수는 클래스가 호출될 때 자동으로 실행된다.

```
>>> class tester:                           # 클래스 기반 방식(파트 6 참고)
        def __init__(self, start):          # 객체 생성 시
            self.state = start              # 새 객체에 상태를 명시적으로 저장
        def nested(self, label):
            print(label, self.state)        # 상태를 명시적으로 참조함
            self.state += 1                 # 항상 변경 가능함

>>> F = tester(0)                           # 인스턴스를 생성, __init__ 실행
>>> F.nested('spam')                        # F는 self에 전달됨
spam 0
>>> F.nested('ham')
ham 1
```

클래스에서 속성은 변경되거나 단지 참조만 되는 경우에도 모두 명시적으로 저장되며, 속성은
클래스 외부에서도 사용 가능하다. 중첩 함수와 비지역의 경우처럼 클래스를 이용한 방법도
유지해야 할 데이터에 대한 여러 사본을 지원한다.

```
>>> G = tester(42)                          # 각 인스턴스는 상태에 대한 새 사본을 가짐
>>> G.nested('toast')                       # 하나를 변경해도 다른 것에 영향을 주지 않음
toast 42
>>> G.nested('bacon')
bacon 43

>>> F.nested('eggs')                        # F의 상태는 그대로 유지됨
eggs 2
>>> F.state                                 # 상태는 클래스 외부에서도 접근 가능함
3
```

약간의 마법과 같은 기교를 부리자면(이에 대해서는 나중에 철저하게 다룰 것이다) 연산자 오버로딩
을 이용해 우리의 클래스 객체를 호출 가능한 함수처럼 보이게 할 수 있다. __call__은 인스턴
스에 대한 직접 호출을 가로채기 때문에 명명된 메서드를 호출할 필요가 없다.

```
>>> class tester:
        def __init__(self, start):
            self.state = start
        def __call__(self, label):          # 직접 인스턴스 호출하는 것을 가로챔
            print(label, self.state)        # 따라서 nested( )가 필요 없음
            self.state += 1

>>> H = tester(99)
>>> H('juice')                              # __call__을 호출함
juice 99
>>> H('pancakes')
pancakes 100
```

이 코드를 이 시점에 상세히 다 이해하려고 애쓸 필요는 없다. 지금은 간단히 소개하는 단계로, 클로저와의 일반적인 비교할 정도로만 이해하면 될 것이다. 클래스에 대해서는 파트 6에서 보다 심도 있게 다룰 것이다. 이 중 __call__과 같은 연산자 오버로딩에 대해서는 30장에서 살펴볼 것이다. 여기에서 주목할 점은 클래스가 암묵적인 범위 검색 대신에 명시적인 속성 할당을 이용하여 상태 정보를 더 명확하게 관리한다는 것이다. 또한, 클래스의 속성 정보는 항상 변경 가능하기 때문에 별도로 nonlocal문이 필요하지 않다. 클래스는 다양한 속성과 행위를 갖는 더 풍부한 객체를 구현할 수 있도록 확장성 있게 설계되어 있다.

상태 정보를 위해 클래스를 활용하는 것이 경험상 일반적으로 좋은 방법이겠지만, 상태 정보가 단순한 카운터인 경우에는 **과유불급**일 수 있다. 이와 같이 사소할 정도로 간단한 상태 정보가 생각보다 일반적이다. 이러한 경우, 특히 아직 객체 지향 프로그래밍에 익숙하지 않다면 중첩된 **def**문이 클래스를 코딩하는 것보다 가볍게 해결할 수 있는 방법이 될 것이다. 더군다나 어떤 시나리오에서는 클래스보다 중첩된 **def**문이 실제로 더 잘 동작하기도 한다. 이 장의 범위를 벗어나는 예제들에 대해서는 39장의 메서드 데코레이터에 대한 설명을 참고하도록 하자.

함수 속성을 이용한 상태 정보: 3.X, 2.X 모두 사용 가능

상태 정보를 유지하는 또 다른 수단으로 **함수 속성**을 활용하는 방식이 있다. 이 방식은 이식성이 좋으며, 때로는 비지역과 같은 효과를 상대적으로 간단하게 얻을 수 있다. 여기에서 함수 속성이란, 함수에 직접 첨부되는 사용자가 정의한 이름을 의미한다. 사용자 정의 속성을 바깥쪽 팩토리 함수에 의해 생성된 중첩 함수에 첨부할 경우 이 속성은 호출별로 다중 사본을 갖는, 쓰기 가능한 상태 정보로서의 역할을 한다. 이는 정확히 비지역 범위 클로저, 그리고 클래스 속성과 동일하게 동작한다. 이러한 사용자 정의 속성 이름은 파이썬 자체가 생성한 이름과 충돌하지 않으며, nonlocal문과 마찬가지로 반드시 **변경**이 필요한 상태 변수에 대해서만 사용되어야 한다. 다른 범위 참조는 정상적으로 유지되고 동작한다.

결정적으로 이 방식은 클래스처럼 이식성이 좋다. 하지만 nonlocal과는 달리 함수의 속성은 3.X와 2.X 모두에서 적용 가능하다. 사실, 이 방식은 파이썬 2.1 버전부터 지원되던 것으로 3.X의 nonlocal보다 오래된 방식이다. 어쨌든 팩토리 함수는 각 호출마다 새로운 함수를 만들기 때문에 이 방식은 추가적인 객체를 필요로 하지 않는다. 새로운 함수의 속성은 nonlocal과 같은 방식으로 호출마다 생성되는 상태 정보가 되며, 메모리상에 생성된 함수와 연관된다.

더욱이 함수 속성은 클래스 속성처럼 중첩 함수의 **외부에서** 상태 변수에 접근할 수 있도록 한다. nonlocal을 사용하면 상태 변수는 중첩된 **def** 안에서만 보인다. 만약 여러분이 외부에서 호출 카운터에 접근할 필요가 있다면, 이 방식에서는 단순히 함수 속성을 불러오는 것으로 가능하다.

다음은 이 기법을 이용한 우리 예제의 최종 버전이다. 이 예제에서는 nonlocal을 중첩된 함수에 첨부한 속성으로 대체한다. 이 기법은 한 눈에 알아차릴 만큼 직관적이지 않을 수도 있다. 상태 정보는 단순한 변수 대신에 함수의 이름을 통해 접근하고, 중첩된 def문 이후에 초기화해야 한다. 하지만 이 방법은 여전히 이식성이 매우 높고 외부에서 상태로 접근이 가능하게 하며, nonlocal을 선언할 필요가 없어 코드 한 라인을 아낄 수 있다.

```
>>> def tester(start):
        def nested(label):
            print(label, nested.state)    # nested는 바깥쪽 범위에 있음
            nested.state += 1             # nested가 아닌 속성을 변경
        nested.state = start              # 함수가 정의된 후, state를 초기화
        return nested

>>> F = tester(0)
>>> F('spam')                             # F는 stated가 첨부된 nested 함수
spam 0
>>> F('ham')
ham 1
>>> F.state                               # 또한 함수 외부에서 state에 접근 가능
2
```

외부 함수에 대한 각각의 호출은 새로운 중첩 함수 객체를 제공하기 때문에 이러한 기법은 비지역 클로저, 그리고 클래스와 마찬가지로 **호출될 때마다** 가변 데이터의 새로운 사본을 제공한다. 전역 변수들은 제공할 수 없는 사용 방식이다.

```
>>> G = tester(42)                        # G는 자신만의 state를 가지며, F를 덮어쓰지 않음
>>> G('eggs')
eggs 42
>>> F('ham')
ham 2

>>> F.state                               # state는 호출별로 접근 가능함
3
>>> G.state
43
>>> F is G                                # 서로 다른 객체
False
```

이 코드는 함수명 nested가 함수 nested를 둘러싸고 있는 tester 범위 내의 지역 변수라는 점에 의존하고 있다. 이를테면, 이름 nested는 함수 nested 안에서 자유롭게 참조될 수 있다. 이 코드는 객체에 대한 직접 변경이 이름에 대한 할당은 아니라는 사실에 기반하고 있다. 코드에서 nested.state를 증가시킬 경우, 이는 객체 nested가 참조하고 있는 객체의 일부를 변경하는 것이지, 이름 nested 자체를 변경하는 것이 아니다. 실제로 바깥쪽 범위에 있는 이름에 할당하는 것이 아니기 때문에 nonlocal 선언이 필요하지 않다.

함수 속성은 파이썬 3.X와 2.X에서 모두 지원된다. 이에 대해서는 19장에서 더 자세히 알아볼 예정이다. 파이썬은 2.X와 3.X 모두에서 명명 규칙을 사용하여 여러분이 임의로 사용한 함수의 속성 이름이 내부 구현과 관련된 이름과 충돌이 발생하지 않도록 하며, 이는 네임스페이스와 범위를 일치시킴으로써 가능하다. 주관적인 요소는 배제하더라도 함수 속성이 갖는 유용성은 3.X에서 새롭게 추가된 nonlocal과 겹치는 부분이 있으며, 함수 속성보다 이식성이 낮다고 볼 수 있다.

가변 객체를 활용한 상태 정보: 오래된 잘 알려지지 않은 방법

관련된 내용으로 2.X와 3.X에서는 바깥쪽 범위의 가변 객체를 nonlocal로 선언하지 않더라도 변경할 수 있다. 그 예로 다음 코드는 이전 버전과 동일하게 동작하며, 동일하게 이식성이 있고 호출마다 변경 가능한 상태 정보를 제공한다.

```
def tester(start):
    def nested(label):
        print(label, state[0])          # 가변 객체의 직접 변경을 이용
        state[0] += 1                    # 추가 구문, 심오한 마법?
    state = [start]
    return nested
```

이 기법은 리스트의 가변성을 이용하고, 함수 속성과 마찬가지로 객체를 직접 변경할 경우 해당 이름은 지역으로 분류되지 않는다는 사실에 기반한다. 또한, 함수 속성이나 3.X의 nonlocal보다 잘 알려져 있지 않을 수도 있다. 이 기법은 심지어 함수 속성보다도 오래된 기법이며, 오늘날에는 잘 사용되지 않는다. 여러분이 피할 수 없는 코드에서 이러한 코드를 발견하더라도, 리스트와 숫자 오프셋을 이러한 방법으로 사용하는 것보다 명명된 함수 속성을 이용하는 것이 더 나을 것이다.

요약하자면 전역, 비지역, 클래스와 함수 속성은 모두 변경 가능한 상태를 유지하는 방법을 제공한다. 전역은 공유된 데이터에 대하여 단 하나의 사본만을 제공하고, 비지역은 3.X에서만 변경 가능하며, 클래스는 객체 지향 프로그래밍에 대한 기본 지식이 필요하고, 그리고 클래스와 함수 속성은 상태 정보를 유지하는 호출 가능한 객체의 외부로부터 상태에 직접 접근을 가능하게 하는 이식성을 고려한 방법을 제공한다. 늘 그렇듯이 어떤 방식이 여러분의 프로그램에 가장 적합한지는 해당 프로그램의 목적에 따라 달라진다.

여기서 소개한 상태 정보 관련 기법들은 39장에서 보다 현실적인 내용(데코레이터, 다단계 상태 정보 유지와 관련된 도구)과 함께 다시 다룰 예정이다. 상태 정보 관련 기법 선택 시 추가적인 고려 사항(예, 성능)들이 있으며, 이번 장에서는 지면 사정상 이에 대해서 자세히 다루지 않는다(대신 우리는 21장에서 코드의 실행 속도를 측정하는 방법을 알아볼 것이다). 이제 인수 전달 방식에 대해 알아보자.

더 생각해 볼 주제: open 사용자 정의하기

클로저 함수의 다른 예제로 620쪽의 칼럼인 "파이썬 2.X에서 세계를 무너뜨리기"에서 제안한 것처럼, 내장된 함수인 open 호출을 사용자 정의 버전으로 바꾸는 것에 대하여 생각해 보자. 만약 사용자 정의 버전에서 원본 함수를 호출할 필요가 있다면 이를 변경하기 전에 저장하고, 이후에 사용될 것을 대비하여 유지해야 한다. 이는 전통적인 상태 유지 시나리오다. 또한 동일한 함수에 대하여 다중 사용자 정의를 지원하고 싶다면 전역으로는 불가능하며, 이를 위해서는 사용자 정의별 상태가 필요하다.

다음은 파이썬 3.X에 대해 makeopen.py이란 이름으로 작성된 코드다(2.X에서는 내장된 범위의 이름과 print를 변경해야 한다). 이 코드는 나중에 사용할 값을 기억하기 위해 이름 충돌이 발생할 수 있고, 하나의 사본만 유지하는 전역 변수 대신에 중첩된 범위 클로저를 사용한다. 또한, 이 방법은 여기서 보장해야 하는 내용에 비해 많은 양의 코드를 필요로 한다.

```
import builtins
def makeopen(id):
    original = builtiins.open
    def custom(*pargs, **kargs):
        print('Custome open call %r: ' % id, pargs, kargs)
        return original(*pargs, **kargs)
    builtins.open = custom
```

프로세스상의 모든 모듈에서 사용중인 open 함수를 변경하기 위해 이 코드는 원래의 open을 바깥쪽 범위에 저장하여 나중에 사용자 정의 함수에서 원본을 호출할 수 있도록 한 뒤, 내장된 범위의 open을 중첩된 def에서 작성한 사용자 정의 버전으로 재할당하였다. 또한, 이 코드는 open에 대해 의미 있는 임의 위치 인수와 키워드 인수를 수집하고 풀기 위한 **별표 인수** 형식을 부분적으로 보여준다. 이에 대해서는 다음 장에서 다룰 예정이다. 그러나 여기서 중첩된 범위의 클로저는 거의 마법과 같이 동작한다. 범위 검색 규칙에 의해 발견된 사용자 정의 open은 나중 사용을 위해 기존 open을 기억하고 있다.

```
>>> F = open('script2.py')              # builtins 안의 내장된 open을 호출
>>> F.read()
'import sys\nprint(sys.path)\nx = 2\nprint(x**32)\n'

>>> from makeopen import makeopen       # open 재설정 함수 임포트
>>> makeopen('spam')                    # 사용자 정의 open이 내장된 open을 호출

>>> F = open('script2.py')              # builtins 안의 사용자 정의 open을 호출
Custom open call 'spam': ('script2.py',) {}
>>> F.read()
'import sys\nprint(sys.path)\nx = 2\nprint(x ** 32)\n'
```

각각의 사용자 정의 버전은 기존 내장된 범위의 버전을 자신의 바깥쪽 범위에 기억하고 있기 때문에 이 기법은 자연스럽게 전역 변수가 지원할 수 없는 방식으로 **중첩**될 수 있다. 또한, makeopen 클로저 함수에 대한 호출이 발생할 때마다 각각 자신만의 id와 original을 기억하므로 다수의 사용자 정의 버전이 실행될 수 있다.

```
>>> makeopen('eggs')                    # 각각은 자신만의 상태를 가지고 있기 때문에
>>> F = open('script2.py')              # 사용자 정의가 중첩되도 정상적으로 작동한다!
Custom open call 'eggs': ('script2.py',) {}
Custom open call 'spam': ('script2.py',) {}
>>> F.read()
'import sys\nprint(sys.path)\nx = 2\nprint(x ** 32)\n'
```

우리가 작성한 함수는 단순히 내장된 함수에 중첩된 호출을 추가한 형식이지만, 일반적으로 이 기법은 다양한 곳에서 활용될 수 있다. 이와 동일하게 동작하는 클래스 기반의 기법은 객체 속성에 id와 original 값을 명시적으로 저장해야 하므로 추가적인 코드의 작성이 요구된다. 더불어 우리가 지금 알고 있는 것보다 많은 배경 지식이 요구되므로 다음 내용은 파트 6에 대한 미리 보기 정도로 이해하고 넘어가자.

```
import builtins

class makeopen:                         # 파트 6 참조: 호출은 self( )를 붙잡음
    def __init__(self, id):
        self.id = id
        self.original = builtins.open
        builtin.open = self
    def __call_(self, *pargs, **kargs):
        print('Custom open call %r: ' %self.id, pargs, kargs)
        return self.original(*pargs, **kargs)
```

여기서 주목할 점은 클래스가 더 명시적일 수는 있지만, 클래스는 단순히 상태를 유지하기 위한 목적으로도 별도의 추가적인 코드가 필요하다는 것이다. 우리는 클로저의 추가적인 활용 사례에 대해서 뒤에서 좀 더 학습할 예정이며, 특히 39장에서 **데코레이터**에 대해서 학습할 때 어떤 역할에서는 클로저가 클래스보다 더 선호된다는 것을 알게 될 것이다.

이 장의 요약

이 장에서 우리는 함수와 관련된 두 개의 주요 개념 중 하나인 범위에 대하여 학습하였다. 범위는 변수를 사용할 때 어떻게 찾을 것인가를 결정한다. 우리가 배운 것처럼 변수는 변수가 할당된 곳의 함수 정의에 대해 지역으로 간주되며, 그렇지 않은 경우에는 전역 또는 비지역으로 명시적으로 선언되어야 한다. 또한, 우리는 중첩된 함수의 범위와 함수 속성을 포함하여 몇 가지 고급 범위 개념에 대해서도 알아보았다. 마지막으로, 우리는 전역 변수 사용 시 여러 파일 간의 상호 변경을 피해야 한다는 것과 같은 몇 가지 일반적인 코드 설계 개념에 대해서도 살펴보았다.

다음 장에서는 함수 관련된 두 번째 주요 개념인 인수 전달에 대하여 계속 알아보겠다. 여러분도 곧 보게 되겠지만 인수는 함수에 할당을 통해 전달되나, 파이썬은 함수들이 인수들을 전달받은 방식에서 좀 더 유연해질 수 있는 다양한 도구들을 제공한다. 다음 장으로 진행하기 전에 이 장의 퀴즈를 통해 우리가 배운 내용에 대하여 먼저 복습하도록 하자.

학습 테스트: 퀴즈

1. 다음 코드의 결과는 무엇이며, 그 이유는 무엇인가?

```
>>> X = 'Spam'
>>> def func():
        print(X)

>>> func()
```

2. 다음 코드의 결과는 무엇이며, 그 이유는 무엇인가?

```
>>> X = 'Spam'
>>> def func():
        X = 'NI!'

>>> func()
>>> print(X)
```

3. 이 코드는 무엇을 출력하며, 그 이유는 무엇인가?

```
>>> X = 'Spam'
>>> def func():
```

```
        X = 'NI'
        print(X)

>>> func()
>>> print(X)
```

4. 이 코드가 만들어 내는 결과는 무엇이며, 그 이유는 무엇인가?

```
>>> X = 'Spam'
>>> def func():
        global X
        X = 'NI'

>>> func()
>>> print(X)
```

5. 이 코드가 말하는 것은 무엇이며, 결과와 그 이유는 무엇인가?

```
>>> X = 'Spam'
>>> def func():
        X = 'NI'
        def nested():
            print(X)
        nested()

>>> func()
>>> X
```

6. 다음 코드를 생각해 보자. 파이썬 3.X에서의 결과물과 그 이유는 무엇인가?

```
>>> def func():
        X = 'NI'
        def nested():
            nonlocal X
            X = 'Spam'
        nested()
        print(X)

>>> func()
```

7. 파이썬 함수에서 상태 정보를 유지하기 위한 방법을 세 개 이상 열거하시오.

학습 테스트: 정답

1. 이 코드의 결과는 'Spam'이며, 그 이유는 함수가 바깥쪽 모듈의 전역 변수를 참조하기 때문이다(이 변수는 함수 내에 할당된 것이 아니므로 전역으로 인식된다).

2. 이 코드의 결과는 다시 'Spam'이다. 함수 내에 할당된 변수는 지역이므로 동일한 이름을 가진 전역을 숨긴다. print문은 전역 (모듈) 범위에서 변경되지 않은 변수를 발견한다.

3. 첫 번째 라인에서는 'NI'를 출력하고, 두 번째 라인에서는 'Spam'을 출력한다. 함수 내의 변수에 대한 참조는 할당된 지역을 찾아내고, print문의 참조는 전역 변수를 발견한다.

4. 이번에는 'NI'를 출력하게 되는데, 전역 선언은 함수 안에서 할당된 변수에 대해 바깥쪽 전역 범위에 있는 변수를 참조하도록 강제한다.

5. 이번 경우에도 첫 번째 라인에서는 'NI'를 출력하고, 두 번째 라인에서는 'Spam'을 출력한다. 중첩된 함수의 print문은 바깥쪽 함수의 지역 범위에서 이름을 발견하게 되며, 마지막 라인에서는 전역 범위에서 변수를 찾게 된다.

6. (파이썬 3.X에서만 이용 가능한) nonlocal 문은 중첩된 함수 내에서 X에 대한 할당은 바깥쪽 함수의 지역 범위에 있는 X를 변경한다는 것을 의미하므로 이 예제는 'Spam'을 출력한다. 이 문장이 없다면 이 할당은 X를 중첩 함수의 지역으로 분류하여 다른 변수로 인식하게 되고, 이 경우 'NI'를 출력하게 될 것이다.

7. 함수가 반환하면 지역 변수의 값은 사라지지만, 공유된 전역 변수와 중첩 함수에서 바깥쪽 함수 범위 참조, 또는 기본 인수 값을 활용하여 파이썬 함수가 상태 정보를 저장하도록 할 수 있다. 함수 속성은 상태 정보가 범위 검색 대신에 함수 자체에 첨부 되도록 한다. 또 다른 방법으로는 클래스와 객체 지향 프로그래밍을 활용하는 방법이 있으며, 때로는 속성 할당을 통해 명시적으로 지정하기 때문에 범위 기반 기술보다 상태 보존을 더 잘 지원한다. 이에 대해서는 파트 6에서 더 알아보자.

18

인수

17장에서는 파이썬에서 범위에 대하여 자세히 알아보았다. 범위란 변수가 정의, 검색되는 곳이다. 앞에서 배웠듯이 코드에서 이름이 정의되는 장소는 그 이름의 의미에 있어 많은 것을 결정한다. 이 장은 파이썬의 인수 전달(argument passing, 객체가 함수 입력으로 전달되는 방법)에 대한 개념을 공부하면서 함수에 대한 이야기를 계속해 나갈 것이다. 앞으로 살펴보겠지만 인수(또는 인자)는 함수의 이름에 할당되나, 인수는 변수 범위보다는 객체 참조와 더 관련되어 있다. 또한 파이썬은 함수에 인수가 전달되는 방식에 유연성을 주기 위해 키워드 인수, 기본값, 임의 인수 수집기(collector)와 추출기(extractor) 같은 번외의 도구들을 제공하는데, 이에 대해 예제와 함께 살펴보게 될 것이다.

인수 — 전달 방식의 기본

이 파트의 앞부분에서 인수는 **할당**에 의해 전달된다고 이야기했다. 할당에 의한 전달의 결과는 입문자들에게 다소 이해하기 어려운 부분이 있는데, 이 절에서는 그에 대해 설명한다. 함수에 인수를 전달하는 방식의 요점을 설명하자면 다음과 같다.

- **인수는 객체를 자동으로 지역 변수 이름에 할당함으로써 전달된다.** 함수 인수(호출자가 보낸 (아마도) 공유 객체의 참조)는 파이썬 할당의 또 다른 사례일 뿐이다. 참조는 포인터로 구현되기 때문에 결과적으로 모든 인수는 포인터에 의해 전달된다. 인수로 전달된 객체는 결코 자동

으로 복사되지 않는다.

- **함수 내에서 인수 이름에 할당하는 것은 호출자에게 영향을 주지 않는다.** 함수 헤더의 인수 이름은 함수가 실행될 때 함수의 범위 내에서 새로운 지역 이름이 된다. 함수 인수 이름과 호출자의 범위 내의 변수 이름 사이에는 앨리어싱(두 이름이 하나의 이름을 가리키도록 만듦)이 존재하지 않는다.

- **함수 안에서 가변 객체 인수를 변경하는 것은 호출자에게 영향을 줄 수 있다.** 한편으로 인수에는 전달된 객체가 단순히 할당되기 때문에 함수는 전달된 가변 객체를 직접 변경할 수 있으며, 그 결과는 호출자에게 영향을 줄 수 있다. 가변 인수는 함수에 대한 입력과 출력으로 사용될 수 있다.

참조에 대한 자세한 내용은 6장에 잘 나와 있다. 거기서 배운 모든 것은 함수 인수에도 적용되지만, 인수명에 할당하는 것은 자동적이고 암묵적으로 이루어진다.

파이썬의 할당에 의한 전달 기법은 C++의 참조 인자 방식과는 사뭇 다르지만, 실제 C언어(와 다른 언어)의 인수 전달 모델과는 매우 유사함을 알 수 있다.

- **불변 인수는 실질적으로 '값에 의해' 전달된다.** 정수나 문자열 같은 객체는 복사 대신에 객체 참조에 의해 전달되지만, 어쨌든 불변 객체를 직접 변경할 수 없기 때문에 그 결과는 복사한 것과 매우 유사해진다.

- **가변 인수는 실질적으로 '포인터에 의해' 전달된다.** 리스트나 딕셔너리와 같은 객체도 객체 참조에 의해 전달되는데, 이는 C에서 배열을 포인터로 전달하는 방식과 유사하다. 가변 객체는 C의 배열처럼 함수 내에서 직접 변경할 수 있다.

물론, 한 번도 C를 사용해 본 적이 없는 독자라면 파이썬의 인수/전달 모드를 더 간단히 이해할 수 있을 것이다. 이는 단지 객체를 이름에 할당하는 것과 연관되어 있을 뿐이며, 객체가 변경 가능한지 여부와 상관없이 동일하게 동작한다.

인수와 공유 참조

실제 인수 전달 방식의 특성을 설명하기 위해, 다음 코드를 생각해 보자.

```
>>> def f(a):          # a는 전달된 객체에 대한 참조를 할당
        a = 99          # 지역 변수 a만 변경
```

```
>>> b = 88
>>> f(b)                               # 처음에는 a와 b 모두 똑같은 88 참조
>>> print(b)                           # b는 변경되지 않음
88
```

이 예제에서 변수 a는 f(b)에 의해 함수가 호출되는 시점에 객체 88이 할당되지만, a는 호출된 함수 내에서만 존재한다. 함수 내에서 a를 변경하는 것은 함수를 호출한 곳에는 영향을 주지 않는다. 단순히 지역 변수 a가 완전히 다른 객체로 재설정된다.

이는 이름 앨리어싱이 없다는 것을 의미한다. 함수 내에서 인수 이름에 할당하는 것은(예 a = 99) 함수 호출자와 같은 범위 내에 있는 변수 b에 영향을 주지 않는다. 인수 이름은 함수가 처음 호출된 초기에는 전달된 객체를 공유하고 있지만(근본적으로 그 객체를 가리키는 포인터다), 이는 함수가 처음 호출되었을 때만 발생하는 일시적인 것이며, 인수 이름이 재할당되면 이 관계는 끝이 난다.

적어도 그 인수 이름 자체에 할당된 경우는 그렇다. 인수로 리스트나 딕셔너리와 같은 가변 객체가 전달될 경우에는 호출된 함수에서 그러한 객체에 가해진 변경 내역은 함수가 종료된 후에도 계속 유지되며, 따라서 호출자에게 영향을 준다는 점을 알아야 할 필요가 있다. 다음 예제는 이에 대해 보여 주고 있다.

```
>>> def changer(a, b):                 # 인수에는 객체의 참조가 할당됨
        a = 2                          # 지역 이름의 값만 변경
        b[0] = 'spam'                  # 공유 객체를 직접 변경

>>> X = 1
>>> L = [1, 2]                         # 호출자:
>>> changer(X, L)                      # 불변 객체와 가변 객체 전달
>>> X, L                               # X는 변경되지 않았지만, L은 변경됨!
(1, ['spam', 2])
```

이 코드에서 changer 함수는 인수 a 자체와 인수 b가 참조하는 객체의 요소에 값을 할당한다. 함수 안에서 이 두 가지 할당 방식은 구문적으로는 약간 다를 뿐이나, 결과는 확연히 달라진다.

- a는 함수 범위에서 지역 변수 이름이므로 첫 번째 할당은 호출자에게 아무런 영향을 미치지 않는다. 다만 이것은 지역 변수 a를 완전히 다른 객체를 참조하도록 변경하는 것으로, 호출자의 범위에 있는 이름 X의 연결을 변경하는 것이 아니다. 이는 이전 예제와 동일한 내용이다.

- b 또한 지역 변수 이름이지만, 이는 가변 객체(호출자의 범위에서 L이 참조하는 리스트)를 전달한다. 두 번째 할당은 직접 객체를 변경하기 때문에 b[0]에 할당한 결과는 함수가 반환한 후에도 L의 값에 영향을 준다.

실제로, changer의 두 번째 할당문은 b를 변경하지 않는다. 이것은 b가 현재 참조하는 객체의 일부분을 변경한다. 이러한 직접 변경은 변경 객체가 함수 호출보다 더 오래 유지되기 때문에 호출자에 영향을 주게 된다. 이름 L 또한 변경되지 않는다(여전히 동일한, 그렇지만 변경된 객체를 참조한다). 하지만 L이 호출 이후에 달라진 것처럼 보이는 것은 L이 참조하는 값이 함수 내에서 변경되었기 때문이다. 그 결과 리스트 이름 L은 함수에 대한 입력값이자 출력값의 역할을 하게 된다.

그림 18-1은 함수 호출 직후, 그리고 함수의 코드가 실행되기 직전의 이름/객체 간 연결 상태에 대해서 설명하고 있다.

만약 이 예제가 여전히 혼란스럽다면, 함수에 전달된 인수의 자동 할당은 다음과 같은 연속된 단순한 할당문을 실행하는 것과 동일한 효과가 있다는 사실이 도움이 될 것이다. 앞 코드의 첫 번째 인수 관점에서 다음 코드를 보면, 할당은 호출자에게 아무런 영향을 주지 않는다.

```
>>> X = 1
>>> a = X                    # 둘은 동일 객체를 공유
>>> a = 2                    # 'a'만 재설정, 'X'는 여전히 1
>>> print(X)
1
```

두 번째 인수를 통한 할당은 객체를 직접 변경하기 때문에 호출 시 전달된 변수에 영향을 준다.

```
>>> L = [1, 2]
>>> b = L                    # 둘은 동일 객체를 공유
>>> b[0] = 'spam'            # 직접 변경. 'L'도 함께 변경됨
>>> print(L)
['spam', 2]
```

만약 6장과 9장에서 다루었던 공유 가변 객체에 대한 논의를 상기해 본다면, 실제 어떤 현상이 벌어질지 예상할 수 있을 것이다. 가변 객체에 대한 직접 변경은 그 객체에 대한 다른 참조에 영향을 준다. 여기서는 그 결과로 인수 중 하나를 함수의 입력과 출력 모두로 동작할 수 있게 한다.

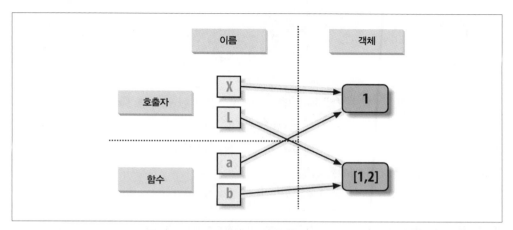

그림 18-1 참조: 인수. 인수는 할당에 의해 전달되기 때문에 함수의 인수 이름은 호출한 곳의 범위에 있는 변수와 객체를 공유할 수 있다. 따라서 함수 내에서 가변 객체에 대한 직접 변경은 호출자에 영향을 줄 수 있다. 여기에서 함수가 처음 호출되었을 때, 함수 내의 a와 b는 초기에 변수 X와 L이 참조하고 있는 객체를 참조한다. 변수 b를 통한 리스트의 변경은 호출이 반환된 뒤에 L에 영향을 준다.

가변 인수 변경 피하기

가변 인수를 직접 변경하는 것이 버그는 아니다. 단지 파이썬에서 인수를 전달하는 방식일 뿐이며, 실제로 널리 유용하게 사용되고 있다. 인수는 보통 우리가 일반적으로 원하는 방식인 참조로 함수에 전달된다. 즉, 이것은 우리가 프로그램 내의 큰 객체들을 중간에 여러 사본을 만들지 않고 전달할 수 있으며, 우리가 원하는 대로 객체를 쉽게 업데이트할 수 있다는 것을 의미한다. 실제로 파트 6에서 볼 수 있듯이 파이썬 클래스 모델은 객체의 상태를 업데이트하기 위해 'self' 인수를 직접 변경하도록 되어 있다.

그러나 만약 함수 내에서 우리가 전달한 객체에 영향을 줄 만한 직접 변경을 원하지 않는다면, 6장에서 배운대로 가변 객체의 명시적 사본을 만들 수 있다. 함수 인수의 경우 우리는 호출 시에 항상 list나 3.3 이후로는 list.copy, 또는 빈 슬라이스와 같은 도구들을 이용하여 리스트를 복사할 수 있다.

```
L = [1,2]
changer(X, L[:])              # 사본을 전달하기 때문에 'L'은 변경되지 않음
```

만약 함수가 호출된 방식에 상관없이 전달된 객체가 절대 변경되지 않기를 원한다면, 함수 내에서 사본을 만들 수도 있다.

```
def changer(a, b):
    b = b[:]              # 입력된 리스트를 복사함으로써 호출자에 영향을 주지 않음
    a = 2
    b[0] = 'spam'         # 우리가 만든 사본만 변경함
```

이 두 가지 복사 기법은 함수가 객체를 변경하는 것을 막지는 않는다. 다만 그러한 변경이 호출자에게 영향을 미치는 것을 방지할 뿐이다. 정말로 객체의 변경을 막고 싶다면, 함수 안에서 변경을 시도할 경우 에러가 발생하도록 객체를 불변 객체로 변경하면 된다. 예를 들어, 튜플은 변경 시도가 있을 때 예외를 발생시킨다.

```
L = [1, 2]
changer(X, tuple(L))     # 튜플을 전달, 변경하려 하면 에러가 발생함
```

이 기법은 내장된 tuple 함수를 사용하며, tuple 함수는 시퀀스의 (정말로, 어떤 반복 객체라도) 모든 항목을 꺼내어 새로운 튜플을 만든다. 이 방법은 함수가 전달된 객체를 절대로 변경하지 못하도록 하기 때문에 함수가 본래 가져야 할 제약보다 더 많은 제약을 가할 수도 있으므로 다소 극단적이다. 따라서 일반적으로 이 방법 또한 피해야 한다(앞으로 어떤 다른 함수 호출이 생겨서 인수를 언제 변경하는 것이 유용할지 우리는 알 수 없다). 이 기법은 함수로 하여금 인수로 전달받은 리스트에 대해 객체를 직접 변경하지 않는 메서드를 포함하여 리스트가 제공하는 모든 메서드를 이용할 수 없도록 만든다.

여기에서 기억해야 할 주요 내용은 함수는 자신에게 전달된 리스트와 딕셔너리 같은 가변 객체를 업데이트할 수도 있다는 것이다. 우리가 이런 특성을 기대하고 있었다면 딱히 문제가 되는 것은 아니며, 때에 따라서는 유용한 목적을 위해 이를 이용할 수도 있다. 게다가 전달된 가변 객체를 직접 변경하는 함수는 아마도 그렇게 동작하도록 의도적으로 설계되었을 것이다. 함수 내에서 발생하는 이러한 변경은 여러분이 사본을 전달하여 침해해서는 안 되는, 잘 정의된 API의 일부분일 가능성이 크다.

하지만 이 특성에 대하여 반드시 알아야 할 점은 만약 여러분이 예기치 못한 방식으로 객체가 변경된다면 이에 대한 원인이 호출받은 함수에 있는지 검사하고, 필요하다면 객체를 전달할 때 사본을 만들어야 한다는 것이다.

출력 인자와 다수의 결괏값 흉내 내기

우리는 이미 return문에 대하여 논의하였으며, 일부 예제에서 활용해 보았다. 여기에 이 문을 사용하는 또 다른 방법이 있다. return은 어떤 종류의 객체라도 되돌려 줄 수 있기 때문에 다수의 값을 튜플 또는 다른 컬렉션 타입으로 묶어서 반환할 수도 있다. 실제로 파이썬이 일부 언어에서 '참조에 의한 호출'로 부르는 인수 전달 방식을 지원하지는 않지만 우리는 일반적으로 튜플을 반환하거나, 호출자의 기존 인수 이름에 결과를 재할당하는 방식으로 이를 흉내 낼 수 있다.

```
>>> def multiple(x, y):
        x = 2                            # 지역 이름만 변경
        y = [3, 4]
        return x, y                      # 다수의 새로운 값을 튜플로 반환

>>> X = 1
>>> L = [1, 2]
>>> X, L = multiple(X, L)               # 결과를 호출자의 이름에 할당
>>> X, L
(2, [3, 4])
```

여기 이 코드는 두 개의 값을 반환하는 것으로 보이지만, 실제로는 하나의 값만 반환한다(괄호가 생략된 두 개의 항목으로 구성된 튜플만을 반환한다). 호출이 반환된 후에 우리는 반환된 튜플의 구성 요소들을 풀어내기 위해 튜플 할당을 이용할 수 있다(만약 왜 이 방법이 이러한 결과를 내는지 기억나지 않는다면, 4장과 9장의 "튜플"과 11장의 "할당문"을 다시 확인해 보기 바란다). 그 결과 이 코딩 패턴으로 여러 개의 결괏값을 반환하거나, 명시적 할당으로 다른 언어의 **출력 인자**를 흉내 낼 수 있다. 여기 예제에서는 호출 후에 X와 L은 변경되었지만, 이는 단지 코드가 그렇게 동작하도록 작성되었기 때문이다.

 파이썬 2.X에서 인수 언패킹(풀어내기): 이전 예제는 함수가 반환한 튜플을 튜플 할당을 사용하여 언패킹했다. 파이썬 2.X에서는 함수에 전달된 인수에서 튜플을 자동으로 언패킹할 수도 있다. 2.X에서(만) 다음의 헤더로 정의된 함수는 예상된 구조에 맞는 튜플을 이용하여 호출될 수 있다.

```
def f((a, (b, c))):
```

f((1, (2, 3)))은 a, b, c에 각각 1, 2, 3을 할당한다. 당연히 전달되는 튜플은 호출 전에 미리 생성된 객체일 수도 있다(f(T)). 이 def 구문은 파이썬 3.X에서는 더 이상 지원되지 않는다. 대신에 이 함수를 다음과 같이 작성하여 명시적인 할당문으로 언패킹할 수 있다.

```
def f(T): (a, (b, c)) = T
```

이 명시적 형식은 3.X와 2.X 모두에서 동작한다. 전해지는 바에 따르면, 인수 언패킹은 파이썬 2.X에서 잘 알려져 있지 않아 거의 사용되지 않던 기능이다(물론, 이를 사용한 코드를 제외한다면 말이다). 게다가 2.X에서 함수 헤더는 시퀀스 할당으로 **튜플** 형식만 지원한다. 더 일반적인 시퀀스 할당(예 def f((a, [b, c])):)은 2.X에서도 구문 에러를 일으키며, 3.X에서와 같이 명시적 할당 형식으로 처리해야만 한다. 이와 반대로 함수를 호출할 때는 어떤 형식의 시퀀스를 사용해도 함수 헤더의 튜플에 성공적으로 매치된다(예 f((1, [2, 3])), f((1, "ab"))).

lambda 함수의 인수 리스트에 바로 튜플을 언패킹하는 인수 구문을 쓰는 것 역시 3.X에서는 허용되지 않는다. lambda의 언패킹 예제는 20장의 칼럼인 "더 생각해 볼 주제: 리스트 컴프리헨션과 맵"을 참조하면 될 것이다. 다소 비대칭적이지만, 튜플 언패킹 할당은 3.X의 for 루프가 대상일 경우에는 여전히 자동으로 실행된다. 이에 대한 예제는 13장을 참조하도록 하자.

특별한 인수 매칭 모드

방금 본 것처럼, 파이썬에서 인수는 항상 할당에 의해 전달된다. def 헤더의 이름에는 전달된 객체가 할당된다. 그러나 파이썬은 이 모델을 기반으로 할당 이전에, 호출에 있는 인수 객체들이 헤더에 있는 인수 이름들과 매칭되는 방법을 변경하는 추가적인 도구들을 제공한다. 이들 도구를 사용하는 것은 모두 선택 사항이지만 좀 더 유연한 호출 패턴을 지원하는 함수의 작성을 가능하게 하며, 여러분은 이러한 도구를 필요로 하는 일부 라이브러리를 만나게 될 수도 있다.

기본적으로 인수는 위치에 따라 왼쪽에서 오른쪽으로 매칭되며, 반드시 함수 헤더에 있는 인수 이름의 개수와 같은 수의 인수를 전달해야 한다. 그러나 이름으로 인수를 매칭시킬 수도 있으며, 기본값을 제공하거나 추가적인 인수들을 위해 다수의 인수를 수집하는 방법을 사용할 수도 있다.

인수 매칭의 기본

구문적인 세부 내용을 살펴보기 전에 이 특별한 모드들은 선택 사항이며, 이름에 객체를 매칭하는 방법에 대해서만 다룬다는 점을 강조하고 싶다. 이름과 객체가 매칭된 이후에 근본적인 전달 방식은 여전히 할당으로 이루어진다. 실제로 이 도구들 중 일부는 애플리케이션 개발자보다는 라이브러리를 작성하는 사람들을 위한 것이라 볼 수 있다. 하지만 여러분이 이러한 코드를 작성할 일이 없더라도 이 모드와 우연히 마주하게 될 수도 있기 때문에 여기에서는 이 모드와 관련된 도구들에 대한 개요를 살펴보고자 한다.

위치: 왼쪽부터 오른쪽으로 매칭하기

지금까지 우리가 대부분 사용해 오던 일반적인 경우로 전달된 인수 값을 함수 헤더의 이름 위치에 맞춰서 왼쪽부터 오른쪽으로 매칭한다.

키워드: 인수 이름으로 매칭하기

호출자는 위치 대신에 함수에서 어떤 인수가 값을 받을 것인지를 호출할 때 인수 이름을 사용하여(이름 = 값 구문을 사용하여) 지정할 수 있다.

기본값: 함수 호출 시 전달되지 않는 선택적인 인수를 위한 값을 지정하기

함수 호출 시 함수 정의보다 더 적은 수의 인수를 전달할 경우를 위해 함수는 이름 = 값 구문을 사용하여 스스로 인수의 기본값을 명시할 수 있다.

가변 인수 모으기: 임의의 많은 수의 위치 또는 키워드 인수 모으기

함수는 하나 또는 두 개의 * 문자가 앞에 붙은 특별 인수를 사용하여 임의 개수의 추가적인 인수를 모을 수 있다. 이러한 기능은 C 언어에서 다양한 길이의 인수 리스트 도구가 등장한 이후, 종종 가변 인수(varargs)라 불린다. 파이썬에서 이 인수들은 일반 객체에 수집된다.

가변 인수 언패킹: 임의의 많은 위치 또는 키워드 인수 전달하기

또한, 호출자는 * 구문을 사용하여 인수 컬렉션을 개별 인수들로 언패킹할 수 있다. 이것은 함수 헤더의 *와는 정반대로 헤더에서 *는 임의의 개수의 인수를 모으는 것을 의미하지만, 호출에서는 임의의 개수의 인수를 언패킹하고 그들 각각을 개별 값으로 전달하는 것을 의미한다.

키워드 전용 인수: 반드시 이름으로 전달되어야만 하는 인수

파이썬 3.X에서(2.X에는 해당되지 않음) 함수는 키워드 인수와 함께 위치가 아닌 이름으로 전달되어야 하는 인수를 명시할 수 있다. 이러한 인수들은 보통 실제 인수와 함께 추가로 설정 옵션을 정의해야 할 때 사용된다.

인수 매칭 구문

표 18-1은 이 특별한 인수 매칭 모드의 구문을 요약한 것이다.

표 18-1 **함수 인수 매칭 형식**

구문	위치	해석
func(값)	호출자	일반 인수: 위치에 의한 매칭
func(이름 = 값)	호출자	키워드 인수: 이름에 의한 매칭
func(*반복 객체)	호출자	반복 객체 안의 모든 객체를 개별 위치적 인수로 전달
func(**딕셔너리)	호출자	딕셔너리의 모든 키/값의 쌍을 개별 키워드 인수로 전달함
def func(이름)	함수	일반 인수: 위치나 이름으로 전달된 값을 매치시킴
def func(이름 = 값)	함수	호출 시 값이 전달되지 않으면 기본 인수 값 사용
def func(*이름)	함수	나머지 위치 인수들을 하나의 튜플로 매칭하고 수집
def func(**이름)	함수	나머지 키워드 인수들을 하나의 딕셔너리로 매칭하고 수집
def func(*기타, 이름)	함수	호출 시 키워드로만 전달되어야 하는 인수(3.X)
def func(*기타, 이름 = 값)	함수	호출 시 키워드로만 전달되어야 하는 인수(3.X)

이와 같은 특별한 매칭 모드는 다음과 같이 함수 호출과 정의로 나누어볼 수 있다.

- **함수 호출**에서(표에서 처음 네 행) 간단한 값들은 위치에 의해 매치되지만, 그 대신 이름 = 값 형식을 사용하여 파이썬이 이름으로 인수에 매치시키도록 할 수도 있다. 이를 **키워드 인수**(keyword arguments)라 부른다. 호출문에서 *반복 객체 또는 **딕셔너리를 사용함으로써 각 각 시퀀스(와 다른 반복 객체)와 딕셔너리에 있는 임의 개수의 위치적 또는 키워드 객체를 패키징할 수 있고, 이들이 함수에 전달될 때 분리된 개별 인수들로 언패킹할 수 있다.

- **함수 헤더**(표의 나머지 부분)에서 단순한 이름은 호출자가 값을 전달하는 방식에 따라 위치 또는 이름에 의해 매치되지만, 이름 = 값 형식은 **기본값**을 명시한다. *이름 형식은 매치되지 않은 나머지 위치 인수들을 하나의 튜플에 수집하고, **이름 형식은 나머지 키워드 인수들을 하나의 딕셔너리에 수집한다. 파이썬 3.X에서 *이름 또는 * 다음에 나오는 모든 일반 또는 기본값을 가진 인수 이름은 **키워드 전용** 인수이며, 호출 시에 키워드로 전달되어야만 한다.

이들 중, 키워드 인수와 기본값이 아마도 파이썬 코드에서 가장 일반적으로 사용될 것이다. 우리도 이미 이 책의 앞부분에서 비공식적으로 이 두 모드를 사용했었다.

- 우리는 이미 3.X print 함수의 옵션을 명시하기 위해 키워드 인수를 사용했으나, 여기에서 다루는 내용이 좀 더 일반적이다. 키워드는 이름이 있는 모든 인수를 지정할 수 있으며, 호출 시 더 많은 정보를 제공하도록 한다.

- **기본값** 또한 앞서 바깥쪽 함수의 범위로부터 값을 전달하는 방법으로 사용한 적이 있지만, 여기에서 다루는 내용이 좀 더 일반적이다. 기본값은 함수 정의에서 인수의 기본값을 제공할 수 있게 함으로써 어떤 인수도 선택적일 수 있도록 해준다.

앞으로 보게 되겠지만, 이렇게 함수 정의에서의 기본값과 함수 호출에서의 키워드 인수를 조합하여 구현함으로써 어떤 기본값을 무시할 것인지를 선택할 수 있다.

간단히 설명하면 특별한 인수 매칭 모드는 얼마나 많은 인수가 함수에 전달되어야 하는지에 대하여 꽤 자유롭게 구현할 수 있도록 해준다. 만약 함수가 기본값을 명시하고 있다면, 이들 기본값은 여러분이 필요한 인수보다 적은 수의 인수를 전달할 때 사용된다. 만약 함수가 * 가변 인수 리스트 형식을 사용한다면, 여러분은 겉보기로는 더 많은 개수의 인수를 전달할 수 있다. *이름은 함수에서 처리할 데이터 구조에 나머지 인수들을 수집한다.

불편한 사실

만약 여러분이 특별한 인수 매칭 모드를 조합하여 사용하기로 선택했다면, 파이썬은 다음의 순서 규칙에 따라 모드를 지정하도록 요구할 것이다.

- 함수 호출에서 인수는 위치 인수(값), 그다음은 키워드 인수의 조합(이름 = 값)과 *반복 객체 형식, 그리고 그 후 **딕셔너리 형식이라는 순서대로 등장해야 한다.
- 함수 헤더에서 인수는 모든 일반 인수(이름), 그다음으로는 모든 기본값 인수(이름 = 값), 그 후에 *이름(또는 3.X에서의 *) 형식, 그다음 순서로 이름 또는 이름 = 값 키워드로만 전달되어야 하는 인수(3.X), 그리고 마지막으로 **이름 형식 순서대로 등장해야 한다.

호출과 헤더 양쪽 모두에서 **args 형식이 만약 존재한다면, 가장 마지막으로 등장해야 한다. 만약 이 순서대로 인수를 배치하지 않으면, 인수의 조합이 모호해질 수 있기 때문에 파이썬에서 구문 에러를 발생시킬 것이다. 파이썬이 내부적으로 할당 이전에 인수를 매치시키는 단계를 대략 설명하자면 다음과 같다.

1. 위치에 따라 키워드가 아닌 인수들을 할당한다.
2. 매칭되는 이름에 따라 키워드 인수들을 할당한다.
3. *이름 튜플에 나머지 키워드가 아닌 인수들을 할당한다.
4. **이름 딕셔너리에 나머지 키워드 인수들을 할당한다.

5. 헤더에서 할당되지 않은 인수들에게는 기본값을 할당한다.

이 다음에 파이썬은 각 인수에 단 하나의 값이 전달되었는지를 확인한다. 그렇지 않은 경우 에러가 발생한다. 모든 매칭이 완료된 후, 파이썬은 전달된 각 객체에게 인수 이름을 배정한다.

파이썬이 사용하는 실제 매칭 알고리즘은 좀 더 복잡해서(예를 들어, 3.X에서의 키워드로만 전달되어야 하는 인수를 설명해야만 한다) 더 정확한 설명은 파이썬 표준 언어 매뉴얼에서 다루기로 하겠다. 이 매뉴얼은 반드시 읽어야 할 필요는 없지만, 파이썬의 매칭 알고리즘을 따라가 보는 것은 일부의 대단히 난해한 경우(특히 모드들이 뒤섞여 있을 때)를 이해하는 데 도움이 될 것이다.

 파이썬 3.X에서는 함수 헤더의 인수 이름이 **어노테이션**(annotation) 값을 가질 수 있다. 이 값은 이름:값(또는 기본값이 있는 경우, 이름:값 = 기본값)로 표기된다. 이것은 단순히 인수를 위한 추가적인 구문으로 여기에서 설명한 인수-순서 규칙을 늘리거나 변경하지 않는다. 함수 자체도 def f( ) ➡ value 형식을 이용하여 어노테이션 값을 가질 수 있다. 파이썬은 이 어노테이션 값을 함수 객체에 첨부한다. 함수 어노테이션에 대한 더 자세한 내용은 19장에서 살펴보도록 하자.

키워드와 기본값 예제

이 절의 주제는 이전 설명에서 보여 준 것에 비해서 상당히 간단하다. 만약 어떤 특별한 매칭 구문을 사용하지 않는다면, 파이썬은 대부분의 다른 언어들과 같이 위치에 의해 이름을 왼쪽에서 오른쪽 방향으로 매치시킨다. 예를 들어 세 개의 인수가 필요한 함수를 정의하였을 때, 여러분은 이 함수를 세 개의 인수를 사용하여 호출해야 한다.

```
>>> def f(a, b, c): print(a, b, c)

>>> f(1, 2, 3)
1 2 3
```

여기서 우리는 위치에 따라 전달한다. a는 1에, b는 2에, C는 3에 매치된다(이것은 파이썬 3.X와 2.X에서 동일하게 적용되지만 2.X에서는 결과 출력에 추가적인 튜플 괄호가 표시되며, 여기서 우리는 3.X print 호출을 사용하고 있다).

키워드

그러나 파이썬에서 여러분은 무엇이 어디로 전달될 것인지에 대해 더 명확하게 명시해 줄 수 있다. 키워드 인수는 위치 대신에 **이름**으로 매칭시킬 수 있다. 앞서 나온 함수는 키워드 인수를 사용하여 다음과 같이 호출될 수 있다.

```
>>> f(c=3, b=2, a=1)
1 2 3
```

이 호출에서 c = 3은 c라는 이름의 인수에 3을 보내라는 것을 의미한다. 엄밀히 말하면 파이썬은 호출문상의 이름 c를 함수 정의 헤더의 c라는 이름의 인수에 매치시킨 뒤, 그 인수에 값 3을 전달한다. 이 호출의 결과는 이전 호출과 똑같다. 하지만 키워드를 사용하면 인수들은 위치가 아닌 이름으로 매치되기 때문에 인수의 전달 순서가 더 이상 의미가 없게 된다는 점을 알아 둘 필요가 있다. 게다가 하나의 호출에 위치 인수와 키워드 인수를 조합하여 사용할 수도 있다. 이 경우 키워드 인수가 이름에 의해 매칭되기 전에, 먼저 모든 위치 인수가 헤더의 왼쪽에서 오른쪽으로 매칭된다.

```
>>> f(1, c=3, b=2)              # a는 위치에 의해 1을 받고, b와 c는 이름에 의해 전달됨
1 2 3
```

대부분의 사람들이 이것을 처음 볼 때, 왜 이렇게 사용하는지 의아해 한다. 키워드는 기본적으로 파이썬에서 두 가지 역할을 가지고 있다. 첫째는 함수 호출을 좀 더 자체적으로 문서화해 준다는 것이다(여러분이 a, b, c보다는 나은 이름을 사용한다는 가정하에!). 예를 들어, 다음 형식의 호출은 콤마로 분리된 세 개의 숫자만 전달하는 것보다 훨씬 더 의미 있게 전달된다.

```
func(name='Bob', age=40, job='dev')
```

특히, 큰 프로그램에서라면 키워드는 호출에 사용된 데이터에 대한 라벨 역할을 한다. 키워드의 두 번째 주요 쓰임새는 기본값과 함께 사용되며, 이에 대해서는 다음에 다루도록 하겠다.

기본값

앞에서 중첩 함수 범위에 대하여 설명할 때, 기본값에 대하여 간략하게 알아보았다. 간단히 요약하면 기본값은 값이 전달될 함수 인수를 선택할 수 있도록 한다. 만약 함수 호출 시에 값이 전달되지 않으면, 함수가 실행되기 전에 그 인수에 기본값이 할당된다. 예를 들어, 다음은 한 인수는 필수로 전달해야 하고 두 인수는 기본값을 가진 함수다.

```
>>> def f(a, b=2, c=3): print(a, b, c)        # a에 값 전달은 필수. b와 c는 선택 사항임
```

우리가 이 함수를 호출할 때 a에 대해서는 위치나 키워드를 이용하여 반드시 값을 제공해야 하지만, b와 c에 값을 제공하는 것은 선택 사항이다. 만약 우리가 b와 c에 값을 전달하지 않으면, 이들은 각각 기본값인 2와 3을 갖게 된다.

```
>>> f(1)                          # 기본값 사용
1 2 3
>>> f(a=1)
1 2 3
```

만약 우리가 두 개의 값을 전달한다면 c만 기본값을 갖게 되고, 세 값을 모두 전달하면 기본값은 사용되지 않는다.

```
>>> f(1, 4)                       # 기본값은 무시, 전달된 값을 사용
1 4 3
>>> f(1, 4, 5)
1 4 5
```

마지막으로, 여기에서 키워드 인수와 기본값이 어떻게 상호 작용하는지 알아보자. 키워드는 기본적인 왼쪽에서 오른쪽으로 위치에 따른 매핑을 뒤엎는 기법이기 때문에 근본적으로 기본값을 가진 인수를 건너뛸 수 있도록 해준다.

```
>>> f(1, c=6)                     # 기본값을 선택
1 2 6
```

이 예제에서 a는 위치에 의해 1을 받고, c는 키워드에 의해 6을 받으며, 그 사이에 있는 b는 기본값인 2를 받는다.

함수 헤더와 함수 호출에 있는 특별한 이름 = 값 구문을 혼동하지 않도록 주의하자. 호출에서는 이름으로 매칭시키는 키워드 인수를 의미하지만, 헤더에서의 이 구문은 선택적 인수의 기본값을 명시한다. 두 경우 모두 구문의 생김새와는 달리 할당문이 아니다. 이 구문은 이 두 상황에서 사용되는 특별한 구문으로써 기본 인수 매칭 방법을 변경한다.

키워드 인수와 기본값 조합하기

여기 키워드와 기본값이 실제 어떻게 동작하는지 보여 주는 좀 더 큰 예제를 살펴보자. 다음 예제에서 호출자는 항상 최소 두 개의 인수(spam과 eggs를 매칭시키기 위해)를 전달해야 하지만, 다른 두 인수는 선택적이다. 만약에 이 선택적 인수들을 생략한다면, 파이썬은 toast와 ham

각각에 헤더에 명시된 기본값을 할당한다.

```
def func(spam, eggs, toast=0, ham=0):     # 처음 두 개는 필수
    print((spam, eggs, toast, ham))

func(1, 2)                                # 결과: (1, 2, 0, 0)
func(1, ham=1, eggs=0)                     # 결과: (1, 0, 0, 1)
func(spam=1, eggs=0)                       # 결과: (1, 0, 0, 0)
func(toast=1, eggs=2, spam=3)              # 결과: (3, 2, 1, 0)
func(1, 2, 3, 4)                          # 결과: (1, 2, 3, 4)
```

다시 말하지만 호출에서 키워드 인수가 사용되면, 인수가 나열되는 순서는 문제가 되지 않는다. 파이썬은 위치가 아닌 이름으로 매치시킨다. 호출자는 spam과 eggs를 위한 값을 반드시 제공해야 하지만, 이들은 위치나 이름으로 매치시킬 수 있다. 또한, 호출과 def문에서 각각 이름 = 값 형식이 갖는 의미는 다르다는 점을 기억하자. 호출에서는 키워드 인수를 의미하고, 헤더에서는 기본값을 말한다.

기본값으로 가변 객체 사용 시 주의: 이전 장의 각주에서도 설명했듯이 만약 기본값을 가변 객체로 하여 코드를 작성할 경우(예 def f(a=[ ])), 나중에 함수가 호출될 때마다 동일한 **단일** 가변 객체가 재사용된다. 함수 내에서 이 가변 객체가 직접 변경된다 하더라도 말이다. 그 결과 인수의 기본값은 이전 호출의 결과가 그대로 유지되며, def 헤더에 명시된 기존 값으로 재설정되지 않는다. 매 호출마다 새로 재설정하고자 할 경우, 대신에 할당문을 함수 본문으로 이동시켜야 한다. 가변 인수 기본값은 상태 유지를 가능하게 하지만, 종종 의도치 않은 동작일 수도 있다. 이렇게 가변 인수 기본값은 일반적인 함정의 성격을 가지고 있기 때문에 이에 대한 내용은 이 파트 21장 끝의 '주의 사항'에서 더 자세히 설명하도록 하겠다.

임의 인수 예제

마지막 두 매칭 기법인 *와 **는 함수가 어떤 개수의 인수라도 받아들일 수 있도록 설계되었다. 이 두 기법은 함수 정의 또는 함수 호출 모두에 등장 가능하며, 각 위치에 따라 관련 용도가 다르다.

헤더: 인수 수집

첫 번째 용도는 함수 정의에서 매치되지 않은 위치 인수를 하나의 튜플에 모으는 것이다.

```
>>> def f(*args): print(args)
```

이 함수가 호출될 때, 파이썬은 모든 위치 인수들을 하나의 새로운 **튜플**에 모으고 그 튜플에 가변 길이의 args를 할당한다. 이것은 일반 튜플 객체이기 때문에 인덱스를 부여할 수 있으며, for 루프를 사용하여 순차적으로 값을 불러오는 등의 일을 할 수 있다.

```
>>> f()
()
>>> f(1)
(1,)
>>> f(1, 2, 3, 4)
(1, 2, 3, 4)
```

**의 특징도 유사하지만, 이것은 키워드 인수에 대해서만 동작한다. 이것은 키워드 인수들을 새로운 딕셔너리로 모으고, 일반 딕셔너리 도구를 이용하여 처리할 수 있게 된다. 어떤 의미에서 ** 형식은 키워드를 딕셔너리로 전환함으로써 key 호출, 딕셔너리 반복자 등을 이용한 순차적 탐색을 가능하게 한다(이러한 전환은 키워드가 전달될 때 dict 호출이 수행하는 작업이며, 새로운 딕셔너리를 반환한다).

```
>>> def f(**args): print(args)

>>> f()
{}
>>> f(a=1, b=2)
{'a': 1, 'b': 2}
```

마지막으로 함수 헤더는 일반 인수, *, **을 결합하여 매우 유연한 호출 방식을 구현할 수 있다. 다음 예제에서 1은 a에 위치에 의해 전달되고, 2와 3은 위치적 튜플인 pargs에 수집되며, x와 y는 키워드 딕셔너리인 kargs에 모이게 된다.

```
>>> def f(a, *pargs, **kargs): print(a, pargs, kargs)

>>> f(1, 2, 3, x=1, y=2)
1 (2, 3) {'y': 2, 'x': 1}
```

이러한 코드는 드물지만, 다양한 호출 패턴을 지원할 필요가 있는(예를 들면 하위 호환성을 위해) 함수에서 나타난다. 실제로, 이러한 특성들은 처음에는 모호하게 보일 정도로 더 복잡한 방식으로 조합될 수도 있다. 이에 대해서는 이 장의 뒷부분에서 다시 살펴보도록 하겠다. 우선, 함수 정의 대신 함수 호출에 *와 **가 작성되었을 때 어떤 일이 발생하는지 알아보자.

호출: 인수들 언패킹하기

최신 모든 파이썬 버전에서 우리는 함수를 호출할 때에도 * 구문을 사용할 수 있다. 함수 호출에서의 * 구문의 의미는 함수 정의에서의 의미와 정반대다. 이 구문은 인수들을 하나의 컬렉션으로 만들어주는 것이 아니라, 인수들의 컬렉션을 언패킹한다. 예를 들어, 우리는 네 개의 인수를 하나의 튜플로 함수에 전달할 수 있으며, 파이썬이 이들을 개별 인수로 언패킹하도록 할 수 있다.

```
>>> def func(a, b, c, d): print(a, b, c, d)

>>> args = (1, 2)
>>> args += (3, 4)
>>> func(*args)                          # func(1, 2, 3, 4)과 같음
1 2 3 4
```

이와 유사하게 함수 호출에서 ** 구분은 키/값의 쌍들로 구성된 딕셔너리를 개별 키워드 인수로 언패킹한다.

```
>>> args = {'a': 1, 'b': 2, 'c': 3}
>>> args['d'] = 4
>>> func(**args)                         # func(a = 1, b = 2, c = 3, d = 4)과 같음
1 2 3 4
```

앞에서 설명한 것처럼 우리는 일반, 위치 그리고 키워드 인수를 호출문에서 매우 유연하게 조합할 수 있다.

```
>>> func(*(1, 2), **{'d': 4, 'c': 3})    # func(1, 2, d = 4, c = 3)와 같음
1 2 3 4
>>> func(1, *(2, 3), **{'d': 4})         # func(1, 2, 3, d = 4)와 같음
1 2 3 4
>>> func(1, c=3, *(2,), **{'d': 4})      # func(1, 2, c = 3, d = 4)와 같음
1 2 3 4
>>> func(1, *(2, 3), d=4)                # func(1, 2, 3, d = 4)와 같음
1 2 3 4
>>> func(1, *(2,), c=3, **{'d':4})       # func(1, 2, c = 3, d = 4)와 같다
1 2 3 4
```

이런 종류의 코드는 스크립트를 작성하는 시점에 함수에 전달될 인수의 개수를 예측할 수 없을 때 편리하다. 여러분은 대신 런타임 시에 인수들의 컬렉션을 만들고 이 방법을 이용하여 일반적인 방법으로 함수를 호출할 수 있다. 다시 말하지만, */** 구문이 함수 헤더에 사용될

때와 함수 호출문에서 사용될 때의 의미를 혼동하지 말자. 헤더에서는 다수의 인수를 모으지만, **호출**에서는 이렇게 모인 컬렉션을 여러 개별 인수로 언패킹한다. *는 위치 인수들을 의미하며, **는 키워드 인수들에 적용된다.

14장에서 본 것처럼 함수 호출에서 *pargs 형식은 **반복 상황**이기 때문에 사실상 튜플뿐만 아니라 여기 예제에서 본 다른 시퀀스까지 모든 반복 객체를 받아들인다. 예를 들어, 파일 객체 또한 * 다음에서 동작하여 파일의 각 라인을 개별 객체로 언패킹한다 (囲 func(*open('fname'))). 제너레이터에 대해 공부한 뒤, 20장에서 이 유틸리티에 대한 추가적인 예제를 다룰 때까지 기다리자.

이와 같은 보편성은 파이썬 3.X와 2.X 모두 지원하지만, **호출**에서만 해당된다. 호출에서 *pargs는 어떤 반복 객체도 허용하지만, def 헤더에서 동일한 형식은 항상 하나의 **튜플**에 나머지 인수들을 묶는다. 이 헤더의 동작은 11장에서 본 파이썬 3.X의 확장된 시퀀스 언패킹 할당 형식(囲 x, *y = z)과 구문적으로도 의미적으로도 유사하지만, 이 형식에서의 별표 기호 사용은 항상 튜플이 아닌 리스트를 만든다.

함수의 일반화에 적용하기

이전 절의 예제가 학술적으로 보일지도 모르지만, 여러분이 기대한 것보다는 더 자주 사용된다. 일부 프로그램은 사전에 함수의 이름이나 인수에 대해 모른 채 일반적인 방식으로 임의의 함수를 호출할 필요가 있다. 실제로, 특별한 가변 인수 'varargs' 호출 구문의 진짜 힘은 여러분이 스크립트를 작성하기 전에 함수 호출에 얼마나 많은 인수가 필요한지에 대해 알 필요가 없다는 데 있다. 예를 들어, 여러분은 if 로직을 사용하여 일반적으로 여러 함수와 인수 리스트로부터 어느 함수와 인수를 사용할지 선택할 수 있으며, 그리고 이들 중 아무라도 호출할 수 있다(다음 예제 중, 일부에 포함된 함수는 가상의 함수다).

```
if sometest:
    action, args = func1, (1,)          # 이 경우, 하나의 인수로 func1 호출
else:
    action, args = func2, (1, 2, 3)     # 여기에서는 세 개의 인수로 func2 호출
...등등...
action(*args)                           # 일반적으로 처리
```

이 예제는 * 형식, 함수가 어떤 변수로도 참조 또는 호출될 수 있는 객체라는 사실을 이용한다. 좀 더 일반적으로는 이 가변 인수(varargs) 호출 구문은 여러분이 인수 목록을 예측할 수 없을 때 유용하다. 예를 들어 만약 사용자가 임의의 함수를 사용자 인터페이스를 통해 선택한다면, 여러분은 스크립트를 작성할 때 함수 호출을 하드코딩할 수 없을 것이다. 이 문제를

해결하기 위해 간단히 시퀀스 연산을 이용하여 인수 리스트를 만들고, 인수들을 언패킹하기 위해 별표 인수 구문으로 해당 함수를 호출할 수 있다.

```
>>> ...func3를 정의하거나 임포트함...
>>> args = (2,3)
>>> args += (4,)
>>> args
(2, 3, 4)
>>> func3(*args)
```

여기에서 인수 리스트가 튜플 형식으로 전달되기 때문에 프로그램은 이를 런타임 시에 만들 수 있다. 또한, 이 기법은 다른 함수를 테스트하거나 시간을 측정하는 함수를 작성하는 데 유용하다. 예를 들어, 다음 코드는 어떤 인수가 들어오더라도 이를 전달함으로써 모든 함수와 인수에 영향을 받지 않도록 구성하였다(이 예제는 이 책의 예제 패키지에 있는 tracer( ).py 파일이다).

```
def tracer(func, *pargs, **kargs):        # 임의의 인수를 받아들임
    print('calling:', func.__name__)
    return func(*pargs, **kargs)          # 임의의 인수를 전달함

def func(a, b, c, d):
    return a + b + c + d

print(tracer(func, 1, 2, c=3, d=4))
```

이 코드는 모든 함수에 첨부되어 있는 내장된 __name__ 속성을 사용하며(이미 예상하겠지만, 이것은 함수의 이름 문자열이다), 별표 인수를 사용하여 추적 대상 함수의 인수를 수집하고 언패킹한다. 다른 말로 이 코드가 실행되면 tracer는 인수들을 가로챈 후 가변 인수 호출 구문을 이용하여 전달한다.

```
calling: func
10
```

이 기술의 또 다른 예제로는 앞 장 거의 끝에서 다룬 미리 보기를 살펴보자. 거기에서는 내장된 open 함수를 재설정할 때 이 기술이 사용되었다. 이 책의 뒤에서도 이러한 역할을 수행하는 추가 예제 코드를 작성해 볼 것이다. 특히, 21장의 시퀀스 시간 측정 예제와 39장의 다양한 데코레이터 유틸리티를 참고하자. 이는 일반적인 도구에 흔히 사용되는 기법이다.

이제는 사라진 내장된 apply(파이썬 2.X)

파이썬 3.X 이전 버전에서는 *args와 **args 가변 인수 호출 구문의 효과는 내장된 함수 apply를 통해 얻었다. 이 기법은 3.X에서는 기능의 중복으로 제거되었다(3.X는 수년에 걸쳐 다른 기능에 포함되어 더 이상 쓸모없어진 이런 도구들을 걷어내고 있다). 하지만 이 도구는 모든 파이썬 2.X에서는 여전히 사용 가능하며, 예전에 작성된 2.X 코드에서 우연히 마주할 수도 있다.

간단히 말해서 다음의 두 코드는 파이썬 3.X 이전 버전에서 동일하다.

```
func(*pargs, **kargs)          # 새로운 호출 구문: func(*시퀀스, **딕셔너리)
apply(func, pargs, kargs)      # 지금은 사라진 내장된: apply(func, 시퀀스, 딕셔너리)
```

예를 들어, 위치 인수 또는 키워드 인수를 몇 개라도 받아들일 수 있는 다음의 함수를 생각해 보자.

```
>>> def echo(*args, **kwargs): print(args, kwargs)

>>> echo(1, 2, a=3, b=4)
(1, 2) {'a': 3, 'b': 4}
```

파이썬 2.X에서는 일반적으로 apply나, 3.X에서는 이제는 필수인 호출 구문을 이용하여 이 함수를 호출할 수 있다.

```
>>> pargs = (1, 2)
>>> kargs = {'a':3, 'b':4}

>>> apply(echo, pargs, kargs)
(1, 2) {'a': 3, 'b': 4}

>>> echo(*pargs, **kargs)
(1, 2) {'a': 3, 'b': 4}
```

2.X에서는 내장된 함수에 대해 두 형식 모두 동작한다(2.X에서는 긴(long) 정수 뒤에 L이 붙는다는 것을 알아 두자).

```
>>> apply(pow, (2, 100))
1267650600228229401496703205376L
>>> pow(*(2, 100))
1267650600228229401496703205376L
```

언패킹 호출 구문 형식는 apply 함수보다 더 최근에 나온 것으로 일반적으로 더 많이 사용되며, 3.X에서는 필수로 사용해야 하는 구문 형식이다(엄밀히 말하면 apply 함수는 2.0에서 추가되었고 2.3에서는 사라질 것으로 문서에 명시되었으나, 2.7에서도 여전히 경고 메시지 없이 사용할 수 있지만 3.0과 그 이후 버전에서는 사라졌다). 이 새로운 언패킹 호출 구문은 def 헤더의 * 수집기와 동일한 형식을 가지며, 키 입력을 더 적게 해도 될 뿐만 아니라 인수 시퀀스나 딕셔너리를 수동으로 확장하지 않고도 추가적인 인수를 전달할 수 있다.

```
>>> echo(0, c=5, *pargs, **kargs)        # 일반, 키워드, *시퀀스, **딕셔너리
(0, 1, 2) {'a': 3, 'c': 5, 'b': 4}
```

다시 말해, 호출 구문 형식이 좀 더 일반적이다. 이 형식은 3.X에서는 필수 사항으로, 이제는 apply와 관련된 모든 지식을 버려야 한다(물론, 여러분이 사용하거나 유지보수해야 하는 2.X 코드에서 등장하지 않는다면 말이다).

파이썬 3.X 키워드 전용 인수

파이썬 3.X는 함수 헤더에 순서 규칙을 일반화하여 키워드 전용 인수를 명시할 수 있게 해준다. 키워드 전용 인수란 키워드로만 전달되어야 하는 인수로, 위치 인수로는 절대로 값이 채워질 수 없다. 만약 함수가 어떤 개수의 인수라도 처리하고 선택적인 설정 옵션을 수용하도록 만들기를 원한다면, 이 방식이 유용하다.

구문적으로 키워드 전용 인수들은 인수 리스트에서 *args 뒤에 등장하는 지정된 인수로 작성된다. 모든 이러한 인수들은 호출에서 키워드 구문을 사용하여 전달되어야만 한다. 그중 한 예로 다음에서 a는 이름 또는 위치로 전달될 수 있으며, b는 나머지 위치 인수 모두를 모으고, c는 키워드로만 전달되어야 한다. 다음은 3.X에서 실행한 결과다.

```
>>> def kwonly(a, *b, c):
        print(a, b, c)

>>> kwonly(1, 2, c=3)
1 (2,) 3
>>> kwonly(a=1, c=3)
1 () 3
>>> kwonly(1, 2, 3)
TypeError: kwonly() missing 1 required keyword-only argument: 'c'
```

우리는 또한 인수 리스트에 * 문자만을 사용하여 함수가 가변 인수 리스트를 받을 수는 없지만, * 뒤에 따라나오는 모든 인수들이 키워드로 전달될 것을 기대하고 있음을 나타낼 수 있다. 다음 함수에서 a는 위치나 이름으로 전달되겠지만 b와 c는 키워드로 전달되어야 하며, 나머지 위치 인수는 허용되지 않는다.

```
>>> def kwonly(a, *, b, c):
        print(a, b, c)

>>> kwonly(1, c=3, b=2)
1 2 3
>>> kwonly(c=3, b=2, a=1)
1 2 3
>>> kwonly(1, 2, 3)
TypeError: kwonly() takes 1 positional argument but 3 were given
>>> kwonly(1)
TypeError: kwonly() missing 2 required keyword-only arguments: 'b' and 'c'
```

여러분은 * 다음에 등장하는 키워드 전용 인수에 대해서도 여전히 기본값을 사용할 수 있다. 다음 코드에서 a는 이름이나 위치로 전달될 것이고, b와 c는 선택적 인수이지만 만약 사용된다면 반드시 키워드로 전달되어야 한다.

```
>>> def kwonly(a, *, b='spam', c='ham'):
        print(a, b, c)

>>> kwonly(1)
1 spam ham
>>> kwonly(1, c=3)
1 spam 3
>>> kwonly(a=1)
1 spam ham
>>> kwonly(c=3, b=2, a=1)
1 2 3
>>> kwonly(1, 2)
TypeError: kwonly() takes 1 positional argument but 2 were given
```

실제로 기본값을 가진 키워드 전용 인수는 선택적이지만, 기본값이 없는 키워드 전용 인수는 함수를 위해 실질적으로 필수 키워드 인수가 된다.

```
>>> def kwonly(a, *, b, c='spam'):
        print(a, b, c)

>>> kwonly(1, b='eggs')
```

```
1 eggs spam
>>> kwonly(1, c='eggs')
TypeError: kwonly() missing 1 required keyword-only argument: 'b'
>>> kwonly(1, 2)
TypeError: kwonly() takes 1 positional argument but 2 were given

>>> def kwonly(a, *, b=1, c, d=2):
        print(a, b, c, d)

>>> kwonly(3, c=4)
3 1 4 2
>>> kwonly(3, c=4, b=5)
3 5 4 2
>>> kwonly(3)
TypeError: kwonly() missing 1 required keyword-only argument: 'c'
>>> kwonly(1, 2, 3)
TypeError: kwonly() takes 1 positional argument but 3 were given
```

순서 규칙

마지막으로, 키워드 전용 인수는 별표 두 개가 아닌 별표 한 개 다음에 명시되어 한다는 것에
주의하자. 명명된 인수는 임의 키워드 형식인 **args 다음에 나올 수 없으며, **는 인수 리스
트에서 단독으로 사용될 수 없다. 이러한 시도는 구문 에러를 일으킨다.

```
>>> def kwonly(a, **pargs, b, c):
SyntaxError: invalid syntax
>>> def kwonly(a, **, b, c):
SyntaxError: invalid syntax
```

이는 함수 헤더에서 키워드 전용 인수는 **args 앞과 *args 다음에 작성되어야 한다는 의미
다. *args 앞에 인수 이름이 등장한다면, 이것은 아마도 키워드 전용 인수가 아니라 기본 위치
인수일 것이다.

```
>>> def f(a, *b, **d, c=6): print(a, b, c, d)    # 키워드 전용은 ** 앞에!
SyntaxError: invalid syntax

>>> def f(a, *b, c=6, **d): print(a, b, c, d)    # 헤더에서 인수 수집

>>> f(1, 2, 3, x=4, y=5)                         # 기본값 사용
1 (2, 3) 6 {'y': 5, 'x': 4}

>>> f(1, 2, 3, x=4, y=5, c=7)                    # 기본값 무시
1 (2, 3) 7 {'y': 5, 'x': 4}
```

```
>>> f(1, 2, 3, c=7, x=4, y=5)            # 키워드만 있다면, 어디에서나 등장!
1 (2, 3) 7 {'y': 5, 'x': 4}

>>> def f(a, c=6, *b, **d): print(a, b, c, d)    # 여기서 c는 키워드 전용이 아님!

>>> f(1, 2, 3, x=4)
1 (3,) 2 {'x': 4}
```

실제로 유사한 순서 규칙이 함수 **호출**에서도 유효하다. 키워드 전용 인수가 전달될 경우, 이들은 **args 형식 전에 나타나야 한다. 하지만 키워드 전용 인수는 *args 앞이나 뒤에 등장할 수 있고, **args에 포함될 수도 있다.

```
>>> def f(a, *b, c=6, **d): print(a, b, c, d)    # *와 ** 사이에 키워드 전용 인수

>>> f(1, *(2, 3), **dict(x=4, y=5))              # 호출 시 인수를 언패킹
1 (2, 3) 6 {'y': 5, 'x': 4}

>>> f(1, *(2, 3), **dict(x=4, y=5), c=7)         # **args 앞에 키워드 인수!
SyntaxError: invalid syntax                       # 3.5부터는 인수 순서 규칙의 완화로 지원

>>> f(1, *(2, 3), c=7, **dict(x=4, y=5))         # 기본값 무시
1 (2, 3) 7 {'y': 5, 'x': 4}

>>> f(1, c=7, *(2, 3), **dict(x=4, y=5))         # * 앞이나 뒤에 위치
1 (2, 3) 7 {'y': 5, 'x': 4}

>>> f(1, *(2, 3), **dict(x=4, y=5, c=7))         # ** 안에 키워드 전용 인수 사용
1 (2, 3) 7 {'y': 5, 'x': 4}
```

이 각각의 경우를 앞에서 공식적으로 설명한 일반적인 인수 순서 규칙과 함께, 스스로 쫓아 학습해 보기를 바란다. 이 경우들은 예제를 위해 인위적으로 만들어 낸 최악의 경우들처럼 보일 수도 있지만 실제 사례에서 등장할 수도 있는데, 특히 다른 파이썬 프로그래머들이 사용할 라이브러리나 도구들을 만드는 사람들을 위한 경우가 그러하다.

왜 키워드 전용 인수인가?

그렇다면 왜 키워드 전용 인수에 관심을 가져야 하는 것일까? 간단히 말하자면, 키워드 전용 인수는 함수가 임의 개수의 위치적 인수와 키워드로 전달된 설정 옵션을 함께 받을 수 있도록 해주기 때문이다. 이를 사용하는 것은 선택 사항이기는 하지만, 키워드 전용 인수를 사용하지 않으면 이러한 옵션을 위한 기본값을 제공하고 불필요한 키워드가 전달되지 않았는지 검증하기 위해 부가적인 작업이 필요할 것이다.

다음과 같이 일련의 전달된 객체를 처리하고, 추적용 플래그를 전달받은 함수를 상상해 보자.

```
process(X, Y, Z)                        # 플래그 기본값 사용
process(X, Y, notify=True)              # 플래그 기본값 무시
```

키워드 전용 인수가 없으면 우리는 *args와 **args를 사용하고, 키워드도 직접 검사해야 하지만, 키워드 전용 인수를 사용하면 필요한 코드의 양을 줄일 수 있다. 다음은 위치 인수가 notify에 대하여 잘못 매칭되지 않을 것임을 보장하며, 만약 notify 인수가 전달된다면 키워드 인수로 전달될 것을 요구한다.

```
def process(*args, notify=False): ...
```

이에 대한 보다 실제적인 예제는 686쪽의 "파이썬 3.X의 print 함수 흉내 내기"절에서 보게 될 것이므로, 이에 대한 나머지 이야기는 그때 마저 하도록 하겠다. 실제 키워드 전용 인수의 추가적인 예제를 보고 싶다면, 21장의 반복 작업에 대한 시간을 측정하는 사례 학습을 참고하자. 또한, 파이썬 3.X에서 함수에 대한 추가적인 개선 사항에 대해서는 19장의 함수 어노테이션 구문에 대해 논의한 부분을 확인해 보자.

최솟값 구하기

이제 좀 더 실질적인 무언가를 만들 시간이다! 이 장의 개념을 보다 구체화하기 위하여 인수 매칭 도구의 실제 적용 사례를 보여 주는 실습 문제를 풀어 보자.

여러분이 임의의 인수들과 임의의 객체 데이터 타입들로부터 최솟값을 구할 수 있는 함수를 작성하고 싶다고 가정하자. 즉 이 함수는 0개 또는 그 이상의, 여러분이 전달하고 싶은 만큼의 인수를 받아야 한다. 또한, 이 함수는 모든 종류의 파이썬 객체 유형에 대해(숫자, 문자열, 리스트, 딕셔너리의 리스트, 파일, 그리고 심지어 None에까지) 동작할 수 있어야 한다(공정함을 위해 파이썬 3.X에서 딕셔너리는 직접 비교를 지원하지 않으므로 3.X 사용자는 딕셔너리를 지원하지 않아도 된다(8장과 9장 참고)).

첫 요구 사항은 어떻게 * 인수가 잘 사용될 수 있는지를 보여 주는 자연스러운 예제를 제공한다. 우리는 튜플에 인수들을 수집할 수 있고, 간단한 for 루프를 이용하여 튜플 안의 개별 인수

들을 차례대로 처리할 수 있다. 문제 정의의 두 번째 부분은 쉽다. 모든 객체 타입이 비교를 지원하기 때문에 우리가 데이터 타입별로 별도의 함수를 만들어 줄 필요가 없다(다형성의 적용). 우리는 단순히 객체를 유형에 상관없이 비교할 수 있으며, 파이썬이 비교할 객체에 따라 어떤 유형의 비교를 수행할 것인지 판단하도록 하면 된다.

만점 답안

다음 파일은 이 동작을 코딩하는 세 가지 방법을 보여 준다. 이 중에 최소 한 가지는 내 교육 과정 중 한 학생이 제안한 것이다(이 예제는 종종 점심 식사 후 식곤증을 피해가기 위한 그룹 과제로 쓰이곤 한다).

- 첫 번째 함수는 첫 번째 인수(args는 튜플이다)를 가져와서 첫 번째 항목을 슬라이싱한 나머지 항목들과 비교해 나간다(객체를 자기 자신과 비교하는 것은 의미가 없다. 특히, 이것이 큰 구조를 가지고 있다면 더욱 그렇다).

- 두 번째 버전은 파이썬이 첫 번째 인수와 나머지를 자동으로 선택하게 하여 인덱스와 슬라이스를 피한다.

- 세 번째 방법은 내장된 list 호출을 이용하여 튜플을 리스트로 전환해 list의 sort 메서드를 사용한다.

sort 메서드는 C로 작성되었으므로 때에 따라 다른 방법들보다 수행 시간이 더 빠를 수 있지만, 처음의 두 기법은 선형 탐색을 수행함으로써 수행 시간이 더 짧아지도록 만들 수 있다.[1] 파일 mins.py에는 이 세 가지 방법이 모두 포함되어 있다.

```
def min1(*args):
    res = args[0]
    for arg in args[1:]:
```

---

1 실제로 이것은 상당히 복잡하다. 파이썬의 sort 루틴은 C로 작성되어 있으며, 정렬 대상 항목들에 부분 정렬 기법을 활용하는 고도의 최적화 알고리즘을 사용한다. 이것은 이 기법을 만든 팀 피터스(Tim Peters)의 이름을 따서 'timsort'라 부르며, 이를 설명하는 문서에서는 때에 따라 이 기법이 '초자연적인 성능'을 보인다고 주장한다(sort로서는 꽤 괜찮은 방법이다!). 여전히 정렬은 본질적으로 작업량이 기하급수적으로 불어나는 방법이지만(이것은 시퀀스를 잘게 나누고 다시 합치는 작업을 여러 번 수행해야 한다), 다른 두 버전은 선형 탐색을 단순히 왼쪽에서 오른쪽으로 한 번만 수행한다. 이 결과 인수가 부분적으로 정렬된 상태라면 정렬 기법이 더 빠르지만, 그렇지 않은 경우에는 더 느려지기 쉽다(3.3상의 테스트에서도 동일한 결과를 확인하였다). 그렇긴 하나 파이썬의 성능은 시간이 지남에 따라 바뀔 수 있으며, 정렬 기법이 C로 구현되었다는 사실이 성능 향상에 크게 도움될 수 있다. 정확한 분석을 위해서는 time이나 timeit 모듈을 이용하여 각 방안들의 수행 시간을 측정해 보아야 하는데, 그 방법에 대해서는 21장에서 보게 될 것이다.

```
        if arg < res:
            res = arg
    return res

def min2(first, *rest):
    for arg in rest:
        if arg < first:
            first = arg
    return first

def min3(*args):
    tmp = list(args)                            # 또는 Python 2.4+에서: return sorted(args)[0]
    tmp.sort()
    return tmp[0]

print(min1(3, 4, 1, 2))
print(min2("bb", "aa"))
print(min3([2,2], [1,1], [3,3]))
```

파일이 실행되면 이 세 방법은 모두 동일한 결과를 만들어 낸다. 대화형 세션에서 몇 가지 호출을 실행하여 이들을 활용해 스스로 실험해 보기 바란다.

```
% python mins.py
1
aa
[1, 1]
```

이 세 가지 방법은 모두 어떤 인수도 넘어오지 않는 경우에 대해 검사하지 않는다는 점을 주목하자. 이 코드들이 그러한 일을 할 수도 있지만, 여기에서 그에 대하여 검사하는 것은 의미가 없다. 이 세 가지 방법 모두 어떤 인수도 전달되지 않는다면, 파이썬은 자동으로 예외를 발생시킬 것이다. 첫 번째 방법에서는 우리가 0 번째 항목을 가져올 때 예외가 발생하고, 두 번째 방법에서는 파이썬이 인수 리스트의 매치 오류를 감지할 때이며, 그리고 세 번째 방법에서는 마지막에서 0 번째 항목을 반환하려고 할 때 예외가 발생할 것이다.

이것은 정확히 우리가 원하는 방식이다. 이 함수들은 모든 데이터 타입을 지원하기 때문에 에러를 지정하여 반환할 어떤 유효한 감시값이 존재하지 않으며, 따라서 우리 또한 예외를 발생시킬 수밖에 없었을 것이다. 그러나 이 규칙에는 예외가 있다(예를 들어, 만약 에러가 자동으로 발생하는 코드에 도달하기 전에 실행되는 동작을 피하고 싶다면, 에러가 발생하는지를 직접 테스트해야 할 것이다). 하지만 일반적으로는 인수들이 여러분의 함수 코드 내에서 제대로 동작한다고 가정하고, 그렇지 않은 경우에 대해서 파이썬이 오류를 발생시키도록 하는 편이 더 낫다.

보너스 점수

여기에서 이 함수를 최솟값 대신 **최댓값**을 계산하도록 변경하면 보너스 점수를 받을 수 있다. 이것은 매우 쉬운 일이다. 처음 두 버전은 단지 <를 >로 바꾸어 주기만 하면 되고, 세 번째 버전은 단순히 tmp[0] 대신 tmp[-1]을 반환하면 된다. 가산점을 원한다면 함수 이름도 'max'로 변경하는 것을 잊지 말자(물론 이 부분은 전적으로 선택 사항이다).

더불어, 하나의 함수로 최솟값 또는 최댓값 중 하나를 계산하도록 일반화할 수도 있다. 이는 내장된 함수 eval과 같은 도구를 사용하여 비교 표현식 문자열을 평가하거나(라이브러리 매뉴얼이나 이 책에 등장한 여러 부분, 특히 10장을 참고할 것), 임의의 비교 함수를 전달함으로써 구현할 수 있다. 파일 minmax.py는 후자의 방식을 어떻게 구현하는지 보여 준다.

```
def minmax(test, *args):
    res = args[0]
    for arg in args[1:]:
        if test(arg, res):
            res = arg
    return res

def lessthan(x, y): return x < y              # lambda, eval 또한 참고
def grtrthan(x, y): return x > y

print(minmax(lessthan, 4, 2, 1, 5, 6, 3))     # 테스트 코드
print(minmax(grtrthan, 4, 2, 1, 5, 6, 3))

% python minmax.py
1
6
```

함수들은 이와 같은 함수에 전달될 수 있는 또 다른 객체의 종류다. 예를 들어, 이 함수를 max(또는 다른) 함수로 만들기 위해서 우리는 단지 그에 적합한 종류의 test 함수를 전달하면 된다. 이것은 부가적인 작업으로 보이겠지만, 함수를 이러한 방식으로 일반화하는 것의 핵심은 (단지 하나의 문자를 변경하기 위해 코드를 복사해서 붙여넣기하는 대신에) 우리가 미래에 두 개가 아닌 하나의 버전만 변경하면 된다는 점에 있다.

요점은...

물론, 이 모든 방법은 코딩 연습일 뿐이다. 실제로 min 또는 max를 직접 코딩해야 할 이유는 없다. 왜냐하면 이 둘은 모두 파이썬에서 내장 함수로 제공되기 때문이다. 우리는 이 내장

함수들을 5장에서 수학적 도구들과 함께 간단히 만나보았으며, 14장에서 반복 상황을 배울 때 다시 살펴보았다. 내장 함수들은 우리가 만든 함수와 거의 똑같은 일을 하지만 이들은 최적의 성능을 내기 위해 C로 작성되었으며, 단일 반복 객체 또는 다수의 인수를 받아들일 수 있다. 하지만 여전히 min과 max를 직접 함수로 작성하는 것은 불필요한 일이다. 우리가 여기서 사용했던 일반적인 코딩 패턴은 다른 상황에서 유용하게 사용될 것이다.

일반화된 집합 함수들

특별한 인수 매칭 모드가 실제로 더 유용하게 사용되는 예제를 살펴보자. 우리는 16장 마지막에서 두 시퀀스의 교집합을 반환하는 함수를 작성하였다(이 함수는 두 시퀀스 모두에 등장하는 항목을 골라낸다). 여기에서는 가변 인수 매칭 형식인 *args를 사용하여 전달되는 모든 인수를 수집함으로써, 임의 개수의(하나 또는 그 이상의) 시퀀스에 대한 교집합을 구하는 버전을 볼 수 있다. 인수들은 하나의 튜플로 전달되기 때문에 우리는 단순한 for 루프 하나로 인수들을 처리할 수 있다. 그리고 우리는 단지 재미로 피연산자에 나타난 모든 항목들을 수집하기 위해 임의의 인수들을 받아들이는 합집합(union) 함수를 작성할 것이다.

```python
def intersect(*args):
    res = []
    for x in args[0]:              # 첫 번째 시퀀스 탐색
        if x in res: continue      # 중복 항목은 건너뜀
        for other in args[1:]:     # 다른 인수들을 위하여
            if x not in other: break   # 각각의 인수에 해당 항목이 있는지?
        else:                      # 없으면: 루프 빠져나가기
            res.append(x)          # 있으면: 마지막에 항목 추가
    return res

def union(*args):
    res = []
    for seq in args:               # 모든 인수를 위해
        for x in seq:              # 모든 항목을 위해
            if not x in res:
                res.append(x)      # 새로운 항목을 결과에 추가
    return res
```

이들은 잠재적으로 재사용할 가치가 있는 도구들이므로(그리고 대화형 프롬프트에서 다시 입력하기에는 너무 크다) 이 함수들을 inter2.py이라는 이름의 모듈 파일에 저장할 것이다(만약 모듈과 임포트가 어떻게 동작하는지 잊어버렸다면, 3장 도입부를 참고하거나 파트 5에서 이를 심도 있게 다룰 때

확인하면 된다). 두 함수 모두, 호출 시 전달된 인수는 args 튜플로 전달된다. 기존 intersect와 마찬가지로 두 함수는 모든 시퀀스 타입에 대해 동작한다. 여기에서 이 두 함수는 문자열, 혼합된 타입, 그리고 둘 이상의 시퀀스를 인수를 처리한다.

```
% python
>>> from inter2 import intersect, union
>>> s1, s2, s3 = "SPAM", "SCAM", "SLAM"

>>> intersect(s1, s2), union(s1, s2)        # 두 개의 피연산자
(['S', 'A', 'M'], ['S', 'P', 'A', 'M', 'C'])

>>> intersect([1, 2, 3], (1, 4))            # 혼합된 타입들
[1]

>>> intersect(s1, s2, s3)                   # 세 개의 피연산자
['S', 'A', 'M']

>>> union(s1, s2, s3)
['S', 'P', 'A', 'M', 'C', 'L']
```

다음은 좀 더 철저한 테스트를 위해 13장에서 본 간단한 섞기(shuffling) 기술을 이용한 다른 순서의 인수를 대상으로 앞에서 작성한 두 도구를 적용하는 함수를 작성하였다. 이 함수는 매 루프마다 첫 번째 항목을 마지막으로 이동시키기 위해 슬라이스를 하며, 인수들을 언패킹하기 위해 *를 사용하고, 비교를 위해 결과를 정렬한다.

```
>>> def tester(func, items, trace=True):
        for i in range(len(items)):
            items = items[1:] + items[:1]
            if trace: print(items)
            print(sorted(func(*items)))

>>> tester(intersect, ('a', 'abcdefg', 'abdst', 'albmcnd'))
('abcdefg', 'abdst', 'albmcnd', 'a')
['a']
('abdst', 'albmcnd', 'a', 'abcdefg')
['a']
('albmcnd', 'a', 'abcdefg', 'abdst')
['a']
('a', 'abcdefg', 'abdst', 'albmcnd')
['a']

>>> tester(union, ('a', 'abcdefg', 'abdst', 'albmcnd'), False)
['a', 'b', 'c', 'd', 'e', 'f', 'g', 'l', 'm', 'n', 's', 't']
['a', 'b', 'c', 'd', 'e', 'f', 'g', 'l', 'm', 'n', 's', 't']
```

```
['a', 'b', 'c', 'd', 'e', 'f', 'g', 'l', 'm', 'n', 's', 't']
['a', 'b', 'c', 'd', 'e', 'f', 'g', 'l', 'm', 'n', 's', 't']

>>> tester(intersect, ('ba', 'abcdefg', 'abdst', 'albmcnd'), False)
['a', 'b']
['a', 'b']
['a', 'b']
['a', 'b']
```

여기에서 뒤죽박죽 섞인 인수는 모든 가능한 인수 순서를 생성하지는 않지만(그러려면 전체 순열이 필요하며, 네 개의 인수의 경우 총 24개의 순서가 생긴다), 인수의 순서가 결과에 영향을 주는지 확인하기에는 충분하다. 만약 이를 더 테스트해 본다면, 교집합과 합집합 어디서도 **중복** 항목은 등장하지 않기 때문에 수학적 관점에서 볼 때 집합 연산으로서의 자격이 충분하다는 것을 알게 될 것이다.

```
>>> intersect([1, 2, 1, 3], (1, 1, 4))
[1]
>>> union([1, 2, 1, 3], (1, 1, 4)
[1, 2, 3, 4]
>>> tester(intersect, ('ababa', 'abcdefga', 'aaaab'), False)
['a', 'b']
['a', 'b']
['a', 'b']
```

이들은 여전히 알고리즘 관점에서 최적의 상태와는 거리가 멀지만, 다음의 노트를 참고하여 개별적으로 이 코드를 더 개선해 볼 것을 제안한다. 또한, tester 함수에서 인수를 뒤섞는 코드는 좀 더 보편적으로 유용히 사용될 수 있으므로, 만약 우리가 이 코드를 별도의 함수로 분리한다면 tester는 더 단순해질 수 있다. 그렇게 되면 tester 함수는 다음과 같이 인수의 조합을 생성하는 것으로부터 자유로워질 것이다.

```
>>> def tester(func, items, trace=True):
        for args in scramble(items):
            ...인수들 사용하기...
```

실제로 우리는 사용자 정의 제너레이터를 작성하는 방법을 배운 다음에 20장에서 이 마지막 사항을 해결하기 위해 해당 예제를 수정하는 것을 보게 될 것이다. 또한, 32장에서는 마지막으로 집합 연산을 작성해 보게 될 것이다. 이는 파트 6 실습 문제의 정답으로 메서드를 이용하여 리스트 객체를 확장한 **클래스**로 구현한다.

파이썬은 현재 **집합 객체 타입**(5장 참고)을 가지고 있기 때문에 이 책에서 다룬 집합 처리 예제는 더 이상 반드시 필요한 것은 아니다. 이 예제들은 교육용으로 코딩 기술을 보여 주기 위해 포함되어 있을 뿐이다. 파이썬은 끊임없이 개선되고 성장하기 때문에 파이썬은 내 책의 예제가 시간이 지남에 따라 한물간 것으로 만들려는 이상한 음모를 꾸미고 있는 것 같다.

파이썬 3.X의 print 함수 흉내 내기

이 장을 마무리하기 위해, 인수 매칭의 실제 활용 사례를 하나 더 살펴보도록 하자. 여기에서 보게 될 코드는 파이썬 2.X 또는 그 이전 버전에서 사용하도록 작성된 것이다(물론 3.X에서도 동작하지만, 무의미하다). 이 코드는 임의 위치 튜플인 *args와 임의 키워드 인수 딕셔너리인 **args를 사용하여 파이썬 3.X의 print 함수가 수행하는 대부분의 작업을 흉내 낸다. 파이썬은 2.X의 print를 완전히 삭제하는 대신 3.X에서 이와 같은 코드를 옵션으로 제공할 수도 있었지만, 3.X는 그 대신 과거와의 완전한 단절을 선택했다.

우리가 11장에서 배운 것처럼 2.X 프로그래머들은 항상 다음과 같은 형식의 임포트를 사용하여 3.X의 print 함수를 사용할 수 있으므로 실제로 이 작업이 필요한 것은 아니다(다음 형식은 2.6과 2.7에서 이용할 수 있다).

```
from __future__ import print_function
```

하지만 일반적인 인수 매칭 기법을 보여 주기 위해 다음 파일 print3.py는 출력 문자열을 만들고 설정에 따라 문자열을 전달하는 작은 재사용 가능한 코드를 통해 동일한 작업을 수행한다.

```python
#!python
"""
2.X(와 3.X)에서 사용할 수 있는 3.X print 함수의 대부분의 기능을 흉내 냄
호출식: print3(*args, sep=' ', end='\n', file=sys.stdout)
"""
import sys

def print3(*args, **kargs):
    sep = kargs.get('sep', ' ')            # 키워드 인수 기본값
    end = kargs.get('end', '\n')
    file = kargs.get('file', sys.stdout)
    output = ''
    first = True
    for arg in args:
```

```
        output += ('' if first else sep) + str(arg)
        first = False
    file.write(output + end)
```

이 코드를 테스트하기 위해 이 파일을 다른 파일이나 대화형 프롬프트에 임포트하고 3.X의 print 함수처럼 사용해 보자. 다음은 테스트 스크립트 testprint3.py다('print'는 2.X에서 예약된 단 어이므로 이 함수는 'print3'으로 호출되어야 한다는 것에 주의하자).

```
from print3 import print3
print3(1, 2, 3)
print3(1, 2, 3, sep='')                          # 구분자를 제거
print3(1, 2, 3, sep='...')
print3(1, [2], (3,), sep='...')                  # 다양한 객체 타입

print3(4, 5, 6, sep='', end='')                  # 줄바꿈 제거
print3(7, 8, 9)
print3()                                         # 줄바꿈 추가(또는 빈 라인!)

import sys
print3(1, 2, 3, sep='??', end='.\n', file=sys.stderr)     # 파일로 리다이렉트
```

이 스크립트가 2.X에서 실행된다면, 3.X의 print 함수와 동일한 결과를 얻게 될 것이다.

```
C:\code> c:\python27\python testprint3.py
1 2 3
123
1...2...3
1...[2]...(3,)
4567 8 9

1??2??3.
```

비록 3.X에서는 무의미하지만, 3.X에서 실행시켜도 결과는 동일하다. 늘 그렇듯이 파이썬 설계 의 일반성(보편성)은 파이썬 언어 자체의 개념을 프로토타이핑하거나 개발하는 데 파이썬을 이 용할 수 있도록 한다. 이 경우, 파이썬 코드에서 인수 매칭 도구는 파이썬의 내부 구현에서 사 용되는 것만큼이나 유연하다.

키워드 전용 인수 사용하기

이 예제가 자동으로 설정 인수를 검증하기 위해 이 장의 앞에서 설명했던 파이썬 3.X의 키워

드 전용 인수를 사용하여 코드를 작성했다는 점은 흥미로운 사실이다. 다음은 앞의 print3.py 파일의 변형인 파일 print3_alt1.py를 보여 준다.

```python
#!python3
"3.X의 키워드 전용 인수만 사용 "
import sys

def print3(*args, sep=' ', end='\n', file=sys.stdout):
    output = ''
    first = True
    for arg in args:
        output += ('' if first else sep) + str(arg)
        first = False
    file.write(output + end)
```

이 버전은 원래의 버전과 동일하게 동작하며, 키워드 전용 인수가 얼마나 유용한지를 보여 주는 전형적인 예제다. 기존 버전은 모든 위치 인수가 출력 대상이고, 모든 키워드 인수는 옵션으로만 사용된다고 가정한다. 대부분은 이것만으로도 충분하지만, 다른 추가적인 키워드 인수들은 조용히 무시된다. 예를 들어, 다음과 같은 호출은 키워드 전용 형식을 이용하여 올바른 예외를 발생시킬 수 있다.

```python
>>> print3(99, name='bob')
TypeError: print3() got an unexpected keyword argument 'name'
```

하지만 원래 버전에서는 name 인수를 조용히 무시한다. 이런 불필요한 키워드를 직접 감지하기 위해 우리는 dict.pop()을 사용하여 가져온 항목을 삭제하고, 딕셔너리가 비어 있지는 않은지 확인할 수 있다. 파일 print3_alt2.py의 다음 버전은 키워드 전용 인수를 사용한 버전과 동일하다. 이 버전은 마치 파이썬이 예외를 일으킨 것처럼 raise문을 이용하여 내장된 예외를 발생시킨다(이에 대해서는 파트 7에서 더 자세히 알아보도록 하겠다).

```python
#!python
"기본값과 함께 2.X/3.X 키워드 인수 삭제 사용"
import sys

def print3(*args, **kargs):
    sep = kargs.pop('sep', ' ')
    end = kargs.pop('end', '\n')
    file = kargs.pop('file', sys.stdout)
    if kargs: raise TypeError('extra keywords: %s' % kargs)
    output = ''
```

```
    first = True
    for arg in args:
        output += ('' if first else sep) + str(arg)
        first = False
    file.write(output + end)
```

이 코드는 이전 코드와 같이 동작하지만, 이제는 관련 없는 키워드 인수까지 잡아낸다.

```
>>> print3(99, name='bob')
TypeError: extra keywords: {'name': 'bob'}
```

이 버전의 함수는 파이썬 2.X에서 실행되지만, 키워드 전용 버전에 비해 네 라인의 코드가 더 필요하다. 불행하게도 이 경우에는 추가 코드 작성을 피할 수 없다. 키워드 전용 버전은 3.X에서만 동작해 버리므로 내가 애당초 이 예제를 작성한 대부분의 이유를(3.X의 print 함수를 2.X에서 모두 동작 가능하도록 구현하기) 무효화시킨다. 3.X에서만 동작하는 3.X 에뮬레이터는 절대 유용하지 않다! 그러나 3.X에서만 실행하도록 작성된 프로그램에서 키워드 전용 인수는 인수와 옵션을 받는 함수의 특정 부분을 단순화시킬 수 있다. 3.X의 키워드 전용 인수의 다른 예제로 21장의 반복 작업의 시간을 측정하는 사례 학습을 잊지 말고 살펴보기 바란다.

더 생각해 볼 주제: 키워드 인수

여러분도 곧 알게 되겠지만, 고급 인수 매칭 모드는 복잡해질 수 있으며, 이들은 여러분의 코드에서 대개는 선택적으로 사용된다. 단순 위치 매칭으로 그럭저럭 해나갈 수도 있는데, 만약 이제 막 파이썬을 시작하는 사람이라면 이 방법이 좋을 것이다. 하지만 일부 파이썬 도구들이 이러한 모드들을 사용하기 때문에 이에 대한 일반적인 지식이 있어야 한다.

예를 들어, 키워드 인수는 사실상 파이썬 GUI API 표준인 tkinter에서(파이썬 2.X에서의 모듈 이름은 Tkinter다) 중요한 역할을 한다. 우리는 tkinter에 대해 이 책의 여러 부분에서 간단히 언급만 했으나, 이를 호출하는 패턴 관점에서의 키워드 인수는 GUI 컴포넌트가 만들어질 때 설정 옵션을 세팅한다. 예를 들어, 다음 형식의 호출은 신규 버튼을 생성하고 text와 command 키워드 인수를 이용하여 버튼의 텍스트와 콜백 함수를 명시한다.

```
from tkinter import *
widget = Button(text="Press me", command=someFunction)
```

위젯을 위한 설정 옵션의 개수가 많을 수 있으므로 키워드 인수는 여러분이 그중 무엇을 적용할 것인지 고르고 선택할 수 있도록 해준다. 키워드 인수를 사용하지 않는다면, 여러분은 위치에 의해 모든 가능한 옵션을 다 나열하거나, 모든 가능한 옵션 배열을 다룰 신중한 위치적 인수의 기본값 프로토콜을 바랄 수밖에 없다.

파이썬의 많은 내장 함수는 기본값의 유무에 상관없이 사용 모드 옵션을 지정하기 위해 키워드를 사용할 것을 요구한다. 예를 들어, 8장에서 배웠듯이 내장된 sorted는 우리가 정렬될 반복 객체를 전달할 것으로 기대하지만, 딕셔너리 정렬 키 함수와 역정렬 플래그를 명시할 수 있도록 키워드 인수를 선택적으로 전달하는 것을 허용한다.

```
sorted(iterable, key=None, reverse=False)
```

각각의 기본값은 None과 False다. 우리는 일반적으로 이 옵션들을 사용하지 않기 때문에 기본값을 사용하도록 생략될 것이다.

이미 본 것처럼 dict와 str.format 그리고 3.X의 print 호출 또한 키워드를 받는다. 우리가 여기서 공부한 인수 전달 모드에서 그들의 향후 의존성으로 인해 다른 사용법은 이전 장에서 소개해야만 했다(유감스럽게도 파이선을 변경하는 사람들은 이미 파이썬을 알고 있다!).

이 장의 요약

이 장에서 우리는 함수와 관련된 두 개의 주요 개념 중 두 번째 개념인 인수(어떻게 객체가 함수에 전달되는가)에 대하여 학습하였다. 우리가 배운 것처럼, 인수는 함수로 할당에 의해 전달되며, 이는 객체 참조를 의미한다(실제로 포인터를 의미한다). 또한 우리는 몇몇 고급 확장 기능에 대해 공부하였는데, 여기에는 기본값, 키워드 인수, 임의 개수의 인수들을 사용하는 도구, 3.X에서의 키워드 전용 인수가 포함된다. 마지막으로, 우리는 어떻게 가변 인수가 객체에 대한 다른 공유 참조와 같은 동작을 보일 수 있는지에 대해서 살펴보았다. 객체가 전달될 때 명시적으로 복사되지 않는다면, 함수에서 전달된 가변 객체를 변경하는 것은 호출자에게 영향을 줄 수 있다.

다음 장에서는 더 많은 고급 함수와 관련된 개념을 학습함으로써 함수에 대하여 계속 알아보도록 할 것이다. 함수 어노테이션, 재귀, lambda, 그리고 map과 filter 같은 함수적 도구들이 이에 해당한다. 이들 개념 중 많은 부분은 파이썬에서 함수가 일반적인 객체라는 사실로부터 출발하며, 이로 인해 몇몇 매우 유연한 고급 처리 모드를 지원한다. 이러한 주제로 들어가기 전에 이 장의 퀴즈를 풀면서 여기에서 학습한 인수에 대하여 복습해 보도록 하자.

학습 테스트: 퀴즈

이 퀴즈 문제의 대부분은 2.X에서 결과가 다소 다를 수 있는데, 여러 값이 출력될 경우 괄호와 쉼표가 등장할 수 있다. 3.X의 답을 2.X에서 정확히 일치시키려면 시작하기 전에 __future__로부터 print_function을 임포트하면 된다.

1. 다음 코드의 결과는 무엇이며, 그 이유는 무엇인가?

    ```
    >>> def func(a, b=4, c=5):
            print(a, b, c)

    >>> func(1, 2)
    ```

2. 이 코드의 결과는 무엇이며, 그 이유는 무엇인가?

    ```
    >>> def func(a, b, c=5):
            print(a, b, c)

    >>> func(1, c=3, b=2)
    ```

3. 이 코드의 경우에 결과는 무엇이며, 그 이유는 무엇인가?

    ```
    >>> def func(a, *pargs):
            print(a, pargs)

    >>> func(1, 2, 3)
    ```

4. 이 코드는 무엇을 출력하며, 그 이유는 무엇인가?

    ```
    >>> def func(a, **kargs):
            print(a, kargs)

    >>> func(a=1, c=3, b=2)
    ```

5. 이 코드의 결과는 무엇이며, 그 이유는 무엇인가?

    ```
    >>> def func(a, b, c=3, d=4): print(a, b, c, d)

    >>> func(1, *(5, 6))
    ```

6. 마지막으로 이 코드의 결과는 무엇이며, 그 이유는 무엇인가?

```
>>> def func(a, b, c): a = 2; b[0] = 'x'; c['a'] = 'y'

>>> l=1; m=[1]; n={'a':0}
>>> func(l, m, n)
>>> l, m, n
```

학습 테스트: 정답

1. 여기에서 1 2 5가 출력되며, 1과 2는 위치에 따라 a와 b에 전달되고 c는 호출에서 생략되어 기본값인 5가 출력된다.

2. 이번에는 1 2 3이 출력되는데 1은 a에 위치로 전달되고, b와 c는 이름으로 2와 3이 전달된다(이와 같이 키워드 인수를 사용하는 경우, 왼쪽에서 오른쪽으로의 순서는 문제가 되지 않는다).

3. 이 코드는 1 (2, 3)이 출력되며, 1은 a에 전달되고 *pargs는 남은 위치 인수를 새로운 튜플 객체로 수집한다. 우리는 나머지 위치 인수를 모은 튜플을 반복 도구(예 for arg in pargs: ...)를 사용하여 단계적으로 처리할 수 있다.

4. 이번에 코드는 1 {'b': 2, 'c': 3}을 출력하며, 1은 a에 이름으로 전달되고, **kargs는 나머지 키워드 인수를 하나의 딕셔너리로 모은다. 우리는 반복 도구를 이용하여 나머지 키워드 인수를 모은 딕셔너리를 단계별로 처리할 수 있다(예 for key in kargs: ...). 딕셔너리의 키 순서는 파이썬과 다양한 요소들에 따라 달라질 수 있다는 점을 주의하자.

5. 이 코드는 1 5 6 4를 출력한다. 1은 a에 위치로 매칭되며, 5와 6은 b와 c에 *name 위치로 매치된다(6은 c의 기본값을 무시한다). 그리고 d는 값이 전달되지 않았으므로 기본값인 4를 가진다.

6. 이 코드는 (1, ['x'], {'a': 'y'})를 출력한다. 함수에서 첫 번째 할당은 호출자에게 영향을 주지 않지만, 그다음 두 할당은 전달된 가변 객체를 직접 변경하기 때문에 호출자에게 영향을 준다.

19

고급 함수 주제들

이 장에서는 함수와 관련된 고급 주제들(재귀 함수, 함수 속성과 어노테이션, 람다(lambda) 표현식, 그리고 map과 filter 같은 함수형 프로그래밍 도구들)에 대해서 소개한다. 이러한 내용들은 모두 여러분의 환경에 따라 다소 어려운 도구들일 수 있으며, 실제로 마주할 일이 없을지도 모른다. 그러나 일부 영역에서 이러한 도구들의 역할로 인해 기본적인 이해가 유용할 수도 있다. 예를 들어 람다는 GUI에서 빈번히 사용되며, 함수형 프로그래밍 기법은 파이썬에서 점차 보편적으로 사용되고 있다.

함수 사용 기술의 일부는 함수 사이의 인터페이스에 있기 때문에 우리는 여기서 몇몇 보편적인 함수 설계 원리에 대해서 학습한다. 다음 장은 제너레이터 함수와 표현식의 탐구를 통해 이 장의 고급 주제를 이어서 진행하며, 이 장에서 학습하는 기능적인 도구의 관점에서 리스트 컴프리헨션에 대해 다시 이야기한다.

함수 설계 개념

지금 우리는 파이썬에서 함수의 기본 개념에 대하여 학습하기에 좋은 기회이므로 이와 관련한 몇 가지 논의와 함께 이 장을 시작해 보자. 본격적으로 함수를 사용하기 시작하면, 여러분은 컴포넌트를 서로 연결하는 방법에 대한 선택에 직면하게 된다. 예를 들어, (응집력(cohesion)으로 알려진) 작업을 의미 있는 함수로 분해하는 방법, (결합력(coupling)으로 알려진) 함수들이 통신하는 방법 등이다. 여러분은 또한 함수의 크기와 같은 개념들을 고려해야 하며, 이러한 개념들은 코드의 가용성에 직접적인 영향을 준다. 이들 중 일부는 구조화된 분석과 설계의 범주에 포함되는 개념이지만, 파이썬 코드에도 적용된다.

이미 17장에서 범위에 대해서 공부할 때, 함수와 모듈 결합(커플링)에 관련된 일부 개념들을 소개했지만, 함수 설계 원칙을 처음 접하는 독자들을 위해 여기에서 몇몇 일반적인 가이드라인을 다시 확인해 보도록 하자.

- **결합력: 입력에 대해 인수를 사용하고 출력에 대해 return을 사용하자.** 일반적으로, 여러분은 함수 작성 시에 함수가 외부로부터 독립성이 보장되도록 노력해야 한다. 인수와 return문은 종종 코드 내의 일부 상황에서 의존성을 분리시키기 위한 최선의 방법이다.

- **결합력: 정말 필요한 경우에만 전역 변수를 사용하자.** 전역 변수(즉, 코드를 감싸고 있는 모듈 범위에 있는 이름들)는 일반적으로 함수의 통신에 사용하기에 좋은 방법이 아니다. 전역 변수는 의존성을 만들며, 프로그램의 디버그, 수정, 재사용을 어렵게 하는 타이밍 이슈를 발생시킨다.

- **결합력: 함수 호출자가 예상하고 있는 경우가 아니라면 가변 객체 인수를 변경하지 않도록 하자.** 함수는 전달된 가변 객체의 일부를 변경할 수 있지만, (전역 변수와 같이) 이러한 변경은 호출자와 피호출자 사이에 강한 결합력을 만들어 함수를 제한적이고 불안정하게 만든다.

- **응집력: 각 함수는 하나의 통합된 목적이 있어야 한다.** 여러분이 작성한 개별 함수들은 잘 설계될 경우, 한 가지 일만 수행해야 한다. 이 한 가지 일은 간단한 선언적인 문장으로 요약할 수 있는 무엇이어야 한다. 이 문장이 매우 광범위하거나(⑩ '이 함수는 프로그램의 모든 기능을 구현한다'), 많은 기능들을 포함하고 있는 경우(⑩ '이 함수는 직원들의 급여를 인상하고 피자를 주문한다'), 여러분은 해당 함수의 기능들을 개별적인 간단한 함수들로 분할하는 것에 대해 생각해 볼 수 있을 것이다. 그렇지 않으면 함수에 여러 기능들을 혼합한 다음에 해당 함수를 재사용할 방법이 없다.

- **크기: 각 함수의 크기는 상대적으로 작아야 한다.** 위의 목표들을 따르다 보면 함수의 크기는 자연스럽게 작아지지만, 여러분이 작성 중인 함수가 모니터의 한 화면을 넘어가기 시작하면 아마도 함수를 분리할 때가 된 것이다. 특히 해당 파이썬 코드가 처음부터 길고 깊게 중첩된 함수로 시작할 경우, 이는 명백히 설계상의 문제로 발생하는 현상이다. 함수를 짧고 간결하게 유지하도록 하자.

- **결합력: 다른 모듈 파일에 있는 변수를 직접 변경하지 않도록 하자.** 이 개념에 대해서는 17장에서 소개했으며, 다음 파트에서 모듈에 대해서 이야기할 때 다시 언급할 예정이다. 그러나 참조를 위해 파일 경계를 넘어서는 변수의 변경은 전역 변수들이 함수들 사이의 결합력을 만드는 것과 유사하게 모듈 사이의 결합력을 만든다는 점을 기억하도록 하자. 이는 곧 모듈을 이해하거나 재사용하기 어렵게 만든다. 할당문을 직접 사용하는 대신에 가능하면 접근자 함수를 사용하자.

그림 19-1은 함수가 외부와 대화하는 방법들을 요약한 것이다. 입력은 그림의 왼쪽에 있는 항목들로부터 들어오며, 결과는 그림의 오른쪽에 있는 형식들로 보내진다. 좋은 개발자들은 가능하면 입력에 대해서는 인수만 사용하고 출력에 대해서는 return문만을 사용하려고 한다.

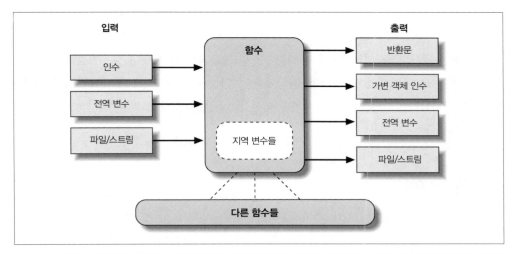

그림 19-1 함수 실행 환경. 함수는 다양한 방법으로 입력을 받고 결과를 생성한다. 함수는 다양한 방법으로 입력받고 결과를 생성할 수 있지만, 입력에 대해서는 인수만을 사용하고 출력에 대해서는 반환문과 예상된 가변 인수의 변경만 사용한다면 일반적으로 이해하고 유지하는 데 어렵지 않다. 또한, 파이썬 3.X에서는 바깥쪽 함수의 범위에 존재하는 비지역으로 선언된 이름을 통해서 반환할 수 있다.

물론, 앞에서 설명한 설계 규칙에는 파이썬의 몇몇 객체 지향 프로그래밍 지원과 관련된 내용을 포함한 많은 예외들이 존재한다. 여러분이 파트 6에서 곧 볼 수 있는 것처럼, 파이썬 클래스는 전달된 가변 객체의 변경에 의존하고 있다. 클래스 함수는 객체의 상태 정보를 변경하기 위해 self라는 이름을 가진 자동으로 전달된 객체의 속성을 설정한다(예 self.name = 'bob'). 또한, 전역 변수는 클래스가 사용되지 않는 경우에 모듈 안의 함수들이 함수 호출 사이의 상태를 단일 복사본으로 유지하기 위한 가장 직관적인 방법이다. 가장 직관적인 방법이다. 부작용 (side effect)은 일반적으로 여러분이 예측하지 못한 경우에만 위험하다.

그러나 일반적으로 여러분은 함수나 기타 프로그램 구성 요소에서 외부 종속성을 최소화하기 위해 노력해야 한다. **독립적인 함수일수록 더 이해하기 쉽고, 재사용하기 쉬우며, 수정하기 쉽다.**

재귀 함수

우리는 9장에서 코어 타입의 비교와 관련하여 재귀에 대해 언급한 바 있다. 또한, 17장의 도입부에서 범위 규칙을 논의하는 중에 우리는 파이썬이 **재귀 함수**를 지원한다는 점은 간략히 언급하였다. 재귀 함수란 반복(루프)을 위해 직접 또는 간접적으로 자기 자신을 호출하는 함수를 말한다. 이 절에서는 재귀 함수가 실제 코드에서 어떤 모습인지 알아볼 것이다.

재귀는 고급 주제이며, 파이썬의 절차문에는 간단한 루프 구조가 부분적으로 포함되어 있기 때문에 다른 언어들에 비해 코드 내에서 상대적으로 보기가 어렵다. 하지만 임의의 예측할 수 없는 모양과 깊이의 구조를 탐색해야 하는 프로그램을 작성하기 위해서는 여전히 알아둬야 할 유용한 기술이다. 예를 들어 여행 경로 계획, 언어 분석, 그리고 웹 페이지의 링크 탐색이 있다. 재귀는 심지어 간단한 루프와 반복을 대신할 수도 있지만, 반드시 더 간단하거나 효율적인 것은 아니다.

재귀를 이용한 더하기

몇 가지 예제를 살펴보도록 하자. 숫자들의 리스트(또는 다른 시퀀스)의 합을 구하기 위해 우리는 직접 더하는 코드를 작성하거나, 내장된 sum 함수를 사용할 수 있다. 재귀를 이용하여 직접 더하기 함수를 작성할 경우 다음과 같은 모습일 것이다.

```
>>> def mysum(L):
        if not L:
            return 0
        else:
            return L[0] + mysum(L[1:])          # 자신을 재귀적으로 호출
>>> mysum([1, 2, 3, 4, 5])
15
```

각 단계에서 이 함수는 리스트의 나머지의 합을 계산하기 위해 자신을 재귀적으로 호출하며, 계산된 합은 나중에 앞의 항목에다 더해진다. 재귀 루프는 리스트가 비었을 때 끝이 나고 0이 반환된다. 재귀를 이와 같이 사용할 경우, 함수 호출의 각 단계는 런타임 콜 스택에 자신만의

함수의 지역 범위에 대한 복사본을 가진다. 여기서 이 말은 곧 각 단계에서 L이 서로 다르다는 것을 의미한다.

이 말을 이해하기 어렵다면, 각 호출 단계에서 현재 리스트의 상태를 확인하기 위해 함수에 L을 출력하기 위한 print를 추가하고 코드를 다시 실행해 보자.

```
>>> def mysum(L):
        print(L)                         # 재귀 단계 추적
        if not L:                        # 각 단계에서 L은 점점 짧아짐
            return 0
        else:
            return L[0] + mysum(L[1:])

>>> mysum([1, 2, 3, 4, 5])
[1, 2, 3, 4, 5]
[2, 3, 4, 5]
[3, 4, 5]
[4, 5]
[5]
[]
15
```

여러분도 볼 수 있듯이, 각 재귀 단계마다 리스트가 점점 더 작아지면서 리스트가 빈 상태가 될 때까지 더해진다. 리스트가 빈 상태일 때 재귀 루프를 종료하며, 합계는 재귀 호출이 반환에 의해 풀리면서 계산된다.

또 다른 방법

흥미롭게도, 우리는 여기서 코드의 양을 줄이기 위해 (12장에서 설명한) 파이썬의 if/else 삼중 표현식을 사용할 수 있다. 또한 우리는 합을 구할 수 있는 모든 타입을 위해 일반화하고(18장의 최솟값 예제에서 그랬던 것처럼, 입력 타입에 최소 하나의 값이 있다고 가정하면 좀 더 쉽다) 처음과 나머지의 언패킹을 단순하게 만들기 위해 파이썬 3.X의 (11장에서 다룬 것처럼) 확장 시퀀스 할당을 사용할 수 있다.

```
def mysum(L):
    return 0 if not L else L[0] + mysum(L[1:])              # 삼중 표현식 사용

def mysum(L):
    return L[0] if len(L) == 1 else L[0] + mysum(L[1:])     # 모든 타입, 최소 하나
```

```
def mysum(L):
    first, *rest = L
    return first if not rest else first + mysum(rest)        # 3.X 확장 시퀀스 할당 사용
```

앞 예제에서 아래 둘은 리스트가 비어 있을 경우 실패하지만, 숫자 이외에 +를 지원하는 모든 객체 타입의 시퀀스에 대해 동작한다.

```
>>> mysum([1])                                     # mysum([ ])은 위의 아래 둘에서 실패하지만
1
>>> mysum([1, 2, 3, 4, 5])
15
>>> mysum(('s', 'p', 'a', 'm'))                    # 다양한 타입과 동작함
'spam'
>>> mysum(['spam', 'ham', 'eggs'])
'spamhameggs'
```

좀 더 명확한 이해를 위해 직접 실행해 보자. 앞의 세 가지 변형을 이해하면 다음과 같은 점들을 발견할 수 있다.

- 앞의 세 함수 중에 아래 둘은 하나의 문자열 인수(☎ mysum('spam'))에 대해서도 동작하며, 이는 문자열이 하나의 문자로 된 문자열의 시퀀스이기 때문이다.
- 세 번째 변형은 열린 입력 파일(mysum(open(name)))을 포함한 임의의 반복 객체에 대해서도 동작하지만, 나머지 둘은 인덱스를 사용하기 때문에 동작하지 않는다(파일에서 확장 시퀀스 할당에 대해서는 14장에서 설명했다).
- 다음 def mysum(first, *rest) 함수 헤더는 위의 세 번째 변형과 비슷하지만, 이 함수 헤더는 단일 반복 객체가 아닌 개별적인 인수들을 요구하기 때문에 전혀 동작하지 않는다.

재귀는 지금까지 본 예제들처럼 직접 호출할 수도 있으나, 다음 예제처럼 **간접적으로** 호출할 수도 있다(함수가 다른 함수를 호출하고, 다른 함수가 자신을 호출한 함수를 호출한다). 결과적으로 동일하지만, 각 단계마다 하나가 아닌 두 개의 함수가 호출된다.

```
>>> def mysum(L):
        if not L: return 0
        return nonempty(L)                     # 나를 호출하는 함수를 호출

>>> def nonempty(L):
        return L[0] + mysum(L[1:])             # 간접 재귀

>>> mysum([1.1, 2.2, 3.3, 4.4])
11.0
```

반복문 vs 재귀

앞 절의 예제에서 사용된 재귀는 합산을 구하는 데 아무런 문제가 없지만, 단순한 합산을 구하기 위해 재귀를 사용하는 것은 조금 지나친 방법이다. 파이썬은 일반적으로 좀 더 자연스러운 루프와 같은 단순한 절차문을 더 강조하기 때문에 실제로 파이썬에서 재귀는 프롤로그 (Prolog)나 리스프(Lisp)와 같은 언어들만큼 자주 사용되지는 않는다. 예를 들어, while은 종종 좀 더 현실적인 방법을 보여 주며, 재귀 호출을 위한 함수를 필요로 하지 않는다.

```
>>> L = [1, 2, 3, 4, 5]
>>> sum = 0
>>> while L:
        sum += L[0]
        L = L[1:]
>>> sum
15
```

그보다 좀 더 나은 방법으로 for 루프는 자동으로 반복을 수행하며, 대부분의 상황에서 재귀를 대신할 수 있다(그리고 재귀는 틀림없이 메모리 사용량과 실행 시간 면에서 덜 효율적이다).

```
>>> L = [1, 2, 3, 4, 5]
>>> sum = 0
>>> for x in L: sum += x

>>> sum
15
```

반복문을 사용할 경우에는 각 반복마다 콜 스택에 새로운 지역 범위의 복사본이 필요하지 않으며, 일반적인 함수 호출로 인해 발생하는 비용을 줄일 수 있다(이와 같은 다양한 대안들의 실행 시간을 비교하는 방법에 대해서는 21장에서 다룬다).

임의 구조 처리하기

한편, 재귀(또는 곧 다루게 될 동등한 명시적인 스택 기반 알고리즘)는 임의 형태의 구조를 탐색할 때 필요하다. 이러한 상황에서 재귀가 하는 역할의 간단한 예로서 다음과 같은 중첩된 서브리스트 구조 안의 모든 숫자의 합을 계산하는 작업을 한 번 생각해 보자.

```
[1, [2, [3, 4], 5], 6, [7, 8]]          # 임의의 중첩된 서브리스트
```

위 리스트는 단순한 1차원 반복이 아니기 때문에 간단한 반복문으로는 처리할 수 없다. 그리고 중첩된 반복문 또한 위 리스트가 임의의 깊이와 형태로 중첩될 수 있기 때문에 만족스럽지 않다. 모든 경우를 처리하기 위해 얼마나 많은 중첩 루프가 필요한지는 알 수가 없다. 대신, 다음 코드는 탐색 과정에서 서브리스트를 방문하기 위해 재귀를 사용함으로써 이러한 일반적인 중첩을 수용한다.

```python
# sumtree.py 파일

def sumtree(L):
    tot = 0
    for x in L:                          # 현재 단계의 각 아이템에 대한 반복
        if not isinstance(x, list):
            tot += x                      # 숫자를 직접 더하기
        else:
            tot += sumtree(x)             # 서브리스트에 대한 재귀
    return tot

L = [1, [2, [3, 4], 5], 6, [7, 8]]        # 임의의 중첩
print(sumtree(L))                         # 36 출력

# 매우 복잡한 경우
print(sumtree([1, [2, [3, [4, [5]]]]]))   # 15 출력(오른쪽이 무거움)
print(sumtree([[[[[1], 2], 3], 4], 5]))   # 15 출력(왼쪽이 무거움)
```

재귀가 중첩된 리스트를 어떻게 탐색하는지 확인하기 위해 스크립트의 아래에 있는 두 테스트 케이스를 쫓아가 보도록 하자.

재귀 vs 큐 그리고 스택

파이썬은 각 재귀 호출마다 내부적으로 콜 스택에 정보를 밀어 넣는 방법으로 재귀를 구현하며, 그로 인해 어디로 반환해야 할지, 그리고 어디서부터 계속 실행해야 할지를 기억할 수 있으며, 이러한 내용을 이해하는 것은 때때로 도움이 된다. 실제로, 남은 호출 단계들을 유지하기 위해 자체적으로 명시적인 스택 또는 큐를 사용하여 재귀 호출 없이 재귀 형식의 절차를 구현하는 것도 일반적으로 가능하다.

예를 들어 다음 코드는 이전 예제와 마찬가지로 동일한 합산을 계산하지만, 대상 리스트의 아이템을 방문할 때 재귀 호출 대신 처리 스케줄을 만들기 위해 명시적인 리스트를 사용한다. 리스트의 앞에 있는 아이템이 항상 다음에 처리되고 더해진다.

```
def sumtree(L):                            # 너비 우선, 명시적인 큐
    tot = 0
    items = list(L)                        # 최상위 복사본으로 시작
    while items:
        front = items.pop(0)               # 가장 앞의 아이템을 가져오고 삭제
        if not isinstance(front, list):
            tot += front                   # 숫자를 직접 더하기
        else:
            items.extend(front)            # 중첩된 리스트의 모든 항목을 끝에 추가
    return tot
```

엄밀히 말해서, 이 코드는 중첩된 리스트의 아이템들을 리스트의 마지막에 추가하기 때문에 선입선출(FIFO) 큐를 형성하며, 중첩 단계에 따라 리스트를 너비 우선 방식으로 탐색한다. 재귀 호출의 탐색 방식을 좀 더 비슷하게 흉내 내기 위해서 중첩된 리스트의 아이템들을 리스트의 끝이 아닌 앞에 추가함으로써 깊이 우선 방식으로 간단히 변경할 수 있다.

```
def sumtree(L):                            # 깊이 우선, 명시적인 스택
    tot = 0
    items = list(L)                        # 최상위 복사본으로 시작
    while items:
        front = items.pop(0)               # 가장 앞의 아이템을 가져오고 삭제
        if not isinstance(front, list):
            tot += front                   # 숫자를 직접 더하기
        else:
            items[:0] = front              # 중첩된 리스트의 모든 항목을 앞에 추가
    return tot
```

마지막 두 예제(그리고 유사한 또 다른 예제)에 대한 추가 정보는 이 책의 예제 파일 묶음에 있는 sumtree2.py 파일을 참고하도록 하자. 이 파일은 두 방식에서 아이템이 처리되는 모습을 볼 수 있도록 아이템 리스트를 추적하는 코드가 추가되어 있으며, 검색 순서를 볼 수 있도록 처리 중인 숫자를 표시할 수 있다. 예를 들어, 해당 파일에 있는 너비 우선과 깊이 우선의 변형된 버전은 재귀 버전에서 사용된 동일한 세 개의 테스트 리스트에 있는 아이템들을 각각 다음과 같은 순서로 방문한다(최종 합은 각 라인의 마지막에 표시된다).

```
c:\code> sumtree2.py
1, 6, 2, 5, 7, 8, 3, 4, 36
1, 2, 3, 4, 5, 15
5, 4, 3, 2, 1, 15
----------------------------------------
1, 2, 3, 4, 5, 6, 7, 8, 36
1, 2, 3, 4, 5, 15
1, 2, 3, 4, 5, 15
----------------------------------------
```

그러나 일반적으로 재귀 호출을 이해하고 나면, 명시적인 스케줄링을 위한 리스트를 사용하는 것보다 재귀 호출이 더 자연스러우며, 특별한 방법으로 구조를 탐색해야 할 필요가 있는 경우가 아니라면 일반적으로 더 선호된다. 예를 들어, 일부 프로그램들은 관련성 또는 다른 기준에 따라 정렬된 명시적인 검색 큐를 요구하는 **최적 우선 탐색**을 수행한다. 콘텐츠에 따라 방문한 페이지에 점수를 매기는 웹 크롤러를 생각해 본다면 활용 방안이 좀 더 명확해질 것이다.

순환, 경로 그리고 스택 제한

여러분도 보다시피 우리가 사용한 숫자들의 리스트의 경우 이러한 프로그램이면 충분하지만, 좀 더 큰 재귀 애플리케이션의 경우 때로는 여기에서 보여 준 것 이상의 추가적인 기반 구조가 필요할 수 있다. 순환 또는 반복을 피하고, 나중을 위해 사용한 경로를 기록하거나, 명시적인 큐 또는 스택 대신에 재귀 호출을 사용할 경우 스택 공간의 확장이 필요할 수도 있다.

예를 들어, 이 절에서 보여 준 재귀 호출과 명시적인 스택/큐 예제 중 어느 것도 **순환**(cycle, 이미 처리한 아이템을 다시 처리하는 것을 말한다)을 피할 수는 없다. 우리는 여기에서 제한된 계층적인 리스트 객체 트리를 탐색하고 있기 때문에 이러한 구조가 지금 꼭 필요한 것은 아니다. 그러나 만약에 데이터가 순환 그래프가 될 수 있다면, 여기서 설명한 두 방식은 제대로 동작하지 않을 것이다. 재귀 호출 버전은 무한 재귀 루프에 빠지게 되고(그리고 콜 스택 공간의 부족 현상이 발생할 수 있다), 루프를 이용한 방법은 무한 루프에 빠지게 되며, 동일한 아이템을 리스트에 또다시 더하게 된다(그리고 모든 메모리를 고갈시킬 수도 있다). 또한, 일부 프로그램에서는 무한 루프에 빠지지 않는 경우에도 반복된 처리를 피해야 할 경우가 있다.

이를 개선하기 위해 재귀 호출 버전은 간단히 지금까지 처리된 상태의 집합, 딕셔너리, 또는 리스트를 유지하고 전달하여 처리 중에 반복을 확인할 수 있다. 우리는 이러한 구조를 뒤에 나올 재귀 호출 예제에서 사용할 것이다.

```
if state not in visited:
    visited.add(state)          # x.add(state), x[state] = True 또는 x.append(state)
    ...계속 진행...
```

재귀가 아닌 다른 방법에서는 다음과 같은 코드로 이미 처리된 상태를 추가하여 유사하게 피할 수 있다. 아이템 리스트에 이미 존재하는지 중복을 검사함으로써 상태를 두 번 스케줄링하는 것을 피할 수는 있지만, 이전에 탐색된 상태를 재방문하는 것을 막지는 못하며, 따라서 해당 리스트로부터 제거된다는 점을 알아 둘 필요가 있다.

```
    visited.add(front)
    ...계속 진행...
    items.extend([x for x in front if x not in visited])
```

이 모델은 단순히 리스트의 숫자들을 더하는 이 절의 사용 사례에는 적용되지 않지만, 규모가 큰 애플리케이션들에서는 반복된 상태들을 식별할 수 있을 것이다(에 이미 방문한 웹 페이지의 URL). 실제로, 우리는 다음 절에 나오는 이후 예제에서 순환과 반복을 피하기 위해 이러한 기법들을 사용할 것이다.

일부 프로그램들은 각 상태에 대한 완전한 **경로**를 기록해야 할 수도 있다. 이러한 경우에 비재귀 방식의 스택 또는 큐에서 각 아이템은 방문된 상태의 레코드를 만족하는 전체 경로 리스트가 될 수도 있으며, 양쪽 끝을 탐색하기 위한 다음 아이템을 포함할 수도 있다.

또한, 표준 파이썬은 무한 재귀 호출의 발생을 막기 위해 (재귀 호출 프로그램에게 매우 중요한 요소인) 런타임 콜 스택의 깊이에 제한을 두고 있다. 이를 확장하고자 할 경우, sys 모듈을 사용하도록 하자.

```
>>> sys.getrecursionlimit()              # 기본값 1000
1000
>>> sys.setrecursionlimit(10000)         # 더 많이 중첩할 수 있도록 설정
>>> help(sys.setrecursionlimit)          # 함수에 대한 추가적인 정보 보기
```

최대 허용 값은 플랫폼마다 다를 수 있다. 이 함수들은 재귀 호출을 피하고 탐색 과정에서 더 많은 제어를 얻기 위해 스택이나 큐를 사용하는 프로그램에서는 필요하지 않다.

추가적인 재귀 예제

이 절의 예제들이 인위적이긴 하지만, 다양한 프로그램의 부류를 대표하는 예제들이다. 예를 들어 상속 트리와 모듈 임포트 체인은 유사한 일반적인 구조를 보여 줄 수 있으며, 순열과 같은 연산 구조는 임의의 많은 중첩된 루프를 요구할 수 있다. 실제로, 우리는 이 책의 뒤에서 좀 더 현실적인 예제를 통해 이러한 역할에서 재귀를 다시 사용할 것이다.

- 20장의 permute.py에서 임의의 순서로 섞기 위해

- 25장의 reloadall.py에서 임포트 체인을 탐색하기 위해

- 29장의 classtree.py에서 클래스 계층 트리를 탐색하기 위해

- 31장의 **lister.py**에서 클래스 계층 트리를 다시 탐색하기 위해
- 이 파트의 끝에 있는 두 실습 문제에 대한 부록 D의 해답에서: 카운트다운과 팩토리얼

이 중에서 두 번째와 세 번째는 또한 순환과 반복을 피하기 위해 이미 방문한 상태를 확인한다. 비록 선형적인 반복에 대해서는 단순성과 효율성에 근거하여 간단한 루프를 사용하도록 해야 하지만, 뒤에 나올 이러한 예제들과 같은 시나리오에서 필수라는 것을 확인할 수 있을 것이다.

게다가 때로는 여러분의 프로그램 내에서 **의도하지 않은** 재귀가 발생할 수도 있다는 점에 대해서 알고 있어야 한다. 여러분은 이 책의 뒤에서 볼 수 있는 것처럼 __setattr__ 그리고 __getattribute__ 그리고 심지어 __repr__ 같은 클래스의 일부 연산자 오버로딩 메서드는 잘못 사용될 경우 재귀 루프를 돌 가능성이 있다. 재귀는 강력한 도구지만, 충분한 이해와 예상이 가능할 경우에만 그렇다.

함수 객체: 속성과 어노테이션

파이썬 함수는 여러분이 생각하는 것보다 훨씬 더 유연하다. 이 파트에서 여러분이 볼 수 있는 것처럼 파이썬에서 함수란 컴파일러를 위한 코드 생성을 명세하는 것 그 이상의 의미가 있으며, 독자적인 메모리 공간에 저장되는 본격적인 객체다. 이와 같이 파이썬에서 함수는 프로그램 어디로든 자유롭게 전달될 수 있으며, 간접적으로 호출될 수 있다. 또한 파이썬 함수는 호출과는 전혀 관련이 없는 연산들(속성 저장 및 어노테이션)을 지원한다.

간접 함수 호출: '퍼스트 클래스' 객체

파이썬 함수는 객체이므로 여러분은 일반적으로 이를 다루는 프로그램을 작성할 수 있다. 함수 객체는 단순한 숫자 또는 문자열처럼 다른 이름에 할당될 수 있으며, 다른 함수에 전달될 수 있고, 데이터 구조에 포함되거나, 하나의 함수에서 다른 함수로 반환될 수 있다. 또한 특별한 연산을 실행하며, 함수 표현식 다음에 괄호 안에 인수를 나열하여 호출될 수 있다. 그러나 여전히 함수는 다른 객체와 같은 일반적인 부류에 속한다.

이를 일반적으로 **퍼스트 클래스**(First Class) 객체 모델이라고 부른다. 퍼스트 클래스 객체 모델은 파이썬 어디에나 존재하며, 함수형 프로그래밍의 필수적인 요소다. 우리는 이러한 프로그래밍

모드에 대해 이 장과 다음 장에서 좀 더 완벽하게 살펴볼 것이다. 퍼스트 클래스 객체 모델의 모티프가 함수를 응용하는 개념에 근거하기 때문에 함수는 데이터로 처리되어야 한다.

예를 들어, def문에서 사용된 이름에는 정말 특별한 것이 아무것도 없다. def문에서 사용된 이름은 = 기호 왼쪽에 나타났던 것처럼, 단지 현재 범위에 할당된 변수일 뿐이다. def문이 실행된 다음에는 함수 이름이란 단순히 객체에 대한 참조다. 여러분은 해당 함수 객체를 다른 이름에 자유롭게 재할당할 수 있으며, 어떤 참조를 통해서도 호출할 수 있다.

```
>>> def echo(message):          # 이름 echo에 함수 객체가 할당됨
        print(message)

>>> echo('Direct call')          # 원래 이름을 통한 객체 호출
Direct call

>>> x = echo                     # 이제 x 또한 함수를 참조함
>>> x('Indirect call!')          # ( )를 추가하여 이름을 통한 객체 호출
Indirect call!
```

인수는 객체 할당에 의해 전달되기 때문에 함수를 다른 함수에 인수로 전달하는 것은 어렵지 않다. 호출된 함수는 단순히 괄호 안에 인수를 추가하여 전달된 함수를 호출할 수 있다.

```
>>> def indirect(func, arg):
        func(arg)                # 전달된 객체에 ( )를 추가하여 호출

>>> indirect(echo, 'Argument call!')    # 함수를 또 다른 함수에 전달
Argument call!
```

여러분은 심지어 함수 객체를 마치 정수 또는 문자열인 것처럼, 데이터 구조에 포함시킬 수 있다. 예를 들어, 다음은 작업 테이블의 한 종류로써 함수를 튜플의 리스트에 두 번 포함하고 있다. 이와 같은 파이썬 복합 타입들은 어떤 종류의 객체들도 포함할 수 있기 때문에 이 코드는 특별한 상황이 아니다.

```
>>> schedule = [ (echo, 'Spam!'), (echo, 'Ham!') ]
>>> for (func, arg) in schedule:
        func(arg)                # 컨테이너에 포함된 함수 호출

Spam!
Ham!
```

이 코드는 단순히 schedule 리스트를 반복하며, 매번 하나의 인수와 함께 echo 함수를 호출한다(1장에서 소개된 for 루프 헤더에서 튜플 언패킹 할당을 주의해서 살펴보자). 17장의 예제에서 본 것처럼 함수는 필요한 경우 어디서나 생성되고 반환될 수 있다. 이 모드에서 생성된 클로저(closure) 또한 바깥쪽 범위의 상태를 유지한다.

```
>>> def make(label):                           # 함수를 만들지만 호출하지는 않음
        def echo(message):
            print(label + ':' + message)
        return echo

>>> F = make('Spam')                           # 바깥쪽 범위에 있는 label은 유지됨
>>> F('Ham!')                                   # 반환된 함수 호출
Spam:Ham!
>>> F('Eggs!')
Spam:Eggs!
```

파이썬의 보편적인 퍼스트 클래스 객체 모델과 타입 선언의 부재는 파이썬을 굉장히 유연한 프로그래밍 언어로 만든다.

함수 내부 접근

함수는 객체이므로 일반적인 객체 도구들을 사용하여 함수를 처리할 수 있다. 실제로, 함수는 여러분이 예상하는 것보다 훨씬 더 유연하다. 예를 들어, 함수를 만들고 나면 평소와 같이 호출할 수 있다.

```
>>>def func(a):
        b = 'spam'
        return b * a

>>> func(8)
'spamspamspamspamspamspamspamspam'
```

그러나 호출 표현식은 함수 객체에 대해 동작하도록 정의된 하나의 기능일 뿐이다. 또한, 우리는 일반적으로 함수의 속성을 검사할 수 있다(다음은 파이썬 3.6에서 실행한 결과지만 2.X의 결과도 비슷하다).

```
>>> func.__name__
'func'
>>> dir(func)
['__annotations__', '__call__', '__class__', '__closure__', '__code__',
...생략: 총 34개...
'__repr__', '__setattr__', '__sizeof__', '__str__', '__subclasshook__']
```

내부 접근 도구들을 이용하면 구현에 대한 상세한 내용을 볼 수 있다. 예를 들어, 함수의 지역 변수와 인수에 관한 자세한 정보를 제공하는 코드 객체가 함수에 첨부되어 있다.

```
>>> func.__code__
<code object func at 0x00000000021A6030, file "<stdin>", line 1>

>>> dir(func.__code__)
['__class__', '__delattr__', '__dir__', '__doc__', '__eq__', '__format__', '__ge__',
...생략: 총 37개...
'co_argcount', 'co_cellvars', 'co_code', 'co_consts', 'co_filename',
'co_firstlineno', 'co_flags', 'co_freevars', 'co_kwonlyargcount', 'co_lnotab',
'co_name', 'co_names', 'co_nlocals', 'co_stacksize', 'co_varnames']

>>> func.__code__.co_varnames
('a', 'b')
>>> func.__code__.co_argcount
1
```

서드파티 도구들을 만드는 사람들은 함수를 관리하기 위해 이러한 정보들을 활용할 수 있다 (실제로, 우리는 39장의 데코레이터에서 함수 인수의 유효성 검사를 구현하기 위해 사용한다).

함수 속성

그러나 함수 객체는 앞 절에서 나열된 시스템 정의 속성으로 제한되는 것은 아니다. 17장에서 배운 것처럼 파이썬 2.1 이후부터 임의의 **사용자 정의** 속성을 함수에 첨부하는 것 또한 가능하다.

```
>>> func
<function func at 0x000000000296A1E0>
>>> func.count = 0
>>> func.count += 1
>>> func.count
1
>>> func.handles = 'Button-Press'
```

```
>>> func.handles
'Button-Press'
>>> dir(func)
['__annotations__', '__call__', '__class__', '__closure__', '__code__',
...생략: 3.X에서 다른 이름들은 두 개의 언더스코어 문자가 붙기 때문에 여러분의 이름은 충돌을 피할 수 있다...
__str__', '__subclasshook__', 'count', 'handles']
```

함수에 저장된 파이썬 자신의 구현과 관련된 데이터는 사용자가 직접 지정하는 임의의 속성 이름과 충돌하는 것을 방지하기 위한 이름 규칙을 따른다. 파이썬 3.X에서 모든 함수 내부의 이름들은 앞 뒤에 두 개의 언더스코어 문자가 붙는다. 파이썬 2.X도 동일한 규칙을 따르지만, 'func_X'로 시작하는 몇몇 이름들 또한 할당한다.

```
c:\code> py -3
>>> def f(): pass

>>> dir(f)
...자세한 내용은 직접 실행하여 확인해 보자...
>>> len(dir(f))
34
>>> [x for x in dir(f) if not x.startswith('__')]
[]

c:\code> py -2
>>> def f(): pass

>>> dir(f)
...자세한 내용은 직접 실행하여 확인해 보자...
>>> len(dir(f))
31
>>> [x for x in dir(f) if not x.startswith('__')]
['func_closure', 'func_code', 'func_defaults', 'func_dict', 'func_doc',
'func_globals', 'func_name']
```

여러분이 동일한 방식으로 속성 이름을 지정하지 않도록 주의한다면, 함수의 네임스페이스를 마치 여러분의 네임스페이스나 범위인 것처럼 안전하게 사용할 수 있다.

관련된 장에서 이미 본 것처럼 이러한 속성은 전역 변수, 비지역 변수, 클래스와 같은 다른 기법들 대신에 **상태 정보**를 함수에 직접 첨부하는 데 사용될 수 있다. 비지역과는 달리 이러한 속성들은 함수 자체만 존재한다면 함수 자신의 코드 외부를 포함하여 어디서나 접근할 수 있다.

이는 또한 어떤 의미에서는 다른 언어에 있는 '정적 지역 변수'를 흉내 내는 방법이다. 이름은 함수에 대해 지역적이지만, 값은 함수가 종료된 이후에도 유지되는 변수를 말한다. 속성은 범위가 아닌 객체에 연관되어 있지만(그리고 자신의 코드 내에서 함수 이름을 통해 참조되어야 하지만), 실제 효과는 비슷하다.

게다가 17장에서 배운 것처럼 속성이 다른 **팩토리** 함수에 의해 생성된 함수에 첨부될 경우, 이속성들은 비지역 클로저와 클래스 인스턴스 속성들처럼 호출마다 다수의 복사본을 지원하며, 쓰기 가능한 상태를 유지한다.

3.X에서 함수 어노테이션

파이썬 3.X에서는 함수 객체에 **어노테이션 정보**(함수의 인수와 결과에 대한 임의의 사용자 정의 데이터)를 첨부하는 것도 가능하다. 파이썬은 어노테이션을 지정하기 위한 특별한 구문을 제공하지만, 어노테이션 구문 자체는 아무런 일도 하지 않는다. 어노테이션의 사용 여부는 어디까지나 선택 사항이며, 어노테이션을 사용할 경우 해당 어노테이션은 다른 도구에서 사용할 수 있도록 함수 객체의 __annotations__ 속성에 첨부된다. 예를 들어, 이러한 도구들은 에러를 테스트할 때 어노테이션을 사용할 수 있다.

우리는 이전 장에서 키워드 전용 인수에 대해서 학습했다. 어노테이션은 함수 헤더 구문을 더욱 일반화한다. 다음과 같은 어노테이션이 없는 함수를 한 번 생각해 보자. 이 함수는 세 개의 인수와 결과를 반환하도록 작성되었다.

```
>>> def func(a, b, c)
        return a + b + c

>>> func(1, 2, 3)
6
```

구문적으로 함수 어노테이션은 인수와 반환값에 관련된 임의의 표현식처럼 def 헤더 라인에 작성된다. 인수의 경우, 인수의 이름에 이어서 나오는 콜론 바로 다음에 나타난다. 반환값의 경우, 어노테이션은 인수 목록에 이어서 나오는 -> 다음에 작성된다. 예를 들면, 다음 코드는 이전 함수의 인수와 반환값에 어노테이션을 추가하였다.

```
>>> def func(a: 'spam', b: (1, 10), c: float) -> int:
        return a + b + c

>>> func(1, 2, 3)
6
```

어노테이션이 추가된 함수는 평소와 동일하게 호출할 수 있지만, 파이썬은 추가된 어노테이션을 하나의 딕셔너리에 모아서 함수 객체 자체에 첨부한다. 인수 이름들은 키가 되고, 반환값에 대한 어노테이션은 어노테이션이 작성될 경우 'return' 키에 저장되며('return'은 파이썬에서 예약된 단어로 인수로 사용할 수 없기 때문에 문제가 되지 않는다), 어노테이션 키들의 값은 어노테이션 표현식의 결과에 배정된다.

```
>>> func.__annotations__
{'c': <class 'float'>, 'b': (1, 10), 'a': 'spam', 'return': <class 'int'>}
```

함수 어노테이션은 단순히 파이썬 객체에 첨부된 파이썬 객체이므로 일반적인 방식으로 간단히 처리할 수 있다. 다음 코드는 세 개의 인수 중에 두 개의 인수에만 어노테이션을 추가하며, 일반적인 방식으로 첨부된 어노테이션을 반복한다.

```
>>> def func(a: 'spam', b, c: 99):
        return a + b + c

>>> func(1, 2, 3)
6
>>> func.__annotations__
{'c': 99, 'a': 'spam'}

>>> for arg in func.__annotations__:
        print(arg, '=>', func.__annotations__[arg])

c => 99
a => spam
```

여기서 주목해야 할 두 가지 사항이 있다. 첫 번째로, 인수에 어노테이션을 작성한 경우에도 여전히 **기본값**을 추가할 수 있다. 어노테이션은 기본값 앞에 나타난다. 예를 들어, 다음의 a: 'spam' = 4는 인수 a의 기본값은 4이고 'spam' 문자열 어노테이션이 추가되었음을 의미한다.

```
>>> def func(a: 'spam' = 4, b: (1, 10) = 5, c: float = 6) -> int:
        return a + b + c

>>> func(1, 2, 3)
6
>>> func()                              # 4 + 5 + 6(셋 모두 기본값)
15
>>> func(1, c=10)                       # 1 + 5 + 10(키워드 정상 동작)
16
>>> func.__annotations__
{'c': <class 'float'>, 'b': (1, 10), 'a': 'spam', 'return': <class 'int'>}
```

두 번째로, 앞의 예제에서 각 요소들 사이의 **공백**은 필수가 아니다. 여러분은 함수 헤더의 각 요소들 사이에 공백을 사용할 수도 있고 안할 수도 있지만, 공백을 생략할 경우 코드의 가독성이 떨어지게 된다(그리고 다른 누군가가 이를 개선해 버릴지도 모른다!).

```
>>> def func(a:'spam'=4, b:(1,10)=5, c:float=6)->int:
        return a + b + c

>>> func(1, 2)                               # 1 + 2 + 6
9
>>> func.__annotations__
{'c': <class 'float'>, 'b': (1, 10), 'a': 'spam', 'return': <class 'int'>}
```

함수 어노테이션은 3.X에서 새롭게 추가된 기능이며, 잠재적인 다양한 활용 방안들이 있을 수 있다. 그러나 인수 타입 또는 값에 대한 제약 사항을 명시하기 위해 어노테이션을 사용하는 모습을 어렵지 않게 상상해 볼 수 있으며, 대규모 API에서 함수 인터페이스에 대한 정보를 등록하기 위해 어노테이션을 활용할 수 있을 것이다.

실제로, 우리는 함수 데코레이터 인수(정보가 함수 헤더 바깥에 작성되고 그래서 단일 역할로 제한되지 않는 좀 더 일반적인 개념)에 대한 대안으로 어노테이션에 대해서 살펴보는 39장에서 잠재적인 활용 방안을 알아볼 수 있다. 파이썬도 그렇지만 어노테이션은 여러분의 상상에 따라 그 역할이 결정되는 도구다.

마지막으로 lambda 구문은 이미 정의할 수 있는 함수의 범위를 제한하기 때문에 어노테이션은 def문에서만 동작하며, lambda 표현식에서는 동작하지 않는다. 공교롭게도 이러한 내용은 다음 주제로 우리를 이끈다.

익명 함수: 람다

파이썬은 def문 외에 함수 객체를 생성하는 표현식 형식을 제공한다. 이 표현식 형식은 리스프 언어에서 제공되는 도구와의 유사성으로 인해 람다(lambda)라고 불린다.[1] 이 표현식은 def와 마

---

1 사람들은 lambda라는 단어에 겁을 먹는 경향이 있다. 이 반응은 '람다(lambda)'라는 이름 자체에서 기인한 것으로 보인다. 파이썬에서 람다라는 이름은 리스프 언어로부터 유래했으며, 리스프 언어는 이를 다시 기호 논리학의 한 형식인 람다 계산법으로부터 빌려 왔다. 그러나 파이썬에서 람다는 단순히 구문적으로 표현식을 시작하는 키워드일 뿐이다. 람다는 이해하기 어려운 수학적인 특성을 제외하면 여러분이 생각하는 것보다 사용하기 쉽다.

찬가지로 나중에 호출할 수 있는 함수를 생성하지만, 생성된 함수를 이름에 할당하지 않고 대신 반환한다. 이는 바로 람다가 때때로 **익명**(이름 없는) 함수라고 불리는 이유다. 실제로 람다는 인라인으로 함수를 정의하거나, 코드 일부의 실행을 연기하기 위한 방법으로 종종 사용된다.

람다의 기본

람다의 일반적인 형식은 키워드 lambda와 하나 이상의 인수가 따라오며(정확히 def 헤더의 괄호 안에 인수 목록을 나열한 것처럼), 그다음에 콜론과 표현식이 따라온다.

```
lambda 인수1, 인수2,... 인수N : 인수를 활용한 표현식
```

lambda 표현식의 실행에 의해 반환된 함수 객체는 def에 의해 생성되고 할당된 것과 정확히 동일하게 동작하지만, 일부 상황에서 람다를 좀 더 유용하게 만드는 몇 가지 차이가 존재한다.

- **람다는 문(statement)이 아닌 표현식(expression)이다.** 이러한 이유로 파이썬 구문에 의해 def가 위치할 수 없는 곳에 lambda가 나타날 수 있다(예 리스트 리터럴 안이나 함수 인수). def를 사용한 함수는 이름으로 참조될 수 있지만 어딘가에서는 생성되어야 한다. lambda는 표현식처럼 선택적으로 이름에 할당될 수 있는 (새로운 함수) 값을 반환한다. 반면 def문은 결과로 함수 객체를 반환하지 않고, 항상 헤더에서 이름에다 새로운 함수를 할당한다.
- **람다 표현식의 본문은 블록 문이 아닌 단일 표현식이다.** 람다 표현식의 본문은 앞에서 def 본문의 return문에 작성했던 것과 유사하다. return문에 명시적인 반환 대신, 표현식 자체를 입력했다. lambda는 표현식으로 제한되기 때문에 def보다 덜 일반적이다(if 같은 문 없이 로직만을 본문에 작성할 수 있다. 이는 프로그램이 중첩되는 것을 제한하기 위한 의도적인 설계다). 람다는 간단한 기능을 작성하기 위해, def는 좀 더 큰 작업을 처리하기 위해 설계되었다.

이러한 구분 외에도 def와 lambda는 같은 종류의 작업을 수행한다. 예를 들어, 우리는 이미 def문을 사용하여 함수를 만드는 방법을 보았다.

```
>>> def func(x, y, z): return x + y + z

>>> func(2, 3, 4)
9
```

하지만 여러분은 람다 표현식의 결과 생성된 함수를 나중에 호출할 수 있도록 이름에 명시적으로 할당함으로써 람다 표현식으로 동일한 효과를 얻을 수 있다.

```
>>> f = lambda x, y, z: x + y + z
>>> f(2, 3, 4)
9
```

여기서 f는 람다 표현식이 생성하는 함수 객체가 할당된다. 이는 곧 def가 동작하는 방식이지만, def는 이러한 할당을 자동으로 수행한다.

def에서와 마찬가지로 lambda 인수에서도 기본값이 동작한다.

```
>>> x = (lambda a="fee", b="fie", c="foe": a + b + c)
>>> x("wee")
'weefiefoe'
```

또한, 람다 본문에 있는 코드는 def 내부 코드와 동일한 범위 검색 규칙을 따른다. 람다 표현식은 중첩된 def처럼 새로운 지역 범위(local scope)를 시작하며, 17장에서 소개한 LEGB 규칙에 따라 자동으로 바깥쪽 함수, 모듈, 그리고 내장된 범위에 있는 이름들을 탐색한다.

```
>>> def knights():
        title = 'Sir'
        action = (lambda x: title + ' ' + x)    # 바깥쪽 def 범위의 title
        return action                           # 함수 객체 반환

>>> act = knights()
>>> msg = act('robin')                          # 'robin'이 x에 전달
>>> msg
'Sir robin'

>>> act                                         # act: 실행 결과가 아닌 함수
<function knights.<locals>.<lambda> at 0x00000000029CA488>
```

이 예제에서 파이썬 2.2 이전 버전의 경우, 이름 title에 대한 값은 기본 인수 값으로서 전달된다. 이러한 이유에 대해서 기억나지 않는다면 범위에 대해서 이야기하는 17장을 참고하자.

왜 람다를 사용하는가?

일반적으로 람다는 해당 함수를 사용하는 코드 내에 함수를 포함하는 것을 가능하게 만드는 방법으로 유용하게 사용된다. 람다를 사용하는 것은 어디까지나 선택 사항이지만(여러분은 언제든지 def를 사용할 수 있으며, 람다 표현식이 제공하기 어려운 전체 문(statement)의 기능이 필요한 경우 def를 사용하도록 해야 한다), 람다는 해당 함수가 사용될 위치에 실행 가능한 작은 코드를 인라인으로 포함해야 할 경우 간편한 방법을 제공한다.

예를 들어 우리는 나중에 파일 어딘가에서 def로 정의되고 이름으로 참조되는 대신, 등록 호출의 인수 리스트에 직접 포함되는 인라인 람다 표현식으로 주로 작성되는 콜백 핸들러에 대해서 보게 될 것이다(뒤에 나올 칼럼인 "더 생각해 볼 주제: 람다 콜백"을 참고하자).

또한, 람다는 일반적으로 요청에 따라 수행될 동작들의 리스트나 딕셔너리로된 분기 테이블을 작성하는 데 사용된다.

```
L = [lambda x: x ** 2,          # 인라인 함수 정의
     lambda x: x ** 3,
     lambda x: x ** 4]          # 세 개의 호출 가능한 함수의 리스트

for f in L:
    print(f(2))                 # 4, 8, 16 출력

print(L[0](3))                  # 9 출력
```

람다 표현식은 문을 사용할 수 없는 곳에 작은 코드가 필요한 경우 def를 대체할 수 있는 유용한 방법이다. 예를 들어, 앞의 코드는 리스트 리터럴 내부에 람다 표현식을 내장함으로써 세 개의 함수를 가진 리스트를 만든다. def는 표현식이 아닌 문이기 때문에 앞의 코드처럼 리스트 리터럴 내부에서 동작하지 않는다. 동일한 기능을 def를 사용하여 작성할 경우, 임시적인 함수 이름(다른 이름과 충돌이 발생할 가능성이 있다)과 실제 사용될 곳의 외부에서(실제 코드가 멀리 떨어져 있을 수 있다) 별도의 함수 정의가 필요하다.

```
def f1(x): return x ** 2
def f2(x): return x ** 3        # 명명된 함수 정의
def f3(x): return x ** 4

L = [f1, f2, f3]                # 이름으로 참조

for f in L:
    print(f(2))                 # 4, 8, 16 출력
```

```
print(L[0](3))                                      # 9 출력
```

다자간 분기 스위치

사실, 파이썬에서 좀 더 일반적인 종류의 동작 테이블을 만들기 위해서는 딕셔너리와 다른 데
이터 구조를 사용하여 같은 종류의 작업을 수행할 수 있다. 다음은 대화형 프롬프트에서 보
여 주는 또 다른 예제다.

```
>>> key = 'got'
>>> {'already': (lambda: 2 + 2),
     'got':     (lambda: 2 * 4),
     'one':     (lambda: 2 ** 6)}[key]()
8
```

이 코드에서 파이썬이 임시적인 딕셔너리를 만들 때, 중첩된 각 람다는 나중에 호출될 함수를
생성하고 남겨 둔다. 키를 이용한 인덱싱은 함수들 중 하나를 가져오며, 괄호는 가져온 함수
를 호출 가능하도록 만든다. 이러한 방법으로 작성할 경우, 딕셔너리는 내가 12장에서 보여 준
if문보다 좀 더 보편적인 다자간 분기 도구가 된다.

이 코드를 람다 없이 동작하도록 만들기 위해서는 함수가 사용되는 딕셔너리 바깥의 파일 어
딘가에 세 개의 def문과 이름으로 이 함수들을 참조하는 코드를 작성해야 한다.

```
>>> def f1(): return 2 + 2

>>> def f2(): return 2 * 4

>>> def f3(): return 2 ** 6

>>> key = 'one'
>>> {'already': f1, 'got': f2, 'one': f3}[key]()
64
```

이 코드도 잘 동작하지만, def에 정의된 내용이 매우 단순한 경우에도 여러분이 정의한 def는
파일 어딘가에 멀리 떨어져 있을 수 있다. 람다가 제공하는 **코드 근접성**은 단일 상황에서만 사
용되는 함수에 대해 특히 유용하다. 여기에서 사용된 세 개의 함수가 다른 어디에서 사용되
지 않는다면, 그들에 대한 정의를 딕셔너리 안에 람다로 내장하는 것이 이치에 맞다. 게다가
def 형식은 이러한 작은 함수들에 대해서도 여러분에게 이름을 결정하도록 요구하며, 이러한

이름들은 파일 내의 다른 이름들과 충돌이 발생할 수 있다(드물긴 하지만 가능한 일이다).[2]

또한 람다는 함수 호출 인수 리스트에서 프로그램 내의 어디서도 사용되지 않는 임시 함수를 인라인으로 정의하기 위한 방법으로도 유용하게 사용된다. 이 장의 뒷부분에서 map에 대해 학습할 때, 이러한 다른 사용 사례에 대한 몇 가지 예제들을 살펴볼 것이다.

파이썬 코드를 복잡하게 하는 방법

람다의 본문은 (연속된 문이 아닌) 단일 표현식으로 구성되어야 한다는 사실은 람다에 표현할 수 있는 로직의 양에 심각한 제한을 두는 것처럼 여겨질 수 있다. 그러나 여러분이 무엇을 하려는지 잘 알고 있다면, 파이썬에서 대부분의 문을 표현식 기반으로 동일하게 작성할 수 있다.

예를 들어 람다 함수의 본문에서 **출력**하고자 할 경우에 파이썬 3.X에서 단순히 print(X)라고 작성하면 이 코드는 문이 아닌 호출 표현식이 된다. 또는 이식성을 고려한 표현식을 만들기 위해 파이썬 2.X와 3.X에서 sys.stdout.write(str(X)+'\n')라고 작성할 수 있다(print가 실제 어떻게 동작하는지 설명한 11장의 내용을 다시 상기해 보자). 마찬가지로 람다 내에서 **선택** 로직을 사용하기 위해서 12장에서 소개한 if/else 삼중 표현식, 또는 동등하지만 약간의 트릭이 필요한 and/or 조합을 사용할 수 있다. 앞서 배운 것처럼, 다음 문은

```
if a:
    b
else:
    c
```

다음과 같은 거의 비슷한 표현식 중 하나로 흉내 낼 수 있다.

```
b if a else c
((a and b) or c)
```

---

2 내 강의를 듣는 한 학생은 이러한 코드에서 함수 이름이 문자열 검색 키와 같은 경우, eval(funcname)( )를 실행하는 방식으로 함수를 호출하여 분기 테이블 딕셔너리를 생략할 수 있다고 지적했다. 이 경우에 사실이고 몇몇 상황에서 유용하긴 하지만, 우리가 앞서 10장에서 본 것처럼 eval은 상대적으로 실행 속도가 느리고(컴파일 후 코드 실행) 안전하지 않다(문자열의 출처를 신뢰할 수 있어야 한다). 좀 더 기본적으로는 이러한 분기 테이블은 파이썬의 다형성 메서드 분기에 내재되어 있다. 다형성에서 메서드 호출은 객체의 타입에 기반한 '올바른 작업'을 수행한다. 자세한 내용은 파트 6을 계속 지켜봐 주기 바란다.

이와 같은 표현식들은 람다 내에 위치할 수 있기 때문에 람다 함수 내에서 선택 로직을 구현하기 위해 사용될 수 있을 것이다.

```
>>> lower = (lambda x, y: x if x < y else y)
>>> lower('bb', 'aa')
'aa'
>>> lower('aa', 'bb')
'aa
```

게다가 람다 내에서 **루프**를 수행할 필요가 있는 경우, map 호출 그리고 리스트 표현식과 같은 것을 람다 표현식 안에 포함할 수 있다. 리스트 컴프리헨션 표현식은 이미 언급한 바 있으며, 이 장과 다음 장에서 또 이야기하겠다.

```
>>> import sys
>>> showall = lambda x: list(map(sys.stdout.write, x))        # 3.X에서 list를 사용해야 함
>>> t = showall(['spam\n', 'toast\n', 'eggs\n'])              # 3.X에서 print 사용할 수 있음
spam
toast
eggs
>>> showall = lambda x: [sys.stdout.write(line) for line in x]
>>> t = showall(('bright\n', 'side\n', 'of\n', 'life\n'))
bright
side
of
life
>>> showall = lambda x: [print(line, end='') for line in x]    # 동일: 3.X에서만
>>> showall = lambda x: print(*x, sep='', end='')              # 동일: 3.X에서만
```

표현식으로 문을 흉내 내는 데는 한계가 있다. 직접적으로 할당문의 효과를 얻을 수는 없지만, 예를 들어 때로는 내장된 setattr과 같은 도구들, 네임스페이스의 __dict__, 그리고 가변 객체를 직접 변경하는 메서드로 대체할 수 있으며, 그리고 함수형 프로그래밍 기법은 복잡한 표현식의 어두운 세계로 여러분을 깊숙히 데려갈 수도 있다.

지금 여러분에게 보여 준 이러한 기법들은 최후의 수단으로써 사용하도록 해야 한다. 이 기법들을 사용할 때 상당한 주의를 기울이지 않으면 읽기 난해한 코드를 만들어 버릴 수 있다. 일반적으로 단순한 것이 복잡한 것보다 낫고, 명시적인 것이 암시적인 것보다 나으며, 애매한 표현식보다 전체 문이 더 낫다. 여러분이 작성하려는 로직 코드가 적지 않을 경우에는 **def**를 사용하도록 하자. 람다는 작은 인라인 코드를 위한 것이다. 한편으로 여러분은 이러한 기법들을 유용하게 사용하는 방법들을 찾을 수 있을 것이다.

범위: 람다 또한 중첩될 수 있다

람다는 중첩된 함수 범위 검색(17장에서 학습한 LEGB 범위 검색에서 E)의 주요 수혜자다. 다음 코드에서 람다는 def 안에 나타나며, 따라서 람다는 바깥쪽 함수가 호출될 때 바깥쪽 함수의 범위에 있는 이름 x의 값에 접근할 수 있다.

```
>>> def action(x):
        return (lambda y: x + y)        # x를 기억하는 함수를 만들고 반환

>>> act = action(99)
>>> act
<function action.<locals>.<lambda> at 0x00000000029CA2F0>
>>> act(2)                              # 반환된 동작을 호출
101
```

우리는 중첩된 함수 범위에 대한 이전 논의에서 람다 또한 바깥쪽 람다에 있는 이름에 접근할 수 있다는 것을 설명하지 않았다. 이 경우가 다소 이해하기 어려울 수도 있지만, 위 코드에서 def를 lambda로 재작성한다고 생각해 보자.

```
>>> action = (lambda x: (lambda y: x + y))
>>> act = action(99)
>>> act(3)
102
>>> ((lambda x: (lambda y: x + y))(99))(4)
103
```

여기에서 중첩된 람다 구조는 호출 시에 함수를 생성하는 함수를 만든다. 이 코드에서 두 경우 모두, 중첩된 람다의 코드는 바깥쪽 람다에 있는 변수 x에 대한 접근을 가진다. 이 코드는 문제없이 동작하지만, 꽤 복잡한 코드처럼 보인다. 가독성을 위해 중첩된 람다는 일반적으로 피하는 것이 좋다.

더 생각해 볼 주제: 람다 콜백

람다의 또 다른 매우 일반적인 활용 방법은 파이썬의 tkinter GUI API(파이썬 2.X에서 이 모듈의 이름은 Tkinter다)를 위한 인라인 콜백 함수를 정의하는 것이다. 예를 들어 다음 코드는 눌렀을 때 콘솔에 메시지를 출력하는 버튼을 생성하며, 여러분의 컴퓨터에 tkinter가 설치되어 있다고 가정한다(윈도우, 맥, 리눅스를 포함한 다양한 OS에서 기본으로 설치된다).

```
import sys
from tkinter import Button, mainloop        # 2.X에서 Tkinter
```

```
x = Button(
        text='Press me',
        command=(lambda:sys.stdout.write('Spam\n')))     # 3.X: print( )
x.pack()
mainloop()              # 이 코드는 콘솔 모드에서는 선택 사항임
```

여기서 우리는 command 키워드 인수에 람다로 생성된 함수를 전달하여 콜백 핸들러 함수를 등록했다. 여기서 def에 대해 lambda가 주는 장점은 버튼이 눌렸을 때 처리하는 코드가 바로 여기, 버튼 생성 호출에 포함되어 있다는 것이다.

실제로, 위 코드에서 람다는 이벤트가 발생할 때까지 실행이 **연기**된다. write 호출은 버튼이 생성된 시점이 아닌 눌려진 시점에 발생하며, 이벤트가 발생할 때 문자열이 쓰여야 한다는 것을 효과적으로 알 수 있다.

파이썬 2.2부터 중첩된 함수 범위 규칙이 람다에도 적용되기 때문에 람다는 콜백 핸들러로 쉽게 사용할 수 있다. 람다는 자신이 정의된 함수에 있는 이름들을 자동으로 볼 수 있으며, 대부분의 경우에 더 이상 전달된 기본값을 필요로 하지 않는다. 이는 특히 감싸고 있는 클래스 메서드 함수의 특별한 지역 변수인 self 인스턴스 인수에 접근할 때 편리하다(클래스에서 대한 자세한 내용은 파트 6에서 다룬다).

```
class MyGui:
    def makewidgets(self):
        Button(command=(lambda: self.onPress("spam")))
    def onPress(self, message):
        ...message 사용...
```

파이썬 초기 버전에서는 심지어 self도 람다에 기본값으로 전달되어야 했다. 나중에 살펴보겠지만 __call__ 그리고 **바운드 메서드**를 이용한 클래스 객체 또한 종종 콜백 역할을 제공한다. 더 자세한 사항은 이 주제들을 다루고 있는 30장과 31장을 참고하도록 하자.

함수형 프로그래밍 도구

대부분의 정의에 따르면 오늘날의 파이썬은 (기본적인 문을 이용한) 프로시저, (클래스를 이용한) 객체 지향, 그리고 함수형 등 여러 프로그래밍 패러다임을 지원한다. 이 중 후자에 대해 파이썬은 **함수형 프로그래밍**에 사용되는 내장된 기능들의 세트(함수를 시퀀스나 다른 반복 객체에 적용하는 도구들)를 제공한다. 이 세트는 반복 객체의 아이템에 대해 함수를 호출하는 도구(map), 테스트 함수에 기반하여 아이템을 필터링하는 도구(filter), 그리고 아이템과 실행 결과의 쌍에 함수를 적용하는 도구(reduce) 등을 포함하고 있다.

비록 그 경계가 때로는 모호하기는 하지만, 대부분의 정의에 따르면 파이썬의 함수형 프로그래밍 도구는 앞서 언급한 **퍼스트 클래스 객체 모델**, 중첩된 범위 **클로저**와 이 파트의 앞에서 배운

임의 함수 람다, 다음 장에서 좀 더 자세히 다루는 제너레이터와 컴프리헨션, 그리고 이 책의 마지막 파트인 함수와 클래스 데코레이터를 포함한다. 여기서는 이 장의 목적을 위해 다른 함수들을 반복 객체에 자동으로 적용하는 내장 함수들을 빠르게 살펴보는 것으로 이 장을 마무리하자.

반복 객체에 대해 함수 적용하기: map

프로그램이 리스트나 다른 시퀀스와 함께 가장 일반적으로 실시하는 작업 중 하나가 바로 각 아이템에 대해 특정 연산을 적용하고 그 결과를 수집하는 것이다(데이터베이스 테이블에서 열을 선택하고, 회사 직원의 급여 필드를 증가시키고, 이메일 첨부 파일들을 분석하는 등의 작업). 파이썬은 컬렉션 범위의 연산을 쉽게 작성하는 다양한 도구들을 제공한다. 예를 들어, 리스트상의 모든 카운터를 업데이트하는 작업은 for 루프를 이용하여 쉽게 작성할 수 있다.

```
>>> counters = [1, 2, 3, 4]
>>>
>>> updated = []
>>> for x in counters:
        updated.append(x + 10)          # 각 아이템에 10 더하기

>>> updated
[11, 12, 13, 14]
```

이 같은 작업은 꽤 일반적이기 때문에 파이썬은 이러한 작업의 대부분을 알아서 처리하는 내장된 도구들을 제공한다. map 함수는 전달된 함수를 반복 객체의 각 아이템에 적용하고 그 결과를 모아서 리스트로 반환한다. 예를 들어, 우리는 13장과 14장에서 내장된 함수를 반복 객체의 아이템에 적용하기 위해 map을 간략히 살펴본 바 있다.

```
>>> def inc(x): return x + 10          # 실행될 함수

>>> list(map(inc, counters))           # 결과 수집
[11, 12, 13, 14]
```

여기서는 리스트의 각 아이템에 적용되는 **사용자 정의** 함수를 전달하여 좀 더 일반적인 형태로 사용한다. map은 각 리스트 아이템에 대해 inc를 호출하고 모든 반환값을 새로운 리스트로 수집한다. 파이썬 3.X에서 map은 반복 객체이기 때문에 여기서는 출력을 위해 모든 결과를 생성하기 위해 list 호출을 사용했다는 점을 기억하도록 하자. 2.X에서는 list 호출이 필요하

지 않다(이 내용이 기억나지 않는다면 14장을 참고하도록 하자).

map은 시퀀스에 적용할 함수를 필요로 하기 때문에 map 또한 람다가 일반적으로 나타날 수 있는 곳 중 하나다.

```
>>> list(map((lambda x: x + 3), counters))    # 함수 표현식
[4, 5, 6, 7]
```

여기서 함수는 counters 리스트의 각 아이템에 3을 더한다. 이 작은 함수가 다른 곳에서 사용되지 않는 한, 람다를 이용하여 인라인으로 작성될 수 있다. 이러한 map의 사용 방식은 for를 이용한 루프와 동일하기 때문에 추가적인 코드를 조금 더 사용하면 여러분 스스로 일반적인 매핑 기능을 작성할 수 있다.

```
>>> def mymap(func, seq):
        res = []
        for x in seq: res.append(func(x))
        return res
```

앞에서 보여 준 함수 inc가 여전히 존재한다고 가정하고, 우리는 이 함수를 내장 매핑 함수나 직접 작성한 매핑 함수를 사용하여 시퀀스나 다른 반복 객체에 적용할 수 있다.

```
>>> list(map(inc, [1, 2, 3]))      # 내장된 map은 반복 객체
[11, 12, 13]
>>> mymap(inc, [1, 2, 3])          # 직접 만든 함수는 리스트를 반환(제너레이터 참고)
[11, 12, 13]
```

그러나 map은 내장 기능이기 때문에 어디서나 이용할 수 있고, 항상 동일한 방식으로 동작하며, 성능상의 이점이 약간 있다(21장에서 확인하는 것처럼 map은 일부 상황에서 수동으로 작성된 for 루프보다 더 빠르게 동작한다). 게다가 map은 여기서 설명한 것보다 좀 더 진보된 방법으로 사용될 수 있다. 다수의 시퀀스 인수들이 있을 때, map은 여러 시퀀스로부터 가져온 각각의 아이템들을 함수의 개별 인수에 병렬로 전달한다.

```
>>> pow(3, 4)                           # 3 ** 4
81
>>> list(map(pow, [1, 2, 3], [2, 3, 4]))    # 1 ** 2, 2 ** 3, 3 ** 4
[1, 8, 81]
```

다수의 시퀀스와 함께 사용될 경우, map은 N개의 시퀀스에 대해 N개의 인수를 갖는 함수가 전달되기를 기대한다. 각 시퀀스로부터 하나의 아이템이 map으로 전달된다. 일반적인 코드로 이를 흉내 내는 것 또한 많은 작업을 필요로 하지는 않지만, 우리는 다음 장에서 몇몇 추가적인 반복 도구를 다룬 다음 이에 대해서 다시 이야기할 것이다.

map 호출은 14장에서 학습한 리스트 컴프리헨션 표현식과 유사하며, 마찬가지로 다음 장에서 함수 관점으로 다시 이야기할 예정이다.

```
>>> list(map(inc, [1, 2, 3, 4]))
[11, 12, 13, 14]
>>> [inc(x) for x in [1, 2, 3, 4]]          # 대신 ( ) 괄호를 사용하면 제너레이터 반환
[11, 12, 13, 14]
```

일부 상황에서 map은 리스트 컴프리헨션보다 더 빠르게 실행되며(◉ 내장된 함수를 매핑할 때), 더 짧은 코드를 필요로 한다. 한편 map은 각 아이템에 임의의 **표현식** 대신 함수 호출을 적용하므로 다소 일반적인 도구는 아니며, 종종 추가적인 헬퍼(Helper) 함수나 람다가 요구된다. 또한 대괄호 대신 괄호를 사용하여 리스트 컴프리헨션 표현식을 감싸면, 메모리를 절약하고 응답성을 높이기 위한 요청마다 값을 **생성**하는 객체를 만들어 내는데 이는 3.X에서 map과 매우 유사하다(역시나 다음 장에서 다루게 될 주제다).

반복 객체에서 아이템 선택하기: filter

map 함수는 파이썬의 함수형 프로그래밍 도구 중에서 가장 기본적이며, 상대적으로 직관적인 함수다. map의 가까운 친척인 filter와 reduce는 각각 테스트 함수에 기반하여 반복 객체의 아이템들을 선택하고 함수를 아이템 쌍(pair)에 적용한다.

3.X에서 filter는 또한 반복 객체를 반환하기 때문에 모든 결과를 출력하기 위해서는 list 호출이 필요하다. 예를 들어, 다음 filter 호출은 시퀀스에서 0보다 큰 아이템들을 골라낸다.

```
>>> list(range(-5, 5))                              # 3.X에서 반복 객체
[-5, -4, -3, -2, -1, 0, 1, 2, 3, 4]

>>> list(filter((lambda x: x > 0), range(-5, 5)))   # 3.X에서 반복 객체
[1, 2, 3, 4]
```

우리는 앞서 12장의 칼럼과 14장에서의 3.X 반복 객체에 대해 탐구하면서 filter를 간략히

언급한 바 있다. filter는 시퀀스와 반복 객체에서 함수가 참인 결과를 반환하는 아이템들을 결과 리스트에 추가한다. filter 함수는 map과 마찬가지로 for 루프를 사용하여 동일하게 구현할 수 있지만, 이는 내장 함수이며 사용하기 간편하고 종종 더 빠르게 실행된다.

```
>>> res = []
>>> for x in range(-5, 5):          # filter에 해당하는 문
        if x > 0:
            res.append(x)

>>> res
[1, 2, 3, 4]
```

또한, filter는 map처럼 종종 더 단순한 리스트 컴프리헨션 구문과(특히, 새로운 함수 생성을 피해야 할 경우) 지연된 결과 생성이 필요한 경우 제너레이터 표현식을 사용하여 흉내 낼 수 있다(이에 대한 자세한 내용은 다음 장에서 다룰 예정이다).

```
>>> [x for x in range(-5, 5) if x > 0]          # ( )를 사용하면 제너레이터 반환
[1, 2, 3, 4]
```

반복 객체의 아이템들을 결합하기: reduce

파이썬 2.X에서 단순한 내장 함수인 reduce 호출은 3.X의 functools 모듈 내에 존재하며 더욱 복잡해졌다. reduce 함수는 처리를 위한 반복 객체를 인수로 받지만, 함수 자체는 반복 객체가 아니다(reduce 함수는 하나의 결과를 반환한다). 다음은 리스트 내 아이템들의 합과 곱을 계산하는 두 개의 reduce 호출이다.

```
>>> from functools import reduce          # 3.X에서만 임포트
>>> reduce((lambda x, y: x + y), [1, 2, 3, 4])
10
>>> reduce((lambda x, y: x * y), [1, 2, 3, 4])
24
```

reduce는 각 반복 단계에서 현재의 합이나 곱을 리스트의 다음 아이템과 함께 람다 함수로 전달한다. 기본적으로 시퀀스의 첫 번째 아이템을 가지고 시작 값을 초기화한다. 다음은 설명을 위해 앞 코드의 첫 번째와 동일한 기능의 for 루프이며, 여기서는 더하기가 루프 안에 하드코딩되어 있다.

```
>>> L = [1,2,3,4]
>>> res = L[0]
>>> for x in L[1:]:
        res = res + x

>>> res
10
```

실제로 여러분만의 reduce를 매우 간단히 작성할 수 있다. 다음 함수는 내장된 기능의 대부분을 흉내 내며, reduce 함수의 실제 동작을 이해하는 데 도움이 된다.

```
>>> def myreduce(function, sequence):
        tally = sequence[0]
        for next in sequence[1:]:
            tally = function(tally, next)
        return tally

>>> myreduce((lambda x, y: x + y), [1, 2, 3, 4, 5])
15
>>> myreduce((lambda x, y: x * y), [1, 2, 3, 4, 5])
120
```

또한 내장된 reduce는 추가적인 세 번째 인수를 제공하며, 인수로 제공된 시퀀스 아이템들 이전에 위치하여 초깃값의 역할을 하고 시퀀스가 비어 있는 경우에는 기본 결괏값이 된다. 하지만 여기서는 이에 대해 확인하지 않으므로 여러분 스스로 확인해 보기 바란다.

이 코딩 기법이 여러분의 흥미를 유발한다면 아마도 표준 라이브러리 operator 모듈에도 관심이 갈 수 있다. 이 모듈은 내장된 표현식에 대응하는 함수를 제공하며, 일부 함수형 도구가 필요한 상황에서 편리하게 이용할 수 있다(이 모듈에 대한 좀 더 자세한 내용은 파이썬의 표준 라이브러리 매뉴얼을 참고하자).

```
>>> import operator, functools
>>> functools.reduce(operator.add, [2, 4, 6])        # 함수 기반의 +
12
>>> functions.reduce((lambda x, y: x + y), [2, 4, 6])
12
```

reduce는 map이나 filter와 함께 강력한 함수형 프로그래밍 기법을 제공한다. 앞서 언급한 바와 같이 많은 전문가들은 다음 장에서 다룰 **제너레이터**와 **컴프리헨션**뿐만 아니라 앞서 논의한 중첩된 함수 범위 클로저(다른 말로, 팩토리 함수)와 임의 함수 람다를 포함하기 위해 파이썬에서 함수형 프로그래밍의 범위를 확장한다.

이 장의 요약

이 장에서는 함수와 관련된 고급 주제에 대해서 알아보았다(재귀 함수, 함수 어노테이션, 람다 표현식 함수, map, filter, reduce와 같은 함수형 도구, 그리고 일반적인 함수 설계 개념들). 다음 장은 제너레이터와 문을 반복하기 위한 함수형 프로그래밍과 관련된 도구로서 반복 객체와 리스트 컴프리헨션을 다시 이야기하며, 이어서 또다른 고급 주제들을 다룬다. 우선 다음 주제로 넘어가기 전에 퀴즈를 통해 이 장에서 다룬 개념들을 잘 이해했는지 확인해 보도록 하자.

학습 테스트: 퀴즈

1. 람다 표현식과 def문은 어떻게 연관되어 있는가?

2. 람다 사용 시 주의해야 할 사항은 무엇인가?

3. map, filter, reduce의 비교와 대조

4. 함수 어노테이션이 무엇이며, 어떻게 사용되는가?

5. 재귀 함수는 무엇이며, 어떻게 사용되는가?

6. 함수 작성 시 일반적으로 주의해야 할 사항은 무엇인가?

7. 함수가 결과를 호출자에게 전달하는 방법을 세 가지 이상 말해 보자.

학습 테스트: 정답

1. lambda와 def 둘 모두 나중에 호출할 수 있는 함수 객체를 생성한다. 그러나 lambda는 표현식이기 때문에 함수 객체를 이름에 할당하는 대신 반환하며, 구문적으로 def가 동작하지 않는 위치에서 함수 정의를 중첩하는 데 사용될 수 있다. 그러나 lambda는 오직 하나의 암시적인 값을 반환하는 표현식만 사용할 수 있다. lambda는 문들의 블록을 지원하지 않기 때문에 큰 함수에 대해 사용하기에는 적절하지 않다.

2. lambda를 이용하면 작은 실행 가능한 코드 단위를 인라인으로 작성할 수 있다. lambda 표현식은 정의 시에 바로 실행되지 않으며, 기본 인수와 바깥쪽 범위 변수의 형식으로 상태 정보를 제공한다. 꼭 lambda를 사용해야 하는 것은 아니다. 여러분은 lambda 대신 def로 작성하고 이름으로 함수를 참조할 수 있다. 그러나 lambda는 프로그램 어디에서도 사용되지

않으며, 당장 실행되지 않는 작은 코드 조각을 내장하는 데 편리하게 이용할 수 있다. lambda는 일반적으로 GUI와 같은 콜백 기반의 프로그램에서 사용되며, map이나 filter 같은 처리 함수를 필요로 하는 함수형 도구들과 매우 밀접하게 사용된다.

3. 이러한 내장 함수들은 시퀀스 또는 다른 반복 객체에 있는 아이템에 대해 다른 함수를 적용하고 그 결과를 수집한다. map은 각 아이템들을 함수에 전달하고 모든 결과를 수집한다. filter는 해당 함수가 True 값을 반환하는 아이템들을 수집하며, reduce는 연속적인 아이템과 누적된 값을 함수에 적용하여 하나의 값을 계산한다. 다른 둘과 달리, reduce는 파이썬 3.X에서 내장된 범위가 아닌 functools에서 이용할 수 있으며, 파이썬 2.X에서는 내장된 범위에서 제공된다.

4. 파이썬 3.X에서 이용할 수 있는 함수 어노테이션은 함수의 인수와 반환값에 대한 구문적인 수식이며, 함수의 __annotation__ 속성에 할당된 딕셔너리에다 저장된다. 파이썬은 이러한 어노테이션에 대해 어떠한 구문적인 의미를 두지는 않지만, 이러한 어노테이션들을 나중에 다른 도구들에 의해 사용될 수 있도록 함께 패키징한다.

5. 재귀 함수는 루프를 돌기 위해 자신을 직접 또는 간접적으로 호출한다. 재귀 함수는 임의 모양의 구조를 탐색하는 데 사용될 수 있지만, 일반적인 반복을 위해서도 사용될 수 있다 (그러나 후자의 역할은 일반적으로 루프를 사용하면 좀 더 간단하고 효율적이다). 재귀는 탐색 과정에서 추가적인 제어를 갖기 위해 명시적인 큐나 스택을 사용하는 코드로 흉내 내거나 대체될 수 있다.

6. 함수는 일반적으로 가능한 작고, 독립적인 하나의 목적을 가져야 한다. 그리고 함수는 다른 요소들이나 입력 인수 또는 반환값을 통해 통신한다. 또한 함수는 예상된 범위 내에서 가변 인수를 사용하여 결과를 전달할 수 있으며, 일부 다른 프로그램들은 별도의 통신 방식을 사용하기도 한다.

7. 함수는 return문을 사용하거나 전달된 가변 인수를 변경 또는 전역 변수를 설정하여 결과를 반환할 수 있다. 전역 변수는 코드를 이해하거나 사용하기 어렵게 만들므로(멀티스레드 프로그램과 같은 매우 특별한 경우를 제외하고는) 일반적으로 좋은 방법은 아니다. 일반적으로 return문을 사용하는 것이 가장 좋지만, 예상된 범위 내에서 가변 객체를 변경하는 것도 나쁘지 않다. 또한 함수는 파일이나 소켓과 같은 시스템 장치를 이용하여 결과를 전달할 수도 있으나, 이러한 내용은 이번 장의 범위를 벗어난다.

20

컴프리헨션과
제너레이터

이 장에서는 4장과 14장에서 학습한 컴프리헨션과 반복에 대한 개념과 함께 고급 함수에 대한 이야기를 계속해서 진행한다. **컴프리헨션**은 이전 장의 함수형 도구들(圓 map과 filter)과 밀접한 관련이 있으므로, 우리는 이 장의 주제와 관련한 함수형 도구들에 대해 다시 언급할 것이다. 또한, 우리는 **제너레이터 함수**와 **제너레이터 표현식**(요청 시에 결과를 생성하기 위한 사용자 정의 방법)을 학습하기 위해 반복 객체를 다시 살펴볼 것이다.

파이썬에서 반복(Iteration)은 사용자 정의 **클래스** 또한 포함하지만, 우리는 연산자 오버로딩을 학습하는 파트 6에서 이 이야기의 마지막 부분을 다룰 예정이다. 그러나 이 장은 내장된 반복 도구를 학습하는 마지막 단계이므로, 우리가 지금까지 만나온 다양한 도구들을 간략히 요약한다. 다음 장에서는 규모 있는 사례 학습을 통해 이러한 도구들의 상대적인 성능을 측정함으로써 이 장의 주제를 이어서 진행하겠다. 그러나 그 전에 컴프리헨션과 반복에 대한 이야기를 계속하고, 이 주제들을 제너레이터로 확장해 보도록 하자.

리스트 컴프리헨션과 함수형 도구들

이 책의 앞에서 언급한 것처럼 파이썬은 절차적, 객체 지향적, 그리고 함수형 프로그래밍 패러다임을 지원한다. 실제로 파이썬은 **함수형 도구**라고 생각되는 많은 도구를 포함하고 있으며, 우리는 이전 장에서 이러한 도구들을 열거했다(클로저, 제너레이터, 람다, 컴프리헨션, 맵, 데코레이터, 함수 객체, 등). 이러한 도구들을 이용하면 함수를 다양한 방법으로 결합할 수 있으며, 상태 유지나 클래스, 객체 지향 프로그래밍에 대한 또 다른 방법들을 제공한다.

예를 들어, 이전 장에서는 반복 객체에 대해 연산을 적용하고 그 결과를 수집하는 map과 filter(리스프 언어로부터 영감을 얻은 파이썬의 초기 함수형 프로그래밍 도구의 핵심 요소) 같은 도구들을 학습했다. 이러한 연산들은 파이썬에서 가장 일반적인 작업이기 때문에 결국 파이썬은 우리가 앞서 공부한 도구들보다 더 유연한 새로운 표현식(리스트 컴프리헨션)을 도입했다.

파이썬의 역사에 따르면, 리스트 컴프리헨션은 원래 파이썬 2.0의 시기에 함수형 프로그래밍 언어인 하스켈(Haskell)에 있는 유사한 도구로부터 영감을 받았다. 간단히 말해서 리스트 컴프리헨션은 반복 객체에 있는 아이템들에 대해 함수 대신 임의의 **표현식**을 적용한다. 따라서 리스트 컴프리헨션은 좀 더 범용적인 도구가 될 수 있다. 리스트 컴프리헨션은 파이썬 2.0 이후 더 다양한 역할(집합, 딕셔너리, 그리고 이 장에서 학습하는 제너레이터 표현식)로 확장되었다. 컴프리헨션의 기능은 더 이상 리스트에만 국한되지 않는다.

우리는 먼저 4장에서 미리 보기를 통해 리스트 컴프리헨션을 접했고, 14장에서 반복문과 함께 리스트 컴프리헨션에 대해 좀 더 깊이 있는 학습을 했었다. 그러나 map과 filter 호출처럼 리스트 컴프리헨션 또한 함수형 프로그래밍 도구와 관련되어 있기 때문에 우리는 여기서 마지막으로 리스트 컴프리헨션에 대해서 한 번 더 다룬다. 기술적으로 리스트 컴프리헨션은 함수와 관련되어 있지는 않지만(곧 볼 수 있는 것처럼 리스트 컴프리헨션은 map과 filter보다 더 일반적인 도구다) 때로는 함수 기반의 유사한 도구들과 유추하여 이해하는 편이 더 쉽다.

리스트 컴프리헨션 vs 맵

가장 기본적인 내용을 설명하는 예제를 통해 시작해 보도록 하자. 지난 7장에서 본 것처럼 파이썬의 내장 ord 함수는 단일 문자의 정수 코드 포인트를 반환한다(chr 내장 함수는 ord의 반대 함수이며, 정수 코드 포인트에 대한 문자를 반환한다). 이 함수는 인수로 제공한 단일 문자가 아스키 문자 집합의 7비트 코드 포인트 범위 안에 있을 경우, 결과로 아스키 코드를 반환한다.

```
>>> ord('s')
115
```

이제, 문자열에 있는 **모든** 문자의 아스키 코드를 수집해야 한다고 가정해 보자. 아마도 간단한 for 루프를 사용하고 그 결과를 리스트에 수집하는 것이 가장 직관적인 방법일 것이다.

```
>>> res = []
>>> for x in 'spam':
        res.append(ord(x))                    # 수동으로 결과를 수집

>>> res
[115, 112, 97, 109]
```

그러나 지금 우리는 map에 대해 알고 있기 때문에 코드 내에서 리스트 구조를 관리할 필요 없이 단일 함수 호출을 사용하여 유사한 결과를 얻을 수 있다.

```
>>> res = list(map(ord, 'spam'))              # 시퀀스에 함수를 적용
>>> res
[115, 112, 97, 109]
```

그러나 우리는 리스트 컴프리헨션 표현식으로도 동일한 결과를 얻을 수 있다(map은 반복 객체에 대해 함수를 적용하는 반면, 리스트 컴프리헨션은 시퀀스나 반복 객체에 대해 표현식을 적용한다).

```
>>> res = [ord(x) for x in 'spam']            # 시퀀스에 표현식을 적용
>>> res
[115, 112, 97, 109]
```

리스트 컴프리헨션은 반복 객체의 항목들에 임의의 표현식을 적용한 결과를 수집하고, 수집된 결과를 새로운 리스트로 반환한다. 구문적으로 리스트 컴프리헨션은 결과로 리스트를 생성한다는 것을 상기시키기 위해 대괄호 안에 작성된다. 리스트 컴프리헨션의 간단한 형식의 경우, 괄호 안에 변수 이름을 이용한 표현식과 이어서 변수 이름을 지정하는 for 루프 헤더와 유사한 형식이 온다. 그리고 파이썬은 암시적인 루프의 반복을 통해 표현식의 결과를 수집한다.

위 코드의 효과는 수동으로 for 루프와 map을 사용한 코드와 유사하다. 그러나 리스트 컴프리헨션은 우리가 함수 대신에 임의의 표현식을 반복 객체에 적용하고자 할 때 더욱 편리하게 이용할 수 있다.

```
>>> [ x ** 2 for x in range(10)]
[0, 1, 4, 9, 16, 25, 36, 49, 64, 81]
```

여기서 우리는 0과 9 사이의 숫자에 대해 제곱을 계산했다(여기서는 대화형 프롬프트가 결과 리스트 객체를 출력하도록 그냥 내버려 두었다. 결과를 저장해서 유지할 필요가 있는 경우 결과를 변수에 할당해야 한다). 이와 유사한 작업을 map 호출로 구현할 경우, 제곱 연산을 위해 작은 함수 하나를

작성해야 한다. 우리는 이 함수를 다른 곳에서는 사용하지 않기 때문에 어딘가에서 def문을 사용하여 함수를 정의하는 대신에 일반적으로 lambda를 이용하여 인라인으로 작성할 수 있다 (그러나 반드시 인라인으로 작성해야 하는 것은 아니다).

```
>>> list(map((lambda x: x ** 2), range(10)))
[0, 1, 4, 9, 16, 25, 36, 49, 64, 81]
```

이 코드는 리스트 컴프리헨션을 이용한 코드와 동일한 작업을 수행하며, 단지 코드의 양이 조금 더 길고 (적어도 여러분이 lambda를 이해하고 나면) 조금 더 복잡해질 뿐이다. 그러나 다소 복잡한 표현식의 경우, 리스트 컴프리헨션은 훨씬 더 적은 코드를 필요로 한다. 다음 절은 그 이유를 보여 준다.

테스트와 중첩된 루프 추가하기: filter

리스트 컴프리헨션은 지금까지 보여 준 것보다 좀 더 일반적이다. 예를 들어, 14장에서 본 것처럼 for 다음에 선택 로직을 넣기 위해 if절을 작성할 수 있다. if절이 포함된 리스트 컴프리헨션은 이전 장에서 논의한 내장된 filter 함수와 유사하다고 생각될 수 있는데, if절이 참이 아닌 반복 객체의 아이템을 건너뛴다.

설명을 위해 다음을 살펴보자. 0에서 4 사이의 숫자 중에 짝수를 골라내는 두 가지 방법이다. 이전 절에서 리스트 컴프리헨션의 대안으로 map에서 그랬던 것처럼 여기서 filter 버전은 테스트 표현식을 위해 작은 lambda 함수를 만들어야 한다. 비교를 위해 동등한 for 루프를 이용한 코드도 함께 보여 준다.

```
>>> [x for x in range(5) if x % 2 == 0]
[0, 2, 4]

>>> list(filter((lambda x: x % 2 == 0), range(5)))
[0, 2, 4]

>>> res = []
>>> for x in range(5):
        if x % 2 == 0:
            res.append(x)

>>> res
[0, 2, 4]
```

위의 세 가지 방법 모두 짝수를 찾기 위해 나머지 연산자 %를 사용한다. 해당 숫자를 2로 나눈 후에 나머지가 없는 경우, 해당 숫자는 짝수다. 여기서 filter 호출은 또한 리스트 컴프리헨션보다 그렇게 많이 길지 않다. 그러나 우리는 단일 표현식에서 filter와 map의 효과를 동시에 주기 위해 리스트 컴프리헨션에서 if절과 임의의 표현식을 결합할 수 있다.

```
>>> [x ** 2 for x in range(10) if x % 2 == 0]
[0, 4, 16, 36, 64]
```

이번에 우리는 0에서 9까지의 숫자들에 대해 짝수의 제곱을 수집한다. for 루프는 오른쪽에 추가된 if절이 false인 숫자를 건너뛰며, 왼쪽에 있는 표현식은 제곱을 계산한다. 동등한 map 호출은 우리에게 더 많은 작업을 요구한다. 우리는 filter 선택과 map 반복을 결합해야 하며, 눈에 띄게 더 복잡한 표현식이 만들어진다.

```
>>> list(map((lambda x: x**2), filter((lambda x: x % 2 = 0), range(10))))
[0, 4, 16, 36, 64]
```

공식적인 컴프리헨션 구문

실제로, 리스트 컴프리헨션은 여전히 더 일반적이다. 리스트 컴프리헨션의 가장 단순한 형식의 경우, 여러분은 표현식과 하나의 for절을 작성해야 한다.

```
[ 표현식 for 대상 in 반복 객체 ]
```

리스트 컴프리헨션의 다른 부분들의 사용은 선택 사항이지만, 이들은 풍부한 반복 표현이 가능하도록 만든다. 리스트 컴프리헨션 안에 여러 중첩된 for 루프를 작성할 수 있으며, 각각의 중첩된 for 루프는 필터로 동작하는 연관된 if 테스트를 가질 수 있다. 리스트 컴프리헨션의 일반적인 구조는 다음과 같은 모습이다.

```
[ 표현식 for 대상1 in 반복 객체1 if 조건1
         for 대상2 in 반복 객체2 if 조건2 ...
         for 대상N in 반복 객체N if 조건N ]
```

이와 같은 구문은 곧 다루는 제너레이터 표현식뿐만 아니라 집합과 딕셔너리 컴프리헨션에서도 사용하지만, 이들은 리스트 컴프리헨션과 다른 괄호 문자를 사용하며(중괄호 또는 종종 선택적으로 괄호를 사용), 딕셔너리 컴프리헨션은 콜론으로 구분된 두 개의 표현식으로 시작한다(키와 값).

if 필터 절은 이전 절에서 이미 테스트하였다. for절이 리스트 컴프리헨션에 **중첩**될 경우, for절은 동등한 중첩된 for 루프문처럼 동작한다.

```
>>> res = [x + y for x in [0, 1, 2] for y in in [100, 200, 300]]
>>> res
[100, 200, 300, 101, 201, 301, 102, 202, 302]
```

예를 들어, 위 코드는 좀 더 장황한 다음 코드와 같은 효과가 있다.

```
>>> res = []
>>> for x in [0, 1, 2]:
        for y in [100, 200, 300]:
            res.append(x + y)
>>> res
[100, 200, 300, 101, 201, 301, 102, 202, 302]
```

비록 리스트 컴프리헨션이 결과로 리스트를 생성하지만, 어떤 시퀀스나 다른 반복 객체 타입도 반복할 수 있다는 사실을 기억하도록 하자. 다음은 숫자 리스트 대신에 문자열을 탐색하는 유사한 코드이며, 결과적으로 두 문자열의 가능한 모든 조합을 생성한다.

```
>>> [x + y for x in 'spam' for y in 'SPAM']
['sS', 'sP', 'sA', 'sM', 'pS', 'pP', 'pA', 'pM',
 'aS', 'aP', 'aA', 'aM', 'mS', 'mP', 'mA', 'mM']
```

각 for절은 연관된 if 필터를 가질 수 있으며, 루프는 얼마든지 깊게 중첩될 수 있다. 그러나 다음과 같은 코드의 경우, 아마도 다차원 배열을 제외하고는 지금 수준에서는 점점 더 상상하기 어려워질 것이다.

```
>>> [x + y for x in 'spam' if x in 'sm' for y in 'SPAM' if y in ('P', 'A')]
['sP', 'sA', 'mP', 'mA']

>>> [x + y + z for x in 'spam' if x in 'sm'
               for y in 'SPAM' if y in ('P', 'A')
               for z in '123' if z > '1']
['sP2', 'sP3', 'sA2', 'sA3', 'mP2', 'mP3', 'mA2', 'mA3']
```

마지막으로, 다음은 문자열이 아닌 숫자 객체들에 대한 중첩된 for절에 첨부된 if절의 효과를 설명하는 유사한 리스트 컴프리헨션이다.

```
>>> [(x, y) for x in range(5) if x % 2 == 0 for y in range(5) if y % 2 == 1]
[(0, 1), (0, 3), (2, 1), (2, 3), (4, 1), (4, 3)]
```

이 표현식은 0에서 4 사이의 짝수와 0에서 4 사이의 홀수를 결합한다. if절은 각 반복마다 아이템을 걸러낸다. 다음은 문 기반의 동일한 코드다.

```
>>> res = []
>>> for x in range(5):
        if x % 2 == 0:
            for y in range(5):
                if y % 2 == 1:
                    res.append((x, y))
>>> res
[(0, 1), (0, 3), (2, 1), (2, 3), (4, 1), (4, 3)]
```

만약에 복잡한 리스트 컴프리헨션이 어떤 동작을 하는지 잘 이해되지 않을 경우, 동일한 기능을 하는 문을 얻기 위해 리스트 컴프리헨션의 for와 if절을 (각 절을 오른쪽으로 계속해서 들여쓰기하여) 서로 안에 중첩할 수 있다는 것을 기억하도록 하자. 문을 이용한 방식이 결과적으로 더 길지만 언뜻 보기에 의도가 더 명확하며, 특히 기본 문에 익숙한 사람들에게 더욱 친숙하다.

앞 마지막 예제를 map과 filter로 작성할 경우, 매우 복잡하고 깊게 중첩될 수 있기 때문에 여기서는 해당 코드를 보여 주려고 시도하지 않는다. 이러한 코드는 전 리스트 프로그래머를 포함한 수련을 원하는 일부 사람들을 위해 과제로 남겨 두겠다.

예제: 리스트 컴프리헨션 그리고 행렬

물론, 지금까지 보여 준 예제들처럼 모든 리스트 컴프리헨션 코드가 인위적인 것은 아니다. 추가적인 활용 방안을 보여 주기 위해 예제를 하나 더 살펴보도록 하자. 4장과 8장에서 본 것처럼 파이썬에서 행렬(다른 말로 다차원 배열)을 작성하기 위한 가장 기본적인 방법은 중첩된 리스트 구조를 사용하는 것이다. 예를 들어, 다음 코드는 중첩된 리스트의 리스트로 두 개의 3 × 3 행렬을 정의한다.

```
>>> M = [[1, 2, 3],
         [4, 5, 6],
         [7, 8, 9]]

>>> N = [[2, 2, 2],
         [3, 3, 3],
         [4, 4, 4]]
```

이러한 구조가 주어졌을 때, 우리는 항상 일반적인 인덱스 연산을 사용하여 행과 행 안의 열을 인덱스할 수 있다.

```
>>> M[1]            # 2행
[4, 5, 6]

>>> M[1][2]         # 2행, 세 번째 아이템
6
```

그러나 리스트 컴프리헨션은 자동으로 행과 열을 탐색하기 때문에 이러한 구조를 처리하기 위한 매우 강력한 도구가 된다. 예를 들어 이 구조는 비록 여러 행을 사용하여 행렬을 저장하지만, 각 행의 두 번째 열을 가져오기 위해 우리는 단순히 행을 통해 반복하면서 필요한 열을 가져오거나, 행들의 위치를 반복하면서 인덱스할 수 있다.

```
>>> [row[1] for row in M]           # 두 번째 열
[2, 5, 8]

>>> [M[row][1] for row in (0, 1, 2)]    # 오프셋 사용
[2, 5, 8]
```

또한, 우리는 행렬의 위치를 감안하여 값을 대각선 형태로 가져올 수 있다. 다음 표현식 중에 첫 번째는 오프셋의 리스트를 생성하기 위해 range를 사용하고 같은 값으로 행과 열을 인덱스하여 M[0][0]나 M[1][1] 등의 위치에서 값을 가져온다. 두 번째는 M[0][2]나 M[1][1] 등의 값을 가져오기 위해 열의 인덱스 값을 줄여 나간다(우리는 같은 수의 행과 열을 가진 행렬이라고 가정한다).

```
>>> [M[i][i] for i in range(len(M))]    # 대각선
[1, 5, 9]
>>> M[i][len(M)-1-i] for i in range(len(M))]
[3, 5, 7]
```

이러한 행렬을 직접 변경하고자 할 경우 오프셋에 대한 할당이 필요하다(행렬의 행과 열의 길이가 다를 경우 range를 두 번 사용해야 한다).

```
>>> L = [[1, 2, 3], [4, 5, 6]]
>>> for i in range(len(L)):
        for j in range(len(L[i])):      # 직접 업데이트
            L[i][j] += 10

>>> L
[[11, 12, 13], [14, 15, 16]]
```

리스트 컴프리헨션은 결과로 **새로운 리스트**를 생성하기 때문에 위와 같은 작업을 수행할 수는 없지만, 우리는 항상 비슷한 효과를 얻기 위해 리스트 컴프리헨션의 결과를 기존 이름에 할당할 수 있다. 예를 들어, 단순한 벡터 또는 동일한 모양의 행렬을 생성하기 위해 행렬의 모든 아이템에 대해 연산을 적용할 수 있다.

```
>>> [col + 10 for row in M for col in row]        # 새로운 값을 유지하고자 할 경우 다시 M에 할당
[11, 12, 13, 14, 15, 16, 17, 18, 19]

>>> [[col + 10 for col in row] for row in M]
[[11, 12, 13], [14, 15, 16], [17, 18, 19]]
```

위 코드를 이해하기 위해 다음과 같이 동일한 기능을 하는 단순한 문 형식으로 변환해 보자. (다음 코드 첫 번째 루프에서 볼 수 있는 것처럼) 표현식에서 오른쪽에 있는 부분을 더 들여쓰고, (다음 코드의 두 번째 루프처럼) 컴프리헨션이 왼쪽에 중첩될 경우에는 새로운 리스트를 만들자. 문으로 작성된 동일한 코드에서 더 명확한 것처럼, 앞 코드에서 두 번째 표현식은 행 반복이 바깥쪽 루프이기 때문에 동작한다. 각 열에 대해 결과 행렬의 한 열을 만들기 위해서 중첩된 열 반복을 수행한다.

```
>>> res = []
>>> for row in M:                                 # for문을 이용한 같은 기능
        for col in row:                           # 오른쪽 부분을 더 들여씀
            res.append(col + 10)

>>> res
[11, 12, 13, 14, 15, 16, 17, 18, 19]

>>> res = []
>>> for row in M:
        tmp = []                                  # 왼쪽 중첩은 새로운 리스트를 시작
        for col in row:
            tmp.append(col + 10)
        res.append(tmp)

>>> res
[[11, 12, 13], [14, 15, 16], [17, 18, 19]]
```

마지막으로, 우리는 또한 **여러 행렬**의 값을 결합하기 위해 리스트 컴프리헨션을 이용할 수 있다. 다음 코드는 먼저 두 행렬을 곱한 결과를 포함하고 있는 평평한 리스트를 만든 후, 리스트 컴프리헨션을 중첩하여 동일한 값을 가지고 있는 중첩된 리스트 구조를 만든다.

```
>>> M
[[1, 2, 3], [4, 5, 6], [7, 8, 9]]
>>> N
[[2, 2, 2], [3, 3, 3], [4, 4, 4]]

>>> [M[row][col] * N[row][col] for row in range(3) for col in range(3)]
[2, 4, 6, 12, 15, 18, 28, 32, 36]

>>> [[M[row][col] * N[row][col] for col in range(3)] for row in range(3)]
[[2, 4, 6], [12, 15, 18], [28, 32, 36]]
```

앞 코드의 마지막 표현식은 마찬가지로 행의 반복이 바깥쪽 루프에 있기 때문에 동작한다. 이 코드는 다음의 for문 기반 코드와 같다.

```
res = []
for row in range(3):
    tmp = []
    for col in range(3):
        tmp.append(M[row][col] * N[row][col])
    res.append(tmp)
```

좀 더 흥미로운 예제를 위해 zip을 사용하여 곱할 항목을 쌍으로 만들 수 있다. 다음의 컴프리헨션과 루프문 형식은 모두 바로 이전의 예제와 동일한 리스트의 리스트를 생성한다(그리고 3.X에서 zip은 값을 생성하는 제너레이터이므로 겉으로 보는 것만큼 비효율적이지 않다).

```
[[col1 * col2 for (col1, col2) in zip(row1, row2)] for (row1, row2) in zip(M, N)]

res = []
for (row1, row2) in zip(M, N):
    tmp = []
    for (col1, col2) in zip(row1, row2):
        tmp.append(col1 * col2)
    res.append(tmp)
```

여기서 리스트 컴프리헨션 버전은 이에 해당하는 문과 비교할 때 단 한 라인의 코드밖에 필요하지 않으며, 실질적으로 큰 행렬에 대해 더 빠르게 실행된다. 리스트 컴프리헨션 버전은 그저 여러분의 머리를 더 복잡하게 만들 뿐이다. 다음 절에서 이에 대한 이야기를 계속하자.

리스트 컴프리헨션을 남용하지 않도록 하자: KISS

리스트 컴프리헨션은 보편적으로 사용될 경우나 특히 중첩될 경우에는 빠르게 복잡해진다. 일부 프로그래밍 작업은 본디 복잡하므로 이런 작업을 단순히 만드는 데는 한계가 있다(대표적인 예제는 곧 나올 치환 코드를 살펴보도록 하자). 컴프리헨션 같은 도구는 현명하게 사용될 경우에는 매우 강력한 도구가 되며, 여러분의 스크립트에서 사용해도 근본적으로 잘못될 것은 아무것도 없다.

그와 동시에 이전 절과 같은 코드는 실제 코드가 하는 일보다 더 복잡할 수 있다. 그리고 솔직히 리스트 컴프리헨션은 복잡한 코드가 곧 재능이라는 잘못된 생각을 가진 사람들의 흥미를 끄는 경향이 있다. 이러한 도구들은 일부 사람들에 의해 원래 목적보다 다소 과용되는 경향이 있기 때문에 나는 여기서 이러한 도구들의 범위에 대해 명확히 할 필요가 있고 생각한다.

이 책은 교육적인 목적에서 다소 복잡한 컴프리헨션을 설명하지만, 실제 업무 환경에서 특별한 이유 없이 복잡하고 교묘한 코드를 작성하는 것은 나쁜 기술이자 개발자로써 옳지 못한 행동이다. 이 책의 첫 번째 장에서 인용하자면 '프로그래밍은 독창적이고 모호한 것이 아니다'는 말이다. 어디까지나 프로그래밍은 여러분의 프로그램이 어떻게 그 목적을 명확하게 전달하는지에 대한 것이다.

또는 파이썬의 import this 모토를 인용하자면 '단순한 것이 복잡한 것보다 낫다(Simple is better than complex)'는 말도 들 수 있다.

복잡한 컴프리헨션 코드를 작성하는 것이 이론적인 즐거움을 줄 수는 있으나, 나중에 나 말고 다른 누군가가 보고 이해해야 할 프로그램에서는 사용하지 말아야 한다.

결과적으로, 내 조언은 파이썬을 처음 접하는 독자들은 가능하면 단순한 for 루프를 사용하고, 컴프리헨션과 맵은 쉽게 적용할 수 있는 제한된 경우에만 사용하라는 것이다. 늘 그렇듯 '단순하게 유지하라(keep it simple)'는 규칙은 여기서도 적용된다. 코드의 간결함은 코드의 가독성보다 훨씬 덜 중요한 목표다. 만약 컴프리헨션으로 작성한 코드를 이해를 위해 문 형식으로 변환할 필요가 있다면, 해당 코드는 처음부터 문으로 작성해야 한다. 즉, 오랫동안 전해 내려온 KISS(Keep it simple, stupid)는 지금까지도 여전한 것이다.

또 다른 관점: 성능, 간결함, 표현력

그러나 이 경우에는 추가적인 복잡성에 따른 실질적인 성능 이점이 존재한다. 최신 파이썬에서 진행한 테스트에 의하면 map 호출은 동일한 for 루프보다 두 배 빠르며, 리스트 컴프리헨션은 종종 map 호출보다 더 빠르게 실행된다. 이러한 속도 차이는 사용 패턴과 파이썬에 따라 달라질 수 있지만, 일반적으로 map과 리스트 컴프리헨션은 인터프리터 내부에서 C 언어의 속도로 실행된다는 사실에 기인한 것이며, 이는 종종 PVM 내에서 파이썬 for 루프 바이트 코드를 통해 반복하는 것보다 훨씬 더 빠르다.

또한 리스트 컴프리헨션은 강력한 코드의 간결성을 제공하며, 코드의 크기가 줄었다고 해서 그 의미까지 축소되지는 않음을 보장한다. 게다가 많은 사람들은 컴프리헨션의 표현력이 강력한 협력자가 될 것임을 알아차린다. map과 리스트 컴프리헨션은 둘 모두 표현식이기 때문에 구문적으로 for 루프문이 올 수 없는 lambda 함수의 본문, 리스트, 딕셔너리 리터럴 내부와 같은 위치에서 사용될 수 있다.

이러한 이유에서 리스트 컴프리헨션과 map 호출은 단순한 종류의 반복이나 특히, 애플리케이션의 속도가 중요한 고려 대상인 경우를 위해 알아 두고 사용할 만한 가치가 있다. 여전히 for 루프는 로직을 더욱 명확하게 만들므로 일반적으로 코드를 단순하게 유지하기 위해 권장되며, 종종 더 직관적인 코드를 만들 수 있게 한다. 리스트 컴프리헨션과 map 호출을 사용할 경우, 코드를 단순하게 유지하도록 노력해야 한다. 더욱 복잡한 작업의 경우에는 그 대신 전체 문 형식을 사용하도록 하자.

 이전에 언급한 바와 같이, 여기에서 말하는 것과 같은 일반화된 **성능**은 파이썬 자체의 변화와 최적화에 따라 얼마든지 달라질 수 있다. 예를 들어, 최신 파이썬 릴리즈에서는 간단한 for 루프문에 많은 성능 향상이 있었다. 그러나 일부 코드에서는 여전히 리스트 컴프리헨션이 for 루프보다 실질적으로 더 빠르고, 심지어 map보다도 더 빠르다. 그러나 다른 기법들이 함수 호출, 내장 함수 등을 적용해야 할 경우에는 map이 여전히 더 빠르다. 이러한 이야기에 어떤 변화가 있기 전까지는 우리는 이전 절의 주장을 계속 확인해 나갈 것이며, 여러분 스스로 이러한 기법들의 성능을 측정하고자 할 경우에는 표준 라이브러리 time 모듈 또는 2.4 이후 추가된 time 모듈에 있는 도구를 살펴보거나 이 두 모듈에 대한 공식적인 내용을 다루는 다음 장을 읽어 보기 바란다.

더 생각해 볼 주제: 리스트 컴프리헨션과 맵

다음은 리스트 컴프리헨션과 map의 실제 동작을 보여 주는 좀 더 현실적인 예제다. 우리는 14장에서 리스트 컴프리헨션으로 먼저 해결했지만, 여기서 map을 이용한 방법을 추가하기 위해 다시 언급한다. 파일의 readlines 메서드는 문자열의 끝에 라인의 끝 \n 문자와 함께 읽은 라인들을 반환한다는 것을 상기해 보도록 하자(다음 코드는 현재 디렉터리에 세 라인의 텍스트로 구성된 파일이 있다고 가정한다).

```
>>> open('myfile').readlines()
['aaa\n', 'bbb\n', 'ccc\n']
```

위 결과에서 라인 끝 문자를 제거하고 싶은 경우, 리스트 컴프리헨션이나 map 호출을 이용하여 한 번(단계)에 모든 라인으로부터 해당 문자를 제거할 수 있다(map 호출의 결과는 파이썬 3.X에서 반복 객체이기 때문에 한 번에 모두 출력하고자 할 경우 list 호출을 통해 실행해야 한다).

```
>>> [line.rstrip() for line in open('myfile').readlines()]
['aaa', 'bbb', 'ccc']

>>> [line.rstrip() for line in open('myfile')]
['aaa', 'bbb', 'ccc']

>>> list(map((lambda line: line.rstrip()), open('myfile')))
['aaa', 'bbb', 'ccc']
```

이 중에 마지막 두 예제는 **파일 반복자**를 이용한다. 14장에서 이미 본 것처럼 이 말은 곧 이와 같은 반복 상황에서 파일의 라인을 읽기 위해 메서드를 호출할 필요가 없다는 것을 의미한다. map 호출은 리스트 컴프리헨션보다 다소 더 길지만, 결과 리스트 생성을 명시적으로 제어할 수 있다.

리스트 컴프리헨션은 또한 열(칼럼) 산출 연산의 한 종류로서 사용될 수 있다. 파이썬의 표준 SQL **데이터베이스** API는 쿼리 결과를 다음과 같은 시퀀스의 시퀀스로 반환한다. 리스트는 테이블이고, 튜플은 행이며, 튜플 안의 아이템들은 열에 해당하는 값들이다.

```
>>> listoftuple = [('bob', 35, 'mgr'), ('sue', 40, 'dev')]
```

for 루프를 이용하여 선택된 열로부터 모든 값을 수동으로 골라낼 수도 있지만, map과 리스트 컴프리헨션을 이용하면 이 작업을 한 단계로 줄여 더 빠르게 실행할 수 있다.

```
>>> [age for (name, age, job) in listoftuple]
[35, 40]

>>> list(map((lambda row: row[1]), listoftuple))
[35, 40]
```

이 중에 첫 번째는 리스트 안의 튜플을 풀기 위해 **튜플 할당**을 이용하며, 두 번째는 인덱싱을 이용한다. 파이썬 2.X에서(3.X는 포함되지 않는다. 18장의 2.X 인수 언패킹에 대한 설명을 참고하도록 하자) map은 인수에도 튜플 언패킹을 사용할 수 있다.

```
# 2.X에서
>>> list(map((lambda (name, age, job): age), listoftuple))
[35, 40}
```

파이썬의 데이터베이스 API에 대한 추가 내용은 다른 책이나 자료들을 참고하자.

파이썬 3.X에서 map은 함수를 실행하고 리스트 컴프리헨션은 표현식을 실행한다는 구분 이외에 이 둘의 가장 큰 차이는 map은 **반복** 객체이고, 요청 시에 결과를 생성한다는 것이다. 리스트 컴프리헨션이 map과 동일한 메모리 절약법이나 실행 시간 분할 효과를 얻기 위해서는 **제너레이터 표현식**으로 작성되어야 한다. 이것은 이 장의 뒤에서 다룰 핵심 주제 중 하나이기도 하다.

제너레이터 함수와 제너레이터 표현식

오늘날 파이썬은 과거보다 더 많은 요청에 따른 지연된 결과를 생성하는 기능을 제공한다. 이는 곧 모든 결과를 한 번에 생성하는 대신 필요할 때만 결과를 생성하는 도구를 제공한다. 우리는 이미 내장된 도구를 통해 이러한 도구들의 실제 동작을 본 적이 있다(요청 시에 라인을 읽는 파일, 그리고 파이썬 3.X에서 요청 시에 아이템을 생성하는 map과 zip 같은 함수 등). 그러나 이러한 지연은 파이썬 자체에 국한된 것은 아니다. 특별히 이 두 언어 구조는 사용자 정의 연산에서 필요할 경우에 결과를 생성하도록 지연시킨다.

- (2.3부터 이용 가능한) **제너레이터 함수**는 일반적인 **def**문으로 작성되지만 한 번에 하나의 결과를 반환하기 위해 yield문을 사용할 수 있으며, 상태를 일시 정지하거나 재시작할 수 있다.
- (2.4부터 이용 가능한) **제너레이터 표현식**은 이전 절의 리스트 컴프리헨션과 유사하지만, 결과로 리스트 대신에 요청 시 결과를 생성하는 객체를 반환한다.

이 두 구조 모두 결과를 한 번에 생성하지 않기 때문에 메모리 공간을 절약할 수 있으며, 연산 시간을 요청 횟수로 분산시킬 수 있다. 이미 본 것처럼 이 둘은 모두 궁극적으로 14장에서 학습한 **반복 프로토콜**을 구현하여 지연된 결과를 수행한다.

이러한 기능들은 전혀 새로운 것이 아니며(제너레이터 함수는 파이썬 2.2부터 선택적으로 이용할 수 있었다), 오늘날 파이썬 코드에서는 꽤 일반적으로 사용된다. 파이썬 제너레이터의 개념은 다른 프로그래밍 언어, 특히 아이콘(Icon)으로부터 많이 빌려왔다. 여러분이 단순한 프로그래밍 모델에 익숙한 경우라면 처음에는 이러한 기능들이 이상해 보일 수도 있겠지만, 일부 적용 가능한 상황에서는 매우 강력한 도구가 된다는 것을 알 수 있다. 또한 이 기능들은 함수, 컴프리헨션, 그리고 반복 개념에 대한 자연스러운 확장이기 때문에 제너레이터 코딩에 대해 여러분이 예상하는 것보다 훨씬 더 많은 것을 알고 있을 수도 있다.

제너레이터 함수: yield vs return

지금까지 우리는 입력 인자를 받고 하나의 결과를 즉시 반환하는 일반적인 함수의 작성에 대해서 배웠다. 그러나 또한 결과를 반환한 다음 나중에 중단한 부분에서 다시 실행을 재개하는 함수를 작성할 수도 있다. 파이썬 2.X와 3.X 모두에서 지원하는 이러한 함수들은 시간에 따라 연속된 값을 생성하기 때문에 **제너레이터 함수**로 알려져 있다.

제너레이터 함수는 거의 모든 측면에서 일반적인 함수와 같으며, 실제로 일반적인 def문으로 작성된다. 그러나 제너레이터 함수는 생성될 때 특별히 반복 프로토콜을 지원하는 객체로 생성되며, 호출될 때는 결과를 반환하지 않는다. 제너레이터 함수는 결과로 모든 반복 상황에서 사용될 수 있는 제너레이터를 반환한다. 우리는 14장에서 반복 객체에 대해서 학습했으며, 그림 14-1은 반복 객체의 동작을 시각적으로 요약해서 제공하고 있다. 여기서 우리는 반복 객체가 제너레이터와 어떻게 연관되어 있는지 살펴보기 위해 반복 객체에 대해서 다시 언급한다.

상태 정지

제너레이터 함수는 값을 반환하고 종료하는 보통의 함수와는 달리 자동으로 실행을 정지하고 재개하며, 값을 생성할 때의 상태를 유지한다. 이로 인해 제너레이터는 종종 연속된 값 전체를 미리 계산하거나, 클래스의 상태를 수동으로 저장하고 복원하기 위한 대안으로 유용하게 사용된다. 상태는 제너레이터 함수가 정지될 때 유지하는 것이며, 코드의 위치와 제너레이터 함수의 지역 범위 전체를 포함한다. 결국 제너레이터 함수의 지역 변수는 결과들 사이의 정보를 유지하며, 함수의 실행이 재개되었을 때 이러한 정보를 이용할 수 있도록 해준다.

제너레이터 함수와 일반 함수 코드 사이의 가장 큰 차이점은 제너레이터 함수는 값을 반환(return)하지 않고 산출(yield)한다는 것이다. yield문은 함수의 실행을 정지하고 산출된 값을 호출자에게 반환하지만, 함수의 실행이 중지된 곳에서 다시 시작하기 위해 필요한 충분한 상태 정보를 유지한다. 제너레이터 함수는 실행이 재개될 경우 마지막 yield가 실행된 바로 다음부터 계속 실행된다. 제너레이터 함수는 함수의 관점에서 볼 때 한 번에 모든 값을 계산하는 대신 시간에 따라 연속적인 값을 생성하기 위한 코드를 가능하게 하며, 리스트 같은 것을 반환한다.

반복 프로토콜 통합

제너레이터 함수를 제대로 이해하기 위해서는 제너레이터 함수가 파이썬의 반복 프로토콜 개념과 밀접하게 연관되어 있음을 알 필요가 있다. 이전에 본 것처럼 반복자 객체는 반복 시에 다음 아이템 또는 반복의 끝에서 특별한 StopIteration 예외를 발생시키는 __next__(2.X에서는 next) 메서드를 정의한다. 반복 객체의 반복자는 처음에는 iter 내장 함수를 통해 가져오지만, 이 단계는 자신이 반복자인 객체에 대해서는 아무런 동작을 하지 않는다.

파이썬 for 루프를 포함한 모든 반복 상황은 시퀀스나 값 제너레이터를 반복하기 위해 이러한 반복 프로토콜을 사용한다(반복 프로토콜이 지원되지 않을 경우, 대신 반복적인 시퀀스 인덱싱에 의존한다). 반복 프로토콜 인터페이스를 지원하는 모든 객체는 모든 반복 도구 안에서 동작한다.

yield문을 포함한 함수는 반복 프로토콜을 지원하기 위해서 특별히 제너레이터로 컴파일된다. 제너레이터는 일반적인 함수는 아니지만, 대신 예정된 반복 프로토콜 메서드를 제공하는 객체를 반환하도록 만들어진다. 제너레이터는 호출될 경우에 실행을 시작 또는 재개하기 위해 자동으로 생성된 __next__라는 이름의 메서드와 함께 반복 인터페이스를 지원하는 제너레이터 객체를 반환한다.

제너레이터 함수도 def 블록의 종료와 함께 return문을 가질 수 있으며, 단순히 값의 생성을 종료한다. 엄밀히 말하면 일반적인 함수 종료 동작 다음에 StopIteration 예외를 발생시킨다. 호출자의 관점에서 보면, 제너레이터의 __next__ 메서드는 함수의 실행을 재개하고 다음 yield의 결과가 반환되거나 StopIteration이 발생할 때까지 실행한다.

결과적으로 def문으로 작성되고 yield문을 포함하는 제너레이터 함수는 자동으로 반복 객체 프로토콜을 지원하도록 만들어지며, 따라서 시간에 따라서나 요청에 따라 결과를 생성해야 하는 모든 반복 상황에서 사용될 수 있다.

14장에서 언급한 것처럼 파이썬 2.X에서 반복자 객체는 __next__ 대신에 next를 정의한다. 우리가 여기서 사용하는 제너레이터 객체도 이에 포함된다. 파이썬 3.X에서 이 메서드는 __next__으로 이름이 변경되었다. 그 외에 next 내장 함수는 편리성과 이식성을 위한 도구로 제공된다. next(I)는 3.X에서 I.__next__( ), 그리고 2.6과 2.7에서 I.next( )와 동일하다. 2.6 이전에서 프로그램들은 반복을 위해 대신 수동으로 I.next( )를 호출한다.

제너레이터 함수의 실제 동작

제너레이터의 기초를 설명하기 위해 몇몇 코드를 살펴보자. 다음은 시간에 따라 연속된 숫자의 제곱을 생성하는 제너레이터 함수를 정의한다.

```
>>> def gensquares(N):
        for i in range(N):
            yield i ** 2              # 나중에 여기서 실행이 재개됨
```

이 함수는 루프를 통해 값을 매번 산출하고 호출자에게 반환한다. 함수의 실행이 재개될 경우, 함수의 변수인 i와 N의 지난 값을 포함한 함수의 이전 상태가 복원되며, 제어는 yield문 바로 다음부터 실행을 재개한다. 예를 들어 제너레이터 함수를 for 루프의 본문에서 사용할 경우, 첫 번째 반복은 제너레이터 함수를 시작하고 첫 번째 결과를 구한다. 그 후 제어는 루프를 돌 때마다 함수의 yield문 바로 다음으로 돌아간다.

```
>>> for i in gensquares(5):           # 함수 실행을 재개하여
        print(i, end=' : ')           # 마지막에 산출된 값을 출력

0 : 1 : 4 : 9 : 16 :
>>>
```

함수는 값의 생성을 종료하기 위해 값이 없는 return문을 사용하거나, 간단히 함수 본문의 끝에서 제어가 종료되도록 내버려 둘 수 있다.[1]

대부분의 사람들에게 이 과정은 처음 마주할 때 (신비한 것이 아니라면) 다소 암시적인 것처럼 보일 수 있다. 하지만 이 과정은 실제로 꽤 명백하다. for 내부에서 무슨 일이 일어나는지 정말로 보고 싶다면, 제너레이터 함수를 직접 호출해 보도록 하자.

```
>>> x = gensquares(4)
>>> x
<generator object gensquares at 0x000000000292CA68>
```

위 코드를 실행하면 여러분은 우리가 14장에서 만난 반복 프로토콜을 지원하는 제너레이터 객체를 얻는다. 제너레이터는 자동으로 제너레이터 객체를 반환하도록 컴파일된다. 다음으로 반환된 제너레이터 객체는 함수를 시작하거나 마지막으로 값을 산출한 위치에서 실행을 재개하고, 일련의 값이 끝에 도달하거나 함수가 반환될 때 StopIteration 예외를 발생시키는 __next__ 메서드를 제공한다. 편의를 위해 next(X) 내장 함수는 파이썬 3.X에서 객체의 X.__next__() 메서드를 호출한다(2.X에서는 X.next()).

```
>>> next(x)                           # 3.X에서 x.__next__()와 같음
0
>>> next(x)                           # 2.X에서는 x.next() 또는 next()를 사용하자
1
>>> next(x)
4
>>> next(x)
9
>>> next(x)
Traceback (most recent call last):
  File "<stdin>", line 1, in <module>
StopIteration
```

---

1 엄밀히 말해서 파이썬은 2.X와 3.3 이전의 모든 3.X에서 제너레이터 함수의 반환문에 값이 사용될 경우 이를 구문 에러로 처리한다. 3.3 이후부터는 반환문에 값을 사용할 수 있고, 이 값은 StopIteration 객체에 첨부되지만, 자동으로 반복되는 상황에서는 무시된다. 그리고 이 값을 사용할 경우 해당 코드는 3.3 이전의 모든 파이썬과 호환되지 않는다.

앞서 14장에서 배운 것처럼 for 루프와 다른 반복 상황들은 예외가 발생할 때까지 __next__ 메서드를 반복적으로 호출하는 동일한 방법으로 제너레이터와 함께 동작한다. 제너레이터의 경우, 결과는 시간에 따라 산출된 값을 생성하는 것이다. 만약에 반복 대상인 객체가 반복 프로토콜을 지원하지 않는 경우라면, for 루프는 반복을 위해 반복 프로토콜 대신 인덱싱 프로토콜을 사용한다.

제너레이터는 그 자체가 한 번의 반복 탐색만을 지원하는 반복자이기 때문에 반복 프로토콜의 최상위 iter 호출은 여기에서 필요하지 않다는 사실에 주의하도록 하자. 제너레이터는 next를 직접 지원하므로 다양한 방식으로 사용하기 위해 iter 호출에 대해 자기 자신을 반환한다. 이는 이 장의 뒤에서 곧 만나게 될 제너레이터 표현식에서도 성립한다.

```
>>> y = gensquares(5)        # 그 자체가 반복자인 제너레이터를 반환
>>> iter(y) is y             # iter( ) 호출이 불필요함: 아무런 동작을 하지 않음
True

>>> next(y)                  # next( )를 직접 호출할 수 있음
0
```

왜 제너레이터 함수인가?

지금까지 기초에 대해 설명하기 위해 간단한 예제를 사용하고 있다는 것을 감안할 때, 제너레이터를 사용해야 하는 이유가 궁금할 수도 있다. 예를 들어, 이 절의 예제에서는 산출된 값의 리스트를 모두 한 번에 간단히 만들 수 있다.

```
>>> def buildsquares(n):
        res = []
        for i in range(n): res.append(i ** 2)
        return res

>>> for x in buildsquares(5): print(x, end=' : ')

0 : 1 : 4 : 9 : 16 :
```

이 문제의 경우 for 루프나 map 또는 리스트 컴프리헨션 기법을 이용할 수도 있다.

```
>>> for x in [n ** 2 for n in range(5)]:
        print(x, end=' : ')

0 : 1 : 4 : 9 : 16 :
```

```
>>> for x in map((lambda n: n ** 2), range(5)):
        print(x, end=' : ')

0 : 1 : 4 : 9 : 16 :
```

하지만 더 큰 프로그램에서 메모리를 사용하는 성능 관점 면에서는 제너레이터가 더 나을 수도 있다. 제너레이터를 이용하면 모든 작업을 한 번에 수행하지 않아도 되며, 결과로 반환할 리스트가 크거나 각각의 값을 생성하는 데 많은 연산이 필요한 경우에 특히 유용하다. 제너레이터는 루프 반복을 통해 연속된 값을 생성하는 데 필요한 시간을 분산시킨다.

게다가 더욱 고급 용도에 대해서는 클래스 객체 안에서 반복 사이에 상태를 수동으로 저장하기 위한 간단한 대안을 제공할 수 있다. 제너레이터를 이용하면 함수의 범위 안에서 접근할 수 있는 변수들은 자동으로 저장되고 복원된다.[2] 우리는 파트 6에서 클래스 기반의 반복 객체에 대해 좀 더 자세히 논의할 것이다.

또한, 제너레이터 함수는 지금까지 암시한 것보다 더욱 광범위하게 초점을 맞추고 있다. 제너레이터 함수는 모든 객체 타입에 대해 동작하고, 모든 객체 타입을 반환할 수 있으며, **반복 객체**처럼 튜플 호출, 열거(enumerate), 딕셔너리 컴프리헨션을 포함한 14장의 모든 반복 상황에서 나타날 수 있다.

```
>>> def ups(line):
        for sub in line.split(','):          # 부분 문자열 제너레이터
            yield sub.upper()

>>> tuple(ups('aaa,bbb,ccc'))                 # 모든 반복 상황
('AAA', 'BBB', 'CCC')

>>> {i: s for (i, s) in enumerate(ups('aaa,bbb,ccc'))}
{0: 'AAA', 1: 'BBB', 2: 'CCC'}
```

우리는 곧 함수의 유연함 대신 컴프리헨션의 간결함을 제공하며, 제너레이터 함수와 같은 기능을 제공하는 제너레이터 표현식에 대해 알아볼 것이다. 또한, 이 장의 뒤에서 제너레이터는

---

2 흥미롭게도 제너레이터 함수는 멀티스레딩을 흉내 내는 장치로 사용될 수 있다. 비록 제너레이터가 스레드는 아니지만, 제너레이터 함수는 자신의 기능을 yield들 사이를 실행하는 단계들로 동작을 나누어 호출자의 코드 사이에 끼워 넣을 수 있다. 프로그램은 명시적으로 단일 제어 스레드 내에 있는 함수를 제어하거나 함수로부터 제어된다. 어떤 의미에서 스레딩이 더 보편적이긴 하지만(생산자는 독립적으로 실행하고 결과를 큐에 등록할 수 있다), 제너레이터가 코드로 작성하기에는 더 간단할 수 있다. 파이썬 멀티스레딩 도구에 대한 간략한 소개는 17장에 있는 각주를 참고하자. 또한, 제어가 yield와 next 호출에서 명시적으로 전달되므로 제너레이터 또한 백트래킹(backtracking)은 아니지만, 더욱 강하게 코루틴(coroutine)과 연관되어 있다.

때때로 모든 결과를 한 번에 생성하므로 결과 세트가 너무 큰 경우에는 그중 일부 요소를 생성함으로써 불가능한 것을 가능하게 만드는 경우를 발견할 수 있을 것이다. 그에 앞서 제너레이터 함수의 몇몇 고급 기능을 살펴보도록 하자.

확장된 제너레이터 함수 프로토콜: send vs next

파이썬 2.5에서 제너레이터 함수 프로토콜에 send 메서드가 추가되었다. send 메서드는 __next__ 메서드와 동일한 연속된 결과에서 다음 아이템으로 전진하는 기능과 호출자가 제너레이터의 동작에 영향을 주기 위해 제너레이터와 통신하는 방법을 제공한다.

yield는 엄밀히 말해서 현재 send로 전달된 아이템을 반환하는 문이 아닌 표현식 형식이다(그러나 yield는 두 가지 방법(yield X 또는 A = (yield X))으로 호출될 수 있다). 표현식은 할당문의 오른쪽에 아이템만이 있는 경우가 아니라면 괄호로 감싸야 한다. 예를 들면, X = yield Y 또는 X = (yield Y) + 42처럼 작성할 수 있다.

제너레이터 함수 내에서 이 특별한 프로토콜이 사용될 경우, 값은 G.send(value) 호출을 통해 제너레이터 G로 보내진다. send가 호출되면 그때 제너레이터 코드의 실행이 재개되며, 제너레이터 함수 내의 yield 표현식은 send를 통해 전달된 값을 반환한다. 다음 값으로 전진하기 위해 보통의 G.__next__()가 호출될 경우, yield는 다음과 같이 단순히 None을 반환한다.

```
>>> def gen():
        for i in range(10):
            X = yield i
            print(X)

>>> G = gen()
>>> next(G)              # 제너레이터를 시작하기 위해 먼저 next( ) 호출해야 함
0
>>> G.send(77)          # 다음 값으로 이동, 그리고 값을 yield 표현식으로 보냄
77
1
>>> G.send(88)
88
2
>>> next(G)             # next( )와 X.__next__( )는 None을 보냄
None
3
```

예를 들어, send 메서드는 호출자가 종료 문자를 전달하여 종료할 수 있거나, 제너레이터 내부에서 처리 중인 데이터 내의 새로운 위치를 전달함으로써 리다이렉트할 수 있는 제너레이터를

작성하는 데 사용될 수 있다.

또한, 파이썬 2.5부터는 제너레이터 내에서 이번 yield에서 예외를 발생시키기 위한 throw(type) 메서드를 제공하며, close 메서드는 반복을 완전히 종료하기 위해 제너레이터 내에서 특별한 GeneratorExit 예외를 발생시킨다. 이런 것들은 다소 고급 기능이므로 여기서 더 이상 자세히 다루지 않는다. 추가 정보는 관련된 문서와 파이썬 표준 매뉴얼을 참고하고, 예외에 대한 더 자세한 내용은 파트 7를 참고하자.

파이썬 3.X는 편의를 위해 객체의 X.__next__( ) 메서드를 호출하는 내장된 next(X) 함수를 제공하지만, send와 같은 다른 제너레이터 메서드는 제너레이터 객체의 메서드로 직접 호출되어야 한다(예 G.send(X)). 이러한 사실은 __next__ 메서드는 모든 반복 객체(내장된 타입과 사용자 정의 클래스)에 적용되지만, 앞에서 설명한 추가적인 메서드는 내장된 제너레이터 객체에만 구현되어 있다는 사실을 알게 되면 이해가 될 것이다.

또한, 파이썬 3.3은 중첩된 제너레이터에게 역할을 위임할 수 있도록 하는 yield에 대한 확장 (from절)을 도입했다. 이에 대한 자세한 내용은 칼럼에서 다룰 예정이며, 지금은 제너레이터 함수와 쌍둥이라 불릴 만큼 유사한 도구에 대해 이야기해 보도록 하자.

제너레이터 표현식: 반복 객체와 컴프리헨션의 만남

제너레이터 함수가 제공하는 평가를 지연시키는 방식의 유용함은 다른 도구로 확산되었다. 파이썬 2.X와 3.X에서 반복 객체와 리스트 컴프리헨션의 개념이 제너레이터 표현식이라는 새로운 도구로 결합되었다. 제너레이터 표현식은 구문적으로 일반적인 리스트 컴프리헨션과 유사하며 동일한 구문(if 필터와 루프 중첩을 포함한)을 제공하지만, 대괄호 대신 괄호 안에 작성된다(제너레이터 표현식에서 괄호는 튜플처럼 종종 선택 사항이 된다).

```
>>> [x ** 2 for x in range(4)]          # 리스트 컴프리헨션: 리스트 생성
[0, 1, 4, 9]

>>> (x ** 2 for x in range(4))          # 제너레이터 표현식: 반복 객체 생성
<generator object <genexpr> at 0x00000000029A8288>
```

실제로 기능적인 면에서 리스트 컴프리헨션을 작성하는 것은 본질적으로 제너레이터 표현식을 list 호출로 감싸는 것과 같다.

```
>>> list(x ** 2 for x in range(4))          # 리스트 컴프리헨션과 같음
[0, 1, 4, 9]
```

그러나 제너레이터 표현식은 리스트 컴프리헨션과 기능적으로 매우 다르다. 제너레이터 표현식은 결과를 메모리에 만들지 않고, **제너레이터 객체**(자동으로 생성된 반복 객체)를 반환한다. 반환된 반복 객체는 모든 반복 상황에서 결과 리스트로부터 한 번에 하나의 결과를 산출하기 위한 **반복 프로토콜**을 지원한다. 또한, 반복 객체는 실행 중인 동안 제너레이터의 코드 위치와 위 표현식에서 변수 x가 이 역할을 한다.

결국 컴프리헨션 **표현식**의 모습을 하고 있지만, 제너레이터 함수와 매우 유사하는 것이다. 우리는 마지막 반환 위치를 기억하는 객체를 얻는다. 아울러 제너레이터 함수들처럼 이러한 객체들이 자동으로 지원하는 프로토콜의 내부를 살펴보는 것은 제너레이터 객체를 이해하는 데 도움이 된다. 여기서도 최상단에서 iter를 호출할 필요가 없다.

```
>>> G = (x ** 2 for x in range(4))
>>> iter(G) is G                            # iter(G) 호출은 옵션: __iter__는 자신을 반환함
True
>>> next(G)                                 # 제너레이터 객체: 자동으로 호출되는 메서드
0
>>> next(G)
1
>>> next(G)
4
>>> next(G)
9
>>> next(G)
Traceback (most recent call last):
  File "<stdin>", line 1, in <module>
StopIteration

>>> G
<generator object <genexpr> at 0x00000000029A8318>
```

다시 이야기하지만, 이 같은 제너레이터 표현식의 내부에서 일어나는 복잡한 일련의 절차는 for 루프가 자동으로 호출하기 때문에 일반적으로는 이 과정을 볼 수 없다.

```
>>> for num in (x ** 2 for x in range(4)):          # 자동으로 next( ) 호출
        print('%s, %s' % (num, num / 2.0))

0, 0.0
1, 0.5
4, 2.0
9, 4.5
```

우리는 이미 배운 것처럼 for 루프를 포함한 모든 반복 상황(sum, map, sorted 내장 함수, 리스트 컴프리헨션, any, all, list 내장 함수와 같은 14장에서 배운 또 다른 반복 상황들)은 이러한 과정을 자동으로 처리한다. 제너레이터 표현식은 반복 객체로써 제너레이터 함수 호출의 결과처럼 모든 반복 상황에 나타날 수 있다.

예를 들어 다음은 문자열 join 메서드 호출 내에서, 그리고 튜플 할당의 두 가지 반복 상황에서 제너레이터 표현식을 전개한다. 다음의 첫 번째 라인에서 join은 제너레이터를 실행하고 제너레이터가 생성한 부분 문자열들을 단순히 연결하기 위해 사이에 아무것도 없이 결합한다.

```
>>> ''.join(x.upper() for x in 'aaa,bbb,ccc'.split(','))
'AAABBBCCC'

>>> a, b, c = (x + '\n' for x in 'aaa,bbb,ccc'.split(','))
>>> a, c
('aaa\n', 'ccc\n')
```

위의 join에서는 제너레이터 주위에 추가적인 괄호가 사용되지 않았다는 것을 주의해서 보도록 하자. 구문적으로 제너레이터 표현식이 위와 같이 함수 호출과 같이 다른 목적을 위해 사용된 괄호 안에서 유일한 아이템인 경우, 해당 제너레이터 표현식은 괄호로 둘러쌀 필요가 없다. 그러나 다음의 sorted에 대한 두 번째 호출처럼 비록 다소 과잉인 것처럼 보일지라도, 그외의 다른 모든 경우에는 괄호가 필요하다.

```
>>> sum(x ** 2 for x in range(4))          # 선택적인 괄호
14
>>> sorted(x ** 2 for x in range(4))        # 선택적인 괄호
[0, 1, 4, 9]
>>> sorted((x ** 2 for x in range(4)), reverse=True)   # 필수적인 괄호
[9, 4, 1, 0]
```

튜플에서 종종 선택적으로 사용되는 괄호처럼 여기에도 광범위하게 적용되는 규칙은 없지만, 제너레이터 표현식은 튜플과 같은 다른 객체들의 고정된 컬렉션처럼 명확한 규칙을 가지지 않으며, 여기서 추가적인 괄호를 사용하는 것은 더욱 이상해 보일 수 있다.

왜 제너레이터 표현식인가?

제너레이터 함수와 마찬가지로, 제너레이터 표현식은 메모리 공간을 효율적으로 사용한다. 제너레이터 표현식은 대괄호를 이용한 리스트 컴프리헨션이 그랬던 것처럼 전체 결과 리스트가

한꺼번에 만들어지기를 요구하지 않는다. 또한, 제너레이터 표현식은 제너레이터 함수와 마찬가지로 결과를 생성하는 데 필요한 작업을 작은 시간 단위로 분할한다. 제너레이터 표현식은 한 번의 호출로 전체 결과가 생성될 때까지 호출자를 기다리도록 하는 대신에 결과를 점차적인 방식으로 산출한다.

한편, 제너레이터 표현식은 실제로 리스트 컴프리헨션보다 다소 느리게 실행될 수 있으므로 결과 세트가 매우 큰 경우나 전체 결과가 생성될 때까지 기다릴 수 없는 애플리케이션에 대해서 사용하는 것이 좋다. 그러나 성능에 대해 더욱 믿을만한 문(statement)으로는 다음 장에서 작성하는 타이밍 스크립트를 기다려 보도록 하자.

또한, 다소 주관적이긴 하나 제너레이터 표현식은 다음 절에서 설명하는 것처럼 코딩 시에 일부 편의를 제공한다.

제너레이터 표현식 vs 맵

제너레이터 표현식 코드의 장점을 보기 위한 한 가지 방법은 리스트 컴프리헨션에 대해서 그랬던 것처럼 제너레이터 표현식을 다른 함수형 도구와 비교해 보는 것이다. 예를 들어 제너레이터 표현식은 종종 3.X map 호출과 유사한데, 그 이유는 둘 모두 요청 시에 결과 아이템을 생성하기 때문이다. 그러나 제너레이터 표현식은 리스트 컴프리헨션처럼 적용된 기능이 함수 호출이 아닌 경우에 상대적으로 작성하기 더 쉬울 수 있다. 2.X에서 map은 임시 리스트를 만들고 제너레이터 표현식은 만들지 않지만, 동일한 비교를 적용할 수는 있다.

```
>>> list(map(abs, (-1, -2, 3, 4)))          # 튜플에 함수 적용
[1, 2, 3, 4]
>>> list(abs(x) for x in (-1, -2, 3, 4))    # 제너레이터 표현식
[1, 2, 3, 4]
>>> list(map(lambda x: x * 2, (1, 2, 3, 4)))  # 함수가 아닌 경우
[2, 4, 6, 8]
>>> list(x * 2 for x in (1, 2, 3, 4))       # 제너레이터가 더 단순한가?
[2, 4, 6, 8]
```

이러한 비교는 이전에 보았던 join 호출과 같은 테스트를 처리하는 경우에도 유효하다. 리스트 컴프리헨션은 결과에 대한 별도의 임시 리스트를 만든다. 이 리스트는 해당 경우에 따로 보관하지 않으므로 완전히 무의미하며, map은 적용된 연산이 호출이 아닌 경우 제너레이터 표현식에 비해 좀 더 복잡해진다.

```
>>> line = 'aaa,bbb,ccc'
>>> ''.join([x.upper() for x in line.split(',')])      # 무의미한 리스트 생성
'AAABBBCCC'

>>> ''.join(x,upper() for x in line.split(','))         # 반복 상황을 이용한 결과 생성
'AAABBBCCC'
>>> ''.join(map(str.upper, line.split(',')))            # 반복 상황을 이용한 결과 생성
'AAABBBCCC'

>>> ''.join(x * 2 for x in line.split(','))             # 제너레이터가 더 단순한가?
'aaaaaabbbbbbcccccc'
>>> ''.join(map(lambda x: x * 2, line.split(',')))
'aaaaaabbbbbbcccccc'
```

프로그램 내에서 일반적인 방식으로 사용할 수 있는 map과 제너레이터 표현식은 임의로 **중첩**될 수 있으며, 결과를 생성하는 과정을 시작하기 위해서는 list 호출이나 다른 반복 상황이 필요하다. 예를 들어, 다음에 있는 리스트 컴프리헨션은 그 바로 아래의 3.X map과 제너레이터를 이용한 방식과 동일한 결과를 생성하지만, 두 개의 물리적인 리스트를 생성하기도 한다. 나머지 두 방식은 중첩된 제너레이터를 사용하여 한 번에 오직 하나의 정수만 만들며, 제너레이터 표현식 형식이 의도를 더 명확하게 나타낼 수 있다.

```
>>> [x * 2 for x in [abs(x) for x in (-1, -2, 3, 4)]]      # 중첩된 컴프리헨션
[2, 4, 6, 8]

>>> list(map(lambda x: x * 2, map(abs, (-1, -2, 3, 4))))    # 중첩된 map
[2, 4, 6, 8]

>>> list(x * 2 for x in (abs(x) for x in (-1 -2, 3, 4)))    # 중첩된 제너레이터
[2, 4, 6, 8]
```

이 세 가지 방식은 모두 연산을 결합하는 효과가 있지만, 제너레이터는 이러한 작업을 다수의 임시 리스트를 만들지 않고 수행한다. 파이썬 3.X에서 다음 예제는 제너레이터를 중첩하고 결합한다. 중첩된 제너레이터 표현식은 map에 의해 활성화되며, map은 list에 의해 차례대로 활성화된다.

```
>>> import math
>>> list(map(math.sqrt, (x ** 2 for x in range(4))))        # 중첩된 조합
[0.0, 1.0, 2.0, 3.0]
```

엄밀히 말하면 앞 예제에서 오른쪽에 있는 range는 파이썬 3.X에서 값 제너레이터이며, 제너레이터 표현식 자체에 의해 활성화된다. 이와 같은 세 단계의 값 제너레이터는 요청 시에만 안

에서 바깥으로 각각의 값을 생성하며, 파이썬의 반복 도구와 프로토콜로 인해 동작한다. 실제로 제너레이터를 중첩하는 것은 임의로 혼합되거나 임의의 깊이로 중첩될 수 있지만, 몇몇 방식이 다른 방식보다 좀 더 유효할 수 있다.

```
>>> list(map(abs, map(abs, map(abs, (-1, 0, 1)))))       # 잘못된 중첩?
[1, 0, 1]
>>> list(abs(x) for x in (abs(x) for x in (abs(x) for x in (-1, 0, 1))))
[1, 0, 1]
```

이 마지막 예제는 일반적인 제너레이터 사용법을 보여 주지만, 제너레이터 표현식은 앞서 언급한 리스트 컴프리헨션과 같은 남용 가능성을 가지고 있음을 강조하기 위해 의도적으로 복잡한 형식으로 작성되었다. 늘 그렇듯이 꼭 복잡하게 작성해야 하는 상황이 아니라면, 코드를 단순하게 유지하도록 만들어야 한다. 코드가 복잡해질 수밖에 없는 상황에 대해서는 이 장의 뒷부분에서 다시 이야기하겠다.

하지만 제너레이터 표현식은 잘 사용할 경우, 리스트 컴프리헨션의 표현력과 다른 반복 객체들의 메모리 효율성 및 성능을 결합시킬 수 있다. 예를 들어, 다음은 중첩보다는 비중첩이 일반적으로 더 낫다는 파이썬의 모토에 따라 비중첩 방식의 좀 더 단순한 해결책을 제시하지만 여전히 제너레이터의 장점을 활용하고 있다.

```
>>> list(abs(x) * 2 for x in (-1, -2, 3, 4))       # 중첩되지 않은 방법
[2, 4, 6, 8]
>>> list(math.sqrt(x ** 2) for x in range(4))       # 단층 구조가 종종 더 나음
[0.0, 1.0, 2.0, 3.0]
>>> list(abs(x) for x in (-1, 0 1))
[1, 0, 1]
```

제너레이터 표현식 vs 필터

제너레이터 표현식은 우리가 앞서 다뤘던 filter 호출처럼 동작하는 if절을 포함하여 모든 일반적인 리스트 컴프리헨션 구문을 지원한다. 파이썬 3.X에서 filter는 요청 시에 결과를 생성하는 반복 객체이기 때문에 기능적인 면에서 if절을 이용한 제너레이터 표현식과 같다(파이썬 2.X에서 filter는 제너레이터에서는 생성되지 않는 임시 리스트를 생성하지만, 코드를 비교하는 데 무리는 없다). 또한, 여기서는 모든 결과를 강제로 생성하기 위해 join을 사용한다.

```
>>> line = 'aa bbb c'
>>> ''.join(x for x in line.split() if len(x) > 1)      # if를 사용한 제너레이터는
'aabbb'
>>> ''.join(filter(lambda x: len(x) > 1, line.split()))   # filter와 유사함
'aabbb'
```

여기서 제너레이터가 filter보다 아주 조금 더 단순해 보인다. 그러나 리스트 컴프리헨션을 생각해 보면 filter 결과에 처리 단계를 추가하기 위해서는 map 호출이 필요하며, 이러한 map은 filter를 제너레이터 표현식보다 현저히 더 복잡하게 만든다.

```
>>> ''.join(x.upper() for x in line.split() if len(x) > 1)
'AABBB'
>>> ''.join(map(str.upper, filter(lambda x: len(x) > 1, line.split())))
'AABBB'
```

실제로, 이러한 호출에서 리스트 컴프리헨션이 2.X 리스트 생성 방식에 도움이 되는 만큼 제너레이터 표현식이 3.X에서 map이나 filter와 같은 반복 객체에 도움이 된다. 제너레이터 표현식은 함수에 의존하지 않는 더욱 일반적인 코딩 구조를 제공하지만, 여전히 지연된 결과 생성을 지원한다. 또한 리스트 컴프리헨션과 마찬가지로 때로는 더 많은 코드가 필요하나, 항상 제너레이터 표현식에 대한 문 기반의 동등한 방식이 존재한다.

```
>>> ''.join(x.upper() for x in line.split() if len(x) > 1)
'AABBB'

>>> res = ''
>>> for x in line.split():               # 동등한 문?
        if len(x) > 1:                   # join과 같음
            res += x.upper()

>>> res
'AABBB'
```

그러나 이 경우에는 문 형식이 완전히 같지는 않다. 문 형식은 아이템을 한 번에 하나씩 생성할 수 없고, 한 번에 모든 결과를 강제로 생성하기 위해 join의 효과를 흉내 낸다. 제너레이터 표현식에 대해 가장 동등하다고 할 수 있는 것은 다음 절에서 보여 주는 것처럼 yield를 사용한 제너레이터 함수일 것이다.

제너레이터 함수 vs 제너레이터 표현식

이제 이 절에서 지금까지 이야기한 내용을 정리해 보자.

제너레이터 함수

yield문을 포함하고 있는 함수 def문은 제너레이터 함수로 바뀐다. 제너레이터 함수는 호출될 경우, 자동으로 지역 범위와 코드 위치를 기억하는 새로운 제너레이터 객체를 반환한다. 자동으로 생성된 __iter__ 메서드는 단순히 자신을 반환한다. 그리고 자동으로 생성된 __next__ 메서드(2.X에서 next)는 함수를 시작하거나 마지막으로 실행이 중단된 곳에서 실행을 재개하며, 결과 생성을 종료할 때 StopIteration 예외를 발생시킨다.

제너레이터 표현식

괄호에 둘러싸인 컴프리헨션 표현식은 제너레이터 표현식으로 알려져 있다. 제너레이터 표현식은 실행할 경우에 단순히 자신을 반환하는 __iter__ 메서드, 그리고 암시적인 루프를 시작하거나 마지막으로 실행이 중단된 곳에서 실행을 재개하는 __next__ 메서드, 그리고 결과 생성을 종료할 때 발생하는 StopIteration 예외를 포함하여 제너레이터 함수 호출과 동일한 자동으로 생성된 메서드 인터페이스와 상태 유지를 제공하는 새로운 제너레이터 객체를 반환한다.

그 결과, 이러한 인터페이스를 자동으로 사용하여 반복 상황에서 요청에 따라 결과를 생성한다는 것이다.

앞선 몇몇 절에 암시한 것처럼 동일한 반복은 종종 제너레이터 함수나 제너레이터 표현식으로 작성될 수 있다. 예를 들어, 다음 제너레이터 표현식은 문자열 안의 각 문자를 반복하며 4를 곱한다.

```
>>> G = (c * 4 for c in 'SPAM')          # 제너레이터 표현식
>>> list(G)                              # 제너레이터가 모든 결과를 생성하도록 강제함
['SSSS', 'PPPP', 'AAAA', 'MMMM']
```

동등한 제너레이터 함수는 조금 더 많은 코드를 필요로 하지만, 다수의 문으로 구성된 일반적인 함수들처럼 필요한 경우에 더 많은 로직과 더 많은 상태 정보를 가질 수 있을 것이다. 실제로 이는 이전 장에서 설명한 lambda와 def의 비교에서 표현식의 간결함과 문의 강력함의 차이와 같다.

```
>>> def timesfour(S):                           # 제너레이터 함수
        for c in S:
            yield c * 4

>>> G = timesfour('spam')
>>> list(G)                                      # 자동 반복
['ssss', 'pppp', 'aaaa', 'mmmm']
```

일반적으로 이 둘은 차이점보다 유사점이 더 많다. 표현식과 함수 둘 모두 자동 반복과 수동 반복을 지원한다. 바로 위의 list 호출은 자동으로 반복하며, 다음은 수동으로 반복한다.

```
>>> G = (c * 4 for c in 'SPAM')
>>> I = iter(G)                                  # 수동 반복(표현식)
>>> next(I)
'SSSS'
>>> next(I)
 'PPPP'

>>> G = timesfour('spam')
>>> I = iter(G)                                  # 수동 반복(함수)
>>> next(I)
'ssss'
>>> next(I)
'pppp'
```

두 경우 모두 파이썬은 자동으로 제너레이터 객체를 생성하며, 이 객체는 반복 프로토콜에 의해 필요한 메서드, 그리고 제너레이터 코드상의 변수와 현재 코드 위치에 대한 상태 유지를 제공한다. 다음 절에서 설명된 바와 같이, 제너레이터는 일회용 반복자다.

그러나 먼저, 다음은 이전 절의 마지막 표현식을 실제 문 기반의 값을 산출하는 함수로 작성한 것이다. 그러나 함수를 사용하는 코드가 join과 같은 도구를 사용하여 모든 결과를 생성한다면 그 차이는 의미가 없다.

```
>>> line = 'aa bbb c'

>>> ''.join(x.upper() for x in line.split() if len(x) > 1)    # 표현식
'AABBB'

>>> def gensub(line):                                          # 함수
        for x in line.split():
            if len(x) > 1:
                yield x.upper()
```

```
>>> ''.join(gensub(line))                    # 그러나 제너레이터를 사용해야 하는 이유는 무엇인가?
'AABBB'
```

이와 같이 이전에 본 동등한 간단한 문 이상의 제너레이터를 사용해야 할 경우에는 제너레이터가 타당한 역할을 하지만, 형식상의 이유를 제외하고는 정당화하기 쉽지 않다. 한편, 네 라인을 한 라인으로 대체할 수 있는 것은 꽤 강력한 형식상의 이유인 것처럼 보일 수도 있다.

제너레이터는 단일 반복 객체

이것은 미묘하지만 중요한 사항으로, 제너레이터 함수와 제너레이터 표현식은 둘 모두 자체적으로 반복자이기 때문에 단지 한 번의 유효한 반복만을 지원한다. 일부 내장 타입과는 달리, 반환된 결과 세트에서 서로 다른 위치를 가지는 다수의 반복자를 가질 수 없다. 이러한 이유로 제너레이터의 반복자는 그 자체가 제너레이터다. 실제로, 앞서 제안한 것처럼 제너레이터 표현식이나 제너레이터 함수에 대한 iter 호출은 아무런 동작을 하지 않기 때문에 어디까지나 선택 사항이다.

```
>>> G = (c * 4 for c i 'SPAM')
>>> iter(G) is G                    # 나 자신이 반복자임. G는 __next__를 제공함
True
```

다수의 반복자를 사용하여 수동으로 제너레이터를 반복할 경우, 모든 반복자는 동일한 위치를 가리킨다.

```
>>> G = (c * 4 for c in 'SPAM')     # 새로운 제너레이터 생성
>>> I1 = iter(G)                    # 수동으로 반복
>>> next(I1)
'SSSS'
>>> next(I1)
'PPPP'
>>> I2 = iter(G)                    # 같은 위치를 가리키는 두 번째 반복자
>>> next(I2)
'AAAA'
```

또한, 반복자 중 하나라도 실행이 완료되면 모든 반복자가 소모된다. 다시 반복을 시작하려고 할 경우에는 새로운 제너레이터를 만들어야 한다.

```
>>> list(I1)                                          # I1의 모든 아이템을 가져옴
['MMMM']
>>> next(I2)                                          # 다른 반복자 또한 소모됨
StopIteration

>>> I3 = iter(G)                                      # 새로운 반복자 또한 소모됨
>>> next(I3)
StopIteration

>>> I3 = iter(c * 4 for c in 'SPAM')    # 다시 시작하기 위한 새로운 제너레이터
>>> next(I3)
'SSSS'
```

이 내용은 제너레이터 함수에서도 유효하다. 다음 def문 기반의 동일한 기능은 단 한 번의 유효한 반복만을 지원하며, 하나가 완료되면 나머지도 소모된다.

```
>>> def timesfour(S):
        for c in S:
            yield c * 4

>>> G = timesfour('spam')                             # 제너레이터 함수도 동일하게 동작함
>>> iter(G) is G
True
>>> I1, I2 = iter(G), iter(G)
>>> next(I1)
'ssss'
>>> next(I1)
'pppp'
>>> next(I2)                                          # I2는 I1과 위치가 같음
'aaaa'
```

이러한 동작 방식은 다수의 반복자를 지원하고 변경된 내용이 활성화된 반복자에도 그대로 반영되는 일부 내장 타입의 동작과는 차이가 있다.

```
>>> L = [1, 2, 3, 4]
>>> I1, I2 = iter(L), iter(L)
>>> next(I1)
1
>>> next(I1)
2
>>> next(I2)                                          # 리스트는 다수의 반복자를 지원함
1
>>> del L[2:]                                         # 변경된 내용이 반복자에 반영되었음
>>> next(I1)
StopIteration
```

이와 같은 간단한 예제에서는 명백하게 보이지 않지만, 여러분의 코드에서 중요한 문제일 수 있다. 만약 제너레이터의 값을 여러 번 탐색하고자 할 경우, 각 반복 작업마다 새로운 제너레이터를 만들거나 값에 상관없이 재탐색 가능한 리스트를 생성해야 한다. 단일 제너레이터의 값은 한 번의 반복을 통해 모두 소모되고 고갈된다. 이러한 제너레이터의 특성을 고려한 주요 예제들은 779쪽의 칼럼인 "더 생각해 볼 주제: 일회성 반복"을 참고하자.

파트 6에서 클래스 기반의 반복 객체를 작성하기 시작하면, 어떤 경우에 객체가 얼마나 많은 반복을 지원할지 여부는 우리에게 달렸다는 사실을 알게 될 것이다. 일반적으로, 다수의 탐색을 지원하고자 하는 객체는 자신 대신 추가적인 클래스의 객체를 반환한다. 이러한 모델에 대해서는 다음 절에서 좀 더 살펴본다.

확장으로부터의 파이썬 3.3 yield

파이썬 3.3은 from **제너레이터** 절을 이용하여 기능을 하위 제너레이터에게 위임할 수 있게 하는 yield문에 대한 확장 구문을 도입했다. 이 확장 구문은 간단한 경우에 for 루프를 이용한 산출 방법과 같다. 다음 코드에서 list는 제너레이터가 강제로 모든 값을 생성하도록 하며, 괄호 안의 컴프리헨션은 이 장에서 학습한 제너레이터 표현식이다.

```
>>> def both(N):
        for i in range(N): yield i
        for i in (x ** 2 for x in range(N)): yield i

>>> list(both(5))
[0, 1, 2, 3, 4, 0, 1, 4, 9, 16]
```

3.3에서 추가된 새 구문은 이 코드를 더욱 간결하고 명확하게 하며, 제너레이터가 사용되는 거의 모든 상황에서 사용될 수 있다.

```
>>> dev both(N):
        yield from range(N)
        yield from (x ** 2 for x in range(N))

>>> list(both(5))
[0, 1, 2, 3, 4, 0, 1, 4, 9, 16]

>>> ':'.join(str(i) for i in both(5))
'0 : 1 : 2 : 3 : 4 : 0 : 1 : 4 : 9 : 16'
```

그러나 이 확장의 좀 더 발전된 역할은 하위 제너레이터가 호출자의 범위로부터 **보내거나 던져진** 값을 직접 받거나 최종 값을 바깥쪽 제너레이터로 반환하는 것을 가능케 한다. 결과적으로 단일 함수가 다수의 하위 함수로 나눠질 수 있는 것과 유사하게 이러한 제너레이터가 다수의 하위 제너레이터로 분할되도록 하는 효과가 있다.

그러나 이러한 기능은 파이썬 3.3 이후 버전에서만 이용할 수 있고, 일반적으로 이 장에서 이야기하는 제너레이터의 범위를 벗어나기 때문에 더 자세한 내용은 파이썬 3.3 이후 버전의 매뉴얼을 참고하도록 하자. 추가적인 yield from 예제에 대해서는 21장의 끝에 설명된 이 파트의 실습 문제 11에 대한 해답을 참고하자.

내장 타입 생성, 도구, 그리고 클래스

비록 이 절에서는 우리 스스로 값 제너레이터를 작성하는 데 집중하고 있지만, 많은 내장 타입들도 유사한 방식으로 동작한다는 것을 잊지 말도록 하자. 예를 들어, 14장에서 본 것처럼 딕셔너리는 각 반복 시에 키를 생성하는 반복자를 제공하는 반복 객체다.

```
>>> D = {'a':1, 'b':2, 'c':3}
>>> x = iter(D)
>>> next(x)
'c'
>>> next(x)
'b'
```

여러분이 직접 작성한 제너레이터에 의해 생성된 값과 같이, 딕셔너리 키는 수동, for 루프, map 호출, 리스트 컴프리헨션, 그리고 14장에서 언급한 다양한 반복 상황을 포함한 자동 반복 도구로 반복될 수 있다.

```
>>> for key in D:
        print(key, D[key])

c 3
b 2
a 1
```

또한 앞서 이미 본 것처럼 파일 반복자의 경우, 파이썬은 요청 시에 파일로부터 라인들을 읽어 들인다.

```
>>> for line in open('temp.txt'):
        print(line, end='')

Tis but
a flesh wound.
```

내장 타입 반복 객체는 특정 유형의 값 생성에 종속되지만, 그 개념은 우리가 표현식과 함수로 작성한 다목적 제너레이터와 유사하다. for 루프와 같은 반복 상황은 내장된 반복 객체인지, 사용자가 정의한 반복 객체인지에 상관없이 필요한 메서드를 제공하는 모든 반복 객체를 받아들인다.

제너레이터와 라이브러리 도구: 디렉터리 탐색기

비록 이 책의 범위를 벗어나긴 하지만 이메일 분석기, 그리고 표준 디렉터리 탐색기를 포함한 오늘날 많은 파이썬 라이브러리 도구들 또한 값을 생성한다. 디렉터리 탐색기는 트리의 각 단계에서 현재 디렉터리, 현재 디렉터리의 하위 디렉터리들, 그리고 현재 디렉터리의 파일들의 튜플을 산출한다.

```
>>> import os
>>> for (root, subs, files) in os.walk('.'):        # 디렉터리 탐색기 제너레이터
        for name in files:                          # 파이썬 'find' 기능
            if name.startswith('call'):
                print(root, name)

. callables.py
.\dualpkg callables.py
```

실제로 파이썬에서 os.walk는 윈도우의 경우 C:\Python36\Lib 안에 있는 os.py 표준 라이브러리 파일 안에 재귀 함수로 작성되어 있다. os.walk는 결과를 반환하기 위해 내부적으로 yield(3.3+에서는 for 루프 대신 yield from)를 사용하기 때문에 일반적인 제너레이터 함수에 해당하므로 반복 가능한 객체다.

```
>>> G = os.walk(r'C:\code\pkg')
>>> iter(G) is G                        # 일회용 탐색 반복자: iter(G)는 필수는 아님
True
>>> I = iter(G)
>>> next(I)
('C:\\code\\pkg', ['__pycache__'], ['eggs.py', 'eggs.pyc', 'main.py', ...등등...])
>>> next(I)
('C:\\code\\pkg\\__pycache__', [], ['eggs.cpython-36.pyc', ...등등...])
>>> next(I)
StopIteration
```

os.walk는 반복 과정에서 단계적으로 결과를 산출하므로 디렉터리 탐색기를 이용하는 클라이언트 코드는 전체 디렉터리가 탐색될 때까지 기다리지 않아도 된다. os.walk에 대한 추가적인

내용은 파이썬 매뉴얼과 《프로그래밍 파이썬》과 같은 책을 읽어 보도록 하자. 또한 14장과 os.popen(셸 명령을 실행하고 실행된 명령의 출력을 읽기 위해 사용된 유사한 반복 객체)과 같은 다른 도구들을 참고하자.

제너레이터와 함수의 활용

18장에서 우리는 별표 인수가 반복 객체를 개별 인수로 풀어낼 수 있다는 것에 주목했으며, 지금까지 우리는 제너레이터에 대해 알아 보았으므로, 별표 인수가 코드에서 무엇을 의미하는지 이해할 수 있다. 2.X에서는 range가 리스트이긴 하지만 다음 결과는 3.X와 2.X 모두에 적용된다

```
>>> def f(a, b, c): print('%s, %s, and %s' % (a, b, c))

>>> f(0, 1, 2)                    # 일반적인 위치 인수
0, 1, and 2
>>> f(*range(3))                  # range 값을 풀어냄. 3.X에서 반복 객체
0, 1, and 2
>>> f(*(i for i in range(3)))     # 제너레이터 표현식 값을 풀어냄
0, 1, and 2
```

(비록 2.X에서 dict.values가 리스트이고, 위치에 의해 값이 전달할 때 순서는 임의로 결정되지만) 이 방식은 딕셔너리와 뷰에도 적용된다.

```
>>> D = dict(a='Bob', b='dev', c=40.5); D
{'b': 'dev', 'c': 40.5, 'a': 'Bob'}
>>> f(a='Bob', b='dev', c=40.5)   # 일반적인 키워드
Bob, dev, and 40.5
>>> f(**D)                        # 딕셔너리 풀어내기: 키 = 값
Bob, dev, and 40.5
>>> f(*D)                         # 키 반복자 풀어내기
b, c, and a
>>> f(*D.values())                # 뷰 반복자 풀어내기: 3.X에서 반복 객체
dev, 40.5, and Bob
```

내장된 print 함수는 3.X에서 자신에게 전달된 가변 인수를 모두 출력하기 때문에 print는 다음 세 가지 형식이 같은 결과를 출력하도록 만든다. (비록 두 번째 예제는 반환값의 리스트를 만들고, 첫 번째는 IDLE GUI를 제외한 일부 셸에서 커서가 출력 라인의 끝에 머무르긴 하지만) 마지막 예제는 제너레이터 표현식으로부터 강제로 결과를 풀어내기 위해 *를 사용한다.

```
>>> for x in 'spam': print(x.upper(), end= ' ')
S P A M

>>> list(print(x.upper(), end=' ') for x in 'spam')
S P A M [None, None, None, None]

>>> print(*(x.upper() for x in 'spam'))
S P A M
```

반복자를 이용하여 파일의 라인들을 인수들로 풀어내는 추가 예제들은 14장을 참고하도록
하자.

미리 보기: 클래스를 이용한 사용자 정의 반복 객체

이 장의 범위를 벗어나긴 하지만, 클래스를 이용하여 반복 프로토콜을 따르는 임의의 사용자
정의 제너레이터 객체를 작성할 수도 있다. 이러한 클래스는 iter 내장 함수에 의해 실행되는
특별한 __iter__ 메서드를 정의하며, 차례로 next 내장 함수에 의해 실행되는 __next__(2.X에
서는 next) 메서드를 제공하는 객체를 반환한다.

```
class SomeIterable:
    def __iter__(...): ...          # iter( )에서 호출: 자신 또는 추가적인 객체 반환
    def __next__(...): ...          # next( )에서 호출: 여기 또는 다른 클래스에서 작성
```

이전 절에서 시사한 바와 같이 이러한 클래스들은 단일 반복 동작을 지원하기 위해 보통 자신
의 객체를 직접 반환하거나, 다중 탐색을 지원하기 위한 탐색 상태를 제공하는 추가적인 객체
를 반환한다.

또한, 사용자 정의 반복 객체 클래스의 메서드 함수는 자신을 제너레이터로 변형시키기 위
해 때로는 yield를 사용할 수 있으며, 자동으로 생성된 __next__ 메서드를 제공한다. 30장에
서 보게 될 yield의 일반적인 활용 방법은 매우 함축적이고 잠재적으로 유용하다. 또한 반복
에 대한 대체 옵션으로 __getitem__ 인덱싱 메서드를 이용할 수 있지만, 이는 __iter__와 __
next__만큼 유연하지는 않다(그러나 시퀀스를 작성할 때 좀 더 유리하다).

이러한 클래스로부터 생성된 인스턴스 객체는 반복 객체로 간주되며, for 루프와 다른 모든 반
복 상황에서 사용될 수 있다. 그러나 클래스이기 때문에 다른 제너레이터 구조는 제공할 수
없는 상속과 같은 풍부한 로직과 데이터 구성 옵션을 이용할 수 있다. 또한 클래스는 메서드
를 작성함으로써 내장된 타입과 제너레이터 함수, 그리고 표현식과 관련된 제너레이터 객체보

다는 반복 동작을 좀 더 **명시적**으로 만들 수 있다.

따라서 반복자와 제너레이터 이야기는 이들이 클래스와 어떻게 연관되어 있는지에 대해서 배우기 전까지는 완벽하지 않을 수 있다. 우선은 30장에서 클래스 기반의 반복 객체에 대해서 배울 때까지 이 이야기의 결론을 미루도록 하자.

예제: 뒤섞인 시퀀스 생성하기

반복 도구의 실제 능력을 보여 주기 위해 좀 더 완벽한 사용 사례를 살펴보도록 하자. 18장에서 우리는 일반화된 교집합과 합집합 함수를 테스트하기 위해 사용된 인수들의 순서가 뒤섞인 테스트 함수를 작성했다. 그리고 나는 그곳에서 해당 테스트 함수를 값의 제너레이터로 작성하는 편이 더 나을 수 있다고 지적했다. 이제 우리는 제너레이터를 작성하는 방법을 배웠으므로 여기서 반복 도구의 좀 더 현실적인 적용 사례를 설명하기 위해 18장의 테스트 함수를 다시 살펴보도록 하자.

그 전에 한 가지 주의할 사항이 있다. 해당 테스트 함수는 객체를 자르고 연결하기 때문에 (마지막에 있는 순열을 포함하여) 해당 절에 있는 모든 예제들은 파일, 맵, 그리고 다른 제너레이터와 같은 임의의 **반복 객체**를 제외한 문자열, 그리고 리스트와 같은 **시퀀스**에 대해서만 동작한다. 즉, 이러한 예제들 중 일부는 그 자체가 요청 시에 값을 생성하는 제너레이터가 될 수도 있지만, 그들의 입력으로써 제너레이터를 처리할 수는 없다. 좀 더 광범위한 범위에 대한 일반화는 별도의 이슈로 남겨 두지만, 여기에 있는 코드는 비시퀀스 제너레이터를 전달하기 전에 list 호출로 감싼다면 변경하지 않아도 된다.

시퀀스 뒤섞기

18장에서 작성한 것처럼 반복될 때마다 슬라이싱(자르기)과 연결, 그리고 가장 앞의 아이템을 마지막으로 이동하여 시퀀스를 재정렬할 수 있다. 아이템에 대해 인덱싱 대신 슬라이싱을 사용하면 +를 임의의 시퀀스 타입에 적용할 수 있다.

```
>>> L, S = [1, 2, 3], 'spam'
>>> for i in range(len(S)):          # 0..3 카운트 반복을 위해
        S = S[1:] + S[:1]            # 앞 쪽 아이템을 마지막으로 이동
        print(S, end=' ')

pams amsp mspa spam
```

```
>>> for i in range(len(L)):
        L = L[1:] + L[:1]              # 슬라이스를 사용하기 때문에
        print(L, end=' ')             # 모든 시퀀스 타입에 대해 동작함

[2, 3, 1] [3, 1, 2] [1, 2, 3]
```

또한, 13장에서 본 것처럼 앞쪽 전체 섹션을 끝으로 이동해도 동일한 결과를 얻지만, 결과의 순서는 다소 다를 수 있다.

```
>>> for i in range(len(S)):
        X = S[i:] + S[:i]             # 0..3 위치를 위해
        print(X, end=' ')            # 뒷부분 + 앞부분(동일한 효과)

spam pams amsp mspa
```

간단한 함수

여러분도 보는 바와 같이, 이 코드는 특정 이름의 변수에 대해서만 동작한다. 우리는 해당 코드를 함수의 인수로 전달된 모든 객체에 대해 동작하고 결과를 반환하는 간단한 함수로 만들수 있다. 다음 예제 중에 첫 번째는 전통적인 리스트 컴프리헨션 패턴을 보여 주고 있으며, 두 번째와 같은 방법으로 작성하면 코드를 줄일 수 있다.

```
>>> def scramble(seq):
        res = []
        for i in range(len(seq)):
            res.append(seq[i:] + seq[:i])
        return res

>>> scramble('spam')
['spam', pams', 'amsp', 'mspa']

>>> def scramble(seq):
        return [seq[i:] + seq[:i] for i in range(len(seq))]

>>> scramble('spam')
['spam', 'pams', 'amsp', 'mspa']

>>> for x in scramble((1, 2, 3)):
        print(x, end=' ')

(1, 2, 3) (2, 3, 1) (3, 1, 2)
```

우리는 또한 여기서 재귀를 사용할 수도 있지만, 이 상황에서는 다소 지나친 방법일 수 있다.

제너레이터 함수

바로 앞 절의 간단한 방법은 물론 잘 동작하지만(리스트가 매우 큰 경우가 아니면 메모리를 그렇게 많이 사용하지는 않지만), 모든 결과 리스트를 메모리상에 한 번에 만들어야 하며, 전체 리스트가 완성될 때까지 호출자를 기다리도록 한다(대기 시간이 상당할 경우 문제가 될 수 있다). 우리는 앞의 코드를 다음 코딩 방법 중 하나를 사용하여 한 번에 하나의 결과를 산출하는 제너레이터 함수로 변환함으로써 이 두 가지 문제를 개선할 수 있다.

```
>>> def scramble(seq):
        for i in range(len(seq)):
            seq = seq[1:] + seq[:1]       # 제너레이터 함수는
            yield seq                     # 여기서 지정됨

>>> def scramble(seq):
        for i in range(len(seq)):
            yield seq[i:] + seq[:i]       # 제너레이터 함수는
                                          # 반복마다 하나의 아이템을 산출함
>>> list(scramble('spam'))               # list( )는 모든 결과를 생성
['spam', 'pams', 'amsp', 'mspa']
>>> list(scramble((1, 2, 3)))            # 모든 시퀀스 타입이 동작함
[(1, 2, 3), (2, 3, 1), (3, 1, 2)]
>>>
>>> for x in scramble((1, 2, 3)):        # for 루프는 결과를 생성함
        print(x, end=' ')

(1, 2, 3) (2, 3, 1) (3, 1, 2)
```

제너레이터 함수는 존재하는 동안에 자신의 지역 범위의 상태를 유지하며, 최소한의 메모리 공간을 요구하고 전체 작업에 필요한 시간을 작은 요청 단위로 나눈다. 제너레이터 함수는 다른 많은 기능들처럼 매우 일반화되어 있다. 중요한 것은 for 루프와 다른 반복 도구들은 실제 리스트를 통해서건 값의 제너레이터를 통해서건 모두 동일하게 동작한다는 것이다. 함수는 두 가지 방법 중에서 자유롭게 선택하여 구현될 수 있으며, 심지어 나중에 필요에 따라 전략적으로 변경할 수도 있다.

제너레이터 표현식

이미 본 것처럼 제너레이터 표현식(대괄호 대신 괄호로 둘러싼 컴프리헨션) 또한 요청 시에 값을 생성하며, 자신의 지역 상태를 유지한다. 제너레이터 표현식은 함수만큼 유연하지는 않지만, 값을 자동으로 산출하기 때문에 표현식은 종종 다음과 같은 구체적인 상황에서 좀 더 명확하게 사용될 수 있다.

```
>>> S
'spam'
>>> G = (S[i:] + S[:i] for i in range(len(S)))          # 동등한 제너레이터 표현식
>>> list(G)
['spam', 'pams', 'amsp', 'mspa']
```

여기서 제너레이터 표현식은 문(statement)을 포함할 수 없기 때문에 할당문을 사용한 첫 번째 제너레이터 함수 버전은 사용할 수 없다는 점에 주의하자. 이러한 제약은 제너레이터 표현식의 활용 범위를 제한한다. 그러나 대부분의 경우, 표현식은 여기서 보는 것처럼 동일하게 동작한다. 제너레이터 표현식을 임의의 대상에 대해 동작하도록 좀 더 일반화시키기 위해서는 인수를 받고 해당 인수를 사용하는 제너레이터를 반환하는 간단한 함수로 감싸야 한다.

```
>>> F = lambda seq: (seq[i:] + seq[:i] for i in range(len(seq)))
>>> F(S)
<generator object <genexpr> at 0x00000000029883F0>
>>>
>>> list(F(S))
['spam', 'pams', 'amsp', 'mspa']
>>> list(F([1, 2, 3]))
[[1, 2, 3], [2, 3, 1], [3, 1, 2]]

>>> for x in F((1, 2, 3)):
        print(x, end=' ')
(1, 2, 3) (2, 3, 1) (3, 1, 2)
```

테스터 클라이언트

마침내 우리는 18장의 tester에서 뒤섞인 인수를 생성하기 위해 제너레이터 함수나 동등한 표현식을 사용할 수 있다. 시퀀스를 뒤섞는 함수는 다양한 상황에서 활용될 수 있는 도구가 될 수 있다.

```
# file scramble.py

def scramble(seq):
    for i in range(len(seq)):            # 제너레이터 함수는
        yield seq[i:] + seq[:i]          # 반복마다 하나의 아이템을 산출함

scramble2 = lambda seq: (seq[i:] + seq[:i] for i in range(len(seq)))
```

외부 도구로 값 생성을 이동시킴으로써 tester는 좀 더 단순해질 수 있다.

```
>>> from scramble import scramble
>>> from inter2 import intersect, union
>>>
>>> def tester(func, items, trace=True):
        for args in scramble(items):        # 제너레이터 사용(또는 scramble2(items))
            if trace: print(args)
            print(sorted(func(*args)))

>>> tester(intersect, ('aab', 'abcde', 'ababab'))
('aab', 'abcde', 'ababab')
['a', 'b']
('abcde', 'ababab', 'aab')
['a', 'b']
('ababab', 'aab', 'abcde')
['a', 'b']

>>> tester(intersect, ([1, 2], [2, 3, 4], [1, 6, 2, 7, 3]), False)
[2]
[2]
[2]
```

순열(permutation): 모든 가능한 조합

이 기법은 실제 많은 응용이 있을 수 있다. 메일 메시지의 첨부 파일을 생성하거나 GUI상에 떠다니는 점들을 생성하는 것을 생각해 보자. 또한, 다른 유형의 시퀀스 뒤섞기는 검색에서 수학에 이르기까지 다양한 프로그램에서 중요한 역할을 한다. 보다시피 우리가 작성한 시퀀스를 뒤섞는 함수는 단순한 재정렬을 제공하지만, 일부 프로그램은 아래 코드로부터 생성된 순열로부터 얻을 수 있는 모든 순서들의 보다 완전한 세트를 보증한다.

```
# permute.py 파일
def permute1(seq):
    if not seq:                             # 모든 시퀀스 섞기: 리스트
        return [seq]                        # 빈 시퀀스
    else:
        res = []
        for i in range(len(seq)):
            rest = seq[:i] + seq[i+1:]      # 현재 노드 삭제
            for x in permute1(rest):        # 나머지들의 순열
                res.append(seq[i:i+1] + x)  # 앞쪽에 노드 추가
        return res

def permute2(seq):
    if not seq:                             # 모든 시퀀스 섞기: 제너레이터
        yield seq                           # 빈 시퀀스
    else:
```

```
    for i in range(len(seq)):
        rest = seq[:i] + seq[i+1:]          # 현재 노드 삭제
        for x in permute2(rest):            # 나머지들의 순열
            yield seq[i:i+1] + x            # 앞쪽에 노드 추가
```

이 함수들은 모두 같은 결과를 생성하지만, 두 번째는 대부분의 작업을 결과를 요청할 때까지 연기한다. 이 코드는 다소 난이도가 있으며, 특히 두 번째 코드가 가장 난이도가 높다(그리고 일부 초보 파이썬 프로그래머들은 이 코드를 이해하기 어려울 수 있다). 그러나 곧 설명하는 것처럼 제너레이터를 이용한 방법이 훨씬 더 유용한 경우들이 있다.

이 코드를 좀 더 잘 이해할 수 있도록 테스트해 보고, 필요하다면 추적을 위한 출력 코드를 추가해 보자. 그래도 잘 이해되지 않는다면 첫 번째 버전부터 이해하도록 노력해 보자. 제너레이터 함수는 단순히 for 루프에 의해 각 단계에서 실행되는 next 연산을 처리하는 메서드를 제공하는 객체를 반환하고, 반복 전에는 아무런 결과도 생성하지 않는다는 점을 기억하자. 그리고 위 함수들이 어떻게 다뤄지는지 다음 예제들을 통해 앞 함수들을 추적해 보도록 하자.

순열은 기존 뒤섞기 함수보다 더 많은 순서를 생성한다. N개의 아이템에 대해, 단순히 N개의 결과가 아닌 N!(팩토리얼) 결과를 얻게 된다(4의 경우 24: 4 * 3 * 2 * 1). 사실상 이것은 여기서 재귀가 필요한 이유가 된다. 중첩된 루프의 수는 언제든지 달라질 수 있고, 순열 연산에 사용된 시퀀스의 길이에 의존적이다.

```
>>> from scramble import scramble
>>> from permute import permute1, permute2

>> list(scramble('abc'))                    # 단순 뒤섞기: N
['abc', 'bca', 'cab']

>>> permute1('abc')                         # 가장 큰 순열: N!
['abc', 'acb', 'bac', 'bca', 'cab', 'cba']
>>> list(permute2('abc'))                   # 모든 조합 생성
['abc', 'acb', 'bac', 'bca', 'cab', 'cba']

>>> G = permute2('abc')                     # 반복(iter( )는 불필요함)
>>> next(G)
'abc'
>>> next(G)
'acb'
>>> for x in permute2('abc'): print(x)      # 자동 반복
...6 라인 출력...
```

리스트와 제너레이터 버전의 결과는 같지만 제너레이터는 메모리를 효율적으로 사용하며, 결과를 생성하는 데 필요한 지연을 최소화한다. 아이템들이 더 많은 경우, 모든 순열의 집합은 단순한 뒤섞기 함수의 결과보다 훨씬 더 많을 수 있다.

```
>>> permute1('spam') == list(permute2('spam'))
True
>>> len(list(permute2('spam'))), len(list(scramble('spam')))
(24, 4)

>>> list(scramble('spam'))
['spam', 'pams', 'amsp', 'mspa']
>>> list(permute2('spam'))
['spam', 'spma', 'sapm', 'samp', 'smpa', 'smap', 'psam', 'psma', 'pasm', 'pams',
 'pmsa', 'pmas', 'aspm', 'asmp', 'apsm', 'apms', 'amsp', 'amps', 'mspa', 'msap',
 'mpsa', 'mpas', 'masp', 'maps']
```

19장에 따르면 여기도 비재귀적인 다른 방법들이 존재하며, 명시적으로 스택 또는 큐를 사용하거나, 다른 시퀀스 정렬을 사용하는 것이 일반적이지만(예 다른 순서의 중복을 걸러낸 고정된 크기의 부분 집합과 조합), 이러한 방법들은 여기서는 사용되지 않은 추가적인 코드가 필요하다. 이러한 기법들에 대한 추가 내용은 《프로그래밍 파이썬》 책을 참고하거나, 여러분 스스로 좀 더 테스트해 보도록 하자.

제너레이터를 남용하지 말자: EIBTI

제너레이터는 다소 고급 도구이므로 선택적인 주제로 다루는 것이 더 나을 수도 있지만, 파이썬 언어에 빠르게 스며들고 있다. 사실, 이 책의 독자들에게는 (파트 8로 밀려난) 유니코드보다는 좀 더 중요한 주제인 것처럼 보인다. 이미 배운 것처럼 range, map, 딕셔너리 keys와 같은 기본적인 내장 도구들과 심지어 파일도 현재 제너레이터이므로 여러분이 직접 새로운 제너레이터를 작성하지 않더라도 제너레이터의 개념을 잘 알고 있어야 한다. 또한, 사용자 정의 제너레이터는 오늘날 파이썬 코드에서(예를 들어, 파이썬 표준 라이브러리에서) 점점 더 보편적으로 사용되고 있다.

일반적으로 리스트 컴프리헨션에 대해 내가 말했던 주의가 여기서도 동일하게 적용된다. 제너레이터의 장점이 확실히 보장되는 경우가 아니라면 사용자 정의 제너레이터를 사용하여 코드를 복잡하게 만들지 않도록 하자. 특히, 더 작은 프로그램과 데이터 세트일수록 이러한 도구를 사용해야 할 마땅한 이유가 없다. 이러한 경우에는 간단한 리스트 결과로도 충분하며, 더 이해하기 쉽고, 자동으로 가비지 컬렉팅이 수행되고, 결과가 더 빨리 생성되기도 한다. 암시적인 '마법' 같은 내부적인 구현에 의존적인 제너레이터와 같은 고급 도구들은 테스트 시에는 재미있을 수도 있지만, 다른 사람들과 함께 사용하는 실제 코드에서 정당한 이유 없이 사용하지 않도록 해야 한다.

여기서 '명시적인 것이 암시적인 것보다 낫다(Explicit is better than implicit).'라는 파이썬의 import this 모토를 다시 인용해 보자.

이 모토의 약어인 EIBTI는 파이썬의 핵심 가이드라인 중 하나이며, 여러분의 코드의 동작이 더욱 명시적일수록 여러분의 코드를 보게 될 다음 프로그래머가 더 잘 이해할 가능성이 높다. 이는 제너레이터에도 직접 적용되며, 암시적인 동작은 이를 이해하고자하는 일부 사람들에게는 덜 모호한 다른 대안들보다 훨씬 더 어렵게 다가올 수 있다. 코드가 꼭 복잡해질 수밖에 없는 경우가 아니라면 항상 단순하게 유지하도록 노력하자.

또 다른 측면에서: 메모리, 지연 시간, 간결성, 표현력

그러나 제너레이터를 적절히 사용하여 문제를 잘 해결할 수 있는 특정 사용 사례들이 존재한다. 제너레이터는 일부 프로그램에서 메모리 사용량을 줄일 수 있으며, 또 다른 경우에서는 지연 시간을 줄일 수 있고, 때로는 불가능한 것을 가능하게 하기도 한다. 예를 들어, 다소 크기가 있는 시퀀스의 가능한 모든 순열을 생성해야 하는 프로그램을 생각해 보자. 이때 조합의 수는 기하급수적으로 증가하는 **팩토리얼**이므로, 위의 permute1 재귀 리스트 생성 함수는 눈에 띄는 지연 또는 끝없는 정지 상태를 보이거나 메모리 부족으로 실패할 수도 있지만, permute2 재귀 제너레이터는 그런 현상이 발생하지 않으며, 각 개별 값을 빠르게 반환하고 매우 큰 결과 세트도 처리할 수 있다.

```
>>> import math
>>> math.factorial(10)                    # 10 * 9 * 8 * 7 * 6 * 5 * 4 * 3 * 2 * 1
3628800
>>> from permute import permute1, permute2
>>> seq = list(range(10))
>>> p1 = permute1(seq)                     # 2GHz 쿼드 코어 장비에서 37초가 걸리며,
                                           # 360만 수를 가진 리스트를 만듦
>>> len(p1), p1[0], p1[1]
(3628800, [0, 1, 2, 3, 4, 5, 6, 7, 8, 9], [0, 1, 2, 3, 4, 5, 6, 7, 9, 8])
```

이 경우에 리스트 생성 코드는 내 컴퓨터에서 360만 아이템을 가진 리스트를 만들기 위해 약 37초 동안 정지해있지만, 제너레이터는 즉시 결과 반환을 시작할 수 있다.

```
>>> p2 = permute2(seq)                    # 제너레이터를 즉시 반환하며,
>>> next(p2)                              # 요청 시에 각각의 결과를 빠르게 생성함
[0, 1, 2, 3, 4, 5, 6, 7, 8, 9]
>>> next(p2)
[0, 1, 2, 3, 4, 5, 6, 7, 9, 8]

>>> p2 = list(permute2(seq))              # 비록 비현실적이지만 약 28초가 걸림
>>> p1 == p2                              # 동일한 결과 세트가 생성됨
True
```

당연히 우리는 리스트 생성 코드가 더 빠르게 실행되도록 성능을 개선할 수도 있지만(예를 들자면 재귀 대신에 명시적인 스택을 사용할 경우, 성능을 개선할 수 있을 것이다), 시퀀스가 조금만 더 커져도 리스트 생성 방식은 전혀 고려 대상이 되지 않는다. 아이템 수가 50만 되도 순열의 수는 결과 리스트 생성을 불가능하게 하며, 우리와 같은 한낱 인간이 감당하기에는 너무 오랜 시간이 걸린다(그리고 큰 결과는 설정된 재귀 스택의 깊이 제한을 초과할 수 있다. 이전 장을 참고하자). 그러나 이런 경우에도 제너레이터는 여전히 실행 가능하며, 개별 값을 즉시 생성할 수 있다.

```
>>> math.factorial(50)
30414093201713378043612608166064768844377641568960512000000000000
>>> p3 = permute2(list(range(50)))
>>> next(p3)                                         # permute1은 여기서 고려 대상이 아님!
[0, 1, 2, 3, 4, 5, 6, 7, 8, 9, 10, 11, 12, 13, 14, 15, 16, 17, 18, 19, 20, 21,
22, 23, 24, 25, 26, 27, 28, 29, 30, 31, 32, 33, 34, 35, 36, 37, 38, 39, 40, 41,
42, 43, 44, 45, 46, 47, 48, 49]
```

재미를 위해, 그리고 좀 더 다양하고 덜 결정된 결과를 산출하기 위해 우리는 순열 작업을 시작하기 전에 5장에서 소개한 파이썬의 random 모듈을 사용하여 순열에 사용될 시퀀스를 무작위로 뒤섞을 수 있다(뒤섞인 결과를 소비하는 동안에 뒤섞기를 반복하지 않거나, 반복을 피하기 위해 다시 뒤섞인 결과를 이전 뒤섞기 결과와 비교할 수 있다고 가정할 수 있다면, 우리는 보통 무작위로 뒤섞는 기능을 순열 제너레이터로 사용할 수도 있을 것이다. 모쪼록 랜덤 시퀀스가 같은 결과를 무한히 반복하는 이상한 세상에 살고 있지 않기를 바라도록 하자). 다음 예제에서 permute2와 next 호출은 각각 이전처럼 즉시 결과를 반환하지만, permute1은 실행이 중단된다.

```
>>> import random
>>> math.factorial(20)                    # 여기서 permute1은 고려 대상이 아님
2432902008176640000
>>> seq = list(range(20))

>>> random.shuffle(seq)                    # 먼저 시퀀스를 무작위로 뒤섞음
>>> p = permute2(seq)
>>> next(p)
[10, 17, 4, 14, 11, 3, 16, 19, 12, 8, 6, 5, 2, 15, 18, 7, 1, 0, 13, 9]
>>> next(p)
[10, 17, 4, 14, 11, 3, 16, 19, 12, 8, 6, 5, 2, 15, 18, 7, 1, 0, 9, 13]

>>> random.shuffle(seq)
>>> p = permute2(seq)
>>> next(p)
[16, 1, 5, 14, 15, 12, 0, 2, 6, 19, 10, 17, 11, 18, 13, 7, 4, 9, 8, 3]
>>> next(p)
[16, 1, 5, 14, 15, 12, 0, 2, 6, 19, 10, 17, 11, 18, 13, 7, 4, 9, 3, 8]
```

여기서 중요한 점은 제너레이터는 때로 리스트 생성 방식이 처리할 수 없는 큰 세트에 대해서도 결과를 생성할 수 있다는 것이다. 하지만 잘 생각해 보면 현실에서 그런 사용 사례가 얼마나 흔한지는 명확하지 않으며, 이는 우리가 제너레이터 함수와 표현식으로 얻는 값 생성의 암시적인 특징을 반드시 정당화하지는 못한다. 파트 6에서 곧 보게 되겠지만, **클래스**를 이용한 반복 객체로도 값을 생성하는 제너레이터를 작성할 수 있다. 클래스 기반의 반복 객체 또한 요청 시에 아이템을 생성할 수 있으며, 제너레이터 함수와 표현식에 대해 생성되는 객체와 메서드보다는 더 **명시적**이다.

프로그래밍의 일부는 이와 같은 기회비용 사이의 균형을 찾는 것이며, 여기에 절대적인 규칙은 없다. 제너레이터의 장점이 때로는 제너레이터의 사용을 정당화할 수도 있지만, 유지보수를 항상 최우선으로 생각해야 한다. 또한, 제너레이터는 컴프리헨션처럼 여러분이 동작 방식을 이해한다면 거절하기 어려운 풍부한 **표현력**과 **효율적인 코드**를 제공한다. 그러나 제너레이터를 이해하지 못한 동료들의 혼란도 고려하여 신중히 판단해야 할 것이다.

예제: 반복 도구를 이용하여 zip과 map 흉내 내기

여러분이 제너레이터의 역할을 평가하는 데 도움을 주기 위해 제너레이터가 얼마나 표현력이 있는지를 보여 주는 추가 예제 하나를 빠르게 살펴보도록 하자. 여러분이 컴프리헨션이나 제너레이터, 반복 도구들에 대해 알고 나면 많은 파이썬의 내장 함수들을 흉내 내는 것이 직관

적이고 교육적으로 유익하다는 점을 알게 된다. 예를 들어, 우리는 이미 내장된 zip과 map 함수가 각각 반복 객체들을 결합하고 반복 객체들을 통해 함수를 실행하는 방법을 보았다. map은 zip이 반복 객체들을 짝짓는 것과 같은 방법으로 다수의 반복 객체를 인수로 사용하여 각각의 반복 객체로부터 가져온 아이템들을 통해 함수를 실행한다(3.X의 map은 짧은 반복 객체를 기준으로 자르지만, 2.X의 map은 긴 반복 객체를 기준으로 None으로 채운다).

```
>>> S1 = 'abc'
>>> S2 = 'xyz123'
>>> list(zip(S1, S2))                          # zip은 반복 객체들로부터 아이템들을 짝지음
[('a', 'x'), ('b', 'y'), ('c', 'z')]

# zip은 아이템들을 짝짓고, 짧은 반복 객체를 기준으로 자름
>>> list(zip([-2, -1, 0, 1, 2]))               # 단일 시퀀스: 하나로 구성된 튜플들
[(-2,), (-1,), (0,), (1,), (2,)]
>>> list(zip([1, 2, 3], [2, 3, 4, 5]))         # N개 시퀀스: N개로 구성된 튜플들
[(1, 2), (2, 3), (3, 4)]

# map은 짝지어진 아이템들을 함수로 전달하고, 짧은 반복 객체를 기준으로 자름
>>> list(map(abs, [-2, -1, 0, 1, 2]))          # 단일 시퀀스: 한 개의 인수 함수
[2, 1, 0, 1, 2]
>>> list(map(pow, [1, 2, 3], [2, 3, 4, 5]))    # N개 시퀀스: N개의 인수 함수. 3.X
[1, 8, 81]

# map과 zip은 임의의 반복 객체들을 받아들임
>>> list(map(lambda x, y: x + y, open('script2.py'), open('script2.py')))
['import sys\nimport sys\n', 'print(sys.path)\nprint(sys.path)\n', ...등등...]

>>> [x + y for (x, y) in zip(open('script2.py'), open('script2.py'))]
['import sys\nimport sys\n', 'print(sys.path)\nprint(sys.path)\n', ...등등...]
```

비록 map과 zip은 서로 다른 목적으로 사용되지만, 이러한 예제들을 충분히 학습한다면 바로 다음 예제에서 활용하는 zip 결과와 매핑된 함수 인수들 사이의 관계를 알아차릴 수 있을 것이다.

자신만의 map(func, ...)을 작성하기

비록 내장된 map과 zip은 충분히 빠르고 편리하지만, 언제든지 여러분만의 map과 zip을 작성해 볼 수 있다. 예를 들어, 이전 장에서 우리는 단일 시퀀스(또는 다른 반복 객체) 인수에 대해 map 내장 함수를 흉내 낸 함수를 보았다. 이 함수를 내장된 함수처럼 다수의 시퀀스에 대해 동작하도록 하는 데는 그렇게 많은 작업이 필요하지 않다.

```
# map(함수, 시퀀스들...)은 zip과 많이 유사함

def mymap(func, *seqs):
    res = []
    for args in zip(*seqs):
        res.append(func(*args))
    return res

print(mymap(abs, [-2, -1, 0, 1, 2]))
print(mymap(pow, [1, 2, 3], [2, 3, 4, 5]))
```

이 버전은 다수의 시퀀스(사실상, 반복 객체) 인수들을 모으는 특별한 *args 인수 전달 구문에 크게 의존하고 있으며, 함수에 전달할 형태로 인수를 합치기 위해 zip 인수를 통해 다수의 시퀀스를 풀어내고, 그리고 난 후 짝지어진 zip 결과를 전달된 함수의 인수로 풀어낸다. 즉, zip 으로 묶는 연산은 본질적으로 매핑 안에 포함된 연산이라는 사실을 사용하고 있다. 위 코드 아래에 있는 테스트 코드는 다음과 같은 결과를 생성하기 위해 하나의 시퀀스와 두 시퀀스에 대해 함수를 적용하며, 내장된 map으로도 동일한 결과를 얻을 수 있다(이 코드는 이 책의 예제에 mymap.py라는 이름으로 저장되어 있다).

```
[2, 1, 0, 1, 2]
[1, 8, 81]
```

그러나 실제로 위 코드는 for 루프 안에서 연산 결과의 리스트를 생성하는 전통적인 **리스트 컴프리헨션** 방식을 나타낸다. 그리고 우리는 이 맵을 한 라인으로 된 동등한 리스트 컴프리헨션으로 더 간결하게 작성할 수 있다.

```
# 리스트 컴프리헨션 사용하기

def mymap(func, *seqs):
    return [func(*args) for args in zip(*seqs)]

print(mymap(abs, [-2, -1, 0, 1, 2]))
print(mymap(pow, [1, 2, 3], [2, 3, 4, 5]))
```

이 코드가 실행되면 결과는 이전과 동일하지만, 코드는 더 간결하고 더 빠르게 실행될 수 있다(성능에 대한 추가 내용은 "반복 도구들의 성능 측정"절을 참고하자). 그러나 이전 **mymap** 버전은 둘 모두 한 번에 결과 리스트를 생성하며, 이는 리스트가 클 경우 메모리를 낭비할 수 있다. 이제 우리는 **제너레이터 함수와 표현식**에 대해 알고 있으므로 요청 시에 결과를 생성하도록 다시 작성할 수 있다.

```
# 제너레이터 사용하기: yield and (...)

def mymap(func, *seqs);
    res = []
    for args in zip(seqs))
        yield func(*args)

def mymap(func, "seqs);
    return (func(*args) for args in zip(*seqs))
```

이 버전은 동일한 결과를 생성하지만 반복 프로토콜을 지원하기 위한 제너레이터를 반환한다. 첫 번째는 한 번에 하나의 결과를 산출하고, 두 번째는 동일한 기능을 수행하는 제너레이터 표현식을 결과로 반환한다. 이 둘은 한 번에 모든 결과를 강제로 산출하도록 list 호출로 감쌀 경우 동일한 결과를 생성한다.

```
print(list(mymap(abs, [-2, -1, 0, 1, 2])))
print(list(mymap(pow, [1, 2, 3], [2, 3, 4, 5])))
```

여기서 list 호출이 강제로 반복 프로토콜을 구동하여 제너레이터를 실행하기 전까지는 아무 일도 일어나지 않는다. 이러한 함수 자체에 의해 반환된 제너레이터와 파이썬 3.X의 zip 내장에 의해 반환된 제너레이터는 요청 시에 결과를 생성한다.

여러분만의 zip(...)과 map(None, ...) 작성하기

물론, 그동안 보여 준 예제에서 대부분의 마법은 다수의 시퀀스 또는 반복 객체로부터 인수들을 짝짓는 zip 내장 함수를 사용하는 것에 있다. 위에서 작성한 우리만의 map은 실제로 파이썬 3.X의 map 동작을 흉내 내고 있다. 3.X의 map은 짧은 인수를 기준으로 결과를 잘라내며, 파이썬 2.X의 map이 인수의 길이가 서로 다를 경우 None 인수로 채우는 개념은 지원하지 않는다.

```
C:\code> c:\python27\python
>>> map(None, [1, 2, 3], [2, 3, 4, 5])
[(1, 2), (2, 3), (3, 4), (None, 5)]
>>> map(None, 'abc', 'xyz123')
[('a', 'x'), ('b', 'y'), ('c', 'z'), (None, '1'), (None, '2'), (None, '3')]
```

우리는 반복 도구를 사용하여 zip의 짧은 인수를 기준으로 잘라내는 기능과 2.X map의 채우기 기능을 흉내 내는 유사한 코드를 작성할 수 있다. 이 둘은 결과적으로 매우 유사한 코드다.

```
# zip(시퀀스들...) 그리고 map(None, 시퀀스들...)은 매우 유사함

def myzip(*seqs):
    seqs = [list(S) for S in seqs]
    res  = []
    while all(seqs):
        res.append(tuple(S.pop(0) for S in seqs))
    return res

def mymapPad(*seqs, pad=None):
    seqs = [list(S) for S in seqs]
    res  = []
    while any(seqs):
        res.append(tuple((S.pop(0) if S else pad) for S in seqs))
    return res

S1, S2 = 'abc', 'xyz123'
print(myzip(S1, S2))
print(mymapPad(S1, S2))
print(mymapPad(S1, S2, pad=99))
```

여기에 작성된 두 함수는 전달된 인수의 결과를 강제로 생성하기 위해 list 내장 함수를 통해 실행하기 때문에 모든 **가변** 객체에 대해 동작한다(예를 들어, 문자열 이외에 파일도 인수로 동작한다). 여기서 all과 any 내장 함수의 사용을 주의해서 살펴보자. 이 함수들은 각각 가변 객체 안의 모든 아이템 또는 하나의 아이템이라도 True(또는 비어 있지 않은 경우)인 경우에는 True를 반환한다. 이러한 내장 함수들은 반복 객체 안의 아이템을 삭제한 후에 전달된 반복 객체의 전체 혹은 일부가 비어 있을 경우에는 루프를 멈추기 위해 사용되었다.

또한, 파이썬 3.X의 **키워드 전용** 인수와 채우기(pad)를 사용한 것도 주의해서 살펴보자. 파이썬 2.X의 map과는 달리, 우리가 작성한 버전은 채우기에 사용할 객체를 명시할 수 있다(여러분이 파이썬 2.X에서 이러한 옵션을 지원하려고 할 경우 대신 **kargs 형식을 사용하도록 하자. 자세한 내용은 18장을 참고한다). 이 함수들을 실행하면 다음과 같은 zip 하나와 두 개의 채우기(padding) map 이 결과로 출력된다.

```
[('a', 'x'), ('b', 'y'), ('c', 'z')]
[('a', 'x'), ('b', 'y'), ('c', 'z'), (None, '1'), (None, '2'), (None, '3')]
[('a', 'x'), ('b', 'y'), ('c', 'z'), (99, '1'), (99, '2'), (99, '3')]
```

이 함수들은 루프가 너무 구체적이기 때문에 리스트 컴프리헨션 변환을 따르지 않는다. 그러나 이전처럼 지금은 우리가 작성한 zip과 map을 흉내 낸 코드가 결과 리스트를 만들고 반환하지만, 결과 리스트 세트에서 한 번에 하나의 결과를 반환하기 위해 yield를 사용하여 어렵지 않게 제너레이터로 변환할 수 있다. 제너레이터로 변환된 다음에도 그 결과는 이전과 같지만, 출력을 위해 제너레이터가 강제로 값을 산출하도록 하기 위해 우리는 다시 list를 사용할 필요가 있다.

```
# 제너레이터 사용하기: yield

def myzip(*seqs):
    seqs = [list(S) for S in seqs]
    while all(seqs):
        yield tuple(S.pop(0) for S in seqs)

def mymapPad(*seqs, pad=None):
    seqs = [list(S) for S in seqs]
    while any(seqs):
        yield tuple((S.pop(0) if S else pad) for S in seqs)

S1, S2 = 'abc', 'xyz123'
print(list(myzip(S1, S2)))
print(list(mymapPad(S1, S2)))
print(list(mymapPad(S1, S2, pad=99)))
```

마지막으로, 다음은 zip과 map에 대한 또 다른 구현이다. 다음 버전은 pop 메서드를 사용하여 리스트로부터 인수들을 삭제하는 대신, 인수 길이의 최솟값과 최댓값을 계산하여 원하는 작업을 수행한다. 길이를 이용하면 인수 인덱스 범위를 통해 단계적으로 처리하는 중첩된 리스트 컴프리헨션을 쉽게 작성할 수 있다.

```
# 길이를 이용한 또 다른 구현

def myzip(*seqs):
    minlen = min(len(S) for S in seqs)
    return [tuple(S[i] for S in seqs) for in range(minlen)]

def mymapPad(*seqs, pad=None):
    maxlen = max(len(S) for S in seqs)
    index = range(maxlen)
    return [tuple((S[i] if len(S) > i else pad) for S in seqs) for i in index]

S1, S2 = 'abc', 'xyz123'
print(myzip(S1, S2))
print(mymapPad(S1, S2))
print(mymapPad(S1, S2, pad=99))
```

이 코드는 len과 인덱싱을 사용하기 때문에 앞서 다뤘던 **시퀀스**를 뒤섞는 코드 그리고 순열을 계산하는 코드처럼 전달된 인수들이 임의의 반복 객체가 아닌, 시퀀스 또는 그와 유사한 형태라고 가정한다. 여기서 바깥쪽 컴프리헨션은 인수 인덱스 범위를 통해 단계적으로 처리하고, (tuple로 전달된) 안쪽 컴프리헨션은 인수들을 병렬로 가져오기 위해 전달된 시퀀스를 통해 단계적으로 처리한다. 이 코드를 실행하면 결과는 이전과 동일하다.

가장 눈에 띄는 것은 이 예제에는 제너레이터와 반복자가 너무 많아 보인다는 점이다. min과 max에 전달된 인수들은 중첩된 컴프리헨션이 반복을 시작하기 전에 실행을 완료해야 하는 제너레이터 표현식이다. 또한, 중첩된 리스트 컴프리헨션은 두 단계의 지연된 평가를 사용하고 있다. 파이썬 3.X에서 range 내장 함수는 반복 객체이며, range 값이 그대로 tuple에서 제너레이터 표현식 인수로 사용되었다.

실제로, 여기서 리스트 컴프리헨션의 대괄호가 결과 리스트에 값을 배치시키기 위해 값을 요청할 때까지는 아무런 결과도 생성되지 않는다. 리스트 컴프리헨션의 대괄호가 컴프리헨션과 제너레이터를 강제로 실행한다. 이 함수들을 리스트로 결과를 생성하는 함수 대신에서 제너레이터로 변환하기 위해 대괄호 대신 괄호를 사용할 수 있다. 다음은 앞에서 작성한 zip을 제너레이터로 변경한 것이다.

```
# 제너레이터 사용하기: (...)

def myzip(*seqs):
    minlen = min(len(S) for S in seqs)
    return (tuple(S[i] for S in seqs) for in range(minlen))

S1, S2 = 'abc', 'xyz123'
print(list(myzip(S1, S2)))                          # [('a', 'x'), ('b', 'y'), ('c', 'z')]
```

이 경우, 결과를 생성하기 위해 list 호출을 사용하여 제너레이터와 반복 객체를 활성화한다. 좀 더 자세한 내용을 알고 싶다면 여러분 스스로 이 코드를 실행해 보도록 하자. 이 책에서 제시한 것보다 더 나은 방법을 여러분이 직접 작성해 볼 수 있기를 바란다(또한 칼럼 "더 생각해 볼 주제: 일회성 반복"을 참고하도록 하자).

 우리는 30장에서 자동화된 방법으로 사용자 정의 반복 객체를 구현하기 위해 yield를 __iter__ 연산자 오버로딩 메서드와 함께 사용할 때 yield에 대한 추가적인 예제들을 볼 수 있다. yield의 이 역할에서 지역 변수에 대한 상태 유지는 17장의 클로저 함수와 같은 의도로서 클래스 속성에 대한 대안으로 사용된다. 그러나 곧 보겠지만 이 기술은 새로운 패러다임을 제시하기보다는 클래스와 함수형 도구들을 **결합**한다.

우리는 14장에서 map과 같은 일부 내장 함수들이 한 번의 탐색만을 지원하고 탐색이 끝난 후에 비어 있는 이유에 대해 알아보았으며, 이러한 내용이 실제 상황에서 미묘하지만 왜 중요한지 예제를 통해 보여 주기로 약속했다. 지금까지 우리는 몇몇 추가적인 반복 도구에 대해 배웠으므로 이 약속을 잘 이행할 수 있을 것이다. 이 장의 zip을 모방한 예제들에 대한 다음과 같은 좀 더 독창적인 방식을 한번 생각해 보도록 하자. 이 코드는 내가 이 책을 쓸 당시에 파이썬의 매뉴얼에 있는 코드 하나를 수정한 것이다.

```
def myzip(*args):
    iters = map(iter, args)
    while iters:
        res = [next(i) for i in iters]
        yield tuple(res)
```

이 코드는 iter와 next를 사용하기 때문에 모든 타입의 반복 객체에 대해 동작한다. 여기서 인수로 전달된 반복자들 중 하나가 소진될 때, 컴프리헨션 내부에서 next(i)에 의해 발생하는 StopIteration을 붙잡지 않아도 된다는 것에 주의하자. StopIteration 예외를 통과하도록 허용함으로써 제너레이터 함수를 종료시키며, return문과 동일한 효과가 있다. while iters: 코드는 인수가 하나라도 전달되면 루프를 돌기에 충분하며, 그 외에는 무한 루프를 방지한다(리스트 컴프리헨션은 항상 빈 리스트를 반환할 것이다).

이 코드는 있는 그대로 파이썬 2.X에서 잘 동작한다.

```
>>> list(myzip('abc', 'lmnop'))
[('a', 'l'), ('b', 'm'), ('c', 'n')]
```

그러나 map은 2.X에서 리스트를 생성하지만, 3.X에서는 일회성 반복 객체를 반환하기 때문에 이 코드는 무한 루프에 빠지고 실패한다. 3.X의 경우에는 루프 내부에서 리스트 컴프리헨션이 한 번 실행되자마자 iters가 소비되지만, iters는 여전히 True다(그리고 res는 []일 것이다). 이 코드를 3.X에서 동작하도록 하려면 다수의 반복을 지원하는 객체를 만들기 위해 list 내장 함수를 사용해야 한다.

```
def myzip("args):
    iters = list(map(iter, args))          # 여러 번 탐색 가능
    ...나머지는 그대로...
```

코드의 동작을 추적하기 위해 직접 실행해 보도록 하자. 여기서 알 수 있는 것은 3.X에서 map 호출을 list 호출로 감싸는 것은 단지 출력만을 위한 것은 아니라는 것이다.

컴프리헨션 구문 요약

이 장에서는 리스트 컴프리헨션과 제너레이터에 초점을 맞추고 있지만, 파이썬 3.X와 2.7에서 이용할 수 있는 다른 두 가지 컴프리헨션 표현식(집합과 딕셔너리 컴프리헨션)이 더 있다는 것을 기억하도록 하자. 이 둘에 대해서는 5장과 8장에서 간략히 언급했지만, 지금까지 설명한 컴프리헨션과 제너레이터에 대한 새로운 지식을 통해 좀 더 완벽히 이해할 수 있을 것이다.

- 집합의 경우, 새로운 {1, 3, 2} 리터럴 형식은 set([1, 3, 2])와 동일하고, 새로운 {f(x) for x in S if P(x)} 집합 컴프리헨션 구문은 set(f(x) for x in S if P(x)) 제너레이터 표현식과 같으며, 여기서 f(x)는 임의의 표현식이다.

- 딕셔너리의 경우 새로운 {key: val for (key, val) in zip(keys, vals)} 딕셔너리 컴프리헨션 구문은 dict(zip(keys, vals)) 형식처럼 동작하며, {x: f(x) for x in items}문은 dict((x, f(x)) for x in items) 제너레이터 표현식과 같다.

다음은 3.X와 2.7에서 지원하는 모든 컴프리헨션을 요약한 것이다. 마지막 둘은 새롭게 추가되었으며, 2.6과 그 이전 버전에서는 이용할 수 없다.

```
>>> [x * x for x in range(10)]          # 리스트 컴프리헨션
[0, 1, 4, 9, 16, 25, 36, 49, 64, 81]    # list(제너레이터 표현식)과 같음

>>> (x * x for x in range(10))          # 제너레이터 표현식: 아이템 생성
<generator object at 0x009E7328>        # 괄호는 종종 선택 사항

>>> {x * x for x in range(10)}          # 3.X와 2.7에서 집합 컴프리헨션
{0, 1, 4, 81, 64, 9, 16, 49, 25, 36}    # 이 버전에서는 {x, y} 또한 집합

>>> {x: x * x for x in range(10)}       # 3.X와 2.7에서 딕셔너리 컴프리헨션
{0: 0, 1: 1, 2: 4, 3: 9, 4: 16, 5: 25, 6: 36, 7: 49, 8: 64, 9: 81}
```

범위와 컴프리헨션 표현식 변수들

이제 모든 컴프리헨션 형식을 보았으므로 이러한 표현식에서 루프 변수의 지역화에 대한 17장의 개요를 다시 검토해 보도록 하자. 파이썬 3.X는 네 가지 모든 형식에서 루프 변수를 지역화한다. 즉 제너레이터, 집합 컴프리헨션, 딕셔너리, 그리고 리스트에서 임시 루프 변수 이름은 표현식에 지역화된다. 이 이름들은 바깥 이름들과 충돌하지 않지만 바깥에서 사용할 수도 없으며, for 루프 반복문과는 다르게 동작한다.

```
c:\code> py -3
>>> (X for X in range(5))
<generator object <genexpr> at 0x00000000028E4798>
>>> X
NameError: name 'X' is not defined

>>> X = 99
>>> [X for X in range(5)]              # 3.X에서 제너레이터, 집합, 딕셔너리, 그리고
[0, 1, 2, 3, 4]                        # 리스트 이름을 지역화하지만
>>> X
99

>>> Y = 99
>>> for Y in range(5): pass            # 루프문은 이름을 지역화하지 않음

>>> Y
4
```

17장에서 언급한 것처럼 3.X의 컴프리헨션 내부에서 할당된 변수들은 다소 특별한 또 다른 중첩 범위다. 이러한 확장들 내에서 참조된 다른 이름들은 일반적인 LEGB 규칙을 따른다. 예를 들어 다음 제너레이터에서 Z는 컴프리헨션에 지역화되어 있지만, Y와 X는 언제나처럼 자신을 둘러싼 지역 또는 전역 범위에서 참조될 수 있다.

```
>>> X = 'aaa'
>>> def func():
        Y = 'bbb'
        print(''.join(Z for Z in X + Y))       # Z 컴프리헨션, Y 지역, X 전역

>>> func()
aaabbb
```

파이썬 2.X 또한 이 점에 관해서는 동일하지만, 예외적으로 **리스트 컴프리헨션** 변수들은 지역화되지 않는다. 리스트 컴프리헨션 변수들은 단순히 for 루프처럼 동작하고 for 루프의 마지막 반복 값을 유지하지만, 외부 이름과 예상치 못한 충돌이 발생할 가능성이 있다. 2.X에서 제너레이터, 집합, 딕셔너리 형식은 3.X에서와 마찬가지로 이름을 지역화한다.

```
c:\code> py -2
>>> (X for X in range(5))
<generator object <genexpr> at 0x0000000002147EE8>
>>> X
NameError: name 'X' is not defined

>>> X = 99
>>> [X for X in range(5)]              # 2.X: 리스트는 이름을 지역화하지 않음
[0, 1, 2, 3, 4]
```

```
>>> X
4

>>> Y = 99
>>> for Y in range(5): pass          # for 루프는 2.X, 3.X에서 이름을 지역화하지 않음

>>> Y
4
```

만약 버전 사이의 이식성과 for 루프문과의 조화를 중요하게 생각한다면, 컴프리헨션 표현식 안의 변수에 대해 중복되지 않은 고유한 이름을 사용하도록 하자. 2.X의 동작은 결과를 생성한 후 제너레이터 객체가 버려지지만, 리스트 컴프리헨션은 for 루프와 유사하다. 그러나 이 비유에는 두 버전의 파이썬 모두에서 자신의 이름을 지역화하는 집합과 딕셔너리 형식은 해당되지 않으며, 이 내용은 우연히 다음 절의 주제이기도 하다.

집합과 딕셔너리 컴프리헨션 이해하기

어떤 의미에서 집합과 딕셔너리 컴프리헨션은 제너레이터 표현식을 타입 이름에 전달하는 것에 대한 좀 더 단순한 구문일 뿐이다. 둘 모두 모든 반복 객체를 받아들이기 때문에 여기서 제너레이터가 잘 동작한다.

```
>>> {x * x for x in range(10)}                    # 컴프리헨션
{0, 1, 4, 81, 64, 9, 16, 49, 25, 36}
>>> set(x * x for x in range(10))                 # 제너레이터와 타입 이름
{0, 1, 4, 81, 64, 9, 16, 49, 25, 36}

>>> {x: x * x for x in range(10)}
{0: 0, 1: 1, 2: 4, 3: 9, 4: 16, 5: 25, 6: 36, 7: 49, 8: 64, 9: 81}
>>> dict((x, x * x) for x in range(10))
{0: 0, 1: 1, 2: 4, 3: 9, 4: 16, 5: 25, 6: 36, 7: 49, 8: 64, 9: 81}

>>> x                                             # 2.X, 3.X에서 루프 변수는 지역화됨
NameError: name 'x' is not defined
```

그러나 우리는 리스트 컴프리헨션처럼 항상 수동 코드로 결과 객체를 만들 수 있다. 다음은 바로 위 두 컴프리헨션에 대한 문 기반의 동일한 코드다(그러나 이전 절의 내용에 따르면 이름 지역화에 차이가 존재한다).

```
>>> res = set()
>>> for x in range(10):          # 집합 컴프리헨션과 같음
        res.add(x * x)

>>> res
{0, 1, 4, 81, 64, 9, 16, 49, 25, 36}

>>> res = {}
>>> for x in range(10):          # 딕셔너리 컴프리헨션와 같음
        res[x] = x * x

>>> res
{0: 0, 1: 1, 2: 4, 3: 9, 4: 16, 5: 25, 6: 36, 7: 49, 8: 64, 9: 81}

>>> x                            # 컴프리헨션 표현식에서는 지역화되지만, 루프문에서는 그렇지 않음
9
```

집합과 딕셔너리 컴프리헨션은 반복 객체를 받아들이고 탐색할 수 있지만, 요청 시에 결과를 생성하는 개념은 존재하지 않는다는 것을 알 수 있다. 두 형식은 모두 한 번에 전체 객체를 생성한다. 여러분이 요청 시에 키와 값을 생성하고자 한다면, 제너레이터 표현식이 더 적합할 것이다.

```
>>> G = ((x, x * x) for x in range(10))
>>> next(G)
(0, 0)
>>> next(G)
(1, 1)
```

집합과 딕셔너리를 위한 확장된 컴프리헨션 구문

리스트 컴프리헨션과 제너레이터 표현식처럼 집합과 딕셔너리 컴프리헨션은 결과로부터 특정 아이템을 걸러내기 위한 if절을 지원한다. 다음 코드는 범위 안에서 짝수 아이템(즉, 2로 나눴을 때 나머지가 없는 아이템)들에 대한 제곱을 모은다.

```
>>> [x * x for x in range(10) if x % 2 == 0]          # 리스트는 정렬됨
[0, 4, 16, 36, 64]
>>> {x * x for x in range(10) if x % 2 == 0}          # 집합은 정렬되지 않음
{0, 16, 4, 64, 36}
>>> {x: x * x for x in range(10) if x % 2 == 0}       # 딕셔너리 키 또한 정렬되지 않음
```

중첩된 for 루프 또한 동작하지만 두 타입 객체의 비정렬, 그리고 비중복 특성으로 인해 그 결과를 이해하는 것이 다소 직관적이지 못할 수 있다.

```
>>> [x + y for x in [1, 2, 3] for y in [4, 5, 6]]    # 리스트는 중복을 허용함
[5, 6, 7, 6, 7, 8, 7, 8, 9]
>>> {x * y for x in [1, 2, 3] for y in [4, 5, 6]}    # 집합은 중복을 허용하지 않음
{8, 9, 5, 6, 7}
>>> {x: y for x in [1, 2, 3] for y in [4, 5, 6]}    # 딕셔너리 키 또한 중복을 허용하지 않음
{1: 6, 2: 6, 3: 6}
```

리스트 컴프리헨션과 마찬가지로 집합과 딕셔너리류들은 리스트, 문자열, 파일, 범위 등 반복 프로토콜을 지원하는 모든 타입의 반복 객체를 반복할 수 있다.

```
>>> {x + y for x in 'ab' for y in 'cd'}
{'ac', 'bd', 'bc', 'ad'}

>>> {x + y: (ord(x), ord(y)) for x in 'ab' for y in 'cd'}
{'ac': (97, 99) 'bd': (98, 100), 'bc': (98, 99), 'ad': (97, 100)}

>>> {k * 2 for k in ['spam', 'ham', 'sausage'] if k[0] == 's'}
{'sausagesausage', 'spamspam'}

>>> {k.upper(): k * 2 for k in ['spam', 'ham', 'sausage'] if k[0] == 's'}
{'SAUSAGE': 'sausagesausage', 'SPAM': 'spamspam'}
```

좀 더 자세한 내용은 여러분 스스로 이 코드들을 테스트하여 알아보도록 하자. 이 코드들은 동일한 기능을 하는 제너레이터나 for 루프 방식보다 성능적으로 더 나을 수도, 아닐 수도 있지만, 어느게 더 나은지 확신을 가지기 위해서는 명시적인 측정이 필요하다. 자연스럽게 다음 장에서 이에 대한 이야기를 할 것이다.

이 장의 요약

이 장은 내장된 컴프리헨션과 반복 도구에 대한 내용을 마무리 짓는다. 이 장에서는 함수형 도구의 관점에서 리스트 컴프리헨션을 탐구하고, 추가적인 반복 프로토콜 도구로써 제너레이터 함수와 표현식을 보여 주었다. 그리고 마지막으로 우리는 오늘날 파이썬에서 제공하는 네 가지(리스트, 제너레이터, 집합, 그리고 딕셔너리) 컴프리헨션 형식을 정리했다. 지금까지 우리는 모든 내장 반복 도구들을 살펴봤지만, 이 주제들은 30장에서 반복 가능한 사용자 정의 클래스

객체를 학습할 때 언급할 것이다.

다음 장은 이 장의 주제 중 일부를 연속해서 다루는 장으로 이 장에서 학습한 도구들의 성능을 측정하는 사례 연구를 통해 이 파트를 마무리 지으며, 책의 중간 지점으로써 좀 더 현실적인 예제를 제공하는 역할을 한다. 그러나 컴프리헨션과 제너레이터에 대한 벤치마킹을 하기에 앞서, 퀴즈를 통해 이 장에서 배운 내용을 복습해 보도록 하자.

학습 테스트: 퀴즈

1. 리스트 컴프리헨션을 괄호로 감싸는 것과 대괄호로 감싸는 것의 차이는?

2. 제너레이터와 반복자는 어떻게 연관되어 있는가?

3. 함수가 제너레이터 함수인지 어떻게 알 수 있는가?

4. yield문은 무슨 일을 하는가?

5. map 호출과 리스트 컴프리헨션은 어떻게 연관되어 있는가? 이 둘을 비교, 대조해 보자.

학습 테스트: 정답

1. 대괄호 안에 있는 리스트 컴프리헨션은 모든 결과 리스트를 메모리상에다 한 번에 생성한다. 대신 괄호로 감쌀 경우, 실제 제너레이터 표현식이 된다. 둘은 비슷한 기능을 하지만, 제너레이터 표현식은 모든 결과를 한 번에 생성하지 않는다. 대신, 제너레이터 표현식은 반복 상황에서 사용될 경우는 결과에서 한 번에 하나의 아이템을 산출하는 제너레이터 객체를 반환한다.

2. 제너레이터는 자동으로 반복 프로토콜을 지원하는 반복 가능한 객체이며, 연속된 결과에서 반복적으로 다음 아이템으로 전진하고 연속된 결과의 끝에서 예외를 발생시키는 __next__(2.X에서 next) 메서드를 제공하는 반복자를 가지고 있다. 우리는 파이썬에서 **def**와 **yield**를 사용하여 제너레이터 함수를 작성할 수 있으며, 괄호로 둘러싼 컴프리헨션으로 제너레이터 표현식을 작성할 수 있고, __iter__라는 이름의 특별한 메서드를 정의한 클래스를 이용하여 제너레이터 객체를 작성할 수 있다(__iter__에 대해서는 나중에 다시 이야기한다).

3. 제너레이터 함수는 자신의 코드 어딘가에 yield문을 포함하고 있다. 그 외에는 일반적인 함

수와 구문적으로 동일하지만, 호출 시에 반복 가능한 제너레이터 객체를 반환하기 위해서
파이썬에 의해 다소 특별하게 컴파일된다. 해당 객체는 값 사이의 코드 위치와 상태를 유
지한다.

4. yield문이 사용될 경우, 이 문은 파이썬이 해당 함수를 특별히 제너레이터로 컴파일하도록
   만든다. yield문이 호출될 경우에 함수는 반복 프로토콜을 지원하는 제너레이터 객체를 반
   환한다. yield문이 실행될 경우에는 yield는 호출자에게 결과를 되돌려 주고 함수의 상태
   를 중지한다. 실행이 중지된 함수는 호출자에 의해 next 내장 또는 __next__ 메서드 호출
   이 실행될 경우, 마지막 yield문 다음부터 실행이 재개된다. 또 다른 역할에서 제너레이터
   send 메서드는 next와 마찬가지로 제너레이터의 실행을 재개하지만, yield 표현식으로 값을
   전달할 수 있다.

5. map 호출은 리스트 컴프리헨션과 비슷하다. 둘 모두 시퀀스 또는 다른 반복 객체에 있는
   각각의 아이템에 대해 한 번에 하나씩 연산을 적용한 결과를 수집하여 연속된 값을 생성
   한다. 가장 큰 차이점이라면 map은 각 아이템에 함수를 적용하고 리스트 컴프리헨션은 임
   의의 표현식을 적용한다는 것이다. 이러한 이유로 리스트 컴프리헨션이 map보다 좀 더 보
   편적이다. 리스트 컴프리헨션은 map과 같은 함수 호출 표현식을 적용할 수 있지만, map
   은 다른 종류의 표현식들을 적용하기 위한 함수를 필요로 한다. 또한, 리스트 컴프리헨션
   은 중첩된 for 루프와 filter 기능과 유사한 if절과 같은 확장된 구문을 지원한다. 파이썬 3.X
   에서 map은 값의 제너레이터를 생성한다는 차이가 있다. 리스트 컴프리헨션은 결과 리스
   트를 모두 메모리상에다 한 번에 만든다. 2.X에서 두 도구는 결과로 리스트를 생성한다.

CHAPTER

21

벤치마킹

이제 우리는 함수를 작성하는 방법과 반복 도구들에 대해 알고 있으므로, 이 둘을 실제로 함께 사용해 볼 것이다. 이 장은 우리가 그동안 만났던 반복 도구들의 상대적인 성능을 측정하는 사례 연구를 통해 이 책의 함수 파트를 마무리한다.

이 사례 연구는 그 과정에서 파이썬의 코드 타이밍 도구들을 연구하고, 일반적인 벤치마킹 기법들을 이야기하며, 우리가 이 책의 이 시점까지 본 다른 어떤 코드들보다 더 현실적이고 유용한 코드를 보여 준다. 또한, 우리는 여러분이 작성한 코드 유형에 따라 의미 있을 수도 있고 아닐 수도 있는 데이터 요소인 현재 파이썬 구현의 속도를 측정한다.

이 장은 이 파트의 마지막 장이므로, 이 파트를 읽으면서 떠오른 생각을 코드로 작성하기 위해 도움이 될 만한 일반적인 주의 사항과 실습 문제들로 마무리한다. 그러나 먼저, 몇몇 재미있는 실제 파이썬 프로그램을 다뤄 보도록 하자.

반복 도구들의 성능 측정

우리는 앞서 이 책에서 파이썬이 제공하는 거의 모든 반복 도구들을 만났다. 대부분의 프로그래밍 도구들이 그렇듯 반복 도구들도 표현력과 같은 주관적인 요소나 성능과 같은 좀 더 객관적인 기준의 관점 모두에서 서로 장단점이 있다. 프로그래머와 엔지니어로써 이러한 요소들을 기반으로 도구를 선택하는 것도 여러분의 일 중 하나다.

나는 성능의 관점에서 리스트 컴프리헨션이 때로는 for 루프문보다 더 나을 수 있으며, map 호출은 여러분이 호출하는 방식에 따라 더 빠르거나 더 느릴 수 있다고 이야기한 적이 있다. 앞 장의 제너레이터 함수와 표현식은 리스트 컴프리헨션보다 다소 느린 경향이 있지만, 이들은 메모리를 효율적으로 사용하고 생성해야 할 결과가 많은 경우에 모든 결과를 생성할 때까지 호출자를 기다리도록 하지 않는다.

이 내용은 오늘날 대부분 사실이지만 파이썬의 내부 구현이 끊임없이 변경 및 최적화되고 있으며, 코드의 구조가 속도에 영향을 줄 수 있기 때문에 상대적인 성능은 시간에 따라 달라질 수 있다.

타이밍 모듈 직접 만들기

파이썬에서 어렵지 않게 타이밍 코드를 작성할 수 있다. 예를 들어, 임의의 위치 인수를 가지는 함수를 여러 번 호출하는 데 소요된 시간을 측정하기 위해서는 다음과 같은 코드로 충분할 것이다.

```
# timer0.py 파일
import time
def timer(func, *args):                    # 단순한 타이밍 함수
    start = time.clock()
    for i in range(1000):
        func(*args)
    return time.clock() - start            # 총 경과 시간(초)
```

이 코드는 파이썬의 time 모듈로부터 시간을 가져오며, 전달된 인수와 함께 전달된 함수를 1,000번 호출한 후 시간에서 프로그램 시작 시간을 뺀다. 파이썬 3.6이 설치된 내 컴퓨터에서 실행하면 다음과 같다.

```
>>> from timer0 import timer
>>> timer(pow, 2, 1000)                    # pow(2, 1000)을 1,000번 호출한 시간
0.00296260674205626
>>> timer(str.upper, 'spam')               # 'spam'.upper()을 1,000번 호출한 시간
0.0005165746166859719
```

이 타이머는 비록 간단하지만 상당히 제한적이며, 함수 설계와 벤치마킹에서 흔히 볼 수 있는 전통적인 실수들을 의도적으로 보여 준다. 그중에서도 이 코드는 다음과 같은 제한을 가졌다.

- 테스트된 함수 호출에서 **키워드 인수**를 허용하지 않는다.

- **반복 횟수**를 고정하고 있다.

- 테스트된 함수의 시간에 range의 시간을 부담하고 있다.

- 윈도우 이외의 환경에서는 최선이 아닐 수도 있는 time.clock을 사용한다.

- 호출자에게 테스트에 사용된 함수가 실제로 **동작했는지** 확인할 방법을 제공하지 않는다.

- 시스템의 다른 부하에 따라 영향을 받는 **전체 시간만**을 제공한다.

다시 말해서, 타이밍 코드는 여러분이 생각하는 것보다 훨씬 복잡하다! 좀 더 범용적이고 정확하게 동작할 수 있도록 이 코드를 단순함은 유지한 채 여기서 반복 도구들을 비교하고 나중에 또 다른 시간 측정이 필요한 상황에서 사용할 수 있는 유용한 타이머 유틸리티 함수로 확장해 보자. 이 함수들은 모듈 파일로 작성되어 있으므로 다른 프로그램에서도 사용할 수 있으며, 요청 시에 PyDoc에 의해 출력되는 일부 기본적인 세부 사항을 제공하는 문서화 문자열을 포함하고 있다. 우리가 여기서 작성한 타이밍 모듈에 대해 출력된 문서화 페이지의 스크린샷은 15장의 그림 15-2를 참고하도록 하자.

```
# timer.py 파일
"""
함수 호출을 측정하기 위해 직접 만든 타이밍 도구.
함수를 반복 실행하는 전체 시간, 가장 빠른 시간, 함수를 반복 실행하는 전체 시간 중에 가장 빠른 시간을 측정
"""

import time, sys
timer = time.clock if sys.platform[:3] == 'win' else time.time

def total(reps, func, *pargs, **kargs):
    """
    func()를 reps만큼 실행하는 전체 시간
    (전체 시간, 마지막 결과)를 반환
    """
    repslist = list(range(reps))   # 시간 측정 범위 밖으로 이동됐으며, 2.X, 3.X에서 동일하게 동작함
    start = timer()                # 또는 3.3+에서는 perf_counter를 사용
    for i in repslist:
        ret = func(*pargs, **kargs)
    elapsed = timer() - start
    return (elapsed, ret)

def bestof(reps, func, *pargs, **kargs):
    """
    func()를 reps만큼 반복 실행하여 그중에 가장 빠른 시간
    (가장 빠른 시간, 마지막 결과)를 반환
    """
```

```
    best = 2 ** 32                          # 136년이면 충분히 큼
    for i in range(reps):                   # range는 여기서 측정되지 않음
        start = timer()
        ret = fun(*pargs, **kargs)
        elapsed = timer() - start           # 또는 reps=1로 total() 호출
        if elapsed < best: best = elapsed   # 또는 리스트에 추가하고 min() 호출
    return (best, ret)

def bestoftotal(reps1, reps2, func, *pargs, **kargs):
    """
    함수를 반복 실행하는 전체 시간 중에 가장 빠른 시간:
    (func를 reps2만큼 실행한 전체 시간)을 reps1만큼 실행한 것 중에 가장 빠른 시간
    """
    return bestof(reps1, total, reps2, func, *pargs, **kargs)
```

기능적으로, 이 모듈은 함수를 반복 실행하는 **전체 시간**, 가장 **빠른** 시간, 그리고 이 둘을 결합한 함수를 반복 실행하는 **전체 시간** 중에 가장 **빠른** 시간을 구현한다. 각각은 시작 시간을 구하고, 함수를 호출하고, 종료 시간에서 시작 시간의 차이를 구하여 개별적으로 전달된 위치, 그리고 키워드 인수와 함께 함수 호출 시간을 측정한다. 이 코드에서 이전 버전에서 지적한 단점들을 어떻게 해결했는지 확인해 보자.

- 파이썬의 time 모듈을 이용하여 현재 시간을 구할 수 있으며, 시간의 정밀도는 플랫폼에 따라 다를 수 있다. 윈도우에서 time 모듈의 clock 함수는 마이크로초 단위의 정밀도를 제공하기 때문에 매우 정확하다. time 모듈의 time 함수는 유닉스에서 좀 더 정확한 시간을 구하기 때문에 이 스크립트는 sys 모듈의 platform 문자열을 기반으로 둘 사이에서 자동으로 선택한다. 윈도우에서 실행할 경우 platform 문자열은 'win'으로 시작한다. 이식성을 위해서 여기서는 사용되지 않은 3.3부터 새롭게 추가된 time 옵션에 대해서는 792쪽의 칼럼 "3.3에서 새로운 타이머 함수들"을 참고하도록 하자.

- total 함수에서 range 호출은 시간 측정 루프 바깥으로 이동됐기 때문에 파이썬 2.X에서 range를 실행하는 비용은 함수의 시간 측정에 포함되지 않는다. 3.X에서 range는 반복 객체이기 때문에 이 단계가 꼭 필요하거나 성능에 영향을 주지는 않지만, 우리는 여전히 list를 통한 결과를 실행하므로 이를 탐색하는 비용은 2.X든 3.X든 같다. 이 내용은 range 요소가 테스트 시간에 포함되지 않는 bestof 함수에는 해당되지 않는다.

- 호출마다 반복 횟수를 다르게 하기 위해 테스트 함수와 인수들 이전에 reps 카운트가 인수로 전달된다.

- 모든 위치 및 키워드 인수가 **별표** 인수 구문에 의해 수집되기 때문에 시퀀스나 딕셔너리에

담지 않고 개별적으로 전달될 수 있다. 필요한 경우 위 코드의 마지막 라인에서 bestoftotal 함수가 호출한 것처럼 호출자는 호출 시에 별표를 사용하여 인수들의 컬렉션을 개별 인수들로 풀어낼 수 있다.

- 이 모듈에서 첫 번째 함수는 시간 측정에 사용된 함수의 마지막 반환값과 함께 **전체 호출**에 대한 경과 시간을 반환하며, 이 값을 통해 호출자는 동작을 확인할 수 있다.

- 두 번째 함수도 유사하지만, 전체 경과 시간 대신에 전체 호출 중에서 **가장 빠른**(최소) 시간을 반환한다. 여러분의 컴퓨터에서 일어나는 다른 활동들 중에 시간 측정에 영향을 끼칠 만한 요소들을 제거하면 더 유용하겠지만, 너무 빨리 실행되는 테스트의 경우에는 충분한 실행 시간을 생성하기에 그렇게 유용하지는 않다.

- 바로 위 사항을 해결하기 위해, 이 파일의 마지막 함수는 함수를 반복 실행하는 **전체 시간 중에 가장 빠른 시간**(best-of-total)을 측정하는 방법으로 bestof 테스트 안에서 중첩된 total 테스트를 실행한다. 중첩된 total 테스트는 실행 시간을 좀 더 의미 있게 만들지만, 여전히 bestof 필터를 얻게 된다. 이 함수는 테스트 함수 자신을 포함한 모든 함수가 전달 가능한 객체라는 점을 기억하면 좀 더 쉽게 이해할 수 있다.

좀 더 큰 시각에서 살펴보면, 이 함수들은 모듈 파일로 작성되어 있기 때문에 이 파일을 임포트하고자 하는 어디서나 사용할 수 있는 유용한 도구가 된다. 모듈과 임포트는 3장에서 소개한 바 있으며, 좀 더 자세한 내용은 다음 파트에서 계속해서 다룬다. 지금은 단순히 모듈을 임포트하고 이 파일이 제공하는 타이머 중 하나를 호출하도록 하자. 이 모듈은 간단히 사용할 경우에는 앞서 작성한 모듈과 큰 차이가 없지만, 일부 중요한 상황에서 더욱 강력하게 사용할 수 있다. 다시 파이썬 3.6에서 실행해 보자.

```
>>> import timer
>>> timer.total(1000, pow, 2, 1000)[0]          # 이전 timer0 결과와 비교해 보자
0.0029542985410557776
>>> timer.total(1000, str.upper, 'spam')        # (시간, 마지막 호출의 결과) 반환
(0.000504845391709686, 'SPAM')

>>> timer.bestof(1000, str.upper, 'spam')       # 총 시간의 1/1000
(4.887177027512735e-07, 'SPAM')
>>> timer.bestof(1000, pow, 2, 1000000 )[0]
0.00393515497972885

>>> timer.bestof(50, timer.total 1000 str.upper, 'spam')
(0.0005468751145372153, (0.0005004469323637295, 'SPAM'))
>>> timer.bestoftotal(50, 1000, str.upper, 'spam')
(0.000566912540591602, (0.0005195069228989269, 'SPAM'))
```

여기서 마지막 두 호출은 함수를 반복 실행하는 **전체 시간 중에 가장 빠른 시간**(best-of-total)을 계산한다. 50번의 실행 중 가장 짧은 시간을 구하며, 이들 각각은 str.upper를 1,000번 실행한 전체 시간을 계산한다(이 시간은 이 코드의 상단에 있는 전체 시간과 유사하다). 마지막 호출에서 사용된 함수는 단순히 바로 이전 호출 형식과 쉽게 연결하기 위해서다. 둘 모두 가장 빠른 시간을 튜플로 반환하며, 반환된 튜플에는 마지막 전체 호출 결과가 튜플로 포함되어 있다.

여기서 마지막 두 결과를 제너레이터 기반의 동일한 기능과 비교해 보자.

```
>>> min(timer.total(1000, str.upper, 'spam') for i in range(50))
(0.0005155971812769167, 'SPAM')
```

전체 결과(total)의 반복 중에서 최솟값(min)을 구하는 이 방식은 total의 결과 튜플에서 시간이 먼저 min에 의해 비교되기 때문에 비슷한 효과가 있다(min은 튜플에서 왼쪽부터 먼저 비교한다). 또한, 우리가 작성한 모듈에서도 이 방식을 사용할 수 있다(나중에 다른 버전에서 직접 사용해 볼 것이다). 모듈을 수정하면 bestof 함수 코드에서 매우 작은 부하를 제거하거나 결과 튜플을 중첩하지 않는 것으로도 결과가 달라질 수 있지만, 어느 쪽이건 상대적인 비교를 하는 데는 문제가 되지 않는다. 앞 코드에서 보다시피 bestof 함수는 가장 빠른 시간을 구하기 위해 가장 높은 초깃값 하나를 선택해야 한다. 136년 정도면 여러분이 테스트할 대부분의 환경에 충분할 것이다.

```
>>> ((((2 ** 32) / 60) / 60) / 24) / 365        # 며칠이 남음
136.19251953323186
>>> ((((2 ** 32) // 60) // 60) // 24) // 365     # 반내림: 5장 참고
136
```

3.3에서 새로운 타이머 함수들

이 절에서는 이 책을 읽는 모든 독자들에게 해당되는 time 모듈의 clock과 time 호출을 사용한다. 파이썬 3.3에서는 이 모듈에 더욱 이식성 높게 설계된 새로운 인터페이스가 추가되었다. 구체적으로 이 모듈의 clock과 time 호출의 동작은 플랫폼에 따라 달라질 수 있지만, time 모듈의 새로운 perf_counter와 process_time은 잘 정의된 플랫폼에 중립적인 함수다.

- time.perf_counter( )는 클럭이라는 성능 카운터의 소수 단위의 초 값을 반환하며, 클럭은 짧은 순간을 측정하기 위해 이용 가능한 가장 높은 정밀도를 제공한다. 이 값은 슬립 상태 동안 경과한 시간을 포함하며, 시스템 전체에 영향을 미친다.
- time.process_time( )은 현재 프로세스의 시스템과 사용자 CPU 시간의 합을 소수 단위의 초 값으로 반환한다. 이 값은 슬립 상태에서 흐른 시간은 포함하지 않으며, 프로세스 범위에 제한된다.

두 호출 모두 반환된 값에 대한 기준점은 정의되어 있지 않기 때문에 연속적인 호출을 통한 결과들 사이의 **차이**만이 유효하다. perf_counter 호출은 벽시계 시간(Wall Time)[1]처럼 생각할 수 있으며, 파이썬 3.3부터 앞서 논의한 timeit 모듈에서 벤치마킹을 위한 기본 함수로 사용된다. process_time은 이식성을 고려한 CPU 시간을 제공한다.

time.clock 호출은 이 책에서 본 것처럼 오늘날 윈도우에서 여전히 유용하게 사용할 수 있다. 이 호출은 3.3 매뉴얼에서 곧 사라질 것으로 설명되어 있지만, 계속 사용해도 별다른 경고는 발생하지 않는다. 다음 릴리즈에서 공식적으로 사라질 수도 있고 아닐 수도 있다는 의미다. 필요한 경우 다음과 같은 코드를 사용하여 파이썬 3.3과 그 이후 버전을 탐지할 수 있지만, 여기서는 코드의 간결성과 타이머 호환성을 위해 사용하지 않는다.

```
if sys.version_info[0] >= 3 and sys.version_info[1] >= 3:
    timer = time.perf_counter          # 또는 process_time
else:
    timer = time.clock if sys.platform[:3] == 'win' else time.time
```

또 다른 방법으로서 다음 코드는 이식성을 높일 수 있으며, 나중에 기능이 제거될 수 있는 문제로부터 자유로울 수 있다. 하지만 아직 우리가 배우지 않은 예외를 기반으로 하고 있고, 타이머마다 해상도가 다를 수 있기 때문에 버전에 따른 속도 비교를 의미 없게 만든다.

```
try:
    timer = time.perf_counter                    # 또는 process_time
except AttributeError:
    timer = time.clock if sys.platform[:3] == 'win' else time.time
```

내가 이 책을 파이썬 3.3+ 독자들을 위해서만 썼다면, 여기서 새롭고 더 나은 호출들만 사용했을 것이다. 그리고 이러한 코드를 여러분이 사용하고자 한다면 여러분 또한 파이썬 3.3+를 사용해야만 할 것이다. 그러나 새로운 호출은 다른 파이썬 버전에서는 동작하지 않을 수 있으며, 오늘날 여전히 3.6 이전 버전들이 주류를 이루고 있다. 지난 버전은 중요하지 않은 것처럼 무시해 버리면 더 쉬울 수도 있겠지만 이는 단지 현실을 회피하는 것밖에 되지 않으며, 지난 버전을 쓰는 독자들에게는 무례한 행동일 수 있다.

타이밍 스크립트

이제, (우리의 원래 목표인) 반복 도구의 속도를 측정하기 위해 다음 스크립트를 실행해 보자. 다음 코드는 우리가 학습한 리스트 생성 기법들의 상대적인 속도를 측정하기 위해 작성한 timer 모듈을 사용한다.

---

1 옮긴이 컴퓨터가 실제로 작업을 처리하는 데 걸린 시간을 의미하며, 컴퓨터 외부의 벽에 걸린 시계를 통해 측정한 사람이 인식할 수 있는 시간을 말한다.

```
# timeseqs.py 파일
"다양한 반복 도구들의 상대적인 속도 테스트"

import sys, timer                                    # timer 함수들 임포트
reps = 10000
repslist = list(range(reps))                         # 2.X/3.X 모두에서 동작하도록 list로 생성

def forLoop():
    res = []
    for x in repslist:
        res.append(abs(x))
    return res

def listComp():
    return [abs(x) for x in repslist]

def mapCall():
    return list(map(abs, repslist))                  # 3.X에서만 여기서 list( )를 사용!
  # return map(abs, repslist)

def genExpr():
    return list(abs(x) for x in repslist)            # 결과를 강제로 생성하기 위해 list( ) 사용

def genFunc():
    def gen():
        for x in repslist:
            yield abs(x)
    return list(gen())                               # 결과를 강제로 생성하기 위해 list( ) 사용

print(sys.version)
for test in (forLoop, listComp, mapCall, genExpr, genFunc):
    (bestof, (total, result)) = timer.bestoftotal(5, 1000, test)
    print('%-9s: %.5f => [%s...%s]' %
          (test.__name__, bestof, result[0], result[-1]))
```

이 스크립트는 결과를 리스트로 생성하는 다섯 가지 방법을 테스트한다. 이 스크립트를 실행하면 다섯 가지 테스트 함수 각각을 순서대로 천만번 실행한 결과에 대한 시간이 출력된다. 각 함수들은 10,000개의 아이템을 가진 리스트를 1,000번 생성한다. 이 과정은 다섯 개의 테스트 함수 각각에 대해 가장 빠른 시간을 얻기 위해 5번 반복하며, 스크립트가 실행되는 동안 총 2500만번의 산출이 발생한다(굉장한 것 같지만 오늘날 대부분의 장비에서는 그렇게 무리한 작업이 아니다).

제너레이터 표현식과 함수의 경우 결과를 강제로 생성하기 위해 내장된 list 호출을 통해 실행한 것을 주의해서 살펴보자. 그렇게 하지 않을 경우, 2.X와 3.X 둘 모두에서 실제 아무 일도 하지 않는 단순한 제너레이터가 생성된다. map의 경우 3.X부터 반복 객체이므로 3.X에서만 결과에 list를 사용해야 한다. 2.X의 경우, 테스트에 (대부분의 테스트에서 무시해도 될 정도의 수준이

지만) 불필요한 리스트 생성 부하가 발생하지 않도록 map을 둘러싼 list를 수동으로 제거해야 한다.

비슷한 방법으로 전체 시간에서 range의 생성 비용을 제거하기 위해 내부 루프의 range 결과를 모듈의 상단으로 이동했으며, 제너레이터가 반환되는 3.X에서만 탐색 비용이 발생하는 왜곡을 피하기 위해 (타이머 모듈에서 그랬던 것처럼) range 호출을 list로 감쌌다. 이는 내부 반복 루프의 비용에 의해 가려질 수도 있지만, 가능한 많은 변수를 제거하는 것이 좋다.

또한, 마지막 코드에서 튜플에 담긴 다섯 개의 함수 객체를 단계별로 처리하고 각각의 __name__을 출력하는 방법을 주의해서 살펴보자. 이미 본 것처럼 __name__은 함수의 이름을 제공하는 내장된 속성이다.[2]

타이밍 결과

앞 절의 스크립트를 파이썬 3.6에서 실행할 경우, 내 윈도우 10 환경에서 다음과 같은 결과를 얻게 된다. map은 리스트 컴프리헨션보다 조금 더 빠르고, map과 리스트 컴프리헨션은 for 루프보다 더 빠르며, 제너레이터 표현식과 함수는 이들 사이에 위치한다(여기에 표시된 시간은 전체 실행 시간을 초로 나타낸 것이다).

```
C:\code> c:\python36\python timeseqs.py
3.6.0 (v3.6.0:41df79263a11, Dec 23 2016, 08:06:12) [MSC v.1900 64 bit (AMD64)]
forLoop : 1.33290 => [0...9999]
listComp : 0.69658 => [0...9999]
mapCall : 0.56483 => [0...9999]
genExpr : 1.08457 => [0...9999]
genFunc : 1.07623 => [0...9999]
```

이 코드와 실행 결과를 좀 더 유심히 살펴본다면, 오늘날 제너레이터 표현식이 리스트 컴프리헨션보다 더 느리게 실행된다는 것을 알 수 있다. 제너레이터 표현식을 list 호출로 감싸면 제너레이터 표현식을 대괄호를 사용한 리스트 컴프리헨션과 기능적으로 동일하게 만들 수 있지만

---

2 미리 보기: 여기서 함수들을 타이머에 수동으로 전달한 방법을 주의해서 보자. 우리는 39장과 40장에서 또 다른 데코레이터 기반의 타이머를 볼 수 있으며, 이 방법을 이용하면 일반적으로 호출되는 함수들의 시간을 측정할 수 있지만, 대상 함수 정의 시에 추가적인 '@' 구문이 필요하다. 데코레이터는 측정 대상 함수가 시스템에서 이미 사용 중인 경우에 타이밍 로직을 제공하는 함수를 대상 함수에 장치하는 데 더 유용하게 사용될 수 있으며, 여기서 가정한 매우 고립된 테스트 호출 패턴에는 적용이 어려울 수도 있다. 데코레이터를 사용할 경우 대상 함수에 대한 모든 호출은 타이밍 로직을 함께 실행하게 되며, 이는 여러분의 목적에 따라 장점일 수도 있고 아닐 수도 있다.

(또한 우리는 제너레이터 테스트의 경우 list 호출을 효과적으로 시간을 측정하고 있긴 하지만), 두 표현식의 내부적인 구현은 다르게 나타난다.

```
return [abs(x) for x in repslist]         # 0.69초
return list(abs(x) for x in repslist)     # 1.08초: 내부적으로 다름
```

정확한 원인은 추가적인 분석과 소스 코드에 대한 학습이 필요하지만, 제너레이터 표현식은 값을 생성하는 동안에 자신의 상태를 저장하고 복원하기 위해 추가적인 작업을 수행한다고 이해할 수 있다. 리스트 컴프리헨션은 이러한 작업을 수행하지 않으며, 상수배 정도 더 빠르게 실행된다.

흥미롭게도 내가 이 코드를 이 책의 네 번째 개정판에서 파이썬 3.0이 설치된 윈도우 비스타 환경에서 실행한 것과 이 책의 세 번째 개정판에서 파이썬 2.0이 설치된 윈도우 XP 환경에서 실행했을 때의 결과는 상대적으로 비슷했다. 리스트 컴프리헨션은 동등한 for 루프문보다 거의 두 배 빨랐으며, map은 동일한 방식으로 abs(절댓값)와 같은 내장 함수를 연결할 경우 리스트 컴프리헨션보다 조금 더 빨랐다. 파이썬 2.5에서 측정한 시간은 3.6에서 측정한 시간보다 대략 네 배에서 다섯 배 정도 느렸지만, 이는 파이썬 내부적인 개선보다 더 빨라진 PC의 성능이 반영된 결과일 것이다.

실제로, 이 스크립트에 대한 파이썬 2.7에서의 대부분의 결과는 오늘날과 같은 장비로 3.6에서 실행한 것보다 좀 더 빠르다. 나는 다음 테스트를 실시할 때 결과 리스트가 두 번 생성되는 것을 피하기 위해 map 테스트에서 list 호출을 제거했지만, 그대로 두더라도 성능에 크게 영향을 주지는 않는다.

```
c:\code> c:\python27\python timeseqs.py
2.7.3 (default, Apr 10 2012, 23:24:47) [MSC v.1500 64 bit (AMD64)]
forLoop  : 1.24902 => [0...9999]
listComp : 0.66970 => [0...9999]
mapCall  : 0.57018 => [0...9999]
genExpr  : 0.90339 => [0...9999]
genFunc  : 0.90542 => [0...9999]
```

다음은 비교를 위해서 현재 PyPy 버전에서 동일한 테스트를 수행한 결과다. PyPy는 이미 2장에서 논의한 최적화된 파이썬 구현이며, 현재 PyPy의 1.9 버전은 파이썬 2.7 언어를 구현하고 있다. 여기서 PyPy는 대략 열 배 정도 더 빠르게 실행된다. 우리는 이 장의 뒤에서 다른 코드 구조와 도구를 사용하여 파이썬 버전 비교를 다시 언급할 때 더 빠른 경우도 보게 될 것이다.

```
c:\code> c:\PyPy\pypy-1.9\pypy.exe timeseqs.py
2.7.2 (341e1e3821ff, Jun 07 2012, 15:43:00)
[PyPy 1.9.0 with MSC v.1500 32 bit]
forLoop  : 0.10106 => [0...9999]
listComp : 0.05629 => [0...9999]
mapCall  : 0.10022 => [0...9999]
genExpr  : 0.17234 => [0...9999]
genFunc  : 0.17519 => [0...9999]
```

PyPy에서만 리스트 컴프리헨션이 map보다 더 빠르게 나오지만, 그것보다는 PyPy의 모든 테스트 결과가 이전보다 빠르다는 사실이 더 중요한 부분이다. CPython에서는 여전히 map이 더 빠르다.

함수 호출의 영향: map

각 반복에서 abs와 같은 내장 함수를 호출하는 대신에 더하기와 같은 인라인 연산을 수행하도록 스크립트를 수정한다면 무슨 일이 일어나는지 살펴보도록 하자(다음 파일에서 생략된 부분은 이전과 동일하며, 3.6에서 테스트를 하기 위해 다시 map을 list로 감쌌다).

```python
# timeseq2.py 파일(일부 변경)
...
def forLoop():
    res = []
    for x in repslist:
        res.append(x + 10)
    return res

def listComp():
    return [x + 10 for x in repslist]

def mapCall():
    return list(map((lambda x: x + 10), repslist))       # 3.X에서만 list()

def genExpr():
    return list(x + 10 for x in repslist)                # 2.X + 3.X 모두 list()

def genFunc():
    def gen():
        for x in repslist:
            yield x + 10
    return list(gen())                                   # 2.X + 3.X 모두 list()
...
```

이 코드를 실행한 결과, 코드 관점에서 루프문 버전이 map 버전과 비슷하거나 더 크다는 사실에도 불구하고 map 호출에 대해 사용자 정의 함수를 호출하려는 요구는 map 호출을 for 루프 문보다 더 느리게 만든다. 아울러 함수 호출의 제거가 다른 것들을 더 빠르게 만들기도 한다 (이에 대한 좀 더 자세한 내용은 뒤에 나올 노트에서 언급한다). 파이썬 3.6에서 이 코드를 실행하면 다음과 같은 결과가 출력된다.

```
c:\code> c:\python36\python timeseqs2.py
3.6.0 (v3.6.0:41df79263a11, Dec 23 2016, 08:06:12) [MSC v.1900 64 bit (AMD64)]
forLoop  : 1.35136 => [10...10009]
listComp : 0.73730 => [10...10009]
mapCall  : 1.68588 => [10...10009]
genExpr  : 1.10963 => [10...10009]
genFunc  : 1.11074 => [10...10009]
```

이 결과 또한 CPython에서 일관성이 있다. 이 책의 이전 판에서 느린 장비를 통해 파이썬 3.0을 이용하여 실행한 결과 또한 상대적으로 유사하지만, 테스트 장비의 차이로 인해 두 배 정도 더 느리다(심지어 더 느린 장비에서 파이썬 2.5로 실행한 결과는 위 결과보다 네 배에서 다섯 배 정도 더 느리다).

인터프리터는 내부적으로 많은 최적화를 수행하기 때문에 이와 같은 파이썬 코드의 성능을 분석하는 것은 매우 까다로운 일이다. 그러나 이러한 수치가 없다면, 어느 메서드가 더 빠른지 추측하는 것은 사실상 불가능하다. 여러분이 할 수 있는 최선은 여러분의 컴퓨터에서 여러분이 사용 중인 파이썬 버전으로 여러분의 코드를 측정하는 것이다.

이 경우에 우리가 확실히 말할 수 있는 것은 이 파이썬에서 (비록 +가 abs보다 더 느리긴 하지만) map 호출에서 사용자 정의 함수를 사용하는 것은 실질적으로 성능이 저하되는 것처럼 보이며, 이 경우에 (비록 다른 경우에는 map보다 더 느리긴 하지만) 리스트 컴프리헨션이 더 빠르게 실행된다는 것이다. 리스트 컴프리헨션은 일관성 있게 for 루프보다 두 배 정도 빠른 것처럼 보이지만, 이것 또한 제한적인 것이다. 리스트 컴프리헨션의 상대적인 속도는 (예를 들어, if 필터와 같은) 추가적인 구문, 파이썬의 변화, 그리고 우리가 여기서는 측정하지 않은 사용 모드에 영향을 받을 수 있다.

그러나 내가 이전에 언급한 것처럼 성능은 파이썬 코드를 작성할 때 여러분의 주요 관심사가 아니어야만 한다. 파이썬 코드를 최적화하기 위해 가장 먼저 해야 할 일은 아무것도 하지 않는 것이다! 가독성(readability)과 단순성(simplicity)을 먼저 고려하여 코드를 작성하고 그리고 꼭 필요한 경우에만 최적화를 실시하도록 하자. 다섯 가지 방법 중 어느 것을 쓰더라도 여러분이 작성 중인 프로그램에서 처리할 데이터에 대해 충분히 빠르게 동작할 것이다. 그렇다면 프로그램의 명확성(clarity)이 가장 중요한 목표가 되어야 한다.

 좀 더 정확히 이해하고 싶다면 측정에 사용된 다섯 가지 반복 기법에 대해 간단한 사용자 정의 함수를 적용하기 위해 코드를 수정해 보자. 이 책의 예제 파일인 **timeseqs2B.py**에서 예를 들어보겠다.

```
def F(x): return x
def listComp():
    return [F(x) for x in repslist]
def mapCall():
    return list(map(F, repslist))
```

이를 실행한 **timeseqs-result.txt** 안에 있는 결과는 abs와 같은 내장 함수를 사용하는 것과 상대적으로 유사하다. 적어도 CPython에서는 map이 가장 빠르다. 좀 더 일반적으로는 다섯 가지 반복 기법 사이에서 다섯 가지 반복 기법이 내장 또는 내장이 아닌 어떤 **함수**를 호출할 경우 오늘날 map이 가장 빠르지만, 그렇지 않을 때는 가장 느리다.

즉, map 호출이 더 느리게 나타나는 이유는 단순히 map 호출은 **함수 호출을 요구하기 때문이며**, 일반적으로 함수 호출은 상대적으로 느리다. map은 함수 호출을 피할 수 없기 때문에 이로 인해 손해를 볼 수밖에 없다. 반면, 다른 반복 도구들은 함수 호출 없이 동작할 수 있기 때문에 더 빠르게 동작할 수 있다. 우리는 앞서 언급한 timeit 모듈을 이용한 테스트를 통해 이러한 내용을 증명할 것이다.

또 다른 타이머 모듈들

앞 절에서 소개한 타이밍 모듈은 작동하는 데 문제가 없지만, 좀 더 사용자 친화적으로 바꿀 수 있다. 먼저 가장 눈에 띄는 것은 타이밍 모듈 함수는 첫 번째 인수로 반복 횟수를 요구하지만, 기본값은 제공하지 않는다는 점이다. 아마 너무 사소해 보일 수도 있지만, 범용적인 도구로써 이상적인 형태는 아니다. 또한, 우리는 반환값을 조금 단순화하고 약간의 지연을 제거하기 위해 앞서 보았던 min 기법을 이용할 수 있다.

다음은 이러한 요소들을 해결하는 또 다른 타이머 모듈을 구현하며, 키워드 인수 _reps를 통해 반복 카운트를 전달할 수 있다.

```
# timer2.py 파일(2.X 그리고 3.X)
"""
total(spam, 1, 2, a = 3, b = 4, _reps = 1000)은 spam(1, 2, a = 3, b = 4)을 _reps 횟수만큼 호출하고
시간을 측정하여 마지막 실행 결과와 함께 모두 실행하는 데 걸린 전체 시간을 반환한다.
```

bestof(spam, 1, 2, a = 3, b = 4, _reps = 5)는 시스템 부하에 의한 영향을 제거하기 위해 N번 반복 호출을 통해 가장 빠른 결과를 찾는 타이머를 실행하며, _reps 횟수만큼 테스트를 수행하고 가장 빠른 시간을 반환한다.

bestoftotal(spam, 1, 2, a = 3, b = 4, _reps1 = 5, _reps = 1000)는 함수를 반복 실행하는 전체 시간 중에 가장 빠른 시간을 구하는 테스트를 실행하며, (_reps 횟수만큼 반복 실행하는데 걸린 시간)을 _reps1 횟수만큼 반복 실행하여 가장 빠른 시간을 구한다
"""

```python
import time, sys
timer = time.clock if sys.platform[:3] == 'win' else time.time

def total(func, *pargs, **kargs):
    _reps = kargs.pop('_reps', 1000)       # 전달 또는 기본 반복 횟수
    repslist = list(range(_reps))          # 2.X 리스트 호환을 위한 부분
    start = timer()
    for i in repslist:
        ret = func(*pargs, **kargs)
    elapsed = timer() - start
    return (elapsed, ret)

def bestof(func, *pargs, **kargs):
    _reps = kargs.pop('_reps', 5)
    best = 2 ** 32
    for i in range(_reps):
        start = timer()
        ret = func(*pargs, **kargs)
        elapsed = timer() - start
        if elapsed < best: best = elapsed
    return (best, ret)

def bestoftotal(func, *pargs, **kargs):
    _reps1 = kargs.pop('_reps1', 5)
    return min(total(func, *pargs, **kargs) for i in range(_reps1))
```

파일의 상단에 있는 이 모듈의 문서화 문자열은 모듈이 의도한 사용법을 설명하고 있다. 이 코드는 인수들로부터 의도된 _reps 인수를 가져오고, 기본값을 제공하기 위해 딕셔너리 pop 연산을 사용한다(또한, 이 코드는 시간 측정에 사용된 함수에서 의미 있는 다른 키워드 인수와의 충돌을 피하기 위해 다소 특이한 이름을 사용한다).

그리고 여기서 bestoftotal에서 앞서 본 중첩된 호출 대신 min과 제너레이터를 사용한 방법을 주의해서 살펴보자. min을 이용한 방법 부분적으로 결과를 좀 더 단순하게 하며, 이전 버전에서 있던 시간 지연을 줄여 주지만(이전 버전 코드는 전체 시간(total)을 계산한 다음에 가장 빠른 시간(bestof)을 가져온다), 기본값을 가지는 두 개의 별도의 반복 키워드를 지원해야 한다. total과 bestof라는 두 반복 키워드와 같은 이름을 사용할 수 없다. 이 코드의 동작을 추적하는 데 도

움이 된다면 인수를 출력하는 코드를 추가해 보도록 하자.

이 새로운 타이머 모듈을 테스트하기 위해 다음과 같이 타이밍 스크립트를 변경하거나, 이 책의 예제 파일에 있는 timeseqs_timer2.py 파일을 사용할 수 있다. 실행 결과는 기본적으로 이전과 같기 때문에(대부분 API만 변경되었다) 여기서 다시 나열하지는 않는다.

```
import sys, timer2
...
for test in (forLoop, listComp, mapCall, genExpr, genFunc):
    (total, result) = timer2.bestoftotal(test, _reps1=5, _reps=1000)

# 또는:
#   (total, result) = timer2.bestoftotal(test)
#   (total, result) = timer2.bestof(test, _reps = 5)
#   (total, result) = timer2.total(test, _reps = 1000)
#   (bestof, (total, result)) = timer2.bestof(timer2.total, test, _reps = 5)

    print ('%-9s: %.5f => [%s...%s]' %
           (test.__name__, total, result[0], result[-1]))
```

그리고 이전 버전과 마찬가지로 대화형 세션을 통해 테스트를 실행할 수 있다. 기본적으로 결과는 이전과 또 동일하지만, 반복 카운트를 키워드 인수로 전달했다. 파이썬 3.6에서 실행하면 다음과 같다.

```
>>> from timer2 import total, bestof, bestoftotal
>>> total(pow, 2, 1000)[0]                          # 2 ** 1000, 기본 1,000회 반복
0.0029562534118596773
>>> total(pow, 2, 1000, _reps=1000)[0]              # 2 ** 1000, 1,000회 반복
0.0029733585316193967
>>> total(pow, 2, 1000, _reps=1000000)[0]           # 2 ** 1000, 1백만회 반복
1.2451676814889865

>>> bestof(pow, 2, 100000)[0]                        # 2 ** 100K, 기본 5회 반복
0.0007550688578703557
>>> bestof(pow, 2, 1000000, _reps=30)[0]            # 2 ** 1M, 최고 30
0.004040229286800923

>>> bestoftotal(str.upper, 'spam', _reps1=30, _reps=1000)   # 최고 30, 총 1K
(0.0004945823198454491, 'SPAM')
>>> bestof(total, str.upper, 'spam', _reps=30)              # 중첩된 호출 또한 동작
(0.0005463863968202531, (0.0004994694969298052, 'SPAM'))
```

키워드 인수가 어떻게 지원되는지 확인하기 위해 좀 더 많은 인수가 필요한 함수를 정의하고 인수 중 일부를 이름으로 전달해 보자.

```
>>> def spam(a, b, c, d): return a + b + c + d

>>> total(spam, 1, 2, c=3, d=4, _reps=1000)
(0.0009730369554290519, 10)
>>> bestof(spam, 1, 2, c=3, d=4, _reps=1000)
(9.774353202374186e-07, 10)
>>> bestoftotal(spam, 1, 2, c=3, d=4, _reps1=1000, _reps=1000)
(0.00037289161070930277, 10)
>>> bestoftotal(spam, *(1, 2), _reps1=1000, _reps=1000, **dict(c=3, d=4))
(0.00037289161070930277, 10)
```

3.X에서 키워드 전용 인수 사용하기

우리는 타이머 모듈의 코드를 단순하게 만들기 위해 파이썬 3.X의 키워드 전용 인수를 이용할 수 있다. 18장에서 배운 것처럼 키워드 전용 인수는 타이머 함수의 _reps 인수와 같은 설정 옵션에 사용하면 좋다. 키워드 전용 인수는 함수 헤더에서 * 그리고 ** 사이에 작성되어야 하며, 함수 **호출**에서는 키워드에 의해 전달되어야 하고 ** 이전에 나타나야 한다. 다음 코드는 이전 코드를 키워드 전용 기반으로 수정한 것이다. 코드가 더 단순해지긴 했지만, 이 코드는 파이썬 3.X에서만 컴파일되고 실행된다.

```
# timer3.py 파일(3.X에서만 동작한다)
"""
timer2.py와 사용법이 같지만, 단순한 코드에 대해 딕셔너리의 pop 대신 3.X 키워드 전용 기본 인수를 사용한다.
이 코드는 range()가 제너레이터인 3.X에서만 정상 동작한다.
"""
import time, sys
timer = time.clock if sys.platform[:3] == 'win' else time.time

def total(func, *pargs, _reps=1000, **kargs):
    start = timer()
    for i in range(_reps):
        ret = func(*pargs, **kargs)
    elapsed = timer() - start
    return (elapsed, ret)

def bestof(func, *pargs, _reps=5, **kargs):
    best = 2 ** 32
    for i in range(_reps):
        start = timer()
        ret = func(*pargs, **kargs)
        elapsed = timer() - start
        if elapsed < best: best = elapsed
    return (best, ret)

def bestoftotal(func, *pargs, _reps1=5, **kargs):
    return min(total(func, *pargs, **kargs) for i in range(_reps1))
```

이 버전은 이전 버전과 동일한 방법으로 사용되며, 정확히 똑같은 결과가 출력되므로 여기에 실행 결과를 다시 나열하지는 않는다. 원한다면 이 코드를 직접 실행해 보도록 하자. 이 코드를 실제 실행해 볼 경우, 함수 호출 시에 인수 정렬 규칙에 주의하도록 하자. 예를 들어, total을 실행한 이전 bestof는 다음과 같이 호출된다.

```
(elapsed, ret) = total(func, *pargs, _reps=1, **kargs)
```

파이썬 3.X에서 키워드 전용 인수에 대한 추가 내용은 18장을 참고하자. 키워드 전용 인수를 이용하면 이와 같은 설정 가능한 도구에 대한 코드를 단순화시킬 수 있지만, 2.X 파이썬에 대한 하위 호환성을 제공하지 않는다. 만약 여러분이 2.X와 3.X의 속도를 비교하거나, 프로그래머들에게 어느 파이썬 버전이나 사용할 수 있도록 제공하고자 한다면, 키워드 전용 인수를 사용한 버전보다는 이전 버전이 더 좋은 선택일 것이다.

또한 이전 버전에서 테스트된 함수들처럼 아주 가벼운 함수들의 경우, 타이머 코드를 실행하는 데 드는 비용이 테스트에 사용된 함수만큼 큰 비중을 차지하기 때문에 타이머의 결과를 절대적으로 신뢰하지 않도록 해야 한다. 그러나 타이머의 결과는 다양한 코딩 방법들의 상대적인 속도를 판단하는 데 도움이 될 수 있으며, 오래 걸리는 작업이나 반복적인 작업에서 좀 더 의미 있을 수 있다.

다른 제안들

추가적인 이해가 필요한 경우, 여기서 작성한 모듈에서 사용된 반복 카운트를 변경해 보거나, 파이썬 표준 라이브러리의 timeit 모듈에 대해서 알아보도록 하자. 이 모듈은 코드 시간 측정을 자동화하고 명령 라인을 통한 사용 방법을 제공하며, 몇몇 플랫폼에 따른 이슈들을 해결하는 방법을 제공한다. 실제로 다음 절에서 사용해 볼 예정이다.

또한, 여러분은 소스 코드 프로파일러 도구인 profile 표준 라이브러리 모듈을 살펴볼 수도 있다. profile 모듈에 대해서는 36장에서 대규모 프로젝트에 대한 개발 도구 관점에서 학습할 예정이다. 일반적으로는 실제 코드를 작성할 때 성능상의 이슈가 발생할 경우, 여기에서 우리가 했던 것처럼 또 다른 방법을 작성하거나 시간을 측정하기 전에 병목 현상을 분리하기 위해 코드에 대한 프로파일링을 먼저 수행해야 한다.

여러분은 이전 장에서 본 3.X와 2.7의 **집합과 딕셔너리 컴프리헨션**, 그리고 동일한 for 루프의 속도를 측정하기 위해 타이밍 스크립트를 흉내 내거나 수정해 볼 수도 있다. 이들은 파이썬에서 리스트 결과를 생성하는 것만큼 일반적이지는 않기 때문에 이 작업은 여러분에게 과제로 남겨 둔다.

마지막으로, 여기서 작성한 타이밍 모듈은 나중에 사용할 수 있도록 파일로 남겨 두도록 하자. 이 장의 끝에 있는 **실습 문제**에서 제곱근 연산의 성능을 측정하기 위해 용도를 변경할 것이다. 이 주제에 대한 추가적인 학습에 흥미가 있다면, 실습 문제에서 대화형 세션을 통해 for 루프에 대비하여 딕셔너리 컴프리헨션의 시간을 측정하기 위한 기술을 시험해 볼 것이다.

timeit을 이용한 반복과 파이썬 성능 측정

앞 절에서는 코드의 속도를 측정하기 위해 자체 개발한 타이밍 함수를 사용했다. 거기서 언급한 것처럼 표준 라이브러리 또한 유사한 방법으로 사용될 수 있는 timeit 모듈을 제공하지만, 추가적인 유연성과 일부 플랫폼의 차이로부터 클라이언트를 분리시키는 방법을 제공한다.

늘 그렇듯이 파이썬에서는 앞 절에서 설명한 것처럼 기본 원리를 이해하는 것이 매우 중요하다. 파이썬의 '배터리 포함' 접근 방법은 일반적으로 여러분이 미리 작성된 방법을 찾을 수 있다는 것을 의미하지만, 이러한 기술들을 제대로 사용하기 위해서는 여전히 내부적인 개념을 알아 둘 필요가 있다. timeit 모듈은 이러한 경우에 대한 정말 좋은 예다. 이 timeit 모듈은 아직 그 구현 원리를 이해하지 못한 사람들에 의해 오용의 역사를 갖고 있는 듯하다. 그러나 이제 우리는 기본적인 내용에 대해 충분히 학습했으므로 우리가 했던 작업의 많은 부분을 자동화해 줄 도구로 이동해 보자.

기본적인 timeit 사용법

스크립트에서 사용하기 전에 먼저 이 모듈의 기본에 대해서 알아보도록 하자. timeit에서 테스트는 **호출 가능한**(callable) 객체 또는 **문**(statement) 문자열에 의해 명시된다. 후자는 ; 구분자 또는 줄바꿈을 위해 \n, 그리고 중첩된 블록에서 문을 들여쓰기 위해 스페이스 또는 탭을 사용할 경우(폐 \n\t)에 다수의 문을 포함할 수 있다. 또한 테스트에 대한 설정(setup) 동작을 제공하며, 명령 라인과 API 호출 스크립트 파일과 대화형 프롬프트를 통해 실행될 수 있다.

대화형 사용법과 API 호출

예를 들어 timeit 모듈의 repeat 호출은 테스트를 number만큼 실행하는 데 걸린 전체 시간을 계산하고, 이를 repeat만큼 반복 실행한 결과를 리스트로 반환한다. 여기서 min은 실행 결과 리스트에서 가장 빠른 시간을 산출하며, 시스템 부하에 의해 부자연스럽게 높은 결과를 걸러 내는 데 도움이 된다.

다음은 이 호출의 실제 동작을 보여 주며, 두 버전의 CPython과 최적화된 PyPy에서 리스트 컴프리헨션을 측정하고 있다(PyPy는 현재 파이썬 2.7 코드를 지원한다). 여기서 결과는 코드 문자열을 1,000번 실행하는 작업을 5번 반복하여 그중에서 가장 빠른 시간을 초로 제공한다. 코드 문자열 자체는 실행될 때마다 1,000개의 정수 아이템을 가진 리스트를 생성한다(다음 명령 중에 처음 두 개를 윈도우 런처에서 실행한 결과를 부록 B에서 볼 수 있다).

```
c:\code> py -3
Python 3.6.0 (v3.6.0:41df79263a11, Dec 23 2016, 08:06:12) [MSC v.1900 64 bit...
>>> import timeit
>>> min(timeit.repeat(stmt="[x ** 2 for x in range(1000)]", number=1000, repeat=5))
0.5062382371756811

c:\code> py -2
Python 2.7.3 (default, Apr 10 2012, 23:24:47) [MSC v.1500 64 bit (AMD64)] on win32
>>> import timeit
>>> min(timeit.repeat(stmt="[x ** 2 for x in range(1000)]", number=1000, repeat=5))
0.0708020004193198

c:\code> c:\pypy\pypy-1.9\pypy.exe
Python 2.7.2 (341e1e3821ff, Jun 07 2012, 15:43:00)
[PyPy 1.9.0 with MSC v.1500 32 bit] on win32
>>>> import timeit
>>>> min(timeit.repeat(stmt="[x ** 2 for x in range(1000)]", number=1000, repeat=5))
0.0059330329674303905
```

여기서 PyPy는 잠재적으로 더 느린 32비트 빌드임에도 불구하고 CPython 2.7보다 열 배나 더 빠르고, CPython 3.6보다 100배나 더 빠르다는 것을 알 수 있다. 물론 이는 다소 인위적인 벤치마킹이지만 그럼에도 불구하고 아주 멋진 결과이며, 이 책에서 실행하는 다른 테스트에서도 일반적으로 유지되는 상대적인 속도 순위를 반영하고 있다(그러나 곧 볼 수 있는 것처럼 일부 코드 타입에서는 CPython이 여전히 PyPy보다 더 빠르게 실행된다).

이 테스트는 리스트 컴프리헨션과 정수 연산 둘 모두에 대한 속도를 측정한다. 이 중에 정수 연산은 파이썬 버전에 따라 달라진다. CPython 3.X는 단일 정수 타입을 제공하고, CPython

2.X는 짧고(short) 긴(long) 두 가지 정수 타입을 제공한다. 이 차이가 중요할 수도 있지만, 그럼에도 불구하고 결과는 여전히 유효하다. 비정수 테스트 또한 비슷한 순위를 산출하며(예를 들어, 이 파트의 실습 문제에 대한 해답에 부동 소수에 대한 테스트가 있다), 정수 연산은 매우 중요한 부분이다. 파이썬 코드에서 정수와 반복은 매우 흔하게 사용되기 때문에 이 부분에서 열 배에서 스무 배 정도의 속도 증가가 실제 많은 프로그램들에 의해 실현될 수 있다.

이러한 결과는 또한 이전 절의 버전에 따른 상대적인 속도에 따라 다를 수 있다. CPython 2.7은 3.6보다 조금 더 빠르고, PyPy는 전반적으로 열 배 더 빠르며, 이 책의 대부분의 다른 테스트에서도 확인할 수 있다. 여기서 시간 측정에 사용된 코드의 차이 이외에 timeit 내부의 다른 코드 구조 또한 결과에 영향을 미칠 수 있다. 여기서 테스트된 코드 문자열의 경우 timeit은 테스트 문자열을 포함한 함수 def문 문자열을 만들고 이를 컴파일한 다음 실행하며, 그로 인해 내부 루프에 의한 함수 호출을 피한다. 그러나 이는 다음 절에서 볼 수 있는 것처럼 상대적인 속도 관점에서는 무관한 것처럼 보인다.

명령 라인 사용법

timeit 모듈은 적절한 기본값을 제공하며, 파일 이름을 명시하거나 파이썬의 -m 플래그를 이용하여 모듈 검색 경로에 위치한 파일을 자동으로 검색하여 스크립트를 통해 실행될 수 있다(부록 A 참고). 다음 명령 라인은 모두 파이썬(일명, CPython) 3.6을 실행한다. 이 모드에서 timeit은 단일 -n 루프에 대한 평균 시간을 마이크로초(usec), 밀리초(msec), 또는 초(sec)로 출력한다. 여기서 출력된 결과를 다른 테스트에서 출력된 전체 시간 값과 비교하기 위해서는 반복 횟수를 곱하면 된다. 여기서 500 usec에 * 1,000루프를 곱하면 전체 시간에 해당하는 500 msec, 또는 0.5초가 된다.

```
c:\code> C:\python36\Lib\timeit.py -n 1000 "[x ** 2 for x in range(1000)]"
1000 loops, best of 3: 506 usec per loop

c:\code> python -m timeit -n 1000 "[x ** 2 for x in range(1000)]"
1000 loops, best of 3: 504 usec per loop

c:\code> py -3 -m timeit -n 1000 -r 5 "[x ** 2 for x in range(1000)]"
1000 loops, best of 5: 505 usec per loop
```

예를 들어, 타이머 선택이 이 장에서 지금까지 실행한 버전 간의 속도 비교에 영향을 주지 않는다는 것을 확인하기 위해 명령 라인을 사용할 수 있다. 3.6은 새롭게 추가된 호출을 기본으로 사용하며, 타이머의 정밀도가 광범위하게 다를 경우에는 문제가 될 수도 있다. 이것이 무관하다는 것을 증명하기 위해 다음 코드는 timeit이 모든 버전에서 강제로 time.clock를 사용하도록 -c 플래그를 사용하며, 3.6의 수동 호출은 더 이상 중요하지 않은 옵션이지만 이전 버전들과 비교하기 위해 필요하다(나는 여기서 명령을 짧게 작성하기 위해 시스템 경로에 PyPy의 위치를 설정했다).

```
c:\code> set PATH=%PATH%;C:\pypy\pypy-1.9

c:\code> py -3 -m timeit -n 1000 -r 5 -c "[x ** 2 for x in range(1000)]"
1000 loops, best of 5: 502 usec per loop
c:\code> py -2 -m timeit -n 1000 -r 5 -c "[x ** 2 for x in range(1000)]"
1000 loops, best of 5: 70.6 usec per loop
c:\code> pypy -m timeit -n 1000 -r 5 -c "[x ** 2 for x in range(1000)]"
1000 loops, best of 5: 5.44 usec per loop

C:\code> py -3 -m timeit -n 1000 -r 5 -c "[abs(x) for x in range(10000)]"
1000 loops, best of 5: 815 usec per loop
C:\code> py -2 -m timeit -n 1000 -r 5 -c "[abs(x) for x in range(10000)]"
1000 loops, best of 5: 700 usec per loop
C:\code> pypy -m timeit -n 1000 -r 5 -c "[abs(x) for x in range(10000)]"
1000 loops, best of 5: 61.7 usec per loop
```

이러한 결과는 기본적으로 이 장에서 동일한 코드 유형을 사용한 이전 테스트와 동일하다. x ** 2 연산을 적용할 경우에 또다시 CPython 2.7과 PyPy는 각각 CPython 3.6보다 열 배와 100배 더 빠르며, 타이머의 선택이 중요한 요소가 아님을 보여 준다. 우리가 앞서 직접 작성한 타이머(timeseqs.py)에서 측정한 abs(x)의 경우, 이러한 두 파이썬이 전과 같이 3.6보다 작은 상수배 또는 많게는 열 배 정도 더 빠르며, timeit의 다른 코드 구조는 상대적인 비교에 영향을 주지 않는다. 테스트에 사용된 코드의 종류는 전적으로 속도의 규모 차이를 결정한다.

이 테스트에서 마지막 세 개의 결과를 주의해서 보자. 이는 앞서 직접 작성한 타이머에 대한 테스트를 흉내 낸 것이며, 본질적으로 이전과 동일하지만 range의 사용법에 대한 차이로 인해 약간의 부하가 더 발생한다. 이전에는 미리 생성한 리스트였지만, 여기서는 3.X의 제너레이터 또는 각 내부 전체 루프에 의해 새롭게 만들어진 2.X 리스트 중 하나다. 즉 정확히 같은 것을 측정한 것은 아니지만, 테스트된 파이썬들의 상대적인 속도는 같다는 것이다.

여러 라인의 문(statement) 측정하기

API 호출 모드에서 여러 라인의 문을 측정하기 위해서는 파이썬의 구문을 충족시키기 위해 줄바꿈이나 탭 또는 스페이스를 사용해야 한다. 소스 파일로부터 읽어 둔 코드가 있다면 사용할 수 있을 것이다. 이 모드에서 여러분은 파이썬 함수에게 파이썬 문자열 객체를 전달하기 때문에 셸에 대한 고려는 하지 않아도 되지만, 필요한 경우 중첩된 인용들을 이스케이프하는 데 주의해야 한다. 예를 들어, 다음은 파이썬 3.6에서 13장에서 학습한 다양한 반복 방법들의 시간을 측정한다. 여러분은 14장에서 학습한 파일을 라인 단위로 읽는 다양한 방법들의 시간을 측정하는 데 같은 방식을 사용할 수 있다.

```
c:\code> py -3
>>> import timeit
>>> min(timeit.repeat(number=10000, repeat=3,
        stmt="L = [1, 2, 3, 4, 5]\nfor i in range(len(L)): L[i] += 1"))
0.01397292797131814

>>> min(timeit.repeat(number=10000, repeat=3,
        stmt="L = [1, 2, 3, 4, 5]\ni=0\nwhile i < len(L):\n\tL[i] += 1\n\ti += 1"))
0.015452276471516813

>>> min(timeit.repeat(number=10000, repeat=3,
        stmt="L = [1, 2, 3, 4, 5]\nM = [x + 1 for x in L]"))
0.009464995838568635
```

명령 라인 모드에서 이와 같은 여러 라인의 문을 실행하기 위해서는 들여쓰기에 대해 공백을 사용한 개별적인 인수로 각 문 라인을 전달하여 여러분의 셸을 달래야 한다. timeit은 줄바꿈 문자를 사용하여 전달된 모든 라인을 서로 연결한 다음, 스스로 문을 중첩하기 위해 다시 들여쓰기를 한다. 이 모드에서는 들여쓰기에 대해 탭보다는 스페이스가 더 잘 동작하며, 여러분의 셸에서 필요한 경우 코드 인수들을 반드시 인용하도록 하자.

```
c:\code> py -3 -m timeit -n 1000 -r 3 "L = [1,2,3,4,5]" "i=0" "while i < len(L):"
 "    L[i] += 1" "    i += 1"
1000 loops, best of 3: 1.54 usec per loop

c:\code> py -3 -m timeit -n 1000 -r 3 "L = [1,2,3,4,5]" "M = [x + 1 for x in L]"
1000 loops, best of 3: 0.959 usec per loop
```

또 다른 사용 모드

timeit 모듈은 또한 메인 문들과 같은 범위에서 실행되는 **설정 코드**를 제공하는 기능을 제공하지만, 설정 코드에서 사용된 시간은 메인 문들의 전체 시간에 부과되지 않는다. 테스트 함수 정의, 테스트 데이터 생성, 그리고 필요한 모듈을 임포트하는 것과 같은 전체 시간에서 제외하고 싶은 초기화 코드에 대해 잠재적으로 유용하게 사용될 수 있다. 설정 코드들은 메인 문들과 같은 범위에서 실행되기 때문에 설정 코드에서 생성된 모든 이름들은 메인 테스트문에서 이용할 수 있다. 일반적으로 대화형 셀에서 정의된 이름은 그렇지 않다.

설정 코드를 명시하기 위해 명령 라인 모드에서 -s를 사용하거나 API 호출 모드에서 setup 인수 문자열을 사용할 수 있다. 설정 코드는 다음과 같이 반복 시간만을 측정할 수 있도록 리스트 초기화를 설정문으로 분리하여 테스트에 더욱 집중할 수 있도록 만든다.

```
c:\code> python -m timeit -n 1000 -r 3 "L = [1,2,3,4,5]" "M = [x + 1 for x in L]"
1000 loops, best of 3: 0.956 usec per loop

c:\code> python -m timeit -n 1000 -r 3 -s "L = [1,2,3,4,5]" "M = [x + 1 for x in L]"
1000 loops, best of 3: 0.775 usec per loop
```

다음은 API 호출 모드에서의 설정 예다. 나는 18장의 최솟값을 구하는 예제에서 정렬 기반 방식의 시간을 측정하기 위해 다음과 같은 종류의 코드를 사용했다. 순서가 있는 범위 정렬이 임의의 수들보다 훨씬 더 빠르며, 3.6 버전에서 예제 코드를 실행한 결과 선형 스캔보다 더 빠르게 정렬된다(여기서 인접한 문자열들은 연결된다).

```
>>> from timeit import repeat

>>> min(repeat(number=1000, repeat=3,
setup='from mins import min1, min2, min3\n'
      'vals=list(range(1000))',
stmt= 'min3(*vals)'))
0.0387865921275079

>>> min(repeat(number=1000, repeat=3,
setup='from mins import min1, min2, min3\n'
      'import random\nvals=[random.random() for i in range(1000)]',
stmt= 'min3(*vals)'))
0.275656482278373
```

또한 여러분은 timeit을 이용하여 단순히 전체 시간을 요청하거나, 모듈의 클래스 API를 사용하거나, 문자열 대신 호출 가능한 객체를 측정하거나, 자동 루프 카운트를 받을 수 있으며, 그리고 여기에서 설명하기에는 공간이 부족하지만 클래스 기반의 기법과 추가적인 명령 라인 스위치와 API 인수들을 사용할 수 있다. 좀 더 자세한 내용은 파이썬의 라이브러리 매뉴얼의 도움을 받도록 하자.

```
c:\code> py -3
>>> import timeit
>>> timeit.timeit(stmt='[x ** 2 for x in range(1000)]', number=1000)      # 전체 시간
0.5238125259325834

>>> timeit.Timer(stmt='[x ** 2 for x in range(1000)]').timeit(1000)       # 클래스 API
0.5282652329644009

>>> timeit.repeat(stmt='[x ** 2 for x in range(1000)]', number=1000, repeat=3)
[0.5299034147194845, 0.5082454007998365, 0.5095136232504416]

>>> def testcase():
        y = [x ** 2 for x in range(1000)]          # 호출 가능한 객체 또는 코드 문자열

>>> min(timeit.repeat(stmt=testcase, number=1000, repeat=3))
0.5073828140463377
```

벤치마크 모듈과 스크립트: timeit

이 모듈에 대한 좀 더 자세한 내용보다는 다양한 코드와 파이썬 버전의 성능을 측정하기 위해 이 모듈을 사용하는 프로그램을 학습해 보자. 다음 pybench.py 파일은 이 코드를 실행하는 파이썬 버전 또는 리스트에 나열된 모든 파이썬 버전을 통해 이 파일을 임포트하고, 스크립트에 작성된 문들의 성능을 측정하도록 구성되어 있다. 이 파일은 앞서 설명한 몇몇 애플리케이션 수준의 도구들을 사용한다. 그러나 이 파일은 주로 우리가 이미 학습한 개념들을 적용하고 있으며, 파일 내에 충분히 잘 문서화되어 있기 때문에 여러분 스스로 코드를 읽고 학습할 수 있도록 하자.

```
"""
pybench.py: 간단한 코드 문자열에 대한 하나 또는 여러 파이썬의 속도를 측정하는 벤치마크.
다양한 문들을 허용하는 함수. 이 시스템 자체는 2.X와 3.X 모두에서 실행될 수 있다.

현재 스크립트를 실행하는 파이썬이나, 파이썬 세트를 테스트하기 위해 timeit을 사용하며,
파이썬 세트는 모듈 검색 경로에서 timeit을 찾기 위해 -m 플래그를 사용하여 명령 라인을 통해 실행된다.
3.X에서 실행을 위해 제너레이터를 둘러싼 $listif3를 list( )로 대체하며, 3.X의 경우 제너레이터를 둘러싼 $listif3을
list( )로 대체하고 2.X의 경우 빈 문자열로 대체하여 3.X에서도 2.X가 동일하게 동작한다.

명령 라인 모드에서 문이 여러 라인인 경우 한 라인에 하나씩 별도로 인용되어야 실행될 수 있기 때문에
멀티라인문을 분할한다(그렇지 않으면 첫 번째 라인만 실행/측정된다). 그리고 들여쓰기에 사용된 모든 \t를
스페이스 네 개로 대체한다.

주의 사항: 명령 라인 모드에서는 테스트 stmt가 이중 인용 부호를 포함할 경우 실패할 수 있으며,
인용된 stmt 문자열은 일반적으로 셸과 호환되지 않거나, 명령 라인은 플랫폼 셸의 길이 제한을 초과할 수 있다.
API 호출 모드나 직접 작성한 타이머를 사용하도록 하자. 아직 설정(setup)문은 지원하지 않는다. 직접 보다시피
테스트 stmt에 있는 모든 문을 실행하는 시간은 전체 시간에 반영된다.
"""
```

```
import sys, os, timeit
defnum, defrep= 1000, 5 # May vary per stmt

def runner(stmts, pythons=None, tracecmd=False):
    """
    메인 로직: 입력된 리스트에 따라 테스트를 실행하며, 호출자는 사용 모드를 제어할 수 있다.
    stmts: [(실행 횟수?, 반복 횟수?, 문 문자열)], stmt 안의 $listif3을 대체
    pythons: None=현재 파이썬, 또는 [(ispy3?, 파이썬 실행 파일 경로)]
    """
    print(sys.version)
    for (number, repeat, stmt) in stmts:
        number = number or defnum
        repeat = repeat or defrep          # 0 = default

        if not pythons:
            # 현재 파이썬으로 stmt 실행: API 호출
            # 여기서는 라인을 분할하거나 인용할 필요가 없음
            ispy3 = sys.version[0] == '3'
            stmt  = stmt.replace('$listif3', 'list' if ispy3 else '')
            best  = min(timeit.repeat(stmt=stmt, number=number, repeat=repeat))
            print('%.4f [%r]' % (best, stmt[:70]))

        else:
            # 모든 파이썬에서 stmt 실행: 명령 라인
            # 인용된 인수들로 라인 분할
            print('-' * 80)
            print('[%r]' % stmt)
            for (ispy3, python) in pythons:
                stmt1 = stmt.replace('$listif3', 'list' if ispy3 else '')
                stmt1 = stmt1.replace('\t', ' ' * 4)
                lines = stmt1.split('\n')
                args = ' '.join('"%s"' % line for line in lines)
                cmd = '%s -m timeit -n %s -r %s %s' % (python, number, repeat, args)
                print(python)
                if tracecmd: print(cmd)
                print('\t' + os.popen(cmd).read().rstrip())
```

그러나 이 파일은 전체 그림의 절반일 뿐이다. 이 모듈의 함수를 사용하는 테스트 스크립트
는 원하는 사용 모드에 따라 변수 목록을 통해 테스트에 사용될 문과 파이썬을 전달한다. 예
를 들어 다음 스크립트 pybench_cases.py는 몇 개의 문과 파이썬을 테스트하고, 명령 라인 인
수를 통해 일부 동작을 변경할 수 있는 기능을 제공한다. -a 인수는 이 파일을 실행 중인 파
이썬 대신 나열된 모든 파이썬을 테스트하며, -t 인수는 코드 내에서 구성된 명령 라인을 추
적하므로 앞서 보여 준 명령 라인 형식에 따라 여러 라인으로 구성된 문과 들여쓰기가 어떻게
처리되었는지 볼 수 있다(자세한 내용은 두 파일의 문서화 문자열을 참고하자).

```
"""
pybench_cases.py: 일련의 파이썬과 문들에 대해 pybench를 실행함

이 스크립트를 수정하거나 또는 명령 라인 인수를 사용하여 모드를 선택해 보자.
예를 들어, 'C:\python27\python pybench_cases.py'를 실행하여 파이썬 한 버전에 대해 여러 문을 실행하거나,
'pybench_cases.py -a'를 실행하여 나열된 모든 파이썬 버전에 대해 테스트하거나, 'py -3 pybench_cases.py -a -t'
실행하여 명령 라인을 추적할 수 있다.
"""

import pybench, sys

pythons = [                                          # (버전 3인지, 경로)
    (1, 'C:\python36\python'),
    (0, 'C:\python27\python'),
    (0, 'C:\pypy\pypy-1.9\pypy')
]

stmts = [                                            # (실행 횟수, 반복 횟수, 문)
    (0, 0, "[x ** 2 for x in range(1000)]"),         # 반복
    (0, 0, "res=[]\nfor x in range(1000): res.append(x ** 2)"),     # \n = 여러 문들
    (0, 0, "$listif3(map(lambda x: x ** 2, range(1000)))"),         # \n\t = 들여쓰기
    (0, 0, "list(x ** 2 for x in range(1000))"),     # $ = list 또는 "
    (0, 0, "s = 'spam' * 2500\nx = [s[i] for i in range(10000)]"),   # 문자열 연산
    (0, 0, "s = '?'\nfor i in range(10000): s += '?'"),
]

tracecmd = '-t' in sys.argv                          # -t: 명령 라인 추적
pythons = pythons if '-a' in sys.argv else None      # -a: 사용할 파이썬
pybench.runner(stmts, pythons, tracecmd)
```

벤치마크 스크립트 결과

다음은 하나의 **구체적인** (스크립트를 실행 중인 파이썬) 버전에 대해 실행했을 때의 스크립트 출력
이다. 이 모드는 명령 라인이 아닌 **API 호출**을 직접 사용하며, 왼쪽 열에 전체 시간이 표시되
고 오른쪽 열에 사용된 문이 표시된다. 나는 **CPython 3.6과 2.7**의 시간을 측정하기 위해 아래
에서 앞의 두 테스트는 다시 3.6 윈도우 런처를 사용했으며, 마지막 테스트는 **PyPy** 구현의 1.9
버전을 사용하고 있다.

```
c:\code> py -3 pybench_cases.py
3.6.0 (v3.6.0:41df79263a11, Dec 23 2016, 08:06:12) [MSC v.1900 64 bit (AMD64)]
0.5015   ['[x ** 2 for x in range(1000)]']
0.5655   ['res=[]\nfor x in range(1000): res.append(x ** 2)']
0.6044   ['list(map(lambda x: x ** 2, range(1000)))']
0.5425   ['list(x ** 2 for x in range(1000))']
0.8746   ["s = 'spam' * 2500\nx = [s[i] for i in range(10000)]"]
2.8060   ["s = '?'\nfor i in range(10000): s += '?'"]
```

```
c:\code> py -2 pybench_cases.py
2.7.3 (default, Apr 10 2012, 23:24:47) [MSC v.1500 64 bit (AMD64)]
0.0696  ['[x ** 2 for x in range(1000)]']
0.1285  ['res=[]\nfor x in range(1000): res.append(x ** 2)']
0.1636  ['(map(lambda x: x ** 2, range(1000)))']
0.0952  ['list(x ** 2 for x in range(1000))']
0.6143  ["s = 'spam' * 2500\nx = [s[i] for i in range(10000)]"]
2.0657  ["s = '?'\nfor i in range(10000): s += '?'"]

c:\code> c:\pypy\pypy-1.9\pypy pybench_cases.py
2.7.2 (341e1e3821ff, Jun 07 2012, 15:43:00)
[PyPy 1.9.0 with MSC v.1500 32 bit]
0.0059  ['[x ** 2 for x in range(1000)]']
0.0102  ['res=[]\nfor x in range(1000): res.append(x ** 2)']
0.0099  ['(map(lambda x: x ** 2, range(1000)))']
0.0156  ['list(x ** 2 for x in range(1000))']
0.1298  ["s = 'spam' * 2500\nx = [s[i] for i in range(10000)]"]
5.5242  ["s = '?'\nfor i in range(10000): s += '?'"]
```

다음은 이 스크립트를 각각의 문 문자열에 대해 다수의 파이썬 버전을 테스트하기 위하여 실행할 때의 출력이다. 이 모드에서 스크립트 자체는 파이썬 3.6에서 실행되지만, 이 스크립트는 테스트문 문자열에 대한 timeit 모듈을 실행하는 또 다른 파이썬을 시작하기 위해 셸 명령 라인을 실행한다. 이 모드는 timeit 모듈의 기대와 셸의 요구에 따라 명령 라인에서 사용하기 위해 여러 라인의 문들을 분할하고 형식을 지정하고 인용해야 한다.

또한 이 모드는 모듈 검색 경로상의 timeit을 찾고 스크립트로 실행하기 위해 -m 파이썬 명령 라인 플래그에 의존적이며, 셸 명령을 실행하고 명령 라인 인수를 분석하기 위해 os.popen과 sys.argv 표준 라이브러리 도구에 각각 의존적이다. 이러한 호출들에 대한 추가적인 내용은 매뉴얼이나 다른 소스들을 참고하자. 또한 os.popen은 9장에서 파일을 다룰 때 간략히 언급했으며, 13장에서 루프를 다룰 때 이미 설명하였다. 명령 라인 실행을 볼 수 있는 -t 플래그와 함께 실행해 보자.

```
c:\code> py -3 pybench_cases.py -a
3.6.0 (v3.6.0:41df79263a11, Dec 23 2016, 08:06:12) [MSC v.1900 64 bit (AMD64)]
--------------------------------------------------------------------------------
['[x ** 2 for x in range(1000)]']
C:\python36\python
        1000 loops, best of 5: 499 usec per loop
C:\python27\python
        1000 loops, best of 5: 71.4 usec per loop
C:\pypy\pypy-1.9\pypy
        1000 loops, best of 5: 5.71 usec per loop
```

```
----------------------------------------------------------------
['res=[]\nfor x in range(1000): res.append(x ** 2)']
C:\python36\python
        1000 loops, best of 5: 562 usec per loop
C:\python27\python
        1000 loops, best of 5: 130 usec per loop
C:\pypy\pypy-1.9\pypy
        1000 loops, best of 5: 9.81 usec per loop
----------------------------------------------------------------
['$listif3(map(lambda x: x ** 2, range(1000)))']
C:\python36\python
        1000 loops, best of 5: 599 usec per loop
C:\python27\python
        1000 loops, best of 5: 161 usec per loop
C:\pypy\pypy-1.9\pypy
        1000 loops, best of 5: 9.45 usec per loop
----------------------------------------------------------------
['list(x ** 2 for x in range(1000))']
C:\python36\python
        1000 loops, best of 5: 540 usec per loop
C:\python27\python
        1000 loops, best of 5: 92.3 usec per loop
C:\pypy\pypy-1.9\pypy
        1000 loops, best of 5: 15.1 usec per loop
----------------------------------------------------------------
["s = 'spam' * 2500\nx = [s[i] for i in range(10000)]"]
C:\python36\python
        1000 loops, best of 5: 873 usec per loop
C:\python27\python
        1000 loops, best of 5: 614 usec per loop
C:\pypy\pypy-1.9\pypy
        1000 loops, best of 5: 118 usec per loop
----------------------------------------------------------------
["s = '?'\nfor i in range(10000): s += '?'"]
C:\python36\python
        1000 loops, best of 5: 2.81 msec per loop
C:\python27\python
        1000 loops, best of 5: 1.94 msec per loop
C:\pypy\pypy-1.9\pypy
        1000 loops, best of 5: 5.68 msec per loop
```

이 결과에서 보는 것처럼 대부분의 테스트에서 CPython 2.7은 여전히 CPython 3.6보다 더 빠르며, PyPy는 이 둘보다 훨씬 더 빠르다. 마지막 테스트는 PyPy가 CPython보다 두 배 정도 더 느리며, 아마도 메모리 관리의 차이 때문일 것이다. 한편으로는 타이밍 결과가 종종 상대적이지 못할 수도 있다. 이 장에서는 타이밍 결과에 영향을 줄 수 있는 다음 사항들을 이야기했다.

- timeit은(예를 들면 가비지 컬렉션과 같은) 여기서 우리의 범위를 벗어나는 다양한 방법으로 결과를 왜곡할 수 있다.
- 파이썬 버전마다 다른 기본적인 부하가 존재한다.
- 이 스크립트는 매우 작은 문들을 실행하며, 이 문들은 실제 코드를 반영하지 못할 수도 있다.
- 결과는 때로 방법에 따라 달라질 수 있으며, 일정하지 않은 것처럼 보일 수 있다(이런 경우 프로세스 시간을 사용하는 것이 도움이 된다).
- 여기에 있는 모든 결과는 시간이 지남에 따라 (새로운 파이썬 버전이 나오면서) 변경될 가능성이 높다.

다시 말해서 이러한 수치들로부터 여러분만의 결론을 도출해야 하며, 여러분의 요구에 더 적절한 결과를 위해서 여러분의 파이썬과 장비에서 이러한 테스트를 수행해야 한다. 각 파이썬의 기본 부하를 측정하기 위해 실행할 문 인수 없이 timeit을 실행하거나, 아무런 코드를 실행하지 않는 것과 동일한 pass문을 이용하여 timeit을 실행해 볼 수 있다.

벤치마크 더 알아보기

더 깊은 이해를 위해 다른 파이썬 버전과 다른 문들에 대해 스크립트를 실행해 보자. 이 책의 예제 파일에 있는 pybench_cases2.py는 CPython 3.2와 3.6을 비교하고, PyPy의 현재 버전과 2.0 베타 버전을 비교하며, 추가적인 사용 사례들을 제공한다.

map이 빠른 경우와 PyPy가 느린 경우

예를 들어 pybench_cases2.py에 있는 다음 테스트는 함수 호출이 다른 반복 연산에 미치는 영향을 측정하며, 앞서 언급한 것처럼 map이 더 빠르게 실행될 가능성이 있다. map은 일반적으로 함수 호출과의 연관성으로 인한 성능상의 손실이 발생한다.

```
# pybench_cases2.py

pythons += [
    (1, 'C:\python32\python'),
    (0, 'C:\pypy\pypy-2.0-beta1\pypy')]

stmts += [
```

```
    # 함수 호출 사용: map이 가장 빠름
    (0, 0, "[ord(x) for x in 'spam' * 2500]"),
    (0, 0, "res=[]\nfor x in 'spam' * 2500: res.append(ord(x))"),
    (0, 0, "$listif3(map(ord, 'spam' * 2500))"),
    (0, 0, "list(ord(x) for x in 'spam' * 2500)"),
# 집합과 딕셔너리
    (0, 0, "{x ** 2 for x in range(1000)}"),
    (0, 0, "s=set()\nfor x in range(1000): s.add(x ** 2)"),
    (0, 0, "{x: x ** 2 for x in range(1000)}"),
    (0, 0, "d={}\nfor x in range(1000): d[x] = x ** 2"),
# 30만 자릿수
    (1, 1, "len(str(2**1000000))")]              # Pypy에서 느린 연산
```

다음은 CPython 3.X에서 pybench_cases2.py를 실행한 결과 중에 이 문들에 해당하는 부분이며, 공평하게 모든 반복이 함수를 호출했을 때 map이 얼마나 빠른지를 보여 준다(앞서 인라인 x ** 2를 실행한 다른 테스트에서 map은 매우 느린 결과를 보여 주었다).

```
c:\code> py -3 pybench_cases2.py
3.6.0 (v3.6.0:41df79263a11, Dec 23 2016, 08:06:12) [MSC v.1900 64 bit (AMD64)]
0.7237  ["[ord(x) for x in 'spam' * 2500]"]
1.3471  ["res=[]\nfor x in 'spam' * 2500: res.append(ord(x))"]
0.6160  ["list(map(ord, 'spam' * 2500))"]
1.1244  ["list(ord(x) for x in 'spam' * 2500)"]
0.5446  ['{x ** 2 for x in range(1000)}']
0.6053  ['s=set()\nfor x in range(1000): s.add(x ** 2)']
0.5278  ['{x: x ** 2 for x in range(1000)}']
0.5414  ['d={}\nfor x in range(1000): d[x] = x ** 2']
1.8933  ['len(str(2**1000000))']
```

이전과 마찬가지로 이 테스트에서도 2.X는 3.X보다 더 빠르고 PyPy는 마지막 테스트를 제외한 모든 테스트에서 여전히 더 빠르다. PyPy는 비록 다른 테스트에서는 열 배 정도 더 빠르지만, 마지막 테스트에서는 열 배 정도 더 느리다. 그러나 pybench_cases2.py 파일에 다음과 같이 stmts 리스트에 저장된 테스트 튜플을 실행해 본다면, PyPy는 파일을 라인 단위로 읽을 때 CPython보다 더 느리다는 것을 알 수 있다.

```
    (0, 0, "f=open('C:/Python36/Lib/pdb.py')\nfor line in f: x=line\nf.close()"),
```

이 테스트는 60K와 1,675라인의 파일을 열고 파일 반복자를 이용하여 라인 단위로 읽는다. 짐작하건대, 이 코드에서 입력 루프가 대부분의 시간을 차지할 것이다. 이 테스트에서 CPython 2.7은 3.6보다 두 배 더 빠르지만, PyPy는 일반적으로 CPython보다 열 배 가량 더

느리다. 여러분은 이 경우를 pybench_cases2 결과 파일에서 찾거나, 대화형 세션이나 명령 라인을 통해 직접 확인해 보자(실제 pybench 내부에서도 다음 작업이 일어난다).

```
c:\code> py -3 -m timeit -n 1000 -r 5 "f=open('C:/Python36/Lib/pdb.py')"
 "for line in f: x=line" "f.close()"

>>> import timeit
>>> min(timeit.repeat(number=1000, repeat=5,
    stmt="f=open('C:/Python36/Lib/pdb.py')\nfor line in f: x=line\nf.close()"))
```

리스트 컴프리헨션과 PyPy의 파일 읽는 속도를 측정하는 또 다른 예제는 책의 예제 패키지에 있는 listcomp-speed.txt 파일을 참고하자. 이 파일은 코드를 실행하기 위해 PyPy 명령 라인을 직접 사용하며, 비슷한 결과를 보여 준다. PyPy의 라인 입력은 오늘날 대략 열 배 정도 느리다. 다른 파이썬들의 결과는 공간의 절약과 여러분이 이 글을 읽는 시점에 따라 달라질 수 있으므로 여기에 싣지 않겠다. 늘 그렇듯, 코드의 종류에 따라 다른 성능을 나타낼 수 있다. PyPy는 많은 알고리즘 코드를 최적화할 수 있지만, PyPy가 여러분의 코드는 최적화하지 못할 수도 있다. 여러분은 책의 예제 패키지를 통해 추가적인 결과들을 찾을 수 있지만 이러한 테스트를 여러분 스스로 직접 실행하여 결과를 얻는 편이 더 좋으며, 결과는 나중에 달라질 수 있다.

함수 호출의 영향 다시보기

앞서 언급한 것처럼 map은 또한 사용자 정의 함수에 대해서도 더 빠르게 실행된다. 다음 테스트는 CPython에서 반복 시에 함수를 적용해야 할 경우, map이 다른 방법들보다 늘 빠르다는 것을 증명한다.

```
stmts = [
    (0, 0, "def f(x): return x\n[f(x) for x in 'spam' * 2500]"),
    (0, 0, "def f(x): return x\nres=[]\nfor x in 'spam' * 2500: res.append(f(x))"),
    (0, 0, "def f(x): return x\n$listif3(map(f, 'spam' * 2500))"),
    (0, 0, "def f(x): return x\nlist(f(x) for x in 'spam' * 2500)")]

c:\code> py -3 pybench_cases2.py
3.6.0 (v3.6.0:41df79263a11, Dec 23 2016, 08:06:12) [MSC v.1900 64 bit (AMD64)]
1.5400  ["def f(x): return x\n[f(x) for x in 'spam' * 2500]"]
2.0506  ["def f(x): return x\nres=[]\nfor x in 'spam' * 2500: res.append(f(x))"]
1.2489  ["def f(x): return x\nlist(map(f, 'spam' * 2500))"]
1.6526  ["def f(x): return x\nlist(f(x) for x in 'spam' * 2500)"]
```

이 결과를 이전 절의 ord 테스트와 비교해 보자. 비록 사용자 정의 함수가 내장 함수보다 더 느릴 수는 있지만, 일반적으로 함수가 내장이든 아니든 함수 자체가 속도 면에서 큰 부분을 차지한다는 것을 알 수 있다. 비록 내부 루프가 10,000번을 돌 때마다 딱 한 번이지만, 전체 시간에는 함수 f를 만드는 데 필요한 비용이 포함되어 있다. 여기서는 무시해도 괜찮다.

비교 기법: 직접 만든 것 vs 제공되는 것

다양한 관점을 가질 수 있도록, 이 책의 예제 패키지에 있는 timeseqs3.py 파일의 실행을 통해 이 절의 timeit 기반의 결과와 이전 절에서 직접 작성한 타이머를 이용한 결과가 어떻게 비교 되는지 살펴보도록 하자. timeseqs3.py 파일은 직접 작성한 타이터를 사용하지만, 같은 x ** 2 연산을 수행하고 pybench_cases.py 파일처럼 동일한 반복 카운트를 사용한다.

```
c:\code> py -3 timeseqs3.py
3.6.0 (v3.6.0:41df79263a11, Dec 23 2016, 08:06:12) [MSC v.1900 64 bit (AMD64)]
forLoop  : 0.55022 => [0...998001]
listComp : 0.48787 => [0...998001]
mapCall  : 0.59499 => [0...998001]
genExpr  : 0.52773 => [0...998001]
genFunc  : 0.52603 => [0...998001]

c:\code> py -3 pybench_cases.py
3.6.0 (v3.6.0:41df79263a11, Dec 23 2016, 08:06:12) [MSC v.1900 64 bit (AMD64)]
0.5015  ['[x ** 2 for x in range(1000)]']
0.5657  ['res=[]\nfor x in range(1000): res.append(x ** 2)']
0.6025  ['list(map(lambda x: x ** 2, range(1000)))']
0.5404  ['list(x ** 2 for x in range(1000))']
0.8711  ["s = 'spam' * 2500\nx = [s[i] for i in range(10000)]"]
2.8009  ["s = '?'\nfor i in range(10000): s += '?'"]
```

직접 작성한 타이머 기반의 timeseqs3.py 파일은 중심이 되는 전체 루프를 통해 함수를 호출 하고, 타이머 로직에도 약간의 부하가 존재하지만, 내부 루프에서 3.X range 제너레이터 대신 에 미리 생성된 리스트를 사용하므로 비교 테스트에서 결과를 좀 더 빨리 도출해내는 효과가 있다(그리고 나는 이 예제를 '건전성 검사(sanity check)'라고 부르지만, 이 용어를 벤치마킹에도 적용할 수 있는지는 확실하지 않다).

개선의 여지: 설정(Setup)

대부분의 소프트웨어와 마찬가지로, 이 절의 프로그램은 개방되어 있으며, 임의로 확장될 수 있다. 예를 하나 들면, 이 책의 예제 패키지에 있는 pybench2.py 파일과 pybench2_cases.py

파일은 API 호출 모드와 명령 라인 모드에서 앞서 언급한 **설정**(setup)문 옵션을 timeit에 대해 추가한다.

이 기능은 처음에 코드의 간결성을 위해 생략되었으며, 솔직히 말하자면 테스트에서 꼭 필요한 기능은 아닌 것 같다. 파이썬들을 비교할 때 더 많은 코드를 비교할수록 더 완벽한 결과가 제공되며, 단일 파이썬에 대해 다양한 방법들의 시간을 측정할 경우에는 설정 동작에 대한 비용은 동일하게 적용된다.

그럼에도 불구하고 설정(setup)문은 테스트 코드의 범위에서 한 번만 실행되는 설정 코드를 제공하는 데 유용하게 사용될 수 있지만, 설정문에서 실행된 코드의 비용은 문 전체 실행 시간에 반영되지 않는다(예 모듈 임포트, 객체 초기화, 또는 함수 정의).

이 두 파일의 전체 내용을 여기에 나열하지는 않지만, 실제 소프트웨어의 진화를 보여 주는 예로써 중요한 부분만을 여기에 싣는다. 설정 코드문은 테스트문과 동일하게 API 호출 모드로 전달되지만 명령 라인 모드에서 분할되고, 스페이스로 들여쓰기되어 있으며, 라인마다 하나의 -s 인수와 함께 전달된다(설정 코드는 시간 측정에 포함되지 않기 때문에 '$listif3'은 사용되지 않는다).

```
# pybench2.py
...
def runner(stmts, pythons=None, tracecmd=False):
    for (number, repeat, setup, stmt) in stmts:
        if not pythons:
            ...
            best = min(timeit.repeat(
                            setup=setup, stmt=stmt, number=number, repeat=repeat))
        else:
            setup = setup.replace('\t', ' ' * 4)
            setup = ' '.join('-s "%s"' % line for line in setup.split('\n'))
            ...
            for (ispy3, python) in pythons:
                ...
                cmd = '%s -m timeit -n %s -r %s %s %s' %
                            (python, number, repeat, setup, args)

# pybench2_cases.py
import pybench2, sys
...
stmts = [                                          # (num,rpt,setup,stmt)
    (0, 0, "", "[x ** 2 for x in range(1000)]"),
    (0, 0, "", "res=[]\nfor x in range(1000): res.append(x ** 2)")

    (0, 0, "def f(x):\n\treturn x",
            "[f(x) for x in 'spam' * 2500]"),
```

```
    (0, 0, "def f(x):\n\treturn x",
           "res=[]\nfor x in 'spam' * 2500:\n\tres.append(f(x))"),

    (0, 0, "L = [1, 2, 3, 4, 5]", "for i in range(len(L)): L[i] += 1"),
    (0, 0, "L = [1, 2, 3, 4, 5]", "i=0\nwhile i < len(L):\n\tL[i] += 1\n\ti += 1")]
...
pybench2.runner(stmts, pythons, tracecmd)
```

명령 라인이 어떻게 설정 코드로 구성되는지 확인하기 위해 이 스크립트를 –a와 –t 명령 라인 플래그와 함께 실행해 보자. 예를 들어, 다음 테스트 명세 튜플은 바로 아래에 있는 명령 라인을 생성한다. 아마도 보기에 그렇게 깔끔하지는 않지만 라인 사이가 줄바꿈 문자로 연결된 여러 라인을 timeit으로 전달하기에 충분하며, 적절한 다시 들여쓰기와 함께 생성된 타이밍 함수로 전달된다.

```
    (0, 0, "def f(x):\n\treturn x",
           "res=[]\nfor x in 'spam' * 2500:\n\tres.append(f(x))")

C:\python36\python -m timeit -n 1000 -r 5 -s "def f(x):" -s "    return x" "res=[]"
 "for x in 'spam' * 2500:" "    res.append(f(x))"
```

API 호출 모드에서는 셸을 달랠 필요가 없기 때문에 코드 문자열은 변경 없이 그대로 전달되며, 내장된 탭과 줄바꿈 문자도 문제가 없다. 다양한 파이썬 코드의 속도에 대한 추가적인 학습을 위해 여러분 스스로 테스트해 보자. 여러분이 언제가 명령 라인 모드에서 매우 큰 코드에 대한 셸 제한을 마주할 수도 있겠지만, 우리가 직접 작성한 타이머와 pybench의 timeit 기반 API 호출 모드는 예상하는 것보다 더 많은 임의의 코드를 지원한다. 벤치마크는 큰 즐거움이 될 수 있지만, 추가적인 개선 사항은 여러분의 과제로 남겨 두겠다.

다른 벤치마킹 주제: pystone

이 장은 일반적으로 파이썬 벤치마킹에서 사용되고 여러분의 코드에서 직접 사용할 수 있는 기본적인 타이밍 코드에 초점을 맞췄으며, 이 책에서 좀 더 큰 예제를 개발하기 위해 일반적인 사례를 보여 주는 역할을 했다. 그러나 파이썬 벤치마킹은 지금까지 암시한 것보다 훨씬 광범위하고 풍부한 영역이다. 만약 여러분이 이 주제에 좀 더 관심이 있다면, 관련된 링크들을 웹에서 찾아보도록 하자. 다음과 같은 주제들을 발견할 수 있을 것이다.

- pystone.py — 코드의 범위에 상관없이 파이썬의 속도를 측정하기 위해 설계된 프로그램이며, Lib\test 디렉터리에 위치한다.
- https://speed.python.org — 공통의 파이썬 벤치마크 작업을 협력하기 위한 프로젝트 사이트다.
- http://speed.pypy.org — PyPy 벤치마킹 사이트이며, 바로 위 사이트는 이 사이트를 기반으로 만들어졌다.

예를 들어 pystone 테스트는 C 언어 벤치마크 프로그램에 기반을 두고 있으며, 파이썬 창시자인 귀도 반 로섬에 의해 파이썬으로 변환되었다. 이 프로그램은 파이썬 구현들의 상대적인 속도를 측정하기 위한 또 다른 방법을 제공하며, 일반적으로 이 장에서 우리가 테스트한 내용을 지원하는 것처럼 보인다.

```
c:\Python36\Lib\test> cd C:\python36\lib\test
c:\Python36\Lib\test> py -3 pystone.py
Pystone(1.1) time for 50000 passes = 0.685303
This machine benchmarks at 72960.4 pystones/second

c:\Python36\Lib\test> cd c:\python27\lib\test
c:\Python27\Lib\test> py -2 pystone.py
Pystone(1.1) time for 50000 passes = 0.463547
This machine benchmarks at 107864 pystones/second

c:\Python27\Lib\test> c:\pypy\pypy-1.9\pypy
pystone.py Pystone(1.1) time for 50000 passes = 0.099975
This machine benchmarks at 500125 pystones/second
```

pystone의 실행 결과를 분석하는 것은 여러분에게 과제로 남겨 둔다. pystone의 코드는 3.X와 2.X에서 서로 다르지만, 지금은 출력 연산과 전역 초기화의 관점에서만 다른 것처럼 보인다. 또한 벤치마킹은 파이썬 코드 분석의 다양한 측면 중 하나에 불과하다는 사실을 명심하도록 하자. 관련 영역에 있는 옵션들(CLI 테스팅)에 대한 조언들은 36장의 파이썬 개발 도구 다시 보기를 참고하자.

함수 주의 사항

이제 우리는 함수 이야기의 끝에 도달했으므로, 몇 가지 일반적인 실수들을 살펴보도록 하자. 함수는 여러분의 기대와는 다르게 동작하는 몇몇 요소들을 가지고 있다. 이러한 요소들은 모두 상대적으로 눈에 잘 띄지 않고, 이 중에 몇몇은 최신 파이썬 릴리즈로부터 빠지기 시작했지만, 여전히 늘 새로운 사용자들 앞에 나타나고는 한다.

지역 이름들은 정적으로 감지됨

여러분도 알다시피, 파이썬은 함수 안에서 할당된 이름을 기본적으로 **지역(local)**로 분류한다. 지역 이름은 함수의 범위에 존재하고, 함수가 실행 중인 동안에만 존재한다. 하지만 여러분이 인지하지 못하는 것 중 하나는 지역 이름은 런타임 시에 할당에 의해서가 아니라 **def**의 코드를 컴파일할 때 정적으로 발견한다는 점이다. 이러한 사실은 파이썬 초보자들에 의해 파이썬 뉴스 그룹에 올라오는 흔하고 기이한 질문들로 이어진다.

일반적으로, 함수 내에서 할당되지 않은 이름은 해당 함수를 포함하는 모듈에서 검색된다.

```
>>> X = 99

>>> def selector():          # X가 사용되지만 할당되지는 않음
        print(X)             # X는 전역 범위에서 검색됨

>>> selector()
99
```

여기서 함수에 있는 X는 모듈에 있는 X로 해결된다. 그러나 X를 참조하고 있는 코드 다음에 X에 할당하는 코드를 넣으면 무슨 일이 발생하는지 알아보자.

```
>>> def selector():          # 아직 존재하지 않는다!
        print(X)             # X는 모든 지역에서 지역 이름으로 분류됨
        X = 88               # "import X", "def X"의 경우에도 발생할 수 있음

>>> selector()
UnboundLocalError: local variable 'X' referenced before assignment
```

여기에서 보는 것처럼 이름 사용 에러를 얻게 되지만, 그 이유가 다소 미묘해 보인다. 파이썬은 이 코드가 대화형으로 입력되거나, 모듈 파일로부터 임포트될 때 읽고서 컴파일을 한다. 파이썬은 컴파일하는 동안에 X에 대한 할당을 보고 X가 함수 내에서 어디서나 사용되는 지역 이름이라고 결정한다. 그러나 함수가 실제로 실행되면, print가 실행될 때 아직 할당은 발생하지 않았기 때문에 파이썬은 여러분이 아직 정의되지 않은 이름을 사용하고 있다고 말한다. 또한, 파이썬은 자신의 이름 규칙에 따라 지역 이름 X가 할당 전에 사용되었다고 말한다.

실제로, 함수 본문에서 모든 할당은 지역 이름을 만든다. 그리고 임포트, =, 중첩된 def, 중첩된 클래스 등 모두 이 동작의 영향을 받는다.

문제는 할당된 이름이 할당된 문 바로 다음부터가 아니라 함수 내 어디서나 사용될 수 있는 지역 이름으로 취급되기 때문에 발생한다. 실제로, 앞의 예제는 다소 모호한 면이 있다. 전역 X를 출력하고 지역 X를 만들려는 의도일 수도 있고, 아니면 실제 프로그래밍 에러일 수도 있다. 파이썬은 X를 함수 내 모든 곳에서 지역으로 취급하기 때문에 이 코드는 에러로 보일 수 있다. 전역 X를 출력하려는 의미였다면, X를 global문으로 선언해야 한다.

```
>>> def selector():
        global X                    # X를 강제로 전역으로 만듦
        print(X)
        X = 88

>>> selector()
99
```

그러나 global 선언은 그 이후에 할당이 지역 X가 아닌 전역 X를 변경한다는 것을 의미하며, 이를 기억해 두자. 함수 내에서 같은 이름의 지역과 전역 버전을 모두 사용할 수 없다. 여러분이 실제로 전역 이름을 출력하고 그 후에 같은 이름의 지역 이름을 설정하려고 한다면, 바깥쪽 모듈을 임포트하고 전역 버전을 얻기 위해 모듈 속성 표기법을 사용할 필요가 있다.

```
>>> X = 99
>>> def selector():
        import __main__             # 바깥쪽 모듈 임포트
        print(__main__.X)           # 전역 버전의 이름 구하기
        X = 88                      # 여기서 X는 지역으로 분류
        print(X)                    # 지역 버전의 이름 출력

>>> selector()
99
88
```

이 코드는 네임스페이스 객체로부터 이름을 가져온다. 이 네임스페이스 객체는 __main__이라는 이름의 모듈이며, __main__.X는 X의 전역 버전에 접근할 수 있다. 이 내용이 잘 이해되지 않는다면 17장을 참고하자.

최신 버전 파이썬에서는 이와 같은 경우, 좀 더 구체적으로는 앞 예제에서 보여 준 'unbound local' 에러 메시지에 대한 이슈로 인해 이 부분에 대한 개선이 있었다(이 에러는 단순히 포괄적인 이름 에러를 발생할 때 사용된다). 그러나 이러한 문제는 여전히 일반적으로 나타나고 있다.

기본값과 가변 객체

17장과 18장에서 간략히 언급한 것처럼 기본 인수에 가변 값을 사용할 경우에 비록 종종 예측된 동작은 아니긴 하지만, 함수 호출들 사이의 상태를 유지할 수 있다. 일반적으로 기본 인수 값은 생성된 함수가 나중에 호출될 때가 아닌, def문이 실행될 때 한 번만 평가되고 저장된다. 파이썬은 내부적으로 함수 자체에 첨부된 기본 인수마다 하나의 객체를 저장한다.

이는 보통 여러분이 원하는 형태의 동작이다. 기본값은 def가 실행될 때 평가되기 때문에 필요한 경우 바깥쪽 범위로부터 전달된 값을 저장하는 데 사용될 수 있다(팩토리에 의해 루프 내에서 정의된 함수는 이러한 동작에 의존적이다. 앞서 설명한 내용을 참고하자). 그러나 기본 인수는 호출들 사이에도 객체를 유지하기 때문에 가변 기본값을 변경하는 것은 주의가 필요하다. 예를 들어 다음 함수는 기본 인수 값으로 빈 리스트를 사용하며, 함수가 호출될 때마다 해당 리스트를 직접 변경한다.

```
>>> def saver(x=[]):          # 빈 리스트 객체를 저장함
        x.append(1)           # 동일한 객체를 호출 때마다 변경함
        print(x)

>>> saver([2])                # 기본값이 사용되지 않음
[2, 1]
>>> saver()                   # 기본값이 사용됨
[1]
>>> saver()                   # 호출 때마다 늘어남
[1, 1]
>>> saver()
[1, 1, 1]
```

일부 사람들은 이 동작을 기능으로 본다. 가변 기본 인수는 함수 호출들 사이에 자신의 상태를 유지하기 때문에 C 언어에서 제공되는 **정적** 지역 함수 변수들과 유사한 역할을 제공할 수 있다. 어떤 의미에서 이들은 전역 변수와 유사하게 동작하지만 이들의 이름은 함수에 대해 지역이며, 그렇기 때문에 프로그램 내의 다른 곳에 위치한 이름들과 충돌하지 않는다.

그러나 다른 사람들이 보기에 이러한 동작은 다소 난해한 것처럼 보일 수 있으며, 특히 가변 기본 인수를 처음 사용해 본다면 더더욱 그럴 수 있다. 파이썬에서 호출들 사이에 상태를 유지하기 위한 더 좋은 방법들이 존재한다(예 이 파트에서 학습한 중첩된 범위 클로저와 파트 6에서 학습할 클래스).

게다가 가변 인수는 이해하고 기억하기에 다소 까다로운 면이 있다. 가변 인수는 기본 객체의 생성 시점에 의존적이다. 이전 예제에서는 기본값으로 하나의 리스트 객체만 존재한다. 이 하나는 def가 실행될 때 생성된다. 함수가 호출될 때마다 새로운 리스트 객체를 얻는게 아니기 때문에 해당 리스트는 각각의 새로운 추가로 인해 계속 늘어난다. 각 함수 호출 시에 초기화되지 않는다.

이러한 동작이 여러분이 원하는 것이 아니라면 간단히 함수 본문의 시작 위치에서 기본값의 복사본을 만들거나, 기본값 표현식을 함수 본문으로 이동시키자. 기본값 표현식이 코드 안에 놓여 있는 한 함수가 실행될 때마다 실행되며, 여러분은 호출 때마다 새로운 객체를 얻게 된다.

```
>>> def saver(x=None):
        if x is None:              # 인수가 전달되지 않았다면?
            x = []                 # 호출될 때마다 새로운 리스트를 만들기 위해 실행
        x.append(1)                # 새로운 리스트 객체 변경
        print(x)

>>> saver([2])
[2, 1]
>>> saver()                        # 늘어나지 않음
[1]
>>> saver()
[1]
```

그러나 이 예제에 있는 if문은 대부분 x = x or [ ] 할당문으로 대체될 수 있으며, 파이썬의 or 표현식은 피연산자 객체 중 하나를 반환한다는 사실을 이용한다. 아무런 인수도 전달되지 않는다면, x는 기본적으로 None이므로 or은 오른쪽에 있는 새로운 빈 리스트를 반환한다.

그러나 이 방식이 정확히 같지는 않다. 만약 빈 리스트가 전달될 경우 or 표현식은 if 버전과 같이 전달된 리스트를 확장하여 반환하지 않고, 새롭게 생성된 리스트를 확장하고 반환하는 결과를 초래한다(이 표현식은 [ ] or [ ]가 되며, 오른쪽에 있는 새로운 리스트로 평가된다. 이 부분이 잘 이해되지 않는다면 12장의 "진릿값과 부울 테스트"절을 다시 읽어 보도록 하자). 그러나 실제 업무에서는 어느 동작이라도 요구될 수 있다.

오늘날 가능한 덜 혼란스러운 방법에서 가변 기본 인수의 값 유지 효과를 얻기 위한 또 다른 방법은 19장에서 학습한 함수 속성을 이용하는 것이다.

```
>>> def saver():
        saver.x.append(1)
        print(saver.x)

>>> saver.x = []
>>> saver()
[1]
>>> saver()
[1, 1]
>>> saver()
[1, 1, 1]
```

함수 이름은 함수 자체에 대해서 전역이지만, 함수 내에서 직접 변경되지 않기 때문에 선언될
필요는 없다. 이는 정확히 같은 방법으로 사용되지는 않지만, 함수에 객체를 첨부하는 것이
훨씬 더 명확하다.

반환(return)이 없는 함수

파이썬 함수에서 return(그리고 yield) 문을 사용하는 것은 선택 사항이다. 함수가 값을 명시적
으로 반환하지 않을 경우, 함수는 제어가 함수 본문의 끝에 도달할 때 종료한다. 엄밀히 말하
면 모든 함수는 값을 반환한다. 함수에서 return문을 제공하지 않는 경우, 함수는 자동으로
None 객체를 반환한다.

```
>>> def proc(x):
        print(x)                          # return이 없으면 None이 반환됨

>>> x = proc('testing 123...')
testing 123...
>>> print(x)
None
```

이와 같이 파이썬에서 return이 없는 함수는 다른 언어에서 '프로시저(procedure)'라고 부르는
것과 같다. 프로시저는 보통 문처럼 호출되며, 어떤 유용한 결과를 반환하지 않고 자신만의
작업을 수행하기 때문에 반환된 None은 무시된다.

여러분이 아무것도 반환하지 않는 함수의 결과를 사용하려고 할 경우, 파이썬은 여러분에게
아무런 결과가 없음을 알려 주지 않으므로 이에 대해 알아 둘 필요가 있다. 예를 들어, 11장
에서 언급한 것처럼 리스트 append 메서드의 결과를 다시 할당하는 것은 아무런 에러를 발생
시키지 않지만, 여러분은 수정된 리스트가 아닌 None을 얻게 된다.

```
>>> list = [1, 2, 3]
>>> list = list.append(4)              # append는 프로시저
>>> print(list)                        # append는 리스트를 직접 변경함
None
```

15장의 "일반적인 코딩 시 주의 사항"절에서는 이에 대해 좀 더 광범위하게 다룬다. 일반적으로, 특별한 반환값이 없는 함수들은 이러한 부작용으로 인해 보통 표현식이 아닌 문으로 실행될 수 있도록 설계한다.

그 외의 함수 사용 시 주의 사항

다음은 함수와 관련된 추가적인 두 가지 주의 사항이다. 대부분 이미 학습한 내용이지만, 다시 언급할 만큼 꽤 일반적인 내용이기도 하다.

바깥쪽 범위와 루프 변수: 팩토리 함수

이 주제는 17장의 바깥쪽 함수 범위에 대한 논의에서 다뤘지만 여기서 다시 상기해 본다. 팩토리 함수(다른 말로, 클로저)를 작성할 때, 바깥쪽 루프에 의해 변경되는 변수를 검색하기 위해 바깥쪽 함수 범위에 의존해야 할 경우는 주의가 필요하다. 생성된 함수가 나중에 호출될 때, 이러한 모든 참조는 바깥쪽 함수의 범위에서 마지막 루프 반복 후의 값을 기억할 것이다. 이러한 경우, 루프 변숫값을 저장하기 위해 바깥쪽 범위에 대한 자동 검색에 의존하지 않고 기본 인수를 사용해야 한다. 이 주제에 대한 더 자세한 내용은 17장의 "루프 변수는 범위가 아니라 기본 인수가 필요"절을 참고하자.

할당으로 내장된 이름 숨기기

17장에서 우리는 가까운 지역 또는 전역 범위에 있는 내장 이름들을 재할당하는 것이 어떻게 가능한지 살펴보았다. 재할당은 할당이 발생하는 범위에 있는 내장 기능들의 이름들을 효과적으로 숨기고 대체한다. 이는 곧 해당 이름에 대한 기존 값을 사용할 수 없다는 것을 의미한다. 여러분이 할당한 이름의 내장된 값이 더 이상 필요하지 않다면, 이는 문제가 되지 않는다. 파이썬에는 많은 이름들이 내장되어 있으며, 이 이름들은 자유롭게 재사용될 수 있다. 그러나 여러분의 코드에서 의존적인 내장 이름을 재할당할 경우에는 문제가 발생할 수 있다. 따라서 내장된 이름을 재할당하지 않거나, 여러분이 내장된 이름을 재할당할 경우에 이를 알려 주는 PyChecker와 같은 도구를 사용하도록 하자. 좋은 소식은 여러분이 일반적으로 사용하는 내장

이름들은 머지 않아 변경할 수 없는 이름이 되며, 사용 중인 내장 이름이 여러분이 생각한 것이 아닐 경우는 파이썬의 에러 탐지 장치들이 테스트 초기에 여러분에게 알려 줄 것이다.

이 장의 요약

이 장은 다양한 반복 방법과 파이썬 버전의 성능 측정을 통해 함수와 내장된 반복 도구들에 대한 학습을 마무리하며, 여러분이 일반적인 위험을 피하는 데 도움이 될만한 함수와 관련된 일반적인 실수들을 살펴보는 것으로 종료한다. 반복 이야기는 30장의 연산자 오버로딩 범위에서 클래스와 __iter__를 이용하여 값을 생성하는 사용자 정의 반복 객체를 작성하는 방법을 소개하는 파트 6에 마지막 이야기가 남아 있다.

이 장은 이 책의 함수 부분을 마무리한다. 다음 파트에서는 우리가 이미 알고 있는 **모듈**에 대한 내용을 확장한다. 모듈 파일은 파이썬에서 최상단의 논리적인 단위를 구성하는 도구의 파일이며, 우리가 작성한 함수들이 존재하는 구조이기도 하다. 그 후, 우리는 특별한 첫 번째 인수를 제공하는 함수들의 패키지인 클래스를 학습할 예정이다. 곧 볼 수 있는 것처럼 사용자 정의 클래스는 우리가 여기서 만난 제너레이터와 반복 객체뿐만 아니라, 반복 프로토콜을 활용한 객체도 구현할 수 있다. 실제로, 우리가 이 책의 이 파트에서 배운 모든 내용은 나중에 클래스 메서드를 이야기하는 상황에서 함수가 등장할 때 적용될 것이다.

그러나 모듈 이야기로 넘어가기 전, 우리가 여기서 함수에 대해 배운 것들을 연습하기 위해 이 장의 퀴즈와 이 파트의 실습 문제를 통해 확인해 보도록 하자.

학습 테스트: 퀴즈

1. 파이썬 반복 도구의 상대적인 속도에 대해 이 장으로부터 어떤 결론을 도출할 수 있는가?
2. 다양한 파이썬의 상대적인 속도에 대해 이 장으로부터 어떤 결론을 도출할 수 있는가?

학습 테스트: 정답

1. 일반적으로, 이들 무리 중에서는 리스트 컴프리헨션이 가장 빠르다. 파이썬에서 map은 모든 도구들이 함수를 호출해야 할 경우에만 리스트 컴프리헨션보다 더 빠르다. for 루프는 컴프리헨션보다 느린 경향이 있다. 그리고 제너레이터 함수와 표현식은 상수배정도 느리다. PyPy 환경에서는 이러한 내용에 다소 차이가 있다. 예를 들어 map은 종종 매우 다른 상대적인 성능을 보여 주며, 리스트 컴프리헨션은 아마도 함수 수준의 최적화로 인해 항상 제일 빠른 것처럼 보인다.

   어쨌든 이러한 결과도 테스트에 사용된 특정 장비나 파이썬 버전과 테스트 코드에 대한 하나의 시험 사례다. 이러한 결과는 세 가지 요소 중 하나라도 다를 경우 달라질 수 있다. 더욱 관련성 있는 결과들을 위해 직접 작성한 timer나 표준 라이브러리 timeit 모듈을 사용하여 여러분의 사용 사례를 테스트하도록 하자. 또한, 반복은 프로그램의 (실행) 시간을 구성하는 하나의 요소일 뿐이라는 점에 유의하자. 더 많은 코드는 더 완벽한 결과를 제공한다.

2. 일반적으로 (파이썬 2.7을 구현한) PyPy 1.9는 보통 CPython 2.7보다 더 빠르고, CPython 2.7은 종종 CPython 3.6보다 더 빠르다. 대부분의 경우를 측정하면 PyPy는 CPython보다 열 배 정도 더 빠르고, CPython 2.7은 CPython 3.6보다 종종 작은 정수배 정도 더 빠르다. 정수 연산을 사용할 경우에 CPython 2.7은 CPython 3.6보다 열 배 정도 더 빠르고, PyPy는 3.6보다 100배 정도 더 빠르다. 다른 경우(➌ 문자열 연산과 파일 반복) PyPy는 CPython보다 열 배 정도 더 느리지만, timeit과 메모리 관리의 차이가 일부 결과에 영향을 미칠 수도 있다. pystone 벤치마크를 이용하면 pystoen이 보고하는 차이의 크기는 측정된 코드에 따라 달라지지만, 이러한 파이썬들의 상대적인 순위를 확인할 수 있다.

   어쨌든 이러한 결과도 테스트에 사용된 특정 장비와 파이썬 버전과 테스트 코드에 대한 하나의 시험 사례다. 이러한 결과는 세 가지 요소 중 하나라도 다를 경우 달라질 수 있다. 더욱 관련성 있는 결과들을 위해 직접 작성한 timer나 표준 라이브러리 timeit 모듈을 사용하여 여러분의 사용 사례를 테스트하도록 하자. 이러한 테스트는 각각의 새로운 릴리즈에서 임의로 최적화된 파이썬 구현들을 측정할 때 특히 더 정확하다.

학습 테스트: 파트 4 실습 문제

여기에 있는 실습 문제를 통해 좀 더 정교한 프로그램을 작성해 보자. 부록 D에 있는 "파트 4. 함수와 제너레이터"에서 해답을 확인해 보고, 모듈 파일에 직접 여러분만의 코드를 작성해 보자. 대화형 셸에서 코드를 작성하다가 문제가 발생할 경우, 다시 작성하고 싶지는 않을 것이다.

1. **기본.** 대화형 프롬프트에서 하나의 인수를 전달받아서 화면으로 출력하는 함수를 작성하고, 다양한 객체 타입을 전달하여 호출해 보자. 문자열, 정수, 리스트, 딕셔너리. 그리고 아무런 인수 없이 호출해 보자. 무슨 일이 발생하는가? 또한, 두 개의 인수를 전달하면 무슨 일이 발생하는가?

2. **인수.** 파이썬 모듈 파일에 adder이라는 이름의 함수를 작성하자. 이 함수는 두 개의 인수를 받고 두 인수의 합(또는 연결)을 반환한다. 그리고 파일의 가장 아래에 다양한 객체 타입과 함께(⑩ 두 문자열, 두 리스트, 두 부동 소수점) adder 함수를 호출하는 코드를 추가하고, 시스템 명령 라인에서 스크립트로 실행해 보자. 여러분이 화면에서 호출 결과를 보기 위해 호출문의 결과를 출력해야 하는가?

3. **가변 인수.** 위에서 작성한 adder 함수를 임의 개수의 인수들의 합을 계산하도록 일반화하고, 둘 이상 또는 이하의 인수를 전달하기 위해 호출을 변경해 보자. 반환된 합은 무슨 타입인가?(힌트: S[:0] 같은 슬라이스는 같은 타입의 빈 시퀀스를 반환하고, type 내장 함수는 타입을 확인할 수 있다. 그러나 좀 더 간단한 접근 방식은 18장의 수동으로 작성된 min 예제를 살펴보도록 하자) 다른 타입의 인수들을 전달하면 무슨 일이 발생하는가? 또한, 딕셔너리에 담아서 전달하면 어떻게 되는가?

4. **키워드.** 실습 문제 2의 adder 함수를 def adder(good, bad, ugly)와 같이 세 개의 인자를 받아서 더하거나 연결하는 함수로 변경해 보자. 이제 각 인수에 기본값을 제공하고, 대화형 세션을 통해 해당 함수의 호출 테스트를 해보자. 하나, 둘, 셋, 그리고 네 개의 인수를 전달해 보자. 그리고 키워드 인수를 전달해 보자. 다음 adder(ugly = 1, good = 2) 호출은 동작하는가? 그렇다면 이유는 무엇인가? 마지막으로 임의의 수의 키워드 인수를 전달받고 더하거나 연결할 수 있도록 일반화해 보자. 이 작업은 실습 문제 3과 유사하지만, 튜플이 아닌 딕셔너리를 반복해야 한다(힌트: dict.keys 메서드는 for 또는 while을 통해 반복할 수 있는 리스트를 반환하지만, 3.X에서 인덱싱하고자 할 경우 list 호출을 사용해야 한다. dict.values 또한 도움이 될 것이다).

5. **딕셔너리 도구.** 인수로 전달된 딕셔너리를 복사하는 copyDict(dict)라는 이름의 함수를 작성해 보자. 인수로 전달된 딕셔너리에 포함된 모든 아이템을 포함한 새로운 딕셔너리를 반환해야 한다. 반복을 위해 딕셔너리의 keys 메서드를 사용하자(또는 파이썬 2.2 이상 버전에서는 keys 호출 없이 딕셔너리의 키를 반복할 수 있다). 시퀀스의 경우 어렵지 않게 복사할 수 있다(X[:]는 시퀀스의 최상위 복사본을 생성한다). 이 방식이 딕셔너리에도 동작하는가? 이 실습 문제의 해답에서도 설명된 것처럼 딕셔너리는 복사를 위한 유사한 도구들을 제공하기 때문에 이 실습 문제와 다음 실습 문제는 단지 코딩 연습일 뿐이지만, 여전히 대표적인 함수의 예를 보여 주는 역할을 한다.

6. **딕셔너리 도구.** 두 딕셔너리의 합집합을 계산하는 addDict(dict1, dict2)라는 이름의 함수를 작성해 보자. 이 함수는 인수로 전달된 두 딕셔너리에 포함된 모든 아이템을 포함한 새로운 딕셔너리를 반환해야 한다. 두 인수에 같은 키가 나타날 경우, 둘 중 하나의 값을 자유롭게 선택하도록 하자. 이 함수를 파일에 작성하고 스크립트로 실행해 보자. 딕셔너리가 아닌 리스트를 전달하면 무슨 일이 발생하는가? 이 경우를 처리하기 위해 어떻게 일반화해야 하는가?(힌트: 앞서 사용된 type 내장 함수를 참고하자) 호출 시 전달된 인수의 순서는 중요한가?

7. **추가적인 인수 매칭 예제들.** 먼저 다음과 같은 여섯 개의 함수를 정의하자(대화형 세션이나 모듈 파일 중 어떤 것을 사용해도 괜찮다).

```
def f1(a, b): print(a, b)          # 일반적인 인수
def f2(a, *b): print(a, b)         # 위치 가변 인수

def f3(a, **b): print(a, b)        # 키워드 가변 인수

def f4(a, *b, **c): print(a, b, c) # 혼합된 모드

def f5(a, b=2, c=3): print(a, b, c) # 기본값

def f6(a, b=2, *c): print(a, b, c) # 기본값과 위치 가변 인수
```

이제, 다음과 같이 대화형 세션에서 호출해 보고 결과를 설명해 보자. 몇몇 경우에는 18장에서 본 매칭 알고리즘을 참고할 필요가 있을지도 모른다. 여러분은 혼합된 매칭 모드가 일반적으로 좋은 아이디어라고 생각하는가? 혼합된 매칭 모드를 어떤 경우에 유용하게 사용할 수 있을까?

```
>>> f1(1, 2)
>>> f1(b=2, a=1)

>>> f2(1, 2, 3)
>>> f3(1, x=2, y=3)
>>> f4(1, 2, 3, x=2, y=3)

>>> f5(1)
>>> f5(1, 4)

>>> f6(1)
>>> f6(1, 3, 4)
```

8. **소수 다시보기.** 13장에 있는 다음 코드를 다시 살펴보자. 이 코드는 단순히 양의 정수가 소수인지 판단한다.

```
x = y // 2                    # y > 1 값
while x > 1:
    if y % x == 0:            # 나머지
        print(y, 'has factor', x)
        break                 # else의 실행을 생략
    x -= 1
else:                         # 일반적인 종료
    print(y, 'is prime')
```

이 코드를 모듈 파일에 재사용 가능한 함수로 작성하고(y는 인수로 전달되어야 한다), 파일 아래에 해당 함수에 대한 호출을 추가하자. 코드를 작성하는 동안, 트루 나누기가 파이썬 3.X에서 / 연산자를 어떻게 변경하는지 확인하기 위해, 첫 번째 라인의 // 연산자를 /로 변경하여 테스트해 보자(이 내용에 대해 확인이 필요한 경우 5장을 다시 참고하자). 음수나 0, 그리고 1이 인수로 전달되면 어떻게 될까? 어떻게 속도를 향상시킬 수 있을까? 여러분의 스크립트를 실행한 결과는 다음과 비슷할 것이다.

```
13 is prime
13.0 is prime
15 has factor 5
15.0 has factor 5.0
```

9. **반복과 컴프리헨션.** 다음 리스트 [2, 4, 9, 16, 25]에 있는 모든 수의 제곱근을 포함한 새로운 리스트를 생성하는 코드를 작성하자. 이 코드를 먼저 for 루프로 작성하고 map 호출, 리스트 컴프리헨션, 그리고 마지막으로 제너레이터 표현식으로 작성해 보자. 제곱근 계산을 위해 내장된 math 모듈에서 제공하는 sqrt 함수를 사용하자(즉, import math 그리고 math.sqrt(x) 호출). 넷 중에 여러분은 어떤 방식이 가장 좋은가?

10. **타이밍 도구들.** 우리는 5장에서 제곱근을 계산하는 세 가지 방법(math.sqrt(X), X ** .5, 그리고 pow(X, .5))을 살펴보았다. 여러분의 프로그램에서 이러한 코드를 많이 실행해야 할 경우, 이들의 상대적인 성능이 중요할 수 있다. 어느 방법이 가장 빠른지 확인하기 위해 이 세 가지 방법의 시간을 측정할 수 있도록 이 장에서 작성한 timeseqs.py 파일을 수정해 보자. 테스트를 위해 이 장의 timer 모듈들 중 하나에 있는 bestof 또는 bestoftotal 함수를 사용하자(기존 버전, 3.X 전용의 키워드 전용 버전, 2.X/3.X 겸용 버전 중 하나를 사용할 수 있으며, 파이썬의 timeit 모듈 또한 사용할 수 있다). 또한, 여러분은 테스트 함수들의 튜플을 일반적인 테스트 함수에 전달하는 방법으로 재사용성을 높이기 위해 이 스크립트에 있는 테스트 코드를 재패키징할 수도 있다. 여러분의 장비와 파이썬에서 제곱근을 계산하는 세 가지 방법 중 어느 것이 가장 빠른가? 마지막으로, 대화형 세션을 통해 for 루프에 대비하여 딕셔너리 컴프리헨션의 속도를 측정하려면 어떻게 해야 하는가?

11. **재귀 함수.** 인수로 전달된 값을 0까지 거꾸로 세며 출력하는 countdown이라는 이름의 간단한 재귀 함수 하나를 작성해 보자. 예를 들어, countdown(5) 호출은 다음 (5 4 3 2 1 stop)을 출력한다. 이 코드를 명시적인 스택이나 큐를 사용하여 작성할 명확한 이유는 없지만, 비함수 접근 방법을 사용해 보는 건 어떨까? 또한, 여기에 제너레이터를 적용할 수 있을까?

12. **팩토리얼 계산하기.** 마지막은 컴퓨터 사이언스의 전통적인 주제 중 하나에 대해 이야기한다. 우리는 20장에서 순열에 대해 이야기할 때 팩토리얼 개념을 사용했다. 이는 N!, N*(N-1)*(N-2)*...1처럼 계산된다. 예를 들어 6!은 6*5*4*3*2*1, 또는 720이다. fact(N) 호출에 대해 각각 N!를 반환하는 네 개의 함수를 작성하고 성능을 측정해 보자. 이러한 네 함수는 각각 첫 번째는 19장에 따라 재귀 호출을 이용한 카운트다운으로, 두 번째는 19장에 따라 함수형 reduce 호출을 이용하는 방법으로, 세 번째는 13장에 따라 단순 반복적인 카운트 루프로, 그리고 네 번째는 20장에 따라 math.factorial 라이브러리 도구를 사용하여 작성하자. 여러분이 작성한 각 함수의 시간을 측정하기 위해 21장의 timeit 모듈을 사용하자. 여러분은 이 결과로부터 어떤 결론을 도출할 수 있는가?

모듈과 패키지

22

모듈: 개요

이 장에서 우리는 파이썬 **모듈**에 대해 심도 있게 살펴보기 시작할 것이다. 모듈은 최상위 레벨의 프로그램 구성 단위로, 프로그램 코드와 데이터를 재사용을 위해 묶어주고 여러분의 프로그램 전반에서 변수 이름 충돌을 최소화하기 위해 독자적인 네임스페이스를 제공한다. 구체적인 용어로 모듈은 전형적으로 파이썬 프로그램 파일에 해당한다. 각 파일은 모듈이며, 모듈은 다른 모듈을 임포트하여 그들이 정의한 이름들을 사용할 수 있다. 모듈은 C, 자바, 또는 C#과 같은 외부 언어로 코딩된 확장 기능에 해당하기도 하며, 패키지 임포트의 디렉터리에 해당하기도 한다. 모듈은 두 개의 문장과 하나의 중요한 함수로 처리된다.

import

클라이언트(임포트 주체)가 모듈을 전체로 가져올 수 있게 한다.

from

클라이언트가 모듈로부터 특정 이름을 가져올 수 있도록 해준다.

imp.reload(2.X에서는 reload)

파이썬을 종료하지 않고도 모듈 코드를 리로드할 수 있는 방법을 제공한다.

3장에서 모듈에 대한 기본 사항들에 대하여 소개하였으며, 그 이후로 우리는 모듈을 사용해 왔다. 여기에서는 우리에게 이미 익숙한 핵심 모듈 개념을 확장하고, 모듈의 고급 사용 방식에 대해 알아보는 것을 목표로 한다. 이 첫 장에서는 모듈의 기본에 대하여 복습하고, 전반적인 프로그램 구조에서 행해지는 모듈의 역할을 살펴볼 것이다. 이 장 이후로는 이론을 뒤로 한 코딩 기법에 대해 더 자세히 학습할 계획이다.

그 과정에서 그동안 생략되었던 모듈 관련 세부 사항들에 대해 더 구체적으로 알아보게 될 것인데, 그중에서도 여러분은 리로드, __name__과 __all__ 속성, 패키지 임포트, 상대 임포트 구문, 3.3 네임스페이스 패키지 등에 대해 배우게 될 것이다. 모듈과 클래스는 실제로 네임스페이스를 미화한 개념일 뿐이므로 우리는 여기에서 네임스페이스 개념에 대해서도 공식적으로 함께 다룰 것이다.

왜 모듈을 사용하는가?

간단히 말하자면, 모듈은 네임스페이스라 불리는 변수들의 독자적인 패키지로서의 역할을 수행함으로써, 구성 요소들을 하나의 시스템으로 구성하는 쉬운 방법을 제공한다. 모듈 파일 최상위 레벨에 정의된 모든 이름들은 임포트된 모듈 객체의 속성들이 된다. 마지막 파트에서 보게 되겠지만, 임포트는 한 모듈의 전역 범위에 있는 이름에 접근할 수 있도록 해준다. 즉, 모듈 파일의 전역 범위는 모듈이 임포트되면 모듈 객체의 속성 네임스페이스로 **변한다**. 결국, 파이썬의 모듈은 각각의 파일을 더 큰 프로그램 시스템으로 연결할 수 있도록 해준다.

더 구체적으로 설명하자면 모듈은 최소 다음의 세 가지 역할을 지녔다.

코드 재사용

3장에서 논의했듯이, 모듈은 코드를 파일에 영구적으로 저장할 수 있도록 해준다. 파이썬을 종료하면 사라져 버리는 파이썬 대화형 프롬프트에 입력한 코드와는 달리, 모듈 파일에 있는 코드는 **지속된다**. 또한, 필요한 만큼 리로드되고 재실행될 수 있다. 중요한 것은 모듈은 속성이라 알려진 이름들을 정의하는 장소라는 점이다. 이 속성은 여러 외부 클라이언트들이 참조할 수도 있다. 잘만 사용한다면 이는 기능을 재사용 가능한 단위로 분류하는 **모듈러** 프로그램 디자인을 지원한다.

시스템 네임스페이스 분할

모듈은 파이썬에서 가장 높은 수준의 프로그램 구성 단위이기도 하다. 모듈이 단지 이름의 묶음이기는 하지만, 이 묶음은 **독자적**이기도 하다. 여러분이 다른 파일을 임포트하지 않는 한, 그 다른 파일에 있는 이름은 결코 볼 수 없다. 이는 함수의 지역 범위와 흡사하게 여러분의 프로그램 전반에 걸쳐 이름 충돌을 피할 수 있도록 해준다. 실제로 이는 불가피한 특징으로 모든 것은 모듈에 '살고', 여러분이 실행하는 코드와 여러분이 생성한 객체 모두 언제나 암묵적으로 모듈 내에 포함되어 있다. 이 때문에 모듈은 시스템 구성 요소를 분류하는 매우 자연스러운 도구가 된다.

공유 서비스 또는 데이터를 구현

운영 측면에서 보면, 모듈은 시스템상에서 공유되어 하나의 복사본을 유지할 필요가 있는 컴포넌트를 구현하는 데 유용하다. 예를 들어 여러분이 하나 이상의 함수 또는 파일에서 사용되는 전역(global) 객체를 제공해야 할 경우 여러분이 이를 모듈에 코딩해 두면 많은 클라이언트가 이를 임포트하여 사용하기만 하면 된다.

여기까지가 개괄적으로 설명한 내용이다. 파이썬 시스템에서 모듈의 역할을 제대로 이해하려면, 잠시 본론에서 벗어나 파이썬 프로그램의 일반적인 구조에 대해 알아볼 필요가 있다.

파이썬 프로그램 아키텍처

지금까지 이 책에서 파이썬 프로그램에 대해 설명하면서 복잡도에 대하여 일부는 좋게 표현하기도 했다. 실제로, 프로그램들은 일반적으로 하나 이상의 파일에 연관된다. 간단한 스크립트를 제외한 모든 경우에 여러분의 프로그램은 이전 장에서 보여 준 코드 런타임을 측정하는 프로그램처럼 **다중 파일** 시스템의 형태를 취할 것이다. 여러분은 어떻게든 스스로 단일 파일을 코딩할 수 있겠지만, 다른 사람이 이미 작성해 둔 외부 파일을 사용하는 것으로 마무리될 것이 거의 확실하다.

이 절에서는 파이썬 프로그램의 일반적인 **아키텍처**(여러분이 하나의 프로그램을 여러 소스 파일(또는 모듈)의 묶음으로 나누고 각 부분을 전체에 연결시키는 방법)를 소개한다. 앞으로 볼 수 있듯이 파이썬은 기능을 일관성 있고 재사용 가능한 단위로 분류하는 모듈러 프로그램 구조를 조성하며, 이는 자연스럽고 거의 자동적으로 이루어진다. 그 과정에서 우리는 파이썬 모듈의 주요 개념인 임포트와 객체 속성에 대해 알아볼 것이다.

프로그램을 구조화하는 방법

기본 수준에서 파이썬 프로그램은 파이썬 문장들을 포함하는 텍스트 파일들로 구성되는데, 하나의 주요 **최상위 레벨**의 파일과 **모듈**이라 알려진 보조적 파일로 이루어지며, 이 보조 파일은 하나도 없을 수 있다.

이것이 어떻게 동작하는지 살펴보면, 최상위 레벨(또는 스크립트) 파일은 여러분 프로그램의 주요 제어 흐름을 포함하고 있다. 이것은 여러분의 애플리케이션을 시작하기 위해 실행하는 파일이다. 반면, 모듈 파일은 최상위 레벨 파일 또는 다른 모듈에서 사용할 구성 요소들을 모으기 위해 사용되는 도구들의 라이브러리다. 최상위 레벨 파일은 모듈 파일에서 정의한 도구들을 사용하고 모듈은 다른 모듈에서 정의한 도구를 사용한다.

모듈 파일도 코드 파일이긴 하지만 직접 실행할 때에는 아무 일을 하지 않으며, 그보다는 다른 파일에서 사용될 도구들을 정의한다. 파일은 모듈을 **임포트**하여 그 모듈이 정의한 도구에 접근할 수 있게 된다. 이 도구는 모듈의 **속성**(함수와 같은 객체에 부여된 변수 이름)으로 알려져 있다. 결국, 우리는 모듈을 임포트하고 그 속성에 접근하여 모듈의 도구를 사용한다.

임포트와 속성

좀 더 구체적으로 알아보자. 그림 22-1은 세 개의 파일(a.py, b.py, c.py)로 구성된 파이썬 프로그램의 구조를 나타낸다. 파일 **a.py**는 최상위 레벨 파일이다. 이것은 단순히 문장으로 구성된 텍스트 파일로, 시작 시 맨 위부터 아래까지 실행될 것이다. 파일 **b.py**와 **c.py**는 모듈이다. 이들 또한 문장들로 구성된 단순 텍스트 파일이지만, 일반적으로 직접 실행되지는 않는다. 대신에 앞서 설명했듯이 일반적으로 이 모듈들은 해당 모듈이 정의한 도구들을 사용하고자 하는 파일에 임포트된다.

예를 들어, 그림 22-1의 b.py 파일이 spam이라는 이름의 함수를 외부에서의 사용을 목적으로 정의한다고 가정하자. 파트 4에서 함수에 대하여 공부할 때 배웠듯이, b.py는 함수를 생성하는 파이썬 def문을 포함할 것이다. 이 함수는 여러분이 나중에 함수 이름 다음의 괄호에 0개 또는 그 이상의 값을 전달함으로써 실행할 수 있다.

```
def spam(text):                  # b.py 파일
    print(text, 'spam')
```

이제, a.py가 spam을 사용하기를 원한다고 가정하자. a.py는 이를 위해 다음과 같은 파이썬 문장을 포함하게 될 것이다.

```
import b                         # a.py 파일
b.spam('gumby')                  # 'gumby spam'을 출력
```

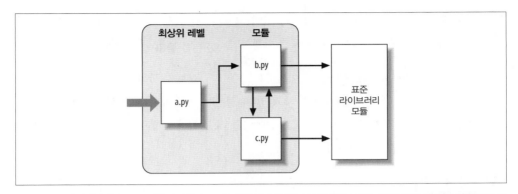

그림 22-1 파이썬에서의 프로그램 아키텍처. 프로그램은 모듈들의 시스템이다. 프로그램은 (프로그램을 실행하면 시작되는) 하나의 최상위 레벨 스크립트 파일과 (임포트되는 도구들의 라이브러리인) 여러 모듈 파일들로 구성된다. 스크립트와 모듈은 모두 파이썬 문장을 포함하는 텍스트 파일이지만, 모듈의 문장들은 일반적으로 단지 나중에 사용될 수 있는 객체를 생성한다. 파이썬의 표준 라이브러리는 미리 작성된 모듈들의 묶음을 제공한다.

이 예제 중 첫 라인은 파이썬 import문으로 파일 a.py가 파일 b.py의 최상위 레벨 코드에 정의된 모든 것에 접근할 수 있도록 해준다. 코드 import b는 대략 다음을 의미한다.

(만약 이미 적재되어 있지 않다면) 파일 b.py를 적재하고, 이름 b를 통해 b의 모든 속성에 접근할 수 있는 권한을 달라.

이런 목표를 만족시키기 위해, import(그리고 앞으로 보게 될 from)문은 요청에 따라 다른 파일들을 적재하고 실행한다. 더 정확하게 말하자면 파이썬에서는 모듈 파일 간 연계는 이러한 import문이 런타임에 실행될 때까지 해석되지 않는다. 그 결과는 모듈 이름(b와 같은 단순 변수)을 적재된 모듈 객체에 할당한다. 실제로, import문에 사용되는 모듈 이름은 두 가지 목적으로 사용된다. 이것은 적재될 외부 파일의 식별자이기도 하며, 적재된 모듈에 할당된 변수가 되기도 한다.

비슷하게 모듈에 의해 정의된 객체들은 import문이 실행되는 런타임에 생성된다. import는 말 그대로 임포트 대상 파일의 내용을 생성하기 위해 한 번에 하나씩 대상 파일의 문장들을 실행한다. 그 과정에서 파일 최상위 레벨에서 할당된 모든 이름은 임포트 주체에서 접근 가능한 모듈의 속성이 된다. 예를 들어, a.py의 두 번째 문장은 모듈 b에 정의된(임포트하는 동안 b.py의 def문을 실행하여 생성된) spam 함수를 객체 속성 표기법을 이용하여 호출한다. 코드 b.spam은 다음을 의미한다.

객체 b에 있는 이름 spam의 값을 가져올 것

우리 예제에서 이것은 호출 가능한 함수가 되며, 따라서 괄호 안의 문자열('gumby')을 전달한다. 이 파일들을 입력하고 저장한 뒤 **a.py**를 실행하면, 'gumby spam'이 출력될 것이다.

우리가 보았듯이 **객체.속성** 표기법은 파이썬 코드 전반에 걸쳐 등장한다. 대부분의 객체들은 '.' 연산자로 가져올 유용한 속성들을 가지고 있다. 일부는 동작을 취하는(웹 급여 계산기) 함수와 같은 호출 가능한 객체를 참조하며, 그 외에는 좀 더 정적인 객체와 속성(웹 사람 이름)을 나타내는 단순 데이터 값을 참조한다.

임포트의 표기법은 파이썬에서 매우 일반적이다. 어떤 파일도 다른 어떤 파일로부터 도구를 임포트할 수 있다. 예를 들어 파일 **a.py**는 **b.py**의 함수를 호출하기 위해 이를 임포트할 수 있으며, **b.py** 역시 **c.py**에서 정의된 다른 도구를 활용하기 위하여 **c.py**를 임포트할 수도 있다. 임포트 체인은 여러분이 원하는 만큼 깊이 들어갈 수 있다. 이 예제에서 모듈 a는 b를 임포트할 수 있고, b는 c를 임포트할 수 있으며, c는 다시 b를 임포트할 수 있는 식으로 계속 이어질 수 있다.

모듈(그리고 24장에서 설명할 모듈 패키지)은 가장 상위의 조직 구조일 뿐 아니라, 파이썬에서 가장 높은 레벨의 **코드 재사용** 단위다. 모듈 파일에 구성 요소를 코딩하는 것은 이들을 원래의 프로그램뿐 아니라 나중에 작성하게 될 다른 어떤 프로그램에서도 유용하도록 만들어 준다. 일례로 그림 22-1에서 프로그램을 코딩한 뒤, 우리는 함수 b.spam이 범용 도구임을 알고 이를 완전히 다른 프로그램에서 사용할 수 있다. 단지 다른 프로그램의 파일에서 파일 b.py를 다시 임포트하기만 하면 된다.

표준 라이브러리 모듈

그림 22-1의 오른쪽 부분을 주목하자. 여러분의 프로그램이 임포트하게 될 모듈 중 일부는 여러분이 코딩하게 될 파일이 아니라 파이썬 자체에서 제공된다.

파이썬은 **표준 라이브러리**로 알려진 대규모의 유틸리티 모듈을 보유하고 있다. 여기에는 운영 체제 인터페이스, 객체 지속, 텍스트 패턴 매칭, 네트워크와 인터넷 스크립트, GUI 생성 등의 일반적인 프로그래밍 작업을 플랫폼 중립적으로 지원할 수 있는 모듈들이 존재하며, 최근 집계한 바로는 200개 이상 포함되어 있다. 이 도구들 중 어느 것도 파이썬 언어 자체는 아니지만, 표준으로 파이썬을 설치했다면 적절한 모듈을 임포트하여 사용할 수 있다. 이들은 표준 라이브러리 모듈이기 때문에 여러분이 파이썬을 실행할 대부분의 플랫폼에서 사용 가능하며, 높은 이식성 덕분에 문제없이 동작할 것이다.

이 책의 예제는 몇 가지 표준 라이브러리의 모듈을 사용하지만(바로 앞 장의 코드를 예로 들면, timeit, sys, os를 사용한다) 여기에서 다루는 라이브러리 내용은 단지 수박 겉핥기 수준이다. 전체적으로 살펴보고 싶다면 표준 라이브러리 참조 매뉴얼을 참고하자. 매뉴얼은 https://www.python.org나 여러분의 파이썬 설치 과정(IDLE 또는 일부 윈도우에서는 파이썬의 시작 버튼 메뉴)에서 얻을 수 있다. 또한, 15장에서 논의한 **PyDoc** 도구를 통해서도 표준 라이브러리 모듈을 볼 수 있다.

여기에는 너무 많은 모듈들이 있기 때문에 어떤 도구들이 있는지에 대한 감을 익히는 것만이 표준 라이브러리를 당장 살펴볼 수 있는 유일한 방법이다. 물론 오라일리 출판사의 《프로그래밍 파이썬》과 같이 응용 레벨 프로그래밍을 다루는 상업용 책에서도 파이썬 라이브러리 도구들에 대한 튜토리얼을 확인할 수 있지만, 매뉴얼은 공짜인데다 웹 브라우저(HTML 형태)에서나 다른 형태(CM 윈도우 도움말)로도 볼 수 있으며, 파이썬이 출시될 때마다 업데이트된다. 더 많은 조언을 얻고자 한다면 15장을 참고하자.

임포트 작동 방식

이전 절에서는 모듈을 임포트하면 어떤 일이 일어나는지에 대한 실제적 설명 없이 모듈 임포트에 대하여 알아보았다. 임포트는 파이썬에서 프로그램 구조의 핵심이기 때문에 이번 절에서는 임포트 연산에 대하여 더 자세히 알아봄으로써 이 절차를 구체적으로 이해해 보도록 하자.

일부 C 프로그래머들은 파이썬 모듈 임포트 연산을 C의 #include와 비교하기를 좋아하지만, 이는 적절한 비교가 아니다. 파이썬에서 임포트는 단순히 하나의 파일을 다른 파일에 단지 원문으로 삽입하는 것만이 아니다. 이는 실제로 한 프로그램이 주어진 파일을 임포트하면 처음으로 다음 세 가지 단계를 런타임에 수행한다.

1. 모듈 파일을 **찾는다**.
2. (필요한 경우) 찾은 파일을 바이트 코드로 **컴파일한다**.
3. 그 파일이 정의한 객체들을 빌드하기 위해 모듈 코드를 **실행한다**.

이해를 돕기 위하여 이 단계들에 대해 차례대로 알아보자. 이 모든 단계들은 프로그램 실행 동안 모듈이 임포트되는 **최초**에만 실행된다. 한 프로그램에서 동일 모듈이 나중에 임포트될 때에는 이 단계들 모두 생략하고 단순히 메모리에 이미 적재된 모듈 객체를 가져온다. 기술적으로 파이썬은 sys.modules라는 이름의 테이블에 적재된 모듈들을 저장하고 임포트 연산의 시작 지점에 이 테이블을 검사함으로써 이를 수행한다. 만약 모듈이 존재하지 않는다면, 위의 3단계 절차를 시작한다.

1. 모듈 찾기

우선, 파이썬은 import문이 참조하는 모듈 파일의 위치를 찾아야 한다. 이전 절의 예제에서 import문은 파일 이름을 .py 확장자나 그 파일의 디렉터리 경로 없이 지정하였음을 주목하자. import c:\dir1\b.py 같은 문장 대신 단지 import b로 작성하면 된다. 경로 및 확장자와 같은 세부 내역은 의도적으로 생략하는데, 대신 파이썬은 import문에 상응하는 모듈 파일의 위치를 찾아내기 위해 표준 **모듈 검색 경로**와 알려진 파일 타입을 사용한다.[1] 이는 프로그래머들이 알아야 할 임포트 동작의 주요 부분이기 때문에 잠시 후 이 주제에 대해 다시 알아보도록 하자.

2. (아마도) 컴파일하기

모듈 검색 경로를 탐색하여 import문에 일치하는 소스 코드 파일을 찾아내면, 파이썬은 필요한 경우 이 파일을 바이트 코드로 컴파일한다. 2장에서 바이트 코드에 대해 간단히 설명했지만, 그보다는 더 많은 설명이 필요하다. 파이썬은 임포트 연산 중에 파일 수정 횟수와 바이트 코드의 파이썬 버전 넘버를 확인하여 어떻게 처리할 것인지를 결정한다. 전자는 파일 'timestamps'를 사용하고, 후자는 해당 코드에 사용된 파이썬 릴리즈에 따라 바이트 코드에 내장된 '매직(magic)' 숫자나 파일명을 사용한다. 이 단계에서 다음과 같이 어떤 행동을 할지를 선택한다.

컴파일함

만약 바이트 코드 파일이 소스 파일보다 **오래됐거나**(즉, 여러분이 소스를 변경했거나) 다른 파이썬 **버전**으로 생성됐다면, 파이썬은 프로그램이 실행될 때 바이트 코드를 자동으로 재생성한다.

---

1 표준 import문에 디렉터리 경로와 확장자를 추가하는 것은 구문적으로 올바르지 않다. 그러나 24장에서 논의하게 될 패키지 임포트는 import문에서 파일명 앞에 일부 디렉터리 경로를 마침표로 구분하여 포함시킬 수 있도록 되어 있다. 하지만 패키지 임포트는 여전히 패키지 경로에서 가장 왼쪽의 디렉터리의 위치를 찾기 위해 일반 모듈 검색 경로에 의존한다(즉, 이는 검색 경로의 디렉터리에 대해 상대적이다). 패키지 임포트는 import문에서 플랫폼 특화된 디렉터리 구문을 사용할 수 없다. 그러한 구문은 검색 경로에서만 유효하다. 또한, 이러한 모듈 파일 검색 경로 이슈는 여러분이 일반적으로 바이너리 이미지에 바이트 코드를 내장시키는 프로즌 실행 파일을 실행할 때는 문제가 되지 않는다(2장 참조).

앞으로 설명하겠지만 이 모델은 파이썬 3.2와 이후 버전에서 다소 변경되었다. 바이트 코드 파일은 __pycache__ 하위 디렉터리에 따로 저장되며, 여러 파이썬 버전이 설치되어 있을 때 경쟁과 재컴파일을 피하기 위해 이름에 파이썬 버전을 포함시킨다. 이는 바이트 코드에서 버전 번호를 체크할 필요를 제거했지만, 소스 변경 내역 확인을 위해 타임스탬프 확인 작업은 여전히 필요하다.

컴파일하지 않음

반면에 파이썬이 .pyc 바이트 코드 파일을 발견했고, 그 파일이 대응하는 .py 소스 파일보다 오래되지 않았으며, 동일한 파이썬 버전에서 생성되었다면, 소스 파일을 바이트 코드 파일로 컴파일하는 단계는 생략한다.

또한 파이썬이 검색 경로상에서 소스 파일 없이 바이트 코드 파일만 발견했다면, 바로 바이트 코드를 적재한다. 이는 소스를 보내지 않고, 바이트 코드만으로도 프로그램을 적재할 수 있음을 의미한다. 즉, 컴파일 단계는 프로그램 시작 속도를 높이기 위해 가능하면 생략된다.

컴파일 작업은 파일이 임포트될 때 발생한다. 이 때문에 일반적으로 여러분 프로그램의 **최상위 레벨** 파일에 대한 .pyc 바이트 코드 파일은 볼 수 없다. 그 파일이 어딘가 다른 곳에서 임포트되지 않는다면 말이다. 오직 임포트되는 파일만 여러분 장비에 .pyc 파일을 남긴다. 최상위 레벨 파일의 바이트 코드는 내부적으로 사용되고 폐기된다. 임포트된 파일의 바이트 코드는 향후 임포트 시 속도를 높이기 위해 파일에 저장된다.

최상위 레벨 파일은 대체로 임포트되기보다는 직접 실행되도록 디자인된다. 이후에 우리는 하나의 파일을 프로그램의 최상위 레벨 코드와 임포트될 도구들의 모듈, 이 두 가지 용도를 모두 충족할 수 있도록 디자인할 수 있음을 보게 될 것이다. 그렇게 디자인된 파일은 직접 실행할 수도 있으며, 임포트할 수도 있다(즉, .pyc 파일을 생성할 수도 있다). 이것이 어떻게 작동하는지에 대해서는 25장의 특별한 __name__ 속성과 __main__에 대해 설명할 때 알아보도록 하자.

3. 실행하기

임포트 연산의 최종 단계는 모듈의 바이트 코드를 실행하는 것이다. 파일의 모든 문장은 처음부터 끝까지 차례대로 실행되며, 이 단계에서 일어나는 이름에 대한 모든 할당은 결과 모듈 객체의 속성을 생성한다. 이는 모듈 코드에 의해 정의된 도구들이 생성되는 방식이다. 일례로 파일의 **def**문은 임포트 시점에 실행되어 함수를 생성하고, 모듈 내의 속성을 이러한 함수에 할당한다. 그러고 나면 함수는 프로그램에서 파일의 임포트 주체에 의해 나중에 호출될 수 있다.

이 마지막 임포트 단계가 실제로 파일 코드를 실행하기 때문에 모듈 파일의 최상위 레벨 코드가 실제 작업을 한다면, 임포트 시점에 그 결과를 확인할 수 있다. 예를 들어, 모듈에서 최상위 레벨 print문은 파일이 임포트될 때 출력 결과를 보여 준다. 함수 def문은 단순히 나중에 사용할 수 있게 객체를 정의한다.

보다시피 임포트 동작은 파일을 검색하고, 아마도 컴파일러를 실행하며, 파이썬 코드를 실행하는 등의 꽤 많은 작업을 수반한다. 이 때문에 어느 모듈이라도 기본적으로 프로세스당 단 한 번만 임포트된다. 그 후에 일어나는 임포트는 이 세 임포트 단계를 모두 생략하고, 메모리에 적재된 모듈을 재사용한다. 만약 여러분이 이미 적재된 파일에 대해 다시 임포트해야 한다면(예를 들면, 동적으로 최종 사용자의 사용자 정의를 지원하기 위해), imp.reload(이 도구에 대해서는 다음 장에서 알아보자)를 호출하여 해결해야 한다.[2]

바이트 코드 파일: 파이썬 3.2+에서의 __pycache__

잠깐 언급했듯이, 파이썬 3.2와 그 이후 버전에서는 소스 코드를 컴파일한 바이트 코드를 유지하기 위해 파일을 저장하는 방법이 변경되었다. 우선, 파이썬이 어떤 이유로 여러분 컴퓨터에 파일을 쓸 수 없어도 여러분의 프로그램은 여전히 잘 실행된다. 파이썬은 단순히 메모리 바이트 코드를 생성하고 사용한 뒤, 종료 시 이를 폐기한다. 하지만 시작 속도를 높이기 위해 파이썬은 다음에 컴파일 단계를 생략할 수 있도록 파일에 바이트 코드를 저장하려고 할 것이다. 이 방식은 파이썬 버전에 따라 다르다.

파이썬 3.1과 그 이전 버전(파이썬 2.X 모두 포함)

바이트 코드는 그에 대응하는 소스 파일과 동일한 디렉터리에 저장되며, 일반적으로 .pyc 확장자를 사용한다(🔳 module.pyc). 바이트 코드 파일에는 내부적으로 이를 생성한 파이썬 버전을 표시해 두어(개발자에게는 '매직' 필드로 알려진), 파이썬이 여러분 프로그램을 실행하고 있는 파이썬 버전과 다른 경우 **재컴파일**이 필요하다는 것을 알 수 있도록 해준다. 예를

---

2 앞에서 설명했듯이, 파이썬은 이미 임포트된 모듈을 내장된 sys.modules 딕셔너리에 유지하고 있어서 무엇이 적재되어 있는지 파악할 수 있다. 실제로, 어느 모듈이 적재되었는지 보고 싶다면, sys를 임포트하여 list(sys.modules.keys())를 프린트해 볼 수 있다. 이 내부 테이블에 대한 다른 사용법에 대해서는 25장에서 더 알아보도록 하자.

들면, 만약 여러분이 새로운 파이썬으로 업그레이드하여 바이트 코드의 버전과 달라졌다면, 여러분의 모든 바이트 코드 파일은 여러분이 소스 코드를 변경하지 않았더라도 버전 번호 불일치로 인해 자동으로 재컴파일될 것이다.

파이썬 3.2와 이후 버전

바이트 코드 파일은 소스 파일 위치를 기준으로 하위 디렉터리인 __pycache__ 디렉터리에 저장된다. 이 디렉터리는 필요 시 파이썬이 생성한다. 이것은 바이트 코드 파일을 별도의 디렉터리로 분리함으로써 여러분의 소스 디렉터리가 지저분해지지 않도록 해준다. 더불어, 바이트 코드 파일이 이전처럼 .pyc 확장자를 갖더라도, 파일명에 해당 파일이 생성된 파이썬 버전 식별자를 포함시킴으로써 좀 더 설명적인 이름을 갖게 된다(예 module.cpython-32.pyc). 이는 경쟁과 재컴파일을 피한다. 설치된 파이썬의 각 버전은 자신만의 유일한 버전 번호가 이름으로 부여된 바이트 코드 파일을 __pycache__ 하위 디렉터리에 가지고 있기 때문에 한 버전으로 실행하는 것이 다른 버전의 바이트 코드를 덮어쓰지 않으며, 따라서 재컴파일할 필요가 없게 된다. 기술적으로 바이트 코드 파일명은 이를 생성한 파이썬의 이름도 포함하기 때문에 CPython, Jython 그리고 서문과 2장에서 언급한 다른 구현 버전이 서로의 작업 영역을 침범하지 않고 동일 장비에 공존할 수 있다(그것들이 이 모델을 지원만 한다면 말이다).

이 두 모델에서 파이썬은 여러분이 최종 컴파일 이후로 소스 코드 파일을 변경한다면, 항상 바이트 코드를 재생성하지만 버전 차이는 다르게 처리된다. 매직 숫자와 함께 3.2 이전 버전에서는 파일 교체로, 3.2와 그 이후 버전에서는 여러 사본을 허용하는 파일명을 이용하여 처리된다.

실제 바이트 코드 파일 모델

2.X와 3.6 아래에서 이 두 모델이 실제 동작하는 예시를 간단히 살펴보자. 공간을 절약하기 위하여 윈도우에서 dir 디렉터리에 의해 표시되는 텍스트의 대부분을 생략하였으며, 여기에서 사용되는 스크립트는 이 논의와 관련이 없기 때문에 표시하지 않았다(2장에서의 예시를 사용한 것으로, 단순히 두 개의 값을 출력한다). 3.2 이전의 바이트 코드 파일은 임포트 동작에 의해 생성된 후 자신의 소스 파일과 함께 등장한다.

```
c:\code\py2x> dir
10/31/2012 10:58 AM                    39 script0.py
```

```
c:\code\py2x> C:\python27\python
>>> import script0
hello world
1267650600228229401496703205376
>>> ^Z

c:\code\py2x> dir
10/31/2012 10:58 AM                         39 script0.py
10/31/2012 11:00 AM                        154 script0.pyc
```

하지만, 3.2와 이후 버전의 바이트 코드 파일은 __pycache__ 하위 디렉터리에 저장되며, 파일명에 파이썬 구현 세부 내역과 버전을 포함함으로써 디렉터리가 지저분해지는 것을 막고, 컴퓨터에 설치된 파이썬 간의 경쟁을 피한다.

```
c:\code\py2x> cd ..\py3x
c:\code\py3x> dir
10/31/2012 10:58 AM                         39 script0.py

c:\code\py3x> C:\python36\python
>>> import script0
hello world
1267650600228229401496703205376
>>> ^Z

c:\code\py3x> dir
10/31/2012 10:58 AM                         39 script0.py
10/31/2012 11:00 AM <DIR>                      __pycache__

c:\code\py3x> dir __pycache__
10/31/2012 11:00 AM                        184 script0.cpython-36.pyc
```

결정적으로 3.2와 이후 버전에서 사용된 모델에서는 동일 파일을 다른 파이썬으로 임포트하면 3.2 이전 모델에서처럼 단일 파일을 덮어쓰는 대신, 다른 바이트 코드 파일을 생성한다. 새로운 모델에서는 각 파이썬 버전과 구현이 다음 프로그램 실행 시 적재될 자신만의 바이트 코드 파일을 가진다(이전 파이썬은 행복하게도 동일 장비에서 자신들의 방식을 고수할 것이다).

```
c:\code\py3x> C:\python32\python
>>> import script0
hello world
1267650600228229401496703205376
>>> ^Z

c:\code\py3x> dir __pycache__
10/31/2012 12:28 PM                        178 script0.cpython-32.pyc
10/31/2012 11:00 AM                        184 script0.cpython-36.pyc
```

파이썬 3.2의 새로운 바이트 코드 파일 모델이 여러분 장비에 하나 이상의 파이썬이 설치되어 있을 때(오늘날처럼 2.X와 3.X 이중 시스템에서는 일반적인 경우다) 재컴파일을 피할 수 있기 때문에 아마 더 우월한 방식일 것이다. 반면에, 이전 파일과 디렉터리 구조에 기대는 프로그램에서는 잠재적 비호환성이 없는 것은 아니다. 예를 들어 이는 몇몇 도구 프로그램에서 호환성 이슈를 일으키지만, 완전하게 동작하는 도구들은 예전처럼 동작할 것이다. 잠재적 영향도에 대한 자세한 내용은 파이썬 3.2의 'What's New?' 문서를 통해 확인하자.

이 절차가 완전히 **자동**으로 이루어지며, 이는 프로그램 실행에 있어 부작용을 야기한다. 대부분의 프로그래머는 재컴파일이 줄어들어서 시작 시간이 빨라진 것 외에는 그 차이에 관심을 두지도, 심지어 알아차리지도 못할 것이라는 점을 염두에 두도록 하자.

모듈 검색 경로

앞서 언급했듯이, 임포트 절차 중 대부분의 프로그래머가 신경 쓸 단계는 일반적으로 첫 단계 인 임포트될 파일의 위치를 정확히 찾아내는 것('모듈 찾기' 부분)이다. 여러분은 임포트할 파일을 어디에서 찾아볼 것인지 파이썬에 알려 줘야 할 수도 있으므로, 검색 경로를 활용하여 이를 확장하는 방법을 알아 두어야 한다.

많은 경우에 여러분은 자동으로 설정된 모듈 임포트 검색 경로에 기댈 수 있으며, 이 경로를 별도로 설정할 필요가 없다. 하지만 만약 여러분이 디렉터리 경계를 넘나들며 사용자 정의 파일을 임포트할 수 있기를 바란다면, 검색 경로를 커스터마이징하기 위해 그 검색 경로가 어떻게 동작하는지 알아야만 할 것이다. 대략적인 파이썬의 모듈 검색 경로는 다음의 주요 구성 요소들의 연결로서 구성된다. 일부는 미리 설정된 경로이며, 일부는 여러분이 어디를 찾아보아야 할지 파이썬에게 알려 줄 수 있도록 사용자 정의한 경로다.

1. 프로그램의 홈 디렉터리
2. (만약 설정되어 있다면) PYTHONPATH 디렉터리
3. 표준 라이브러리 디렉터리
4. (만약 존재한다면) 모든 .pth 파일의 내용
5. 서드파티 확장 기능의 site-package 홈

결국, 이들 다섯 개의 구성 요소의 연결은 sys.path가 된다. sys.path는 디렉터리 이름 문자열

의 가변 리스트로 이 절 후반부에서 더 자세히 설명하겠다. 검색 경로의 첫 번째와 세 번째 구성 요소는 자동으로 정의된다. 하지만 파이썬은 이들 구성 요소들의 연결을 처음부터 끝까지 검색하므로 두 번째와 네 번째 항목은 여러분만의 소스 코드 디렉터리를 포함시키기 위해서 경로를 확장하도록 사용될 수 있다. 그렇다면 이 경로 구성 요소들 각각을 파이썬이 어떻게 사용하는지 살펴보자.

홈 디렉터리(자동)

파이썬은 처음으로 홈 디렉터리에서 임포트된 파일을 검색한다. 이 항목의 의미는 여러분이 코드를 어떻게 실행하느냐에 따라 다르다. 만약 **프로그램**을 실행하는 중이라면, 이 항목은 여러분 프로그램의 최상위 레벨 스크립트 파일을 포함하는 디렉터리다. 여러분이 대**화형 세션**으로 작업 중이라면, 이 항목은 여러분이 현재 작업 중인 디렉터리가 될 것이다.

이 디렉터리가 언제나 가장 먼저 검색되기 때문에 프로그램이 전부 단일 디렉터리에 위치한다면, 모든 임포트는 별도의 경로 설정 없이 자동으로 동작할 것이다. 반면, 이 디렉터리가 가장 먼저 검색되므로 여기에 있는 파일들이 경로상의 다른 곳에 위치한 디렉터리의 동일한 이름을 갖는 모듈보다 우선시된다. 만약 여러분의 프로그램에서 이들이 필요하다면 이렇게 라이브러리 모듈이 숨김 처리가 되지 않도록 주의하거나, 이 이슈를 부분적으로나마 피할 수 있는 패키지 도구를 사용하자. 이 패키지 도구에 대해서는 나중에 다시 설명하겠다.

PYTHONPATH 디렉터리(설정 가능)

다음으로, 파이썬은 PYTHONPATH 환경 변수 설정에 나열된 모든 디렉터리를 왼쪽에서 오른쪽 순서대로 검색한다(여러분이 이 환경 변수를 설정했다는 가정하에 일어나는 단계로, 미리 설정되어 있는 값이 아니다). 간단히 설명하자면 PYTHONPATH는 단순히 파이썬 코드 파일을 포함하는, 사용자가 별도로 정의하거나 플랫폼에 특화된 디렉터리 이름의 리스트다. 여기에 여러분이 임포트하고 싶은 모든 디렉터리를 추가할 수 있으며, 파이썬은 자신의 모듈 검색 경로에 PYTHONPATH에 나열되어 있는 모든 디렉터리를 포함시킬 것이다.

파이썬은 홈 디렉터리를 가장 먼저 검색하기 때문에 이 설정은 디렉터리 경계 너머에 있는 파일을 임포트할 때에만 중요하다. 즉, 여러분의 임포트 대상 파일이 그 파일을 임포트하는 파일과 **다른** 디렉터리에 저장되어 있을 때에만 중요하다는 의미다. 아마 여러분이 상당한 규모의 프로그램을 작성하기 시작한다면, PYTHONPATH 변수를 설정하길 원할 것이다. 하지만 이제 처음 시작하는 단계라면 여러분 모듈 파일 모두를 여러분이 작업하는 디렉터리(즉, 이 책에서 사용하는 C:\code와 같은 홈 디렉터리)에 저장하는 한, 이 설정에 대해 걱정하지 않아도 임포트는 문제없이 동작할 것이다.

표준 라이브러리 디렉터리(자동)

다음으로, 파이썬은 자동으로 표준 라이브러리 모듈이 설치된 디렉터리를 검색한다. 이 디렉터리는 항상 검색되기 때문에 이 디렉터리를 여러분의 PYTHONPATH나 다음 항목에서 논의할 경로 파일에 포함시킬 필요는 없다.

.pth 경로 파일 디렉터리(설정 가능)

파이썬에서 덜 사용하는 특징으로, 사용자는 .pth(path의 약자) 확장자로 끝나는 텍스트 파일 한 라인에 하나의 디렉터리를 작성하여 나열함으로써 모듈 검색 경로에 디렉터리를 추가할 수도 있다. 이 경로 설정 파일은 어느 정도 설치와 관련된 고급 기능이다. 여기서 전체를 다루지는 않겠지만, 이는 PYTHONPATH 설정의 대안이 된다.

간단히 말해, 적절한 디렉터리에 위치한 디렉터리 이름들이 나열된 텍스트 파일은 대략 PYTHONPATH 환경 변수 설정과 동일한 역할을 한다. 예를 들어 만약 윈도우에서 파이썬 3.6을 실행한다면, 모듈 검색 경로를 확장하기 위해 myconfig.pth라는 이름의 파일은 파이썬 설치 디렉터리 최상위 레벨(C:\Python36)에 위치하거나, 표준 라이브러리의 site-packages 하위 디렉터리(C:\Python36\Lib\site-packages)에 위치할 것이다. 유닉스계 시스템에서 이 파일은 그 대신에 /usr/local/lib/python3.6/site-packages나 /usr/local/lib/site-python에 위치할 것이다.

그런 파일이 존재한다면, 파이썬은 파일 내의 각 줄에 작성된 디렉터리를 처음부터 끝까지 모듈 검색 경로 리스트의 거의 마지막에(현재 PYTHONPATH와 표준 라이브러리 다음에, 그렇지만 서드파티 확장 기능이 설치된 곳에서는 site-packages 디렉터리 전에) 추가할 것이다. 실제로, 파이썬은 자신이 발견한 모든 .pth 파일에 있는 디렉터리 이름들을 모조리 수집하여 중복되는 디렉터리나 존재하지 않는 디렉터리를 걸러낼 것이다. 경로 파일은 셸 설정이 아닌 파일이기 때문에 한 사용자 또는 셸만이 아니라, 그 설치 버전의 모든 사용자에게 적용될 수 있다. 더구나 텍스트 파일은 일부 사용자나 애플리케이션에 대해서는 환경 설정보다 작성하기 더 간단할 것이다.

이 기능은 여기에서 설명한 것보다 복잡하다. 더 자세한 내용은 파이썬 라이브러리 매뉴얼을 참조하고, 특히 표준 라이브러리 모듈 site 관련 문서를 찾아보기 바란다. site 모듈을 통해 파이썬 라이브러리와 경로 파일의 위치를 설정할 수 있으며, 그 관련 문서는 일반적인 경로 파일의 예상 위치에 대해 설명하고 있다. 입문자들은 디렉터리 간 임포트를 해야 하는 경우에만, PYTHONPATH를 사용하거나 단일 .pth 파일을 사용할 것을 권장한다. 경로 파일은 일반적으로 파이썬의 site-packages에 경로 파일을 설치하는 서드파티 라이브러리에서 더 자주 사용된다. 이에 대해서는 다음 항목에서 설명하도록 하겠다.

서드파티 확장 모듈의 Lib\site-packages 디렉터리(자동)

마지막으로, 파이썬은 자동으로 모듈 검색 경로에 자신의 표준 라이브러리의 하위 디렉터리인 site-packages를 추가한다. 관례상 이는 대부분의 서드파티 확장 모듈이 설치되는 장소로, 이러한 확장 모듈은 앞으로 종종 나올 칼럼에서 설명할 distutils 도구에 의해 자동으로 설치되기도 한다. 이들 설치 디렉터리는 항상 모듈 검색 경로의 일부분을 차지하므로 클라이언트는 별도의 경로 설정 없이 이러한 확장 모듈을 임포트할 수 있다.

검색 경로 설정하기

앞에서 살펴봤다시피 PYTHONPATH와 경로 파일을 통해 모듈 검색 경로를 사용자 정의할 수 있다. 환경 변수를 설정하고 경로 파일을 어디에 저장할 것인지를 설정하는 것은 플랫폼에 따라 다르다. 예를 들어 윈도우의 경우 제어판의 시스템 아이콘을 사용하여 PYTHONPATH를 설정할 수 있으며, 이때 각 디렉터리 경로는 다음과 같이 세미콜론으로 구분하여 나열한다.

```
c:\pycode\utilities;d:\pycode\package1
```

그 대신에 C:\Python36\pydirs.pth라 불리는 텍스트 파일을 생성할 수도 있는데, 그 파일은 다음과 같은 형태를 띨 것이다.

```
c:\pycode\utilities
d:\pycode\package1
```

이 설정들은 다른 플랫폼에서도 유사하지만, 이 장에서 세부적으로 다루기에는 지나치게 광범위하다. 다양한 플랫폼에서 PYTHONPATH와 .pth로 모듈 검색 경로를 확장하는 방법에 대한 조언은 부록 A를 참조하자.

검색 경로 변형

모듈 검색 경로에 대한 지금까지의 설명은 정확하지만 일반적이다. 검색 경로의 정확한 설정은 플랫폼, 파이썬 버전, 파이썬 구현 방식에 따라 다르다. 플랫폼에 따라 추가적인 디렉터리들이 모듈 검색 경로에 자동으로 추가될 수도 있다.

예를 들어, 일부 파이썬은 현행 작업 디렉터리(여러분의 프로그램을 시작한 디렉터리)를 위한 항목을 검색 경로에서 PYTHONPATH 디렉터리 전에 추가할 수도 있다. 여러분이 명령 라인으로 시작하면, 현행 작업 디렉터리가 늘 검색 경로에 추가되어 있는 여러분의 최상위 레벨 파일의 홈 디렉터리(즉, 여러분의 프로그램 파일이 위치한 디렉터리)와 같지 않을 수도 있다. 현행 작업 디렉터리는 프로그램을 실행할 때마다 달라질 수 있으므로, 일반적으로 임포트를 위해 그 값에 의존하지 말아야 한다. 명령 라인에서 프로그램을 실행하는 것에 대한 자세한 사항은 3장을 참조하자.[3]

여러분의 파이썬이 여러분 플랫폼에서 모듈 검색 경로 설정을 어떻게 하는지 보기 위해서 sys. path를 검사하면 되며, 이에 대해서는 다음 절에서 알아보도록 하자.

sys.path 리스트

여러분의 장비에서 모듈 검색 경로가 실제로 어떻게 설정되는지 보기를 원한다면, 내장된 sys.path 리스트를 출력함으로써 파이썬이 사용하고 있는 경로를 검사할 수 있다. 이 디렉터리 이름 문자열의 리스트는 파이썬 내의 실제 검색 경로다. 파이썬은 임포트 시 이 리스트의 각 디렉터리를 왼쪽에서 오른쪽 순서대로 검색하며, 그 과정에서 일치하는 첫 번째 파일을 사용한다.

실제로, sys.path는 모듈 검색 경로다. 파이썬은 프로그램 시작 시 이를 설정하고, 자동으로 최상위 파일의 홈 디렉터리(또는 현행 작업 디렉터리를 지정하는 공백 문자열), PYTHONPATH 디렉터리들, 여러분이 생성한 모든 .pth 파일의 내용들, 그리고 모든 표준 라이브러리 디렉터리들을 합친다. 그 결과는 새로운 파일을 임포트할 때마다 파이썬이 검색하는 디렉터리 이름 문자열의 리스트가 된다.

파이썬은 이 리스트를 두 가지 타당한 이유로 공개한다. 첫째, 이것은 여러분이 설정한 검색 경로를 검증하는 방법이 된다. 만약 이 리스트 어디에서도 여러분의 설정값이 보이지 않는다면, 여러분의 설정 작업 내용을 다시 확인해 보아야 한다. 예를 들어, 내가 윈도우 파이썬 3.3에서 PYTHONPATH에 C:\code를 설정하였으며, C:\Python36\mypath.pth 경로 파일에

---

3   24장의 파이썬 3.X에서의 새로운 상대 임포트 구문과 검색 규칙에 대한 논의도 함께 보도록 하자. 이들은 '.' 문자를 사용할 때 (᷾ from . import string), 패키지 내의 파일에서 from문을 위한 검색 경로를 수정한다. 기본적으로 파이썬 3.X에서는 패키지 자체에서 파일이 이러한 상대 import문을 사용하지 않으면, 임포트로 패키지의 디렉터리가 자동으로 검색되지 않는다.

C:\Users\mark를 설정한 결과, 모듈 검색 경로는 다음과 같이 보인다. 제일 처음 공백의 문자열은 현행 디렉터리를 의미하며, 내가 설정한 두 개의 설정값이 포함되어 있다. 나머지는 표준라이브러리 디렉터리와 파일 그리고 서드파티 확장 기능을 위한 **site-packages** 홈 디렉터리다.

```
>>> import sys
>>> sys.path
['', 'C:\\code', 'C:\\Windows\\system32\\python36.zip', 'C:\\Python36)\\DLLs',
 'C:\\Python36\\lib', 'C:\\Python36', 'C:\\Users\\mark',
 'C:\\Python36\\lib\\site-packages']
```

둘째로, 여러분이 작업 내용을 알고 있다면, 이 리스트는 스크립트를 위해 검색 경로를 직접 조정하는 방법을 제공한다. 이 파트의 후반부에서 보게 되듯이 sys.path 리스트를 수정함으로써, 여러분은 향후 한 프로그램이 실행될 때 이루어지는 모든 임포트에 대한 검색 경로를 수정할 수 있다. 하지만 이러한 변경 사항은 해당 스크립트 실행 동안에만 지속된다. PYTHONPATH와 .pth 파일은 경로를 변경하는 더 영구적인 방법을 제공한다. PYTHONPATH는 사용자별로, pth 파일은 설치별로 유효하다.

반면, 일부 프로그램은 실제로 sys.path를 변경해야 하는 경우도 있다. 예를 들어, 웹 서버에서 실행되는 스크립트는 종종 장비에 접근을 제한하기 위해 'nobody' 사용자로 실행된다. 이러한 스크립트는 일반적으로 PYTHONPATH를 어떤 특정 방식으로 설정하기 위해 'nobody'에 의존할 수 없기 때문에 종종 임포트를 실행하기 전에 직접 sys.path를 설정함으로써 필요한 소스 디렉터리를 포함시키기도 한다. sys.path.append 또는 sys.path.insert로도 충분하지만, 단일 프로그램 실행 동안만 지속된다.

모듈 파일 선택

import문에서 파일 이름 확장자(예 .py)는 의도적으로 생략됨을 기억하자. 파이썬은 검색 경로상에서 임포트되는 이름과 일치하는 첫 번째 파일을 선택한다. 실제로, 임포트는 다수의 외부구성 요소들(소스 코드, 다양한 형태의 바이트 코드, 컴파일된 확장 등)에 대한 인터페이스 지점이 된다. 파이썬은 자동으로 어떤 유형이든 상관없이 모듈 이름과 일치하는 것을 선택한다.

모듈 소스

예를 들어, import b 형태의 import문은 다음을 해석 또는 적재할 것이다.

- b.py 이름의 소스 코드 파일

- b.pyc 이름의 바이트 코드 파일

- b.pyo 이름의 최적화된 바이트 코드 파일(덜 보편적인 포맷임)

- 패키지 임포트를 위한 b라는 이름의 디렉터리(24장 참조)

- C, C++ 또는 다른 언어로 작성되고 임포트 시 동적으로 연결되는 컴파일된 확장 모듈(예 리눅스에서는 b.so 또는 Cygwin과 윈도우에서는 b.dll 또는 b.pyd)

- C로 작성되고 파이썬에 정적으로 연결되는 컴파일된 내장 모듈

- 임포트 시 자동으로 추출되는 ZIP 파일 항목

- 프로즌 실행파일을 위한 메모리 안의 이미지

- 파이썬의 Jython 버전에서의 자바 클래스

- 파이썬의 IronPython 버전에서 .NET 컴포넌트

C 확장 모듈, Jython, 패키지 임포트는 단순 파일을 넘어 임포트를 확장한다. 하지만 임포트 주체로서는 임포트할 때나 모듈 속성을 가져올 때 적재되는 파일 타입의 차이는 전혀 상관없다. import b는 모듈 검색 경로를 따라 모듈 b가 무엇이든 상관없이 가져오고 b.attr는 모듈에서 항목을 가져오는데, 이는 파이썬 변수 또는 연결된 C 함수일 수 있다. 이 책에서 우리가 사용할 일부 표준 모듈은 실제로 파이썬이 아닌 C로 코딩되었다. 이들은 파이썬으로 작성된 모듈 파일처럼 보이기 때문에 이들을 사용하는 클라이언트는 신경 쓸 필요가 없다.

선택 우선순위

만약 b.py와 b.so가 다른 디렉터리에 있다면, 파이썬은 항상 sys.path의 리스트를 왼쪽에서 오른쪽으로 검색해 나가면서 모듈 검색 경로에서 가장 먼저 발견한 (가장 왼쪽의) 디렉터리의 모듈을 적재한다. 하지만 만약 파이썬이 b.py와 b.so를 **동일** 디렉터리에서 발견했다면 어떻게 될까? 이 경우 파이썬은 표준 선택 순서를 따르지만, 이 순서는 파이썬 구현별로 또는 시간이 지나면서 지금과는 달라질 수도 있다. 일반적으로 여러분은 파이썬이 주어진 디렉터리 내에서 파이썬이 어떤 유형의 파일을 선택할 것인지에 대해 의존해서는 안 된다. 모듈 이름을 구분되게 작성하거나, 여러분의 모듈 검색 경로를 모듈 선택 선호도가 명시적으로 드러날 수 있도록 설정하자.

임포트 훅과 ZIP 파일

일반적으로 임포트는 이 절에서 설명한 대로 동작한다. 임포트는 여러분의 장비에서 파일을 찾아서 적재한다. 하지만 파이썬에서 임포트 동작이 수행하는 대부분의 것을 **임포트 훅**(hook)이라는 것을 이용하여 재정의할 수 있다. 이 훅은 임포트가 아카이브로부터 파일을 적재하거나 암호를 해독하는 등 여러 가지 유용한 일들을 하도록 만들 때 이용될 수 있다.

실제로, 파이썬 자체에서도 ZIP 아카이브로부터 직접 임포트하기 위해 이러한 훅을 이용한다. 모듈 임포트 검색 경로에서 .zip 파일이 선택되면 임포트 시점에 압축된 파일들이 추출된다. 예를 들어, 앞에서 보았던 sys.path 출력에서 표준 라이브러리 디렉터리 중 하나는 .zip 파일이다. 더 자세한 내용은 파이썬 표준 라이브러리 매뉴얼에서 내장된 함수인 __import__에 대한 설명을 참고하자. 이 함수는 import문이 실제로 실행하는 도구로, 이 도구는 커스터마이징이 가능하다.

이곳에서는 공간의 제약으로 대부분의 내용이 생략되었지만, 이 분야의 업데이트 내용을 확인하려면 파이썬 3.6의 'What's New?' 문서를 참고하자. 간단히 요약하면, 이 버전과 이후 버전에서는 이제 __import__ 함수는 importlib.__import__에 의해 구현되어 그 구현을 부분적으로 통합하고, 좀 더 명확하게 공개한다.

이 호출 중 후자는 importlib.import_module에 싸여 있다. 파이썬 현재 매뉴얼에 따르면 일반적으로 이름 문자열로 임포트하는 직접 호출에서 __import__보다 선호되는 도구로, 이 기법에 대해서는 25장에서 논의할 예정이다. 이 두 호출은 오늘날에도 여전히 동작하지만, __import__ 함수는 내장된 범위(17장 참조)에서 대체되어 임포트 동작을 변경할 수 있도록 지원하며, 다른 기법들은 유사한 역할을 지원한다. 더 자세한 내용은 파이썬 라이브러리 매뉴얼을 참고하자.

최적화된 바이트 코드 파일

마지막으로, 파이썬은 최적화된 바이트 코드 파일인 .pyo의 개념을 지원한다. 이 파일은 명령 라인 플래그 –O로 생성되고 실행되며, 일부 설치 도구에 의해 자동으로 생성되기도 한다. 하지만 이 파일 형태는 일반적인 .pyc 파일보다 실행 속도가 아주 약간 빨라지기 때문에 자주 사용되지는 않는다. 예를 들어, PyPy 시스템(2장과 21장 참조)은 실행 속도를 상당히 향상시킨다. 부록 A와 36장에서 .pyo 파일에 대해 더 알아보자.

모듈 검색 경로 설정에 대한 이 장의 설명은 주로 여러분이 직접 작성한 사용자 정의 소스 코드에 대해 다루었다. 파이썬을 위한 서드파티 확장 모듈은 자기 자신을 설치할 때 일반적으로 표준 라이브러리의 distutils 도구를 사용하므로 이들 코드를 사용하기 위한 별도의 경로 설정은 필요 없다.

distutils를 사용하는 시스템은 일반적으로 그 시스템 설치를 위해 실행되는 **setupa.py** 스크립트를 동반한다. 이 스크립트는 distutils 모듈을 임포트하고 사용하여 그 시스템을 자동으로 모듈 검색 경로의 일부인 디렉터리에 위치시킨다(일반적으로 대상 장비에 존재하는 어디든 파이썬 설치 트리의 Lib\site-**packages** 하위 디렉터리에 위치한다).

distutils로 설치하고 배포하는 것에 대한 더 자세한 내용은 파이썬 표준 매뉴얼을 참조하자. 이것의 사용법은 이 책의 범위를 넘어서므로 구제척인 언급은 하지 않는다(예를 들어, 이것은 대상 장비에 C로 작성된 확장 모듈을 자동으로 컴파일하는 방법도 제공한다). 아울러, 서드파티 오픈 소스 시스템인 **eggs**에 대해서도 확인해 보자. 이 시스템은 설치된 파이썬 소프트웨어를 위해 의존도 검사 기능을 추가한다.

이 다섯 번째 개정판이 쓰일 때 파이썬 표준 라이브러리에서 distutils를 제거하고 새로운 distutils2 패키지로 대체한다는 설이 있기도 했으므로 주의하자. 그러나 이에 대한 현재 상태가 분명하지 않다(이것은 3.3에서 등장할 것으로 예상했지만 등장하지 않았다.[4]) 따라서 이 책이 출판된 후 해당 분야에서 이루어진 업데이트에 대해서는 파이썬의 'What's New' 문서를 통해 반드시 확인하도록 하자.

이 장의 요약

이 장에서 우리는 모듈, 속성, 임포트에 대한 기본 내용을 다루었으며, import문의 동작 원리에 대하여 알아보았다. 그리고 임포트가 모듈 검색 경로상에서 지정된 파일을 찾고, 이를 바이트 코드로 컴파일한 뒤, 그 내용을 생성하기 위해 그 코드의 문장들을 모두 실행한다는 것도 배웠다. 또한, 홈 디렉터리와 표준 라이브러리 디렉터리가 아닌 디렉터리로부터 임포트할 수 있도록 주로 PYTHONPATH 설정을 이용하여 검색 경로를 설정하는 방법에 대해서도 배웠다.

이 장에서 보여 준 대로, 임포트 연산과 모듈은 파이썬 프로그램 아키텍처의 핵심이다. 규모가 큰 프로그램들은 실행 시간에 임포트에 의해 서로 연결되는 여러 파일들로 나뉜다. 임포트는 파일의 위치를 찾기 위해 차례대로 모듈 검색 경로를 사용하고, 모듈은 외부에서 사용할 수 있도록 속성을 정의한다.

---

4 옮긴이 이 책이 번역되는 현재 Distutils2는 알파 버전에서 개발이 중단되었다)

물론, 임포트와 모듈의 요점은 프로그램의 로직을 독자적인 소프트웨어 구성 요소들로 분류하여 프로그램에 구조를 제공한다는 데에 있다. 한 모듈의 코드는 다른 모듈의 코드로부터 분리된다. 실제로 명시적인 import문이 실행되지 않는다면, 어떤 파일도 다른 파일에서 정의된 이름을 볼 수가 없다. 이 때문에 모듈은 프로그램에서 이름 충돌을 최소화한다.

다음 장에서는 이 모든 내용이 무엇을 의미하는지 실제 문장과 코드 관점에서 알아볼 것이다. 그 전에, 이 장의 퀴즈를 먼저 풀어 보도록 하자.

학습 테스트: 퀴즈

1. 모듈 소스 코드 파일은 어떻게 모듈 객체가 되는가?
2. 어떤 경우에 PYTHONPATH 환경 변수를 설정해야 할까?
3. 모듈 임포트 검색 경로의 다섯 가지 주요 구성 요소를 기술하시오.
4. 임포트 연산에 대응하여 파이썬이 적재한 네 가지 파일 타입을 기술하시오.
5. 네임스페이스는 무엇이며, 모듈의 네임스페이스는 무엇을 포함하고 있는가?

학습 테스트: 정답

1. 모듈의 소스 코드 파일은 임포트될 때 자동으로 모듈 객체가 된다. 기술적으로, 그 모듈의 소스 코드는 임포트되는 동안 한 번에 한 문장씩 실행되며, 그 과정에서 할당된 모든 이름은 모듈 객체의 속성이 된다.

2. PYTHONPATH는 여러분이 작업하는 디렉터리(즉, 대화형으로 작업하는 현재 디렉터리 또는 여러분의 최상위 레벨 파일을 포함하는 디렉터리)와 다른 디렉터리로부터 임포트할 때에만 설정하면 된다. 실제로, 이는 일반 프로그램에서 자주 사용하는 방식이다.

3. 모듈 임포트 검색 경로의 다섯 가지 주요 구성 요소는 최상위 레벨 스크립트의 홈 디렉터리(이를 포함한 디렉터리), PYTHONPATH 환경 변수에 열거된 모든 디렉터리들, 표준 라이브러리 디렉터리들, 표준 위치에 존재하는 .pth 경로 파일에 나열된 모든 디렉터리들, 그리고 서드파티 확장 모듈 설치를 위한 site-packages 루트 디렉터리다. 이 중 프로그래머들은 PYTHONPATH와 .pth 파일을 변경할 수 있다.

4. 파이썬은 소스 코드(.py) 파일, 바이트 코드(.pyc 또는 .pyo) 파일, C 확장 모듈(圓 리눅스에서는 .so 파일, 윈도우에서는 .dll 또는 .pyd 파일), 또는 패키지 임포트를 위한 동일 이름의 디렉터리를 적재한다. 또한 임포트는 ZIP 파일 구성 요소, 파이썬의 Jython 버전에서의 자바 클래스, IronPython에서 .NET 컴포넌트, 그리고 어떤 파일도 존재하지 않을 때 정적으로 연결된 C 확장 모듈을 적재할 수도 있다. 실제로, 임포트는 임포트 훅을 이용해서 어떠한 대상도 적재할 수 있다.

5. 네임스페이스는 변수들의 독자적인 패키지로, 여기에서 변수들은 네임스페이스 객체의 속성으로 알려져 있다. 모듈의 네임스페이스는 모듈 파일 최상위 레벨의(즉, def 또는 class문에 내포되지 않은) 코드에 의해 할당된 모든 이름들을 포함한다. 기술적으로, 모듈의 전역 범위는 모듈 객체의 속성 네임스페이스로 변한다. 모듈의 네임스페이스는 그 모듈을 임포트하는 다른 파일로부터 할당에 의해 변경될 수 있지만, 이런 변경은 일반적으로 지양해야 한다(파일 간 변경의 취약점에 대해서 더 알아보려면 17장을 참조하자).

23

모듈 코딩 기초

지금까지 모듈에 대한 큰 개념을 살펴보았으니, 이제 실제 모듈이 어떻게 사용되는지 예제를 통해 알아보자. 이 장의 앞부분에서 다루는 주제들 중 일부는 이 책을 순서대로 읽어서 이미 이전 장의 예제에 모듈을 적용했던 독자들에게는 복습이 되겠으나, 그 주제들은 우리가 아직 만나보지 못했던 중첩, 리로드, 범위 등의 파이썬 모듈을 둘러싼 더 자세한 내용을 이해하는 지름길을 제공할 것이다.

파이썬 모듈은 **생성**하기 쉽다. 이것은 단지 텍스트 편집기로 만든 파이썬 프로그램 코드의 파일일 뿐이다. 여러분이 파이썬에게 모듈을 만들고 있다는 것을 알리기 위해 특별한 구문을 작성할 필요도 없다. 어떤 텍스트 파일이라도 상관없다. 파이썬이 모듈을 찾고 적재하는 작업과 관련한 모든 세부 사항들을 처리하기 때문에 모듈은 **사용하기도 쉽다**. 클라이언트는 간단하게 모듈 또는 모듈이 정의한 특정 이름을 임포트하여 그 특정 이름이 참조하는 객체를 사용한다.

모듈 생성

모듈을 정의하기 위해 텍스트 편집기로 파이썬 코드를 텍스트 파일에 입력하고 그 파일을 '.py' 확장자로 저장하자. 이렇게 생성된 파일은 자동으로 파이썬 모듈로서 인식된다. 모듈의 최상위 레벨에 할당된 모든 이름들은 이 모듈의 속성(모듈 객체에 연계된 이름)이 되고, 클라이언트가 사용하도록 내보내진다(export). 이 속성은 변수에서부터 모듈 객체 속성에 이르기까지 자동으로 변한다.

예를 들어, 만약 module1.py 파일에 다음의 def문을 입력하고 임포트했다면, 여러분은 하나의 속성을 갖는 모듈 객체를 생성한 것이다. 이름 printer는 함수 객체에 대한 참조 값이 된다.

```
def printer(x):                          # 모듈 속성
    print(x)
```

모듈 파일명

계속 살펴보기 전에, 모듈 파일명에 대해 몇 가지 짚고 넘어갈 것이 있다. 여러분은 모듈을 원하는 어떤 이름으로도 부를 수 있지만, 그 파일을 임포트할 계획이라면 반드시 .py 확장자로 끝나야 한다. 엄밀히 말하자면 '.py'는 보통 실행만 되고 임포트되지는 않는 최상위 파일에 대해서 필수는 아니지만, 모든 파일에 대해 동일한 확장자를 적용함으로써 파일의 타입이 보다 명확해지며, 향후 필요에 따라 어떤 파일이라도 임포트할 수 있게 된다.

모듈 이름은 파이썬 프로그램 내부에서 (.py를 뺀) 변수 이름이 되기 때문에 11장에서 소개한 일반적인 변수명 규칙을 따라야 한다. 예를 들어 여러분은 if.py 모듈 파일을 생성할 수 있지만, if는 파이썬에서 예약어이므로 이 파일을 임포트할 수는 없다. 만약 import if를 실행하려 한다면 구문 오류가 발생할 것이다. 실제로, 패키지 임포트(다음 장에서 논의할 주제다)에서 사용되는 모듈 파일의 이름과 디렉터리의 이름 모두 11장에서 설명한 변수명 규칙을 따라야만 한다. 예를 들면 그 이름은 문자, 숫자 그리고 언더스코어 문자만 사용할 수 있다. 패키지 디렉터리도 그 이름에 공백과 같은 플랫폼에 특화된 구문을 포함할 수 없다.

모듈이 임포트될 때, 파이썬은 내부 모듈 이름의 앞과 뒤에 각각 모듈 검색 경로와 .py 확장자를 추가하여 외부 파일 이름에 매핑한다. 예를 들면, M 모듈은 궁극적으로 모듈 코드를 포함하고 있는 <디렉터리>\M.<확장자>와 같이 생긴 파일에 매핑된다.

다른 종류의 모듈

이전 장에서 언급했듯이, C나 C++ 그리고 다른(예 Jython에서 자바) 외부 언어에서 코드를 작성하여 파이썬 모듈을 생성하는 것도 가능하다. 이런 모듈은 **확장 모듈**(extension modules)이라 불리며, 이들은 일반적으로 파이썬 스크립트에서 외부 라이브러리를 사용할 수 있도록 이를 감싸기 위해 사용된다. 확장 모듈이 파이썬 코드에 의해 임포트되면 import문으로 접근되고, 모듈 속성으로 함수와 객체를 제공하므로 파이썬 소스 코드 파일로 작성된 모듈과 똑같아 보인다. 확장 모듈은 이 책의 범위를 벗어나는 주제이므로 더 자세한 내용은 파이썬 표준 매뉴얼이나《프로그래밍 파이썬》과 같은 고급 교재를 참조하도록 하자.

모듈 사용법

클라이언트는 import나 from문을 실행하여 우리가 방금 작성했던 간단한 모듈 파일을 사용할 수 있다. 모듈 파일이 아직 적재되지 않았다면, 이 두 문장은 모듈 파일의 코드를 찾고, 컴파일하고 실행한다. 이 두 문장의 주요 차이점은 import는 모듈 전체를 가져오기 때문에 그 모듈이 가진 모든 이름을 가져오기 위해 인정(qualify)[1]해야 하는 반면, from은 모듈로부터 특정 이름들을 가져오거나 복사한다.

코드 관점에서 이것이 무엇을 의미하는지 살펴보도록 하자. 다음의 모든 예제는 이전 절의 module1.py 모듈 파일에 정의된 printer 함수를 각기 다른 방식으로 호출하는 것으로 끝난다.

import문

첫 예제에서 이름 module1은 서로 다른 두 개의 목적으로 사용된다. 적재될 외부 파일을 정의하고 파일이 적재된 후, 스크립트에서 모듈 객체를 참조하는 변수가 된다.

```
>>> import module1                         # 모듈 전체를 가져옴(하나 또는 그 이상)
>>> module1.printer('Hello world!')        # 이름들을 가져오기 위해 인정(qualify)
Hello world!
```

import문은 단순히 적재할 모듈의 하나 또는 그 이상의 이름을 쉼표로 구분하여 열거한다.

---

1 옮긴이 '모듈 이름.이름' 형식을 말하며 자격 부여 또는 인정이라고 부른다. 이 책에서는 인정이라는 용어를 사용한다.

이 문장은 **전체 모듈** 객체를 참조하는 이름을 제공하기 때문에 우리는 그 모듈이 가진 속성들을 가져오기 위해 반드시 모듈 이름을 거쳐야만 한다(예 module1.printer).

from문

반면, from문은 하나의 파일로부터 다른 범위로 **특정 이름**을 복사하기 때문에 해당 모듈을 거치지 않고 스크립트에서 직접 복사된 이름을 사용할 수 있다(예 printer).

```
>>> from module1 import printer      # 변수를 복사(하나 또는 그 이상)
>>> printer('Hello world!')          # 이름을 인정할 필요가 없음
Hello world!
```

이 형태의 from은 하나 또는 그 이상의 복사할 이름들을 쉼표로 구분하여 나열하면 된다. 이 예제는 이전 예제와 동일한 결과를 가지지만, 임포트된 이름이 from문이 등장하는 범위에 복사되기 때문에 스크립트에서 그 이름을 사용할 때 더 적게 타이핑해도 된다. 우리는 이 이름을 모듈 이름을 명명하지 않고 직접 사용할 수 있다.

자세한 내용은 뒤에서 더 알아보겠지만, from문은 실제로 import문의 마이너 확장 버전일 뿐이다. 보통 (이전 장에서 설명한 세 단계 절차를 실행하여) 모듈 파일을 임포트하지만, 그에 더하여 해당 파일로부터 하나 또는 그 이상의 이름(객체가 아니라)을 복사하는 단계를 추가한다. 전체 파일이 적재되지만, 그 파일의 일부에 더 직접적으로 접근할 수 있도록 이름들을 제공한다.

from *문

마지막으로 다음 예제는 from의 특별한 형태를 사용한다. 특정 이름 대신 *을 사용하면, 참조된 모듈의 최상위 레벨에 할당된 **모든 이름**에 대한 사본을 갖게 된다. 이 또한 모듈 이름을 거치지 않고도 스크립트에서 복사된 이름인 printer를 바로 사용할 수 있다.

```
>>> from module1 import *           # 모든 변수들을 복사
>>> printer('Hello world!')
Hello world!
```

엄밀히 말하면, import와 from문 모두 동일한 임포트 연산을 호출한다. from * 형식은 단순히 임포트하는 범위에 모듈의 모든 이름을 복사하는 단계를 추가한다. 이는 근본적으로 한 모

듈의 네임스페이스가 다른 하나에 모두 포함되는 것을 말한다. 다시 말하지만, 그 결과는 우리가 타이핑을 덜 해도 된다는 것이다. 그리고 이 경우에는 *만 동작한다. 부분적인 이름을 선택하기 위한 패턴 매칭은 사용할 수 없다(하지만 앞으로 논의할 내용대로, 여러분이 좀 더 노력하여 모듈의 __dict__를 통한 루프문을 이용한다면 패턴 매칭을 할 수도 있다).

이것이 전부로, 모듈은 실제로 사용하기가 간단하다. 하지만 여러분이 모듈을 정의하고 사용할 때 실제로 어떤 일이 일어나는지 더 잘 이해하기 위해 이들의 속성에 대해 계속해서 더욱 자세히 살펴보도록 하자.

 여기 파이썬 3.X에서 설명한 from ...*문 형태는 모듈 파일의 **최상위 레벨에서만** 사용 가능하며, 함수 내에서는 사용할 수 없다. 파이썬 2.X는 함수 내에서도 사용할 수 있지만, 경고 메시지가 뜨게 되어 있다. from ...*문을 실제 현장에서 함수 내에 사용하는 것을 보기는 힘들 것이다. 만약 그런 경우가 있다면, 파이썬은 함수가 실행되기 전에 정적으로 이 변수를 탐지하는 것이 불가능하다. 모든 파이썬의 모범 사례들은 모듈 파일의 최상단에 **모든** import문을 기재할 것을 권장한다. 이는 필수 사항은 아니지만 import문을 더 쉽게 발견할 수 있는 방법이다.

임포트는 한 번만 발생

모듈을 사용하려고 할 때, 가장 보편적으로 제기되는 질문 중 하나는 '왜 내 import문은 계속 동작하지 않는가?'다. 임포트가 처음에는 제대로 동작하지만, 대화형 세션(또는 프로그램 실행) 중 나중에 등장하는 임포트는 아무런 효과가 없어 보인다고 리포팅하는 경우도 더러 있다. 실제로 임포트는 그렇게 동작하지 않으며, 이 절에서 그 이유에 대해 설명하겠다.

모듈은 오직 처음 등장하는 import 또는 from에서만 적재되고 실행된다. 모듈을 임포트하는 것은 많은 비용이 드는 동작이기 때문에 의도적으로 이렇게 만들었으며, 기본적으로 파이썬은 파일 또는 프로세스당 한 번만 수행한다. 처음 이후에 등장하는 임포트는 단순히 적재된 모듈 객체만을 가져온다.

초기화 코드

그 결과, 모듈 파일의 최상위 레벨 코드는 일반적으로 한 번만 실행되기 때문에 이 코드를 변수를 초기화하는 용도로 사용할 수 있다. 한 가지 예로 *simple.py* 파일을 생각해 보자.

```
print('hello')
spam = 1                                          # 변수 초기화
```

이 예제에서 print와 =문은 모듈이 임포트되는 처음에만 동작하고 변수 spam은 임포트 시점에 초기화된다.

```
% python
>>> import simple                        # 첫 import: 파일 코드를 적재하고 실행함
hello
>>> simple.spam                          # 할당은 속성을 만듦
1
```

두 번째 그리고 나중의 import문들은 모듈 코드를 재실행하지 않는다. 이들은 단지 파이썬 내부 모듈 테이블로부터 이미 생성된 모듈 객체를 가져오기만 한다. 따라서 변수 spam이 다시 초기화되지 않는다.

```
>>> simple.spam = 2                      # 모듈에서 속성을 변경
>>> import simple                        # 이미 적재된 모듈을 가져옴
>>> simple.spam                          # 코드가 재실행되지 않음: 속성은 변하지 않음
2
```

물론, 때로는 정말로 후속 import문에서 모듈 코드를 재실행하기를 원할 수도 있다. 이 장 후반부에서는 파이썬의 reload 함수를 이용하여 모듈을 리로드하는 방법에 대해 알아보도록 하겠다.

import와 from은 할당

def와 마찬가지로, import와 from은 실행 가능한 문장이지 컴파일 시점의 선언문이 아니다. 이들은 옵션 중 선택하기 위해 if 테스트에 중첩될 수도 있고, 함수 def에 등장하여 호출 시에만 적재될 수도 있으며(이전 노트에서 확인했듯이), 기본값을 제공하기 위해 try문에서 사용될 수도 있다. 이 문장들은 프로그램이 실행되는 동안 파이썬이 그 문장에 도달할 때까지 해석되지도, 실행되지도 않는다. 즉, 임포트된 모듈과 이름은 이들과 연계된 import 또는 from문이 동작하기 전까지는 사용할 수 없다.

모듈에서 가변 객체를 변경하기

또한 def와 마찬가지로 import와 from은 암묵적으로 할당문이다.

- import는 전체 모듈 객체를 단일 이름에 할당한다.
- from은 하나 이상의 이름을 다른 모듈의 동일한 이름을 가진 객체에 할당한다.

우리가 할당에 관해 논의했던 모든 것들이 모듈 접근에도 동일하게 적용된다. 예를 들어, from으로 복사된 이름들은 공유 객체에 대한 참조가 된다. 함수 인수와 마찬가지로 복사된 이름을 재할당하는 것은 이 이름을 복사해 온 원래 모듈에는 영향을 주지 않지만, 복사된 이름을 통해 공유된 **가변 객체**를 변경하면 원래 모듈에서도 변경이 발생한다. 이를 보여 주기 위해, 다음 small.py 파일을 생각해 보자.

```
x = 1
y = [1, 2]
```

from으로 임포트하면 우리는 임포트하는 범위에 이름들을 복사하게 되고, 이 범위는 초기에 모듈 이름에 의해 참조되는 객체들을 공유한다.

```
% python
>>> from small import x, y        # 두 개의 이름을 복사
>>> x = 42                        # 지역 x만 변경
>>> y[0] = 42                     # 공유 가변 객체를 제자리에서 변경
```

여기에서 x는 공유된 가변 객체가 아니지만, y는 공유된 가변 객체다. 임포트 주체와 임포트 대상의 이름 y는 동일한 리스트 객체를 참조하기 때문에 한 곳에서 이를 변경하면 다른 곳에서도 변경된다.

```
>>> import small                  # 모듈 이름 가져오기(from은 가져오지 않음)
>>> small.x                       # small의 x는 공유된 x가 아님
1
>>> small.y                       # 하지만 우리는 하나의 변경된 가변 객체를 공유함
[42, 2]
```

이에 대하여 더 많은 배경 지식이 필요하다면 6장을 참조하자. 그리고 from 할당이 참조와 함께 무엇을 하는지 그림으로 확인해 보려면, 그림 18-1(함수 인수 전달)을 확인해 보면 되는데, 해당 그림의 '호출자'와 '함수' 대신 '임포트 대상'과 '임포트 주체'로 대체하여 보면 된다. 그 결

과는 여기에서 우리가 함수가 아니라 모듈의 이름을 다룬다는 점을 제외하고는 동일하다. 할당은 파이썬 어디에서나 동일하게 동작한다.

파일 간 이름 변경

이전 예제의 대화형 세션에서 x에 대한 할당은 그 범위에서만 이름 x를 변경했을 뿐 파일의 x를 변경하지는 않았다는 것을 상기해 보자. from으로 복사한 이름과 그 이름의 출처가 되는 파일 사이에는 아무런 연결 고리가 없다. 실제로 다른 파일의 전역 이름을 변경하려면 import를 사용해야 한다.

```
% python
>>> from small import x, y        # 두 이름을 복사
>>> x = 42                        # 내 x만 변경

>>> import small                  # 모듈 이름을 가져옴
>>> small.x = 42                  # 다른 모듈의 x를 변경
```

이 현상은 17장에서 소개하였다. 이처럼 다른 모듈의 변수를 변경하는 것은 일반적으로 혼선을 일으키므로(그리고 종종 나쁜 설계 방식이 되기도 한다), 우리는 이 파트의 후반부에서 이 기법에 대해 다시 다루겠다. 이전 세션에서 y[0]을 변경하는 것은 다르다. 이것은 이름이 아니라 객체를 변경하고 두 모듈의 해당 이름은 동일한, 변경된 객체를 참조한다.

import와 from은 같음

이전 예제에서 from이 small 모듈 이름에 접근한 이후 import문을 실행해야 함을 주목하자. from은 이름을 한 모듈에서 다른 모듈로 복사하기만 한다. 이는 모듈 이름 자체를 할당하지 않는다. 최소한 개념적으로 다음과 같은 from문은

```
from module import name1, name2        # 이 두 개의 이름(만)을 복사하라
```

다음과 같은 일련의 문장과 동일하다.

```
import module              # 모듈 객체를 가져옴
name1 = module.name1       # 할당으로 이름을 복사함
name2 = module.name2
del module                 # 모듈 이름을 삭제함
```

모든 할당과 마찬가지로 from문은 임포트 주체에 새로운 변수를 생성하며, 이 변수는 초기에 임포트된 파일의 동일 이름의 객체를 참조한다. 하지만 복사되는 것은 **이름뿐**, 해당 이름이 참조하는 객체나 모듈 자체의 이름을 복사하지는 않는다. 우리가 from * 형태의 문장을 사용할 때(from module import *) 그에 상응하는 문장은 동일하지만, 모듈의 모든 최상위 레벨의 이름들은 이 방식으로 임포트하는 범위에 복사된다.

from의 첫 번째 단계는 이전 장에서 설명한 대로 일반적인 import 동작을 실행하는 것이다. 이 때문에 from은 모듈에서 몇 개의 이름을 가져오는지 상관없이, 해당 모듈이 아직 임포트되지 않았다면 메모리에 항상 **전체** 모듈을 임포트한다. 모듈 파일 일부(예 함수 하나만)만을 적재할 수 있는 방법은 없지만, 모듈은 파이썬에서 머신 코드이기보다는 바이트 코드이기 때문에 성능에 미치는 영향은 일반적으로 무시할 수 있을 만한 수준이다.

from문의 잠재적 결함

from문은 변수의 위치를 더 암묵적이고 불분명하게 만들므로(독자들에게 name은 module.name보다 덜 유의미하다), 일부 파이썬 사용자들은 대체로 from 대신에 import를 사용할 것을 권한다. 하지만 내 입장에서는 이 충고가 타당한지는 장담할 수 없다. from이 일반적으로 더 널리 사용되며, 그렇게 심각한 문제를 야기하지도 않는다. 실제로, 현실적인 프로그램에서는 여러분이 모듈의 도구들 중 하나를 사용하고자 할 때마다 모듈 이름을 타이핑하지 않아도 된다는 것은 종종 편리하게 느껴진다. 이는 특히 많은 속성을 제공하는 큰 모듈(예 표준 라이브러리의 tkinter GUI 모듈)에서는 더욱 그렇다.

from문이 네임스페이스를 훼손시킬 가능성이 있다는 것은 최소한 이론적인 면에서는 사실이다. 만약 from문을 여러분의 범위에 이미 존재하는 변수와 동일한 이름을 갖게 된 변수를 임포트하는 데 사용한다면, 여러분의 변수는 조용히 덮어쓰이게 된다. 이 문제는 단순한 import문으로는 발생하지 않는데, 이는 그 모듈의 내용을 가져오기 위해서는 항상 모듈 이름을 거쳐야 하기 때문이다(module.attr는 여러분 범위에 있는 attr 이름의 변수와 충돌하지 않는다). 하지만 이러한 문제가 from문을 사용할 때 등장할 수 있다는 점을 이해하고 대비하는 한, 실제로 그리 심각한 문제가 되지는 않는다. 특히, 여러분이 임포트될 이름들을 명시적으로 열거한 경우에는 더더욱 그렇다(예 from module import x, y, z).

반면 from문은 reload 호출과 함께 사용되는 경우 더욱 심각한 문제를 일으키게 되는데, 임포트된 이름이 객체의 이전 버전을 참조할 수 있기 때문이다. 더구나 from module import * 형태는 실제로 네임스페이스를 훼손할 수 있으며, 특히 하나 이상의 파일에 적용될 경우 이름들을 이해하기 어렵도록 만든다. 이 경우는 외부의 소스 파일을 검색하지 않는 한, 이름이 어디에서 왔는지 알 길이 없다. 실제로 from * 형태는 한 네임스페이스를 다른 네임스페이스로 무너져 내리게 하고, 따라서 모듈의 네임스페이스 분할 기능을 무산시킨다. 이 이슈에 대하여 25장 965쪽의 "모듈 관련 주의 사항"에서 더 자세히 다룰 예정이다.

아마도 여기에서 현실에 가장 적합한 충고라면 간단한 모듈에 대해서는 일반적으로 from보다는 import를 사용하고, 대부분의 from문에서는 원하는 변수들을 명시적으로 나열하며, from * 형태는 파일당 한 번의 임포트만으로 제한하는 것이 좋다는 것이다. 그렇게 함으로써 정의되지 않은 이름들은 from *으로 참조된 모듈에 존재할 것이라고 가정할 수 있다. from문을 사용할 때 몇 가지 주의 사항이 있지만, 대부분의 프로그래머들에게는 적은 지식으로도 모듈에 접근할 수 있는 편리한 방식이다.

import가 필요한 경우

여러분이 실제로 from 대신에 import를 사용해야만 하는 경우는 여러분이 두 개의 다른 모듈에 정의된 동일한 이름을 사용해야 할 때다. 예를 들어 만약 두 파일에 동일한 이름이 다르게 정의되어 있다면, 그리고 여러분이 프로그램에서 그 이름의 두 버전 모두를 사용해야 한다면, from문은 실패할 것이다

```
# M.py
def func():
    ...무엇인가를 수행함...

# N.py
def func():
    ...다른 무엇인가를 수행함...
```

여러분 범위에서 그 이름에 대해서는 오직 하나의 할당만 존재하기 때문이다.

```
# O.py
from M import func
from N import func                # M으로부터 가져온 func를 덮어씀
func()                            # N.func만 호출함
```

하지만 import는 여기에서 정상적으로 동작하는데, 이는 이름을 외함 모듈에 포함시켜서 두 이름 모두 유일하게 만들기 때문이다.

```
# O.py
import M, N                    # 모듈의 이름들이 아니라, 전체 모듈을 가져옴
M.func()                       # 이제 두 이름 모두 호출할 수 있음
N.func()                       # 모듈 이름이 두 이름을 유일하게 만들어줌
```

이 경우는 실제로 거의 만날 일이 드문만큼 일반적이지 않다. 하지만 만약 이런 경우를 만난다면, import는 이름 충돌을 방지할 수 있도록 해준다. 이 딜레마에서 벗어나는 다른 방법으로는 as 확장을 사용하는 것인데, 이에 대해서 25장에서 다루겠지만 간단한 내용이므로 여기에서 소개하도록 하겠다.

```
# O.py
from M import func as mfunc    # "as"를 이용하여 이름을 유일하게 재명명
from N import func as nfunc
mfunc(); nfunc()               # 하나 또는 나머지 하나를 호출함
```

as 확장은 단순 재명명 도구로 import와 from 모두에서 동작한다(이는 import에서 긴 모듈 이름에 대해 약어를 주기 위해 사용될 수도 있다). 이 형태에 대해 더 자세한 내용은 25장을 참조하자.

모듈 네임스페이스

모듈은 아마 이름들에 대한 단순한 묶음(즉, 여러분이 시스템의 나머지 부분에서 보이도록 만들고 싶은 이름을 정의하는 장소)으로 이해하는 게 가장 좋을 것이다. 기술적으로 모듈은 파일에 대응하며, 파이썬은 모듈 파일에 할당된 모든 이름들을 포함하는 모듈 객체를 생성한다. 하지만 간단하게 말하면 모듈은 단지 네임스페이스(이름이 생성되는 장소)일 뿐이며, 모듈에 거주하는 이름들은 모듈의 속성들이라 불린다. 이 절에서는 이 모델에 대한 상세한 내용에 대하여 더 알아보도록 하자.

파일은 네임스페이스를 생성

파일이 네임스페이스로 변한다고 말했지만, 실제로 어떻게 그렇게 될까? 간결하게 답해 보자면, 모듈 파일의 최상위 레벨(즉, 함수나 클래스 본문 안에 중첩되지 않은)에서 값이 할당된 모든 이름은 해당 모듈의 속성이 된다.

예를 들어 M.py 모듈 파일의 최상위 레벨에서의 X = 1과 같은 할당문을 고려해 볼 때 이름 X는 M의 속성이 되며, 모듈 외부에서는 M.X로 이를 참조할 수 있다. 또한 이름 X는 M.py 내

부에서 다른 코드에 대해 전역 변수가 되지만, 그 이유를 제대로 이해하기 위해서는 모듈 적재와 범위에 대한 개념을 고려해야만 한다.

- **모듈 문장들은 처음 임포트할 때만 동작한다.** 시스템의 어디에서든지 모듈이 처음 임포트될 때 파이썬은 빈 모듈 객체를 생성하고, 모듈 파일 내의 문장들을 파일 맨 위에서 맨 아래까지 차례로 실행한다.

- **최상위 레벨의 할당은 모듈 속성을 생성한다.** 임포트하는 동안 def나 class에 중첩되지 않은 파일 최상위 레벨에서 이름을 할당하는 문장들은(예 =나 def) 모듈 객체의 속성을 생성한다. 할당된 이름은 모듈의 네임스페이스에 저장된다.

- **모듈 네임스페이스는 속성 __dict__나 dir(M)을 통해 접근할 수 있다.** 임포트에 의해 생성된 모듈 네임스페이스는 딕셔너리다. 이들은 모듈 객체와 연결된 내장된 __dict__를 통해 접근될 수도 있으며, dir 함수를 이용하여 검사될 수도 있다. dir 함수는 대체로 객체의 __dict__ 속성의 정렬된 키 리스트와 동일하지만 이는 클래스를 위해 상속된 이름을 포함하며, 완전하지 않을 수 있고 파이썬 릴리즈에 따라 달라질 수도 있다.

- **모듈은 단일 범위다(지역이 전역이다).** 17장에서 보았듯이, 모듈의 최상위 레벨의 이름들은 함수에서의 이름들과 마찬가지로 동일한 참조/할당 규칙을 따르지만, 지역 범위와 전역 범위가 동일하다. 좀 더 공식적으로 말하자면 이들은 17장에서 보았던 LEGB 범위 규칙을 따르지만, L과 E의 검색 계층이 없다고 보면 된다.

  하지만 결정적으로 모듈의 전역 범위는 모듈이 적재된 뒤 모듈 객체의 속성 딕셔너리가 된다. 함수가 실행되는 동안에만 지역 네임스페이스가 존재하는 함수 범위와는 달리, 모듈 파일의 범위는 모듈 객체의 속성 네임스페이스가 되어 임포트 이후, 임포트 주체(importer)에게 도구의 원천을 제공하면서 **계속 존재한다**.

이 아이디어를 잘 보여 주는 예제를 살펴보자. 우리가 다음의 모듈 파일을 텍스트 편집기에서 생성하여 **module2.py** 파일로 저장한다고 가정하자.

```
print('starting to load...')
import sys
name = 42

def func(): pass
class klass: pass

print('done loading.')
```

처음 이 모듈이 임포트되면(또는 프로그램으로 실행되면) 파이썬은 이 문장들을 위에서부터 아래까지 실행한다. 일부 문장들은 부작용으로 모듈의 네임스페이스에 이름을 생성하지만, 나머지 문장들은 임포트가 지속되는 동안 실제 작업을 수행한다. 예를 들어, 이 파일의 두 print 문은 임포트 시점에 실행한다.

```
>>> import module2
starting to load...
done loading.
```

일단 모듈이 적재되면, 그 범위는 우리가 import로부터 가져온 모듈 객체의 속성 네임스페이스가 된다. 우리는 이 네임스페이스의 속성들에 외함 모듈의 이름으로 이들을 인정(qualify)함으로써 접근할 수 있게 된다.

```
>>> module2.sys
<module 'sys' (built-in)>

>>> module2.name
42

>>> module2.func
<function func at 0x000000000222E7B8>

>>> module2.klass
<class 'module2.klass'>
```

여기에서 sys, name, func과 klass 모두 모듈의 문장들이 실행되는 동안 할당되었으며, 따라서 이들은 임포트 이후 속성이 된다. 파트 6에서 클래스에 대해 다루겠지만 sys 속성에 주목하자. import문은 실제로 이름에 모듈 객체를 **할당**하며, 파일의 최상위 레벨에서 이름에 대한 할당은 어떤 유형이라도 모듈 객체를 생성한다.

네임스페이스 딕셔너리: __dict__

실제 내부적으로, 모듈 네임스페이스는 딕셔너리 객체로 저장된다. 이는 모든 일반적인 메서드를 가진 보통의 딕셔너리일 뿐이다. 필요 시(예를 들어, 25장에서 보게 될 것처럼 모듈 내용을 나열하는 도구를 작성하기 위해) 우리는 모듈의 __dict__ 속성을 통해 모듈의 네임스페이스 딕셔너리에 접근할 수 있다. 이전 절의 예제를 계속해서 살펴보자(파이썬 3.X에서는 list 호출로 이를 감싸야 한다는 것을 기억하자. 여기에서는 객체를 조회하는 것이지만, 여기에서 사용된 3.6 외에서는 그 내용이 달라질 수 있다).

```
>>> list(module2.__dict__.keys())
['__loader__', 'func', 'klass', '__builtins__', '__doc__', '__file__',
'__name__', 'name', '__package__', 'sys', '__initializing__', '__cached__']
```

우리가 모듈 파일에서 할당했던 이름들은 내부적으로 딕셔너리 키가 되며, 따라서 여기 이름 중 일부는 우리 파일의 최상위 레벨의 할당을 반영한다. 하지만 파이썬도 우리를 위해 모듈 네임스페이스에 몇 개의 이름을 추가한다. 예를 들어 __file__은 모듈이 어느 파일로부터 적재되었는지 알려 주기 위해 파일 이름을 제공하며, __name__은 임포트 주체에게 알려진 대로 (.py 확장자와 디렉터리 경로를 제외한) 그 모듈의 이름을 제공한다. 여러분의 코드가 할당한 이름만을 보고자 한다면 15장에서 dir을 다룰 때, 그리고 17장에서 내장된 범위를 다룰 때 했던 것처럼 언더스코어 문자가 두 개인 이름을 필터로 걸러내면 된다.

```
>>> list(name for name in module2.__dict__.keys() if not name.startswith('__'))
['func', 'klass', 'name', 'sys']
>>> list(name for name in module2.__dict__ if not name.startswith('__'))
['func', 'sys', 'name', 'klass']
```

이번에 우리는 리스트 컴프리헨션 대신에 제너레이터로 필터를 걸어서 .keys()를 생략할 수 있었는데, 이는 딕셔너리가 자신의 키를 암묵적이지만 자동으로 생성하기 때문이다. 그러므로 결과는 동일하다. 우리는 파트 6에서 클래스 관련 객체들에서 유사한 __dict__ 딕셔너리를 보게 될 것이다. 두 경우 모두 속성을 가져오는 것은 딕셔너리 인덱싱과 비슷하지만, 전자는 클래스에서 상속을 시작한다.

```
>>> module2.name, module2.__dict__['name']
(42, 42)
```

속성 이름 인정

속성 가져오기와 관련하여 여러분은 이제 모듈에 대해 친숙해졌으므로, 이름 인정에 대한 개념 역시 좀 더 확고하게 알아 두어야 한다. 파이썬에서 여러분은 인정(qualification, 다른 말로 속성 가져오기) 구문 객체.속성을 사용하여 속성을 가진 어떤 객체의 속성에도 접근할 수 있다.

인정은 실제로 한 객체에 연결된 속성 이름에 할당된 값을 반환하는 표현식이다. 예를 들어, 이전 예제에서 본 표현식 module2.sys는 module2의 sys에 할당된 값을 가져온다. 이와 유사하게 우리가 내장된 리스트 객체 L을 가지고 있다면, L.append는 그 리스트에 연결된 append

메서드 객체를 반환한다.

속성 인정이 17장에서 배웠던 범위 규칙과는 아무 상관이 없음을 명심하자. 어디까지나 이는 별개의 개념이다. 여러분이 이름에 접근하기 위해 인정을 사용하면, 여러분은 파이썬에 해당 이름을 가져올 명시적인 객체를 파이썬에 제공하게 된다. LEGB 범위 규칙은 기본적이고 인정 되지 않은 이름에만 적용된다. 이는 이름 경로에서 맨 왼쪽 이름을 위해 사용될 수 있지만, 점 뒤에 나오는 이름은 특정 객체를 검색한다. 그 규칙에 대해 설명하면 다음과 같다.

단순 변수

X는 현재 범위에서 이름 X를 검색하라는 것을 의미한다(17장의 LEGB 규칙을 따른다).

인정

X.Y는 현재 범위에서 X를 찾고, 그다음에 객체 X에서(범위에서가 아니라) 속성 Y를 검색하 라는 것을 의미한다.

인정 경로

X.Y.Z는 객체 X에서 이름 Y를 찾은 뒤, 객체 X.Y에서 Z를 검색하라는 것을 의미한다.

보편성

인정은 속성을 가지는 모든 객체(모듈, 클래스, C 확장 타입 등)에서 동작한다.

파트 6에서 속성 인정이 클래스에서 의미하는 바에 대해 더 알아보겠지만(이는 상속이 일어나는 장소이기도 하다), 일반적으로 여기에서 정리한 규칙이 파이썬의 모든 이름에 적용된다.

임포트 vs 범위

우리가 배웠듯이 다른 모듈 파일에 정의된 이름에 대해 그 파일을 먼저 임포트하지 않고서는 접근할 수 없다. 즉, 여러분 프로그램에서의 임포트 또는 함수 호출 구조가 어떻든, 다른 파일 의 이름을 자동으로 볼 수 있는 방법은 없다. 변수의 의미는 항상 여러분 소스 코드의 할당 위치에 의해 결정되며, 속성은 항상 명시적으로 객체를 요구받는다.

예를 들어, 다음 두 개의 단순 모듈을 생각해 보자. 첫 번째 moda.py 파일은 이 파일에서만 작성한 전역 변수 X와 이 파일에서 전역 X 변수를 변경할 함수를 함께 정의한다.

```
X = 88                      # 내 X: 이 파일에서만 전역
def f():
    global X                # 이 파일의 X를 변경
    X = 99                  # 다른 모듈에서 이름을 볼 수 없음
```

두 번째 모듈 modb.py는 자신의 전역 변수 X를 정의한 후 첫 번째 모듈을 임포트하고 그 모듈의 함수를 호출한다.

```
X = 11                              # 내 X: 이 파일에서만 전역

import moda                         # moda의 이름들에 대한 접근 권한을 갖게 됨
moda.f()                            # 이 파일의 X가 아니라 moda.X를 설정
print(X, moda.X)
```

moda.f가 실행되면 modb가 아니라 moda의 X가 변경된다. moda.f 의 전역 범위는 이 함수가 결국 어느 모듈로부터 호출되는지와 상관없이 항상 이를 둘러싼 파일이 된다.

```
% python modb.py
11 99
```

즉, 임포트 동작은 임포트된 파일의 코드에 그 위를 볼 수 없도록 한다. 임포트된 파일은 임포트한 파일의 이름들을 볼 수 없다. 더 공식적으로 말하면 다음과 같다.

- 함수는 다른 함수가 자신을 물리적으로 감싸지 않는 한, 그 다른 함수의 이름들을 볼 수 없다.
- 모듈 코드는 다른 모듈이 명시적으로 임포트되지 않는 한, 그 다른 모듈의 이름들을 볼 수 없다.

이러한 행위는 **어휘적 범위**(lexical scoping) 개념의 일부분이다. 파이썬에서 코드 일부를 둘러싼 범위는 온전히 여러분의 파일에서 코드의 물리적 위치에 따라 결정된다. 범위는 결코 함수 호출 또는 모듈 임포트에 의해 영향을 받지 않는다.[2]

네임스페이스 중첩

어떤 의미에서는 임포트가 그 위쪽의 네임스페이스를 중첩하지는 않지만, 아래로는 중첩한다. 다시 말해 임포트된 모듈이 이를 임포트한 파일의 이름들에 직접 접근할 수는 없지만, 속성 인정 경로를 사용하여 임의의 중첩된 모듈에 내려와서 그 속성에 접근하는 것은 가능하다. 예로

---

2 일부 언어는 다르게 동작하며 동적 범위(dynamic scoping)를 제공한다. 동적 범위는 실제로 런타임 호출에 따라 달라질 수 있는 범위를 말한다. 이는 코드를 더 까다롭게 만드는 경향이 있는데, 변수의 의미가 시점에 따라 달라질 수 있기 때문이다. 파이썬에서 범위는 더 단순하게 여러분 프로그램의 텍스트에 부합한다.

서 다음 세 파일을 생각해 보자. mod3.py는 단일 전역 이름과 속성을 할당에 의해 정의한다.

```
X = 3
```

mod2.py는 자신의 X를 정의한 뒤 mod3을 임포트하고, 임포트된 모듈의 속성에 접근하기 위해 인정을 사용한다.

```
X = 2
import mod3

print(X, end=' ')                        # 나의 전역 X
print(mod3.X)                            # mod3의 X
```

mod1.py 또한 자신만의 X를 정의한 뒤, mod2를 임포트하고 첫 번째와 두 번째 파일 모두의 속성을 가져온다.

```
X = 1
import mod2

print(X, end=' ')                        # 나의 전역 X
print(mod2.X, end=' ')                   # mod2의 X
print(mod2.mod3.X)                       # 중첩된 mod3의 X
```

실제로 mod1이 여기에서 mod2를 임포트할 때, 두 레벨의 네임스페이스 중첩이 형성된다. 이름의 경로인 mod2.mod3.X를 사용함으로써, mod1은 임포트된 mod2에 의해 중첩된 mod3까지 내려갈 수 있다. 그 결과로 mod1은 세 파일 모두의 X를 볼 수 있으며, 세 파일 모두의 전역 범위에 접근할 수 있다.

```
% python mod1.py
2 3
1 2 3
```

하지만 그 역으로는 성립하지 않는다. mod3은 mod2의 이름을 볼 수 없으며, mod2는 mod1의 이름을 볼 수 없다. 이 예제는 만약 여러분이 네임스페이스와 범위 관점에서 생각하지 않고 그 대신 여기에 관련된 객체들에 초점을 맞춘다면 더 쉽게 이해할 수 있을 것이다. mod1과 mod2 내부에서 속성을 가지는 객체를 참조하는 이름일 뿐이며, 이 중 일부는 속성을 가지는 다른 객체를 참조하는 이름이다(import는 할당이다). mod2.mod3.X 같은 경로에 대해 파이썬은 단순히 왼쪽부터 오른쪽까지의 순서로 평가하고, 그 과정에서 객체로부터 속성을 가져온다.

mod1은 import mod2 다음에 mod2.mod3.X라 말할 수는 있지만, import mod2.mod3라고 말할 수는 없다. 이 구문은 **패키지**(디렉터리) 임포트라 불리는 무언가를 호출하게 되는데, 이에 대해서는 다음 장에서 설명하겠다. 패키지 임포트도 모듈 네임스페이스 중첩을 생성하지만, 이것의 import문은 단일 파일 임포트 체인이 아니라 디렉터리 트리를 반영하기 위해 사용된다.

모듈 리로드하기

우리가 보았듯이, 모듈 코드는 기본적으로 프로세스당 한 번만 실행된다. 모듈 코드를 리로드하고 재실행하도록 강제하려면, 내장된 함수인 reload를 호출함으로써 파이썬에게 명시적으로 그렇게 하도록 지시해야만 한다. 이 절에서 우리는 여러분 시스템이 좀 더 동적으로 움직이게 하기 위해 어떻게 리로드를 사용하는지에 대해 알아보도록 하자.

- (import와 from문을 통한) 임포트는 프로세스에서 모듈이 처음 임포트될 때 모듈 코드를 한 번만 적재하고 실행한다.
- 나중의 임포트는 파일 코드를 리로드하거나 재실행하지 않고 이미 적재된 모듈 객체를 사용한다.
- reload 함수는 이미 적재된 모듈 코드를 리로드하고 재실행하도록 강제한다. 파일의 새로운 코드에서의 할당은 기존의 모듈 객체를 그 자리에서 변경한다.

왜 모듈을 리로드하는 데 관심을 가져야만 하는가? 간단히 말하자면, **동적 사용자 정의**(dynamic customization)를 위해서다. reload 함수는 프로그램의 일부분이 전체 프로그램을 중단시키지 않고도 변경될 수 있도록 해준다. 또한, reload를 사용하면 내용에서의 변경 결과를 즉각적으로 확인할 수 있다. 리로드가 모든 경우에 도움이 되지는 않지만, 도움이 되는 경우에는 개발 주기를 더 짧게 만들어 줄 수 있다. 예를 들어, 시작 시 서버와 연결해야만 하는 데이터베이스 프로그램을 상상해 보자. 프로그램 변경 또는 사용자 정의는 리로드 후 즉시 테스트될 수 있기 때문에 여러분은 디버깅하는 동안 한 번만 연결하면 되며, 장기적으로 실행하는 서버는 이 방식으로 자신을 업데이트할 수도 있다.

파이썬은 거의 언터프리터 언어이기 때문에 실행할 C 프로그램을 얻기 위해 거쳐야 할 컴파일/링크 단계는 이미 제거되었다. 모듈은 실행 프로그램에 의해 임포트될 때 동적으로 적재된다. 리로드는 실행 프로그램을 종료하지 않고도 그 일부를 변경할 수 있도록 해줌으로써 성능적 이점 또한 제공한다.

이 책의 범위를 벗어나는 이야기지만, **reload**는 현재 파이썬에서 작성된 모듈에서만 동작한다는 점을 알아 두자. C와 같은 언어로 작성된 컴파일된 확장 모듈은 실행 시점에 동적으로 적재되기는 마찬가지이긴 하나 리로드될 수는 없다(하지만 어쨌든 대부분의 사용자는 아마 파이썬에서 사용자 정의를 코딩하는 것을 선호할 것이다!).

 버전 특화 내용: 파이썬 2.X에서 reload는 내장된 함수로 사용 가능하다. 파이썬 3.X에서는 imp 표준 라이브러리 모듈로 옮겨졌다. 3.X에서는 imp.reload로 알려져 있는데, 이는 단순히 3.X에서만 이 도구를 적재하기 위한 부가적인 import 또는 from문이 필요하다는 것을 의미한다. 2.X를 사용하는 독자라면 이 책 예제의 임포트들을 무시하거나 어쨌든 이들을 사용할 수는 있다. 2.X는 3.X로의 전환 개발을 쉽게 하기 위해 자신의 imp 모듈에도 reload를 가지고 있다. 리로드는 둘 중 어느 것을 사용하든 상관없이 동일하게 동작한다.

reload 기초

reload는 import나 from과는 달리 다음과 같은 특징을 가졌다.

- **reload**는 파이썬에서 문장이 아니라 함수다.
- **reload**는 새로운 이름이 아니라 기존 모듈 객체를 전달받는다.
- 파이썬 3.X에서 **reload**는 모듈에 존재하기 때문에 해당 모듈도 임포트되어야 한다.

reload는 객체를 필요로 하므로 모듈은 여러분이 리로드하기 전에 사전에 성공적으로 임포트되어 있어야 한다(만약 임포트가 구문 또는 다른 오류로 인해 성공적으로 마무리되지 못했다면, 여러분은 모듈을 리로드하기 전에 임포트를 다시 반복해야 한다). 뿐만 아니라, **import**문의 구문과 **reload** 호출은 다르다. 함수로서 리로드는 괄호가 필요하지만, **import**문은 필요하지 않다. 추상적으로, 리로드는 다음과 같다.

```
import module                    # 초기 import
...module.attributes 사용...
                                 # 이제, 모듈 파일로 돌아가서 변경
...
...
from imp import reload
d                                # reload 자체를 가져오기(3.X)
reload(module)                   # 외부 모듈 업데이트하기
...module.attributes 사용...
```

전형적인 사용 패턴은 모듈을 임포트하고, 텍스트 편집기에서 그 모듈의 소스 코드를 변경한 뒤 이를 리로드하는 것이다. 이는 대화형으로 동작할 때 발생할 수 있지만, 또한 주기적으로 리로드해야 하는 큰 규모의 프로그램에서도 발생할 수 있다.

여러분이 reload를 호출할 경우, 파이썬은 모듈 파일의 소스 코드를 다시 읽고 그 파일의 최상위 레벨 문장들을 재실행한다. 아마 reload에 대해 알아 두어야 할 가장 중요한 점은 이것이 모듈 객체를 그 자리에서 변경한다는 것이다. 이는 모듈 객체를 삭제하고 재생성하지 않는다. 이 때문에 여러분 프로그램에서의 전체 모듈 객체에 대한 모든 참조는 자동으로 리로드의 영향을 받는다. 그 세부 내용을 정리해 보면 다음과 같다.

- **reload는 모듈의 현재 네임스페이스에 모듈 파일의 새로운 코드를 실행한다.** 모듈 파일 코드를 재실행하면 이 모듈의 기존 네임스페이스를 삭제하고 새로 생성하는 것이 아니라 이를 덮어쓴다.

- **파일의 최상위 레벨의 할당은 새로운 값으로 이름을 교체한다.** 예를 들어, def문을 재실행하는 것은 함수 이름을 재할당함으로써 모듈의 네임스페이스에 있는 함수의 기존 버전을 교체한다.

- **리로드는 모듈을 가져오기 위해 import를 사용한 모든 클라이언트에 영향을 준다.** import를 사용하는 클라이언트들은 속성을 가져오기 위해 인정을 사용하므로 이들은 리로드 후 모듈 객체에서 새로운 값을 발견하게 될 것이다.

- **리로드는 그 이후에 from을 사용하는 클라이언트에게만 영향을 미친다.** 과거에 from을 사용하여 속성을 가져온 클라이언트들은 리로드에 의해 영향을 받지 않는다. 이들은 여전히 리로드 전에 가져온 옛날 객체에 대한 참조를 가지고 있다.

- **리로드는 단일 모듈에만 적용된다.** 여러분이 이행적(transitive) 리로드를 적용하는 코드 또는 도구를 사용하지 않는 한, 업데이트하고자 하는 각 모듈에 대해 리로드를 실행해야 한다.

reload 예제

이를 보여 주기 위해, 실제로 reload에 대한 좀 더 구체적인 예제를 살펴보도록 하자. 다음에서 우리는 파이썬 대화형 세션을 종료하지 않고 모듈 파일을 변경하고 리로드해 볼 것이다. 리로드는 다른 많은 시나리오에서도 사용되지만(882쪽 "더 생각해 볼 주제: 모듈 리로드" 칼럼을 참조하자), 여기에서는 설명을 위해 간단하게 구성하였다. 우선, 아무 텍스트 편집기에서 changer.py

라는 모듈 파일에 다음의 내용을 작성하도록 하자.

```
message = "First version"
def printer():
    print(message)
```

이 모듈은 두 개의 이름을 생성하고 내보낸다. 하나는 문자열에 결합되어 있으며, 다른 하나는 함수에 결합되어 있다. 이제 파이썬 인터프리터를 시작하고 모듈을 임포트한 뒤, 그 모듈이 내보낸 함수를 호출해 보자. 함수는 전역 변수인 message의 값을 출력할 것이다.

```
% python
>>> import changer
>>> changer.printer()
First version
```

인터프리터를 활성화된 채로 두고, 이제 다른 창에서 모듈 파일을 편집하자.

```
...파이썬을 종료하지 않고 changer.py를 수정...
% notepad changer.py
```

전역 변수 message를 printer 함수 본문과 함께 변경하자.

```
message = "After editing"
def printer():
    print('reloaded:', message)
```

그런 다음, 파이썬 창으로 돌아와서 새로운 코드를 가져오도록 모듈을 리로드하자. 다음에서 모듈을 다시 임포트하는 것은 아무런 효과가 없음을 기억하자. 파일은 변경되었지만 우리는 원래의 메시지를 얻게 될 것이다. 새로운 버전을 얻으려면 reload를 호출해야 한다.

```
...파이썬 인터프리터로 다시 돌아옴...
>>> import changer
>>> changer.printer()                       # 아무 효과가 없음: 이미 적재된 모듈 사용
First version
>>> from imp import reload
>>> reload(changer)                         # 새로운 코드를 적재하고 실행하도록 강제
<module 'changer' from '.\\changer.py'>
>>> changer.printer()                       # 이제 새로운 버전이 동작함
reloaded: After editing
```

reload는 실제로 모듈 객체를 반환한다는 점에 주목하자. 그 결과는 일반적으로 무시되지만, 표시 결과는 대화형 프롬프트에 출력되기 때문에 파이썬은 기본 <module 'name'...> 표현을 보여 준다.

마지막으로 두 가지 내용을 정리해 보면, 우선 여러분이 reload를 사용할 경우 from은 리로드 연산으로 갱신되지 않기 때문에 from 대신 import와 짝으로 구성하고자 할 것이다. 리로드 연산은 이름들을 매우 이상한 상태로 두게 되는데, 이에 대해서는 25장 끝의 "모듈 관련 주의 사항"에서 다룰 때까지 설명을 미루도록 하겠다. 둘째로, reload는 그 자체로 단지 하나의 단일 모듈만 업데이트하지만, 관련된 모듈에 이행적으로(transitively) 이를 적용하는 함수를 작성하는 데 있어 간단한 방법이다. 이에 대한 확장은 25장 거의 끝에서 사례 연구를 통해 알아보도록 하자.

더 생각해 볼 주제: 모듈 리로드

여러분이 대화형 프롬프트에서 모듈을 리로드하고 재실행할 수 있도록 해주는 것 외에, 모듈 리로드는 대규모 시스템에서도 유용하다. 특히 전체 어플리케이션을 재시작하는 비용이 엄두가 안 날 만큼 비싸다면 더욱 그렇다. 예를 들어, 시작 시점에 네트워크상에 서버들과 연결해야만 하는 게임 서버와 시스템이 동적 리로드의 주요 후보들이다.

모듈 리로드는 위젯의 콜백 동작이 GUI가 활성화되어 있는 동안에 변경될 수 있는 GUI 작업에서도 유용하며, 파이썬이 C 또는 C++ 프로그램에서 내장된 언어로 사용될 경우 프로그램의 중단 없이 파이썬 코드의 리로드를 요청할 수 있다. GUI 콜백과 내장된 파이썬 코드를 리로드하는 것에 대해서는 《프로그래밍 파이썬》을 통해 더 자세히 알아보자.

더 일반적으로, 리로드는 프로그램이 대단히 동적인 인터페이스를 제공하도록 해준다. 예를 들어, 파이썬은 종종 큰 규모의 시스템을 위한 **사용자 정의**(customization) 언어로 사용된다. 사용자들은 현장에서 파이썬 코드 일부를 코딩함으로써 전체 제품을 재컴파일하지 않고도(또는 그 소스 코드를 전혀 가지고 있지 않더라도) 제품을 사용자 정의할 수 있다. 그런 세계에서 파이썬 코드는 이미 그 자체로 동적 특징을 추가한다.

하지만 동적인 시스템은 런타임 시에 주기적으로 파이썬 사용자 정의 코드를 자동으로 리로드할 수 있다. 이와 같은 방법으로, 사용자들의 변경 내역은 시스템이 실행되는 동안 적용된다. 파이썬 코드가 변경될 때마다 종료하고 재시작할 필요가 없다. 모든 시스템이 이러한 동적 방식이 필요한 것은 아니지만, 이 방식이 필요한 경우라면 모듈 리로드는 사용하기 쉬운 동적 커스터마이징 도구를 제공한다.

이 장의 요약

이 장에서는 모듈 코딩 도구(import와 from문 그리고 reload 호출)에 대한 요점에 대해 자세히 알아보았다. 우리는 from문이 단순히 파일이 임포트된 후 그 파일로부터 이름들을 복사하는 단계를 추가한 것이며, reload는 파이썬을 종료, 재시작하지 않고도 파일을 다시 임포트하도록 강제한다는 것에 대해 배웠다. 또한 네임스페이스 개념에 대해 학습하였고, 임포트가 중첩될 때 무슨 일이 일어나는지나, 파일이 모듈 네임스페이스가 되는 방법에 대해 살펴보고 from문이 갖는 잠재적인 결함들에 대해서도 배웠다.

비록 이미 우리 프로그램에서 모듈 파일을 처리하기에 충분할 만큼 살펴보았지만, 다음 장에서는 **패키지 임포트**(우리 import문이 바라던 모듈에 이르는 디렉터리 경로의 일부를 특정하는 방법)를 설명함으로써 임포트 모델을 더 확장하여 배울 것이다. 앞으로 보게 되겠지만, 패키지 임포트는 대규모 시스템에서 유용한 계층 구조를 제공하며 동일 이름의 모듈 간 충돌을 해결할 수 있도록 해준다. 하지만 계속 진행하기 전, 여기에서 설명한 개념에 대한 간단한 퀴즈를 풀어 보도록 하자.

학습 테스트: 퀴즈

1. 어떻게 모듈을 만드는가?

2. from문은 어떻게 import문과 관련되어 있는가?

3. reload 함수는 어떻게 임포트와 관련되어 있는가?

4. 언제 from 대신 import를 사용해야 하는가?

5. from문이 가지는 세 가지 잠재적 결점에 대해 논하시오.

6. 속이 비어 있는 제비의 대기 속도는 얼마인가?

학습 테스트: 정답

1. 모듈을 생성하려면, 단순히 파이썬 문장들을 포함한 텍스트 파일을 작성하면 된다. 모든 소스 코드 파일은 자동으로 모듈이며, 이를 선언하기 위한 구문은 없다. 임포트 동작은 모듈 파일을 메모리 내의 모듈 객체에 적재한다. 또한 C 또는 자바와 같은 외부 언어에서

코드를 작성함으로써 모듈을 만들 수도 있지만, 이러한 확장 모듈은 이 책의 범위에 포함되지 않는다.

2. from문은 import문처럼 전체 모듈을 임포트하지만, 추가 단계로 그 임포트된 모듈로부터 하나 또는 그 이상의 변수를 from이 등장하는 범위에 복사한다. 이는 여러분이 임포트된 이름을 모듈을 통하지 않고도(module.name) 직접 사용할 수 있도록(name) 해준다.

3. 기본적으로, 모듈은 프로세스당 한 번만 임포트된다. reload 함수는 모듈이 다시 임포트되도록 강제한다. 이는 대체로 개발 기간이나 동적 사용자 정의 시나리오에서 모듈 소스 코드의 새로운 버전을 적용하기 위해 사용된다.

4. 두 개의 서로 다른 모듈에 있는 동일한 이름에 접근해야 하는 경우라면, from 대신 import를 사용해야 한다. 여러분은 외함 모듈의 이름을 특정해야 하므로 두 이름은 유일해진다. as 확장은 이 경우에서도 from이 사용 가능하도록 만들어 준다.

5. from문은 변수의 의미(어느 모듈에서 이를 정의하였는지)를 모호하게 만들 수 있으며, reload 호출과 사용하면 문제가 발생하거나(이름들은 여전히 객체의 이전 버전을 참조할 것이다) 네임스페이스를 훼손할 수 있다(여러분의 범위에서 사용하고 있는 이름을 조용히 덮어쓸 수 있다). from * 형태는 대부분의 경우 더 나쁘게 작용한다. 이는 네임스페이스를 심각하게 훼손할 수 있고, 변수들의 의미도 모호하게 만들므로 사용을 삼가는 편이 가장 좋다.

6. 무슨 뜻인지? 아프리카 제비? 아니면 유럽 제비?

24

모듈 패키지

지금까지 우리가 모듈을 임포트하면 파일을 적재했다. 이는 전형적인 모듈 사용법이며, 아마 여러분도 파이썬 개발 경력 초기에는 대부분의 임포트를 이 기법으로 작성할 것이다. 하지만 모듈 임포트 관련 내용은 지금까지의 내용보다 좀 더 많은 이야기를 담고 있다.

모듈 이름 외에도 임포트는 디렉터리 경로를 지정할 수 있다. 파이썬 코드의 디렉터리를 **패키지**(package)라 하며, 그러한 임포트는 **패키지 임포트**(package import)라고 한다. 실제로, 패키지 임포트는 여러분 컴퓨터의 디렉터리를 그 디렉터리가 포함하고 있는 하위 디렉터리와 모듈 파일에 대응하는 속성을 갖는 다른 파이썬 네임스페이스로 바꿔 준다.

이는 다소 고급 특징이지만 이것이 제공하는 계층 구조는 대규모 시스템에서 파일을 구조화하는 데 있어 편리하며, 모듈 검색 경로 설정을 단순화시켜 주는 경향이 있다. 앞으로 보게 되겠지만 패키지 임포트는 동일한 이름을 갖는 여러 프로그램 파일들이 단일 머신에 설치되어야 할 때, 이 모호한 파일들의 임포트를 해석해내기 위해서도 필요하다.

이것은 패키지 코드에만 관련이 있으므로 우리는 최근에 등장한 파이썬의 **상대 임포트** 모델과 구문을 여기에 도입할 것이다. 앞으로 우리는 이 모델이 3.X에서 검색 경로를 수정하고, 2.X와 3.X에서 패키지 내에서의 임포트를 위한 from문을 확장한다는 사실을 목격하게 될 것이다. 이 모델은 그러한 패키지 내부 임포트를 좀 더 명백하고 간결하게 만들어 줄 수 있지만, 여러분의 프로그램에 영향을 끼칠 만한 몇 가지 장단점도 지녔다.

마지막으로, 파이썬 3.3 또는 그 이후 버전을 사용하는 독자들을 위해 여기서 새로운 **네임스페이스 패키지** 모델(이는 패키지가 다중 디렉터리로 확장할 수 있도록 해주며, 초기화 파일을 필요로 하지 않는다)을 소개할 것이다. 이 새로운 형식의 패키지 모델은 선택 사항이며, 원래의(현재는 '일반적인'이라 칭한다) 패키지 모델과 함께 사용될 수도 있지만, 이는 원래 모델의 기본 아이디어와 규칙 중 일부를 뒤집어 버리기도 한다. 그러므로 우리는 모든 독자들을 위해 우선 일반적인 패키지를 살펴본 뒤, 마지막으로 현재 네임스페이스 패키지에 대해 선택적인 주제로 알아보겠다.

패키지 임포트 기초

기본적으로, 패키지 임포트는 단순하다. import문에서 단일 파일을 지정했던 곳에 점(.)으로 구분된 이름들의 **경로**를 기재할 수 있다.

```
import dir1.dir2.mod
```

이는 from문에서도 동일하다.

```
from dir1.dir2.mod import x
```

즉, 위 문장은 여러분의 컴퓨터에 dir1이라는 디렉터리가 있고, 이 디렉터리에는 dir2라는 서브 디렉리가있으며, 그리고 이 서브 디렉터리는 mod.py(또는 비슷한) 모듈 파일을 포함하고 있다는 것을 나타낸다.

뿐만 아니라, 이 임포트들은 dir1이 파이썬 모듈 검색 경로 중 하나인 어떤 컨테이너 디렉터리 dir0 내부에 존재함을 의미한다. 즉, 이 두 import문들은 다음과 같이 보이는 디렉터리 구조를 암시한다(윈도우 역슬래시 구분자로 표현하였다).

```
dir0\dir1\dir2\mod.py          # 또는 mod.pyc, mod.so, 등
```

컨테이너 디렉터리 **dir0**은 자신이 최상위 레벨 파일의 홈 디렉터리가 아닌 이상, 마치 **dir1**이 단순 모듈 파일인 것처럼 여러분의 모듈 검색 경로에 추가되어 있어야 한다.

더 공식적으로, 패키지 임포트 경로의 가장 왼쪽에 있는 요소는 여전히 22장에서 다룬 모듈 검색 경로 리스트인 sys.path에 포함된 디렉터리에 **상대적**이다. 하지만 그로부터 아래로는 여

러분 스크립트의 임포트문들이 패키지의 모듈로 이어지는 디렉터리 경로를 명시적으로 제공한다.

패키지와 검색 경로 설정

여러분이 이 특징을 사용한다면, 임포트문의 디렉터리 경로가 점으로 구분된 변수일 뿐이라는 것을 명심하자. 여러분은 import문에서 C:\dir1나 My Documents.dir2 또는 ../dir1과 같은 플랫폼에 특화된 경로 구문을 사용할 수 없으며, 이는 구문적으로 동작하지 않는다. 대신, 여러분의 모듈 검색 경로 설정에서 컨테이너 디렉터리를 지정하기 위해서는 이러한 플랫폼에 특화된 구문을 사용한다.

예를 들어, 이전 예제에서 dir0(여러분의 모듈 검색 경로에 추가한 디렉터리 이름)는 dir1으로 이어지는 임의의 길이를 갖는 플랫폼에 특화된 디렉터리 경로일 수 있다. 또한, 여러분은 다음과 같이 유효하지 않은 문장을 사용할 수 없다.

```
import C:\mycode\dir1\dir2\mod          # 에러: 구문 오류
```

하지만 여러분의 PYTHONPATH 변수 또는 .pth 파일에 C:\mycode를 추가하고, 스크립트를 이렇게 작성할 수 있다.

```
import dir1.dir2.mod
```

실제로, 모듈 검색 경로의 구성 요소들은 플랫폼에 특화된 디렉터리 경로 접두사(prefix)를 제공하며, 이는 import와 from문에서 맨 왼쪽의 이름으로 이어진다. 이 import문 자체는 플랫폼 중립적 방식으로 디렉터리 경로의 나머지 부분을 제공한다.[1]

단순 파일 임포트처럼 컨테이너 디렉터리 dir0가 이미 모듈 검색 경로에 존재한다면, 이를 모듈 검색 경로에 추가할 필요가 없다. 22장에 따르면 최상위 파일의 홈 디렉터리, 대화형으로

---

1 점으로 구분된(dotted) 경로 구문은 부분적으로는 플랫폼 중립성을 위해 채택되었지만, 또한 import문의 경로들이 실제 중첩된 (nested) 객체 경로가 되기 때문이기도 하다. 이 구문은 여러분이 import문에서 .py를 생략하지 않으면 이상한 오류 메시지를 보게 될 수 있음을 의미한다. 예를 들어, import mod.py는 디렉터리 경로 임포트로 추정된다. 이는 mod.py를 적재하고 mod\py. py를 적재하려 할 것이며, 결국에는 잠재적으로 헷갈리는 'py'라는 이름의 모듈이 존재하지 않음(No module named py)'이라는 오류 메시지를 일으킬 것이다. 파이썬 3.3부터는 이 오류 메시지가 "mod.py'라는 이름의 모듈이 존재하지 않음. mod는 패키지가 아님(No module named 'mod.py'. mod is not a package)'으로 개선되었다.

작업 중인 디렉터리, 표준 라이브러리 디렉터리 또는 서드파티 설치 루트 site-packages 디렉터리인 경우일 것이다. 하지만 여러분의 모듈 검색 경로에는 패키지 임포트문의 가장 왼쪽 항목들이 포함된 모든 디렉터리가 포함되어야 한다.

패키지 __init__.py 파일

패키지 임포트를 사용하기로 했다면, 여러분이 반드시 따라야 할 제약이 한 가지 더 있다. 최소한 파이썬 3.3까지 패키지 임포트문의 경로 내에 지정된 각 디렉터리는 __init__.py라는 이름의 파일을 포함하고 있어야 하며, 그렇지 않은 경우 패키지 임포트는 실패하게 된다. 즉, 우리가 사용한 예제에서 dir1과 dir2 디렉터리 모두 __init__.py라는 파일을 포함하고 있어야 한다. 컨테이너 디렉터리 dir0는 그러한 파일이 필요하지 않은데, 이는 그 디렉터리가 import문 자체에 기재되지 않기 때문이다.

더 공식적으로 말하자면, 다음과 같은 디렉터리 구조와

```
dir0\dir1\dir2\mod.py
```

이 형태의 import문에 대해

```
import dir1.dir2.mod
```

다음의 규칙이 적용된다.

- dir1과 dir2는 __init__.py 파일을 포함하고 있어야 한다.
- 컨테이너인 dir0는 __init__.py 파일이 필요하지 않다. 이 파일이 존재하더라도 단순히 무시될 것이다.
- dir0\dir1이 아닌 dir0는 반드시 모듈 검색 경로인 sys.path에 포함되어 있어야 한다.

처음 두 규칙을 만족시키기 위해 패키지 생성자는 우리가 여기에서 살펴보게 될 파일들을 생성해야 한다. 마지막 규칙을 만족시키기 위해 dir0는 자동 경로 항목(홈 디렉터리, 라이브러리, 또는 site-packages 디렉터리)이거나, PYTHONPATH 또는 .pth 파일을 설정하거나, 직접 sys.path를 변경하여 주어져야 한다.

그 결과로 이 예제의 디렉터리 구조를 디렉터리 중첩을 나타내는 들여쓰기로 표현하면 다음과
같아야 한다.

```
dir0\                                    # 모듈 검색 경로에서 컨테이너
    dir1\
        __init__.py
        dir2\
            __init__.py
            mod.py
```

__init__.py 파일은 일반 모듈 파일과 마찬가지로 파이썬 코드를 포함할 수 있다. 이 파일의
이름이 특별한 이유는 파이썬 프로그램이 디렉터리를 처음으로 임포트할 때 자동으로 실행되
기 때문이다. 따라서 패키지에 필요한 초기화 단계를 등록하고 수행하는 데 주로 사용된다. 하
지만 이 파일은 완전히 비어 있을 수도 있으며, 때로는 다른 기능을 제공하기도 한다. 이에 대
해서는 다음 절에서 설명하겠다.

이 장 마지막 즈음에서 보게 되겠지만, 패키지 임포트에서 __init__.py라는 파일을 가져야
하는 요구 사항은 파이썬 3.3을 기점으로 해제되었다. 이 릴리즈와 그 이후에서는 그런 파일
이 없는 디렉터리는 단일 디렉터리 **네임스페이스 패키지**로 임포트되는데, 이는 동일하게 동
작하지만 초기화 시점 코드 파일을 실행하지는 않는다. 하지만 파이썬 3.3 이전, 그리고 모
든 파이썬 2.X에서 패키지는 여전히 __init__.py 파일을 필요로 한다. 앞으로도 설명하겠지
만, 3.3과 그 이후 버전에서 이 파일이 사용되는 경우에는 성능적 이점을 제공하기도 한다.

패키지 초기화 파일 역할

더 자세히 말하면 __init__.py 파일은 패키지 초기화 시점의 동작을 위한 기능으로서의 역할을
수행하고, 디렉터리를 파이썬 패키지로 선언하며, 디렉터리를 위한 모듈 네임스페이스를 생성하
고, 디렉터리 임포트와 함께 사용되는 from *(즉, from .. import *)문의 행위를 구현하기도 한다.

패키지 초기화

처음 파이썬 프로그램이 디렉터리를 통해 임포트할 때, 파이썬은 해당 디렉터리의 __
init__.py 파일에 있는 모든 코드를 자동으로 실행한다. 그 때문에 이 파일은 패키지의 파
일이 필요로 하는 상태 정보를 초기화하는 코드를 넣어 둘 자연스러운 장소가 된다. 예를
들어, 패키지는 초기화 파일을 사용하여 필요한 데이터 파일을 생성하거나 데이터베이스
와의 연결을 맺는 등의 작업을 할 수 있다. 전형적으로 __init__.py 파일은 직접 실행될 때
유용하도록 구성되지 않는다. 이 파일은 패키지에 처음 접근할 때 자동으로 실행된다.

모듈 가용성 선언

패키지 __init__.py 파일은 부분적으로는 디렉터리가 파이썬 패키지임을 선언하기 위해 존재하기도 한다. 이 역할에서 해당 파일은 모듈 검색 경로의 나중에 등장하는 진짜 모듈을 보편적 이름의 디렉터리가 의도치 않게 숨기는 것을 막는다. 이러한 안전장치가 없다면, 파이썬은 여러분 코드와 아무 상관없는 디렉터리를 검색 경로에서 먼저 등장했다는 이유만으로 선택할지도 모른다. 나중에 보게 되겠지만, 파이썬 3.3의 네임스페이스 패키지가 이 역할의 대부분을 제거했으나 나중에 등장하는 파일을 찾기 위해 경로를 미리 탐색함으로써 알고리즘적으로 유사한 결과를 달성한다.

모듈 네임스페이스 초기화

패키지 임포트 모델에서 여러분 스크립트의 디렉터리 경로는 임포트 이후 실제 중첩된 객체 경로가 된다. 예를 들어, 이전 예제에서 임포트 이후 표현식 dir1.dir2는 제대로 동작하며, dir2의 __init__.py 초기화 파일이 할당한 모든 이름을 포함하는 네임스페이스를 갖는 모듈 객체를 반환한다. 이런 파일은 디렉터리를 위해 생성된 모듈 객체들을 위한 네임스페이스를 제공하는데, 그렇게 하지 않으면 이들은 실제 연관된 모듈 파일을 갖지 못할 것이다.

from * 문장의 행위

고급 특징으로, 여러분은 디렉터리가 from *문 형태로 임포트되면 무엇이 내보내지는지를 정의하기 위해 __init__.py 파일의 __all__ 리스트를 사용할 수 있다. __init__.py 파일에서 __all__ 리스트는 from *이 패키지(디렉터리) 이름에 사용될 때 자동으로 임포트되어야 하는 하위 모듈 이름들의 리스트다. 만약 __all__이 설정되지 않았다면, from *문은 그 디렉터리에 중첩되어 있는 하위 모듈들을 자동으로 적재하지 않는다. 대신 디렉터리의 __init__.py 파일에서 할당에 의해 정의된 이름들만 적재하는데, 여기에 이 파일에서 코드로 명시적으로 임포트한 하위 모듈은 포함된다. 예를 들어, 디렉터리의 __init__.py 파일의 from submodule import X 문장은 그 디렉터리의 네임스페이스에서 X를 사용할 수 있도록 해준다(25장에서 __all__에 대한 다른 역할들에 대해서도 알아볼 것이다. 이는 단일 파일의 from * 내보내기를 선언하는 역할을 하기도 한다).

만약 이 파일의 역할이 여러분의 요구 사항 밖의 일이라면, 이 파일을 빈 채로 둘 수도 있다 (그리고 솔직히 실제 현장에서도 종종 이 파일은 비어 있다). 하지만 이 파일은 디렉터리 임포트가 제대로 동작하기 위해서는 반드시 존재해야 한다.

패키지의 __init__.py 파일과 다음 파트에서 만나게 될 클래스의 __init__ 생성자 메서드와 혼동하지 말자. 전자는 임포트가 프로그램 실행 시 패키지 디렉터리를 처음 지나갈 때 실행되는 코드 파일이지만, 후자는 인스턴스가 생성될 때 호출된다. 둘 모두 초기화 역할을 지녔지만, 그 점을 제외하면 매우 다르다.

패키지 임포트 예제

이제 실제로 예제를 작성해 보면서 어떻게 초기화 파일과 경로가 작동하게 되는지 알아보도록 하자. 다음 세 파일은 디렉터리 dir1과 그 하위 디렉터리인 dir2에 작성된다. 이 파일의 경로명은 주석에 기재해 두었다.

```
# dir1\__init__.py
print('dir1 init')
x = 1

# dir1\dir2\__init__.py
print('dir2 init')
y = 2

# dir1\dir2\mod.py
print('in mod.py')
z = 3
```

여기에서 dir1은 우리가 현재 작업하는 디렉터리(즉, 홈 디렉터리)의 바로 하위 디렉터리이거나 모듈 검색 경로(기술적으로 sys.path)상에 나열된 디렉터리의 바로 하위 디렉터리다. 어느 쪽이든 dir1의 컨테이너는 __init__.py 파일이 필요 없다.

import문은 파이썬이 경로를 따라 내려가는 동안, 각 디렉터리를 처음 거쳐갈 때 그 디렉터리의 초기화 파일을 실행한다. 그 실행을 추적하기 위해 print문이 포함되어 있다.

```
C:\code> python                    # dir1의 컨테이너 디렉터리에서 실행
>>> import dir1.dir2.mod           # 처음 임포트할 때 초기화 파일을 실행함
dir1 init
dir2 init
in mod.py
>>>
>>> import dir1.dir2.mod           # 나중에 임포트할 때는 실행하지 않음
```

모듈 파일과 마찬가지로, 이미 임포트된 디렉터리는 그 단일 항목을 재실행하도록 강제하기 위해서 reload로 전달되어야 한다. 여기에서 볼 수 있듯이, reload는 중첩된 디렉터리와 파일을 리로드하기 위해 점으로 구분된 경로명을 받아들인다.

```
>>> from imp import reload          # from은 3.X에서만 필요함
>>> reload(dir1)
dir1 init
<module 'dir1' from '.\\dir1\\__init__.py'>
>>>
>>> reload(dir1.dir2)
dir2 init
<module 'dir1.dir2' from '.\\dir1\\dir2\\__init__.py'>
```

일단 임포트되면, 여러분의 import문 경로는 여러분 스크립트에서 **중첩된 객체 경로**가 된다. 여기에서 mod는 객체 dir2에 중첩된 객체이며, dir2는 다시 객체 dir1에 중첩된다.

```
>>> dir1
<module 'dir1' from '.\\dir1\\__init__.py'>
>>> dir1.dir2
<module 'dir1.dir2' from '.\\dir1\\dir2\\__init__.py'>
>>> dir1.dir2.mod
<module 'dir1.dir2.mod' from '.\\dir1\\dir2\\mod.py'>
```

실제로, 경로에서 각 디렉터리명은 모듈 객체에 할당된 변수가 되며, 이 모듈 객체의 네임스페이스는 그 디렉터리의 __init__.py 파일에 있는 모든 할당에 의해 초기화된다. mod.z는 mod.py에서 할당된 변수 z를 참조하지만, dir1.x는 dir1__init__.py에서 할당된 변수 x를 참조한다.

```
>>> dir1.x
1
>>> dir1.dir2.y
2
>>> dir1.dir2.mod.z
3
```

패키지와 사용할 때 from vs import

import문은 패키지와 사용하기에는 다소 불편한데, 이는 여러분 프로그램에서 경로를 자주 재타이핑해야 할 수도 있기 때문이다. 이전 절의 예제에서 z에 도달하고자 할 때마다 dir1으로부터 전체 경로를 재타이핑하고 재실행해야만 했다. 만약 dir2 또는 mod를 직접 접근하고자

한다면 에러를 만나게 될 것이다.

```
>>> dir2.mod
NameError: name 'dir2' is not defined
>>> mod.z
NameError: name 'mod' is not defined
```

따라서 패키지와 함께 사용할 때는 from문을 사용하여 매번 접근할 때마다 경로를 재타이핑하지 않도록 하는 편이 종종 더 편리하다. 그리고 더 중요한 것은 여러분이 디렉터리 트리 구조를 다시 구성할 경우, from문은 코드 내에서 하나의 경로만 업데이트하면 되지만, import는 수많은 경로들을 업데이트해야 한다는 것이다. 다음 장에서 공식적으로 다루게 될 import as 확장은 전체 경로에 대한 약어명과 여러 모듈에서 동일한 이름이 등장할 때, 그 이름을 재명명하는 도구를 제공함으로써 도움이 될 수도 있다.

```
C:\code> python
>>> from dir1.dir2 import mod                   # 여기에서만 경로를 코딩하면 됨
dir1 init
dir2 init
in mod.py
>>> mod.z                                        # 경로를 반복하지 않음
3
>>> from dir1.dir2.mod import z
>>> z
3
>>> import dir1.dir2.mod as mod                  # 더 짧은 명칭을 사용(25장 참조)
>>> mod.z
3
>>> from dir1.dir2.mod import z as modz          # 이름 충돌 시, 상동(25장 참조)
>>> modz
3
```

왜 패키지 임포트를 사용하는가?

만약 파이썬을 처음 접하는 독자라면, 패키지 관련 내용은 더 고급 특징이므로, 이에 대해 더 알아보기 전에 먼저 단순 모듈을 완벽히 학습하도록 하자. 패키지 임포트는 대규모 프로그램에서는 특히 더 유용한 역할을 담당한다. 이는 import문이 더 유용한 정보를 제공하게 만들고 구조화 도구로서의 역할을 수행하며, 여러분의 모듈 검색 경로를 단순화시키고 모호성을 해결할 수 있다.

우선, 패키지 임포트는 프로그램 파일에서 일부 디렉터리 정보를 제공하므로 파일 위치를 찾아내기 더 쉽도록 해주며, 구조화 도구로서의 역할을 수행한다. 패키지 경로가 없다면, 파일을 찾아내기 위해 종종 모듈 검색 경로에 의존해야 한다. 게다가 만약 기능적 영역을 위해 여러분의 파일을 하위 디렉터리로 구조화한다면, 패키지 임포트는 모듈이 어떤 역할을 하는지를 분명하도록 해주고, 따라서 코드를 더 가독성 있게 만들어 준다. 예를 들어, 다음과 같은 모듈 검색 경로상 어딘가에 있는 디렉터리의 파일에 대한 일반적인 임포트는

```
import utilities
```

다음처럼 경로를 포함한 임포트에 비해 훨씬 더 적은 정보를 제공한다.

```
import database.client.utilities
```

또한, 패키지 임포트는 PYTHONPATH와 .pth 파일 검색 경로 설정을 매우 단순화시킬 수 있다. 실제로 모든 디렉터리 간 임포트에 대해 명시적인 패키지 임포트를 사용하고 이 패키지 임포트를 모든 파이썬 코드가 저장된 공통 루트 디렉터리에 상대적으로 만든다면, 여러분은 실제로 검색 경로에 공통 루트 디렉터리 하나만 있으면 된다. 마지막으로 패키지 임포트는 여러분이 정확히 어느 파일을 임포트하고자 하는지 명시적으로 알려줌으로써 모호성을 해결하며, 동일 모듈 이름이 한 곳 이상에서 등장할 때 충돌을 해결한다. 다음 절에서 이 역할에 대해 더 자세히 알아보도록 하자.

세 시스템 이야기

패키지 임포트가 실제로 필요한 유일한 경우는 동일한 이름의 파일을 갖는 여러 프로그램이 단일 머신에 설치되었을 때 발생할 수 있는 모호성을 해결하기 위한 경우다. 이는 설치 이슈 같은 것이지만, 일반적인 경우에도 문제가 될 수도 있다. 특히, 모듈 파일에 대해 간단하고 유사한 이름을 사용하려는 개발자들의 성향을 고려한다면 더더욱 그렇다. 이를 설명하기 위해 가상 시나리오를 세워 보자.

한 프로그래머가 공통 유틸리티 코드로 utilities.py 파일과 사용자가 프로그램을 시작하기 위해 실행할 main.py라는 이름의 최상위 레벨 파일을 포함하는 파이썬 프로그램을 개발한다고 가정하자. 이 프로그램 전체에서 파일들은 공통 코드를 적재하고 사용하기 위해 import utilities를 사용한다. 프로그램이 적재될 때 모든 프로그램 파일을 포함한 단일 .tar 또는 .zip

파일로 탑재되고, 설치될 때 대상 머신의 **system1**이라는 이름의 단일 디렉터리에 모든 파일이 풀리게 된다.

```
system1\
    utilities.py                    # 공통 유틸리티 함수, 클래스
    main.py                         # 프로그램 시작을 위해 이 파일을 실행
    other.py                        # 내 도구를 적재하기 위해 utilities를 임포트
```

이제, 두 번째 프로그래머가 마찬가지로 utilities.py와 main.py 파일을 가지는 다른 프로그램을 개발하고, 다시 공통 코드 파일을 적재하기 위해 프로그램 전반에 걸쳐 **import utilities**를 사용한다고 가정하자. 이 두 번째 시스템을 첫 번째 시스템과 같은 컴퓨터에 가져와서 설치한다면, 그 파일들은 대상 머신의 어딘가에 있는 **system2**라는 새로운 디렉터리에 풀릴 것이다. 이는 첫 번째 시스템과 동일한 이름의 파일들을 덮어쓰지 않도록 보장한다.

```
system2\
    utilities.py                    # 공통 유틸리티
    main.py                         # 이 파일로 실행
    other.py                        # utilities 임포트
```

지금까지 문제는 없다. 두 시스템은 같은 컴퓨터에서 공존하고 동작할 수 있다. 실제로, 여러분의 컴퓨터에서 이 프로그램들을 사용하기 위해 모듈 검색 경로를 설정해야 할 필요도 없다. 파이썬은 항상 가장 먼저 홈 디렉터리(즉, 최상위 레벨 파일을 포함하는 디렉터리)를 검색하기 때문에 어느 시스템의 파일을 임포트하더라도 자동으로 해당 시스템 디렉터리의 모든 파일들을 보게 될 것이다. 예를 들어, 만약 **system1\main.py**를 클릭하면, 모든 임포트는 **system1**을 먼저 검색할 것이다. 유사하게 만약 여러분이 **system2\main.py**를 실행한다면, **system2**가 가장 먼저 검색될 것이다. 모듈 검색 경로 설정은 디렉터리 경계를 넘나드는 임포트에 대해서만 필요하다는 것을 기억해 두자.

하지만 여러분이 이 두 프로그램을 머신에 설치한 후, 여러분만의 시스템에서 각각의 utilities. py 파일의 코드 일부를 사용하려 한다고 가정해 보자. 이는 어쨌든 공통 유틸리티 코드이며, 파이썬 코드는 선천적으로 재사용되길 '원한다'. 이 경우 여러분은 두 파일 중 하나를 적재하기 위해서 세 번째 디렉터리에 작성하고 있는 코드에 다음과 같이 말할 수 있기를 바랄 것이다.

```
import utilities
utilities.func('spam')
```

이제 문제가 드러나기 시작한다. 어쨌든 이 기능이 동작하게 하려면, 여러분은 모듈 검색 경로에 utilities.py 파일이 들어 있는 디렉터리를 설정해야 한다. 하지만 system1과 system2 중 어느 디렉터리를 먼저 두어야 할까?

문제는 검색 경로의 **선형적 특성**에 있다. 언제나 왼쪽에서 오른쪽으로 탐색되기 때문에 얼마나 오랫동안 이 딜레마에 대해 고민했는지와 상관없이, 여러분은 언제나 단 하나의(검색 경로상에 가장 먼저(가장 왼쪽에) 나열된 디렉터리의) utilities.py를 얻게 될 것이다. 현재로서는 다른 디렉터리로부터 그 파일을 임포트할 수 없다.

각 임포트 동작 전에 스크립트 내부에서 **sys.path**를 변경해 볼 수도 있지만, 이는 추가적인 작업이 필요한 데다 에러가 발생할 가능성도 높다. 각 파이썬 프로그램 실행 전에 PYTHONPATH를 변경하는 것은 너무 지루하며, 여러분이 하나의 이벤트에 대해 단일 파일에서 두 버전 모두를 사용할 수 있도록 해줄 수는 없다. 기본적으로 어쩔 수 없는 상황인 것이다.

이 이슈는 실제로 패키지가 해결해 줄 수 있다. 프로그램을 모듈 검색 경로상에 나열된 독자적인 디렉터리에 별개로 설치하는 대신, 이들을 묶어서 공통 루트 아래의 하위 디렉터리로 설치할 수 있다. 예를 들어, 이 예제의 모든 코드를 다음과 같은 설치 계층 구조로 시스템화시킬 수 있다.

```
root\
    system1\
        __init__.py
        utilities.py
        main.py
        other.py
    system2\
        __init__.py
        utilities.py
        main.py
        other.py
    system3\                    # 여기 또는 다른 곳에
        __init__.py             # 다른 곳에서 임포트될 경우에만 여기에 __init__.py 필요
        myfile.py               # 여기에는 여러분의 새로운 코드가
```

이제, 여러분의 검색 경로에 공통 루트 디렉터리만 추가하자. 여러분 코드의 임포트는 모두 이 공통 루트에 대해 상대적이므로 여러분은 어떤 시스템의 유틸리티 파일이라도 패키지 임포트를 이용하여 임포트할 수 있다. 또한, 외부 디렉터리 이름은 경로와 모듈 참조를 유일하게 만든다. 사실 여러분이 import문을 사용하고 유틸리티 모듈을 참조할 때마다 전체 경로를 반복

해 주는 한, 동일 모듈에 두 개의 유틸리티 파일을 임포트할 수 있다.

```
import system1.utilities
import system2.utilities
system1.utilities.function('spam')
system2.utilities.function('eggs')
```

여기에서 외부 디렉터리명은 모듈 참조를 유일하게 만들어 준다.

만약 여러분이 둘 또는 그 이상의 경로에서 **동일한** 속성 이름에 접근해야 하는 경우라면 패키지를 이용한 from 대신에 import를 사용해야 한다. 만약 여기에서 호출된 함수의 이름이 각 경로상에서 다르다면, 여러분은 앞서 이야기했듯이 함수를 호출할 때마다 전체 패키지 경로를 반복하는 것을 피하기 위해 from문을 사용할 수 있다. from에서 as 확장 역시 유일한 동의어를 제공하기 위해 사용될 수 있다.

또한, 앞에서 보여 준 설치 계층 구조에서 __init__.py 파일은 정상적인 작동을 위해 system1과 system2 디렉터리에 추가되었지만, root 디렉터리에는 추가되지 않는다는 것을 주목하자. 여러분 코드의 import문 내부에 나열된 디렉터리만 이 파일을 필요로 한다. 우리가 보았듯이, 이 파일은 처음 파이썬이 패키지 디렉터리를 통해 임포트를 처리할 때 자동으로 실행된다.

엄밀히 말하면, 이 경우 system3 디렉터리는 root 아래에 있을 필요는 없다. 여러분이 임포트할 대상 패키지만 그 아래에 위치하면 된다. 하지만 언제 여러분 자신의 모듈이 다른 프로그램에서 쓰일지 알 수 없으므로 이들 역시 공통 root 디렉터리에 위치시키면 향후에 발생할 수 있는 비슷한 이름 충돌 문제를 피할 수 있다.

마지막으로, 두 개의 원래 시스템의 임포트 모두 변경 없이 정상적으로 동작할 것이다. 이들의 **홈** 디렉터리가 가장 먼저 검색되므로 검색 경로상의 공통 루트를 추가하더라도 system1과 system2의 코드에 영향을 주지 않는다. 이들은 계속해서 import utilities라고만 말해도 되며, 프로그램으로 실행될 때 자신만의 파일을 발견할 것이다. 하지만 3.X에서 패키지로 사용될 때는 그렇지 않은데, 이에 대해서는 다음 절에서 설명하도록 하겠다. 만약 여러분이 모든 파이썬 시스템을 이처럼 공통 루트 아래에 풀어놓아야 한다는 것을 명심한다면 경로 설정 또한 단순해진다. 여러분은 그저 공통 루트 디렉터리만 한 번 추가해 두면 되는 것이다.

패키지는 파이썬 표준의 한 부분이기 때문에 모듈이 아니라 패키지 디렉터리로 적재되는 대규모 서드파티 확장 모듈을 흔히 볼 수 있다. 예를 들어, 파이썬을 위한 윈도우 확장 패키지인 **win32all**은 패키지 유행에 편승하는 첫 번째 주자들 중 하나였다. win32all 패키지 내의 많은 유틸리티 모듈들이 경로를 통해 임포트된다. 예를 들어, 클라이언트단의 COM 도구를 적재하기 위해 여러분은 다음과 같은 문장을 사용한다.

```
from win32com.client import constants, Dispatch
```

이 라인은 win32com 패키지(설치 하위 디렉터리)의 client 모듈로부터 이름들을 가져온다.

패키지 임포트는 또한 Jython Java(자이썬 자바) 기반의 파이썬 구현 아래에서 실행되는 코드에서 널리 사용되는데, 이는 자바 라이브러리 역시 계층 구조로 구성되어 있기 때문이다. 최근의 파이썬 버전에서는 이메일과 XML 도구는 표준 라이브러리에서 패키지 하위 디렉터리로 비슷하게 구성되며, 파이썬 3.X는 좀 더 관련된 모듈끼리 패키지로 구분한다. tkinter GUI 도구, 네트워킹 도구 등이 여기에 포함된다. 다음의 임포트는 3.X에서 다양한 표준 라이브러리 도구들에 접근한다(2.X에서의 사용은 다를 수 있다).

```
from email.message import Message
from tkinter.filedialog import askopenfilename
from http.server import CGIHTTPRequestHandler
```

여러분이 패키지 디렉터리를 생성하든 생성하지 않든, 여러분은 아마 결국에는 이들로부터 임포트하게 될 것이다.

패키지에 상대적인 임포트

지금까지 패키지에 대해 다룬 내용은 주로 패키지 외부로부터 패키지 파일을 임포트하는 것에 초점을 두었다. 패키지 자체 내부에서 동일한 패키지 파일을 임포트하는 것은 패키지 외부로부터의 임포트와 동일하게 전체 경로 구문을 사용할 수 있다. 그리고 앞으로 보게 되겠지만, 때로는 그렇게 사용해야 한다. 하지만 패키지 파일은 특별한 **패키지 내부 검색 규칙**을 사용하여 import문을 단순화시킬 수도 있다. 즉, 패키지 임포트 경로를 나열하는 대신 패키지 내의 임포트는 그 패키지에 대하여 **상대적**일 수 있다.

이 작동 방식은 버전에 따라 다르다. 파이썬 2.X는 암묵적으로 임포트할 때 처음으로 패키지 디렉터리를 검색하는 반면, 3.X는 패키지 디렉터리로부터 임포트하기 위해서 명시적인 상대 임포트 구문이 필요하다. 이 3.X의 변경 사항은 동일한 패키지 임포트를 좀 더 명확하게 해줌으로써 코드의 가독성을 높일 수 있게 됐지만, 2.X와는 호환되지 않으므로 일부 프로그램을 훼손시킬 수도 있다.

만약 버전 3.X로 파이썬을 시작하는 독자라면, 이 절에서 여러분의 초점은 새로운 임포트 구문과 모델에 맞춰질 것이다. 하지만 만약 과거에도 다른 파이썬 패키지를 사용했던 독자라면, 아마 3.X 모델이 어떻게 다른지에 대해서도 관심을 갖게 될 것이다. 후자의 관점으로 이 주제에 대한 여행을 시작해 보자.

이 절에서 배우겠지만, 패키지에 상대적인 임포트를 사용하는 것은 실제로 **여러분 파일의 역할을 제한**할 수 있다. 요약하면, 이는 더 이상 2.X와 3.X에서 실행 가능한 프로그램 파일로 사용되지 못할 수 있다는 이야기다. 이 때문에 많은 경우 일반적인 패키지 임포트 경로가 더 나은 선택이 될 수 있다. 여전히 이 특징은 많은 파이썬 파일에 쓰이며, 대부분의 그 장단점과 동기에 대해 더 잘 이해하기 위해 파이썬 프로그래머들이 재검토해 볼 가치가 있다.

파이썬 3.X에서의 변경 사항

패키지에서 임포트가 작동하는 방식이 파이썬 3.X에서 약간 변경되었다. 이 변경 사항은 파일이 패키지 디렉터리의 일부로 사용되는 경우, 파일 내부에서의 임포트에만 적용된다. 하지만 **패키지에서의 임포트**에 대해 파이썬 3.X는 두 가지 변경 사항을 도입했다.

- 모듈 임포트 검색 경로의 의미를 변경하여 기본적으로 패키지 자체의 디렉터리를 건너뛴다. 임포트는 오직 sys.path 검색 경로상의 경로들만 검사한다. 이는 절대(absolute) 임포트로 알려져 있다.

- from 구문을 확장하여 앞에 점 표시(leading dots)를 붙임으로써, 명시적으로 임포트가 패키지 디렉터리만 검색할 것을 요청할 수 있도록 한다. 이는 상대(relative) 임포트 구문으로 알려져 있다.

이 변경 사항들은 파이썬 3.X에서만 완벽히 지원된다. 새로운 from의 상대 구문은 파이썬 2.X에서도 사용 가능하지만, 거기에서는 기본 절대 검색 경로 변경 사항이 선택적으로 사용되어야 한다. 이를 활성화시키는 것은 2.X 프로그램을 훼손시킬 수 있지만, 3.X와의 호환성 측면에서 사용 가능하다.

이 변경 사항의 영향은 3.X에서(그리고 선택적으로 2.X에서) 임포트 주체와 **동일한** 패키지에 위치한 모듈을 임포트하기 위해 점으로 표시된 특별한 from 구문을 사용해야 한다는 것이다.

만약 여러분의 import문이 sys.path상의 패키지 루트에 대해 상대적인 완전한 경로를 기재하거나, 언제나 검색되는 프로그램의 최상위 레벨 파일의 홈 디렉터리(일반적으로 현재 작업 중인 디렉터리)에 상대적이지 않다면 말이다.

하지만 기본적으로 여러분의 패키지 디렉터리는 자동으로 검색되지 않으며, 패키지로 사용되는 디렉터리 내부 파일에 의해 이뤄지는 패키지 내부에서의 임포트는 특별한 from 구문 없이는 실패하게 될 것이다. 앞으로 보게 되겠지만, 3.X에서 이는 여러분이 최상위 레벨 프로그램과 임포트 가능한 패키지 모두에서 사용되도록 구성된 모듈을 위한 디렉터리와 import문을 구조화하는 방식에 영향을 미칠 수 있다. 하지만 먼저 어떻게 이 모든 것이 작동하는지에 대해 상세히 살펴보자.

상대 임포트의 기초

현재 파이썬 3.X와 2.X의 from문에서 모듈 이름 앞에 점(.)을 사용하여 모듈 검색 경로가 아닌 같은 패키지 내에 위치한 모듈을 요구할 수 있다. 즉, 패키지에 상대적인 임포트를 표현할 수 있다.

- **점 표시를 동반한 임포트:** 파이썬 3.X와 2.X 모두에서 from문의 모듈 이름 앞에 점 표시를 사용함으로써 그 임포트가 자신을 포함한 패키지에 대해서만 상대적임을 나타낼 수 있다. 이러한 임포트는 패키지 디렉터리 내부에서만 모듈을 검색하며, 임포트 검색 경로(sys.path)상의 다른 곳에 위치한 같은 이름의 모듈을 검색하지 않을 것이다. 그 결과 패키지 모듈은 외부 모듈에 우선하게 된다.

- **점 표시가 없는 임포트:** 파이썬 2.X의 패키지 코드에서 앞에 점 표시가 없는 일반적인 임포트는 현재로서는 기본적으로 상대적이었다 그 후에는 절대적인 검색 경로 순서를 갖는다. 즉, 이들은 패키지 자체의 디렉터리를 먼저 검색한다. 하지만 파이썬 3.X의 패키지 내부에서의 일반적인 임포트는 기본적으로 절대적인 경로로만 검색된다. 특별한 점 표시 구문이 없다면, 임포트는 자신을 포함하는 패키지를 건너뛰고 sys.path 검색 경로상의 다른 곳을 찾아본다.

예를 들어, 파이썬 3.X와 2.X에서 다음과 같은 형태의 문장은 파이썬에게 이 문장이 등장하는 파일과 동일한 패키지 디렉터리에 위치한 spam이라는 이름의 모듈을 임포트하라고 지시한다.

```
from . import spam                    # 이 패키지에 상대적임
```

이와 유사하게 다음 문장은 '이 문장을 포함한 파일과 동일한 패키지에 위치한 spam이라는 이름의 모듈로부터 변수 name을 임포트하라'는 것을 의미한다.

```
from .spam import name
```

앞에 점 표시가 없는 문장의 행위는 여러분이 어느 버전의 파이썬을 사용하는지에 따라 달라진다. 2.X에서 그러한 임포트는 만약 다음 형태의 문장이 임포트하는 파일의 최상단(그 파일의 실행 가능한 첫 문장으로)에 포함되어 있지 않다면 여전히 기본적으로 원래의 상대적이었다 그 후에는 절대적인 검색 경로 순서를 갖는다(즉, 패키지의 디렉터리를 먼저 검색한다).

```
from __future__ import absolute_import    # 2.X에서 3.X의 절대 임포트 모델 사용
```

만약 이 문장이 존재한다면, 이는 파이썬 3.X의 절대 검색 경로 변경 사항이 활성화된다. 3.X와 2.X에서 절대 검색 경로가 활성화된 경우에는 모듈명 앞에 점 표시가 붙지 않은 임포트는 언제나 파이썬이 모듈 임포트 검색 경로의 상대적인 구성 요소들을 건너뛰게 하고, 대신 sys.path에 포함된 절대적인 디렉터리들을 찾아보게 한다. 예를 들어, 3.X 모델에서 다음 형태의 문장은 string 모듈을 패키지 내의 동일한 이름의 모듈 대신에 항상 sys.path상의 어디에선가 찾아낼 것이다.

```
import string                              # 이 패키지의 버전은 건너뛸 것
```

반면, 2.X에서 from __future__문 없이 패키지 내에 지역 string 모듈이 존재한다면 이를 임포트할 것이다. 파이썬 3.X와 2.X에서 절대 임포트 변경 사항이 활성화되어 있는 경우 동일한 동작을 보장하기 위해 다음과 같은 상대 임포트를 강제하는 형태의 문장을 실행할 수 있다.

```
from . import string                       # 이 패키지에서만 검색할 것
```

이 문장은 현재 파이썬 2.X와 3.X 모두에서 동작한다. 3.X 모델에서의 유일한 차이점은 파일이 패키지의 일부로 사용되는 경우(그리고 전체 패키지 경로가 완전히 표시되지 않은 경우), 이 문장이 나타나는 파일과 동일한 패키지 디렉터리에 위치한 모듈을 로드하는 데 필요하다는 것이다.

상대적인 임포트를 강제하기 위해 import문이 아니라 from문에서만 앞에 붙는 점 표시를 사용할 수 있다는 점에 주목하자. 파이썬 3.X에서 import modname 문장은 항상 절대적인 검

색 경로만을 가지며, 이를 포함한 패키지 디렉터리는 건너뛴다. 2.X에서 이 문장 형태는 여전히 상대 임포트를 수행하여 패키지의 디렉터리를 먼저 검색한다. 앞에 점 표시가 없는 from 문은 import문과 동일하게 동작한다. 3.X에서는 절대 경로만 검색하며(패키지 디렉터리는 생략한다), 2.X에서는 상대적이었다 그 후에는 절대적인 경로를 검색한다(가장 먼저 패키지 디렉터리를 검색한다).

다른 점 표시 기반의 상대적인 참조 패턴도 가능하다. mypkg라는 이름의 패키지 디렉터리에 위치한 모듈 파일 내에서 다음과 같은 임포트 형식은 기술된 대로 동작한다.

```
from .string import name1, name2        # mypkg.string으로부터 이름들을 임포트
from . import string                    # mypkg.string을 임포트
from .. import string                   # mypkg와 같은 디렉터리에 속한 string 모듈을 임포트
```

이 마지막 형태를 잘 이해하고 이로 인해 늘어난 복잡도를 정당화하려면, 이 변경 사항의 배경 근거에 대해 잠시 살펴볼 필요가 있다.

왜 상대 임포트인가?

이 특징은 패키지 내부에서의 임포트를 더 명확하게 해준다는 점 외에도, 부분적으로 스크립트가 모듈 검색 경로상의 여러 장소에서 동일한 이름의 파일이 등장할 때 발생할 수 있는 모호성을 해결할 수 있도록 디자인되었다. 다음 패키지 디렉터리를 생각해 보자.

```
mypkg\
    __init__.py
    main.py
    string.py
```

이는 mypkg.main과 mypkg.string이라는 이름의 모듈을 포함하고 있는 mypkg라는 이름의 패키지다. 이제, main 모듈이 string이라는 이름의 모듈을 임포트하려 한다고 가정해 보자. 파이썬 2.X와 이전 버전에서는 파이썬은 가장 먼저 상대적인 임포트를 수행하기 위해 mypkg 디렉터리를 살펴볼 것이다. 그리고는 거기에 위치한 string.py 파일을 발견하고 임포트할 것이며, mypkg.main 모듈의 네임스페이스의 string이라는 이름에 이를 할당할 것이다.

하지만 이 임포트의 의도가 파이썬 표준 라이브러리의 string 모듈을 적재하는 것일 수도 있다. 불행하게도 파이썬의 이 버전들에서는 mypkg.string을 무시하고 모듈 검색 경로상에 위치

한 표준 라이브러리의 string 모듈을 손쉽게 찾을 수 있는 방법이 없다. 더구나 전체 패키지 임포트 경로로도 이 문제를 해결할 수 없는데, 이는 모든 머신에 존재하는 표준 라이브러리 상위에 있는 부가적 패키지 디렉터리 구조에 의존할 수 없기 때문이다.

즉 패키지에서 단순 임포트는 모호하며, 오류가 발생할 가능성이 높다. 패키지 내에서 import spam문이 패키지 내부 모듈을 참조하는지, 또는 외부 모듈을 참조하는지는 분명하지 않다. 그 결과로 지역 모듈이나 패키지는 의도적이든, 그렇지 않든 sys.path상에 바로 달려 있는 다른 모듈 또는 패키지를 숨길 수 있다.

실제로 파이썬 사용자는 자신만의 모듈에서 필요한 표준 라이브러리 모듈의 이름을 재사용하는 것을 피할 수 있다(만약 표준 string이 필요하면, 새 모듈에 string이라는 이름을 부여하지 말아야 한다!). 하지만 이는 패키지가 우연히 표준 모듈을 감추게 될 경우에는 도움이 되지 않는다. 더구나 파이썬은 미래에도 새로운 표준 라이브러리 모듈을 추가할 것이며, 이 중에는 여러분만의 모듈과 동일한 이름을 갖는 모듈이 존재할 수도 있다. 상대 임포트에 의존하는 코드는 이해하기도 다소 어려운데, 코드를 읽는 사람은 어느 모듈을 사용하고자 하는지 더더욱 헷갈릴 수 있다. 만약 그 해석이 명시적으로 코드에 반영될 수 있다면, 그것이 더 좋은 방법이다.

3.X에서 상대적인 임포트 해결 방법

이 딜레마를 해결하기 위해 패키지 내에서 실행되는 임포트는 파이썬 3.X에서는 절대적인 경로로만 검색되도록 변경되었다(그리고 2.X에서는 선택적으로 그렇게 할 수 있다). 이 모델에서 우리 예제 파일 mypkg/main.py에서 다음 형태의 import문은 string 모듈을 sys.path의 절대적인 임포트 검색 경로를 통해 항상 패키지 외부에서 찾는다.

```
import string                        # string을 패키지 외부에서 임포트함(절대 경로)
```

앞에 점 표시가 없는 구문의 from import문도 절대적 경로로 간주된다.

```
from string import name              # name을 패키지 외부의 string으로부터 임포트함
```

하지만 정말로 패키지 루트로부터 전체 경로를 제시하지 않고 여러분 패키지로부터 모듈을 임포트하고자 할 경우에는 from문에 점 표시 구문을 사용한다면 여전히 상대 임포트를 사용할 수 있다.

```
from . import string                        # 여기에서는 mypkg.string을 임포트(상대 경로)
```

이 형태는 현재 패키지에만 상대적인 string 모듈을 임포트하며, 이전 import 예제의 절대적 경로 형태에 대응하는 상대적 경로 형태다(이 둘 모두 전체 모듈을 적재한다). 이 특별한 상대적 구문이 사용되면 패키지의 디렉터리만 검색된다.

우리는 상대적 구문으로 모듈로부터 특정 이름을 복사해올 수도 있다.

```
from .string import name1, name2           # mypkg.string으로부터 이름들을 임포트
```

이 문장은 다시 현행 패키지에 상대적인 string 모듈을 참조한다. 예로 만약 이 코드가 우리의 **mypkg.main** 모듈에 등장한다면, **mypkg.string**으로부터 name1과 name2를 임포트할 것이다.

그 결과, 상대적인 임포트의 '.'은 그 import문이 등장하는 파일을 **포함하는** 패키지 디렉터리를 의미하는 것으로 여겨진다. 추가적인 점 표시는 상대 임포트를 현행 패키지의 **부모로부터** 시작하여 수행한다. 예를 들어, 이 문장은 **mypkg**의 형제(즉, 패키지 자체의 컨테이너 디렉터리 내, mypkg 옆에 위치한 spam 모듈)를 적재할 것이다.

```
from .. import spam                         # mypkg의 형제들을 임포트함
```

더 일반적으로, 일부 모듈 A.B.C에 위치한 코드는 다음 형태들을 사용할 수 있다.

```
from . import D                             # A.B.D를 임포트(.은 A.B를 의미)
from .. import E                            # A.E를 임포트(..은 A를 의미)

from .D import X                            # A.B.D.X를 임포트(.은 A.B를 의미)
from ..E import X                           # A.E.X를 임포트(..은 A를 의미)
```

상대 임포트 vs 절대 패키지 경로

또 다른 방식으로, 파일은 절대 임포트문에서 sys.path상의 디렉터리에 상대적으로 자신의 패키지 이름을 명시적으로 지정할 수 있다. 예를 들어, 다음에서 mypkg는 sys.path상의 절대적인 디렉터리에서 발견될 것이다.

```
from mypkg import string                    # mypkg.string을 임포트(절대 경로)
```

하지만 이는 환경 변수 설정과 모듈 검색 경로 설정 모두에 의존하는 반면, 상대 임포트의 점 표시 구문은 그렇지 않다. 실제로, 이 형태에서는 **mypkg**를 바로 포함하는 디렉터리가 모듈 검색 경로에 포함되어야 한다. 이 경우는 아마 **mypkg**가 패키지 루트일 경우(또는 애초에 패키지가 외부에서 사용될 수 없는 경우)에 해당하겠지만, 이 디렉터리는 훨씬 더 큰 패키지 트리에 포함될 수도 있다. 만약 **mypkg**가 패키지 루트가 아니라면, 다음처럼 명시적으로 패키지를 지정할 때 절대 임포트문 모든 디렉터리를 sys.path의 패키지 루트 항목 아래로 열거해야 한다.

```
from system.section.mypkg import string      # 시스템 컨테이너는 sys.path상에만
```

이 방식은 큰 규모나 깊이가 깊은 패키지에서 점 표시 방식보다 더 많은 코드를 필요로 한다.

```
from . import string                          # 상대 임포트 구문
```

이 마지막 형태로는 검색 경로 설정, 검색 경로 순서, 그리고 디렉터리 중첩과 상관없이 이를 포함한 패키지가 자동으로 검색된다. 반면, 전체 경로의 절대적인 형태는 그 파일이 어떻게 사용되는지(프로그램의 일부 또는 패키지의 일부로 사용되는지)와 무관하게 동작할 것이다. 이에 대해서는 앞으로 함께 알아보자.

상대 임포트의 범위

상대 임포트를 처음 보게 되면 다소 복잡해 보일 수 있지만, 여러분이 다음과 같은 몇 가지 요점만 기억한다면 분명 도움이 될 것이다.

- **상대 임포트는 오직 패키지 내부에서의 임포트에만 적용된다.** 이 특징의 모듈 검색 경로 변경 사항은 패키지의 일부로 사용되는 모듈 파일 내부의 import문(즉, 패키지 내부의 임포트)에만 적용된다는 점을 명심하자. 패키지의 일부로 사용되지 않는 파일에서의 일반적인 임포트는 앞서 설명했던 대로 먼저 최상위 레벨 스크립트를 포함하는 디렉터리를 자동으로 검색한다.

- **상대 임포트는 from문에만 적용된다.** 이 새로운 구문이 import문이 아닌 from문에만 적용된다는 점도 기억하자. 이는 from의 모듈 이름이 하나 또는 그 이상의 점 표시로 시작한다는 사실에서 알 수 있다. 내부에 점 표시를 포함하지만, 앞에 점 표시를 갖지 않는 모듈 이름은 상대적인 임포트가 아니라 패키지 임포트다.

즉, 3.X에서 패키지에 상대적인 임포트는 실제로 2.X에서 패키지를 위한 포괄적인 검색 행위를 제거하고 패키지에 대해서만 상대적인 행위를 사용할 것을 명시적으로 요청하는 특별한 from문을 추가한 것으로 압축해 볼 수 있다. 만약 여러분이 과거에 2.X의 암묵적인 상대적인 검색에 의존하지 않도록 패키지 임포트를 코딩했다면(예 항상 패키지 루트로부터 전체 경로를 작성함으로써), 이 변경 사항은 대체로 논란의 여지가 있는 문제다. 만약 그렇지 않다면 여러분은 여러분의 패키지 파일을 지역 패키지 파일을 위한 새로운 from문 또는 전체 절대 경로를 사용하도록 업데이트해야 할 것이다.

모듈 검색 규칙 요약

패키지와 상대 임포트를 통해 지금까지 살펴본 파이썬 3.X의 모듈 검색 이야기는 다음과 같이 요약될 수 있다.

- 단순 이름을 가진 기본 모듈(예 A)은 sys.path 리스트상에서 왼쪽부터 오른쪽으로 각 디렉터리를 검색함으로써 그 위치를 찾는다. 이 리스트는 22장에서 설명했던 시스템 기본값과 사용자 설정값으로부터 생성된다.

- 패키지는 단순히 특별한 __init__.py 파일을 가진 파이썬 모듈의 디렉터리로, 임포트에서 A.B.C 디렉터리 경로 구문이 가능하게 한다. 예를 들어, A.B.C의 임포트에서 A라는 이름의 디렉터리는 sys.path의 일반적인 모듈 임포트 검색 경로에 대해 상대적인 위치에 있으며, B는 A 내부의 다른 패키지 하위 디렉터리고 C는 B 내부의 모듈이거나 또 다른 임포트 가능한 항목이다.

- 패키지 파일 내에서 일반적인 import와 from문은 다른 곳에서의 임포트와 마찬가지로 동일한 sys.path 검색 규칙을 사용한다. 하지만 패키지 내에서 from문과 앞서 나온 점 표시를 사용하는 임포트는 패키지에 대해 상대적이다. 즉, 오직 패키지 디렉터리만 검사되며, 일반적인 sys.path 검색은 사용되지 않는다. 예를 들어, from . import A에서 모듈 검색은 이 문장이 등장하는 파일을 포함한 디렉터리로 제한된다.

파이썬 2.X는 점 표시 없는 일반적인 임포트 또한 자동으로 sys.path로 진행하기 전에 가장 먼저 패키지 디렉터리를 검색한다는 점을 제외하면 동일하게 동작한다.

요약하면 파이썬의 임포트는 **상대 검색**(파일을 포함한 디렉터리에서)과 **절대 검색**(sys.path상의 디렉터리에서) 사이에서 다음과 같이 선택한다.

점 표시가 동반된 임포트: from . import m, from .m import x

　　이 임포트들은 2.X와 3.X 모두에서 상대적으로만 검색된다.

점 표시가 동반되지 않은 임포트: import m, from m import x

　　이 임포트들은 2.X에서는 상대적이지만 그 후에는 절대적인 검색 방식을 채택하고, 3.X에서는 절대적인 검색 방식만 채택함.

이후에 보게 되겠지만 파이썬 3.3은 모듈에 다른 종류(네임스페이스 패키지)를 추가하는데, 이는 여기에서 다루는 패키지 관련 내용과는 대체로 무관하다. 이 새로운 모델은 패키지를 구성하는 다른 방식으로 패키지 상대적인 임포트도 지원한다. 이는 마지막 수단으로 패키지 내용을 여러 개의 단일 디렉터리에 걸쳐 흩어질 수 있도록 하기 위해 임포트 검색 절차를 강화한다. 하지만 그 후에 혼합 패키지는 상대 임포트 규칙 관점에서 동일하게 동작한다.

상대 임포트 사례

이론은 이쯤으로 충분하니 이제 상대 임포트 배경이 되는 개념을 보여 줄 수 있는 몇 가지 간단한 코드를 실행해 보자.

패키지 외부에서의 임포트

우선, 이전에 언급했듯이 이 특징은 패키지 외부에서의 임포트에는 영향을 주지 않는다. 따라서 다음은 예상대로 표준 라이브러리 string 모듈을 찾아낸다.

```
C:\code> c:\Python36\python
>>> import string
>>> string
<module 'string' from 'C:\\Python36\\lib\\string.py'>
```

하지만, 우리가 작업하고 있는 디렉터리에 동일한 이름의 모듈을 추가한다면 그 대신 이 모듈이 선택되는데, 모듈 검색 경로상의 첫 번째 항목이 현재 작업 중인 디렉터리(Current Working Directory, 이하 CWD)이기 때문이다.

```
# code\string.py
print('string' * 8)

C:\code> c:\Python36\python
>>> import string
stringstringstringstringstringstringstringstring
```

```
>>> string
<module 'string' from '.\\string.py'>
```

즉, 일반적인 임포트는 여전히 '홈' 디렉터리(최상위 레벨 스크립트의 컨테이너 또는 현재 작업 중인 디렉터리)에 상대적이다. 실제로, 패키지에 상대적인 임포트 구문은 패키지의 일부로 사용되지 않는 파일의 코드에서는 허용되지도 않는다.

```
>>> from . import string
SystemError: Parent module '' not loaded, cannot perform relative import
```

이 절에서 대화형 프롬프트에 입력된 코드는 마치 최상위 레벨 스크립트에서 동작하는 것과 동일하게 동작하는데, sys.path상의 첫 번째 항목은 대화형 작업 디렉터리 또는 최상위 레벨 파일을 포함하는 디렉터리 중 하나이기 때문이다. 유일한 차이점은 sys.path의 시작은 빈 문자열이 아니라 절대적인 디렉터리라는 것이다.

```
# code\main.py
import string                              # 동일 코드이지만 파일로 작성
print(string)

C:\code> C:\python36\python main.py       # 2.X에서도 동일한 결과
stringstringstringstringstringstringstringstring
<module 'string' from 'c:\\code\\string.py'>
```

유사하게 이 패키지가 아닌 파일에서 from . import string은 대화형 프로프트에서 그랬듯이 마찬가지로 실패한다. 프로그램과 패키지는 서로 다른 파일 사용 모드다.

패키지 내부에서의 임포트

이제 CWD에서 코딩했던 지역 string 모듈을 제거하고 거기에 필수적인, 그러나 비어 있는 code\pkg__init__.py 파일을 포함하여 두 개의 모듈을 갖는 패키지 디렉터리를 구축해 보자. 이 절에서 패키지 루트는 자동으로 sys.path에 추가되는 CWD에 위치하며, 따라서 PYTHONPATH를 설정할 필요가 없다. 공간 절약을 위해 비어 있는 __init__.py 파일과 오류 메시지 텍스트를 대부분 생략한다(그리고 윈도우를 사용하는 독자가 아니라면, 여기에서의 셸 명령어에 대해 양해 바라며, 여러분 플랫폼에 맞게 해석해야 할 것이다).

```
C:\code> del string*        # 3.2+에서의 바이트 코드를 위해__pycache__\string* 삭제
C:\code> mkdir pkg
```

```
c:\code> notepad pkg\__init__.py

# code\pkg\spam.py
import eggs                                  # <== 2.X에서는 동작하지만, 3.X에서는 동작하지 않음!
print(eggs.X)

# code\pkg\eggs.py
X = 99999
import string
print(string)
```

이 패키지에서 첫 번째 파일은 일반적인 import문으로 두 번째 파일을 임포트하려고 한다. 이는 2.X에서는 상대적이지만, 3.X에서는 절대적으로 여겨지기 때문에 실패하게 된다. 즉, 2.X는 먼저 그 파일을 포함한 패키지를 검색하지만 3.X는 그러지 않는다. 이것은 여러분이 알고 있어야 할 3.X에서의 호환되지 않는 동작이다.

```
C:\code> c:\Python27\python
>>> import pkg.spam
<module 'string' from 'C:\Python27\lib\string.pyc'>
99999

C:\code> c:\Python36\python
>>> import pkg.spam
ImportError: No module named 'eggs'
```

이를 2.X와 3.X 모두에서 동작하게 하려면, 첫 번째 파일을 특별한 상대 임포트 구문을 사용하도록 변경함으로써, 그 임포트가 3.X에서도 패키지 디렉터리를 검색하도록 해야 한다.

```
# code\pkg\spam.py
from . import eggs                      # <== 2.X 또는 3.X에서 패키지 상대 임포트를 사용
print(eggs.X)

# code\pkg\eggs.py
X = 99999
import string
print(string)

C:\code> c:\Python27\python
>>> import pkg.spam
<module 'string' from 'C:\Python27\lib\string.pyc'>
99999

C:\code> c:\Python36\python
>>> import pkg.spam
<module 'string' from 'C:\\Python36\\lib\\string.py'>
99999
```

임포트는 여전히 CWD에 대해 상대적

앞선 예제에서 패키지 모듈은 여전히 string과 같은 표준 라이브러리 모듈에 대해 접근할 수 있다는 점을 주목하자. 이들의 일반적인 임포트는 여전히 모듈 검색 경로상의 항목에 대해 상대적이다. 실제로, 다시 CWD에 string 모듈을 추가한다면, 패키지 내에서의 임포트는 표준 라이브러리 대신 거기에서 모듈을 찾게 될 것이다. 3.X에서 절대 임포트로 패키지 디렉터리를 건너뛸 수도 있지만, 여전히 패키지를 임포트한 프로그램의 홈 디렉터리를 생략할 수는 없다.

```
# code\string.py
print('string' * 8)

# code\pkg\spam.py
from . import eggs
print(eggs.X)

# code\pkg\eggs.py
X = 99999
import string                       # <== 파이썬 라이브러리가 아니라 CWD에서 string을 가져옴!
print(string)

C:\code> c:\Python36\python       # 2.X에서도 동일한 결과
>>> import pkg.spam
stringstringstringstringstringstringstringstring
<module 'string' from '.\\string.py'>
99999
```

상대 그리고 절대 임포트로 모듈 선택하기

이것이 어떻게 표준 라이브러리 모듈의 임포트에 적용되는지 보기 위해, 패키지를 다시 초기화하자. 지역 string 모듈을 삭제하고, 패키지 자체 내부에 새로운 모듈을 정의하자.

```
C:\code> del string*              # 3.2+에서의 바이트 코드를 위해__pycache__\string* 삭제

# code\pkg\spam.py
import string                       # <== 2.X에서는 상대, 3.X에서는 절대
print(string)

# code\pkg\string.py
print('Ni' * 8)
```

이제, 여러분이 어느 버전의 string 모듈을 갖게 되는가는 여러분이 사용하는 파이썬 버전에 따라 달라진다. 이전처럼 3.X는 첫 번째 파일에서의 임포트를 절대 경로로 해석하고 패키지를 건너뛰지만 2.X에서는 그렇게 하지 않는다. 이는 3.X에서 **호환되지 않는 행위**의 또 다른 예제가 된다.

```
C:\code> c:\Python36\python
>>> import pkg.spam
<module 'string' from 'C:\\Python36\\lib\\string.py'>

C:\code> c:\Python27\python
>>> import pkg.spam
NiNiNiNiNiNiNiNi
<module 'pkg.string' from 'pkg\string.py'>
```

3.X에서 상대 임포트 구문을 사용하는 것은 2.X에서처럼 패키지가 다시 검색되도록 강제한다. 3.X에서 절대 또는 상대 임포트 구문을 사용함으로써, 패키지 디렉터리를 명시적으로 건너뛰거나 선택할 수 있다. 실제로 다음은 3.X 모델이 해결한 사례다.

```
# code\pkg\spam.py
from . import string                    # <== 2.X와 3.X 모두에서 상대 임포트
print(string)

# code\pkg\string.py
print('Ni' * 8)

C:\code> c:\Python36\python
>>> import pkg.spam
NiNiNiNiNiNiNiNi
<module 'pkg.string' from '.\\pkg\\string.py'>

C:\code> c:\Python27\python
>>> import pkg.spam
NiNiNiNiNiNiNiNi
<module 'pkg.string' from 'pkg\string.py'>
```

상대 임포트는 패키지만 검색

상대 임포트 구문이 실제로 단지 선호도를 의미하는 것이 아니라 바인딩(binding) 선언이라는 점을 아는 것 또한 중요하다. 만약 이제 이 예제에서 string.py 파일과 그와 관련된 모든 바이트 코드를 삭제하면, spam.py에서의 상대 임포트는 3.X와 2.X 모두에서 표준 라이브러리(또는 다른) 버전의 그 모듈로 돌아가지 않고 실패한다.

```
# code\pkg\spam.py
from . import string                # <== 여기에 string.py가 없다면, 2.X와 3.X 모두에서 실패 !

C:\code> del pkg\string*

C:\code> C:\python36\python
>>> import pkg.spam
ImportError: cannot import name string

C:\code> C:\python27\python
>>> import pkg.spam
ImportError: cannot import name string
```

상대 임포트가 참조하는 모듈은 패키지 디렉터리에 존재해야만 한다.

임포트는 여전히 CWD에 상대적

비록 절대 임포트가 이 방식으로 패키지 모듈을 건너뛰게 해주더라도 여전히 sys.path의 다른 항목들에 의존한다. 마지막 테스트로 우리만의 string 모듈 두 개를 정의해 보자. 다음에서 한 모듈은 CWD에, 다른 하나는 패키지에, 그리고 나머지 하나는 표준 라이브러리에 존재한다.

```
# code\string.py
print('string' * 8)

# code\pkg\spam.py
from . import string                # <== 2.X와 3.X 모두에서 상대적
print(string)

# code\pkg\string.py
print('Ni' * 8)
```

우리가 이와 같이 상대 임포트 구문으로 string 모듈을 임포트하면, 우리는 2.X와 3.X에서 원하는 대로 패키지에 존재하는 버전을 얻게 된다.

```
C:\code> c:\Python36\python                # 2.X에서도 동일한 결과
>>> import pkg.spam
NiNiNiNiNiNiNiNi
<module 'pkg.string' from '.\\pkg\\string.py'>
```

하지만 절대 구문이 사용된다면, 우리는 또다시 버전에 따라 다른 모듈을 얻게 된다. 2.X는 이를 먼저 패키지에 상대적인 것으로 해석하지만, 3.X는 이를 '절대적'으로 해석하여 이 경우에

는 실제로 패키지의 검색은 건너뛰고 CWD에 상대적인(표준 라이브러리에 존재하는 버전이 아닌) 버전을 적재한다.

```
# code\string.py
print('string' * 8)

# code\pkg\spam.py
import string                                # <== 2.X에서는 상대, 3.X에서는 '절대': CWD!
print(string)

# code\pkg\string.py
print('Ni' * 8)

C:\code> c:\Python36\python
>>> import pkg.spam
stringstringstringstringstringstringstringstring
<module 'string' from '.\\string.py'>

C:\code> c:\Python27\python
>>> import pkg.spam
NiNiNiNiNiNiNiNi
<module 'pkg.string' from 'pkg\string.pyc'>
```

보다시피 패키지가 점 표시를 이용하여 자신만의 디렉터리 내의 모듈을 명시적으로 요청할 수 있더라도, 그 외의 경우에는 이들의 '절대' 임포트는 여전히 일반적인 모듈 검색 경로의 나머지에 대해 상대적이다. 이 경우, 패키지를 사용하는 프로그램의 파일은 패키지가 원할 수도 있는 표준 라이브러리 모듈을 숨기게 된다. 3.X에서의 변경 사항은 단순히 패키지 코드가 패키지 내부의 또는 외부의(즉, 상대적으로 또는 절대적으로) 파일을 선택할 수 있도록 해준 것뿐이다. 하지만 임포트 방식은 예측할 수 없는 외부 환경에 따라 달라질 수 있기 때문에 3.X에서의 절대적 임포트가 반드시 표준 라이브러리에서 모듈을 찾을 수 있게 해주지는 않는다.

더 깊이 이해하고자 한다면 여러분 스스로 이 예제를 가지고 실험해 보자. 실제로, 이는 보이는 것만큼 즉석에서 이루어지는 것은 아니다. 일반적으로 개발하는 동안 여러분이 원하는 방식으로 동작할 수 있도록 여러분의 임포트와 검색 경로, 모듈 이름들을 구성할 수 있다. 하지만 대규모 시스템에서의 임포트는 사용 맥락에 따라 달라질 수 있으며, 모듈 임포트 프로토콜은 성공적인 라이브러리 설계의 일부임을 명심해야 한다.

패키지 상대 임포트의 위험 요소: 복합 용도

패키지 상대적인 임포트에 대해 배웠으니, 또한 이것이 늘 정답은 아니라는 점도 명심해 두자. sys.path의 디렉터리에 상대적인 완전한 디렉터리 경로를 가진 절대 패키지 임포트는 여전히 파이썬 2.X의 암묵적인 패키지 상대 임포트와 파이썬 2.X와 3.X의 명시적인 패키지 상대 임포트의 점 표시 구문보다 선호되는 경향이 있다. 이 이슈는 잘 알려져 있지 않은 듯하지만, 여러분이 독자적인 패키지 코딩을 시작하게 되면 곧 중요해질 것이다.

우리가 보았듯이, 파이썬 3.X의 상대 임포트 구문과 절대 검색 규칙 기본은 패키지 내부에서의 임포트를 이해하기 쉽고, 명시적이며, 유지보수하기 쉽도록 해주고, 일부 이름 충돌 상황에서도 명시적으로 이름을 선택할 수 있도록 해준다. 하지만 이 모델은 여러분이 알아 두어야 할 두 가지 주요 결과를 초래한다.

- 파이썬 3.X와 2.X 모두에서 패키지에 상대적인 임포트문은 암묵적으로 파일을 패키지 디렉터리와 역할에 결합시키고(bind), 그 파일이 다른 방식으로 사용되는 것을 막는다.
- 파이썬 3.X에서 새로운 상대적 검색 규칙의 변경은 파일이 2.X에서 할 수 있었던 것처럼 더 이상 스크립트와 패키지 모듈 둘 다의 역할을 쉽게 해낼 수는 없다.

이러한 제약 사항들의 원인은 다소 미묘하지만, 다음의 내용도 동시에 성립한다.

- 파이썬 3.X와 2.X에서 from . 상대적 구문은 임포트 주체가 패키지의 일부로 사용되지 않으면(즉, 패키지 내부가 아닌 다른 어딘가에서 임포트하는 경우에는) 사용할 수 없다.
- 파이썬 3.X는 from . 상대적 구문을 사용하지 않으면(또는 모듈이 현재 작업 중인 디렉터리 또는 메인 스크립트의 홈 디렉터리에 있지 않으면), 임포트를 위해 패키지 모듈 자신의 디렉터리를 검색하지 않는다.

상대 임포트의 사용은 3.X와 2.X에서 여러분이 실행 가능한 프로그램과 외부에서 임포트 가능한 패키지 둘 모두로서의 역할을 하는 디렉터리를 생성할 수 없게 만든다. 게다가 3.X에서 일부 파일은 더 이상 2.X에서처럼 스크립트와 패키지 모듈이라는 두 역할을 수행할 수 없게 된다. import문에 관해서는 그 규칙이 다음과 같이 전개된다. 첫 번째는 두 파이썬 버전의 패키지 모드에 대한 것이며, 두 번째는 3.X에 한한 **프로그램** 모드에 대한 것이다.

```
from . import mod        # 2.X와 3.X에서 패키지가 아닌 모드에서는 허용되지 않음
import mod               # 3.X의 패키지 모드에서 파일 자신의 디렉터리를 검색하지 않음
```

그 결과 2.X나 3.X에서 사용될 파일에 대해, 여러분은 한 가지 사용 모드를(패키지(상대적 임포트와 함께) 또는 프로그램(단순 임포트와 함께)) 선택해야 하며, 진짜 패키지 모듈 파일들은 최상위 레벨 스크립트 파일과는 별도로 하위 디렉터리에 분리하여 저장해야 한다.

다른 방법으로는 여러분이 직접 sys.path를 바꾸거나(일반적으로 불안정하고 오류 발생 가능성이 높은 작업이다), 패키지에 상대적인 구문 또는 단순 임포트 대신에 항상 절대 임포트로 전체 패키지 경로를 사용할 수도 있으며, 패키지 루트가 모듈 검색 경로상에 있다고 가정할 수 있다.

```
from system.section.mypkg import mod        # 프로그램, 패키지 모드 모두에서 동작함
```

이 모든 기법 중에서 마지막(전체 패키지 경로 임포트) 기법이 가장 이식성이 높고 기능적이겠지만, 그 이유에 대해서는 좀 더 구체적인 코드로 알아볼 필요가 있다.

이슈

예를 들어, 파이썬 2.X에서 동일한 단일 디렉터리를 일반적인 점 표시가 없는 임포트를 이용하여 프로그램과 패키지로 사용하는 것은 일반적이다. 이는 프로그램으로 사용될 때 임포트를 해석하기 위해 스크립트의 홈 디렉터리에 의존하며, 패키지로 사용될 때에는 패키지 내부의 임포트를 해석하기 위해 2.X의 상대적이었다가 그 후에는 절대적인 규칙에 의존한다. 하지만 이 방식은 3.X에서는 제대로 동작하지 않는다. 패키지 모드에서, 일반적인 임포트는 해당 디렉터리가 메인 파일의 컨테이너나 현재 작업 디렉터리에(그래서 sys.path상에) 존재하지 않는다면, 더 이상 같은 디렉터리에서 모듈을 적재하지 않는다.

실제적으로 이것이 어떻게 보이는지 가장 기본적인 최소한의 코드를 통해 알아보자(이 절에서 간결성을 위해 파이썬 3.3 이전에는 필수적인 __init__.py 패키지 디렉터리 파일을 생략하였으며, 3.3 윈도우 런처의 다양한 용도는 부록 B에서 다루고 있다).

```
# code\pkg\main.py
import spam

# code\pkg\spam.py
import eggs                                 # <== '.' = 메인스크립트의 홈 디렉터리라면 동작함

# code\pkg\eggs.py
print('Eggs' * 4)                           # 하지만 3.X에서 패키지로 사용된다면 이 파일은 적재되지 않음!

c:\code> python pkg\main.py                 # 2.X와 3.X에서 프로그램으로는 OK
EggsEggsEggsEggs
```

```
c:\code> python pkg\spam.py
EggsEggsEggsEggs

c:\code> py -2                          # 2.X에서 패키지로는 OK: 상대적이었다 그 후에는 절대적인
>>> import pkg.spam                     # 2.X: 평이한 임포트는 패키지 디렉터리를 먼저 검색함
EggsEggsEggsEggs

C:\code> py -3                          # 하지만 3.X는 파일을 찾는 데 실패: 절대 임포트만 사용
>>> import pkg.spam                     # 3.X: 평이한 임포트는 CWD와 sys.path만 검색함
ImportError: No module named 'eggs'
```

다음 단계는 3.X에서 사용하기 위해서 필수적인 **상대 임포트** 구문을 추가하는 것이겠지만, 이는 여기서 도움이 되지 않는다. 다음은 최상위 레벨의 메인 스크립트와 패키지 모듈 모두를 위한 단일 디렉터리를 가지고 있으며, 필수적인 점 표시 구문을 추가한다. 2.X와 3.X 모두에서 이 디렉터리가 패키지로 임포트된다면 정상적으로 동작하겠지만, 프로그램 디렉터리로 사용된다면(모듈을 스크립트로 직접 실행하려는 시도를 포함하여) 실패하게 된다.

```
# code\pkg\main.py
import spam

# code\pkg\spam.py
from . import eggs                      # <== 메인 파일이 여기에 있다면 패키지가 아님(그것이 나라도)!

# code\pkg\eggs.py
print('Eggs' * 4)

c:\code> python
>>> import pkg.spam                     # 3.X와 2.X 모두에서 패키지로는 OK, 프로그램으로는 NO
EggsEggsEggsEggs

c:\code> python pkg\main.py
SystemError: ... cannot perform relative import
c:\code> python pkg\spam.py
SystemError: ... cannot perform relative import
```

수정 1: 패키지 하위 디렉터리

이와 같은 혼합 용도에서 한 가지 해결책은 프로그램에서만 사용되는 메인 파일을 제외한 모든 파일을 하위 디렉터리에 분리 저장하는 것이다. 이 방식으로 패키지 내부에서의 임포트는 모든 파이썬에서 여전히 동작하고, 상위 디렉터리를 독자적인 프로그램으로 사용할 수 있으며, 중첩된 디렉터리는 여전히 다른 프로그램에서 패키지로서의 역할을 할 수 있다.

```
# code\pkg\main.py
import sub.spam                          # <== 모듈을 메인 파일 아래 패키지로 이동하면 동작함

# code\pkg\sub\spam.py
from . import eggs                       # 패키지 상대 임포트는 이제 동작함: 하위 디렉터리에서

# code\pkg\sub\eggs.py
print('Eggs' * 4)

c:\code> python pkg\main.py              # 메인 스크립트에서: 2.X와 3.X에서 동일한 결과
EggsEggsEggsEggs

c:\code> python                          # 다른 곳에서: 2.X와 3.X에서 동일한 결과
>>> import pkg.sub.spam
EggsEggsEggsEggs
```

이 기법의 잠재적인 단점은 패키지 모듈을 내장된 셀프 테스트 코드로 테스트해 보기 위해 직접 실행할 수 없다는 것이지만, 그 대신 테스트 코드를 이들의 부모 디렉터리에 별도로 작성할 수 있다.

```
c:\code> py -3 pkg\sub\spam.py           # 하지만 개별 모듈은 테스트를 위해 실행될 수 없음
SystemError: ... cannot perform relative import
```

수정 2: 전체 경로 절대 임포트

다른 방법으로, 전체 경로 패키지 임포트 구문도 이 경우를 해결할 수 있다. 이 방식은 패키지 루트 상위의 디렉터리가 여러분의 경로가 되어야 하지만, 실제 소프트웨어 패키지에 대해서는 아마 부가적인 요건이 아닐 것이다. 대부분의 파이썬 패키지는 이 설정을 요구하거나 설치 도구(site-packages 루트와 같은 기본 모듈 검색 경로상의 디렉터리에 패키지 코드를 저장하는 distutils 같은 도구. 더 자세한 내용은 22장을 참조하자)를 이용해 자동으로 이를 처리할 것이다.

```
# code\pkg\main.py
import spam

# code\pkg\spam.py
import pkg.eggs                          # <== 전체 패키지 경로는 모든 경우에 동작함. 2.X+3.X

# code\pkg\eggs.py
print('Eggs' * 4)

c:\code> set PYTHONPATH=C:\code
c:\code> python pkg\main.py              # 메인 스크립트에서: 2.X와 3.X에서 동일한 결과
EggsEggsEggsEggs
```

```
c:\code> python                                    # 다른 곳에서: 2.X와 3.X에서 동일한 결과
>>> import pkg.spam
EggsEggsEggsEggs
```

하위 디렉터리 수정본과는 달리, 이와 같은 전체 경로에 절대적인 임포트는 테스트를 위해 모듈을 독자적으로 실행할 수 있게 한다.

```
c:\code> python pkg\spam.py                        # 또한 2.X와 3.X에서 개별 모듈을 실행 가능함
EggsEggsEggsEggs
```

예제: 모듈 셀프 테스트 코드에 적용(미리 보기)

요약을 위해, 이 이슈와 전체 경로 방식에 대한 또 다른 전형적인 예제를 보도록 하자. 이 예제는 다음 장에서 더 자세히 알아보게 될 일반적인 기법을 사용하지만, 그 아이디어는 여기에서 미리 보기에 포함시켜도 될 만큼 간단하다(하지만 나중에 이를 다시 복습하기 원할 수도 있다. 거기서 다룬 내용이 여기서의 내용을 더 잘 이해할 수 있도록 해줄 것이다).

패키지 디렉터리에 있는 다음의 두 모듈을 생각해 보자. 이 중 두 번째 파일은 셀프 테스트 코드를 포함하고 있다. 간단히 요약하면 모듈의 __name__ 속성은 최상위 레벨 스크립트로 실행될 때는 문자열 '__main__'이지만, 임포트되는 경우에는 아니기 때문에 이 파일이 모듈과 스크립트 두 형태 모두로 사용될 수 있도록 해준다.

```
# code\dualpkg\m1.py
def somefunc():
    print('m1.somefunc')

# code\dualpkg\m2.py
...여기에 m1 임포트...                              # 실제 import문으로 교체

def somefunc():
    m1.somefunc()
    print('m2.somefunc')

if __name__ == '__main__':
    somefunc()                                     # 셀프 테스트 또는 최상위 레벨 스크립트 사용 모드 코드
```

이 중 두 번째 파일은 "...여기에 m1 임포트..." 위치에 첫 번째 파일을 임포트해야 한다. 이 라인을 상대적 임포트문으로 교체하면 파일이 패키지로 사용될 때는 동작하지만, 2.X나 3.X에서 패키지가 아닌 모드에서는 허용되지 않는다(결과와 에러 메시지는 공간상 여기에서는 생략되었다. 전체 내용을 확인하려면 책 예제 패키지의 dualpkg\results.txt 파일을 참조하자).

```
# code\dualpkg\m2.py
from . import m1
c:\code> py -3
>>> import dualpkg.m2                        # OK
C:\code> py -2
>>> import dualpkg.m2                        # OK

c:\code> py -3 dualpkg\m2.py                 # 실패!
c:\code> py -2 dualpkg\m2.py                 # 실패!
```

반대로 단순 임포트문은 2.X 및 3.X 모두에서 비패키지 모드로 작동하지만 3.X에서만 패키지 모드에서 실패하게 되는데, 그 문장은 3.X에서 패키지 디렉터리를 검색하지 않기 때문이다.

```
# code\dualpkg\m2.py
import m1

c:\code> py -3
>>> import dualpkg.m2                        # 실패!
c:\code> py -2
>>> import dualpkg.m2                        # OK

c:\code> py -3 dualpkg\m2.py                 # OK
c:\code> py -2 dualpkg\m2.py                 # OK
```

그리고 마지막으로 전체 패키지 경로는 패키지 루트가 모듈 검색 경로상에 있는 한(이 파일이 다른 곳에서도 사용될 수 있어야 하므로), 모든 파이썬과 사용 모드에서 제대로 동작한다.

```
# code\dualpkg\m2.py
import dualpkg.m1 as m1                      # 그리고: set PYTHONPATH=c:\code

c:\code> py -3
>>> import dualpkg.m2                        # OK
C:\code> py -2
>>> import dualpkg.m2                        # OK

c:\code> py -3 dualpkg\m2.py                 # OK
c:\code> py -2 dualpkg\m2.py                 # OK
```

요약하자면 여러분이 모듈을 스크립트 아래의 하위 디렉터리에 분리하여 저장할 용의도 없고 그렇게 할 수도 없다면, 전체 패키지 경로 임포트를 아마 패키지에 상대적인 임포트보다 더 선호할 것이다. 비록 전체 패키지 경로 임포트가 더 많은 타이핑이 필요하지만 모든 경우를 처리할 수 있고, 2.X와 3.X에서도 동일하게 동작한다. 추가 작업(예 코드에서 직접 sys.path를 설정하는 것)을 수반하는 다른 해결책이 있을 수도 있겠지만, 그 방식들은 더 모호하고 에러 발생 가능성이 높은 임포트의 의미론에 기대고 있기 때문에 여기에서는 언급하지 않겠다. 전체 패키지임포트는 기본 패키지 메커니즘에만 의존한다.

당연히 이것이 여러분 모듈에 영향을 미치는 범위는 패키지에 따라 달라질 수 있다. 절대적 임포트는 디렉터리 구조가 변경되면 마찬가지로 변경되어야 할 것이며, 상대 임포트는 지역 모듈의 위치가 바뀌면 유효하지 않게 될 것이다.

 이 영역에서 앞으로 파이썬이 어떻게 변하게 되는지 잊지 말고 지켜보자. 이 책은 파이썬 3.3까지만 다루고 있긴 하지만, PEP에서는 **파이썬 3.4**에서 몇 가지 패키지 이슈들이 해결될 것이라는 이야기가 있다. 아마도 상대 임포트를 프로그램 모드에서도 사용될 수 있도록 허용할 수도 있다. 반면 이 계획의 범위와 결과는 불명확하며, 3.4와 그 이후 버전에서만 동작하게 될 것이다. 여기에서 제시한 전체 경로 방식은 버전 중립적이며, 어쨌든 3.4는 앞으로 1년 후에나 출시될 것이다. 즉, 여러분은 기능에 제약을 주는 3.X의 변경 사항을 기다리거나 단순히 신뢰할 수 있는 전체 패키지 경로를 사용할 수 있다.[2]

파이썬 3.3 네임스페이스 패키지

패키지와 패키지 상대 임포트에 대해 모두 배웠으니, 우리가 방금 다루었던 아이디어 중 몇 가지를 수정한 새로운 방식에 대해 설명하고자 한다. 대략적으로 릴리즈 3.3을 기점으로 파이썬은 네 개의 임포트 모델을 가지게 된다. 원래 모델부터 가장 최근 모델까지 정리해 보면 다음과 같다.

기본 모듈 임포트: import mod, from mod import attr
> 원래 모델: sys.path 모듈 검색 경로에 상대적인 파일과 그 내용을 임포트한다.

패키지 임포트: import dir1.dir2.mod, from dir1.mod import attr
> sys.path 모듈 검색 경로에 상대적인 디렉터리 경로 확장을 제공하는 임포트다. 각 패키지는 파이썬 2.X와 3.X에서 단일 디렉터리에 포함되어야 하며, 초기화 파일을 가지고 있어야 한다.

패키지 상대 임포트: from . import mod(상대), import mod(절대)
> 이전 절에서의 패키지 내부의 임포트를 위해 사용된 모델로, 점 표시가 있는 구문과 없는

---

2   **옮긴이** 이 책이 집필될 당시의 최신 파이썬 버전은 3.3이었으나, 옮긴이는 번역 시점의 최신 버전인 3.6에서 모든 코드를 테스트했다. 부득이하게 버전 표기를 유지해야 할 곳은 3.3으로 되어 있지만, 내용을 이해하거나 테스트하는 데는 문제가 없을 것이다.

구문의 임포트에 대해 상대 또는 절대 검색 기법을 가지고 있으며, 파이썬 2.X와 3.X에서 모두 사용 가능하지만 서로 다르다.

네임스페이스 패키지: import splitdir.mod

여기에서 살펴볼 새로운 네임스페이스 패키지 모델은 패키지를 여러 디렉터리에 걸쳐 존재할 수 있게 해주며, 초기화 파일이 필요 없다. 이 모델은 파이썬 3.3에 처음 도입되었다.

이 중 처음 두 모델은 독자적이지만, 세 번째 모델은 검색 순서에 강하게 연관되어 있고 패키지 내부의 임포트를 위한 구문을 확장하며, 네 번째 모델은 이전 패키지 모델의 요건과 핵심 개념의 일부를 뒤집는다. 실제로 파이썬 3.3(과 그 이후 버전)은 두 종류의 패키지를 갖는다.

- 원래 모델. 현재는 일반적인 패키지라 불림
- 대안적 모델. 네임스페이스 패키지라 불림

이 구분은 다음 파트에서 만나게 될 '고전적' 클래스와 '새로운 형식의' 클래스 모델의 양분과 그 목적상 유사하지만, 여기에서는 신모델이 구모델에 무언가를 추가한 것 이상의 개념이다. 원래 패키지 모델과 새로운 패키지 모델은 상호 배타적이지 않으며, 한 프로그램에서 동시에 사용될 수 있다. 실제로 새로운 네임스페이스 패키지 모델은 대비책(fallback option) 같은 것으로, 동일한 이름을 갖는 일반적인 모듈과 일반적인 패키지가 모듈 검색 경로상에 존재하지 않는 경우에만 인정된다.

네임스페이스 패키지의 근거는 만약 설치 작업을 담당하고 있지 않다면 잘 알 수도 없는 패키지 설치 목적에 그 뿌리를 두고 있으며, 이에 대한 PEP 문서에 더 잘 설명되어 있다. 하지만 간단히 요약해 보자면, 네임스페이스 패키지는 패키지 부분들이 통합되는 경우, 여러 __init__.py 파일의 충돌 가능성을 이 파일을 완전히 삭제해 버림으로써 해결한다. 더구나 여러 디렉터리에 걸쳐 나눠지고, 여러 sys.path상의 디렉터리에 위치할 수 있는 패키지에 대한 표준 지원을 제공함으로써 설치 유연성을 강화하며, 이 목적을 해결하기 위해 생겼던 여러 가지 서로 호환되지 않는 해결안들을 대체할 수 있는 공통의 메커니즘을 제공한다.

이 패키지의 활용을 판단하기에는 너무 이르지만, 보통의 파이썬 사용자들은 네임스페이스 패키지가 유용하고, 일반적인 패키지 모델에 대한 대안적 확장(초기화 파일이 필요 없고, 어느 디렉터리의 코드도 임포트 가능한 패키지로 사용될 수 있는)이 된다고 생각할 것이다. 그 이유에 대해 알아보기 위해 자세한 내용을 들여다보자.

네임스페이스 패키지 의미론

네임스페이스 패키지는 근본적으로 일반적인 패키지와 다르지 않다. 이것은 단지 패키지를 생성하는 다른 방법일 뿐이다. 게다가 이들은 여전히 최상위 레벨에서 sys.path에 상대적이다. 점표시된 네임스페이스 패키지 경로의 맨 왼쪽 요소는 여전히 일반적인 모듈 검색 경로상의 구성 요소 내에 위치되어야만 한다.

하지만 물리적 구조 관점에서 이 둘은 상당히 다를 수 있다. 일반적인 패키지는 여전히 자동으로 실행되는 __init__.py 파일을 가지고 있어야 하며, 이전처럼 단일 디렉터리에 존재해야 한다. 반면에, 새로운 형식의 네임스페이스 패키지는 __init__.py를 포함할 수 없으며, 임포트 시점에 취합되는 여러 디렉터리에 흩어져 존재할 수 있다. 실제로, 네임스페이스 패키지를 구성하는 디렉터리 중 어느 것도 __init__.py 파일을 가질 수 없지만, 각 디렉터리에 중첩된 내용은 단일 패키지로 취급된다.

임포트 알고리즘

네임스페이스 패키지를 제대로 이해하려면, 3.3에서 임포트 동작이 어떻게 이루어지는지 그 이면을 살펴보아야 한다. 임포트하는 동안 파이썬은 3.2와 그 이전 버전에서와 같이 여전히 모듈 검색 경로의 각 디렉터리(절대 임포트의 가장 왼쪽 요소에 대해서는 sys.path에 의해, 상대 임포트와 패키지 경로에 중첩된 컴포넌트를 위해서는 패키지의 위치에 의해 정의된 디렉터리)를 순회한다. 하지만 3.3에서는 모듈 검색 경로의 각 디렉터리에 대해 spam이라는 이름의 임포트된 모듈이나 패키지를 찾는 동안, 파이썬은 다음의 순서로 더 다양한 매칭 기준을 테스트한다.

1. 디렉터리\spam__init__.py가 발견되면 일반적인 패키지가 임포트되고 반환된다.

2. 디렉터리\spam.{py, pyc, 또는 다른 모듈 확장자}가 발견되면, 단순 모듈이 임포트되고 반환된다.

3. 디렉터리\spam이 발견되고 이것이 디렉터리라면 이를 기록하고, 검색 경로에서 다음 디렉터리로 스캔을 계속한다.

4. 이 중 어느 것도 발견되지 않았다면, 검색 경로의 다음 디렉터리로 스캔을 계속한다.

만약 검색 경로 스캔이 1단계나 2단계에 의해 모듈이나 패키지를 반환하지 않고 완료되고 최소 하나의 디렉터리가 3단계에서 기록되었다면, 이때 네임스페이스 패키지가 생성된다.

네임스페이스 패키지의 생성은 즉각 이루어지며, 그 하위 레벨 임포트가 발생하기까지 미뤄두지 않는다. 새로운 네임스페이스 패키지는 스캔하는 동안 3단계에서 발견하고 기록한 디렉터리 경로 문자열의 반복 객체로 시작하는 __path__ 속성을 가지지만 __file__은 갖지 않는다.

__path__ 속성은 나중에 모든 패키지 구성 요소를 더 깊이 검색할 때 사용된다. 일반 패키지의 단일 디렉터리와 마찬가지로, 네임스페이스 패키지의 __path__상에 기록된 각 요소는 더 깊이 중첩된 아이템들이 요청될 때마다 검색된다.

다르게 보면 네임스페이스 패키지의 __path__ 속성은 sys.path가 최상위 레벨에서 패키지 임포트 경로의 가장 왼쪽 요소를 위해 수행하는 것과 동일한 역할을 더 낮은 레벨의 컴포넌트를 위해 수행한다. 이는 바로 전에 설명했던 동일한 4단계 절차를 이용하여 더 낮은 항목들에 접근하기 위한 '부모 경로'가 된다.

그 결과 네임스페이스 패키지는 아마도 여러 모듈 검색 경로 항목들을 통해 위치를 찾은 디렉터리들과 일종의 **가상 연결**이 이루어진다. 하지만 일단 네임스페이스 패키지가 생성되면, 이와 일반 패키지 간의 기능적 차이는 없다. 일반 패키지에 대해 배웠던 모든 것을 패키지 상대 임포트 구문까지 포함하여 지원한다.

일반 패키지에 미치는 영향: 선택적 __init__.py

이 새로운 임포트 절차의 결과로, 패키지는 파이썬 3.3을 기점으로 더 이상 __init__.py 파일이 필요하지 않게 되었다. 단일 디렉터리 패키지가 이 파일을 가지고 있지 않다면, 단일 디렉터리 네임스페이스 패키지로 취급될 것이고, 어떤 경고 메시지도 내지 않는다. 이것은 이전 규칙의 주요 완화 포인트이기도 하지만, 일반적으로 요청되던 변경 내용이기도 하다. 많은 패키지들이 초기화 코드를 요구하지 않으며, 그런 경우 빈 초기화 파일을 만들어야 하는 것도 쓸데없어 보인다. 결국 이것은 3.3을 기점으로 더 이상 필수 요소가 아니다.

그와 동시에 원래 일반 패키지 모델은 여전히 완벽하게 지원되며, 이전처럼 **초기화 기능**을 통해 __init__.py의 코드를 자동으로 실행한다. 게다가 패키지가 분리된 네임스페이스 패키지의 일부가 아닌 것으로 판명되면, 이를 __init__.py를 가진 일반 패키지로 코딩하는 편이 **성능상의 이점**이 따른다. 일반 패키지의 생성과 적재는 경로를 따라 그 위치를 찾아낸 즉시 이루어진다. 네임스페이스 패키지를 이용하면, 패키지가 생성되기 전에 경로 내의 모든 항목들이 탐색되어야 한다. 더 공식적으로 일반 패키지는 1단계에서 이전 절의 알고리즘을 종료한다. 하지만 네임스페이스는 그렇지 않다.

이 변경과 관련한 PEP에 따르면, 일반 패키지의 지원을 삭제할 계획은 없다. 적어도 현재로서는 그렇다. 변화는 오픈 소스 프로젝트에서는 언제나 가능하며(이전 판에서 추후에는 버려지긴 했으나 2.X에서 문자열 포매팅과 상대 임포트에 대한 계획을 언급했었다), 따라서 늘 그렇듯이 이 영역에 대한 향후 진척 상황에 대해서도 잊지 말고 지켜보도록 하자. 하지만 일반 패키지의 성능적 이점과 자동 초기화 코드를 고려하면, 일반 패키지가 완전히 제거되지는 못할 것으로 보인다.

네임스페이스 패키지의 실제 사례

네임스페이스 패키지가 어떻게 동작하는지 보기 위해 다음 두 모듈과 중첩된 디렉터리 구조(서로 다른 부모 디렉터리 dir1과 dir2에 위치한 sub라는 이름의 두 하위 디렉터리를 가진)를 생각해 보자.

```
C:\code\ns\dir1\sub\mod1.py
C:\code\ns\dir2\sub\mod2.py
```

만약 모듈 검색 경로에 dir1과 dir2를 추가한다면, sub는 이 두 디렉터리에 걸쳐 있는 네임스페이스 패키지가 되며, 해당 이름 아래에서 물리적으로 분리된 디렉터리에 존재함에도 불구하고 사용 가능한 두 개의 모듈 파일을 가지고 있다. 파일의 내용과 윈도우에서 요구되는 경로 설정은 다음과 같다. 여기에 __init__.py 파일은 없다. 실제로 네임스페이스 패키지에 이 파일은 존재할 수 없다. 이것은 해당 패키지의 주요 차이점이다.

```
c:\code> mkdir ns\dir1\sub              # 서로 다른 디렉터리에 동일한 이름의 두 개의 디렉터리
c:\code> mkdir ns\dir2\sub              # 윈도우 밖에서도 유사함

c:\code> type ns\dir1\sub\mod1.py       # 서로 다른 디렉터리의 모듈 파일들
print(r'dir1\sub\mod1')

c:\code> type ns\dir2\sub\mod2.py
print(r'dir2\sub\mod2')

c:\code> set PYTHONPATH=C:\code\ns\dir1;C:\code\ns\dir2
```

이제 3.3과 그 이후 버전에서 바로 임포트되면, 이 네임스페이스 패키지는 각각의 디렉터리 항목의 가상 연결이 되고, 일반적인 임포트로 그 단일의 복합적인 이름을 통해 중첩된 부분에 접근할 수 있게 된다.

```
c:\code> C:\Python36\python
>>> import sub
>>> sub                                           # 네임스페이스 패키지: 중첩된 검색 경로
<module 'sub' (namespace)>
>>> sub.__path__
_NamespacePath(['C:\\code\\ns\\dir1\\sub', 'C:\\code\\ns\\dir2\\sub'])

>>> from sub import mod1
dir1\sub\mod1
>>> import sub.mod2                               # 두 개의 서로 다른 디렉터리로부터의 내용
dir2\sub\mod2

>>> mod1
<module 'sub.mod1' from 'C:\\code\\ns\\dir1\\sub\\mod1.py'>
>>> sub.mod2
<module 'sub.mod2' from 'C:\\code\\ns\\dir2\\sub\\mod2.py'>
```

이것은 우리가 네임스페이스 패키지 이름을 통해 즉시 임포트할 때에도 성립한다. 네임스페이스 패키지는 처음 도달했을 때 만들어지므로 경로 확장 타이밍은 언제여도 상관없다.

```
c:\code> C:\Python36\python
>>> import sub.mod1
dir1\sub\mod1
>>> import sub.mod2                               # 한 개의 패키지가 두 개의 디렉터리에 걸쳐 존재함
dir2\sub\mod2

>>> sub.mod1
<module 'sub.mod1' from 'C:\\code\\ns\\dir1\\sub\\mod1.py'>
>>> sub.mod2
<module 'sub.mod2' from 'C:\\code\\ns\\dir2\\sub\\mod2.py'>

>>> sub
<module 'sub' (namespace)>
>>> sub.__path__
_NamespacePath(['C:\\code\\ns\\dir1\\sub', 'C:\\code\\ns\\dir2\\sub'])
```

흥미롭게도, 상대 임포트는 네임스페이스 패키지에서도 동작한다. 다음에서 상대 임포트문은 참조되는 파일이 다른 디렉터리에 있더라도 패키지의 파일을 참조한다.

```
c:\code> type ns\dir1\sub\mod1.py
from . import mod2                                # 그리고 'from . import string'은 여전히 실패
print(r'dir1\sub\mod1')

c:\code> C:\Python36\python
>>> import sub.mod1                               # mod2 의 상대 임포트는 다른 디렉터리에서
dir2\sub\mod2
dir1\sub\mod1
```

```
>>> import sub.mod2                          # 이미 임포트된 모듈은 다시 실행하지 않음
>>> sub.mod2
<module 'sub.mod2' from 'C:\\code\\ns\\dir2\\sub\\mod2.py'>
```

보다시피, 네임스페이스 패키지는 물리적으로 나뉜 스토리지를 갖는다는 점을 제외하고 일반
단일 디렉터리 패키지와 모든 면에서 비슷하다. 이것이 __init__.py 파일이 없는 단일 디렉터리
네임스페이스 패키지가 정확히 실행될 초기화 로직이 없는 일반 패키지와 같은 이유다.

네임스페이스 패키지 중첩

네임스페이스 패키지는 임의의 **중첩**도 지원한다. 일단 네임스페이스 패키지가 생성되면, 근본
적으로 그 레벨에서 sys.path가 최상위 레벨에서 했던 것과 동일한 역할을 수행하며, 더 낮은
레벨에 대해 '부모 경로'가 된다. 이전 절의 예제를 계속해 보면 다음과 같다.

```
c:\code> mkdir ns\dir2\sub\lower            # 더 중첩된 구성 항목
c:\code> type ns\dir2\sub\lower\mod3.py
print(r'dir2\sub\lower\mod3')

c:\code> C:\Python36\python
>>> import sub.lower.mod3                     # 네임스페이스 패키지에 중첩된 네임스페이스 패키지
dir2\sub\lower\mod3

c:\code> C:\Python36\python
>>> import sub                                # 한 단계씩 더 깊이 접근하면 동일한 결과
>>> import sub.mod2
dir2\sub\mod2
>>> import sub.lower.mod3
dir2\sub\lower\mod3

>>> sub.lower                                 # 단일 디렉터리 네임스페이스 패키지
<module 'sub.lower' (namespace)>
>>> sub.lower.__path__
_NamespacePath(['C:\\code\\ns\\dir2\\sub\\lower'])
```

앞서 sub는 두 디렉터리에 걸쳐 나뉘어 있는 네임스페이스 패키지이며, sub.lower는 물리적으
로 dir2에 위치한 sub의 일부에 중첩된 단일 디렉터리 네임스페이스 패키지다. 또한, sub.lower
는 __init__.py 파일을 가지지 않은 일반 패키지와 동일한 네임스페이스 패키지이기도 하다.

이 중첩 행위는 더 낮은 구성 요소가 모듈, 일반 패키지, 또는 다른 네임스페이스 패키지 중
어떤 것이든지 성립한다. 새로운 임포트 검색 경로로서의 역할을 수행함으로써, 네임스페이스
패키지는 그 내부에 이 세 가지 형태 모두 자유롭게 중첩될 수 있도록 해준다.

```
c:\code> mkdir ns\dir1\sub\pkg
C:\code> type ns\dir1\sub\pkg\__init__.py
print(r'dir1\sub\pkg\__init__.py')

c:\code> C:\Python36\python
>>> import sub.mod2                        # 중첩된 모듈
dir2\sub\mod2
>>> import sub.pkg                         # 중첩된 일반 패키지
dir1\sub\pkg\__init__.py
>>> import sub.lower.mod3                  # 중첩된 네임스페이스 패키지
dir2\sub\lower\mod3

>>> sub                                    # 모듈, 패키지, 네임스페이스 패키지
<module 'sub' (namespace)>
>>> sub.mod2
<module 'sub.mod2' from 'C:\\code\\ns\\dir2\\sub\\mod2.py'>
>>> sub.pkg
<module 'sub.pkg' from 'C:\\code\\ns\\dir1\\sub\\pkg\\__init__.py'>
>>> sub.lower
<module 'sub.lower' (namespace)>
>>> sub.lower.mod3
<module 'sub.lower.mod3' from 'C:\\code\\ns\\dir2\\sub\\lower\\mod3.py'>
```

더 깊이 알고 싶다면 예제의 파일과 디렉터리를 따라가 보자. 여러분도 보다시피, 네임스페이스 패키지는 이전 임포트 모델에 티도 안 나게 통합되며, 새로운 기능으로 이를 확장해 준다.

파일은 여전히 디렉터리에 우선함

앞서 설명했듯이, 일반 패키지에서 __init__.py 파일의 목적 중 일부는 디렉터리를 패키지로 선언하는 데 있다. 이것은 파이썬에게 경로상에 나중에 등장하는 같은 이름의 파일로 건너 뛰지 않고 이 디렉터리를 사용하도록 지시한다. 이는 동일한 이름의 원하는 모듈 대신에, 우연히 경로상 먼저 등장하는 코드가 없는 하위 디렉터리를 무심코 선택하는 것을 피한다.

네임스페이스 패키지는 이 특별한 파일을 필요로 하지 않기 때문에 이 안전장치가 유효하지 않은 것처럼 보일 것이다. 하지만 이는 사실이 아니다. 앞서 정리했던 네임스페이스 알고리즘은 네임스페이스 디렉터리가 발견된 후에도 경로를 계속 스캔하기 때문에 경로상 나중에 등장하는 파일이 여전히 그 전에 발견된 __init__.py가 없는 디렉터리보다 우선권을 갖는다. 예를 들어, 다음 디렉터리와 모듈을 생각해 보자.

```
c:\code> mkdir ns2
c:\code> mkdir ns3
c:\code> mkdir   ns3\dir
c:\code> notepad ns3\dir\ns2.py
c:\code> type    ns3\dir\ns2.py
print(r'ns3\dir\ns2.py!')
```

여기서 ns2 디렉터리는 __init__.py 초기화 파일이 없기 때문에 파이썬 3.2와 그 이전 버전에서는 임포트될 수 없지만, 3.3+에서는 임포트될 수 있다. 이는 PYTHONPATH와 상관없이 sys.path 모듈 검색 경로상 항상 첫 항목인, 현재 작업 중인 디렉터리 내의 네임스페이스 패키지다.

```
c:\code> set PYTHONPATH=                    # PYTHONPATH 비우기
c:\code> py -3.2
>>> import ns2
ImportError: No module named ns2

c:\code> py -3.6
>>> import ns2
>>> ns2                                     # CWD 내 단일 디렉터리 네임스페이스 패키지
<module 'ns2' (namespace)>
>>> ns2.__path__
_NamespacePath(['.\\ns2'])
```

그러나 네임스페이스 디렉터리와 같은 이름의 파일을 포함하는 디렉터리가 PYTHONPATH 설정을 통해 검색 경로상 나중에 추가되었다면 어떻게 되는지 살펴보자. 파이썬은 네임스페이스 패키지 디렉터리를 발견한 후에도 경로 탐색을 계속하기 때문에 파일이 대신 사용된다. 네임스페이스 패키지는 그 경로상 아무것도 발견되지 않았을 때에만 반환된다.

```
c:\code> set PYTHONPATH=C:\code\ns3\dir
c:\code> py -3.6
>>> import ns2                     # 동일 이름의 디렉터리가 아니라 나중에 발견된 파일을 사용!
ns3\dir\ns2.py!
>>> ns2
<module 'ns2' from 'C:\\code\\ns3\\dir\\ns2.py'>
>>> import sys
>>> sys.path[:2]                   # 첫 항목인 ''는 CWD(현재 작업 중인 디렉터리)를 의미함
['', 'C:\\code\\ns3\\dir']
```

실제로 모듈을 포함하도록 경로를 설정하는 것은 비록 동일한 이름의 네임스페이스 디렉터리가 경로상 먼저 등장하더라도, 파이썬 이전 버전에서와 동일하게 동작한다. 이전 파이썬에서는 에러가 나며, 3.3+에서는 네임스페이스 패키지를 사용한다.

```
c:\code> py -3.2
>>> import ns2
ns3\dir\ns2.py!
>>> ns2
<module 'ns2' from 'C:\code\ns3\dir\ns2.py'>
```

이는 네임스페이스 패키지에서 어떤 디렉터리도 __init__.py 파일이 허용되지 않는 이유다. 임 포트 알고리즘이 그 파일을 가지는 디렉터리를 발견하는 순간, 즉시 일반 패키지를 반환하고 경로 검색과 네임스페이스 패키지를 폐기한다. 더 공식적으로 이야기하자면 임포트 알고리즘 은 경로 스캔의 **마지막**에서만 네임스페이스 패키지를 선택하며, 만약 그보다 전에 일반 패키지 나 모듈 파일이 발견되었다면 단계 1 또는 2에서 멈춰 버린다.

그 결과, 모듈 파일과 일반 패키지는 모듈 검색 경로상 어디에 있든지 네임스페이스 패키지 디 렉터리에 대해 우선권을 갖게 된다. 예를 들어, 다음에서 sub라는 이름의 네임스페이스 패키 지는 경로상에 dir1과 dir2 아래의 동일한 이름의 디렉터리의 연결로 존재한다.

```
c:\code> mkdir ns4\dir1\sub
c:\code> mkdir ns4\dir2\sub
c:\code> set PYTHONPATH=c:\code\ns4\dir1;c:\code\ns4\dir2
c:\code> py -3
>>> import sub
>>> sub
<module 'sub' (namespace)>
>>> sub.__path__
_NamespacePath(['c:\\code\\ns4\\dir1\\sub', 'c:\\code\\ns4\\dir2\\sub'])
```

하지만 모듈 파일과 마찬가지로, 가장 오른쪽 경로 항목에 추가된 **일반 패키지**도 동일한 이름 의 네임스페이스 패키지 디렉터리에 대해 우선권을 갖는다. 임포트 경로 탐색은 이전처럼 dir1 에서 잠정적으로 네임스페이스 패키지를 기록하기 시작하지만, dir2에서 일반 패키지가 발견된 다면 이 기록을 폐기한다.

```
c:\code> notepad ns4\dir2\sub\__init__.py
c:\code> py -3
>>> import sub                    # 나중에 발견된 일반 패키지 사용, 동일한 이름의 디렉터리가 아니라!
>>> sub
<module 'sub' from 'c:\\code\\ns4\\dir2\\sub\\__init__.py'>
```

유용한 확장이지만 네임스페이스 패키지가 파이썬 3.3+를 사용하는 독자들만 사용할 수 있 기 때문에 이 주제에 대한 더 자세한 내용은 파이썬 매뉴얼을 확인하도록 하자. 특히 이 변경 사항에 대한 근거와 추가 세부 사항, 그리고 더 포괄적인 예제를 보고자 한다면 이에 대한 PEP를 살펴보도록 하자.

이 장의 요약

이 장에서는 파이썬의 **패키지 임포트** 모델(여러분의 모듈로 이어지는 디렉터리 경로의 일부를 명시적으로 기재하는 선택적이지만 유용한 방법)에 대해 소개하였다. 패키지 임포트는 여전히 여러분의 모듈 검색 경로상의 디렉터리에 대해 상대적이지만, 여러분의 스크립트는 나머지 모듈 경로를 명시적으로 제공한다.

우리가 보았듯이 패키지는 임포트를 대규모 시스템에서 더 의미 있게 해줄 뿐 아니라 모든 디렉터리 간 임포트가 공통 루트 디렉터리에 대해 상대적일 때 검색 경로 설정을 단순화하고, 동일 이름을 갖는 하나 이상의 모듈이 있을 때 모호성을 해결한다. 패키지 임포트에서 이를 둘러싼 디렉터리의 이름을 포함시키는 것은 이들을 구분하는 데 도움이 된다.

패키지 임포트는 오직 패키지 내의 코드에만 관련이 있기 때문에 새로운 **상대 임포트** 모델(패키지 파일에서 임포트가 예전의 오류 가능성이 높은 암묵적 패키지 검색 규칙에 의존하는 대신, from문에서 앞에 표기되는 점 표시를 이용하여 명시적으로 동일 패키지의 모듈을 선택하도록 하는 방법)에 대해서도 살펴보았다. 마지막으로 우리는 임포트 검색의 대체 옵션으로서 논리적인 패키지를 다수의 물리적인 디렉터리로 확장할 수 있게 하는 파이썬 3.3 네임스페이스 패키지에 대해 알아 보았으며, 이전 모델의 초기화 파일에 대한 요구 사항을 제거했다.

다음 장에서는 __name__ 사용 모드 변수, 이름-문자열 임포트와 같은 몇 가지 모듈 관련 고급 주제에 대해 알아볼 것이다. 하지만 여느 때처럼 여기에서 배운 것을 복습하는 차원에서 먼저 간단한 퀴즈로 이 장을 마무리하자.

학습 테스트: 퀴즈

1. 모듈 패키지 디렉터리에서 __init__.py 파일의 목적은 무엇인가?
2. 패키지 내용을 참조할 때마다 전체 패키지 경로를 반복하는 것을 피할 수 있는 방법은 무엇인가?

3. 어떤 디렉터리에서 __init__.py 파일이 필요한가?

4. 언제 패키지와 함께 from 대신 import를 사용해야만 하는가?

5. from mypkg import spam과 from . import spam의 차이는 무엇인가?

6. 네임스페이스 패키지란 무엇인가?

학습 테스트: 정답

1. __init__.py 파일은 일반 모듈 패키지를 선언하고 초기화하는 역할을 수행한다. 파이썬은 프로세스에서 디렉터리를 통해 최초로 임포트할 때 이 코드를 자동으로 실행한다. 이 파일의 할당된 변수들은 해당 디렉터리에 대응하는 메모리에 생성된 모듈 객체의 속성이 된다. 또한 이 파일은 3.3 전까지는 선택 사항이 아니며, 이 파일을 포함하고 있지 않은 디렉터리는 패키지 구문으로 임포트할 수 없다.

2. 패키지로부터 직접 이름을 복사하기 위해 패키지와 함께 from문을 사용하거나, 경로를 더 짧은 약어로 재명명하기 위해 import문과 함께 as 확장을 사용한다. 두 경우 모두 한 곳에서만 즉, from 또는 import문에서만 경로가 기재된다.

3. 파이썬 3.2와 이전 버전에서 실행되는 import 또는 from문에 기재된 각 디렉터리는 __init__.py 파일을 포함해야 한다. 패키지 경로의 가장 왼쪽 요소에 해당하는 디렉터리를 포함한 다른 디렉터리에는 이 파일이 없어도 된다.

4. 하나 이상의 경로에 정의된 동일한 이름에 접근해야 하는 상황에만 패키지와 함께 from 대신 import를 사용해야 한다. 경로는 import를 이용하여 참조를 유일하게 만들지만, from은 (여러분이 재명명을 위해 as 확장을 사용하지 않는 한) 어떤 이름이든지 하나의 버전만을 허용한다.

5. 파이썬 3.X에서 from mypkg import spam은 절대 임포트다. mypkg에 대한 검색은 패키지 디렉터리를 건너뛰고, 모듈을 sys.path의 절대적인 디렉터리에서 찾아낸다. 반면에, 문장 from . import spam은 상대 임포트다. spam은 이 문장이 포함된 패키지에 대해 상대적인 위치에서만 검색된다. 파이썬 2.X에서 절대 임포트는 sys.path로 진행하기 전에 패키지 디렉터리를 먼저 검색한다. 상대 임포트는 설명한 대로 동작한다.

6. 네임스페이스 패키지는 파이썬 3.3과 그 이후 버전에서 사용 가능한 임포트 모델의 확장으로, 이 모델은 __init__.py 파일을 가지지 않는 하나 또는 그 이상의 디렉터리에 대응한다.

파이썬이 임포트를 검색하는 동안 이를 발견하고, 먼저 단순 모듈 또는 일반적인 패키지를 발견하지 못했다면, 요청된 모듈 이름을 가진 모든 디렉터리의 가상 연결인 네임스페이스 패키지를 생성한다. 더 중첩된 항목은 네임스페이스 패키지의 모든 디렉터리에서 검색된다. 그 결과는 일반 패키지와 유사하지만, 내용은 여러 디렉터리에 걸쳐 나눌 수 있다.

25

모듈 심화 학습

이 장에서는 모듈 관련 고급 주제(데이터 숨김 처리, __future__ 모듈, __name__ 변수, sys.path 변경, 목록 작성 도구, 이름 문자열로 모듈 임포트하기, 이행적(transitive) 리로드 등)를 살펴보고, 모듈 관련 주의 사항과 함께 우리가 이 파트에서 다루었던 내용과 관련된 실습 문제로 마무리하고자 한다.

이 과정에서 우리는 함수와 모듈을 결합하여 지금까지보다 좀 더 큰 규모의 유용한 도구들을 만들게 될 것이다. 함수와 마찬가지로 모듈도 그 인터페이스가 잘 정의되어 있을 때 더 효과적이므로 이 장에서 간단하게 모듈 설계 개념에 대해 복습할 것이며, 그 내용 중 일부는 이전 장에서 살펴보았다.

이 책의 다른 파트와의 구성을 맞추기 위해, 이 장의 제목으로 '심화'라는 단어를 사용했지만, 이 장은 거의 모듈과 관련된 추가 주제를 모아둔 복주머니에 가깝다. 여기에서 논의되는 주제들 중 일부는(특히 __name__ 변수) 널리 사용되기 때문에 다음 파트의 클래스로 넘어가기 전에 이 장을 꼭 둘러보도록 하자.

모듈 설계 개념

함수와 마찬가지로 모듈도 설계상의 장단점이 있다. 어느 함수가 어느 모듈로 가야 할지, 모듈 통신 메커니즘 등에 대해 생각해야 한다. 이 모든 것은 더 큰 규모의 파이썬 시스템을 작성하기 시작하면 더 명확해지겠지만, 간단히 여기에서 명심해야 할 몇 가지 일반적인 아이디어를 정리해 보면 다음과 같다.

- **여러분은 파이썬에서 항상 모듈 안에 있으며, 모듈 안에 존재하지 않는 코드를 작성할 수 없다.** 17장과 21장에서 간단히 언급했듯이, 대화형 프롬프트에서 입력된 코드라 하더라도 실제로 __main__이라 불리는 내장된 모듈에 들어가 있다. 대화형 프롬프트에 대한 단 하나의 고유 특징은 코드가 즉시 동작하고 폐기되며, 결과에 대한 표시가 자동으로 출력된다는 것이다.

- **모듈 커플링(coupling)을 최소화하자:** 전역 변수 함수와 마찬가지로, 모듈은 밀폐 상자가 되도록 작성될 때 가장 잘 동작한다. 경험적으로 보았을 때 모듈은 가능한 한 다른 모듈 내에서 사용된 전역 변수에 독립적이어야 하며, 이는 해당 모듈로부터 함수와 클래스를 임포트하지 않는 한 그렇게 유지해야 한다. 모듈이 외부 세계와 공유해야 하는 유일한 것은 모듈이 사용하는 도구와 모듈이 정의한 도구다.

- **모듈 응집력(cohesion)을 최대화하자:** 단일 목적 모듈 응집력을 최대화함으로써 모듈 커플링을 최소화할 수 있다. 만약 모듈의 모든 구성 요소가 하나의 일반적인 목적을 공유한다면, 여러분은 외부 이름에 기댈 일이 거의 없을 것이다.

- **모듈은 다른 모듈의 변수를 되도록 변경하지 말아야 한다.** 이에 대해서는 17장에서 코드로 설명한 바 있지만, 여기에서 다시 반복할 만큼 중요하다. 다른 모듈에 정의된 전역 변수를 사용하는 것은 전적으로 괜찮다(이는 어쨌든 클라이언트가 서비스를 임포트하는 방식이다). 하지만 다른 모듈의 전역 변수를 변경하는 것은 종종 설계 문제를 나타내는 증상의 원인이 된다. 물론 예외도 있으나 여러분은 모듈 간 변경이 아니라, 함수 인수와 반환값 같은 장치를 통해 결과를 주고받도록 노력해야 한다. 그렇지 않으면 여러분의 전역 변숫값은 다른 파일에서의 임의의 원격 할당 순서에 따라 달라지게 되며, 여러분의 모듈은 더 이해하기 어려워지고 따라서 재사용이 어려워진다.

그림 25-1은 이를 요약한 것으로, 모듈이 동작하는 환경에 대하여 그림으로 만들어 보았다. 모듈은 변수, 함수, 클래스, 그리고 다른 모듈(만약 임포트했다면)을 포함한다. 함수는 클래스(모듈 내에 거주하는 객체로 다음 장부터 이에 대해 학습하게 될 것이다)와 마찬가지로 자신만의 지역 변수를 가진다. 파트 4에서 보았듯이 함수도 중첩시킬 수 있지만, 결국 이 모든 것은 최상위 모듈에 포함된다.

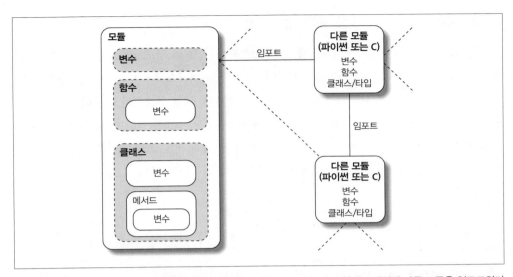

그림 25-1 모듈 실행 환경. 모듈은 임포트되지만, 파이썬 또는 C와 같은 다른 언어로 작성된 다른 모듈을 임포트하거나 사용하기도 한다. 모듈은 결국 주어진 작업을 수행하기 위해 변수, 함수, 클래스를 포함하며, 그 함수와 클래스는 다시 변수와 자신만의 다른 항목들을 포함한다. 하지만 최상위 레벨에서 보면 프로그램은 단지 모듈들의 집합일 뿐이다.

모듈에 데이터 숨기기

우리가 보았듯이, 파이썬 모듈은 자신의 파일의 최상위 레벨에 할당된 모든 이름들을 내보낸다(export). 여기에는 모듈 바깥에서 어떤 이름은 보여야 하고 어떤 이름은 보이면 안되는지에 대한 선언의 개념이 없다. 실제로, 클라이언트가 원해서 모듈 내부의 이름을 바꾸는 것을 막을 방도가 없다.

파이썬에서 모듈에 데이터를 숨기는 것은 구문적 제약이 아니라 규약이다. 만약 여러분이 모듈의 이름들을 엉망으로 만들어 버려서 그 모듈을 훼손시키기를 원한다면, 그렇게 할 수 있다. 하지만 다행히도 나는 아직 이것이 자신의 삶의 목표인 프로그래머를 만나보지 못했다. 일부 순수주의자들은 데이터 숨김 처리에 대한 이와 같은 자유로운 태도를 이는 파이썬이 캡슐화를 구현할 수 없다는 것을 의미한다며 반대하기도 한다. 하지만 파이썬에서 캡슐화는 제약에 대한 것이라기보다는 패키징에 대한 것에 더 가깝다. 이 아이디어에 대해서는 다음 장에서 클래스에 대해 학습하면서 더 알아보자. 클래스에도 프라이버시 구문이 없지만, 코드로 그 효과를 모방할 수 있다.

from *로 인한 피해를 최소화하기: _X와 __all__

특별한 경우로, 클라이언트가 from *문으로 모듈의 이름들을 임포트하는 경우, 클라이언트에 복사되지 않도록 하기 위해 이름 앞에 접두사로 단일 언더스코어 문자 표시를 붙일 수 있다(예 _X). 이것은 실제로 네임스페이스 오염을 최소화하기 위한 의도로만 만들어졌다. from *은 모든 이름들을 복사하기 때문에 임포트 주체(importer)는 기대한 것보다 많은 것(임포트 주체 내의 이름을 덮어쓰는 이름을 포함하여)을 가지게 될 수 있다. 언더스코어 문자 표시는 '프라이빗(private)' 선언은 아니다. 여러분은 import문과 같은 다른 임포트 형태로 이런 이름들을 보고 변경할 수 있다.

```
# unders.py
a, _b, c, _d = 1, 2, 3, 4

>>> from unders import *                    # _X가 아닌 이름만 적재
>>> a, c
(1, 3)
>>> _b
NameError: name '_b' is not defined

>>> import unders                           # 하지만 다른 임포트 주체는 모든 이름을 얻을 수 있음
>>> unders._b
2
```

다른 방식으로, 여러분은 모듈 최상위 레벨에서 변수 __all__에 변수 이름 문자열의 리스트를 할당함으로써 _X 명명 규약과 유사한 숨김 효과를 만들어낼 수 있다. 이 특징이 사용되면, from *문은 __all__ 리스트에 나열된 이름들만 복사할 것이다. 실제로, 이는 _X 규약과는 정반대 방식이다. _X는 복사되어서는 안될 이름들을 정의하는 반면, __all__은 복사될 이름들을 정의한다. 파이썬은 먼저 모듈에서 __all__ 리스트를 찾아보고, 이름에 언더스코어 문자 표시가 있는지 여부와 상관없이 그 리스트에 있는 이름들을 복사한다. 만약 __all__이 정의되어 있지 않다면, from *은 앞에 단일 언더스코어 문자 표시가 없는 모든 이름을 복사한다.

```
# alls.py
__all__ = ['a', '_c']                       # __all__은 _X에 우선함
a, b, _c, _d = 1, 2, 3, 4

>>> from alls import *                       # __all__에 있는 이름만 적재
>>> a, _c
(1, 3)
>>> b
NameError: name 'b' is not defined
```

```
>>> from alls import a, b, _c, _d          # 하지만 다른 임포트 주체는 모든 이름을 가짐
>>> a, b, _c, _d
(1, 2, 3, 4)

>>> import alls
>>> alls.a, alls.b, alls._c, alls._d
(1, 2, 3, 4)
```

_X 규약과 마찬가지로, __all__ 리스트는 오직 from *문 형태에서만 의미를 가지며, 프라이버시 선언에 해당하지 않는다. 마지막 두 개의 테스트에서 보다시피, 다른 임포트문들은 여전히 모든 이름들에 접근할 수 있다. 여전히 모듈 작성자는 from *로 사용될 때 얌전히 동작하는 모듈을 구현하기 위해 두 기법 중 하나를 사용할 수 있다. 24장의 패키지 __init__.py 파일의 __all__ 리스트에 대한 논의도 참조하도록 하자. 거기에서 이 리스트는 from *에 대해 자동으로 적재될 하위 모듈들을 선언한다.

이후 버전의 언어 특징을 활성화시키기: __future__

잠재적으로 기존 코드를 훼손할 수 있는 언어에 대한 변경 사항들이 파이썬에 점차적으로 도입되고 있다. 이들은 초기에는 선택적인 확장으로 등장하며, 기본적으로 비활성화되어 있다. 이러한 확장들을 활성화시키기 위해 다음 형태의 특별한 import문을 사용해야 한다.

```
from __future__ import featurename
```

이 문장을 스크립트에서 사용하려면, 파일의 첫 실행 가능한 문장으로 등장해야 하는데(아마 문서화 문자열 또는 주석 다음에), 이 문장이 모듈 단위 기반의 특별한 코드 컴파일을 활성화시키기 때문이다. 이 문장은 앞으로 나올 언어 변경 사항을 실험하기 위해 대화형 프롬프트에서도 사용할 수 있다. 그러면 해당 기능은 대화형 세션에서 이 문장 이후부터 사용 가능하게 된다.

예를 들어, 이 책에서 우리는 이 문장을 사용하여 어떻게 파이썬 2.X에서 3.X의 진 나눗셈(true division)과(5장), 3.X의 print 호출(11장), 패키지를 위한 3.X의 절대 임포트(24장)를 활성화하는지 보았다. 이 책의 이전 판에서는 이 문장 형태를 아직 기본으로 활성화되지 않은 키워드를 필요로 하는 제너레이터 함수를 설명할 때 사용하였다(거기서는 featurename으로 generators를 사용했다).

이 변경 사항들은 모두 파이썬 2.X의 기존 코드를 훼손할 가능성이 있으므로 이들은 점차적으로 도입되거나, 이 특별한 임포트로 활성화되는 선택적인 확장으로 제공된다. 이와 동시에, 일부 변경 사항들은 여러분이 언젠가는 포팅하게 될 이후 릴리즈와 호환되는 코드를 작성할 수 있도록 하기 위해 제공되기도 한다.

여러분이 이 방식으로 임포트하고 활성화시킬 미래의 특징(기능)들의 목록을 확인하려면, __future__ 모듈을 임포트한 뒤 dir 호출을 실행해 보거나, 이에 대한 라이브러리 매뉴얼 항목들을 참조하면 된다. 이와 관련한 문서에 따르면 이 특징 이름들 중 어느 것도 삭제되지 않을 것이며, 따라서 __future__ 임포트를 그대로 둔 채 그 특징이 일반적으로 존재하는 파이썬 버전에서 코드를 실행해도 안전하다.

복합 사용 모드: __name__과 __main__

다음으로 다루게 될 모듈에 관련된 기법은 하나의 파일을 모듈로 임포트할 수도 있고, 독자적인 프로그램으로 실행할 수도 있게 해주는 기법으로, 파이썬 파일에서 널리 사용되는 특징이다. 이는 실제로 너무 단순해서, 어떤 사람들은 처음에는 요점을 놓치기도 한다. 각 모듈은 __name__이라 불리는 내장된 속성을 가지고 있으며, 파이썬은 다음과 같이 이 속성을 자동으로 생성하고 할당한다.

- 파일이 최상위 레벨 프로그램 파일로 실행된다면, 시작할 때 __name__은 문자열 '__main__'으로 설정된다.
- 그 대신 파일이 임포트된다면, __name__은 그 클라이언트가 알고 있는 모듈 이름으로 설정된다.

결과로 모듈이 자신의 __name__을 검사하여 자신이 실행될 것인지 임포트될 것인지 결정할 수 있다는 것이다. 예를 들어, 우리가 tester라는 이름의 단일 함수를 내보내기 위해 다음의 모듈 파일 runme.py를 생성한다고 가정하자.

```
def tester():
    print("It's Christmas in Heaven...")

if __name__ == '__main__':              # 실행될 때만
    tester()                            # 임포트될 때는 해당되지 않음
```

이 모듈은 클라이언트가 평상시처럼 임포트하고 사용할 함수를 정의한다.

```
c:\code> python
>>> import runme
>>> runme.tester()
It's Christmas in Heaven...
```

하지만 이 모듈은 하단에 이 파일이 프로그램으로 실행될 때 자동으로 함수를 호출하도록 설정된 코드도 포함하고 있다.

```
c:\code> python runme.py
It's Christmas in Heaven...
```

그 결과 모듈의 __name__ 변수는 **사용 모드 플래그**로서의 역할을 수행하여 이 코드가 임포트 가능한 라이브러리와 최상위 레벨 스크립트 둘 다로 사용될 수 있도록 해준다. 간단하지만 여러분은 이 기능이 실제 야생에서 만나게 될 파이썬 프로그램 파일의 대부분에서 테스트와 이중(dual) 사용을 위해 활용되고 있음을 보게 될 것이다.

예를 들어, 여러분이 보게 될 __name__ 테스트가 적용된 가장 보편적인 방식은 아마도 **셀프 테스트** 코드일 것이다. 요약하면, 여러분은 모듈 자체에 그 모듈이 내보내는 항목들을 테스트하는 코드를 파일 하단에서 __name__ 테스트에 감싸서 패키징할 수 있다. 이 방식으로 여러분은 그 파일을 클라이언트에서 **임포트**하여 사용할 수도 있지만, 시스템 셸 또는 다른 시작 방식을 통해 이를 **실행**함으로써 그 로직을 테스트해 볼 수도 있다.

셀프 테스트 코드를 파일 하단과 __name__ 테스트 아래에 작성하는 것은 파이썬에서 아마도 가장 보편적이며, 가장 단순한 단위 테스트 프로토콜일 것이다. 이는 대화형 프롬프트에서 모든 테스트 코드를 재입력하는 것에 비해 훨씬 편리하다(36장에서 파이썬 코드를 테스트하는 데 보편적으로 사용되는 다른 방식들에 대해 논의할 것이다. 그때 보게 되겠지만 unittest와 doctest 표준 라이브러리 모듈은 더 진화된 테스트 도구들을 제공한다).

이에 더해 __name__ 기법은 명령 라인 유틸리티와 도구 라이브러리 둘 모두로 사용될 수 있는 파일을 작성할 때도 보편적으로 사용된다. 예를 들어, 파이썬에서 파일 검색 스크립트를 작성한다고 가정하자. 그 코드를 함수들로 만들고, 파일에 __name__ 테스트를 추가하여 그 파일이 독자적으로 실행될 때 자동으로 그 함수들을 호출하도록 구성하면, 여러분은 그 코드로부터 더 많은 이익을 얻을 수 있다. 이렇게 스크립트의 코드는 다른 프로그램에서도 재사용할 수 있다.

__name__을 이용한 단위 테스트

실제로, 우리는 __name__ 테스트가 유용하게 쓰인 주요 예제를 이미 보았다. 18장의 인수를 다룬 절에서 우리는 전달된 인수의 집합으로부터 최솟값을 계산하는 스크립트를 작성했다(이 코드는 679쪽의 "최솟값 구하기"의 minmax.py 파일에 있다).

```python
def minmax(test, *args):
    res = args[0]
    for arg in args[1:]:
        if test(arg, res):
            res = arg
    return res

def lessthan(x, y): return x < y
def grtrthan(x, y): return x > y

print(minmax(lessthan, 4, 2, 1, 5, 6, 3))          # 셀프 테스트 코드
print(minmax(grtrthan, 4, 2, 1, 5, 6, 3))
```

이 스크립트는 하단에 셀프 테스트 코드를 포함하고 있으므로 우리가 이 스크립트를 실행할 때마다 대화형 명령 창에 그 코드를 모두 재입력하지 않아도 테스트할 수 있다. 하지만 현재 코딩된 방식의 문제점은 셀프 테스트 호출의 결과가 이 파일이 다른 파일에서 도구로 사용되기 위해 임포트될 때마다 등장한다는 점이다. 이는 결코 사용자 친화적이지 않다. 이를 개선하기 위해 셀프 테스트 호출을 __name__ 검사에 감싸면, 파일이 최상위 레벨 스크립트로 실행될 때만 실행되고 임포트될 때는 실행되지 않을 것이다(여기 이 새로운 버전을 minmax2.py로 이름을 바꾸자).

```python
print('I am:', __name__)

def minmax(test, *args):
    res = args[0]
    for arg in args[1:]:
        if test(arg, res):
            res = arg
    return res

def lessthan(x, y): return x < y
def grtrthan(x, y): return x > y

if __name__ == '__main__':
    print(minmax(lessthan, 4, 2, 1, 5, 6, 3))       # 셀프 테스트 코드
    print(minmax(grtrthan, 4, 2, 1, 5, 6, 3))
```

또한 최상단에 __name__ 값을 출력하여 그 값을 추적할 수 있게 했다. 파이썬은 파일을 로딩하자마자 이 사용 모드 변수를 생성하고 할당한다. 우리가 이 파일을 최상위 레벨 스크립트로 실행하면, 그 이름은 __main__으로 설정되고, 따라서 셀프 테스트 코드는 자동으로 실행된다.

```
c:\code> python minmax2.py
I am: __main__
1
6
```

그러나 그 파일을 임포트하면, 이름이 __main__이 아니기 때문에 코드를 실행시키려면 함수를 명시적으로 호출해야만 한다.

```
c:\code> python
>>> import minmax2
I am: minmax2
>>> minmax2.minmax(minmax2.lessthan, 's', 'p', 'a', 'a')
'a'
```

다시 말하지만, 이것이 테스트 용도로 사용되는지 여부와 상관없이, 결론적으로 우리는 코드를 두 개의 서로 다른 역할(도구의 라이브러리 모듈 또는 실행 가능한 프로그램)로서 사용할 수 있게 된다.

 24장의 패키지 상대 임포트에 따르면, 이 절의 기법은 3.X에서 패키지 구성 요소로도 사용되는 파일에 의해 실행되는 임포트에다 몇 가지 영향을 미칠 수도 있지만, 여전히 절대 패키지 경로 임포트 또는 다른 기법과 함께 사용될 수도 있다. 더 자세한 내용은 이전 장의 논의와 예제를 참조하자.

예제: 이중 모드 코드

여기서는 이전 절의 __name__ 기법이 더 보편적으로 사용되는 실질적인 예제를 살펴보자. 다음 모듈 formats.py는 임포트 주체를 위해 문자열 포맷 유틸리티를 정의하고, 더불어 이 모듈이 최상위 레벨 스크립트로 실행되는지를 보기 위해 그 이름을 검사한다. 만약 스크립트로 실행된다면, 이 모듈은 내부에 포함되어 있거나 전달받은 테스트를 실행하기 위해 시스템 명령 라인상에 기재된 인수들을 테스트하고 사용한다. 파이썬에서 sys.argv 리스트는 **명령 라인**

인수들을 포함한다. 이것은 명령 라인상에 입력된 단어들을 반영하는 문자열의 리스트로, 그 첫 번째 항목은 항상 실행되고 있는 스크립트의 이름이다. 이 리스트를 21장의 벤치마킹 도구에서는 스위치로 사용했었지만, 여기에서는 일반적인 입력 메커니즘으로 이용한다.

```python
#!python
"""
파일: formats.py(2.X and 3.X)
다양하게 특화된 문자열 표시 포매팅 도구.
안에 포함된 셀프 테스트 또는 명령 라인 인수로 테스트해 볼 것
할 일: 음수 money를 위해 parens를 추가하고, 더 많은 특징들 추가할 것
"""

def commas(N):
    """
    양의 정수 같은 N을 출력하기 위해 쉼표로 자릿수를 그룹핑하여 포맷을 맞춤 : "xxx,yyy,zzz"
    """
    digits = str(N)
    assert digits.isdigit()
    result = ''
    while digits:
        digits, last3 = digits[:-3], digits[-3:]
        result = (last3 + ',' + result) if result else last3
    return result

def money(N, numwidth=0, currency='$'):
    """
    숫자 N을 자릿수 구분을 위한 쉼표와 소수점 두 자리로 표시하고,
    그 앞에는 $와 부호 그리고 선택적인 메우기(padding)를 사용함: "$ -xxx,yyy.zz".
    공간 메우기가 없는 경우 numwidth = 0, 기호를 생략하려면 currency = ''.
    그리고 다른 코드를 위해 아스키가 아닌 문자를 사용(☜ pound = u'\xA3' or u'\u00A3').
    """
    sign = '-' if N < 0 else ''
    N = abs(N)
    whole = commas(int(N))
    fract = ('%.2f' % N)[-2:]
    number = '%s%s.%s' % (sign, whole, fract)
    return '%s%*s' % (currency, numwidth, number)

if __name__ == '__main__':
    def selftest():
        tests = 0, 1         # fails: -1, 1.23
        tests += 12, 123, 1234, 12345, 123456, 1234567
        tests += 2 ** 32, 2 ** 100
        for test in tests:
            print(commas(test))

        print('')
        tests = 0, 1, -1, 1.23, 1., 1.2, 3.14159
```

```
        tests += 12.34, 12.344, 12.345, 12.346
        tests += 2 ** 32, (2 ** 32 + .2345)
        tests += 1.2345, 1.2, 0.2345
        tests += -1.2345, -1.2, -0.2345
        tests += -(2 ** 32), -(2**32 + .2345)
        tests += (2 ** 100), -(2 ** 100)
        for test in tests:
            print('%s [%s]' % (money(test, 17), test))

    import sys
    if len(sys.argv) == 1:
        selftest()
    else:
        print(money(float(sys.argv[1]), int(sys.argv[2])))
```

이 파일은 파이썬 2.X와 3.X에서 동일하게 동작한다. 이 파일을 직접 실행하면 이전처럼 스스로 테스트하지만, 테스트를 제어하기 위해 명령 라인상의 옵션들을 사용한다. 이 파일의 셀프 테스트 코드가 무엇을 출력하는지 보기 위해 명령 라인 인수 없이 직접 이 파일을 실행해 보자. 여기에서 전부 나열하기에는 내용이 너무 많다.

```
c:\code> python formats.py
01
12
123
1,234
12,345
123,456
1,234,567
...등등...
```

특정 문자열을 테스트하려면, 최소 필드 넓이와 함께 명령 라인상에 해당 문자열을 전달하면 된다. 스크립트의 __main__ 코드는 이들을 money 함수에 전달하고, 그 함수는 다시 commas를 실행한다.

```
C:\code> python formats.py 999999999 0
$999,999,999.00
C:\code> python formats.py -999999999 0
$-999,999,999.00

C:\code> python formats.py 123456789012345 0
$123,456,789,012,345.00
C:\code> python formats.py -123456789012345 25
$ -123,456,789,012,345.00
```

```
C:\code> python formats.py 123.456 0
$123.46
C:\code> python formats.py -123.454 0
$-123.45
```

이전처럼 이 코드는 이중 모드 사용이 가능하도록 구성되었기 때문에 우리는 일반적으로 이 코드의 도구들을 임포트하여 스크립트, 모듈, 그리고 대화형 프롬프트에서 라이브러리 컴포넌트로 재사용할 수 있다.

```
>>> from formats import money, commas
>>> money(123.456)
'$123.46'
>>> money(-9999999.99, 15)
'$  -9,999,999.99'
>>> X = 99999999999999999999
>>> '%s (%s)' % (commas(X), X)
'99,999,999,999,999,999,999 (99999999999999999999)'
```

이 예제와 유사하게 명령 라인 인수를 사용하여 그 코드를 임포트 주체가 재사용할 수 있도록 함수 또는 클래스로 패키징할 수 있게 스크립트에 일반적인 입력값을 제공할 수 있다. 더 진화된 명령 라인 처리를 위해, 부록 A 1794쪽 "파이썬 명령 라인 인수"와 파이썬 표준 라이브러리 매뉴얼의 getopt, optparse, argparse 모듈 관련 문서를 보도록 하자. 몇몇 시나리오에서는 명령 라인으로부터 입력값을 받아오는 대신 테스트 입력값을 위한 셸 유저를 띄우기 위해 3장과 10장에서 사용했던 내장된 input 함수를 사용할 수도 있다. 여기에서 사용된 assert문에 대한 더 자세한 내용은 34장을 참조하자.

 이와 함께, 파이썬 2.7과 3.1에서 추가된 새로운 {,d} 문자열 포맷 메서드 구문에 대한 논의도 참조하자. 이 포매팅 확장은 여기에서의 코드와 흡사하게 쉼표를 이용하여 천 단위로 구분한다. 하지만 여기에 기재된 모듈은 금액 포맷을 추가하고 변경할 수 있으며, 이전 파이썬 버전에서의 쉼표 삽입을 수작업으로 수행하는 대안이 될 수 있다.

통화 기호: 유니코드 실제 사례

이 모듈의 money 함수는 기본적으로 달러이지만, 아스키가 아닌 유니코드 문자로 통화 기호를 전달할 수 있도록 허용함으로써 다른 통화 기호를 지원한다. 예를 들어, 16진수 값 00A3은 유니코드 서수상 파운드 기호이며, 00A5는 엔화 기호다. 여러분은 이를 다양한 형태로 코딩할 수 있다. 예를 들면 다음과 같다.

- 유니코드 또는 16진수 이스케이프 코덱 중 하나로 디코딩된 **텍스트 문자열**에서의 순서(정수)를 가리키는 유니코드 코드(2.X와의 호환성을 위해, 파이썬 3.6에서 문자열 리터럴에서처럼 앞에 u를 붙여 사용한다)

- **바이트 문자열**에서 캐릭터의 원래 인코딩된 형태. 이는 전달되기 전에 16진수 이스케이프 코덱으로 디코딩됨(3.X 호환성을 위해, 파이썬 2.X에서 그러한 문자열 리터럴에 앞에 b를 붙여 사용한다)

- 소스 코드 인코딩 선언과 함께 쓰이는 프로그램 텍스트의 실제 캐릭터 자체

4장에서 유니코드를 미리 살펴보았으며, 37장에서 더 자세한 내용을 알아보겠지만 여기서의 기본 요건은 꽤 간단하고 전통적인 사례다. 다른 통화를 테스트해 보기 위해 다음 내용을 formats_currency.py 파일에 입력했는데, 변경에 따라 재입력하기에는 분량이 너무 많기 때문이다.

```
from __future__ import print_function    # 2.X에서 print를 함수로 사용
from formats import money
X = 54321.987

print(money(X), money(X, 0, ''))
print(money(X, currency=u'\xA3'), money(X, currency=u'\u00A5'))
print(money(X, currency=b'\xA3'.decode('latin-1')))

print(money(X, currency=u'\u20AC'), money(X, 0, b'\xA4'.decode('iso-8859-15')))
print(money(X, currency=b'\xA4'.decode('latin-1')))
```

다음은 파이썬 3.6에서 IDLE과 적절하게 설정된 다른 환경에서 테스트 파일을 실행한 결과를 보여 준다. 이는 2.X에서도 동일하게 동작하는데, 프린트와 문자열 코딩을 이식 가능하도록 작성했기 때문이다. 11장에 따르면 __future__는 2.X에서 3.X의 print 호출을 가능하게 한다. 그리고 4장에서 소개했듯이 3.X의 b'...' 바이트 리터럴은 2.X에서는 단순 문자열로 취급되며, 2.X의 u'...' 유니코드 리터럴은 3.3을 기점으로 3.X에서 일반 문자열로 취급된다.

```
$54,321.99 54,321.99
£54,321.99 ¥54,321.99
£54,321.99
€54,321.99 €54,321.99
¤54,321.99
```

만약 이 파일이 여러분 컴퓨터에서 동작한다면, 다음부터 나올 몇 단락은 건너뛰어도 될 것이

다. 하지만 이 파일이 제대로 동작하고 출력하기 위해서는 여러분이 사용하는 인터페이스와 시스템 설정에 따라 추가 단계가 필요할 수 있다. 내 머신에서 파이썬과 출력 매체가 동기화된 경우 이 파일이 제대로 동작하지만, 마지막 두 라인의 유로와 일반 통화 기호는 윈도우상의 기본 명령 프롬프트에서 에러를 내며 실패한다.

특히 이 테스트 스크립트는 3.X와 2.X의 IDLE에서 표시되는 결과를 실행하고 생성하는데, 이는 유니코드 글리프 매핑 처리가 잘 되기 때문이다. 또한 출력을 파일로 재지정하고 노트패드로 열어보면, 3.X가 이 플랫폼에서 노트패드가 이해할 수 있는 기본 윈도우 포맷으로 컨텐츠를 인코딩하기 때문에 윈도우의 3.X에서 알려진 대로 동작한다.

```
c:\code> formats_currency.py > temp
c:\code> notepad temp
```

그러나 2.X에서는 동작하지 않는데, 파이썬이 기본적으로 프린트되는 텍스트를 아스키로 인코딩하려 하기 때문이다. 윈도우 명령 프롬프트 창에서 직접 아스키가 아닌 문자들을 보여 주기 위해 일부 컴퓨터에서는 (문자를 해석하는 데 사용되는) 윈도우 **코드 페이지**와 (문자가 출력될 때 문자를 바이트로 변환하는 것을 포함하여 표준 스트림에서의 텍스트 인코딩으로 사용되는) 파이썬의 PYTHONIOENCODING 환경 변수를 UTF-8 같은 일반 유니코드 포맷으로 변경해야 할 수도 있다.

```
c:\code> chcp 65001                    # 콘솔을 파이썬에 맞춤
c:\code> set PYTHONIOENCODING=utf-8    # 파이썬을 콘솔에 맞춤
c:\code> formats_currency.py > temp    # 3.X와 2.X는 UTF-8 텍스트를 씀
c:\code> type temp                     # 콘솔은 이를 제대로 출력함
c:\code> notepad temp                  # 노트패드도 UTF-8을 인식함
```

일부 플랫폼 그리고 심지어 일부 윈도우 배포판에서는 이 단계들을 거칠 필요가 없을 수도 있다. 하지만 나는 이 단계를 거쳤는데, 그 이유는 내 랩탑 코드 페이지는 437(U.S 문자)로 설정되어 있지만 여러분의 코드 페이지는 다를 수 있기 때문이다.

미묘하게도 이 테스트가 어쨌든 파이썬 2.X에서 동작하는 유일한 이유는 2.X가 일반 문자열이 전부 7비트 아스키 문자인 한, 일반 문자열과 유니코드 문자열을 **혼합**하여 사용할 수 있도록 해주기 때문이다. 3.6에서 2.X의 u'...' 유니코드 리터럴은 호환성을 위해 지원되지만, 항상 유니코드인 일반 '...' 문자열과 동일하게 간주된다(앞의 u를 삭제해도 3.0에서 3.2까지는 테스트가 제대로 동작하지만, 2.X 호환성은 깨진다).

```
c:\code> py -2
>>> print u'\xA5' + '1', '%s2' % u'\u00A3'          # 아스키 str에 대한 unicode/str 혼합
¥1 £2

c:\code> py -3
>>> print(u'\xA5' + '1', '%s2' % u'\u00A3')          # 3.X: str은 유니코드이며, u는 선택 사항
¥1 £2
>>> print('\xA5' + '1', '%s2' % '\u00A3')
¥1 £2
```

다시 말하지만, 37장에서 유니코드에 대한 더 많은 내용을 다룰 것이다. 많은 사람들이 이 주제를 별로 중요하지 않게 여길지 모르지만, 이 예제처럼 비교적 단순한 경우에도 언제든지 돌연히 나타날 수 있는 주제다. 여기에서 가져가야 할 요점은 운영상의 이슈를 제외하면, 신중하게 작성된 스크립트는 종종 3.X와 2.X 모두에서 유니코드를 지원할 수 있다는 것이다.

문서화 문자열: 실제 작업에서의 모듈 관련 문서

마지막으로, 이 예제의 메인 파일은 15장에서 소개된 문서화 문자열(docstring) 기능을 사용하기 때문에 우리는 help 함수 또는 PyDoc의 GUI/브라우저 모드를 사용하여 이 도구들을 탐색해 볼 수 있다. 실제 help를 사용하면 결과는 다음과 같다. 그림 25-2는 우리 파일에 대한 PyDoc 화면을 보여 준다.

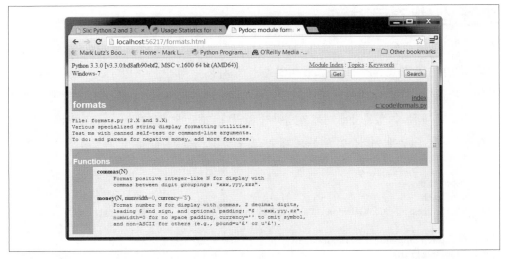

그림 25-2 PyDoc의 format.py에 대한 화면. 3.2와 이후 버전에서 명령 라인 'py -3 -m pydoc -b'를 실행하고 파일 인덱스 항목에서 클릭하여 확인할 수 있음(15장 참조)

```
>>> import formats
>>> help(formats)
Help on module formats:
```

이름
    formats

설명
    파일: formats.py(2.X and 3.X)
    다양하게 특화된 문자열 표시 포매팅 도구.
    안에 포함된 셀프 테스트 또는 명령 라인 인수로 테스트해 볼 것
    할 일: 음수 money를 위해 parens를 추가하고, 더 많은 특징들을 추가할 것

함수
    commas(N)
        양의 정수 같은 N을 출력하기 위해
        쉼표로 자릿수 그룹핑하여 포맷을 맞춤: "xxx,yyy,zzz".

    money(N, numwidth = 0, currency='$')
        숫자 N을 자릿수 구분을 위한 쉼표와 소수점 두 자리로 표시하고,
        그 앞에는 $와 부호 그리고 선택적인 메우기(padding)를 사용함: "$ -xxx,yyy.zz".
        공간 메우기가 없는 경우 numwidth = 0, 기호를 생략하려면 currency = ' ',
        그리고 다른 코드를 위해 아스키가 아닌 문자를 사용(예 pound = u'\xA3' or u'\u00A3').

파일
    c:\code\formats.py

모듈 검색 경로 변경

좀 더 일반적인 주제로 돌아가 보자. 22장에서 우리는 모듈 검색 경로가 디렉터리의 리스트로 환경 변수 PYTHONPATH와 .pth 파일을 통해 사용자 정의될 수 있다고 배웠다. 이와 관련하여 지금까지 어떻게 파이썬 프로그램 자체가 실제로 내장된 sys.path 리스트를 변경하여 검색 경로를 바꿀 수 있는지에 대해 설명하지 않았다. 22장에 따르면 sys.path는 시작 시점에 초기화되지만, 이후에 여러분이 원하는 대로 그 구성 요소를 삭제, 추가, 재설정할 수 있다.

```
>>> import sys
>>> sys.path
['', 'c:\\temp', 'C:\\Windows\\system32\\python36.zip', ...more deleted...]

>>> sys.path.append('C:\\sourcedir')          # 모듈 검색 경로 확장
>>> import string                              # 모든 임포트는 마지막의 새로운 디렉터리를 검색
```

일단 이렇게 변경하면, 그 변경 내용은 파이썬 프로그램이 실행되는 동안 어디에서나 그 후로 일어나는 모든 임포트에 영향을 미치게 되는데, 이는 모든 임포트 주체가 동일한 단일 sys.path 리스트를 공유하기 때문이다(프로그램이 실행되는 동안 메모리에 해당 모듈의 단 하나의 복사본만 존재한다. 이는 reload가 존재하는 이유다). 실제로 이 리스트는 임의로 변경될 수도 있다.

```
>>> sys.path = [r'd:\temp']                    # 모듈 검색 경로 변경
>>> sys.path.append('c:\\lp5e\\examples')      # 이 실행(프로세스)에 대해서만
>>> sys.path.insert(0, '..')
>>> sys.path
['..', 'd:\\temp', 'c:\\lp5e\\examples']
>>> import string
Traceback (most recent call last):
  File "<stdin>", line 1, in <module>
ImportError: No module named 'string'
```

따라서 파이썬 프로그램 내부에서 검색 경로를 동적으로 설정하기 위해 이 기법을 사용할 수 있다. 그러나 이를 사용할 때는 주의해야 한다. 만약 경로에서 중요한 디렉터리를 삭제하게 되면, 중요한 유틸리티에 대한 접근을 잃게 된다. 예를 들어, 이전 예제에서 우리가 경로에서 파이썬 소스 라이브러리의 디렉터리를 삭제했기 때문에 string 모듈에 대해서는 더 이상 접근할 수 없게 되었다.

이러한 sys.path 설정은 이 설정이 동작하게 만드는 파이썬 세션 또는 프로그램(기술적으로 프로세스) 기간 동안에만 지속된다는 점을 기억하자. 이 설정은 파이썬이 종료한 뒤에는 유지되지 않는다. 반면, PYTHONPATH와 .pth 파일 경로 설정은 실행 중인 파이썬 프로그램 대신 운영체제에 존재하며, 따라서 좀 더 전역적으로 적용된다. 또한 이들은 여러분 머신의 모든 프로그램에서 채택되며, 프로그램이 종료된 후에도 존재한다. 일부 시스템에서 전자는 사용자별로 유지하고 후자는 설치 버전별로 유지할 수 있다.

import와 from에 대한 as 확장

import와 from문 모두 결국에는 임포트된 이름이 스크립트에서 다른 이름을 부여받는 것을 허용하도록 확장된다. 우리는 앞에서 이 확장을 사용했으나, 여기서 몇 가지 추가 내용에 대해 다루고자 한다. 다음 import문은

```
import modulename as name              # modulename이 아니라 name을 사용
```

임포트 주체의 범위에서만 그 모듈을 재명명하는 다음과 동일하다(여전히 다른 파일에서는 이 모듈을 원래 이름으로 알고 있다).

```
import modulename
name = modulename
del modulename                          # 원래 이름을 유지하지 않음
```

이러한 import 이후에 여러분은 그 모듈을 참조하기 위해 as 뒤에 기재된 이름을 사용할 수 있으며, 사실 그 이름을 사용해야만 한다. 이는 from문에서도 동작하여 파일로부터 임포트된 이름을 임포트 주체의 범위에서 다른 이름에 할당한다. 이전처럼 여러분은 원래 이름이 아니라, 여러분이 제공한 새로운 이름만 얻게 된다.

```
from modulename import attrname as name   # attrname이 아니라, name 사용
```

23장에서 논의했듯이 이 확장은 보편적으로 더 긴 이름에 짧은 동의어를 제공하고, 여러분이 스크립트에서 이미 사용하고 있는 이름이 일반 import문에 의해 덮어쓰일 상황에서 이름 충돌을 피하기 위해 사용된다.

```
import reallylongmodulename as name          # 더 짧은 별명 사용
name.func()

from module1 import utility as util1          # 단 하나의 'utility'만 가질 수 있음
from module2 import utility as util2
util1(); util2()
```

또한 이 확장은 전체 디렉터리 경로에 대해 짧고 간단한 이름을 부여하며, 24장에서 설명한 패키지 임포트를 사용할 때 이름 충돌을 피하기 위해서도 유용하게 사용된다.

```
import dir1.dir2.mod as mod                   # 단 한 번만 전체 경로를 기재하면 됨
mod.func()

from dir1.dir2.mod import func as modfunc     # 필요 시, 유일하게 만들기 위해 재명명
modfunc()
```

이는 이름 변경에 대한 대비책 같은 것이 되기도 한다. 만약 라이브러리의 새로운 릴리즈가 여러분 코드에서 널리 사용되고 있는 모듈 또는 도구의 이름을 바꾸거나, 또는 그 대신에 사용하고 싶은 새로운 대안을 제공한다면, 여러분은 코드가 훼손되는 것을 피하기 위해 단지 임포

트상의 이전 이름을 새로운 이름으로 바꿔주기만 하면 된다.

```
import newname as oldname
from library import newname as oldname
...그리고 코드 전체를 업데이트할 시간이 날 때까지 행복하게 oldname을 계속 사용하면 됨...
```

예를 들어, 이 방식은 일부 3.X 라이브러리 변경 사항을 해결할 수 있지만(떼 3.X의 tkinter vs. 2.X의 Tkinter), 이들은 대부분 새로운 이름 이상의 변경을 담고 있다!

예제: 모듈은 객체

모듈은 자신의 흥미로운 특징들을 내장된 속성으로 공개하기 때문에 다른 프로그램을 관리하는 프로그램을 작성하기 쉽다. 우리는 일반적으로 그러한 매니저 프로그램을 메타프로그램이라 부르는데, 이들이 다른 시스템들 위에서 작업하기 때문이다. 또한 이것은 내부 검사(introspection)로 불리는데, 프로그램이 객체 내부 요소들을 보고 처리할 수 있기 때문이다. 내부 검사는 다소 고급 특징이지만, 프로그래밍 도구를 만들 때 유용할 수 있다.

예를 들어, 모듈 M에서 name이라는 속성에 접근하기 위해 우리는 속성 인정(qualification)을 이용하거나, 23장에서 본 내장된 __dict__ 속성에 공개된 모듈의 속성 딕셔너리를 인덱싱할 수 있다. 파이썬은 모든 적재된 모듈을 sys.modules 딕셔너리로 내보내고, 우리가 속성 문자열 이름으로부터 속성을 가져올 수 있게 해주는 내장된 getattr를 제공하기도 한다. 이는 object. attr라고 말하는 것과 같지만, attr은 런타임에 문자열을 만들어 내는 표현식이다. 그 때문에 다음 표현식은 모두 동일한 속성과 객체에 접근한다.[1]

```
M.name                  # 객체에 의해 속성 인정
M.__dict__['name']      # 직접 네임스페이스 딕셔너리를 인덱싱
sys.modules['M'].name   # 직접 적재된 모듈을 갖는 테이블을 인덱싱
getattr(M, 'name')      # 속성을 가져오는 내장된 함수 호출
```

---

1 626쪽의 "전역 변수에 접근하는 다른 방법들"에서 간단히 보았듯이, 함수가 이와 같이 sys.modules 테이블을 통해 함수를 둘러싼 모듈에 접근할 수 있기 때문에 global문의 효과를 모방하기 위해 사용될 수도 있다. 예를 들어, global X; X = 0의 결과는 함수 내부에서 import sys; glob = sys.modules[__name__]; glob.X = 0이라고 말함으로써 시뮬레이션할 수 있다(비록 더 많은 타이핑이 필요하겠지만 말이다). 기억할 것은 각 모듈이 공짜로 __name__ 속성을 갖는다는 점이다. 이는 모듈의 함수 내부에서 전역 이름으로 보인다. 이 기법은 함수 내부에서 동일한 이름을 갖는 지역 변수와 전역 변수 모두를 변경하는 다른 방법을 제공한다.

이처럼 모듈 내부를 공개함으로써 파이썬은 여러분이 프로그램에 대한 프로그램을 구축할 수 있도록 도와준다. 예를 들어, 여기 mydir.py 모듈은 이 아이디어를 내장된 dir 함수의 커스터마이징 버전을 구현하는 데 사용한다. 이 모듈은 모듈 객체를 인수로 취하고 이름으로 정렬된 모듈 네임스페이스의 포맷이 갖춰진 목록을 출력하는 listing이라는 이름의 함수를 정의하고 내보낸다(export).

```python
#!python
"""
mydir.py: 다른 모듈의 네임스페이스를 나열하는 모듈
"""
from __future__ import print_function              # 2.X 호환

seplen = 60
sepchr = '-'

def listing(module, verbose=True):
    sepline = sepchr * seplen
    if verbose:
        print(sepline)
        print('name:', module.__name__, 'file:', module.__file__)
        print(sepline)

    count = 0
    for attr in sorted(module.__dict__):           # 네임스페이스 키를 스캔(또는 열거)
        print('%02d) %s' % (count, attr), end = ' ')
        if attr.startswith('__'):
            print('<built-in name>')               # __file__ 등은 건너뜀
        else:
            print(getattr(module, attr))            # __dict__[attr]와 동일
        count += 1

    if verbose:
        print(sepline)
        print(module.__name__, 'has %d names' % count)
        print(sepline)

if __name__ == '__main__':
    import mydir
    listing(mydir)                                  # 셀프 테스트 코드: 나 자신을 열거
```

파일 맨 위의 문서화 문자열을 주목하자. 이전 formats.py 예제에서처럼 우리는 이 파일을 범용 도구로 사용하기를 원할 수 있으므로, 문서화 문자열은 help와 PyDoc(자신의 작업을 수행하기 위해 유사한 내부 검사 도구를 사용하는 도구)의 GUI/브라우저 모드를 통해 접근할 수 있는 기능적 정보를 제공한다. 셀프 테스트 또한 이 모듈의 맨 아래에 제공되며, 이 테스트 코드는 자

기 자신을 임포트하고 나열한다. 다음은 파이썬 3.6에서 생성된 일종의 결과다. 이 스크립트
는 2.X(아마 더 적은 이름들을 열거할 것이다)에서도 동작하는데, 이는 __future__로부터 출력하
기 때문이다.

```
c:\code> py -3 mydir.py
-----------------------------------------------------------
name: mydir file: c:\code\mydir.py
-----------------------------------------------------------
00) __builtins__ <built-in name>
01) __cached__ <built-in name>
02) __doc__ <built-in name>
03) __file__ <built-in name>
04) __initializing__ <built-in name>
05) __loader__ <built-in name>
06) __name__ <built-in name>
07) __package__ <built-in name>
08) listing <function listing at 0x000000000295B488>
09) print_function _Feature((2, 6, 0, 'alpha', 2), (3, 0, 0, 'alpha', 0), 65536)
10) sepchr -
11) seplen 60
-----------------------------------------------------------
mydir has 12 names
-----------------------------------------------------------
```

이를 다른 모듈을 열거하기 위한 도구로 사용하기 위해서는 단순히 그 모듈을 이 파일의 함
수에 객체로 넘겨주면 된다. 여기에서 이 파일은 표준 라이브러리의 tkinter(파이썬 2.X에서
는 Tkinter) GUI 모듈의 속성을 나열하고 있다. 이것은 기술적으로 __name__, __file__, __
dict__ 속성을 가지는 어떤 객체에 대해서도 동작할 것이다.

```
>>> import mydir
>>> import tkinter
>>> mydir.listing(tkinter)
-----------------------------------------------------------
name: tkinter file: C:\Python36\lib\tkinter\__init__.py
-----------------------------------------------------------
00) ACTIVE active
01) ALL all
02) ANCHOR anchor
03) ARC arc
04) At <function At at 0x0000000002BD41E0>
...생략...
156) image_types <function image_types at 0x0000000002BE2378>
157) mainloop <function mainloop at 0x0000000002BCBBF8>
158) sys <module 'sys' (built-in)>
```

```
159) wantobjects 1
160) warnings <module 'warnings' from 'C:\\Python36\\lib\\warnings.py'>
-----------------------------------------------------------
tkinter has 161 names
-----------------------------------------------------------
```

나중에 getattr와 그 친척뻘 되는 도구들에 대해 다시 만나게 될 것이다. 여기에서 기억해야 할 점은 mydir이 다른 프로그램을 둘러볼 수 있게 해주는 프로그램이라는 것이다. 파이썬은 자신의 내부 항목들을 공개하기 때문에 여러분은 객체를 일반적으로 처리할 수 있다.[2]

이름 문자열로 모듈을 임포트하기

import와 from문에서 모듈 이름은 하드코딩된 변수 이름이다. 하지만 때로는 여러분 프로그램이 임포트될 모듈 이름을 런타임에 문자열로(예 GUI에서 사용자가 선택하거나 또는 XML 문서의 파싱을 통해) 얻게 될 수도 있다. 여러분은 불행히도 문자열로 주어진 이름의 모듈을 import문을 사용하여 바로 적재할 수 없다. 파이썬은 변수 이름을 문자 그대로 사용하며, 평가하지 않고, 문자열이나 표현식으로 여기지 않는다. 예를 들면 다음과 같다.

```
>>> import 'string'
  File "<stdin>", line 1
    import "string"
                  ^
SyntaxError: invalid syntax
```

또한, import문은 단순히 변수 이름에 문자열을 할당하는 방식으로도 동작하지 않는다.

```
x = 'string'
import x
```

여기에서 파이썬은 string 모듈이 아니라 파일 x.py를 임포트하려 할 것이다. import문의 이름은 적재된 모듈에 할당되는 변수가 되며, 문자 그대로 외부 파일을 식별한다.

---

2 여러분은 mydir.listing과 곧 만나볼 리로드 도구(reloader) 같은 도구들을 PYTHONSTARTUP 환경 변수가 참조하는 파일에 임포트함으로써 대화형 네임스페이스에 미리 적재할 수 있다. 시작 파일에 있는 코드는 대화형 네임스페이스(모듈 __main__)에서 동작하므로 시작 파일에 공통 도구를 임포트하는 것은 여러분이 타이핑을 덜 할 수 있게 해준다. 더 자세한 내용은 부록 A를 참조하자.

코드 문자열 실행하기

이를 해결하기 위해서는 런타임에 생성된 문자열로부터 동적으로 모듈을 적재하는 특별한 도구를 사용해야 한다. 가장 일반적인 방식은 import문을 파이썬 코드의 문자열로 구성하고, 이를 실행하기 위해 내장된 함수 exec에 전달하는 것이다(exec는 파이썬 2.X에서는 문장이지만 여기에서 보여 준 대로 사용될 수 있다. 괄호는 단순히 무시된다).

```
>>> modname = 'string'
>>> exec('import ' + modname)                    # 코드의 문자열 실행
>>> string                                       # 이 네임스페이스에 임포트됨
<module 'string' from 'C:\\Python36\\lib\\string.py'>
```

우리는 exec 함수(그리고 그 사촌 격인 표현식 eval)에 대해 앞서 나온 3장과 10장에서 살펴보았다. 이 함수는 코드의 문자열을 컴파일하고, 이를 실행하기 위해 파이썬 인터프리터에 전달한다. 파이썬에서 바이트 코드 컴파일러는 런타임에 사용 가능하고, 따라서 이처럼 다른 프로그램을 구성하고 실행하는 프로그램을 작성할 수 있다. 기본적으로 exec는 현재 범위의 코드를 실행하지만, 필요하면 선택적인 네임스페이스 딕셔너리를 전달하여 더 구체적으로 실행할 수 있다. 이 함수는 이 책 앞부분에서 언급했듯이 보안 이슈가 있지만, 자신의 프로그램을 만들고 있는 코드 문자열이라면 그리 중요한 문제는 아닐 것이다.

직접 호출: 두 가지 방식

여기에서 exec의 유일한 실질적 문제점은 이 함수를 실행할 때마다 import문을 컴파일해야 하는데, 이 컴파일이 느릴 수 있다는 것이다. 내장된 compile을 이용하여 바이트 코드로 미리 컴파일하는 것이 여러 번 실행되는 코드 문자열에는 도움이 될 수 있지만, 그보다 대부분의 경우에서는 22장에서 설명했듯이 이름 문자열로부터 적재하는 내장된 __import__ 함수를 사용하는 것이 더 간단하고 더 빨리 동작할 수 있다. 그 결과는 유사하지만, __import__는 모듈 객체를 반환하므로 이를 유지하기 위해서는 이 객체를 이름에 할당해야 한다.

```
>>> modname = 'string'
>>> string = __import__(modname)
>>> string
<module 'string' from 'C:\\Python36\\lib\\string.py'>
```

또한, 22장에서 설명했듯이 새로운 호출 importlib.import_module이 동일한 작업을 수행한다.

일반적으로 이름 문자열에 의해 임포트하는 직접 호출을 위해 최근 파이썬 버전에서는 이 방식을 선호한다. 최소한 파이썬 매뉴얼에 기술된 현재 '공식적인' 정책에 따르면 그렇다.

```
>>> import importlib
>>> modname = 'string'
>>> string = importlib.import_module(modname)
>>> string
<module 'string' from 'C:\\Python36\\lib\\string.py'>
```

import_module 호출은 모듈 이름 문자열과 상대 임포트를 해석하기 위한 닻(anchor) 포인트로 사용될 패키지를 제공하는 선택적인 두 번째 인수(기본값은 None이다)를 취한다. 이 호출은 기본적인 역할에서는 __import__와 동일하게 동작하지만, 더 자세한 내용은 파이썬 매뉴얼을 보도록 하자.

__import__와 import_module 호출 모두 이 둘이 사용 가능한 파이썬에서 동작하지만, 원래의 __import__는 일반적으로 내장된 범위에서 재할당에 의해 임포트 동작을 사용자 정의하기 위한 목적으로 구성되었다(그리고 '공식적인' 정책에 대한 미래 변경 사항들은 이 책의 범위를 벗어나는 내용이다).

예제: 이행적 모듈 리로드

이 절에서는 이 장과 파트를 마무리하기 위해 좀 더 규모가 있는 사례 연구를 통해 모듈 도구를 개발하고 서로 결합하여 앞서 보았던 몇 가지 주제에 적용해 보도록 하자. 우리는 23장에서 프로그램 종료 및 재시작을 하지 않고도 코드 변경 사항을 적용하는 방법으로 모듈 리로드를 학습했다. 그러나 모듈을 리로드하면 파이썬은 오직 그 특정 모듈 파일만 리로드한다. 리로드되는 파일이 임포트한 모듈들까지 자동으로 리로드하지는 않는다.

예를 들어 만약 A라는 모듈을 리로드하는데 A가 B와 C 모듈을 임포트하고 있다면, A만 리로드하고 B와 C는 리로드하지 않는다. A 내부의 B와 C를 임포트하는 문장들은 리로드 기간 동안 재실행되지 않는데, 이들은 이미 적재된 B와 C 모듈 객체들(이 객체들이 이미 임포트되었다는 가정하에)을 가져오기만 한다. 아직은 추상적이지만 실제 코드에서 다음 A.py 파일을 살펴보자.

```
# A.py
import B                          # A가 리로드될 때, B와 C는 리로드되지 않음!
import C                          # 이미 적재된 모듈을 임포트하기만 함: 아무 동작도 하지 않음

% python
>>> . . .
>>> from imp import reload
>>> reload(A)
```

기본적으로, 이는 프로그램의 모든 모듈에서 일어난 변경 사항을 이행적으로 적용하려면 리로드에 기댈 수 없음을 의미한다. 대신 그 하위 구성 요소들을 업데이트하기 위해 각각에 대해 다중 reload 호출을 사용해야만 한다. 이는 여러분이 테스트하는 대규모 시스템에 대해 상당한 작업을 요할 수 있다. A와 같은 부모 모듈에 reload 호출을 추가하여 자동으로 그 하부 구성 요소들까지 자동으로 리로드하도록 시스템을 설계할 수 있지만, 이는 모듈 코드를 복잡하게 만든다.

재귀적 리로더

더 나은 방식은 모듈의 __dict__ 네임스페이스 속성을 탐색하고, 각 항목의 type을 검사하여 리로드할 중첩된 모듈을 찾아내어 자동으로 이행적 리로드를 수행하는 일반 도구를 작성하는 것이다. 그러한 유틸리티 함수는 자기 자신을 재귀적으로 호출하여 임의의 모양과 깊이를 갖는 임포트 의존 관계를 처리할 수 있다. 모듈의 __dict__ 속성은 23장에서 소개하였고, 이 장 앞부분에서 사용하였으며, type 호출은 9장에서 설명하였다. 단지 이 두 도구를 결합하기만 하면 된다.

다음에 기재된 모듈 reloadall.py 파일은 하나의 모듈, 그리고 각 임포트 체인의 끝까지 완전히 훑어서, 그 모듈이 임포트하고 있는 모든 모듈 등을 자동으로 리로드하는 reload_all 함수를 정의한다. 이 모듈은 이미 리로드된 모듈을 기록하는 딕셔너리와 임포트 체인을 둘러볼 재귀 동작, 그리고 내장된 타입의 결과를 단순히 type으로 미리 정의한 표준 라이브러리의 types 모듈을 사용한다. visited 딕셔너리 기법은 임포트가 재귀적이거나 중복된 경우, 순환 구조를 피하기 위해 여기에서 사용되며, 모듈 객체는 변경할 수 없기 때문에 딕셔너리 키가 될 수 있다. 5장과 8장에서 배운 것처럼 만약 우리가 visited.add(module)을 삽입에 사용한다면 집합으로도 유사한 기능을 제공할 것이다.

```
#!python
"""
reloadall.py: 이행적으로 중첩된 모듈들을 리로드(2.X + 3.X)
하나 또는 그 이상의 임포트된 모듈 객체로 reload_all을 호출할 것
"""

import types
from imp import reload                        # 3.X에서 from은 필수

def status(module):
    print('reloading ' + module.__name__)

def tryreload(module):
    try:
        reload(module)                        # 3.6(에서만?) 일부 플랫폼에서 실패
    except:
        print('FAILED: %s' % module)

def transitive_reload(module, visited):
    if not module in visited:                 # 순환 구조, 중복 잡아내기
        status(module)                        # 이 모듈을 리로드
        tryreload(module)                     # 그리고 그 자손을 방문
        visited[module] = True
        for attrobj in module.__dict__.values():        # 모든 속성에 대해
            if type(attrobj) == types.ModuleType:       # 만약 모듈이면 재귀적으로 실행
                transitive_reload(attrobj, visited)

def reload_all(*args):
    visited = {}                              # 진입점
    for arg in args:                          # 전달된 모든 인수에 대해
        if type(arg) == types.ModuleType:
            transitive_reload(arg, visited)

def tester(reloader, modname):                            # 셀프 테스트 코드
    import importlib, sys                                 # 테스트에서만 임포트
    if len(sys.argv) > 1: modname = sys.argv[1]           # 명령 라인(또는 통과)
    module = importlib.import_module(modname)             # 이름 문자열로 임포트
    reloader(module)                                      # 전달된 리로더(reloader) 테스트

if __name__ == '__main__':
    tester(reload_all, 'reloadall')                       # 테스트: 나 자신을 리로드하기?
```

네임스페이스 딕셔너리 외에도 이 스크립트는 여기에서 공부했던 다른 도구들을 사용한다. 최
상위 레벨 스크립트로 실행될 때에만 셀프 테스트 코드가 동작하도록 __name__ 테스트를
포함하고 있으며, tester 함수는 명령 라인 인수를 검사하기 위해 sys.argv를, 그리고 함수 또는
명령 라인 인수로 전달된 이름 문자열로 모듈을 임포트하기 위해 importlib를 사용한다. 한 가
지 특이한 점으로 이 코드가 예외를 잡아내기 위해 try문 안에 기본 reload 호출을 감싸야 한

다는 것에 주목하자. 파이썬 3.3에서 리로드는 임포트 시스템의 재기록(rewrite)으로 인해 때로는 실패하기도 한다. try는 10장에서 미리 살펴보았고 파트 7에서 전체 내용에 대해 다룰 예정이다.

재귀적 리로드 테스트하기

이제 이 유틸리티를 일반적 용도로 사용하기 위해 reload_all 함수를 임포트하고 (내장된 reload 함수처럼) 이미 적재된 모듈 객체를 전달해 보자. 파일이 독자적으로 동작할 때, 이 파일의 셀프 테스트 코드는 reload_all을 자동으로 호출하고, 명령 라인 인수가 사용되지 않는 경우에는 기본으로 자기 자신의 모듈을 리로드한다. 이 모드에서 모듈은 자기 자신을 임포트해야 하는데, 임포트하지 않으면 자신의 이름이 파일에 정의되지 않기 때문이다. 이 코드는 출력문에서 쉼표 대신 +와 %를 사용하여 3.X와 2.X 모두에서 동작하지만, 여기에서 사용되고 리로드되는 모듈은 버전대에 따라 달라질 수 있다.

```
C:\code> c:\Python36\python reloadall.py
reloading reloadall
reloading types

c:\code> C:\Python27\python reloadall.py
reloading reloadall
reloading types
```

명령 라인 인수를 이용하면, tester 함수는 그 이름 문자열에 해당하는 모듈을 리로드한다. 여기서는 21장에서 작성한 벤치마킹 모듈을 사용했다. 우리가 이 모드에서 파일 이름이 아니라 모듈 이름을 제공한다는 것에 주목하자(import문과 같이 .py 확장자는 포함시키지 말아야 한다). 그 스크립트는 결국 평상시처럼 모듈 검색 경로를 이용하여 모듈을 임포트한다.

```
c:\code> reloadall.py pybench
reloading pybench
reloading timeit
reloading itertools
reloading sys
reloading time
reloading gc
reloading os
reloading errno
reloading ntpath
reloading stat
reloading genericpath
reloading copyreg
```

우리는 아마 가장 보편적으로 이 모듈을 대화형 프롬프트에서 사용할 수 있다. 여기서는 몇 가지 표준 라이브러리 모듈을 위해 3.6에서 작업하였다. tkinter가 os를 임포트하지만, tkinter가 os보다 먼저 sys에 도달한다(파이썬 2.X에서 테스트하고자 한다면, tkinter를 Tkinter로 바꿔주면 된다).

```
>>> from reloadall import reload_all
>>> import os, tkinter
>>> reload_all(os)                          # 일반 사용 모드
reloading os
reloading ntpath
reloading stat
reloading sys
reloading genericpath
reloading errno
reloading copyreg

>>> reload_all(tkinter)
reloading tkinter
reloading _tkinter
reloading warnings
reloading sys
reloading linecache
reloading tokenize
reloading builtins
FAILED: <module 'builtins'>
reloading re
...등등...
reloading os
reloading ntpath
reloading stat
reloading genericpath
reloading errno
...등등...
```

마지막으로, 이행적 리로드에 대비하여 일반 리로드의 효과를 보여 주는 다음 세션을 살펴보자. 두 개의 중첩된 파일에 일어난 변경 사항은 이행적 유틸리티를 사용하지 않는 한, 리로드에 의해 적용되지 않는다.

```
import b                         # a.py 파일
X = 1

import c                         # b.py 파일
Y = 2

Z = 3                            # c.py 파일
```

```
C:\code> py -3
>>> import a
>>> a.X, a.b.Y, a.b.c.Z
(1, 2, 3)

# 파이썬을 종료하지 않고, 세 파일의 할당 값을 변경하고서 저장

>>> from imp import reload
>>> reload(a)                              # 내장된 reload는 최상위 레벨에만 적용
<module 'a' from '.\\a.py'>
>>> a.X, a.b.Y, a.b.c.Z
(111, 2, 3)

>>> from reloadall import reload_all
>>> reload_all(a)                          # 일반 사용 모드
reloading a
reloading b
reloading c
>>> a.X, a.b.Y, a.b.c.Z                     # 모든 중첩된 모듈도 리로드
(111, 222, 333)
```

reloader의 동작에 대해 더 알고 싶다면, 코드와 결과를 함께 공부해 보는 것이 좋다. 다음 절에서 이 도구에 대해 더 연습해 보도록 하자.

다른 방식으로 코딩해 보기

독자들 중 재귀적 반복에 대한 팬들을 위해, 다음에서 이전 절의 함수를 재귀적 코딩으로 다시 작성해 보았다. 순환 구조를 탐지하기 위해 딕셔너리 대신 **집합**을 사용하였고, 최상위 레벨 루프를 제거하여 약간 더 **직접적**이며, 일반적인 재귀적 함수 기법을 보여 주는 사례가 될 것이다(이 방식이 어떻게 다른지 보려면 원래의 버전과 비교해 보기 바란다). 이 버전은 원래 버전으로부터 몇 가지 작업은 그대로 차용했지만, 네임스페이스 딕셔너리 순서가 다르다면 이 버전이 리로드하는 모듈의 순서도 달라질 수 있다.

```
"""
reloadall2.py: 이행적으로 중첩된 모듈들을 리로드(다른 방식의 코딩)
"""

import types
from imp import reload                      # from은 3.X에서는 필수
from reloadall import status, tryreload, tester

def transitive_reload(objects, visited):
    for obj in objects:
```

```
        if type(obj) == types.ModuleType and obj not in visited:
            status(obj)
            tryreload(obj)                  # 이것을 리로드, 속성으로 되돌아감
            visited.add(obj)
            transitive_reload(obj.__dict__.values(), visited)

def reload_all(*args):
    transitive_reload(args, set())

if __name__ == '__main__':
tester(reload_all, 'reloadall2')            # 테스트 코드: 나 자신을 리로드?
```

19장에서 보았듯이, 일반적으로 **명시적인 스택이나 큐**는 대부분의 재귀적 함수와 동일하고, 일부 맥락에서는 더 나은 방식이기도 하다. 다음은 그러한 이행적 리로더(reloader)다. 제너레이터 표현식을 사용하여 모듈이 아닌 것들과 현재 모듈 네임스페이스에 이미 방문했던 모듈들을 걸러낸다. 이 방식은 항목을 그 리스트의 끝에 추가하고 그 끝에서 꺼내기 때문에 스택 기반이지만, 밀어 넣은 순서와 딕셔너리 값의 순서는 그것이 모듈에 도달하고 리로드하는 순서에 영향을 미친다. 이 방식은 왼쪽에서 오른쪽 순서를 갖는 재귀 함수 버전과는 달리 네임스페이스 딕셔너리에서 오른쪽부터 왼쪽으로 하위 모듈을 방문한다(이를 확인하려면 코드를 따라가 보도록 하자). 이를 바꿀 수도 있지만, 딕셔너리 순서는 어쨌든 임의적이다.

```
"""
reloadall3.py: 중첩된 모듈들을 이행적으로 리로드(명시적 스택)
"""

import types
from imp import reload                      # from은 3.X에서는 필수
from reloadall import status, tryreload, tester

def transitive_reload(modules, visited):
    while modules:
        next = modules.pop()                # 끝에서 next 항목 삭제
        status(next)                        # 이것을 리로드, 속성 밀어 넣기
        tryreload(next)
        visited.add(next)
        modules.extend(x for x in next.__dict__.values()
            if type(x) == types.ModuleType and x not in visited)

def reload_all(*modules):
    transitive_reload(list(modules), set())

if __name__ == '__main__':
    tester(reload_all, 'reloadall3')        # 테스트 코드: 나 자신을 리로드?
```

이 예제에서 사용된 재귀적 방식과 비재귀적 방식이 혼란스럽다면, 그 주제에 대한 배경 지식을 위해 19장의 재귀적 함수에 대한 논의를 참조하도록 하자.

리로드 변형 테스트하기

이 세 가지 리로더(reloader) 변형들이 모두 동일하게 동작한다는 것을 증명하기 위해 테스트를 해보자. 이들의 공통 테스트 함수 덕분에, 셋 모두 모듈 리로딩 자체를 테스트하기 위해 인자 없이, 그리고 리로드될 모듈의 이름과 함께 명령 라인을 통해 실행할 수 있다.

```
c:\code> reloadall.py
reloading reloadall
reloading types

c:\code> reloadall2.py
reloading reloadall2
reloading types

c:\code> reloadall3.py
reloading reloadall3
reloading types
```

여기에서는 보기 어렵지만, 우리는 실제로 각 리로드 버전을 테스트하고 있다. 이 각각의 테스트는 공통의 tester 함수를 공유하지만, 이 함수를 자신의 파일로부터 reload_all에 전달한다. 다음은 각 변형이 3.X tkinter GUI 모듈을 리로드한 결과와 그 모듈의 임포트가 도달하는 모든 모듈들을 보여 준다.

```
c:\code> reloadall.py tkinter
reloading tkinter
reloading _tkinter
reloading tkinter._fix
...등등...
c:\code> reloadall2.py tkinter
reloading tkinter
reloading tkinter.constants
reloading tkinter._fix
...등등...
c:\code> reloadall3.py tkinter
reloading tkinter
reloading sys
reloading tkinter.constants
...등등...
```

이 세 가지 변형 모두 파이썬 3.X와 2.X 모두에서 동작한다. 이들은 포맷을 이용한 출력을 통합하고 버전에 특화된 도구를 사용하지 않도록 주의를 기울였다(하지만, 여러분은 Tkinter처럼 2.X 모듈 이름을 사용해야 하며, 나는 부록 B에 따라 동작하는 3.6 윈도우 런처를 이용하고 있다).

```
c:\code> py -2 reloadall.py
reloading reloadall
reloading types

c:\code> py -2 reloadall2.py Tkinter
reloading Tkinter
reloading _tkinter
reloading FixTk
...등등...
```

일반적으로 우리는 모듈 객체를 이용하여 모듈의 메인 리로드 시작점을 임포트하고 호출하거나, 리로드 함수와 모듈 이름 문자열을 이용하여 테스트 함수를 임포트하고 호출함으로써 테스트를 해볼 수도 있다.

```
C:\code> py -3
>>> import reloadall, reloadall2, reloadall3
>>> import tkinter
>>> reloadall.reload_all(tkinter)                          # 일반 사례
reloading tkinter
reloading tkinter._fix
reloading os
...등등...
>>> reloadall.tester(reloadall2.reload_all, 'tkinter')     # 유틸리티 테스트
reloading tkinter
reloading tkinter._fix
reloading os
...등등...
>>> reloadall.tester(reloadall3.reload_all, 'reloadall3')  # 셀프 테스트 코드 모방
reloading reloadall3
reloading types
```

마지막으로, 앞에서의 tkinter 리로드 결과를 살펴보면, 세 변형이 각각 서로 다른 순서의 결과를 만들어 냄을 알 수 있다. 이들 모두 네임스페이스 딕셔너리 순서를 따르고, 마지막 변형은 스택에 항목이 추가되는 순서에 따라 달라질 수도 있다. 실제로, 파이썬 3.6 이하에서 특정 리로더의 리로드 순서는 실행마다 달라질 수 있다. 이 세 변형이 순서와 상관없이 동일한 모듈들을 리로드함을 확인하기 위해, 우리는 집합(또는 정렬)을 이용하여 순서와 상관없이 이들이 출력하는 메시지들이 똑같은지 테스트해 볼 수 있다. 다음은 13장에서 만났고 21장에서 사용

해 본 os.popen 유틸리티를 이용하여 셀 명령에서 실행하여 얻은 결과다.

```
>>> import os
>>> res1 = os.popen('reloadall.py tkinter').readlines()
>>> res2 = os.popen('reloadall2.py tkinter').readlines()
>>> res3 = os.popen('reloadall3.py tkinter').readlines()
>>> res1[:3]
['reloading tkinter\n', 'reloading sys\n', 'reloading tkinter._fix\n']

>>> res1 == res2, res2 == res3
(False, False)
>>> set(res1) == set(res2), set(res2) == set(res3)
(True, True)
```

더 많은 통찰력을 얻고자 한다면 이 스크립트를 실행하고, 그 코드를 학습하고, 여러분 스스로 실험해 보도록 하자. 이들은 여러분만의 소스 코드 라이브러리에 추가하고 싶을 만한 일종의 임포트 가능한 도구들이다. 31장의 클래스 트리 리스터를 다룰 때 이와 유사한 테스트 기법을 전달된 **클래스** 객체에 적용하고 이를 더 확장해 볼 것이다.

또한, 이 세 변형 모두 import문으로 적재된 모듈들만 리로드한다는 점에 주의하자. from문으로 복사된 이름들의 모듈은 임포트 주체의 네임스페이스에 중첩되고 참조되지 않으므로 이들을 포함한 모듈은 리로드되지 않는다. 더 근본적으로 이행적 리로더는 모듈 리로드가 모듈 객체를 그 자리에서 업데이트한다는 사실에 기반하고 있어서 어느 범위에서나 그러한 모듈에 대한 모든 참조는 자동으로 업데이트된 버전을 보게 될 것이다. from 임포트 주체는 이름을 복사하기 때문에 리로드(이행적이든 아니든)에 의해 업데이트되지 않으며, 이를 지원하려면 소스 코드 분석이나 임포트 동작의 변경(22장 참조)이 필요할 수 있다.

이와 같은 도구가 import를 from보다 선호하는 또 다른 이유가 되기도 한다. 이제 마지막으로 이 파트의 주제에 대한 주의 사항들에 대해 알아보자.

모듈 관련 주의 사항

이 절에서 우리는 파이썬 입문자의 인생을 흥미롭게 해줄 수 있는 일반적인 경계선 문제들에 대해 살펴볼 것이다. 일부는 여기서 배운 것을 복습하는 내용이고 몇몇은 너무 알려져 있지 않아 대표적인 예를 제시하는 것마저 도전적일 수 있지만, 대부분은 언어에 대해 중요한 점을 설명하고 있다.

모듈 이름 충돌: 패키지와 패키지에 상대적인 임포트

여러분이 동일 이름의 두 개의 모듈을 가지고 있다면, 아마 그중 하나만 임포트할 수 있다. 기본적으로 sys.path 모듈 검색 경로에서 가장 왼쪽 디렉터리에 있는 모듈이 항상 선택될 것이다. 이는 여러분이 사용하고자 하는 모듈이 최상위 레벨 스크립트의 디렉터리에 있다면 문제되지 않는다. 그 디렉터리가 모듈 경로에서 언제나 가장 먼저 등장하기 때문에 그 안의 내용들이 자동으로 가장 먼저 검색된다. 하지만 디렉터리 간 임포트의 경우, 모듈 검색 경로의 선형적 특징은 동일한 이름의 파일이 충돌할 수 있다는 것을 의미한다.

이를 해결하려면, 동일한 이름의 파일을 피하거나 24장의 패키지 임포트 특징을 사용하면 된다. 만약 동일한 이름의 파일과 하위 디렉터리에서의 소스 파일 구조를 알고 있다면, 패키지 임포트 디렉터리 이름은 모듈 참조를 유일하게 만든다. 또는 모듈을 둘러싼 패키지 디렉터리 이름이 유일하다면, 동일한 두 이름의 모듈 각각이나 모두에 접근할 수 있다.

이 문제는 우연히도 여러분이 필요한 표준 라이브러리 모듈과 동일한 이름을 여러분만의 모듈 이름으로 사용하는 경우에도 발생할 수 있다. 프로그램의 홈 디렉터리(또는 모듈 경로에서 앞에 나오는 다른 디렉터리)의 지역 모듈은 라이브러리 모듈을 감추고 대체할 수 있다.

이를 해결하려면, 여러분이 필요한 다른 모듈과 동일한 이름을 사용하는 것을 피하거나, 여러분의 모듈을 패키지 디렉터리에 저장하고 파이썬 2.X에서는 선택적으로 사용할 수 있는 파이썬 3.X의 패키지 관련 임포트 모델을 사용하면 된다. 이 모델에서 일반적인 임포트는 패키지 디렉터리를 건너뛰지만(따라서 여러분은 라이브러리 버전을 얻게 될 것이다), 특별한 점 표시를 가진 import문은 필요한 경우 여전히 지역 버전의 모듈을 선택할 수 있다.

최상위 레벨 코드에서는 문장 순서가 중요

우리가 보았듯이 모듈이 처음 임포트되면(또는 리로드되면) 파이썬은 그 모듈의 문장을 파일 맨 위부터 아래까지 한 라인씩 실행한다. 이는 여기에서 강조할 가치가 있는 선행 참조 관련하여 몇 가지 미묘한 영향을 미친다.

- (함수에 중첩되지 않은) 모듈의 **최상위 레벨**에 있는 코드는 임포트 중에 해당 위치에 도달하는 순간 실행된다. 그 때문에 파일에서 그보다 더 아래에서 할당된 이름들을 참조할 수 없다.

- **함수 본문 안에 있는 코드는 함수가 호출될 때까지 작동하지 않는다.** 함수의 이름들이 함수가 실제로 실행되기 전에는 해석되지 않기 때문에 이들은 일반적으로 파일 내 어디에 있는 이름이든 상관없이 참조할 수 있다.

일반적으로, 선행 참조는 즉시 실행하는 최상위 레벨 모듈 코드에서만 영향을 미친다. 함수는 임의로 이름들을 참조할 수 있다. 다음은 선행 참조가 따라야 할 규칙들에 대해 보여 주는 파일이다.

```
func1()                                  # 에러: "func1"은 아직 할당되지 않음

def func1():
    print(func2())                       # OK: "func2"는 나중에 검색될 것임

func1()                                  # 에러: "func2"는 아직 할당되지 않음

def func2():
    return "Hello"

func1()                                  # OK: "func1"과 "func2"가 할당됨
```

이 파일이 임포트되면(또는 독자적인 프로그램으로 실행되면), 파이썬은 이 문장들을 처음부터 끝까지 실행한다. 첫 func1 호출은 실패하는데, func1 def가 아직 실행되지 않았기 때문이다. func1 내부의 func2에 대한 호출은 func1이 호출될 때까지 func2의 def에 도달하면 정상적으로 동작한다. 두 번째 최상위 레벨 func1 호출이 실행될 때는 func2의 def에 도달하지 못했다. 파일 하단에 마지막 func1에 대한 호출은 제대로 동작하는데, func1과 func2 모두 할당되었기 때문이다.

최상위 레벨 코드로 def문들을 혼합하는 것은 코드를 읽기 어렵고, 문장 순서에 의존하게 만든다. 경험적으로 보았을 때 만약 def로 즉시 실행되는 코드들을 혼합해야 한다면, def를 파일의 맨 위에 두고, 최상위 레벨 코드를 맨 아래에 두는 것이 좋다. 그렇게 하면, 함수는 파이썬이 이를 사용하는 코드를 실행하기 전까지 확실히 정의되고 할당된다.

from문은 이름을 복사하지, 링크를 복사하지 않음

비록 보편적으로 사용된다고는 하지만, from문에는 다양한 주의 사항들이 있다. 우리가 배웠듯이, from문은 실제로 임포트 주체 범위의 이름에 할당하는 것이다. 참고로 어디까지나 이름을 복사하는 것일 뿐 별칭(앨리어싱(aliasing))을 부여하는 것은 아니다. 그 결과 파이썬에서의

모든 할당과 동일하지만 미묘하며, 특히 다른 파일에 존재하는 객체를 공유하는 코드를 고려하면 더욱 그렇다. 예를 들어, 우리가 다음 모듈 nested1.py를 정의한다고 가정해 보자.

```
# nested1.py
X = 99
def printer(): print(X)
```

만약 우리가 다른 모듈 nested2.py에서 from을 이용하여 이 두 이름을 임포트하면, 우리는 그에 대한 링크가 아니라 그 이름들을 복사하게 된다. 임포트 주체에서 이름을 변경하면 그 이름의 지역 버전만 변경하고, nested1.py의 이름에 영향을 주지 않는다.

```
# nested2.py
from nested1 import X, printer        # 이름을 복사
X = 88                                # 내 "X"만 변경!
printer()                             # nested1의 X는 여전히 99

% python nested2.py
99
```

하지만 우리가 전체 모듈을 가져오는 import를 사용하고 인정된(qualified) 이름에 할당하면, 우리는 nested1.py에 있는 이름을 변경하게 된다. 속성 인정은 파이썬을 임포트 주체인 nested3.py에 있는 이름이 아니라 모듈 객체에 있는 이름으로 향하게 한다.

```
# nested3.py
import nested1                        # 모듈을 전체로 가져옴
nested1.X = 88                        # OK: nested1의 X를 변경
nested1.printer()

% python nested3.py
88
```

from *은 변수의 의미를 모호하게 할 수 있음

이 점에 대해서는 앞에서도 언급했지만, 여기에서 더 자세히 다루고자 한다. from module import *문 형태를 사용하면, 여러분이 원하는 변수를 기재하지 않았기 때문에 의도치 않게 여러분의 범위에서 이미 사용하고 있던 이름에 덮어쓰게 될 수 있다. 설상가상으로, 이는 변수가 어디로부터 왔는지 결정하기 어렵게 만들 수도 있다. 이는 특히 from * 형태가 하나 이상의 임포트된 파일에 사용되면 더욱 그러하다.

예를 들어, 다음 세 개의 모듈에 대해 from *문을 사용한다면, 원래 함수 호출이 무엇을 의미하는지는 이 세 개의 외부 모듈 파일들을 검색하지 않고는(이 파일들은 모두 다른 디렉터리에 있을 수 있다) 알아낼 길이 없을 것이다.

```
>>> from module1 import *        # 나쁨: 내 이름을 조용히 덮어쓸지도..
>>> from module2 import *        # 설상가상: 우리가 무엇을 가진 건지 알 수가 없다!
>>> from module3 import *
>>> . . .

>>> func()                       # 음???
```

다시 말하지만 해결책은 이 형태를 사용하지 않는 것이다. from문에 여러분이 원하는 속성을 명시적으로 기재하고 파일당 최대 한 개의 임포트된 모듈에만 from * 형태를 사용하도록 제한해야 한다. 언제나 from 대신 import를 사용하면 이 문제를 모두 피할 수 있지만, 이는 너무 가혹한 처사다. 프로그래밍에서 from은 다른 대부분의 도구들과 마찬가지로 현명하게 사용되면 편리한 도구다. 이 예제에서조차 절대악은 아니다. 편의상 단일 공간에 이름들을 모아 두는 이 기법을 사용하는 프로그램을 위해서는 그 공간이 잘 알려져 있는 한 괜찮을 수 있다.

리로드는 from 임포트에 영향을 주지 않을 수도 있음

다른 from과 관련한 주의 사항으로는 앞에서도 논의했듯이 from은 실행 시 이름을 복사(할당)하기 때문에 그 이름의 출처인 모듈로의 링크가 없다. from으로 임포트된 이름은 단순히 from이 작동했을 때 임포트 대상(importee)에 있는 동일 이름으로 참조되는 객체에 대한 참조 값이 된다.

이 행위 때문에 임포트 대상을 리로드해도 그 이름을 from으로 임포트한 클라이언트에는 영향을 주지 않는다. 즉, 클라이언트의 이름들은 원래 모듈의 이름들이 그 후에 변경되더라도 여전히 from으로 가져온 원래 객체들을 참조할 것이다.

```
from module import X              # X는 다름 모듈 리로드에 영향받지 않음!
 . . .
from imp import reload
reload(module)                    # module은 변경하지만, 내 이름들은 변경하지 않음
X                                 # 여전히 예전 객체를 참조
```

리로드를 더 효과적으로 만들기 위해, from 대신 import와 이름 인정을 사용하자. 인정은 언제나 모듈로 돌아가기 때문에 이는 리로드가 그 모듈의 내용을 제자리에서 변경한 후에도 모듈 이름의 새로운 결합(binding)을 찾게 될 것이다.

```
import module                          # 이름이 아니라, 모듈을 가져옴
. . .
from imp import reload
reload(module)                        # 모듈을 제자리에서 변경
module.X                              # 현재 X를 가져옴: 모듈 리로드 내용 반영
```

관련 결과로는 이 장의 앞에서 보았던 이행적 리로드는 from으로 가져온 이름에는 적용되지 않고 import에만 적용됨을 들 수 있다. 다시 말하지만 만약 여러분이 리로드를 사용하려고 한다면 import를 사용하는 것이 더 낫다.

reload, from, 대화형 테스트

실제로 이전 주의 사항은 그것이 보이는 것에 비해 더 미묘하다. 3장에서 경고했듯이 그 복잡도로 인해 일반적으로 프로그램을 임포트와 리로드로 시작하지 않는 것이 더 낫다. from이 여기에 들어오면 문제는 더 악화된다. 이와 같은 시나리오에서 파이썬 입문자들은 가장 흔한 해당 이슈들에 걸려든다. 텍스트 편집기 창에 모듈 파일을 연 후, 대화형 세션에서 from을 이용하여 여러분 모듈을 적재하고 테스트한다고 상상해 보자.

```
from module import function
function(1, 2, 3)
```

버그를 발견하였으므로 여러분은 편집 창으로 돌아가 모듈을 변경하고, 그 모듈을 다음과 같은 방식으로 리로드하려고 할 것이다.

```
from imp import reload
reload(module)
```

이는 동작하지 않는데, from문이 module이 아니라 이름 function만 할당했기 때문이다. reload에서 모듈을 나타내기 위해 여러분은 먼저 그 이름을 import문과 최소한 한 번은 결합(bind)시켜야 한다.

```
from imp import reload
import module
reload(module)
function(1, 2, 3)
```

하지만 이 방식도 제대로 동작하지 않는다. reload는 제자리에 있는 모듈 객체를 업데이트하지만, 이전 절에서 논의했듯이, 과거에 모듈로부터 복사된 function과 같은 이름은 여전히 예전 객체를 참조한다. 이 경우 function은 여전히 함수의 원래 버전이다. 실제로 새로운 함수를 얻으려면, reload 이후 module.function으로 그 함수를 참조하거나 from을 재실행해야 한다.

```
from imp import reload
import module
reload(module)
from module import function          # 또는 포기하고 module.function( ) 사용
function(1, 2, 3)
```

이제 함수의 새로운 버전이 마침내 제대로 동작하겠지만, 거기까지 도달하는 데 굉장히 많은 작업이 드는 것 같다.

여러분도 보다시피, from과 함께 reload를 사용하는 것에는 내재된 문제점들이 있다. 임포트 후에 리로드해야 하는 것뿐 아니라, 리로드 후에 from문을 재실행하는 것도 기억해야 한다. 이는 전문가들조차도 가끔 실수하게 만들만큼 복잡하다. 실제로 이 상황은 파이썬 3.X에서 더 심각해지는데, 여러분은 reload 자체도 임포트해야 하기 때문이다.

요약하면, 여러분은 reload와 from이 함께 잘 동작할 것이라 기대해서는 안 된다. 다시 말하지만, 최고의 정책은 이들을 절대 결합하여 사용하지 않는 것이다. reload는 import와 사용하거나 3장에서 제안했듯이 여러분의 프로그램을 다른 방식으로 시작하는 것이 좋다. IDLE에서 실행 ➡ 모듈 실행 메뉴 선택을 사용하거나, 파일 아이콘을 클릭하거나, 시스템 명령 라인을 이용하거나, 내장된 함수 exec를 사용하자.

재귀적 from 임포트는 동작하지 않을 수도 있음

마지막으로 가장 특이한(그리고 고맙게도 잘 알려져 있지 않은) 주의 사항에 대해 알아보도록 하자. 임포트는 파일의 문장들을 처음부터 마지막까지 실행하기 때문에 서로 임포트하는 모듈들을 사용할 때 주의해야 한다. 이것은 종종 **재귀적 임포트**라 불리지만, 재귀적 반복이 실제로 일어나는 것은 아니다(실제로, 순환이 더 나은 용어라 볼 수 있다). 그러한 임포트는 무한 임포트 루프

에 빠지지 않을 것이다. 여전히 한 모듈에 있는 문장들은 그 모듈이 다른 모듈을 임포트할 때 모두 실행되지 않을 수도 있기 때문에 그 이름 중 일부는 아직 존재하지 않을 수 있다.

모듈 전체를 가져오기 위해 import를 사용한다면, 아마도 이는 문제가 되지 않을 것이다. 모듈의 이름은 여러분이 나중에 그 모듈의 값들을 가져오기 위해 인정을 사용할 때까지 접근되지 않으며, 그 시점까지는 그 모듈이 완료될 개연성이 높다. 하지만 여러분이 특정 이름을 가져오기 위해 from을 사용했다면, 재귀적 임포트가 시작되었을 때 이미 할당된 그 모듈의 이름에만 접근할 수 있음을 명심해야 한다.

예를 들어, 다음 모듈 recur1과 recur2를 생각해 보자. recur1은 이름 X를 할당한 뒤, 이름 Y를 할당하기 전에 recur2를 임포트한다. 이 시점에서 recur2는 import를 사용하여 recur1을 전체적으로 가져올 수 있다. recur1은 파이썬의 내부 모듈 테이블에 이미 존재하는데, 이는 그 모듈을 임포트 가능하게 만들고 임포트가 루프에 빠지는 것을 방지한다. 하지만 만약 recur2가 from을 사용한다면, 이름 X만 볼 수 있을 것이다. recur1의 import 아래에서 할당된 이름 Y는 아직 존재하지 않기 때문에 에러가 발생한다.

```
# recur1.py
X = 1
import recur2                          # 아직 존재하지 않는다면 지금 recur2 실행
Y = 2

# recur2.py
from recur1 import X                   # OK: "X"는 이미 할당됨
from recur1 import Y                   # 에러: "Y"는 아직 할당되지 않음

C:\code> py -3
>>> import recur1
Traceback (most recent call last):
  File "<stdin>", line 1, in <module>
  File ".\recur1.py", line 2, in <module>
    import recur2
  File ".\recur2.py", line 2, in <module>
    from recur1 import Y
ImportError: cannot import name Y
```

파이썬은 recur1의 문장들이 recur2로부터 재귀적으로 임포트될 때 이들을 재실행하는 것을 피하지만(그렇지 않으면 임포트들은 스크립트를 무한 루프에 빠지게 만들고, 그렇게 되면 Ctrl + C 또는 더 나쁜 방식으로 종료할 수밖에 없다), recur1의 네임스페이스는 recur2에 의해 임포트될 때 미완성 상태다.

해결책은 재귀적 임포트에서 from을 사용하지 않으면 된다(진심이다!). 파이썬은 순환 구조에 빠지지는 않겠지만, 여러분의 프로그램은 다시 한번 모듈의 문장 순서에 따라 달라지게 될 것이다. 실제로, 이 주의 사항에서 벗어날 수 있는 두 가지 방법은 다음과 같다.

- 신중하게 설계하면 일반적으로 이러한 임포트 순환 구조를 제거할 수 있다. 모듈의 응집력을 최대화하고 모듈 간 커플링을 최소화하는 것이 좋은 설계의 첫 단계다.

- 만약 순환 구조를 완전히 깨뜨릴 수 없다면 모듈 이름에 접근하는 것을 뒤로 미루자. 그러기 위해서는 import와 속성 인정(from과 직접 이름 대신)을 사용하거나, from의 실행을 뒤로 미뤄두기 위해 이를 (모듈의 최상위 레벨 대신) 함수 안에서나 파일 최하단 근처에서 실행하는 방식을 취하면 된다.

이 문제점에 대한 추가적인 관점이 이 장의 마지막 실습 문제에 있으니 참고하도록 하자.

이 장의 요약

이 장은 모듈 관련 고급 주제들에 대해 더 알아보았다. 우리는 데이터 숨김 처리 기법과 __future__ 모듈을 이용하여 새로운 언어 특징을 활성화시키는 방법, __name__ 사용 모드 변수, 이행적 리로드, 이름 문자열에 의한 임포트 등에 대해 학습하였다. 또한 모듈 설계 관련 이슈들에 대해 알아보고 요약하였으며, 실질적인 프로그램을 작성하고 모듈 관련 보편적인 실수들을 알아봄으로써 여러분이 이러한 실수들을 피하는 데 도움이 되도록 하였다.

다음 장부터는 파이썬의 객체 지향적 도구인 **클래스**에 대해 살펴볼 것이다. 최근 몇 장에서 다룬 대부분의 내용이 거기서도 적용될 것이다. 클래스는 모듈 안에 거주하며 네임스페이스이기도 하지만, 이들은 속성 검색에 **상속 검색**이라 부르는 추가 구성 요소를 추가한다. 이 장은 이 파트의 마지막 장이므로 클래스 주제에 들어가기 전에 이 파트의 실습 문제들을 먼저 풀어 보도록 하자. 그러나 그 전에, 이 장에서 다룬 주제에 대한 간단한 퀴즈를 먼저 풀어 보자.

학습 테스트: 퀴즈

1. 이름이 단일 언더스코어 문자로 시작하는 모듈 최상위 레벨의 변수에 대해 중요한 점은 무엇인가?

2. 모듈의 __name__ 변수가 문자열 "__main__"일 때 이것은 무엇을 의미하는가?

3. 만약 사용자가 테스트를 위해 모듈의 이름을 대화형 세션에서 입력한다면, 어떻게 해야 여러분의 코드는 이를 임포트할 수 있을까?

4. 모듈 검색 경로를 변경하기 위해 sys.path를 변경하는 것은 PYTHONPATH를 설정하는 것과 어떻게 다른가?

5. 만약 모듈 __future__가 미래로부터 임포트할 수 있도록 해준다면, 과거로부터 임포트하는 것도 가능할까?

학습 테스트: 정답

1. 모듈 최상위 레벨의 변수가 앞에 단일 언더스코어 문자로 시작하는 이름을 가지고 있다면, 이는 from *문 형태를 사용할 때 임포트 주체 범위에 복사되지 **않는다**. 하지만 이 변수들은 여전히 import 또는 일반적인 from문 형태에서는 접근이 가능하다. __all__ 리스트도 유사하지만 논리적으로는 역의 관계를 갖는다. 이 리스트의 내용은 from *에 의해 복사될 이름만 담고 있다.

2. 만약 모듈의 __name__ 변수가 문자열 "__main__"이라면, 이는 그 파일이 프로그램의 다른 파일에 임포트되는 대신 최상위 레벨 스크립트로 실행됨을 의미한다. 즉, 그 파일은 라이브러리가 아니라 프로그램으로 사용된다. 이 사용 모드 변수는 듀얼 모드 코드와 테스트를 지원한다.

3. 사용자 입력은 일반적으로 스크립트를 문자열로 만든다. 그 문자열 이름이 참조하는 모듈을 임포트하기 위해 exec를 이용하여 import문을 구성하고 실행하거나, 문자열 이름을 __import__ 또는 importlib.import_module 호출에 전달할 수 있다.

4. sys.path를 변경하는 것은 단지 실행 중인 프로그램(프로세스)에만 영향을 주며, 임시적이다 (프로그램이 종료되면 변경 내역 또한 사라진다. PYTHONPATH 설정은 운영체제에 거주한다). 이 설정은 머신상의 모든 프로그램에 걸쳐 적용되며, 이 설정에 대한 변경 사항은 프로그램이 종료된 후에도 유지된다.

5. 그럴 수는 없다. 파이썬에서 과거로부터 임포트할 수는 없다. 우리는 그 언어의 옛 버전을 설치(또는 고집스럽게 사용)할 수 있지만, 일반적으로는 가장 최근의 파이썬이 가장 좋은 파이썬이다(최소한 각 버전대 안에서는 그렇다. 2.X가 장수하는 것을 보라!).

학습 테스트: 파트 5 실습 문제

해답은 부록 D의 1859쪽 "파트 5. 모듈과 패키지"에서 찾을 수 있다.

1. **임포트의 기초.** 파일의 라인 수와 글자 수를 집계하는 프로그램을 작성하라(유닉스에서 wc 가 수행하는 작업의 일부와 유사하다). 여러분의 텍스트 편집기를 이용하여 mymod.py라는 이름의 파이썬 모듈을 작성하라. 이 모듈은 다음의 세 최상위 레벨 이름들을 내보낸다.

   - **countLines(name) 함수**: 입력 파일을 읽어 들이고 그 파일의 라인 수를 집계한다(힌트: file.readlines가 대부분의 작업을 수행하며, len이 나머지 부분을 수행한다. 물론, 대용량 파일을 지원하기 위해 for문과 파일 반복자를 이용하여 집계할 수도 있다).

   - **countChars(name) 함수**: 입력 파일을 읽어 들이고, 그 파일의 글자 수를 집계한다(힌트: file.read는 단일 문자열을 반환하는데, 이를 유사하게 사용할 수 있을 것이다).

   - **test(name) 함수**: 주어진 입력 파일명으로 위의 두 집계 함수를 호출한다. 그러한 파일명은 일반적으로 전달되거나, 하드코딩되거나, 내장된 함수인 input으로 입력받거나, 이장의 formats.py와 reloadall.py 예제에서 본 것처럼 sys.argv 리스트를 통해 명령 라인으로부터 가져올 수 있다. 여기에서는 함수 인수로 전달받는다고 가정하자.

   이 세 개의 mymod 함수들은 파일명 문자열을 전달받을 것으로 기대해야 한다. 만약 함수당 두세 라인 이상 입력한다면, 여러분은 너무 어렵게 작업하고 있는 것이다. 방금 제공한 힌트를 사용하도록 하자.

   다음으로, import와 여러분이 내보낸 함수들을 가져오는 속성 참조를 이용하여 대화형 세션에서 모듈을 테스트하라. 여러분의 PYTHONPATH가 mymod.py를 생성한 디렉터리를 포함해야 하는가? 모듈을 그 자체로 실행해 보자. 예를 들어, test("mymod.py")라고 입력해 보자. test는 파일을 두 번 오픈한다. 만약 여러분이 열의에 차 있다면, 열린 파일 객체를 두 개의 집계 함수에 전달함으로써 이를 개선할 수도 있다(힌트: file.seek(0)은 파일 되감기다).

2. **from/from *.** 실습 문제 1의 mymod 모듈을 from문과 이름을 이용하여 직접 함수를 적재하고, 그다음에는 모두 가져오기 위해 from * 변형을 사용하여 테스트해 보자.

3. **__main__.** mymod 모듈에 모듈이 임포트될 때가 아니라, 스크립트로 실행될 때에만 자동으로 test 함수를 호출하도록 코드 한 라인을 추가하라. 이 장에서 보았듯이, 여러분이 추가한 그 라인은 아마도 __name__의 값이 문자열 "__main__"인지를 테스트할 것이다. 여러분의 모듈을 시스템 명령 라인에서 실행해 보자. 그리고 난 뒤, 그 모듈을 임포트하고 그 함수들을 테스트해 보자. 두 모드에서 여전히 동작하는가?

4. **중첩된 임포트.** 두 번째 모듈 myclient.py를 작성하라. 이 모듈은 mymod를 임포트하고 그 함수들을 테스트한다. 그다음에는 시스템 명령 라인에서 myclient를 실행해 보라. 만약 myclient가 mymod로부터 가져오기 위해 from을 사용한다면, mymod의 함수들은 myclient 최상위 레벨에서 접근 가능한가? 대신 import를 사용한다면 어떠한가? myclient에 이 두 변형을 모두 코딩하고, myclient를 임포트하고, 그 __dict__ 속성을 검사하여 테스트해 보자.

5. **패키지 임포트.** 패키지로부터 여러분의 파일을 임포트하자. 여러분의 모듈 임포트 검색 경로상에 있는 디렉터리에 포함된 mypkg라는 이름의 하위 디렉터리를 생성하고, 실습 문제 1 또는 3에서 생성했던 mymod.py 모듈 파일을 새 디렉터리에 옮긴 후 이를 import mypkg.mymod 형태의 패키지 임포트로 임포트하여 그 함수들을 호출하라. 여러분의 집계 함수를 from으로도 가져와 보자.

   패키지 임포트가 동작하려면 여러분의 모듈을 옮겨 둔 디렉터리에 __init__.py 파일을 추가해야겠지만, 이는 모든 주요 파이썬 플랫폼에서 동작해야 한다(이는 파이썬이 경로 구분자로 '.'을 사용하는 이유 중 하나다). 여러분이 생성한 패키지 디렉터리는 단순히 여러분이 작업하고 있는 디렉터리의 하위 디렉터리일 수 있다. 그렇다면 검색 경로의 홈 디렉터리를 통해 발견될 것이며, 경로를 따로 설정하지 않아도 될 것이다. __init__.py 파일에 코드를 추가하고, 각 임포트마다 이 코드가 실행되는지 확인해 보자.

6. **리로드.** 모듈 리로드를 실험해 보자. 23장 changer.py 예제의 테스트를 파이썬 인터프리터를 종료하지 않은 채로 호출된 함수의 메시지와 행위를 반복적으로 변경하면서 수행해 보자. 여러분 시스템에 따라 다른 창에서 changer를 편집할 수도 있고, 파이썬 인터프리터를 유보하고 같은 창에서 편집해야 할 수도 있다(유닉스에서 Ctrl + Z는 일반적으로 현재 프로세스를 유보하고, fg 명령어는 이를 다시 재개한다. 하지만 텍스트 편집창을 사용하는 것이 좋다).

7. **순환 임포트.** 재귀적(또는 순환) 임포트 주의 사항에 대한 절에서 recur1을 임포트하는 것은 에러를 일으킨다. 하지만 여러분이 파이썬을 재시작하고 recur2를 임포트하면, 에러가 발생하지 않는다. 이를 테스트하고 직접 확인해 보자. 왜 recur2는 임포트되는데 recur1은 임포트되지 않을까?(힌트: 파이썬은 새로운 모듈들을 그 코드를 실행하기 전에 내장된 sys.modules 테이블(딕셔너리)에 저장한다. 나중에 임포트들은 그 모듈이 '완료되었든', 아직 완료되지 않았든 상관없이 먼저 이 테이블로부터 모듈을 가져온다) 이제, recur1을 python recur1.py와 같이 최상위 레벨 스크립트 파일로 실행해 보도록 하자. 여러분이 recur1을 임포트하려 할 때 발생했던 에러가 동일하게 발생하는가? 왜 그런가?(힌트: 모듈이 프로그램으로 실행될 때, 이들은 임포트되

지 않는다. 따라서 이 경우 recur2를 임포트하는 것과 동일한 결과를 얻게 된다. recur2는 임포트되는 첫 번째 모듈이다) recur2를 스크립트로 실행하면 어떤 일이 발생하는가? 순환 임포트는 일 반적이지 않으며, 실제로도 보기 드문 특이한 경우다. 반면 만약 여러분이 이들이 왜 잠재 적 문제를 가지고 있는지 이해한다면, 여러분은 파이썬의 임포트의 의미론에 대해 더 많 이 알게 될 것이다.